马铃薯产业与美丽乡村

MALINGSHU CHANYE YU MEILI XIANGCUN

（2020）

金黎平　吕文河　主编

黑龙江科学技术出版社

图书在版编目（CIP）数据

马铃薯产业与美丽乡村 / 金黎平，吕文河主编 .
—哈尔滨：黑龙江科学技术出版社，2020.8
ISBN 978-7-5719-0631-3

Ⅰ . ①马… Ⅱ . ①金…②吕… Ⅲ . ①马铃薯—产业
发展—中国—文集 Ⅳ . ① F326.11-53

中国版本图书馆 CIP 数据核字（2020）第 140633 号

马铃薯产业与美丽乡村
MALINGSHU CHANYE YU MEILI XIANGCUN

金黎平　吕文河　主编

责任编辑	梁祥崇　张东君	
封面设计	佟　玉	
出　　版	黑龙江科学技术出版社	
	地址：哈尔滨市南岗区公安街 70-2 号　邮编：150007	
	电话：（0451）53642106　传真：（0451）53642143	
	网址：www.lkcbs.cn	
发　　行	全国新华书店	
印　　刷	哈尔滨午阳印刷有限公司	
开　　本	787 mm×1092 mm　1/16	
印　　张	41	
字　　数	800 千字	
版　　次	2020 年 8 月第 1 版	
印　　次	2020 年 8 月第 1 次印刷	
书　　号	ISBN 978-7-5719-0631-3	
定　　价	100.00 元	

编 委 会

序　言

　　中华文明根植于农耕文化，国人寻根溯源的乡村情结绵延数千年、历久弥新。2005 年 10 月，在党的十六届五中全会上，"美丽乡村"写入社会主义新农村建设的重大历史任务，内涵包括："生产发展、生活宽裕、乡风文明、村容整洁、管理民主"。此后，全国诸多省市遵照全会精神，制定"美丽乡村"建设计划并付之行动。2017 年 10 月，在首提"美丽乡村"建设理念的十二年后，党在十九大报告中把解决好"三农"问题作为全党工作的重中之重，确定实施"乡村振兴战略"；2018 年 2 月 4 日，中央一号文件《中共中央国务院关于实施乡村振兴战略的意见》正式发布。"乡村"是承载中华文明的基本载体，实施"乡村振兴战略"将成为传承中华优秀传统的有效途径。随着"乡村振兴战略"的实施，令人心驰神往的乡村生活画卷徐徐展开：乡情记忆、文化传承，美丽乡村、生态宜居，产业兴旺，生活富裕！

　　马铃薯这个美丽的作物，从漂洋过海登陆华夏，到遍布中华大江南北蓬勃发展，历经 400 多年。一个"不与五谷争地、瘠卤沙岗皆可以长"的普通作物，成为乡土乡村的乡亲们维系生命、改善生活的重要食材，并在近代中国农业社会的经济发展中发挥了不可替代的作用。尤其是甘肃省的马铃薯产业区域优势和比较优势日渐突显，已经成为独具特色、发展势头强劲的支柱产业，在脱贫攻坚中做出了重要贡献。

　　定西市史称"陇中"，是兰州市"东大门"、古"丝绸之路"重镇、新欧亚大陆桥必经之地。定西市是甘肃省第一大马铃薯产区，马铃薯种植面积 300 万亩左右，产业总产值已经超过 150 亿元，占当地农民人均可支配收入的 20%

以上。曾经的定西，属于"三西"贫困地区、苦甲天下，"靠洋芋过日子"，"洋芋哪里都能长,定西只能长洋芋"；今天的定西，在倾力打造"中国薯都"和"世界薯都"。马铃薯记录了定西的历史，也正书写着定西的当下与未来。经过近20年的坚持发展，定西现已成为全国主要的马铃薯脱毒种薯繁育、商品薯生产和薯制品加工基地，产业发展特色鲜明、优势聚集，特色农产品优势区正在不断地发展壮大，乡村产业振兴正当时！

2020年8月，第二十二届中国马铃薯大会将在甘肃省定西市召开。全国马铃薯界同仁有机会莅临甘肃、齐聚定西，感受其产业带动程度高、农民参与程度深、蓬勃发展的马铃薯产业，近距离接触定西的马铃薯全产业链产业集群。定西人常说"洋芋开花赛牡丹"，正所谓：薯花绽放地，赏景好去处；薯香土豆宴，舌尖新美味。正如本届大会的主题"马铃薯产业与美丽乡村"，今天的马铃薯已经不仅仅是一个作物、一种食物、一大产业，它正以朴素内敛的特质，悄然融入定西甚至全国社会发展进程和人民生活中，孕育出一种文化、一份体验和缕缕乡情！

2020年春季将被历史铭记，新冠肺炎疫情突如其来，十四亿中华儿女倾力抗疫，中国精神与中国力量持续彰显！祈愿疫情早日渡过！我们的马铃薯产业必将是乡村振兴中的重要生力军！

枝繁叶茂薯花盛，美丽乡村土豆情！

中国作物学会马铃薯专业委员会会长
国家马铃薯产业技术体系首席科学家　　金黎平

2020年4月

目　录

产　业　开　发

研 究 进 展

遗 传 育 种

栽 培 生 理

土 壤 肥 料

病 虫 防 治

产 业 开 发

2019 年中国马铃薯产业发展形势分析

罗其友，高明杰*，张　烁，鲁洪威

（中国农业科学院农业资源与农业区划研究所，北京　100081）

摘　要：通过实地调研与数据分析，发现 2019 年全国马铃薯种植面积下降明显、总产基本稳定、入库贮藏量较大、马铃薯消费市场细分趋势显现、马铃薯市场形势总体好于 2018 年、淀粉薯供应出现严重短缺等特点，存在的主要问题有种薯市场混乱、专用品种缺乏、设施化规模增加带来环境压力、加工业整体水平较低、产销脱节仍显著，提出设立种薯监管机构、优化种植品种空间布局、建立马铃薯绿色生产示范点、加强农膜回收机械与加工设备研发、完善利益联结机制等对策建议。

关键词：马铃薯；基本特征；主要问题；对策建议

马铃薯适应性强，分布范围广，是世界第三、中国第四大粮食作物。近年来，随着马铃薯主食产业化战略的实施和政府政策的有力支持，中国马铃薯生产发展迅速[1]。在加速建设现代农业的进程中，需要采取综合配套措施，来进一步推动中国马铃薯产业的持续健康发展[2,3]。而随着发展历程的推进，中国马铃薯产业也出现部分问题，分析并解决问题，提出应对措施，以确保中国马铃薯产业的顺利发展。

1　2019 年马铃薯产业基本特征

1.1　生产情况

1.1.1　面积下降明显，总产基本稳定

2019 年北方产区除辽宁外的其他省份，马铃薯种植面积均有不同程度的下降，而且黑龙江、内蒙古、甘肃、宁夏等传统主产区下降幅度比较大，内蒙古、甘肃、宁夏和黑龙江主产县的现场走访调查对象普遍反映当地种植面积减少 10%～30%；中原二作区和南方冬作区种植面积整体减少幅度也较大，只有福建省微幅增长，但由于这 2 个区种植面积比较小，下降绝对量对全国影响很小；西南产区各个省份的马铃薯种植面积基本稳定。综合判断全国马铃薯种植面积继续减少，与 2018 年相比减少幅度在 10% 左右。2019 年北方地区降水较多，华北和西北地区可以用风调雨顺来形容，单产增加幅度较大；而东北地区较多的降水对马铃薯生产的影响却是负面的，导致地里烂薯较多，影响产量；其他主产区虽局部遭受晚疫病、干旱、洪涝等危害，但未出现对单产影响较大的区域性显著灾害。综合考虑种植面积和单产因素，估计 2019 年中国马铃薯总产量与上年基本持平或略减。

作者简介：罗其友（1964—），男，博士，研究员，研究方向为马铃薯产业经济与农业区域发展。

基金项目：现代农业产业技术体系专项资金（CARS-9）。

*** 通信作者**：高明杰，博士，副研究员，研究方向为马铃薯产业经济、产业扶贫与农业产业布局，e - mail：gaomingjie@caas.cn。

1.1.2 品种迭代加快

"冀张薯 12 号"由于其良好丰产性和抗逆性，深受种植户欢迎，近 2 年在北方生产上应用面积快速扩张，估计 2019 年种植面积在 53.33 万 hm^2 以上，可能已经超过"克新 1 号"成为全国种植面积最大的单一品种。北方产区"荷兰 15 号"种植面积继续压缩，"希森 6 号"和"雪川 V7"等品种虽然占比还不大，但增加速度很快。

1.2 贮藏、加工情况

1.2.1 贮藏情况

最近几年，北方一作区马铃薯贮存能力增加非常明显，小农户基本家家有窖，种植大户有的自己建有贮藏库。2019 与 2018 年相比贮存比例明显降低，东北产区由于后期降水多导致贮存量大幅降低，西北地区淀粉厂消化了部分商品薯，但在华北主产区从入库的绝对量来说仍然很大。由于 2019 年北方产区降水量普遍较大，致使商品薯收获后不耐贮，因此虽然前期价格离贮存户的心理预期尚有一定差距，但有些品种急于出库，进入 12 月下旬北方产区库存马铃薯已经消耗一半以上，库存压力减轻很多，贮户捂货惜售心理较重。

1.2.2 加工情况

2019 年雨水较好，北方产区加工用小土豆产量占比变少，原料薯供给减少，同时很多升级改造达标的小加工厂纷纷开工，对原料薯的需求量增加，造成供不足需。而淀粉等产品价格高起，淀粉价格由 2018 年的 5 000 多元 /t 上涨到今年的 7 000 元 /t 左右，品质好的能到 8 000 多元 /t；全粉价格也有所上涨，但上涨幅度远小于淀粉，由 2018 年的 9 000 多元 /t 涨到 2019 年的 1 万元 /t 左右。

1.3 马铃薯市场

1.3.1 消费情况

2013 年，伴随着中国经济运行进入新常态，外出务工人员对马铃薯形成的集团消费急剧减少，从而造成了中国马铃薯阶段性的供大于求的局面。近年来，国家加大了对马铃薯营养价值的推荐宣传，马铃薯作为一种营养丰富的食品逐步被越来越多的消费者所认识和接受。在 2019 的市场调研中可以发现，这种认识程度的加深已经开始转变为对消费量的带动，马铃薯消费市场细分趋势显现。

1.3.2 商品薯销售价格

2019 年马铃薯市场形势总体好于 2018 年。商品马铃薯田间价格 2019 年 1 ~ 12 月份各时点均明显高于 2018 年同期，年度平均涨幅为 18.9%，季节波动特点也恢复多年规律；农业部监测农产品定点批发市场马铃薯价格 2019 年全年只有 10 月份平均价格低于 2018 年，年度平均涨幅为 9.5%。不同品种间的价格差异明显，"希森 6 号""雪川 V7"和"中加 2 号"等品种市场紧俏，价格比"冀张薯 12 号""荷兰 15 号"等主流品种要高 0.2 ~ 0.4 元 /kg。

1.3.3 加工薯销售市场

2019 年淀粉薯的收购价格较去年甚至之前很多年份都大幅增加，不同地区不同品种涨幅有一定差异，上涨幅度基本在 50% ~ 100%。进入淀粉厂开工期，淀粉原料薯价格普遍涨到 800 元 /t 左右，到厂价格 850 元 /t，而且随着供需矛盾的加剧，出现不同区域间"抢货"现象，价格也是不断提高，淀粉加工产能比较集中的西北地区淀粉薯加工薯价格起步价就在900元/t左右，到厂价一路涨到1 100元/t。受淀粉加工薯价格的刺激，在西北地区出现一定量的商品薯转成淀粉薯。

2 2019年马铃薯产业存在的主要问题

2.1 种薯市场混乱，出现劣币驱逐良币现象

虽然中国目前已经有了马铃薯种薯生产监控、质量检测、市场准入的完整制度和明确的行业规范，但由于马铃薯品种作为非主要农作物种子由审定制度转向登记制度，对种薯的生产和市场监管放松，导致种薯市场鱼龙混杂、种薯质量良莠不齐、登记品种名称混乱等现象有增无减。部分种薯企业对种薯市场形成较大的扰乱效应，出现种薯以商品薯出售逃脱监管、低价销售冲击市场等现象，对正规的种薯经营企业造成很大冲击。

2.2 专用品种缺乏，不能满足加工业需求

2019年马铃薯淀粉原料薯短缺，使得马铃薯加工专用品种缺乏的问题更加突出，尤其是区域性适宜品种短缺。国内市场需求更加倾向于个头偏大、表皮光滑、黄皮黄肉等外观比较好看的品种，一些地区为迎合市场需求，大面积种植市场最畅销且高产的品种，随着马铃薯生产水平的不断提高以及北方降雨的逐渐增多，马铃薯的商品率不断提高，导致淀粉原料薯的短缺将长期化。因此，适宜不同主产区的淀粉等专用品种的选育和专业化种植成为马铃薯产业链中一个急需解决的问题。

2.3 设施化规模增加，带来环境压力

农膜的应用可以起到保墒除草提低温的作用，尤其是能够使马铃薯提早上市带来较好的经济效益，地膜覆盖、二膜、三膜等生产模式在西北、西南和中原地区的马铃薯生产上应用面积越来越大。但是马铃薯生产地膜田间回收困难，没有适合的地膜回收机械，人工分拣成本又太高，因此大部分地膜处理方式主要是简单收集、地头堆放，然后填埋或焚烧，给生态环境带来很大污染压力。

2.4 加工业规模简单扩张，整体水平较低

中国马铃薯加工企业主要以淀粉加工为主，虽然企业的总设计加工生产能力在不断提高，但是实际加工量仍然有限。绝大多数加工企业生产设备落后，缺乏资金，技术创新能力低，企业管理水平低，仅仅从事技术含量低的简单粗加工，精深开发产品少，结构相对单一。与荷兰、瑞典等国家相比，中国深加工技术落后，资源浪费的问题比较突出。以淀粉加工行业为例，当前淀粉加工最先进的设备投入产出比例为7 t马铃薯和8 t水生产1 t淀粉，水可以循环利用，但国内普通的设备投入产出比例是8 t马铃薯和16 t水生产1 t淀粉，而且不循环用水，浪费了原料和水资源。

2.5 市场营销能力不足，产销脱节仍显著

在马铃薯市场销路拓展方面，还存在很多问题：一是仍然存在"先生产，后销售"或"重生产，轻流通"的思想，现代市场营销观念还很淡薄；二是企业和农户之间缺乏最基本信息沟通，一般企业不愿意将真实的内部消息透露给农户，致使鲜薯的供应销售不及时；三是马铃薯的种植较分散，未形成统一的销售规模，缺乏将分散的千家万户小规模生产者

和瞬息变化的市场连接起来的网络组织。目前大多数马铃薯市场的经营组织机制、销售网络不是特别健全，对价格波动的缓冲和市场风险的调控能力还十分缺乏，远远不能满足当地马铃薯生产发展的需要。

3 对策建议

3.1 设立种薯监管机构，提高市场准入门槛

种薯的质量决定了马铃薯的产量、质量和薯农的经济收益，建议政府设立监管机构或者给现有机构赋权，制定种薯市场的管理规定，提高种薯市场的准入门槛，质量检测合格的品种可进入市场。建议给马铃薯相关的协会赋权，支持开展病毒检测和种薯追溯体系建立等工作，监督种薯企业的经营行为，维护种薯市场秩序。

3.2 加强专用品种选育，优化种植品种空间布局

综合区域自然、社会经济条件，结合区域比较优势，优化品种空间布局，为不同地区提出种植建议，避免单一品种大规模种植。各主产区应加强适合当地自然条件的中高淀粉品种应用，淀粉加工专用品种具有实施订单、全程机械化、规模化、专业化生产的优势，在为淀粉加工业发展提供优质原料的同时，实现与鲜食菜薯的错位发展。

3.3 建立马铃薯绿色生产示范点，开展清洁生产行动

在马铃薯主产区增设马铃薯绿色生产示范点，加快构建农膜回收体系，研发生物降解膜，推动加工废弃物循环再利用。建立农膜生产责任制度，制定农膜生产标准。出台政策补贴建立农膜回收站点，形成农户收集、企业循环再利用的模式。加快研发生物降解农膜，推广适合区域自然条件的农膜，降低农户生产成本，提高认可度。发挥马铃薯深加工龙头企业的带动作用，实施废水入田、废渣入饲料，发展种植、加工、养殖循环经济。

3.4 加强技术研发，补齐产业短板

在经济效益的刺激下，马铃薯生产的农膜用量将不断增大，降低农膜回收成本、提升回收利用率，必须加强适合马铃薯生产地膜回收器械的研发。目前国内淀粉加工设备比较落后，实施产学研相结合，研发国产深加工设备，降低企业生产成本，提高产品质量和资源利用率。

3.5 完善利益联结机制，拓展马铃薯销路

建立和完善马铃薯加工企业之间的市场竞争机制，打破条块分割，避免无序过度竞争。建立和完善龙头企业、科技服务等中介机构、农民之间的利益联结机制，要保护农民利益，引导他们进入、适应市场，成为市场竞争主体。此外要充分发挥自身比较优势，努力开拓马铃薯产业的国际市场。

[参 考 文 献]

[1] 崔永伟，杜聪慧，李树君 . 中国马铃薯种薯产业发展分析与展望 [J]. 农业展望，2020(1)：71–76.
[2] 李文超 . 我国马铃薯生产发展趋势 [J]. 农家参谋，2019(16)：63.
[3] 王哲 . 中国马铃薯产业发展现状及对策 [J]. 农家参谋，2020(2)：84.

恩施州马铃薯产业高质量发展的理性思考

于斌武[1]，高剑华[2]，李雪晴[1]，李求文[1]，赵锦惠[1]，郭开英[3]

（1. 恩施州农业农村局，湖北　恩施　445000；

2. 恩施州农科院，湖北　恩施　445000；

3. 恩施州马铃薯产业协会，湖北　恩施　445000）

摘　要：2019 年是恩施州马铃薯产业高质量发展的一年。全州上下抢抓第 21 届中国马铃薯大会在恩施州召开的历史性机遇，夯基础、强科技、调结构、办试点、补短板、创品牌，恩施州马铃薯产业及恩施硒土豆品牌建设健步迈入了一个高效发展的新时代。

关键词：马铃薯产业；高质量发展；理性思考

马铃薯是湖北省恩施州第一大农作物，有着 300 多年种植历史，常年种植规模 10.67 万 hm^2 以上，产量 150 万 t 左右，占全州夏粮产量 90%、全年粮食总产的 1/4，种植规模占全省"半壁江山"。无论从解决温饱、精准脱贫，还是从融合发展、乡村振兴角度来看，马铃薯已成为恩施州调结构转方式的重点产业、脱贫增收的扶贫产业、提质增效的优势产业。

1　产业发展形势

1.1　种植规模稳步扩大

2019 年恩施州马铃薯种植面积达到 10.96 万 hm^2，较上年增 0.59 万 hm^2，增幅 5.65%，其中，脱毒种薯繁育基地 0.28 万 hm^2、秋马铃薯 0.15 万 hm^2。马铃薯种植面积占全国、全省的 2.1% 和 48.3%，分别较 2018 年提高 0.02 和 0.09 个百分点。平均单产 962.9 kg/667 m^2，较上年增 6.5%，总产量 158.59 万 t，较上年增 12.5%，是全国、全省马铃薯单产水平的 72.0% 和 92.5%，分别较 2018 年提高 0.3 和 0.5 个百分点。恩施州从事马铃薯生产乡镇 88 个（全覆盖），其中种植规模 0.07 万 ~ 0.14 万 hm^2 的乡镇 34 个、0.14 万 hm^2 以上的乡镇 28 个、脱毒种薯生产乡镇 30 个。

1.2　产业效益大幅提升

2019 年马铃薯产值 9.5 亿元，较 2018 年增长 20.4%，是 2015 年的 2 倍；综合产值突破 60 亿元，较 2018 年增 20.0%，是 2015 年的 5.6 倍。基地农民种植马铃薯收益在 2015 年基础上平均增 1 000 元 /667 m^2 以上，其收入占恩施州农民可支配收入的 15% 以上，在马铃薯主产乡镇（村）约占 50%。从产业综合效益来看，恩施硒土豆产业已成为继恩施硒

作者简介：于斌武（1967—），男，高级农艺师，主要从事马铃薯产业发展研究及新技术推广。

* 通信作者：高剑华，高级农艺师，主要从事马铃薯新品种筛选、技术推广及脱毒种薯生产等方面研究，e - mail：80538373@qq.com。

茶之后的第二大特色农业产业。

1.3 市场主体迅速发展

2019 年恩施州从事马铃薯种植、加工、市场营销的企业、专业合作社、家庭农场达到 206 家，是 2015 年的 20 倍。其中，种薯生产企业 12 家，占 5.8%；优质商品薯生产企业 141 家，占 68.5%；加工企业 11 家，占 5.3%；营销企业 42 家，占 20.4%；高山蔬菜企业转产的 124 家，占 60% 左右。年经营产值 1 000 万元以上的企业 20 家，规模以上企业 8 家。2018 年注册成立了恩施州马铃薯产业协会，2019 年组建了恩施州马铃薯供销合作联社。马铃薯主食加工业发展呈现良好势头，马铃薯酵母液、硒土豆全粉、硒土豆面条（土豆全粉占 50%）、马铃薯硒蛋白提取及马铃薯酵母酒等加工工艺日趋成熟[1]，市场前景十分看好。

1.4 农旅融合势头强劲

2017 年以来，各地积极创建农旅融合示范基地，助力乡村振兴取得实效。恩施市、巴东县、建始县、鹤峰县相继举办"土豆花儿开"文化艺术节、健康中国行、土豆云销节、硒土豆销售大赛、恩施硒土豆美食评选等活动，极大地促进了乡村农旅融合发展。恩施市三岔镇连续举办三届"土豆花儿开"文化旅游节，融入当地系列特色文化展演、土豆美食品尝、土豆花儿乡村体验游、摄影大赛、"农家土豆宴"品鉴等形式多样的乡村文化旅游系列活动，为 2019 年中国马铃薯大会提供了极好的参观现场，吸引各地专家、游客、客商纷至沓来，调研考察、采购土豆和投资兴业。恩施市三岔镇土豆农文旅融合的实践证明，马铃薯"三产"融合是乡村振兴、农民增收、农业增效的重要途径。目前，全州形成了以恩施市三岔镇 – 天池山沿线土豆农耕文化与马铃薯科研展示、利川汪营 – 齐岳山"土豆 + 高山蔬菜 + 风力发电"生态旅游和利川团堡土豆绿色生态产业扶贫示范等多条初具规模的乡村土豆生态文化旅游线[2]。

2 主要推进措施

2.1 高位推进夯基础

2015 年以来，州委州政府出台了《关于加快推进马铃薯主粮化的实施意见》（恩施州发〔2015〕14 号），州财政每年安排 1 000 万元专项经费，各县市政府每年相应配套安排专项资金 500 万元以上，重点支持马铃薯种薯生产、晚疫病统防统治、主食产品研发、营销平台建设及龙头企业引进和培育等，在全省率先试点推进马铃薯主粮化试点建设。委托农业部规划设计院编制了《恩施州马铃薯产业"十三五"发展规划（2016 ~ 2020 年）》，确立到 2020 年建成"五大中心"（即：南方马铃薯科技创新中心、南方马铃薯产业信息中心、西南山区马铃薯脱毒种薯繁育中心、武陵山区优质特色马铃薯主食产品开发中心和南方马铃薯晚疫病预警防控中心）发展目标。同时，全州积极争国家绿色高产创建及现代农业生产发展专项扶持，不断夯实了马铃薯产业链发展基础，促进了恩施土豆产业提档升级。4 年多来，各级财政扶持马铃薯专项资金 2.6 亿元，建成拥有 1 100 余份品种（系）国内领先的马铃薯种质资源库、恩施土豆标准化核心生产基地 1.33 万余 hm^2、马铃薯脱毒种苗生产能力 3 000 万株及商品化处理能力 10 万余 t，开发马铃薯主食加工产品 200 多款，建成马铃薯晚疫病预警监测点101个和55个远程视频监测点,成为全国地区级覆盖面最大、功能最完备的马铃薯晚疫病预警监测体系,湖北省农业农村厅挂牌成立了"湖北省马铃薯晚疫病监测预警指挥中心",为武陵山区马铃薯晚疫病预警监测和统防统治奠定了基础。与此同时,恩施马铃薯、恩施土豆分别于2017年11月和2019年1月申报成为中国地理标志保护农产品,恩施土豆地理标志证明商标即将注册成功,为全州马铃薯产业发展奠定了品牌建设基础。

2.2 科技创新强支撑

"十三五"以来,湖北恩施中国南方马铃薯研究中心及各级农业技术推广部门致力于马铃薯产业发展关键技术攻关与新品种新技术示范推广,有效地促进了马铃薯产业快速发展。先后育成"鄂马铃薯10号""鄂马铃薯13""鄂马铃薯16"等系列优良品种;马铃薯脱毒种薯年生产能力达到4 000万粒以上,全州脱毒种薯推广率达到65%以上;探索研究的"马铃薯与玉米间套种""马铃薯与高山蔬菜轮作""薯玉豆宽幅复合种植模式""沟施垄种覆膜""测土配方施肥""全程机械化作业"等高产高效模式推广应用步伐加快。在2015年南方(恩施)马铃薯大会上,以州人民政府名义聘请了国家马铃薯产业技术体系首席科学家金黎平、国际马铃薯研究中心亚太分中心主任卢肖平等10位国内马铃薯界顶级专家,组建了恩施州马铃薯产业发展智库专家团队,成为恩施州马铃薯产业发展顶层设计的强大科技支撑,有效地推进了恩施州马铃薯产业高质量发展。

2.3 标准生产提品质

一是制定并发布了《恩施硒土豆生产技术规程》(DB422800/T006-2017)和《恩施硒土豆产品质量团体标准》,修订了《绿色食品—恩施土豆生产技术规程》共同作为规范使用恩施硒土豆商标的技术标准;二是发布了《国家地理标志农产品"恩施土豆"授权使用管理办法》,不断规范区域公用品牌管理及地理标志使用行为,首批授权使用恩施土豆地标的市场主体达58家;三是加强标准技术培训。全州把农村实用人才和新型职业农民技术培训工作放在首位,2016年以来,相继举办州级马铃薯专业培训班8期,八县市举办相关技术培训100多期(次),共培训农村实用人才2 000余人、新型职业农民300余人次,发放各类技术资料10万余份(册)。与此同时,还组织800多人次先后到杭州、南京、武汉、广州等地学习考察,着力培育了一批"懂农业、爱农村、爱农民"的科技服务队伍、"懂技术、通信息、善管理"的青年创业者和致力于"脱贫攻坚""乡村振兴"一线的本土企业家。统一技术标准和标识标牌,为提升产品品质和品牌竞争力奠定了基础;技术人才积累和储备,形成推进恩施州马铃薯产业高质量发展的智力保障。

2.4 品牌创建添活力

2015年以来,全州着力打造恩施硒土豆区域公用品牌,申报了恩施土豆农产品地理标志证明商标注册,形成了公用品牌和企业品牌"双牌经营"模式。成功组织召开了2015、2016两届南方(恩施)马铃薯大会和2019年第21届中国马铃薯大会暨世界硒都(恩施)马铃薯博览交易会,恩施硒土豆品牌价值得以彰显和提升。"恩施硒土豆馆""恩施硒土豆全席""恩施硒土豆美食"成为推介恩施的一张张靓丽名片。2015年,恩施硒土豆获得"最受消费者喜爱的中国农产品区域公用品牌"。2016 年，巴东率先启动电商平台销售恩施小土豆走俏。2017 年，恩施硒源公司"小猪拱拱"硒土豆一路走红，高端商超售价达到 19.8 元 /kg。2018 年，在农业农村部举办的贫困地区农产品产销对接活动上，州委副书记、州长刘芳震为恩施硒土豆代言。"恩施炕小土豆"荣登武汉东湖国事活动食谱和外交部全球推介湖北的 25 道风味菜品之一。2019 年恩施硒土豆成为武汉第七届世界军运会营养健康食品之一。8 月 22 日，贝店在单一网上平台销售的恩施小土豆总重量达 29.832 9 万 kg，成功创造单一网上平台销售吉尼斯世界纪录。9 月 20 日，恩施硒土豆在首届湖北地理标志大会暨品牌培育创新大赛中获得金奖第二名。12 月，"恩施炕土豆"入选湖北十大楚菜名点，湖北垄上频道《荆楚原产地》专栏专题推介恩施硒土豆美食。与此同时，湖南卫视"天天向上"、东方卫视"极限挑战"及莫文蔚恩施演唱会等众多明星为恩施硒土豆品牌代言，极大地提升了品牌核心价值。恩施土豆已走进全国 20 多个省市区城市消费人群的健康生活，2019 年宣恩七里优选有限公司的"慢土豆"牌硒土豆，在杭州盒马鲜生、大润发等高端市场最高销价达到 33.6 元 /kg。恩施硒土豆已连续三年成为国内销售火爆的"网红土豆"和土豆王国中的奢侈品[3]。品牌全方位推广，为恩施硒土豆产业发展增添了新动能和新活力。

3 主要瓶颈问题

在恩施土豆产业高速发展的进程中，仍存在诸多不容忽视的问题，需要在实践中不断破解。主要体现在"六个不匹配"。

3.1 基地收益与市场销价不匹配

从近几年马铃薯基地收购价和市场销售价格来看，二者价格形成天壤之别。2016 年，基地平均收购价 1.2 元 /kg，市场平均销售价 4.4 元 /kg。2017 年以来，基地价从 1.4 元 /kg 上升到 2019 年的 1.8 元 /kg，而市场平均销售价已从 6 元 /kg 上升到 9 元 /kg，最高销售价从 2017 年 19.8 元 /kg 上升到 2019 年 33.6 元 /kg。基地价和市场价比较反差极大，其中获利最大的是中间商，虽然恩施硒土豆市场火爆了，但基地种植户的获得感不强，这种现象严重挫伤了种植户的积极性和产业的健康发展。

3.2 良种良法与推广应用不匹配

恩施州马铃薯生产呈垂直分布，高中低海拔均有种植，由于市场主体不多、实力不强、带动力不够，导致生产组织化程度低，规模化、标准化生产基地不足 20%[4]。加之，全州农村青壮年劳动力外出务工达 70 余万人，劳力奇缺成为马铃薯生产的最大障碍。同时，由于马铃薯用种量大，种薯繁育系数较低，马铃薯更新换代不快，品种混杂退化严重，农家肥使用比率少，精耕细作水平下降。虽然湖北恩施中国南方马铃薯研究中心拥有不少的马铃薯新品种、新技术，但由于种种条件制约，使得配方施肥、育芽带薯移栽、马铃薯晚疫病绿色防控等实用技术推广与基地标准化建设匹配困难，成果转化难度大，难以形成标准化、规模化生产和集约化经营的产业化格局。

3.3 市场需求与基地规模不匹配

随着恩施硒土豆品牌一路走红，恩施土豆呈现供不应求的现状。从近 3 年情况看，

2017 年 12 月下旬全州土豆销售一空，总销售量仅 60 万 t 左右；2018 年 12 月上旬全州土豆存量已严重不足，多家营销大户发出在全州收购土豆的信息，总收购量未超过 65 万 t；2019 年，11 月上旬就出现在全州"地毯式"搜寻土豆的格局，目前全州土豆销售总量也不到 70 万 t。据统计数据显示，恩施州马铃薯鲜薯产量有 150 多万 t，而市场销售还不到 50%，其主要原因就是商品基地规模小，特别是低山早熟和秋马铃薯规模小、产量相对较低、商品化率不高，尚未销售的 50% 鲜薯中，农民自留当主食约 60%、留种 5%、喂猪 35%。此外，畅销土豆品种仅"米拉""鄂马铃薯 10 号"，品种单一且量小也是与市场需求不匹配的原因之一。

3.4 提升品质与基础装备不匹配

近年来，恩施硒土豆在盒马鲜生、京东商城、沃尔玛、首航国力、中百仓储、大润发、永辉、天猫、苏宁、华联、贝店、云集、U 掌柜、轻猫商城、宝宝树、蜜芽宝贝等国内高端商超及网络平台热销，销售时间仅 5 个月左右，出现的最大问题是土豆发芽快而多，究其原因主要是基地贮藏条件差、冷链物流及商品化处理设施建设滞后等造成。目前，恩施州高品质土豆贮藏能力仅有 10 万 t，大量外销的土豆未经商品化处理，在温差变化大的情况下，土豆发芽概率较高。此外，机械化程度较低、种植地虫害严重造成商品率下降也较为普遍[5]；土豆"绿头"多，与种植规范和仓贮条件差也有着必然关联。为此，加快贮藏能力建设、提高商品化处理能力，是提升土豆品质、延长营销时间、实现周年供给的重中之重。

3.5 品牌创建与监管机制不匹配

目前恩施土豆地标、恩施硒土豆品牌所有权属于恩施州农业技术推广中心（简称"中心"），品牌市场化运作主体是恩施州马铃薯产业协会（简称"协会"）会员单位，"中心"和"协会"之间的授权、监管和使用尚未明确，市场监管主体和机制不健全，导致品牌在市场上使用较为混乱。目前尚未获得恩施土豆地理标志和恩施硒土豆品牌授权的州内外市场主体挂牌经营者较多，甚至收购外地土豆充当恩施土豆、恩施硒土豆品牌的市场经营者也不少。如何加强区域公用品牌监管，规范品牌市场行为，确保区域公用品牌市场信誉，是当务之急摆在品牌建设上的一件大事。

3.6 主体培育与金融扶持不匹配

目前恩施州多个马铃薯企业因"融资难"问题，导致企业扩容难甚至亏损大，直接影响到全州马铃薯产业链健康发展[6]。湖北武陵山生态农业股份有限公司从 2016 年开始在恩施市白杨坪工业园区筹建 3 万 t 马铃薯全粉加工生产线项目，因用地手续办理迟缓，责令停建近 3 年之久，直接经济损失近 2 000 万元，而且从去年 12 月份拿到项目土地使用证后，到目前为止还未融到资，无法开工建设；恩施州平安农业开发有限公司是一家从事薯片加工 30 多年的企业，2014～2015 年承担了国家两个农业综合开发项目建设，企业自筹资金 2 500 多万元，形成的土建工程近 3 000 万元固定资产到如今还办不了不动产使用权证，融资问题无法解决，导致该企业借高息艰难度日。从 2 个企业的情况看，要培育一个好的龙头企业，必须有强大的金融扶持作后盾，否则提"招商引资""培育龙头"等都是空谈。

4 发展对策措施

4.1 调整优化种植布局

以恩施市三岔镇、利川市团堡镇为示范样板，建设 20 个以上马铃薯专业示范乡镇和 200 个以上马铃薯专业核心村，着力解决优质商品薯规模不够、商品率不高的问题。专业示范乡镇基地规模不低于 0.13 万 hm²，专业核心村基地规模不低于 66.67 hm²。以湖北清江种业为马铃薯脱毒原原种生产龙头，加快"四县市五乡镇"高山片区、利川齐岳山片区（含汪营、谋道）、巴东绿葱坡片区（含大支坪、野三关）为重点的脱毒种薯繁育"三大板块"基地建设[7]。支持具备马铃薯原原种、原种生产经营能力的企业、专业合作社和家庭农场规模化生产脱毒原种和一、二级良种，逐步完善种薯繁供及监管体系，加速马铃薯脱毒快繁技术推广。以二高山及低海拔区域为重点，着力建设马铃薯食品加工原料生产基地，着力推广高干物质、高蛋白质品种。以巴东、来凤、恩施低海拔区域为试点，建立早熟马铃薯及秋马铃薯生产示范基地，以填补"春提早""秋延后"马铃薯供给。拟通过 3 ~ 5 年时间，建成恩施硒土豆核心生产示范基地 8 万 hm²，其中商品化基地 6.67 万 hm²、种薯基地 0.67 万 hm²、加工原料基地 0.66 万 hm²。

4.2 提升科技创新能力

以湖北恩施中国南方马铃薯研究中心科技创新团队为依托，加大与华中农业大学、湖北民族大学及国家马铃薯产业技术体系全方位的科技合作和攻关，加强研发能力和条件建设，实施科技创新重点专项，打造国内领先的马铃薯产业科技创新中心，不断提升恩施州乃至整个武陵山区马铃薯生产、加工、流通等领域科技创新和应用水平[8]。着力攻克"早熟及中早熟品种选育""土壤虫害防控""晚疫病统防统治""高产高效栽培模式"等方面关键技术，品种创新重点突破优质、高产、抗逆和适宜主食加工的专用型品种选育；加强适宜山区马铃薯种植、加工的小型机械研发与推广，着力解决山区劳动力缺乏、从业者素质低的问题，大力推进山区马铃薯全程机械化步伐；加快马铃薯商品化处理和鲜薯贮藏技术研究，着力解决产品优选、分级包装、鲜薯发芽、冷链物流等供应链方面的核心技术难题，不断提高优质商品化率，保障市场有效供给和周年供应；加大马铃薯主食加工产品研发，着力引进、开发适宜城市人群广泛消费的马铃薯主食产品如马铃薯面条、马铃薯馒头、马铃薯豆皮、马铃薯蛋糕等系列休闲食品及恩施硒土豆美食、马铃薯功能食品，加快推进"恩施硒土豆"健康消费的传播。

4.3 引进培育龙头企业

坚持"政府引导、市场主导、企业主体"原则，积极出台优惠政策，加大招商引资、招才引智力度，积极引进和培植一批马铃薯生产及营销企业，实施龙头企业带动战略，提升产业整体实力，延伸马铃薯产业链，增加产品附加值。鼓励支持企业与科研院校合作，着力开展新产品、新工艺研发，重点扶持马铃薯生产企业商品化处理中心建设及加工龙头企业引进技术、改进装备、研发主食加工产品、提高产品竞争力和市场占有率。加快发展新型主体，积极引导土地经营权向市场主体流转，加大产业人才培养，推进新型主体向专业化、规模化和集约化方向发展；着力支持本土企业和返乡创业青年投身投资马铃薯行业，鼓励市场主体与村级经济实体无缝对接，建立定期或不定期培训机制，培育一支"永久性""可靠性"乡村马铃薯产业开发队伍；加快建设"恩施硒土豆"产业联盟，协调和规范马铃薯生产、经营行为，维护公共利益和行业信誉。鼓励跨区域销售的专业门店和电商平台建设，完善"农商对接""农超对接""直销直供""连锁经营"等产销模式，不断规范市场交易行为，提升马铃薯产业综合效益。

4.4 加强公用品牌建设

加快建立和完善恩施硒土豆品牌行业管理、市场准入和产品溯源"三位一体"的品牌管理体系。恩施土豆、恩施硒土豆品牌市场监管建议由州马铃薯产业协会负责，从种植源头抓起，包括土壤改良、播种、施肥、灌溉、田间管理、采收标准等，制定和完善可操作性的产品标准，实行质价挂钩，确保产品品质；建立严格的品牌准入机制，从产品大小、外观、营养物质含量、残留检测等方面制定标准，只有符合标准的产品生产企业才能被授予恩施硒土豆、恩施土豆地理标志商标使用权；建立以恩施硒土豆、恩施土豆为核心的马铃薯区域公用品牌体系，引导和支持在区域公用品牌旗下创建企业子品牌，实行双牌经营；建立健全品牌追踪检查体制，由协会会员单位及授权使用品牌企业负责市场品牌监管，共同抵制和打击未经授权的产品及假冒产品上市，形成良好的品牌运作、监管机制，维护区域品牌形象，扩大影响力和竞争力；积极组团参加国际及国家级马铃薯大型展会，吸引国内外客商和人才资源向恩施州集聚；积极与国内较前位的品牌策划团队加强合作，高水平、全方位携手打造恩施硒土豆区域公用品牌形象，充分利用公共网络及新媒体等平台，加强马铃薯品牌宣传推介，使恩施土豆实现由产品到商品、由商品到品牌、由品牌到文化的大跨越；积极开展马铃薯绿色、有机产品产地申报、认证和开发工作，加快恩施州马铃薯产业高质量发展步伐，到2025年，全州马铃薯基本实现全域绿色化，力争有机化率达到15%以上。

4.5 提高服务保障能力

建立和完善州、县市、乡镇三级马铃薯产业开发领导和服务机制，明确工作专班，落实责任目标，强化绩效考评。继续加大州、县市财政专项扶持力度，切实落实好"州财政每年安排1 000万元奖补资金，各县市每年相应安排500万元资金"扶持政策，重点支持马铃薯专业乡镇（含专业村）、马铃薯商品化处理、马铃薯主食产品开发，3～5年马铃薯商品化能力达到100万t以上；加快恩施硒土豆区域公用品牌建设，3～5年建成"中国土豆第一品牌"。信贷资金要向马铃薯市场主体倾斜，支持马铃薯市场主体参与马铃薯生产保险，构建马铃薯种植生产保障体系。加强指导各地举办"土豆花儿节""土豆采挖节""恩施硒土豆美食节"等品牌推介活动，促进一二三产业融合发展。支持企业在目标市场建立"恩施硒土豆体验（实体）馆（店）"，通过地域风情与特色美食，融合品牌传播力，增强消费者对区域公用品牌及产品的认知高度和消费黏性。积极开展"恩施土豆十大乡镇""恩施土豆十强企业""恩施土豆百强村""恩施土豆种植（销售）十大状元""恩施土豆十大花海"等创建和评选活动，探索打造马铃薯特色小镇、恩施硒土豆百里长廊等，带动"整乡整村"脱贫致富，实现恩施土豆创业就业"零距离"。

[参 考 文 献]

[1] 于斌武，向来，李求文，等 . 树立健康消费观打造薯业增长极 – "恩施硒土豆"产品开发启示与探索 [C]// 屈冬玉，金黎平，陈伊里 . 马铃薯产业与健康消费 . 哈尔滨：黑龙江科学技术出版社，2019.

[2] 于斌武，张文刚，伍锡章，等 . 武陵山区"土豆花节"农旅融合发展的实践探索 – 以湖北省恩施市三岔镇为例 [C]// 屈冬玉，金黎平，陈伊里 . 马铃薯产业与健康消费 . 哈尔滨：黑龙江科学技术出版社，2019.

[3] 于斌武，高敬源，郭开英，等 . "恩施硒土豆"区域公用品牌建设的实践探索 – 以"小猪拱拱"品牌创建为例 [C]// 屈冬玉，金黎平，陈伊里 . 马铃薯产业与健康消费 . 哈尔滨：黑龙江科学技术出版社，2019.

[4] 李卫东，沈艳芬，高剑华，等 . 湖北省恩施州绿色优质硒马铃薯产业发展情况与对策建议 [C]// 屈冬玉，金黎平，陈伊里 . 马铃薯产业与健康消费 . 哈尔滨：黑龙江科学技术出版社，2019.

[5] 吴继红，于斌武，向来，等 . 恩施山区马铃薯生产全程机械化应用探析 [C]// 屈冬玉，金黎平，陈伊里 . 马铃薯产业与健康消费 . 哈尔滨：黑龙江科学技术出版社，2019.

[6] 李求文，于斌武，钟育海，等 . 湖北恩施州率先推进马铃薯主粮化探索与建议 [J]. 中国马铃薯，2017，31(4)：246–251.

[7] 高剑华，沈艳芬，李大春，等 . 2019 年恩施州马铃薯产业发展趋势与政策建议 [C]// 屈冬玉，金黎平，陈伊里 . 马铃薯产业与健康消费 . 哈尔滨：黑龙江科学技术出版社，2019.

[8] 文黎明，高剑华，于斌武 . "恩施土豆"产业发展的 SWOT 分析 [C]// 屈冬玉，金黎平，陈伊里 . 马铃薯产业与健康消费 . 哈尔滨：黑龙江科学技术出版社，2019.

定西马铃薯产业升级发展的现状与对策

安建华，魏周全 *

（定西市植保植检站，甘肃 定西 743000）

摘 要：定西是马铃薯适宜种植区域之一。近十多年来经过当地政府和广大群众苦抓实干，培育壮大，使定西成为全国马铃薯三大主产区之一、全国最大的脱毒种薯繁育基地。但在产业发展过程中还存在制约转型升级的诸多问题，文章结合定西市马铃薯产业发展规划和工作实践，提出产业发展的对策思路，旨在推动定西马铃薯产业升级和不断发展。

关键词：定西；马铃薯；产业；对策

甘肃省定西市位于黄土高原中东部，气候冷凉、土质疏松、光照充足，得天独厚的气候、土壤、光热等自然条件使定西成为马铃薯的适宜种植区之一，高海拔和冷凉的气候特别适合种薯生产。马铃薯在定西种植历史悠久，发展潜力巨大，比较效益突出，成为农民增收致富的重要经济作物[1]，在保障全市粮食有效供给和加快群众脱贫致富中发挥了重要作用。从 1996 年开始实施"洋芋工程"，到 2008 年提出打造"中国薯都"，经过十多年的开发培育，发展壮大，产业化格局已基本形成，定西已成为全国马铃薯三大主产区之一和全国最大的脱毒种薯繁育基地、全国重要的商品薯生产基地和薯制品加工基地，马铃薯产业已经成为定西名副其实的富民产业，与"中医药产业"和"草食畜牧业"并称为定西三大产业。

1 定西市马铃薯产业现状与存在问题

近年来，定西市按照科学化布局、集约化种植、标准化生产、精深化加工、品牌化营销的总体思路，把马铃薯产业作为富民强市的主导产业来抓，在基地建设、良种繁育、贮藏体系、市场流通、精深加工、品牌营销等方面取得了新突破。

1.1 种植基地优势已经形成

近年定西市马铃薯种植面积基本稳定，总产量保持在 500 万 t 左右。2019 年全市种植马铃薯 19.21 万 hm²，总产量 518.94 万 t，总产值达 187 亿元，人均产业收入 1 900 元，占全市人均纯收入的 23%。其中实施马铃薯订单化种植 8.25 万 hm²，订单模式已由政府推动为主向企业、协会、大户主动对接农户的市场化运作转变。

作者简介：安建华（1976—），男，高级农艺师，主要从事马铃薯农业种植技术示范推广和马铃薯病虫害防治技术研究与示范推广。

基金项目：甘肃省现代农业马铃薯产业体系项目（GARS-03-P1）；定西市马铃薯主要土传病害防治技术试验与示范推广项目。

* **通信作者**：魏周全，农技推广研究员，主要从事马铃薯病虫害研究，e - mail：dxzbzh@126.com。

1.2 种薯产业进一步升级

经过大力扶持培育，全市成规模的种薯企业已达36家，其中具有原种生产资质的企业18家。2019年全市生产原原种11.46亿粒，建立各级马铃薯种薯繁育基地6.77万 hm^2，其中建成原原种繁育基地0.67万 hm^2、生产原种22万t，建成一级种扩繁基地6.1万 hm^2、生产一级种薯175万t。脱毒种薯除覆盖全市种植外，还畅销全省及内蒙古、贵州、河北、安徽、青海、山东、宁夏、新疆、四川、重庆10多省、自治区、直辖市。目前定西市马铃薯占全国市场的40%，紧抓国家实行马铃薯主粮化战略带来的发展机遇，发挥特色优势，建设核心优质种薯繁育中心，定西市农科院2016年成功选育出2个马铃薯新品种，全市筛选出了2个高产优质品种，2个水肥高效利用品种，示范应用优良品种8个，加快马铃薯新品种引繁育工作，推动马铃薯种薯繁殖集约化发展。

1.3 标准化种植稳步推进

定西市先后制定下发了《马铃薯标准化生产实施方案》《标准化生产技术规程》，2014年市委市政府审议并通过了《关于进一步加快马铃薯产业转型升级发展的意见》，通过宣传培训、技术指导等措施，规范种植户的技术水平，全力推进马铃薯标准化生产。大力推广种植适销对路的马铃薯专用品种，形成产业化规模化种植[2]。2019年全市建成马铃薯标准化生产基地15.67万 hm^2，占种植面积的81.53%，马铃薯标准化生产水平不断提升。

1.4 加工能力逐年扩大

目前，全市加工能力万吨以上的马铃薯加工龙头企业有28家，其中16家被认定为省级农业产业化重点龙头企业。先后成立了马铃薯淀粉行业协会、马铃薯产业协会、省级马铃薯淀粉加工工程技术研究中心和马铃薯变性淀粉工程技术研究中心。2019年全市马铃薯精淀粉及其制品生产能力达到81万t，加工马铃薯产品10.5万t，马铃薯深加工产品由精淀粉发展到高档休闲食品、新型工业产品等。

1.5 仓贮体系日臻完善

国家级定西马铃薯批发市场经农业农村部批复，已进入实质性建设阶段。目前全市已建成较大的马铃薯专业批发市场6个，其中定西马铃薯综合交易中心及临洮县康家崖、陇西县文峰、渭源县会川市场被农业农村部定点为全国重点马铃薯专业批发市场，全市有中小型马铃薯交易市场50多个，参与马铃薯交易的农贸市场196个，收购网点2 300多个，贩运大户3 265户。截至2019年底全市建成各类马铃薯贮藏窖（库）95万座，总贮藏能力达到360万t。

1.6 产业软实力不断提升

截至2019年全市从事马铃薯产业的农民专业合作社达到1 521个、家庭农场达到105个，全市新制定马铃薯地方标准10项，新修订地方标准2项。定西市安定区被认定为省级绿色食品马铃薯标准化生产基地、认定面积0.59万 hm^2。已认证马铃薯及其制品"三品一标"41个，其中无公害产品认证15个、绿色食品认证24个、地理标志产品认证2个，新申报有机食品2个、绿色食品11个。"渭源种薯"等5个产品获国家原产地地理标志注册，临洮"腾胜"牌等5个马铃薯产品获国家A级绿色食品证书。2012年"定西马铃薯"

注册商标被国家工商总局认定为中国驰名商标。截至 2019 年定西连续举办了 11 届由农业农村部和甘肃省人民政府主办的全国马铃薯大会，为推动定西马铃薯产业发展营造了良好的宣传氛围。

定西市马铃薯产业虽然取得了可喜的成绩，得到了长足发展和不断壮大。但是，还存在一些不容忽视的问题。一是新品种选育和引进筛选工作滞后，尤其是优质早熟、中早熟品种比较缺乏，适宜加工全粉、薯条及薯片等适销对路品种少，科研机构及重点种薯企业普遍存在品种相对单一、结构不合理的问题；二是种薯质量亟待提高，特别是要加强对种薯企业生产扩繁过程的监管，严格监测检验种薯质量，把好产品准入准出关，完善种薯生产各个环节供种机制；三是标准化生产水平不高，目前马铃薯种植主要以千家万户分散种植为主，执行标准化生产规程难度较大，标准化种植主要集中于高产创建基地、集中连片示范区、种薯生产基地、种薯企业基地等，马铃薯生产的标准化程度还不高；四是流通体系不够畅通，虽然全市马铃薯贮藏能力达 300 万 t 以上，但种薯仓贮设施建设标准化程度不高，缺少大型马铃薯贮藏窖和恒温库，导致窖藏烂薯率较高，经济损失较大。流通渠道不够畅通，也制约着马铃薯产业的进一步发展；五是精深加工水平还较低。目前大部分生产加工企业仍然以加工粗淀粉、粉条、粉皮为主，即使作为主要产品的精淀粉也是初级产品，因此加工附加值较低，受市场价格波动较大。而变性淀粉加工、高档休闲食品加工方面，规模层次和生产能力水平还比较低，马铃薯加工产品的增值收益不高。

2 思路与发展对策

定西马铃薯产业目前已处于升级发展的关键期，通过继续扩张种植规模和提高单产来挖掘产业发展的空间已十分有限，必须确定合理的发展规模。针对产业发展现状与存在的主要问题，只有从做大做强种薯企业，进一步扩大生产能力和水平，建成全国重要的优质种薯生产和供应基地；重点扶持马铃薯加工企业，进一步提升马铃薯深加工能力和水平，提高产品附加值。具体要以全力推进标准化生产和提升精深加工水平为抓手，重点在种薯培育生产和加工高附加值产品方面求突破，延长产业链条，打造名优品牌，拓展市场占有率，推动马铃薯产业的转型升级发展。

2.1 加快推进标准化生产

逐步扩大标准化生产区域，强化标准化技术组装配套，在旱作区大力推广以黑膜全覆盖双垄垄侧栽培 [3]、脱毒种薯应用、测土配方施肥、稀土旱地宝拌种、机械化耕作与病虫害综合防控等综合配套技术为主的标准化种植技术；结合"高产创建"行动，继续在全市不同区域建立核心示范区，以马铃薯适宜种植乡镇为主整建制推进标准化种植，采取农艺农机相结合、试验示范相结合，良种良法相配套的标准化栽培模式，充分发挥示范带动效应，全面提高马铃薯标准化生产水平，确保全市标准化种植面积稳定在 16 万 hm^2 以上。

2.2 积极推动种薯产业升级

立足种薯生产优势，不断筛选优化品种结构，进一步完善种薯扩繁体系，健全生产链条、促进各级别种薯的均衡发展，继续强化种薯质量监管，确保种薯质量安全，规范种薯市场，加快推进马铃薯种业"育繁推"一体化建设，建立健全品种选育、种薯繁育与流通体系 [4]，确保种薯产业健康有序发展，力争建成国内最大的脱毒种薯基地，成立种薯行业协会，组团打造种薯品牌，共建市场营销体系形成价格联盟机制，2020 年实现生产脱毒苗 5 亿株以上，生产原原种 10 亿粒以上，种薯扩繁面积 6.67 万 hm² 以上。

2.3 着力提升生产加工水平

在稳定现有精淀粉加工生产能力的基础上，加快企业技术改造，提高变性淀粉生产能力，在新产品研发、新成果转化应用上求突破，重点以发展生产薯条、薯片等高档休闲食品、淀粉转化食品，高档涂料、新型工业产品加工业等为主，对加工后马铃薯废渣集中综合利用生产生物有机肥、水基性农药、车用生物燃气等衍生产品，积极引进资金投资淀粉深加工领域，实现产业链的延伸[5]。力争全市精淀粉及其制品加工能力稳定在 85 万 t 以上，实际加工产品量达到 15 万 t 以上，努力打造全国重要的马铃薯精深加工基地。

2.4 完善贮藏流通体系建设

通过新建马铃薯贮藏窖库，改造提升已建各类贮藏设施，全面提升马铃薯贮藏能力和水平，确保全市马铃薯常年贮藏能力达到 300 万 t 以上，延长销售时间，促进马铃薯分散均衡上市，既延长了鲜薯的供应时间，又明显提高农民种植马铃薯的效益。继续建设好定西国家级马铃薯专业批发市场，完善各级各类马铃薯专业市场功能，规范市场秩序，实施品牌营销战略，做好鲜薯市场的深度开发，进一步增强鲜薯外销能力，尤其是要加强农超对接，做好精品鲜薯包装上架，不断丰富城镇居民的菜篮子。要加大面向全国的供种力度，不断提升定西马铃薯的知名度与市场占有率。

2.5 宣传打造定西马铃薯品牌

积极组团参加薯博会、世界种业大会，举办和参加全国性的马铃薯大会，虚心学习国内外先进的生产技术、经营理念，汲取借鉴各地成功的发展经验和产业模式，通过走出去、请进来等多渠道进一步发展壮大定西马铃薯产业；充分利用网络媒体等多种渠道积极宣传、展示定西马铃薯产业的发展成就，加大对"定西马铃薯"中国驰名商标的宣传利用力度，进一步扩大定西马铃薯的知名度和影响力，真正将"小土豆"做成"大产业"。通过深度开发和加快无公害、绿色和有机食品的认定认证，推动定西马铃薯产业持续健康发展。

[参 考 文 献]

[1] 余银 . 马铃薯产业助推脱贫攻坚 [J]. 云南农业，2017(12)：240.
[2] 王永生 . 规模化种植标准化生产产业化经营—做强做大马铃薯产业 [J]. 甘肃农业，2004(5)：27–38.
[3] 李继明 . 安定区地膜马铃薯不同覆盖方式集雨保墒增产试验 [J]. 中国马铃薯，2011，25(5)：275–278.
[4] 屈冬玉，谢开云 . 加速马铃薯脱毒种薯三代繁育体系建设促进产业全面升级和农民脱贫致富 [C]// 陈伊里，屈冬玉 . 马铃薯产业与粮食安全 . 哈尔滨：哈尔滨工程大学出版社，2009.
[5] 于金昌，王治，佟佰德，等 . 齐齐哈尔市马铃薯产业发展浅析 [J]. 中国马铃薯，2011，25(5)：317–319.

2019 年广东省马铃薯产业现状、存在问题及发展建议

曹先维[1,2]，徐鹏举[2,3]，陈　洪[2,4]，全　锋[1,2]，陈　琳[1,2]，
罗建军[1,2]，贺春喜[2,5]，张新明[1,2*]

（1. 华南农业大学，广东　广州　510642；

2. 国家马铃薯产业技术体系广州综合试验站，广东　广州　510642；

3. 惠东县农业技术推广中心，广东　惠东　516300；

4. 惠州市农业农村局，广东　惠州　516003；

5. 惠东县奕达农贸有限公司，广东　惠东　516300）

摘　要：对 2019 年广东省马铃薯生产、销售、加工和贮藏等状况进行论述，并分析了 2019 年广东省马铃薯产业中存在的主要问题和技术需求等。针对广东省马铃薯产业现状提出了几点建议，旨在促进广东省马铃薯产业的良性发展。

关键词：马铃薯产业；生产和销售；问题；建议

1　2019 年广东省马铃薯产业现状

1.1　生产情况

据统计，2019 年广东省马铃薯收获总面积约为 4.6 万 hm^2（较 2018 年减少 25%），总产量达 117 万 t，平均产量为 25.5 t/hm^2（较 2018 年增加约 5%）。广东冬种马铃薯主栽品种为费乌瑞它系列品种（包括"粤引 85-38""鲁引 1 号""津引 8 号""荷兰 7 号""荷兰 15 号"等），占冬种马铃薯面积的 90% 以上，其他如"中薯 5 号""中薯 18 号""中薯 20 号""垄薯 7 号""希森 3 号"和"大西洋"等品种，约占不到 10%。全省脱毒种薯应用率达 86% 以上，其中国家马铃薯产业技术体系广州综合试验站所辐射的 5 个示范县脱毒种薯应用率达到 95% 以上。

1.2　技术推广情况

广州综合试验站集成的冬作马铃薯高产高效优质栽培实用技术（含机械整地起垄、应用优质合格脱毒种薯、稻－稻－薯水旱轮作、平衡施肥、黑膜或稻草覆盖、晚疫病生态综

作者简介：曹先维（1962—），男，硕士，研究员，主要从事马铃薯引种及其栽培生理研究。

基金项目：现代农业产业技术体系专项资金（CARS-09-ES18）。

*通信作者：张新明，博士，副教授，主要从事植物养分资源管理与安全农产品的教学与研究，e-mail：xmzhang@scau.edu.cn。

合防控等关键技术）在惠东、恩平、开平、茂港和阳东 5 个示范县推广应用，并辐射到上述示范县所在地级市以及广州、中山、佛山、肇庆、河源、云浮、潮州等其他冬作主产市县，推广总面积约达 1.67 万 hm^2 以上。

1.3 市场销售情况

2019 年，广东冬作马铃薯销售呈现两大特点：

一是销售市场多元化，出口和港澳市场销售总量继续萎缩，约占总产量的 3%；国内以华南、华东市场为主，华中和华北市场销量逐步上升，省外销量约占总产量的 38%。

二是主收获季价格比上年大幅提高，但收尾阶段价格下降时间提前。2 月下旬至 4 月中旬田头价格稳定在 2.2 元 /kg 以上，部分时间段达到 3.0 元 /kg，田头均价较 2018 年同期提高 0.5 元 /kg 左右。

1.4 加工贮藏情况

广东省马铃薯加工不成规模，加工产品单一，仅有几家小型油炸薯片工厂，年需原料薯不足万吨，周年向全国马铃薯各产区应节收购。由于加工型品种产量潜力不够大（最高约 37.5 t/hm^2），收购价格较低（约 2 100 元 /t），农民种植积极性不高，品种仅限于"大西洋"，总面积不超过 0.067 万 hm^2，主要由百事食品、百宜食品、四洲食品和上好佳等公司应节收购或订单委托种植及回收。

广东省马铃薯生产以冬作为主，品质优良的马铃薯又以鲜薯食用型费乌瑞它系列品种为主，收获期在 1 月下旬至 3 月底，销售期主要集中在 2 月上旬至 4 月上旬，由于价格较好，且销售较为顺畅，到 4 月中旬已全部销售完毕，故基本上很少库存。但也有部分公司在 3 月份低价位时规模收购，在冷库中贮藏 20 ~ 30 d 后于 4 月高价位时抛出，获取更高利润。

2 2019 年广东省马铃薯产业存在的主要问题

2.1 品种单一

以"费乌瑞它"为代表的出口型鲜食系列品种占 90% 以上，存在抗灾能力脆弱、重大病害流行潜在风险大等问题。

2.2 种薯质量监控体系落实不到位

广东主要从北方种薯基地调入脱毒种薯，但由于部分产地监管不到位，调入地监管主要是核查经营合法性和检疫证，致使因种薯质量不高造成减产和经济损失的问题时有发生。

2.3 栽培成本逐年提高，影响种植者的积极性

人工、肥料、农药成本的上涨速度均高于商品薯收购价格上涨速度，致使种植者纯收入减少，严重影响马铃薯种植农户的生产积极性。

2.4 政策扶持力度不够

对技术研发、推广的投入远远不足。

3 技术需求问题

（1）不同熟制／用途抗病耐寒高产优质新品种的引进；

（2）种薯质量监控体系的建立、完善及严格执行；

（3）在黑色农膜或稻草覆盖条件下，一次性基肥施用技术的缓控释肥（或商品有机肥）的筛选、适宜施肥量范围、施肥技术及提高肥料利用率的技术等；

（4）适应广东冬作区不同种植规模的高垄双行马铃薯施肥、播种、覆膜（或覆盖稻草）及收获农机具的研发及推广；

（5）适于广东冬作马铃薯晚疫病和近年来生产中存在的其他病虫害（含地下害虫等）综合防治的预警系统和轻简高效综合防控技术体系等。

4 广东省马铃薯产业 2020 年预测

4.1 生产情况

因受 2019 年收获季节价格较低且出现滞销现象的影响，预计 2020 年广东省马铃薯种植面积较 2019 将会有小幅下降，但也可能与 2019 年持平。主栽品种不会发生明显变化，仍以鲜薯食用型早熟和中熟品种为主。

4.2 加工及市场情况

加工与往年相比变化不大，主要是油炸薯片型的企业。

平均田头价格可能比 2019 年同期有所上升或持平。总体价格走势如何还与生育期间是否有灾害性天气及其影响程度有关。

5 产业发展建议

5.1 加强新品种引进和筛选

目前，广东省冬种马铃薯主栽品种 90% 以上是费乌瑞它系列品种，品种单一，这样就存在重大流行病害集中爆发的风险；另外，由于缺乏适用于加工的品种，也不利于推进马铃薯产业转型升级和产业链延伸。因此，要多渠道、广范围开展新品种引进筛选，做好品种更新换代准备工作。

5.2 加强高产栽培技术推广

在国家马铃薯产业技术体系广州综合试验站的努力下，广东冬作马铃薯高产优质栽培技术得到了广泛的认可和应用，但是部分薯农"大水大肥、高投入高产出"的观念仍然很重，平衡施肥等节肥增效技术的推广与应用仍然任重道远。

5.3 保障马铃薯种植面积稳定

广东省马铃薯产业不单单是粮食产业、更是经济产业，农民种植马铃薯更多地考虑是经济收益、政府支持马铃薯产业也是定位于推动农民增收致富。因此，广东马铃薯产业发展更多的受市场销售影响，大小年现象较为明显，比如"十三五"的 4 年间，广东省马铃薯面积在 4.6 万 ~ 7.3 万 hm² 浮动，总产在 108 万 ~ 156 万 t 变化。因此，有必要发展多元化马铃薯产业，比如在鲜食基础上，发展加工型马铃薯；就是鲜食产业，也要充分拓展全国市场乃至国际市场。以销售带动生产，通过多元化发展稳定马铃薯种植面积，促进产业健康发展。

5.4 加强人才引进培养和新技术新产品的研发与应用

建议加强广东马铃薯产业技术创新人才的引进与培养，以增强马铃薯产业发展的后劲；加强适宜广东马铃薯产业持续发展的新型缓控释肥的筛选与研制，适合不同规模耕地的新型播种、收获和分级机械的引进、改造与应用；加强能够促进马铃薯地头销售的电子商务平台建设和销售大户的培育，破除广东省马铃薯滞销和价格波动较大的瓶颈问题，将有利于其马铃薯产业可持续发展。

"一养一种一转化"美丽乡村建设模式讨论

李德明，罗　磊，姚彦红，董爱云，刘惠霞，
李丰先，牛彩萍，范　奕，李亚杰*

（定西市农业科学研究院/甘肃省马铃薯工程技术研究中心，甘肃　定西　743000）

摘　要：重塑中部干旱、半干旱农业区，发展以养地、高效种植和乡村养殖转化为主体的"一养一种一转化"模式，探讨发挥农村"一乡一品"农业发展运营管理及潜在的产业特色。以乡为单元发展农业循环产业，种草种粮结合，重点发展草食畜牧养殖业，将农作物秸秆为主，将马铃薯等用于畜牧补充饲料，就地转化增值，畜牧产品供应市场，有机粪肥还田，养地用地科学结合，进入绿色循环模式，优化科技创新生态，推进科技成果高效率转移转化，高水平应用。营造出土地肥沃、作物高产优质、牧产品优良，农民就地就业、农业增效、农村发展的新型绿色可持续美丽乡村发展模式。

关键词：养地；种植；养殖；循环农业；美丽乡村建设

　　党的"十八大"将生态文明引入"五位一体"的社会主义建设总布局，提出建设"美丽中国"的目标。中国是个农业大国，农村人口众多、基础薄弱，要实现"美丽中国"的目标，美丽乡村建设是不可或缺的重要部分。建设美丽乡村，既要给农民富裕的物质文化生活，又还农民天蓝地绿水净的美好家园[1]。美丽乡村建设更加注重生态环境资源有效利用、人与自然和谐相处、农业发展方式转变及农村可持续发展。目前中国农村发展及美丽乡村建设过程中面临诸多实际问题，正面临城乡要素流动不协调、农村生态环境退化、农业生产方式落后、土壤退化及污染等诸多挑战。

　　通过针对中国西部干旱与半干旱地区，农村发展和美丽乡村建设中面临的困境和挑战，研究提出构建农业循环生产链条，培肥土地，稳定粮食生产，发展草食畜牧业，农家肥还田养地，保障优质化多样化农产品供给，探索以养地、种植和乡村养殖转化为一体的"一养一种一转化"各具特色的农村"一乡一品"农业发展运营管理及潜在的商业模式之间的联系。全面落实乡村振兴战略实施规划，优化现代丝路寒旱农业，着力在产业链条延伸上下功夫，大力发展高附加值的节水农业、旱作农业及养殖业，打造知名农产品。壮大新型农业主体，稳步发展多种形式适度经营，促进小农户与现代农业有机衔接。扶持壮大村集体经济，促进农村一二三产业融合发展，加强新型农业社会化服务体系建设[2]。营造出土地肥沃、作物高产优质、牧产品优良，农民就地就业、农业增效、农村发展的新型绿色可持续美丽乡村发展模式，为新时期美丽乡村建设提

作者简介：李德明（1963—），男，推广研究员，主要从事马铃薯遗传育种研究。

基金项目：国家重点研发计划项目（2018YFD0200800）。

*通信作者：李亚杰，硕士，助理研究员，主要从事马铃薯遗传育种研究，e-mail：liyajie_2008@163.com。

供科学决策支持。

1 一养——土地培肥

农业生产经营离不开土地，土地是农业生产的最基本平台、各种农作物的生产基地、人类衣食住行所需要的物质和能量来源，而且是物质和能量转化的场地，通过它使物质和能量不断循环，满足作物生长和人类生活的需求。根据物质和能量转化过程，农业生产包括3个环节：植物生产、畜牧业生产、土壤施肥和耕作管理[3]。可是，千百年来我们的先辈用堆肥和秸秆还田形成土壤中的有机质，在近30年的化学肥料种植模式中消耗殆尽，至今，中国耕地的平均有机质含量只有2.08%，而且还以每年0.05个百分点下滑，此势头若不遏制，再过20年，中国大部分耕地有机质含量将下降到危险线1%以下，这是荒漠化的土地[4]。土地板结的原罪不是化肥而是土壤有机质匮乏。只有把土地培肥了，作物就能够茁壮成长，发挥应有的特征特性。

1.1 绿肥改土

通过栽培豆科绿肥是最有利于土地修复的办法，按照计划对土地进行轮休培肥，以绿肥作物及其相应的微生物区系培肥地力、改良土壤的理化性状。一是豆科绿肥的根瘤菌具有较强固定游离氮素的作用，从而增加土壤含氮量；二是补充土壤有机质，维持有机质的平衡与稳定；三是翻压绿肥可使土壤中的光合作用原料 CO_2 含量增加；四是绿肥作物强大的根系能够更好地使土壤结构得到改善，蓄墒保水；五是增加地表覆盖，降低水土流失，防止土壤养分淋失。

1.2 轮作倒茬

建立与土壤、气候条件相适应的轮作制度是用养地相结合的重要方法。有深根浅根作物轮作、豆科与其他作物轮作、与块根块茎作物的轮作、需水多少作物的轮作等，正确的轮作倒茬可使土壤中养分得到合理利用，使土壤有害微生物菌落消减，培育有益微生物，充分发挥生物养地培肥增产的良好效果。

1.3 增肥改土

增施肥料是人工培肥熟化土壤的重要途径，特别是以有机肥为主，有机无机肥料相结合的施肥体系，对增加土壤有机质，丰富植物营养元素，促进土壤有益微生物的积累，全面改善土壤的物理、化学及生物性状，对提高土壤肥力有特殊作用。有机肥料是耕作土壤中有机胶体的主要来源，是组成有机无机复合体的物质基础。由于有机胶体的存在，可以改善土壤的结构和孔隙性，从而带动着土壤质地、物理机械性、养分有效性、酸碱缓冲性、氧化还原反应，土壤保肥供肥，以及水、气、热等一系列土壤特性的改善，对加速土壤熟化起着明显的作用。从而起着"粪肥土，土肥苗，苗肥土"，物质能量相互转换的重要作用。每年的农作物种植做到秸秆全部还田，或者通过发展草食畜牧业过腹还田。

1.4 秸秆还田

国家重点强调秸秆肥料化利用，秸秆是发展现代农业的重要物质基础。秸秆含有丰富的有机质、氮磷钾和微量元素，是农业生产的重要有机肥源，通过鼓励农民使用机械粉碎秸秆还田，以及农作物秸秆 - 家畜养殖 - 沼渣 - 高效肥料的循环模式等，有效提高秸秆肥料化利用率[5]。

据调查统计，2010 年全国秸秆理论资源量为 8.4 亿 t，可收集资源量约为 7 亿 t。秸秆品种以水稻、小麦、玉米等为主，还有棉秆、油料作物、薯类秸秆等。综合利用率为 70.6%，利用量约 5 亿 t。其中，作为饲料使用量 2.18 亿 t，占 31.9%；作为肥料使用量 1.07 t（不含根茬还田，根茬还田量约 1.58 亿 t），占 15.6%；造纸造板等工业原料量约 0.18 亿 t，占 2.6%；作为燃料使用量（含农户传统炊事取暖、新型能源化利用）约 1.22 亿 t，占 17.8%[6]。2015 年全国秸秆理论资源量为 10.4 亿 t，可收集资源量约为 9 亿 t，利用量约为 7.2 亿 t，秸秆综合利用率达到 80.1%；其中肥料化占 43.2%、饲料化占 18.8%、燃料化占 11.4%、基料化占 4.0%、原料化占 2.7%[6]。2010 ~ 2015 年，全国秸秆肥料化利用逐渐形成良好的发展势态，提高了 27.6 个百分点。

1.5 深耕改土

深耕改善孔隙状况，加厚熟土层，创造较好的土体结构，通过深耕和深中耕，一般黏土总孔隙度可增加 8% 左右，容重降低 0.2 左右[3]。深耕结合增施有机肥，可增加土壤团粒结构数量，并能增进团粒的水稳性。由于土壤团粒结构和孔隙松紧状况的改善，从而增大了空气、水分、养分和热能的贮量，提高了土体构造对土壤水、肥、气、热的协调能力。

2 一种——高产优质种植

不论在耕地里种什么作物，都是期待苗壮成长、高产优质高效。围绕农村某一产业存在的"卡脖子"问题，针对性的引进一系列先进技术和经验，有效提升生产技术水平，推动当地农业生产技术转型升级。

2.1 种植作物种类

根据气候类型特点，也随着栽培条件的改善、市场需求、膳食营养结构调整等变化，近年来，甘肃中部干旱、半干旱地区在农作物种植方面着力发展"两大一小一优一饲一菜"产业。两大是马铃薯和中药材，中药材包括党参、黄芪和当归等；一小是小杂粮，即杂粮杂豆，包括莜麦、荞麦、糜子、谷子、豌豆、扁豆和蚕豆等；一优是优势作物，包括小麦、玉米和胡麻等；一饲是饲草作物，包括燕麦、苜蓿、红豆草、玉米草、高粱草等；一菜是高原夏菜，包括青菜、甘蓝、白菜等。在养好耕地的基础之上，逐步达到化肥和农药双减的目的，这些作物的种植中部分高附加值的产品逐渐走向绿色化和有机化，提质增效。

2.2 共性土传病害分析

这里以马铃薯为主进行病情分析，与马铃薯有较多共同土传病害的作物有：茄科类作物—同类病，藜科作物—黑胫病，豆科作物如豌豆、蚕豆、黄芪等—根腐病、干腐病、湿腐病、尾孢叶斑病、枯萎病、白粉病、丝核菌病、黑胫病，当归—干腐病（与当归麻口病几乎具有相同的病原）、线虫，草莓—湿腐病、枯萎病、白粉病、线虫，烟草—青枯病，油菜—白粉病，苜蓿—湿腐病，荞麦—黑胫病。这些不同作物的共性病害都是在作物轮作倒茬中非常容易忽视的，应该引起高度重视。

2.3 作物对土传病害的抗性

一般是禾本科、十字花科、百合科的作物较耐连作，豆科、茄科、菊科、葫芦科作物不耐连作。连作对深根作物的危害大于浅根作物，对夏季作物的危害大于秋冬季作物。在同一块田地上重复种植同一种作物时，按需间隔的年限长短可分为3类：一是忌连作的作物，在同一田地上种1年后必须间隔2年以上才可再种，如马铃薯、番茄、青椒等需隔3年以上，西瓜、豌豆、茄子、亚麻等需隔5年后再种；二是耐短期连作的作物，连作1～2年后需隔1～2年再种的，如麦类、部分豆类、部分薯类、黄瓜、花生等；三是较耐连作的作物，可连作2～3年甚至更长时间，如水稻、棉花、玉米、花椰菜等。在采取合理的耕种措施，增施有机肥和加强病虫防治的情况下，连作的危害一般表现甚轻或不明显。

2.4 作物布局

这里以马铃薯为主进行布局作物种植。禾本科作物和马铃薯的共同病害较少，比如玉米、小麦、燕麦、高粱、糜子、谷子等。理想的轮作模式是"四年轮作"，即第一年豆科、亚麻科、十字花科、藜科、伞形科等作物，包括豌豆、扁豆、蚕豆、黄芪、苜蓿草、红豆草、胡麻、油菜、荞麦、当归等根茎类药材；第二年禾谷类作物，包括玉米、小麦、燕麦、高粱、糜子、谷子等；第三年的作物为马铃薯；第四年又为禾谷类作物，以此循环种植，尽量减少土传病菌的积累。

3 一转化——畜牧养殖

大自然安排的食物链"人吃种子，畜吃根茎叶"，然后人畜粪便还田作肥料，农业就是在这种循环中向前发展。不能让动物与人争粮，应该大力发展草食畜牧业，如牛、羊、驴等，逐渐减少粮畜牧业，如猪、鸡、鸭等，尊重大自然安排的食物链规律。采用新科技综合开发利用，为农作物秸秆找个科学合理的转化场，这样才能实现生态可持续发展。

3.1 畜牧养殖

畜牧养殖，具有投资少、规模小、饲养回报高等特点，适合我国的农村发展。宜养殖奶牛、肉牛、羊、驴、猪、鸡等，养殖成本低，饲草料供应充足，场地宽阔。逐步推进"龙头企业＋合作社"或"龙头企业＋家庭农（牧）场"等经营模式。奶牛发展家庭农（牧）场和奶农合作社，扩大青贮玉米、优质苜蓿等种植；肉牛重点扶持合作社和养殖大户等经营主体，提高饲料资源利用效率，提升产业一体化发展水平；肉羊生产，提高肉羊繁殖率和成活率，推广区域内"自繁自育"养殖模式和设施半舍饲，人工草地建植等技术[7]。畜牧养殖业已经成为推动农业和农村经济发展的主力，如会宁和靖远的羊产业，安定的鸡产业，白银区和平川区的奶牛产业，平凉的肉牛养殖，庆阳的驴产业[7]等，这些产业的发展为甘肃省提供良好的肉食供给基地。因此，要加快转变方式，促进草食畜牧业的产业化发展，建立新型畜牧业科技转化和推广体系，促进经济社会又好又快发展。

3.2 养殖饲料

除全株青贮玉米、苜蓿草、红豆草、燕麦草以外，其他农作物秸秆也是很好的补饲和添加饲料来源，如豆科作物豌豆、扁豆、蚕豆秸秆，糜子、谷子秸秆，中药材黄芪、当归、党参秸秆等。还有部分作物产品作为能量饲料原料，比如玉米、燕麦等。马铃薯块茎营养丰富，适口性好，富含淀粉、蛋白质、维生素及矿物营养元素，其小薯一般作为淀粉薯低价卖给淀粉厂做淀粉加工原料，如果用于畜牧养殖作为能量饲料利用，就会发挥其应有的经济价值和营养价值[8]。

3.3　有机肥还田

国家大型畜牧养殖场污染已经成为农业面源污染的重要来源，破解粪污综合利用问题迫在眉睫。因此，兼顾生产生态两大目标，在农村将农牧结合、循环发展作为破解畜牧养殖污染难题的生态养殖成为重点发展对象。将家牧粪便经过科学有效地堆积发酵后就近还田为作物肥料使用，充分利用农业再生资源，形成养地、作物种植、畜牧养殖转化、有机肥还田的生态循环可持续发展模式。

4　美丽乡村建设

在中国，大部分西部地区地处生态功能核心区，承载着重要的生态功能、经济功能、政治功能、文化功能和社会功能。但是在工业化和城镇化建设的进程中，西部地区乡村面临着越来越严峻的资源环境问题，影响着西部地区可持续发展能力的提升，进而对全国的生态安全造成威胁。现实需要西部地区不断创新美丽乡村建设思路，从而构建人与自然和谐、人与人和谐、人与社会和谐的美丽乡村，进而为全人类构筑起安全的生态屏障和可持续的发展环境[9]。

生态农业发展是全球各个国家农业发展中的一个重点领域，关系到农业的可持续发展，具有长远重大的意义，各个地区根据自身的自然资源和社会经济特点，对生态农业的发展提出多个模式，建立多个示范点。

目前，有机农业的发展成为全球关注的重点，有机农业遵循自然规律和生态学原理，协调种植业和养殖业的平衡发展，采用一系列可持续发展的农业技术，维持农业生产过程的持续稳定[10]。农户通过选用抗性好的作物品种，利用秸秆还田、种植绿肥和动物粪便还田等措施培肥地力，保持养分循环；同时，采用物理和生物措施防治病虫害；采用合理的耕种措施保护环境，防治水土流失，保持生产体系健康发展和周围环境的生物多样性。

中国走有中国特色的土地适度规模化农业现代化道路。应现代农业的规模要求，在产业布局、产业链、组织、服务和适合工厂化生产的种养 5 个方面着力推进；种植规模化必须严把适度观，钱克明曾估算适度规模南方以 20 ～ 40 hm^2 为宜，北方以 40 ～ 80 hm^2 为宜[11]。在严把土地适度规模化的同时，与实践紧密结合，将生态学、植物生长、畜牧养殖业以及经济学等相关知识连为一体，形成复合型经济系统，联合在同一个目标下、联合在同一个平台上、联合在一个乡、联合在同一块地里，在同一个产业链上部署；做好一家一户的小循环，一乡一品的中循环，一县一业的大循环，真正推动一个产业链的绿色发展。

甘肃中部干旱、半干旱地区把诸多现代元素注入农业，培育农村内生性的物质基础，增强造血功能，让农业农村农民同时现代化起来，农业这条短腿才能加长，农业文明才能与工业文明、城市文明同时发展、同步发展、同样发展。稳定粮食生产，扩大畜牧生产，保障优质化多样化的产品供给。全面落实乡村振兴战略实施规划，协同推进和优化现代丝路寒旱农业产业布局，大力发展高附加值的节水农业、旱作农业，打造知名农牧产品系列品牌。稳步发展多种形式适度规模经营，促进小农户与现代农业有机衔接，扶持壮大集体经济。留住部分农民在农村创业，让农民"务农、顾家、赚钱"三不误，促进农村一二三产业融合发展，建设生产美、生活美、生态美的美丽家园。

[参 考 文 献]

[1] 刘彦随，周扬 . 中国美丽乡村建设的挑战与对策 [J]. 农业资源与环境学报，2015，32(2)：97–105.
[2] 唐仁健 . 甘肃省政府工作报告 [R/OL]. 甘肃日报，2019–02–12. http://district.ce.cn/newarea/roll/201902/12/t20190212_31455806.
      shtml.
[3] 林成谷 . 土壤学 [M]. 北京：农业出版社，1983.
[4] 刘奇 . 中国农业现代化进程中的十大困境 [J]. 党政视野，2015(7)：60.
[5] 李国兴 . 推广保护性耕作技术促进秸秆肥料化利用 [N]. 四平日报，2020–02–27(002).
[6] 农业农村部 . 全国草食畜牧业发展规划 [J]. 中国农业信息，2017(5)：3–10.
[7] 甘肃省畜牧厅 . 甘肃省畜禽品种志 [M]. 兰州：甘肃人民出版社，1986：34–36.
[8] 李玲，高金波，徐明亮 . 马铃薯渣在养殖业中应用的研究进展及前景 [J]. 养殖技术顾问，2012(8)：58.
[9] 和沁 . 西部地区美丽乡村建设的实践模式与创新研究 [J]. 经济问题探索，2013(9)：187–190.
[10] 曹新明 . 世界有机农业的发展趋势 [J]. 中国食物与营养，2003(11)：61–63.
[11] 候文通 . 中国西北重要地方畜禽遗传资源 [M]. 北京：中国农业出版社，2010：245–250.

马铃薯种薯基地繁供能力提升途径探析

——以甘肃省渭源县为例

李永成 *

（渭源县五竹马铃薯良种繁育专业合作社，甘肃 渭源 748200）

摘 要：马铃薯种薯繁育对隔离条件要求高，高寒阴湿区适宜建设马铃薯种薯繁育基地且已具备一定的种薯繁育供应基础。在分析渭源县马铃薯种薯繁育条件、基础和面临机遇与挑战的基础上，提出马铃薯种薯繁育基地提升种薯繁育供应能力的途径。

关键词：马铃薯；种薯；基地；能力；途径

马铃薯是中国第四大粮食作物，在中国各个生态区域都有广泛种植。据统计，中国 592 个国家级贫困县中，有 549 个是马铃薯主产县，全国马铃薯种植面积 70% 以上分布在贫困地区，马铃薯的种植区域与我国贫困地区高度重合 [1]。马铃薯产业持续发展对保障粮食安全、精准脱贫和乡村振兴具有十分重要的意义。近年来，中国马铃薯供给快速增长，消费受抑，形成了比较宽松的供求关系，出现阶段性和结构性过剩 [2]，同时中国马铃薯产业呈现特色更加明显、区域布局调整加快、种植品种不断更新和品牌建设持续推进等新趋势 [3]。但中国近 10 年来马铃薯平均单产水平仅为 16.4 t/hm^2，远低于美国的 46.4 t/hm^2，显著低于欧洲和世界平均单产水平 20.5 和 19.1 t/hm^2[4]，造成这种局面的重要原因之一就是马铃薯脱毒种薯生产不规范，应用不够广泛 [5]、应用水平不高 [6]。

种薯是马铃薯产业发展的关键和首要因素，马铃薯种薯繁育供应是加快新品种推广应用和支撑马铃薯生产发展的重要环节。如何进一步提升马铃薯种薯基地的繁育供应能力，从数量和质量两方面为马铃薯产业持续稳定发展提供优质种薯，是亟待解决的问题。为此，在深入分析甘肃省渭源县马铃薯种薯繁育供应的基础、机遇、挑战的基础上，提出推进马铃薯种薯产业发展提升种薯繁育供应能力的措施。

1 马铃薯种薯有优势有基础有市场

1.1 种薯繁育资源优势凸显

渭源县境内海拔高差大，山多川少地形地貌复杂多样、气候冷凉且南北差异大、降雨较多、风大雾大、土壤肥沃，非常适宜马铃薯种薯繁育。自 1965 年甘肃省农业科学院在渭源县会川良种场设立"甘肃省农科院洋芋试验组"以来，渭源县依托科研院校，举全县

作者简介：李永成（1975—），男，高级农艺师，科技特派员，从事马铃薯产业开发和技术服务。
* 通信作者：李永成，e-mail：weiyuan.l@163.com。

全力持之以恒发展马铃薯种薯繁育供应。渭源位于甘肃省中部，定西市西南部，交通处于陇海和兰渝两大铁路经济带的交汇处，G30 连霍高速、G75 兰海高速和国道 212、310、316 线穿境而过，便于种薯外销。目前马铃薯种薯产业已成为全县推进精准脱贫攻坚、农民致富增收、加快县域经济发展的主导产业，渭源县已成为西北地区重要的马铃薯种薯繁育基地和集散中心。

1.2 种薯产业体系不断完善

在繁育供应陇薯、渭薯等系列马铃薯品种基础上，近年引进全国新选育的、市场前景好的马铃薯品种开展试验研究，为新品种繁育供应储备充分的前期资料，青薯、冀张薯等系列新品种已经繁育供应；扶持种薯繁育组织不断改进种薯繁育设施和技术，D 级洁净车间等脱毒组培苗高效繁育设施设备、雾培和离地栽培等原原种繁育技术、大中型种薯贮藏窖等种薯产销设施设备和种薯高山自然隔离繁育技术、种薯安全贮藏技术等适用技术不断应用完善；马铃薯种薯生产服务与质量追溯平台探索运行，"马铃薯新品种引进试验—工厂化繁育脱毒组培苗、原原种—高山自然隔离繁育原种、一级种—优质种薯贮藏销售服务"的马铃薯种薯繁育供应体系已经建成，为马铃薯种薯繁育供应数量、质量和水平的提升打下了坚实基础。

1.3 种薯产销组织稳步发展

通过多年发展，渭源农户掌握了一套马铃薯种薯繁育贮藏适用技术，县内培育了一批马铃薯种薯产销组织，涌现出以甘肃国丰种业有限公司为代表的走出去发展的甘肃省农业产业化重点龙头企业、以甘肃田地农业科技有限责任公司为代表的全产业链发展的甘肃省农业产业化重点龙头企业、以渭源县五竹马铃薯良种繁育专业合作社为代表的"合作社 + 分社"带农发展的农民专业合作组织等一批马铃薯种薯产销组织，已成为带动全县农户发展马铃薯种薯产销的中坚力量和马铃薯种薯销售的主体。

1.4 种薯销售市场稳步拓展

在多年发展过程中，全县形成以会川、五竹为中心的马铃薯种薯产地市场，其中甘肃渭源县会川马铃薯优质种薯专业批发市场被确定为农业农村部定点市场，"渭河源"商标获甘肃省著名商标认定、"田地农业"马铃薯种薯获甘肃省名牌产品，渭源县获得中国马铃薯良种之乡、全国农业标准化示范县（马铃薯）、国家农业标准化示范区（马铃薯种薯产业化）称号，渭源县马铃薯种薯知名度稳步提升，种薯的外销地由北方一作区的青新蒙宁陕向西南二作区云贵川等省区拓展，销售市场稳步扩大。

2 马铃薯种薯产业发展机遇和挑战并存

2.1 机 遇

2.1.1 马铃薯生产转移产业升级加快

近年，中国马铃薯生产空间格局总体呈现重心西移、南移的趋势，区域比较优势呈现东部下降、西部上升的趋势，马铃薯生产空间格局演变具有明显的市场化取向特征[7]。马铃薯产区大多分布在贫困山区及 4 个国家集中连片特困地区，地方政府把马铃薯产业作为本区域农民精准脱贫增收致富的主打产业，很大一部分贫困群众就是靠种植马铃薯脱了贫[8]。

经过多年发展，马铃薯在全国普遍种植，一年四季都有种和收，实现了周年化供应，对品种的需求呈现多样化趋势。

2.1.2 专用品种优质种薯市场空间大

2016 年《农业部关于推进马铃薯产业开发的指导意见》预计到 2020 年，中国马铃薯种植面积扩大到 667 万 hm² 以上，平均单产提高到 19.5 t/hm²，总产达到 1.3 亿 t 左右；优质脱毒种薯普及率达到 45%，适宜主食加工的品种种植比例达到 30%，主食消费占马铃薯总消费量的 30%。截至 2018 年底，中国共审定和登记了 818 个新品种（含国外引进品种），其中绝大多数为鲜食品种，而早熟优质特色品种尤其是加工专用品种较少，难以满足马铃薯产业快速发展和市场多样化的需求[9]，中国马铃薯主要作为鲜食和饲料，加工比例不足10%[10]。世界上一些马铃薯高产国家或地区，马铃薯脱毒种薯普及率达百分之百[11]。品种的结构性缺乏与种薯的数量性缺乏并存，优质种薯市场需求大。

2.1.3 改革创新助产业加快发展步伐

近年，渭源县与国际马铃薯中心亚太中心、甘肃省农业科学院、甘肃农业大学、甘肃师范大学等单位开展的院（校）地合作迈出新步伐，农民专业合作社规范化发展和联合社与联合会等合作组织建设、产销主体利益联结机制完善、相关方合作推进产业发展等取得新进展，高山自然隔离马铃薯种薯繁育技术的完善应用和"互联网+"助力基地管理、技术服务、信息沟通、质量追溯，为种薯繁育供应基地提质增效优化供给打下坚实基础。

2.1.4 国际国家省市县重视产业发展

联合国宣布 2008 年为"国际马铃薯年"，以提高公众对马铃薯在战胜饥饿中所发挥重要作用的认识，促进马铃薯的生产、加工、消费和贸易。近年国际马铃薯中心（CIP）在全球发起"假如世界没有马铃薯"宣传推广计划，旨在唤起全球消费者对马铃薯的重新认识和思考。2015 年国家启动实施马铃薯主食化战略，2019 年国家确定马铃薯制种大县并加以扶持。马铃薯已成为打赢脱贫攻坚战、夯实乡村振兴基础、丰富健康饮食种类的重要作物。

2.2 挑 战

2.2.1 种薯市场竞争日趋激烈

近年来，中国马铃薯区域布局不断调整、品种结构不断丰富、区域间流通日益便捷，周年化生产供应基本实现，马铃薯产业发展步伐加快。但是马铃薯结构性供需失衡现象日渐突出，价格剧烈波动时有发生，这不仅损害了薯农的利益，也不利于马铃薯产业的健康发展[6]。中国马铃薯品种选育引进审定登记进程加快，由截至 2012 年的 436 个[11]、截至2016 年底的 611 个[12] 到截至 2018 年底审定和登记的 818 个新品种，马铃薯品种更新加快，对马铃薯种薯繁育供应从成本和技术方面提出了新的要求。

2.2.2 种薯基地病虫种类增多

马铃薯种薯繁育供应基地由于大量引进马铃薯新品种试验示范、不同品种抗病性不同、脱毒种薯大量繁育等多种原因，马铃薯病虫害种类增多且发生和危害的可能性呈增加趋势，病虫防控和种薯质量控制成本增加，对马铃薯种薯繁育从技术、成本、质量 3 方面提出了新的挑战。

2.2.3　基础薄弱制约产业发展

渭源的气候、地形、土壤特别适宜马铃薯种薯繁育，但特殊的地形使耕地细碎分散，不利于马铃薯种薯的规模化繁育和大型农业机械的应用；农户居住分散，人均耕地资源少，农户的小规模生产与大产业大市场的联结有待进一步加强；近年马铃薯（种薯）价格波动大，青壮年劳动力多外出务工，农业兼业化、农民老龄化问题不容忽视；繁育供应品种与市场需要无缝对接、提升科技创新能力提高产业竞争力等问题有待逐步解决。

2.2.4　制约因素多价格起伏大

产需对接不够、国际贸易摩擦、大户跟风种植等导致马铃薯市场价格起伏，马铃薯品种更新加快、企业合作社繁育品种须获取授权导致成本增加，种薯繁育供应订单化程度低、种薯繁育风险大、市场价格波动对种薯繁育者尤其小农户的生产积极性影响大。

3　落实新发展理念推进马铃薯种薯产业持续发展

渭源县作为传统的马铃薯种薯繁育供应基地，贯彻新理念把握新机遇迎接新挑战，按照建成"全国马铃薯良种第一县"既定目标，实施种薯先行战略和创新驱动战略，立足资源优势和先发优势，以市场为导向，以创新为动力，优化产业生态，整合产业资源，完善产业链条，疏堵消痛攻坚克难，培育产业发展新动能、打造种薯产销新业态、扶持生产经营新主体、拓宽种薯销售新渠道，施展新作为推动新发展，提升种薯产业发展质量，推进种薯产业转型升级，加快发展现代种薯产业，以产业振兴助力乡村振兴，从供给端为马铃薯产业持续发展提供种薯支撑。

3.1　合理定位，发挥优势布局产业链差异竞争求发展

马铃薯传统繁育供应基地要顺应其生产向优势区域集中，马铃薯产品向优质化、品种向专用化、种薯向优质化转变，马铃薯种薯市场竞争加剧的趋势，确立种薯先行的战略方向和特色鲜明的战略定位，树立大生产、大合作、大市场、大流通观念，重新审视并发挥自身传统优势和新发优势，确定清晰的、差异化发展目标，细化发展举措与竞争策略，通过优化产业布局、调整产业结构、延链拓链补链打造和打通种薯产业链条，与兄弟地区、产销组织开展非零和博弈，共同推进种薯产业转型升级。

3.2　厚植优势，挖掘潜力优化价值链强基固本夯基础

目前马铃薯种薯产业发展挑战和机遇并存，传统种薯繁育供应基地要抓住国家支持现代农业、现代种业发展和乡村振兴的机遇，进一步挖掘发展潜力、汇聚各种资源、聚集各类要素，完善利益联结机制探索合作协作发展，构建政产学研推农用各方联结紧密、合作稳定、风险共担、利益共享的关系，通过推动产业发展的外源动力激发内生动力，加快各类人才、新型经营主体、生产要素、新型业态竞相迸发集群集聚，构建现代种薯产业体系，夯实种薯产业发展基础。

3.3　转换动能，协作创新完善创新链做优产品提质效

马铃薯传统种薯繁育基地要根据其产业发展和基地建设所在区域实际，克服以往只重视发挥资源优势的思路，将创新作为加快产业发展的第一动能，优化创新创业环境、扶持创新创业主体、搭建创新创业平台、探索优化运作模式、完善生产技术体系，通过完善创

新链构建政产学研推农用协同创新创业格局，从引进消化吸收再创新、集成创新和原始创新不同层次取得新突破，在种薯繁育服务与监管体系、种薯销售与跟踪服务体系等方面取得新进展，逐步转换种薯产业发展动能，提高马铃薯种薯产业发展质量，为支撑马铃薯产业高质量发展提供坚实保障。

3.4 对接产需，销量兜底销价托底产供同步发展

市场对马铃薯及其产品需求呈现多样化、优质化发展趋势，马铃薯传统种薯繁育基地要积极对接市场、研究市场、紧盯市场，与目标市场所在地马铃薯生产主体开展紧密合作，使目标市场所在地马铃薯生产主体所需优质种薯有来源有保障、种薯繁育基地农户繁育的优质种薯有销路有价格，供需双方在合作发展马铃薯生产中实现共赢，共同推进马铃薯产业持续发展。

[参 考 文 献]

[1] 姚媛.马铃薯：满足基本口粮增加农民收入 [N].农民日报.2019–12–05(7).

[2] 罗其友.2017–2018 年全国马铃薯产业发展态势分析 [C] // 屈冬玉，陈伊里.马铃薯产业与脱贫攻坚.哈尔滨：哈尔滨地图出版社，2018.

[3] 周向阳，孔繁涛，沈辰，等.近期中国马铃薯市场形势分析和后期展望 [J].农业展望，2019(11)：4–6，15.

[4] 徐进，朱杰华，杨艳丽，等.中国马铃薯病虫害发生情况与农药使用现状 [J].中国农业科学，2019(16)：2 800–2 808.

[5] 庞淑敏，方贯娜，张新岭.马铃薯脱毒种薯的应用及发展思考 [J].科学种养，2018(12)：17–19.

[6] 岳晓甜，马云倩，郭燕枝.我国马铃薯脱毒种薯推广应用的现状、问题与对策 [J].农村经济，2018(2)：62–63.

[7] 罗其友，刘洋，高明杰.我国马铃薯生产区域格局变化分析 [C]// 陈伊里，屈冬玉.马铃薯产业与粮食安全.哈尔滨：哈尔滨工程大学出版社，2009.

[8] 李腾飞，苏燕.第四大主粮马铃薯成为西部贫困地区脱贫攻坚重要产业 [EB/OL].(2018–07–11) [2020–01–07] http://www.cnr.cn/yn/ynkx/20180711/t20180711_524296820.shtml.

[9] 农财网种业宝典.大动作！马铃薯种业迎来发展机遇，这场会议透露了重要信息 [EB/OL].(2019–05–26)[2020–02–07] http://www.sohu.com/a/316598593_208669.

[10] 姚春光，杨妍，隋启君.美国马铃薯产业发展对中国的启示 [C]// 屈冬玉，陈伊里.马铃薯产业与脱贫攻坚.哈尔滨：哈尔滨地图出版社，2018.

[11] 段绍光.马铃薯种质资源遗传多样性评价和重要性状的遗传分析 [D].北京：中国农业科学院，2017.

[12] 徐建飞，金黎平.马铃薯遗传育种研究现状与展望 [J].中国农业科学，2017，50(6)：990–1 015.

依托资源优势 打造云南优质马铃薯种薯基地

王绍林*，和习琼，和平根，王菊英，和生鼎，

石 涛，和晓堂，黄志英，和光宇

（丽江市农业科学研究所，云南 丽江 674100）

摘 要： 简要分析了丽江发展马铃薯种薯产业所具有的优势以及存在的问题，提出了加强领导统筹规划加快发展，加大投入加强种薯生产基础设施建设，理顺关系建立健全种薯生产经营体系，加强种薯质量检测监管确保种薯质量，加强科技支撑体系建设5个方面的对策和建议。

关键词： 马铃薯；种薯；优势；问题；建议

马铃薯是丽江市种植的主要农作物，2019年，全市马铃薯种植面积2.31万 hm²，总产鲜薯53.69万 t，产值近10亿元，无论是面积还是产量产值均已超过小麦，成为继玉米、水稻之后的第三大作物。马铃薯生产涉及全市近13万户农户，50万人口，发展马铃薯生产，对于全市脱贫攻坚和乡村振兴具有十分重要的作用。

1 丽江市发展马铃薯种薯产业的优势

1.1 气候生态环境条件优越

马铃薯是采用块茎进行无性繁殖的作物，块茎在无性繁殖过程中会因病毒感染而退化。采用退化的块茎作种，会造成植株变矮、花叶、卷叶，薯块变小、畸形，严重影响产量和质量。实践证明优良品种的优质种薯可使单产提高30%以上[1]。蚜虫是马铃薯病毒传播的主要媒介，为此，科学家们发明了"茎尖脱毒快繁技术"，利用组培室和防虫温网室进行工厂化的脱毒试管苗及原原生产，然后在高海拔气候冷凉地区建立各级繁种基地，生产脱毒种薯提供大面积生产。

丽江山区面积大，森林覆盖率高，生态环境好。马铃薯主要分布在海拔2 500 m以上山区，气候冷凉，土壤以棕壤为主，十分适宜马铃薯生长，马铃薯产量高，品质好。由于气温低，不利于蚜虫的繁殖，病虫害少，种性退化慢，没有青枯病、环腐病等土传性病害的发生，有利于生产优质种薯。

1.2 初具规模的种薯生产设施条件

1998年开始，丽江市开展了马铃薯脱毒种薯基地的建设工作，目前已有一定的种薯繁育设施条件，有组织培养室600多平方米，原原种繁殖网室2万多平方米，具备年生产

作者简介：王绍林（1962—），男，农业推广研究员，从事马铃薯科研及推广工作。

基金项目：现代农业产业技术体系专项资金（CARS-09）。

*通信作者：王绍林，e-mail：ljwsl7766@126.com。

试管苗 200 万株，原原种 500 万粒的生产能力。全市年繁殖各级种薯近 0.6 万 hm^2，生产种薯 18 万多吨，外调种薯 14 万 ~ 15 万 t，种薯除销售到云南省德宏、红河、临沧、普洱等马铃薯产区外，还销售到广西、四川、重庆等西南地区，受到用户的普遍欢迎。

1.3 马铃薯科技人员队伍扎根山区爱岗敬业

丽江市农业科学研究所从 60 年代末期开展马铃薯品种选育及栽培技术的试验示范工作，近 50 年来在马铃薯科研推广方面做出了显著成绩。2008 和 2009 年先后被确定为国家和云南省现代农业马铃薯产业技术体系的依托单位，建立了丽江马铃薯综合试验站，成为丽江市马铃薯科研推广的重要力量。现有团队成员 10 人，其中具有高级职称 5 人。全市的 5 个区县全部确定为示范县，共有 15 名技术骨干，其中高级职称 8 人，形成了市县乡的科技推广网络，为全市马铃薯产业服务。

1.4 具有自主知识产权的品种和先进实用的栽培技术

丽江市农业科学研究所先后选育出国家审定马铃薯品种"丽薯 1 号"[2]，云南省审定马铃薯品种"丽薯 2 号""丽薯 6 号"[3]"丽薯 7 号"[4]"丽薯 10 号"[5]"丽薯 11 号""丽薯 12 号""丽薯 13 号""丽薯 15 号"9 个品种，其中"丽薯 6 号""丽薯 7 号""丽薯 10 号""丽薯 15 号"被确定为云南省主导品种，"丽薯 6 号"已成为云南冬早作区的主栽品种，年推广面积已超过 12 万 hm^2。栽培方面，试验总结出了适合滇西北高寒山区气候生态及生产条件、农艺农机相结合的"马铃薯平播后起垄栽培技术"[6]及"马铃薯晚疫病综合防治技术"，已在较大范围推广应用，使单产得到了较大提高；"马铃薯平播后起垄栽培技术规程"于 2014 年由丽江市质量技术监督局发布实施，同年被确定为云南省马铃薯生产的主推技术[7]；已通过了云南省科技厅组织的科技成果鉴定。种薯生产方面，总结出了适合丽江气候特点和生产条件的试管苗、原原种及各级种薯繁殖技术，并得到了广泛应用。承担完成的"滇西北马铃薯脱毒微型原原种扩繁基地"建设项目，曾获得丽江市科技进步一等奖和省科技进步三等奖。申报专利 8 项，到目前已获得授权 6 项，其中发明专利 2 项。

1.5 马铃薯种薯产业得到了广大薯农的认可和各级领导的重视

市委市政府把建设马铃薯种薯基地发展马铃薯产业作为发展丽江高原特色农业的重要内容来抓。不少农户通过生产马铃薯种薯盖起了新房买起了轿车，逐渐富裕了起来，广大薯农对建设种薯基地生产脱毒种薯有着迫切的要求。

2 马铃薯种薯产业面临的困难和问题

2.1 种薯基地基础设施差，无法满足生产发展的需要

目前全市仅有丽江市农业科学研究所和宁蒗县佳禾种子有限公司建有组培室和防虫温网室，能够开展脱毒试管苗及原原种生产。这些设施除温网室外，多数始建于 90 年代后期，受投资建设经费及当时的科研发展水平的限制，建设的标准及购买仪器设备的档次都比较低，仅能满足基本的生产，加之建成时间长，设施老化陈旧，生产效率低，每年仅能生产 300 万 ~ 400 万粒原原种，生产量十分有限。近几年来，随劳动力及农用物资成本的快速上升，原原种生产成本进一步加大，不论是生产数量还是价格成本都无法满足生产和薯农

的需要，成为全市种薯生产的制约瓶颈。再一方面，各级种薯生产基地均在山区，无灌溉条件，且道路交通条件差，更谈不上有仓贮等配套设施。

2.2 种薯生产体系及机制不健全，政策不配套

目前全市未能形成市、县、乡有机衔接，各级种薯生产相配套的生产体系，特别是像玉龙县这样重要的种薯生产县，至今无马铃薯组培及温网室等设施，导致脱毒原原种供给不足，生产销售的种薯级别过高的情况发生。再一方面国家出于对固定资产投资安全的考虑，把种薯生产的硬件建设投入到具有国有性质的科研推广部门，而根据相关规定从事种子生产和经营要有许可证，事业单位不能从事经营活动。这样就造成了有设施有技术的不能生产，而能生产的却没有设施和技术无法生产。

2.3 种薯质量检测监管体系及机制不健全

马铃薯脱毒种薯属于常规种子，各级种薯之间没有外观上的差别，对病毒的检测要有专门设备及技术人才，而且技术难度大，检测费用高，至今全省未能形成健全的马铃薯脱毒种苗、种薯质量检测监管体系。加之受投资和认识的影响，建设种薯基地时均未配套建设种薯质量检测室及配备相关的设备。由于以上原因，脱毒种薯生产单位对所生产产品的质量都做不到实时掌握，种子管理部门更是无从监管。因此，种薯生产经营级别不分，质量参差不齐，严重影响种薯产业的持续发展。

2.4 种薯生产经营的组织化程度低，无交易批发市场，种薯经营混乱

目前全市从事种薯生产经营企业及合作社共有23家，具有许可证的仅8家，其中企业5家，合作社3家。仅少数企业有固定的生产经营场所。企业及合作社的生产经营能力都还弱小，带动能力非常有限，未能全面形成公司＋合作社＋基地＋农户的运行机制，种薯生产经营的组织化程度非常低，种薯生产规模小，种薯生产能力不足。销售经营的现状是丽江至今没有马铃薯交易批发市场，绝大部分由农户自行销售。从而导致无序竞争，降价竞争，出现了销售款难拿及拖欠太久的情况。

2.5 面临空前的竞争压力和外来风险

目前云南省从事马铃薯种薯生产的地区除丽江外还有大理、迪庆、昆明、曲靖、昭通，而且北方的河北、内蒙古、甘肃等省、自治区近年来也大量生产"丽薯6号"种薯，凭借他们机械化、规模化程度高，生产成本低的优势抢占冬早马铃薯种薯市场。再就是少数农户私自外调种薯到丽江进行种薯生产，传入检疫性病害的风险压力大加。

3 发展对策和建议

3.1 加强领导，统筹规划，加快发展

建议丽江市成立马铃薯种薯产业领导小组，全面负责马铃薯种薯产业发展规划的编制、组织协调和指导实施。围绕云南省马铃薯产业发展规划布局，结合丽江马铃薯的种植分布和现有条件进行统筹规划，以马铃薯种薯的市场需求为导向，以科技为支撑，加强优质马铃薯新品种的选育，扩大脱毒种薯生产能力；实行区域化布局，标准化、规模化、机械化、集约化生产，产业化经营，实现优质种薯的育、繁、推一条龙，产、供、销一体化，高起点高标准把丽江建设成面向全省及东南亚的滇西北最大的优质马铃薯种薯生产基地和云南

西部地区的马铃薯研发中心。

3.2 加大投入，加强种薯生产基础设施建设

首先应针对原原种生产能力不足的瓶颈制约，加大投入，高标准建设组培室和防虫温网室，配套先进的仪器设备，提高原原种生产的数量、质量和效率。其次是加强各级种薯繁育基地土地治理培肥、田间道路、灌溉设施及乡村道路建设，保证田间机械作业及种薯销售运输的道路畅通。第三是配套仓贮、物流、信息平台等设施建设。

3.3 理顺关系，建立健全种薯生产经营体系

根据种子法和事业单位改革的相关规定，具有科研推广职能的市农科所主要承担种薯生产中的品种筛选，各级种薯生产技术的试验示范和技术服务，而不再担负试管苗及原原种的生产职能，所生产的种薯主要保障试验示范用种。加快引进和扶持培育有实力有带动能力的马铃薯种薯生产营销企业，由企业牵头建立基地。同时加快建立农民专业合作组织，加大扶持力度，引导农民专业合作组织与企业联合，努力建成由政府引导，企业为主体，农民专业合作组织组织生产、公司负责销售、农技推广部门负责技术服务，"育、繁、推一条龙，产、供、销一体化"的标准化种薯生产基地。

3.4 加强种薯质量的检测和监管，确保种薯质量

要把对马铃薯种薯生产经营的管理列入各级种子管理部门的重要内容，建立健全种薯质量监测和控制体系，定期对种薯基地进行检测，建立完整的种薯基地档案。同时对种薯生产经营者实行行政许可及备案登记，并要求建立生产经营档案，实现种薯质量可追溯。植保部门要加强种薯基地及调出调入种薯的检疫，防范检疫性病害的传入和扩散。鼓励支持企业或农民专业合作社积极申报种薯商标，并由政府相关部门或种薯产业联盟申报建立"丽江马铃薯种薯"区域性公共品牌，全力打造丽江种薯品牌。

3.5 加强科技支撑体系建设，促进持续发展

以国家和云南省现代农业马铃薯产业技术体系丽江综合试验站为依托，进一步加强马铃薯科技人才队伍建设，加强对种薯繁育技术人员的技术培训；建立种薯质量检测实验室，配备相关设备，开展基本的病毒检测，实时掌握种薯生产动态，及时为生产提供服务。针对丽江马铃薯生产实际和冬早马铃薯产区的品种需求，进一步加强马铃薯抗晚疫病高产优质新品种选育；绿色增产增效栽培技术、病虫害综合防控技术及全程机械化应用技术的试验示范。以创建种薯标准化示范样板为抓手，强化技物配套，通过举办现场培训会现场观摩会加强技术培训，加快技术推广，促进标准化、绿色化、机械化种植技术在种薯生产中的应用。

[参 考 文 献]

[1] 孙慧生 . 马铃薯育种学 [M]. 北京：中国农业出版社，2003：23.
[2] 王绍林，杨煊，和国钧，等 . 马铃薯新品种丽薯 1 号的选育 [J]. 作物研究，2007(3)：397–398.
[3] 王绍林，和平根，和国钧，等 . 马铃薯新品种丽薯 6 号选育 [J]. 中国马铃薯，2009，23(4)：255.
[4] 和国钧，和平根，王绍林，等 . 马铃薯新品种丽薯 7 号选育 [J]. 中国马铃薯，2009，23(4)：256.
[5] 王绍林，和平根，和国钧，等 . 马铃薯新品种丽薯 10 号的选育 [J]. 中国马铃薯，2015，29(1)：63–64.
[6] 王绍林，和平根，张凤文，等 . 马铃薯平播后起垄栽培技术 [J]. 云南农业科技，2015(5)：30–31.

2019 年宁夏马铃薯产业现状、存在问题及政策建议

张国辉[1]，郭志乾[1*]，杨　发[2]，亢建斌[2]，王效瑜[1]，刘东川[3]，
余帮强[1]，厚　俊[1]，杨斌斌[4]，柳根生[5]，兰小龙[6]

（1. 宁夏农林科学院固原分院，宁夏　固原　756000；

2. 宁夏农业农村厅，宁夏　银川　750000；

3. 宁夏马铃薯工程技术研究中心，宁夏　固原　756000；

4. 宁夏原种场，宁夏　银川　750000；

5. 隆德县种子管理站，宁夏　固原　756000；

6. 原州区农业技术推广服务中心，宁夏　固原　756000）

摘　要：详细阐述了 2019 年宁夏马铃薯产业发展状况，深入剖析了存在的问题，并对技术需求进行了全面分析，从完善产业政策和加大技术攻关方面提出了意见与建议，以期为地方制定马铃薯产业健康发展的政策建议提供依据。

关键词：宁夏；马铃薯产业；现状；问题；建议

近些年，宁夏坚持马铃薯产业发展与扶贫开发有机结合，大力实施"富民工程"，"种薯繁育、鲜薯外销、淀粉加工、主食开发"四业并进，按照"科学合理布局，整合优势资源，强化科技支撑，提高单产质量，健全运行机制，促进升级增效"的发展思路，积极发挥资源优势，夯实生产基础，推动质量兴农、绿色兴农、品牌强农，推进马铃薯产业优化升级，产业发展质量效益显著提升。2019 年，全区马铃薯播种面积有所下降，但规模化、标准化、产业化发展水平进一步提升，脱毒种薯三级繁育体系进一步建完善，一级种薯和主食化专用品种示范推广进一步扩大，总体上呈现稳定发展态势，产、加、销一体化的全产业链格局基本形成，初步实现了农业增效、农民增收和脱贫致富。

1　2019 年宁夏马铃薯产业发展现状

全区种植面积 12.45 万 hm^2（统计数据结合专家产业调研），较上年度专家估测减少了 1.53 万 hm^2、减幅 10.92%；平均产量 1 549.6 $kg/667 m^2$（统计数据结合专家实际测产），

作者简介：张国辉（1983—），男，硕士，助理研究员，主要从事马铃薯新品种选育及配套栽培技术研究。

基金项目：国家现代农业产业技术体系建设项目（CARS-10）；全产业链创新示范项目马铃薯主食化关键技术研究与示范（YES-16-01）；国家重点研发计划专题（2018YFD020080503）。

* 通信作者：郭志乾，推广研究员，主要从事马铃薯新品种选育及农业技术推广工作，e - mail：nxguozhiqian@126.com。

较上年度专家估测数据增加了 217.06 kg/667 m²、增幅 16.3%；总产 289.36 万 t，增加了 10.04 万 t、增幅 3.6%。商品薯种植 11.45 万 hm²，占全区总面积 91.97%，减少 1.86 万 hm²、减幅 13.97% 左右；平均产量 1 512 kg/667 m²，增加了 201 kg/667 m²、增幅 15.33%；总产 259.76 万 t，减少了 1.99 万 t、减幅 0.76%。种薯繁育 1 万 hm²，占全区总面积 8%，增加了 0.33 万 hm²、增幅 50%；原种繁育 0.13 万 hm²，平均产量 1 800 kg/667 m²，增产 14% 左右；一级种繁育 0.87 万 hm²，平均产量 2 000 kg/667 m²，增产 12% 左右；总产 29.6 万 t，增加了 12 万 t、增幅 68.1%。另外，全区繁育原原种约 1.381 亿粒。

1.1 发展特点

1.1.1 播种面积略有下降，产量水平大幅提高

全区马铃薯播种面积 12.45 万 hm²，受上年度淀粉厂开工不足、销售价格偏低及本年度轮作倒茬等因素影响，较上年度减少了 10.92%。但是，随着新品种新技术的大面积推广应用及自然降雨充沛因素影响，平均产量 1 549 kg/667 m²，较上年度增加了 16.3%。

1.1.2 区域布局日趋合理，品种结构逐步优化

全区商品薯种植 11.45 万 hm²，其中在中部干旱区、南部山区河谷川道区布局"费乌瑞它"等优质早熟菜用薯生产基地约 1.87 万 hm²，在南部山区阴湿区周边地区布局"青薯 9 号"等晚熟菜用薯生产基地约 4.88 万 hm²，在南部山区半干旱、半阴湿区布局"庄薯 3 号"等淀粉加工薯生产基地约 4.57 万 hm²，在全区高产示范基地及企业、合作社示范基地布局"大西洋"等主食化品种约 1.67 万 hm²，分别占全区总面积的 16.3%、39%、42.61%、2.33%。基于实际情况及市场导向，初步实现了品种多元化发展，"青薯 9 号"和"庄薯 3 号"种植面积有所下降，品种结构逐步优化。另外，在六盘山麓海拔 1 900～2 200 m 冷凉山区布局脱毒种薯繁育基地约 1 万 hm²。

1.1.3 绿色生产面积扩大，标准程度明显提升

为了全面贯彻国家"一控两减三基本"和自治区"一特三高"现代农业发展要求，主产县区统一整地播种、统一测土配方施肥、统一技术规程、统一病虫防治、统一机械化，不断加大绿色高产高效创建和绿色增产模式示范推广，实施减肥减药"净土工程"，绿色生产技术应用面积达到一半以上。同时，"耐旱品种＋春（秋）覆膜＋双行垄侧播种＋病虫害综合防控＋机械化收获"等标准化高产技术模式推广应用面积达到 6.67 万 hm² 左右，品种专用化率达到 80% 以上、种薯脱毒化率（一级以内）达到 81.41%、栽培标准化率达到 85% 以上、病虫害统防统治化率达到 55% 以上、生产机械化率达到 45% 以上。

1.1.4 消费格局明显变化，销售形势总体良好

全区商品薯总产 259.76 万 t，淀粉加工销售约 119 万 t，占商品薯总产的 45.81%，高于往年 10 个百分点左右，淀粉含量高于 15% 的 1.1～1.3 元 /kg、低于 15% 的 1.0～1.2 元 /kg，价格略高于上年度 0.2～0.4 元 /kg；鲜薯销售约 68.69 万 t，占商品薯总产量的 26.44%，低于往年 10 个百分点左右，白皮的 1.0～1.2 元 /kg、红皮的 1.1～1.3 元 /kg，价格低于上年度 0.2～0.4 元 /kg；反季节销售贮藏约 42.27 万 t，占商品薯总产量的 16.27%，略高于往年同期，预计销售价格马铃薯平均销售价格 1.4 元 /kg 以上；农户自食、留种、饲用等 29.8 万 t，占商品薯总产量的 11.47%，略低于往年同期。总体而言，鲜食菜用薯销售形势一般，走

货缓慢，大量鲜薯售往淀粉加工企业；淀粉原料薯区域供货紧张，大量企业开工，再者整体面积减少，原料整体供应紧张，甘肃定西、陕西定边等周边马铃薯出现跨区销售现象；优质种薯市场销售同于往年，销售价格变化不大。

1.1.5 淀粉加工科学规划，主食化战略继续推进

基于加工能力、原料收购、废水处理等实际情况，自治区特邀有关部门联合对淀粉加工企业进行"一厂一策"科学规划，就加工期限、生产数量、废水排放等做了明确规定。通过两年多的整改，大多数企业已完成淀粉加工废水处理技术改造，全区现有淀粉加工企业 27 家，实际开工企业 15 家，其中原州区 7 家、西吉县 6 家、海原县 2 家，预计生产淀粉及全粉 8 万 t、"三粉" 5 万 t。另外，全面贯彻执行国家马铃薯主食化战略，加大马铃薯主食化专用品种示范推广，由新型经营主体建设集中连片"夏波蒂""大西洋"等专用品种示范推广基地 0.13 万 hm²，补贴 300 元 /667 m²，其中自治区财政承担 50%，县级财政承担 50%，自治区财政资金补贴 300 万元；主食化产品补贴盖了农业农村部设计的所有种类，包括发酵类、面条类、薯泥类、复配粉 4 类产品。

1.1.6 种薯繁育步伐加快，规模化经营成效显著

进一步完善三级种薯繁育体系，"企业（合作社）+ 农户 + 基地"的模式不断健全。向农户免费发放原原种 5 000 万粒，由各县（区）统一招标采购，原原种采购优先考虑区内种薯企业，每粒补贴 0.4 元，补贴资金 2 000 万元；对企业采购原原种补贴 3 000 万粒，具有种薯繁育资质的企业建设原种生产基地，按照 1∶0.5∶0.5（企业：自治区财政：县级财政）配套，自行采购原原种 3 000 万粒，每粒补贴 0.2 元，其中自治区财政承担 50%，县级财政承担 50%，自治区财政资金补贴 300 万元；一级种薯繁育基地补贴 0.53 万 hm²，由具有种薯繁育资质的企业、合作社相对集中连片建设一级种薯繁育基地，补贴 100 元 /667 m²，其中自治区财政承担 50%，县级财政承担 50%，自治区财政资金补贴 400 万元。另外，规模化种植马铃薯的企业、合作组织达到了 200 多家，种植大户上万家，面积累计 2 万 hm²以上，由于统一品种、统一栽培、统一管理、统一收获、统一销售，具有较强的抗风险能力，较散户种植增产、增效显著，示范带动作用明显。

1.1.7 社会化服务能力提高，产业脱贫致富能力提升

经过几年努力，全区依托龙头企业、农资公司、专业合作社、基层农技服务组织，以产前、产中技术服务为纽带，以产后营销为重点，初步建立起服务主体"多层次"、服务内容"多元化"、服务机制"多样化"的农业社会化综合服务站体系。全区农业社会化综合服务站总数达到 80 家以上，各服务站积极拓展和发挥技术指导、农资供应、测土配肥、统防统治、农机作业、信息服务、土地托管、金融服务、电子商务、市场营销"十项功能"，马铃薯服务总面积达到 2 万 hm²以上，托管、半托管示范基地马铃薯机械化率达到 45%，配方施肥应用率达到 100%，统防统治率达到 50%。充分发挥农业社会化综合服务站功能，有效地提升了马铃薯生产的标准化、规范化水平，降低了生产成本，马铃薯产业脱贫致富能力进一步提升。

1.1.8 品牌培育成效显著，对外宣传有声有色

结合乡村振兴战略实施，积极落实高质量发展要求，坚持绿色兴农、质量兴农、品牌

强农,不断做大做强西吉县马铃薯品牌,西吉县被农业农村部等九部门认定为"中国特色优势产区","西吉马铃薯"成功入选全国"名特优新"农产品目录、入选 2019 全国农产品区域公用品牌目录和全区区域公用品牌,正在续报马铃薯全国绿色农产品原料基地。另外,积极开展西吉马铃薯产品推介,组织从事马铃薯产业的企业、合作社、种植大户赴北京、山东、内蒙古、江西等地参加全国各类农产品推介会,展示西吉马铃薯系列产品;多方对接,积极争取马铃薯进入区内学校、单位的食堂;积极与中央电视台、宁夏电视台、新华社、宁夏日报等新闻媒体联系,大力宣传西吉马铃薯 40 余次。同时,筹办全区第二届"中国农民丰收节",西吉县以马铃薯为重点开展了"十佳种植能手"和"十佳养殖能手"表彰、马铃薯菜品厨艺大赛、马铃薯手工粉现场制作品尝、马铃薯三级种薯及主食化产品等西吉特色农产品展示、马铃薯食材大宴展示品尝、马铃薯之歌等节目汇演系列活动。

1.2 存在的问题

1.2.1 重大自然灾害

一是干旱天气。全区除个别小区域播种期出现短期旱情外,其他大部分地区风调雨顺,受灾面积在 0.67 万 hm² 左右,平均减产 50 ~ 100 kg/667 m²,产量损失约 0.75 万 t,种植环节直接经济损失约 825 万元。

二是低温霜冻。进入 4 月下旬,全区气温偏低,导致出苗期延后 20 余 d,再者收获期提前降温,部分田块遭受霜冻,受灾面积在 0.87 万 hm² 左右,平均减产 140 kg/667 m²,产量损失约 1.8 万 t,种植环节直接经济损失约 1 980 万元。

三是马铃薯病害。全区马铃薯播种面积约 12.45 万 hm²,虽然进入 7 月下旬持续降雨,但整体高温、潮湿气候环境不足,马铃薯晚疫病等发生率低于往年同期,即使发生在农牧部门启动应急预案情况下,病情得到了有效控制。受灾面积约 2.2 万 hm²,平均减产 115 kg/667 m²,产量损失约 3.8 万 t,种植环节直接经济损失约 4 560 万元。

1.2.2 生产中存在的主要问题

一是加工专用品种缺乏。目前,全区栽培品种繁多,大多为外引品种,而自主选育的"宁薯 16 号""宁薯 17 号""宁薯 18 号"推广步伐滞后。品种结构不合理,除"青薯 9 号""庄薯 3 号"等品种外,增产潜力大、抗逆能力强、品质优良的加工专用型品种十分缺乏,尤其配合地方全面贯彻国家"主食化"战略推广种植的生全粉加工型品种极度匮缺,主食化食品开发原料不足。

二是绿色生产技术应用不足。目前,全国范围内围绕"一控两减三基本"发展目标,不断加大绿色高产高效创建和绿色增产模式攻关,大力发展高效节水农业,实施减肥减药"净土工程",促进农业可持续发展。作为全国马铃薯主产区域之一,以秋季覆膜、早春覆膜和全膜覆盖为主的覆膜保墒旱作节水马铃薯生产发展迅速,但配方施肥技术和病虫害专业化统防统治、绿色防控技术推广应用还需进一步加强。

三是主食化产品开发不足。随着西吉县被列为国家马铃薯主食化战略实施第一批试点县,全区马铃薯主食化步伐快速迈进。目前,全区主食化产品涵盖了农业部设计的所有种类,但由于缺乏顶层设计,对生产各环节给予政策补贴,带动作用有限。全区无主食化产品研发中心,开发和推广主要由各生产厂家自己决定,主食化产品生产种类多、规模小现象普遍，特色不明显，市场占有率低。马铃薯主食化产品中添加的生全粉本地化生产供应不足，多数要从外地采购，成本增加，主食化产品价格高，普通消费者接受困难，加之市场认知度低、销售不畅，推广范围有限。

四是劳动力成本高。在主产区，人工生产仍占主导地位，劳动力成本逐年上涨，尤其在南部山区，成长起来成为主力的 70～90 年代新生代农民，大多选择外出打工，劳动力十分匮乏。近些年，虽然在各方积极推动下，马铃薯机械化发展迅速，但机种机收主要为山川地企业及合作社生产基地，而农户山台地种植仍以人工为主。在企业化连片种植基地，虽然实现了机种机收，但收获后仍需要人工装袋，由于劳动力缺乏，收获期延长，阴湿区部分田块因收获不及时出现冻薯现象，影响收入。

五是废水废渣处理效果不理想。自治区不断加大淀粉加工企业污染治理力度，但受技术、资金、管理等诸多因素影响，废水废渣处理效果不佳，严重制约宁夏马铃薯产业的优化升级。现有企业均安装了各类废水处理系统，但在技术利用与管理上还存在不足。

六是市场销售网络不完善。目前，全区每年外销鲜薯 60 多万 t，主要销往南方市场，但大部分产品都没有品牌，缺乏市场竞争力。与国内外市场特别是高端市场没有实现对接，流通环节缺少大型企业的参与。产地市场不健全，农民专业合作组织作用发挥不充分，产品销售总体还处在一种无序竞争状态，尤其是随着一大批加工作坊及小企业关闭，多数加工企业乡镇收购点撤销，单个农户原料薯销售被压价或长距离运输销售成本明显增加。

2　2020 年马铃薯产业发展趋势分析

2.1　生产情况

2.1.1　种植面积有望回升

全区马铃薯种植主要分布在南部山区与中部干旱带，旱坡地面积占到总面积的 80% 以上，马铃薯由于抗旱、稳产、优质特性，对比种植效益明显，2019 年产量水平和淀粉原料薯收购价均达到近些年高峰值。随着国家马铃薯"主食化"战略实施及新一轮轮作倒茬完成，以及淀粉加工企业全部完成技术改造，下年度种植面积将大幅度回升，增长面积预计在 0.67 万～1.33 万 hm^2 左右，总面积达到 13.33 万 hm^2 左右。

2.1.2　产量水平态势良好

全区马铃薯实现高产，不仅得益于以脱毒种薯、配方施肥、春秋覆膜、节水灌溉、病害防控、机械化栽培为重点的新生产技术和生产模式应用，更得益于马铃薯生育期降雨充沛。2019 年 1 月 1 日至 10 月 14 日，固原市降水量为 523.6～936.2 mm，其中马铃薯主产区原州区 653.6 mm、西吉县 523.6 mm、隆德县 669.7 mm、彭阳县 700.8 mm；与历史同期值相比，分别偏多 43.4%～67.0%，其中原州区偏多 60.4%、西吉县偏多 50.9%、隆德县偏多 43.4%、彭阳县偏多 67.0%。下年度，随着全区进一步加强马铃薯示范区建设力度，必将辐射带动高效栽培技术进一步扩大应用，如自然降雨同于 2019 年，标准化建设必将带动马铃薯单产水平进一步提高；如自然降雨同于 2018 年，马铃薯单产水平可能稳中略升，或者恢复正常水平。

2.1.3 品种结构继续优化

全区马铃薯主要栽培品种将近 20 多个，早熟菜用薯主要有"费乌瑞它""中薯 5 号"等，面积累计 1.87 万 hm²；中晚熟鲜食菜用薯主要有"青薯 9 号""青薯 168""克新 1 号"等，面积累计 4.88 万 hm²；中晚熟淀粉加工薯主要有"庄薯 3 号""陇薯 3 号""宁薯 4 号""陇薯 6 号"等，面积累计 4.57 万 hm²；主食化全粉加工薯，主栽品种主要有"大西洋""夏坡蒂"等，面积累计 0.17 万 hm²；品种结构布局初显成效。下年度，随着市场调节、政府参与及马铃薯主食化战略进一步推进，必将促进品种结构进一步优化，并且早熟菜用薯"费乌瑞它""中薯 5 号"等，中晚熟鲜食菜用薯"克新 1 号""冀张薯 8 号""中薯 18 号"等，中晚熟淀粉加工薯"宁薯 16 号""陇薯 6 号""陇薯 14 号""天薯 11 号"等，主食化全粉加工薯"大西洋""夏坡蒂"等，呈现扩大趋势。

2.2 市场情况

2019 年，全区马铃薯产量水平大幅提高，但由于面积大幅萎缩，总产水平降低，鲜食菜用薯销售形势一般，成交量较往年同期少了 10 ~ 15 个百分点，"陇薯 6 号"等白皮马铃薯平均销售价格 1.0 ~ 1.2 元 /kg，"青薯 9 号"等红皮马铃薯 1.1 ~ 1.3 元 /kg，价格低于上年度 0.2 ~ 0.4 元 /kg，而反季节销售贮藏量较往年同期高了 3 ~ 5 个百分点；淀粉原料薯区域供货紧张，淀粉含量高于 15% 的收购价格 1.1 ~ 1.3 元 /kg，淀粉含量低于 15% 的 1.0 ~ 1.2 元 /kg，收购价格普遍高于往年同期 0.2 ~ 0.4 元 /kg，甘肃定西、陕西定边，乃至青海等周边马铃薯产区，出现跨区销售现象；优质种薯市场销售平稳。下年度，市场导向可能促使马铃薯面积大幅度回升，市场供应区域正常，销售形式和价格恢复正常，预计全区马铃薯总产 30% 左右用于淀粉加工，淀粉含量高于 15% 的价格 0.7 ~ 0.8 元 /kg，淀粉含量低于 15% 的 0.55 ~ 0.75 元 /kg；35% 左右用于鲜薯外销，价格 1.2 元 /kg 左右；15% 左右进窖贮藏反季节销售，价格 1.4 元 /kg 左右；20% 左右用于农户自食、饲用、留种，种薯 2.4 元 /kg 左右。

2.3 地方政策

2.3.1 加大种薯繁育基地建设补贴

全区马铃薯种薯繁育原原种产量增加，但原种、一级种薯基地建设规范性有待进一步提高，繁育面积有待扩大，对内生产供应能力不足。下年度，随着面积水平回升，为了适应种薯繁育市场不断扩大需求现状，尤其是主食化品种，扩大种薯补贴面积势在必行。

2.3.2 加大主食化产品推广补贴

全面贯彻国家马铃薯主食化战略，西吉县继续作为马铃薯主食化试点县，提高了种植补贴力度。主食化马铃薯品种生产补贴 300 元 /667 m²，面积 0.13 万 hm²；同时，给予发酵类、面条类、薯泥类、复配粉等四类产品给予补贴。下年度，随着主食化战略的全面推进，将继续以马铃薯主食加工企业为实施主体，加大补贴力度。

2.3.3 加大贮藏窖建设补贴

近些年，宁夏陆续建成了一大批现代化贮藏窖，极大地改善了宁夏马铃薯贮藏条件。但是，补贴对象多以企业、合作社大型贮藏窖为主，农户贮藏仍以传统土窖、窑窖、井窖散堆为主，贮藏损失严重。下年度，结合马铃薯产业扶贫，预计将对马铃薯种植大户和合作组织建设种薯贮藏窖重点补贴。

2.3.4 加大农机农具补贴

近些年，为了推进全区农业机械化生产，自治区政府加大补贴力度，补贴政策实施范围覆盖全区 22 个县（市）区和农垦系统，实施自主购机、定额补贴、县级结算、直补到卡的补贴方式，补贴对象为直接从事农业生产的个人和农业生产经营组织。马铃薯农机农具补贴力度，凡购买马铃薯种植、收获机具，覆膜及残膜回收机械，在国家补贴的基础上再累加补贴 20%。下年度，为了全面贯彻执行国家马铃薯主食化战略，农机农具补贴力度有望进一步扩大。

3 2020 年马铃薯产业发展建议

3.1 产业方面

3.1.1 政策方面

继续实行种薯补贴和种植补贴政策，扩大贮藏窖建设和淀粉加工废水循环利用补贴，加大马铃薯主食化产品推广补贴力度，提高引导效应，提升农民种植热情，推进马铃薯种植区域扩大化、品种结构多样化、种薯质量优质化、加工生产规模化。

3.1.2 市场方面

树立品牌战略，持续打造一批知名品牌，如六盘山土豆、西吉马铃薯、天启牌土豆等企业品牌，力争年外销鲜薯 100 万 t。同时，继续加强脱毒种薯三级繁育推广体系建设，积极打造种薯外销市场，在满足内需的基础上，年外销种薯 10 万 t 以上，统一品牌，统一包装，质量追踪，建立健全质量监测认证制度，严厉打击以次充好企业失信行为，确保种薯质量安全可靠，推动种薯市场有序发展。另外，加强信息服务平台建设，配套完善产地批发市场的基础设施，建立区域性产地批发市场和物流中心，促进产销衔接和市场流通。

3.1.3 管理方面

加强制度化建设，彻底解决政府主管、研究和推广部门、企业、协会、合作社、农户等从职能、布局、产业扶持等方面各抓一头，各顾利益，甚至恶性竞争现象；产前产中产后服务脱节，整个产业链不协调现象。杜绝产业扶持不公、土地流转骗补、农机补贴闲置、原种和一级种供应比例失调、供种企业以次充好等恶性事件发生。

3.1.4 加工方面

扶持加工企业做大做强，推动淀粉加工企业进行技术升级改造，解决废水污染环境现状。同时，开拓生全粉，继续研发以生全粉为原料的主食化产品，实施宁夏清真食品品牌战略，拓宽销售渠道，助推产业可持续发展。

3.2 技术方面

3.2.1 品种选育方面

选育优质专用化新品种。目前，生产上主推的"青薯 9 号""庄薯 3 号"，都存在一定缺陷，应当继续收集国内外马铃薯优质种质资源，进行保护和开发利用，应用常规杂交育种和生物工程辅助育种技术，加快优质专用马铃薯品种的定向培育，尤其是选育高淀粉、食用品质好、抗逆性与"青薯 9 号"类似的品种，以及选育抗逆性好，品质与"大西洋""夏坡蒂"类似的炸薯片、薯条的高端品种及主食化生全粉加工型品种；大量引进区内外专用型品种，进行筛选，为宁夏不同生态区发展马铃薯产业提供优质品种。

3.2.2 种薯繁育方面

总结高质量、低成本种薯繁育技术。目前，宁夏马铃薯主要推广三级种薯繁育技术，从脱毒苗到一级种，时间周期较长，中间环节较多，优质种薯流失严重，建议积极提升原原种生产技术，全面解决基质生产成本高、脱毒苗易污染、茎尖剥离周期长等技术瓶颈，同时开展试管薯高效繁育体系，总结试管薯"两年制"繁育微型种薯栽培技术，缩短种薯繁育到商品薯生产年限。

3.2.3 机械化生产方面

研制适合山台地操作的一体化机械。单个农户马铃薯多种植在山台地，干旱少雨促使覆膜栽培技术应用面积逐渐增加，但缺乏适宜的膜上播种机，人工膜上点播效率较低，限制了种植规模的进一步扩大，建议研制起垄、覆膜、播种、施肥等一次性适合山台地操作机械及与之相匹配的收获机械。同时，对于大规模种植基地而言，劳动力缺乏，致使机械收获与捡拾进度不匹配，急需收获装运同步机械。另外，建议加大马铃薯种植机械化示范，推动政府加大农机购买补购，刺激农民购买农业机械的积极性。

3.2.4 病虫草害防控方面

完善总结高效化学除草技术及病虫害综合防控技术。随着马铃薯产业效益不断提高，种植户对于生产不断高水肥，尤其企业基地，高水肥不仅促进马铃薯的快速生长，同时致使杂草丛生，同马铃薯竞争水肥，人工拔除增加投入 $150 \sim 300$ 元 $/667\ m^2$，成本较高，建议研制高效防治药剂及总结安全防控技术。另外，还需要展开马铃薯病虫害发生规律研究，尤其是土传性病害，推广病虫害预测预报综合防治技术，建立和完善马铃薯病虫害发生监测点，提高预测预报准确率，以防为主，防治结合，提高防治效果。

3.3 生产方面

3.3.1 综合栽培方面

示范推广马铃薯综合性增产增效栽培技术。近些年，宁夏马铃薯产业技术研发取得了突破性进展，起垄覆膜、轮作倒茬、配方施肥等技术都不同程度得到应用，但以上技术集成组装综合性增产增效技术缺乏，抗旱栽培、水肥一体化、连作障碍防控、精准施肥等技术研究还有待进一步加强。建议继续加强技术攻关，同时以示范园区为平台，辐射推广成熟的集优质种薯、节水保墒、科学施肥等为一体的配套栽培技术。

3.3.2 淀粉加工方面

示范推广低成本高效马铃薯淀粉加工废渣废水处理技术和开发总结马铃薯生全粉加工技术。建议继续开展淀粉加工废水处理技术研究，研究总结低成本、高效率废水处理技术，完善总结淀粉加工废水冬闲田灌溉技术，示范推广引导生产实践。同时，以废渣为原料，开发饲料和肥料产品，提升利用率。另外，由于国家马铃薯"主食化"战略实施，市场对于生全粉需求强烈，并且加工耗水量低，污染更容易处理，而宁夏马铃薯生全粉加工技术研究还处于起步阶段，急需集中优势资源，合力攻关解决技术瓶颈，引导、扶持一批龙头企业投资生产马铃薯生全粉，过程中积极控制马铃薯淀粉加工规模。

3.3.3 贮藏保鲜方面

加强技术总结和贮藏窖改造升级。以农户生产群为主要对象,建议在条件较差的偏远山区,一方面基于现有窑洞、地窖贮藏条件,技术攻关,完善总结贮藏技术,降低损失;另一方面,加强资金补贴,推广建设适宜农户群体的高效贮藏窖,同时对窑洞、地窖全面提升改造,从根本上降低贮藏损失。同时,通过向农户发放马铃薯窖贮宣传册、开展培训讲座等方式,加强技术培训,提高马铃薯入窖后贮藏窖消毒、通风、温湿等的管理水平。

3.4 其他方面

3.4.1 "互联网+"方面

加强"互联网+马铃薯"技术应用研究。加快马铃薯物联网区域试验,强化应用研究,完善市场基础设施,发展电子商务,积极推进自主研发、集成创新、全产业链一体化创新,从根本上提升信息化智能化创新应用技术水平,使决策者、科研推广服务、生产者掌握主动权,使相关信息进村入户,扩宽销售渠道,从根本上解决农民销售难问题,补短板,降成本,增效益。

3.4.2 人才方面

建立专业化服务队伍,培育多元化服务组织,加快农业综合服务站建设,为薯农提供一站式方便快捷的服务。建立马铃薯电商平台,积极发展农社对接、农商对接、农业互联网+,提高社会化服务水平。

3.4.3 政府方面

受环保政策、种植效益、产业结构调整等诸多因素影响,各市县区对马铃薯产业的重视一定程度上有所放松。需要进一步提高对马铃薯脱贫攻坚和保障粮食安全重要作用的认识,加强组织领导,加大政策扶持,开展全方位、多层次技术培训,提高技术到位率,增加产量和效益;加大市场营销,利用"中国马铃薯之乡",打造固原马铃薯区域品牌,提高宁夏马铃薯的知名度和占有率。

宁夏马铃薯产业高质量发展提质增效对策建议

张国辉[1]，郭志乾[1*]，亢建斌[2]，王效瑜[1]，董风林[3]，厚　俊[1]，

苏林富[4]，颉瑞霞[1]，张小川[1]，王收良[1]

（1. 宁夏农林科学院固原分院，宁夏　固原　756000；

2. 宁夏农业农村厅，宁夏　银川　750000；

3. 固原市农业技术推广服务中心，宁夏　固原　756000；

4. 宁夏马铃薯工程技术研究中心，宁夏　固原　756000）

摘　要：通过调查研究，在分析宁夏马铃薯产业发展现状基础上，从加快构建现代农业产业体系、生产体系和经营体系方面入手，提出了高质量提质增效对策建议，以期为全区"十四五"马铃薯产业发展规划提供科学依据，助推产业经济快速发展，农民早日脱贫致富，为乡村振兴战略深入实施贡献力量。

关键词：宁夏；马铃薯；高质量；建议

习近平总书记在党的十九大报告中指出，中国经济已经由高速增长阶段转向高质量发展阶段，正处在转变发展方式、优化经济结构、转换增长动力的攻关期。2019年中央一号文件强调，要进一步推进农业绿色发展，质量兴农、品牌强农，提高中国农业的发展质量。近日，宁夏出台了《关于推进农业高质量发展促进乡村产业振兴的实施意见》，决定加快构建现代农业产业体系、生产体系和经营体系，为农业农村现代化奠定基础。基于实际需要，发挥业务专长，坚持问题导向，协同有关部门和专家展开全区马铃薯产业调查研究，全面分析了现状，剖析了问题，提出了建议，旨在为全区"十四五"马铃薯产业发展规划提供科学依据，助推全区马铃薯产业经济快速发展，农民早日脱贫致富，为乡村振兴战略深入实施贡献力量。综合分析研究结果，认为宁夏马铃薯产业发展的关键因素依次为产业定位、产业体系、生产体系和经营体系，以优质种薯和高附加值产品为生产目标，走产业化、规模化、工业化、信息化路子，产业体系中基地建设、主食化产品开发和一二三产业融合；生产环节中专用品种、优质种薯、标准栽培、全程机械、山川均衡生产、生产基础条件改善；经营体系中龙头企业培育、品牌化、互联网 +。

作者简介：张国辉（1983—），男，助理研究员，主要从事马铃薯新品种选育及配套栽培技术研究。

基金项目：国家重点研发计划专题（2018YFD020080503）；马铃薯种质资源创制与优质种薯北繁南调技术研究（DWX-2018034）；国家现代农业产业技术体系建设项目（CARS-10）。

* **通信作者**：郭志乾，推广研究员，主要从事马铃薯新品种选育及农业技术推广工作，e-mail：nxguozhiqian@126.com。

1 调整山川均衡发展的生产布局和熟性专用搭配的品种结构，主动适应主食化加工需求和市场需求，加快构建现代马铃薯产业体系

1.1 调整生产布局和种植结构，提升马铃薯增产能力

近些年，全区马铃薯播种面积稳定在 13.33 万 hm^2 左右，其中 90% 主要分布在年降雨量 300 ~ 400 mm 的宁南山区和中部干旱带，由于马铃薯是少数几种适宜丘陵山台地干旱半干旱气候环境生长且种植比较效益高的作物，长期集中重复种植，连作障碍现象普遍。导致疮痂病等土传病害呈现急剧上升趋势。本次调研所涉及对象，80% 以上反应土传病害呈上升趋势，企业、合作社种植基地尤为严重。整体而言，全区生产格局以重茬多、轮作少、山区多、川区少、山地多、川地少、晚熟通用性品种多、早熟专用型品种少，急需从种植结构调整入手，合理轮作，科学布局，尤其要以主食化品种为主要目标，重点发展早熟、专用、抗逆性好的品种，向生产条件较适宜地区发展，提升北部平原土地利用率，开拓麦后复种新模式，保证产业提质扩量、可持续发展。在宁南山区和中部干旱带，马铃薯生育期需水规律与当地季节性降雨周期相吻合，马铃薯理论产量（潜力）可达 8 t/667 m^2。但是，实际生产中全区多年平均产量仅为 1 t/667 m^2 左右，严重干旱年份为 0.95 t/667 m^2 左右，西吉县马莲乡具有灌溉条件的企业和合作社也仅 1.5 t/667 m^2 左右，部分丘陵山台地调研农户更是不足 0.5 t/667 m^2，增产空间大。川区秋季气温凉爽，病虫害减少，温差大，适宜高附加值马铃薯生产，发展前景好。山川均衡发展是马铃薯提质增效最大的优势。

1.2 促进一二三产业融合发展，推动马铃薯产业转型升级

调查分析，宁夏马铃薯消费初步形成了淀粉加工转化 30% ~ 40%、外销贩运 40% ~ 50%、自食饲用 10% 左右、留种 10% 左右的格局。2019 年，累计生产马铃薯淀粉及相关制品 15 万 t 左右，消耗鲜薯 100 余万 t，粗略估计加工转化产值仅为 15 亿元左右。全区马铃薯消费以鲜食为主，加工淀粉和"三粉"为辅，产业发展还处在较低原料供应层次。就加工而言，全区现有 27 家淀粉加工企业，均以加工淀粉和"三粉"为主，设备档次较低且生产工艺落后，80% 企业实际加工能力在 1 万 t 左右；每年产生大量废水废渣，粗略估计废水 600 万 t 以上，多为简单处理排放；废渣 800 万 t 以上，多为简单饲用或遗弃。2015 年以来，为了全面贯彻落实环保有关政策，地方政府全面提高了淀粉加工准入门槛，要求必须配套废水处理设施，由于成本投入问题，大多数还未完成技术改造的企业，近几年实际未开工。因此，需要多元化发展，积极扩大加工规模，开发诸如馒头、面条、糕点、饮料等产品附加值高的马铃薯主食化产品，同时开拓应用加工"肥"水"肥"渣，促进马铃薯生产粮经饲统筹、农牧渔结合、种养加一体、延长产业链、提升价值链，提升经济效益、生态效益和社会效益，实现一二三产业融合发展，推动马铃薯产业转型升级。

2 改造旱作基本农田，装备全程机械化、水肥药智能信息化、生产标准化，加快构建现代马铃薯生产体系

2.1 坚强农田基础条件建设，提升马铃薯机械化生产水平

南部和中部地区，山坡地面积大，土壤肥力水平低下，机械化操作不便，致使马铃薯产量低而不稳。调研过程中，众多种植者认为土地条件差，生产操作不方便，劳动力有限，随着越来越多年轻人外出打工，是撂荒面积越来越多的主要原因；受访的合作社和企业表示无法实现机械化，生产成本太高且产出率低，不会作为生产基地考虑。近些年，虽然政府通过实施耕地质量提升工程，把一大批坡耕地改造为水平梯田，为机械化操作提供了便利，但还有大量坡耕地未完成梯田改造，且已完成梯田改造的土地，调研发现大量生土裸露，土壤理化性状也发生了改变，土壤肥力下降；由于受经济条件限制，后期人工培肥投入不足，实现稳产需要 2～3 年的土壤熟化和培肥，且缺乏地头蓄水灌溉设施，产量低下，造成撂荒现象普遍存在。因此，进一步加大高质量梯田改造，有效推进土壤培肥，增建蓄水灌溉设施，全面夯实农田基础条件应该重点考虑。目前，全区马铃薯机械化种植率在 45% 左右，机种机收主要为山川地企业及合作社生产基地，而农户山台地种植仍以人工为主，生产劳动强度大，效率低。另外，山台地起垄覆膜抗旱栽培，虽然实现了机械化覆膜，但缺乏适宜的膜上播种机，且青年壮力外出打动致使劳动力缺乏，人工膜上点播效率较低，限制了种植规模的进一步扩大，急需研制起垄、覆膜、播种、施肥等一次性适合山台地操作机械及与之相匹配的收获机械。同时，对于大规模种植基地而言，机械收获后人工捡拾成本较高，致使机械收获与捡拾进度不匹配，急需收获装运同步机械。

2.2 提升科技支撑能力，全面解决产业技术瓶颈

目前，全区从事马铃薯产业技术研究专业研究人员不足 50 人，主要分布在宁夏农林科学院、宁夏大学及宁夏马铃薯工程技术研究中心等单位。从业务专长角度看，大多数主要从事抗旱栽培、病虫害防控，极度缺乏马铃薯品种选育、栽培生理、机械研发、产后处理，尤其后两者还未形成稳定研发团队。急需加强人才培养，进一步完善马铃薯科技支撑体系建设，针对当前技术需求，积极开展创新研究。一是需要选育优质专用化新品种。尤其是迫切需要选育适应国家主食化战略实施的生全粉加工型品种。二是需要总结高质量、低成本种薯繁育技术。提升原原种生产技术，全面解决基质生产成本高、脱毒苗易污染、茎尖剥离周期长等技术瓶颈，同时积极开展试管薯高效繁育体系，总结试管薯"两年制"繁育微型种薯栽培技术，缩短种薯繁育到商品薯生产年限，减少中间环节，预防优质种薯流失。三是需要研制适合山台地操作的一体化机械。四是需要完善总结马铃薯淀粉加工废渣废水处理技术。淀粉加工废水废渣处理技术落后，效果不佳，且成本居高不下，企业乱堆乱放、乱排偷排致使环境污染严重。五是需要开发总结马铃薯生全粉加工技术。研究表明，生全粉营养更全面，适合加工成各种食品，是实施"主食化"战略的一个重要途径，并且加工耗水量远低于淀粉，废水更容易处理。目前，全区乃至全国马铃薯生全粉加工技术研究还处于起步阶段，急需集中优势资源，合力攻关解决技术瓶颈。六是需要集成总结马铃薯综

合性增产增效技术。全区起垄覆膜、轮作倒茬、配方施肥、疫病防控等单项技术基本成熟，但以上技术集成组装综合性增产增效技术缺乏，另外水肥一体化、连作障碍防控、精准施肥、土传病害防控、高效化学除草等技术研究还有待进一步加强。七是需要进行"互联网＋马铃薯"技术应用研究。目前，全区从事相关研究人员十分稀少，加快马铃薯物联网区域试验，强化应用研究，从根本上提升信息化智能化创新应用技术水平，可以使决策者、科研推广服务、生产者掌握主动权，使相关信息进村入户，补短板，降成本，增效益。

2.3 完善种薯繁育体系，加强马铃薯高效贮藏窖建设

调查发现，2019 年全区 5 家脱毒繁育中心，累计繁育原原种 1.3 亿粒以上；全区现有 20 多家企业、70 多家专业合作社主要从事马铃薯原种、一级种薯繁育，繁育种薯面积约 1.67 万 hm² 左右，生产种薯 30 多万 t。种薯繁育能力全面提升，成效显著，但也存在一些问题，主要表现在：一是种薯质量监管体系不健全。自治区种薯质检任务繁重，市县缺乏种薯质量检测、管理、认定机构，种薯繁育企业、专业合作组织生产的种薯质量难以保证。二是脱毒种薯推广难度大。全区原种、一级种繁育基地的补贴标准较低，企业、合作社生产的成本较高，农户种薯繁育及利用购买力不足，多以自留种为主。三是一级种薯产后流失严重。全区一级种薯繁育，理论上讲应该可以满足至少 10 万 hm² 商品薯生产需要，但调研发现因农民认识不到位、购买力有限，政府买单收贮资金缺口大，企业收贮难以实现顺价销售，造成一级种薯流失严重，农民应用一级种薯比例低，这已成为当前制约马铃薯产业发展的最大"瓶颈"。因此，完善种薯繁育体系需要进一步完善质量安全监控与保障体系。近年来，为了促进鲜薯外销，自治区依托企业、合作社、种植大户，新建现代化中型贮藏窖 350 多个、小型标准化马铃薯贮藏窖 2 万多座，同时改建提升了一大批农户贮藏窖，新建了一大批批发市场，贮藏能力约 180 万 t，极大地改善了马铃薯贮藏条件。但是，高效贮藏窖保有量少，恒温贮藏窖尤其不足，并且普通农户贮藏仍以传统土窖、窑窖、井窖散堆为主，约占到总贮藏量的 60% 左右，贮藏损失严重，普遍在 15% 以上，有的甚至达到 30% 左右。加强马铃薯高效贮藏窖示范推广建设，有力提升反季节销售贮藏能力，增加产业效益势在必行。

2.4 提升加工废水处理能力，提高马铃薯资源循环利用

目前，全区马铃薯加工呈现多样化发展趋势，薯条、薯片、生全粉均有企业涉及，但在绝对数量上仍以淀粉、"三粉"加工为主。全区现有淀粉加工企业 27 家，其中涉及全粉加工企业 4 家，淀粉加工及"三粉"加工企业 27 家；全区精淀粉生产能力达到 40 万 t、粗淀粉加工能力 5 万 t，"三粉"（粉丝、粉皮、粉条）年生产量 6 万 t。每年实际生产马铃薯淀粉及相关产品约 15 万左右，消耗鲜薯 100 万 t 左右，为推动地方经济发展做出了突出贡献。前几年，随着产业规模的持续扩大，淀粉加工对于水资源的浪费及环境污染问题也日益突出。全区每年产生废水 600 万 t 左右，化学需氧量（COD）20 000 mg/L 左右，只有部分年产淀粉 1 万 t 以上企业配备了较为先进的废水处理设施，距离国家允许排放标准还存在一定差距。由于处理成本较高，加工企业废水配套处理设施利用效率低下，简单沉淀处理河道排放现象普遍，受技术、资金等诸多因素影响，治理主要以关停为主，"废水污染严重处理成本高，加工就排污停产就伤农"成为产业发展困局。通过研究发现，加

工废水实际上可以作为肥水使用，临冬灌溉休闲农田，有利于玉米、小麦、马铃薯等作物的生长，提高作物产量，具有增产增收、节省化肥、节本增效、节约资源减轻水体污染等诸多好处。废水中提取的蛋白质及废渣更是可以作为养殖饲料的原材料，用途广泛。亟须开展低成本马铃薯淀粉加工废水处理技术研究，提升加工废水处理能力，多途径利用废水废渣，提高资源循环利用率，应该成为今后重点之一。

3 积极培育龙头企业，主打六盘山品牌，加快构建现代马铃薯经营体系

3.1 加强制度建设，提升政策支持产业发展水平

加强制度化建设，彻底解决政府主管、研究推广部门、企业、协会、合作社、农户等从职能、布局、产业扶持等方面凌乱不合理，各抓一头，各顾利益，甚至恶性竞争现象；产前产中产后服务脱节，整个产业链不协调现象。杜绝产业扶持不公、土地流转骗补、农机补贴闲置、原种和一级种供应比例失调、供种企业以次充好等恶性事件发生。提升政策支持水平，稳定支持育种专项、产业关键技术研究示范专项，继续实行种薯补贴和种植补贴政策，扩大贮藏窖建设和淀粉加工废水循环利用补贴，着手马铃薯主食化产品推广补贴，提高引导效应，提升农民种植热情，推进马铃薯种植区域扩大化、品种结构多样化、种薯质量优质化、加工生产规模化。

3.2 树立品牌战略，构建生产社会化服务体系

全区淀粉加工业蓬勃发展，拥有国家级龙头企业1家、自治区级龙头企业14家，形成了"银鸥""向丰""六盘雪"等知名品牌；扩大外销，每年鲜薯外销占总产量的50%左右，形成了"六盘山""西吉马铃薯""天启"等品牌；西吉县等主产县区更是相继荣获"中国马铃薯之乡""全国马铃薯种植大县""全国马铃薯标准化生产示范县"等称号。经过多年发展，宁夏马铃薯产业发展已经形成了诸多品牌，但是在品牌创立、品牌营销、品牌竞争等方面还比较滞后，呼唤品牌意识、强化品牌意识不仅是当前企业家的当务之急，也应是各级领导、政府部门常要倍加关注的紧迫课题，在品牌使用、品牌保护、品牌发展上有所作为。

近些年，由于政府的高度重视，产业效益的不断提高，促使众多企业相继投身马铃薯种薯繁育、商品薯生产，通过土地流转形式，每年累计生产马铃薯约2万hm^2左右，被调研的诸多企业、合作社认为统一技术标准、统一整地播种、统一技术培训、统一水肥管理、统一病害防控，极大提高了产量水平。但是，受农村家庭联产承包责任制影响，一方面一家一户的分散经营仍是马铃薯生产主体；一方面随着农村劳动力外出务工人员越来越多，生产规模小、生产标准化水平低、产品交易成本高、抵御市场风险和自然风险的能力较弱，已成为一家一户分散经营主要制约因素。为了破解以上矛盾，应当把分散的一家一户的小规模经营纳入社会大生产的轨道，实现与大市场相衔接，最好办法就是建立管理部门、科研单位、气象部门与推广部门等多方参与、覆盖全程、综合配套、便捷高效的社会化服务体系。以需求为导向，加快培育现代马铃薯服务组织，积极发展马铃薯病虫害统防统治、测土配方施肥、机械合作社等服务，支持开展仓储物流等配套设施服务，鼓励发展"家庭农场＋社会化服务"的经营模式，服务规模化带动生产规模化，促进产业可持续发展，实

现农民增收。

3.3 完善市场体系，壮大培育经营主体

企业就是市场，近年来，全区重点扶持马铃薯流通型龙头企业 20 家及专业合作经济组织、销售协会 170 家，配套建成西吉新营、将台，固原火车站、原州寨科、张易、海原树台、同心预旺、下马关等 8 个大型定点批发市场及一大批乡镇集贸市场为重要补充的马铃薯产地综合批发市场网络，促进了全区反季节贮藏销售快速发展。但随着全国市场发展，一年四季均有鲜薯上市，并且淀粉加工企业大量关停，致使原料充沛，企业压价收购、外运销售成本高及信息闭塞等造成农户增产不增收现象普遍。针对以上情况，一方面需要加强自我马铃薯消化能力，即扶持壮大加工企业，推动骨干企业进行工艺技术改造，降低水耗和加工成本，减少环境污染，扩大生产规模；另一方面，扶持壮大鲜薯外销企业，积极培育和发展流通企业、合作组织、运销大户和农民经纪人，推动"互联网＋马铃薯"技术应用，完善市场基础设施，发展电子商务，扩宽销售渠道，从根本上解决农民销售难问题。

3.4 加强农民培训力度，扩大新品种新技术示范

2000 年以来，在相关部门大力支持下，全区组建了宁夏马铃薯产业专家服务团队，对口帮扶为承包片区提供全方位技术需求服务；主产县区初步建成马铃薯农民技术培训中心 8 个，配套建设了田间学校 20 多个，专业化开展技术培训；依托网络，打造建设宁夏马铃薯公共技术服务网络平台及六盘山农情微信平台，面向社会提供农业技术服务。以上平台，为了推动新品种新技术应用，提升产业发展科技含量做出了突出贡献。但是，更多是侧重于向企业、专业合作社及集中种植大户提供及时服务，作为马铃薯生产的重要群体普通农民，由于受诸多等影响，接受科技能力不足或较少，科学种田能力较低，还需进一步充分发挥农业技术推广部门资源优势，创新培训手段，加强普通农民力度，确保每一名种植户掌握生产技能。另外，各主产县区农牧部门在气候适宜、种植基础较好的区域，遵循"统一规划、集中连片"的建设原则，通过政府引导、企业参与、部门协作，从组织领导、机制创新、示范带动、区域布局、科技支撑等方面入手，以主产乡镇为核心，每年建设连片基地 1.33 万 hm^2 以上，有力带动了新品种新技术生产应用。但是，核心示范区多分布在生产条件较好的河谷川道区，或土壤肥沃的山台地，缺乏综合布局思考，还需进一步向山台地扩大示范面积与范围。

发挥优势兴产业 完善机制促脱贫

——关于安定区致力构建马铃薯产业扶贫体系的调研与思考

张虎天*

（甘肃省定西市安定区农业农村局，甘肃 定西 743000）

摘 要：文章介绍了近年来安定区致力构建马铃薯全链条产业扶贫体系的情况，重点从基地建设、主体培育、市场营销、金融保障、风险防范5个方面提出一系列发挥优势兴产业、完善机制促脱贫的具体措施，使马铃薯产业在助推脱贫攻坚、助力乡村振兴方面发挥显著的作用。

关键词：优势产业；完善机制；助推脱贫

近年来，甘肃省定西市安定区认真贯彻中央和省市关于大力实施产业扶贫工程的相关部署，发挥全国最佳适种区的地域优势，把马铃薯产业作为助农增收、脱贫攻坚的区域性首位产业，围绕"项目资金跟着贫困户走、贫困户跟着合作社走、合作社跟着龙头企业走、龙头企业跟着市场走"的"四跟进"模式，坚持"政府""市场"两手并用，保持产业定力，致力构建贫困户"产加销""贸工农"全产业链增收致富的扶贫体系。目前，全区马铃薯产业收入占到了全区农民人均可支配收入的1/3，成为名副其实的"脱贫薯""小康薯"。

1 建基地，稳定产业扶贫基础

1.1 主抓良种推广

培育壮大爱兰薯业、凯凯农科、农夫薯园、定西马铃薯研究所等种薯企业15家，形成了5亿粒的优质脱毒种薯繁育能力，分别占全市的62%、全省的50%和全国的30%。2016年以来，每年整合专项扶贫资金2 000万元，按照"户均1 000斤、扶持5亩薯"的标准，对需求贫困户进行"全覆盖"调种扶持，带动贫困户户均种植马铃薯0.67 hm² 以上；每年筹措资金1 000万元补贴非贫困户和新型经营主体，大力实施"微型薯补贴入户"工程和"户均一亩种子田"工程，构建"温室生产原原种、基地扩繁原种、田间应用一级种"的梯级种薯繁育推广体系，确保种植环节脱毒种薯"全覆盖"。

1.2 突出主体参与

采取"龙头企业＋联合社＋合作社＋种植户"等模式，由种薯、加工龙头企业牵头组建联合社、联合社对接合作社、合作社组织农户，打破村社和乡镇界限，整流域、整山系

作者简介：张虎天（1983—），男，农艺师，主要从事农业农村经济发展、农业实用技术研究与推广工作。

* 通信作者：张虎天，e - mail：287143812@qq.com。

建立集中连片的种薯、鲜薯、加工薯标准化订单种植基地。2019 年，全区 10 家龙头企业对接 280 个专业合作社，采取土地流转、合作经营、托管服务相结合的方式，由企业提供良种、化肥、农机和贷款担保等服务，建立标准化种植基地 2 万 hm², 带动近 10 万户农户参与马铃薯生产。

1.3　注重技术集成

坚持"良种良法配套、农机农艺结合"，全面加强基地新品种、新技术、新机械应用，组装集成和示范推广"脱毒良种 + 黑膜覆盖 + 配方施肥 + 农机耕作 + 病虫防控"的高产高效种植技术，广泛应用平田整地、配方施肥、种薯处理、起垄覆膜、适密播种、膜上覆土、田间管理等关键技术，做到种植品种、种植密度、配方施肥、机械耕作、病虫害防控"五统一"，实现了基地建设标准化生产技术全覆盖。

1.4　强化技术服务

充实区农技中心专业人员力量，落实科技特派员制度，推行目标管理考核与农技人员职称聘评、工资绩效挂钩，将全区 187 名农业技术人员全部派到生产一线，采取包乡镇、包主体、包基地、包农户的方式，为主体和农户全程提供耕种、施肥、管理、收获等专业技术服务，打通了关键生产技术推广应用的"最后一公里"。

2　壮主体，做强产业扶贫龙头

2.1　壮大龙头企业

注重马铃薯加工在"全环节升级""全链条升值"方面的龙头引领作用，培育发展蓝天淀粉、薯香园科技、薯峰淀粉、鼎盛农科、圣大方舟等加工企业 10 家，建成精淀粉生产线 10 条 40 万 t、变性淀粉生产线 9 条 7.6 万 t、全粉生产线 1 条 2 万 t、主食化产品生产能力 9.2 万 t，形成了上下游配套、产业链完整的加工产业集群。2019 年生产精淀粉 8 万 t、全粉 1 万 t、粉制品及主食化产品 1 万 t，消化鲜薯 50 万 t 左右。

2.2　规范合作组织

培育发展马铃薯专业合作组织 380 个，176 个贫困村实现专业合作社"全覆盖"，涵盖种薯、种植、加工、营销各个环节；建立培育认定、分级规范、动态监测、政策扶持机制，结合全省专业合作社"规范提升年"行动，筹措资金 810 万元对运行规范、带动性强的 65 个马铃薯合作社给予重点扶持，规范提升 280 个，清理淘汰 95 个，创建国家级示范社 3 个、省级示范社 17 个、市区级示范社 68 个。

2.3　完善带贫机制

发挥农民专业合作社组织农民、服务生产、对接市场方面的纽带作用，常态化、分层次、分行业开展经营管理、适用技术、标准化生产等培训，推广"龙头企业 + 联合社 + 合作社 + 农户"等经营模式，把马铃薯产业上下游合作经营组织、种植大户、广大农户联合起来，构建企业供种、合作生产、订单收购、价格托底、稳定增收的利益联结机制，保障加工企业原料供应，解答了千家万户"种什么""为谁种""种多少"的产业发展难题。

3 抓产销，提升产业扶贫效益

3.1 提升贮藏能力

注重发挥仓贮设施在产业发展中的"中转站"功能，先后整合资金3 600万元，采取独立经营、内外联合、建大平台等模式，扶持马铃薯龙头企业和专业合作组织建设大型恒温库和田间地头贮藏库，形成了80万t的马铃薯贮藏能力，有效发挥了淡吞旺吐、均衡供应、调控市场、产业增效、农民增收的作用。

3.2 对接终端市场

发挥国家级定西马铃薯批发市场的平台作用和区马铃薯经销协会的纽带作用，构建以国家级定西马铃薯批发市场为龙头、集中产区乡镇专业市场为主体、专业村和种植大户收购网点为补充的三级市场购销网络，与北京新发地、上海江桥、广州江南等大型终端市场建立稳定营销关系。

3.3 拓展网上营销

依托国家级定西马铃薯批发市场，运用"互联网+"销售新模式，建立了京东特色馆、淘宝特产馆、"羚羊鲜生"等电商平台；应用推广B2C等"智慧农贸"模式，积极推进农产品共同配送中心建设，促进电商营销和直供直销等新型营销模式共同发展。

3.4 突出品牌培育

以绿色化、优质化、特色化、品牌化为方向，发挥"定西马铃薯"中国驰名商标的品牌优势，加大地域品牌和地理标志产品培育，成功创建"全国马铃薯产业知名品牌创建示范区"，"定西马铃薯脱毒种薯"被认定为国家地理标志保护产品，注册了"新大坪""爱兰""凯凯""圣大方舟""幸泽""陇上绿莹"等10多个知名商标，有效提升了相关产品的品牌影响力和市场认可度。"仓前仓后配套、线上线下融合、农超农校对接"的营销体系，使"定西马铃薯"及相关产品稳定占领全国各大产区和终端市场，远销东南亚、阿联酋等国家地区，蓝天淀粉、薯香园科技等龙头企业已成为康师傅、徐福记、上好佳、好利友等知名企业稳定的原料供应商。2018年，全区外销鲜薯40万t，精淀粉、全粉及其制品8.2万t，实现销售收入近20亿元；2019年，全区马铃薯价格始终保持高价位运行，预计实现销售收入7.2亿元，农户种植纯收入在1 200元/667 m^{2}以上。

4 活金融，强化产业扶贫保障

4.1 强化"融政企"合作

抢抓被省政府确定为特色产业贷款再担保业务试点县（区）的机遇，区财政筹措2 000万元风险补偿金，与甘肃金控定西融资担保公司对接，定期对有需求的龙头企业和专业合作社进行审核推荐，积极争取特色产业贷款支持。2018年以来，累计为42家种薯、营销、加工企业和专业合作社争取特色产业贷款5.1亿元；区财政筹资500万元，与龙头企业共同设立风险补偿金，引导金融机构创新推出"惠企贷""惠农贷""农担贷"等金融产品，2018年以来共为马铃薯企业、经营主体和农户落实贷款资金3.6亿元。

4.2 创新"供应链"金融

按照"抱团式"发展、"产业链"授信、"联保式"服务的原则，依托甘肃蓝天淀粉公司完善的产业链条和良好的企业信誉，以企业组建的福景堂马铃薯联合社为纽带，引导商业银行围绕种植、回收、加工、销售各环节进行评级授信，建立蓝天供应链信用担保及评级授信体系；同时以蓝天公司存货作为抵押，以联合社保证金和合作社、种植户马铃薯销售应收账款作为质押，建立了"农户贷款合作社保，合作社贷款联合社保，联合社贷款企业保"的联保金融服务模式。今年，工商银行、农商银行、浦发银行、兰州银行4家金融机构向蓝天供应链金融全链条授信6亿元，向联合社会员和合作社、种植户发放贷款1.65亿元，有效破解了产业链上各经营主体和种植农户的融资难题。

5 推保险，防范产业扶贫风险

针对安定十年九旱，雹灾、霜冻等自然灾害频发的实际，把保险作为稳定产业效益和农户收入预期的重要保障，全面落实全省农业保险"增品扩面、提标降费"政策，坚持种植农户、经营主体、经营设施"全覆盖"的原则，致力构建马铃薯良种繁育和基地建设风险稳控保障体系。2018年，争取中央和省级政策性补贴资金1 122万元，区财政配套259万元，农户和主体缴纳保费345万元，承保马铃薯3.33万 hm^2，因灾、病害减产赔付总额932万元、受灾户户均赔付近240元；2019年全区承保面积达到4.59万 hm^2，贫困户马铃薯种植实现保险"全覆盖"，有效发挥了马铃薯保险在产业扶贫中的"安全网"作用。

总之，只有通过不断完善马铃薯一二三产业融合发展体系，在进一步延长产业链、提升价值链、完善利益链的基础上，总结经验，完善思路，创新方式，健全完善农户全产业链增收受益扶贫机制，才能使马铃薯产业在助推脱贫攻坚、助力乡村振兴方面发挥应有的更大的作用。

2019 年黑龙江省马铃薯产业发展情况总结及 2020 年生产形势分析

盛万民[1*]，于洪涛[2]，董清山[3]，李庆全[1]

（1. 黑龙江省农业科学院马铃薯研究所，黑龙江 哈尔滨 150086；
2. 黑龙江省农业科学院绥化分院，黑龙江 绥化 152052；
3. 黑龙江省农业科学院牡丹江分院，黑龙江 牡丹江 157000）

摘 要： 对 2019 年黑龙江省马铃薯产业发展情况与存在的问题进行简要概述，并对 2020 年黑龙江省马铃薯产业发展形势进行分析，提出了 2020 年全省马铃薯产业发展的建议。

1 2019 年黑龙江省马铃薯生产、加工及市场情况

1.1 生产情况

1.1.1 种植面积及产量

黑龙江省种植面积 11.33 万 hm^2、总产量 221 万 t、产量 1 300 kg/667 m^2，主产县面积 9 万 hm^2 及产量 175.5 万 t。与上年相比，全省种植面积下降 3.33 万 ~ 4.00 万 hm^2、总产量下降 150 万 t、产量下降 300 kg/667 m^2。

1.1.2 生产中运用的新生产技术和生产模式

水肥一体化技术得到应用，大垄全程机械化生产模式得到普及。

1.1.3 高产创建、增产增效模式攻关、其他示范及区域整体推进进展情况

黑龙江省克山农场马铃薯水肥药一体化增产增效模式得到验证，平均单产达 5 740 kg/667 m^2，净收益 1 100 元 /667 m^2。2020 年黑龙江省垦区 1.33 万 hm^2 马铃薯田将进行大面积推广应用。

1.1.4 生产上应用的主要栽培品种，各品种所占比例

初步统计 2019 年黑龙江省生产上马铃薯品种 21 个，其中主栽品种 12 个："尤金" 2.57 万 hm^2、"克新 13 号" 2.20 万 hm^2；"中薯 5 号" 1.43 万 hm^2，"克新 23 号" 1.03 万 hm^2、"延薯 4 号" 0.89 万 hm^2；

1.2 脱毒薯应用情况

原原种年设计生产能力 500 万粒以上种薯生产企业统计：设计生产能力、2019 年实际生产量，一级种薯以内脱毒薯普及率。原原种年设计生产能力 500 万粒以上种薯生产企

作者简介： 盛万民（1967—），男，博士，研究员，从事马铃薯遗传育种及良种繁育研究。
基金项目： 现代农业产业技术体系建设专项资金资助（CARS-09-P04）。
＊通信作者： 盛万民，e - mail：shengwanmin@163.com。

业 7 家，设计生产能力 2.5 亿粒，2019 年实际生产原原种 5 000 万粒，生产原种 2.5 万 t，一级种薯 10 万 t，省内脱毒种薯普及率约为 35.7%.

种薯生产及管理中存在的主要问题：（1）种薯质量监督体系不健全，种薯质量参差不齐；（2）种薯基地条件有待完善，连作繁种现象仍有发生。

1.3 贮藏、加工情况

1.3.1 贮藏

2019 年黑龙江省总贮藏能力已达 278 万 t，实际贮藏量约为 160 万 t，其中农户贮藏 100 万 t，经销户贮藏 15 万 t，企业贮藏 45 万 t。

1.3.2 主要加工企业、加工种类、设计加工量，2019 年实际加工量、新增企业及其加工情况

黑龙江省现有各类马铃薯加工企业 500 余家，其中规模化马铃薯加工企业 39 家，加工产品主要有精淀粉、粉条、粉皮、薯条、薯片、全粉、变性淀粉、速冻薯块等种类，设计加工能力 598 万 t，2019 年实际加工量 20 万 t 左右。

1.3.3 加工产品销售地及销售价格

（1）出口销售加工产品有精淀粉、速冻薯块；国内销售加工产品有精淀粉、粉条、粉皮、薯条、薯片、全粉、变性淀粉、速冻薯块。

（2）加工产品销售价格为精淀粉 6 500 元 /t，粉条粉皮 10 000 元 /t、薯条 12 000 元 /t、全粉 8 000 元 /t、变性淀粉 12 000 元 /t、速冻薯块 6 000 元 /t。

1.4 销售市场

1.4.1 商品薯主要销售地、销售价格、销售数量

商品薯主要销售地省内大中城市及部分周边省区，平均价格 0.9 ~ 1.4 元 /kg，销量在 100 万 t 左右。

1.4.2 销售形势及主要销售品种

主要销售品种为"尤金""中薯 5 号""克新 23 号""延薯 4 号""克新 13 号""兴佳 2 号""Favorita""龙薯 4 号"。

1.5 与 2018 年对比分析面积、产量、加工和市场变化

受 2018 年价格影响，2019 年黑龙江省种植面积下降约 3.33 万 hm²，加之 2019 年晚疫病发生较重，平均单产约 1.30 t/667m² 左右。

2 2019 年黑龙江省马铃薯生产中存在的问题

2.1 重大自然灾害

降雨较大，和去年同期相比增加 50% ~ 110% 降雨量。晚疫病发生严重，防治措施落实不到位的地区，估计田间损失在 20% 以上。疮痂病、黑痣病在多个地区大面积发生，有越来越重的趋势。

2.2 生产中存在的主要问题

（1）品种结构单一，加工品种少。

（2）75% 的种植方式仍为 65 cm "窄垄"栽培模式，标准化生产水平不高。

（3）市场销售信息反馈不规范，种植户获得销售信息渠道混杂，难辨真伪。多数种

植户仍为自行判断种植，风险较大。

（4）尽管马铃薯为黑龙江省第四大主要农作物，但没有受到应有重视，玉米、水稻、大豆三大主要农作物的优惠政策，在马铃薯上没有得到应有体现。

2.3 技术需求问题

（1）马铃薯疮痂病、黑痣病抗性品种选育。

（2）马铃薯疮痂病、黑痣病高效综合防治技术。

2.4 产业政策问题

黑龙江省马铃薯补贴范围窄（原原种），政策连续性不够，补贴力度需要增加。

3 2020年黑龙江省马铃薯产业发展形势分析预测

（1）2019年企业加工能力远没有得到充分发挥，销售价格回升，加之玉米、水稻、大豆三大主要农作物收益不高，并受新冠肺炎疫情的影响，人们对马铃薯消费潜力得以释放，效益明显。预计2020年黑龙江省种植面积将会增加，加工类品种种植面积将扩大，品种结构进一步优化。

（2）结合黑龙江省马铃薯产业发展现状及市场需求，预计2020年种薯、商品薯销售量及价格基本保持稳定，加工原料销量潜力较大，价格略升或基本持平。

（3）随着全省财政压力的增大，普惠制的种薯及相关农机具的补贴可能性较小，各主产地市将会出台一些相关补贴政策，补贴力度及范围不会很大。

4 2020年黑龙江省马铃薯产业发展建议

4.1 产业政策方面

（1）加强补贴政策的实施，保持政策的持续性和扩大补贴范围，将品种、种薯、水肥、技术、装备等内容纳入补贴范围。

（2）对全省马铃薯产业发展进行科学规划与区划，制定包括生产、加工方面在内的中长期发展目标。

（3）加快实施全产业链科技支撑大项目，提升产业综合创新能力。

4.2 技术方面

（1）加快绿色增产增效生产技术的推广应用。

（2）加强马铃薯主要土传病害高效综合防治技术研究与推广。

（3）建立马铃薯现代生物育种技术体系。

4.3 生产方面

（1）强制实施种薯质量认证体系。

（2）加强标准化生产基地建设。

（3）建立科学轮作生产制度。

4.4 其他方面

建立科教企合作方权益保护制度，促进科研成果转化效率，拉动产业进一步发展。

定西市马铃薯标准化生产现状与发展对策

杨维俊*

（定西市农业技术推广站，甘肃 定西 743000）

摘 要： 对定西市马铃薯标准化生产的现状，特别是种薯、加工原料、鲜食商品薯的标准化生产情况进行介绍，分析了标准化生产中存在的问题，对下一步的发展建议及对策从品种品质、科技投入、技术服务等方面进行了总结概括。

关键词： 马铃薯；标准化；现状；对策

近年来定西市马铃薯产业紧紧围绕打造"中国薯都"的战略目标，着眼农业增效、农民增收，坚持按照"抓两头（种薯产业和精深加工）、带中间（标准化种植）"发展思路，全力打造百万亩种薯繁育基地，以推进标准化生产为抓手，着力推动马铃薯产业品种、品质、品牌"三品"统一，农业、工业、产业、事业"四业"融合和鲜食化、主食化、工业化、市场化、产业化、国际化"六化"并进，马铃薯产业从种薯、种植、加工等方面取得长足发展。

1 标准化生产现状

坚持打造区域性特色优势标准化生产基地，依托重点企业、合作社带动农户，建设高品质标准化种植核心区、标准化种植示范区和标准化辐射带动区，大力推广"黑膜覆盖＋脱毒种薯＋配方施肥＋统防统治＋机械化耕作"等实用技术，建成了安定香泉、秤钩、鲁家沟，临洮漫洼、站滩，陇西首阳、福星，渭源五竹、会川等一批规模连片、技术集成程度高、示范带动作用明显的标准化种植基地。

1.1 建立优质良种繁育基地。

依托市内种薯科研推广单位和种薯企业培育、引进马铃薯新品种，通过试验示范，筛选出高产、高抗、适合当地种植的优质马铃薯品种。深化"脱毒苗—原原种—原种——级种"的脱毒种薯繁育推广体系，2019 年生产原原种 11.46 亿粒，建立马铃薯优质种薯扩繁基地 0.67 万 hm^2，生产原种 22 万 t。

1.2 建立高品质标准化种植核心区

通过争取国家和省级投入、市级专项扶持，县级整合资金，重点支持新型农业经营主体（龙头企业、合作社），建设集中连片的高品质标准化种植核心区，严格按照无公害、绿色、有机生产技术要求，实行全程生产管理。2019 年扶持企业、合作社建立高标准马

作者简介：杨维俊（1980—），男，高级农艺师，从事农业技术推广工作。

* 通信作者：杨维俊，e - mail：yangwj999@126.com。

铃薯一级种薯繁育基地 6.07 万 hm²；建立高标准商品薯、加工原料生产基地 3.47 万 hm²。

1.3　建立标准化种植示范区

实行产业发展与标准化基地建设挂钩制度，整合县级产业发展资金，撬动社会资金投入，重点扶持农民合作社流转土地，按照无公害、绿色和有机农产品生产技术要求，建立集中连片的标准化种植示范区，实现部分环节质量可追溯。2019 年建立马铃薯标准化商品薯示范基地 4.67 万 hm²。

1.4　建立标准化辐射带动区

通过引导加大社会资本投入，按照"龙头企业（合作社）+ 基地 + 农户"模式，引导带动农户建立标准化生产基地，生产合格农产品，推广"两证一识"追溯管理，2019 年建立马铃薯标准化种植基地 10 万 hm²。

2　存在的主要问题

2.1　机械化程度不高

定西市马铃薯多数分布在山区和坡地，种植地块小而零散，企业、合作社、家庭农场等规模有限，发展还不完善，农户种植土地经营规模小，集中连片性不高，马铃薯机播、机收率低，农机装备水平较低。

2.2　农民种植技术水平不高

农村青壮年劳动力外出务工，从事马铃薯种植的农民老龄化，文化层次低，对马铃薯土传病害、早晚疫病绿色防控技术、旱作农业综合配套集成技术等掌握应用不够，种植技术水平较低。

2.3　马铃薯科技投入不足

近两年甘肃省将马铃薯脱毒种薯补贴、马铃薯全覆盖工程、农产品产地初加工、加工企业收购原料补贴等产业扶持资金整合用于精准扶贫，没有对马铃薯产业的单独扶持政策；加上马铃薯价格低迷，农民种植马铃薯的积极性不高，科技投入力度不大。新型经营主体实力不强，辐射带动能力弱，作用发挥有限，造成标准化科技投入不足的困境。

3　发展建议及对策

3.1　加快品种更新

依托科研院所和龙头企业开展科技合作，加大优良品种引进培育和示范推广，充分利用常规杂交及分子育种手段，研发具有自主知识产权的新品种。以脱毒种薯生产为核心，紧盯全国马铃薯主产区用种需求，优化种薯扩繁区域布局，积极选育生产早熟、适宜南方春秋两季种植的马铃薯种薯，推进种薯品种多元化。

3.2　提升产品品质

参照马铃薯国家级行业标准，建立集脱毒苗生产、种薯生产、仓贮、检验检疫、销售为一体的马铃薯种薯产业链标准，建立种薯供应优质化、生产流程标准化、市场销售组织化、加工经营规模化的种薯产业新体系。开展生产基地认定、产品质量认证，打造绿色基地绿色产品，提升定西市马铃薯种薯质量。

3.3　注重培育市场主体

马铃薯标准化生产基地重点要以种薯企业、合作社、加工企业为主体来进行建设。各县区要对本辖区内的种薯生产、加工企业和专业合作组织广泛进行动员，深入细致地做好思想动员工作，让他们充分认识到实施标准化生产的重要性和必要性，积极投入到基地建设当中。一是要搞好技术服务，帮助建设主体培训农民，全力落实标准化生产技术规程；二是要积极协调搞好土地流转，帮助建设主体进行集约化生产；三是动员农户积极参与，协调建设主体主动对接，与农户建立紧密型的合作关系，提高订单生产的履约率。通过采取行之有效的措施，推动标准化生产顺利进行。

3.4　切实加大资金投入

用足用活用好国家和省里的产业扶持资金，统筹整合市县产业扶持资金，撬动社会资本投入，市财政设立专项资金，重点支持龙头企业和合作社采取"龙头企业＋合作社＋农户"模式，重点扶持建设高品质标准化核心区，推广标准化种植技术，生产无公害、绿色、有机农产品。

3.5　全力搞好技术服务

农业技术部门要大力推广应用脱毒种薯、小整薯播种、地膜覆盖种植、测土配方施肥、病虫害防控等先进适用技术，有针对性地组织农民进行专题培训，引导企业、合作社、农民进行规范化生产，提高种植效益。农机部门要积极推广机耕、机播、中耕、喷药、机收等全程机械化技术，大力提高马铃薯机械化生产水平。通过抓技术培训，加快高产高效种植模式推广步伐，加快马铃薯种植机械化程度，提高标准化栽培技术的普及率和到位率，为实现全市马铃薯标准化生产提供有力的技术支撑。

3.6　加强马铃薯"两证一标识"追溯管理

高度重视马铃薯的"两证一标识"追溯管理工作，努力实现马铃薯产品源头可追溯，流向可跟踪，信息可查询、责任可追究，保障公众消费安全。

2019 年陕西省马铃薯产业发展现状、存在问题及建议

方玉川 [1,2*]，常　勇 [1,2]，汪　奎 [1]

（1. 陕西省榆林市农业科学研究院，陕西　榆林　719000；
2. 陕西省马铃薯工程技术研究中心，陕西　榆林　719000）

摘　要： 详细介绍陕西省 2019 年马铃薯生产基本情况、种植结构、自然灾害、新技术推广应用等，分析了产业中存在的主要问题，明确今后发展思路，并提出"建设完善的良种育繁供体系、加强马铃薯产业关键技术的科研攻关、开展马铃薯主食产品研发与加工、加强马铃薯市场营销工作、加大马铃薯产业政策支持力度"的发展建议。

关键词： 马铃薯；现状；存在问题；建议；陕西省

马铃薯是陕西省第三大粮食作物 [1]，也是重要的蔬菜作物，是保障全省人民群众"米袋子"和"菜篮子"的重要农作物之一，在陕北、陕南地区农业农村经济发展中具有举足轻重的地位 [2]。2019 年，陕西省马铃薯产业现状表现为：种植面积基本稳定，结构持续优化；各种灾害频发，产量有所减少；销售形势较好，种植效益凸显；加工问题较少，产品日渐丰富；发展势头强劲，前景极为广阔。

1　产业发展现状

1.1　生产基本情况

据陕西省马铃薯产业技术体系统计，2019 年陕西省马铃薯种植面积 38.3 万 hm^2，其中榆林 18.1 万 hm^2、延安 5.4 万 hm^2、汉中 4.0 万 hm^2、安康 5.3 万 hm^2、商洛 4.3 万 hm^2、关中五市（西安、咸阳、渭南、宝鸡、铜川）1.2 万 hm^2，总产 587.5 万 t，平均单产 1 022 kg/667 m^2。与 2018 年相比，马铃薯种植面积减少 2.4 万 hm^2，主要原因：一是陕北出现严重的春旱，马铃薯无法及时入种，只得改种生育更短的荞麦、糜子等农作物；二是由于 2018 年鲜薯销售价格高，2019 年春脱毒种薯价格高、货源紧俏，导致部分田块因购不到种薯而改种其他作物；三是大量农村青壮年劳动力外出务工，而马铃薯较玉米等其他作物费工，导致种植面积逐年减少。产量减少 59.21 万 t，主要原因：一是种植面积减少，导致总产减少；二是陕北 8 月出现一段时间的伏旱，影响了马铃薯产量；三是陕南 4、5

作者简介：方玉川（1976—），男，高级农艺师，从事马铃薯产业研究工作。

基金项目：国家马铃薯产业技术体系建设资金（CARS-9）；陕西省马铃薯产业技术体系建设资金（NYKJ-2018-YL02）。

* 通信作者：方玉川，e - mail：nksfyc@163.com。

月雨水较多，导致晚疫病发生较重，单产较去年下降。

1.2 种植结构情况

陕西省马铃薯主要分布在陕北和陕南地区。2019 年，陕北地区马铃薯种植面积 23.5 万 hm²，总产量 356.5 万 t，平均单产 1 011.3 kg/667 m²。陕南地区马铃薯种植面积 13.6 万 hm²，总产量 205.5 万 t，平均单产达 1 007.4 kg/667 m²。自实施马铃薯主食化战略以来，陕西省马铃薯结构逐渐优化：一是马铃薯品种结构持续改善，传统种植品种"克新 1 号""费乌瑞它""夏坡蒂"种植面积逐年下降，"冀张薯 12 号""希森 6 号""陇薯 7 号""兴佳 2 号""丽薯 6 号"等新品种面积增加，其中"冀张薯 12 号"种植面积超过 1 万 hm²，已成为陕西省种植面积仅次于"克新 1 号""费乌瑞它"的第三大品种；二是规模化种植基地逐年增加，以榆林为例，传统以小农户为主的定边县种植面积虽然仍是第一，但以规模化种植为主的榆阳区从 2016 年已成为市内产量第一大县（区），家庭农场种植平均单产可达 3 000 kg/667 m² 以上。

1.3 自然灾害发生情况

2019 年，陕西省马铃薯生产中自然灾害较为严重，全省马铃薯的产量和品质受到影响。4 ~ 6 月，陕南地区雨水较正常年份偏多，导致马铃薯晚疫病较重发生；5 ~ 6 月，陕北地区出现连续干旱，导致旱地马铃薯无法按时入种，面积和产量均受到严重影响；8 月，陕北地区出现伏旱，对马铃薯产量造成影响；9 月，陕北部分地区大雨，晚疫病较重发生，有不少地区受到涝灾危害。

1.4 新技术推广应用情况

充分发挥各地市农科院（所）和主产县区农技推广部门的技术力量优势，集成适宜不同区域栽培的高产集成技术，在全省推广 20 万 hm² 以上，平均增产 7% ~ 14%。以榆林为例，在北部滩水地区重点推广种薯脱毒化、灌溉节水化、施肥平衡化、耕作机械化、栽培大垄化、管理科学化等标准化栽培技术 3 万多 hm²，净收入 1 200 ~ 1 500 元 /667 m²。榆林市绿天地马铃薯有限责任公司在榆阳区红石桥乡油房湾村建设"冀张薯 12 号"全程机械化示范基地 40 hm²，平均产量达到 4 920 kg/667 m²。在汉中，城固、南郑等县等主推拱棚马铃薯栽培技术，通过两膜、三膜栽培，使得马铃薯提早上市 20 ~ 30 d 左右，在平均售价较大田马铃薯提高 40% 以上，涌现出不少 667 m² 产值过万元的增收典型。

2 存在的问题

陕西省马铃薯生产形势虽然较好，但也存在不少问题：一是马铃薯品种结构虽有所改善，但是结构改变不大，主要以鲜食型为主，品种主要是"克新 1 号""早大白""青薯 9 号"秦芋系列、冀张薯系列、陇薯系列等品种；二是马铃薯倒茬作物以玉米为主，但种植玉米不仅效益低，而且玉米滥用除草剂对后茬马铃薯影响极大，在规模化农场中，还未找到比玉米更理想的倒茬作物。生产中存在连续 2 ~ 3 年马铃薯重茬种植的现象，虽采用了深翻、补充微量元素等措施，但仍导致土壤肥力下降、有害微生物增加、有益微生物种群减少等问题，成为过度依赖化肥的"卫生田"，种植后茬作物病害加重、产量下降、品质降低；三是生产中存在过度用水用肥用药的问题，在取得较高产量的同时，也给产品质量安全、水土资源的可持续利用带来隐患；四是不注重产品内涵的挖掘和产业链条的延伸，以追求短期经济效益为主，出现掠夺式经营的倾向，不注重品牌培育，产业链条短、加工业滞后，抵御市场风险的能力较差。

3　发展建议

3.1　发展思路

深入贯彻落实习近平新时代中国特色社会主义思想，全面贯彻党的十九大和十九届二中、三中、四中全会精神，聚焦追赶超越定位，践行"五个扎实"要求，以脱贫攻坚和乡村振兴战略为契机，以创新、协调、绿色、开放、共享的发展理念为统领，紧紧围绕"转方式、调结构"2条主线，推进农业供给侧结构性改革，充分发挥马铃薯产业发展资源优势，加大政策支持，加强基础建设，依靠科技创新，改进物质装备，着力构建马铃薯产业体系、生产体系、经营体系，全力打造延安"革命老区土豆"、榆林"沙漠绿色土豆"、秦岭南麓"生态土豆"等马铃薯品牌，把陕西建设成为全国最优、国际知名的菜用商品薯基地。

3.2　发展建议

（1）建设完善的良种育、繁、供体系。一是陕北围绕高产、优质、适宜机械化，陕南围绕中早熟、优质、高抗病的育种目标，开展主食化品种选育；二是建设种薯繁育基地与质量监管体系，严格控制种薯质量，杜绝不合格种薯（甚至商品薯）进入种薯市场；三是制定马铃薯脱毒种薯扩繁发展规划，建立三级脱毒种薯繁供体系，形成布局合理、层级协调、功能健全的完整种薯繁供网络，提高陕西省马铃薯良种覆盖率。

（2）加强马铃薯产业关键技术的科研攻关。一是以马铃薯增产模式攻关为突破口，重点开展马铃薯水、肥高效利用技术研究，发展节水灌溉，实现水肥一体化和精准施肥；二是通过制定轮作方案、加强统防统治、开展防病指导、加大植物检疫力度等措施，指导薯农对马铃薯主要病虫害进行科学有效的防治；三是坚持因地制宜，分类指导的原则，积极探索陕南、陕北黄土高原丘陵沟壑区和陕北长城沿线风沙区不同生态区域的农机农艺融合技术模式，提升全省马铃薯机械化水平。

（3）开展马铃薯主食产品研发与加工。一是发展壮大加工龙头企业，大力发展精深加工业，提升马铃薯加工带动能力；二是开展主食化产品研发，根据不同消费需求，开发多元化的主食产品，加快推进马铃薯主粮产品产业化；三是开展废弃物综合利用技术研究，把马铃薯加工业"三废"生产为有机肥、蛋白粉等产品，提高马铃薯加工废弃物综合利用水平，降低污染，促进产业可持续健康发展。

（4）加强马铃薯市场营销工作。一是在陕北、陕南马铃薯主产区分别建设大型马铃薯批发市场，扶持从事鲜薯购销的专业合作社和农村经纪人，健全营销服务网络；二是推广"产前签订单、产中推技术、产后抓营销"的市场经营模式，大力培育马铃薯现代营销主体，做好产地市场与销售市场之间的连接、交流与合作；三是注重区域打造和企业品牌建设，共同建设好"陕北大土豆""榆林沙地马铃薯""安康富硒土豆"等区域公共品牌，实施品牌带动战略；四是积极推进"互联网+"，组建多元化的网销队伍，把陕西马铃薯产业化水平提升到较高层次。

（5）加大马铃薯产业的政策支持力度。一是强化对马铃薯产业重要性的认识，应突出马铃薯产业在陕西经济社会发展中的独特地位，把马铃薯主食化作为乡村振兴和扶贫攻坚的"头号民生工程"，全面促进马铃薯产业提档升级；二是建议出台《陕西省关于加快马铃薯产业转型升级的意见》，设立马铃薯产业专项资金，重点扶持马铃薯科研、良种繁育、基地建设和龙头加工企业，并在项目审批、资金信贷、配套服务、税收上给予支持；三是强化基础设施建设，鼓励马铃薯连片种植，提高马铃薯生产规模化、标准化、机械化水平；四是加大农业保险保费补贴力度，扩大马铃薯保险覆盖面，降低农户、农业生产经营组织的投保成本和经济负担，增强马铃薯生产抗御自然灾害的能力。

[参 考 文 献]

[1] 方玉川.陕西省马铃薯产业发展现状及思考 [J].农业科技通讯，2015(10)：4-6.

[2] 方玉川，常勇，黑登照 . 2016 年陕西省马铃薯产业发展现状、存在问题及建议 [C]// 陈伊里，屈冬玉 . 马铃薯产业与精准扶贫 . 哈尔滨：哈尔滨地图出版社，2017：147-150.

围绕美丽乡村建设　大力发展马铃薯产业

刘荣清，董彦文[*]，胡全良，李学文，陶永吉

（定西市马铃薯产业办，甘肃　定西　743000）

摘　要：美丽乡村建设是解决乡村发展理念、推动乡村经济发展、优化乡村空间布局、美化人居环境、传承乡村文化以及实施路径等问题的重要途径。定西种植马铃薯已有 200 多年的历史，马铃薯产业在定西建设美丽乡村过程中，具有良好的产业基础优势、产业文化优势以及身后的产业发展潜力和带动作用；而定西依托马铃薯产业建设美丽乡村，需要树立绿色可持续的发展理念，在全产业链的各个环节下功夫，做大做强种薯产业、做稳做实标准化种植、做精做深加工业、做通做畅营销体系、做优做好科技支撑、做细做活产业文化实现美丽乡村建设和产业发展的共赢。

关键词：定西；马铃薯；产业；美丽乡村；建设

美丽乡村建设重点在于利用现有的资源，推动产业发展；改善农村生活环境，提高农民收入；保护和传承文化，推进农村精神文明建设；提高农民素质，促进自身发展；是乡村振兴的主抓手，核心在于产业发展。定西的发展与马铃薯相伴而行，马铃薯与定西的发展息息相关。马铃薯产业对于定西建设美丽乡村、进而实现乡村振兴有着重要的支撑作用和战略意义。

1　马铃薯产业对定西建设美丽乡村的重要作用

马铃薯产业在定西已有 200 多年的历史[1]，特别是 1996 年以来，定西充分发挥资源优势，把马铃薯作为一项脱贫致富工程来培育和推进，使定西马铃薯由自给自足到规模扩张，再到产业培育，直到现在的打造"中国薯都"，经历了不平凡的发展历程，马铃薯产业步入科学化布局、集约化种植、标准化生产、精深化加工、品牌化营销的新阶段，产业影响力逐步提升，成为支撑定西经济转型跨越的优势主导产业。今天的定西，已成为全国最大的脱毒种薯繁育基地、全国重要的商品薯生产基地和薯制品加工基地。

1.1　产业优势明显

定西已成为全国最大的脱毒种薯繁育基地、全国重要的商品薯生产基地和薯制品加工基地，具有无与伦比的自然资源优势、产业发展壮大历程、产业影响力和知名度、产业发展前景及产业链延伸效应[2]。

品质优势明显。复杂多样的地质地貌，是适宜马铃薯生长的最佳天然场所；干旱少雨但与马铃薯生长雨热同期的气候资源，为马铃薯块茎膨大和品质提升提供了有利条件；充

作者简介：刘荣清（1963—），男，研究员，从事马铃薯产业研究及管理。

* 通信作者：董彦文，主要从事产业经济研究，e－mail: dxsmlsb@163.com。

裕的耕地资源和土地条件，为马铃薯产业的发展提供了广阔空间。特定的自然气候和农田环境条件，对各种病虫害的传播有着天然的隔离作用，可以保证马铃薯的安全生产。定西所产马铃薯个大、质优、薯皮光滑、薯型整齐、口感醇香、干物质含量高、耐运耐藏，是加工马铃薯淀粉及其制品的上好原料。

产业发展积淀深厚。马铃薯在定西多年的发展，从种植面积、产量、产值等各方面都有了质的提升；作为定西曾经的"救命薯""温饱薯"，现在正承担着"营养薯""健康薯"的重大使命。在定西人民的生活中扮演着不可或缺的角色，具有悠久的马铃薯饮食文化传统，已成为了每日三餐中的一道必需食品。安定区、渭源县分别被中国农学会命名为"中国马铃薯之乡""中国马铃薯良种之乡"[3]。安定区被命名为全国马铃薯知名品牌示范区，"定西马铃薯"被国家工商总局认定为中国驰名商标。定西市被命名为全国第一批区域性马铃薯良种繁育基地。农业农村部批复的全国首家国家级马铃薯批发市场在定西建设，一期工程已投入使用。

1.2 产业文化丰厚

定西马铃薯承载着定西人民艰苦奋斗的过去，承载着定西人民脱贫致富的梦想，承载着定西人民产业振兴的希望，承载着定西人民开放合作的追求。自200年前扎根定西以来，经过自给自足、产业培育、快速发展、全面提升以及转型升级等阶段的发展，经历了由小到大、由弱到强的历程，引领了定西大地的发展方向，见证了定西人民在改造山河、摆脱贫困、解决温饱、奔向小康的过程，形成了独特的定西马铃薯文化。生态文化，按照无公害绿色有机的标准，认证马铃薯及其制品"三品一标"41个，其中无公害产品认证15个，绿色食品认证24个，地理标志农产品认证2个；坚持推广"黑膜覆盖＋脱毒种薯＋配方施肥＋统防统治＋机械化耕作"技术，促进生产标准化；坚持"种薯繁育—种植—加工—废物利用"的循环发展之路，实现产业链循环发展；品牌文化，实施品牌战略，全市注册马铃薯品牌商标37个，定西马铃薯荣获中国驰名商标、全国十大魅力农产品、首届中国农民丰收节100品牌农产品和国家地理标志产品保护，"渭源种薯"等5个产品获国家原产地地理标志注册，"清吉"牌马铃薯精淀粉获国际金奖，安定区、渭源县分别被命名为"中国马铃薯之乡""中国马铃薯良种之乡"，安定区成为全国马铃薯产业知名品牌示范区和第一批中国特色农产品优势区。科技文化，依托市科研院所和企业建成了甘肃省马铃薯工程技术研究中心、变性淀粉工程技术研究中心、马铃薯与特色果蔬速冻和精淀粉4个工程技术研究中心，成立了甘肃省变性淀粉工艺与应用重点实验室，建成了18家市级工程技术研究中心。建成了渭源马铃薯种薯产业化国家级农业标准化示范、安定区马铃薯种薯国家级农业标准化示范。饮食文化，马铃薯在定西人民的生活中扮演着不可或缺的角色，成为每日三餐中的一道必需食品。烧洋芋、烤洋芋、煮洋芋、洋芋泥、洋芋面、洋芋饼、洋芋丸子、洋芋包子、洋芋搅团、洋芋疙瘩、青椒土豆丝、酸辣土豆丝、土豆烧牛肉、干锅土豆片等一系列的名称就是定西乃至甘肃省马铃薯主粮化的最基本写照，并且开发了富有定西特色的马铃薯108道"将军宴"和70道"华诞宴"。文化艺术，勤劳的定西人民把马铃薯与当地书画、剪纸等传统文化艺术深度融合，创作出了《洋芋花开赛牡丹》《土豆赋》《朝阳图》等一系列以定西马铃薯为主题的文化艺术作品，深刻反映了定西人民对马铃薯的深厚感情。

1.3 产业发展潜力深厚

成本潜力：马铃薯产业属于劳动密集型产业，定西市劳动力资源丰富，成本相对较低，造就了低成本的马铃薯产品，市场价格浮动相对较大。

应用潜力：种薯产业，定西地域类型多样，海拔高，病虫害轻，具备天然隔离条件，是建立脱毒种薯繁育基地的理想区域，而且定西建立了完善的种薯繁育三级扩繁体系，被农业部认定为全国第一批区域性马铃薯良种繁育基地，是全国最大的脱毒种薯繁育基地。脱毒种薯销往甘肃、内蒙古、贵州、河北、安徽、青海等 10 多个省区，部分原原种还出口沙特阿拉伯、土耳其、埃及、俄罗斯等国家和地区。据了解，全国脱毒种薯应用率仅为 25% 左右，随着人们的认识提高，我国原原种、原种和一级脱毒种薯普及率进一步提高，种薯消费将继续保持增加态势，对定西种薯产业来说是一个良好的发展机遇。

消费潜力：在过去 50 年里，几乎所有的亚洲国家人均马铃薯消费量都在增加，中国马铃薯消费量增加了近 4 倍。从人均消费量来看，中国马铃薯鲜食消费量 40 kg 左右，不到排名第一白俄罗斯的 1/4，作为一种适应性强、高产、廉价而营养丰富的食物，马铃薯消费呈上升趋势，定西所产马铃薯品质优良，市场前景良好。

加工潜力：加工制品主要包括马铃薯淀粉及其衍生物，广泛应用于食品、纺织、造纸、水产饲料、建筑、医药、铸造等行业。目前国内马铃薯淀粉的年需求量近 100 万 t，国内现有产量不足 50 万 t，今后市场容量还将进一步增大。自 2015 年国家主食化战略的提出，加工产品需求空间进一步扩大，对马铃薯加工业带来了新的发展机遇，薯制品加工业发展前景光明。

资源潜力：定西属于农业区，境内基本无工业污染，加之天然的自然条件和气候条件，造就了定西成为马铃薯种薯繁育及种植的理想场所。

1.4 产业带动作用明显

马铃薯产业作为定西脱贫攻坚、实现乡村振兴的支柱产业，实施"项目资金跟着贫困村户走、贫困户跟着合作社走，合作社跟着龙头企业走、龙头企业跟着市场走"的"四跟进"扶贫模式，坚持产业全链条发展、农户全过程参与、效益全方位体现，推广"企业 + 合作社 + 基地 + 农户"等模式，全市种薯企业 32 家，加工企业 28 家，从事马铃薯种植营销的农民专业合作社 1 521 个，家庭农场 105 个，带动农户从事马铃薯繁育、种植、购销、仓贮、加工、服务等各个环节，加快了马铃薯全产业链价值提升，保障了贫困农民稳定增收脱贫，发展壮大了特色产业集群，实现了产业发展与精准扶贫共赢。

2 定西依托马铃薯产业建设美丽乡村的途径探索

依托马铃薯产业建设美丽乡村，就是要树立绿色健康可持续的发展理念，强基地、补短板、延链条、提效益，推动马铃薯产业提质增效、农民收入不断增加，马铃薯文化不断传承和发展，推动马铃薯产业品种、品质、品牌"三品"统一，农业、工业、产业、事业"四业"融合和鲜食化、主食化、工业化、市场化、产业化、国际化"六化"并进。

2.1 要做大做强种薯产业

种薯质量直接关系到马铃薯的品质和产量。定西作为农业部认定的全国第一批区域性马铃薯良种繁育基地和全国最大的脱毒种薯繁育基地，要通过"三个统一、全程可追溯"，不断做大做强种薯产业。统一标准，就是进一步完善马铃薯种薯生产标准体系，并推动地方标准上升为行业标准、国家标准。统一检测，就是对全市范围内的同一种类马铃薯，不管是哪里生产的，都执行同一检测标准，加强种薯质量监管，提升种薯质量。统一品牌，就是推动全市各地生产的马铃薯全部使用"定西马铃薯"这个金字招牌，进一步提升影响力和知名度，提高品牌价值。全程可追溯，全面推广"两证一标识"追溯制度，对种薯生产全过程实行监管、留痕，立足不同区域的用种需求，创新供销模式，推广优质高产市场适应性好的品种。

2.2 做稳做实标准化种植

优化区域布局，打造以渭源为主的南部高寒阴湿区种薯繁育及鲜食品种种植、以安定为主的北部干旱区淀粉加工品种种植、以临洮为主的河谷川水区鲜食菜用型和加工专用型品种种植。坚持"配方施肥＋黑膜覆盖＋脱毒良种＋统防统治＋机械化耕作"马铃薯标准化种植组合配套技术和农机农艺结合、新材料新技术结合等方式，大力开展马铃薯高产高效创建，提高标准化种植水平。大力推广"企业＋合作社＋农户""企业＋种植大户＋基地"等模式，支持马铃薯种植主体积极开展土地流转、租赁、托管等方式，落实订单种植，推动全市马铃薯产业规模化、集约化发展，确保年种植面积稳定在 20 万 hm^2 以上。实施薯粮草轮作、耕地休耕等项目，通过轮作倒茬、杀秧等措施，有效降低马铃薯土传病害发生。

2.3 做精做深加工业

通过加工转化使马铃薯变成具有较高经济附加值的马铃薯深加工产品，将资源优势转化为经济优势，实现马铃薯产业产值提升。采取"企业＋合作社＋农户""企业＋种植大户＋基地"等模式，引导扶持加工企业以订单生产等方式建立稳定的原料生产基地，引导扶持加工企业建设地头原料仓贮设施，有效增加贮藏量，延长加工时间，有效提高产能利用率。组建马铃薯企业、合作社、家庭农场、供销社、信用社等紧密联系的产加销一体化联合体，支持企业与科研单位合作，开展联合攻关，开发一些延链补链产品，形成"吃干榨尽"式循环生产加工链条。

2.4 做通做畅营销体系

依托"一带一路"建设和"南下通道"对接，实施智能化交易平台建设，建立本地网络销售平台，发展网上销售、直销配送、连锁经营等现代流通方式，把国家级定西马铃薯批发市场打造成集交易、仓贮、冷链、配送、运输、监测检测为一体的智能化交易和线下体验相结合的现代物流中心，发挥安定巉口、临洮康家崖等二级市场和乡镇产地交易市场的功能，构建产地与终端紧密连接的马铃薯市场流通体系，有效增强价格形成话语权。同时，通过开通产销直通车、在终端市场建立马铃薯直销窗口等措施，大力培育壮大营销队伍，健全销售网络体系，积极探索开辟马铃薯种薯、鲜薯及各类加工制品网上销售等新渠道，进一步提高马铃薯产销衔接能力，并切实增强外销能力。按照马铃薯交易中心、重点乡镇交易市场、乡村种植贩运大户、农户 4 个仓贮层次，引导经营主体进一步加大贮藏设施建设，由以农户分散贮藏向大中型贮藏库升级，实现鲜薯错峰销售。加快推出马铃薯期货产品，把安定区建设成马铃薯期货基准交割地，尽快形成产地集散中心、价格形成中心、信息发布中心、仓贮物流中心；引导支持快递公司建设马铃薯鲜薯线上销售基地，打造交易后仓，建设马铃薯精品分拣、包装中心，完善冷链运输体系，扶持经营主体开设马铃薯及产品网店，提升定西马铃薯及制品网上销售能力。

2.5 做优做好科技支撑

科技是第一生产力，创新是引领发展的第一动力。加强与国内外科研机构合作交流，加大外地优良品种引进培育和驯化推广，选育适合淀粉、全粉加工和鲜食的优良品种；开展技术联合攻关，有效破解当前制约全市马铃薯产业发展的黑痣病、疮痂病、汁渣回收利用等瓶颈问题。积极争取科技项目资金支持，通过奖励机制，破解马铃薯生产关键技术瓶颈问题。健全完善马铃薯全产业链标准建设，加强监测监管，全面提升马铃薯及其制品的质量和品质。培育一批技术好、能力强的马铃薯生产土专家、田秀才。

2.6 做细做活产业文化

"中国薯都"是对定西市多年来发展马铃薯产业取得成绩的肯定和认可，"定西马铃薯"是马铃薯在定西多年发展的历史和文化沉淀，进一步挖掘定西马铃薯产业的地方历史、地理和文化特色的品牌价值，并以其为引领推动马铃薯产业由规模化生产向优质、专用、特色生产经营转变。在新品种选育、新技术示范推广、新产品研发过程中，加大专利申请力度，打造具有定西特色的自主知识产权。加强"定西马铃薯"品牌建设，加大中国驰名商标等已有品牌的保护工作力度，进一步加大原产地地理标志、中国驰名商标、国际商标的申请注册，创建全国知名的马铃薯品牌体系，加大马铃薯"三品一标"认证覆盖率。充分发掘马铃薯产业核心文化，积极推进土豆小镇、薯都博览园、鲜食大厨房等项目建设，积极开发推广薯都宴，丰富鲜食化产品，在文化旅游产业开发和城镇建设中注入马铃薯文化元素，不断提升马铃薯文化内涵，形成全社会关心、关注、支持、参与"中国薯都"建设的浓厚氛围。

[参 考 文 献]

[1] 张耀宗，王伟. 甘肃定西马铃薯产业化发展的优势、问题及对策 [J]. 农业现代化研究，2013(2)：186-189.
[2] 王富胜，潘晓春，张明，等. 定西市马铃薯种薯产业可持续发展途径 [J]. 中国马铃薯，2015，29(1)：57-60.
[3] 贾文雄. 定西市农业比较优势分析及特色农业发展对策 [J]. 干旱地区农业研究，2008(2)：206-211.

昭觉县马铃薯生产机械化现状及建议

余丽萍[1]，杨　勇[1]，徐　驰[1]，刘小谭[2]，李光辉[2]，蒙君伟[3]，王西瑶[1*]

（1. 四川农业大学农学院，四川　成都　611130；

2. 四川省农业机械研究设计院，四川　成都　610066；

3. 凉山州良圆马铃薯种业有限责任公司，四川　西昌　615013）

摘　要：昭觉县马铃薯种植区域分布广，但农艺标准不一、种植规模小、环节多、生产机械化不高，严重制约着马铃薯生产效益的提高。通过阐述凉山州昭觉县马铃薯生产机械化发展的现状，从自然条件和人文技术方面分析其制约因素，并进一步提出发展建议。

关键词：昭觉县；马铃薯机械化；现状；建议

昭觉县位于四川省西南部，地处大凉山腹心地，属国家级贫困县，是全国彝族人口第一大县，是中国马铃薯适宜种植的区域之一，也是四川省马铃薯的主产区之一[1]。马铃薯是彝族群众的传统粮食作物和主要的经济来源，春秋冬三季均可种植马铃薯，发展马铃薯产业有得天独厚的优越条件。在政府及市场的推动及带动下，马铃薯产业蓬勃发展，已成为助推昭觉县经济发展的重要农业产业之一，更是脱贫致富的支柱产业[2]。随着人民日益增长的美好生活需要与不平衡不充分发展的矛盾日益突出，对于绿色生态农产品的需求与日俱增，体现在马铃薯生产上就是迫切需要进行农业供给侧结构性改革，提供更优质的马铃薯。但是大量农村青壮年外出务工，马铃薯生产劳动力短缺，严重制约着生产水平的提高。因此，农业机械是昭觉县马铃薯产业发展的重要物质基础。目前，昭觉县较低的农业机械化水平远远满足不了马铃薯产业发展的需要，提高该地区马铃薯生产机械化迫在眉睫。

马铃薯生产机械化水平随着产业的快速发展逐年提高，机械化作业环节主要包括耕整地、起垄铺膜种植、中耕培土、施肥、喷药、杀秧、收获和残膜捡拾等，并辅以田间运输和初加工、精加工生产环节[3-5]。

1　昭觉县马铃薯生产机械化制约因素

1.1　自然条件因素

农业产业化发展的基础和根本在农业生产，而农业生产又依赖于完善的现代农业基础设施[6]。昭觉县多盘山公路，且弯道多、坡度大，雨季容易发生山体滑坡，泥石等自然灾害。

作者简介：余丽萍（1990—），女，讲师，从事薯类贮藏、繁育研究。

基金项目：凉山州昭觉县马铃薯种薯产业化发展关键技术集成示范项目（2019ZHFP0109）；国家现代农业产业技术体系四川薯类创新团队项目（川农函[2019]472号）。

* **通信作者**：王西瑶，博士，教授，主要从事薯类贮藏、繁育与营养研究，e-mail：wxyrtl@126.com。

昭觉县内高山、二半山的有些乡镇甚至不通公路[2]。由于公路交通的不畅，严重制约了马铃薯产业的发展，加上长期以来，地形复杂，地块小而分散，生产规模小，种植分散，农机保有量小，耕地坡度较大，机械作业困难，直接影响了机械化作业的效率[7-9]。

1.2 人文技术因素

昭觉县马铃薯的生产各环节主体为当地的农民，存在马铃薯种植者和机具驾驶操作人员综合素质普遍较低，缺乏技术培训等问题，加之大部分农民是自产自销，没有加入专业合作社，生产规模化、集约化水平较低，与现代马铃薯生产机械化发展要求差距较大。同时昭觉当地经济水平不高，农民购买能力低，机具流通缓慢。且昭觉本地专门从事农机化作业服务人员与农机专业合作服务组织少，农机社会化、专业化运行机制还未真正形成，马铃薯生产整体效益较低。

虽然昭觉县马铃薯种植区域广，但先进的马铃薯机械化栽培技术仅在马铃薯种植示范区应用。加上适宜马铃薯生产机具多为小型机具，且现有机具不适宜该地区作业，小型机具老化严重，更新换代慢，技术含量低等因素，满足不了生产需求，在很大程度上制约了昭觉县马铃薯产业的发展。

2 昭觉县马铃薯生产机械化发展的建议

2.1 加大农业投入，为马铃薯生产机械化搭建平台

首先在农田设计时，农业机耕道和沟渠建设直接决定着机械化水平的高低。因此，建议昭觉县各级政府将机耕道、沟渠、农田设计纳入农业项目建设范畴，避免田埂、沟堰的占地，减少耕地浪费，为农机具上山进地和农机服务组织开展作业创造条件[10]。

其次组织农机生产企业、高校、科研单位、推广部门联合攻关，共同研究解决马铃薯生产机械化的问题，对现有马铃薯生产机具进行整合，开发研制高效、环保且适宜昭觉当地的马铃薯生产机具。同时加强农机与农艺结合，建立马铃薯生产机械化所涉及切种、种植、中耕管理、收获等多个环节的技术体系，高效利用机具购置补贴政策，提高农民购买能力，推进昭觉县马铃薯生产机械化发展。

同时加快马铃薯生产机械化试验示范点、基地、园区等的建设，通过试验示范点、基地园区的建立，不断试验，筛选适宜当地特点的机型，并制订生产技术规范，辐射周边开展马铃薯生产机械化宣传、推广工作。

2.2 培养地方农机手，为马铃薯生产机械化创造条件

采用集中培训、一对一指导等方式，重点培育和发展有意愿开展马铃薯生产机械化的农户。定期开展马铃薯生产机械化培训，不仅教会培训人员机械操作技能，还要帮助农机手掌握简单的农机修理技能，为培训合格的农机手颁发证书，并推荐合格农机手为马铃薯种植大户、家庭农场主开展农机技术服务、农机修理等工作。

2.3 鼓励建立农机专业合作社，为马铃薯生产机械化保驾护航

将种植规模较大的各类农机大户联合起来，打造信息共享平台，并采取多种形式进行指导，加大对大户农机购置补助力度，帮助其提高农机管理及服务能力，引导建立农业机械专业合作组织。同时全面协调各方资源，加大对植种植大户、合作社等新型生产经营主

体的培植力度，促进马铃薯机械服务跨区域延伸，提高现有机械的使用效率，促进昭觉地区马铃薯生产机械化发展[11]。

2.4 农机农艺结合，全面推动发展马铃薯产业发展

任丹华等[9]采用春马铃薯"高厢双行垄作"机械化合理密植与西南地区传统"稀大行"种植对比，在6地进行试验结果表明："高厢双行垄作"比传统种植有效增产，其中在昭觉试验增产10.85%，且薯形大小适中。由此可见农机农艺结合，不仅能筛选出适宜昭觉不同区域马铃薯种植机械化配套技术，为种植户节本增收，也将全面推动昭觉地区马铃薯产业发展。

[参 考 文 献]

[1] 昭觉县政府办.昭觉县政府门户网站[EB/OL].[2019-07-17].http://www.zhaojue.gov.cn/zjzj_5770/zjgk_5771/gk_5772/201907/t20190717_1226269.html.

[2] 陈建军.信息化背景下民族地区马铃薯产业发展的SWOT分析——以四川省昭觉县为例[J].特区经济，2013(7)：131-134.

[3] 刘进峰.马铃薯生产全程机械化技术应用研究[J].农业技术与装备，2016(2)：55-56，58.

[4] 杨启东.甘肃省马铃薯机械化发展现状分析[J].农机质量与监督，2016(6)：19-20.

[5] 张华，夏阳，刘鹏.我国马铃薯机械化收获现状及发展建议[J].农业机械，2015(15)：89-90.

[6] 马小丽.四川凉山农业产业化发展现状及对策[J].安徽农业科学，2011，39(36)：22 730-22 731.

[7] 任丹华，刘小谭，杨玖芳.浅谈四川省马铃薯机械化生产现状与发展前景[J].四川农业与农机，2015(2)：45-46.

[8] 李华鹏.成都平原马铃薯机械化生产中存在的问题及解决建议[J].四川农业科技，2016，340(1)：55-56.

[9] 任丹华，胡建军，刘小谭.四川马铃薯主要种植机械的适应性验证[J].四川农业与农机，2016(6)：36-37.

[10] 李中阳，吴峰.农村土地集约化经营、规模化种植探析[J].安徽农学通报，2009，15(11)：21-22.

[11] 陈学才，崔阔澍，卢学兰，等.凉山州马铃薯产业发展现状与对策[J].四川农业与农机，2018(5)：10-12.

2019 年西藏马铃薯产业现状、存在问题及建议

曾钰婷 *，祁驰恒，许娟妮，尼玛卓嘎，李淑萍

（西藏自治区农牧科学院蔬菜研究所，西藏 拉萨 850032）

摘 要：西藏地区的气候条件具有生产马铃薯得天独厚的优势，其大面积规模化种植正在进行。概述 2019 年西藏马铃薯产业发展中生产、加工、销售等环节的特点，指出了存在的生产和产业技术问题，并分析马铃薯生产发展趋势，提出发展建议。

关键词：西藏；马铃薯；产业现状；发展建议

西藏地域广阔，生态类型多样，由于马铃薯的强适应能力，除了高原寒冷区（那区地区和阿里地区大部分区域）的水热条件不能满足马铃薯生长条件外，在高原寒冷中湿润区、高原温凉半干旱区、高原温暖半湿润区、高山峡谷亚热带均可种植。西藏马铃薯的种植主要集中在拉萨市和日喀则市[1]。种植面积近几年稳定在 1.6 万 hm²，总产量约 45.6 万 t，2019 年种植面积、总产量等较 2018 年略有减少。

1 2019 年西藏马铃薯产业现状

1.1 生产情况

西藏全区耕地面积为 23.33 万 hm²，总人口 317.55 万人[2]，2019 年西藏马铃薯种植面积为 1.48 万 hm²，平均产量 1 500 kg/667 m²，总产量 33.41 万 t。目前，马铃薯在生产应用上主要栽培品种有"青薯 9 号""陇薯 7 号""陇薯 10 号""冀张薯 12 号""艾玛 1 号""费乌瑞它"。当地品种有"艾玛土豆""昌果红土豆"。西藏马铃薯主产县包括：南木林县、仁布县、白朗县、贡嘎县和曲水县。

马铃薯绿色提质增效栽培技术是西藏自治区马铃薯种植中主要推广的技术，目前正在大力推广马铃薯高垄双行高产栽培技术、机种机收中小型机械全程化栽培技术和早疫病综合防控技术等。

1.2 马铃薯绿色提质增效栽培技术推广情况

2019 年在西藏 4 个地市 8 个县开展马铃薯新品种新技术示范推广，推广总面积 38.7 hm²，示范区马铃薯新品种平均产量为 3 286 kg/667 m²，比当地品种平均增产 38.9%，平均增效 1 917 元 /667 m²，总增收 111.19 万元。

1.3 加工情况

2019 年西藏马铃薯加工企业只有一家，即西藏日喀则市雅江源农业科技开发有限公

作者简介：曾钰婷（1979—），女，硕士，副研究员，主要从事马铃薯栽培和脱毒种薯繁育技术研究。

基金项目：现代农业产业技术体系专项资金（CARS–09–ES30）。

* 通信作者：曾钰婷，e - mail：zyt14916@126.com。

司是通过招商引资引进的依托农牧特色资源，集农业技术开发和农业种植、加工、新产品研发，种植技术推广于一体的农产品加工龙头企业，企业主要生产经营马铃薯淀粉和方便粉丝（12 个种类），设计年加工淀粉 8 万 t，粉丝 0.5 万 t，2019 年加工淀粉 0.3 万 t，粉丝 0.3 万 t。目前，西藏日喀则市雅江源科技有限公司加工产品主要销往日西藏拉萨市、尼泊尔、山东、重庆、成都等地，其中淀粉 7 500 元 /t，方便粉丝 4.6 ~ 8 元 / 袋（袋装规格 60 g/ 袋、180 g/ 袋）。

1.4 马铃薯贸易情况

西藏地区马铃薯销售市场主要集中在 9 ~ 11 月。其商品薯主要销往日喀则市、拉萨市及加工企业，市场批发价 2.8 元 /kg，零售价平均 5 元 /kg。西藏地区马铃薯存在个头小，销售困难等问题。从新疆、内蒙古、云南等地调运来的马铃薯块茎大，价格比当地品种高 0.6 ~ 0.8 元 /kg，西藏地区马铃薯品种竞争力弱。其他时间马铃薯主要从区外调运，价格昂贵，市场平均价 5.5 元 /kg 左右。2019 年，西藏马铃薯商品薯市场批发价平均 2.68 元 /kg，零售价平均 4.62 元 /kg。

2019 年西藏马铃薯主要销售品种为"艾玛土豆""青薯 9 号""昌果红土豆""冀张薯 12 号""费乌瑞它""陇薯 10 号"等。

2 2019 年存在的生产及技术问题

2.1 生产中存在主要问题

西藏马铃薯品种单一，主要以当地品种为主，退化严重，且以中晚熟鲜食品种为主，中早熟和各种专用型品种匮乏，在生产上缺乏优质高产马铃薯新品种，是影响马铃薯产业发展最主要难题。

西藏马铃薯生产上缺乏因地制宜的高效大田生产栽培技术，保护地栽培技术落后，马铃薯种植机械化水平低等，影响了马铃薯提早上市和提高种植户的经济效益和生产率[3]。

脱毒马铃薯种薯繁育体系尚未健全，马铃薯良种繁育规模小，提供优良种薯数量有限，团队科研技术力量薄弱。

西藏地区农户贮藏一般是土中贮藏和自然温度自然通风堆放贮藏，贮藏技术和方法落后，贮藏管理粗放，贮藏损失较大。

2.2 技术需求问题

马铃薯杂交育种技术需求：选育优良早熟品种和培育适合当地种植的主推品种。逐步扩大脱毒马铃薯种植面积。

种薯生产技术需求：在各优势区，整合各类资金，引导社会投入，着力建设标准化的脱毒种薯繁育基地。力争形成布局合理、分工明确、地块稳定的原种扩繁基地，良种扩繁基地，建立优质高产马铃薯生产示范基地，基本满足市场对一级种薯和二级种薯的需求。逐步扩大脱毒马铃薯种植面积。

栽培技术需求：推广适应西藏地区的覆膜栽培、节水灌溉、测土配方施肥、病虫害综合防治、机械化生产等关键技术。

加工技术需求：加工技术人员缺乏，加工技术与设备落后，生产的加工产品质量差，市场竞争力弱。

贮藏技术需求：研究开发、示范推广适合西藏地区设施贮藏保鲜和管理技术、农户贮藏保鲜和管理技术，增强贮藏能力，减少贮藏损失，提高商品食用品质和种薯质量。延长商品薯供应周期，调节马铃薯市场价格，增加农户收入。

2.3 产业政策问题

多年来，西藏自治区政府始终把"稳粮增收调结构"作为农牧业生产工作中基本目标，不断出台政策和规划，为西藏马铃薯生产发展提供了强有力的政策支撑，马铃薯等经济作物的科研和推广示范工作愈来愈得到各级部门的重视，科研和推广经费也在逐年的增加。

3 马铃薯产业发展建议

3.1 产业政策方面

一是提升马铃薯产业地位、切实加强产业投入，包括政策、人力资源、资金、信贷等等，形成一个推动马铃薯产业发展的良好宏观环境，改善马铃薯生产基地的基础设施条件，促进马铃薯产后的销售、运输与加工等产业链条的延伸。

二是加大脱毒种薯的宣传和推广力度，提高脱毒种薯普及率，进而提高种植者利益。

三是加大扶持力度，引进和培植龙头企业，加大政策和资金扶持力度，在种薯和商品薯两个生产环节进行马铃薯良种补贴，减少农民种植马铃薯的种薯投入。引导企业和民间资本进入马铃薯产业化领域，加大马铃薯基地建设，培植一批马铃薯生产、流通和加工的龙头企业，促进西藏马铃薯产业发展，从而带动农业发展。

3.2 技术方面

3.2.1 遗传育种

建立西藏马铃薯育种技术体系，加快对新品种的选育推广特别是早熟品种、中晚熟品种、晚熟品种的选育，引进推广力度，加快西藏马铃薯品种更新换代步伐，更好地满足生产和加工需要。

3.2.2 栽培技术

从生产种植的施肥、除草、病虫害防治等关键环节入手，在环保型生物菌肥、有机肥等和病虫害绿色防治技术试验研究的基础上，建立适合西藏生态条件的马铃薯绿色高效栽培技术体系，确保生产发展、产品安全和生态良好。

3.2.3 病虫害综合防控技术

西藏地区海拔高、气候冷凉、蚜虫较少、品种不易退化且病虫害危害较轻，因此在西藏进行马铃薯生产具有得天独厚的优势条件[4]。为确保安全，加强对马铃薯栽培技术及病虫害绿色综合防控技术的研究。

3.2.4 贮藏加工技术

确定适合西藏高原条件的马铃薯贮藏方式，进行贮藏技术示范和推广，使贮藏损失降低5%，延长鲜薯和原料薯的供应周期，调节马铃薯市场价格，增加农户收入。

3.3 生产方面

推广运用绿色高效生产技术模式，加快农机农艺融合，实现节本增效。

3.4 其他方面

大力推行"公司 + 农户"模式，协调和引导龙头企业与基地农户通过服务机制、购销合作机制等方式，加快利益对接步伐，形成风险共担、利益均沾的一体化关系。大力扶持发展农村马铃薯流通合作组织，大力支持农民个体或合伙创办马铃薯营销公司，逐渐形成以企业、集体、个体为主体，社会各界积极参与，政府搞好服务的流通格局。

[参 考 文 献]

[1] 尕藏才旦.试论西藏特色产业发展现状及途径 [J]. 西藏大学学报：社会科学版，2015(4)：8–13.
[2] 张毅，马跃峰，负民政，等.近 30 年西藏地区耕地面积及主要农作物时空变化特征 [J]. 高原农业，2020(1)：17–25.
[3] 覃亚.西藏马铃薯栽培现状和存在问题 [J]. 西藏农业科技，2019(s1)：185–187.
[4] 次仁德吉.西藏自治区马铃薯产业发展问题与对策研究 [J]. 江西农业，2019(8)：70.

恩施州低山早熟马铃薯产业发展 调研现状、问题与对策

陈火云[1]，李求文[2]，沈艳芬[1]，高剑华[1]，吴承金[1]，
于斌武[2]，陈树生[2]，赵锦惠[2]，宋波涛[2,3*]

（1.恩施自治州农业科学院，湖北　恩施　445000；
2.恩施自治州农业农村局，湖北　恩施　445000；
3.华中农业大学园艺林学学院 /
园艺植物生物学教育部重点实验室 /
农业农村部马铃薯生物学与生物技术重点实验室，湖北　武汉　430070）

摘　要：恩施州生态环境良好，又天然富硒，所以发展马铃薯种薯、商品薯、硒马铃薯功能产品成为恩施州马铃薯产业的主要目标。通过阐述恩施州马铃薯种植情况、低山马铃薯产业发展优势及前景，分析其存在问题，并提出对策，以更好地推进恩施州马铃薯产业的健康快速发展。

关键词：恩施州；马铃薯；低山早熟；存在问题；对策

恩施州马铃薯种植生产历史悠久，近年来，马铃薯已成为恩施州农业产业结构调整和冬季农业综合开发的重要作物，已经把马铃薯产业作为其特色农业发展的主导产业来培育，不断做大规模、做强主体、做优品牌、做长链条[1]。

1　发展现状

1.1　马铃薯种植情况

恩施州包括马铃薯在内的粮食作物种植面积为 375.60 千 hm^2，马铃薯种植面积接近粮食作物种植面积的 1/3，低山区约占 25%，二高山区约占 45%，高山区约占 30%，其中利川市、恩施市、巴东县面积稍大，约占恩施州马铃薯种植面积的 16% ~ 21%，建始县和咸丰县约占 12% ~ 15%，宣恩县、来凤县和鹤峰县约占 5% ~ 8%；低山马铃薯以巴东县、恩施市、利川市、建始县、来凤县、宣恩县、咸丰县等沿江河谷及低海拔区域为主。恩施州马铃薯产值为 96 201 万元，约占农业生产总值的 5.34%，马铃薯已成为当地农业产业结构调整和冬季农业综合开发的重要作物种类（表 1），马铃薯产业成为恩施州脱贫增收的主导产业[2]。

作者简介：陈火云（1992—），男，硕士，主要从事马铃薯种质资源与育种研究。
基金项目：国家现代农业产业技术体系（CARS-09-P07）；恩施州马铃薯产业发展专项。
* 通信作者：宋波涛，博士，教授，主要从事马铃薯资源创制与遗传育种，e-mail：songbotao@mail.hzau.edu.cn。

表 1 恩施州马铃薯种植基本情况

指标	单位	全州	恩施市	利川市	建始县	巴东县	宣恩县	咸丰县	来凤县	鹤峰县
常用耕地面积	千 hm²	274.91	52.47	58.00	40.84	36.16	24.65	28.64	17.13	17.02
旱耕地面积	千 hm²	205.75	43.36	36.00	36.71	34.28	15.56	16.53	7.98	15.33
临时性耕地	千 hm²	55.62	0.88	2.00	4.01	7.38	13.87	13.46	8.18	2.84
粮食作物面积	千 hm²	375.60	61.05	78.97	49.75	60.96	31.65	46.18	29.22	17.81
马铃薯面积	千 hm²	109.80	19.35	22.11	16.43	17.16	7.35	12.55	8.89	5.94
农业总产值	万元	1 801 881	301 546	368 127	231 874	226 838	191 307	191 230	152 937	138 022
马铃薯产值	万元	96 201	22 633	31 473	16 918	11 002	2 843	3 528	4 589	3 215

注：常用耕地面积、旱耕地面积、临时性耕地面积等数据来源于恩施州 2018 年年鉴；粮食作物面积、马铃薯面积、农业总产值、马铃薯产值数据来源 2019 年农业相关部门统计。

1.2 低山马铃薯产业发展优势及前景

恩施土豆品牌效应突显，市场价值节节高升。经过多年努力，"恩施土豆"获得农业农村部中国农产品地理标志登记证书，"恩施马铃薯"获批国家市场监督管理局地理标志保护产品，"恩施硒土豆"品牌被中国优质农产品开发服务协会授予"最受消费者喜爱的中国农产品区域公用品牌"，在湖北省首届地理标志大会暨品牌培育创新大赛上，"恩施硒土豆"成功入选湖北省 100 张地标名片，并以第二名荣获湖北省首届品牌创新培育大赛金奖。加之 2015、2016 年两届南方（恩施）马铃薯大会和 2019 年第 21 届中国马铃薯大会在恩施成功召开，以及荣幸列入中印领导人会晤接待和外交部全球推介湖北的菜品，"恩施土豆"成为了全国知名的网红土豆，并迅速得到广大客商的青睐，北京、上海、广州、江苏、杭州、重庆、武汉等大中城市的众多营销企业陆续订单。湖北清江种业、巴东农丰科技等种薯繁育企业，基地面积达到 400 多 hm²。恩施硒源农业科技、七里优选供应链、湖北佳媛生态农业、湖北百顺农业、恩施农博生态农业、恩施泰康生态农业、恩施州平安农业、巴东县巴山公社等规模较大的电商和直销企业，2019 年销售"恩施土豆"均已超过 200 万 kg，2019 年 8 月 23 日，"恩施硒土豆"在电商平台贝店 24 h 售卖 29.83 万 kg，成功创造单一网上平台销售吉尼斯世界纪录，获得吉尼斯认证证书。

此外，恩施是迄今为止"全球唯一探明独立硒矿床"所在地，境内硒矿蕴藏量丰富，硒土豆种植条件得天独厚[3]。近年来恩施州政府持续关注州内硒产业发展，为硒产业发展创造许多有利条件，马铃薯等硒食品加工产业被列入恩施州主导产业，《恩施硒土豆生产技术规程》作为恩施州第一套硒产品生产技术规程由恩施州技术监督局发布实施。"恩施硒土豆"相继在中国国际薯博会、中国马铃薯大会、全国马铃薯主食加工、中国（武汉）农博会、中国（上海）绿博会、中国（恩施）硒博会等国家级平台崭露头角。恩施硒源农业科技、七里优选供应链等电商销售平均价格 16 元 /kg，内陆最高销价（盒装）33.6 元 /kg，香港销价达到 76 港元 /kg，现已成为国内土豆王国中的"奢侈品"。"恩施土豆"已进入良品铺子并在很多卖场开设专柜。

低山马铃薯稳产性好，生产成本低，结合恩施州地形地貌、海拔高差特点，巴东、恩施、来凤、宣恩、建始、利川等沿江河谷及低山地区（海拔高度 200～800 m）年降雨量相对高山、二高山较少，极端低温天气少，积温高，此地马铃薯生产具备以下优势：

（1）丰产性好：产量可达 2 500 ~ 4 000 kg/667 m²，病虫害影响相对较小，防病虫用药少，马铃薯绿色环保生产易于实现。

（2）上市时间早：3月下旬至5月初可以收获，比二高山和高纬度地区早近40 d以上，可填补南北方市场空当，本地消费市场价高于同期湖北平原地区，多样的气候条件有利于马铃薯多季种植、错季上市，保证加工原料薯、商品薯的周年供应。

（3）延长供应期，减少贮藏压力：低海拔地区马铃薯3月下旬至5月初收获，二高山地区6月中旬收获，随着播期、保温措施和收获时间的调整，低海拔地区鲜薯供应期还可适当提早和延长，鲜薯消费量大，仓贮压力小，便于增值增效。

（4）机械化潜力大：低海拔地区地势稍平坦，旱地坡度较缓，农用机械易抵达耕地，易于加快马铃薯收播机械化进程。

（5）产业化集成快：低海拔地区道路通畅，距城区物流园区近，相比高海拔地区运输成本低，更容易实现马铃薯产业集成，促进马铃薯机械化现代化发展。

2 存在的问题

2.1 市场青睐的早熟品种少

低海拔地区适宜种植早熟高产品种（生育期60 ~ 70 d），可充分利用温光条件，抢抓上市时间，市场收购价值高，用地周期短，能显著提高生产效益，但适宜本地种植的早熟品种繁种困难，近年来恩施州低海拔地区种植的马铃薯品种多为外引品种或本地中晚熟品种，未能充分发挥低海拔地区资源优势，增大生产投入，因此，选育和推广适宜地方种植和市场青睐的早熟品种显得迫在眉睫。

2.2 抗性品种匮乏

晚疫病是影响恩施州马铃薯生产的主要病害之一，从外地引进的马铃薯品种大多对晚疫病抗性差，生产过程中病害防控成本增高，马铃薯丰产性、稳产性难以保障，制约了马铃薯特别是早熟马铃薯生产的发展。

2.3 种薯质量控制矛盾

恩施州马铃薯种薯品种多样，其中不乏外地引入品种，种薯质量检测机构和检测能力缺乏，外调品种种薯质量监测难度大，外引品种带病易引入外地病害增加本地区病害大爆发风险。马铃薯种薯生产中种薯脱毒程度也是制约马铃薯产业发展的主要因素之一，马铃薯种质量控制显得尤为重要。

2.4 高产栽培模式

近年来马铃薯高产栽培模式得到快速发展，低海拔地区马铃薯净作产量基本稳定到 2 500 ~ 4 000 kg/667 m²，但各类栽培模式易受产地环境和马铃薯品种差异的影响且离实现精简化高产栽培要求还存在一定差距。如何进一步完善高产栽培模式，再次提高马铃薯产量值得思考。

2.5 硒土豆生产规范化

恩施州的硒马铃薯产品，存在硒含量高低不等、品质良莠不齐现象，缺少统一的检测监督机制，难以形成一批科技含量高的龙头产品。恩施硒土豆生产技术和产品质量标准有待修订完善，检验技术有待提升，"恩施土豆""恩施马铃薯"农产品地理标志授权、保护及管理有待加强。

2.6 市场化营销模式有待完善

以华硒等批发市场、"小猪拱拱"电商平台、各马铃薯仓贮中心为窗口，批量销售"恩施马铃薯""恩施硒土豆"马铃薯品牌，是恩施州马铃薯的主要销售模式。恩施州马铃薯生产经营相对分散，生产组织化和规模化程度低，加工业带动能力较弱，组织化程度低，规模较大的马铃薯加工企业数量较少，辐射带动能力不强。另外，恩施州马铃薯商品化程度低，资源优势没有转化成商品优势。

3 对　策

3.1 筛选和选育早熟优质新品种

低海拔地区亟须马铃薯早熟品种，一方面适时引进其他地区早熟品种，经区域示范和栽培模式试验后，推广种植，先保障区域马铃薯生产所需。另一方面要利用现有的马铃薯种质资源筛选早熟优良亲本，选育早熟材料，经鉴定和区试后配合高产保温栽培措施推广种植，通过早种、早熟、早收抢占市场。

3.2 推广降本增收为核心的高产绿色栽培模式

马铃薯生产成本主要包括种薯、肥料、地膜、农药、人工等投入[4]。马铃薯生产收益主要为鲜薯。推广降本增收为核心的高产绿色栽培模式是实现马铃薯生产效益的根本保障。结合恩施州低海拔地区马铃薯生产现状，首先要全力推广单作高效种植模式，选用优良早熟脱毒种薯，增施有机肥，主推深沟起垄、单垄双行、拱棚覆膜、育芽移栽、绿色防控等栽培措施，马铃薯收获后茬口比较好安排。如果采用薯玉套种模式，宜推广恩施州总结推广被省站列入主推技术的薯玉豆宽幅高效种植模式，每幅种 2 垄 4 行马铃薯，中间套种 2 行玉米，玉米通过宽行窄株保证基本的密度和产量，马铃薯种植比率显著扩大，实现光温高效利用，后期可以套种 3 ～ 4 行大豆或者其他杂粮杂豆及经济作物，全年产量及效益明显提高。上述模式为低海拔地区山区机械化推广奠定了基础，按照"高产高效、资源节约、生态环保"的发展理念，有利于减少劳动力的投入，节约成本，有利于扩大马铃薯产业规模。

3.3 控制种薯质量

种薯质量是马铃薯生产的基础，也是制约其产业发展的关键因素，加大马铃薯种薯质量监管力度和提高马铃薯种薯生产技术意义重大。种子监管部门应完善马铃薯种薯生产和种薯引入管理制度，加大监管力度。加大马铃薯种薯龙头企业培植和监管力度，在高山地区建设高标准种薯繁育基地，从源头保证脱毒马铃薯种薯质量，实行脱毒种薯高繁低用，梯级换种，推进种薯更新换代。

3.4 培扶专营企业

按照"招商与培植"相结合的原则，引进一批大的马铃薯专营企业，支持企业与科研院所合作，着力开展新产品、新工艺研发。大力扶持、引导从事马铃薯生产经营的农村新型农业经营主体、专业合作组织和家庭农场等，形成抱团发展合力，提高生产的组织化程度，减少生产的盲目性，增加市场掌控能力，共同抵御市场风险。支持龙头企业依靠自主创新、转型升级、规模扩张、市场开拓做大做强。

3.5 引入特色加工企业

引入加工企业，增强抵御市场风险能力，实施马铃薯深加工项目，逐步开展由初级加工为主向高附加值的精深加工为主的转变工作，延长产业链条。实施马铃薯加工技术改造升级工程，推进规范化建设，配套相关功能设施，优化产品工艺流程，提升清洁化、标准化、连续化和自动化加工水平。

3.6 特色农产品与旅游融合

恩施州旅游业发展迅速，景区分布广，外地游客增多，游客朋友在欣赏美景的同时对本地美食和特产也分外关注，有利于带动区域经济发展。各景区应因地制宜增设一定规模的特色农产品营销窗口，逐步形成区域产销产业链，与旅游相融合，利用旅游交通资源，降低运输、快递成本。

[参 考 文 献]

[1] 李卫东，沈艳芬，高剑华，等.恩施州马铃薯生产现状与应对主粮化对策 [C]// 陈伊里，屈冬玉.马铃薯产业与现代可持续农业.哈尔滨：哈尔滨地图出版社，2015.

[2] 杨维平.恩施自治州区域资源特点与生态农业建设 [D].武汉：华中农业大学，2007.

[3] 李卫东，万海英，朱云芬，等.恩施州天然硒资源特征及其开发利用研究进展 [J].生物技术进展，2017(5)：545–550.

[4] 罗爱花，陆立银，胡新元，等.高寒阴湿旱作区马铃薯主粮化品种绿色高效栽培技术研究 [J].中国马铃薯，2019，33(4)：211–216.

2019 年河北省二季作区马铃薯产业
发展现状、存在问题及建议

张淑青，相丛超，李东玉，封志明，樊建英 *

（石家庄市农林科学研究院，河北　石家庄　050021）

摘　要： 马铃薯生长发育需要较冷凉的气候条件，河北二季作区春季时间较长，非常适宜早熟马铃薯生长。阐述了 2019 年河北省二季作区马铃薯生产概况、栽培技术条件、产业发展模式及销售现状，分析河北省二季作区马铃薯产业发展中存在的问题。针对其产业现状提出建议，旨在促进河北省二季作区马铃薯产业健康发展。

关键词： 河北二季作区；马铃薯；发展现状；问题；建议

马铃薯是河北省的主要农作物，由于山区气候冷凉、灌溉困难、土壤贫瘠种植条件差，不适宜小麦等作物生长，而马铃薯喜冷凉，适应性强，故种植面积较大。而平原地区肥水条件较好，种植的可选作物较为多样，所以山区种植比较稳定，平原地区主要是经济作物。平原地区较好的灌溉条件，适宜机械化作业，高效种植技术应用广泛、百亩以上的种植大户较多等优势条件，单产要高于山区，因此发展潜力较大。分析河北省马铃薯产业发展中存在的问题，并提出建议，旨在促进河北省二季作区马铃薯产业的快速健康发展。

1　河北二季作区马铃薯产业发展现状

1.1　生产概况

据调查统计分析（表 1），2019 年河北二季作区马铃薯种植面积为 4 万 hm^2，占河北省马铃薯种植面积 18.7 万 hm^2 的 21.4%，产品主要作蔬菜用。其中秦皇岛的昌黎，唐山的玉田 2 个县种植面积分别为 1 万和 0.53 万 hm^2；保定的阜平、定州，石家庄的平山、新乐、赞皇，邢台的临城、柏乡，唐山的丰南、乐亭，秦皇岛的抚宁种植面积均在 666.7 hm^2 以上。在总产量方面，昌黎、玉田、阜平位列前三，分别为 52.5 万，26.4 万和 6.25 万 t。单产水平昌黎、玉田、较高，分别为 3 500 和 3 350 $kg/667\ m^2$；平原县区平均单产为 3 015 $kg/667\ m^2$。平山、赞皇、阜平山区县平均单产分别为 2 550，2 400 和 2 150 $kg/667\ m^2$，山区县平均单产为 2 213 $kg/667\ m^2$，平均单产为平原地区的 73.4%。

河北省二季作区主栽品种仍为费乌瑞它系列品种，约占播种面积的 50%，其他"石薯 1 号""中薯 3 号""中薯 5 号"等品种，占比 50%。脱毒种薯应用率约 80%。

作者简介：张淑青（1968—），女，推广研究员，主要从事二季作区马铃薯育种及栽培技术研究。

基金项目：现代农业产业技术体系专项资金（HBCT 2018080202）；河北省科技支撑项目（17226323D）。

* 通信作者：樊建英，高级农艺师，主要从事二季作区马铃薯育种及栽培技术研究，e - mail: fjy55@163.com。

表 1　河北二季作区马铃薯主产县面积及产量统计

主产县	昌黎	玉田	阜平	丰南	乐亭	平山	定州	新乐	赞皇	临城
种植面积（hm²）	8 000	5 333	1 667	1 333	1 267	1 200	1 000	8 000	733	667
平均产量（kg/667 m²）	3 500	3 350	2 150	3 000	3 000	2 550	2 650	2 550	2 400	2 350

1.2　栽培技术条件

1.2.1　生态适应性

马铃薯生长发育需要较冷凉的气候条件，河北二季作区春季时间较长，非常适宜早熟马铃薯生长[1]。利用多膜覆盖种植，河北二季作区播期可从 1 月底至 3 月中旬，收获从 4 月中下旬至 6 月中旬，能补充河北省马铃薯淡季供应，对种植业结构调整具有重要意义。

1.2.2　技术条件

目前河北省二季作区以石家庄市农林科学研究院为主已开展了地膜马铃薯全程机械化、马铃薯复种大葱、甘薯、短季棉，太行山区马铃薯套种玉米，适宜本地区的马铃薯两膜、三膜、四膜覆盖等种植模式研究。并于 2016 ~ 2018 年分别审定了河北省地方标准 3 项，分别是《二季作区马铃薯地膜覆盖栽培技术规程》（DB13/T2357–2016）、《短季棉与早熟马铃薯一年两熟栽培技术规程》（DB13/T2333–2017）、《二季作区春季马铃薯复种夏甘薯栽培技术规程》（DB13/T2788–2018）。石家庄市地方标准 4 项，分别是《二季作区马铃薯机械化栽培技术规程》（DB1301/T217–2017）、《二季作区地膜马铃薯复种大葱栽培技术规程》（DB1301/T218–2017）、《太行山区马铃薯套种玉米栽培技术规程》（DB1301/T216–2017）、《'石薯 1 号'马铃薯三膜覆盖栽培技术规程》（DB1301/T218–2017），为河北二季作区马铃薯生产提供了技术支撑。

1.3　产业发展模式

1.3.1　马铃薯种植业模式总体状况

河北二季作区种植的马铃薯 80% 左右采用的是地膜覆盖种植模式，12% 为两膜覆盖，3% 为三膜、四膜覆盖，5% 为露地种植，如（图 1）。

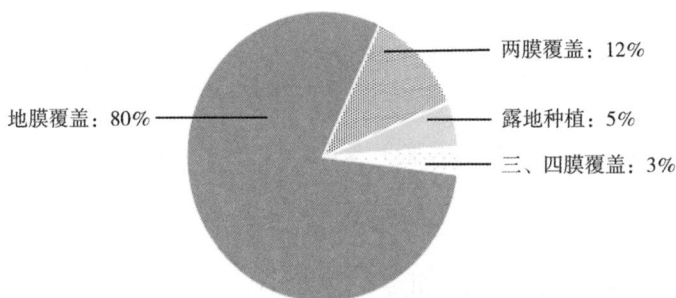

图 1　2019 年河北省二季作区马铃薯种植模式面积占比

采用"地膜 + 中（小）拱棚"两膜覆盖种植模式，可提前播种和收获 15 d，利润较高；采用"地膜 + 中（小）拱棚 + 大棚"三膜覆盖、"地膜 + 小拱棚 + 中拱棚 + 大拱棚"四膜覆盖种植模式，播种可提前 30 ~ 40 d，收获期可提前到 4 月底至 5 月初，产值可提高 2 倍以上；目前该区只有部分山区还采用露地种植。

1.3.2　马铃薯种植机械化、水肥一体化技术

机械化种植可以有效地节省人工成本，提高生产效率。目前河北二季作区散户马铃薯种植还是基本采用人工的方式，马铃薯种植专业合作社、种植大户、家庭农场现在 60% 已实现机械化，35% 实现水肥一体化。但与机械化作业程度达 70% 的国际先进水平相比差距较大，总体机械化程度较低。

采用膜下滴灌水肥一体化种植马铃薯，可有效节省成本，提高水肥利用率[2]。但由于前期投入较大、推广滞后，造成目前生产上应用不多，仍然以大水漫灌为主。

1.3.3　马铃薯复种套种技术应用情况

在河北二季作区主要以地膜覆盖技术为主，进行复种套种。粮区推广春季地膜马铃薯复种夏玉米、夏谷子和夏大豆种植模式，种植面积达到 1.45 万 hm²，占春种马铃薯面积的 48.2%；棉区推广春季地膜马铃薯套种棉花或复种夏播棉面积 0.23 万 hm²，占春种马铃薯面积的 7.5%；山区推广春季地膜马铃薯复种大葱、夏花生和夏红薯面积 0.85 万 hm²，占春种马铃薯面积的 28.4%；菜区推广马铃薯三膜、两膜、一膜（拱棚）覆盖高效种植面积 0.29 万 hm²，占春种马铃薯面积的 9.5%；林区推广经济林下春季套种早熟马铃薯面积 0.19 万 hm²，占春种马铃薯面积的 6.4%。

1.3.4　马铃薯多膜覆盖种植

1.3.4.1　种植模式

近年来随着河北二季作区马铃薯种植面积的不断增加，地膜马铃薯上市价格逐渐下降，2017、2018 年降到新低，严重影响了种植户的积极性。为了错开马铃薯上市时间，实现更高经济效益，2019 年河北二季作区马铃薯高效技术集成岗位专家团队力推多膜覆盖：两膜、三膜、四膜等种植早春马铃薯高效栽培模式。

河北二季作区多膜覆盖种植模式可以充分利用多膜覆盖提高温度，不用辅助加温，达到早播早收，提早上市，提高单位土地面积生产效益的目的，马铃薯两膜、三膜、四膜种植模式，播种期分别提早 15，25 和 35 d，收获期最早提前到 4 月中下旬，比单一使用地膜提前 15 ~ 35 d；马铃薯价格刚好赶上当地一年中市场价格最高时段，批发价在 2.0 ~ 5.0 元 /kg，地膜覆盖马铃薯收获上市批发价在 1.2 ~ 1.8 元 /kg。采用多膜覆盖栽培模式 2018 年在昌黎、玉田、正定、赵县、新乐示范推广面积 2 667 hm² 左右，经济效益较地膜栽培提高 2 000 元以上。2019 推广面积保持稳定增长的态势。

1.3.4.2　生产成本及效益分析

马铃薯生产成本构成中，土地成本为 300 ~ 500 元 /667 m²，占总成本的 15.1% ~ 37.9%。通过走访发现租地较少的农民，土地租金普遍在 600 元 /667 m²，种植马铃薯只利用半年时间，折合土地成本 300 元 /667 m² 左右，而种植大户土地租金较高。种植成本中种薯成本也较高，占总成本的 15.1% ~ 34.1%，90% 农民选择优质脱毒种薯；而随着土地集中流转成本逐年增加，人工成本逐年提高，大量盲目施用化学肥料；造成土地成本（占总成本 15.1% ~ 37.9%）、化学肥料成本（占总成本 16.6% ~ 30.3%）和人工成本（占总成本

12.1% ~ 18.2%）越来越成为制约马铃薯生产的主要因素。虽然马铃薯生产成本较高，达到了 1 320 ~ 1 990 元 /667 m²，仍可获得较为可观的经济效益，产值达 4 010 元 /667 m²，纯效益为 1 020 ~ 2 690 元 /667 m²（表 2）。

表 2　河北省二季作区马铃薯生产成本及效益　　　　　　　　　　　　　　　　（元 /667 m²）

项目	种薯	肥料	农膜农药	机械作业	水电费	燃料动力	工具材料	人工成本	土地成本	其他	成本合计	产值	纯收益
成本	300 ~ 450	330 ~ 400	100	0 ~ 150	50	0 ~ 10	0 ~ 50	240	300 ~ 500	0 ~ 30	1 320 ~ 1 990	4 010	1 020 ~ 2 690

1.4　市场销售情况

河北省传统主产区在一季作区的张家口、承德，商品薯上市时间集中在 9 ~ 10 月，通过贮存可以供应到来年的 3 月底至 4 月初，每年的 4 月中旬至 8 月底成为河北省商品薯供应淡季。河北省二季作区马铃薯生产为新兴产区，5 月底至 6 月初收获，经过贮存可以供应到 8 月份；单价 1.2 ~ 1.8 元 /kg，产值 2 400 ~ 6 300 元 /667 m²；如果采用两膜、三膜覆盖，在不加温情况下，2 月 1 ~ 20 日播种，5 月 1 ~ 20 日收获，产量 2 500 ~ 3 000 kg，单价 3.0 ~ 4.0 元 /kg，产值 7 500 ~ 12 000 元 /667 m²，比一作区明显提高。正好弥补河北省马铃薯市场淡季供应，并显著提高农民经济收入。同时不耽误下茬作物大葱、大白菜、黄瓜、甘蓝、菜花等蔬菜和夏玉米、谷子、大豆、夏甘薯等种植，因此发展石家庄地区早熟马铃薯生产，有利于调整目前的种植结构，补充市场供应淡季，提高农民收入。

2　河北二季作区马铃薯产业存在的问题

2.1　品种结构单一，优势产业布局尚未清晰

一方面品种单一。目前适宜的品种有"费乌瑞它"（"荷兰 15 号"）"中薯 5 号""石薯 1 号"等，其中生产上以"费乌瑞它"为主。适宜的早熟品种较少，特色彩色马铃薯推广应用几乎为零；另一方面种植模式单一。种植的马铃薯 80% 左右采用的是地膜覆盖模式，生产效益较低，抗风险能力不强。各县区种植情况基本类似，只有昌黎的新集镇、泥井镇和马坨店乡形成了 2 667 hm² 的两膜覆盖的优势生产片区、玉田的亮甲店镇形成了地膜马铃薯复种大白菜 1 333 hm² 的优势生产片区，其他各地暂时还没有形成具有自身特色的优势生产片区。

2.2　机械化程度低，现代化种植技术应用尚不充分

机械化种植可以有效的节省人工成本，提高生产效率[3]。目前石家庄市马铃薯种植仍以人工种植为主，与机械化作业程度达 70% 的国际先进水平相比差距较远，总体机械化程度较低。采用膜下滴灌水肥一体化种植马铃薯，可有效节省成本，提高水肥利用率，但目前生产上应用不多，仍以大水漫灌为主。

2.3　集中上市，产业附加值较低

（1）河北二季作区加工企业较少，本地加工企业收购马铃薯数量较小；（2）马铃薯种植户大多在收获期以等待客商收购或自己拉到蔬菜批发市场批发的方式销售，受市场波

动影响大，集中上市期容易造成滞销；（3）商品马铃薯几乎没有商标，种植户缺乏对核心品牌的培养意识，市场销售缺乏竞争力。

3 河北二季作区马铃薯生产发展对策

3.1 加大技术投入

通过近几年的实际表现，以两膜拱棚种植模式较好，不但产量和商品率高，而且成本较低，容易操作，收益稳定。而单膜种植受气候、市场影响较大，收益极其不稳，三膜、四膜一次性投入较多。应引导有经验的种植户适度发展三膜、四膜种植，加大两膜种植比例。

河北二季作区马铃薯种植户技术水平参差不齐，今后应发挥科研单位专业优势，开展适宜当地种植的中早熟马铃薯新品种引进、筛选和资源创新，节水、节肥、减药高效标准化种植技术研究；为适宜该种植的马铃薯新品种，研究推广成熟配套的种植技术，制定出省市标准。马铃薯新品种、新技术及优良脱毒种薯等科技成果通过合作公司进行成果转化，带动企业和农民采用良种良法生产出优质马铃薯。在马铃薯生长关键期，当地科技人员应多下乡指导，解决农民生产中遇到的问题。

3.2 重视品牌培育

一方面，建立马铃薯标准化生产，形成特色产品。可参考"绿岭核桃""富岗苹果"等成功经验。挖掘产品品质，不仅注重外观品质，也要挖掘深层次品质特点，找准产品优势；另一方面，注重宣传推广，加强品牌建设工作，突出产品特色和知名度，开发针对不同消费群体的马铃薯产品类别。

3.3 延伸产业链条

由于石家庄市马铃薯是相对新兴农业产业，目前加工产业薄弱、销售渠道单一、缺乏核心品牌等方面的原因造成马铃薯营销体系还不健全。通过调研发现，要想健全营销体系，种植主体应主动开拓市场。以新乐市盛辉土豆专业合作社为例，在近年马铃薯市场低迷的情况下，主动开拓新加坡、越南等国际贸易，获得了较高的经济效益。不仅解决了自身马铃薯销售问题，还通过收购其他种植户的马铃薯，促进了当地马铃薯发展。不仅如此，通过开发多彩马铃薯礼品、彩色马铃薯薯条、马铃薯酒、马铃薯醋等产品，有效的延伸了产业链。

[参 考 文 献]

[1] 张淑青，张铁石，封志明，等 . 河北二季作区马铃薯春季多膜覆盖高效种植模式 [J]. 中国马铃薯，2015，29(4)：213–216.

[2] 邹建忠 . 张掖市马铃薯膜下滴灌水肥一体化农业工程技术研究与探析 [J]. 农业机械，2019(6)：89–91.

[3] 张勋 . 马铃薯生产机械化与产业发展战略 [J]. 农机化研究，2008(1)：1–6.

中国马铃薯产业融合发展的思考与实践

程小飞，牛丽娟，王登社*

（雪川农业发展股份有限公司，河北　张家口　076481）

摘　要：产业融合（Industry convergence）是指不同产业或同一产业不同行业相互渗透、相互交叉，最终融合为一体，逐步形成新产业的动态发展过程。产业融合可分为产业渗透、产业交叉和产业重组3类。产业融合已经不仅仅是作为一种发展趋势来进行讨论，当前，产业融合已是产业发展的现实选择。只就马铃薯同一产业内部子产业中一产和二产相互渗透、相互交叉，最终融合在一体，形成马铃薯产业动态发展过程进行论述。

关键词：马铃薯；第一产业；第二产业；产业融合

农村产业融合系农村一二三产业融合发展的简称。一二三产业融合发展能够有效促进农业发展方式转变和农民增收，为以城带乡、以工促农和建设美丽乡村提供了重要路径[1]。

近年来，中国马铃薯产业也在品种更新、技术进步、生产组织、市场开发等方面有了长足发展。然而由于中国马铃薯产业发展起步较晚，受创新体制、消费习惯、基础设施等制约因素影响，马铃薯产业大而不强、多而不优的问题依然突出[2]。种业与种植业、食品加工业科技创新乏力，成本高质量不稳定，产品竞争力不强。产品贸易流通和终端推广的要素供给不足，信息体系、仓贮物流、交易平台等基础设施建设有待完善。产业链触及长度仍然有待延伸，产业链各环节价值仍有待提升。

1　中国马铃薯第一产业现状

1.1　马铃薯生产现状概述

目前全国马铃薯每年实际种植面积约为400万hm^2，每年实际产量约为6 700万t。其中种薯1 000万t，加工用马铃薯600万t，商业市场消费马铃薯2 300万t，自产自用1 500万t，损耗1 300万t。马铃薯种薯生产总体处于产量大于市场销售量，鲜食马铃薯总产量大于总销售量。种薯、加工薯和鲜食薯均存在产品结构不合理的问题。

1.2　人才方面

经过多年的技术集成、装备升级、人员培训和生产实践，大量掌握马铃薯规模化种植管理技术和先进装备使用方法的新型农场和农民大量涌现。可以满足第二产业对高品质原料的需求以及市场对高品质鲜薯的需求。相比于其他产业，马铃薯专业技术人才数量规模整体偏小。受科研管理和成果转化体制制约，科技研究人员多处于理论研究部分，缺乏科

作者简介：程小飞（1980—），男，常务副总经理，主要从事中国马铃薯全产业链企业管理实践工作。

* 通信作者：王登社，高级农业研究员，主要从事以企业和市场为主体的马铃薯产业融合发展实践工作，e-mail：dwang@snowvalley.com.cn。

技成果转化激励机制，科研与生产实践存在部分脱节的情况。

1.3 技术层面

在部分适宜采用机械化规模化方式生产种植马铃薯的主产区，以现代化方式适度规模经营取代传统方式种植马铃薯的第一产业正在形成。经过多年实践应用，欧美国家引进的机械化生产方式已经完全消化吸收为具有中国特色的马铃薯规模化生产模式。近年来，得益于机械装备、电子控制、信息技术等领域的进步，部分生产力水平领先的马铃薯产区已经开始了精准化和智能化技术应用。但是由于受创新能力影响，中国马铃薯种植和栽培方面仍缺少能够持续提高生产要素效率、有效降低生产成本的自主创新。

1.4 资金层面

多年来，一方面受房地产金融行业的高回报以及互联网产业高成长性的影响，另一方面由于农业企业股权退出渠道不畅，致使多数社会资金不愿进入投资大、周期长、风险高、回报低的农业产业。同时，中央和地方政府的资金投入基本上用于扶持产业落后地区发展，导致马铃薯产业中很多想做事的企业缺资金，有资金的机构又不愿意投入农业产业，政府资金又一定程度上形成了撒胡椒面和干扰公平市场竞争秩序的副作用。

1.5 机制层面

由于第一产业进入门槛较低，作为世界第一大马铃薯生产国，中国的马铃薯第一产业已建立了各种各样的生产组织。但由于地域差异较大、产业化水平总体较低，目前规范有序的多层次产业化组织体系尚未形成，缺乏真正意义上的农民合作社等产业联合组织。适合规模化经营的土地资源紧张，土地、劳动力等要素价格越来越高，产品不具备国际竞争力。

1.6 市场层面

由于受品种创新制约，目前马铃薯产品的同质化仍然比较严重，缺乏符合不同用途的特色专用品种，市场上的产品仍然是结构性紧缺和结构性过剩的局面。同时，马铃薯的生产与市场信息对接不畅，生产种植结构与市场需求不匹配。一方面农民的产品卖不出去，另一方面市场紧缺的产品找不到。

2 中国马铃薯第二产业现状

2.1 马铃薯第二产业现状概述

目前，马铃薯淀粉加工仍然是国内马铃薯加工业的主力军，年规模化加工淀粉 55 万 t，消耗马铃薯原料 400 万 t。马铃薯全粉加工起步较晚，加工生产线及加工工艺绝大多数依靠进口。2018 年全国全粉销售 10 万 t，消耗马铃薯原料 80 万 t。马铃薯薯片、马铃薯冷冻产品及马铃薯花色冷冻薯制品都是通过国外公司向中国引进并开始加工的，所以目前这些产品及市场绝大多数被国外跨国公司所垄断，2018 年国内薯条薯片等加工消耗原料 120 万 t。随着马铃薯主食化进程的加快，鲜薯初加工在全国不断推进。

2.2 人才方面

受基础薄、起步晚、产业窄的影响，具有与国际马铃薯加工企业同等水平和专业能力的管理和技术人才极其匮乏。国内的马铃薯加工专业人才多数集中在跨国马铃薯企业在中国开办的公司。

2.3 技术层面

国内马铃薯加工除淀粉之外，均处于起步阶段，技术水平与国际先进水平差距很大。随着国内马铃薯产业化发展，虽然内资薯片、薯条加工企业开始萌芽和崛起。但是，中国的马铃薯薯条、薯片和花式冷冻产品的加工仍主要被国外企业垄断。外资企业在新产品开发、供应链管理、加工工艺技术、质量标准制定等方面仍然具有绝对优势。

2.4 资金层面

与第一产业不同，资金并不是马铃薯加工产业发展的主要制约因素。在马铃薯主食化战略提出后，有相当一部分资金涌入马铃薯加工产业进行产业投资。但由于加工产业目前仍处于发展早期，而且处于单一细分市场，入场资金并不属于成熟运作的大型市场化基金。除了财务投资以外，能够带来其他产业资源从而产生交叉融合升级的效应并不突出。目前是想做大做强的国内企业仍然缺乏足够资金进行快速扩张。国家资金支持越来越大，但支持方向存在偏差。

2.5 机制层面

马铃薯薯条、薯片等高附加值产品的加工业进入门槛高。近年来一些其他产业的民间资本大举进入马铃薯加工行业。由于缺少行业经验，也没有进行充分可行性研究论证，失败者较多。很多企业老板抱着收割政策红利的目的，盲目跟风。在缺乏前期市场调研、明确产品定位、原料供应组织和食品企业管理的情况下，只要政府补助则生存，一旦断补立即死亡。

2.6 市场层面

薯条、薯片等加工产品对马铃薯品种的专用性程度要求较高，对原料质量的要求也非常高。目前马铃薯加工产品受上游原料质量影响，产品的质量不稳定。同时，由于各项生产要素的效率不高导致马铃薯加工原料生产种植的成本较高。因此，目前阶段中国的马铃薯加工产品与国外企业相比，市场竞争力差。

3 中国马铃薯一二产业融合现状与存在问题

3.1 种业创新能力不足制约加工业发展

中国的马铃薯种业企业多而分散，市场化育种刚刚起步，创新能力不足。全国在册马铃薯种业企业 200 余家，亿元以上的马铃薯企业不足 3%，5 千万 ~ 1 亿元的企业不足 5%，1 ~ 5 千万元的企业不足 10%。市场化的企业育种刚刚起步，与市场接轨的种业创新能力不足。国内加工品种不足，严重制约加工产品市场开拓。加工产品市场倒逼一产种植业和专用新品种选育现象十分明显。

3.2 生产对市场反应存在滞后性

不同马铃薯加工产品需要不同的专用型马铃薯品种；不同品种需要不同的栽培条件；建设一座马铃薯加工厂最多二年，但要种植成功一个马铃薯品种，从引种到成功大面积种植至少需要 6 年，如果自主选育品种需要时间更长。另外马铃薯种业无性繁殖种薯生产体系（至少 3 年）和马铃薯种植的特殊性，导致生产供给与市场需求变化脱节。种业端和种植端漫长的反应时间造成了马铃薯一二产业融合的特殊困难。

3.3 产品创新少加工比例低

中国马铃薯消费主要仍集中在初级产品，而拥有高附加值的加工产品占比一直不高。

中国马铃薯加工占比不足总产量的10%，欧美马铃薯发达国家加工马铃薯占比60%以上。马铃薯加工业对新产品新技术的研发投入十分有限。市场研究不充分、研发资金投入不足、专业人才缺乏、科研成果转化率低等问题，造成了当前马铃薯产品创新乏力，市场结构的严重不合理限制中国马铃薯产业高质量发展。

4 突破产业融合瓶颈的途径

4.1 中国马铃薯产业融合的瓶颈

马铃薯产业融合是在经济全球化、马铃薯现代农业技术迅速发展的大背景下，产业提高生产率和竞争力的一种发展模式和产业组织形式。由传统产业通过创新推进产业结构优化与产业发展，就是摆脱中国马铃薯产业融合瓶颈的过程。

4.2 突破瓶颈的途径

4.2.1 技术创新

技术创新是产业融合的内在驱动力。技术创新开发出了替代性或关联性的技术、工艺和产品，然后通过渗透扩散融合到产业之中，从而改变了原有产业的产品或服务的技术路线，因而改变了原有产业的生产成本函数，从而为产业融合提供了动力；同时，技术创新改变了市场的需求特征，给原有产业的产品带来了新的市场需求。从而为产业融合提供了市场空间。重大技术创新在不同产业之间的扩散导致了技术融合，技术融合使一二产业形成了共同的技术基础，并使一二产业的边界趋于模糊，最终促使马铃薯产业融合现象的产生。

4.2.2 竞争与合作并存

最大限度整合资源是产业融合的企业动力。企业在不断变化的竞争环境中不断谋求发展扩张，不断进行技术创新，不断探索如何更好地满足消费者需求以实现利润最大化和保持长期的竞争优势。当技术发展到能够提供多样化的满足需求的手段后，企业为了在竞争中谋求长期的竞争优势便在竞争中产生合作，在合作中产生某些创新来实现某种程度的融合。利润最大化，成本最低化是企业的不懈追求的目标。马铃薯产业融合化发展，可以突破一二产业间的条块分割，加强产业间的竞争合作关系，减少产业间的进入壁垒，降低交易成本，提高企业生产率和竞争力，最终形成持续的竞争优势。企业间日益密切的竞争合作关系和企业对利润及持续竞争优势的不懈追求，逼迫企业向产业融合的道路上前行，逼迫企业向全产业链发展。

4.2.3 跨国企业

跨国企业在中国的发展成为中国马铃薯产业融合的巨大推动力。一般说来，大型的跨国企业直接投资，才能实现其扩张，并支持国内生产经营的实力与能力的提升。因此，每一个跨国企业的产生和发展，实际上就是国际金融资本的融合、产业融合的发展史。跨国企业根据经济整体利益最大化的原则参与国际市场竞争，在国际一体化经营中使产业划分转化为产业融合，正在将传统认为的"国家生产"产品变为"公司生产"产品。可以说，跨国企业是推动中国马铃薯产业融合发展的主要动力。

4.2.4 政策支持与产业现状

国家及地方政府制定推动马铃薯产业融合发展的政策，将为中国马铃薯产业融合发展提供良好的外部环境。但国内马铃薯生产配套及社会化服务跟不上产业快速发展的需求。生产加工配套服务不能支撑马铃薯一二产业融化的现状，决定了中国马铃薯产业高质量发展，必须走全产业链发展模式。

5 雪川农业马铃薯产业融合实例

5.1 雪川农业育繁推贮加销一体化全产业链

（1）新品种选育体系：马铃薯新品种选育；生产种植新技术研发；马铃薯食品新产品开发。

（2）种薯繁育体系：从脱毒苗到 FG2 种薯繁育；种薯质量管理；种薯认证试点。

（3）商品化种植仓储与农业服务：规模化生产种植、全程技术服务；农业生产资料集团采购、农业金融服务；数字农业服务、生产管理体系认证。

（4）综合加工市场营销体系：各类马铃薯食品深加工；终端品牌打造；销售网络建设。

5.2 雪川模式与农业可持续发展

5.2.1 推进农业节肥、节药、控水

雪川农业通过采用智慧节水灌溉系统，构建饲薯轮作、灌滴两用、精准种植现代农业推广体系。实现了比传统指针式浇灌方式节水 43.8%、节肥 22.55%、节药 22.15%、节电 20.98%，每 667 m^2 增产 11.5%、商品率提升 1.58%、增效 1 350 元的绿色增收效果。

5.2.2 推进农业生态修复治理

雪川农业与中国农业科学院农业环境与可持续发展研究所、先正达（中国）投资有限公司、大自然保护协会（美国）北京代表处四方共同实施了中国干旱及半干旱区可持续农业项目开展 5 种轮作模式的筛选，探索最佳轮作模式。推动马铃薯主栽区合理轮作制度的建立与实施，实现农业健康可持续发展。

5.2.3 农牧结合、良性发展

雪川农业与现代牧业、旗帜乳业等大型乳业企业合作，所有农场均采用马铃薯—麦类—青饲草的轮作种植模式，有效地降低单一作物的病虫害基数和对特定养分的持续摄取，从而减少了农业化学品的投入。将马铃薯、麦类的秸秆粉碎还田，增加土壤有机质含量、改善土壤结构，提高了土壤保水性，降低农业生产对化肥和灌溉的高度依赖。实现了土地用养结合，农牧良性互动，生产环保兼顾的农牧业协同发展模式。

5.2.4 推进农业废弃物资源化利用

雪川农业投资 5 000 万元建设了国际领先的污水处理工厂，年处理废弃物 3 万 t，产出 680 万立方沼气用于生产供热，替代燃煤 6 500 t，年生产沼渣有机肥 4 672 t，沼液有机肥 20 万 t。加工废弃物实现环境友好型的循环再利用。

[参 考 文 献]

[1] 苏毅清，游玉婷，王志刚．农村一二三产业融合发展：理论探讨、现状分析与对策建议 [J]．中国软科，2016(8)：17-28.

[2] 杨雅伦，郭燕枝，孙君茂．我国马铃薯产业发展现状及未来展望 [J]．中国农业科技导报，2017，19(1)：29-36.

益农信息社推动滕州马铃薯产业发展的作用方向与发展前景

李慧芝[1]，马海艳[1]，孙　敏[2]，高德胜[1]，董道峰[3*]

（1. 滕州市农业农村局，山东　枣庄　277500；

2. 滕州市科学技术局，山东　枣庄　277500；

3. 山东省农业科学院蔬菜花卉研究所，山东　济南　250100）

摘　要：马铃薯产业是滕州市的农业特色主导产业，但发展和提升中存在不少短板和不足。益农信息社作为打通数字农村最后一公里重任的载体，覆盖面广，提供一体式各类农业信息服务。充分发挥益农信息社作用，必将高度推动滕州马铃薯产业提升发展。详述当前滕州马铃薯产业发展现状不足及益农信息社建设现状，并针对益农信息社如何在滕州马铃薯产业发展提升中提出相关建议。

关键词：益农信息社；滕州；马铃薯产业；作用方向；前景

马铃薯产业是滕州市的农业特色主导产业，规模大，效益高，伴随着滕州市信息进村入户工程整市推进进程，益农信息社基本在界河镇、龙阳镇、大坞镇、姜屯镇等滕州马铃薯主产镇的所有行政村实现全覆盖。将益农信息社发展与滕州马铃薯产业紧密结合，充分发挥益农信息社作用，必将高度推动滕州马铃薯产业数字化、规模化、组织化发展，促使滕州马铃薯产业提升再上新台阶。

1　滕州马铃薯产业现状

马铃薯在滕州已经有近百年的种植历史[1]。近年来，滕州市紧紧抓住国家马铃薯主粮化战略机遇，全力做大做强滕州马铃薯优势特色产业，积极打造全国菜用马铃薯行业的"风向标"，有力促进了农业增效和农民增收。当前，滕州市春秋两季马铃薯稳定在4.33 万 hm²，总产 200 余万 t，总产值 60 余亿元，667 m² 均效益 8 000 元以上，是全国二季作区单产最高、效益最好的县（市），占全省面积的 1/4、产量的 1/3，出口量占到全国的 1/3。滕州市被命名为"中国马铃薯之乡"；被农业部授予"全国马铃薯标准化示范县"。滕州马铃薯获国家地理标志认证，入选中国 100 大地理标志，获国家工商总局地理标志证明商标注册，先后被评为"中国农产品区域公用品牌价值百强""最受消费者喜爱的中国农产品区域公用品牌""山东省首批知名农产品区域公用品牌"，品牌价值 158.52 亿元，成为中国菜用马铃薯第一品牌。

作者简介：李慧芝（1982—），女，农艺师，主要从事农作物病虫害防控研究及技术推广。

* 通信作者：董道峰，博士，研究员，主要从事马铃薯育种与栽培技术研究，e－mail：feng-dd@126.com。

2 滕州马铃薯产业短板及不足

2.1 组织化程度不足

滕州马铃薯种植区域主要集中在界河镇、龙阳镇、大坞镇、姜屯镇，种植面积占滕州市马铃薯种植面积的65.8%。由于历年来马铃薯种植效益高，土地租金持续增长，土地流转难度较大。以界河镇为例，土地流转金近3年来保持在1 200 ~ 1 500元/667 m²，较非主产区高50% ~ 70%。主产区马铃薯生产多以一家一户的小农户生产为主，农民合作社、马铃薯种植大户发展缓慢，专业社会化服务组织仍处于发展初期，产–供–销各环节松散，组织化程度明显不足。

2.2 线上销售有限

当前，滕州市大宗马铃薯销售以掌握外地客商资源的购销人员对接本地农户和外地客商代买代卖的线下销售渠道为主，销售链条多以农户–中间商（代办）–批发市场–消费者为主线，从田间直接到消费者的F2C线上销售渠道较少，品种以迷你土豆为主，精品马铃薯线上销售罕见，产品附加值较低。

2.3 产业化链条较短

滕州马铃薯作为大宗鲜食类农产品，当前仍以销售初级农产品为主，缺少精深加工，产品附加值较低，产业链条较短。从事产、加、销的规模化龙头企业数量少、体量小，辐射带动能力弱，产业化水平偏低。

2.4 全产业链大数据进展缓慢

受制于一家一户的小农户经营模式，农户在生产过程中极少使用农业传感器等智能化设备，滕州马铃薯生产的数据资源极其分散，数据抓取困难，数据资源体系建设仍处于刚起步状态。马铃薯全产业链大数据建立困难重重，建立进程极其缓慢，远低于规模化程度较高的品类。

2.5 抗风险能力较差

当前，虽然马铃薯有种植和价格保险，但仍处于探索阶段。马铃薯作为鲜食农产品耐贮存能力不强，销售渠道单一，受到市场冲击后的恢复能力较差，产业风险难以保障。

3 益农信息社在滕州马铃薯主产区的建设现状

2019年起，滕州市在全市范围内实施信息进村入户工程，以实现全市行政村益农信息社全覆盖为目标，在1 043个行政村每村建立一个益农信息社，提供公益服务、便民服务、电子商务和培训体验服务等4类服务，并初步培育一支能够"有文化、懂信息、能服务、会经营"的信息员队伍，打通信息服务最后一公里，使服务延伸到村、信息精准到户。

其中，界河、龙阳、大坞、姜屯等马铃薯主产镇的益农信息社建设数量分别为62、56、65、83，共266个，覆盖行政区划面积为347.56 km²，覆盖人口30.11万，覆盖滕州马铃薯总种植面积的65.8%。充分发挥滕州马铃薯主产区的益农信息社可以有效促进滕州马铃薯产业提升发展。

4 益农信息社在滕州马铃薯主产区的服务内容和作用方向

4.1 益农信息社的服务内容

益农信息社的服务主要提供公益服务、便民服务、电子商务、培训服务[2]，具体服务内容为：代买 - 帮助农民代购生产资料和生活用品等；代卖 - 帮助农民发布农产品、土特产、手工艺品等销售信息；推 - 向农民推送农业政策、新技术、新产品、教育等信息；缴 - 帮助农民代缴话费、水电费、电视费、保险等缴费项目；代办 - 帮助农民提供订票、婚庆、租车等商业中介服务；代取 - 帮助农民收发物流配送信件包裹及办理小额取款等服务。

4.2 益农信息社服务滕州马铃薯产业的作用方向

4.2.1 公益服务

公益服务是益农信息社向马铃薯种植户提供的基础服务。依靠向农民推送政策法规、产业技术等，为马铃薯种植户提供一站式的信息服务，马铃薯种植户可以及时了解掌握权威、准确、适用的政策法规和实用技术。马铃薯种植户通过信息和技术咨询，明确生产方向，解决生产中存在的疑难问题，破解因政策不了解不明白导致的政策不清、方向不明现象，及时享受优惠政策，了解先进技术，使种植更有效，土地出产率更高，效益更好。

4.2.2 便民服务

在滕州马铃薯主产区，在开展代缴水电费等便民服务的同时，通过农业保险宣传推介等方式，改变部分农民因文化水平较低对农业保险存在认知不足或认识偏差、没有投保热情的现象，引导农民正确认识农业保险，增强保险意识，根据生产经营合理投保，提高滕州马铃薯产业抗风险能力。

4.2.3 电子商务

电子商务服务是马铃薯产业发展提升的关键服务[3]。在帮买方面，益农信息社可以帮助马铃薯种植户货比三家订购农资，并评价大量购买需求获得与厂家的议价权，让农户买到质优价廉的工业品，节省种植成本，获得实实在在的实惠和便利；同时，益农社通过引入农资服务商，购买的农资实现源头可追溯、质量有保证，有效避免假农资坑农害农现象的发生，确保马铃薯生产效益和生产质量。

在帮卖方面，组织引导本村优质马铃薯上行，是打造滕州马铃薯精品产业、推动马铃薯品牌化提升的关键点。通过深挖本村优势农产品，组织精品马铃薯等优质农产品线上经营，推动小农户和电商平台对接，可有效扩大滕州马铃薯的销售面和知名度，拓展销售渠道，破解滕州马铃薯销售模式单一的难题，逐步将滕州马铃薯市场由买方市场转变成卖方市场，提高滕州马铃薯行业的抗风险能力。

4.2.4 培训服务

培训服务为滕州马铃薯产业提升发展提供技术基础。政府或培训单位通过益农信息社为村民提供培训服务，可以打破培训地域限制，让马铃薯种植户尤其是年龄偏大、不懂信息化操作的小农户不需要出村进城就可以学到急需的技术知识。通过这种培训模式，可以克服当前马铃薯生产者主要为小农户的不利因素，提高农户的组织化程度和技术水平。同时，益农信息社可以根据本村的实际情况及时反馈农民的培训需求，政府或培训机构再针对需求邀请不同专家设置差异化课程，真正把农民想要的技术送到农民手中，有效避免因培训课程设置不合理导致农户对培训内容不需要、不感兴趣，农民培训"事倍功半"的尴尬局面。

5 前景展望

益农承载着打通数字农村最后一公里的重任，随着农技推广、动植物疫病防控、农产品质量安全监管、农机作业调度、土地流转、农业综合执法等涉农信息资源不断整合，电商、金融、供销、邮政、快递等社会资源在益农信息社不断聚集，转账汇款、小额提现、缴费充值、票务查询、金融保险、社会保险、代购代销、快递收发、天气查询等便民服务和电商服务等不断扩展，教育、医疗、就业、社保、气象等部门服务信息不断在信息社服务终端汇集，将在滕州马铃薯主产区农民生产生活及产业提升、品牌打造、质量安全、加工链延长等方面逐渐起到重要作用，实现滕州马铃薯产业再上新台阶。

[参 考 文 献]

[1] 李婷婷 . 滕州市马铃薯产业链各环节利益分配研究 [D]. 蚌埠：安徽财经大学，2018.
[2] 关丽丽，赵洪亮，徐萍，等 . 基于益农信息社的农业信息服务新模式探索与实践 [J]. 黑龙江农业科学，2017(7)：92–96.
[3] 董红燕 . 电子商务推动甘肃省马铃薯产业升级的路径探 [D]. 兰州：兰州财经大学，2018.

2020 年吉林省马铃薯产业发展趋势及政策建议

孙　静，张胜利*，徐　飞，韩忠才

（吉林省蔬菜花卉科学研究院，吉林　长春　13000）

摘　要：从吉林省马铃薯种植面积、产量、生产、销售及贮藏加工等实际情况，概述 2019 年吉林省马铃薯产业现状，指出了发展中存在的问题，分析 2020 年产业发展的趋势，并从产业政策、技术应用与推广、绿色防控等方面提出了一系列的发展建议。

关键词：吉林省；马铃薯；产业发展；建议

吉林省马铃薯种植属北方一作区，是中国马铃薯的主产区之一，其单产一直居全国前列[1,2]。吉林省的地域和气候条件得天独厚，广袤的松辽平原，土壤疏松，土质肥沃，早春温度回升快，6、7 月雨量充足，昼夜温差大，气候、土壤均适宜马铃薯的生长，这些有利因素和先决条件，为吉林省马铃薯产业提供了广阔发展空间。近年来吉林省重点开展了"水、肥、药"节本增效等关键技术示范与推广，通过减少化肥和农药的施用量，降低了生产成本的投入，增加了农民的经济效益。

1　2019 年马铃薯生产、加工及市场情况

1.1　马铃薯生产情况

1.1.1　种植面积、产量

2019 年专家估算吉林省马铃薯种植面积 11.26 万 hm^2，较 2018 年种植面积 13.67 万 hm^2，减少 17.39%。平均产量 2 871.65 kg/667 m^2，总产量为 438.5 万 t。省内五大主产区：松原、四平、长春、白城、延边占全省种植面积的 70% 左右。松原、四平、长春、白城地区为吉林省鲜食商品薯、加工原料薯基地。其中，30% 保障省内蔬菜市场，70% 商品薯供应国内蔬菜市场和加工。延边州地区为吉林省马铃薯种薯生产基地[3]。

1.1.2　生产模式

吉林省主要以露地种植为主，主产区地膜覆盖种植模式逐年增加，占总种植面积的 30% 以上。覆膜种植多为膜下滴灌种植模式。

1.1.3　增产增效模式推进进展情况

吉林省马铃薯种植者现以新型经营主体、合作社、种植大户、家庭农场为主。多为集中流转土地，连片种植，实行机械化耕作。近年来，马铃薯产业技术体系通过广泛的技术培训和重点扶持马铃薯新型种植主体，利用种植大户、专业合作社、家庭农场等新型经营

作者简介：孙静（1984—），女，硕士，农艺师，从事马铃薯土肥栽培及综合技术推广。

基金项目：现代农业产业技术体系专项资金（CARS-09-ES07）。

*通信作者：张胜利，研究员，主要从事马铃薯遗传育种研究，e-mail：jlpotato@163.com。

主体的示范带动作用，辐射影响周边的种植农户，在马铃薯主要产区达到了一定的推进马铃薯绿色高产高效生产的目的。

针对吉林省存在的水肥管理粗放，肥药投放过度，机械化应用程度低所导致的生产成本高、效益差的问题，在主产区选择有代表性的生态区域建立生产示范基地，开展新品种、农机农艺配套、药肥双减、水肥一体化等节本增效技术的推广。科学施肥确保马铃薯高产和优质，推广平衡施肥技术主要是将传统的盲目性施肥逐步向定量施肥方向转变，从以往单一施肥逐步向有机肥方向转变，同时与微生物菌肥等配合施用，达到增产、节肥、品质改善与平衡土壤养分的目的。重点在吉林省的长春、松原、白城、辽源、延边、公主岭市等地区建立 11 个马铃薯规模化示范基地，示范面积 586.67 hm^2。

1.1.4 主要栽培品种

吉林省中西部的长春、四平、松原、白城地区是马铃薯商品薯、加工的原料薯基地，东部的延边朝鲜自治州是脱毒种薯生产区域。中晚熟品种占 65% 左右，品种为"延薯 4号""春薯 3 号""青薯 9 号"等；早熟品种近 35%，品种为"尤金""吉薯 1 号""费乌瑞它""富金""春薯 10 号"等，早熟品种有逐年增加趋势。"青薯 9 号"近 2 年在原料薯产区有一定种植面积。

1.2 脱毒薯应用情况

吉林省年设计生产能力 500 万粒以上的原原种生产企业 4 家，设计生产能力 4 700 万粒，实际生产 2 100 万粒；全省脱毒种薯应用率 60% 以上。

1.3 贮藏、加工情况

1.3.1 贮藏情况

吉林省马铃薯贮藏量在 110 万 t 左右，主要以农民合作社、家庭农场、加工企业近年来建设的贮藏窖和组装式冷藏库进行贮藏，农户和经销户贮藏量占 90% 以上，加工企业贮藏量占 10%。

1.3.2 加工情况

自 2018 年吉林省中、小型马铃薯加工企业都已经关停并转。2019 年除大型马铃薯加工企业在吉林省正常生产，有部分中、小型企业重新开工。吉林省天船农业产业发展有限公司建设规模年产马铃薯精淀粉 2 万 t，由于原料薯价格上涨等原因实际生产淀粉 2 000 t，粉条加工 1 000 t，在榆树市新建设完成了年产马铃薯淀粉 3 万 t 的生产线一条。吉林省东太农业有限公司，建设规模年产马铃薯精淀粉 3 万 t，2019 年实际加工 3 000 t。

1.3.3 加工产品销售地及销售价格

吉林省天船农业产业发展有限公司生产马铃薯淀粉出口韩国淀粉 2 000 t，价格 7 000 元/t，生产粉条 1 000 t，销售价格 12 000 元/t。吉林省东太农业有限公司生产马铃薯淀粉 3 000 t，国内销售价格 6 800 ~ 7 000 元/t。

1.4 马铃薯销售情况

每年 9 ~ 10 月收获期为马铃薯集中销售，鲜食市场销售品种主要为"尤金""费乌瑞它""吉薯 1 号"，少部分"延薯 4 号"等品种。省内产区的早熟品种田间销售价格 1.2 ~ 1.4 元/kg，90% 左右进入市场流通，10% 库存待售；当地主栽品种"延薯 4 号"先期价格尚可，田间销售价格 0.8 ～ 0.9 元 /kg；集中收获后价格下滑、销售不畅，田间销售价格 0.7 ～ 0.8 元 /kg，有贮藏条件均进入库存待售，无贮藏条件的转为加工原料薯；10 月初加工原料薯价格 650 ～ 750 元 /t，10 月中旬价格 700 元 /t，高淀粉品种价格 880 ～ 900 元 /t。

2 2019 年吉林省马铃薯产业中存在的问题

（1）马铃薯主栽品种单一，缺乏加工型品种；种植模式未适应现代农业发展的农机、农艺管理配套需要；化肥施用缺乏科学性，有机肥、生物菌肥投放比例较低。

（2）马铃薯常年种植规模比较稳定，省内产区的早熟品种田间销售价格先期尚可，集中收获后价格下滑、销售不畅，有贮藏条件均进入库存待售，无贮藏条件低价转为加工原料薯。

（3）马铃薯加工企业加工期短、加工率低、加工产品类型单一，以加工马铃薯淀粉为主，部分加工成粉条、粉丝等初级产品。一直以来，政府缺乏对大型龙头加工企业扶持力度，导致马铃薯加工企业只能依靠自己有限的资金进行生产经营，企业发展速度慢，无法有效带动吉林省马铃薯种植业的发展。

3 2020 年吉林省马铃薯产业发展趋势分析

3.1 生产情况

马铃薯种植面积受 2019 年省内 26 个县市马铃薯种植补贴纳入玉米生产者补贴政策范围，使马铃薯种植平等地享受玉米生产者补贴政策及 2019 年市场价格上升的影响，2020 年在吉林省的东部区、中西部北方农牧交错区马铃薯种植面积将有所扩大，其他地区马铃薯种植面积将有继续减少的趋势，总体吉林省马铃薯种植面积与 2019 年相比将略有减少。品种结构将会有所转变，早熟品种种植规模将会增加。马铃薯的集中连片、机械化配套种植规模将有扩大趋势。与加工企业联合的规模化承包土地进行加工原料薯种植的形式将会继续增加。

3.2 市场情况

在种植规模稳定的前提之下，2020 年马铃薯市场销售价格和销量预计将与 2019 年相仿。

3.3 地方政策

（1）在吉林省的 26 个县市马铃薯种植补贴政策将会继续实施；

（2）将继续实施马铃薯农机购置补贴；马铃薯相应农机配套升级和大型机械配套使用的市场需求将会有增加趋势。

4 2020 年马铃薯产业发展建议

4.1 产业政策方面

（1）建议政府给予龙头企业政策扶持，充分发挥加工企业产业带动作用，有效地推进产业发展。鼓励加工企业与种植户、合作社等联合建立规模化、标准化的种植基地。推进"产业强县""产业强镇"、培育"一村一品"，以马铃薯为中心创新特色产业发展。

（2）建议出台农产品加工、农业产业化的相关政策，鼓励龙头企业提升加工设备、工艺技术水平；鼓励发展马铃薯精、深加工增值，拓展应用领域，提升加工产业发展水平和竞争能力，从而推动马铃薯产业的持续发展。

4.2 技术方面

（1）促进区域产业建设，主要围绕加工企业需求重点开展加工品种及配套技术的应用与推广。

（2）加强马铃薯脱毒种薯质量控制与溯源体系建设。

4.3 生产方面

针对各地区早、晚疫病及土传病害发生规律，加强马铃薯病虫害全程绿色防控技术的研发与推广。

4.4 科企联合

加强产学研联合，与省内生产加工企业合作，真正实现资源优化配置、优势互补、延伸产业链条的目标。

4.5 产业扶贫

加快马铃薯产业扶贫步伐，助力打赢精准脱贫攻坚战，使马铃薯作为精准扶贫产业在省内得以大力发展。

[参 考 文 献]

[1] 李爽 . 吉林省马铃薯生产现状及发展对策 [D]. 长春：吉林农业大学，2016.

[2] 刘阳 . 吉林省马铃薯产业的发展现状与对策研究 [D]. 长春：吉林农业大学，2015.

[3] 李佰霖 . 延边州马铃薯产业的发展现状及对策研究 [D]. 延边：延边大学，2017.

2019 年河南省马铃薯产业回顾、存在问题及发展建议

吴焕章，陈焕丽*，张晓静

（郑州市蔬菜研究所，河南　郑州　450015）

摘　要：马铃薯是一种粮菜兼用型作物，富有很高的营养价值，但 2015 年以来，被农业部列为中国第四大粮食作物，河南省是中国的农业大省，推行马铃薯主粮化战略意义深远。从主要种植面积、产量、种植品种、种植模式、技术应用、市场销售情况等方面介绍 2019 年河南省马铃薯产业发展现状，分析存在的主要问题，并提出发展建议，为河南省马铃薯产业发展提供参考。

关键词：河南省；马铃薯；回顾；问题；建议

马铃薯在河南省种植时间较长，春夏两季均可栽培，大部分为商品薯生产，部分用于生产加工[1]。2019 年河南省马铃薯种植面积为 4.26 万 hm^2，主要种植区域有开封市、郑州市、商丘市、洛阳市、南阳市等[2]。近年来，河南省立足当地资源，发展特色经济，马铃薯作为农民增产增收的一项重要产业得到长足的发展。

1　2019 年河南省马铃薯产业概况

1.1　种植面积、单产及总产量

2019 年河南省马铃薯种植面积为 4.26 万 hm^2（该数据为不完全统计。数据来源部分是当地农业部门数据，部分是当地技术人员估计），总产量为 115.63 万 t，平均单产为 2 033.4 kg/667 m^2。

2019 年马铃薯种植面积为 4.26 万 hm^2，较 2018 年 4.97 万 hm^2 减少了 0.71 万 hm^2，减少幅度为 14.29%。分析面积减少的原因为：（1）马铃薯销售形势不好，市场行情持续低迷，价格低；（2）外出打工收入普遍增加，马铃薯生产成本增加（主要用工），农户种植积极性不高，改种其他作物。

2019 年平均单产为 2 033 kg/667 m^2，较 2018 年平均单产 1 782 kg/667 m^2 有所提高，增产 251.4 kg/667 m^2，增产幅度 14.1% 左右（表 1）。分析增产原因为：（1）2019 年河南气候稳定，前期温度升温快，雨水充足，保证了早出苗、苗齐，后期气温变化较平稳，没有较大的自然灾害，比较适宜马铃薯生长；（2）持续种植者及种植大户技术水平提高，对脱毒种薯的认识提高，严格把关种薯质量，注重病、虫、草害的综合防控，保证了产量。

作者简介：吴焕章（1964—），男，研究员，主要从事马铃薯栽培和遗传育种研究。

基金项目：现代农业技术体系建设专项资金（CARS-09）。

* **通信作者**：陈焕丽，助理研究员，主要从事马铃薯育种、栽培技术研究与推广，e-mail：chl200808@126.com。

表 1　2019 年几个主产区生产情况

地点	面积（万 hm²）	总产（万 t）	单产（kg）
商丘市	1.10	33.38	2 023
开封市	0.53	16.00	2 000
南阳市	0.47	13.30	1 870
郑州市	0.13	4.14	2 070
洛阳市	0.50	13.50	2 204（一季作 1 430）
合计	2.74	80.32	平均 2 033

1.2　主要种植品种

2019 年河南省主要种植品种变化不大，仍以早熟鲜食品种为主。种植面积较大的品种为"郑商薯 10 号""郑薯 5 号""郑薯 6 号""郑薯 7 号""郑薯 8 号""郑薯 9 号""费乌瑞它""中薯 3 号""中薯 5 号""中薯 8 号""洛薯 8 号""商马铃薯 1 号""大西洋"等。其中"费乌瑞它"（"荷兰 15 号"）约占 55%，"郑薯 5 号""郑薯 6 号""郑薯 7 号""郑薯 8 号""郑薯 9 号""郑商薯 10 号"约占 26%，中薯系列占 8%，"大西洋""洛薯 8 号""商薯 1 号"等其他品种 11%。

1.3　种植模式、技术及效益

一部分为露地栽培，约占 20%；大部分为地膜覆盖，约占 75%；小部分为设施栽培（地膜 + 小拱棚、地膜 + 中棚），约占 5%。大部分为马铃薯与粮、棉、菜、瓜等多种形式的间作套种，约占 60%，小部分为单作。

主要技术及效益有：（1）双膜覆盖早熟防寒高效栽培技术，在主产区推广辐射面积 0.33 万余 hm²，效益普遍在 4 000 元以上；（2）洛阳栾川地区发展马铃薯玉米蔬菜间套、马铃薯经济林间套等技术，经济效益增加 1 500 元 /667 m²；（3）马铃薯早春地膜双垄全覆盖高产高效栽培技术，主要在南阳地区种植，该模式占全部种植面积的 77.5%，平均增产 15% 左右；（4）黑白相间地膜覆盖技术，膜上覆土技术、种薯包衣技术，水肥药一体化技术，均在各主产区逐步得到推广应用。

1.4　销售市场特点

河南省马铃薯销售时期为 4 月下旬至 7 月份。6 月上中旬为收获盛期，也是销售集中时期。4 月份销售平均价格为 3.80 元 /kg，5 月份在 1.80 ~ 3.20 元 /kg，6 月份在 1.30 ~ 1.54 元 /kg，7 月份 1.30 ~ 1.55 元 /kg（表 2）。

表 2　几个主产区市场销售价格情况　　　　　　　　　　　　　　　　（元 /kg）

地点	4 月	5 月			6 月			7 月			平均
	下旬	上旬	中旬	下旬	上旬	中旬	下旬	上旬	中旬	下旬	
商丘市	3.80	3.20	2.50	2.10	1.70	1.30	1.20	1.30	1.40	1.30	2.23
开封市	—	—	—	1.70	1.30	1.40	1.40	1.80	—	—	1.52
南阳市	—	—	2.00	1.60	1.40	1.00	—	—	—	—	1.50
郑州市	—	—	—	—	—	2.40	—	—	—	—	2.40
洛阳市	—	—	—	—	—	1.74	1.36	—	—	—	1.55
平均	3.80	3.20	2.25	1.80	1.54	1.49	1.30	1.55	1.40	1.30	1.84

销售市场形势较 2018 年略好，呈现略降趋势的形势。整个销售期销售价格呈现前期高于 2018 年同期，后期鲜薯集中上市后，低于 2018 年同期。4 月下旬提早上市一批，价格为 3.80 元 /kg。5 月份平均价格 2.42 元 /kg，较去年高 0.34 元 /kg；6 月份销售盛季平均价格 1.44 元 /kg，较去年低 0.12 元 /kg；7 月份平均价格 1.42 元 /kg，较去年低 0.01 元 /kg。整个销售季节平均价格 1.84 元 /kg，较去年高 0.15 元 /kg。

销售数量及销售地，省内销售约占 46.5%，约 53.77 万 t；省外销售约占 52%，约 60.13 万 t，边贸出口约占 0.7%，约 0.80 万 t，另有部分贮藏、做饲料等，约占 0.8%，约 0.90 万 t。其中洛阳市早上市的鲜薯分别销往山西、北京、陕西等地，开封市鲜薯主要销往云南、贵州等南方城市，南阳主要销往湖北的武汉、襄阳、老河口以及陕西的西安等地。

2 存在问题

2.1 品种问题

（1）品种单一，极早熟、早熟，中早熟品种形不成阶梯，缺乏早熟抗旱、抗寒、耐热马铃薯品种，加工薯、特色薯几乎为空白。早春易遭受晚霜冻危害，2019 年河南省商丘地区 4 月 7 日出苗期发生轻微霜冻，后期高温天气，减产约 3.5 万 t；洛阳一季作区因干旱种植时间推迟 3 ～ 5 d，出苗率减至 90%，产量是常年的 85%，单产不足 2 000 kg/667 m^2。

（2）脱毒种薯应用率低，种薯市场缺乏有效市场准入制度，市场经营的种薯多乱杂，严格按三级繁育体系生产的种薯只能满足市场需求的 60%，其余 40% 的所谓脱毒种薯都是二级种薯，以次充好、以假乱真者多，制约了马铃薯产业的发展。

2.2 栽培问题

（1）在马铃薯主产区连作重茬严重，难以获得高产。

（2）普遍耕层浅、深耕面积小。95% 的种植面积没有深耕，只是旋耕后即播种，播种深度不足 10 cm。

（3）化学肥料特别是氮肥使用量大且结构不合理，生物菌肥、有机肥、中量微量元素肥使用量极少，不足 1%，造成盐碱化程度加重。

（4）起垄低，培土浅，绿薯多。绝大多数垄高为 10 ～ 15 cm，中耕培土施肥面积小，培一次土面积不足 40%，培二次土面积不足 5%，中耕追肥面积不足 1%。

（5）灌溉多采用大水漫灌，水肥一体化面积少。

（6）农业机械化普及不够，马铃薯种植潜力不能充分发挥。

2.3 市场问题

（1）缺乏规范的马铃薯交易市场，多在生产区路边销售，没有市场管理，造成压级压价现象时有发生。

（2）马铃薯仓贮库不足、条件差。包装运输、暂时存贮等不能满足客户要求，使部分客户转向外地收购。

2.4 政策与认识

马铃薯被列为粮食作物，但在河南马铃薯生产大多被认为是蔬菜生产，没有享受相关粮补政策。

3 发展建议

（1）提高认识，制定规划，重新定位马铃薯产业。作为全国的产粮大省，给马铃薯产业一个科学的、切合实际的产业定位，推行标准化生产，提高产品质量，提升马铃薯产业在全省经济发展中的地位。

（2）加强人才培养，建立省级马铃薯研究开发中心或马铃薯产业技术委员会。以省会现有的马铃薯研发机构为依托，整合全省从事马铃薯研发人员，以高水平的研究人员和先进仪器设备为基础，加大抗旱、抗寒、耐热种质资源的引进和培育，产学研有效结合，进行战略性、前瞻性的研究工作，加快科工贸、繁育推一体化进程，做强做大马铃薯产业。

（3）政府应加大资金投入，培育龙头企业，扶植各种中介组织，促进技术推广和良种、脱毒种薯应用，实施种薯良种补贴，加强种薯市场管理，健全种薯繁育和质量控制体系。

（4）建立公共病虫害、自然灾害预测预报、市场平台等体系，加强马铃薯生产水、肥、药一体化，节水减肥等绿色高效配套栽培技术研究和应用，与薯农分享马铃薯各项生产、销售信息。

（5）加大马铃薯小型机械化配套技术研究。

[参 考 文 献]

[1] 王建方，李付立 . 河南省马铃薯产业发展现状及建议 [J]. 河南农业，2019(34)：53.
[2] 吴焕章，陈焕丽，张晓静 . 2017 年河南省马铃薯产业发展现状、存在问题及建议 [C]// 陈伊里，屈冬玉 . 马铃薯产业与脱贫攻坚 . 哈尔滨：哈尔滨地图出版社，2018：82–85.

马铃薯两种生产模式的比较

徐宁生 [1,2]、李明福 [3]、隋启君 [1,2*]

（1. 云南省农业科学院经济作物研究所，云南　昆明　650200；

2. 农业部云贵高原马铃薯与油菜科学观测实验站，云南　昆明　650200；

3. 云南省玉溪农业职业技术学院，云南　玉溪　653100）

摘　要：农业生产，包括马铃薯生产有 2 种生产模式：一种是以高产为目标的高产模式，另一种是以优质品种为基础，追求良好经济效益的优质模式。以日本水稻生产为例说明建立马铃薯优质生产模式的必要性。建议马铃薯以现在的高产模式为主，逐渐向优质模式过渡，做到高产模式与优质模式保持合理的比例，以维持农业生产的稳定并实现持续发展，并提出一些对策建议。

关键词：马铃薯；高产模式；优质模式；比较

目前，马铃薯生产存在明显的产能过剩问题 [1]。认为此时对生产模式进行讨论是不无裨益的。

1　马铃薯高产模式

中国马铃薯的科研和生产，在过去的几十年间，面临一个最主要的问题，就是单产偏低，表现为种植面积很大，长期为世界第一，但广种薄收。2006 年，中国的单产为 14.35 t/hm^2，全球排名为 82 位，与美国 43.67 t/hm^2 的产量差距很大 [2]。有学者比较过中国与美国的马铃薯生产 [3]（表 1）。美国在种子、肥料、农药方面的投入都比中国高，分别是 2.6、2.9 和 36.5 倍。

种子的投入主要是脱毒种薯的购买。马铃薯感染病毒病，叶子不正常，影响光合作用。农作物的产量来源于光合作用，因此脱毒种薯能提高产量。在种薯方面适当投入是合算的。

另一个主要差距就是肥料方面的投入。据测定，每生产 1 000 kg 新鲜的马铃薯需吸收氮（N）5 ~ 6 kg，磷（P_2O_5）1 ~ 3 kg，钾（K_2O）12 ~ 13 kg [4]。假如每 667 m^2 地的土壤里只有 5 kg 纯氮（折合农家肥为 1 000 kg，折为尿素则为 10 kg），又没有肥料补充，那么，产量就只能是 1 t/667 m^2，不可能更高。从此可以看出，肥料的一个作用是原料。原料不足，"巧妇难为无米之炊"，再好的品种，也无法提高产量。

在生产中，往往不注意钾肥的使用，而马铃薯恰好是高钾食物，薯块里的含钾量非常高，因此也需要充足的钾肥 [5]。钾肥不够是马铃薯产量低的主要原因之一。

最主要的差别是农药的投入，主要是晚疫病的防治，即购买杀真菌剂费用的差别。马

作者简介：徐宁生（1965—），男，硕士，研究员，从事薯类作物研究。

基金项目：国家马铃薯产业技术体系岗位专家（CARS-09-P03）。

＊通信作者：隋启君，研究员，从事马铃薯育种研究，e - mail：suiqj@sina.com。

表 1 中美两国马铃薯生产比较

项目	单位	爱达荷州西南区	爱达荷州中南区	爱达荷州东部区	平均	兰州	重庆	青岛	全国
单产	kg/667 m²	3 910.53	3 051.21	2 640.23	3 200.65	1 097.54	1 627.64	2 977.11	1 405.62
售价	元/kg	1.02	1.02	1.02	1.02	0.88	1.77	1.85	1.28
收益	元/667 m²	3 990.77	3 110.63	2 691.10	3 264.16	874.51	2 815.16	6 151.22	1 640.67
种子费	元/667 m²	395.29	362.21	316.33	358.08	155.38	128.48	164.44	135.74
肥料费	元/667 m²	629.65	532.79	489.52	550.65	178.44	142.86	387.83	186.93
农药费	元/667 m²	526.48	230.43	162.96	306.62	2.13	12.20	50.33	8.41
机械动力费	元/667 m²	203.07	166.34	176.67	182.03	23.89	74.81	70.00	35.62
田间设备	元/667 m²	281.33	202.33	210.67	231.44	11.74	9.19	8.55	12.59
人工成本	元/667 m²	191.42	162.87	155.28	169.86	262.09	541.89	445.89	315.24
土地成本	元/667 m²	714.30	629.68	460.44	601.47	133.33	201.09	300.00	183.65
成本	元/667 m²	3 988.43	3 128.73	2 676.59	3 264.58	827.97	1 139.24	1 543.77	931.46
每 50 kg 成本	元	51.04	51.30	50.75	51.03	41.46	35.75	27.43	36.62
净利润	元/667 m²	2.34	−18.1	14.51	−0.42	46.54	1 675.92	4 607.45	709.21
成本收益率		0.06	−0.58	0.54	−0.01	5.62	147.11	298.45	76.14

注：为便于比较，表中的单位是统一的，数据都均经过折算，可以直接比较，表中的元是指人民币。

铃薯的薯块膨大期需要大量的水分，生产上一般将这个时期安排在雨季，但雨季也往往造成晚疫病的发生，而晚疫病会打断薯块膨大的过程。往往有这样的情况，因为不防治晚疫病，薯块膨大期被压缩了 2/3，结果产量自然就只有正常的 1/3。

随着生产技术的改进，近年来出现了不少高产典型，例如 2019 年，"云薯 108"曾创下了 667 m² 产量 5 634.3 kg 的高产 [6]。所以随着脱毒种苗的推广，合理施肥尤其是增施钾肥，防治晚疫病等系列技术的推广和普及，中国马铃薯的产量会逐渐提高。

2　马铃薯优质模式

近年来，马铃薯生产也出现一些新问题，就是产能的相对过剩。价格最低时 0.4 元/kg 都还被拒绝 [1]。国外也有这种情况，随着单产的逐渐提高，面积会逐渐下降，因为市场就有那么大，马铃薯的市场需求量，大致有一个稳定的数字。例如，日本马铃薯单产从 1960 年的 1 200 kg/667 m² 增加到 1997 年的 2 200 kg/667 m²，栽培面积则从 15 万 hm²，减少到 10 万 hm²，总产量维持在 300 万 t 左右，保证了消费市场的稳定供给 [7]。

中国的马铃薯 2006 年有 490 万 hm²，当时的单产是 1.4 t/667 m²，如果单产增加一倍，达到 2.8 t/667 m²，则面积将可能缩小到原来的一半，为 267 万 hm² 左右。如果产量达到美国的水平，则面积只能维持原来的 1/3，大致为 167 万 hm² 左右。这意味着，很多地方都无法种植马铃薯。但是，农业有特殊性，不能轻言退出。如何解决这个问题，可以考虑开启马铃薯的优质模式，就是多种植食味好的品种，做到"优质优价"，以满足市场上不同的消费群体对马铃薯的不同需求，达到产量适度而经济效益持续增加。

以日本的水稻生产来说明这个问题。2018 日本产大米平均售价 17.7 元/kg[8]，同期泰国出口平均价为 3.5 元 /kg[9]，印度为 2.5 元 /kg[10]。为什么日本大米价格会如此之高？原因主要是大面积种植了"越光"及其衍生品种。据王亚梁等[11]报道，日本水稻主栽品种是"越光"（1953 年选育）等品种。由于其优异的稻米品质，"越光"成为日本水稻育种的主要资源，种植面积居"越光"之后的几个水稻品种，如"一见钟情""阳之光""秋田小町"等都以"越光"为亲本育成（表 2）。

表 2　日本 2014 年种植面积最大的 10 个水稻品种

品种	面积（万 hm²）	占水稻种植面积（%）
越光	57.26	36.4
一见钟情	15.26	9.7
阳之光	14.47	9.2
秋田小町	11.33	7.2
七星	4.88	3.1
绢光	4.56	2.9
生拔	4.25	2.7
青系 138	3.15	2.0
旭梦	2.52	1.6
上育 397	2.36	1.5
合计	120.02	76.3

日本水稻的单产，也低于中国。日本 2000 ~ 2014 年的单产为 350 kg/667 m²[11]，中国 2011 年则为 445.82 kg/667 m²（数据来自农业部种植业司的网站）。因为售价较高，种植的经济收入也相对较高。日本也有少量的高产水稻种植，就是饲料用米。近年来有逐渐增加趋势，所占的比例，从 2008 年的 0.1% 增加到 2014 年的 2.1%，并出现了专门针对饲料用米水稻品种的研究[11]。

这样做的价值，一是维持了水稻生产，虽然日本水稻种植积从 1960 ~ 1969 年的 310 万 hm² 缩减到 170 万 hm²，但种植户数仍然达到 117 万户，产量达到 870 万 t，维持了稻米较高的自给率；二是维持了水稻生产技术并不断得到改进。虽然种植的是优质品种，但产量也逐渐提高，单产从 20 世纪 60 年代的 3 980.3 kg/hm²，提高到目前的 5 278 kg/hm²，50 年的时间提高 32.6%，劳动时间由 1960 年的 1 740 h/hm²，缩减到目前（2014 年）的 231.7 h/hm²，压缩了 86.7%[11]。可以想象，如果一旦发生特殊情况，需要大量生产稻米，日本转型是比较容易的。

中国的马铃薯生产，目前主要是高产模式。种植面积大的"克新一号"，耐旱性强，抗病毒病；西南种植面积较大的"会 –2"，结薯早，抗病毒病。而日本的主栽品种"男爵"，则是食味佳，不抗晚疫病[7]，我国曾有种植，后被淘汰[12]。又如西南的主栽品种"合作 88"，黄皮黄肉，很受市场欢迎，由于结薯稍晚、晚疫病抗性较差，在云南的滇东北地区种植较小。

要转换到优质模式，必须扩大食味好的品种，形成差异化的市场供应。马铃薯不能打上"便宜"的便签，要应对各种消费需求。

市场的需求是多方面的。有的消费者购买力高，所以应该提供更优质、食味更佳的马铃薯品种呢。当然，对于购买力低的消费者也要提供服务，马铃薯应该是"爱富不嫌贫"的农产品。中国对市场的开发尚处于低级极端，对品种与食用方法的结合，还不够细致。例如，有的品种，淀粉含量低，生脆，适合炒吃，有的品种淀粉含量高，适合蒸煮食用。在"醋熘土豆丝"的菜谱中，"土豆丝切丝后在水中浸泡，冲去多余的淀粉"，造成营养损失，所以应该用淀粉低的品种来做，例如"丽薯6号"，淀粉含量低，适合炒吃。

中国的马铃薯出口价格普遍偏低，比法国等国低一半左右[13]，这也提示了向优质模式转移的必要性。

3 提高栽培技术，实现良好经济效益

美国学者 Douches 指出，尽管在 20 世纪进行了育种努力，但是（美国）全国重要品种的产量遗传潜力没有得到改良。同时，因管理措施的改良，同期全国产量（单位面积产量）增加了6倍[14,15]。目前美国，仍然以1886年选育、1912年定型的"布尔班克"为主栽品种，欧洲依然以1910年选育的"宾杰"为主栽品种[15,16]，这些国家的产量普遍很高，说明品种不是阻碍高产的主要因素，通过栽培技术的提高，一样可以获得高产。

再以云南的马铃薯为例，"会–2"是一个优秀的品种。它的优点是结薯早，因而比较耐肥，最重要的是，结薯早可以部分躲过晚疫病，即晚疫病暴发的时候，它的薯块已经比较大了，即使因晚疫病植株死亡，也已经有一定的产量了。晚疫病轻的年份，产量高，晚疫病重的年份，也有一定产量。但"会–2"白皮白肉，食味也稍差，不太受市场欢迎，售价也偏低。

"合作88"是红皮黄肉，食味好，耐肥性也好，不足之处是结薯稍晚，晚疫病暴发时，才开始结薯。这样晚疫病严重的年份，产量会很低，甚至有绝产的风险。虽然"合作88"的售价比"会–2"略高，高0.5/kg元左右，但因为产量波动大，并不受农民欢迎。通过试验表明，打药防治晚疫病，"合作88"的产量相对高，达到 4 t/667 m^2 左右，经济效益可观[17]。

总结经验，认为可以平常种植优质品种，以良好的经济效益维持马铃薯生产；非常时期（例如药剂缺乏的时候）可大面积改种高产品种，以保障供给。

4 对策与建议

4.1 加大对资源的品质评价包括食味性评价，及时调整育种目标，把选育品质（包含食味性）好的品种作为一个育种重点

世界范围内，目前保存了大约30大类共65 000份马铃薯种质资源。据估计，中国各单位共保存了包括国内审定品种、国外引进品种、育种品系、原始栽培种和野生种等在内的5 000余份种质资源，这些资源大多数以试管苗形式保存，少部分以实生种子和块茎形式保存，其中2 000份左右的资源被系统评价过[18]。这种评价，是以产量为核心。关于育种目标，中国不同的栽培区育种目标各不相同。北方一作区以中熟和晚熟品种选育为主，东北地区尤其注重抗晚疫病和黑胫病，华北和西北地区注重耐旱、抗土传病害、晚疫病和

病毒病；中原二季作区以早熟或块茎膨大快、对日照长度不敏感的品种选育为主，早熟、高产、休眠期短、抗病毒病和疮痂病是主要的育种目标；对于西南一二季混作区的高海拔地区，主要是培育高抗晚疫病、癌肿病和粉痂病的中晚熟和晚熟品种，而对于中低海拔地区，则为以抗晚疫病、病毒病的中熟和早熟品种选育为主；在南方冬作区，品种选育聚焦对日照长度反应不敏感、抗晚疫病和耐湿、耐寒和耐弱光的中、早熟品种[18]。

建议以后，加大资源的食味性评价，多突出食味好这一品质作为重要的育种目标。

4.2 加大栽培技术研发力度以便让更多的优质品种进入生产

优质品种要具有一定的产量，才能进入生产并最终进入市场。这个问题，栽培技术的研发和推广，可以起到很重要的作用。例如，有的优质品种不抗病毒病，可以使用脱毒种薯；有的优质品种，如欧洲的主栽品种"宾杰"、日本的主栽品种"男爵"不抗晚疫病，可以加大晚疫病的防治来解决这一问题。

4.3 促进烹调方法与品种的结合，对市场进行细化

烹调方法，对农产品销售的影响是非常大的。例如，"清汤鹅"促进了鹅的养殖，满大街的烤鸭促进了鸭的生产[19]，"油焖小龙虾"这一道菜促进了小龙虾的销路[20]，"醋熘土豆丝"促成"丽薯6号"等低淀粉品种的热销。

对品种的介绍，常常不涉及烹调方法。查阅近期登记的马铃薯品种，仍然以产量为主要目标，即需要比对照增产，但基本不涉及食味评价，这与国外对品种的介绍有很大不同[15]，国外对著名品种的介绍方式为："宾杰"适于煮食、烘烤、做薯条；"布尔班克"是最适合做薯条的品种，煮后会散开，烘烤后干面；"Frenchfingerling"适合做沙拉、快炒。而中国的马铃薯品种，很多也是有专门的烹调用途。如"丽薯6号"适合炒土豆丝，"云薯304"适合做薯片，"合作88"适合煮食或煮后炒食。但由于这方面重视不够，商店里仍然没有标注品种名字的习惯，更遑论介绍最佳的食用方法。

4.4 适度关注一些"老品种"

荷兰是公认的马铃薯生产和科研强国，荷兰的马铃薯育种和栽培，水平位居世界前列，但1910年选育的"宾杰"仍然是最主要的品种之一。日本的主栽品种"男爵"食味特别好，也是一直沿用的优质品种。

[参 考 文 献]

[1] 罗其友，高明杰，刘洋，等.2018～2019年中国马铃薯产业发展态势[C]//屈冬玉，金黎平，陈伊里.马铃薯产业与健康消费.哈尔滨：黑龙江科学技术出版社，2019：30-33.

[2] 谢开云，屈冬玉，金黎平，等.中国马铃薯生产与世界先进国家的比较[J].世界农业，2008(5)：35-38，41.

[3] 刘杨，罗其友，高明杰，等.中国马铃薯生产收益变化及其与美国比较分析[C]//屈冬玉，陈伊里.马铃薯产业与小康社会建设.哈尔滨：哈尔滨工程大学出版社，2014：35-42.

[4] 中华人民共和国农业行业标准.NY/T5222-2004.无公害食品马铃薯生产技术规程[S].2004.

[5] 徐宁生.马铃薯栽培技术[M].昆明：云南科技出版社，2018：17，150.

[6] 陈云芬.亩产5634.3千克！"云薯108"创云南马铃薯最高产量[EB/OL].云南看点.[2019-11-03].http://society.yunnan.cn/system/2019/11/03/030510504.shtml.

[7] 于天峰.日本马铃薯产业的总体状况[J].当代蔬菜，2006(6)：14-15.

[8] 中国农业服务在线.2018年日本水稻耕作面积及收获量[EB/OL].[2019-06-11].http://blog.sina.com.cn/s/blog_d1e8974f0102zce2.html.

[9]   驻泰国经商参处 .2018 年泰国大米出口 1114 万吨全球第二 [EB/OL]. [2019–02–01]. http://th.mofcom.gov.cn/article/ddgk/zwjingji/201902/20190202832737.shtml.

[10] 博易大师 . 印度大米价格继续下跌 [EB/OL]. [2020–03–06]. http://www.chinagrain.cn/axfwnh/2020/03/06/2802644769.shtml.

[11] 王亚梁，朱德峰，张玉屏，等 . 日本水稻生产发展变化及对我国的启示 [J]. 中国稻米，2016，22(4)：1–7.

[12] 佟屏亚 . 中国马铃薯栽培史 [J]. 中国科技史料，1990(1)：10–19.

[13] 王伶 . 我国马铃薯国际竞争力的比较分析 [J]. 国际商务—对外经济贸易大学学报 . 2009(6)：32–36.

[14] Douches D S 等著，郭元林译 . 一个世纪以来美国马铃薯育种进展的评价 [J]. 国外农学—杂粮作物，1998,18(2):23–26.

[15] Jong H D，Sieczka J B，Jong W D. The complete book of potatoes [M]. Portland London：Timberpress，2011：32–66.

[16] 李文华，吕典秋，闵凡祥 . 中国、荷兰和比利时马铃薯生产概况对比分析 [J]. 中国马铃薯，2018，32(1)：54–60.

[17] 徐宁生，张磊，王颖，等 . 云南主栽品种"合作 88"大春晚疫病药剂防治效果评价 [J]. 中国马铃薯，2018，32(1)：41–48.

[18] 徐建飞，金黎平 . 马铃薯遗传育种研究：现状与展望 [J]. 中国农业科学 2017，50(6)：990–1015.

[19] 过去 10 年世界鸭、鹅产量明显增长 [J]. 中国家禽，2004(24)：50.

[20] 湖北潜江小龙虾产业综合产值突破百亿元 [EB/OL]. [2015–02–16]. http://hb.people.com.cn/n/2015/0216/c194176–23933637.html.

恩施山区马铃薯助力乡村振兴的试点探索研究

——以湖北省利川市团堡镇为例

于斌武[1]，冉　旭[2*]，李雪晴[1]，赵锦慧[1]，谭　兵[2]，吴纯良[3]，郭开英[4]

（1.恩施州农业农村局，湖北　恩施　445000；

2.利川市团堡镇农业服务中心，湖北　利川　445420；

3.利川市农业农村局，湖北　利川　445400；

4.恩施州马铃薯产业协会，湖北　恩施　445000）

摘　要：国家实施马铃薯主粮化战略以来，恩施山区马铃薯产业发展如火如荼，在推进产业结构调整、农旅融合发展和助力乡村振兴战略方面发挥了重要作用。以利川市团堡镇马铃薯快速发展事例为基础，结合山区农村区域经济的特殊性，提出了山区发展马铃薯产业助推乡村振兴的对策建议。

关键词：马铃薯产业；乡村振兴；探索研究

近年来，湖北省利川市团堡镇抢抓机遇、顺势而上，把马铃薯产业作为山区农业产业结构性调整的支柱产业来抓，充分利用生态、区位和旅游资源优势，大力发展马铃薯产业，在推动脱贫攻坚、乡村振兴进程中发挥了重要作用，探索研究团堡镇马铃薯产业典型经验和发展模式，对全面指导推进乡村振兴具有重要意义。

1　团堡镇马铃薯产业优势地位

1.1　生态环境优势

利川市团堡镇地处利中盆地，位于群山环抱的高原盆地，云腾雾绕，山清水秀，气象万千。境内平均海拔1 200 m，土壤多为黄棕壤，土层深厚而疏松，年平均温度在12.8 ℃，相对湿度80%~85%，年均降雨量1 400 mm，气候冷凉，多雨寡照，其生态环境得天独厚，适于优质马铃薯生长。该区域属西南山区马铃薯单双季混作区，生长的马铃薯天然含硒、绿色生态，其淀粉含量15%以上、糖类1.5%左右、蛋白质2.0%左右、矿质盐类1.1%，富含维生素B、C等，营养价值高，口感细腻、软绵、糯香，既可当主粮，也是优良蔬菜。

1.2　主导产业优势

团堡镇是利川市乃至恩施州的农业产业大镇、强镇，全镇辖57个村、638个村民小组、22 105户，总人口71 816人。该镇总耕地面积0.53万hm²，常年种植马铃薯0.2万hm²左右，分别占利川市、恩施州马铃薯种植规模的9%和2%，年产鲜土豆4.5万t左右，产值1.08亿元。

作者简介：于斌武（1967—），男，高级农艺师，从事马铃薯产业发展研究及新技术推广。

* 通信作者：冉旭，农艺师，主要从事农业技术研究及推广，e - mail：1738134194qq.com。

团堡镇马铃薯种植突出"生态化"特点,充分利用山、水、林、田等生产要素有机结合,还原绿色生态健康循环发展生产模式,成为恩施州第一个马铃薯绿色生态种植示范乡镇。全镇有 15 000 余户种植马铃薯,带动建档立卡贫困户 4 500 余户,在马铃薯种植上人均增收 1 200 元,核心基地人均增收 1 800 元左右,实现贫困脱贫率 100%。马铃薯产业已成为团堡镇精准脱贫的主导产业,与利川山药、高山蔬菜并称为团堡镇的"三亿元"产业,成为团堡镇社会经济发展"三驾马车"。

1.3 市场主体优势

"十三五"以来,随着恩施州马铃薯产业的快速发展,团堡镇马铃薯市场主体迅速崛起。全镇从事农业产业的龙头企业 5 家、专业合作社 85 家、种植大户 126 家、农业经纪人 65 人,其中从事马铃薯产业的占 35% 以上,获得"恩施土豆"地理标志认证企业达到 12 家。恩施硒源、利川旭昌、农二嫂等一批市场经营主体打造的四方洞村、石板岭村、大翁村、白果坝村等"四大马铃薯基地",实行"全沿线、全覆膜、全净作、全植保"方式高标准、高水平种植,成为团堡镇"企业 + 专业合作社 + 贫困户 + 市场"绿色产业发展模式核心示范基地,有效地带动了全镇马铃薯产业的高质量发展。

1.4 品牌建设优势

团堡镇是"小猪拱拱"硒土豆核心生产基地,随着 2017 年"小猪拱拱"品牌上市一路走红,特别是 2019 年中国马铃薯大会之后,团堡马铃薯逐步成为全国广大客商和消费者关注的焦点。盒马鲜生、京东等高端市场和工矿企业、社会团体纷纷进驻团堡,建保供基地,签订大订单,建立严格的产品质量分级标准体系,以土豆每粒大于 5 g 为标准线,40 ~ 60 g 为特级产品,其他标准为 2 ~ 5 级不等,市场供应价格 6 ~ 15 元 /kg,基地价、市场价均高于全州平均价 20 ~ 30 个百分点。目前,团堡马铃薯已成为"恩施硒土豆"标准化核心生产示范基地之一。

1.5 政策扶持优势

"十三五"以来,团堡镇积极争取国家、省、州、市各类资金 2 亿多元,加快了生态环境改善、乡村综合治理和特色产业基地建设。2019 年,团堡镇抢抓全国性马铃薯大会参观的机遇,争取财政投入资金 5 300 万元,其中高标准农田建设资金 3 000 万元、精准扶贫补短板项目资金 1 800 万元、州级马铃薯专项 320 万元,其他项目 180 多万元,新建马铃薯绿色生态核心示范基地 333 hm^2、硬化公路 42 km、黑色化路面 1.5 km、土地治理 400 hm^2、田间耕作道 25 km、河道整治 4 km、灌溉蓄水池 3 800 m^3。2020 年团堡镇已成为利川市第一批乡村振兴建设试点,总投资 1 000 万元,将着力打造全国绿色食品原料生产基地和优质马铃薯供应基地。

2 团堡镇乡村振兴的潜力巨大

2.1 大旅游交通便利

团堡镇是利川东大门,地处东经 109° 03′ ~ 109° 18′、北纬 30° 12′ ~ 30° 34′,西接东城办事处、凉雾乡,南临元堡乡、恩施白果乡,北与柏杨坝镇相邻,东接恩施市屯堡乡,正处于恩施大峡谷、利川腾龙洞两大五星级旅游景点连接线上,318 国道、242 国道、沪渝高速公路、宜万铁路贯穿全境，旅游交通十分便利。境内还有神秘地质奇观的玉龙洞、响水洞等自然景观，良好区位优势和旅游资源成为团堡镇推进乡村振兴的核心要素和特色农业产业发展的必然选择。

2.2 农旅文化沉淀深

团堡镇风水天成，东有利川要隘"石板岭"，西有玉笔朝天"金字山"，南有昂首奋蹄"马鬃岭"，北有峡谷险滩"雪照河"。团堡镇是因路而兴的商贸重镇，也是"龙船调的故乡"，拥有一枝独秀的古建筑群文化和国共两党的抗战纪念碑，还有"送火龙"的民俗等历史文化的沉淀，一批文化产业企业落户集镇，将大自然赋予团堡得天独厚的资源禀赋变成了财富。从遥远的历史长河中走过来的团堡古镇，虽然被岁月抹去了一些历史的沧桑，但却留下了人类文明进步的足迹，这正是团堡镇发展农旅文化的核心基础所在。

2.3 产业融合发展快

团堡镇产业融合发展较快，获得了"中国最具特色魅力乡镇"称号。目前，团堡镇已形成了农旅融合"四大功能区"，即：玉龙洞至雪照河生态观光功能区、武陵洞寨至小溪河峡谷花卉及自然景观功能区、虾蟆塘至大河鲟度假功能区和官田坝至响水洞天坑探秘功能区，功能区内涵盖马铃薯生态种植示范园、国家地理标志农产品"利川山药"原产地核心基地、"阳光葡萄"采摘观光园、高山生态蔬菜示范区等大板块农产品基地 1 333 余 hm^2，拥有民宿达到 120 家。2019 年，全镇接纳旅游 5 万余人次，实现旅游收入 6 000 多万元，并带动以"土豆饭"为主打的 12 家"农家乐"餐馆实现消费收入 300 多万元。

2.4 生态宜居做得实

近年来，全镇生产生活环境得到很大改善。相继改造民居 1.56 万户，完成"厕所革命"改造 1.32 万处，新建户用沼气池 3 500 个、小型沼气工程（200 m^3 以上）3 个、垃圾处理点 310 个；加强畜禽粪便资源利用，农家肥、有机肥使用率达到 65%，秸秆综合利用率达到 70%（还田率 30% 以上、腐热肥料化 20% 左右、饲料化 20% 左右）以上；坚持实施化肥农药零增长行动，杜绝使用高毒高残留农药，连续 3 年化肥农药使用率均降低 20 个百分点以上，农膜回收率达到 95% 以上。目前，团堡镇生态宜居率由 2015 年的 45% 上升到 85%，森林植被覆盖率达到 71%，农村居民幸福指数大幅上升。

3 马铃薯助力乡村振兴的重要举措

团堡镇通过发展以马铃薯为主的新兴产业，迈出乡村振兴的发展步伐，初步形成"产业兴、生态优、乡风纯、治理快、生活好"的新农村格局，但离乡村振兴"20 字"要求还相差甚远，主要存在品牌农业建设不力、市场主体带动力差、乡村治理能力较弱等问题。团堡镇如何以马铃薯产业高质量发展为契机，加快推进乡村振兴建设步伐，应从以下 5 个方面着力。

3.1 加快推进"马铃薯特色小镇"建设

团堡镇应抢抓县市级乡村振兴试点项目建设机遇，积极争取创建国家、省、州级乡村振兴试点，补齐以产业发展短板，高端谋划，科学布局，建设"团堡马铃薯特色小镇"。着力打造万亩马铃薯休闲走廊，建设不低于 0.2 万 hm^2 马铃薯脱毒种薯、优质商品薯、加工专用薯的"三薯合一"基地；着力建设马铃薯产地批发市场，提升马铃薯商品化处理能力，新建马铃薯气调库不低于 1 万 m^3，年贮藏吞吐能力达到 3 万 t；着力在所辖 318 国道沿线及马铃薯核心生产区支持建设 50 家以上"土豆农家乐"或建立"农家土豆宴一条街"，大力推广恩施硒土豆美食。3 ~ 5 年，全镇马铃薯产业综合产值达到 2 亿元以上，农村居民人均在马铃薯产业收入达到 3 000 元以上。

3.2 加快推进马铃薯全域绿色化创建

严格按照《绿色食品恩施土豆生产技术规程》组织马铃薯标准化生产。从源头优化资源配置，划定并优化资源利用上线、环境质量底线和生态保护红线，严控高污染、高耗能的项目环保准入。加快制定出台《关于大力推进马铃薯全域绿色化实施意见》《团堡镇马铃薯全域绿色化标准》，引导市场主体调整种植结构和生产模式，促进马铃薯产业提档升级。与此同时，以实施马铃薯全域绿色化为基础，同步推进利川山药、高山蔬菜、魔芋、油牡丹、中药材等特色农作物全域绿色化建设，力争 3 ~ 5 年，境内绿色农产品基地规模达到 0.4 万 hm^2 以上，产业综合效益达到 5 亿元以上。

3.3 加快引进和培育产业化龙头企业

推进"产业兴旺"，市场主体起决定性作用。要加快引进和培育马铃薯产业化龙头企业，采取兼并、重组的方式，组建团堡镇马铃薯产业集团或产业联盟，引领马铃薯产业向纵深高起点、高质量发展。着力培育马铃薯经营行业领头人和市场开拓性人才，以培育本土、乡土人才为重点，打造一支马铃薯专业化营销团队，逐步整合、规范马铃薯产品营销行为和拓展市场渠道。着力研究支持龙头企业发展的产业政策，切实解决企业发展中的土地、资金、税收等方面的问题。

3.4 加快区域性品牌和智慧农业建设

严格按照《中国地理标志农产品恩施土豆授权使用管理规定》要求，以"恩施土豆""恩施硒土豆"州域公用品牌为主品牌，以"小猪拱拱""农二嫂"等企业品牌为子品牌，积极整合企业品牌资源，创建适合团堡镇区域特点的公用品牌，实行"主品牌 + 子品牌"双牌经营。充分引进智慧农业技术，加快马铃薯产品网络监控、监测系统建设，把物联网技术广泛应用于马铃薯产品生产、加工、流通、消费各环节，实现全过程严格控制监管，提高产品透明度和竞争力，提升可溯源农产品的品牌效应。着力挖掘古镇古建筑、"送火龙"和"龙船调"文化，积极开展"土豆花儿开""土豆美食节"活动，加快马铃薯品牌的宣传推介。

3.5 加快现代农村治理能力体系建设

加快马铃薯产业发展，助力实施乡村振兴战略，就必须着力推进农村社会治理体系与治理能力现代化。结合团堡镇实际，重点抓好 5 个方面工作。一是彻底扭转农村土地集体所有制日趋虚化的局面；二是支持和鼓励市场经济条件下重新探索集体化的道路；三是坚定不移地发展壮大村社集体经济力量；四是环境综合治理和秸秆、污水无害化处理能力建设；五是加强推进实施乡村振兴战略的领导，培育"一懂两爱"干部队伍，构建和谐、快捷、高效的工作机制。

定西马铃薯生产全程机械化思考

胡全良，董彦文*，李学文，陶永吉

（定西市马铃薯产业办，甘肃　定西　743000）

摘　要： 马铃薯在定西经济社会发展中具有不可替代的作用，发展到现阶段，马铃薯产业转型升级势在必行，全程机械化生产已成为必然趋势。深入分析定西马铃薯生产全程机械化现状、面临的问题，有针对性地提出了解决的对策建议。

关键词： 马铃薯；全程机械化；现状；问题；对策

马铃薯作为世界第四大粮食作物，同时也是深受人们喜爱的蔬菜作物和重要的工业原料作物[1]。在定西，马铃薯已经有了200多年的发展历史，成为当地经济社会发展的主导产业和支柱产业。随着产业发展的需要和农村劳动力减少等因素的影响，马铃薯全程机械化生产已经成为必然和主导趋势。

1　全程机械化是马铃薯生产的必然趋势

1.1　农村劳动力减少

受80年代低生育率政策的影响，80后的农村出生人口减少，农村劳动力资源减少，同时随着经济社会的不断发展和城镇化进程的加快，大量的农村劳动力从农村向城镇转移，从农业向非农业转移，造成农业、农村劳动力缺乏，农业劳动力投入严重不足；随着农村劳动力快速转移，大量男性、年轻劳动力涌向城市，农村劳动力以大量女性和中老年人为主，性别和年龄结构失衡，且农村劳动力结构正在老龄化。马铃薯产业种植和收获劳动强度大，需要大量的人工劳动，这就迫切要求由机械来代替人工劳动。

1.2　产业规模化发展

党的十八届三中全会通过的《中共中央关于全面深化改革若干重大问题的决定》提出，加快构建新型农业经营体系。强调，"鼓励承包经营权在公开市场上向专业大户、家庭农场、农民合作社、农业企业流转，发展多种形式规模经营"。"鼓励农村发展合作经济，扶持发展规模化、专业化、现代化经营"。农业的发展，尤其是定西马铃薯产业的发展，根本出路在于规模化、集约化。这既是扩大生产规模、降低生产成本的需求，也是增加产业收益的重要渠道。定西马铃薯产业经过多年的发展，转型升级势在必行，规模化、集约化经营成为定西马铃薯转型升级的前提和基础。这就催生了大量的机械代替人工生产，降低生产成本，增加发展效益。

作者简介：胡全良（1967—），男，主要从事马铃薯产业经济研究。

* 通信作者：董彦文，主要从事马铃薯产业经济研究，e－mail：dxsmlsb@163.com。

1.3 推进标准化生产

马铃薯标准化生产是提高产量、保障质量的重要举措。近年来，定西立足马铃薯全产业链开发，提出了全程标准化生产。全程标准化生产要求从马铃薯种薯、种植、收获到仓贮、加工等全过程按照标准执行。全程机械化的操作能够进一步减少工序，提高生产效率，促进标准化生产。

2 全程机械化发展现状

2.1 基本情况

定西马铃薯种植面积常年稳定在 20 万 hm^2，全市马铃薯耕种收综合机械化水平达到 55%，共有农机合作社 390 个，马铃薯播种机 1 527 台、马铃薯收获机 2 445 台，机耕、机播、机收面积分别达到了 15.4、7.16、7.10 万 hm^2 [2]。

2.2 主要模式

定西马铃薯生产全程机械化主要包括：机械深松耕整地，机械化种植，机械化植保，机械化收获，机械化残膜回收。

种植，具体包括开沟、起垄、播种、覆土和填压等，提升农艺要求；植保，即田间管理，具体包括中耕、除草和病害防治，上土压膜和追肥，采用无人机、喷雾器等进行机械化植保作业；收获，包括杀秧和收获。机械化的推广使用大幅度提高了马铃薯生产效率，减轻劳动强度，改善了劳作环境。对推进马铃薯产业标准化生产和全产业链开发有重要意义。

3 全程机械化面临的问题

3.1 农机装备结构不合理

定西农机总动力数量靠前，但农户持有的手扶拖拉机占了很大比重，新机具、新主体占比低。动力机械多配套机具少、耕整地机具多种植收获机具少，导致综合机械化水平低，特别旱作高效农业生产机械装备总量严重不足，难以很好地发挥农业机械在抢农时、促进度等方面的优势。

3.2 农机社会化服务组织发展缓慢

全市现有的农机服务组织规模小，农机服务社会化、专业化、产业化、市场化程度还不高，服务模式简单单一，服务业链短面窄，服务功能还不强，经营效益差，广大农民的参社积极性不高。农机农艺融合不够紧密，农机新技术、新机具引进、示范、推广应用发展不平衡，一些先进、适用的技术推广普及受到制约。

3.3 适合的小型机械缺少

定西地处青藏高原下延区与黄土高原抬高延伸区交汇地带，地形地貌复杂多样，土地面积小，尤其是坡地修成的梯田，土地面积更是小，导致大型机械不能开展，即便是大型机械可以开展，土地的浪费现象严重，而适合小型地块的机械缺少。

3.4 规模化经营不够

定西土地经营仍以千家万户小规模分散为主，集约化程度低，不利于新型农业机械生产效能的发挥，土地规模经营的发展远远落后于现代农业机械化的发展要求。

4　对策建议

4.1　加强扶持引导

充分利用农机购置补贴、大型机具累加补贴等好政策，着力改善设备结构，提高设备保有量。采取印发宣传资料、制作宣传版面、播放专题片等形式，集中宣传补贴机具的种类、范围和补贴额及具体办理流程等，力争使农民购买的每一台农机具都能享受到补贴资金。充分发挥农机补贴政策的调控作用，加快引导新型高效、绿色环保、信息智能机械发展，促进马铃薯生产机械化结构优化升级，带动薄弱环节机械化发展，全面提升全程机械化发展质量和效益。

4.2　加强农机社会化服务

按照生产＋服务＋政策构架，推进农业机械服务体系建设，培育壮大农机大户、农机专业户以及农机合作社、农机作业公司等新型农机服务组织。把发展壮大农机专业合作社作为解决新形势下"一家一户干不了、干不好、干了不划算"问题的重要途径，作为农业机械化供给侧结构性改革和提高农机社会化服务能力的重要抓手，以市场为导向，用政策引导、项目带动、资金扶持等措施，进一步加强以农机专业合作社为重点的农机社会化服务体系建设，努力提高农机作业的组织化程度和经营效益。坚决防止重特大农机事故，有效维护用机户的人身财产安全。

4.3　加强农机农艺融合

以农机农艺融合为方向，从推进全程机械化方面综合考量分析，结合定西马铃薯大多在山区种植，地块小、地形复杂和田间交通不便的特点，不断提升研发工艺水平，研发引进方便动力配套、便于在小地块中作业的小型机械和轮距小、便于控制播种行距的中小型机械，保证播种密度，提高作业质量，加快全程机械化生产步伐，提高马铃薯生产效率。

4.4　加强示范引导

按照重要农时、不同作业环节，因地制宜、因时制宜，积极开展形式多样的新机具、新技术现场演示活动，直接、有效地宣传推广马铃薯全程机械化设备，提升新机具、新技术示范应用水平。建立农机大户作业服务型、企业土地流转规模经营型、农机科技人员引领型、农业创新人员带动型和农机专业合作社规模经营型等马铃薯全程机械化生产示范区、示范点，推广"机械残膜捡拾—机械全方位深松—机械旋耕整地—机械铺膜播种—机械植保—机械收获"半膜大垄双行马铃薯生产全程机械化技术等模式，实现建立一个示范点、探索一种模式、完善一套技术、形成一个规范、培训一批职业农民，不断提高马铃薯生产全程机械化水平。

[参 考 文 献]

[1]　王彦宏，刘福刚，廉华，等.马铃薯高淀粉栽培研究进展 [J]. 中国马铃薯，2010，24(1): 50–53.

[2]　孟养荣，雷明成，石林雄，等.甘肃省马铃薯全程机械化技术现状与发展建议 [J]. 农业机械，2019(3): 106–109.

加快全产业链深度开发打造定西马铃薯发展新优势

李学文，董彦文*，刘荣清，胡全良，陶永吉

（定西市马铃薯产业办，甘肃　定西　743000）

摘　要：定西马铃薯产业经过多年的发展，取得了显著成效，已成为当地具有代表性的特色优势主导产业，全产业链深度开发成为定西马铃薯产业转型跨越发展的关键。定西马铃薯产业全产业链深度开发具有良好的发展基础和优势条件，也面临着一些困难和问题，应当从政府引导、健全完善标准、加快种薯引育推广、培育壮大新型经营主体、加大加工转化力度、加强科技支撑等方面发力，加快全产业链深度开发，打造定西马铃薯发展新优势。

关键词：定西马铃薯；全产业链；深度开发

马铃薯是定西的代名词，与定西的发展相伴而行，与定西的发展生生相息[1]；它承载着定西人民艰苦奋斗的过去，承载着定西人民脱贫致富的梦想，承载着定西人民产业振兴的希望，承载着定西人民开放合作的追求。

1　基础分析

定西马铃薯经过多年的发展，已经形成了科学化布局、集约化种植、标准化生产、精深化加工、品牌化营销的发展格局，在国际国内市场享有很高的美誉度，成为了全国区域性马铃薯良种繁育基地、全国重要的商品薯生产基地和薯制品加工基地[2]。

定西气候温凉，年均气温7℃左右，昼夜温差大，土层深厚，富含钾元素，年降水350～600 mm，主要集中在7～9月，自然降水规律与马铃薯需水规律基本吻合，既有利于马铃薯增产，也有利于干物质积累和疫病抑制，对马铃薯生长极为有利[3]。定西马铃薯个大、质优、薯皮光滑、薯型整齐、口感醇香、干物质含量高、耐运耐藏，无论鲜食还是加工，都是上好材料。

马铃薯在定西人民生活中扮演着不可或缺的角色，已成为每日三餐必不可少的食品，形成了独具特色的马铃薯饮食传统文化。

1.1　种薯方面

作为全国第一批区域性马铃薯良种繁育基地，具有健全完善的脱毒种薯三级繁育体系，椰糠栽培、水培、雾培等多项马铃薯原原种繁育新技术得到应用推广，年生产原原种10亿粒以上，原种、一级种繁育基地6.67万 hm² 以上；品种丰富多样，有"新大坪""陇薯7号""陇薯10号""费乌瑞它"等品种，"庄薯3号""夏坡蒂"等加工专用型品种；

作者简介：李学文（1967—），男，从事马铃薯产业研究及管理。

*通信作者：董彦文，主要从事马铃薯产业经济研究，e－mail：dxsmlsb@163.com。

又有冀张薯系列、青薯系列等菜用薯品种，能够满足市场多层次、个性化消费需求。

1.2 种植方面

推广"黑膜覆盖＋脱毒种薯＋配方施肥＋统防统治＋机械化耕作"等实用技术，种植面积稳定在20万hm²左右，产量超过500万t，依托重点企业、合作社带动农户，建立了区域性特色优势标准化生产基地。

1.3 加工方面

形成了"精淀粉—变性淀粉—全粉—主食—休闲食品—生物质基材＋主食产品"的马铃薯精深加工业，废渣废水综合利用、生物有机物、水基性农药、车用燃气等产品充分开发，形成"吃干榨尽"式循环链条。

1.4 市场方面

国家级定西马铃薯市场建成并投入运营，在淘宝、天猫、京东等大型网络零售平台开设销售网店220多家。马铃薯贮藏能力突破350万t，年鲜薯外销稳定在200万t左右，销往北京、上海、广东等地，出口沙特阿拉伯、土耳其、埃及、俄罗斯等国家。

1.5 科研方面

依托科研院所和企业建成了甘肃省马铃薯工程技术研究中心、变性淀粉工程技术研究中心、马铃薯与特色果蔬速冻和精淀粉4个工程技术研究中心，成立了甘肃省变性淀粉工艺与应用重点实验室，实现了马铃薯重点生产加工企业市级工程技术研究中心全覆盖。

1.6 品牌方面

全市注册马铃薯品牌商标37个，国家原产地地理标志注册产品5个，拥有国家绿色食品认证的马铃薯及其制品41个。安定区被命名为"全国马铃薯产业知名品牌示范区"，"定西马铃薯"荣获中国驰名商标、全国十大魅力农产品等诸多荣誉称号。

2 优势分析

2.1 基础优势

定西马铃薯经过多年的发展，作为曾经的"救命薯""温饱薯""脱贫薯""致富薯"，现在更承担着"营养薯""健康薯"的重大使命，在全产业链的各个环节已经取得了良好的发展，不论是种薯、种植、加工还是知名度，都取得了不菲的成绩。无论是从自然资源优势、产业发展壮大历程、产业对外影响力和知名度、产业发展前景展望及产业链延伸效应等多方面分析，马铃薯产业在过去、现在甚至将来仍然是全市经济社会发展的基础性、战略性主导产业，特别是在当前坚决打赢脱贫攻坚、全面建成小康社会的决胜阶段，马铃薯产业是产业脱贫的重中之重。这就为定西马铃薯全产业链的深度开发奠定了坚实的基础。

2.2 机遇优势

长期以来，马铃薯产业在定西经济社会发展中有不可替代的重要作用。随着国家"一带一路"战略的提出，定西作为"一带一路"和西部陆海新通道重要节点城市，地处兰西城市群、成渝经济圈战略腹地，陇海铁路、兰渝铁路、宝兰高铁、连霍高速、兰海高速等穿境而过，区位交通优势更加突出；随着习近平总书记视察甘肃、西部陆海新通道、黄河流域生态保护和高质量发展、基础设施领域补短板等重大战略的实施，为定西马铃薯的深度开发和发展带来了有利的战略机遇。当前，正处在打赢脱贫攻坚战的关键之年、全面建成小康社会的攻坚期和乡村振兴战略开局之年，各项政策高度契合，实践中产业是脱贫攻坚和乡村振兴战略有效衔接，这对定西马铃薯产业发展来说是一项重大战略政策机遇。

2.3　政策优势

甘肃省政府高度重视定西马铃薯产业发展，马铃薯产业是甘肃六大特色产业之一，也是定西乃至甘肃区域首位产业，产业扶持政策为马铃薯产业发展带来良好的发展机遇。历届定西市委、市政府更是把马铃薯产业作为全市经济社会发展的主导产业，成立了马铃薯产业开发协调领导小组和马铃薯产业办公室，先后出台了《进一步加快建设中国薯都的意见》《加快马铃薯产业转型升级的意见》《定西市推进马铃薯产业稳步发展三年（2020～2022）实施方案》等一系列政策，推动了马铃薯从曾经的"救命薯""温饱薯"向"脱贫薯""致富薯"的转变，推动马铃薯由单纯的种植向全产业链开发转变，马铃薯产业成为促进农业增效、农民增收，助推脱贫攻坚、助力经济社会转型发展的主导产业。

2.4　市场优势

定西马铃薯及其制品不但享誉国内市场，而且不断开拓国内市场。定西种薯除销往省内以及国内外，还销往沙特阿拉伯、土耳其、埃及、俄罗斯等国家；年外销鲜薯200万t左右，2019年临洮县三荣商贸有限责任公司与西班牙达成5年100万t的鲜薯产销协议；甘肃巨鹏清真食品股份有限公司的清真薯馕、多纳圈、法式面包等主食产品出口中东、东南亚等地，甘肃爱兰马铃薯种业有限公司作为受邀企业，代表甘肃参加了"兴都库什喜马拉雅适应性创新科技展"，受到了尼泊尔总统比迪娅·德维·班达里女士及当地人民的欢迎。

3　劣势分析

3.1　品种更新迟缓

定西马铃薯种植品种形成了陇薯、青薯、冀张薯和外引专用薯等具有国内先进水平的品种系列，"陇薯7号""陇薯10号""陇薯11号""庄薯3号"和青薯系列、冀张薯等优质新品种得到大面积示范推广。种植品种以中晚熟品种为主，而适应南方冬作区、西南混作区、中原二作区的优质早熟、中早熟品种则比较缺乏；品种生产布局不合理，主要集中在秋季收获，无法满足全国不同类型区域需种要求；种薯扩繁企业虽多但不强，缺少有综合竞争力的大型种薯龙头企业。

3.2　国内竞争加剧

随着国家实施主粮化战略，全国马铃薯种植面积的进一步扩大，全国马铃薯种植面积达到600万hm²，年产马铃薯1亿t。从全国马铃薯四大主产区种植规模来说，北方一作区占全国50%左右，西南一二级混作区占全国35%左右，中原春秋二作区占全国10%左右，南方冬作区占全国5%左右。定西马铃薯主要集中在9～10月集中上市。过去在全国种植面积较小时，可以通过贮藏措施，实现错峰上市；但随着全国马铃薯种植面积的增大，其他主产区能够实现周年鲜薯上市，导致定西冬贮商品马铃薯市场竞争处于明显劣势。

3.3　生产成本高

马铃薯种植条件差，抵御自然灾害的能力有限，加之农户土地经营规模小，农机服务体系建设缓慢，社会化服务能力不强以及农机装备水平较低，标准化种植水平低，机械化水平低，造成生产成本上涨。

3.4 加工转化率低

全市薯制品加工以精淀粉、粉丝和粉皮等中低端产品为主，加工链条延伸不足，缺少延链补链产品，全生命周期的研发不足；加工企业规模、层次和创新能力不强，且受资金、环保政策等限制，马铃薯淀粉加工企业开工生产率低，淀粉实际生产量小，鲜薯消化量小，达产达标严重不足。马铃薯企业缺少引领产业航标的大型企业集团，在国内外市场上缺乏竞争力。

4 开发建议

4.1 加强政府引导

优化种植品种布局，综合考虑全市水土资源条件、农业区划特点、生产技术条件和增产潜力等因素，按照发挥比较优势、分区分类指导、突出重点领域的原则，优化种薯、商品薯、加工专用薯生产布局。鼓励企业自建基地或参与建设基地，扶持专业种植大户和合作社牵头建基地，推广"农机＋基地＋农户"等模式，对基地产品实行"两证一标识"管理，进一步提高种薯质量和生产企业原料有效供应水平。充分利用农机购置补贴等政策，采取租赁、合作、购买服务等形式，提高马铃薯种植机械化水平。大力推广"黑膜覆盖＋脱毒种薯＋配方施肥＋统防统治＋机械化耕作"等实用技术，提高生产科技水平和质量效益。

4.2 健全完善标准

加快对已修订技术规范标准的审核颁布，按照"有标贯标、无标制标"的原则，健全完善马铃薯全产业链生产标准体系。

4.3 加快种薯引育推广

紧紧围绕马铃薯种薯生产优势，紧盯全国马铃薯主产区用种需求，加快构建以市场需求为导向的多元化马铃薯良种生产格局，在推广现有当家品种的基础上，引进筛选、繁育推广国内外高产优质品种，加快自有品种培育速度。加强种薯企业生产销售许可管理，推行"两证一标识"追溯管理制度，强制实施质量检验认证制度，以马铃薯脱毒种薯国家标准为基础，严格实施《甘肃省马铃薯脱毒种薯质量管理办法》《定西市马铃薯脱毒种薯质量管理办法》，健全完善脱毒种薯生产、质量控制、市场监管等全产业链的标准体系，规范种薯生产、销售、监督、执法检查各环节工作，从核心种薯繁育、种薯生产、质量检测、田间管理、病害防治、认证、仓贮、运输等一系列过程质量控制，实现完善严谨的标准化模式。

4.4 培育壮大新型经营主体

鼓励承包经营权在公开市场上向马铃薯专业大户、家庭农场、农民合作社、农业企业流转，进一步做实"龙头企业＋合作社＋基地"等模式，发展多种形式的马铃薯规模经营。在项目、资金、土地流转、优惠政策等方面向新型经营主体倾斜，实现马铃薯产业优势与新型经营主体的有效结合，做实订单生产，建立健全订单生产机制，形成企业、大户、合作社和产销联盟共同参与基地建设的发展格局。积极引导鼓励发展"种业＋种植＋加工＋

农资＋金融＋供销＋网点"产业联合体，提高新型经营主体综合竞争力。用足用好用活关于"鼓励和引导工商资本到农村发展适合企业化经营的现代种养业"的政策，有重点地扶持和引导工商资本进入马铃薯产业领域。发展供应链金融，创新贷款方式和担保体制，加大招商引资和社会融资力度，采取"一企一策"的办法，适度增加贷款额度、延长贷款期限，开展合作经营、资金介入监管等合作模式，注入投资、管理和新品种引种等产业要素，特别是在种植环节与薯农开展深度合作，有效解决企业流动资金困难的问题，增强马铃薯产业发展活力。

4.5 加大加工转化力度

支持企业实施技术改造，与科研单位合作，开展主食产品工艺及设备联合攻关，研发富含马铃薯膳食纤维、蛋白、多酚及果胶、保健醋、马铃薯酒等延链补链产品，淘汰落后产能，提高技术装备水平和生产效率，提升工艺技术水平、节能减排水平和加工生产效率，通过产业整合和技术创新，加快马铃薯清洁生产技术的研发、推广和应用，实现马铃薯加工企业的降本增效，构建马铃薯循环经济产业链条，实现马铃薯加工产业的绿色可持续发展。鼓励企业、合作社种植大户等用足用好贮藏设施，有效解决加工企业原料不足和鲜薯集中上市、销售期短的问题，促进马铃薯从大量外销到就地加工增值的转变，抢抓国家马铃薯主食化等战略机遇，因地制宜，把马铃薯主食开发与定西李氏文化、马家窑文化等地域特色文化有机结合，研发适宜不同消费群体、不同饮食习惯以及不同营养功能的主食产品，填补当前马铃薯鲜食化的空白，不断延伸产业链条。

4.6 加强科技支撑

发挥现有的重点实验室、研发中心、科研资源等的作用，进一步加大对马铃薯全产业链开发的科技支撑力度。立足破解当前生产中存在的土传病害、加工废弃物综合利用等问题，加快开发新产品、新技术。立足实际，加快种薯引进、培育、繁育、推广，研究全新、高效的旱作生产技术，开发延链补链产品，积极开拓市场，推进绿色、有机、无公害、地理标志农产品认证，充分利用中国驰名商标"定西马铃薯"、十大魅力农产品等的品牌优势，巩固提升安定区全国马铃薯产业知名品牌示范区创建，加强新商标的认证、申报和已有商标的保护利用，创建从种薯、鲜薯生产以及到精深加工的全国知名品牌体系。

[参 考 文 献]

[1] 马宏川. 论定西地理条件与马铃薯产业的关系 [J]. 甘肃教育，2008(15)：63.

[2] 赵永萍，潘丽娟. 甘肃省定西市安定区马铃薯产业发展现状及对策 [J]. 中国马铃薯，2019, 33(3)：189-192.

[3] 马菁菁. 定西市马铃薯产业现状调查与发展建议 [J]. 中国马铃薯，2016, 30(5)：312-315.

恩施马铃薯提质增效的实践探索

李卫东*，沈艳芬，高剑华，陈火云

（湖北恩施中国南方马铃薯研究中心，湖北　恩施　445000）

摘　要：马铃薯从南美洲传入中国，300多年前传入恩施，使恩施的马铃薯成为解决人们温饱、营养、健康的主粮、主食、养生食品。在面积大、产量多、品质优、独具特色、值得自豪的同时，感到农民、企业、国家从"十全十美"的马铃薯作物上获得的效益还没有充分显现。如何实现马铃薯的提质增效，使其经济效益、社会效益、生态效益得到进一步的体现，近些年来，以恩施州为例作了大胆的实践探索。

关键词：马铃薯；提质增效；实践探索；恩施

在恩施，马铃薯可是人见人爱，经过多年的品牌打造，不仅成为了山区人民的主粮，城区人民的主食，更成了游客舌尖上的美味，在一定的区域范围内产生了显著的地方品牌效应，这得益于科技的支撑，良好的生态，优良的品质，鲜明的特色，各级部门的重视和有力的宣传。

1　恩施马铃薯优势独特

1.1　科技优势独特

据《恩施地方志》记载，清道光2年（即1822年），恩施就种植有马铃薯。50年代恩施开启新中国农业科研事业时就设立了山区老百姓不可缺少的主粮马铃薯这一作物的研究方向，由于研究工作起步早、基础实、成果丰、队伍强，1984年国家在西南山区选点建立国家级马铃薯科研机构时，恩施以独特的优势被选定为中国南方马铃薯研究中心建设地[1]。70余年的艰难攻关，形成了恩施马铃薯科技支撑产业发展的独特优势。

1.1.1　品种优势独特

当外国传教士将马铃薯传入恩施时，马铃薯就成了当地老百姓的主要夏粮作物，饭碗里的主粮，俗称"洋芋半年粮"。但由于当时缺乏抗病、高产品种，栽培技术落后，晚疫病发病严重，产量极低，老百姓缺粮严重。1958年恩施引进了抗病、高产、优质的"米拉"良种，经过几年的试验示范，于60年代末在恩施大面积种植，西南山区各省也纷纷到恩施大量调种，"米拉"成为了恩施及西南山区的主栽品种，解决了这一区域无马铃薯优良品种问题。以后，恩施借助各级部门的支持，不断组织科研人员进行品种创新攻关，70年代选育的"676-4""双丰收"获1978年全国科技大会奖。90年代又选育出了"南

作者简介：李卫东（1961—），男，研究员，主要从事马铃薯育种与栽培，脱毒种薯推广研究。

* 通信作者：李卫东，e－mail：lwd730@sohu.com。

中 552""鄂马铃薯1号"。进入21世纪，恩施的马铃薯育种进入新一轮的高产期，先后选育出"鄂马铃薯3号"至"鄂马铃薯16"等14个新品种，其中有国审品种6个，国家主推品种3个。其品种特性涵盖早中晚熟、黄皮黄肉、黄皮白肉、鲜食加工等多个方面，提高了恩施及西南山区马铃薯产业发展的核心竞争力。

1.1.2 种薯优势独特

恩施山区，气候冷凉，昼夜温差大，海拔高低悬殊，有"十里不同天"之说，海拔最高的小神龙架超过了3 000 m，而长江沿线三峡大坝建立后，也只有175 m[2]。高寒山区具有近似马铃薯原产地的气候条件，土层深厚，有机质含量高，特别适合马铃薯生长，加之风大、蚜虫不易迁徙，马铃薯病毒积累缓慢，历史上就形成了高种低用的习惯，保持着恩施马铃薯稳产的态势。70年代中国科学院在恩施举办了全国马铃薯脱毒种薯生产培训班，恩施州与全国同步进行马铃薯脱毒种薯的推广与应用，探索马铃薯脱毒种薯体系的建设，先后探索建立了4年制四级种薯体系，3年制三级种薯体系，2年制二级种薯体系。经过不断地创新凝练，完善了低成本短链条的2年制三级种薯繁育体系。脱毒马铃薯从试管苗到温室规模化生产水培壮苗，当年生产出脱毒原原种，第二年按照"三薯合一"建立生产基地，生产出商品薯、加工薯和标准化种薯，"三薯"质量高，经济效益得到及时显现，得到农业技术干部和新型经营主体、种植农户的认可，加快了脱毒马铃薯推广应用的步伐。

1.1.3 栽培技术独特

过去山区交通不便，粮食基本自给是地方农业科研人员的重大责任。恩施的科技工作者们结合解决温饱的实际，探索了马铃薯——玉米间作套种技术，分为双套双、单套单、双套单，实现了马铃薯、玉米双丰收，其技术被列入国家主推技术。同时在间作套种技术的研发上，还试验推广了马铃薯与大豆，马铃薯与高粱，马铃薯与中药材，马铃薯与幼年茶树、果树等及现在的薯玉豆带状复合高效种植模式。实现了粮增产经增收地复种的效果。此外，减少用种量确保大田优苗全苗的马铃薯育芽带薯移栽技术、马铃薯沟施垄种覆膜技术、马铃薯脱毒种薯三级繁供体系建设及快繁技术、马铃薯晚疫病预警系统的建设与应用、恩施硒土豆生产技术规程、马铃薯单作观光种植模式等新技术、新模式应用成效突出。

1.1.4 主粮产品独特

在2015年提出马铃薯主食化前，恩施马铃薯作为主粮、蔬菜就有几十种吃法，有代表性的主粮做法就有洋芋饭、炕洋芋、炒洋芋、烤洋芋、烧洋芋、蒸煮洋芋、洋芋粑粑等，这些做法保持了马铃薯原汁原味，当地老百姓是天天吃，顿顿有，越吃越健康；做出的菜更有腊蹄子炖土豆、洋芋粉皮炒腊肉、炒洋芋片、炒洋芋丝、油炸洋芋片等一顿下来，不仅让老百姓当了下酒菜，也吃饱了肚子，节约了大量的以谷物为主的主粮。全国开展马铃薯主食化以来，作为全国试点地区，不仅与全国同步开发出了马铃薯馒头、面条、饺子蒸包，还结合恩施旅游景区的特点，开发出了马铃薯面包、土豆酥、土豆饼等几十款便携式休闲食品，完善了土豆宴。用马铃薯研发的纯天然酵母液，销往全国各地用于烘焙面点，产品深受国内外消费者的青睐。

1.1.5 人才队伍独特

50年代，恩施来了一批农业院校毕业的大学生，他们一到当时全区都处于深度贫困的恩施，没有选择，更没有讲价钱谈条件，就义无反顾地投入到为解决恩施老百姓温饱的农业科研事业之中。当时在离市区38 km之遥的天池山，不通公路，没有安全饮用水，但马铃薯、玉米等旱粮农作物的科研工作却已在开展，这批高学历的大学生进入深山，和当地的老百姓同吃同住同劳动，制定研究方案，收集种质资源，引进各地品种，开展科学试验，锤炼科学精神，树立标杆样板。以后几十年，一批又一批的大学生、研究生来到恩施，以老一辈的科技工作者为榜样，不计名利得失，勇攀科学高峰，取得丰硕成果。先后在中国南方马铃薯研究中心工作的就达100多人。现马铃薯科研创新团队就有科研人员30余人，有7人入选为中国作物学会马铃薯专业委员会委员，拥有国家马铃薯产业技术体系岗位科学家1人，试验站站长1人，农业农村部马铃薯学科群华中薯类科学观测实验站站长1人。多人出国参加培训、出席国际会议，国内的学历教育、短期培训，参加各类学术交流会议。现州内州外、国内国外都有他们的身影。这支平均年龄不到40岁的青年科技工作者队伍，握紧了马铃薯科技创新的接力棒，应用新装备、开启新思路、着眼全世界，不断创新、勇于实践、爱国奉献，不断提升着马铃薯科技创新与服务产业发展的能力。

1.1.6 创新平台独特

恩施马铃薯创新能力的稳步提升，得益于与时俱进创新平台的落地。50年代建立了拥有品资、育种的课题组，60、70年代建立了马铃薯研究室，80年代建立了中国南方马铃薯研究中心，设立了品资、育种、植保、品质分析、脱毒快繁、病鉴等学科齐全的实验室，配有科研仪器等设施设备130台套。随后，马铃薯改良中心恩施分中心一、二期，马铃薯脱毒种薯（苗）快繁中心、马铃薯脱毒种薯原良种基地、南方马铃薯育种中心等多个国家级、省级创新平台落户恩施，极大地提高了科研装备水平，培养了创新人才，巩固了强势的创新能力。

1.2 生态环境独特

恩施为传统农业州，工业发展滞后，保住了天蓝水清山绿地净的自然生态环境。现全州环境质量总体稳定，11条主要河流水质良好，在27个监测断面中，水质符合Ⅰ–Ⅱ类标准的断面25个，占92.6%。27个断面全部符合环境功能区划类别，水环境质量年均值达标率均为100%。恩施对州内13个跨境断面进行监测，考核断面均满足考核目标，水质均值达标率均为100%。全州10个县级集中式饮用水源地水质达标率均为100%。全州环境空气质量总体良好，全州8县市城区空气优良天数为342 d，平均优良率为95.3%，州城恩施市优良天数为334 d，优良率为91.8%。乡村更是空气清新，负氧离子浓度奇高，无土壤面源污染，加之立体气候特征，可周年生产马铃薯，对市场可全年供给。被国家规划中列为鲜食、加工、种用优势区。

1.3 品质优良独特

恩施是迄今世界唯一探明有独立硒矿床的地区，被誉为"世界硒都"，境内95.6%的土壤天然含有硒元素，其中53.3%的土壤达到富硒标准[3]。种植在硒土壤中的马铃薯天然含硒，形成了马铃薯独特的功能。硒是人体必需的微量营养健康元素，对心脑血管、肝病、糖尿病、癌症、胃肠道溃疡、前列腺增生和白内障等病症均有较好的预防及辅助治疗作用。硒在国内外医药界和营养界被称为"生命的火种""健康卫士"，享有"长寿元素""抗癌之王""心脏的守护神""血管的清道夫""肝的保护因子""天然解毒剂"等美誉。生长在恩施高硒区的马铃薯，其干基硒含量可达到 2.5 ~ 15 μg/100 g。加之恩施马铃薯淀粉含量在 17% ~ 20%，粗蛋白含量 1.6% ~ 2.5%，每百克鲜薯维生素 C 含量 15 ~ 18 mg，还原糖 0.11%，且以中晚熟为主的品种，生长期较长，积累的干物质多，口感醇、绵、糯、软，香气扑鼻，深受消费者的喜爱。

1.4 各级重视独特

多年以来，恩施就梦想在恩施举办一次全国的马铃薯大会，终于梦想成真。以"马铃薯产业与健康消费"为主题的 2019 年中国马铃薯大会暨世界硒都（恩施）马铃薯博览交易会 5 月在恩施成功举办，全国 28 个省市区的有关负责人、专家、学者千余人来到恩施参加盛会。会议由国家农业农村部、中国农科院、中国作物学会马铃薯专业委员会、湖北省农业农村厅、恩施州政府主办，中国南方马铃薯研究中心全程参与了承办。会议期间，不论是大会交流、分组研讨、现场参观、产品展示、展馆陈列，都是对恩施马铃薯科研与产业发展阶段性成果的展示，受到与会者的称赞，得到各级领导的肯定，恩施马铃薯科研及产业发展得到各级领导的更加重视和关注支持。此前，恩施就围绕区域马铃薯发展的需求，先后召开过两次"南方马铃薯大会"，组团出席一年一次的中国马铃薯大会，派代表参加"世界马铃薯大会"、全国农产品交易会，这些会议，都有州、县（市）领导带队，农业科研、技术推广专家，农业龙头企业、专业合作社负责人参加，使恩施马铃薯融入国际、国内的大家庭中，成为其中靓丽的名片。

1.5 宣传推介独特

对外推介恩施马铃薯，恩施人都引以有湖北恩施中国南方马铃薯研究中心而骄傲，都引以有"马尔科"为荣耀，州委州政府在要求提升恩施农业科研能力水平时，一再强调，一定要建设好中国南方马铃薯研究中心。恩施马铃薯与马铃薯研究中心与马铃薯科技创新的人才队伍，紧紧地联系在了一起。当今"恩施硒土豆"成为了中国优质农产品开发服务协会授予的"最受消费者喜爱的中国农产品区域公用品牌"，"恩施马铃薯"被国家质检总局批准实施地理标志产品保护，"恩施土豆"被农业农村部授予地理标志保护产品。多块金字招牌融为恩施马铃薯的强大品牌，走出恩施，走进央视，走向全国各地。成为恩施各级领导、专家、企业家及社会人向外推介的自豪产品。

2 恩施马铃薯短板还很突出

2.1 科技创新体系还不够健全

马铃薯精深加工、马铃薯产业经济研究尚没有专门的研究团队，导致科研与产业的结合还有诸多方面不够紧密，不能做到全方位融合。马铃薯品种的选育还缺乏多元化，马铃薯晚疫病防控的统防统治还没有统起来，不利于恩施马铃薯的提质。

2.2 区域公共品牌与企业品牌还不够配套

大家走进恩施知道的多是恩施马铃薯、恩施土豆、恩施硒土豆这些公共品牌，而对脱毒马铃薯种薯、马铃薯商品薯、马铃薯系列产品由什么企业提供、什么商标冠名、什么门店网店质优不清，不利于恩施马铃薯的增效。

2.3 以点带面全面实现恩施马铃薯的提质增效差距不小

恩施马铃薯常年种植面积经过调整还有 10 多万 hm^2，产量在 160 多万 t，综合产值 50 多亿元。其单产就 1 t 多，综合产值 3 000 多元，优质没有实现优价。而近几年打造的单作适合于山区部分机械化的新品种种植示范点，单产可达到 3t 以上，种植成本大大降低，网销鲜薯单价有超过 20 元 /kg 的。这都还在示范点和很少的量上，大面积生产、销售还没有实现提质增效的突破。

3 恩施马铃薯潜力巨大

多年的实践探索，深感恩施马铃薯产业发展潜力巨大。多年采用的"政府引导、市场主体、科技支撑"取得了显著成效。应全面分析研判，进一步完善各项精准措施，逐步引进、培育市场主体，做实企业品牌；完善创新体系，提升支撑能力；强化政府支持，做强公共品牌。恩施马铃薯提质增效将在全州马铃薯重点产区得以实现，成为乡村振兴的独特兴旺产业。

[参 考 文 献]

[1] 庞中伟，张凯 . 湖北恩施州马铃薯产业发展现状与形势 [J]. 农业工程技术，2016(35)：16，20.

[2] 李卫东，刘介民，王黎明，等 . 恩施州马铃薯产业发展的现状及对策 [J]. 中国马铃薯，2005，19(3)：185–186.

[3] 李卫东，万海英，朱云芬，等 . 恩施州天然硒资源特征及其开发利用研究进展 [J]. 生物技术进展，2017，7(5)：545–550.

2019年内蒙古马铃薯产业现状、存在问题及发展建议

李志平[1]，郭景山[2*]

（1.内蒙古经济作物工作站，内蒙古　呼和浩特　010011；
2.内蒙古农牧业科学院，内蒙古　呼和浩特　010031）

摘　要：马铃薯是内蒙古自治区的重要经济作物。概述2019年内蒙古马铃薯生产、加工、销售等方面的基本情况和存在的问题，根据内蒙古政府对马铃薯产业发展制定的最新政策，从"蒙薯"品牌建设、标准化生产和发展壮大产地加工业等方面论述2020年内蒙古马铃薯产业发展方向。

关键词：内蒙古；马铃薯；产业现状；发展方向

内蒙古是中国五大马铃薯主产区之一，马铃薯是内蒙古自治区的重要经济作物，在全区农业生产中占举足轻重的地位。内蒙古马铃薯种薯生产和加工业在全国处于领先地位，内蒙古拥有大型马铃薯种薯生产企业18家，微型薯生产能力达到25亿粒左右。内蒙古现有销售收入500万元以上马铃薯加工企业67家（其中：国家级龙头企业2家，自治区级龙头企业10家）。马铃薯鲜薯年加工能力达到300万t左右。

1　2019年马铃薯生产、加工及市场情况

1.1　种植情况

1.1.1　面积继续下调

2019年内蒙古马铃薯种植面积29.74万 hm^2（统计局数字），较上年35.10万 hm^2，减少5.36万 hm^2，减幅15.3%。面积持续下调的主要原因：一是马铃薯三年轮作试点项目的实施，对马铃薯种植面积的调整也有一定的影响；二是部分地区，因灌溉用水受限以及土传病害影响，加之替代作物（如甜菜、麦类、玉米、饲用作物等）种类增加，效益尚可，风险较小，也一定程度上挤占替代了马铃薯种植。

1.1.2　产量大幅提升

2019年内蒙古马铃薯总产鲜薯689万t，平均产量1 544.5 kg/667 m^2，较上年增加124.6 kg/667 m^2，增幅8.8%，创内蒙古马铃薯种植以来历史最高。其中：乌兰察布市平均产量1 036 kg/667 m^2，较上年增加184 kg/667 m^2，增幅21.5%；锡盟平均单产

作者简介：李志平（1968—），男，推广研究员，长期从事农业技术推广工作。
基金项目：国家马铃薯产业技术体系（CARS-9）。
***通信作者**：郭景山，博士，研究员，长期从事马铃薯脱毒种薯高产栽培技术和产业经济方面研究，e - mail：gjs1215@qq.com。

2 099 kg/667 m^2，较上年增加 166 kg/667 m^2，增幅 8.6%；呼和浩特市平均产量 1 114 kg/667 m^2，与上年基本持平；呼伦贝尔市平均产量 2 747 kg/667 m^2，较上年增加 289 kg/667 m^2，增幅 11.8%；赤峰市平均产量 2 290 kg/667 m^2，较上年增加 447 kg/667 m^2，增幅 24.3%。马铃薯产量增加的主要原因：一是气候适宜。2019 年度虽然局部地区因干旱对马铃薯生产造成一定影响，但面积小、受旱时间短，整体生产未受到冲击，气候总体属于近年来少有的风调雨顺的丰收年景；二是马铃薯高产新品种"冀张薯 12 号"的快速推广功不可没。2019 年"冀张薯 12 号"在内蒙古中部旱地的产量达到 1 500 kg/667 m^2 以上，历史少有；三是滴灌栽培及水肥一体化等高效栽培技术大面积应用奠定了高产稳产基础；四是脱毒种薯质量和普及率进一步提升，为高产提供了必备条件。

1.2 种植品种

近年来，马铃薯新品种推陈出新，适宜内蒙古种植，并且商品性状好的品种在生产中快速推广应用，马铃薯生产中种植品种与销售市场的衔接度越来越好。据调研，2019 年老旧品种"克新 1 号"占比下降到 10% 以下，较上年降低 3 个百分点；"冀张薯 12 号"占比达到 40% 左右，较上年提升 15 个百分点；荷兰系列占比 20% 左右，较上年降低 10 个百分点；"夏坡蒂"占比 7% 左右，较上年下降 6 个百分点；"兴佳 2 号"、华颂系列、中加系列、希森系列、"后旗红""青薯 9 号"等品种占比 23%，较上年提高了 4 个百分点。其中：呼市武川县品种更新最为迅速，2019 年"冀张薯 12 号"种植比例达到了 90% 以上，在不到 4 年的时间内，成为了当地马铃薯的主栽品种；乌兰察布市的察右后旗品种优势发挥最佳，充分利用草原和火山文化，打绿色富硒品牌，突出优质金奖品种"后旗红"，使"后旗红"马铃薯享誉线上线下，扬名全国。

1.3 主推技术

2019 年内蒙古马铃薯主要推广普及以滴灌种植为核心的节水栽培技术模式（滴灌和喷灌种植模式以及在滴灌条件下的水肥一体化技术），推广面积近 20 万 hm^2，占总种植面积的 43.5%；平均产量 3 000 kg/667 m^2，比上年提高 500 kg/667 m^2，增产率达到 20%。

1.4 贮藏加工

1.4.1 贮藏情况

2019 年 10 月中下旬，内蒙古马铃薯收获结束，鲜薯贮藏量 310 万 t 左右，占总产量的 45%，较上年降低 3 个百分点。其中：农户占比为 60%，企业和专业合作社、种植大户占比 30%，经销商占比 10%。截止 11 月中旬，内蒙古马铃薯鲜薯贮藏量 180 万 t 左右，占总产量的 26% 左右，较上年同期降低 4 个百分点。截至 12 月底，商品薯已销售 80% 以上。

1.4.2 加工进度

内蒙古现有销售收入 500 万元以上马铃薯加工企业 67 家（其中：国家级龙头企业 2 家，自治区级龙头企业 10 家）。马铃薯鲜薯年加工能力达 300 万 t 左右，其中 90% 以上加工马铃薯淀粉。据不完全统计，2019 年度秋季加工期内，内蒙古马铃薯鲜薯加工量 50 万 t 左右，加工率 7%，与上年基本持平。

1.5 市场销售

8 月下旬到 9 月初，产地平均收购价格 1.4 ~ 1.7 元/kg（150 g 以上鲜薯），比上年提高 0.2 ~ 0.4 元 /kg。9 月中下旬以来，收获进入高峰期，产地平均销售价格 1.1 ~ 1.7 元 /kg，比上年同期提高 0.2 ~ 0.3 元 /kg 左右。进入 10 月中旬以后，内蒙古马铃薯收获进入尾声，马铃薯主导销售价格（出库价格）1.1 ~ 1.5 元 /kg，同比高 0.3 元 /kg 左右。出货较为顺畅，交易平稳性好。截至 12 月底，内蒙古马铃薯产地市场总体维持乐观性好，市场交易积极，价格平稳坚挺，高于上年同期。综合分析掌握的情况，内蒙古后期马铃薯市场收购价格以小幅提升为主导趋势，后期市场稳定性好。

2 马铃薯生产中存在的问题

2.1 生产方面

2.1.1 农田基础设施薄弱

马铃薯主产区多数属于贫困地区，农业生态条件脆弱，综合生产能力低，基础设施投入少，加之有机肥投入不足，地力得不到有效提升，不能满足马铃薯产业的健康发展，是产业发展中的薄弱环节[1-3]。

2.1.2 常态化的轮作制度尚未建立

马铃薯主产区重迎茬种植现象普遍存在，土传病害有逐年加重态势，严重影响商品薯和种薯的质量。建立马铃薯科学轮作制度是有效遏制土传病害，提升马铃薯品质的有效措施。2018 年开始依托国家轮作制度试点项目，自治区重点在乌兰察布市四子王旗和察右中旗开展了 4 万 hm^2 马铃薯与杂粮豆三年轮作整建制推进试点工作，但与主产区的需求相距甚远，急需扩大轮作范围和面积。

2.2 贮藏加工方面

2.2.1 贮藏设施落后

规模化高标准贮藏能力不足。内蒙古马铃薯 90% 以上依靠自然通风降温的传统设施贮藏，贮藏损失率高。其中大中型贮藏设施损失率在 15% 左右，小型损失率在 20% 左右，而现代化贮藏设施损失率可降低到 3%。乌兰察布市马铃薯总仓贮能力 230 万 t，其中现代化贮库 17 处，仓贮能力 65 万 t，只占到全市仓贮能力的 28%。由于现代贮藏设施投入大，5 000 t 容量的现代化贮藏设施建设费用在 1 000 万元左右，绝大多数新型经营主体无法承受，影响马铃薯产业的高质量发展。

2.2.2 加工滞后，带动不强

马铃薯清洗、分级、包装等初级加工发展滞后，精深加工企业数量少，加工能力低，带动力不强。乌兰察布市是内蒙古马铃薯加工的聚集区，现有薯条加工企业 2 家和全粉加工企业 3 家，2019 年加工鲜薯 18 万 t 左右，其中本地产鲜薯只有 5 万 t 左右，高附加值加工量只有总产的 1.3%；全市 23 家淀粉加工企业，但多属中小型企业，产能低，产品质量不高，目前加工转化鲜薯 50 万 t，其中本地产鲜薯 45 万 t 左右，但大部分环保不达标面临停产整改；截至 12 月底，全市加工转化本地产鲜薯 53 万 t 左右，只占总产的 14%。加工转化量少，加工企业和生产基地利益联结不紧密，加工业对生产基地的拉动作用不强。

2.2.3 加工业环保压力大

近年来，随着环保要求的提升，绝大多数马铃薯加工企业，因环保不达标处于停产或

面临停产，对马铃薯加工、种植影响较大。但环保设施建设成本高，日处理 1 500 ~ 2 000 t 废水的生化处理厂，建设费用在 3 000 万元。有条件的加工企业可以采取汁水还田处理方式，建设费用也在 1 000 万元以上，多数加工企业难以负担。

3 2019 年内蒙古马铃薯产业动态

（1）2019 年 9 月 8 ~ 10 日，中国马铃薯科技创新联盟与内蒙古农牧厅和乌兰察布市政府共同举办了乌兰察布马铃薯绿色发展科技创新大会。会议期间，与会代表对凯达马铃薯博物馆和马铃薯生产加工线、马铃薯首席专家工作站和马铃薯绿色发展技术集成模式与示范科研示范基地进行了观摩；同时，代表们通过交流新品种、新技术和新成果，深入研究和探讨了我国马铃薯产业发展存在的突出问题，并且总结出一些新理念、新机制和新成效，会议的召开对内蒙古马铃薯产业的发展起到进一步推动作用。

（2）国家马铃薯良繁基地建设项目启动。内蒙古自治区察右前旗、四子王旗和牙克石市属于国家马铃薯良繁基地建设县，良繁基地建设可以加速和带动内蒙古马铃薯种薯生产逐步走向标准化、规模化和机械化，提升区域性马铃薯优质种薯生产能力，从而推动内蒙古马铃薯产业走上可持续发展轨道上来。

（3）"蒙字标"乌兰察布马铃薯标准的发布。根据《内蒙古自治区标准化提升行动计划（2018 ~ 2020 年）的通知》，为了提升自治区农牧业标准水平，打造自治区优势农畜产品区域品牌，为"蒙字标"认证提供标准化基础，助推自治区特色农牧业产业实现高质量发展，内蒙古自治区市场监督管理局和内蒙古自治区农牧厅开展了兴安盟大米、科尔沁草原牛肉、通辽玉米、赤峰小米、锡林郭勒盟草原羊肉、乌兰察布马铃薯和河套小米 7 个农牧业产业标准体系建设项目。目前"蒙字标"乌兰察布马铃薯 10 个标准已经完成制订并且正式发布，标准的发布进一步保证了"薯都"乌兰察布马铃薯产业持续稳定的发展。

（4）2019 年 8 月 6 日，呼伦贝尔马铃薯种薯产业技术创新战略联盟成立。联盟由中国科学院微生物研究所、甘肃农业大学农学院、江苏师范大学、内蒙古金珂投资管理有限公司和呼伦贝尔农垦科技发展有限责任公司等 25 家单位组成。联盟主要目标和任务是探索以企业为主体、国家需求和市场为导向、跨行业产学研相结合的创新平台，加强合作研发，突破内蒙古马铃薯种薯产业共性和关键技术瓶颈，搭建联合攻关研发平台，开展技术辐射，培育马铃薯种薯主导产品的产业集群主体，保障内蒙古马铃薯种薯产业的可持续性发展。

（5）内蒙古金薯农业集团马铃薯主食化产品效益稳步增长。自 2015 年开展马铃薯主食化产品研发以来，金薯农业集团田丰农牧研发中心总结了土豆粉条不加明矾的传统工艺，研发成功"敕勒金薯·无矾鲜粉条"，填补了国内市场空白，开创了鲜粉条工业化、自动化、现代化全封闭洁净生产的先河，使无矾土豆鲜粉条一跃成为农副产品领域一颗耀眼的新星。同时，金薯农业集团的马铃薯系列产品，包括马铃薯饮料、即食土豆丝、草原锅盔方便粉等国内市场创新产品效益逐年稳步增长，推动了包头地区马铃薯产业化发展。

4 2020 年马铃薯产业发展形势分析预测

4.1 总体思路

坚持质量兴薯、绿色兴薯、品牌强薯。依托绿色生态优势，做强种薯产业，扶持一批育繁推一体化的种薯企业，提升种薯质量，打造全国优质脱毒种薯生产繁育基地；做优鲜食薯产业，稳定面积、提升品质、降低成本，打造优质鲜食薯生产基地；做大加工产业，支持加工企业升级改造，培育一批加工龙头企业，打造优质加工薯生产和加工基地；做强乌兰察布马铃薯等区域公用品牌，加强品牌推广和保护，扩大"蒙薯"品牌影响力；推动马铃薯一二三产融合发展，提升整体效益，促进马铃薯产业持续健康发展。

4.2 发展目标

4.2.1 马铃薯生产和基地建设

全区马铃薯种植面积恢复到 40 万 hm² 左右；加工专用薯种植比重从目前的 27% 左右提高到 30% 左右；脱毒种薯生产面积比重从目前的 12% 提高到 15% 以上，打造全国最大的优质脱毒种薯生产基地；马铃薯脱毒种薯普及率由 80% 提高到 90% 以上；主产区生态友好型的常态化三年轮作制度基本形成；将"蒙薯"品牌打造成为全国知名品牌，乌兰察布马铃薯区域公用品牌影响力显著提升；马铃薯产地精深加工能力大幅提升，一二三产融合的格局基本建立，产业的整体效益显著提高，促进主产区农民增收。

4.2.2 发展壮大产地加工业

一是合理布局加工企业，支持中小型加工企业兼并重组，建立马铃薯加工产业园区，集中进行二次加工利用或废水处理，探索实行以企业为主体，政府补贴的废水利用、治理模式；二是继续发挥产地优势，支持发展精深加工，提高就地加工转化能力，提升产品档次，提高产品附加值；三是重点支持加工企业与规模经营主体，通过"企业 + 基地 + 合作社"等模式开展订单生产，建立利益共享、风险共担的利益联结机制；四是发展马铃薯初加工，积极引导新型经营主体开展贮藏保鲜、产后净化、分级包装、净菜加工等初加工，提高产后商品化处理能力和水平。

4.2.3 建设马铃薯现代农业产业园

按照"质量兴薯、绿色兴薯、品牌强薯"的思路，在乌兰察布市建设内蒙古马铃薯现代农业产业园，打造种薯、加工专用薯、绿色、优质鲜食薯三大基地，建设全国马铃薯技术研发和试验发展中心、种薯生产供应中心、加工企业和产品集群中心、产品物流贸易和大数据中心、农耕、餐饮文化和主粮化示范中心等 5 个中心。

4.2.4 提升"蒙薯"品牌影响力

扶持打造"蒙薯"品牌，加大品牌宣传和推广力度，努力扩大"中国马铃薯之都"、"乌兰察布马铃薯"等区域公用品牌的影响力，提升美誉度。积极扶持种薯企业、加工企业、新型经营主体培育"蒙字号"优质特色产品品牌，加强品牌推广，提升品牌知名度，提高市场占有率。强化品牌保护意识，严把产品质量关，完善质量追溯体系，打造信誉度好、生命力强的"蒙字号"优秀品牌。

[参 考 文 献]

[1] 黄凤玲，张琳，李先德，等 . 中国马铃薯产业发展现状及对策 [J]. 农业展望，2017(1)：25-31.

[2] 秦永林，樊明寿，石晓华，等 . 马铃薯产业扶贫面临的问题与对策 [J]. 蔬菜，2019(10)：78-82.

[3] 李秀芬，张平 . 农业综合资源优化的减贫效应研究——以甘肃省贫困县（区）为例 [J]. 中国农业资源与区划，2013，34(2)：63-68.

定西马铃薯主食化加工业发展探究

刘荣清，董彦文 *，胡全良，李学文，陶永吉

（定西市马铃薯产业办，甘肃　定西　743000）

摘　要：定西马铃薯产业经过多年的发展，已成为全国区域性马铃薯良种繁育基地、全国重要的商品薯生产基地和全国重要的薯制品加工基地。加工业是拉动马铃薯产业发展的重要途径，定西在多年的发展过程中形成了一套完整的加工业体系。在今后，定西马铃薯加工业应当破解瓶颈，以主食加工为主，不断增加转化增值效率。

关键词：加工业；经验；问题；建议

定西马铃薯加工业是在马铃薯产业发展过程中逐步发展的。起初，定西马铃薯加工仅限于家庭小作坊式的粗淀粉、粉丝粉条加工，加工量不到总产量的 1%[1]。2015 年，抢抓国家提出马铃薯主食化战略机遇，定西马铃薯加工业得到长足发展，产品开发从淀粉等初级产品开发向高端化、营养化、品质化方向发展，逐步形成了以精淀粉、全粉、变性淀粉、主食化及休闲食品为主，各种衍生新产品配套开发的马铃薯主食化加工体系，使产业规模日益壮大，带动能力不断增强，形成了贯通一二三产、辐射千家万户、带动农民增收的良好产业格局。

1　发展现状

定西市现有马铃薯加工企业 28 家，加工能力 86 万 t，其中主食生产企业 15 家、生产线 22 条，产能已达到 14 万 t。主食产品以马铃薯馒头、混合面粉、清真薯馕、无矾方便粉丝、挂面、清真烤饼等为主，甘肃巨鹏清真食品股份有限公司、定西市清吉淀粉制品股份有限公司、定西市伊口香清真食品有限公司荣获年度马铃薯主食加工"十大企业"；甘肃巨鹏清真食品股份有限公司的马铃薯多纳圈荣获马铃薯主食加工"十大休闲食品"；迷你清真烤馕和定西市伊口香清真食品有限公司的马铃薯葱花饼荣获马铃薯主食加工"十大特色小吃"。甘肃巨鹏清真食品股份有限公司生产的清真薯馕、多纳圈等主食化产品还出口中东、东南亚等地，取得了高度成功。

2　成功经验

2.1　优质的加工原料

定西气候温凉，土层深厚，富含钾元素，自然降水规律与马铃薯需水规律基本吻合，

作者简介：刘荣清（1963— ），男，从事马铃薯产业研究及管理。

* 通信作者：董彦文，主要从事马铃薯产业经济研究，e - mail：dxsmlsb@163.com。

对马铃薯生长极为有利[2]。定西马铃薯种植面积稳定在 20 万 hm² 左右、产量超过 500 万 t，种植面积和产量分别列全国地级市第二位和第一位，多年的产业发展形成了合理的种植格局，品种丰富。定西马铃薯个大、质优、薯皮光滑、薯型整齐、口感醇香、干物质含量高、耐运耐藏，无论鲜食还是加工，都是上好材料[3,4]。

2.2 政府的高度重视

抢抓国家实施马铃薯主粮化战略政策机遇，积极推动马铃薯加工业全面发展，争取农业部将定西列为全国马铃薯主粮化先行试验示范区，积极同中国农科院合作开展主食产品研发，并适时调整充实了全市马铃薯主食产业开发领导小组，组织召开了定西市马铃薯主食产业开发联盟成立大会，与甘肃省农科院签订了马铃薯主食产业开发科技合作框架协议，讨论印发了《2016-2018 马铃薯主食产业开发实施方案》。及时起草制定了《定西市推进马铃薯主粮化战略实施方案》。

2.3 强劲的扶持力度

市政府筹资支持马铃薯主食产业开发，利用国家和省上补助资金，从 2015 开始对定西市清吉淀粉制品股份有限公司、甘肃巨鹏清真食品股份有限公司、甘肃薯香园农业科技有限公司、甘肃长清生物制品公司、甘肃沁园春农业科技发展有限公司等重点龙头企业进行扶持培养，重点开发马铃薯面条、馒头、清真薯馕等马铃薯主食产品；并对主食品种引进繁育推广进行奖补。

2.4 有力地科研支撑

围绕马铃薯主食化战略，加大对马铃薯加工企业的引导扶持力度，积极开拓马铃薯精深加工及主食化产品。积极引导企业与国内省内大专院校、科研机构合作开发了大众主食产品、地域特色主食产品、休闲主食产品、功能性主食产品等马铃薯主食化产品。比如：甘肃巨鹏清真食品股份有限公司已建成以马铃薯全产业链研发、种植、贮藏、加工、销售及冷链物流配送为主的一体化产业体系；甘肃薯香园农业科技有限公司在建成 1 万 t 马铃薯全粉生产线的基础上，建成了投资马铃薯饼干、固体饮料、家庭用主食全粉生产；甘肃长清生物科技有限责任公司 500 t 马铃薯曲奇饼干生产线均已建成投产。定西市清吉淀粉制品股份有限公司建成 1 000 m² 的食品标准车间，配套了锅炉、检测设备等，安装了日产 8 万个馒头生产线、包装线。

3 面临的问题

3.1 品种选育推广迟缓

定西推广的主食品种仍然以引进国外的大西洋等高水肥品种为主，由于种植条件达不到要求，推广面积小，新引进的主食品种没有形成规模化种植，而大面积种植的马铃薯品种，受品质影响，很难满足主食化加工要求，严重影响了以全粉为原料的主食产品生产，可以说主食品种繁育推广已经成为制约马铃薯主食产业开发最主要的瓶颈。

3.2 加工企业没有原料基地

定西市已形成的精淀粉、全粉、变性淀粉、主食化及休闲食品加工能力强劲，但普遍存在企业原料不足、不能满负荷生产，甚至停产的问题，主要原因加工企业没有原料生产基地。部分企业原料不足时从外地调运原料，造成生产成本的大幅上涨。

3.3 企业发展资金短缺

企业普遍面临融资难、融资贵问题。部分企业通过短期民间"过桥借贷"维持，融资利率高，大部分企业难以承受。由于银行对企业的贷款抵押物评估价值较低，银行放款额大幅缩水，造成企业资金流转困难。

3.4 产能实际利用率低

随着新环保法和排污标准的出台，废水处理难成为制约马铃薯加工企业生产的重要瓶颈，"汁水还田"等技术没有具体数据标准，难以实施。造成定西马铃薯加工能力实际利用率低下。

4 对策建议

4.1 优化发展格局

统筹全市工业园区功能设置，依托定西、陇西、临洮经济开发区，以安定区马铃薯循环经济产业园为核心，辐射带动其他县区。合理设置运输半径和销售半径，以整合生产要素和技术改造为抓手，加快淘汰落后产能，力促企业采用先进技术装备提升工艺技术水平、节能减排水平和加工生产效率，确保污染物排放和节能降耗达到国家相关标准要求。鼓励企业间开展兼并重组、企业跨区域兼并重组，整合要素资源，优化技术、产品结构。

4.2 加快科技创新

支持企业与科研单位合作，开展主食产品工艺及设备联合攻关，研发富含马铃薯膳食纤维、蛋白、多酚及果胶、保健醋、马铃薯酒等延链补链产品，扩大马铃薯主食产品的生产规模，使马铃薯加工产品向多品种、营养化、高品质、多领域的方向发展，加快马铃薯清洁生产技术的研发、推广和应用，瞄准价值链、技术链，破解解决制约产业发展的环保问题，构建马铃薯循环经济产业链条，实现马铃薯加工产业的绿色可持续发展。

4.3 建设原料基地

加快推进加工专用品种和主食加工品种的引进繁育推广步伐，加强种薯质量监管，从源头上提升加工产品品质；加快提高标准化、规模化、集约化的种植水平，引导企业建立加工原料基地，保障加工原料供应，从而拉动马铃薯产业链条不断发展。

4.4 破解融资难问题

在现有的银行贷款、民间借贷等方式的基础上，创新金融模式，推广成功的"蓝天模式"，探索供应链金融，解决加工企业的融资难题。

[参 考 文 献]

[1] 王亚东. 浅析甘肃定西马铃薯产业 [J]. 中国农村小康科技，2009(9)：9–11.
[2] 李丽. 定西市马铃薯产业发展现状、存在问题及建议 [J]. 农业科技与信息，2018(1)：78–80.
[3] 邢稚鸿. 发挥资源优势助推马铃薯产业健康发展 [J]. 甘肃农业，2020(2)：81–82.
[4] 赵永萍，潘丽娟. 甘肃省定西市安定区马铃薯产业发展现状及对策 [J]. 中国马铃薯，2019，33(3)：189–192

内蒙古自治区马铃薯加工业（淀粉）发展概况

韩志刚[1]，高　瑞[2]，郭景山[1*]，谢　锐[1]，郝文胜[1]，

郭斌煜[1]，徐利敏[1]，张　煜[3]，李志平[4]，杨丽桃[5]

（1. 内蒙古农牧业科学院，内蒙古　呼和浩特　010031；

2. 内蒙古华欧淀粉公司，内蒙古　和林县　011500；

3. 中国淀粉工业协会马铃薯淀粉专业专委会，内蒙古　呼和浩特　010011；

4. 内蒙古经济作物工作站，内蒙古　呼和浩特　010011；

5. 内蒙古气候中心，内蒙古　呼和浩特　010051）

　　摘　要：通过对内蒙古马铃薯主产区加工企业、主管部门行政人员、农牧业局和科研部门科技人员的调研，探讨了内蒙古马铃薯加工业（淀粉）发展历程、现状和存在的问题，并根据内蒙古农业主管部门制定的最新政策，从马铃薯加工业（淀粉）、原料生产企业、监管和科研部门等方面提出了最新建议。

　　关键词：内蒙古；加工业；淀粉；发展概况

　　马铃薯是内蒙古自治区的重要经济作物，常年种植面积稳定在 40 万 ~ 53 万 hm^2，是全国五大马铃薯主产区之一。内蒙古马铃薯种薯生产和加工业在全国处于领先地位。

　　内蒙古现有销售收入 500 万元以上马铃薯加工企业 57 家（其中国家级龙头企业 2 家，自治区级龙头企业 10 家）。马铃薯鲜薯年加工能力达到 300 万 t 左右，其中 85% 以上加工马铃薯淀粉。内蒙古马铃薯加工产品从马铃薯全粉、精淀粉、变性淀粉到薯条、薯片、薯蛋白、粉条粉皮以及马铃薯保健品、马铃薯面膜等；此外，乌兰察布市加工企业还成功地开发生产出了马铃薯馒头、酸奶饼、面包、包子、油饼、油条、面条、丸子等系列马铃薯主食产品。

1　国内外马铃薯加工市场基本概况

　　马铃薯加工产品主要有马铃薯淀粉、马铃薯全粉和马铃薯食品。

　　（1）马铃薯淀粉开发产品：格瓦丝（饮料、酒精），马铃薯粉丝、粉条，羧甲基纤维素，葡萄糖 – 低热葡聚糖，氨基酸和有机酸等。

　　（2）马铃薯全粉开发产品：淀粉衍生物（氧化淀粉、脂类淀粉等），马铃薯蛋糕和马铃薯面包等。

　　作者简介：韩志刚（1983—），男，博士，助理研究员，主要从事马铃薯遗传育种、脱毒种薯高产栽培综合配套技术研究。

　　基金项目：国家马铃薯产业技术体系（CARS-9）。

　　* 通信作者：郭景山，博士，研究员，长期从事马铃薯脱毒种薯高产栽培技术和产业经济方面研究，e – mail：gjs1215@qq.com。

（3）马铃薯食品开发产品：干制品（马铃薯薯丁、片、泥、粉），湿制品（马铃薯罐头），油炸制品（炸薯条、块、片），冷冻制品，膨化制品，酸乳制品和果脯制品等。

1.1 国外马铃薯加工市场基本概况

国外马铃薯加工的历史可以追溯到公元200年，当时秘鲁人利用多次晚上冷冻白天解冻的方法，让马铃薯水分从马铃薯中流出来直到含水量降低到可以保藏，这一方法一直用于脱水马铃薯加工生产。美国在1831年建立了第一个淀粉厂开始生产马铃薯淀粉，1853年在纽约州东部的一个村落将新鲜马铃薯加工成薯片进行销售，直到1895年开始商业化生产薯片。薯条加工开始于20世纪50年代美国爱达荷州Simplot（辛普劳）公司的建立。

目前全球马铃薯加工产业的发展正进入旺盛阶段，美国、加拿大、英国及荷兰、德国等国家主要发展薯条、薯片多味食品、各类复合薯片及全粉等快餐以及方便食品；荷兰、德国、丹麦、波兰、捷克等东欧国家在大规模马铃薯淀粉生产基础上发展淀粉衍生物的生产。据不完全统计，在欧美国家，平均每人每年消费马铃薯食品折合为鲜薯的数量为：英国100 kg、美国60 kg（其中油炸土豆片为9 kg）、法国39 kg、德国19 kg。

马铃薯的国际贸易以冷冻产品为主，包括薯条、薯片。近年来，全世界冷冻马铃薯的出口贸易总额为30多亿美元，出口大国为荷兰、加拿大、比利时和美国。拥有欧洲最大规模的马铃薯加工业的荷兰，将其总产量320万t马铃薯的70%～80%加工成薯条和薯片，其中90%的加工产品用于出口。美国马铃薯产品出口份额的59%为冷冻薯条，其中41%供应日本，另有占出口份额5%的冷冻薯条出口到中国。世界马铃薯淀粉加工最早在荷兰、有100多年的历史，目前欧盟是全球最大的马铃薯淀粉生产地区，加工企业主要分布在荷兰（AVEB公司）、德国（EMSLAND公司）、法国（ROQUTTE公司）、丹麦（KMC公司）、瑞典（LYKEBY公司）。根据初步了解，这5家公司占欧盟马铃薯淀粉总产量在90%以上。

1.2 国内马铃薯加工市场基本概况

中国马铃薯现代化加工产业从90年代初才开始形成和发展。虽然起步较晚，但发展速度非常快。全国已建成内蒙古华欧、宁夏北方、云南润凯、四川光友等一批大型马铃薯加工骨干企业，加工产品由粗淀粉逐步扩大到精淀粉、变性淀粉、薯片、薯条及全粉等精深加工产品。马铃薯淀粉、全粉、系列变性淀粉等工业产品，在中国淀粉工业协会马铃薯淀粉专委会发起的针对进口欧盟马铃薯淀粉征收反倾销反补贴税收的国家扶持政策引导下，马铃薯淀粉加工业目前已形成仅次于欧盟的产业优势，产能达200多万t，年产量达100多万t。目前中国马铃薯加工企业有多达200家左右，但规模化的加工企业只有50多家，大多数加工企业生产规模小，设备陈旧，技术落后，特别是管理方式和经营理念不适应现代市场经济发展的要求，直接影响马铃薯产业的持续健康发展[1]。

马铃薯加工链较长，加工产品种类较多。马铃薯加工业的初级产品为马铃薯淀粉、马铃薯全粉、马铃薯食品和马铃薯加工副产物等。其中，马铃薯淀粉通过物理化学工艺处理后，可生产出多种类型的变性淀粉，可以作为添加剂、黏结剂、稳定剂等。发达国家通过先进的加工技术，不断延伸马铃薯加工产业链，变性淀粉类型上千种，广泛应用于造纸、纺织、石油化工、日化、食品加工和医药等行业[2]。

中国的马铃薯生产总量虽然在世界已处于领先地位，但马铃薯的加工利用率，增值率却非常低，大部分局限在简单食用、饲料等，产业链条短，与其应有的经济价值有相当大的差距。目前，欧、美、日等发达国家直接以马铃薯为原料加工的各类食品有300多种，制成淀粉、各种类型的变性淀粉及淀粉深加工产品更达上千种。各发达国家马铃薯产量虽然有限，但其大部分用于加工增值，如：荷兰加工率达47%。美国占58%，英国占50%，法国占59%，而中国加工率只占10%～12%。2018年，中国马铃薯淀粉进口数量为48 746 t，金额为41 050 339美元，单价为每吨842美元。这种情况，一方面反映出中国的马铃薯产业化水平有待进一步提高，否则无法满足社会发展和工业化需求，但另一方面，也预示着中国马铃薯加工产业有巨大的发展空间和市场潜力，具有旺盛的生机和活力。

中国马铃薯加工业主要以淀粉加工为主，按照工艺、技术水平及产品质量水平大体可分为4类[3]：

A类：采用世界薯类淀粉加工领先水平的北欧工艺和成套设备，产品质量大部分符合国标（GB/T8884-2007）优级品，规模较大，一般产量在10 000 t/年以上，价格较高，厂家十余家左右，例如：华欧淀粉、北大荒马铃薯产业集团、青海威思顿薯业集团有限责任公司、甘肃蓝天淀粉公司、宁夏华尔晶、利华淀粉、河北泓辉等。

B类：采用世界中等水平的东欧国家工艺和成套设备或国内的仿制北欧设备，质量符合国标（GB/T8884-2007）一级品标准，生产规模5 000 t/年以上，价格中等，厂家50多家，例如：宁夏多家企业、甘肃宏达淀粉公司、祁连雪淀粉工贸有限公司等。

C类：采用国产小型工艺、设备，质量较差，多使用氧化剂等，指标在国标合格品及以下，规模在百吨至千吨/年之间，价格低，厂家近百家，各省区均有。

D类：小型作坊或农户家庭自磨，无正常工艺设备，以搅拌池或流槽分离、漂洗为主，以各种氧化剂增白，自然晾干，杂质成分多，产品质量不符合国家标准，价格很低，目前已基本淘汰。

2 内蒙古马铃薯加工市场概况

2.1 内蒙古马铃薯加工市场现状

内蒙古现有销售收入500万元以上马铃薯加工企业57家（其中国家级龙头企业2家，自治区级龙头企业10家）。马铃薯鲜薯年加工能力达到300万t左右，其中85%以上加工马铃薯淀粉。57家加工企业中有薯片、薯条加工企业2家，全粉加工企业5家，淀粉及马铃薯主食化产品加工企业约50家。

2.2 内蒙古马铃薯淀粉加工市场情况

内蒙古现有一定规模的马铃薯淀粉加工企业50多家。2018年淀粉加工厂产量在15万t左右。年产1万t以上4家，主要有内蒙古华欧淀粉工业公司、内蒙古科鑫源集团、商都县科都薯业和呼伦贝尔嘉世塬薯业有限公司。年产5 000～10 000 t 3家，年产1 000～5 000 t 24家，年产1 000 t以下20多家。2018年10月份后马铃薯淀粉优级品出厂价格在7 000～7 500元/t，高端优级淀粉价格7 500～8 000元/t。

2.2.1 内蒙古马铃薯淀粉加工市场发展历程

内蒙古马铃薯淀粉加工开始于20世纪80年代后期，有一些小型设备、简单工艺的工厂进行淀粉生产，总量为 3 000 多 t。进入 90 年代，内蒙古和林县一家企业以易货贸易方式第一批引进了较先进的波兰生产线，成立了和林县变性淀粉厂，使内蒙古的淀粉生产水平有了大幅提升。到了 1996 年，已加入内蒙古奈伦集团的和林淀粉公司与瑞典、丹麦合资，成立了行业内首家中外合资企业 – 华欧淀粉公司，同时引进了世界最先进的全封闭、全旋流、全不锈钢、全自动的瑞典生产线，标志着国内淀粉加工生产进入了世界先进水平。

华欧公司设计加工能力达到日加工鲜薯 1 300 t，按每年生产 4 个月计算，年加工能力为 15 万 t 马铃薯，可年产精制淀粉 2.5 万 t，年可实现产值 15 000 万元左右。

华欧公司先后通过了 ISO9002 国际质量体系认证、ISO14001 环境管理体系认证以及OHSAS18001 职业安全卫生管理体系认证。公司产品淀粉颗粒大，直链淀粉聚合力大，具有糊化温度低、弹性好、蛋白质含量低、无刺激、颜色白、不宜聚胶和不宜退化等特性，既可作为食品加工原料，也可作为工业辅助原料用于印染、浆纱、造纸、铸造、医药、化工、轻工、皮革等多种工业领域。

公司多年来已经形成稳定的市场客户群，在深圳、福建、上海、山东、沈阳、北京、武汉建立起自己的销售网络，与国内知名食品企业保持了稳定的供货关系。同时公司积极占领国际市场，增强出口创汇能力，目前公司已与北美、南美、亚洲、澳洲、非洲等 20 多个国家的客户建立了良好的合作关系。

2.2.2 内蒙古马铃薯淀粉加工科研概况

（1）高淀粉品种选育

呼伦贝尔农科所从 1994 年开始，陆续选育出"内薯 7 号""蒙薯 10 号""蒙薯 14 号"和"蒙薯 21 号"等一系列高产、抗病、优质高淀粉马铃薯新品种。其中："内薯 7 号"获得国家科技攻关成果奖，参加了国家科技攻关成果博览会；"蒙薯 10 号""蒙薯 14 号"获国家重点新产品证书，列入国家重点新产品推广计划。此外，他们还通过国际合作，成功引种白俄罗斯马铃薯高淀粉品种"卫道克"和"维拉斯"[4]。

内蒙古农牧业科学院马铃薯课题组与内蒙古华欧公司从 2018 年开始，共同申请了呼和浩特科市应用技术研究与开发项目《马铃薯高淀粉新品种引进选育与绿色栽培技术试验示范》，该项目正在实施中，已取得初步成果。

（2）马铃薯淀粉加工废水废渣技术

内蒙古华欧淀粉工业股份有限公司先后投入 3 500 多万元，开发了 0.1 万 hm^2 荒坡沙地，通过整地、打井、上电、建设三级扬送泵站和喷灌管网系统，成功将淀粉生产的工业有机肥水全部用于农业生产。其工艺流程为：废水（清洗水、汁水、工艺水）→主集水沉淀池→分废水水池→喷灌管网→喷灌头出水→渗入农田。这套工艺华欧称之为"马铃薯加工工业水发展有机农业循环经济模式"。现在，华欧公司年生产淀粉 1.5 万多 t，每年产值约 1.2 亿元，需要加工马铃薯 12 ~ 13 万 t，生产过程中排放的高浓度有机废水（汁水 + 工艺水）每年约 8 ~ 10 万 t。这些工业水从厂房排出进入主集水沉淀池，灌溉时由泵站抽入农田分水池（为防止沉淀物混入分废水池而堵塞喷头，需配比一定比例的清水，其体积不超过 1∶3 的配比），在春季（农作物播种前）或秋季（农作物收获后）使用喷灌管网按照一定的量将工业水均匀喷灌于农田并适时进行秋翻作为基肥使用。该模式成功地将淀粉生产的工业水全部用于农业生产，既解决了环保问题，又获得了"和林县发展有机农业、循环经济、高产创建示范园区"的成功实践。

现在，华欧公司"发展有机农业循环经济模式"经过多年的运行取得了巨大的经济效益、社会效益和生态效益：

第一、发展循环经济的 0.1 万 hm^2 农田，年净收益 800 元 $/667\ m^2$，年可实现利润 1 200 万元。

第二，增加了土壤的肥力。土壤的容重降低 0.008 ~ 0.028 g/cm^3，土壤孔隙度增加 0.4% ~ 1.06%。有机质均值增加 59.45%、全氮均值增加 70.63%、速效磷均值增加 970.9%、有效钾均值增加 209.3%，土壤中有机养分增加显著。

第三，农作物产量增幅明显。使用淀粉工业水喷灌农田的作物长势和产量明显优于对照农田，各种农作物对比试验表现为植株高、壮，籽粒增多，秸秆结实。经多年测产发现，马铃薯增产 50% ~ 60%、大豆增产 60%、玉米增产 50% ~ 60%、籽麻增产 100%，且年年保持丰产。

第四，环境质量监测结果表明，该废水处理模式没有对区域环境造成影响，种植基地土壤、地下水、区域环境空气均保持清洁等级，保持了原生态环境，同时，废水综合利用起到防风固沙、植被建设、使荒漠变良田和绿化环境作用。

第五，该废水处理模式能够通过农业生产吸纳马铃薯淀粉生产工业水中的有机物，摆脱了传统的污水处理模式，符合当今有机农业循环经济理念与环保产业政策，促进了人与自然的和谐相处，对当前的水污染物减排起到了示范和带头作用。

业内专家指出，华欧公司的"发展有机农业循环经济模式"不仅成功地破解了治理淀粉生产过程中所排放的高浓度有机废水的难题，为淀粉行业废水治理趟出了一条新路子，同时，该模式摆脱了传统的污水处理方法，产生了明显的经济效益和环境效益，符合发展循环经济的理念，具有创新性、科研性和示范性，为马铃薯淀粉加工副产物综合利用做出有益的科研探索。2018 年 9 月，由中国淀粉工业协会组织，内蒙古华欧淀粉有限公司负责主持编制的《马铃薯淀粉工业有机肥水农田利用技术规范》（以下简称《规范》）团体标准正式发布，这标志着中国马铃薯淀粉加工业"肥水还田"有了全国的标准和规范。

3　内蒙古马铃薯淀粉加工业存在的问题

3.1　马铃薯淀粉加工业没有专用高淀粉品种

内蒙古马铃薯淀粉目前主要使用菜薯进行加工，还没有专用高淀粉品种。欧洲加工薯淀粉含量均在 20% 左右，中国西北、西南产区为 14% ~ 16%，华北产区为 11% ~ 14%，而东北产区仅为 10% ~ 13%。产出率严重偏低，给加工业造成影响较大。以一个年产万吨的加工厂计，用淀粉含量为 16% 的原料比用 14% 的原料可节约 8 000 t 左右的原料[5]。虽然内蒙古科研部门已选育和引进一些高淀粉品种，但由于体制和市场等原因高淀粉品种目前还没有应用到生产上。

3.2　加工业环保压力大

近年来，随着环保要求的提升，绝大多数马铃薯加工企业，因环保不达标处于停产或面临停产，对马铃薯加工、种植影响较大。但环保设施建设成本高，日处理 1 500 ~ 2 000 t 废水的生化处理厂，建设费用在 3 000 万元。有条件的加工企业可以采取汁水还田处理方式，建设费用也在 1 000 万元以上，多数加工企业难以负担。

4 内蒙古马铃薯淀粉加工业发展建议

4.1 加强区内外科研院所与马铃薯重点龙头企业合作，重点选育和引进淀粉加工专用高淀粉品种

一是加强区内外科研院所与马铃薯重点龙头企业的科技合作，积极调整科研攻关思路，加强马铃薯新品种选育公益性研究，重点选育和引进淀粉加工专用高淀粉品种，特别是适宜工业加工和主食加工的新品种开展区域试验并扩繁推广。

二是要在加工能力充足的地区鼓励发展加工型专用薯种植。从马铃薯深加工率看，当前欧美发达国家马铃薯加工转化率达 70% 以上，而中国则不到 10%，随着中国马铃薯人均消费量的增加，到 2020 年马铃薯加工业总产值预计可达 500 亿元以上。因此，尽快解决马铃薯的粮食待遇问题。实施马铃薯主粮化战略，要突出领域重点和地区重点，优化在加工和市场等产后领域进行攻关、取得突破，加快开发新适销对路的马铃薯加工品种，优先在主产地区开展试点示范。

4.2 大力发展现代化马铃薯加工产业

一是当地政府应加强政策和资金扶持力度，大力发展现代化、标准化、规模化和品牌化加工产业、扶优扶强。内蒙古自治区马铃薯加工企业有五、六十家，每年要收购加工薯 200 多万 t，是市场消化、转化的主体。但由于是农产品加工企业，靠天吃饭，风险大、利润薄，普遍面临融资难、贷款难、抵押难问题，影响正常生产经营。建议政府出台产业扶持政策，组织协调金融部门安排农产品加工产业专项贷款。

二是在马铃薯主产区和集散地，通过招商引资、改组改造、联营联合等形式，培育大型加工企业。重点扶持效益好、带动性强、潜力大的龙头企业做大做强，提升马铃薯加工整体实力。引导扶持加工企业加快技术改造，提高设施装备水平和产品创新能力，推动初级加工向精深加工延伸，由单一产品向系列产品转变。以全粉加工为重点，延长包括薯片、薯条、薯饼、薯泥等产业链。对于高标准、高环保的马铃薯淀粉加工企业及高标准粉丝、粉条加工企业更要加大扶持力度。

三是淀粉加工企业需主动出击，和种植企业、农户"签订单、保原料"，建立有效的利益联接机制，保障原料的高质量、稳定供给。中国马铃薯的加工转化率为 10% ~ 12%，马铃薯淀粉加工业占 8% 左右，是一个保底产业，托底产业。现在，呼吁和建议国内大型龙头加工企业加大原料基地建设，把原料基地作为第一生产车间，提前与种植大户、农场主进行订单合作，专业化种植高淀粉马铃薯品种。

四是建议种植户调整种植结构，将商品薯和加工薯"两薯"协调发展。商品薯受市场波动性很大，丰收了不一定盈利。如果与龙头加工企业签订订单，种植淀粉加工薯，种好了肯定挣钱。2019 年秋季，华北地区淀粉含量在 18 以上的加工薯每吨高达 900 元，西北产区每吨一度高达 900 ~ 1 100 元。倘若种植淀粉加工薯，产量达 4 t/667 m^2 以上，毛收

入达 3 600 元以上，退除各项投入成本，至少纯挣 1 000 元 /667 m²，虽非暴利，但也绝非微利。只要搞好产量就能挣钱，有稳定的市场预期。

五是以内蒙古中部马铃薯加工优势区为试点，广泛宣传，加强信息化服务，理顺供需环节；扶持经纪人队伍及中介组织，鼓励工厂企业、机关食堂、大学院所尝试消费，先期构筑当地马铃薯主食消费市场，衔接销售环节；同时加强品牌建设，突出地标优势，稳定销售市场；扶持流通企业规模适度产销衔接，为马铃薯主食化奠定市场基础，从而推动当地马铃薯加工业的发展。

[参 考 文 献]

[1] 屈冬玉，金黎平，谢开云 . 中国马铃薯产业 10 年回顾 [M]// 屈冬玉，金黎平，谢开云 . 北京 : 中国农业科学技术出版社，2010：30–40.

[2] 曾凡逵，刘刚 . 马铃薯加工技术及加工业发展 [C]// 陈伊里，屈冬玉 . 马铃薯产业与农村区域发展，哈尔滨：哈尔滨地图出版社，2013：170–180.

[3] 周庆锋 . 马铃薯加工产业的发展 [J]. 淀粉与淀粉糖，2004(2)：15–20.

[4] 刘连义，刘淑华 . 开展国际科技合作解决马铃薯产业关键技术问题 [C]// 陈伊里，屈冬玉 . 马铃薯产业与小康社会建设，哈尔滨：哈尔滨工程大学出版社，2014：221–224.

[5] 观研天下（北京）信息咨询有限公司 .2018 年中国马铃薯加工行业分析报告 – 市场深度分析与投资前景预测 [EB/OL]. 中国报告网，[2018–09–21]. http://baogao.chinabaogao.com/nongyezhongzi/368083368083.html.

践行种薯质量标准　力促生产技术创新

李进福*，王廷辉，李华泽

（定西马铃薯研究所，甘肃　定西　743000）

摘　要：定西已成为中国马铃薯重要的脱毒种薯繁育基地、商品薯生产基地和薯制品加工基地。通过概述定西马铃薯原原种生产标准化建设情况，介绍马铃薯脱毒苗和原原种快繁技术，以及马铃薯的收货和贮运注意事项，以达到定西马铃薯践行种薯质量标准，促进生产技术创新的目的。

关键词：马铃薯；种薯；脱毒苗；原原种；技术；收获；贮运

近年来，定西市紧紧围绕打造"中国薯都"，以"建大基地、兴大龙头、树大品牌"为突破口，全力打造马铃薯产业发展的新优势[1]。马铃薯产业化的发展不仅是山区农民脱贫致富、增加收入的重要来源，也将有力地促进定西市农村经济的持续快速发展[2]。

1　马铃薯原原种生产标准化建设情况

定西马铃薯研究所香泉镇易地搬迁扶贫产业园马铃薯原原种生产基地占地近 20 hm²，由马铃薯组培中心、马铃薯育种实验室、马铃薯病毒病害检测实验室、物联网办公区、马铃薯生产技术培训中心、连栋温室雾培原原种生产区、节能日光温室原原种生产区、防虫网室原原种生产区等组成，总投资 1.13 亿元，建成了集马铃薯研究、种薯生产、技术培训于一体的马铃薯原原种产业园，2019 年生产试管苗 5 000 万株，原原种 8 000 万粒。

结合多年生产实践，在国家标准委、甘肃省市场监管局标准化处及定西市区 2 级政府部门的大力支持下，形成定西马铃薯研究所马铃薯原原种生产企业标准体系。标准体系横向上分 5 个子体系：环境、生产投入品、原原种生产、原原种贮运、原原种售后。每个子体系有 3 个分类：技术、管理、操作；纵向上分为 2 个层次：全过程标准、分阶段标准。

根据马铃薯原原种生产的各个关键环节，建立了操作与管理标准；对影响马铃薯原原种生产的各个因素，建立了相应的管理标准；对近年来采用的新技术新材料，制定了相应的技术及操作标准。

通过新标准的实施，定西马铃薯研究所马铃薯原原种质量及产量显著提升，管理规范化，实现了企业生产的良性循环。

2　马铃薯脱毒苗快繁技术

严格按照标准流程进行马铃薯试管苗的检测、扩繁、炼苗、移栽，各个环节都制定了

作者简介：李进福（1963—），男，所长，主要从事马铃薯种薯生产、商品薯生产技术研究与应用。
基金项目：国家标准委第九批农业标准化示范项目（SFQ9-149）。
* 通信作者：李进福，e－mail：283426027@qq.com。

标准操作规程，在操作中必须填写相应的流程记录以备核查。

脱毒苗至少每年检测 1 次，对检测合格的脱毒苗单株进行扩繁，其余全部废弃。主要步骤：取保存核心苗的 3 个单株进行扩繁，编为 3 个号，然后取顶芽保存，单株的其他部分进行病毒检测，对检测合格的单株进行扩繁。

采用大窗户及顶部开窗的房间放置试管苗，利用自然光壮苗，夜间采用 LED 光源补光 6 h 促长。

控制关键点：器具严格灭菌，器具专用，专人负责，炼苗壮苗。

3 马铃薯原原种快繁技术

3.1 原原种生产与土传性病害控制办法

原原种生产与土传性病害产生的原因：与土壤直接接触，基质连作，收集雨水灌溉及带病菌孢子水灌溉。其中最主要的原因是与土壤接触。定西马铃薯研究所由于国外客户要求的原因，很早就开始寻找与土壤隔离办法。

第一个阶段：使用畦底铺黑地膜，与土壤隔开，上铺培育基质的方法。这种方法虽然能够起到一定的隔离作用，但隔离不彻底。由于离地面很近的原因，同时也由于地膜强度的关系，很容易被穿透，周围土传病菌照样能够侵入基质，造成病害蔓延。

第二个阶段：使用石棉瓦铺地再铺黑地膜的隔离办法，这种办法在一定程度上克服了地膜强度不足造成的问题，同时也与地面有了一定物理距离的隔离，效果比较好。

第三个阶段，使用苗床隔离。利用金属网片压制而成，利用金属支架或水泥块之类的东西，架空苗床使之离开地面 20 cm 以上，彻底实现离地栽培。这种方法杜绝了土传病害的困扰，同时具有排水通畅、操作管理便利、肥水易控、收获容易的特点。定西马铃薯研究所已全部实现离地苗床栽培，并制定了马铃薯原原种离地苗床栽培的甘肃省地方标准。

3.2 椰糠基质栽培

马铃薯微型种薯生产中使用的栽培基质规模化使用的基质主要是蛭石。由于该基质是由自然矿石加高温烧制而成，开采及加工对自然环境破坏巨大。蛭石在使用过程中，由于水分、养分等液态物质的浇灌，其结构会发生改变，致密性增加从而影响其透气性和水分渗透性，无法再次使用，还田容易引起土壤板结，废弃蛭石只能野地堆积破坏环境。从 2017 年开始，定西马铃薯研究所开始探寻替代蛭石的基质，最终选择椰糠基质作为马铃薯原原种生产用基质。经过多次试验改进，获得了一套比较成熟的生产方法，2019 年网棚最高产量达到 1 200 粒 /m²。与蛭石相比，椰糠具有以下优势：

（1）椰糠基质栽培相比蛭石植物根系发达，植株粗壮，抗性强；

（2）结薯率提高 15% ~ 50%；

（3）椰糠基质生产合格薯率提高 30%。薯形好看，干净漂亮；

（4）可以采用大间距栽种，比蛭石节省种苗 18% ~ 20%；

（5）单位面积椰糠基质比蛭石费用增加 20%；

（6）椰糠保水保肥性能均优于蛭石，使用平均节水 15%，平均节肥 9%；

（7）可以采用物理及化学方法进行灭菌处理，以便于连茬生产，降低生产成本；

（8）栽培废料可以作为有机肥直接还田，改良土壤性质（正在试验中）；

（9）综合成本降低 21.3%。

3.3 雾培生产

对植物生长精准化自动化管理已经成为设施农业未来的发展方向，这种方法可以进行立体化栽培，以达到单位面积最大产出效果。定西马铃薯研究所 2018 年开始雾培法栽培，摸索出一套雾培马铃薯在不同时期营养液配方及使用方法筛选，这项成果已经申请了国家发明专利。生产出的雾培马铃薯完全合乎埃及的客户提出雾培微型薯的需求。

（1）目前在进一步开展不同生长期喷雾时间的研究，主要针对以下 4 个方面：喷雾时间与根系增长的关系；喷雾时间与叶面积的关系；喷雾时间与结薯量的关系；喷雾时间与薯皮老化的关系。

（2）继续进行采收与烂薯的方法研究，控制腐烂率小于 0.3%，包括：采收前营养液配方调整；采收的方法；采收的时间。

（3）继续进行贮藏方法研究，主要针对以下问题：收获前的预处理方法；收获后皮孔老化的处理；收获后失水皱缩的预防；休眠期不一致的问题。

4 收获与贮运

马铃薯原原种一般都要贮存半年以上，是马铃薯原原种一生中最长的一段。所以贮运管理标准关系到马铃薯种薯质量的高低。

收获前停水停肥促使表皮老化。离地苗床栽培可以非常方便地控制马铃薯的肥水供给，待马铃薯叶片自然黄化后，停水停肥，一方面使得薯块表皮老化，一方面使基质干燥容易机械化收获。

（1）表皮木栓化：收获后装网袋放置阴凉处，存放 10 d，使薯块水分散失，表皮干燥，促使表皮栓化，一方面在后面机械分选时不易受到机械创伤，另一方面可以抵御贮存期间的病菌侵入。

（2）分选与贮藏：表皮栓化后，利用分选机进行初选，按照薯块大小分级装入网袋，然后同一级别送入人工分选输送带，人工剔除畸形、机械伤等不合格品后，进入数粒机计数装袋，贴放标签。完成分选。

（3）分选完毕后，装入贮存箱。定西马铃薯研究所使用铁制贮存箱，每箱装约 40 袋原原种，可以叠放 3 层，完全可以达到货架贮存的通风条件，同时又便于移动搬运。预降温后，贮存于恒温贮藏库，保持贮藏温度 2 ~ 4 ℃。

[参 考 文 献]

[1] 杨子兴，许尔锋 . 立足发展基础优势加快建设 "中国薯都" [J]. 农业工程技术（农产品加工业），2009(11): 16-17.

[2] 张晓菊，魏永红 . 论定西市马铃薯产业化发展 [J]. 贵州农业科学，2008(4): 78-80.

贫困地区马铃薯脱毒种薯质量控制
体系建设成效及发展对策

夏建红 *，张小龙，林小艳，聂玲霞，张迎春

（甘肃省陇西县种子站，甘肃 陇西 748100）

摘 要：陇西县通过马铃薯脱毒种薯繁育体系建设，加大新品种引进试验筛选力度，建成规模化良种繁育基地，建立完善马铃薯脱毒种薯质量检测体系，建立健全种薯质量管理制度，形成完善的马铃薯脱毒种薯流通体系，有力地推动了陇西县马铃薯产业高质量发展，为贫困户增收、整县脱贫摘帽发挥了重要作用。

关键词：马铃薯；脱毒种薯；繁育体系；发展对策

马铃薯产业是陇西县扶贫产业之一[1]，2019 年全县马铃薯种植面积稳定在 2.67 万 hm^2 左右，年总产量 59.8 万 t，产值 6.59 亿元；提供农民人均纯收入 607 元，占农民人均纯收入的 6.2%。

1 马铃薯种薯发展现状

1.1 马铃薯脱毒种薯扩繁体系初步形成

通过财政支持、项目支撑、融资扶持，全力推动种薯生产企业上规模、上水平，着力构建马铃薯脱毒种薯生产体系。全县已建立脱毒苗、原原种、原种生产企业 2 家，一二级种薯生产企业（合作社）4 家，年生产原原种 3 000 多万粒，原种 5 000 t，逐步融入全国区域性马铃薯种薯繁育基地。

1.2 基地生产规模不断壮大

在柯寨、福星、德兴、渭阳、权家湾、宏伟、永吉等马铃薯主产乡镇，利用高山隔离和气候冷凉的条件，由甘肃裕新农牧科技发展有限责任公司等 4 家种薯生产持证企业（合作社）通过"企业（合作社）+ 农户 + 基地"方式，年建立一级种薯扩繁基地 0.67 万 hm^2；盛达合作社等 20 家运行规范、带动能力强的合作社建立二级种薯扩繁基地 0.33 万 hm^2。年生产原种 1.5 万 t，一级种薯 15 万 t，二级种薯 7.5 万 t。以农户原种扩繁主，大力实施"一分田"工程，每年投放原原种 2 000 万粒进行高山隔离原种扩繁 333.33 hm^2，每户补贴投放原原种 400 粒，全面推广应用马铃薯脱毒种薯。经过多年的努力，全县马铃薯实现了一级种薯全覆盖，被省农牧厅总结为"陇西模式"。

作者简介：夏建红（1978—），女，农艺师，从事农作物良种繁育、种子技术推广及管理工作。

* 通信作者：夏建红，e - mail：2199006818@qq.com。

1.3 种薯更新步伐进一步加快

按照主食化加工的需求，加快种薯更新步伐。渭河川区重点推广"早大白""费乌瑞它"等中早熟品种，南部山区重点推广"陇薯7号""陇薯10号"等主食化品种，西北山区重点推广"陇薯7号""陇薯10号""天薯11号""青薯9号"等高淀粉加工型品种，构建以市场需求为导向的多元化马铃薯生产格局。陇西县按照"当家品种重提质、接班品种重推广、试验品种重筛选"的思路，年引进主食化新品种30个以上，并同步开展品质鉴定，通过试验筛选出 $2\sim3$ 个品质好、产量高、适宜主食化发展和省内外市场需求的专用型品种，建立新品种示范展示基地 $6.67~hm^2$。以"以奖代补"的方式，对贫困户应用的脱毒一级种薯进行补贴，补贴面积 $733.33~hm^2$，补贴标准 0.40 元 $/kg$，补贴 50 元 $/667~m^2$，由乡镇人民政府核实确定面积后，以"一卡通"的方式兑付补贴到贫困户。

1.4 脱毒种薯市场流通体系进一步完善

继续加大辖区内马铃薯脱毒种薯的宣传推广和销售网络建设，使广大农民群众能够全面应用马铃薯脱毒种薯，陇西县马铃薯脱毒种薯覆盖率达到100%。由甘肃裕新农牧科技发展有限责任公司牵头总抓，联合现有种薯生产持证企业（合作社），坚持互惠互利、抱团发展的原则，树立种薯品牌，强化市场意识，让脱毒种薯走向全国。同时组建了产业联盟或市场营销团队，重点向广州、内蒙古、四川等脱毒种薯需求量大的省份营销，打品牌、争市场，切实推动鲜薯销售向良种生产转变。

1.5 种薯质量及市场监管进一步强化

以马铃薯脱毒种薯国家标准为基础，按照《甘肃省马铃薯脱毒种薯质量管理办法》，对种薯生产、质量检测、田间管理、包装标签、仓贮运输等全过程实现完善严谨的监管，监督种薯生产企业建立健全种薯生产经营档案，实行质量检验和质量认证制度，逐步实现了脱毒种薯可追溯管理。

2 存在问题

2.1 脱毒种薯生产基础薄弱

原原种、原种企业生产基础薄弱、规模偏小、生产基地还不够稳定、生产能力低下，没有形成品牌力量，与全国区域性马铃薯种薯繁育基地的要求还有一定差距。农业土地经营规模小，土地流转率偏下，专业化与产业化发展水平相对较低，生产的规模效益无法实现。

2.2 种薯病毒检验检测能力不足

县一级由于人员和资金缺乏，种子种薯质量检测监管很难做到全覆盖，种业企业质量检测检验不够经常，质量难以得到保障。

2.3 种薯生产扶持资金缺乏

马铃薯种子（种薯）生产成本高，且市场波动较大，容易造成种业企业亏损，市县补贴资金支持力度小，种子生产很难上规模。

2.4 科技人才和研发平台缺乏

由于地处贫困地区，陇西县从事马铃薯种薯研发的企业少，科技人才流动不畅，企业的研发人才、技术、装备和国内外优秀科研机构无法比肩，研究经费也严重不足，造成企业没有自己的研发品种，没有竞争优势。

3 对策及建议

抢抓农业部认定定西市为全国区域性马铃薯良种繁育基地的机遇，按照"企业 + 合作社 + 农户 + 基地"的方式，以提高脱毒种薯生产能力和种薯质量为重点，着力加强种薯繁育体系建设。

3.1 扶持马铃薯种薯生产企业发展壮大

建议省市县设立现代种业发展专项资金，大力扶持马铃薯种薯企业，帮助企业尽快走上正轨，规模化生产。同时加大对生产基地的补贴，降低成本，降低销售价格，让利于农民，激发农民使用优良品种的积极性。

3.2 扶持健全质量检测体系建设

种薯质量检测是生产优质种薯的最关键环节，陇西县专业检测人员缺乏，没有专业的马铃薯脱毒种薯检验检测机构，建议加大投入，在现有县种子站种子检验室的基础上，成立种薯质量检验检测中心，配备先进的仪器设备，充实专业技术人员，强制实行质量检验和质量认证制度，以马铃薯脱毒种薯国家标准为基础，按照《甘肃省马铃薯脱毒种薯质量管理办法》和《定西市马铃薯种薯质量管理办法》，切实加强对种苗繁育、种薯生产、质量检测、田间管理、包装标签、仓贮运输等全过程实现完善严谨的监管，逐步实现脱毒种薯可追溯管理，监督种薯生产企业建立健全种薯生产经营档案，加强种薯质量全过程监管，完善追责机制，进一步提升陇西县马铃薯种薯质量。

3.3 大力实施脱毒种薯繁育工程

以定西市建设全国区域性马铃薯良种繁育基地为契机，以提升种薯生产质量和脱毒种薯生产能力为重点，着力打造标准化种薯繁育基地，加快良种更新步伐，拓宽种薯市场营销渠道，强化种薯质量监管，加快种薯繁育体系建设。通过财政支持、项目支撑、融资扶持，全力推动甘肃裕新农牧科技发展有限责任公司增强自身发展实力，提升科技研发水平，加大基础设施建设，扩大种薯生产规模，提高种薯生产质量，着力构建马铃薯脱毒种薯生产体系，年生产脱毒苗 3 500 万株，年生产原原种 5 000 万粒以上。依托龙头企业（合作社）通过土地流转的方式，以柯寨—福星—马河—宏伟—权家湾等乡镇为重点，建设原种繁育基地 533.33 hm²，其中：标准化核心基地 3 个共计 400 hm²（福星镇 133.33 hm²，柯寨镇 133.33 hm²，宏伟乡 133.33 hm²）。由种薯生产持证企业（合作社）通过"企业（合作社）+ 农户 + 基地"带动模式，以柯寨—福星—德兴—宏伟—权家湾—渭阳—永吉等乡镇为重点，利用高山隔离和气候冷凉的条件，建立一级种薯扩繁基地 1.07 万 hm²。

3.4 加快良种更新步伐

按照"当家品种重提质、接班品种重推广、试验品种重筛选"的思路，种子部门和种薯持证生产企业，引进筛选和推广国内外高产新优品种为主，切实加大加工专用型马铃薯新品种的引进和推广工作，逐步形成主栽当家品种、推广接班品种、引进筛选试验品种同步推进、梯次发展的良性循环格局[2]。每年引进主食化新品种 30 个以上，并同步开展品质鉴定，通过试验筛选出 2 ~ 3 个品质好、产量高、适宜主食化发展和省内外市场需求的专用型品种，年建立新品种示范展示基地 6.67 hm²。

3.5 做好种薯示范推广

加大种薯示范推广力度，提升全县马铃薯脱毒种薯覆盖率。农技、种子部门年建立新品种和脱毒种薯展示示范点 1 个 6.67 hm²，指导种薯生产企业建立脱毒种薯展示示范点 5 个 33.33 hm²，通过集中展示不同品种、级别的脱毒种薯，提升农民对新品种和脱毒种薯增产潜力的认识。同时，采取政府引导、龙头企业主导，合作社带动，群众参与的模式，通过推广"一分田"马铃薯良种推广措施，确保全县马铃薯脱毒种薯覆盖率达到100%；加大种薯品牌推介，提升种薯市场占有份额。全县种薯生产持证企业，要坚持互惠互利、抱团发展的原则，组建产业联盟，整合市场营销团队，抓主抓重求扩面，加大种薯品牌宣传，紧盯广州、内蒙古、四川等脱毒种薯需求大省，建立有形市场销售网络，争取全国市场占有份额，切实推动鲜薯销售向良种生产转变。

[参 考 文 献]

[1] 国家发改委体改所社会调查课题组.发展优势产业助力脱贫攻坚——甘肃省陇西县、康县脱贫攻坚推进情况调研[J].中国经贸导刊，2019(5)：30–33
[2] 陆立银，马正昌，尚高云，等.对陇西县马铃薯生产的思考[J].农业科技通讯，2019(5)：40–43.

内蒙古中西部地区气候条件与马铃薯
产业重要性的分析

杨丽桃[1]，郭斌煜[2]，郭景山[2*]，郝文胜[2]，韩志刚[2]，
谢　锐[2]，徐利敏[2]，李志平[3]，高　瑞[4]，张　煜[5]

（1. 内蒙古自治区气候中心，内蒙古　呼和浩特　010051；
2. 内蒙古自治区农牧业科学院，内蒙古　呼和浩特　010031；
3. 内蒙古自治区经济作物工作站，内蒙古　呼和浩特　010011；
4. 内蒙古华欧淀粉公司，内蒙古　和林　011500；
5. 中国淀粉工业协会马铃薯淀粉专业专委会，内蒙古　呼和浩特　010011)

摘　要：通过论述内蒙古中西部地区干旱、冷凉、早晚温差大、多风天气、冻土层厚度等气候条件对当地马铃薯产业的影响，探讨了内蒙古中西部地区成为全国著名的马铃薯种薯、商品薯和加工薯繁育基地的重要原因。经过分析表明：内蒙古中西部地区马铃薯产业与当地气候条件密切相关，独特的气候条件决定了马铃薯成为内蒙古中西部地区优势作物。

关键词：气候条件；马铃薯产业；重要性分析

内蒙古中西部地区属温带大陆性季风气候，具有气候冷凉，昼夜温差大，雨热同季，降水集中等特点，加上当地土壤多呈沙性，春秋多风、蚜虫等传毒媒介少等特殊地理环境，为马铃薯生长发育提供了得天独厚的优越条件，是全国最适宜种薯繁育的地区。生产的马铃薯具有商品性好、淀粉加工性好，特别是加工产品的淀粉具有低蛋白、低酸性及良好的抗凝沉性，其白度、黏度、糊化度、透明度均处于国内同类产品领先地位。独特的气候环境使内蒙古中西部地区成为全国著名的马铃薯种薯、商品薯和加工薯繁育基地[1-3]。

1　干旱的气候下马铃薯抗旱性最强

1.1　自然气候条件

内蒙古中西部地区年平均气温在 0 ~ 6℃，1 月最低，7 月最高，无霜期 95 ~ 145 d，年平均风速 2.5 ~ 5.0 m/s，绝大部分地区太阳总辐射量在 5 700 MJ/m² · a 以上。年平均降水量 250 ~ 430 mm。该地区具有"七年一大旱，三年二小旱"的气候规律[4]。

作者简介：杨丽桃（1972—），女，高级工程师，主要从事气候与气候变化影响评价工作。

基金项目：国家马铃薯产业技术体系（CARS-9）；中国气象局气候变化专项（CCSF2019031）。

***通信作者**：郭景山，博士，研究员，长期从事马铃薯脱毒种薯高产栽培技术和产业经济方面研究，e - mail：gjs1215@qq.com。

1.2 地下水资源情况

根据调研"薯都"乌兰察布市水资源总量 21.01 亿 m^3，其中地表水 8.54 亿 m^3，地下水 12.47 亿 m^3，占可利用总量的 55%。全市地下水资源人均占有量仅为 600 m^3，为全自治区最低，是全国人均水资源占有量的 27.3%。并且由于连续多年的干旱，地下深层水以每年 1.74 m 的速度下降，仅 2009 年 1 年，乌兰察布市地下水下降达 10 ~ 15 m。所以地下水资源的开发和利用数量十分有限。水资源短缺问题十分突出，已经成为当地经济和社会可持续发展的重要制约因素[5]。

1.3 土壤和土壤耕性状况

该区域土壤多为栗钙土、灰褐土、栗褐土，近些年来，相当一部分旱地耕作粗放，肥力投入不足，入不敷出，广种薄收，形成旱地越种越瘦的趋向，特别是旱坡地土壤肥力逐年下降，耕地生产力低下。目前该区域土壤平均 pH 8.2、有机质 16.8 g/kg、全氮 0.97 g/kg、碱解氮 85 g/kg、有效磷 85 g/kg、速效钾 137 g/kg，与 20 世纪 80 年代相比，土壤有机质、全氮、速效钾都有所降低，有效磷和 pH 值有所提高。从总体上看，土壤相对瘠薄，成为限制当地农作物产量水平进一步提高又一重要因素[6]。

2 气候条件决定了马铃薯成为内蒙古中西部地区优势作物

大量研究表明，在水分条件受限的情况下，各种粮食作物的水分利用率均不及马铃薯高。马铃薯块茎中 75% ~ 85% 均为水分，马铃薯具有较强的抗旱能力，块茎产量是随着生产季节的延长而逐步积累起来的，不像籽粒作物那样存在灌浆期，即使在极端干旱的情况下，也能收获少量的块茎，几乎不存在"颗粒无收"的现象。在干旱、半干旱地区，马铃薯、春小麦、春谷子、荞麦和莜麦等是主要粮食作物，其中以马铃薯抗旱性最强，生产潜力最大，光合生产效率最高。研究表明，如果以丰水年的产量为 100%，各种作物在干旱年份的产量分别为：谷子 55%，荞麦 57%，春小麦 58%，扁豆 63%，豌豆 65%，马铃薯 76%[7-10]。

内蒙古中西部地区旱地占 70% 以上，农业生产以旱作为主。除了马铃薯，其他农作物有莜麦、小麦、荞麦、油菜籽、葵花、玉米、豆类等杂粮。一般农户马铃薯种植占耕作面积的 50% ~ 70%，剩余土地种植其他农作物。

2.1 马铃薯与其他农作物种植情况

旱地马铃薯主要种植中、晚熟品种，4 月下旬至 5 月上旬播种，最迟到 6 月底。抗旱能力强，收获 750 ~ 1 000 kg/667 m^2。

旱地小麦分颗粒大小、茎秆高低不同主要有 4 类品种。一般种大日期。清明前后 5 d 播种，10 d 内种完，20 d 左右出苗，不怕霜，保险性大无虫害，处暑时收。普通年份 100 kg/667 m^2 左右，丰收 150 ~ 200 kg/667 m^2。

旱地莜麦主要有大日期和小日期 2 类品种，小满时种，10 d 左右出满苗，保险性大无虫害，秋分时收。普通年份 100 kg/667 m^2 左右，丰收 150 ~ 200 kg/667 m^2。

旱地油菜籽主要有大日期和小日期 2 类品种。小满时种，有雨 7 ~ 8 d 出苗，没雨不出，有墒就出。小满前有晚霜，所以要小满以后种油菜籽。秋分时收。不能有大风。油菜籽无保证，有虫害容易绝收，干旱时没有收成。普通年份 75 ~ 80 kg/667 m^2，丰收

$135 \sim 140 \text{ kg/667 m}^2$。

旱地荞麦通常种日期小的品种，忙种时种，要有一定的面积，否则不能授粉，没产量。$5 \sim 6 \text{ d}$ 出苗，90 d 成熟期。荞麦粒容易散落，收获时最好人工，机器收获损失大。收获 $100 \sim 150 \text{ kg/667 m}^2$。

水地葵花品种有小籽和大籽。农历 5 月 15 日种，起完马铃薯 10 月份收获。小籽收获 200 kg/667 m^2，大籽收获 250 kg/667 m^2。

水地食用玉米种小日期，过清明种，白露时收获。通常种植面积很小，自己食用。

水地草玉米通常为大日期，多数为有牲畜农户种来自用。收获 $3\,000 \sim 4\,000 \text{ kg/667 m}^2$。

2.2 当地农作物对土壤墒情、土地轮作和节气的要求

水分要求：莜麦和油菜籽看土壤墒情，墒情好种大日期，墒情不好种小日期。马铃薯干旱年也有把握，其他农作物干旱年无收成。

土地要求：小麦、莜麦不重茬，油菜籽可以重茬 1 年。倒茬直根对须根，直根必须隔 2 年。马铃薯重茬，主要是与其他农作物倒不过来茬，虽然产量会减少，与其他农作物相比马铃薯重茬减产比其农作物重茬减产较轻。

节气要求：立秋后其他作物不长，马铃薯还可以生长。

2.3 当地旱地马铃薯和其他农作物经济效益比较

根据种子、农药、化肥、人工和机械费用，算出旱作农作物成本，根据产量按照市场行情算出毛收入，扣除成本得出纯收入，见表 1。

表 1 旱地马铃薯和其他农作物每公顷经济效益

项目	马铃薯	莜麦	小麦	油菜籽	荞麦
生产成本（元）	6 675	1 995	2 535	1 740	1 920
平均产量（kg）	26 250	4 500	4 500	3 300	4 500
毛收入（元）	15 300	7 800	6 000	8 250	5 850
纯收入（元）	8 625	5 805	3 465	6 510	3 930

收益从大到小依次为：马铃薯 8 625 元 /hm² > 油菜籽 6 510 元 /hm² > 莜麦 5 805 元 /hm² > 荞麦 3 930 元 /hm² > 小麦 3 465 元 /hm²。马铃薯的纯收入分别是油菜籽 132.5%、莜麦 148.6%、荞麦 219.5%、小麦 248.9%。

通过当地农作物种植情况和收益的比较，从土壤水分、土地轮作、播种时间、节气变化和经济收入等方面，旱地马铃薯具有很大的优势，说明当地农民收入必须靠种马铃薯才能取得最好的经济效益。

3 当地气候条件确定了马铃薯产业在全国的优势地位

3.1 气候条件决定了种薯质量

当地冷凉、早晚温差大、多风天气缩短了蚜虫迁飞期，使马铃薯生产过程中感染病毒机会和程度大大降低。科学调研和生产实践表明内蒙古会出现轻度蚜虫发生，而在内蒙古中部阴山北麓地区蚜虫通常 8 月初出现，8 月中下旬才开始活跃，这一区域位于阴山山脉

与内蒙古高原的过渡带，呈狭长地带东西延伸。地理坐标为东经 109° 45′ ~ 114° 20′，北纬 40° 45′ ~ 43° 20′，自西向东行政区划包括包头市固阳县和达茂旗、呼和浩特武川县、乌兰察布市四子王旗、察右中旗、察右后旗、商都县和化德县等旗县。短暂的蚜虫发生期即减轻了马铃薯种薯生产者防控压力，也大大减轻了种薯病毒性病害的发生，从而减轻了种薯退化程度，从根本上保证了种薯质量。

3.2　气候条件保证了稳定的产量

当地冷凉、早晚温差大、多风天气减轻了马铃薯各种病害，尤其是晚疫病的发生概率很低，维持了当地马铃薯产量的稳定发展。科学调研和生产实践表明内蒙古中西部地区早疫病、晚疫病、黑胫病和青枯病都在全国属于发病较轻区域。内蒙古中部阴山北麓地区青枯病基本不发生，晚疫病偶然发生或不发生。近些年当地规模化生产晚疫病有发生的条件，但只要防控措施得当，基本不发生，而小规模种植没有防控措施也基本不发生。极端气候条件下即使发生晚疫病，也在可控范围。因此内蒙古中西部地区马铃薯生产很少因病害出现大规模减产现象，从而保证了当地马铃薯产业稳步发展。

中国北方主要种薯公司和百事、辛普劳等外国薯片、薯条加工企业种薯基地最终大多数建立在内蒙古中西部和张北地区，也说明了这一地区相对来说能够生产出高质量的种薯。

3.3　气候条件提供了合适的马铃薯贮藏期

当地特定的冻土层厚度延长了马铃薯贮窖贮藏时间。内蒙古中西部地区一带冻土层在 150 ~ 190 cm，马铃薯在收获入窖后，晚上开窖门通过自然降温，自然贮藏窖贮藏期可以从 10 月初到第 2 年 4 月底，最冷时期的 1 ~ 2 月，窖内用棉帘或塑料布适当防护，窖温可控制在 0 ~ 5 ℃左右。而中国东北地区冻土层厚度在 190 ~ 260 cm，自然贮藏窖严寒季节保暖的成本大大加大，而宁夏、甘肃地区冻土层厚度在 60 ~ 130 cm，收获入窖前期的通风降温、3 月底的气温快速回升、窖温过高导致马铃薯过早发芽，这些原因造成贮藏期相对比内蒙古中西部贮窖短，贮藏成本相对也高。通常在 4、5 月份，北方市场商品薯主要来源于内蒙古中西部地区的贮藏窖。

由于合适的自然贮藏期使内蒙古地区的马铃薯在全国，尤其是北方地区具有较高的知名度。虽然近些年山东、河南等中原二作区当季商品薯对内蒙古中西部地区贮藏的商品薯有所冲击，但内蒙古中西部地区大量贮藏的种薯仍然占据着种薯市场的重要地位。

4　内蒙古种薯和马铃薯加工业长期在全国具有领先地位

由于独特的自然气候条件加上当地政府的大力支持，内蒙古中西部地区马铃薯产业得到迅猛的发展。

4.1　当地政府对马铃薯产业的政策指导

《内蒙古自治区推进马铃薯产业发展的指导意见》的通知〔2016〕中指出：深入贯彻落实国家、自治区有关农业发展的决策部署，以创新、协调、绿色、开放、共享的发展理念为统领，紧紧围绕"转方式、调结构"2 条主线，推进农业供给侧结构性改革，加大政策支持，加强基础建设，依靠科技创新，改进物质装备，打造全国优质脱毒种薯生产基地、优质鲜食薯生产基地、优质加工薯生产和加工基地。牢固树立"营养指导消费、消费引导生产"的理念，加快马铃薯主食产品的产业开发，选育推广一批适宜主食加工的品种，建设一批优质原料生产基地，打造一批主食加工龙头企业，推进马铃薯由副食消费向主食消费转变、由原料产品向加工制成品转变、由温饱消费向营养健康消费转变，培育小康社会主食文化，保障国家粮食安全，促进农业提质增效和可持续发展。这些政策的出台表明政府对马铃薯产业的大力支持。

4.2 当地马铃薯产品的重要性和影响力

内蒙古的山药（当地人对马铃薯的称谓）属后山，后山的山药属武川。2004年呼和浩特市武川县被首届"中国新西部高层论坛"命名为"特色经济最佳县—马铃薯之乡"，2008年被确定北京奥运会马铃薯特供基地。"武川山药"已成为国际国内市场上一个名牌，武川县已成为全区乃至全国优质马铃薯生产基地。2009年3月，乌兰察布市被中国食品工业协会正式审批为"中国马铃薯之都"。自2008年以来乌兰察布市多次成功举办了"乌兰察布马铃薯文化节"，并且在国家工商局注册了马铃薯"图木苏"（蒙语，意为马铃薯）产地标识和"敕勒川"商标，极大地丰富了乌兰察布市马铃薯文化内涵。随后几年，乌兰察布市、呼和浩特市武川县和包头市固阳县的马铃薯均获得中华人民共和国农产品地理标志产品证书。2018年乌兰察布市被国家认定为"马铃薯中国特色农产品优势区"。同时，2018年经中国品牌建设促进会评估，地理标志产品"乌兰察布马铃薯"的品牌强度为910，目前，中国优质农产品开发服务协会评估"乌兰察布马铃薯"品牌价值174.32亿元。

4.3 当地马铃薯种薯和加工企业发展状况

内蒙古拥有大型马铃薯种薯生产企业18家，微型薯生产能力达到25亿粒左右。内蒙古现有销售收入500万元以上马铃薯加工企业67家（其中：国家级龙头企业2家，自治区级龙头企业10家）。马铃薯鲜薯年加工能力达到300万t左右。

由于马铃薯已成为内蒙古中西部地区主要农作物，当地政府对马铃薯产业进行了多年持续支持，包括实施对农户、马铃薯协会、种薯公司、加工厂和大型马铃薯综合公司进行粮种补贴、农机补贴、农资（农药、化肥、地膜）补贴、加工补贴、贮窖补贴、营销补贴等等优惠政策，这些都促进和推动了当地马铃薯产业的发展。"薯都"乌兰察布市重点对龙头企业进行了大力扶持，民丰薯业和中加种业已发展成为当地大型综合性马铃薯公司，是集生产、加工和销售于一体的国内现代化农业集团化公司，尤其民丰薯业已加入到申请上市的行列之中。

此外，内蒙古自治区农牧业产业化重点龙头企业，华欧淀粉公司已于2015年12月4日在新三板正式挂牌上市，标志着内蒙古加工业处于全国领先地位。多年来，华欧公司已经形成了稳定的市场客户群，在深圳、福建、上海、山东、沈阳、北京、武汉建立起自己的销售网络，与国内知名食品企业保持着稳定的供货关系。同时公司积极占领国际市场，增强出口创汇能力，目前已与北美、南美、亚洲、澳洲、非洲等20多个国家的客户建立了良好的合作关系。

独特的自然气候使当地马铃薯在历史上发挥了突出作用，当地已经形成了地域性的马铃薯饮食文化，马铃薯具有其他农作物不可替代的重要性，再加上当地政府的大力支持，这些综合因素保证了马铃薯在内蒙古中西部地区长期稳定的发展，同时马铃薯在当地农业生产中也扮演了重要角色，在全区农业生产中占举足轻重的地位。

[参 考 文 献]

[1]   屈冬玉，金黎平，谢开云．中国马铃薯产业10年回顾[M].北京：中国农业科学技术出版社，2010：106-111.

[2]   池再香，张普宇，张艳梅，等.贵州西部地区马铃薯生产主要气象限制因子分析[J].中国农业气象，2009(s2)：257-259.

[3]   郭景山，李文刚，邓忠权，等.内蒙古中西部地区旱情对马铃薯生产影响的调研及对策[C]//陈伊里，屈冬玉.马铃薯产业与科技扶贫，哈尔滨：哈尔滨工程大学出版社，2011：47-49.

[4]   郭景山，李文刚，丁强，等.内蒙古中西部地区马铃薯产业发展现状及对策[C]//陈伊里，屈冬玉.马铃薯产业与水资源高效利用，哈尔滨：哈尔滨工程大学出版社，2012：35-38.

[5]   尹江，冯琰，马恢，等.华北北部马铃薯储藏现状及改进方法[C]//陈伊里，屈冬玉.马铃薯产业与水资源高效利用，哈尔滨：哈尔滨工程大学出版社，2012：466-468.

[6]   田世龙，李守强，李梅，等.西北马铃薯储藏现状分析及建议[C]//陈伊里，屈冬玉.马铃薯产业与水资源高效利用，哈尔滨：哈尔滨工程大学出版社，2012：466-468.

[7]   田世龙，葛霞，李梅，等.马铃薯储藏技术进展[C]//陈伊里，屈冬玉.马铃薯产业与农村区域发展，哈尔滨：哈尔滨地图出版社，2013：207-211.

[8]   张建平，程玉臣，哈斯.内蒙古马铃薯病虫害种类、分布与危害[C]//陈伊里，屈冬玉.马铃薯产业与农村区域发展，哈尔滨：哈尔滨地图出版社，2013：465-472.

[9]   孙清华，詹家绥，单卫星，等.中国马铃薯主要病害的发生、分布、流行及防控[C]//陈伊里，屈冬玉.马铃薯产业与小康社会建设，哈尔滨：哈尔滨工程大学出版社，2014：347-354.

[10] 郭景山，李文刚，刘富强，等.内蒙古中西部地区种植马铃薯重要性分析和探讨[C]//陈伊里，屈冬玉.马铃薯产业与小康社会建设，哈尔滨：哈尔滨工程大学出版社，2014：90-92.

黑龙江省马铃薯产业的现状、不足和发展趋势

吕金庆*，杜长霖，孙玉凯，刘齐卉

（东北农业大学工程学院，黑龙江　哈尔滨　150030）

摘　要：黑龙江省是中国的大粮仓，也是马铃薯的重要种植地，随着马铃薯主粮化进程的推进，黑龙江省的马铃薯产业将会得到进一步发展，然而每年马铃薯的种植和收获都耗费大量的人力、物力、财力，严重制约其产业的发展，为此，必须加快推进马铃薯生产技术，总结近年来黑龙江省马铃薯生产的现状，指出产业发展的优势与不足，并结合实际给出合理的发展建议和对策，最后阐述了马铃薯产业发展的趋势。

关键词：黑龙江；马铃薯产业；现状；发展趋势

中国是马铃薯种植大国，种植历史悠久，每年的总种植面积达 573.33 万 hm^2 之多，总产量 1 亿 t 左右，均居全球第一，是世界上最大的马铃薯生产国。2015 年实施马铃薯主粮化进程，中国马铃薯种植面积呈上升趋势，主要集中在四川、甘肃、贵州、云南、内蒙古、黑龙江等地，占到全国种植面积的 75% 以上，黑龙江省拥有丰富的土地资源，且地形平坦开阔，有独特的自然环境，适合于马铃薯的大面积种植，其主产区主要分布在黑河市、齐齐哈尔市、绥化市和大兴安岭等地区[1,2]。

1 黑龙江省马铃薯产业发展现状

1.1 马铃薯种植现状

黑龙江省是马铃薯的主要种植生产基地，2015 年之前因马铃薯生产成本高、机械化水平偏低，马铃薯产业链不够完善等诸多因素，导致马铃薯种植面积逐年下降，自 2015 年，国家实行马铃薯主粮化战略，将马铃薯列为第四大主粮，在政策的鼓励支持下，马铃薯产业逐渐发展壮大，种植面积逐年提升，并趋于稳定。从图 1（a）可以看出，近年来黑龙江省的马铃薯种植面积在 16 万 hm^2 左右，相比较稻谷、玉米等还有较大差距，在总粮食作物种植面积中占比较低，由此可以看出黑龙江省的马铃薯种植业有较大的发展空间，随着高新技术的应用以及机械化作业的推广，马铃薯的单产逐年攀升，如图 1（b）所示，至 2018 年单产已突破 5 000 kg/hm^2（折全粮），与平均粮食单位面积产量仅差 200 kg/hm^2。

作者简介：吕金庆（1970—），男，教授，主要从事马铃薯新型技术及装备方面研究。

基金项目：国家重点研发计划项目（2017YFD0700705、2016YFD0701600）；现代农业产业技术体系建设专项（CARS-09-P23）；黑龙江省马铃薯产业技术协同创新推广体系项目。

* 通信作者：吕金庆，e - mail：ljq8888866666@163.com。

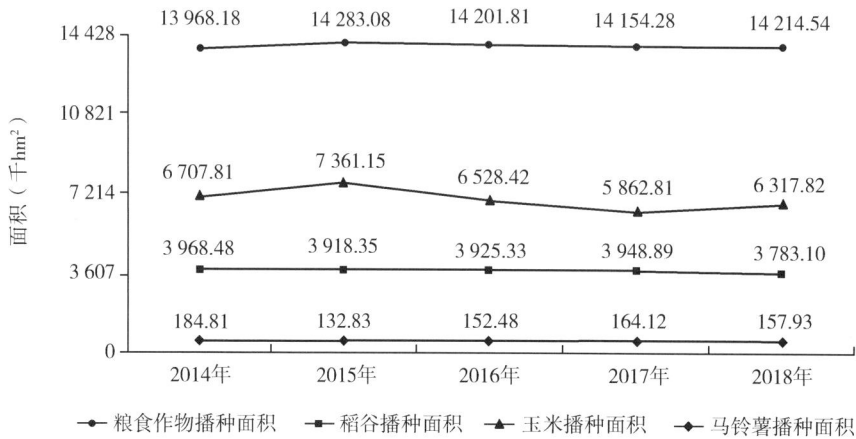

（a）黑龙江省近 5 年粮食作物种植面积

图中数据点标注：

粮食作物播种面积：13 968.18（2014年）、14 283.08（2015年）、14 201.81（2016年）、14 154.28（2017年）、14 214.54（2018年）

稻谷播种面积：6 707.81、7 361.15、6 528.42、5 862.81、6 317.82

玉米播种面积：3 968.48、3 918.35、3 925.33、3 948.89、3 783.10

马铃薯播种面积：184.81、132.83、152.48、164.12、157.93

纵轴：面积（千 hm²）

图例：◆ 粮食作物播种面积　■ 稻谷播种面积　▲ 玉米播种面积　◆ 马铃薯播种面积

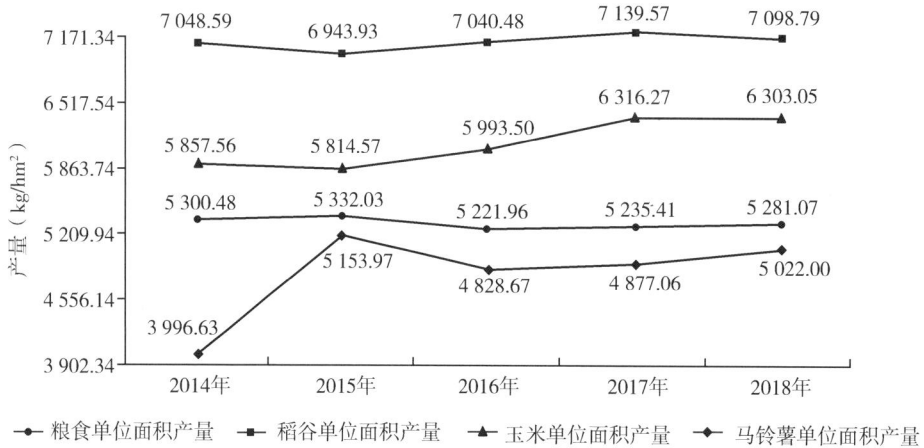

（b）黑龙江省近 5 年粮食作物单位面积产量

图中数据点标注：

粮食单位面积产量：7 048.59、6 943.93、7 040.48、7 139.57、7 098.79

稻谷单位面积产量：5 857.56、5 814.57、5 993.50、6 316.27、6 303.05

玉米单位面积产量：5 300.48、5 332.03、5 221.96、5 235.41、5 281.07

马铃薯单位面积产量：3 996.63、5 153.97、4 828.67、4 877.06、5 022.00

纵轴：产量（kg/hm²）

图例：◆ 粮食单位面积产量　■ 稻谷单位面积产量　▲ 玉米单位面积产量　◆ 马铃薯单位面积产量

图 1　黑龙江省马铃薯种植情况

黑龙江省马铃薯种植面积从 20 世纪初的领先全国到现如今落后于四川、甘肃、贵州等地排名 8 ~ 10。2018 年黑龙江省马铃薯种植面积为 157.93 千 hm²，相较去年减少了 6.19 千 hm²，降幅在 3.8% 左右，导致黑龙江省马铃薯种植面积减少的原因主要可分为两方面，一方面是马铃薯价格较低、种植成本高，种植农户多数处于亏损状态，在中小产区尤为凸出，以 2018 年为例，马铃薯的市场价在 0.6 ~ 0.8 元 /kg，而种植成本普遍在 0.8 ~ 1.0 元 /kg，且与稻谷、玉米等粮食作物相比耗费人力物力大，常年亏损导致了马铃薯种植面积下降 [3,4]；另一方面是受到其他省市生产的高质量马铃薯的冲击，例如甘肃、四川等地，地质疏松，属于沙地，因此生产的马铃薯表皮光滑，表面清洁；黑龙江地质黏重，产出的马铃薯品相较差，商品率较低导致本土马铃薯滞销，使马铃薯种植户丧失了种植的信心，最终导致了马铃薯种植面积较少 [5]。

1.2 马铃薯加工现状

黑龙江省是中国的重要粮食生产地,也是主要的食品加工地,据统计,现有马铃薯加工企业数量在 3 000 家左右,年加工能力超过 500 万 t,营业收入可达 80 亿元,主要分布在黑河市、大兴安岭、齐齐哈尔市、绥化市等地区,4 个市的马铃薯企业总数占到全省的 80% 左右,马铃薯加工处理能力达到全省的 90% 以上,马铃薯加工龙头企业有北大荒马铃薯集团、嵩天薯业集团、黑龙江雪花淀粉集团有限公司、黑龙江省嫩江县九三薯业集团股份公司、大兴安岭省丽雪精淀粉集团等,马铃薯加工量占到全省的 40% 左右 [6],也是黑龙江省主要的马铃薯精加工地。现阶段黑龙江省生产加工的马铃薯产品主要包括马铃薯干制品、冷冻制品、油炸制品、菜制品、淀粉制品、全粉制品等,种类多达 20 个,其中,黑龙江省生产的精制淀粉、变性淀粉等产品生产技术处于国内领先地位。

1.3 马铃薯机械化现状

随着马铃薯主粮化进程的推进,马铃薯产业必将得到较大的发展,为马铃薯生产加工指明了发展方向、发展策略、发展重点,马铃薯机械化生产就是其中一项重点任务。现阶段黑龙江省的马铃薯机械化水平总体处于偏低水平,马铃薯机械化作业主要集中在大型农场,在一些中小产区,马铃薯的生产仍然靠人力,费时费力,且生产效率低,为解决这一状况,突破马铃薯产量瓶颈,就必须大力推广发展机械化作业。目前国内发展较好的企业有希森天成、中机美诺、德沃科技等,国外较先进的有德国 Grimme、法国 Downs、荷兰 Miedema 等。

图 2 为中机美诺生产的四行马铃薯种植机,该机型适合中大规模种植,能够一次性完成开沟、播种、施肥、培土等作业,具有播种精度高、可靠性高、效率高等优点,可选装喷药机构,减少机具进地次数,降低对土地的压实影响,该机具装备有链耙式施肥机构,增加了施肥的可靠性,避免了堵肥现象,从而提高施肥质量,配合双侧深施肥技术,使种肥分布更合理,利用率更高。

希森天成是国内专门从事马铃薯产业机械研究、开发、生产、销售的农业机械研发生产企业,被誉为中国马铃薯机械制造专家,图 3 为 3ZMP-360 马铃薯中耕培土施肥机,该机具能够一次完成松土、除草、筑垄、追肥等作业,具有作业效率高,中耕质量好等优点,犁体采用独特的新型犁体曲面结构,作业阻力小,耕深可调,作业幅宽大,最高可达 3.6 m,

图 2 中机美诺 1240A 四行马铃薯种植机

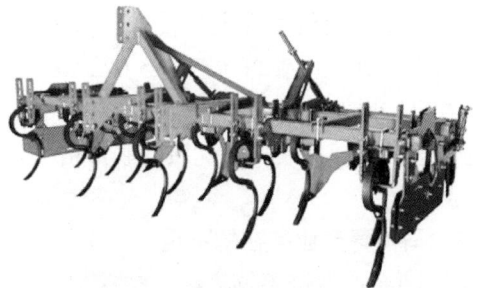

图 3 希森天成 3ZMP-360 马铃薯中耕培土施肥机

图 4　GRIMME WR200 简单式马铃薯收获机

非常适合黑龙江等寒冷地区的大规模起垄作业，不足之处是耕作部件是被动作业，碎土能力差，中耕作业中存在伤苗的现象[7]。

黑龙江引进的先进马铃薯机械一部分就来源于德国的 GRIMME（格立莫），图 4 所示为格立莫 WR200 简单式马铃薯收获机田间作业情况，该机械采用牵引式挖掘装置挖掘，升运链式除杂收获装置收获，并由传输装置将收获的马铃薯平铺在土垄一侧，由人工装袋。该收获机械最大的优点就是机械结构简单，利用升运链抖动达到除杂目的，作业可靠性高，对马铃薯损伤小，适合中小规模马铃薯收获作业。

黑龙江省的马铃薯机械化水平在国内处于中上位置，但与国外相比，还有一定的差距，主要存在以下问题：（1）黑龙江省的马铃薯机械以中小型为主，缺乏大型、自走式作业机械；（2）现有的马铃薯机械在作业过程中伤薯率较高，影响了马铃薯的质量；（3）现有作业机械种类单一，适用性偏低，不能很好地适应黑土地黏重的特性。

2　黑龙江省发展马铃薯产业的优势与不足

2.1　发展马铃薯产业的优势

黑龙江发展马铃薯产业有着巨大的优势，首先是优越的自然条件，黑龙江地处北纬43°～53°，雨热同期，昼夜温差大，适合马铃薯块茎膨大和营养物质积累，且土地资源丰富，肥沃的黑土地能为马铃薯生长提供充足的养分。其次黑龙江地势平坦，种植区比较集中，适合大型机械作业。黑龙江省拥有雄厚的人才和科研力量，东北农业大学、黑龙江八一农垦大学、东北林业大学、黑龙江省农科院、黑龙江省农机研究院等诸多高校和科研院所为马铃薯发展提供了强大的技术支持和研究开发能力[8]。黑龙江省的马铃薯发展空间大[9]，2018 年黑龙江马铃薯单产为 5 022 kg/hm², 吉林为 7 970 kg/hm², 河北为 6 501 kg/hm²，可以看出，黑龙江省的马铃薯还有较大的发展空间。黑龙江是中国主要的繁种基地之一，能为本地马铃薯发展提供优质的脱毒苗木，培育出不同需求的马铃薯种薯，从而提高马铃薯的产量。

2.2　马铃薯产业存在的不足

（1）产业链不够完善，精深加工不足。黑龙江省马铃薯加工产品大多为粗制粉条、粉皮等初级产品，而像精制淀粉、变性淀粉、精细化工、低热能高甜食品等精深加工产品数量却很少，目前有北大荒马铃薯集团、嵩天薯业集团、奈伦淀粉工业公司、黑龙江省嫩江县九三薯业集团股份公司、大兴安岭省丽雪精淀粉集团等龙头企业年产量占全省40%、精加工量占全省的90%以上。

（2）机械化程度低。黑龙江省的农业机械化程度在全国内处于领先的地位，但相较于国外还有一定的差距，现有机械大多为中小型作业机械，缺乏大规模作业机械。

2.3 马铃薯产业发展对策

在推进马铃薯主粮化进程以及马铃薯十三五规划的大背景下，黑龙江省的马铃薯产业必将迎来新一轮的进步，当前应该抓住这次发展契机，强化弱势产业，巩固发展优势，将黑龙江省的马铃薯产业做大做强。

（1）加强合作社推广，发展规模化集中经营，全面实施机械化作业。黑龙江省的马铃薯种植区主要集中在黑河、齐齐哈尔、绥化、牡丹江、大庆等地，在这些地区适合推广合作社经营，将土地集约化管理，从而更有利于发展大规模机械化作业。

（2）加大政府支持力度，强化政府引导职能，加大马铃薯新技术、新产业、新机械的研发力度。政府应当加强对马铃薯新技术研发、种薯培育、合作社推广、品牌建设、企业发展、农机补贴等的政策支持，引领种植户种植新品种，鼓励企业向精深加工发展，从而推动马铃薯主粮化进程。

3 马铃薯产业发展趋势

未来黑龙江省马铃薯产业将向着规模化、机械化、优质化、全球化迈进。大型合作社将会进一步增多、扩大，马铃薯的种植也将更加集约化；马铃薯机械化作业的比重将增加，且会向着大马力、大功率农机具发展；马铃薯的种植过程也将更加绿色安全，减少农药化肥的使用；马铃薯加工业将扩大在新工业中的用途，深化马铃薯精加工，提高附加值；将加强与国外发达国家的合作，引进新技术，紧紧结合乡村振兴战略和现代化新龙江的宏伟目标，用新思想武装头脑、指导实践、推动工作[10,11]。

4 总 结

当前，黑龙江省的马铃薯产业已具有了一定的规模，马铃薯机械也得到了进一步的发展，从播种到中耕到收获再到仓贮都有对应的作业机械，且基本能够达到作业要求，马铃薯加工业也得到了长足的发展，产业链进一步完善，但是和国内去其他省市相比，还有一定的差距，和国外发达国家相比差距更大，主要集中在种薯供应、产业链发展、作业机械化等方面，为此我们要不断地培育新品种，开发新技术，研发新机械，充分发挥高效和科研院所密集优势，助力马铃薯主粮化战略实施。

[参 考 文 献]

[1] 崔永伟，杜聪慧，李树君．中国马铃薯种薯产业发展分析与展望 [J]．农业展望，2020，16(1)：71–76.

[2] 王哲．中国马铃薯产业发展现状及对策 [J]．农家参谋，2020(2)：84.

[3] 徐宁.2016年黑龙江省马铃薯产业发展现状、存在问题及建议[C]//陈伊里，屈冬玉.马铃薯产业与精准扶贫.哈尔滨：哈尔滨地图出版社，2017：56-62.

[4] 周向阳，张洪宇，张晶，等.2018年马铃薯市场形势回顾及2019年展望[J].中国蔬菜，2019(5)：9-12.

[5] 淳于永健.黑龙江省马铃薯产量变化及影响因素分析[D].哈尔滨：东北农业大学，2018.

[6] 耿殿铭.黑龙江省马铃薯加工发展规划研究[J].科学技术创新，2018(34)：136-137.

[7] 吕金庆.马铃薯中耕机的研究现状与发展趋势[C]//屈冬玉，金黎平，陈伊里.马铃薯产业与健康消费.哈尔滨：黑龙江科学技术出版社，2019：144-148.

[8] 马丽亚，刘浩莉.黑龙江省马铃薯生产优势与差距探析[J].黑龙江八一农垦大学学报，2018，30(3)：86-92.

[9] 王立谦，曾祥俊.关于黑龙江省马铃薯产业增长潜力的研究[J].黑龙江科学，2017，8(21)：152-155.

[10] 李文超.我国马铃薯生产发展趋势[J].农家参谋，2019(16)：63.

[11] 马廷新，张广东.宁夏马铃薯全程机械化生产的现状及发展对策[J].当代农机，2019(11)：56-58.

陇西县马铃薯产业发展现状与对策

张双定*，郭菊梅，牛红莉，魏秀珍，王文亚

（甘肃省定西市陇西县种子站，甘肃 陇西 748100）

摘　要：马铃薯在陇西县种植历史悠久，生产量大、质优，是重要的高产粮菜兼用型农作物。阐述陇西县马铃薯产业发展现状和工作机制，分析发展中存在的问题，并提出大力实施脱毒种薯繁育、标准化种植、主食化加工工程的对策建议，为陇西县马铃薯产业发展提供参考。

关键词：马铃薯；发展现状；对策

近年来，陇西县认真贯彻落实《中共定西市委定西市人民政府关于加快马铃薯产业转型升级的意见》和《关于印发2016～2018年马铃薯主食化产业开发实施方案的通知》精神，结合县情实际，立足资源优势，以定西市全力打造"中国薯都"为契机，紧紧围绕"一条主线"（增加农民收入），助推"两大目标"（精准扶贫、一二三产融合发展），实施"三大工程"（马铃薯脱毒种薯全覆盖工程、农产品产地初加工工程、马铃薯主食化加工工程），提升"四个水平"（品种专用化、种植规模化、生产机械化、产品商品化），构建"五大体系"（种薯扩繁体系、种薯质量监管体系、新品种新技术推广体系、市场营销体系、产后深加工体系），促进了马铃薯产业转型升级，加快了陇西县农业农村经济持续健康发展[1]。2019年，陇西县马铃薯年种植面积2.67万hm²，总产量59.8万t，产值6.59亿元；提供农民人均纯收入607元，占农民人均纯收入的6.2%。

1　发展现状

1.1　积极构建脱毒种薯繁育体系，实现马铃薯脱毒种薯全覆盖

陇西县已建立脱毒苗、原原种、原种生产企业2家，一二级种薯生产企业（合作社）4家，年生产原原种3 000多万粒，原种5 000 t，逐步融入全国区域性马铃薯种薯繁育基地。从2015年开始，重点以农户原种扩繁为主，大力实施"一分田"工程，每年投放原原种2 000万粒进行高山隔离原种扩繁333.33 hm²，每户补贴投放原原种400粒，全面推广应用马铃薯脱毒种薯。经过5年的努力，陇西县马铃薯实现了一级种薯全覆盖，被省农牧厅总结为"陇西模式"。

1.2　全面提升新品种新技术应用水平，提高马铃薯的品质和产量

根据当地土壤、气候条件，配套推广普及机械化膜上覆土高垄栽培技术、黑膜双垄沟播技术、测土配方施肥、病虫害综合防治等先进实用技术，提高单产，增加总产。重点推广"黑

作者简介：张双定（1971—），男，高级农艺师，主要从事农作物良种繁育与推广工作。

* 通信作者：张双定，e - mail：893986456@qq.com。

膜覆盖+脱毒种薯+配方施肥+机械耕作+专业化防治"的马铃薯高产高效栽培模式，推进示范基地建设，引导群众调整农业结构，提升马铃薯种植水平，马铃薯种植面积稳定在 2.67 万 hm^2 左右，平均单产达到 1 495 kg，商品率达到 85% 以上。一是新品种覆盖率显著提高。按照"当家品种重提质、接班品种重推广、试验品种重筛选"的思路，每年引进近 100 个品种进行试验示范，大面积推广"陇薯 7 号""陇薯 10 号""青薯 9 号""冀张薯 12 号""天薯 11 号"等优良品种及主食化品种，良种应用率达 100%；二是新技术得到全面推广应用。陇西县黑膜覆盖栽培每年稳定在 1 万 hm^2 左右，病虫害预防率达到 95% 以上；三是创新种植模式和机械化耕作稳步推进。加强马铃薯与中药材、马铃薯与粮食作物的间套带立体栽培模式研究创新，切实解决薯药、薯粮争地矛盾。同时，在马铃薯主产区示范推广一批小型马铃薯深耕机和收播机，提高生产效率，减少人工投入，马铃薯机耕、机播、机收面积达到 1.33 万 hm^2 以上。

1.3 大力培育新型农业经营主体，提升马铃薯产业化水平

大力鼓励引导工商资本发展马铃薯产业，培育新型农业经营主体，鼓励农户土地承包经营权在公开市场上向马铃薯专业大户、家庭农场、农民专业合作社、农业企业流转，发展多种形式的马铃薯规模经营，实现马铃薯产业优势与新型经营主体的有效结合。按照"市场牵龙头、龙头带基地、基地带农户"的经营管理模式，带动农户参与马铃薯产业化经营。截至目前，马铃薯专业合作社发展到 120 家，建成马铃薯标准化种植基地 2.67 万 hm^2，其中种薯扩繁 1.12 万 hm^2，主食化原料基地 0.33 万 hm^2，优质商品薯标准化生产 1.21 万 hm^2。同时，从 2012 年开始，将马铃薯纳入农业保险，提高产业抵御风险的能力，每年参保面积在 1.33 万 hm^2 左右，累计赔付农民 1 660.31 万元。

1.4 全力兴建标准化贮藏设施，提高马铃薯产业贮藏效益

依托农产品产地初加工补助政策和产业扶持，马铃薯标准化贮藏设施得到改善。截至目前，陇西县共新建 1 000 t 马铃薯贮藏库 24 座，20～60 t 马铃薯贮藏窖 1 975 座，新增马铃薯贮藏能力 10.6 万 t，带动增收 1.21 亿元，其中马铃薯减损增供 4.77 万 t、价值 5 724 万元，错季销售增收 6 360 万元，初步达到了"增加供给、均衡上市、稳定价格、提高质量、保证加工、促进增收"的目标。

1.5 着力完善市场营销体系，提升马铃薯产业市场效益

一是以马铃薯专业合作社为主成立马铃薯产业联盟，在良种的引进与扩繁、标准化基地建设、外销终端市场培育、精深加工等方面形成全程贯通、互助互利、合作共赢的马铃薯产业发展框架；二是充分发挥农联社作用，积极培育和扶持马铃薯专业合作社、专业协会和运销大户，引导其切实搞好产前、产中、产后服务，在提高自我发展能力的同时，从良种引进、新技术培训和应用、开辟鲜薯外销终端市场等方面对会员提供优质服务。目前，运销专业合作社、专业协会和运销大户已发展到 52 家；三是建立营销网络，实现营销多元化。县内形成专业批发市场 2 处，小型交易市场 18 个，在上海、广州、四川等地开辟销售终端市场，设立信息窗口，逐步建立有形的市场销售网络，同时积极推行网上电子商务营销，大力发展订单销售、配送销售等形式，切实提高马铃薯的商品率和经济收入。目前，年外销鲜薯 27 万 t，实现销售收入 4.3 亿元。

1.6 倾力创建培育品牌，扩大马铃薯产业品牌效应

抢抓陇西县被确定为全国绿色食品原料（马铃薯）标准化生产基地的有利机遇，以"无公害""绿色""有机"为主题的品牌建设稳步提升。截至目前，已通过无公害产地认证12个，面积 0.56 万 hm^2，产量 21 万 t；通过绿色食品认证 12 个，产量 24.3 万 t；注册"清吉""弘泰""新锦"等马铃薯商标 13 个，"清吉""凯龙"等马铃薯精淀粉商标 3 个。同时，对主要的马铃薯品牌进行了宣传推广，引导鼓励企业和合作社通过参加博览会、产品推介会等"走出去"方式，强化品牌包装，马铃薯品牌知名度和市场竞争力不断提升，品牌效应逐步显现。

1.7 加快健全精深加工体系，提高马铃薯产业附加值

依托清吉集团、凯龙淀粉等马铃薯现代化精深加工生产线，有效延伸马铃薯产业链条，提高了马铃薯附加值，极大地带动了陇西县马铃薯产业的发展。清吉集团与荷兰尼沃巴国际集团组建的甘肃凯龙淀粉有限公司，已建成年生产能力 1 万 t 精淀粉和 3.6 万 t 变性淀粉生产线；定西市清吉淀粉制品有限公司已建成年产 5 000 t 马铃薯精淀粉无矾粉皮生产线 10 条、建成年产 3 亿桶马铃薯无矾方便粉丝生产线，建成马铃薯面条生产线和马铃薯馒头生产线 2 条。主导产品有"尼沃巴"牌马铃薯无矾粉皮、粉丝、粉条、方便粉丝，"清吉"牌土豆粉，"伊嫂"牌马铃薯馒头、面条，产品已在全国各大流通市场和北京华联、沃尔玛、华润万家等大型商超及北京新辣道、重庆德庄、重庆朝天门等火锅连锁企业均有销售。

2 工作机制

通过多年来的不断探索和发展，在马铃薯产业开发中，逐步建立了"六种工作机制"。

（1）"政府筹措资金＋部门技术服务＋农户自繁自用"的良种推广机制。县财政每年都安排 400 万元以上的专项资金，由农业农村部门负责调进马铃薯脱毒原原种，大力实施"一分田"工程，实现一级种薯全覆盖的马铃薯脱毒种薯推广普及格局。即每户补贴投放原原种 400 粒，种植 66.67 m^2，所产原种次年种植 666.7 m^2，所产一级种第三年可种植 6 667 m^2，逐步形成家家户户每年购买原原种 400 粒，自繁脱毒种薯，实现马铃薯脱毒一级种薯全覆盖。

（2）"政府宣传引导＋乡镇入户动员＋合作社带动发展"的面积落实机制。每年抽调近千名县乡干部深入农户进行宣传引导和算帐对比，帮助农户调整种植结构，落实来年的马铃薯种植面积。同时，各合作社也通过对农户赊销农资、订单回收等形式支持农户种植，通过宣传、引导和支持等多种措施，鼓励农民扩大马铃薯种植面积，农户年种植马铃薯面积达到 0.33 hm^2 以上，经济收入 7 000 元以上。

（3）"合作社流转土地＋标准化基地＋新品种展示示范"的示范带动机制。每年马铃薯种植中，通过合作社流转土地，建立标准化生产基地和新品种展示示范，树立"样板田"，组织农民观摩交流，示范带动新品种、新技术的普及应用。同时，安排各乡镇建立 20 hm^2 以上的良种扩繁示范点和 66.67 hm^2 以上的标准化生产示范点，将优良品种、标准化种植、丰产栽培技术、病虫害综合防治等良种良法综合配套进去，建成高产高效的示范点和农业

技术推广示范的"窗口"，让广大农民能够切实看到农业技术带来的效益。通过示范点的辐射和合作社的带动，不断提高农户的种植积极性。

（4）"政府出资组织＋合作社参与＋终端市场调研"的市场信息服务机制。每年在8月份都安排专项资金，由县农牧局组织县内部分企业、合作社负责人和运销大户专门到广州、上海等终端市场考察联系，根据考察情况将信息及时反馈给各运销企业，为马铃薯销售提前做好准备。目前，陇西县50多个专业合作社和运销大户已与全国32个一级市场建立了密切的合作关系，为农户马铃薯的外销奠定了坚实基础。

（5）"政府补贴资金＋部门技术指导＋合作社农户建设"的贮藏设施建设机制。依托农产品产地初加工补助政策，每年安排500万元左右的资金，由县农业部门对当年新建的20、60 t贮藏设施进行补贴，有效地提高了农户建设马铃薯贮藏窖的积极性，每一座贮藏设施可实现收益1.2～1.7万元。

（6）"政府扶持推动＋企业自主研发＋吸纳农户就业"的初、深加工机制。通过政府推动，以清吉集团为主的马铃薯加工业发展迅速，加工企业、专业合作社和小型加工点达到2 700多个，年可加工鲜薯18万t，特别是无矾粉皮、方便粉丝、馒头、面条等主食化产品的生产，吸纳农户300多人就业，月工资达3 500元以上，极大地带动了农户的脱贫致富。

3 存在的问题

虽然，近年来陇西县在马铃薯产业发展方面取得了一定成效，但还存在一些困难和问题，主要表现在：一是原原种、原种企业生产基础薄弱、规模偏小、生产基地还不够稳定、生产能力低下，没有形成品牌力量，与全国区域性马铃薯种薯繁育基地的要求还有一定差距；二是种薯病毒检验检测能力不足，县一级没有人员力量进行种薯质量检测监管，也没有检测经费，种薯质量没有保障；三是品牌效应仍不明显。尽管与上海、广州等各大市场建立了业务关系，但与山东、陕西等地相比，陇西县马铃薯产品尤其是鲜薯商品性较差，市场竞争力还比较弱，没有形成叫得响的品牌，市场竞争力不强，影响了销售价格；四是产业扶持资金缺乏。市里扶持马铃薯产业资金有限，省里产业发展专项资金全部整合到扶贫资金，导致政府公益性的品种引进试验和示范推广无法正常开展；五是马铃薯淀粉加工和主食化加工能力不足。由于受环保政策及金融支持的影响，县内淀粉加工企业处于停产状态，农民生产的淀粉薯只能远销外地，严重影响农民种植马铃薯的积极性。清吉集团已全面建成淀粉、粉皮、粉丝、馒头生产线，并取得了食品生产许可证。但由于银行信贷收紧等因素影响，公司流动资金严重缺乏，致使生产线处于半停产状态；六是购销流动资金依然缺乏。受多种因素的影响，收购流动资金比较缺乏，虽然每年银行给予支持，但由于大多数人员自有资金较少，正常周转比较困难，一定程度上影响马铃薯产业的发展。

4 发展对策

2020～2022年，陇西县将全面贯彻落实《定西市人民政府办公室关于印发定西市马铃薯稳步发展 3 年（2020～2022）实施方案的通知》精神，巩固"全国绿色食品原料（马铃薯）标准化生产基地"创建成果，推动马铃薯产业品种、品质、品牌"三品"统一，农业、工业、产业、事业"四业"融合，鲜食化、主食化、工业化、市场化、产业化、国际化"六化"并进，精准实施脱毒种薯繁育工程、标准化种植工程、主食化加工工程"三大工程"，着力构建种薯扩繁体系、种薯质量监管体系、新品种新技术推广体系、市场营销体系、产后主食加工体系"五大体系"，纵深推进马铃薯产业鲜薯销售向种薯生产转变，副食消费向主食消费转变，数量控制向质量提升转变，创新优化产供销一条龙、贸工农一体化产业的发展格局，使马铃薯产业成为农民增收的主导产业之一，为全面建成小康社会提供强大支撑。

4.1 大力实施脱毒种薯繁育工程

以定西市建设全国区域性马铃薯良种繁育基地为契机，以提升种薯生产质量和脱毒种薯生产能力为重点，着力打造标准化种薯繁育基地，加快良种更新步伐，拓宽种薯市场营销渠道，强化种薯质量监管，加快种薯繁育体系建设[2]。

（1）建设种薯繁育基地。一是通过财政支持、项目支持、融资扶持，全力推动甘肃裕新农牧科技发展有限责任公司增强自身发展实力，提升科技研发水平，加大基础设施建设，扩大种薯生产规模，提高种薯生产质量，着力构建马铃薯脱毒种薯生产体系，年生产脱毒苗 3 500 万株，年生产原原种 5 000 万粒以上；二是依托龙头企业（合作社）通过土地流转的方式，以柯寨—福星—马河—宏伟—权家湾等乡镇为重点，建设原种繁育基地 533.33 hm²，其中：标准化核心基地 3 个共 400 hm²（福星镇 133.3 hm²，柯寨镇 133.3 hm²，宏伟乡 133.33 hm²）；三是由种薯生产持证企业（合作社）通过"企业（合作社）＋农户＋基地"带动模式，以柯寨—福星—德兴—宏伟—权家湾—渭阳—永吉等乡镇为重点，利用高山隔离和气候冷凉的条件，建立一级种薯扩繁基地 1.07 万 hm²。

（2）加快良种更新步伐。按照"当家品种重提质、接班品种重推广、试验品种重筛选"的思路，种子部门和种薯持证生产企业，引进筛选和推广国内外高产新优品种为主，切实加大加工专用型马铃薯新品种的引进和推广工作，逐步形成主栽当家品种、推广接班品种、引进筛选试验品种同步推进、梯次发展的良性循环格局。每年引进主食化新品种 30 个以上，并同步开展品质鉴定，通过试验筛选出 2～3 个品质好、产量高、适宜主食化发展和省内外市场需求的专用型品种，建立新品种示范展示基地 6.67 hm²。

（3）做好种薯示范推广。一是加大种薯示范推广力度，提升陇西县马铃薯脱毒种薯覆盖率。农技、种子部门建立新品种和脱毒种薯展示示范点 1 个 6.67 hm²，指导种薯生产企业建立脱毒种薯展示示范点 5 个 33.33 hm²，通过集中展示不同品种、级别的脱毒种薯，提升农民对新品种和脱毒种薯增产潜力的认识。同时，采取政府引导、龙头企业主导，合作社带动，群众参与的模式，通过推广"一分田"马铃薯良种推广措施，确保陇西县马铃薯脱毒种薯覆盖率达到 100%；二是加大种薯品牌推介，提升种薯市场占有份额。陇西县种薯生产持证企业，要坚持互惠互利、抱团发展的原则，组建产业联盟，整合市场营销团队，抓主抓重求扩面，加大种薯品牌宣传，紧盯广州、内蒙古、四川等脱毒种薯需求大省，建立有形市场销售网络，争取全国市场占有份额，切实推动鲜薯销售向良种生产转变。

（4）强化种薯质量监管。通过建立马铃薯控制体系，强制实行质量检验和质量认证制度，以马铃薯脱毒种薯国家标准为基础，按照《甘肃省马铃薯脱毒种薯质量管理办法》和《定西市马铃薯种薯质量管理办法》，切实加强对种苗繁育、种薯生产、质量检测、田间管理、包装标签、仓贮运输等全过程实现完善严谨的监管，逐步实现脱毒种薯可追溯管理，监督种薯生产企业建立健全种薯生产经营档案，加强种薯质量全过程监管，完善追责机制，进一步提升陇西县马铃薯种薯质量。

4.2 大力实施标准化种植工程

按照"绿色""有机"的要求，以新品种新技术推广、标准化基地建设为重点，着力加强高质量发展模式集成。

（1）加快商品薯基地建设。在巩昌、文峰等乡镇水肥条件好、热量高的地区推广种植地膜覆盖垄作技术，重点推广"早大白""费乌瑞它"等中早熟品种和"陇薯7号""陇薯10号"等主食化品种；在马河、通安驿、云田、宏伟、和平等乡镇大力推广集成配套实用技术，重点推广"陇薯7号""陇薯10号""天薯11号""青薯9号"等高淀粉加工型品种。按照"一村一品"的要求，紧紧结合农村"三变"改革、乡村振兴战略和当地自然生态条件，发挥各村富民产业合作社和辖区内各级示范专业合作社的作用，陇西县每村至少连片集中建立 33.33 hm² 以上的"绿色"或"有机"马铃薯标准化生产基地 1 个，采取统一供种、统一播种、统一田间管理、统一收贮、统一销售模式，切实提升马铃薯标准化生产基地水平，着力提升马铃薯品牌，提高经济效益和产业发展水平。

（2）集成推广先进实用技术。根据当地土壤、气候条件，大力发展绿色生态马铃薯，加强控肥增效、控药减害、控水降耗和控膜提效"四控"行动，推广应用黑色地膜双垄沟播、测土配方施肥、增施有机肥、病虫害统防统治和绿色防控等绿色高质高效生产技术，切实提高马铃薯的品质。农技、种子部门重点推广"黑色全膜双垄覆盖＋脱毒种薯＋配方施肥＋机械耕作＋专业化防治"的马铃薯高产高效栽培模式，陇西县推广黑色地膜双垄沟播马铃薯种植面积 1 万 hm²；加大马铃薯病虫害尤其是晚疫病的防治工作，通过生态综合防治，加强预测预报、统防统治等手段，开展从种到收以及贮藏期间各环节病虫害的预防与控制，减轻病虫害对马铃薯的危害；陇西县建立马铃薯全程机械化耕作千亩示范点 6 个，加大轻简化农业机械示范推广，使陇西县马铃薯机耕、机播、机收达到 1.33 万 hm²。

（3）促进产业化规模化经营。鼓励和引导工商资本进入马铃薯产业领域，特别是在种植环节与薯农开展深度合作，注入土地、资本、技术和人才等产业要素，增强马铃薯产业发展活力；鼓励承包经营权在公开市场上向马铃薯专业大户、家庭农场、农民专业合作社、农业企业流转，发展多种形式的马铃薯规模经营，实现马铃薯产业优势与新型经营主体的有效结合，带动马铃薯产业的深度开发；加强市场牵龙头、龙头带基地、基地带农户的经营管理模式，将专业化生产的企业和合作社作为基地建设的主体，按照"科学布局、合理轮作、规范种植"的原则，实行标准化种植，集约化管理，鼓励定订生产，稳定农民收入预期，确保 1.55 万 hm² 标准化商品薯生产基地建设任务落到实处；实施马铃薯产业化规模化生产补贴政策，提高种植户积极性，提高脱毒种薯应用率和马铃薯品质，促进马铃薯规模化集约化专业化种植，通过补贴政策的推动，力争陇西县规模化比例达到 40% 以上。

（4）提升马铃薯贮藏能力。各乡镇在全面核查陇西县历年农产品产地初加工补助项目建成各类马铃薯贮藏设施和贫困村果蔬保鲜库的运营情况，制定切实可行各类贮藏设施运营管理措施，鼓励运销大户、专业合作社改造、维护现有贮藏设施，提高贮藏设施贮藏能力，结合"三变"改革，陇西县建成的贫困村果蔬保鲜库股权量化到村、贫困户，要向有意向承租的马铃薯种植、贩运户倾斜，制定合理租费标准，切实提高利用率；要全面普及贮藏技术推广和窖藏病害防控，加大马铃薯的贮藏和错峰销售，力争陇西县马铃薯贮藏达到 45 万 t，确保实现"增加供给、减少损失、稳定价格、提高品质、保证加工、促进增收"的目标。

4.3 大力实施主食化加工工程

抢抓国家实施马铃薯主食化战略的机遇，以研发、加工、营销主食化产品为重点，切实提升主食化加工和市场营销。

（1）推动马铃薯主食化加工。大力扶持定西市清吉淀粉制品有限公司深入推进马铃薯主食化产品研发、生产和销售进程，年内完成扩建马铃薯淀粉鲜薯生产线一条，对无矾粉皮设备自动化生产线进行改造升级，积极推进"尼沃巴"牌马铃薯无矾粉皮、粉丝、粉条、方便粉丝，"清吉"牌土豆粉，"伊嫂"牌马铃薯馒头、面条等主导产品走向全国进商超、进万家，增加附加值。同时，积极探索马铃薯主食化加工新途径，引导鼓励社会资本新建马铃薯产地初级清洗、筛选、分级包装、净菜加工等领域，探索研发易加工、成本低、口味好的马铃薯膨化食品、休闲食品等主食化品种。通过推动马铃薯主食化加工，力争年加工原料薯可达 11 万 t，相当于近 0.47 万 hm^2 马铃薯的产量，陇西县马铃薯主食化率达到 30% 以上。

（2）恢复提升淀粉加工产能。马铃薯淀粉加工过程中，产生大量的含有丰富蛋白质、淀粉、纤维、多糖等有机营养物的工艺水（分离汁水），直接排放就变成废水，导致严重的环境污染，成为企业扩大生产的重大障碍。要向上争取，向下筹措资金，扶持清吉集团凯龙淀粉公司进行废水处理设备系统更新和技术改造，降低成本、恢复生产，提升产能。同时，对接相关企业成立陇西县马铃薯加工废水治理联合攻坚课题组，开展马铃薯淀粉加工废水还田利用田间试验研究，规范开展废水还田利用活动，解决加工环节排污处理难题。

（3）发挥马铃薯品牌效益。紧紧抓住陇西县被确定为全国绿色食品原料（马铃薯）标准化生产基地的有利机遇，加快以"绿色""有机"为主的品牌建设。加大对"清吉""鲁班山"等马铃薯认证品牌的宣传推广力度，积极引导鼓励企业和合作社通过参加博览会、产品推介会等"引进来、走出去"方式，强化品牌包装，不断提升马铃薯品牌知名度和市场竞争力。继续加大无公害产地认定和产品力度，积极为马铃薯企业和专业合作社创造条件，支持建设马铃薯生产基地 0.33 万 hm^2 以上，每年新认定无公害马铃薯及其制品品牌 4 个，认证生产基地面积 666.67 hm^2，以精益求精的品牌打市场、多好快省的产品增效益。

（4）拓宽马铃薯营销渠道。一是借助定西市"中国薯都"马铃薯品牌影响力，建设陇西县马铃薯大数据产业平台，为产业提供生产管理、贮藏运输、交易、金融等全产业链服务；二是充分利用"连江·陇西东西部扶贫协作陇西农特产品走进连江"的机遇，在连江建设以马铃薯为主的名优特农产品专卖店和马铃薯全产业链展示体验店，推广陇西县马铃薯主食化产品；三是探索"电商＋生产企业＋快递"等主食产品销售模式，加强与高校的对接力度，大力发展订单销售、配送销售，让更多的马铃薯主食产品走进校园；四是充分发挥农联社的作用，联合马铃薯专业合作社和运销大户，组建营销团队，在福建、上海、广州、四川等地开辟销售终端市场，设立信息窗口，逐步建立有形的市场销售网络。五是积极组织参加农民丰收节、农畜产品交易会、对接会、展销会、薯博会等，进一步提升陇西马铃薯产品品牌的影响力。

[参 考 文 献]

[1] 许爱霞，王兴政.定西市打造"中国薯都"对策及建议 [J]. 蔬菜，2019(6)：32–34.
[2] 白贺兰，乔德华.甘肃省马铃薯产业发展现状及持续健康发展对策 [J]. 中国马铃薯，2018，32(2)：118–123.

布拖县马铃薯产业化调研及发展建议

徐　驰[1]，彭　洁[1]，蔡诚诚[1]，杨　勇[1]，武　斌[2]，傅新红[3]，
张社梅[3]，齐顾波[4]，丁　昭[5]，申　云[5]，王西瑶[1]，李立芹[1*]
（1. 四川农业大学农学院马铃薯研究与开发中心，四川　成都　611130；
2. 英国诺丁汉大学商学院，英国　诺丁汉　NG14BU；
3. 四川农业大学管理学院，四川　成都　611130；
4. 中国农业大学人文发展学院，北京　100083；
5. 四川农业大学经济学院，四川　成都　611130）

马铃薯（*Solanum tuberosum* L.）为茄科茄属一年生草本植物，有适应性强、产量高、营养价值丰富等特点，是中国重要的粮食、经济作物。2015 年初，国家提出实施马铃薯主粮化战略，使其成为与水稻、小麦和玉米并列的第四大主粮，并且马铃薯也是一类能与我国"脱贫攻坚与乡村振兴"政策紧密结合的扶贫作物，在农业和农村经济中发挥着显著作用。四川省是中国马铃薯的种植大省，全省全年马铃薯种植面积达 73.33 万 hm²。凉山彝族自治州位于四川省西南部，其纬度低，海拔高，光照充足，昼夜温差大，具有优越的气候、地理和土壤条件，非常适宜马铃薯生长，并拥有悠久的种植历史。布拖县是凉山州马铃薯种植面积最大、最有优势的主产县之一，马铃薯常年种植面积达 1.33 万 hm² 以上，是当地的主粮之一，占全县粮食作物种植面积的 40％左右。但是，全县马铃薯生产、加工技术落后，配套安全贮藏技术缺乏，农户科学规范种植意识薄弱，当地马铃薯品种退化严重等问题严重制约着全县马铃薯产业发展。为改善布拖县马铃薯产业技术落后情况，突出马铃薯产业优势，加速推动全县马铃薯产业持续良好快速发展，促进马铃薯产业提质增效，助力脱贫攻坚工作。2018 年，在中国农村专业技术协会主导下，由四川省科协组织运筹，建立了布拖马铃薯科技小院，以布拖县布江蜀丰生态农业科技有限公司为依托单位，由四川农业大学、四川省农村专业技术协会、中国农业大学共建，旨在全面推进布拖县马铃薯产业，保障全县人民粮食安全。为充分了解布拖县马铃薯产业现状，促进该区域马铃薯产业健康快速发展，英国诺丁汉大学全球挑战研究基金（GCRF）项目组联合布拖马铃薯科技小院团队，通过走访农户、参与式观察、深度访谈、问卷调查、对接当地帮扶干部等多种方式了解了布拖县马铃薯生产的基本情况、技术需求和发展趋势。

布拖县全年无霜期为 211 d，最高气温 29.9 ℃，长冬无夏，气候寒冷，雨量充沛，干湿季明显，日照充足。水源为雨养和地表水，年降雨量 1 110.1 mL，降雨规律符合马铃薯的生长需求。土质以沙壤土为主，土壤结构较好，土质疏松，土地肥沃，同样也适宜马铃

作者简介：徐驰（1996—），女，硕士研究生，从事马铃薯种薯活力调控及幼苗抗性研究。
基金项目：国家现代农业产业技术体系四川薯类创新团队项目（川农函 [2019]472 号）。
＊通信作者：李立芹，博士，副教授，主要从事马铃薯钾营养研究，e – mail：liliqin88@163.com。

薯生长发育。当地马铃薯生产主要生产种薯、鲜食薯及商品薯，加工薯较少。主要的品种有"青薯9号""凉薯14""米拉""阿斯子""阿乌""乌洋芋"等，其中不乏布拖马铃薯特有品种。当地虽加工较为落后，但现已逐步建成了茎尖脱毒组织培育苗—日光温室繁育原原种—网室扩繁原种—大田扩繁一、二级脱毒良种的马铃薯种薯扩繁体系和推广体系。每年可为布拖县提供 0.2 万 hm² 的马铃薯生产种，能满足布拖县脱毒马铃薯 1 ~ 2 代生产种实现 3 ~ 4 年轮换。

在对调研结果进行全面分析后发现布拖马铃薯产业存在传统小农生产方式亟待转型、先进技术扩散不足、产业链衔接困难、人才短缺等问题，具体体现为：传统小农的转型问题，需要克服规模小、商品率低、土地流转难的瓶颈；彝族农户对新技术的观望、被动接受和依赖政府补贴的消极态度；马铃薯产业链中存在着诸多断环、加工技术缺位、产业组织化程度低、同市场衔接差等问题；由于当地贫穷和落后，彝族人大都外出打工，导致彝族人才短缺问题。

针对上述问题，提出了布拖马铃薯产业化发展思路与建议，建议当地联合布拖马铃薯科技小院将现在的"薯类专家团队 + 企业 + 农户 + 科技小院"的线性技术推广模式，提升为"帮扶干部 + 科技小院 + 国际合作 + 村集体组织"的新模式，即利用前期科技小院已取得成效，继续发展"科技小院 +"模式。通过提升布拖马铃薯科技小院的功能定位，建构新型的帮扶合作平台，为村级集体经济和专业合作社发展注入活力；通过英国诺丁汉大学深度介入，吸引英国马铃薯公司同四川喜玛高科农业生物工程有限公司等对接，发展产学研一体化的国际合作平台网络，实现布拖县乃至凉山州马铃薯产业的国际化。具体而言，"科技小院 +"的发展模式包含如下 4 大工程：科技小院功能提升工程，发展"帮扶干部 + 科技小院 + 国际合作 + 村集体组织"的新模式；帮扶体系的功能优化工程，强化科技小院同帮扶干部之间的横向联系和推广服务功能；全产业链开发工程，从规划、组织、政策等多方面延伸马铃薯产业链条，对接大市场；领头雁培育工程，发展同有成基金会、四川农业大学、成都万春创客空间的战略合作。引进"科技小院 +"模式，有利于发展和延伸当地马铃薯的产业链条，为布拖马铃薯的产业化发展注入新动能，进而培养当地人才，为布拖马铃薯产业长远发展注入持续动力，也为布拖马铃薯科技小院后期工作开展奠定了基础。

关键词：布拖县；马铃薯；产业发展；问题；建议

研 究 进 展

马铃薯双单倍体产生的研究进展

简银巧，李广存，段绍光，徐建飞，庞万福，金黎平[*]

（中国农业科学院蔬菜花卉研究所/

农业部薯类作物生物学与遗传育种重点实验室，北京 100081）

摘 要：马铃薯是世界上第四大粮食作物，在中国和世界其他各国粮食安全及经济中起着重要的作用。自然界的马铃薯倍性从二倍体到六倍体不等，大部分不能直接应用于现有马铃薯的四倍体育种中，需要通过产生双单倍体间接应用于马铃薯育种。综述马铃薯双单倍体的应用、双单倍体的产生方式、诱导者的发现、遗传图谱及分子标记的开发及双单倍体的鉴定。以期对马铃薯研究者及相关人员具有一些参考作用。

关键词：马铃薯；双单倍体；产生方式；孤雌生殖；进展

马铃薯是世界上重要的蔬菜粮食兼用作物，又是重要的茄科作物。现在普遍栽培的马铃薯大部分是同源四倍体。在马铃薯100多年的育种史上，使用较多的是杂交法和回交法等常规方法，这些方法是基于四倍体进行，国内外利用这些方法育成大量品种。这些方法选育出一定水平的品种有效，但继续选择会导致亲缘关系较[1,2]，选出突破性品种困难较大，因此，需要引入更多的种质资源。

普通马铃薯共有235个亲缘种，其中7个栽培种，228个野生种[3]，其中二倍体（$2n = 2x = 24$）约占70%。二倍体具有与四倍体不同的重要基因，是扩大马铃薯遗传基础，进行品种改良的重要遗传资源。以对晚疫病具有的抗性来说，四倍体中具有对晚疫病的水平抗性，二倍体材料中具有对晚疫病垂直和水平的双重抗性；此外，二倍体种质中具优良的抗病、抗线虫、抗霜冻、抗干旱、早熟、高干物质、低还原糖等基因，因此是改良马铃薯品种极其有用的资源材料。

单倍体育种技术（孤雌生殖诱导技术）、分子标记辅助选择育种技术、转基因技术成为现代育种的3大核心技术。单倍体是指具有配子染色体数目的细胞或个体。马铃薯普通栽培种是同源四倍体（$2n = 4x = 48$），其单倍体为二倍体（$n = 2x = 24$），为了将四倍体产生的单倍体与二倍体栽培种或野生种（$2n = 2x = 24$）的单倍体（$n = x = 12$）进行区分，将四倍体产生的单倍体称为双单倍体，简称双单体。相对于四倍体，双单体植株生长弱小。

1 双单倍体的应用

由于胚乳平衡数（EBN，胚乳中母本 ENB：父本 ENB=2：1）导致胚乳退化，败育，使

作者简介：简银巧（1984—），女，博士，助理研究员，主要从事马铃薯遗传育种和分子生物学研究。

基金项目：国家自然基金青年基金（31901587）；国家现代农业产业技术体系建设专项（CARS–09）。

[*]通信作者：金黎平，博士，研究员，主要从事马铃薯遗传育种和脱毒种薯生产技术研究，e–mail：jinliping@caas.cn。

得普通四倍体马铃薯很难和二倍体马铃薯杂交成功。Chase 于 1963 年提出的分解育种法的主旨为通过孤雌诱导产生双单倍体与二倍体种质杂交[4]，在二倍体水平上育种，筛选后加倍成四倍体或者通过其他方式将二倍体的宝贵资源转移到四倍体栽培种上，从而提高产量及适应性，并且可以缩短育种周期。

栽培马铃薯具有四套相同的染色体，遗传学研究相对二倍体来说相对复杂[5,6]。通过孤雌生殖诱导双单倍体，再对其进行遗传学解析，可以简化遗传学分析，具有明显的优点。例如：基于四倍体马铃薯品种"Superior"诱导出 95 株双单倍体，对其基因组进行测序发现通过降低基因组复杂度揭示了遗传负荷、单倍型变异及农艺性状相关的位点[7]。此外，单倍体在细胞遗传学、进化等研究领域发挥着重要作用[8]。

2 双单倍体的产生途径

马铃薯单倍体的产生方式有花药培养、花粉培养、孤雄生殖诱导等。

2.1 花药培养

马铃薯花药一般选取单核中期到单核后期发育阶段的花药，经过预处理、材料灭菌等，接种到适宜的培养基上进行诱导，下一步转移到分化培养基上分化出具有正常植株根茎叶的再生植株。中国的科学家在 20 世纪 80 年代对此研究较多。1996 年，中国科学家通过设置不同温度和不同培养基，筛选了适宜的培养基和温度，提高了从花药中产生胚状体及再生植株的频率[9]。近年来，有埃及科学家报道了通过改变培养基配方和添加硝酸银，可以提高胚胎发生，降低无响应花药频率[10]。然而由于诱导率低，该方法研究较少。

2.2 花粉培养

花粉培养又称小孢子培养，在花药培养的基础上，研究者尝试去除花药培养时花粉壁和绒毡层组织的干扰，便于直接研究花粉胚胎发生的机制，但是该项技术难度较大。王玉萍等研究了小孢子原生质体游离的影响因素，并进一步分离两个四倍体和两个二倍体马铃薯花粉四分体时期的原生质体，对其进行培养，经过持续分化形成了多细胞结构[11,12]。

2.3 孤雌诱导

双单倍体的产生途径中，孤雌生殖诱导产生单倍体是近年来大量应用的方式，该方法需要用到单倍体诱导系。诱导系是指能够诱导与其杂交的材料产生一定比率单倍体的品系，从而可以应用于育种。

3 马铃薯诱导者研究

早在 1939 年，马铃薯中发现了用 *Solanum phureja* 的某些株系给四倍体栽培种授粉的后代中出现了双单倍体，后又在 *S. phureja* 给"Katahdin"授粉的后代中得到一株双单倍体[13]。1964 年，Hougas 等[14] 发现 *S. phureja* 的某些系是通过孤雌生殖诱导栽培四倍体产生双单倍体的优良授粉者，如 P.I.225682 等。1973 年，Hermsen 和 Verdenius[15] 将一个胚斑标记转入具有较高诱导能力的 *S. phureja* 无性系中，选育出现在常用的 IVP48，IVP35 等。

东北农业大学吕文河和李景华[16] 用"东农 303"作为被测母本，在 IVP35 的后代中筛选出优良授粉者 NEA-P16 和 NEA-P19，每 100 个浆果得到的双单倍体是 IVP35 的 2.66

倍和 2.48 倍。河北坝上农科所和中国农科院蔬菜花卉研究所的研究者筛选了 9 个诱导频率高的基因型，利用这些作为诱导系可在 100 个浆果中获得 33 个单倍体；并且筛选出产生双单倍体能力强的四倍体栽培品种如"中薯 2 号"等[17,18]。

诱导者诱导能力的高低是产生双单倍体多少的关键因素，此外，诱导率受母本基因型和环境因素的影响，如温度、湿度、花粉储存导致活力下降等。

在诱导者遗传图谱及分子标记开发方面，1993 年 Chien 等[19]基于同工酶找到一个 PHU1.22 特有的标记 Pgm-21，提高了选择效率。后来，有研究者基于 RFLP 和 RAPD 标记构建了 PHU1.22 的遗传图谱，使用了 122 个 RFLP 标记和 20 个 RAPD 标记，在 606 cm 的遗传距离内定位到了 100 个位点上，平均每条染色体 5 ~ 11 个位点[20]。后来，有研究者找到了 PHU1.22 特有的 22 个 RAPD 标记和 20 个 RFLP 标记，并确定单倍体诱导的初步机制是孤雌生殖[21]。

4 其他作物中孤雌诱导单倍体研究进展

目前玉米单倍体诱导系的使用最为成熟，国内外许多公司均已实现单倍体育种的规模化应用。玉米上常用的诱导系为 Stock6 衍生的一系列诱导系，商业化诱导系的诱导率一般在 7% ~ 15% 以上[22]。

针对单倍体诱导机理的研究有许多[23-25]。中国科学家利用单核测序技术，初步解析了玉米单倍体诱导机制。利用显微观察的方法证明了诱导系花粉减数分裂过程中染色体行为并无异常。诱导系的成熟花粉精核中存在高频的染色体片段化，证明了发生于花粉有丝分裂时期的精子染色体片段化是造成受精后染色体消除及单倍体诱导的直接原因[25]。

玉米上定位了数个影响单倍体诱导率的 QTL（Quantitative trait locus）[22,26-29]。2017 年初，Nature 杂志发表了先正达公司克隆的控制玉米单倍体诱导基因 MTL，该基因编码 428 个氨基酸的蛋白，该蛋白是一个在精细胞中特异表达的磷脂酶，该项研究使用 RNAi 和 TALEN 技术对该基因进行了功能验证[30]。该诱导基因发生了 1 个 4 bp 的碱基插入，导致氨基酸移码突变，从而具有诱导产生单倍体的能力，通过 CRISPR/Cas9 介导的基因编辑技术对该基因进行了功能验证[31]。同时，欧洲科学家也克隆了这个基因[32]。

水稻中利用 CRISPR/Cas9 技术突变 OsMATL 基因，将突变体的单倍体平均诱导率提高至 6% 左右，授粉后种子结实率为 20%，与玉米 MTL 基因突变后的结果基本一致[33]。该基因和技术的专利已于 2016 年 11 月 18 日由先正达提交了申请。

5 单倍体获得方式的比较

从操作难易程度看，花药培养和花粉培养在实验室操作，环境相对较易控制，其关键在于培养体系及不同基因型；孤雌生殖诱导在田间操作，易受天气等因素影响，其关键在于高频诱导系的获得。从诱导率来讲，就目前文献报道来看，孤雌生殖较花粉培养和花药培养诱导率高。从基因型受干扰程度看，关于花药培养的研究报道了可以引起子代基因组中转座子的移动[34]，但是还未有花粉培养中的相关报道；孤雌生殖诱导成功的双单倍体一般具有母本一半的染色体，但是最近有文献报道，子代中具有父本（即诱导者）的染色体片段[35]。

6 双单倍体的鉴定

同源四倍体马铃薯单倍化会引起纯合性的增加，使得存在于四倍体中的有害隐性等位基因更容易在双单体群体中表现出来，因此用于育种时需要在后代进行表型和育性筛选。

授粉者材料均具有显性纯合的胚斑标记基因 BBPP，其中基因 BB 导致种胚基部有一明显深紫色标记，基因 PP 使植株的下胚轴产生紫色色素。因此可以利用胚斑标记基因进行双单倍体的鉴定[36]。基于 BBPP 的紫色胚斑遗传标记发：在种子阶段对诱导后的种子进行筛选，能够筛选掉 80% 左右的假阳性种子。进一步可以将种子种在田间观察植株胚轴，表现茎和叶柄呈紫色，叶片碎小者为 4x 或 3x 杂种，纯绿色植株疑似为双单倍体株。此时可以利用流式细胞仪快速准确的检测细胞的 DNA 含量，从而快速鉴别植物的染色体倍性，该方法操作简单，耗时短，鉴定准确率高。此外还有压尖法、根据植株叶片气孔大小、保卫细胞叶绿体数目等方法。鉴定后的单倍体需要进一步在田间进行形态学鉴定。

7 展 望

马铃薯双单倍体的几种产生方式，都存在一定的问题，但是从其他作物的研究经验来看，孤雌生殖诱导是最有可能在未来得到改善并利用的方式。在此方式中，关键在于高频诱导系的获得，由于诱导系的表型诱导率不像普通农艺性状直观，需要经过大量的测试才可以在其子代中得到，该项技术在育种上的应用受到了一定的限制。相信随着生物技术等学科的发展及其他作物上的应用进展，将有利于研究并改良诱导系，进而提高诱导率，为马铃薯孤雌诱导双单倍体在育种中的应用奠定良好的基础，从而实现广阔的前景。

[参 考 文 献]

[1]   Duan Y，Liu J，Xu J，*et al.* DNA fingerprinting and genetic diversity analysis with simple sequence repeat markers of 217 potato cultivars (*Solanum tuberosum* L.) in China [J]. American Journal of Potato Research，2018，96(1)：21-32.

[2]   Li X，Xu J，Duan S，*et al.* Pedigree- based deciphering of genome-wide conserved patterns in an elite potato parental line [J]. Frontiers in Plant Science，2018(9)：690.

[3]   Hawkes J. The potato：evolution，biodiversity and genetic resources [M]：Lordon: Belhaven Press，1990.

[4]   Chase S S. Analytic breeding in *Solanum tuberosum* L.-A scheme utilizing parthenotes and other diploid stocks [J]. Canadian Journal of Genetics and Cytology，1963，5(4)：359-363.

[5]   Little T. Gene segregation in autotetraploids [J]. Botanical Review，1945，11(1)：60-85.

[6]   Zhang C，Wang P，Tang D，*et al.* The genetic basis of inbreeding depression in potato [J]. Nature Genetics，2019，51：374-378.

[7]   Manrique-Carpintero N C，Coombs J J，Pham G M，*et al.* Genome reduction in tetraploid potato reveals genetic load，haplotype variation，and loci associated with agronomic traits [J]. Frontiers in Plant Science，2018，9：944.

[8]   金黎平，杨宏福 . 马铃薯双单倍体的产生及其在遗传育种中的应用 [J]. 马铃薯杂志，1996，10(3)：180-186.

[9]   冉毅东，王蒂，戴朝曦 . 提高马铃薯双单倍体花药培养产生胚状体及再生植株频率的研究 [J]. 马铃薯杂志，1996，10(3)：74-78.

[10]   AboShama H A. Anther culture in potato (*Solanum tuberosum* L.) *in vitro* [J]. Journal of Plant Biochemistry & Physiology，2019，7：244.

[11]   王玉萍，王蒂，张峰，等 . 马铃薯小孢子原生质体游离的影响因素 [J]. 甘肃农业大学学报，2000，35(3)：277-281.

[12] Wang Y，Cheng L，Liang Y，*et al.* Isolation and culture of pollen tetrad protoplasts from *Solanum tuberosum* [J]. American Journal of Potato Research，2017，94：417-424.

[13] Hougas R W，Peloquin S J. A haploid plant of potato variety Katahdin [J]. Nature，1957，180：1209-1210.

[14] Hougas R W，Peloquin S J，Gabert A C. Effect of seed-parent and pollinator on frequency of haploids in *Solanum tuberosum* [J]. Crop Science，1964，4：593-595.

[15] Hermsen J G Th，Verdenius J. Selection from *Solanum tuberosum* Group Phureja of genotypes combining high-frequency haploid induction with homozygosity for embryo-spot [J]. Euphytica，1973，22(2)：244-259.

[16] 吕文河，李景华. 自马铃薯二倍体栽培种（*Solanum phureja*）自交后代中选育诱发高频率双单倍体授粉者的研究 [J]. 马铃薯杂志，1987，1(1)：2-7.

[17] 庞万福，屈冬玉，高占旺，等. 高频率诱导马铃薯双单倍体的研究 [J]. 马铃薯杂志，1996，10(2)：5.

[18] 庞万福，屈冬玉，纪颖彪，等. 马铃薯双单倍体诱导研究 [J]. 华北农学报，1999，14：35-39.

[19] Chien A L，David S，Douches. Production of haploids of potato (*Solanum tuberosum* subsp. *tuberosum*) and their identification with electrophoretic analysis [J]. Euphytica，1993，70：113-126.

[20] Hosaka K. A genetic map of *Solanum phureja* clone 1.22 constructed using RFLP and RAPD markers [J]. American Journal of Potato Research，1999，75：97-102.

[21] Samitsu Y，Hosaka K. Molecular marker analysis of 24- and 25-chromosome plants obtained from *Solanum tuberosum* L. subsp. *andigena* (2n = 4x = 48) pollinated with a *Solanum phureja* haploid inducer [J]. Genome，2002，45(3)：577-583.

[22] Prigge V，Xu X，Li L，*et al.* New insights into the genetics of *in vivo* induction of maternal haploids，the backbone of doubled haploid technology in maize [J]. Genetics，2012，190：781-793.

[23] Xu X，Li L，Dong X，*et al.* Gametophytic and zygotic selection leads to segregation distortion through *in vivo* induction of a maternal haploid in maize [J]. Journal of Experimental Botany，2013，64(4)：1 083-1 096.

[24] Zhao X，Xu X，Xie H，*et al.* Fertilization and uniparental chromosome elimination during crosses with maize haploid inducers [J]. Plant Physiology，2013，163(2)：721-731.

[25] Li X，Meng D，Chen S，*et al.* Single nucleus sequencing reveals spermatid chromosome fragmentation as a possible cause of maize haploid induction [J]. Nature Communication，2017，8：991.

[26] Dong X，Xu X，Miao J，*et al.* Fine mapping of *qhir1* influencing *in vivo* haploid induction in maize [J]. Theoretical and Applied Genetics，2013，126：1 713-1 720.

[27] Liu C，Li W，Zhong Y，*et al.* Fine mapping of *qhir8* affecting *in vivo* haploid induction in maize [J]. Theoretical and Applied Genetics，2015，128：2 507-2 515.

[28] Hu H，Schrag T A，Peis R，*et al.* The genetic basis of haploid induction in maize identified with a novel genome-wide association method [J]. Genetics，2016，202：1 267-1 276.

[29] Nair S K，Molenaar W，Melchinger A E，*et al.* Dissection of a major QTL *qhir1* conferring maternal haploid induction ability in maize [J]. Theoretical and Applied Genetics，2017，130：1 113-1 122.

[30] Kelliher T，Starr D，Richbourg L，*et al.* MATRILINEAL，a sperm-specific phospholipase，triggers maize haploid induction [J]. Nature，2017，542：105-109.

[31] Liu C，Li X，Meng D，*et al.* A 4-bp insertion at *ZmPLA1* encoding a putative phospholipase a generates haploid induction in maize [J]. Molecular Plant，2017，10：520-522.

[32] Gilles L M，Khaled A，Laffaire J B，*et al.* Loss of pollen-specific phospholipase NOT LIKE DAD triggers gynogenesis in maize [J]. The EMBO Journal，2017，36：707-717.

[33] Yao L，Zhang Y，Liu C，*et al.* *OsMATL* mutation induces haploid seed formation in *indica* rice [J]. Nature Plants，2018，4：530-533.

[34] Nan L，Vladimir S，Andy P，*et al.* Anther culture induces transposable element movement in potato [J]. Plant Cell，Tissue and Organ Culture，2015，120：361-366.

[35] Pham G M，Braz G T，Conway M，*et al.* Genome-wide inference of somatic translocation events during potato dihaploidproduction [J]. Plant Genome，2019，12.

[36] Dodd K S，Long D H. The inheritance of colour in diploid potatoes. II. A three factore linkage group [J]. Journal of Genetics，1956，54：27-41.

马铃薯抗寒资源研究与利用

董建科，涂　卫，王海波，赵庆浩，应静文，陈　野，
刘田田，蔡兴奎，宋波涛*

（华中农业大学 / 农业农村部马铃薯生物学与生物技术重点实验室，
湖北　武汉　430070）

摘　要：马铃薯（*Solanum tuberosum* L.）属茄科一年生草本植物，块茎可供食用，是继水稻、小麦、玉米之后第四大粮食作物，在提升国民经济和保证国家粮食安全方面发挥着重要作用，而马铃薯栽培种不耐低温霜冻，低温严重制约马铃薯产业的发展。中国幅员辽阔，气候类型多样，马铃薯种植范围极其广泛，但几乎每个区域都要遭受低温霜冻危害。文章对马铃薯耐霜冻资源筛选及抗寒生理、抗寒遗传资源利用等方面进行了综述，为马铃薯抗寒遗传育种研究提供参考。

关键词：马铃薯；抗寒性；种质；资源创制

植物细胞通过低温引起的膜流动性、蛋白质和核酸构象以及代谢物浓度的变化来应对低温胁迫。根据低温环境条件下，受到伤害的程度不同，将这种伤害分成冰点以上低温对植物造成的冷害（Chilling injury）和冰点以下的低温对植物造成的冻害（Freezing injury），而低温冻害是限制植物自然分布和栽培区域的主要因素[1]。马铃薯生长喜冷凉但不耐低温霜冻，低温霜冻严重影响马铃薯生长，发育，产量以及生态分布[2]，是当前马铃薯产业发展面临的主要威胁之一。抗寒性包括直接抗寒能力（FT，Freezing tolerance）和驯化能力（ACC，Acclimation capacity），直接抗寒能力（FT）指不经过低温驯化，植物本身抵抗霜冻的程度；而驯化能力（ACC）是指植物在适当低温下进行锻炼，对寒冷条件做出反应而逐渐增加其耐霜冻程度的能力，驯化抗寒能力（CA，Cold acclimated freezing tolerance）是指植物经低温驯化后能达到的抗寒能力，是直接抗寒能力绝对值加驯化能力的值的相反数，是植物经过驯化后抵抗霜冻的能力[3-5]。

低温直接影响马铃薯植株生长和块茎发育，植株适宜的生长温度在 21 ℃左右，块茎生长最适温度 18 ℃左右；地温 7 ℃以上幼芽即可萌发生长，低于 5 ℃时基本停止生长；播种后如果再遇到低温条件，将会在种薯上形成新的薯块即梦生薯，梦生薯的形成严重影响马铃薯产量；当气温下降到 –1 ℃时，造成冻害；达到 –3 ℃时植株冻死[6]。低温敏感的马铃薯植株在受到霜冻后，叶片表现为墨绿色和水渍状，并表现出植株茎干瘫软、叶片萎蔫、整株倒伏在地等症状；但耐低温植株受到霜冻后，植株表型无明显变化，茎干直立，

作者简介：董建科（1993—），男，硕士研究生，从事马铃薯遗传育种研究。

基金项目：现代农业产业技术体系（CARS–09–P07）；国家自然科学基金（31871685）。

* **通信作者**：宋波涛，博士，教授，主要从事马铃薯遗传育种和分子生物学研究，e – mail：songbotao@mail.hzau.edu.cn。

植株叶片呈现鲜绿色且富有弹性、不会出现水渍状萎蔫等症状 [7]。

1 低温霜冻对中国马铃薯产业发展的影响

中国马铃薯生产主要划分为四大生态区，但是几乎每个区域都要遭受低温霜冻危害。四大主产区中北方一作区分布范围最广，种植面积约占全国总种植面积的 46%，包括东北地区的黑龙江、吉林、辽宁北部、华北地区的内蒙古、山西和河北北部以及西北地区的甘肃、青海、宁夏、新疆和陕西等区域，该区域马铃薯播种期一般在 4 月下旬至 5 月中旬，收获期在 9 月下旬至 10 月上旬，马铃薯全年生长 110 ～ 180 d [8]，这一地区易受到早春的晚霜及秋季的早霜、低温、突发性寒流等低温胁迫的影响。中原二作区种植面积约占全国的 10%，该区域夏季较长，不适宜马铃薯耕作，一般采取春秋两季栽培方式，春季以种植早熟或中早熟商品种马铃薯为主，秋季以生产马铃薯种薯为主 [9]，近年来春季抢早播早上市的种植方式造成该地区易在出苗期遇上倒春寒造成的种薯不发芽或幼苗出土后植株冻死的现象 [10]；秋季马铃薯一般在 8 月中旬至 9 月上旬播种，12 月上旬收获，块茎膨大期及收获期，易遇寒流或一段时间持续低温雨雪天气的影响，使地上部部分或全部冻死，影响地下部块茎继续生长，造成马铃薯减产 [11]。西南混作区包括湖北西南部和湖南南部、云南、西藏、贵州、四川等地区，该区域多为山区和盆地，高山地区一般气温低，无霜期短，马铃薯一年一季，盆地及河谷区域无霜期较长，夏季高温干燥，冬季温和多雨，马铃薯一般一年种植两季。寒潮是影响该地区马铃薯产业发展的常见气象灾害之一，大规模的寒潮和冷空气带来剧烈的降温，从而出现霜冻、冰冻和大风等恶劣天气，对马铃薯的生产造成严重危害 [12]。南方冬作区位于苗岭、南岭和武夷山以南的各省，包括广东、广西、海南、福建和台湾等地区，该区域占不到全国种植面积的 5% 左右，但由于该区收获时属于全国马铃薯鲜薯上市淡季，产品供不应求，在全国四大主产区中相对收益明显，成为地方增收的重要产业 [13]；但该区域同样受到低温霜冻影响，低温使地表及土壤温度过低，马铃薯播种后极易出现梦生薯、烂薯等造成的不出苗及出苗不齐现象，严重影响马铃薯产量 [14]。2009 年 1 月霜冻寒流就造成广西玉林容县 90% 的马铃薯受灾，产量较往年同期降低 50% ～ 60%，且形成薯块较小，经济效益低下 [15]。近年来，由于全球气候不稳定造成的极端天气也严重影响中国马铃薯产业的发展，仅 2008 年霜冻灾害就导致中国南方各地 40.93 万 hm^2 的马铃薯受灾，直接经济损失达 10 亿元左右 [16]。

2 马铃薯抗寒资源鉴定

自然界中的普通马铃薯栽培种在抗寒方面几乎不存在遗传变异，均对霜冻敏感且无驯化能力。魏亮 [17] 利用电解质渗漏法和田间自然霜冻法对国内 115 份马铃薯栽培中进行了抗寒性鉴定，结果表明所测材料中 85.3% 的材料 LT_{50} 值大于 –3 ℃，且整体抗寒性变异较小，"晋薯 2 号""克新 2 号""郑薯 5 号""郑薯 6 号" 4 份材料在所测材料中抗寒性最强；田间自然霜冻检测评级结果与电解质渗漏法做相关性分析，两次结果高度相关，相关系数达 0.93。涂卫等 [18] 对 40 份苗期马铃薯材料进行了抗寒性分析，包括 12 个野生种的 28 份野生材料和 9 份栽培种材料以及 1 个杂交组合（Solanum piurana × S. chomatophilum）的 3

个子代，根据抗寒性测定结果进行聚类分析，40 份马铃薯材料抗寒性共分为四类，前两类直接抗寒能力分布在 –4.19 ~ –5.60 ℃，包括野生种 *S. acaule*、*S. paucissectum*、*S. albicans*、*S. commersonii* 和 3 个杂交种材料，第三类直接抗寒能力分布在 –2.82 ~ –3.83 ℃，包括"郑薯 5 号""川芋早"等栽培种材料。

野生种中则存在丰富的抗寒资源，包括直接抗寒能力和驯化能力。Ross 和 Rowe[19] 检测了包括栽培种和野生种共 82 个种的 586 份马铃薯材料的抗寒性，结果表明 *S. acaule*、*S. chomatophilum*、*S. commersonii*、*S. demissum* 等几个野生种抗寒能力最强。Li [20] 对 60 个种的 125 分马铃薯材料进行了抗寒能力检测，发现 *S. acaule*、*S. chomatophilum*、*S. commersonii*、*S. multidissectum* 和 *S. boliviense* 等抗寒能力较强，LT_{50} 分布在 –4 ~ –6 ℃。Vega 和 Bamberg [21] 对来自美国威斯康星州种质资源库的 101 个种的 2 600 份马铃薯材料进行了田间自然霜冻评估，结果表明所测材料中 *S. acaule*、*S. albicans*、*S. commersonii*、*S. demissum* 4 个种的受损伤程度最低，抗寒性最强；而包括 *S. boliviense* 在内的 30 多个野生种中均存在抗寒耐低温株系，是改良马铃薯耐霜冻的重要种质资源。梅文祥 [22] 利用电解质渗漏法对同时对 *S.demissum*、*S. hougasii*、*S. brevicaule*、*S. candolleanum*、*S. microdontum*、*S. mochiquense*、*S. vernei* 这 7 个种也进行了抗寒性鉴定，发现这些种中均有抗寒耐低温株系的存在，对 *S. commersonii* 的 15 份马铃薯材料进行 FT 和 CA 检测，FT 均在 –5 ℃以下，CA 达到 –10 ℃；对 *S. boliviense* 种的 10 份马铃薯材料进行抗寒性检测，FT 分布在 –4 ℃左右，大部分材料 ACC 在 1 ℃以上。康黎 [23] 对 *S. aclaule*、*S. albicans* 两个野生种的抗寒能力进行检测，结果表明 *S. acaule* 的 FT 在 –5 ℃以下，除个别材料外大部分材料 ACC 达到 2 ℃；*S. albicans* 与 *S. aclaule* 相似，具有极强的抗寒性，其中 90% 的材料 ACC 在 1 ℃以上。因此，建议利用这些抗寒性较强的野生种进行抗寒资源创制和遗传改良相关研究工作。

3 马铃薯抗寒资源创制

利用常规杂交育种来创制马铃薯抗寒资源是目前比较普遍的一种技术手段，但由于部分马铃薯种间存在杂交不亲和现象及受胚乳平衡数（EBN）等因素的影响 [24-26]，导致了种间杂交不易成功。为了将优良的野生资源导入栽培种中，克服上述杂交困难，前人通过无性接近法、人工诱导染色体加倍法、利用桥梁种等方法创制了一批优质的抗寒资源。研究人员利用无性接近法以抗寒性野生种 *S. aclaule*、*S. commersonii*、*S. demissum* 等作为接穗嫁接到栽培种马铃薯上，再与栽培种马铃薯杂交，杂交不亲和性现象得以改善 [27]。同时，Estrada[28] 利用桥梁种 *S. phureja* 与 *S. aclaule* 杂交，获得可育杂交后代，杂交种再与栽培种杂交，克服了 *S. aclaule* 不能直接与栽培种杂交的问题。Ross 和 Rowe[29] 利用 13 个耐霜冻的野生种材料相互杂交获得 F1 代，F1 代均具有抗寒性，再利用 F1 与不具抗寒性的栽培种杂交，杂交后代出现了抗感分离的现象，抗寒性材料大约占总体的 50%；Lucky 是栽培种 *S. juzepczukii* 材料，据推测，*S. juzepczukii* 是由 *S. acaule* 和 *S. stenotomum* 自然杂交而形成的三倍体种，因带 *S. acaule* 的血缘故抗寒性极强 [22,30]，可以通过加倍的方式对材料加以利用。因此，通过常规杂交将抗寒资源导入马铃薯栽培种中改良现有栽培种材料中缺乏抗寒性资源的方法是可行的[31]。

同时，体细胞融合的方法也在创制马铃薯资源方面发挥了重要的作用，很多研究通过细胞融合导入抗性资源加速了资源创制的进程[32]。Preiszner 等[33]利用细胞融合技术获得马铃薯四倍体栽培种与二倍体野生种叶肉原生质体融合材料，对融合材料进行抗寒能力检测，发现融合材料中存在具有中等抗寒能力的株系。Cardi 等[34]利用细胞融合的方法将二倍体 *S. commersonii* 种的抗寒性状成功导入二倍体栽培种中，融合后代出现倍性分离，70% 的四倍体和 30% 的六倍体，后代较亲本植株活力更强，开花繁茂性更高，体细胞杂种植株表现出很强的直接抗寒能力和驯化能力，表明抗寒基因导入到了融合细胞中。邹莹[35]利用 *S. malmeanum* 和栽培种二倍体为材料，分离叶肉细胞，通过体细胞融合的方法，获得了相应的融合后代，融合后代抗寒性检测结果表明，和栽培种亲本相比，大部分融合株系抗寒性明显增强。

在转基因技术方面，许昆朋[36]以拟南芥 *CBF*3（CRT/DRE binding factor3）基因为目的基因，应用农杆菌介导转化法将 35S*CBF*3 和 rd29A*CBF*3 导入马铃薯栽培种"鲁引 1 号"块茎中，实现其在马铃薯中过量表达并得到转基因植株，对其进行相关分子生物学及生理生化多项指标检测，发现低温处理后，转基因植株与对照相比，光合作用下降幅度较小，ROS 酶促清除系统增强，可溶性糖，腐胺等渗透调节物质含量增加，抗氧化酶活性增强，抗寒性有明显提高。李飞[37]以耐寒马铃薯野生种 *S. acaule* 为材料，分离出不饱和脂肪酸合成途径中的关键脱氢酶 *SAD* 基因和 *FAD*2 基因，并成功导入栽培种中，明确了该基因在低温调控方面的功能和作用；进而利用 *S. commersonii* 和 *S. cardiophyllum* 为研究材料开发了 *SAD* 基因的 CAPS 标记并进行验证，发现 *SAD* 基因变异与材料驯化能力显著相关，表明该标记可用于马铃薯抗寒育种分子标记辅助选择。通过野生种 *S. commersonii* 与栽培种"中薯 8 号"的 cDNA 分别克隆两材料的 *SAD* 基因序列，发现两者 *SAD* 基因蛋白序列之间有 7 个氨基酸残基差异，将 *S. commersonii* 的 *SAD-CMM* 基因通过遗传转化导入栽培种"中薯 8 号"，利用电解质渗漏法检测"中薯 8 号"冷驯化能力，结果表明材料冷驯化能力增强，同时发现超量表达 *SAD-CMM* 基因的转基因株系亚油酸含量显著增加，推测亚油酸含量对马铃薯抗寒具有重要作用。寇爽[38]成功克隆了马铃薯精氨酸脱羧酶基因 *ADC*1，以抗寒敏感型品种"E3"为材料通过遗传转化获得超量表达株系，转基因株系抗寒能力检测结果表明与野生型相比，转基因株系直接抗寒能力没有明显差异，驯化抗寒能力显著提高，表明 *ADC*1 能提高马铃薯驯化抗寒能力。

4 马铃薯抗寒性形成机制解析

随着农业产业结构不断调整和加工业的发展，马铃薯的需求量日益增大，种植的范围与面积也将进一步扩大。中国幅员辽阔，生态气候类型多样，马铃薯种植范围及其广泛，低温霜冻对马铃薯造成的直接或间接经济损失难以估量[22]，因此，加强抗寒育种研究显得尤为重要。但植物抗低温胁迫是一个极其复杂的过程，既受外界因素影响也受植物本身影响。目前关于马铃薯抗寒遗传机制的研究相对滞后，Chen 等[5]利用 20 份抗寒性马铃薯材料和 34 份敏感性材料进行杂交配组，研究了不同杂交组合种间杂种 F1 代抗寒程度，田间霜冻实验表明，杂交后代的抗性不是简单地偏向抗性亲本或感性亲本或者介于两者之间，主要由两亲本在杂交后代中基因组所占比例（每个亲本贡献的染色体比率）决定，抗性亲本占比越高，抗性越强，同时也会受两亲本本身杂交组合配合力的影响。室内直接抗寒能力和驯化抗寒能力检测也证实了杂交 F1 代中抗性亲本染色体组成所占比例越高，材料抗性越强。赵喜娟[39]对 137 个杂交组合的 16 068 个杂交后代进行了霜冻损伤评级检测，根据损伤评级结果对杂交后代抗寒性进行聚类分析，聚类结果发现，137 个杂交组合分为 4 类，当杂交两亲本均为抗寒性材料时，后代出现抗寒材料的概率更大，反之，出现抗性材料概率越小，当双亲材料一感一抗时，抗性材料作母本，杂交后代抗性更强。Stone 等[40]利用 *S. commersonii* 和 *S. cardiophyllum* 杂交获得 F1 代，并通过分别与两个亲本回交获得抗感分离的两个 BC1 群体，并对其直接抗寒能力及其驯化能力进行遗传学分析，发现直接抗寒能力和驯化能力这对性状在后代中没有关联且受各自独立基因控制。同时，通过世代分析表明，直接抗寒能力属于隐性多基因控制的数量性状，而驯化能力的主要部分则可以用加性－显性效应来解释。

反向遗传学目前在低温应答响应机理方面研究最多的是以 *CBF*（*CBF*1、*CBF*2 和 *CBF*3）转录因子为核心的低温信号感知响应通路。分子研究表明，*CBF* 基因响应低温诱导，迅速编码相关的 AP2/ERFDNA 结合蛋白，其识别 *CBF* 调节基因的启动子中存在的调控元件。这 3 种转录因子在低温条件下诱导并调节大约 100 多个基因的表达，提高植物低温耐受性，而 *CBF* 含量受多种途径影响，目前已有报道的包括 MPK 级联反应途径、CaM 调控途径、光敏色素 PhyB、ABA 和油菜素内酯 BRs 等[41,42]。同时一些代谢产物也影响植物抗寒性，黄酮类化合物是植物中重要的一类次生代谢产物，在拟南芥中已研究报道黄酮类物质含量严重影响拟南芥抗寒能力。大多数植物在驯化过程中抗寒性有明显增强，这一过程伴随着基因表达、主要代谢物和脂质含量的大量变化，大多数黄酮类物质和花青素在驯化过程中积累，包括编码黄酮类物质生物合成途径的转录因子和酶的大部分转录物，Schulz 等[43]等利用电解质渗漏法检测 20 份受黄酮类化合物生物合成途径影响的拟南芥突变体材料的抗寒性，发现黄酮类物质在植物冷驯化中发挥着重要功能作用，若降低突变体中的黄酮类物质含量则植物的抗寒性降低。

[参 考 文 献]

[1] Chinnusamy V，Zhu J，Zhu J K. Cold stress regulation of gene expression in plants [J]. Trends in Plant Science，2007，12(10)：44–451.
[2] 魏安智 . 仁用杏抗寒机理研究与抗寒物质筛选 [D]. 杨凌：西北农林科技大学，2006.
[3] Gray G R，Chauvin L P，Sarhan F，*et al.* Cold acclimation and freezing tolerance (A complex interaction of light and temperature) [J]. Plant Physiology，1997，114(2)：467–474.
[4] Seppanen M，Majaharju M，Somersalo S. Freezing tolerance, cold acclimation and oxidative stress in potato: Paraquat tolerance is related to acclimation but is a poor indicator of freezing tolerance [J]. Physiologia Plantarum，1998，102(3)：454–460.
[5] Chen Y K，Palta J P，Bamberg J B. 463 Understanding genetics of freezing tolerance: Expression of freezing tolerance in the interspecific F1 and somatic hybrids of potatoes [J]. HortScience，1999，34(3)：524.
[6] 门福义，刘梦芸 . 马铃薯栽培生理 [M]. 北京：中国农业出版社，1995：33–37.
[7] 李飞，金黎平 . 马铃薯耐霜冻研究进展 [J]. 贵州农业科学，2007(4)：140–142.

[8]　孙慧生．马铃薯育种学 [M]．北京：中国农业出版社，2003：49–50.

[9]　陈焕丽，吴焕章，郭赵娟．中原二作区秋播马铃薯栽培技术 [J]．现代农业科技，2012(24)：100.

[10]　马海燕，郑顺林，张开勤，等．四川早春马铃薯防低温霜冻技术初探 [J]．四川农业科技，2019(4)：11–12.

[11]　秦广生．马铃薯冻害及减灾措施 [J]．现代农业科技，2011(8)：122–123.

[12]　刘俊霞．中国马铃薯国际贸易研究 [D]．杨凌：西北农林科技大学，2012.

[13]　曹先维，张新明，陈洪，等．南方冬作区马铃薯产业发展现状和技术特点及需求分析 [C] // 屈冬玉，陈伊里．马铃薯产业与小康社会建设．哈尔滨：哈尔滨工程大学出版社，2014：180–188.

[14]　秦小军，张宗山，苏战德．北方一季作区马铃薯烂种原因及解决方法 [J]．农业科技通讯，2008(6)：108–109.

[15]　陈国保，夏小曼，李永平．两种类型的低温对广西玉林冬季免耕马铃薯的影响 [J]．作物杂志，2010(1)：95–98.

[16]　李飞，刘杰，金黎平，等．过氧化物酶同工酶与马铃薯耐冻性的关系 [J]．贵州农业科学，2010，38(8)：27–29.

[17]　魏亮．中国主要马铃薯品种抗寒性鉴定及抗寒相关基因表达分析 [D]．呼和浩特：内蒙古农业大学，2012.

[18]　涂卫，赵喜娟，寇爽，等．马铃薯苗期抗寒能力直接评价体系的建立与应用 [J]．中国马铃薯，2015，29(1)：1–7.

[19]　Ross R W，Rowe P R. Frost resistance among the *Solanum* species in the IR–1 Potato Collection [J]. American Potato Journal，1965，42(7)：177–185.

[20]　Li P H. Frost killing temperatures of 60 tuber–bearing *Solanum* species [J]. American Potato Journal，1977，54(9)：452–456.

[21]　Vega S E，Bamberg J B. Screening the US potato collection for frost hardiness [J]. American Potato Journal，1995，72(1)：13–21.

[22]　梅文祥．马铃薯资源抗寒性鉴定及 *S. demssium* × *S. tuberosum* 杂交后代抗性鉴定 [D]．武汉：华中农业大学，2016.

[23]　康黎．马铃薯无茎系野生种抗寒性评价与利用 [D]．武汉：华中农业大学，2017.

[24]　Masuelli R W，Camadro E L. Crossability relationships among wild potato–species with different ploidies and endosperm balance numbers (EBN) [J]. Euphytica，1997，94(2)：227–235.

[25]　Stef de Haan S，Rodriguez F. Potato origin and production [M]. Manhattan：Academic Press，2016：1–32.

[26]　Bryan G J，McLean K，Waugh R，*et al*. Levels of intra–specific AFLP diversity in tuber–bearing potato species with different breeding systems and ploidy levels [J]. Frontiers in genetics，2017(8)：119.

[27]　杨洪祖．国外马铃薯抗寒育种（综述）[J]．国外农学 – 杂粮作物，1983(1)：24–30.

[28]　Estrada R N. Acaphu: A tetraploid, fertile breeding line, selected from an *S. acaule* × *S. phureja* cross [J]. American Journal of Potato Research，1984，61(1)：1–7.

[29]　Ross R W，Rowe P R. Utilizing the frost resistance of diploid *Solanum* species [J]. American Potato Journal，1969，46(1)：5–13.

[30]　盛万民．马铃薯野生种 *Solanum demissum* 与栽培品种杂交后代的遗传分析 [D]．哈尔滨：东北农业大学，2009.

[31]　Carputo D，Terra A，Barone A，*et al*. Glycoalkaloids and acclimation capacity of hybrids between *Solanum tuberosum* and the incongruent hardy species *Solanum commersonii* [J]. Theoretical and Applied Genetics，2003，107(7)：1 187–1 194.

[32]　Bidani A，Nouriellouz O，Lakhoua L. Interspecific potato somatic hybrids between *Solanum berthaultii* and *Solanum tuberosum* L. showed recombinant plastome and improved tolerance to salinity [J]. Plant Cell，Tissue and Organ Culture，2007，91(3)：179–189.

[33]　Preiszner J，Feher A，Veisz O，*et al*. Characterization of morphological variation and cold resistance in interspecific somatic hybrids between potato (*Solanum tuberosum* L.) and *S. brevidens* Phil [J]. Euphytica，1991，57(1)：37–46.

[34]　Cardi T，D'Ambrosio E，Consoli D，*et al*. Production of somatic hybrids between frost–tolerant *Solanum commersonii* and *S. tuberosum*: characterization of hybrid plants [J]. Theoretical and Applied Genetics，1993，87(1–2)：193–200.

[35]　邹莹．马铃薯抗寒资源和抗寒群体创制 [D]．武汉：华中农业大学，2016.

[36]　许昆朋．转 *CBF*3 基因马铃薯提高抗冷性的研究 [D]．泰安：山东农业大学，2011.

[37]　李飞．马铃薯耐冻相关基因克隆与功能分析 [D]．北京：中国农业科学院，2013.

[38]　寇爽．腐胺合成途径在马铃薯抗寒中的作用及机制解析 [D]．武汉：华中农业大学，2019.

[39]　赵喜娟．马铃薯苗期抗寒性直接鉴定方法的建立与抗寒资源筛选 [D]．武汉：华中农业大学，2013.

[40]　Stone J M，Palta J P，Bamberg J B，*et al*. Inheritance of freezing resistance in tuber–bearing *Solanum* species: evidence for independent genetic control of nonacclimated freezing tolerance and cold acclimation capacity [J]. Proceedings of the National Academy of Sciences，1993，90(16)：7 869–7 873.

[41]　Körner C. Paradigm shift in plant growth control [J]. Plant biology，2015，25：107–114.

[42]　Kou S，Chen L，Tu W，*et al*. The arginine decarboxylase gene *ADC* 1, associated to the putrescine pathway, plays an important role in potato cold–acclimated freezing tolerance as revealed by transcriptome and metabolome analyses [J]. The Plant Journal，2018，96(6)：1 283–1 298.

[43]　Schulz E，Tohge T，Zuther E. Flavonoids are determinants of freezing tolerance and cold acclimation in *Arabidopsis thaliana* [J]. Scientific Reports，2016(6)：34 027.

硒在马铃薯生产中的研究进展

程　群*，陈火云，徐　怡，叶兴枝，陈巧玲

（湖北恩施中国南方马铃薯研究中心/恩施土家族苗族自治州农业科学院/
湖北省农业科技创新中心鄂西综合试验站，湖北　恩施　445000）

摘　要：硒元素是人体必需微量元素和人体内硒蛋白质的组成元素之一，马铃薯具备粮菜兼用特性和良好富硒能力，在硒马铃薯生产开发方面具有广阔的市场应用前景。综述了马铃薯生产中硒元素的研究概况，包括马铃薯的聚硒特性、硒对马铃薯块茎硒含量及产量的影响、硒对马铃薯品质的影响等。分析了硒马铃薯生产中存在的主要问题，并展望其应用前景，以期为硒马铃薯生产提供参考依据。

关键字：硒马铃薯；硒；聚硒特性；品质

硒是植物生长必需的营养元素之一，在植物生长过程中适量的硒可缓解由高温、紫外线、低温和干旱等胁迫，抑制植物体活性氧成分产生[1-4]、影响植物光合作用[5]、抑制植物体内丙二醛积累[6]。近年来通过植物途径将无机形态硒供摄食解决人类及动物硒需求的生物强化[7]和通过在高硒土壤上种植硒高聚集植物来改善硒水平的植物修复[8]成为研究热点。马铃薯是仅次于小麦、水稻和玉米的第四大粮食作物，具备适应性强、高产、营养丰富的特性。马铃薯是非特异性富硒作物之一[9]，一般聚硒能力不强，但可通过选育聚硒马铃薯品种和其他施硒方式提高块茎硒含量。硒马铃薯生产既能保证块茎的品质，又可以提高块茎硒含量，满足人们膳食的硒元素含量需求，还对提高块茎的产量、增加经济效益具有积极作用，利于促进马铃薯产业的健康发展。

1　马铃薯聚硒特性

马铃薯的富硒能力相对其他蔬菜较低，但是其植株的硒转化能力较强，且不同品种间存在差异。李瑜等[10]通过盆栽试验，研究不同马铃薯品种（系）对硒元素的吸收及富集情况。结果表明，马铃薯不同品种（系）间块茎硒含量差异较大；马铃薯不同器官对硒的吸收富集能力也不同，其富集规律表现为茎＞叶＞根＞块茎，茎干部位对硒的吸收能力较强，是硒元素主要富集地带。杨德平[11]通过富硒土壤盆栽和硒叶面肥喷施试验，表明马铃薯在不同硒含量土壤中种植，块茎含硒量与土壤含硒量非正相关；叶面喷施亚硒酸钠可以大幅度提高马铃薯块茎的含硒量，块茎含硒量与对照相比最高可达37.6倍；马铃薯品种间硒

作者简介：程群（1971—），女，正高级农艺师，主要从事马铃薯品种选育、脱毒快繁及病毒检测相关领域研究。

基金项目：现代农业产业技术体系资助资金（CARS–09）。

* **通信作者**：程群，e – mail：1263167675@qq.com。

的聚集量都有很大差别，品种间含硒量最大相差 20 倍以上。邢海峰等 [12] 对马铃薯的硒素吸收分配规律及硒肥效应探究，结果表明，整个生育期内马铃薯植株的硒元素变化呈现为单峰曲线，峰值在苗后 65 d 显现，各部分硒含量均值排序为根 < 茎 < 叶。殷金岩等 [13] 研究表明，苗期马铃薯器官的硒含量为根 > 茎 > 叶，成熟期各器官的硒含量为叶 > 茎 > 块茎，结果与邢海峰研究基本一致。马铃薯块茎的硒聚集能力相对较弱，马铃薯茎叶收获处理成肥料还田可以成为下一茬作物较好的硒源。

2 硒对马铃薯块茎硒含量及产量的影响

前人在小麦 [14-16]、水稻 [17,18]、谷子 [19]、蔬菜 [20-23]、油料作物 [24,25] 上喷施含硒叶面肥使作物富硒已得到广泛应用，适量硒肥可以有效提高作物产量和含硒量。宫克海等 [26] 通过喷施不同浓度的富硒高效有机液体肥，使马铃薯的产量得到显著提高，最高增产率超过 20%。孙业强 [27] 对早春、秋马铃薯施用硒素宝，均表现能显著提高马铃薯的含硒量，不同施用方式、不同浓度、不同次数对马铃薯的产量影响不同，但都高于对照。黄景新和秦昕 [28] 试验结果表明，"东农 303" 在苗期和花期都喷施硒肥可大幅度提高产量，特别是喷施浓度在 1∶300 时的产量增加最高。诸多试验表明，适量施硒可以有效提高马铃薯的生长，增加马铃薯块茎硒含量。

3 硒对马铃薯品质的影响

硒在一定程度上影响植物体内部分有机化合物的水平，硒元素更参与了植物蛋白质的合成与代谢，所以施硒肥可以影响马铃薯的块茎品质。殷金岩等 [29] 采用不同用量硒酸钠硒肥、亚硒酸钠硒肥、生物炭基硒肥、保水缓释硒肥 4 种硒肥进行盆栽试验，研究其对马铃薯产量、硒含量及品质的影响，结果表明随着硒肥用量的增加，马铃薯总硒含量和有机硒的转化率均呈先升高后降低的趋势，而硒肥用量在 3.0 mg/kg 时，4 种硒肥不会影响马铃薯淀粉的累积。保水缓释硒肥处理下马铃薯块茎的总硒、无机硒、有机硒含量呈逐渐增大趋势，产量、有机硒转化率、粗蛋白、还原糖和维生素 C 呈现先升高后降低的规律。白艳姝 [30] 发现硒肥处理后的马铃薯块茎中蛋白质含量比对照高，但是淀粉含量却较对照低。殷金岩等 [13] 试验发现，适量硒对马铃薯产量、品质有促进作用，在施硒量为 37.9 mg/m² 时，马铃薯产量有 4.87% ~ 5.44% 的增幅，块茎粗蛋白、还原糖、维生素 C 和淀粉含量相比对照均有一定程度提高。陈文红等 [31] 研究了在不同时期喷施硒肥对紫色马铃薯块茎硒含量和花青素含量的影响，结果表明，"黑美人" 花青素含量受硒肥施用浓度的影响小，"紫云 1 号" 苗期时施用硒肥可以使花青素含量有一定的提高。高青青 [32] 研究了叶面喷施亚硒酸钠对彩色马铃薯品质及产量的影响，发现在低于 80 mg/L 浓度下，可以提高块茎淀粉含量和可溶性蛋白含量，喷施硒浓度增加后，彩色马铃薯总酚含量呈先升高后降低趋势，花青素含量和硒浓度呈负相关。

4 存在问题及展望

硒是一种有益的微量元素，同时也是潜在的有风险的污染元素，硒过量致病已见报道。目前关于硒肥的研究报道越来越多，但是硒在不同区域的富存程度存在差异，硒在土壤中的有效硒含量存在差异，硒施用的技术标准研究制定存在困难，为了防止硒污染，提高硒肥的利用率尤为重要。另外，目前马铃薯的富硒研究越来越多，施硒可以显著提高马铃薯块茎硒含量，是否重视其硒含量的控制，也是一个问题，今后要谨慎施用，以期得到更安全优质的富硒马铃薯。

随着人们生活质量的提高，保健意识的增强，对于各种营养食物的需求变多，马铃薯营养丰富且供应周期长，是一种理想的富硒载体，具有很好的开发前景。当前马铃薯的富硒研究材料多为已选育的品种，基本集中在施肥的栽培技术方面，而遗传育种中选育具有高蓄积硒能力的品种以及马铃薯后续加工减少成品硒含量的损失才是提升硒马铃薯生产的核心。因此生产硒马铃薯必需经过聚硒马铃薯新品种选育配合富硒栽培技术，最大程度利用马铃薯聚硒潜能，节省资源，保障硒马铃薯产业健康发展。

[参 考 文 献]

[1] Djanaguiraman M, Prasad P V V, Seppanen M. Selenium protects sorghum leaves from oxidative damage under high temperature stress by enhancing antioxidant defense system [J]. Plant Physiology and Biochemistry, 2010, 48(12): 999–1 007.

[2] Chu J, Yao X, Zhang Z. Responses of wheat seedlings to exogenous selenium supply under cold stress [J]. Biological Trace Element Research, 2010, 136(3): 355–363.

[3] Yao X, Chu J, He X, et al. Protective role of selenium in wheat seedlings subjected to enhanced UV–B radiation [J]. Russian Journal of Plant Physiology, 2011, 58(2): 283–289.

[4] Hasanuzzaman M, Fujita M. Selenium pretreatment upregulates the antioxidant defense and methylglyoxal detoxification system and confers enhanced tolerance to drought stress in rapeseed seedlings [J]. Biological Trace Element Research, 2011, 143(3): 1 758–1 776.

[5] Zhang M, Tang S, Huang X, et al. Selenium uptake, dynamic changes in selenium content and its influence on photosynthesis and chlorophyll fluorescence in rice (Oryza sativa L.) [J]. Environmental and Experimental Botany, 2014, 107: 39–45.

[6] 姜英, 曾昭海, 杨麒生, 等. 植物硒吸收转化机制及生理作用研究进展 [J]. 应用生态学报, 2016, 27(12): 4 067–4 076.

[7] White P J, Broadley M R. Biofortification of crops with seven mineral elements often lacking in human diets–iron, zinc, copper, calcium, magnesium, selenium and iodine [J]. New Phytologist, 2009, 182(1): 49–84.

[8] Pilon–Smits E. Phytoremediation [J]. Annual Review of Plant Biology, 2005, 56(1): 15.

[9] 邢海峰, 高炳德, 樊明寿. 钾肥、覆膜对马铃薯硒素吸收分配及硒肥吸收率的影响 [J]. 中国土壤与肥料, 2012(6): 57–61.

[10] 李瑜, 张百忍, 刘运华, 等. 马铃薯对硒的吸收及生物富集规律 [J]. 中国马铃薯, 2013, 27(6): 358–361.

[11] 杨德平. 马铃薯聚硒特性研究 [J]. 安徽农业科学, 2017, 45(33): 52–53, 56.

[12] 邢海峰, 高炳德, 樊明寿, 等. 马铃薯硒素吸收分配规律及硒肥效应研究 [J]. 华北农学报, 2012, 27(6): 213–218.

[13] 殷金岩, 耿增超, 李致颖, 等. 硒肥对马铃薯硒素吸收、转化及产量、品质的影响 [J]. 生态学报, 2015, 35(3): 823–829.

[14] 吴敦虎, 穆广臣, 杨雅娟, 等. 喷施硒叶面肥对农作物含硒量影响的研究 [J]. 微量元素与健康研究, 1998, 15(1): 46–47.

[15] 宋家永, 张万业, 王永华, 等. 小麦富硒生产技术研究 [J]. 中国农学通报, 2005, 21(5): 197–197.

[16] 唐玉霞, 王慧敏, 刘巧玲, 等. 河北省麦田土壤硒的含量、形态及其有效性研究 [J]. 华北农学报, 2010, 25(s1):

194-197.

[17] 罗杰, 温汉辉, 吴丽霞, 等. 自然富硒与人工施硒肥的比较 [J]. 中国农学通报, 2011, 27(33): 90-97.

[18] 张晶, 李向民, 孙晶. 叶面喷硒对水稻含硒量的影响 [J]. 安徽农业科学, 2011, 39(20): 12 031-12 033.

[19] 穆婷婷, 杜慧玲, 景小兰, 等. 外源硒对谷子产量因子及硒含量的影响 [J]. 作物杂志, 2017(1): 73-78.

[20] 丁霄霖, 陆平华. 几种蔬菜的硒结合规律和农艺优化研究 [J]. 无锡轻工大学学报, 1997(4): 7-12.

[21] 孙发仁. 富硒蔬菜的研究与开发 [J]. 西北园艺: 果树专刊, 1999(3): 7-8.

[22] 王晋民, 赵之重, 段冰. 叶面施硒对不同蔬菜硒富集和产量的影响 [J]. 西北农林科技大学学报: 自然科学版, 2007, 35(7): 103-106.

[23] 冯两蕊, 杜慧玲, 王曰鑫. 叶面喷施硒对生菜富硒量及产量与品质的影响 [J]. 山西农业大学学报: 自然科学版, 2007, 27(3): 291-294.

[24] 刘义明, 凌钊, 韩玉芬, 等. 施用硒微肥对红衣花生硒含量的影响 [J]. 作物杂志, 2016(2): 105-107.

[25] 张驰, 吴永尧, 彭振坤, 等. 油菜苗期对硒的生物富集分布 [J]. 河南农业科学, 2005(9): 29-33.

[26] 宫克海, 史延通. 喷施富硒高效有机液体肥对马铃薯生长发育的影响 [J]. 杂粮作物, 2005, 25(3): 212.

[27] 孙业强. 提高脱毒马铃薯产量与硒素含量技术研究 [D]. 泰安: 山东农业大学, 2006.

[28] 黄景新, 秦昕. 硒肥对马铃薯块茎产量及含硒量的影响 [J]. 马铃薯杂志, 1999, 13(2): 94-95.

[29] 殷金岩, 耿增超, 孟令军, 等. 不同硒肥对马铃薯产量、硒含量及品质的影响 [J]. 西北农林科技大学学报: 自然科学版, 2012(9): 122-127.

[30] 白艳姝. 马铃薯养分吸收分配规律及施肥对营养品质的影响 [D]. 呼和浩特: 内蒙古农业大学, 2007: 38-40.

[31] 陈文红, 王晓琴, 万年鑫, 等. 不同时期喷施硒肥对紫色马铃薯块茎硒、花青素含量的影响 [J]. 安徽农业科学, 2015, 43(21): 92-94.

[32] 高青青. 叶面喷施亚硒酸钠对彩色马铃薯品质及产量的影响 [D]. 咸阳: 西北农林科技大学, 2016.

有机肥对马铃薯生产及农田环境影响的研究进展

翟盼盼[1]，石晓华[1,2]*

（1. 内蒙古农业大学农学院，内蒙古　呼和浩特　010031；

2. 内蒙古自治区马铃薯繁育中心，内蒙古　呼和浩特　010031）

摘　要： 稳步提升农田生产力和生产优质高产的商品薯是马铃薯种植业发展的重要目标之一。文章概述了有机肥对马铃薯农田环境的影响，包括农田土壤理化性状、微生物数量、酶活性的影响以及施用有机肥对马铃薯的农艺性状、产量、品质方面的影响，最后对有机肥在马铃薯生产中应用应着重注意和有待加强的研究领域进行了展望。

关键词： 马铃薯；有机肥；产量；品质；农田环境

中国是马铃薯主产国之一，因其具有适应性强，耐贫瘠、耐干旱、产量高等特点，种植范围遍及全国。化学肥料的使用有效解决了马铃薯生产中单产低的问题，但长期大量施用化学肥料，已经造成土壤板结、养分失衡、耕性质量下降等一系列问题，使马铃薯种植业可持续发展受到严重威胁[1,2]。有机肥具有改善土壤理化性质，促进微生物繁殖，增加作物抗逆稳产的作用，在马铃薯生产中的应用效果较为显著，但有机肥需要和化肥合理配施，才能实现养分的快速、持续、均衡供应，并提高肥料有效性，促进土壤生产力的提升[3,4]。综述了国内外有机肥对马铃薯农田环境以及产量品质影响的研究进展，重点阐述有机肥对马铃薯生长、产量、品质方面的影响，以及对马铃薯农田土壤养分供应、酶活性、微生物特性的影响及机理，旨在为通过有机肥合理施用提升土壤肥力、保证马铃薯种植业健康持续发展提供研究借鉴。

1　有机肥对马铃薯生产的影响

1.1　有机肥对马铃薯农艺性状的影响

有机肥对作物呼吸、光合作用物质的代谢运输均有积极影响。研究表明，有机肥在腐解过程中产生多种酚类、维生素、酶及生长素等物质，这类物质对马铃薯根系生长发育和养分吸收均有促进作用[5]。李小炜等[6]研究表明有机肥施用后马铃薯叶面积指数、SPAD 值、株高茎粗、总干物质含量均显著提高，其原因可能是由于施用有机肥后，提高了土壤养分的有效性，马铃薯生长旺盛，特别是对地上主茎数量的增多有显著的促进作用。综上所述，合理增施有机肥，可显著提高马铃薯株高、茎粗、主茎数和叶面积指数，从而提高作物的光能利用率，为马铃薯块茎干物质积累提供必要的前提条件。

作者简介：翟盼盼（1997—），女，在校本科生，主要从事马铃薯栽培技术研究。

基金项目：内蒙古自治区成果转化项目（CGZH2018172）。

* 通信作者：石晓华，硕士，助理研究员，主要从事马铃薯栽培生理研究，e – mail：mlszxsxh@126.com。

1.2 有机肥对马铃薯产量性状的影响

有机肥主要在两个层面上对马铃薯产量产生影响。首先是间接影响，施用有机肥可显著提高马铃薯光合特性和根系吸收能力，进而对马铃薯产量提高起到显著促进作用[7]。同时，有机肥对马铃薯产量的影响也存在直接影响，柳玉乐[8]研究发现有机肥对马铃薯单株结薯数和单株薯重的增加有积极作用，特别是有机肥部分替代化学肥料，可显著提高马铃薯生育后期块茎生长发育，对提高马铃薯块茎产量具有显著的促进作用。有机肥的适量施用通过促进马铃薯产量构成因子及生育后期块茎膨大速率最终实现对马铃薯产量的直接影响。从农业生产经营角度考虑，有机肥适当比例替代化肥，在提高马铃薯产量的同时，如果可以提高品质，对提高马铃薯的经济效益具有更强的现实意义。

1.3 有机肥对马铃薯品质性状的影响

研究表明，增施有机肥可提高马铃薯块茎还原糖、粗蛋白、淀粉以及部分氨基酸的含量，有效提升马铃薯营养品质。卞春松等[9]研究表明增施有机肥可显著提高马铃薯加工品质，尤其是对于夏坡蒂等结薯较晚的品种而言，施用有机肥后对马铃薯块茎淀粉含量和干物质含量的提高均有显著效果。付兴发[10]在内蒙古武川地区研究发现，施肥可影响马铃薯商品品质，其中增施有机肥可减少小薯的比例，提高大中薯比例，对马铃薯商品薯率的提高效果最为显著。

2 有机肥对农田环境的影响

2.1 有机肥对农田理化性状的影响。

长期的实践证明，施用有机肥有助于改善农田土壤基本理化性状，协调养分的平衡供应。吴萍萍等[11]通过长期定位试验研究表明，较不施肥和单施化肥，施用有机肥显著降低了 0 ~ 10 cm 土层土壤容重，降低幅度为 7% ~ 10% 和 3% ~ 5%。温延臣等[12]通过 26 年的定位研究发现，在土壤质地为轻壤土的耕地上增施有机肥较全部施用化肥相比，土壤容重降低 5% ~ 11%，土壤总孔隙度增加 4% ~ 10%。施用有机肥较不施有机肥处理相比，土壤有机质含量增加 26% ~ 43%，显著改善耕地质量，有助于耕地的可持续利用[13]。宋震震等[14]研究发现，长期施用有机肥后显著提高了土壤活性氮库组分，包括可溶性有机氮、颗粒有机氮和轻组有机氮含量，使 0 ~ 15 cm 耕层土壤中全氮含量提高 6% ~ 7%，铵态氮含量提高 11% ~ 26%。张建军等[15]研究发现，施用有机肥后，土壤中 Ca_2-P、Ca_{10}-P 含量增加，说明施用有机肥更有利于活化农田土壤中的磷，同时减缓磷吸附，最终可提高磷素有效性。陈贵等[16]的研究发现，增施有机肥与常规施用化肥相比，可提高土壤有效磷 25% ~ 70%。王西和等[17]通过对灰漠土定位研究显示，增施有机肥相对于纯化肥相比，钾素的表观利用率可提高 39% ~ 81%，这说明增施有机肥可以显著提高灰漠土钾肥利用率。大量的研究显示，当有机肥替代部分化肥时，土壤中的有机碳含量增加，通过调节土壤 C/N 有效提高肥料的利用率。施用有机肥可以减少硝态氮的淋失，减少了氮素损失对环境的污染。

上述结论对马铃薯农田意义更为深远，特别是对中国西北地区马铃薯生产而言，种植马铃薯的农田大多为相对贫瘠的砂质土壤，有机质含量普遍较低，保水保肥能力相对较差，而有机肥的施用及其发挥的特殊作用可在一定程度上弥补这一短板。

2.2 有机肥对农田酶活性的影响

土壤酶与土壤理化性状关系密切，是一种具有催化能力的活性物质，是土壤重要的组成部分，虽然数量相对较少，但参与和调控了众多物质的循环和代谢，在农田养分循环中发挥了极其重要的作用。土壤酶中脲酶、磷酸酶和转化酶等与植物营养状况关系最为密切，是评价土壤肥力水平和健康状况的重要依据。土壤酶活性受施肥的直接影响，其中有机肥的施用可显著提高土壤酶的活性。和文祥等[18]通过长期定位试验表明，土壤酶活性高低顺序为：厩肥处理 > 化肥处理 > 无肥处理；以牲畜粪便作为有机肥的试验结果表明，施用猪粪处理的土壤脲酶活性较高。杜建梅[19]研究表明，相对于施用化肥，有机肥对土壤脲酶及碱性磷酸酶的活性影响更为显著。施用有机肥能促进作物生长和增加根际分泌物的数量，有利于土壤微生物的繁殖，从而促进土壤酶活性的提高[20]。

2.3 有机肥对农田微生物的影响

农田土壤微生物数量和群落结构是衡量土壤微生态系统平衡的重要依据，是评价作物生长环境的重要指标。国内外大量研究所证实，有机肥可显著影响土壤微生物种群结构和数量。刘益仁等[21]的研究发现，增施有机肥后土壤微生物量碳和氮在作物生长发育期间明显增加，其中，有机肥和无机肥配合施用的效果最佳，明显优于单施化肥或单施有机肥处理。邵兴芳等[22]试验表明，在水稻田中增施有机肥，其土壤微生物生物量比不施肥处理增加 1 ~ 2 倍，并可显著提高土壤微生物量磷的含量。长定期施用农家肥，农田的土壤微生物量氮明显高于施用化学肥料的处理。徐阳春等[23]的研究表明，在长期不同施肥条件下，土壤微生物量碳和磷数量最高的为有机肥和无机肥配合施用处理，其次为化肥处理，最差的为不施肥处理，在另一个试验中，土壤微生物量氮数量变化关系与之相近。朱海平等[24]研究表明，增加施用有机肥对马铃薯农田土壤的微生物性状有显著的改善，特别是改善微生物区系的组成结构和提高土壤微生物的功能多样性。程万莉等[25]研究指出，有机肥替代部分化肥可以有效增加马铃薯农田土壤中微生物功能多样性，如对腐生细菌、硝化细菌等功能细菌的数量。有机肥的施用促进了土壤中微生物的大量繁殖，对马铃薯高产、稳产起到了关键作用。由此可见，合理的施用有机肥可显著提高马铃薯农田土壤微生物的数量和物种丰富度，从而提高有机质的分解速率，有利于保障马铃薯农田土壤养分供应。

3 展望

有机肥可提高农田土壤肥力水平，保证马铃薯稳产高产，是马铃薯种植业可持续发展的必然选择。虽然国内外关于有机肥已开展了大量研究，取得了较大进展，但针对有机肥在马铃薯生产中的应用，今后还应重点开展以下几方面的深入研究：

（1）加强有机肥对马铃薯农田土壤生物学过程影响的相关研究。国内外多项长期定位试验在许多领域取得重要研究进展。但关于土壤有机质、土壤生物学过程还应开展长期施用有机肥和化肥条件下马铃薯农田土壤有机质的组成及其理化性质演变规律的研究，开展有机肥施用对马铃薯农田土壤酶活性、微生物和土壤环境间交互作用规律的研究，开展马铃薯农田土壤养分组分及形态转化与土壤生物学之间的关系研究。

（2）明确不同马铃薯生产模式下有机肥替代化肥最适比例的研究。有机肥替代化肥对马铃薯农田土壤及产量品质的影响均与替代比例关系密切，不同气候条件、土壤类型、轮作体系以及栽培模式都会对有机肥作用效果产生直接影响，因此，针对不同马铃薯生产体系在应用有机肥替代化肥时都应进行重新评估，认真研究有机肥对该体系下土壤和作物的影响效果，慎重选择替代比例。

（3）探讨有机肥在马铃薯生产应用与农业面源污染问题研究。有机肥施用是提高马铃薯农田土壤肥力和马铃薯产量品质的重要措施，但不合理施用有机肥可能会导致农业面源污染问题。因此，开展科学合理、环境友好的马铃薯有机肥施用技术研究极其重要，应着力开发以提高马铃薯农田生产力、肥料吸收利用率和稳产高产为核心的马铃薯有机肥施用新技术。

[参 考 文 献]

[1]　王耀.复合肥配施不同生物有机肥对土壤肥力及马铃薯产量和品质的影响 [J].中国马铃薯，2018，32(2)：96–100.
[2]　吴显汀.土壤酸化对农作物生长的影响及预防改良措施 [J].河南农业，2018(22)：23.
[3]　康蓉，牛建彪，陈政仁，等.商品有机肥与配方肥配施对马铃薯产量的影响 [J].中国园艺文摘，2018，34(1)：22–25.
[4]　张学让.生物有机肥应用于马铃薯不同用量效应效益试验 [J].北京农业，2014(30)：168.
[5]　熊湖，郑顺林，龚静，等.液态有机肥对酚酸胁迫下马铃薯生长发育和土壤酶活性影响 [J].水土保持学报，2019，33(3)：254–259，267.
[6]　李小炜，田丽，白春梅，等.榆林沙区不同有机肥施用量对滴灌玉米拔节期生长及生理性状的影响[J].湖北农业科学，2018，57(7)：44–47..
[7]　付兴发.磷钾肥和有机肥对马铃薯品质和产量影响的研究 [D].雅安：四川农业大学，2012.
[8]　柳玉乐.沼渣沼液不同施用量对马铃薯产量影响 [J].宁夏农林科技，2016，57(3)：19–20，23.
[9]　卞春松，刘建刚，金黎平.2018 年马铃薯养分管理最新研究进展 [C]// 屈冬玉，金黎平，陈伊里.马铃薯产业与健康消费.哈尔滨：黑龙江科学技术出版社，2019：373–374.
[10]　付兴发.磷钾肥和有机肥对马铃薯品质和产量影响的研究 [D].雅安：四川农业大学，2012.
[11]　吴萍萍，李录久，耿言安，等.耕作与施肥措施对江淮地区白土理化性质及水稻产量的影响 [J].水土保持学报，2018，32(6)：245–250.
[12]　温延臣，李燕青，袁亮，等.长期不同施肥制度土壤肥力特征综合评价方法 [J].农业工程学报，2015，31(7)：91–99.
[13]　赵跃，黄楠，刘继培，等.生物有机肥替代化肥对番茄产量和品质及土壤养分的影响 [J].中国农技推广，2019，35(2)：57–59..
[14]　宋震震，李絮花，李娟，等.有机肥和化肥长期施用对土壤活性有机氮组分及酶活性的影响 [J].植物营养与肥料学报，2014，20(3)：525–533.
[15]　张建军，党翼，赵刚，等.不同用量有机肥对陇东旱塬黑垆土磷素形态转化及有效性的影响 [J].中国土壤与肥料，2016(2)：32–38.
[16]　陈贵，赵国华，张红梅，等.长期施用有机肥对水稻产量和氮磷养分利用效率的影响 [J].中国土壤与肥料，2017(1)：92–97.
[17]　王西和，吕金岭，刘骅.灰漠土小麦 – 玉米 – 棉花轮作体系钾平衡与钾肥利用率 [J].土壤学报，2016，53(1)：213–223.
[18]　和文祥，来航线，武永军，等.培肥对土壤酶活性影响的研究 [J].浙江大学学报：农业与生命科学版，2001，27(3)：265–268.
[19]　杜建梅.矿粉有机肥对土壤性质和空心菜、马齿苋生长与品质的影响 [D].南京：南京师范大学，2016.
[20]　刘金光，李孝刚，王兴祥.连续施用有机肥对连作花生根际微生物种群和酶活性的影响 [J].土壤，2018，50(2)：305–311.
[21]　刘益仁，郁洁，李想，等.有机无机肥配施对麦 – 稻轮作系统土壤微生物学特性的影响 [J].农业环境科学学报，2012(5)：147–152.
[22]　邵兴芳，申小冉，张建峰，等.外源氮在中、低肥力红壤中的转化与去向研究 [J].中国土壤与肥料，2014(2)：6–11.
[23]　徐阳春，沈其荣，冉炜.长期免耕与施用有机肥对土壤微生物生物量碳、氮、磷的影响 [J].土壤学报，2002，39(1)：89–96.
[24]　朱海平，姚槐应，张勇勇，等.不同培肥管理措施对土壤微生物生态特征的影响 [J].土壤通报，2003(2)：61–63.
[25]　程万莉，刘星，高怡安，等.有机肥替代部分化肥对马铃薯根际土壤微生物群落功能多样性的影响 [J].土壤通报，2015，46(6)：1 459–1 465.

2019 年马铃薯栽培国内外研究进展比较

刘建刚，卞春松，金黎平 *

（中国农业科学院蔬菜花卉研究所/
农业农村部薯类作物生物学与遗传育种重点实验室，北京　100081）

明确马铃薯生长发育规律及其栽培调控机制对马铃薯高产优质绿色栽培具有重要意义。基于 Web of Science 和中国知网数据库对 2019 年国内外马铃薯栽培学科研究内容进行了文献调研，其中 SCI 核心数据库收录论文 164 篇，中国知网收录核心论文 58 篇，揭示了马铃薯栽培生理方面的研究现状，分析比较了目前国内外马铃薯栽培生理研究热点的差异，并展望了未来马铃薯栽培生理研究的发展方向。综述将有助于国内研究者拓展马铃薯栽培生理研究内容及范畴，为促进稳粮增收、提质增效和农业可持续发展提供有效的理论和技术支撑。

水肥高效利用机制、保护性耕作、土壤－植物氮磷循环和种植制度优化是 2019 年国外马铃薯栽培生理的研究热点，在水肥精准调控、养分高效利用、干旱/高盐/高温等逆境胁迫生理机制、保护性耕作、绿色可持续发展、种植制度评价、养分盈亏诊断方法、作物生长－土壤过程耦合和环境影响评价等方面开展了广泛研究。在水肥高效利用方面，提出了比较不同品种、环境和管理措施下作物氮素利用效率的框架，揭示了硝酸铵与硝化抑制剂配施可以改善土壤氮有效性与马铃薯氮需求之间的同步性；首次整合生理学和蛋白质组学数据，揭示了铁、锰和锌缺乏下马铃薯植株复杂的功能和调控网络；解析了滴灌时土壤根部注入空气提高土壤－空气的交换率及水分生产率和养分吸收的作用机制，明确了土壤基质势对土壤细菌群落的组成、功能预测和生态网络的影响效果。在逆境胁迫响应方面，施硅可以提高马铃薯对铝毒害的防御能力和降低盐度效应，芽孢杆菌的共生体通过增强马铃薯植株根际生长素的产生提升块茎产量；解析了水杨酸在马铃薯植株对镉胁迫逆境下的毒性缓解作用，揭示了叶绿体工程合成甘氨酸甜菜碱是提高耐旱性的有效途径。在保护性耕作方面，研究了轮种作物、覆盖物和堆肥等对马铃薯生长发育的影响和不同施肥系统对土壤生物理化特性影响，明确了垄沟全膜覆盖改善土壤环境提高产量的生理机制，提出在半干旱地区可将秸秆作为地膜覆盖的环保替代物。在种植制度优化方面，基于长期定位试验评价了马铃薯与 6 种不同作物轮作条件下的产量、经济效益和温室气体排放，确定了经济效益最佳的马铃薯－油菜－苜蓿轮作种植制度，评价了不同间套轮作模式对土壤养分流

作者简介：刘建刚（1988—），男，博士，助理研究员，从事马铃薯精准栽培研究。

基金项目：现代农业产业技术体系专项资金（CARS-09-P12）；国家重点研发计划项目（2018YFD0200803）；宁夏农业特色优势产业新品种选育专项（2019NYYZ01-4）。

* 通信作者：金黎平，博士，研究员，主要从事马铃薯育种研究，e-mail：jinliping@caas.cn。

失特征和马铃薯块茎产量的影响，明确了马铃薯－大豆－大麦轮作及马铃薯豆科间作种植模式对协同提高马铃薯产量和减少氮素淋失的有效性，揭示了马铃薯豆科间作系统中适宜根区土壤温度和土壤含水量耦合在辐射截留和同化产物生产方面的加性效应。在植物－土壤关系方面，采用灰色关联分析法明确了马铃薯产量与土壤养分因子的关系，构建了基于扩增子序列变异识别土壤细菌物种平衡指数的方法，提高了栽培管理方式和种植制度选择对微生物多样性和马铃薯产量影响的解释能力，揭示了农田土壤细菌群落随土壤理化性质和地形特征的变化呈系统的、可预测的变化规律。在环境因子调控方面，明确了 CO_2 浓度升高和高温条件延缓马铃薯地上－地下部生物量积累的协同影响效应，揭示了昼夜高温和不同生育时期高温胁迫条件下马铃薯产量损失的差异机制，阐明了遗传群体特性和光源相互作用对马铃薯植株生长的影响，探讨了马铃薯块茎膨大的遗传和环境变异，在微型薯生产系统中通过提高二氧化碳含量实现了产量提升。在精准农业技术应用方面，开发了利用卫星多光谱遥感和机器学习预测马铃薯产量的模型，建立了基于电磁感应的土壤水分管理技术和基于氮平衡指数的作物氮素遥感监测技术。在绿色可持续发展方面，利用竞争指数筛选种植竞争力强的马铃薯品种以实现杂草绿色防控，明确了有机肥施用后玉米轮作马铃薯系统生产力提高与其显著提高土壤残留有效氮、磷、钾、有机碳和碳储量密切相关，提出采用低氮条件下氮素高效利用品种结合种植前土壤硝酸盐测定是实现可持续、经济有效的氮肥管理的有效手段。在环境影响评价方面，揭示了人工神经网络模型在确定马铃薯产量、耕作方式和土壤特性之间关系方面的潜力，解析了尿素配施硝化抑制剂双氰胺减少 N_2O 排放的作用机制。

中国学者围绕作物产量潜力挖掘、品质提升和资源利用效率提高的栽培生理机制和种植制度优化开展研究，整体上以应用研究为主，研究主题包括旱作高产栽培的水分高效利用原理及调控机制、氮磷钾及中微量元素的养分需求规律、高产优质栽培技术、保护性耕作技术、绿色高效养分管理技术、逆境胁迫响应机制和种植制度优化等内容，分析了马铃薯生长发育规律、产量和品质形成规律及其气候因素、土壤因素、生物因素和农艺措施的调控作用，在不同生态区研究了氮磷钾、微量元素和氨基酸等肥料对马铃薯生长发育的生理调控机制，进一步明确了肥料类型、施肥量、施肥种类和施用时期对马铃薯生长发育、产量、品质和肥料利用率的影响；系统评价了中国马铃薯6个主产区氮肥利用现状，探讨了提高马铃薯氮肥偏生产力的有效途径。确定马铃薯水分补偿效应产生的干旱胁迫阈值，基于源－库关系解析了干旱胁迫后的复水补偿效应。研究种植密度、种植模式、覆盖方式、栽培模式等因子对马铃薯生长发育、产量及资源利用效率的影响效应，优化不同生态区马铃薯轻简化或全程机械化栽培模式，解析了不同轮作方式对土壤碳、氮含量及酶活性的影响特征。然而，目前国内栽培生理研究对马铃薯－土壤－微生物相互作用、水肥精准智能调控技术及环境效应评价的实质性交叉研究较少，亟需深入探讨作物－土壤－肥料匹配原理与作物养分资源高效利用机理，以及土壤水肥耦合机制及其对马铃薯绿色优质高产高效的影响。

关键词：马铃薯；栽培；水肥管理；产量；生态适宜性

遗 传 育 种

马铃薯块茎重要品质性状相关性与聚类分析

胡　军，段绍光，徐建飞，卞春松，李广存，庞万福，金黎平 *

（中国农业科学院蔬菜花卉研究所/
农业农村部薯类作物生物学和遗传育种重点实验室，北京　100081）

摘　要：研究对 72 份高代品系块茎产量、营养品质与矿质含量等性状进行了评价测定。相关性分析产量与炸片分级正相关，与块茎铁、锌、钙含量负相关。干物质、淀粉以及维生素 C 含量与块茎钾含量极显著正相关，蛋白含量与块茎锌含量显著正相关，块茎铁含量与钙含量显著正相关。主成分分析显示前 6 个主成分因子累积贡献率达到了 82.9%。聚类分析显示干物质含量高、炸片颜色浅适宜加工的品系有 6 份。

关键词：马铃薯；品种选育；块茎品质；矿质元素

马铃薯是中国重要的粮菜兼用作物，随着马铃薯产业不断发展，市场对高产优质马铃薯新品种需求越来越迫切 [1]。截至 2017 年底，中国马铃薯品种审定（登记）数量超过 600 个，其中品种类型以鲜食为主。加快高产优质马铃薯新品种选育，提升马铃薯相关产业产品竞争力有着重要现实意义 [2]。马铃薯块茎品质主要有干物质、淀粉、还原糖、蛋白质、维生素 C 含量，此外马铃薯块茎富含钾等矿质元素 [3,4]。2018 年对 72 份高代品系块茎产量、营养品质与矿质含量等性状进行了评价测定，以期筛选出高产优质的马铃薯新品系，为新品种选育研究提供材料。

1　材料与方法

试验 2018 年在河北省张家口市张北县二台镇王家村进行。试验地前茬作物为燕麦，土壤为栗钙土。72 份品系 4 月下旬播种，各参试材料以单垄单行种植，随机区组设计，3 次重复，每小区 4 行，每行 30 株，株行距 90 cm × 20 cm，小区面积为 21.6 m²，施用 50 kg/667 m² 复合肥作为底肥，出苗后进行中耕除草铺设滴灌带，追施尿素 20 kg/667 m²，生长期间进行常规田间管理与药剂防治等。6 月中旬、7 月中旬、8 月中旬进行植株长势调查与分级评价，9 月下旬收获时对各小区块茎产量进行测产，避光贮藏约 1 个月后，对干物质含量（比重法）以及炸片颜色、蛋白质含量、维生素 C 含量、还原糖含量、淀粉含量、钙含量、钾含量、锌含量、铁含量等指标进行测定。采用 Excel 2010 进行数据描述统计，通过 R3.5.2 软件进行相关性与聚类分析。

作者简介：胡军（1985—），男，博士，助理研究员，主要从事马铃薯遗传育种相关研究。

基金项目：国家重点研发计划（2016YFD0401301）；现代农业产业技术体系（CARS–09）。

* 通信作者：金黎平，研究员，主要从事马铃薯遗传育种研究，e – mail：jinliping@caas.cn。

2 结果与分析

11 个马铃薯品系块茎产量与品质相关性状的变异系数由大到小依次为维生素含量 > 还原糖含量 > 铁含量 > 钙含量 > 炸片颜色 > 锌含量 > 小区产量 > 钾含量 > 淀粉含量 > 蛋白质含量 > 干物质含量，其中最大变异系数为 52.15%，最小为 10.89%。参试材料在维生素 C 含量、还原糖含量等性状上变异更为丰富，在干物质含量、淀粉与蛋白质含量变异相对较小。

相关性分析显示小区产量与炸片颜色相关系数为 0.371，与钙含量、锌含量相关系数分别为 –0.352，–0.383。干物质含量与淀粉含量相关系数为 0.706，与钾含量相关系数为 0.349，与炸片颜色相关系数为 –0.389。炸片颜色与蛋白含量、钙含量、铁含量均为负相关，相关系数分别为 –0.389、–0.406、–0.303。淀粉含量与维生素 C 含量、钾含量相关系数分别为 0.546、0.539。还原糖与蛋白质含量相关系数为 –0.346。维生素 C 含量与钾含量、锌含量相关系数分别为 0.402、–0.384。蛋白质含量与锌含量相关系数为 0.500。铁含量与钙含量相关系数为 0.512。

为了确定影响马铃薯块茎品质特性的主要性状，对 11 个指标进行了主成分分析。根据累积贡献率大于 80% 的标准，试验入选主成分有 6 个，其累积贡献率达到了 82.9%，代表了马铃薯块茎品质性状的大部分变异。第一主成分特征值为 1.732，贡献率 27.5%，影响其性状主要有产量与炸片颜色分级，增大第一因子，产量与炸片颜色分级增加，干物质、淀粉、蛋白质、各种矿物质含量相应减少；第二主成分特征值为 1.573，贡献率 22.8%，影响其性状主要有淀粉、维生素 C 与钾含量等，减少第二因子，维生素 C 含量、干物质、淀粉、钾含量增加；第三主成分特征值为 1.098，贡献率为 11.1%，影响其的主要有还原糖、铁含量、蛋白质、钙含量、铁含量等性状；第四主成分因子特征值 0.972，贡献率 8.6%，影响其的主要有产量、还原糖含量、炸片颜色分级、锌含量；第五主成分因子特征值 0.861，贡献率 6.8%，影响其的主要有干物质、产量、炸片颜色分级、铁含量、钾含量；第六主成分因子特征值 0.812，贡献率 6.1%，影响其的主要有产量、干物质、炸片颜色分级、淀粉、蛋白含量、锌含量、铁含量。

对 72 份参试品系 11 个性状采用类平均距离法进行聚类分析，在遗传距离 4.90 水平上将 72 份品系分为 3 类。第一类共 8 份材料，性状表现为块茎产量、炸片颜色分级、还原糖含量高，干物质、蛋白质、淀粉含量钾、钙、铁锌等含量较低。第二类有 6 份材料，性状表现为块茎产量、炸片颜色与还原糖含量低、干物质、淀粉含量以及各种矿物质含量高。第三类共 58 份品系材料，这一类表现为块茎产量较低、干物质含量、淀粉含量较低、炸片颜色分级较高、还原糖、钾、钙、铁、锌等含量中等。综合比较，第一类适宜作为鲜食品种，第二类材料为高干物质低还原糖，炸片颜色较浅，适宜作为加工品种进一步比较。

3 讨 论

综合上述结果，筛选出高干物质低还原糖综合性状优良的新品系 6 份，高产新品系 8 份。对病虫害以及逆境胁迫等的抗性是优异品种的一个重要筛选指标，下一步将对上述品系的抗病抗逆性进行鉴定评价。

　　研究还比较了块茎产量、营养品质与矿质含量等性状之间的相关性，显示钾、钙、铁、锌对产量、干物质含量、还原糖、蛋白含量等品质性状之间有着显著相关性，其中钾含量与淀粉含量之间，蛋白质含量与锌含量之间相关系数均 0.5 以上正相关，暗示不同矿质元素对产量和品质形成影响机制有所差异。

[参 考 文 献]

[1] 盛万民 . 中国马铃薯品质现状及改良对策 [J]. 中国农学通报，2006，22(3)：166–170.
[2] 卢肖平 . 马铃薯主粮化战略的意义、瓶颈与政策建议 [J]. 华中农业大学学报：社会科学版，2015(3)：1–7.
[3] 李守强，田世龙，李梅，等 . 主成分分析和隶属函数法综合评价 15 种（系）马铃薯的营养品质 [J]. 食品工业科技，2020，41(6)：272–276，291.
[4] 文国宏，李高峰，李建武，等 . 陇薯系列马铃薯品种营养品质评价及相关性分析 [J]. 核农学报，2018，32(11)：2 162–2 169.

2009～2016年湖北省审定马铃薯品种主要农艺和产量性状演变分析

闫　雷，张远学，邹　莹，王　甄，张等宏，高剑华，肖春芳，沈艳芬 *

（湖北恩施中国南方马铃薯研究中心/
恩施土家族苗族自治州农业科学院，湖北　恩施　445000）

摘　要：为了给湖北省马铃薯生产以及高产育种提供参考依据，研究统计了湖北省2009～2016年审定的18个马铃薯品种主要农艺性状和产量性状，并对其演变趋势及相关性进行分析。结果表明：2009～2016年湖北省审定马铃薯品种的产量水平呈平稳上升趋势，平均每年提高10.23 kg/667 m²；审定的品种以早熟和中晚熟为主，株高、单薯重和商品薯率呈显著下降趋势，而单株结薯数、主茎数和干物质含量趋于稳定。总体来看，马铃薯农艺性状通过影响单株结薯数和单薯重要影响产量，且后者间存在极显著的负相关。湖北省近年来育成的马铃薯品种产量水平稳步提高，但幅度不大，且品种单一，干物质以及商品薯率状况较差，而且相关产量性状的稳定性较差，马铃薯遗传改良研究任重道远。

关键词：湖北省；马铃薯；产量；演变

　　马铃薯是重要的粮菜饲兼用型作物，具有适应性广、高产稳产、营养成分全和产业链长等优点，可作为农业结构调整的主粮替代作物，对保障粮食安全有积极有效的作用。近年来，随着国家"马铃薯主食化"战略的提出以及相关地方政府政策的扶持，马铃薯种植面积基本稳定在600万 hm² 左右。湖北省是中国马铃薯主产区，种植面积和总产分别占全国第9和10位，但平均667 m² 产量远低于四川、贵州等周边省份[1,2]。同时，也说明湖北省马铃薯产量还有很大的提升空间。因此，湖北省马铃薯产量和品质的遗传改良研究对湖北省乃至全国马铃薯育种和生产都具有重要意义。

　　针对作物育成品种的品质、产量以及农艺性状演变规律，针对小麦[3-5]、水稻[6-8]以及玉米[9,10]等作物前人做了大量的研究。在马铃薯作物上，凌永胜等[11]针对福建省近年来审定的品种主要性状进行了分析；陈昱利等[12]对2005年以来国家审定的马铃薯品种主要农艺和品质性状演变规律进行了研究。这些研究对作物新品种选育、农业生产和产业发展有重要的指导意义。通过对近年来湖北省审定马铃薯品种的农艺性状以及产量性状演变情况进行分析，为今后的马铃薯育种和生产提供借鉴。

作者简介：闫雷（1989—），男，农艺师，主要从事马铃薯遗传育种及高产栽培研究。
基金项目：湖北省农业科技创新中心创新团队项目（2016-620-000-001-061）；农业部华中薯类科学观测实验站；恩施州科技计划研究与开发项目（D20170003）；现代农业产业技术体系专项资金（CARS-09）。
* **通信作者**：沈艳芬，高级农艺师，主要从事马铃薯育种及植物保护研究，e－mail：13872728746@163.com。

1　材料与方法

材料为 2009 ~ 2016 年湖北省审定的马铃薯品种，根据农作物品种审定委员会文件，期间共审定马铃薯品种 18 个，包括 4 个引进品种、14 个自育品种，其中 7 个早熟品种，11 个中晚熟品种，农艺和产量性状数据来自湖北省农作物品种审定文件。数据相关性分析和作图采用 Excel 软件（表 1）。

表 1　2009 ~ 2016 年湖北省审定马铃薯品种名录

序号	品种	亲本信息	审定编号	品种特性
1	华薯 2 号	轮回群体 B3C2 单株优选	鄂审薯 2016001	早熟鲜食
2	华薯 3 号	Innovator × F98002	鄂审薯 2016002	早熟鲜食
3	鄂马铃薯 15 号	T962-25 × IX-38-6	鄂审薯 2016003	中晚熟鲜食
4	鄂马铃薯 16 号	T962-25 × NS51-5	鄂审薯 2016004	中晚熟鲜食及淀粉加工
5	鄂马铃薯 13 号	秦芋 30 号 × 59-5-86	鄂审薯 2015001	中晚熟鲜食品种
6	鄂马铃薯 14 号	T962-25 × IX-38-6	鄂审薯 2015002	中晚熟鲜食及淀粉加工
7	鄂马铃薯 12 号	395049.59 × 393160-4	鄂审薯 2014001	中晚熟鲜食
8	华薯 1 号	Pink FirApple 自然变异株	鄂审薯 2014002	早熟鲜食品种
9	鄂马铃薯 11 号	南中 552 × DY4-2-10	鄂审薯 2013001	中晚熟鲜食
10	早大白	五里白 × 74-128	鄂审薯 2012001	早熟鲜食品种
11	中薯 5 号	中薯 3 号天然结实后代	鄂审薯 2012002	早熟鲜食品种
12	克新 4 号	白头翁 × 卡它丁	鄂审薯 2012003	早熟鲜食品种
13	鄂马铃薯 10 号	文胜 11 × dorita5186	鄂审薯 2012004	中晚熟鲜食及淀粉加工
14	华恩 1 号	杂交组合 395049	鄂审薯 2012005	中晚熟鲜食及淀粉加工
15	中薯 3 号	京丰 1 号 × BF77-1	鄂审薯 2011001	早熟鲜食品种
16	鄂马铃薯 9 号	NS51-5 × 鄂马铃薯 3 号	鄂审薯 2011002	中晚熟鲜食
17	鄂马铃薯 8 号	393143-12 × NS51-5	鄂审薯 2009002	中晚熟鲜食
18	鄂马铃薯 7 号	AJU-69.1 × 393140-4	鄂审薯 2009001	中晚熟鲜食

2　结果与分析

2.1　产量性状演变分析

对 2009 ~ 2016 年湖北省审定的 18 个马铃薯品种产量性状演变情况进行分析显示（表 2），审定品种商品薯率和产量的变异系数为 7.93% 和 11.46%，单株结薯数、单薯重的变异系数较大，分别为 16.82%、18.65%。这说明湖北省马铃薯品种遗传改良进展缓慢，通过育种提高产量和商品薯率的难度很大。从熟期水平看，近年来育成的品种主要是早熟和中晚熟；在产量水平上，育成品种的平均产量为 28 799 kg/hm²，说明湖北省马铃薯高产育种上还有很大的提升空间。

表 2　近年来湖北省审定马铃薯品种主要农艺性状和产量性状分析

性状名称	生育期 （d）	株高 （cm）	主茎数 （个）	单株结薯数 （个）	单薯重 （g）	商品薯率 （%）	产量 （kg/hm²）
最大值	92	97.2	7	12	87.0	85.4	36 110
最小值	58	39.5	2	6	46.2	66.1	21 882
平均值	77	64.3	4	9	62.1	73.3	28 799
变异系数 CV（%）	15.08	30.04	28.85	16.82	18.65	7.93	11.46

　　湖北省审定马铃薯品种的产量和干物质含量无明显变化（图 1、2），线性拟合结果表明产量平均每年增加 10.23 kg/667 m²，干物质含量平均每年下降 0.003%；商品薯率呈下降趋势，平均每年下降 1.18%（图 3）。这些品种的商品薯率、产量、干物质含量在年际间存在波动，主要受生态气候条件影响。单株结薯数呈上升趋势，单薯重总体呈下降趋势（图 4、5）。说明这阶段马铃薯产量潜力的提高依靠单薯重和单株结薯数的协调来实现。

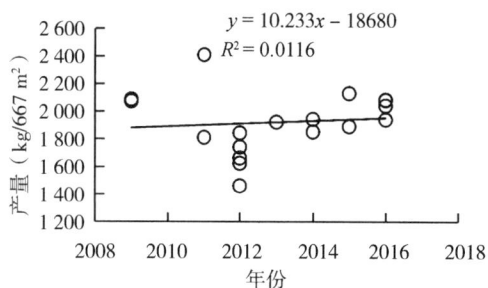

图 1　产量变化

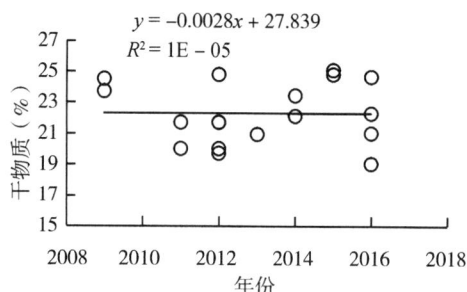

图 2　干物质含量变化

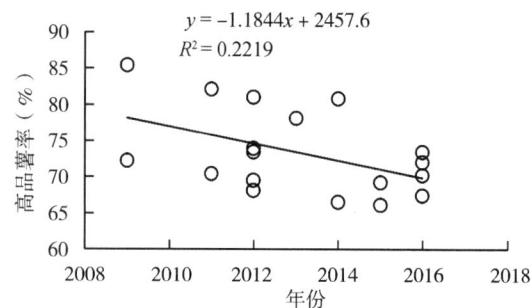

图 3　商品薯率变化

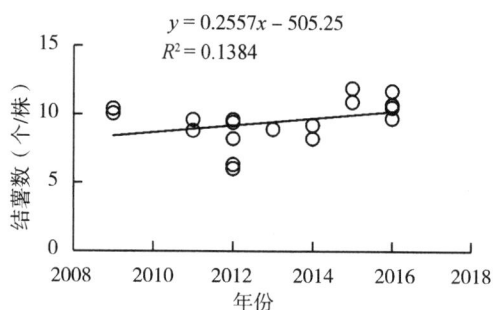

图 4　单株结薯数变化

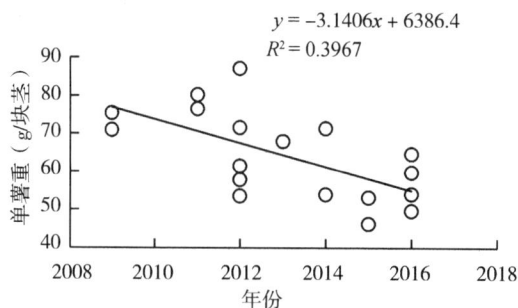

图 5　单薯重变化

2.2 农艺性状演变分析

对 2009 ~ 2016 年湖北省审定的 18 个马铃薯品种的农艺性状演变情况进行分析，结果显示，其生育期、株高、主茎数的变异系数均大于 15%（表 2）。生育期呈下降趋势，但线性关系较小，线性拟合结果表明平均每年缩短 0.171 d，育种目标依旧以早熟和中晚熟为主（图 6）。株高总体呈下降趋势，线性关系较大，线性拟合结果表明平均每年减少 6.6 cm（图 7），说明湖北省马铃薯育种向株型矮化方面发展。单株主茎数变化不明显，主要集中在 3 ~ 5 个 / 株（图 8）。

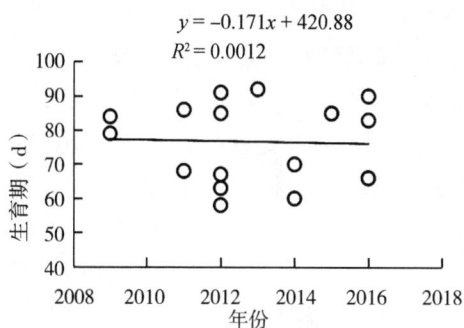

图 6 生育期变化

$y = -0.171x + 420.88$
$R^2 = 0.0012$

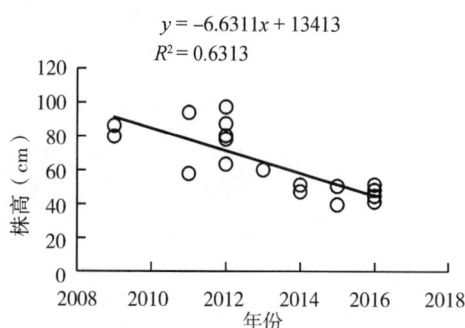

图 7 株高变化

$y = -6.6311x + 13413$
$R^2 = 0.6313$

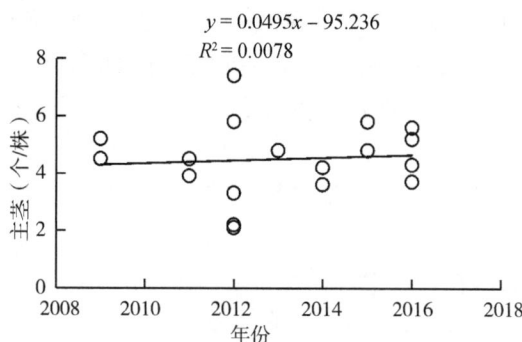

图 8 主茎数变化

$y = 0.0495x - 95.236$
$R^2 = 0.0078$

表 3 农艺和产量性状的相关性

相关系数	生育期	株高	主茎数	单株结薯数	单薯重	商品薯率	产量
株高	0.84**						
主茎数	0.45	0.43					
单株结薯数	0.62**	0.57*	0.53*				
单薯重	−0.60**	−0.58**	−0.67**	−0.81**			
商品薯率	−0.33	−0.37	−0.43	−0.44	0.93**		
产量	0.17	0.13	0.15	0.57*	−0.05	0.24	
干物质含量	0.56*	0.64**	0.34	0.59**	−0.61**	−0.27	0.23

注：* 和 ** 分别表示 0.05 和 0.01 水平显著。

2.3 农艺性状和产量性状相关分析

对产量和农艺的相关关系进行分析（表 3），结果显示，产量与单株结薯数呈显著正相关。干物质含量与生育期呈显著正相关，与株高、单株结薯数极显著正相关，与单薯重呈极显著负相关。商品薯率与单薯重呈极显著正相关。单薯重与生育期、株高、单株结薯数和主茎数呈极显著负相关。单株结薯数与生育期呈极显著正相关，与株高和主茎数呈显著正相关。株高与生育期呈极显著正相关。

3 讨 论

研究在搜集 2009 ~ 2016 年间湖北省审定马铃薯品种资料的基础上，通过分析审定品种主要农艺性状和产量性状的演变规律，旨在为湖北省马铃薯新品种选育和生产推广提供一定的借鉴。研究表明，2009 ~ 2016 年间审定的马铃薯品种以早熟和中晚熟为主，株高、单薯重和商品薯率呈现逐渐降低的规律，而单株结薯数、667 m² 产量均呈现不同程度的增长，主茎数和干物质含量趋于稳定。说明湖北省马铃薯育种向株型矮化、薯块小型化的方向发展。育成马铃薯品种产量水平稳步提高，平均每年提高 10.23 kg/667 m²，产量改良缓慢。生态条件的变化对湖北省马铃薯生产有重要影响，主要体现在产量、干物质含量、商品薯率等指标表现出明显的年际间变化趋势，这就要求育成品种要有更好的适应性和抗逆性；另外，审定的品种以鲜食品种为主，兼用型为辅，缺少加工专用型，应适当调整育种目标。

区域性气候的多变和农业生产不稳定性的增加对育成品种适应性和抗逆性提出了更严格的要求，从育成品种的推广应用也可以看出这一点，凡是推广范围广、种植面积大的品种均是适应性强、抗逆性好、抵御自然灾害能力强的品种。如"鄂薯10号""鄂薯14号""中薯5号"不仅在湖北大面积推广，而且在中国西南地区均有大面积种植。其中"中薯5号"为引进品种，更在全国很多马铃薯主产区推广栽培，说明其广泛适应性的优势。相反，相当数量的品种尽管通过湖北省审定，但由于适应性、抗逆差以及其他种种原因，根本没有得到有效推广应用。

通过矮秆育种可以提高作物的单产，该理论被应用在小麦[13]、玉米[14]、水稻[15]等作物上。研究表明，降低植株的高度，让植株在比较矮的时候就进入开花阶段，可以使植株把更多的营养用在产量积累上，也不容易倒伏，产量必然会提高。但是，植株高度间接反映了作物光合作用的能力，正所谓苗壮则产高。研究发现株高与生育期、单株结薯数和单薯重具有较好的相关性。随着株高的降低，单株结薯数会增加，单薯重和生育期会降低。因此，在降低株高的同时，尽量增加单薯重，是实现湖北地区马铃薯产量进一步提高的有效手段。所以发掘利用株型矮小，单薯重重的亲本资源应被广大育种者重视。

[参 考 文 献]

[1] 雷昌云，羿国香 . 2018 年湖北省马铃薯市场综述和 2019 年市场走势情况分析 [J]. 湖北农业科学，2019，58(4)：152-153.
[2] 闫雷，张远学，高剑华，等 . 湖北省高山、二高山区中晚熟鲜食马铃薯新品种评价 [J]. 中国马铃薯，2019，33(6)：321-329.
[3] 张金波，严勇亮，王小波，等 . 新疆春小麦育成品种遗传演变分析 [J]. 新疆农业科学，2020，57(3)：418-426.
[4] 孟丽梅，杨子光，孙军伟，等 . 近 10 年黄淮旱地小麦品种主要性状的演变 [J]. 山西农业科学，2019，47(8)：1 341-1 345，1 427.

[5] 郭凤芝，林坤，葛振勇，等 . 2001–2017 年山东省审定小麦高产品种农艺、产量和品质性状演变分析 [J]. 山东农业科学，2019，51(3)：16–23.

[6] 钟卫国 . 常熟市水稻主栽品种演变 [J]. 现代农业科技，2019(20)：35–36.

[7] 曾宪平 . 宁夏水稻栽培品种的演变规律及高产育种途径 [J]. 西北农业学报，1992(3)：3–10.

[8] 巢元金 . 新疆水稻品种的演变及育成品种的系谱 [J]. 新疆农业科学，1989(6)：7–9.

[9] 金明华，苏义臣，苏桂华 . 吉林省玉米品种阶段性演变研究 [J]. 玉米科学，2006(6)：155–158.

[10] 周玉芝，段会军，崔彦宏 . 河北省玉米品种的演变及推广现状 [J]. 作物杂志，2005(1)：59–61.

[11] 凌永胜，林金秀，魏毅，等 . 福建省近年来审定马铃薯品种主要性状演变分析 [J]. 江苏农业科学，2018，46(23)：85–89.

[12] 陈昱利，杨平，巩法江，等 . 2005 年以来国家审定马铃薯品种主要农艺和品质性状演变规律研究 [J]. 农业科技通讯，2019(4)：78–82.

[13] 邱正高 . 玉米矮秆突变体 dm676 的遗传分析及育种潜势研究 [D]. 成都：四川农业大学，2016.

[14] 何元龙 . 小麦矮化育种的研究——矮秆小麦的遗传与矮化育种 [J]. 黑龙江八一农垦大学学报，1990(2)：21–28.

[15] 熊家耕，郑吉光 . 水稻矮秆重穗型育种的初步实践—云南大粒陆稻利用的初步探索 [J]. 云南农业科技，1979(4)：21–26.

马铃薯 S 病毒内蒙分离株 *TGB* 基因克隆与分析

王聪聪，迟胜起，张剑峰 *

（青岛农业大学植物医学学院，山东　青岛　266109）

摘　要：为了研究马铃薯 S 病毒（Potato virus S，PVS）的基因结构，针对 PVS 内蒙古分离株（PVS-Inner Mogolia，PVS-IM）分别设计了 3 对特异性引物，RT-PCR 扩增了 PVS 中编码三基因连锁结构（Triple gene block，TGB）的 25、12、7 kd 的基因，测序结果与 Genbank 其他株系的同源性比较，结果显示同源性 93% 以上。氨基酸序列比对，其同源性 95.6% 以上。对比株系间的亲缘关系，并分析了该分离株的特性。

关键词：马铃薯 S 病毒；基因克隆；基因序列；TGB

马铃薯 S 病毒（Potato virus S，PVS）是香石竹属（*Carlavirus*）植物病毒成员，起源于秘鲁、玻利维亚的安第斯山脉，为马铃薯生产上世界性的重要病毒之一，它是在对 PVA 进行血清学检测的时候发现的病毒病原，根据在鉴别寄主昆诺藜上引起的症状不同，把 PVS 分为 PVS^O（Ordinary strain）和 PVS^A（Andean strain）两个株系，另外可通过 PVS 的外壳蛋白（CP）区分株系[1]。前者在昆诺藜上引起局部坏死斑，后者引起系统斑驳症状[2]。PVS 可以经过薯块远距离传播，田间可经机械接种和蚜虫传播，经常与其他病毒混合侵染，一般引起的产量损失达 10% ~ 20%[3]。病毒单独侵染的时候常常难以表现症状，为害严重的株系感染马铃薯品种后可观察到叶片青铜色、叶脉轻微下陷[4]。PVS 在感病品种上也会引起较严重的症状。在田间 PVS 经常与其他病毒混合侵染，当与马铃薯病毒 X（Potato virus X，PVX）或马铃薯病毒 M（Potato virus M，PVM）混合侵染时，可减产 20% ~ 30%[5]。马铃薯 S 病毒基因组共包括 6 个开放阅读框，试验首次对马铃薯的 S 病毒 TGB 组成 *ORF*2、*ORF*3、*ORF*4 基因进行了克隆与序列分析，并分析了株系间的亲缘关系，为今后 TGB 的功能研究打下基础。

1　材料与方法

1.1　材　料

马铃薯病毒株采自内蒙古四子王旗，由青岛农业大学植物病毒室保存。反转录酶 AMV、RNAiso Plus 试剂盒、克隆载体 pMD19–T simple Vector kit、DNA 回收试剂盒，rTaq 及 dNTP 购自 Takara 公司。质粒小提取试剂盒（Fast Plasmid Mini kit）于康为世纪购买。

作者简介：王聪聪（1987—），女，硕士研究生，研究方向为植物病理学。

基金项目：山东现代农业产业技术体系薯类创新团队（SDAIT–16–06）。

* 通信作者：张剑峰，教授，主要从事植物病理学、马铃薯脱毒及繁育研究，e – mail：qauzjf@ 163.com。

大肠杆菌 JM109 感受态由本实验室保存。

1.2 方　法

1.2.1　马铃薯总 RNA 的提取

按照 RNAiso Plus 试剂盒的方法来提取马铃薯总 RNA，于 –80 ℃保存备用。

1.2.2　cDNA 第一链的合成

根据 Genbank 中上传的序列，比对后设计 3' 端引物，以提取的总 RNA 为模板，在 AMV 作用下，进行反转录，得到 cDNA 第一链。反应体系如下：5 × AMV Buffer 2 μL；AMV Reverse Transriptase（30 U/μL）0.25 μL；RNase Inhibitor（40 U/μL）0.25 μL；dNTP Mixture（10 mM）1 μL；GSP1（10 uM）0.5 μL；Total RNA 3 μL；加 RNase Free H_2O 至体系达到 10 μL。

1.2.3　PCR 扩增

以 cDNA 第一链为模板，分别设计 3 对特异性引物如表 1，反应体系如下：10 × PCR Buffer 5 μL；RT liquid 10 μL；上游引物（10 μg/mL）0.5 μL；下游引物（10 μg/mL）0.5 μL；rTaq（5 U/μL）0.25 μL 加 ddH_2O 补至 50 μL。扩增条件如下：94 ℃预变性 3 min，94 ℃变性 30 s，53 ℃退火 30 s，72 ℃延伸 2 min，72 ℃再延伸 10 min。取 5 μL 进行琼脂糖凝胶电泳检测扩增效果。

表 1　基因特异性引物

目的基因	特异性引物
ORF2	上游：ATGAGGATGTTTGATAGCTTAG
	下游：GTTAGGCGGCGGTGTAAGTG
ORF3	上游：CCTGATGCCACTTACACC
	下游：GAAAACCATTAGGCACTGT
ORF4	上游：ATGCTGTCCAAGGTGCAAAAG
	下游：CTAAAGGTGCTTCAACGG

1.2.4　PCR 产物克隆

用 Agarose Gel DNA Purification Kit Ver. 2.0 切胶回收 PCR 产物，与 pMD19-T simple Vector 进行 16 ℃过夜连接，将连接产物与大肠杆菌感受态 JM109 进行转化，涂于加入 AMP 和 X-Gal、IPTG 的 LB 平板中进行蓝白斑筛选。挑白斑用 PCR 法筛选阳性克隆。

1.2.5　DNA 序列测定

PVS ORF2、ORF3、ORF4 基因序列的测定由上海生工生物工程有限公司 ABI-PRISM 3730 测序仪完成。

2　结果与分析

2.1　PVS ORF2、ORF3、ORF4 基因 PCR 检测结果

分别用表 1 的 3 对引物，以反转录 cDNA 为模板进行 PCR 扩增，扩增产物用 1% 的琼

脂糖凝胶电泳检测，由图 1 可见通过 PVS TGB 不同 ORF 的引物对能够分别获得相应大小的基因片段 0.7 kb（A）、0.3 kb（B）、0.2 kb（C），说明已通过 RT-PCR 获得了相应的目的片段。

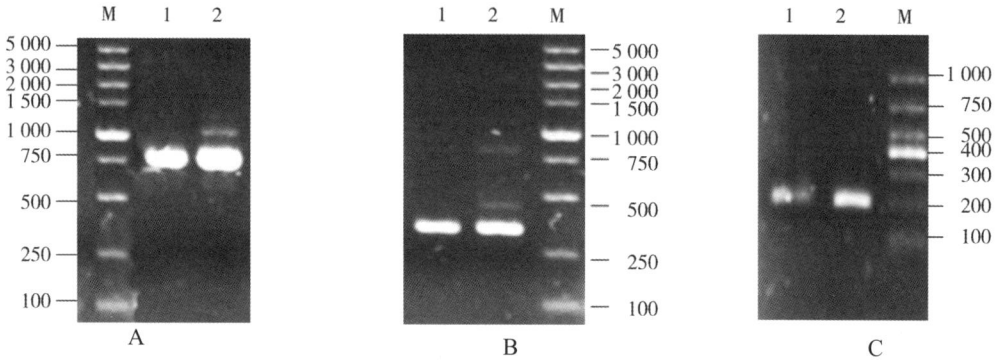

A：*ORF*2 基因 PCR 电泳图；B：*ORF*3 基因 PCR 电泳图；C：*ORF*4 基因 PCR 电泳图

图 1　TGB 基因电泳检测

2.2　*ORF*2、*ORF*3、*ORF*4 基因阳性克隆筛选

将回收的 PCR 产物克隆至 pMD19-T vector 中，并进行序列测定，结果表明，所克隆的 3 个基因片段大小分别为 731、326、200 bp（图 2），编码的蛋白分子量分别为 25、12、7 kd。

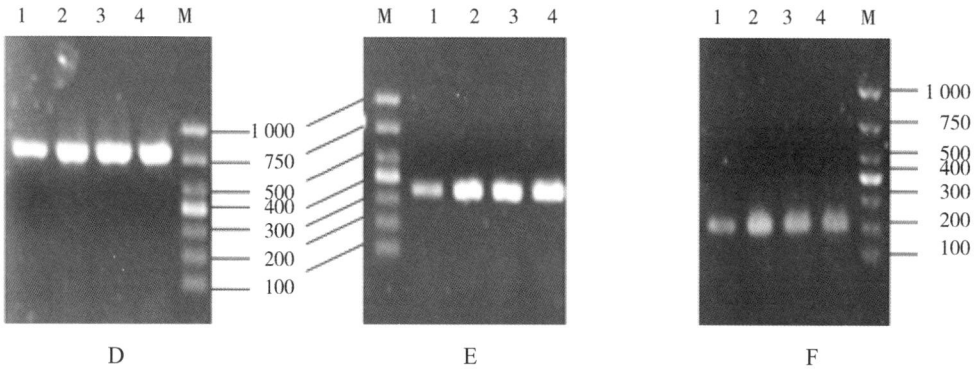

D、E、F 分别为 *ORF*2、*ORF*3、*ORF*4 的阳性克隆

图 2　*ORF*2、*ORF*3、*ORF*4 基因阳性克隆 PCR 筛选

2.3　PVS *ORF*2、*ORF*3、*ORF*4 基因克隆与序列分析

将 *ORF*2、*ORF*3、*ORF*4 测序结果分别与 Genbank 中已报道的相关序列进行比对，结果如表 2，表明核苷酸序列同源性在 84.6% ~ 95.8%，氨基酸的同源性在 83.6% ~ 99.6%。其中与德国、美国分离株的相似性较高，与安第斯山脉、巴西等南美分离株的相似性稍低分别为 85.3%、84.6%，从图 3 得出如下结论：PVS-IM 分离株与 Y15625、FJ813512、FJ813513、AJ863509 这 4 个分离株的亲缘关系比较近，而与 AJ863510、D00461、JQ647830 这 3 个分离株的亲缘关系较远，根据已发表的研究可知，

AJ863510、D00461 为 PVSA 株系。因此产生这种差异的原因可能是由于株系的不同。

表 2　PVS-IM 与其他已知病毒的核苷酸序列与氨基酸序列同源性比对

Isolate	PVS-IM	IM-ORF2	IM-ORF3	IM-ORF4
Germany	94.7	98.8	97.3	95.6
Vltava	85.3	96.3	95.5	83.6
Kobra	95.8	95.9	97.3	97.1
USA	95.3	99.6	98.2	95.6
Andean	85.0	28.2	95.5	83.6
Brazil	84.6	95.5	97.3	88.2

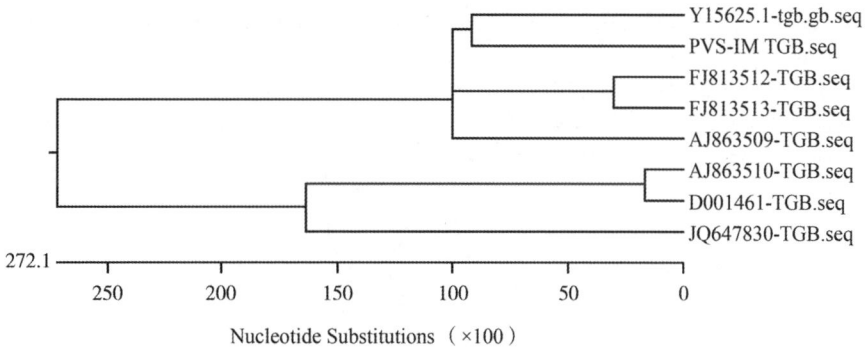

图 3　PVS- 内蒙分离物与其他 PVS 分离物的系统进化树

3　讨　论

　　研究是对马铃薯 S 病毒的 ORF2、ORF3、ORF4 完整基因的报道，为今后进行更深层的功能性分析打下基础，也为病害的防治提供一定的理论支持。PVS 属于潜隐病毒属，可通过机械摩擦和蚜虫传播。PVS 根据能否系统侵染藜属植物分为 PVSO 和 PVSA 2 个株系，其中 PVSA 可以通过蚜虫进行非持久性传播，而 PVSO 却不能通过蚜虫传播[6]。Duan 等[7] 系统地理分析指出了南美的病毒起源，并确定了欧洲与其他地区之间的多种迁移途径，表明欧洲为 PVS 传播的主要枢纽。植物病毒在植物细胞中的移动是病毒系统侵染扩展的基础，根据 Potexvirus 病毒属中 PVX 等的研究可知[8]，该组成员都具有被称为三联体盒（TGB）的 3 部分基因，TGB 共同行使运动蛋白的功能。PVX 的 TGBp1、TGBp2、TGBp3 这 3 个基因编码的蛋白协助病毒进行细胞间运动，其中 TGBp1 能够结合病毒 RNA 形成复合体，帮助病毒 RNA 通过胞间连丝。该过程中，TGBp2 和 TGBp3 定位于内质网，作为辅助因子协助了病毒 RNA 的胞间运动。另外对 PVS 全长侵染性克隆的研究更有助于解释其功能[9]。

　　通过与 Genbank 中已上传的序列比对发现，相比美洲分离物，PVS–IM 分离物与欧洲普通株系（PVS–UK）更接近，因此可判断其属于 PVS⁰ 普通株系，与国内外已报道的分类结果相一致。

[参 考 文 献]

[1] Cox Belinda A，Jone Roger A C. Genetic variability in the coat protein gene of potato virus S isolates and distinguishing its biologically distinct strains [J]. Archives of Virology，2010，155(7)：1 163–1 169.

[2] Fletcher J D. Potato Virus S^A–characteristics of an isolate from New Zealand [J]. New Zealand Journal of Crop and Horticultural Science，1996，24(4)：335–339.

[3] Salazar L F. Potato viruses and their control [M]. Lima：International Potato Center，1996：214.

[4] 周巧梅，谢晓亮，温春秀 . 河北省马铃薯 S 病毒株系的分子鉴定研究 [J]. 华北农学报，2007，22(3)：39–42

[5] 吴兴泉，吴祖建，谢联辉，等 . 马铃薯 S 病毒外壳蛋白基因的克隆与原核表达 [J]. 中国病毒学，2002，17(3)：248–251.

[6] Santillan F W，Fribourg C E，Adams I P. The biology and phylogenetics of potato virus S isolates from the andean region of south America [J]. Plant Disease，2018,102(5)：869–885.

[7] Duan G H，Zhan F F，Du Z G. Europe was a hub for the global spread of potato virus S in the 19th century [J]. Virology，2018，525(12)：200–204.

[8] 陈炯，陈剑平 . 植物病毒种类分子鉴定 [M]. 北京：科学出版社，2003：243–246.

[9] Li X，Hataya T. Construction and characterization of an infectious cDNA clone of potato virus S developed from selected populations that survived genetic bottlenecks [J]. Virology Journal，2019，16：1–15.

呼伦贝尔市岭南地区马铃薯新品种引种试验

姜　波[1*]，于晓刚[1]，李　辉[1]，刘秩汝[1]，毕晓伟[1]，任　珂[1]，
王贵平[1]，陈　东[2]，汤存山[2]，梁春兰[2]

（1.呼伦贝尔市农业科学研究所，内蒙古　扎兰屯　162650；

2.呼伦贝尔市华晟绿色生态发展有限公司，内蒙古　大雁　021100）

摘　要：从云南省农业科学院经济作物研究所引进 5 个优质马铃薯新品种，以鲜食品种"克新 13 号"和高淀粉品种"维拉斯"为对照在扎兰屯市进行试种，通过对马铃薯品种的田间性状、薯块性状、产量和淀粉含量进行比较，筛选出适宜于呼伦贝尔市岭南地区优质的马铃薯品种。结果表明，"云薯 502"产量最高，达 3 145 kg/667 m^2 且稳定性最好，分别较"克新 13 号"和"维拉斯"增产 12.08% 和 42.70%；块茎淀粉含量为 15.99%，仅次于高淀粉品种"维拉斯"，排第 2 位且稳定性较好。该品种综合性状表现良好，不但产量高且淀粉含量较高，建议在呼伦贝尔岭南地区扩大试种面积。"云薯 902"产量为 2 965 kg/667 m^2，排第 2 位且稳定性较好，分别较"克新 13 号"和"维拉斯"增产 5.67% 和 34.53%；商品薯率高达 90.76%，排第 1 位。"云薯 902"综合性状表现良好，可作为鲜食品种在呼伦贝尔岭南地区扩大试种面积。

关键词：马铃薯；产量；淀粉；呼伦贝尔

马铃薯是新世纪中国最有发展前景的高产经济作物之一，同时也是内蒙古地区最具有竞争优势的农作物之一[1]。由于呼伦贝尔地区自然优越的条件，使马铃薯优势主导地位进一步凸显，常年种植面积在 6 万~8 万 hm^2，种植面积居内蒙古第 3 位[2,3]。呼伦贝尔市是内蒙古自治区东部重要的马铃薯主产区，2017 年 1 月被国家农业部认定为马铃薯区域性良种繁育基地，这将进一步加快呼伦贝尔马铃薯产业发展，同时带来新的机遇与挑战[3,4]。

新品种、新技术、新肥药为马铃薯产业发展的三大推动力，而新品种是最主要动力[5]。但呼伦贝尔马铃薯种植品种较为单一且更新速度慢，尤其是加工专用型品种更为缺乏，这严重制约了呼伦贝尔地区马铃薯产业的发展。为解决这一问题，呼伦贝尔市农业科学研究所马铃薯研究室进一步加大育种和引种的力度，并于 2018 年又引进 5 个马铃薯新品种进行两年一点筛选试验，旨在筛选出高产、优质、稳定，适于呼伦贝尔岭南种植的马铃薯新品种，为今后马铃薯新品种推广提供科学依据。

作者简介：姜波（1996—），男，研究员，主要从事马铃薯育种和高产栽培技术研究与开发推广。

基金项目：国家马铃薯产业技术体系专项资金（GARS-09-ES04）。

* 通信作者：姜波，e-mail：zltjiangbo@163.com。

1 材料与方法

1.1 试验材料

参试马铃薯品种5个,分别为"云薯306""云薯502""云薯506""云薯901""云薯902"(云南省农业科学院经济作物研究所选育),以鲜食品种"克新13号"(黑龙江省农业科学研究院克山分院提供)和高淀粉品种"维拉斯"(呼伦贝尔市农业科学研究所马铃薯研究室提供)为对照,供试品种2018年为原原种、2019年为原种。

1.2 试验方法

进行两年(2018和2019年)一点(呼伦贝尔市扎兰屯中和镇)试验,采用随机区组设计,3次重复,5行区,行长5 m,株距0.25 m,垄距0.8 m。分别于2018年4月27日和2019年4月29日播种。

1.3 田间管理

两年均采用秋整地秋起垄,施腐熟农家肥100 kg/667 m²和播种时选用尿素、二铵、硫酸钾分别为10,25和20 kg/667 m²拌匀作为种肥。施杀菌剂防治晚疫病,2018年7月9日至9月2日,每隔7 d喷施1次杀菌剂和杀虫剂;2019年7月11日至9月5日,每隔7 d喷施1次杀菌剂和杀虫剂。

1.4 农艺性状调查

观察记载不同品种的出苗期、现蕾期、开花期、成熟期、收获期等生育期性状。根据各品种成熟期收获,收获时按小区测产,并观察记载薯块特性及块茎内淀粉含量。

1.5 统计分析

采用Microsoft Excel 2010进行数据简单处理,用DPS(V14.10)数据处理系统(Data Processing System)[6]对两年一点试验数据进行联合方差分析和平均值比较(LSD法)。

2 结果与分析

2.1 生育期内气象数据

由表1得出,2018年无霜期为155 d,生育期内降雨天数共85 d,降雨量为227.4 mm,平均气温为18.10 ℃。2019年无霜期为134 d,降雨天数共72 d,生育期内降雨量为584.6 mm,平均气温为17.55 ℃。2019年生育期内降雨量较多,平均气温比往年略低,尤其是7、8月降雨较大,整个生育期的降雨量相当于往年一年的总降雨量。

2.2 物候期

从表2可以看出,2018年供试品种的生育期在91～103 d,2019年供试品种的生育期在98～108 d,2019年各品种生育期普遍长于2018年生育期,这可能是由于2019年生育期内降雨量大,平均气温较低的原因,导致马铃薯品种的生育期普遍延长。

表1　马铃薯生育期内气象数据

年	月	平均最高温度（℃）	平均最低温度（℃）	平均温度（℃）	降雨天数（d）	降雨量（mm）	初霜时间（D/M）	终霜时间（D/M）
2018	5	22.50	5.82	14.95	5	12.0		
	6	26.39	13.60	19.75	20	52.4		
	7	28.74	17.84	23.15	21	5.8		
	8	26.02	14.08	19.81	23	54.8	06/10	04/05
	9	18.63	6.08	12.83	16	102.4		
	平均	24.46	11.48	18.10	17	45.5		
	合计	122.28	57.42	90.49	85	227.4		
2019	5	21.86	6.27	14.56	10	48.2		
	6	25.35	12.39	18.99	14	74.2		
	7	27.43	15.98	21.37	19	175.0		
	8	23.51	14.17	18.52	23	282.6	17/09	06/05
	9	24.07	5.60	14.31	6	4.6		
	平均	24.44	10.88	17.55	14	116.9		
	合计	122.22	54.41	87.75	72	584.6		

表2　不同马铃薯各参试品种物候期及生育期

年	品种	播种期（D/M）	出苗期（D/M）	现蕾期（D/M）	开花期（D/M）	成熟期（D/M）	收获期（D/M）	生育期（d）
2018	克新13号	27/04	31/05	03/07	06/09	06/09	20/09	99
	维拉斯	27/04	08/06	02/07	09/07	18/09	20/09	103
	云薯306	27/04	06/06	28/06	05/07	12/09	20/09	99
	云薯502	27/04	08/06	02/07	09/07	06/09	20/09	91
	云薯506	27/04	10/06	02/07	09/07	18/09	20/09	101
	云薯901	27/04	04/06	28/06	03/07	04/09	20/09	93
	云薯902	27/04	08/06	30/06	09/07	06/09	20/09	91
2019	克新13号	29/04	05/06	28/06	07/07	18/09	22/09	106
	维拉斯	29/04	07/06	29/06	05/07	22/09	22/09	108
	云薯306	29/04	09/06	01/07	09/07	22/09	22/09	106
	云薯502	29/04	03/06	22/06	01/07	12/09	22/09	102
	云薯506	29/04	09/06	24/06	01/07	22/09	22/09	106
	云薯901	29/04	05/06	24/06	01/07	10/09	22/09	98
	云薯902	29/04	09/06	28/06	28/06	18/09	22/09	102

2.3 植株形态特征

由表3可以看出，"云薯506"茎色为绿中带褐，其余茎色均是绿色；"云薯306"花冠色为紫色，"维拉斯""云薯502""云薯506"花冠色为浅紫色，"克新13号""云薯901""云薯902"花冠色为白色；"克新13号""维拉斯""云薯901""云薯902"花繁茂，"云薯306""云薯502""云薯506"花期的繁茂性中等；"维拉斯"的两年结实性为中等，"云薯502"在两年有少数结实，其他品种在两年内无结实情况；"克新13号""云薯506""云薯901""云薯902"的匍匐茎短，"维拉斯""云薯306""云薯502"匍匐茎中等。

表3 不同马铃薯品种植株形态特征

品种	茎色	花冠色	叶色	花繁茂性		结实性		匍匐茎长短
				2018	2019	2018	2019	
克新13号	绿	白	绿	繁茂	繁茂	无	无	短
维拉斯	绿	浅紫	绿	繁茂	繁茂	中	中	中等
云薯306	绿	紫	绿	中等	中等	无	无	中等
云薯502	绿	浅紫	绿	中等	中等	少	少	中等
云薯506	绿中带褐	浅紫	绿	中等	中等	无	无	短
云薯901	绿	白	绿	繁茂	繁茂	无	无	短
云薯902	绿	白	浅绿	繁茂	繁茂	无	无	短

2.4 块茎性状

根据表4可知，"云薯506""维拉斯"两年的大小整齐度中等，其他品种大小整齐度两年均为整齐；"维拉斯""云薯306""云薯902"薯形为椭圆，"云薯502"薯形为长椭圆，"克新13号""云薯506""云薯901"薯形为圆形；"云薯306"皮色为红色，"克新13号""云薯502""云薯902"皮色为黄色，"维拉斯""云薯506""云薯901"皮色为浅黄；"维拉斯"的肉色为淡黄色，"克新13号""云薯306""云薯902"的肉色为黄色，"云薯502""云薯506""云薯901"肉色为白色；"克新13号""维拉斯"的薯皮类型为麻皮，"云薯306""云薯901"薯皮类型为略麻，"云薯502""云薯506""云薯902"薯皮类型为光滑；"克新13号""维拉斯""云薯306"的芽眼深浅为中，其他品种的芽眼浅。

表4 不同马铃薯品种块性状

品种	大小整齐度		薯形	皮色	肉色	薯皮类型	芽眼深浅
	2018	2019					
克新13号	整齐	整齐	圆形	黄	黄	麻皮	中
维拉斯	中等	中等	椭圆	浅黄	淡黄	麻皮	中
云薯306	整齐	整齐	椭圆	红	黄	略麻	中
云薯502	整齐	整齐	长椭圆	黄	白	光滑	浅
云薯506	中等	中等	圆形	浅黄	白	光滑	浅
云薯901	整齐	整齐	圆形	浅黄	白	略麻	浅
云薯902	整齐	整齐	椭圆	黄	黄	光滑	浅

2.5 产量性状

由表5可知，7个品种的单株块茎数变化范围为5.8 ~ 8.6个，均高于两个对照的品种有3个，分别为"云薯306""云薯502""云薯902"，单株块茎数分别为8.3，7.8和8.6个；单株块茎重变化范围为655 ~ 1 035 g，单株块茎重高于"克新13号"的品种有2个，分别为"云薯502""云薯902"，分别较"克新13号"高18.32%和7.68%，单株块茎重高于"维拉斯"的品种有3个，分别为"云薯502""云薯902""云薯901"，分别较"维拉斯"高32.19%、20.30%和8.52%。单薯重变化范围为81 ~ 157 g，单薯重高于"克新13号"品种有2个，分别为"云薯901""云薯502"，分别较"克新13号"高33.76%和20.74%，单薯重高于"维拉斯"的品种有4个，分别为"云薯901""云薯502""云薯506""云薯902"，分别较"维拉斯"高43.54%、29.57%、7.35%和0.21%；商品薯率变化范围为77.74% ~ 90.76%，商品薯率高于"克新13号"的仅有"云薯902"，商品薯率高于"维拉斯"的品种有3个，分别为"云薯902""云薯901""云薯502"。

表5 不同马铃薯品种主要性状

品种	单株块茎数（个/株）			单株块茎重（g/株）			单薯重（g）			商品薯率（%）		
	2018	2019	平均	2018	2019	平均	2018	2019	平均	2018	2019	平均
克新13号	8.0	7.0	7.5	876	873	875	110	125	117	92.48	87.47	89.97
维拉斯	6.8	7.4	7.2	729	837	783	107	113	109	85.12	82.56	83.84
云薯306	8.5	8.0	8.3	667	643	655	78	84	81	72.88	82.60	77.74
云薯502	6.5	9.0	7.8	1 069	1 000	1 035	165	119	142	89.46	84.50	85.98
云薯506	5.6	8.4	7.0	783	776	779	140	94	117	81.37	83.38	82.38
云薯901	4.7	6.9	5.8	875	823	850	186	128	157	90.52	86.59	88.56
云薯902	8.1	9.0	8.6	928	955	942	115	103	109	92.39	89.13	90.76

2.6 产量与块茎淀粉含量

产量性状是马铃薯育种与栽培中最关注的重要性状之一，只有当产量达到一定要求时该品种才具有推广价值。淀粉是马铃薯块茎内的重要组成部分，淀粉含量约占块茎干物质含量的65% ~ 80%，因此淀粉含量的高低也是衡量马铃薯品质的重要因素。对7个品种的产量和块茎淀粉含量进行联合方差分析，列表6。

由表6可知，产量在品种间存在极显著差异，品种间存在丰富的变异，年份间、品种与年份的互作存在显著差异；淀粉含量在品种间极显著差异，品种间的变异丰富，年份间也存在极显著差异，这可能是由于两年的气候因子差异较大的原因，而品种与年份的互作不存在显著差异。

表 6 马铃薯品种总产量和淀粉含量的联合方差分析

变异来源	df	MS		F	
		总产量	比重	总产量	比重
年份内区组	4	27 260.07	0.236 5	0.843 4	0.448 8
年份	1	168 213.43	18.869 9	5.204 7*	35.818 2**
品种	6	1 459 373.49	40.543 3	45.154 1**	76.957 9**
品种 × 年份	6	83 402.32	0.873 0	2.580 5*	1.657 0
试验误差	24	32 319.82	0.526 8		
总的	41				

注：* 表示 0.05 水平显著，** 表示 0.01 水平显著，品种、年份固定，随机区组模型。

将不同马铃薯品种产量性状的多重比较结果和稳定性表现列成表 7，可以看出，7 个品种总产量变化范围为 1 969 ~ 3 145 kg/667 m²，均值为 2 465 kg/667 m²。总产量最高品种为"云薯 502"，产量为 3 145 kg/667 m²，与"克新 13 号"相比增产 12.08%，且存在极显著差异，与"维拉斯"相比增产 42.70%，且存在极显著差异；产量第二高的为"云薯 902"，产量为 2 965 kg/667 m²，与"克新 13 号"相比增产 5.67%，差异不显著，与"维拉斯"相比增产 34.53%，且存在极显著差异。其他引进的 3 个马铃薯新品种均低于两个对照，均极显著低于"克新 13 号"，"云薯 901"低于"维拉斯"，但差异不显著，"云薯 506""云薯 306"显著低于"维拉斯"。

另外，从表 7 可以看出，"云薯 502""云薯 902""维拉斯"变异较小，品种表现稳定，受环境因素影响较小。"克新 13 号""云薯 901"变异度小于 10，表现相对稳定，适应性较好。"云薯 506""云薯 306"的变异度大于 10，说明其表现不稳定，易受环境因素影响。"云薯 502"的产量最高，变异度最小，表现良好，在本地区具有明显的栽培优势。

表 7 不同马铃薯品种总产量及变异度

品种	2018（kg/667 m²）	2019（kg/667 m²）	2 年平均（kg/667 m²）	变异度
云薯 502	3 103	3 187	3 145 aA	0.957 1
云薯 902	2 941	2 989	2 965 abAB	1.874 0
克新 13 号	2 837	2 774	2 806 bB	4.794 8
维拉斯	2 099	2 310	2 204 cC	2.708 5
云薯 901	2 051	2 327	2 189 cdC	4.816 6
云薯 506	1 713	2 237	1 975 deC	14.229 1
云薯 306	2 065	1 872	1 969 eC	11.479 4
平均	2 457	2 528	2 465	

对不同品种的块茎内淀粉含量进行多重比较（表 8）。结果表明，块茎平均淀粉含量为 13.75%，总含量变化范围在 11.53% ~ 18.08%，品种间差异显著。"维拉斯"的淀粉含量最高，为 18.08%，其他品种均显著低于"维拉斯"。淀粉含量高于"克新 13 号"的

品种有"云薯502""云薯306"，分别为15.99%和14.95%，且差异显著，其他3个品种低于"克新13号"，但差异不显著。另外，"云薯306""云薯901"的变异度小于1，块茎内淀粉含量稳定，"维拉斯""云薯506"的变异度小于3，相对较低，其他3个品种变异度大，表现不够稳定。综合淀粉含量来看，"维拉斯"的淀粉含量较高且表现稳定。

表8　不同马铃薯品种淀粉含量及变异度

品种	2018（％）	2019（％）	2年平均（％）	变异度
维拉斯	18.98	17.17	18.08 aA	1.871 6
云薯 502	16.20	15.77	15.99 bB	4.031 8
云薯 306	15.70	14.20	14.95 cB	0.744 5
克新 13 号	12.49	11.78	12.13 dC	3.657 3
云薯 506	12.42	11.42	11.92 dC	2.024 4
云薯 902	12.99	10.28	11.63 dC	8.335 7
云薯 901	12.13	10.92	11.53 dC	0.778 5
均值	14.42	13.08	13.75	

3　讨　论

通过在呼伦贝尔岭南地区开展的马铃薯品种比较试验，调查各品种的主要农艺性状，收获时对产量、商品薯率和块茎内淀粉含量进行比较。"云薯502"综合性状最好，产量最高，达 3 145 kg/667 m² 且稳定性最好，分别较"克新13号""维拉斯"增产12.08%和42.70%，单株块茎重为 1 034.91 g/株，排第1位；商品薯率为85.98%，排第3位；块茎内淀粉含量为15.99%，仅次于高淀粉品种"维拉斯"，排第2位且稳定性较好；大小整齐，芽眼浅。建议明年扩大试验示范面积。"云薯902"综合性状表现较好，产量为 2 965 kg/667 m²，排第2位且稳定性较好，分别较"克新13号""维拉斯"增产5.67%和34.53%，与"克新13号"没有显著差距，但商品薯率高于"克新13号"；商品薯率为90.76%，排第1位；单株块茎重为941.84 g/株，排第2位；块茎内淀粉含量为11.63%，排第6位；大小整齐，芽眼浅。建议明年扩大试验示范面积。

[参 考 文 献]

[1] 谢从华. 马铃薯产业的现状与发展 [J]. 华中农业大学学报：社会科学版，2012(1)：41–45.

[2] 焦玉光. 呼伦贝尔市马铃薯产业现状及发展对策 [J]. 中国农技推广，2019，35(11)：24–26.

[3] 任珂，姜波，安光日，等. 呼伦贝尔市马铃薯产业现状、存在问题和发展建议 [J]. 中国马铃薯，2018，32(6)：374–378.

[4] 卢雪婷. 关于呼伦贝尔市马铃薯产业发展情况的调研报告 [D]. 哈尔滨：东北农业大学，2018.

[5] 李树生，李文刚，郝文胜，等. 马铃薯引进新品种的鉴定筛选 [C]// 陈伊里，屈冬玉. 马铃薯产业与科技扶贫. 哈尔滨：哈尔滨工程大学出版社，2011.

[6] 唐启义，冯明光. DPS 数据处理系统—实验设计、统计分析及数据挖掘 [M]. 北京：科学出版社，2007.

冬闲稻田马铃薯新品种适应性筛选试验

李　璐 [1,2]，王素华 [1,2]，杨　丹 [1,2]，万国安 [1,2]，张曙光 [1]，柏秀芳 [1]，李树举 [1,2*]

（1. 常德市农林科学研究院，湖南　常德　415000；

2. 国家马铃薯产业技术体系常德综合试验站，湖南　常德　415000）

摘　要：为筛选出适合冬闲稻田种植的早熟、高产、耐湿、高抗马铃薯新品种，以"中薯 5 号"为对照，对新引进的 8 个品种进行适应性筛选试验。结果表明，"华薯 1 号""华薯 2 号"和"中薯 143"在生育期、产量及相关因素和淀粉含量等方面均优于其他品种，建议进一步在湖南地区作展示与示范。

关键词：冬闲稻田；马铃薯；品种筛选

湖南省约有 106.33 万 hm^2 冬闲田可以被开发利用，但目前稻田冬种覆盖率仅为 40% 左右 [1]。发展稻田冬种马铃薯不仅可以提高冬闲田复种指数，改善土壤结构和肥力，还能错季供应鲜薯市场。适合湖南冬闲田种植的马铃薯品种单一，且更新换代慢，为了筛选出适合冬闲田种植的早熟、高产、耐湿、高抗马铃薯品种，常德马铃薯综合试验站引进了 8 个新品种进行品种比较试验，从中筛选出适合冬闲稻田种植的马铃薯品种，并进行展示示范。

1　材料与方法

1.1　试验材料

试验所用品种皆由国家现代农业马铃薯产业技术平台提供，分别是"华薯 1 号""华薯 2 号""金湘""东农 312""冀张薯 12 号""中薯 17 号""中薯 18 号""中薯 143"，"中薯 5 号"为对照。

1.2　试验地概况

试验设在湖南省常德市农林科学研究院试验基地，N29° 2′ 13″，E111° 37′ 40″，海拔 35 m。2017 年 12 月 22 日播种，2018 年 5 月 3 日收获，前茬作物为大豆，田块为水稻田，土壤呈黏性，机械翻耕和耙地。

1.3　试验设计与方法

试验采用随机区组试验设计。3 次重复。小区面积 20 m^2，6 行区，株行距 28 cm × 60 cm，单垄双行种植，垄高 25 cm，每小区 120 株，施 45% 硫酸钾型复合肥（N、P、K

作者简介：李璐（1991—），女，硕士，主要从事马玲薯栽培研究、新品种选育与示范推广。

基金项目：现代农业产业技术体系建设专项基金项目（CARS–09）。

* 通信作者：李树举，研究员，主要从事马铃薯育种与栽培，e – mail：Lshj7135@163.com。

各 15%）100 kg/667 m²，作基肥一次性施入，摆好种后，覆盖约碎土 10 cm，再覆盖一层厚 0.05 mm 白膜。田间管理同当地管理习惯，出苗后及时破膜引苗，生长中后期及时进行病害防治。生长期间调查不同品种的物候期、主要农艺性状、抗病性等，5 月 3 日收获时取中间 10 株考种，采收各小区测产。

1.3 数据处理

试验数据采用 Excel 2010 和 SPSS 19.0 进行整理和统计分析。

2 结果与分析

2.1 不同马铃薯品种物候期

如表 1 所示，参试品种中生育期最短的是"华薯 1 号"，为 58 d，其次是"金湘"和"东农 312"，生育期 64 d，"中薯 143"的生育期 73 d，其他品种生育期 > 75 d，收获时还没有成熟。不同品种出苗期间隔差异较大，最早出苗的品种有"金湘""中薯 143"和"东农 312"，时间均为 2 月 18 日，最迟的是"冀张薯 12 号"，3 月 10 日出苗，与最早出苗的品种相差 20 d。除"冀张薯 12 号"未现蕾外其他品种均现蕾，但由于气候原因，大部分品种直接落蕾，未开花，只有"中薯 17 号"和"中薯 18 号"4 月 4 日开花。

表 1 参试马铃薯品种物候期调查

品种	播种期（D/M）	出苗期（D/M）	现蕾期（D/M）	开花期（D/M）	成熟期（D/M）	收获期（D/M）	生育期（d）
华薯 1 号	22/12	28/02	16/03	—	27/04	03/05	58
金湘	22/12	18/02	18/03	—	23/04	03/05	64
中薯 143	22/12	18/02	18/03	—	02/05	03/05	73
东农 312	22/12	18/02	—	—	23/04	03/05	64
华薯 2 号	22/12	04/03	26/03	—	—	03/05	>75
冀张薯 12 号	22/12	10/03	28/03	—	—	03/05	>75
中薯 5 号（CK）	22/12	24/02	20/03	—	—	03/05	>75
中薯 18 号	22/12	04/03	20/03	04/04	—	03/05	>75
中薯 17 号	22/12	02/03	20/03	04/04	—	03/05	>75

2.2 不同马铃薯品种植株性状

从表 2 可知，参试品种的茎色均为绿色。"金湘""中薯 143"和"东农 312"的叶色为绿色，"华薯 2 号"和"中薯 17 号"叶色为浅绿色，其他品种的为深绿色。参试品种中仅"中薯 17 号""中薯 18 号"开花，花较茂盛，花冠均为紫色。"冀张薯 12 号""中薯 18 号"和"华薯 2 号"的主茎数约为 1，说明这 3 个品种基本不形成分支，"金湘""中薯 143"和"东农 312"主茎数约为 3。不同品种间株高差异较大，最高的是"华薯 2 号"，为 55.73 cm，其次是"中薯 17 号"，为 55.07 cm，其他品种的株高均较对照低，最矮的是"东农 312"，株高 35.47 cm。

表 2　不同马铃薯品种植株性状

品种	主茎数（个）	株高（cm）	茎色	叶色	花繁茂性	花冠色
华薯 1 号	1.8	45.67	绿	深绿	—	—
金湘	2.9	54.83	绿	绿	—	—
中薯 143	3.1	37.53	绿	绿	—	—
东农 312	3.0	35.47	绿	绿	—	—
华薯 2 号	1.2	55.73	绿	浅绿	—	—
冀张薯 12 号	1.0	51.87	绿	深绿	—	—
中薯 5 号（CK）	1.9	54.97	绿	深绿	—	—
中薯 18 号	1.1	51.83	绿	深绿	多	紫
中薯 17 号	1.6	55.07	绿	浅绿	多	紫

2.3　不同马铃薯品种块茎性状

不同品种块茎整齐度不一，"中薯 143"块茎不整齐，"华薯 1 号""金湘""冀张薯 12 号"和"中薯 18 号"块茎整齐，其他品种整齐度一般。参试品种薯形多样，"华薯 1 号"近圆形，"金湘"薯形呈圆形，"中薯 18 号"长圆形，"中薯 5 号"和"中薯 17 号"薯形为扁圆，其他品种为椭圆形。"华薯 1 号"皮色为红色，"中薯 17 号"皮色为淡红色，其他品种皮色为黄色和淡黄色。参试品种的肉色均为常见的黄色、淡黄色和乳白色。"金湘""东农 312"和对照薯皮光滑，"华薯 2 号"薯皮较麻（表 3）。

表 3　不同马铃薯品种块茎性状

品种	块茎大小整齐度	薯形	皮色	肉色	薯皮类型	芽眼深浅
华薯 1 号	整齐	近圆	红	黄	略麻	浅
金湘	整齐	圆形	淡黄	淡黄	光滑	中
中薯 143	不整齐	椭圆	淡黄	淡黄	略麻	浅
东农 312	一般	椭圆	黄	淡黄	光滑	中
华薯 2 号	一般	椭圆	黄	黄	麻	浅
冀张薯 12 号	整齐	椭圆	黄	乳白	略麻	浅
中薯 5 号（CK）	一般	扁圆	淡黄	淡黄	光滑	中
中薯 18 号	整齐	长圆	淡黄	淡黄	略麻	浅
中薯 17 号	一般	扁圆	淡红	乳白	略麻	中

2.4　不同马铃薯品种田间性状

由表 4 可知所有参试品种出苗情况较好，出苗率均在 90% 以上。参试品种单株块茎数多集中在 5 ~ 7 个，"冀张薯 12 号"和"中薯 17 号"约 4 个 / 株。所有参试品种的单株薯重都均低于对照"中薯 5 号"。单薯重超过对照的有"冀张薯 12 号""中薯 17 号"和"华薯 1 号"，单薯重分别是 115.38，101.91 和 98.12 g。"金湘"和"东农 312"的大中薯率低于对照，只有 81.45% 和 80.09%，其他品种商品薯率高于对照且均在 90% 以上。参试品种中产量超过 30 000 kg/hm² 的有"中薯 5 号""中薯 143""华薯 2 号"和"华薯 1 号"，产量分别是 37 277，32 437，31 523 和 31 360 kg/hm²。干物质含量超过对照（18.60%）的有 5 个，依次是"中薯 143""华薯 1 号""华薯 2 号""中薯 18 号"和"中薯 17 号"，其中"中薯 143"和"华薯 1 号"干物质含量高达 20%。除了"冀张薯 12 号"和"东农 312"的淀粉含量低于对照（12.83%），其他品种均高于对照。

表 4　参试品种产量性状调查

品种	出苗率（%）	单株块茎数（个）	单株薯重（g）	单薯重（g）	大中薯率（%）	折合产量（kg/hm²）	干物质含量（%）	淀粉含量（%）
华薯 1 号	98.89	5.77	565.83	98.12	93.17	31 360	20.04	14.48
金湘	98.33	7.43	454.50	61.14	81.45	26 868	18.39	12.83
中薯 143	96.39	7.60	534.33	70.31	92.23	32 437	20.33	14.56
东农 312	97.50	6.60	395.17	59.87	80.09	25 397	18.18	12.41
华薯 2 号	95.00	6.23	597.50	95.86	94.16	31 523	19.59	13.82
冀张薯 12 号	93.88	3.93	453.83	115.38	93.91	28 038	18.10	12.34
中薯 5 号（CK）	98.33	6.47	614.33	95.00	90.58	37 277	18.60	12.83
中薯 18 号	94.17	5.70	541.50	95.00	95.65	28 703	19.21	13.65
中薯 17 号	90.83	4.63	472.17	101.91	93.13	25 573	18.76	12.99

2.5　不同马铃薯品种田间抗性表现

根据往年本地区马铃薯病害发生情况，在种植生育期间主要调查了病毒病、晚疫病和疮痂病等，调查结果表明除"华薯 2 号""中薯 5 号"和"中薯 18 号"没有发生卷叶病毒病外，其他品种均发生了不同程度的病毒病，其中"东农 312"和"金湘"较严重，发病率分别是 83.33% 和 60.00%，病情指数为 20.83 和 26.67。

3　讨　论

参试品种中筛选出 3 个早熟品种，分别是"华薯 1 号""金湘"和"东农 312"，生育期为 58，64 和 64 d，其他品种生育期均在 70 d 以上。出苗率均在 90% 以上，大中薯率除"金湘"和"东农 312"为 80% 左右外，其他品种均在 90% 以上，产量及相关因素综合表现较好的品种有"中薯 143""华薯 1 号"和"华薯 2 号"，折合产量在 30 000 kg/hm² 以上，但是低于对照"中薯 5 号"。干物质含量在 20% 以上的品种有"华薯 1 号"和"中薯 143"，其淀粉含量也是参试品种中最高的。

由于今年晚疫病防治及时，基本未发生晚疫病，但是除"华薯 2 号""中薯 5 号"和"中薯 18 号"没有发生卷叶病毒病外，其他品种均发生不同程度的病毒病，说明种薯脱毒不彻底，影响植株后期的生长，发病严重的导致产量相对较低。

综合各项指标，认为"华薯 1 号""华薯 2 号"和"中薯 143"在本次品种引进与筛选中表现较优，基本符合早熟、高产、耐湿、高抗的种植要求，建议进一步在湖南地区开展相关栽培试验，并进行展示与示范。

[　参　考　文　献　]

[1]　程凯凯，李超，汪柯，等 . 湖南省稻田农作制度的问题与发展 [J]. 湖南农业科学，2016(2)：107–110.

马铃薯不同品种重茬田间抗病性及产量对比试验

王成刚，刘小平 *，冯静霞，王承义

（甘肃省定西市安定区农业技术推广服务中心，甘肃 定西 743000）

摘 要: 为了安定区马铃薯品种优化、产业提升，特引进 10 个马铃薯品种，以"陇薯 10 号"为对照，评价马铃薯不同品种在重茬田表现的农艺性状、抗病性及产量。结果表明，"陇薯 12 号"生育期适中，田间生长势强，薯皮光滑，芽眼浅，综合抗病性强，产量高，较对照增产 8.11%。因此，"陇薯 12 号"大田生长抗病性及产量表现，适宜在同纬度、同类土壤区域大面积推广种植。

关键词： 马铃薯；品种；重茬田；抗病性；产量

安定区地处甘肃省中部，区内地表水地下水源短缺，水资源主要依靠天然降水，属典型的大陆性气候雨养农业区，降雨多集中在 7 ~ 9 月。由于土壤疏松、土层深厚、耕地养分富钾，气候凉爽、昼夜温差大、雨热与马铃薯块茎膨大期同步，非常适宜于马铃薯生产，马铃薯成为当地农民种植的优势作物[1]，多年来，马铃薯经过生态适应性选择，加上品种的不断创新和换代，成为定西市抗御自然灾害、发展特色产业的首选作物之一，成为脱贫致富的第一大支柱产业。经过 20 多年培育和发展，种植面积趋于稳定，保持在 7 万 hm² 左右[2,3]，占全区耕地面积的 58.6%。每年大面积种植马铃薯，导致重茬对茬面积增多[4]。自马铃薯主食化以来，由于"陇薯 10 号"产量高、干物质含量高、高蛋白、维生素 C 含量高，且薯皮光滑、芽眼极浅、薯形美观、食味优、抗旱、抗晚疫病等优点[5]，作为安定区主栽品种大面积种植，但"陇薯 10 号"对疮痂病抗性差，重茬种植疮痂病发生严重，商品薯率低，很大程度影响了马铃薯产业发展，直接影响农民收入。为此，定西市安定区农业技术推广服务中心引进了不同品种，进行马铃薯重茬田间抗病性试验研究，筛选适宜安定区重茬种植的马铃薯抗病新品种，为安定区马铃薯产业提升提供技术支撑。

1 材料与方法

1.1 试验材料

供试品种为"中薯 18 号""中薯 19 号""中薯 21 号""中薯 22 号""中薯 26 号""天薯 11 号""青薯 9 号""陇薯 7 号""陇薯 12 号""陇薯 10 号"（CK）共 10 个品种。种薯均由定西广恒农业农民专业合作社提供。

作者简介：王成刚（1969—），男，农业推广研究员，主要从事旱作农业技术研究与推广。

* 通信作者：刘小平，高级农艺师，主要从事病虫害防治及旱作农业技术推广，e - mail：472442256@qq.com。

1.2 试验地概况

试验设在内官镇永丰村定西耕田农机农民专业合作社基地，土壤类型为黑麻垆土，试验地海拔 1 986 m，年平均降雨量 430 mm，无霜期 140 d，年平均气温 6.2℃，≥10℃有效积温 2 239.1℃，土壤耕层（0~20 cm）；试验地前茬为玉米，地块地力均匀，肥力中等，地势平坦，起垄前深松，施农家肥 4 000 kg/667 m²，撒可富马铃薯专用肥（N-P$_2$O$_5$-K$_2$O = 15-15-15）60 kg/667 m²。4月下旬播种前整地时一次性施入，然后起垄覆黑膜播种。

1.3 试验设计

试验采用随机区组排列，3次重复，30个小区，小区面积 30 m²（8.5 m×3.6 m），小区间走道 40 cm，重复间走道 80 cm，"陇薯10号"为对照品种。各处理采用马铃薯黑色地膜全覆盖垄作侧播栽培技术[6,7]。4月22日覆膜，待地膜紧贴地面后4月26日用人工点播器播种，种薯切块全部用稀土旱地宝拌种[8]，种植株距 30 cm，行距 60 cm，保苗 3 700株/667 m²，四周设保护行。全生育期及时除草，保持田内清洁，待各品种成熟后于9月28日收获。

1.4 调查方法

观察记载不同品种出苗期、现蕾期、开花期和成熟期等生育时期以及各生育时期主要农艺性状，生长期于2019年6月30日（现蕾期）、7月20日（开花期）、8月30日（块茎膨大期）各调查1次早、晚疫病发生情况，采用5点取样，每点调查5株的全部叶片，按田间发病率和严重度分级标准，统计各小区的各级病叶数及严重度，计算病情指数。10月5日（成熟期）调查各种病害发生情况。马铃薯收获时调查株高、薯形、皮色、肉色、芽眼等性状特征及薯块上黑痣病（调查立枯丝核菌菌核占薯块面积）、疮痂病（调查疮痂病斑占薯块面积）发生情况，并按小区实收测产，调查统计马铃薯产量[9]。

早、晚疫病病情分级标准（以叶片为单位）：

0级：无病斑；

1级：病斑面积占整个叶面积 5%（或 1/20）以下；

3级：病斑面积占整个叶面积 6%~10%（或 1/10）；

5级：病斑面积占整个叶面积 11%~20%（或 1/5）；

7级：病斑面积占整个叶面积 21%~50%（或 1/2）；

9级：病斑面积占整个叶面积 50%（或 1/2）以上。

病情指数 = ∑（各级病叶数 × 相对病级数值）/（调查总叶数 ×9）×100

发病率（%）= 发病株（薯）数 / 调查总株（薯）数 ×100

1.5 数据处理

数据采用 Excel 2007 和 SPSS 11.0 软件分析处理，单因素方差分析，平均数间差异显著性测验采用 Duncan's 新复极差法。

2 结果与分析

2.1 不同马铃薯品种物候期

从表1看出，各品种出苗期在6月5～9日，最早出薯的"青薯9号"较"陇薯10号"（CK）早3 d；现蕾期在6月23～28日，最早的"中薯18号"和"中薯19号"为6月23日，较对照"陇薯10号"（CK）早5 d，最迟的"青薯9号"与"陇薯10号"（CK）一样，为6月28日；开花期在7月7～16日，最早的是"中薯18号"和"陇薯7号"为7月7日，较"陇薯10号"（CK）早3 d，最迟的"青薯9号"，较"陇薯10号"（CK）迟6 d，为7月16日；成熟期在9月15日至10月9日，最早的"中薯18号"为9月15日，较"陇薯10号"（CK）早15 d，最迟的是"青薯9号"为10月9日，较"陇薯10号"（CK）迟8 d；生育期在101～126 d，最短的"中薯18号"和"中薯22号"，较"陇薯10号"（CK）少14 d，最长的"青薯23号"，较"陇薯10号"（CK）多9 d，在该区域均能成熟。

表1 不同马铃薯品种物候期

品种	播种期（D/M）	出苗期（D/M）	现蕾期（D/M）	开花期（D/M）	成熟期（D/M）	收获期（D/M）	生育期（d）
中薯18号	14/05	09/06	23/06	07/07	15/09	10/10	101
中薯19号	14/05	09/06	23/06	10/07	05/10	10/10	121
中薯21号	14/05	08/06	25/06	09/07	04/10	10/10	120
中薯22号	14/05	08/06	26/06	06/07	15/09	10/10	101
中薯26号	14/05	08/06	27/06	12/07	17/09	10/10	103
天薯11号	14/05	07/06	26/06	08/07	08/10	10/10	124
青薯9号	14/05	05/06	28/06	16/07	09/10	10/10	126
陇薯7号	14/05	06/06	26/06	07/07	08/10	10/10	124
陇薯10号（CK）	14/05	08/06	28/06	10/07	01/10	10/10	115
陇薯12号	14/05	08/06	25/06	09/07	04/10	10/10	120

2.2 不同马铃薯品种主要农艺性状

从表2看出，各品种株高在75～150 cm，最高的"青薯9号"株高为150 cm，较"陇薯10号"（CK）高30 cm；茎色"中薯18号""青薯9号""陇薯10号"（CK）为绿褐色，"中薯19号""中薯21号"为褐色，"中薯22号"为紫色，"中薯26号""天薯11号""陇薯7号""陇薯12号"为绿色或浓绿；叶色均为绿或深绿；花冠色"中薯18号""中薯19号""中薯26号""天薯11号""青薯9号""陇薯10号"（CK）为紫红或淡紫，其他品种为白色；薯形以圆、椭圆和扁圆为主；皮色"中薯21号""中薯22号"为白色，"中薯26号"为淡红，"青薯9号"为紫红，其余品种薯皮均为黄或淡黄色；"中薯21号""中薯22号""陇薯12号"肉色为白色，其余品种薯肉色均为黄或淡黄色；各品种薯皮均光滑；各品种芽眼均为浅或较浅。

表 2　不同马铃薯品种主要农艺性状

品种	株高（cm）	茎色	叶色	花冠色	薯型	皮色	肉色	薯皮类型	芽眼深浅
中薯 18 号	92	绿褐	绿	紫红	椭圆	淡黄	淡黄	光滑	浅
中薯 19 号	90	褐	深绿	紫红	扁圆	淡黄	淡黄	光滑	较浅
中薯 21 号	75	褐	深绿	白	椭圆	白	白	光滑	深
中薯 22 号	80	紫	绿	白	扁圆	白	白	光滑	浅
中薯 26 号	86	浓绿	深绿	淡紫	椭圆	淡红	黄	光滑	浅
天薯 11 号	100	绿	深绿	紫红	扁圆	黄	黄	光滑	较深
青薯 9 号	150	绿褐	绿	紫红	长圆	紫红	黄	较光滑	较深
陇薯 7 号	112	绿	绿	白	长圆	黄	黄	光滑	浅
陇薯 10 号（CK）	120	绿褐	深绿	紫红	椭圆	淡黄	淡黄	光滑	较浅
陇薯 12 号	100	绿	绿	白	椭圆	淡黄	白	光滑	较浅

2.3　不同马铃薯品种病害情况

由表 3 可见，各参试品种对黑痣病的抗性表现，发病率在 5% ~ 18%，病情指数在 0.89 ~ 8.22，参试品种对黑痣病的抗性较强，通过新复极差比较，除"中薯 19 号"与"天薯 11 号"品种间、"中薯 21 号"与"陇薯 7 号"品种间发病率差异不显著外，其他品种间黑痣病病率差异达极显著水平。"青薯 9 号"病情指数最高为 8.22。除"中薯 21 号"与"天薯 11 号"、"中薯 22 号"与"陇薯 12 号"品种间病情指数差异不显著外，其他品种间病指差异均达到显著水平。各品种对疮痂病的抗性表现，发病率在 2% ~ 60%，"陇薯 10 号"（CK）最高，为 60%，病情指数在 0.22 ~ 23.30，"陇薯 10 号"（CK）最高，为 23.30%，"天薯 11 号"和"陇薯 12 号"病情指数最低，为 0.22，"陇薯 10 号"（CK）疮痂病发病率及病情指数与其他各品种间差异均达到极显著水平。各品种对早疫病的抗性表现，发病率在 21.85% ~ 53.20%，最高的是"中薯 19 号"，品种间差异比较得知，"中薯 21 号""中薯 22 号"和"中薯 26 号"品种间以及"中薯 18 号""陇薯 7 号"和"陇薯 12 号"品种间早疫病发病率差异不显著外，其他品种间差异均达显著水平，早疫病病情指数在 0.14 ~ 18.68，"青薯 9 号"最高，为 18.68，"陇薯 10 号"（CK）最低，为 0.14，"中薯 19 号"与"中薯 26 号"之间，"中薯 26 号""天薯 11 号"及"中薯 21 号"之间，"陇薯 7 号"与"陇薯 10 号"（CK）之间早疫病病情指数差异不显著外，其他各品种间差异均达到显著水平。各品种对晚疫病的抗性表现，发病率在 2.14% ~ 26.2%，"中薯 26 号"最高，为 26.2%，"青薯 9 号"最低，为 2.14%，品种间发病率差异比较，"中薯 18 号"与"中薯 26 号""青薯 9 号"与"陇薯 7 号""陇薯 10 号"（CK）与"陇薯 12 号""中薯 22 号"与"天薯 11 号"之间病率差异不显著，其他品种间发病率差异达到显著水平，而"中薯 18 号""中薯 19 号""陇薯 12 号""陇薯 7 号"之间病率差异达到极显著水平；晚疫病病情指数在 0.33 ~ 6.22，"中薯 18 号"最高，为 6.22，"青薯 9 号"和"陇薯 7 号"最低，为 0.33，品种间晚疫病病情指数差异比较得，"青薯 9 号""陇薯 7 号"和"陇薯 10 号"（CK）之间差异不显著，"陇薯 10 号"（CK）"陇薯 12 号""天薯 11 号"之间差异不显著，"中薯 19 号"与"中薯 21 号"间差异不显著，"中薯 22 号"

与"天薯 11 号"间差异不显著，其他品种间差异达到显著水平，中薯系列与陇薯系列间晚疫病病指差异达到极显著水平。

表 3 不同马铃薯品种病害情况

品种	黑痣病（块茎）		疮痂病（块茎）		早疫病（茎叶）		晚疫病（茎叶）	
	发病率（%）	病情指数	发病率（%）	病情指数	发病率（%）	病情指数	发病率（%）	病情指数
中薯 18 号	8 cC	1.45 eEF	4 dCD	1.00 dD	35.60 eE	6.00 eD	25.30 aA	6.22 aA
中薯 19 号	7 cdCD	1.22 fG	6 cBC	0.67 eDE	53.20 aA	12.67 bB	21.20 bB	4.44 cB
中薯 21 号	6 deCD	1.56 deDE	3 deD	0.50 efEF	46.19 cBC	11.02 cB	15.20 cC	4.67 bcAB
中薯 22 号	4 fE	0.89 gH	2 eD	0.44 efEF	46.05 cC	8.00 dC	13.60 dC	2.89 dC
中薯 26 号	12 bB	3.33 bB	8 bB	2.40 bB	44.81 cC	11.44 bcB	26.20 aA	5.67 abAB
天薯 11 号	7 cdCD	1.67 dE	2 eD	0.22 fF	42.00 dD	10.90 cB	5.30 eD	2.22 deC
青薯 9 号	18 aA	8.22 aA	8 bB	1.56 Cc	48.24 bB	18.68 aA	2.14 gE	0.33 fD
陇薯 7 号	6 deCD	1.33 fFG	3 deD	0.56 eEF	36.12 eE	0.56 fE	2.16 gE	0.33 fD
陇薯 10 号（CK）	8 cC	2.44 cC	60 aA	23.30 aA	21.85 fF	0.14 fE	3.44 fgDE	1.44 efCD
陇薯 12 号	5 efDE	0.89 gH	2 eD	0.22 fF	36.30 eE	5.11 eD	4.30 efD	1.67 eCD

注：同列平均值后不同小写字母表示 0.05 水平显著，不同大写字母表示 0.01 水平显著，SSR 新复极差法。下同。

2.4 不同马铃薯品种产量

由表 4 可见，只有"陇薯 12 号"较"陇薯 10 号"（CK）增产，增产 225 kg/hm²，增幅 8.11%，"陇薯 12 号""陇薯 10 号"（CK）和"青薯 9 号"间产量差异不显著，与其他间产量差异均达到显著水平，其他品种均较对照减产。

表 4 不同马铃薯品种产量表

品种	平均产量（kg/30 m²）	折合产量（kg/hm²）	较对照增产（kg/hm²）	增产率（%）
中薯 18 号	74.2	24 750 cB	−1 125	−40.54
中薯 19 号	101.2	33 750 bA	−525	−18.92
中薯 21 号	77.6	25 875 cB	−1 050	−37.84
中薯 22 号	111.4	37 125 bA	−300	−10.81
中薯 26 号	97.9	32 625 bcAB	−600	−21.62
天薯 11 号	81.0	27 000 cB	−975	−35.14
青薯 9 号	118.1	39 375 abA	−150	−5.41
陇薯 7 号	79.6	26 550 cB	−1 005	−36.22
陇薯 10 号（CK）	124.9	41 625 abA	—	—
陇薯 12 号	135.0	45 000 aA	225	8.11

3 讨 论

试验结果表明，各参试品种生育期产量最高的是"陇薯 12 号"为 45 000 kg/hm²，较"陇薯 10 号"（CK）增产，增产 225 kg/hm²，增幅 8.11%。

各品种对各类病害的感染发病程度均有不同，在重茬地中表现的抗病性差异显著，其中黑痣病病情指数最低的是"陇薯 12 号"，为 0.89，最高的是"青薯 9 号"，为 8.22；疮痂病病情指数最低的是"天薯 11 号"和"陇薯 12 号"，最高的是"陇薯 10 号"（CK），为 23.30；早疫病病情指数最低的是"陇薯 10 号"（CK），为 0.14，最高的是"青薯 9 号"为 18.68；晚疫病病情指数最低的是"青薯 9 号"和"陇薯 7 号"最低，为 0.33，最高的是"中薯 18 号"，为 6.22。

综合分析，"陇薯 12 号"对黑痣病、疮痂病、晚疫病均表现高抗，对早疫病表现较抗，且产量最高。针对 "陇薯 12 号"大田生长抗病性及产量表现，适宜在同纬度、同类土壤区域大面积推广种植，其品质如何，尚需做进一步检测验证。

[参 考 文 献]

[1] 谢奎忠，陆立银，罗爱花. 不同栽培措施对连作马铃薯土壤真菌、真菌性病害和产量的影响 [J]. 中国蔬菜，2013(2)：70-75.

[2] 何启明，王晔立，包忠. 甘肃省定西市马铃薯产业发展评价及对策研究 [J]. 中国农学通报，2005，21(6)：458-462.

[3] 王富胜，潘晓春，张明，等. 定西市马铃薯产业可持续发展途径及建议 [J]. 中国马铃薯，2008，22(1)：59-60.

[4] 牛秀群，李金花，张俊莲，等. 甘肃省干旱灌区连作马铃薯根际土壤中镰刀菌的变化 [J]. 草业学报，2011，20(4)：236-243.

[5] 李高峰，文国宏，李建武，等. 马铃薯主食化品种筛选研究 [J]. 甘肃农业科技，2018(4)：59-60.

[6] 熊春蓉，岳云，张永祥，等. 马铃薯黑色地膜全覆盖垄作侧播栽培技术 [J]. 甘肃农业科技，2012(12)：52-53.

[7] 樊彦兵. 马铃薯黑色地膜全覆盖除草效果初报 [J]. 甘肃农业科技，2013(9)：35-37.

[8] 毛万湖，邢国. 稀土旱地宝浸种对马铃薯防病效果试验 [J]. 中国马铃薯，2006，20(1)：26-27.

[9] 刘小平. 陇中干旱半干旱区不同马铃薯品种重茬抗病性和产量试验 [J]. 中国马铃薯，2015，29(3)：146-149.

恩施州马铃薯新品种筛选及品质研究

高剑华[1*]，郝　苗[1]，李大春[1]，杨国才[1]，彭南照[2]

(1. 湖北恩施中国南方马铃薯研究中心 / 恩施土家族苗族自治州农业科学院 /
湖北省农业科技创新中心鄂西综合试验站，湖北　恩施　445000；
2. 来凤县百福司镇农技推广中心，湖北　恩施　445703)

摘　要：引进 11 个马铃薯新品种，研究不同马铃薯品种生育期、农艺性状、产量及块茎品质差异。结果表明，同对照"青薯 9 号"相比有 3 个品种增产，即"云薯 109""川凉薯 10 号"和"鄂薯 14"，产量分别为 1 936.40，1 681.33 和 1 597 kg/667 m^2，较对照分别增产 22.53%、6.39% 和 1.08%。同对照相比"云薯 109"的淀粉、干物质、维生素 C、Zn 和 Fe 含量较低，但还原糖含量、抗褐变能力及 12 种氨基酸含量较高；"川凉薯 10 号"淀粉、干物质、维生素 C、还原糖、Zn 含量和多酚氧化酶活力较低，苏氨酸等 10 种氨基酸含量较高；建议将"云薯 109"和"川凉薯 10 号"分别作为鲜食品种和薯片加工品种大面积推广种植。

关键词：马铃薯；新品种；筛选；产量

恩施州地处武陵山区腹地，气候条件适宜马铃薯生产，由于特殊的地理环境，使得生产出的马铃薯品质优，口感好，马铃薯成为当地的主食，同时倍受各地消费者青睐。多年来的政府推动、市场拉动、科技支撑，长期的新品种更新和新技术推广，使得本地区马铃薯种植面积保持在 10 万 hm^2 以上，逐渐发展成为西南山区马铃薯育种中心、脱毒种薯繁育中心和科技服务中心[1]。马铃薯主粮化战略正稳步推进[2]，本地区抓住机遇大力发展马铃薯产业[3]。但本地区品种相对单一，难于满足消费者对品种的多元化需求[4]。为此，本单位从不同育种单位、企业引进 11 个马铃薯品种，研究不同马铃薯品种生育期、农艺性状、产量及块茎品质差异，为马铃薯品质提升与安全关键技术研发提供优良品种。

1　材料与方法

1.1　试验材料

供试品种共 11 个，即"鄂薯 13""鄂薯 14""川凉薯 10 号""中薯 28""中薯 26""渝薯 3 号""川芋 50""丽薯 18""云薯 108""云薯 109""青薯 9 号"（CK）。

1.2　试验地概况

试验地位于恩施州恩施市三岔镇天池山试验基地，N109° 39′13″；E30° 20′28″；海拔 1 120 m。试验用地地势平坦，土质疏松，肥力中等且较均匀，通风良好，排灌方便，不

作者简介：高剑华（1981—），高级农艺师，主要从事马铃薯脱毒、新品种选育与示范推广。
基金项目：现代农业产业技术体系建设专项资金（CARS–09）；恩施州 2016 年支持马铃薯主粮化建设专项资金。
* 通信作者：高剑华，e – mail：80538373@qq.com。

受遮阴影响且试验地所在位置无工业污染，生态环保。土壤类型为黄棕壤，前茬玉米。

1.3 试验设计

试验采用随机区组设计，3 次重复。小区 16.8 m²（4 m×4.2 m），播种密度 4 000 株/667 m²，行距 60 cm，株距 28.6 cm。马铃薯以整薯播种。播种时开 5 cm 深沟播种，穴施硫酸钾复合肥（15∶15∶15）50 kg/667 m² 作底肥，肥料以不粘马铃薯种薯为宜。

试验于 2019 年 2 月 25 日播种，4 月 18 日施尿素 10 kg/667 m² 并培土除草，7 月 30 日收获。马铃薯生长期间一共进行 4 次晚疫病防控，分别于 2019 年 4 月 17 日、4 月 25 日、5 月 9 日和 5 月 21 日进行，施用的药剂分别为代森锰锌 100 g/667 m²、代森锰锌 100 g/667 m²、杜邦克露 80 g/667 m² 和抑快净 45 g/667 m²。试验于 5 月 21 日、6 月 1 日和 6 月 12 日进行马铃薯晚疫病始、中、末期的调查。

1.4 数据处理

试验数据采用 Excel 2007 及区试 99 进行分析。

2 结果与分析

2.1 马铃薯生育期及生长情况

参试品种平均生育期为 85.2 d，品种间生育期跨度 28 d，以"渝薯 3 号"生育期最短，为 60 d，"鄂薯 14"生育期最长，为 98 d；生育期超过对照（"青薯 9 号"，89 d）的品种有 4 个，即"云薯 108""丽薯 18""川凉薯 10 号"和"鄂薯 14"（表 1）。

表 1　不同马铃薯品种马铃薯生育期情况

品种	播种期（D/M）	出苗期（D/M）	现薯期（D/M）	开花期（D/M）	封行期（D/M）	成熟期（D/M）	收获期（D/M）	生育期（d）
青薯 9 号	25/02	17/04	23/05	01/06	17/05	14/07	30/07	89
云薯 109	25/02	28/04	23/05	01/06	23/05	25/07	30/07	89
云薯 108	25/02	29/04	23/05	30/05	01/06	30/07	30/07	93
丽薯 18	25/02	22/04	23/05	29/05	23/05	21/07	30/07	91
川芋 50	25/02	01/05	01/06	14/06	07/06	—	30/07	—
渝薯 3 号	25/02	17/04	08/05	23/05	18/05	15/06	30/07	60
中薯 26	25/02	26/04	08/05	29/05	23/05	01/07	30/07	67
中薯 19	25/02	12/04	29/04	21/05	13/05	08/07	30/07	88
川凉薯 10 号	25/02	15/04	29/04	23/05	14/05	15/07	30/07	92
鄂薯 14	25/02	12/04	29/04	23/05	18/05	18/07	30/07	98
鄂薯 13	25/02	22/04	—	—	15/05	15/07	30/07	85

从表 2 可以看出，不同马铃薯品种之间的出苗率、苗势、株高、茎粗、植株覆盖度等生长指标及叶色、茎色、花色、株形、主茎数、华繁茂性、天然结实性等植株性状差异较大。马铃薯出苗方面，出苗率由高到低依次为"渝薯 3 号""中薯 19""鄂薯 14""青薯 9 号""川凉薯 10 号""中薯 26""丽薯 18""云薯 109""鄂薯 13""川芋 50"

和"云薯108"，其中"渝薯3号""中薯19""鄂薯14""青薯9号""川凉薯10号"5个品种的出苗率大于90%，"中薯26"和"丽薯18"的出苗率在80%～90%，"云薯109""鄂薯13"和"川芋50"的出苗率在70%～80%，"云薯108"的出苗率仅54.76%。方差分析结果表明，品种间株高和茎粗差异显著，但株高茎粗之间无明显的关联性，供试品种平均株高81.1 cm，"云薯109"株高最低，平均63.6 cm，"川凉薯10号"，株高最高，平均93.1 cm；供试品种茎粗平均14.6 mm，茎粗最粗的品种与最细的品种之间相差9.17 mm。供试品种的植株覆盖度范围在45%～95%，株形大部分为半直立或直立，除了"云薯108"和"中薯19"外，其余品种未见浆果。

表2　不同马铃薯品种马铃薯生长情况及植株性状

品种	出苗率（%）	苗势	株高（cm）	茎粗（mm）	植株覆盖度	株形	主茎数（个）	花繁茂性	天然结实性	叶色	茎色	花色
青薯9号	95.92	6	80.3 cdCD	14.24 dCDE	95	6	4.8	4	1	9	5	4
云薯109	78.91	3	63.6 fF	14.66 cdBCD	90	6	3.1	5	1	6	1	1
云薯108	54.76	4	70.7 eEF	18.04 abAB	65	6	2.9	5	3	6	2	1
丽薯18	83.33	5	85.9 bcABC	20.11 aA	85	5	2.6	8	1	6	2	9
川芋50	73.81	2	81.0 cdCD	17.15 bcABC	45	5	2.1	7	1	6	5	4
渝薯3号	97.96	7	84.9 cBCD	12.30 deDE	90	5	4.8	7	1	6	2	9
中薯26	84.69	4	77.8 dDE	12.41 deDE	85	6	2.0	7	1	9	5	3
中薯19	96.60	8	86.1 bcABC	12.34 deDE	95	4	4.9	5	4	6	2	2
川凉薯10号	94.90	7	93.1 aA	10.94 eE	80	4	5.6	9	1	6	3	1
鄂薯14	96.26	6	91.5 abAB	14.50 cdBCDE	90	4	3.4	7	1	9	5	1
鄂薯13	77.55	5	77.1 dDE	13.96 dCDE	85	5	4.6	1	1	3	1	—

注：①苗势：1＝极差，2＝较差，3＝差，4＝中等偏弱，5＝中等，6＝中等稍强，7＝强，8＝很强，9＝极强；②叶色：3＝淡绿，6＝绿，9＝深绿色；③茎色：1＝绿，2＝绿色带褐色网纹，3＝绿色带紫色网纹，4＝褐色带绿色网纹，5＝紫色带绿色网纹，6＝浅紫色，7＝紫色，8＝深紫色，9＝红褐色；④花色：1＝白色，2＝粉红色，3＝紫红色，4＝浅紫色，5＝深紫色，6＝浅蓝色，7＝深蓝色，9＝其他；⑤株形：1＝匍匐，2＝半匍匐，3＝扩散，4＝半扩散，5＝半直立，6＝直立，7＝非常直立；⑥花繁茂性：1＝无蕾，2＝落蕾，3＝极少花，4＝少花，5＝中等，6＝中等－繁茂，7＝繁茂，8＝很繁茂，9＝极繁茂；⑦天然结实性：1＝无，2＝非常弱，3＝弱，4＝弱－中等，5＝中等，6＝中等－强，7＝强，8＝很强，9＝极强；⑧$P < 0.05$以"a"表示，$P < 0.01$以"A"表示。

2.2　马铃薯晚疫病抗性分析

发病率是指各品种在同一调查时期的病株数，病情指数是全面考虑发病率与严重度的综合指标。由表3可知，各品种在各发病时期的晚疫病发病率和病情指数的发展态势表现不一致。发病初期，除"云薯109""中薯26""中薯19"和"鄂薯13"外，其他品种未感晚疫病。发病中期，各品种均发病，其中"渝薯3号""中薯26""中薯19""川凉薯10号""鄂薯14"和"鄂薯13"的发病率达100%，"渝薯3号""中薯26"和"川凉薯10号"的病情指数明显高于其他品种，分别为32.20，29.93和29.93。发病末期，各品种的发病率均达100%，其中"云薯109""云薯108"和"鄂薯13"的晚疫病病情指数相对较低，不到30；"丽薯18""川凉薯10号"和"川芋50"的病情指数居于中间，为 37.87 ~ 51.47；其余品种的病情指数较高，其范围为 77.32 ~ 100。在试验地环境条件下，"云薯 108""丽薯 18""川芋 50"和"川凉薯 10 号"的晚疫病抗性最强，发病较晚且病情蔓延缓慢；"云薯 109"和"鄂薯 3 号"的晚疫病抗性较强，其晚疫病发病较早但发病进程较缓；"青薯 9 号""渝薯 3 号"和"鄂薯 14"的晚疫病抗性次之，其发病较晚但感病后病情发展迅速；"中薯 26"和"中薯 19"的晚疫病抗性最差，发病早且病情蔓延迅速。

表 3　不同马铃薯品种晚疫病感病情况

品种	始期		中期		末期	
	发病率（%）	病情指数	发病率（%）	病情指数	发病率（%）	病情指数
青薯 9 号	0.00	0.00	84.69	13.95	100.00	84.13
云薯 109	10.20	1.13	74.49	11.22	100.00	28.80
云薯 108	0.00	0.00	79.59	15.19	100.00	26.53
丽薯 18	0.00	0.00	89.80	16.33	100.00	37.87
川芋 50	0.00	0.00	48.98	5.44	100.00	51.47
渝薯 3 号	0.00	0.00	100.00	32.20	100.00	100.00
中薯 26	10.20	1.13	100.00	29.93	100.00	100.00
中薯 19	76.53	8.50	100.00	12.93	100.00	100.00
川凉薯 10 号	0.00	0.00	100.00	29.93	100.00	42.40
鄂薯 14	0.00	0.00	100.00	12.93	100.00	77.32
鄂薯 13	5.10	0.57	100.00	12.93	100.00	24.26

注：病情指数 = Σ（各病级发病植株数 × 病级）× 100 ÷（调查植株总数 × 最高病级）

2.3　马铃薯产量结果分析

从表 4 可以看出，品种间 F 值 30.02，P 值 0.000 1，说明各品种之间产量差异达极显著水平。从表 5 中可知，与对照相比有 3 个品种增产，其中"云薯 109"的增产程度达到极显著水平（$P < 0.01$）；7 个品种比对照减产，其中"渝薯 3 号""云薯 108""中薯 26"和"川芋 50"的产量极显著低于对照（$P < 0.01$）。"云薯 109"产量 1 936 kg/667 m^2，较对照增产 22.53%，单株结薯数 10.3 个，薯块均重 79 g，商品薯率排供试品种的第一位，达 84.93%，对供试环境具有较好的适应能力。"川凉薯 10 号""鄂薯 14""中薯 19"和"鄂薯 13"的产量同对照处于同一差异水平，其商品薯率分别为 65.31%、74.56%、73.06% 和 70.98%。因此，从增效角度而言，"云薯 109""鄂薯 14""中薯 19"和"鄂薯 13"可作为替代对照的备选品种。

表 4　马铃薯产量结果方差分析

变异来源	自由度	平方和	均方	F 值	概率（小于 0.05 显著）
区组	2	11 922.91	5 961.45	0.277	0.761
品种	10	6 453 007.37	645 300.74	30.020	0.000
误差	20	429 915.17	21 495.76		
总变异	32	6 894 845.17			

表 5　不同马铃薯品种产量性状

品种	株均薯数	薯均重（g）	大薯率（%）	中薯率（%）	小薯率（%）	商品薯率（%）	折合产量（kg）	较 CK ±（%）
云薯 109	10.3	79	26.37	46.98	26.65	84.93	1 936 aA	22.53
川凉薯 10 号	8.1	52	49.86	35.07	15.07	65.31	1 681 bAB	6.39
鄂薯 14	5.9	64	55.04	25.37	19.59	74.56	1 597 bABC	1.08
青薯 9 号	7.0	61	51.73	33.10	15.18	73.35	1 580 bBC	—
中薯 19	6.1	63	1.88	42.59	55.53	73.06	1 523 bcBC	−3.63
鄂薯 13	9.5	58	31.77	47.11	21.12	70.98	1 504 cBC	−4.83
丽薯 18	5.8	73	40.41	36.05	23.55	84.82	1 278 cdCD	−19.15
渝薯 3 号	4.6	60	38.59	34.47	26.94	78.88	1 118 deD	−29.23
云薯 108	5.6	84	24.11	41.20	34.69	80.41	990 eD	−37.37
中薯 26	3.1	62	40.89	33.67	25.44	76.45	629 fE	−60.22
川芋 50	5.3	32	28.26	42.71	29.02	44.47	427 fE	−72.97

2.4　马铃薯食味品质分析

从表 6 可以看出，有 6 个品种接受程度高、食味优或良、综合品质中至上，分别为"云薯 109""川凉薯 10 号""青薯 9 号""中薯 19""云薯 108"和"中薯 26"。

表 6　不同马铃薯品种食味品质

品种	质地	香气	食味	综合品质	接受程度
云薯 109	粉	清香	良	中上	高
川凉薯 10 号	粉	无香	中等	中	高
鄂薯 14	粉	清香	中等	中下	中
青薯 9 号	粉	清香	良	中上	高
中薯 19	粉	清香	优	上	高
鄂薯 13	粉	清香	良	中	中
丽薯 18	蜡	无香	良	中	中
渝薯 3 号	粉	无香	有麻味或怪味	下	低
云薯 108	粉	清香	优	中上	高
中薯 26	粉	清香	良	中上	高
川芋 50	粉	无香	良	中	中

2.5　马铃薯块茎性状分析

由表 7 可知，参试品种薯形多为扁圆、短圆和椭圆形；除"青薯 9 号"为红皮外，其余品种为黄皮或淡黄皮；肉色为白色、黄色和浅黄色；薯皮光滑；芽眼深度范围为中至极浅；试验环境条件下各品种无二次生长和裂薯；"鄂薯 13""云薯 109""渝薯 3 号""川凉薯 10 号""鄂薯 14"的大薯存在空心现象，空心率分别为 60%、40%、20%、20% 和 10%。马铃薯空心由品种特性、病原菌侵染、生理失调等引起，各品种空心的具体原因有待于进一步试验加以分析。

表 7　不同马铃薯品种块茎性状

表 7　不同马铃薯品种块茎性状

品种	薯形	皮色	肉色	薯皮类型	芽眼深浅	二次生长（%）	裂薯（%）	大薯空心率（%）
青薯 9 号	6	6	4	9	5	0	0	0
云薯 109	8	3	3	9	5	0	0	40
云薯 108	5	3	3	9	5	0	0	0
丽薯 18	6	3	1	9	7	0	0	0
川芋 50	1	2	1	9	7	0	0	—
渝薯 3 号	5	2	1	9	7	0	0	20
中薯 26	6	6	4	9	7	0	0	0
中薯 19	5	3	1	9	7	0	0	0
川凉薯 10 号	3	3	1	9	8	0	0	20
鄂薯 14	1	3	3	9	7	0	0	10
鄂薯 13	1	3	3	9	7	0	0	60

注：①薯形：1 = 扁圆形，2 = 圆形，3 = 卵圆形，4 = 倒卵形，5 = 短圆形，6 = 椭圆形，7 = 方椭圆形，8 = 长椭圆形，9 = 长筒形；②皮色：1 = 白色，2 = 浅黄色，3 = 黄色，4 = 褐色，5 = 粉红色，6 = 红色，7 = 紫红色，8 = 紫色，9 = 紫黑色、黑色；③肉色：1 = 白色，2 = 乳白色，3 = 浅黄色，4 = 黄色，5 = 深黄色，6 = 浅红色，7 = 红色，8 = 浅紫色，9 = 紫色；④薯皮类型：1 = 重麻皮，3 = 麻皮，5 = 略麻皮，7 = 粗糙，9 = 光；⑤芽眼深浅：1 = 极深，3 = 深，5 = 中等，7 = 浅，8 = 极浅，9 = 滑外突。

2.6　马铃薯营养品质分析

表 8 和表 9 是参试品种品质分析结果对比。表中可以看出，产量较高且接受程度高的品种中，同对照相比，"云薯 109"淀粉、干物质、维生素 C、Zn、Fe 含量较低，抗褐变能力及 12 种氨基酸含量较高，因其还原糖含量较高，因而作为鲜食品种更为适宜；"川凉薯 10 号"淀粉、干物质、维生素 C、还原糖、Zn 含量和多酚氧化酶活力较低，苏氨酸等 10 种氨基酸含量较高，结合块茎外观状态，该品种较适合加工薯片；"中薯 19"淀粉、干物质、维生素 C、还原糖、Zn 含量和多酚氧化酶活力较低，苏氨酸等 10 种氨 4 基酸含量较高，结合食味品质，较适合鲜食；"鄂马铃薯 13"蛋白质、淀粉、干物质、维生素 C、还原糖、Zn、Fe 含量较低，苏氨酸等 10 种氨基酸含量较高，属加工、鲜食兼用型品种。

表 8　不同马铃薯品种营养品质

品种	蛋白质含量（g/100 g）	淀粉含量（g/100 g）	干物质含量（g/100 g）	维生素 C 含量（mg/100 g）	还原糖含量（g/100 g）	多酚氧化酶活力（U）	Zn 含量（mg/kg）	Fe 含量（mg/kg）
云薯 109	2.41	14.9	18.01	11.43	0.22	765	7.8	1.78
川凉薯 10 号	2.09	15.4	17.98	15.60	0.08	357	12.4	2.28
鄂薯 14	2.75	12.9	16.12	12.95	0.12	759	7.9	2.02
青薯 9 号	2.23	18.3	21.02	16.03	0.10	1 643	15.9	2.01
中薯 19	2.33	14.5	17.22	13.90	0.09	574	8.4	1.90
鄂薯 13	2.24	16.1	18.85	18.71	0.12	1 613	8.4	1.76
丽薯 18	1.76	13.1	15.52	13.33	0.22	1 489	6.1	1.65
渝薯 3 号	3.07	15.3	18.77	14.07	0.14	380	10.1	2.11
云薯 108	2.33	16.7	19.61	11.60	0.10	749	6.2	2.05
中薯 26	2.89	12.3	15.74	15.74	0.10	945	8.0	2.07
川芋 50	2.08	13.2	15.83	14.46	0.16	809	6.7	1.71

表 9 不同马铃薯品种氨基酸含量 （ g/100 g ）

品种	天冬氨酸	苏氨酸	丝氨酸	谷氨酸	甘氨酸	丙氨酸	缬氨酸	蛋氨酸	异亮氨酸	亮氨酸	酪氨酸	苯丙氨酸	赖氨酸	组氨酸	精氨酸	脯氨酸
云薯 109	0.48	0.054	0.075	0.48	0.067	0.062	0.13	0.021	0.067	0.129	0.066	0.082	0.119	0.038	0.10	0.038
川凉薯 10 号	0.36	0.074	0.086	0.31	0.083	0.072	0.12	0.020	0.074	0.165	0.064	0.095	0.131	0.035	0.08	0.064
鄂薯 14	0.62	0.056	0.080	0.50	0.067	0.069	0.15	0.028	0.071	0.132	0.071	0.087	0.123	0.042	0.11	0.040
青薯 9	0.43	0.037	0.051	0.53	0.046	0.043	0.11	0.020	0.053	0.086	0.051	0.060	0.100	0.033	0.09	0.019
中薯 19	0.45	0.048	0.064	0.47	0.051	0.057	0.12	0.025	0.067	0.102	0.066	0.075	0.120	0.034	0.09	0.026
鄂薯 13	0.46	0.064	0.085	0.45	0.076	0.070	0.12	0.023	0.067	0.149	0.063	0.093	0.137	0.033	0.10	0.048
丽薯 18	0.30	0.046	0.051	0.36	0.041	0.044	0.08	0.017	0.047	0.079	0.037	0.049	0.068	0.022	0.06	0.025
渝薯 3	0.68	0.049	0.078	0.71	0.060	0.071	0.16	0.031	0.078	0.128	0.076	0.098	0.120	0.045	0.16	0.029
云薯 108	0.44	0.063	0.080	0.35	0.070	0.070	0.11	0.022	0.066	0.146	0.065	0.083	0.117	0.035	0.12	0.047
中薯 26	0.73	0.035	0.066	0.55	0.057	0.055	0.15	0.027	0.071	0.104	0.067	0.086	0.115	0.049	0.16	0.029
川芋 50	0.49	0.051	0.063	0.44	0.055	0.057	0.11	0.020	0.057	0.107	0.050	0.066	0.100	0.031	0.09	0.033

3 讨 论

通过在恩施地区开展中晚熟马铃薯品种比较试验，比较各品种的农艺性状、生物学性状，鲜薯产量、晚疫病抗性、食味及营养品质。筛选出 2 个适宜本地区生产的马铃薯品种，即"云薯 109"和"川凉薯 10 号"。"云薯 109"的相关性状为：质地粉，清香，食味良，综合品质中上，接受程度高；产量 1 936 kg/667 m²，商品薯率 84.93%，较对照增产22.53%，高抗晚疫病；块茎长椭圆形，黄皮浅黄肉，表皮光滑，芽眼中；生育期 89 d，苗势中等稍强，平均株高 80.3 cm，茎粗 14.24 mm，主茎数 4.8 个，株形直立，叶色浓绿，茎色紫色带绿色网纹，白花；适宜于鲜食。"川凉薯 10 号"：质地粉，无香，食味中等，综合品质中，接受程度高；产量 1 681 kg/667 m²，商品薯率 65.31%，较对照增产 6.39%，高抗晚疫病；卵圆形，黄皮白肉，薯皮光滑，芽眼极浅；生育期 92 d，苗势强，平均株高93.1 cm，茎粗 10.94 mm，主茎数 5.6 个，株形半扩散，叶色绿，茎色绿色带紫色网纹，白花；适宜于加工薯片。

[参 考 文 献]

[1] 李卫东，沈艳芬，高剑华 . 恩施州马铃薯生产现状与应对主粮化对策 [C]// 陈伊里，屈冬玉 . 马铃薯产业与现代可持续农业 . 哈尔滨：哈尔滨地图出版社，2015：46–50
[2] 卢肖平 . 马铃薯主粮化战略的意义、瓶颈与政策建议 [J]. 华中农业大学学报：社会科学，2015(3)：6–12.
[3] 庞中伟，张凯 . 湖北恩施州马铃薯产业发展现状与形势 [J]. 农业工程技术，2016，36(35)：16–20.
[4] 郭光耀，薛仁梅 . 恩施山区马铃薯产业发展问题及建议 [J]. 湖北农业科学，2011，50(12)：2 392–2 393，2 397.

恩施州早熟马铃薯品种引进筛选试验

李大春[1]，胡显军[2]，郝　苗[1]，谭晓军[2]，高剑华[1*]

(1. 湖北恩施中国南方马铃薯研究中心 /

恩施土家族苗族自治州农业科学院 /

湖北省农业科技创新中心鄂西综合试验站，湖北　恩施　445000；

2. 巴东县农业技术推广总站，湖北　巴东　444300)

摘　要：引进 12 个全国优质的马铃薯早熟品种，在恩施州低山区进行品种筛选试验，旨在筛选出适合当地种植的马铃薯品种，为马铃薯周年生产奠定品种基础。试验结果表明，"华薯 5 号"和"中薯 5 号"产量分别为 5 238.33 和 5 103.33 kg/667 m²，同对照相比分别增产 32.84% 和 29.42%，且商品薯率分别达 92.04% 和 91.37%。此外，"华薯 5 号"具有薯形扁圆，黄皮黄肉，表皮光滑，芽眼少，对供试环境的适应能力较强的特征，"中薯 5 号"具有薯形圆形，黄皮淡黄肉，表皮较光滑，芽眼少，对供试环境的适应能力较强的特征，建议引进二者在该区域进行早熟马铃薯商品薯生产。

关键词：早熟；马铃薯；品种；引进筛选

　　恩施州地处湖北省西南部，是湖北省最大的马铃薯主产区。由于恩施地区具有适宜于马铃薯生长的地理环境条件，且马铃薯作为粮、菜、饲兼用作物广受当地老百姓的欢迎，恩施州成功率先推行马铃薯主粮化战略[1]。得益于恩施马铃薯特有的天然含硒、口感独特等优良品质，"恩施土豆"地理商标通过农业农村部农产品地理标志认证[2]。此外，马铃薯产业是当地脱贫攻坚的第二大支柱产业，在解决当地农民就业和创业方面发挥着重要的作用，凭借"恩施土豆"的品牌效应，市场价格占有优势，其中一些代表性产品通过电商平台能卖到 19.8 元 /kg 的高价。然而，恩施马铃薯还存在早熟品种缺乏的问题，不能充分利用山地海拔落差大的地理优势进行马铃薯周年生产[3]。湖北恩施南方马铃薯研究中心通过多年研究，采用科学的试验技术和研究方法，引进全国各地优良的早熟马铃薯品种，筛选出适合于低山区域生产的马铃薯新品种，为马铃薯周年生产奠定品种基础。

1　材料与方法

1.1　试验材料及试验用地

　　试验马铃薯品种："鄂马铃薯 4 号""鄂马铃薯 12""费乌瑞它"（CK）和"希森 6 号"，由湖北清江种业有限公司提供；"华薯 1 号""华薯 4 号""华薯 5 号"和"华

作者简介：李大春（1971—），男，高级农艺师，主要从事马铃薯脱毒、栽培技术研究与示范推广。

基金项目：现代农业产业技术体系建设专项（CARS-09）；恩施州 2016 年支持马铃薯主粮化建设专项资金。

* 通信作者：高剑华，高级农艺师，主要从事马铃薯脱毒、新品种选育研究与示范推广，e - mail：80538373@qq.com。

薯 10 号"，由华中农业大学提供；"中薯 5 号""N191""N157"和"D516"，由中国农业科学院蔬菜花卉研究所提供。

试验地点：巴东县信陵镇水聚坪村，E31° 0′ 31″，N110° 24′ 49″，海拔 580 m，土壤类型为黄棕壤，前茬玉米。

1.2 试验设计与栽培管理

试验采用随机区组设计，3 次重复，以"费乌瑞它"为对照。每小区 6.66 m²（2 m × 3.33 m），密度 4 000 株 /667 m²，行距 50 cm，株距 33 cm。整薯播种，播种时开 5 cm 深沟播种，用硫酸钾 (15：15：15) 复合肥 0.5 kg/6.66 m² 作底肥，肥料穴施，以不粘马铃薯种薯为宜。

试验于 2019 年 1 月 7 日播种，4 月 8 日中耕除草，同时追施尿素 10 kg/667 m²。于 4 月 13 日喷施乙草胺除草，于 4 月 17 日、4 月 30 日和 5 月 11 日进行了晚疫病防控，分别喷施代森猛锌 100 g/667 m²、杜邦克露 80 g/667 m² 和银法利 45 g/667 m²。于 6 月 25 日收获。

2 结果与分析

2.1 马铃薯生长情况

参试品种平均生育期为 62.3 d，品种间生育期跨度 14 d，以"华薯 4 号"生育期最短，为 55 d，"鄂马铃薯 4 号"生育期最长，为 72 d；生育期超过对照（"费乌瑞它"，64 d）的品种有 3 个，即"鄂马铃薯 4 号""华薯 1 号"和"华薯 5 号"（表 1）。

表 1 马铃薯生育期及晚疫病调查表

品种	播种期（D/M）	出苗期（D/M）	开花期（D/M）	成熟期（D/M）	收获期（D/M）	生育期（d）	花色	晚疫病
鄂马铃薯 4 号	07/01	19/03	—	29/05	25/06	72	—	1 级
鄂马铃薯 12	07/01	27/03	—	29/05	25/06	64	—	1 级
希森 6 号	07/01	01/04	—	29/05	25/06	58	—	1 级
费乌瑞它	07/01	25/03	—	27/05	25/06	64	—	1 级
华薯 1 号	07/01	01/04	—	07/06	25/06	68	—	1 级
华薯 4 号	07/01	05/04	29/04	29/05	25/06	55	浅紫	1 级
华薯 5 号	07/01	26/03	29/04	29/05	25/06	65	白	1 级
华薯 10 号	07/01	01/04	02/05	27/05	25/06	57	浅紫	1 级
中薯 5 号	07/01	28/03	—	27/05	25/06	61	—	1 级
N191	07/01	24/03	—	24/05	25/06	62	—	1 级
N157	07/01	03/04	02/05	05/06	25/06	64	白	1 级
D516	07/01	04/04	30/04	02/06	25/06	58	白	1 级

注：出苗期，按 50% 幼苗出土时间计算。

2.2 马铃薯产量结果

从表 2 可以看出，品种间 F 值 =36.82，P 值 =0.000，说明各品种之间产量差异达极显著水平。从表3、表4中可知，同对照相比有3个品种增产，其中"华薯5号"和"中薯5号"的增产程度达到了极显著水平（$P < 0.01$）；8个品种较对照减产，其中"华薯4号""D516""华薯10号"和"鄂马铃薯12"的产量显著低于对照（$P < 0.05$）。"华薯5号"产量5 238.33 kg/667 m²，产量较对照增加了32.84%，且商品薯率排供试品种的第三位，达92.04%，对供试环境具有较好的适应能力；"中薯5号"的产量为5 103.33 kg/667 m²，产量较对照增加了29.42%，商品薯率达91.37%，也比较适合试验环境下马铃薯的生产；"华薯1号""鄂马铃薯4号""N191""N157"和"希森6号"的产量同对照处于同一差异水平，其商品薯率分别为84.64%、65.83%、83.67%、91.19%和78.50%。

表2 马铃薯产量方差分析

变异来源	自由度	平方和	均方	F 值	概率（< 0.05 显著）
区组	2	266 389.33	133 194.67	2.47	0.108
品种	11	21 841 432.00	1 985 584.73	36.82	0.000
误差	22	1 186 493.33	53 931.52		
总变异	35	23 294 314.67			

注：误差变异系数 CV（%）= 6.152。

表3 马铃薯总产量分析

品种	产量			平均产量（kg/667 m²）	较 CK ±（%）	位次
	Ⅰ	Ⅱ	Ⅲ			
华薯5号	5 435.00	5025.00	5255.00	5 238.33 aA	32.84	1
中薯5号	5 300.00	4 985.00	5 025.00	5 103.33 aA	29.42	2
华薯1号	4 250.00	4 070.00	4 470.00	4 263.33 bB	8.12	3
费乌瑞它	3 485.00	3 970.00	4 375.00	3 943.33 bcBC	—	4
鄂马铃薯4号	3 505.00	3 570.00	3 885.00	3 653.33 cdC	−7.35	5
N191	3 375.00	3 765.00	3 800.00	3 646.67 cdC	−7.52	6
N157	3 240.00	3 915.00	3 690.00	3 615.00 cdC	−8.33	7
希森6号	3 635.00	3 675.00	3 480.00	3 596.67 cdC	−8.79	8
华薯4号	3 620.00	3 510.00	3 480.00	3 536.67 dC	−10.31	9
D516	3 210.00	3 755.00	3 330.00	3 431.67 dCD	−12.98	10
华薯10号	2 880.00	2 805.00	3 260.00	2 981.67 eD	−24.39	11
鄂马铃薯12	2 060.00	2 330.00	2 470.00	2 286.67 fE	−42.01	12

注：LSD₀.₀₅ = 394.40（小写字母），LSD₀.₀₁ = 534.72（大写字母）。

表 4 马铃薯产量性状

品种	大薯数 （个 /667 m²）	大薯重 （kg/667 m²）	中薯数 （个 /667 m²）	中薯重 （kg/667 m²）	小薯数 （个 /667 m²）	小薯重 （kg/667 m²）	商品薯率 （%）
鄂马铃薯 4 号	1 500	380	17 100	1 970	34 800	1220	65.83
鄂马铃薯 12	3 600	840	8 600	1 010	13 300	480	79.40
希森 6 号	3 700	970	17 500	1 915	23 800	790	78.50
费乌瑞它	8 800	2 305	12 500	1 420	6 800	245	93.83
华薯 1 号	9 400	2 235	10 800	1 210	20 200	625	84.64
华薯 4 号	4 000	925	16 800	1 890	12 000	695	80.20
华薯 5 号	13 300	3 680	9 000	945	14 400	400	92.04
华薯 10 号	6 100	1 275	11 900	1 375	7 000	155	94.47
中薯 5 号	9 200	2 065	21 600	2 490	12 200	430	91.37
N191	3 700	840	20 400	2310	14 500	615	83.67
N157	5 000	1 395	17 900	2 175	10 800	345	91.19
D516	4 400	965	20 500	2 150	22 200	640	82.96

注：薯块分级标准，大薯指单薯重 150 g 以上，中薯指单薯重 50 ~ 150 g，小薯指单薯重 50 g 以下。商品薯率 =（大薯产量 + 中薯产量）/ 总产量 ×100%。

2.2 马铃薯主要农艺性状

由表 5 可知，"华薯 5 号"薯形扁圆，黄皮黄肉，表皮光滑，芽眼少，对供试环境的适应能力较强，"中薯 5 号"薯形圆形，黄皮淡黄肉，表皮较光滑，芽眼少。

表 5 马铃薯主要农艺性状

品种	薯形	皮色	肉色	表皮光滑度	芽眼个数	芽眼深浅
鄂马铃薯 4 号	长椭	黄	淡黄	较光滑	少	浅
鄂马铃薯 12	椭圆	黄	淡黄	较光滑	中	较浅
希森 6 号	倒卵	黄	黄	较粗糙	少	浅
费乌瑞它	倒卵	黄	淡黄	光滑	少	较浅
华薯 1 号	扁椭	红	黄	较光滑	中	中
华薯 4 号	椭圆	黄紫	乳白	光滑	中	浅
华薯 5 号	扁圆	黄	黄	光滑	少	中
华薯 10 号	椭圆	黄	乳白	光滑	少	浅
中薯 5 号	圆	黄	淡黄	较光滑	少	中
N191	扁圆	黄	淡黄	较光滑	少	浅
N157	长筒	黄	乳白	较粗糙	少	浅
D516	扁圆	黄	黄	较粗糙	少	较浅

3 讨 论

通过对引进的 12 个早熟马铃薯品种进行比较筛选，"华薯 5 号"和"中薯 5 号"产量分别为 5 238.33 和 5 103.33 kg/667 m²，同对照相比分别增产 32.84% 和 29.42%，且商品薯率分别达 92.04% 和 91.37%。此外，"华薯 5 号"具有薯形扁圆，黄皮黄肉，表皮光滑，芽眼少，对供试环境的适应能力较强的特征，"中薯 5 号"具有薯形圆形，黄皮淡黄肉，表皮较光滑，芽眼少，对供试环境的适应能力较强的特征，建议引进二者在该区域进行早熟马铃薯商品薯生产。

[参 考 文 献]

[1] 李求文，于斌武，钟育海，等 . 湖北恩施州率先推进马铃薯主粮化探索与建议 [J]. 中国马铃薯，2017，31(4)：246–251.

[2] 文黎明 . "恩施土豆"产业发展的 SWOT 分析 [C]// 屈冬玉，陈伊里 . 马铃薯产业与健康消费 . 哈尔滨：哈尔滨地图出版社，2019：22–27.

[3] 高剑华 . 2019 年恩施州马铃薯产业发展趋势及政策建议 [C]// 屈冬玉，陈伊里 . 马铃薯产业与健康消费 . 哈尔滨：哈尔滨地图出版社，2019：103–106.

"希森3号"一年多点示范试验

王珍珍 [1,2]，梁希森 [2]，孙莎莎 [1,2]，张志凯 [1,2]，崔长磊 [1,2]，

陈晓辉 [1,2]，梁召坤 [2]，胡柏耿 [1,2*]

（1. 国家马铃薯工程技术研究中心，山东 乐陵 253600；

2. 乐陵希森马铃薯产业集团有限公司，山东 乐陵 253600）

摘 要：为创新马铃薯种植结构调整模式，提高种植效益，加快"希森3号"在全国范围的推广应用，在甘肃省的天水、定西，湖北省的五峰县、兴山县、巴东茶子店、建始龙坪、利川、天池山、竹山县9地进行品种示范试验，以当地主栽品种为对照，观察验证该品种综合性状的稳定性和适应性。结果表明，与当地主栽品种相比，"希森3号"除在甘肃定西、天水，湖北天池山3地出现不同程度减产以外，其余6地均增产。其中，湖北兴山县、竹山县增产幅度较小（分别为4.58%、2.35%），其余4地都显著高于对照，例如巴东县增产23.19%、建始龙坪增产18.10%、五峰增产33.97%、利川增产40.69%。结果表明，"希森3号"在不同试验点生长状况不一样，适宜在湖北省建始龙坪、巴东县、五峰县、利川县等地大范围推广种植。

关键词：马铃薯；希森3号；多点试验；增产

马铃薯（*Solanum tuberosum* L.）是重要的粮菜兼用的经济作物[1]，中国作为世界上最大的马铃薯生产国[2]，其种植面积和产量在世界上仅次于小麦、玉米、水稻[3]。2015年中国提出马铃薯主粮化发展战略[4]，把马铃薯列为国家第四大粮食作物[5]，因此马铃薯优良品种的选育对调整种植业结构、解决粮食安全及消除贫困亦具有深远意义。早春马铃薯播种于1～2月，收获于4～6月，因其能占领马铃薯市场空缺而较其他季节的马铃薯价格高、市场稳定、种植效益好，深受种植户的青睐[6]。但目前品种比较单一，再加上连作的影响，造成马铃薯产量和品质逐年下降[7]。"希森3号"是国家马铃薯工程技术研究中心和乐陵希森马铃薯产业集团有限公司以"Favorita"为母本，"K9304"为父本通过有性杂交系统选育而成，该品种为早熟鲜食类型。

试验从"希森3号"作为参试品种，在甘肃两地（天水、定西）、湖北七地（五峰县、建始龙坪、天池山、利川县、竹山县、巴东县、兴山县）进行一年多点品种比较试验，旨在筛选适宜试验地点种植的优质品种，为马铃薯品种的推广和马铃薯＋模式创新提供科学

作者简介：王珍珍（1991—），女，硕士，主要从事马铃薯育种及栽培生理研究工作。

基金项目：2016山东省关键核心技术知识产权培育项目（2016GCQ4610）；2017年山东省农业良种工程项目（第一批）（2017LZGC001）。

* 通信作者：胡柏耿，博士，主要从事马铃薯育种及新品推广工作，e – mail: hubaigeng@163.com。

依据，并通过新品种推广振兴马铃薯产业[8]。

1 材料与方法

1.1 试验材料

试验品种为"希森3号"（乐陵希森马铃薯产业集团有限公司），对照品种为当地主栽品种，其中湖北省的对照品种均为"鄂马铃薯5号"，甘肃省的对照品种均为"费乌瑞它"。

1.2 试验方法

试验在甘肃省（天水、定西），湖北省马铃薯二高山及高山组区试承担单位7个（五峰县、兴山县、巴东茶子店、建始龙坪、利川县、天池山、竹山县）共9个地点进行。试验采用随机区组排列，设3个重复。

1.2.1 试验地概况

甘肃省定西市种植的行距为120 cm，株距为24 cm，密度为7株/m^2，试验种植的面积为48.6 m^2；甘肃天水海拔1 566 m，2017年年均气温为17.8 ℃，生长期间降水量为273.1 mm。种植方式为单垄单行，行距80 cm，株距20 cm，密度为6株/m^2，试验种植的小区面积为19.2 m^2。

湖北省各试点种植行长5.55 m，行距60 cm，株距28 cm，4行区，小区面积13.33 m^2马铃薯生长期间天气状况等一切正常。

1.2.2 栽培管理

湖北省各试点均选择地势较平坦，肥力中等且均匀的田块作试地，前茬分别为白菜、萝卜、大豆、空地和玉米，土壤类型分别黄棕壤、黄壤土、沙壤土、红壤土。各试点在2017年1月15日至3月14日播种，播种方式为起垄直播或开沟穴播等。基肥以硫酸钾复合肥75 g/m^2为主。各试点均进行1～3次中耕除草和培土，各地区田间管理按照当地农作习惯进行；竹山进行了虫害防治。所有试点均严格按照区试方案进行试验设计、栽培管理及收获等。

甘肃省定西市前茬种植作物为马铃薯，土壤类型为黑垆土，种植方式为净作，种植的株距、行距、密度分别为：24 cm、120 cm、7株/m^2，播种方式和方法为：大垄双行定距直播，耕地和整地方式为深松、旋地、平整、机械起垄施肥（基肥和追肥的种类和数量），按当地施肥量定量施肥，期间有3次灌溉。

1.3 各试验点基本情况

湖北省利川县海拔1 100 m，五峰县渔洋关农技服务中心海拔为902 m；兴山县古夫镇农业技术服务中心海拔为1 200 m；巴东县茶店子农技推广站海拔为920 m；建始龙坪（恩施州农技推广中心）海拔为1 450 m；利川汪营（恩施南方马铃薯中心）海拔为1 100 m；天池山基地（湖北恩施中国南方马铃薯研究中心）海拔为1 200 m；竹山县种子管理局海拔为750 m；湖北省7个试验点的气候特点如下：（1）五峰试点马铃薯生长期间生长期间内共有 48 d 在降雨（60% 的时间在下雨）198 ~ 290 mm，光照时间短，长期低温阴雨；（2）兴山试点生长期间的特殊事件：今年该试点天气自播种至成熟期间，前期处于低温、多雨、寡照状态，2 月 14 日播种，2 月 22 日一场大雪，3 月 12 ~ 13 日的雨雪低温，4 月的多雨天气，后期虽然雨天较多，雨量不是太大，未造成灾害性影响，致使该试验最终正常完成；（3）利川试点无特殊事件；（4）巴东试点 6 月 11 ~ 15 日，连续几天大到暴雨，秧子全部死光；（5）龙坪试点中期高温高湿，晚疫病发生严重，7 月上旬部分品种全部枯死，物候期没法统计；（6）恩施试点播种后一直处于低温阴雨天气，4 月中旬到下旬持续低温对部分品种出苗造成一定的影响，导致出苗不整齐；另外 5 ~ 6 月下旬植株生长期阴雨天偏多，导致植株感晚疫病较重；（7）竹山试点播种后长期无足墒雨，影响出苗速度。

甘肃省定西市海拔高度 2 050 m，天水市海拔高度为 1 566 m。甘肃省 2 个试验点的气候特点如下：（1）7 月底至 8 月中旬定西连续阴雨，发生晚疫病，参试品种均发病，影响正常成熟；（2）2017 年前期，马铃薯出苗前天水降雨充足，参试品种出苗整齐。出苗后的整个生育期降水不足，补充灌溉 1 次，保证植株生长。6 ~ 7 月降雨量较常年少，植株早疫病、晚疫病发生较轻，但受 8 月下旬至 9 月上旬，降雨集中影响，造成收获偏迟，造成块茎晚疫病发病较重。

1.4 试验内容

参照刘喜才和张丽娟[8]的方法对马铃薯品种（系）的物候期、植株形态特征、田间性状、收获产量等项目进行调查。

1.5 数据统计与分析

对田间生长性状进行调查记录，每个重复测 10 株，对原始数据进行整理统计，部分数量性状使用 Excel 2010 进行分析。

2 结果与分析

2.1 各试点参试品种和对照品种物候期

由表 1 可以看出，同一品种、不同地理位置物候期表现不同，同一地理位置参试品种和对照品种的物候期表现也存在差异。"希森 3 号"在甘肃定西的生育期最长为 96 d，在湖北省竹山县的生育期最短为 57 d；湖北省利川县和天池山出苗率最低为 80.00%，除湖北省利川县、天池山两地的发芽率低于 90.00% 之外，其余各地发芽率均接近 100.00%，其中，湖北省巴东县、建始龙坪的发芽率为 100.00%。"希森 3 号"在甘肃省定西市，湖北省巴东县、建始龙坪、五峰县、利川、天池山的生育期均较当地对照品种短，分别短 3.00、64.8、27.80、6.00、10.00 和 25.00 d；"希森 3 号"在湖北省巴东县、五峰县、天池山的出苗率高于当地对照品种，分别高 2.00%、2.00%、5.00%，在甘肃省天水市，湖北省兴山县、竹山县的出苗率低于当地对照品种，分别低 0.30%、1.00%、2.00%，在甘肃省定西市，湖北省建始龙坪、利川县的出苗率与当地对照品种相同。

表1　各试点参试品种和对照品种物候期

地点	品系	生育期（d）	出苗率（%）
定西	希森3号	96.00	99.00
	费乌瑞它	99.00	99.00
天水	希森3号	82.00	99.70
	费乌瑞它	80.00	100.00
巴东县	希森3号	65.20	100.00
	鄂马铃薯5号	130.00	98.00
建始龙坪	希森3号	65.20	100.00
	鄂马铃薯5号	93.00	100.00
兴山县	希森3号	85.00	99.00
	鄂马铃薯5号	81.00	100.00
竹山县	希森3号	57.00	98.00
	鄂马铃薯5号	57.00	100.00
五峰	希森3号	64.00	97.00
	鄂马铃薯5号	70.00	95.00
利川	希森3号	60.00	80.00
	鄂马铃薯5号	70.00	80.00
天池山	希森3号	60.00	80.00
	鄂马铃薯5号	85.00	75.00

注：出苗率和生育期分别取各试验点所取试验值的均值。

2.2　各试点参试品种和对照品种植株形态特征

由表2可以看出，"希森3号"在甘肃省定西市的平均株高为52.25 cm，平均主茎数为2.80，茎色为绿色，花繁茂、白色，无结实性，匍匐茎短；在甘肃省天水市的平均株高为62.80 cm，平均主茎数为3.20，茎色为绿色，花繁茂、浅紫色，无结实性，匍匐茎短；在湖北省巴东县的平均株高为50.40 cm，平均主茎数为7.80，茎色为绿色，无花，结实性多，匍匐茎短；湖北省建始龙坪的平均株高为32.40 cm，平均主茎数为6.20，茎色为绿色，花的繁茂性为中上，无结实性，匍匐茎较长；湖北省兴山县的平均株高为47.60 cm，平均主茎数为9.10，茎色为绿色，花繁茂、白色，无结实性，匍匐茎短；湖北省竹山县的平均株高为41.00 cm，平均主茎数为4.40，茎色为浅绿色，无花，无结实性，匍匐茎短；湖北省五峰县的平均株高为24.22 cm，平均主茎数为2.70，茎色为绿色，花的繁茂性中等、蓝色，结实性中等，匍匐茎长度中等；湖北省利川县的平均株高为45.00 cm，平均主茎数为2.10，茎色为绿色，无花，结实性中等，匍匐茎长度短；湖北省天池山的平均株高为38.00 cm，平均主茎数为2.20，茎色为绿色，无花，结实性中等，匍匐茎长度短。

"希森3号"在各参试点的平均株高为24.22～62.80 cm，植株最高的是甘肃省天水市（62.80 cm），最低的是湖北省五峰县（24.22 cm）；甘肃省定西市、天水市，湖北省巴东县参试品种的平均株高较当地对照品种高，其余各地参试品种均低于当地对照品种。

表2 各试点参试品种和对照品种植株形态特征

地点	品系	株高（cm）	主茎数（个）	茎色	花的繁茂性	花冠色	结实性	匍匐茎长短
定西	希森3号	52.25	2.80	绿	繁茂	白色	无	短
	费乌瑞它	48.5	2.90	绿	繁茂	白紫	无	短
天水	希森3号	62.80	3.20	绿	繁茂	浅紫	无	短
	费乌瑞它	52.93	3.67	绿	中等	浅紫	无	短
巴东县	希森3号	50.40	7.80	绿	无花	无	多	短
	鄂马铃薯5号	43.20	8.50	绿	中等	白色	中等	短
建始龙坪	希森3号	32.40	6.20	绿	中上	无	无	较长
	鄂马铃薯5号	60.00	3.80	绿	中上	白色	较多	短
兴山县	希森3号	47.60	9.10	绿	繁茂	白	无	短
	鄂马铃薯5号	51.80	9.20	绿	少花	白色	无	短
竹山县	希森3号	41.00	4.40	浅绿	无花	无	无	短
	鄂马铃薯5号	46.00	7.00	绿	繁茂	白色	无	短
五峰	希森3号	24.22	2.70	绿	中等	蓝色	中等	中等
	鄂马铃薯5号	59.95	3.40	绿	中等	白色	中等	中等
利川	希森3号	45.00	2.10	绿	无花	无	中等	短
	鄂马铃薯5号	46.00	4.00	绿	无花	无	无	中等
天池山	希森3号	38.00	2.20	绿	无花	无	中等	短
	鄂马铃薯5号	59.00	3.00	绿	无花	无	无	中等

注：株高和主茎数分别取各试验点所取试验值的均值。

2.3 不同地理位置"希森3号"产量

由图1可以看出，不同地理位置对"希森3号"产量的影响具有明显差异。甘肃定西产量最高为5 869.60 kg/667 m²，湖北天池山产量最低1 239.60 kg/667 m²。其余7地产量由高到低排列为：天水2 890.20 kg/667 m²，兴山县2 727.04 kg/667 m²，竹山县2 458.51 kg/667 m²，建始龙坪2 446.83 kg/667 m²，巴东县2 431.82 kg/667 m²，利川县

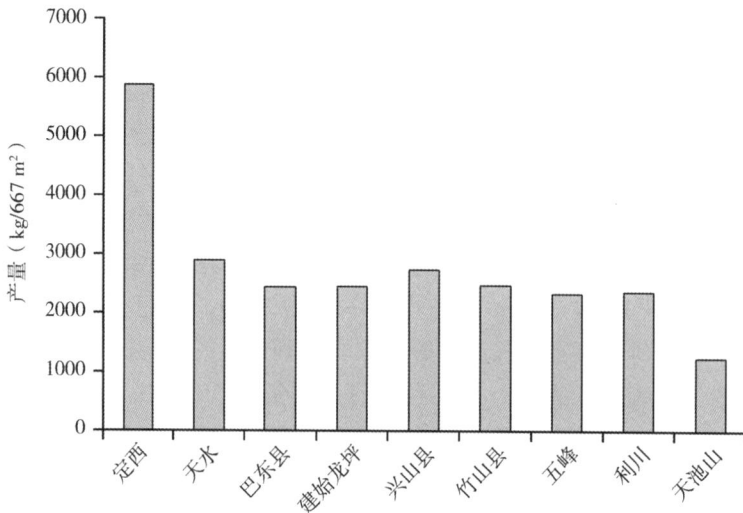

图1 不同地理位置对"希森3号"产量的影响

2 355.10 kg/667 m²，五峰 2 323.41 kg/667 m²。2017 年前期，甘肃天水在马铃薯出苗前降雨充足，参试品种出苗整齐。出苗后的整个生育期降水不足。6～7 月降雨量较常年少，植株早疫病、晚疫病发生较轻，但受 8 月下旬至 9 月上旬，降雨集中影响，造成收获偏迟，块茎晚疫病发病较重，对产量具有一定影响。湖北 7 地有些点出苗率较低，可能与前期天气或种薯质量有关，而且在马铃薯生长期内，低温阴雨时间长，晚疫病发生较严重，影响了商品薯率、薯块整齐度和产量。

2.4 同一地理位置参试品种和对照品种产量差异

由图 2 可以看出，同一地理位置参试品种和对照品种产量存在差异性。"希森 3 号"在不同试验点生长状况不一样。"希森 3 号"在定西的产量为 5 869.60 kg/667 m²，当地主栽品种产量为 6 403.20 kg/667 m²，参试品种比当地主栽品种减产 8.33%；"希森 3 号"在天水市的产量为 2 890.20 kg/667 m²，当地主栽品种的产量为 3 308.36 kg/667 m²，参试品种比当地主栽品种减产 12.64%；"希森 3 号"在巴东县的产量为 2 431.82 kg/667 m²，当地主栽品种的产量为 1 973.98 kg/667 m²，参试品种比当地主栽品种增产 23.19%；"希森 3 号"在建始龙坪的产量为 2 446.83 kg/667 m²，当地主栽品种的产量为 2 069.89 kg/667 m²，参试品种比当地主栽品种增产 18.10%；"希森 3 号"在兴山县的产量为 2 727.04 kg/667 m²，当地主栽品种的产量为 2 601.62 kg/667 m²，参试品种比当地主栽品种增产 4.58%；"希森 3 号"在竹山县的产量为 2 458.51 kg/667 m²，当地主栽品种的产量为 2 401.80 kg/667 m²，参试品种比当地主栽品种增产 2.35%；"希森 3 号"在五峰的产量为 2 323.41 kg/667 m²，当地主栽品种的产量为 1 767.99 kg/667 m²，参试品种比当地主栽品种增产 33.97%；"希森 3 号"在利川的产量为 2 355.10 kg/667 m²，当地主栽品种的产量为 1 673.92 kg/667 m²，参试品种比当地主栽品种增产 40.69%；"希森 3 号"在天池山的产量为 1 239.59 kg/667 m²，当地主栽品种的产量为 1 523.81 kg/667 m²，参试品种较当地主栽品种减产 18.65%。

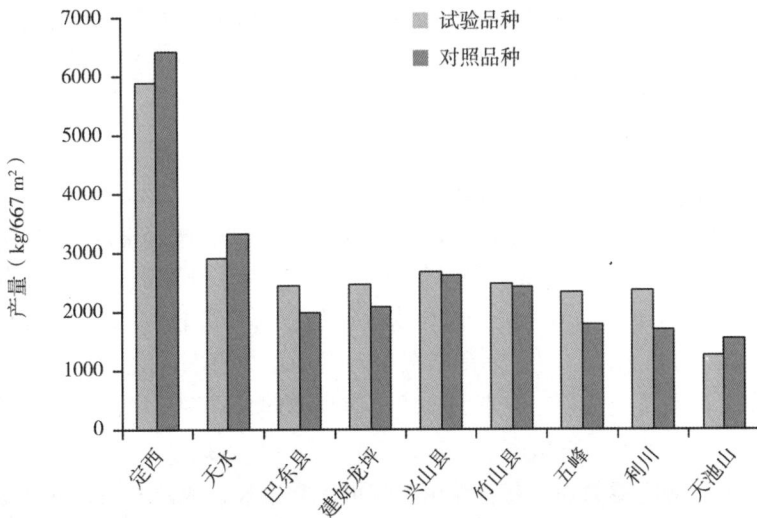

甘肃定西、天水的对照品种为"费乌瑞它"，湖北巴东县、建始龙坪、兴山县、竹山县、五峰、利川、天池山的对照品种为"鄂马铃薯 5 号"。

图 2　同一地理位置参试品种和对照品种产量的差异性分析

3 讨 论

中早熟马铃薯品种缺乏，育种单位通过引进新品种来丰富省内的品种资源[9-11]。有些学者通过引种试验引进的品种具有产量上的优势[12-14]，也有学者认为引进的品种具有很强的生态位选择[15-18]，通过引种种植的品种虽然市场占有率高，但存在产量低，稳产性不高，大薯率低等问题[19,20]；金黎平[21]研究表明基因累加作用对干物质含量的改良极为重要；吴承金等[22]研究发现，马铃薯产量与主茎数呈显著正相关，与生育期呈极显著正相关；株高与茎粗呈极显著正相关，试验结论与此相符。朱炎辉等[23]研究发现，"希森3号"生育期为 75 ~ 85 d，属于早熟品种。试验中，"希森3号"在甘肃天水市，湖北兴山县的生育期与此接近，属于早熟品种；在甘肃定西市的生育期为 96 d，属于中熟品种；在湖北巴东县、五峰、竹山、建始龙坪、天池山、利川的生育期为 57 ~ 65.2 d 左右，属于早熟品种。综合分析可能与以下几方面因素有关：

（1）2017年整组试验整体情况比较好，试验设计都比较规范，田间管理基本到位，但还是有少数试点的调查数据不详细不规范，未按区试方案中的表格进行填写，给数据统计带来不便。建议各试点负责人认真负责完成下一年的田间管理以及数据统计，如有必要可进行系统培训；

（2）2017年高山、二高山马铃薯有些点出苗率较低，可能与前期天气或种薯质量有关，建议明年提供种薯要保质保量，播种时要注意防治地下害虫；

（3）2017年高山、二高山马铃薯生长期内，低温阴雨时间长，晚疫病发生较严重，影响商品薯率、薯块整齐度和产量，建议多筛选抗病高光效利用率品系；

（4）甘肃省天水市由于8月中下旬持续降雨，晚疫病爆发，但未及时记载，植株晚疫病发生情况不明，但从全田收获情况可以看出，各品种抗晚疫病性能不佳；另外，由于2017年较往年降雨少，4 ~ 9月共降雨 273.1 mm，较 2016 年的 380.1 mm 少 107 mm，大田植株普遍发病较轻，加之川道区域肥水光热条件好，各品种均有不同程度的徒长现象；建议继续参加 2018 年区试试验，进一步观察鉴定。

试验在前人研究的基础上，以"希森3号"作为参试品种，在甘肃两地（天水、定西）、湖北七地（五峰县、建始龙坪、天池山、利川县、竹山县、巴东县、兴山县）进行一年多点品种比较试验，科学严谨设计试验，通过田间精心管理、调查整理数据，为"希森3号"的推广和马铃薯+模式创新提供了科学依据。对"希森3号"进行一年多点统计分析，可对其作出较科学的评价，可为某特定生态区域提供丰产性较好的品系，结论较可靠。

从生育期来看，"希森3号"生育期在 57 ~ 96 d，在不同的参试点成熟期差异较大；从增产幅度来看，"希森3号"在不同试验点表现不同，在湖北巴东县、建始龙坪、兴山县、竹山县、利川、五峰表现增产，增幅在 2.35% ~ 40.69%。

"希森3号"适应能力强，在各参试点均可正常生长、成熟，在该9个参试点均可种植，从生育期、出苗率及产量综合来看，"希森3号"适宜在湖北省建始龙坪、巴东县、五峰、利川县大范围推广种植。

[参 考 文 献]

[1] 贾笑英.利用转基因技术培育马铃薯（*Solanum tuberosum* L.）高淀粉及抗病新品系 [D].兰州：甘肃农业大学，2006.

[2] 我国成最大马铃薯生产国 [J].新疆农垦科技，2004(3)：47.

[3] 贾楠.马铃薯与几种主要农作物的间作套种技术 [J].农家参谋（种业大观），2010(12)：44.

[4] 张庆柱，张彩霞.实施我国马铃薯主粮化的战略 [J].农业科技与装备，2015(7)：80–81.

[5] 刘诗蕾.马铃薯如何走向中国主粮之列？ [J].营销界：农资与市场，2016(5)：48–51.

[6] 金璟，龙蔚，张德亮，等.云南省冬早马铃薯产业发展探讨 [J].农村经济与科技，2014，25(3)：34–35.

[7] 李秀华，梁瑞萍，高振江，等.包头地区马铃薯新品种引进及筛选 [J].中国马铃薯，2016，30(1)：1–3.

[8] 刘喜才，张丽娟.马铃薯种质资源描述规范和数据标准 [M].北京：中国农业出版社，2006.

[9] 贾思光，刘兴南，张连明，等.13个中早熟马铃薯品种（系）在白银市的引种表现 [J].甘肃农业科技，2018(7)：9–13.

[10] 范宏伟，宋雄儒，魏兴国.河西走廊沿山冷凉灌区马铃薯品种比较试验 [J].中国马铃薯，2015，29(2)：71–74.

[11] 张振军.陇中旱区马铃薯新品种产量和抗病性试验 [J].中国马铃薯，2018，32(3)：137–142.

[12] 郑永伟.甘肃榆中中早熟马铃薯品系比较试验 [C]// 屈冬玉，陈伊里.马铃薯产业与脱贫攻坚.哈尔滨：哈尔滨地图出版社，2018.

[13] 李效文，黄凯，王娟，等.通渭县二阴区马铃薯新品种引选试验 [J].中国马铃薯，2018，32(2)：65–69.

[14] 杜梅香.9个马铃薯新品种（系）在定西市半干旱区品比试验初报 [J].甘肃农业科技，2014(3)：37–38.

[15] 王平，郭小俊，谢成俊，等.兰州市山旱区马铃薯品种比较与筛选试验 [J].中国马铃薯，2018，32(4)：205–212.

[16] 文高登.庄浪县高寒阴湿区马铃薯品比试验初报 [J].甘肃农业科技，2016(4)：21–24.

[17] 何增田，赵玉兰，黄少学.7个马铃薯品种在古浪县高海拔山区旱地品比试验初报 [J].甘肃农业科技，2015(1)：43–44.

[18] 陈花桃.12个马铃薯品种（系）在临洮县山旱区品比试验初报 [J].甘肃农业科技，2013(5)：30–31.

[19] 颉炜清，关兴华，肖继坪，等.半干旱地区马铃薯品种比较试验 [J].中国马铃薯，2012，26(2)：70–75.

[20] 董旭生，牛俊义，高玉红，等.半干旱区马铃薯品种性状比较试验 [J].中国马铃薯，2015，29(3)：129–132.

[21] 金黎平.二倍体马铃薯加工品质及重要农艺性状的遗传分析 [D].北京：中国农业科学院，2006.

[22] 吴承金，宋威武，陈火云，等.彩色马铃薯新品种（系）品比试验 [J].湖北农业科学，2019，58(10)：13–17，21.

[23] 朱炎辉，崔长磊，王敏，等.马铃薯新品种"希森3号"的选育 [J].陈伊里，屈冬玉.马铃薯产业与精准扶贫.哈尔滨：哈尔滨地图出版社，2017.

榆林马铃薯新品种引进试验

汪 奎[1*]，吕 军[1,2]，高青青[1]，方玉川[1,2]

（1. 陕西省榆林市农业科学研究院，陕西 榆林 719000；
2. 陕西省马铃薯工程技术研究中心，陕西 榆林 719000）

摘 要：试验引进 5 个品种，以"陇薯 6 号"为对照，在榆林市农业科学研究院示范园开展品种试验。结果表明："天薯 11 号""定薯 3 号""青薯 10 号""陇薯 12 号"以及"陇薯 14 号"表现均好于对照"陇薯 6 号"。以商品薯率和产量为主要考核指标，"陇薯 12 号"表现突出，商品薯率和产量均居首位，结果为榆林地区马铃薯新品种栽培提供参考。

关键词：马铃薯；品种；商品薯率；产量

榆林市有传统种植马铃薯的习惯，因土壤条件和气候环境适宜马铃薯生长，是陕西省马铃薯的主要产区，年播种面积在 20 万 hm² 左右，占陕西省马铃薯种植面积的 60%，占榆林市农作物种植面积的 30%，是榆林市第一大宗农作物，收入占农民人均纯收入的 26.7%，已成为榆林市农业发展四大主导产业之一[1-3]。

近年来，为更好地发展马铃薯产业，引进大量的新品种。目前推广的新品种有"青薯 9 号""V7""冀张薯 12 号""陇薯 7 号"等，以替代当地种植的老品种，并取得了较好的经济效益。为了更好的选择适宜榆林生长的马铃薯，榆林市农业科学研究院引进马铃薯新品种，开展品种比较试验[4-7]，以便选择出适宜榆林生长的马铃薯新品种。

经过 2017 和 2018 年连续 2 年的品种试验，从 10 个品种中筛选出 5 个，2019 年再次开展试验，以便更好、更准确的评价品种。

1 材料与方法

1.1 参试品种

"天薯 11 号""定薯 3 号""青薯 10 号""陇薯 12 号""陇薯 14 号"，以"陇薯 6 号"为对照。

1.2 试验设计

采用随机区组排列，3 次重复，小区面积 20 m²，5 行区，每行 20 株。

1.3 田间管理

试验在榆林市农科院榆卜界示范园实施，海拔 1 100 m，沙壤土。施农家肥 1 000 kg/667 m²、

作者简介：汪奎（1979—），男，高级农艺师，从事马铃薯育种和栽培。
基金项目：国家马铃薯产业技术体系建设奖金（CARS-9）；陕西省马铃薯产业技术体系建设资金（NYKJ-2018-YL02）。
* 通信作者：汪奎，e–mail：442634056@qq.com。

六国化工复合肥（N–P₂O₅–K₂O = 10–15–20 总养分 ≥ 45%）80 kg/667 m² 作基肥。于 2019 年 5 月 13 日播种。马铃薯即将出苗时培土，同时追施六国化工复合肥 25 kg/667 m²。追施尿素 2 次，每次施 5 kg/667 m²。追施硝酸钙镁 2 次，每次施 5 kg/667 m²。追施六国化工复合肥 4 次，每次施 5 kg/667 m²。从 6 月 30 日开始防治病害，共计喷施 7 次，药物分别为：山德生、阿米西达、阿米多彩、瑞凡、金雷、银法利，福帅得，以上用于马铃薯早疫病和晚疫病防治。出苗前喷施封闭除草剂二甲戊灵，后期人工锄草 3 次。

2 结果与分析

2.1 生育特性

从表 1 可知，生育期最长的是"天薯 11 号"114 d，最短的是"陇薯 6 号"102 d，其余在 110 ~ 113 d。出苗期集中在 6 月 7 ~ 10 日。现蕾期在 6 月 20 ~ 24 日，开花期在 7 月 1 ~ 6 日。

表 1　不同品种生育期

品种	播种期（D/M）	出苗期（D/M）	现蕾期（D/M）	开花期（D/M）	成熟期（D/M）	生育期（d）
天薯 11 号	13/05	08/06	21/06	04/07	29/09	114
定薯 3 号	13/05	07/06	21/06	01/07	24/09	110
青薯 10 号	13/05	09/06	21/06	03/07	26/09	110
陇薯 12 号	13/05	09/06	20/06	04/07	29/09	113
陇薯 14 号	13/05	10/06	24/06	06/07	29/09	112
陇薯 6 号（CK）	13/05	09/06	22/06	03/07	18/09	102

2.2 株　高

参试的 6 个品种平均，株高变幅为 66.23 ~ 79.67 cm，品种间存在差异。"天薯 11 号"与对照"陇薯 6 号"相比差异显著，其余品种与对照"陇薯 6 号"相比差异不显著。其中以"陇薯 6 号"最高，为 79.67 cm；第二位是"定薯 3 号"，为 79.20 cm，比对照降低 0.59%；第三位是"青薯 10 号"，为 74.10 cm，比对照降低 6.99%；"天薯 11 号"最低，为 66.23 cm，比对照降低 16.86%（表 2）。

表 2　不同品种株高

处理	株高（cm）				较对照增减（%）	位次	0.05 显著水平
	Ⅰ	Ⅱ	Ⅲ	平均			
天薯 11 号	59.20	64.70	74.80	66.23	−16.86	6	b
定薯 3 号	80.70	72.40	84.50	79.20	−0.59	2	a
青薯 10 号	74.90	76.00	71.40	74.10	−6.99	3	ab
陇薯 12 号	70.70	68.70	73.90	71.10	−10.75	5	ab
陇薯 14 号	68.70	74.00	73.00	71.90	−9.75	4	ab
陇薯 6 号（CK）	76.80	80.60	81.60	79.67	0.00	1	a

2.3 单株主茎数

参试的 6 个品种平均单株主茎数的变幅为 2.3 ~ 3.3 个 / 株，品种间存在差异。"天薯 11 号"与对照"陇薯 6 号"相比差异显著，其余品种与对照相比差异不显著。除"陇薯 12 号"低于对照"陇薯 6 号"外，其余各参试品种均高于对照。其中以"天薯 11 号"最高，为 3.3 个 / 株，比对照增加 26.58%；第二位是"定薯 3 号"，为 3.2 个 / 株，比对照增加 22.78%；第三位是"陇薯 14 号"，为 3.1 个 / 株，比对照增加 18.99%；"陇薯 12 号"最低，为 2.3 个 / 株，比对照降低 13.92%（表 3）。

表 3　不同品种主茎数

| 处理 | 主茎数（个 / 株） | | | | 较对照增减（%） | 位次 | 0.05 显著水平 |
	I	II	III	平均			
天薯 11 号	3.2	3.2	3.6	3.3	26.58	1	a
定薯 3 号	3.5	2.8	3.4	3.2	22.78	2	ab
青薯 10 号	2.8	2.7	2.6	2.7	2.53	4	abc
陇薯 12 号	2.1	2.9	1.8	2.3	−13.92	6	c
陇薯 14 号	3.0	3.6	2.8	3.1	18.99	3	ab
陇薯 6 号（CK）	2.9	2.4	2.6	2.6	0.00	5	bc

2.4 商品薯率

在参试的 6 个品种中，商品薯率的变幅为 47.27% ~ 69.15%，品种间存在差异。除"青薯 10 号"与对照"陇薯 6 号"相比差异不显著外，其余参试品种与对照相比均差异显著。所有品种的商品薯率均高于对照，其中以"陇薯 12 号"最高，为 69.15%，比对照增加 46.30%；第二位是"定薯 3 号"，为 66.81%，比对照增加 41.35%；第三位是"陇薯 14 号"，为 64.69%，比对照增加 36.86%；对照"陇薯 6 号"最低，为 47.27%（表 4）。

表 4　不同品种商品薯率

| 处理 | 商品薯率（%） | | | | 较对照增减（%） | 位次 | 0.05 显著水平 |
	I	II	III	平均			
天薯 11 号	67.15	68.41	57.86	64.47	36.40	4	ab
定薯 3 号	62.87	61.90	75.66	66.81	41.35	2	a
青薯 10 号	51.26	57.68	51.38	53.44	13.06	5	bc
陇薯 12 号	69.33	76.47	61.65	69.15	46.30	1	a
陇薯 14 号	66.99	58.90	68.17	64.69	36.86	3	ab
陇薯 6 号（CK）	56.65	43.16	41.99	47.27	0.00	6	c

2.5 产　量

在参试的 6 个品种中，产量的变幅为 1 829.23 ~ 2 674.91 kg/667 m²，品种间差异不显著。所有参试品种产量均高于对照，其中以"陇薯 12 号"产量最高，为 2 674.91 kg/667 m²，比对照增产 46.23%；第二位是"青薯 10 号"，为 2 569.97 kg/667 m²，比对照增产 40.49%；

第三位是"天薯 11 号"，为 2 343.63 kg/667 m²，比对照增产 28.12%；对照品种"陇薯 6 号"最低，为 1 829.23 kg/667 m²（表 5）。

表 5　不同品种产量

处理	产量（kg/667 m²）				较对照增减（%）	位次	0.05 显著水平
	Ⅰ	Ⅱ	Ⅲ	平均			
天薯 11 号	2 987.67	2 598.78	1 444.45	2 343.63	28.12	3	a
定薯 3 号	2 277.79	2 851.87	1 876.55	2 335.40	27.67	4	a
青薯 10 号	2 567.91	3 135.82	2 006.18	2 569.97	40.49	2	a
陇薯 12 号	2 777.79	2 623.47	2 623.47	2 674.91	46.23	1	a
陇薯 14 号	2 524.70	2 358.04	1 919.76	2 267.50	23.96	5	a
陇薯 6 号（CK）	2 135.81	2 030.87	1 320.99	1 829.23	0.00	6	a

3　讨　论

试验通过对 6 个参试品种的生育期、株高、单株主茎数、商品薯薯率以及产量分析，可以看出品种间存在差异。总体来看，"天薯 11 号""定薯 3 号""青薯 10 号""陇薯 12 号"以及"陇薯 14 号"与对照"陇薯 6 号"相比各性状指标表现相对较好。以商品薯率和产量为主要考核指标来说，"陇薯 12 号"表现突出，商品薯率和产量均居第一位。

[参 考 文 献]

[1] 方玉川 . 陕西省马铃薯产业发展现状及思考 [J]. 农业科技通讯，2015(10)：4-6.
[2] 李善才，刘凤莲，高纯香，等 . 陕北地区早熟马铃薯费乌瑞它高产高效栽培技术 [J]. 中国马铃薯，2005，19(3)：177-188.
[3] 方玉川，高青青，汪奎，等 . 不同灌溉施肥方法对榆林沙地马铃薯产量和品质的影响 [J]. 农业科技通讯，2020(1)：93-96.
[4] 苏年贵，张建玲 . 晋西南墒情马铃薯品种比较试验 [J]. 中国马铃薯，2011，25(2)：69-72.
[5] 李启立，蒋先文，张金龙，等 . 盘县马铃薯新品种 (系) 比较试验 [J]. 中国马铃薯，2011，25(4)：193-196.
[6] 权守菊，张生梅 . 互助县马铃薯品种比较试验 [J]. 青海农林科技，2009(1)：93-95.
[7] 杨世林 . 马铃薯品种比较试验 [J]. 种子世界，2009(17)：41.

河北张家口坝上地区马铃薯品种筛选试验

郭继云[1]，牛丽娟[1*]，李金荣[2]，郦海龙[1]，赵一博[1]

（1.雪川农业发展股份有限公司，河北　张家口　076481；

2.张家口市种子管理站，河北　张家口　075000）

摘　要：试验设置早中熟组和晚熟组，分别以马铃薯品种"费乌瑞它"和"冀张薯8号"为对照，旨在筛选适合河北张家口坝上地区及相近生态区种植的品种。结果表明，早中熟组的生育天数在83～91 d；产量在3 410～4 690 kg/667 m²，除"北方002"比对照"费乌瑞它"显著减产外，其他与对照相比增减差异不显著；"京张薯2号"单薯重和商品薯率高于对照及其他品种。晚熟组生育期在101～114 d；产量在3 580～4 950 kg/667 m²，均比对照"冀张薯8号"增产显著；其中"雪中1号"综合性状表现突出，"冀张薯22号"和"冀张薯24号"增产显著。

关键词：马铃薯；张家口坝上；品种；筛选

河北省张家口坝上地区海拔高、年均气温低、昼夜温差大，自然气候条件非常适宜马铃薯生长，是中国传统的马铃薯种植区域，也是当地农民脱贫致富的首要农作物，同时又是中国优质种薯繁育和马铃薯加工业聚集的主要区域之一。因此，加快筛选适合当地及相近生态区域种植的马铃薯品种，扩大优良品种的覆盖率，无论对马铃薯主食化战略的推进还是国家粮食安全都有非常重要的意义[1,2]。

1　材料与方法

1.1　试验材料

供试马铃薯品种共12个，详见表1。

1.2　试验地点及基本情况

试验地位于张家口坝上察北管理区雪川农业试验地，土壤类型是沙质土，前茬作物是燕麦。

1.3　试验方法

试验分为中早熟组和晚熟组，采用随机区组试验设计，3次重复，共36个小区。每小区5垄，垄距0.9 m，株距0.3 m，每行25株，小区面积33.75 m²（7.5 m×4.5 m）。各试验小区统一管理。

1.4　田间管理

试验地2019年4月30日人工播种，9月30日进行测产。试验地统一田间管理，期

作者简介：郭继云（1990—），女，硕士，主要从事马铃薯育种及栽培工作。

*** 通信作者**：牛丽娟，农艺师，主要从事马铃薯育种及栽培工作，e－mail：ljniu@snowvalley.com.cn。

表 1　供试马铃薯品种情况

试验组	序号	参试品种	供种单位	种薯级别
	1	北方 001	河北北方学院	一级种薯
	2	北方 002	河北北方学院	一级种薯
	3	久恩 7 号	河北久恩农业开发有限公司	一级种薯
早中熟组	4	久恩 9 号	河北久恩农业开发有限公司	一级种薯
	5	雪早 2 号	雪川农业发展股份有限公司	一级种薯
	6	京张薯 2 号	张家口市农科院	一级种薯
	7	费乌瑞它（CK）	雪川农业发展股份有限公司	一级种薯
	1	冀张薯 20 号	张家口市农科院	一级种薯
	2	冀张薯 22 号	张家口市农科院	一级种薯
晚熟组	3	冀张薯 24 号	张家口市农科院	一级种薯
	4	雪中 1 号	雪川农业发展股份有限公司	一级种薯
	5	冀张薯 8 号（CK）	张家口市农科院	一级种薯

间施肥 6 次，使用的化肥有复合肥、尿素和硝酸钾；共灌溉 7 次；打药 6 次，使用的农药有顶峰、阿立卡、瑞凡、银法利和科佳。

1.5　数据调查和处理

试验记录不同品种的生育期、植株形态特性、田间主要性状、块茎主要性状和产量。试验数据整理分析均采用 Excel 2010 和 SPSS 软件进行，产量方差分析采用 LSD 法。

2　结果与分析

2.1　生育期

由表 2 可知，早中熟组中的生育天数为 83 ~ 91 d，其中生育期最短的是"久恩 9 号"，生育期最长的是"京张薯 2 号"。晚熟组生育期在 101 ~ 114 d，其中生育期最短的是"雪中 1 号"，生育期最长的是"冀张薯 8 号"。

表 2　不同品种生育期

试验组	品种	出苗期（D/M）	开花期（D/M）	成熟期（D/M）	生育期（d）
	北方 001	09/06	04/07	30/08	83
	北方 002	10/06	06/07	04/09	87
	久恩 7 号	08/06	07/07	03/09	88
早中熟组	久恩 9 号	11/06	18/07	30/08	81
	雪早 2 号	07/06	12/07	03/09	89
	京张薯 2 号	07/06	11/07	05/09	91
	费乌瑞它（CK）	08/06	06/07	30/08	84
	冀张薯 20 号	11/06	15/07	30/09	112
	冀张薯 22 号	10/06	13/07	30/09	113
晚熟组	冀张薯 24 号	10/06	15/07	30/09	113
	雪中 1 号	12/06	11/07	20/09	101
	冀张薯 8 号（CK）	09/06	14/07	30/09	114

2.2 植株形态特征

马铃薯的植株性状是影响其块茎产量及商品性的重要因子。由表3可以看出，早中熟组中除了"京张薯2号"的花冠颜色是白色外，其它品种的颜色都是浅紫色；"久恩7号"和"雪早2号"的茎色为绿色带褐色，对照"费乌瑞它"是深绿，其他是绿色；各品种的叶色都是绿色；"北方001""久恩7号""久恩9号"和"京张薯2号"的花繁茂性是中等，"北方002""雪早2号"和"费乌瑞它"繁茂；均不结实；"北方001""北方002""久恩9号"和"费乌瑞它"的匍匐茎比较短，"雪早2号"中等，"久恩7号"和"京张薯2号"较长。

晚熟组中"冀张薯8号""冀张薯20号"和"雪中1号"花冠颜色是白色，"冀张薯22号"和"冀张薯24号"是浅紫色；"冀张薯22号"的茎色是紫色网纹，其他品种茎色是绿色带褐色或绿色；"冀张薯22"号叶色深绿色，其它是绿色；花繁茂性都是中等；"雪中1号"不结实，其他结实较少；匍匐茎都比较长。

表3 不同品种植株形态特征

试验组	品种	花冠色	茎色	叶色	花繁茂性	结实性	匍匐茎长短
	北方001	浅紫	绿	绿	中等	无	短
	北方002	浅紫	绿	绿	繁茂	无	短
	久恩7号	浅紫	绿带褐	绿	中等	无	长
早中熟组	久恩9号	浅紫	绿	绿	中等	无	短
	雪早2号	浅紫	绿带褐	绿	繁茂	无	中等
	京张薯2号	白	绿	绿	中等	无	长
	费乌瑞它（CK）	浅紫	深绿	绿	繁茂	无	短
	冀张薯20号	白	绿	绿	中等	少	长
	冀张薯22号	浅紫	紫色网纹	深绿	中等	少	长
晚熟组	冀张薯24号	浅紫	绿带褐	绿	中等	少	长
	雪中1号	白	绿带褐	绿	中等	无	长
	冀张薯8号（CK）	白	绿	绿	中等	少	长

2.3 田间主要性状

马铃薯品种的田间性状也是一项主要的指标，由表4可知，各品种的平均株高差异比较大，早中熟组平均株高在66.67 ~ 94.33 cm，其中对照"费乌瑞它"最低，"京张薯2号"最高。晚熟组平均株高在78.67 ~ 123.67 cm，其中"雪中1号"最低，"冀张薯24号"最高。

在早中熟组中出苗率在93% ~ 98%，出苗率最高的是"雪早2号"，最低的是"北方001"；平均主茎数在2 ~ 3个，"久恩7号"和"雪早2号"的平均主茎数有2个，其他品种有3个。

在晚熟组中出苗率在94% ~ 98%，出苗率最高的是"冀张薯20号"，最低的是"雪中1号"；平均主茎数在2 ~ 3个，"冀张薯24号"和"冀张薯8号"的平均主茎数有3个，其他品种有2个。

表 4　不同品种田间主要性状

试验组	品种	出苗率（%）	主茎数（个）	株高（cm）	收获株数（株）
早中熟组	北方 001	93	3	85.33	21
	北方 002	96	3	76.67	20
	久恩 7 号	95	2	77.67	20
	久恩 9 号	96	3	82.67	21
	雪早 2 号	98	2	83.00	20
	京张薯 2 号	97	3	94.33	21
	费乌瑞它（CK）	96	3	66.67	20
晚熟组	冀张薯 20 号	98	2	95.00	20
	冀张薯 22 号	95	2	104.00	19
	冀张薯 24 号	97	3	123.67	19
	雪中 1 号	94	2	78.67	22
	冀张薯 8 号（CK）	97	3	99.67	20

2.4　块茎主要性状

马铃薯的块茎性状可以分为两部分，分别是块茎的外观性状和经济性状。

块茎的外观性状有薯形、薯皮色、薯肉色、薯皮类型、块茎芽眼深浅、整齐度。由表5可知，在早中熟组中，"北方 001""北方 002""久恩 7 号""久恩 9 号"和对照"费乌瑞它"薯形是长圆，"雪早 2 号"和"京张薯 2 号"薯形是卵圆；"北方 001""北方 002""久恩 9 号"和"费乌瑞它"的薯皮色是黄色，其他品种的薯皮色是白色；"久恩 7 号""雪早 2 号"和"京张薯 2 号"的薯肉色是白色，"久恩 9 号"是黄色，其他均为淡黄色；"久恩 7 号""久恩 9 号"和"费乌瑞它"的芽眼浅，"雪早 2 号"的芽眼中等，其他芽眼比较深；块茎都比较整齐；薯皮类型都是光滑。

在晚熟组中，"雪中 1 号"的薯形是长圆形，"冀张薯 20 号""冀张薯 22 号"和"冀张薯 24 号"薯形是卵圆形，对照"冀张薯 8 号"薯形是圆形；"冀张薯 24 号"和"雪中 1 号"的薯皮色是黄色，其他的薯皮色是白色；"雪中 1 号"的薯肉色是黄色，"冀张薯 24 号"为淡黄，其他为白色；"雪中 1 号"的芽眼浅，"冀张薯 8 号"芽眼中等，其他品种芽眼比较深；块茎均比较整齐；"冀张薯 20 号"和"冀张薯 24 号"的薯皮类型是微麻，其他光滑。

表 5　不同品种块茎外观性状

试验组	品种	薯形	皮色	肉色	薯皮类型	块茎芽眼深浅	整齐度
早中熟组	北方 001	长圆	黄	淡黄	光滑	深	整齐
	北方 002	长圆	黄	淡黄	光滑	深	整齐
	久恩 7 号	长圆	白	白	光滑	浅	整齐
	久恩 9 号	长圆	黄	黄	光滑	浅	整齐
	雪早 2 号	卵圆	白	白	光滑	中等	整齐
	京张薯 2 号	卵圆	白	白	光滑	深	整齐
	费乌瑞它（CK）	长圆	黄	淡黄	光滑	浅	整齐
晚熟组	冀张薯 20 号	卵圆	白	白	微麻	深	整齐
	冀张薯 22 号	卵圆	白	白	光滑	深	整齐
	冀张薯 24 号	卵圆	黄	淡黄	微麻	深	整齐
	雪中 1 号	长圆	黄	黄	光滑	浅	整齐
	冀张薯 8 号（CK）	圆	白	白	光滑	中等	整齐

马铃薯块茎的经济性状是决定品种在当地开发利用的首要因素。由表6可知，在早中熟组中，单株块茎数在7～11个，由高到底排序是"久恩9号"＞"久恩7号"＞"雪早2号"＞"北方001"＞"费乌瑞它"＞"北方002"＞"京张薯2号"；单株产量在1.38～1.88 kg，由高到底排序是"久恩7号"＞"京张薯2号"＞"雪早2号"＞"费乌瑞它"＞"北方001"＞"久恩9号"＞"北方002"；单薯重在137.46～251.93 g，除"京张薯2号"高于对照"费乌瑞它"，其他品种都低于对照；商品薯率在83.75%～96.77%，"京张薯2号"高于对照，其他品种都低于对照；干物质含量在16.4%～19.4%，干物质含量由高到低依次是"北方001"＞"北方002"＞"雪早2号"＞"费乌瑞它"＞"京张薯2号"＞"久恩7号"＞"久恩9号"。综合看来，"京张薯2号"在单薯重和商品率上要优于其他品种，但在干物质含量上表现稍弱，"北方001"干物质含量最高。

在晚熟组中，单株块茎数在9～16个，由高到低排序是"冀张薯8号"＞"冀张薯24号"＞"冀张薯20号"＞"冀张薯22号"＞"雪中1号"；单株产量在1.48～1.94 kg，由高到低排序是"雪中1号"＞"冀张薯22号"＞"冀张薯20号"＞"冀张薯24号"＞"冀张薯8号"；单薯重在91.40～213.54 g，各品种都高于对照；商品薯率在61.74%～94.82%，各品种都高于对照；干物质含量在17.7%～21.9%，干物质含量排名由高到低依次是"冀张薯24号"＞"冀张薯20号"＞"冀张薯22号"＞"雪中1号"＞"冀张薯8号"。综合看来，"雪中1号"在单薯重和商品率上优于其他品种，"冀张薯24号"干物质含量最高。

表6　不同品种块茎经济性状

试验组	品种	单株块茎数（个）	单株块茎重（kg）	单薯重（g）	商品薯率（%）	干物质含量（%）
	北方001	9	1.59	181.41	88.64	19.4
	北方002	7	1.38	196.03	92.70	18.5
	久恩7号	11	1.88	183.78	91.76	16.8
早中熟组	久恩9号	11	1.44	137.46	83.75	16.4
	雪早2号	10	1.77	175.91	91.87	18.3
	京张薯2号	7	1.81	251.93	96.77	17.4
	费乌瑞它（CK）	8	1.67	210.34	93.94	18.0
	冀张薯20号	11	1.74	153.64	88.56	19.7
	冀张薯22号	11	1.78	164.44	89.71	19.7
晚熟组	冀张薯24号	14	1.57	108.81	78.00	21.9
	雪中1号	9	1.94	213.54	94.82	19.3
	冀张薯8号（CK）	16	1.48	91.40	61.74	17.7

2.5 产量表现

马铃薯产量是最终决定品种在某区推广种植的主要因素。由表7可以看出，早中熟组中，平均产量在3 410～4 690 kg/667 m²，由高到低排序是"京张薯2号"＞"久恩7号"＞"雪早2号"＞"费乌瑞它"＞"北方001"＞"久恩9号"＞"北方002"。对产量进行方差分析发现，"京张薯2号""久恩7号""雪早2号"均比对照"费乌瑞它"增产，但差异不显著；"北方002""北方001""久恩9号"均比对照"费乌瑞它"减产，但除"北方002"显著外，其他均不显著。晚熟组产量在3 580～4 950 kg/667 m²，均比对照"冀张薯8号"增产显著，产量由高到底排序是"雪中1号">"冀张薯20号">"冀张薯22号">"冀张薯24号">"冀张薯8号"。

表7　不同品种产量表现

试验组	品种	小区平均产量 （kg/33.75 m²）	折合平均产量 （kg/667 m²）	较对照增减产 （%）
早中熟组	北方001	201.92	3 990 bcd	−3.16
	北方002	172.46	3 410 d	−17.23
	久恩7号	231.50	4 570 abc	10.92
	久恩9号	188.83	3 730 cd	−9.47
	雪早2号	221.21	4 370 ab	6.07
	京张薯2号	237.63	4 690 a	13.83
	费乌瑞它（CK）	208.75	4 120 abc	—
晚熟组	冀张薯20号	214.46	4 240 ab	18.44
	冀张薯22号	206.54	4 080 b	13.97
	冀张薯24号	189.75	3 750 b	4.75
	雪中1号	250.42	4 950 a	38.27
	冀张薯8号（CK）	181.25	3 580 c	—

注：不同小写字母表示 $P = 0.05$ 水平差异显著性。

3　讨　论

通过对参试品种农艺性状及产量等经济性状综合分析，筛选出早中熟组"京张薯2号""久恩7号""雪早2号"3个品种，因其增产幅度与对照"费乌瑞它"相比不显著，有待进一步进行生产鉴定，但由于"京张薯2号"和"雪早2号"为白皮白肉的品种，有别于对照的黄皮黄肉，可供特殊市场需要，有一定的推广价值。

晚熟组中，"雪中1号"综合表现最优，首先，其产量显著高于"冀张薯22号""冀张薯24号"和对照"冀张薯8号"，产量达4 950 kg/667 m²，排名第一；其次其商品薯率高达94.82%，薯形长圆形，黄皮黄肉，薯皮光滑，芽眼浅；第三其生育期适中，约101 d，为晚熟组中最短，避免晚霜的危害并能实现收获时薯皮的充分老化，从而提高商品薯品质及后期入库贮藏的品质，非常适合在河北张家口坝上及相近生态区域种植。"冀张薯24号"干物质含量最高，达到21.9%，可考虑其在全粉、薯条或其他加工方面的潜力。

[　参　考　文　献　]

[1]　武新娟. 绥棱县马铃薯品种引进及比较试验 [J]. 中国马铃薯，2018，32(5)：272–275.
[2]　姜波，任珂，于晓刚，等. 扎兰屯马铃薯品种比较试验 [J]. 中国马铃薯，2017，31(4)：206–209.

吉林地区马铃薯适宜种植品种筛选试验

徐珊珊，刘红霞，姜海洋，王世范*，刘　洋

（吉林市农业科学院，吉林　吉林　132000）

摘　要：吉林省马铃薯种植品种单一，难以满足主粮化和不同生态区域多元化消费的需求，因此收集筛选马铃薯品种资源研究对吉林省马铃薯产业的发展有着举足轻重的作用。通过对引进的不同马铃薯品种进行物候期、植株、产量、食味性等性状指标的比较试验，对品种进行综合评价，定向选择出适合吉林区域气候特点和种植习惯的高产、优质马铃薯品种。

关键词：马铃薯；种植品种；筛选

随着马铃薯主粮化战略（2015年）的实施，推动种植业结构调整[1]，马铃薯产业呈现出良好发展势头，成为脱贫攻坚重要产业，市场多元化需求，又使马铃薯产业不断升级呈现出粮、菜、饲、加工兼用多样化发展[2]。而吉林省马铃薯种植品种单一，难以满足主粮化和不同生态区域多元化消费的需求，因此收集筛选马铃薯品种资源研究对吉林省马铃薯产业的发展有着举足轻重的作用。吉林市地处吉林省中部，地理位置介于东经125°40′~127°56′，北纬42°31′~44°40′，属于北温带大陆性季风气候，年平均气温为3.9℃，≥10℃活动积温一般年度为2 400~2 800℃，年平均无霜期为134 d，冬季寒冷而漫长，降雪期长达半年之久。吉林市虽不是吉林省马铃薯主产区，但近年马铃薯种植面积逐年增加。试验通过引进不同马铃薯品种资源，筛选出适宜本区域种植的高产、优质的马铃薯品种。

1　材料与方法

1.1　试验材料

试验共对20个马铃薯品种进行比较研究，其中"费乌瑞它""春薯10号""吉薯1号""兴佳2号""中薯5号""春薯3号""春薯5号""冀张薯8号""克新13号""东农310"由吉林省蔬菜花卉科学研究院提供；"尤金""早大白""闽薯1号""延薯4号""延薯8号""延薯9号""丽薯6号""冀张薯12号""大西洋"由延边朝鲜族自治州农业科学院提供，"青薯9号"由盘县农科院提供。

1.2　试验方法

试验在吉林市农业科学院试验基地进行。试验地为沙壤土，肥力中等，碱解氮20.08 mg/100 g，速效钾224.20 mg/kg，有效磷2.50%，有机质2.61%，pH5.87。前茬为玉米，

作者简介：徐珊珊（1981—），女，硕士，副研究员，研究方向为马铃薯育种与栽培。

基金项目：吉林省科技发展计划项目（20190301076NY）。

* 通信作者：王世范，研究员，研究方向为蔬菜育种与栽培，e - mail：chinawsf@163.com。

灌溉良好。试验采用随机区组设计，3 次重复，小区长 5 m，垄宽 70 cm，株距 30 cm，小区面积 14 m²，总面积 860 m²，小区周围设保护行。试验于 2017 ~ 2018 年连续 2 年对 20 个品种进行适应性鉴定，各小区取生长均匀的 10 株马铃薯进行农艺性状观测及产量等相关指标的测定。其中"早大白"（CK₁）和"克新 13 号"（CK₂）为对照品种。

1.3 数据统计

采用 Excel 2003 和 DPS 软件进行数据处理与分析。

2 结果与分析

2.1 主要物候期

由表 1 可以看出，2017 ~ 2018 年 2 年都于 5 月 4 日播种，2017 年 20 个品种出苗日期集中在 5 月 26 ~ 31 日，仅"春薯 10 号"出苗最早，差异不大。2018 年 20 个品种出苗日期集中在 6 月 4 ~ 7 日，由于 2018 年春季吉林地区出现了较为罕见的春旱，整体出苗日期较 2017 年延后 1 周。大多数品种现蕾后一周开花，"大西洋"开花期相对较早；"延薯 8 号"开花期相对较晚。其中"春薯 3 号""东农 310""丽薯 6 号"生育期较长，"尤金"生育期连续 2 年均最短，分别为 69 和 70 d，"闽薯 1 号"在吉林地区生育期表现比其本地生育期短。

表 1 参试马铃薯品种主要物候期（2017/2018）

品种	播种期（月.日）	出苗期（月.日）	现蕾期（月.日）	开花期（月.日）	成熟期（月.日）	收获期（月.日）	生育天数（d）
早大白（CK₁）	5.4/5.4	5.30/6.6	6.18/6.21	6.25/6.29	8.8/8.22	9.5/9.5	78/71
费乌瑞它	5.4/5.4	5.28/6.5	6.22/6.21	6.28/6.28	8.5/8.17	9.5/9.5	72/73
尤金	5.4/5.4	5.31/6.6	6.18/6.28	6.26/6.30	8.8/8.15	9.5/9.5	69/70
春薯 10 号	5.4/5.4	5.24/6.5	6.14/6.20	6.28/6.28	8.7/8.24	9.5/9.5	75/80
延薯 8 号	5.4/5.4	5.30/6.6	6.26/6.22	7.4/7.6	8.16/8.16	9.5/9.5	78/71
中薯 5 号	5.4/5.4	5.31/6.6	6.28/6.28	7.4/7.5	8.11/8.20	9.10/9.17	72/75
克新 13 号（CK₂）	5.4/5.4	5.30/6.7	6.20/6.29	6.26/7.2	8.29/9.8	9.10/9.17	91/93
吉薯 1 号	5.4/5.4	5.30/6.5	6.20/6.20	6.30/6.26	8.22/8.24	9.5/9.5	84/80
兴佳 2 号	5.4/5.4	5.29/6.6	6.20/6.22	6.28/6.29	8.28/9.3	9.10/9.17	91/89
闽薯 1 号	5.4/5.4	5.30/6.5	6.20/6.22	6.26/6.29	8.17/8.25	9.10/9.17	79/81
春薯 3 号	5.4/5.4	5.29/6.5	6.22/6.25	6.29/7.3	9.6/9.17	9.10/9.17	100/104
春薯 5 号	5.4/5.4	5.26/6.5	6.17/6.22	6.25/7.5	8.25/8.30	9.10/9.17	91/86
延薯 4 号	5.4/5.4	5.30/6.7	6.20/6.21	6.24/6.30	8.22/9.11	9.10/9.17	84/96
延薯 9 号	5.4/5.4	5.31/6.5	6.23/6.21	6.30/6.28	8.20/9.3	9.10/9.17	81/90
冀张薯 8 号	5.4/5.4	5.29/6.5	6.19/6.22	7.1/6.30	8.21/9.11	9.10/9.17	84/98
冀张薯 12 号	5.4/5.4	5.31/6.6	6.23/6.26	6.30/7.2	8.22/9.8	9.10/9.17	83/94
东农 310	5.4/5.4	5.31/6.5	6.22/6.24	6.27/7.1	9.10/9.13	9.10/9.17	102/100
大西洋	5.4/5.4	5.30/6.4	6.18/6.19	6.25/6.27	8.2/8.25	9.10/9.17	84/82
青薯 9 号	5.4/5.4	5.30/6.4	6.25/6.28	7.4/7.7	9.1/9.3	9.10/9.17	94/91
丽薯 6 号	5.4/5.4	5.30/6.7	6.21/6.23	6.28/7.2	9.9/9.15	9.10/9.17	102/100

注："/"前年份为 2017 年，"/"后年份为 2018 年。

2.2 植株性状及生长情况

由表2可以看出，参试品种株型均为直立型；"费乌瑞它""尤金""中薯5号""春薯5号"和"青薯9号"分枝少，其他品种分枝均为中等及以上；"费乌瑞它""早大白""春薯3号""春薯5号"和"延薯4号"叶色为浅绿，"兴佳2号""中薯5号"和"青薯9号"叶色为深绿，其他品种均为绿色；"费乌瑞它"茎色为紫褐色，"尤金"和"延薯4号"茎色为绿褐色，"春薯10号"茎色着紫色，"青薯9号"为紫色，"丽薯6号"为紫绿色，其余品种茎色均为绿色；"费乌瑞它""春薯10号""延薯8号""闽薯1号""冀张薯12号""东农310""大西洋"和"青薯9号"花紫色，其余品种花均为白色；"尤金"花冠相对小，其余品种花冠均在中等或以上；"尤金""延薯8号"和"兴佳2号"花少，"吉薯1号"和"闽薯1号"花中等繁茂，其余品种花均繁茂；"兴佳2号""延薯4号"和"东农310"不结实，"早大白""费乌瑞它""春薯10号"和"大西洋"结实性强，其他品种结实较少；马铃薯的株高为53.20～84.10 cm，最高为"闽薯1号""中薯5号"植株最矮；参试品种的茎粗为1.01～1.85 cm，差异不大；马铃薯的主茎数最少的是"丽薯6号"，为1.20个，最多的是"冀张薯8号"，为3.85个。

表2　参试马铃薯品种植株性状

品种	株型	分枝	叶色	茎色	花色	花冠大小	开花繁茂性	结实性	株高（cm）	茎粗（cm）	主茎数（个）
早大白（CK₁）	直立	多	浅绿	绿	白	中	多	强	74.37	1.42	1.53
费乌瑞它	直立	少	浅绿	紫褐	紫	大	多	强	76.27	1.58	2.69
尤金	直立	少	绿	绿褐	白	小	少	弱	69.30	1.26	2.10
春薯10号	直立	多	绿	着紫	紫	大	多	强	75.97	1.67	1.93
延薯8号	直立	中等	绿	绿	紫	中	少	弱	56.90	1.01	2.07
中薯5号	直立	少	深绿	绿	白	中	多	中	53.20	1.04	1.82
克新13号（CK₂）	直立	中等	绿	绿	白	大	多	弱	76.00	1.16	1.6
吉薯1号	直立	中等	绿	绿	白	大	中	中	68.20	1.28	2.74
兴佳2号	直立	中等	深绿	绿	白	中	少	无	73.20	1.28	1.96
闽薯1号	直立	中等	绿	绿	紫	中	中	弱	84.10	1.50	1.76
春薯3号	直立	多	浅绿	绿	白	大	多	弱	77.20	1.38	2.27
春薯5号	直立	少	浅绿	绿	白	中	多	中	71.00	1.23	3.27
延薯4号	直立	中等	浅绿	绿褐	白	中	多	无	67.50	1.29	2.17
延薯9号	直立	中等	绿	绿	白	中	多	弱	71.20	1.38	1.83
冀张薯8号	直立	多	绿	绿	白	大	多	弱	78.30	1.45	3.85
冀张薯12号	直立	中等	绿	绿	紫	中	多	弱	58.00	1.28	1.60
东农310	直立	多	绿	绿	紫	大	多	无	69.97	1.70	1.60
大西洋	直立	中等	绿	绿	紫	大	多	强	64.70	1.85	1.53
青薯9号	直立	少	深绿	紫	紫	中	多	弱	76.50	1.50	2.52
丽薯6号	直立	多	绿	紫绿	白	大	多	弱	78.60	1.43	1.20

2.3 块茎性状

由表 3 可知，各品种薯形多样，有圆形、扁圆形、长圆形、椭圆形和长椭圆形；"青薯 9 号"皮色为红色，"早大白""吉薯 1 号""春薯 5 号""东农 310"和"丽薯 6 号"皮色为白色，其余品种皮色为黄色或淡黄色；"费乌瑞它"肉色为深黄色，"冀张薯 8 号"和"东农 310"肉色为乳白色，"早大白""吉薯 1 号""春薯 3 号""春薯 5 号""冀张薯 12 号""大西洋"和"丽薯 6 号"肉色为白色，其余品种肉色为黄色或淡黄色；"早大白""费乌瑞它""尤金""春薯 10 号""兴佳 2 号""闽薯 1 号""中薯 5 号""冀张薯 8 号""冀张薯 12 号""东农 310""青薯 9 号"和"丽薯 6 号"薯皮光滑，其余品种薯皮呈网纹状；"早大白""克新 13 号"和"延薯 4 号"芽眼深度中等，其余品种芽眼表现为浅；除"东农 310"和"青薯 9 号"芽眼为红色外，其余品种芽眼均为白色；"中薯 5 号""延薯 4 号""延薯 9 号"和"东农 310"芽眼数为中等，其余品种芽眼数均为少。

表 3 参试马铃薯品种块茎性状

品种	薯形	皮色	肉色	薯皮类型	芽眼深浅	芽眼色	芽眼多少
早大白（CK₁）	扁圆	白	白	光滑	中等	白	少
费乌瑞它	长椭圆	淡黄	深黄	光滑	浅	白	少
尤金	椭圆	黄	黄	光滑	浅	白	少
春薯 10 号	长椭圆	黄	黄	光滑	浅	白	少
延薯 8 号	圆	黄	黄	网纹	浅	白	少
中薯 5 号	扁圆	淡黄	淡黄	光滑	浅	白	中
克新 13 号（CK₂）	圆	黄	淡黄	网纹	中等	白	少
吉薯 1 号	圆	白	白	网纹	浅	白	少
兴佳 2 号	椭圆	淡黄	淡黄	光滑	浅	白	少
闽薯 1 号	长圆	黄	淡黄	光滑	浅	白	少
春薯 3 号	圆	黄	白	网纹	浅	白	少
春薯 5 号	扁圆	白	白	网纹	浅	白	少
延薯 4 号	圆	淡黄	黄	网纹	中等	白	中
延薯 9 号	扁圆	黄	黄	网纹	浅	白	中
冀张薯 8 号	椭圆	淡黄	乳白	光滑	浅	白	少
冀张薯 12 号	长圆	淡黄	白	光滑	浅	白	少
东农 310	扁圆	白	乳白	光滑	浅	红	中
大西洋	圆	淡黄	白	网纹	浅	白	少
青薯 9 号	长椭圆	红	黄	光滑	浅	红	少
丽薯 6 号	椭圆	白	白	光滑	浅	白	少

2.4 产量结果

由表 4 可以看出，经过 2 年的试验，中早熟品种产量均高于对照，"春薯 10 号"产量为 3 843 kg/667 m²，比"早大白"增产 32.97%，其次"费乌瑞它"产量 3 732 kg/667 m²，比"早大白"增产 29.12%，"费乌瑞它""尤金""春薯 10 号"和"延薯 8 号"大薯率均达 90%以上，且口感优。

中晚熟品种多数比对照增产,少部分品种产量低于对照。"延薯4号"平均产量最高,为4 669 kg/667 m²,比"克新13号"增产76.05%,"延薯9号"次之,平均产量为444 kg/667 m²,比"克新13号"增产67.66%,仅"闽薯1号""冀张薯8号"和"冀张薯12号"产量低于对照品种,"延薯4号"与"克新13号"在0.05水平差异显著,与"冀张薯12号"差异显著;参试品种商品薯整齐度高,多数品种食味性为优,仅"中薯5号"和"冀张薯12号"在吉林地区表现出口感较差。

表4 参试马铃薯品种产量

品种	单株薯重(kg)		产量(kg/667 m²)		平均产量 (kg/667 m²)	较 CK 增减(%)	大薯率(%)	小薯率(%)	食味性
	2017 年	2018 年	2017 年	2018 年					
早大白(CK₁)	0.71	1.11	2 255	3 526	2 890 Aa	—	0.86	0.14	中
费乌瑞它	0.94	1.41	2 986	4 478	3 732 Aa	29.12	0.90	0.10	优
尤金	1.06	1.14	3 367	3 621	3 494 Aa	20.88	0.93	0.07	优
春薯 10 号	1.11	1.31	3 526	4 161	3 843 Aa	32.97	0.93	0.07	优
延薯 8 号	0.85	1.07	2 700	3 399	3 049 Aa	5.49	0.94	0.06	优
中薯 5 号	1.32	0.84	4 193	2 668	3 430 Aa	18.68	0.86	0.14	劣
克新 13 号(CK₂)	0.72	0.95	2 287	3 017	2 652 ABc	—	0.77	0.23	优
吉薯 1 号	0.92	1.24	2 922	3 938	3 430 AaBbc	29.43	0.86	0.14	优
兴佳 2 号	0.91	0.98	2 890	3 113	3 001 AaBbc	13.17	0.91	0.09	优
闽薯 1 号	0.62	0.95	1 969	3 017	2 493 ABc	−5.99	0.93	0.07	优
春薯 3 号	1.05	0.68	3 335	2 160	2 747 ABbc	3.32	0.85	0.15	中
春薯 5 号	1.08	1.12	3 430	3 557	3 494 AaBbc	31.50	0.79	0.21	优
延薯 4 号	1.54	1.40	4 891	4 447	4 669 Aa	76.05	0.85	0.15	优
延薯 9 号	1.10	1.70	3 494	5 400	4 447 Aab	67.66	0.83	0.17	中
冀张薯 8 号	0.63	0.96	2 001	3 049	2 525 ABc	−4.79	0.88	0.12	优
冀张薯 12 号	0.51	0.68	1 620	2 160	1 890 Bc	−28.74	0.76	0.24	劣
东农 310	0.89	1.22	2 827	3 875	3 351 AaBbc	26.35	0.86	0.14	优
大西洋	0.95	1.18	3 017	3 748	3 383 AaBbc	27.54	0.88	0.12	优
青薯 9 号	1.31	0.73	4 161	2 319	3 240 AaBbc	22.16	0.80	0.20	优
丽薯 6 号	0.85	1.18	2 700	3 748	3 224 AaBbc	21.56	0.84	0.16	优

注:同列不同大写字母表示在0.01水平差异显著,不同小写字母表示在0.05水平差异显著。

3 讨 论

通过对20个马铃薯品种连续2年(2017～2018年)筛选试验,结果表明,大部分品种适宜吉林地区种植,充分表明了马铃薯适应性较强的特点[3],"闽薯1号"在吉林地区表现出比本地生育期短,这与梁金平等[4]研究一致。"春薯10号""费乌瑞它"产量高,商品率高,长椭圆,皮淡黄色,肉深黄色,口感佳,综合性状优良,另外"尤金""延薯8号"薯形均偏圆形,黄皮黄肉,产量也较高,适宜为早熟、中早熟品种在吉林地区进行推广应用。中晚熟品种"延薯4号"产量最高,"延薯9号"次之,薯形分别为圆形和扁圆形,外形美观，黄皮黄肉，商品性好适宜吉林地区栽培，"吉薯 1 号"和"春薯 5 号"皮色和肉色均为白色口感均佳，结合本地农民生产、消费习惯和市场需求分析也可适度进行推广种植。加工型品种"春薯 3 号""东农 310""大西洋"也适合吉林地区栽培，部分品种在吉林地区表现出生育期偏长，生产上应予以注意。

[参 考 文 献]

[1] 齐文，杨子峰，陈剑，等 . 不同马铃薯品种生长特征及产量构成因素分析 [J]. 浙江农业科学，2018，59(10)：1 760–1 762.
[2] 张瑞玖，马恢，籍立杰，等 . 马铃薯优质品种比较筛选试验研究 [J]. 农业科技通讯，2019(8)：145–149.
[3] 黄胜先，黄姚英，杨桂兰 . 贵州省马铃薯品种适应性筛选研究 [J]. 广东农业科学，2012(21)：27–43.
[4] 梁金平，张志勇，吴文明，等 . 不同栽培因素对马铃薯新品种闽薯 1 号产量及质量的影响 [J]. 广东农业科学，2009(12)：27–29.

马铃薯原种与一二级种高山自然隔离繁育技术

李永成[*]

（渭源县五竹马铃薯良种繁育专业合作社，甘肃　定西　748202）

摘　要：利用高山自然隔离繁育马铃薯种薯实施简易且成本低，介绍马铃薯种薯级别的定义，阐述繁育基地的选择、繁育技术以及种薯贮藏和运输技术等，为发挥高寒阴湿区自然条件优势，提高马铃薯种薯繁育质量和数量提供技术支撑。

关键词：马铃薯；种薯；高山自然隔离；繁育技术

高寒阴湿区的立地条件适宜马铃薯种薯繁育，高山自然隔离繁育马铃薯种薯具有低成本、易实施的优点，高寒阴湿区是传统的马铃薯种薯繁育供应基地[1]。近年来以马铃薯晚疫病为主的马铃薯病虫害发生日趋严重，尤其高寒阴湿区随着多年大面积种植，马铃薯病虫害发生因素增多，导致马铃薯病虫害发生和危害逐年加重，已成为严重影响良种生产和种薯产业发展的重大问题[2,3]。在介绍马铃薯种薯级别的基础上，重点阐述高山自然隔离马铃薯原种、一二级种繁育基地选择、繁育技术、贮藏运输等技术措施，为发挥高寒阴湿区自然条件优势，提高马铃薯种薯繁育质量和数量提供技术支撑。

1　马铃薯种薯

符合 GB18133-2012 规定相应质量要求的原原种、原种、一级种[4]。

1.1　原原种（G1）Pre-elite

用育种家种子、脱毒组培苗或试管薯在防虫网、温室等隔离条件下生产，经质量检测达到 GB18133-2012 质量要求的，用于原种生产的种薯。

1.2　原种（G2）Elite

用原原种作种薯，在良好隔离环境中生产的，经质量检测达到 GB18133-2012 质量要求的，用于生产一级种的种薯。

1.3　一级种（G3）Qualified I

在相对隔离环境中，用原种作种薯生产的，经质量检测达到 GB18133-2012 质量要求的，用于生产二级种的种薯。

1.4　二级种（G4）Qualified II

在相对隔离环境中，由一级种作种薯生产的，经质量检测达到 GB18133-2012 质量要求的，用于生产商品薯的种薯。

作者简介：李永成（1975—），男，高级农艺师，从事马铃薯产业开发和技术服务。

[*] 通信作者：李永成，e‑mail：weiyuan.l@163.com。

2 高山自然隔离

利用高海拔区域的高山和（或）林草地、不利于蚜虫取食危害和病害传播的作物（非茄科作物、十字花科、开黄花作物、桃树）等自然条件隔离繁育马铃薯种薯。

3 繁育基地选择

3.1 隔离条件

高海拔区域，地形复杂多样，有高山和（或）林草地与其他区域良好隔离；与下一级种薯繁育田、商品薯生产田及茄科作物、十字花科、开黄花作物、桃树间隔 500 ~ 800 m 以上。

3.2 气象条件

原种繁育基地气温 < 5.0 ℃，降雨 > 550 mm，无霜期 > 90 d，风力 > 1.5 m/s，一二级种繁育基地气温 < 6.0 ℃，降雨 > 500 mm，无霜期 > 90 d，风力 > 1.3 m/s。

3.3 土壤条件

原种繁育基地海拔 2 200 m 以上，一二级种繁育基地海拔 2 000 m 以上，耕地坡度 < 15°，土壤肥沃、土质疏松。

3.4 社会条件

有多年繁育供种基础，异地调种增产幅度大，社会认知度高的区域。

4 种薯繁育技术

4.1 基地布局

根据区域自然条件和繁育品种的特征特性，按照一区域一品种一级别相对集中建立马铃薯种薯繁育基地。

4.2 地块选择

与小麦、玉米等禾本科作物，蚕豆等豆科作物，当归等中药材进行 3 年以上的轮作倒茬，黑痣病发生地块进行 5 年以上的轮作倒茬。道路通畅，便于种薯运输。

4.3 整地施肥

前作收后深耕晒垡，冬前耙糖保墒。按照土壤肥力、品种特性确定施肥量开展配方施肥，增施腐熟有机肥（农家肥）、适当减施氮肥。开花后期出现缺肥症状时，追施尿素 5 ~ 10 kg/667 m^2、硫酸钾 5 ~ 10 kg/667 m^2。

4.4 种薯处理

原原种一般 2 ~ 10 g/粒，原种、一级种 25 ~ 50 g/块（粒），原种、一级种薯块较大的需要切块处理。在适宜播期前 30 ~ 40 d 种薯出窖置 10 ~ 15 ℃下催芽，待芽基 0.3 cm 时平摊在有散射光的地方，放 3 ~ 4 层，隔 5 ~ 7 d 翻动 1 次，幼芽长到 0.5 ~ 1.0 cm，粗壮、变成浓绿色或紫色并有根点出现时即可播种。原原种用吡虫啉、噻虫嗪等杀虫剂拌种，原种、一级种用霜脲锰锌、丙森锌、甲霜灵·锰锌等杀菌剂拌种。

4.5 适期播种

4 月下旬至 5 月上旬按照大行距小株距原则采取种一空二、种二空二露地栽培或黑膜覆土栽培、黑膜高垄栽培等模式播种，原原种播种 4 500 ～ 6 000 粒 /667 m²，原种、一级种播种 4 000 ～ 4 500 粒（块）/667 m²，播深 8 ～ 15 cm。地下害虫发生严重时结合播种，在垄沟中或腹膜前喷洒毒死蜱、辛硫磷药液和（或）撒施毒土防治地下害虫。

4.6　田间管理

（1）及时排水：在 6 ～ 9 月降雨较多田间积水时及时排水。

（2）中耕除草：苗全后开始中耕除草 2 ～ 3 次，后期拔大草 1 ～ 2 次。

（3）及时培土：黑膜覆土栽培的于播种后 10 ～ 15 d 覆土 5 cm，露地栽培的结合中耕除草培土，现蕾期再培土 1 次，培成 20 ～ 25 cm 的高垄。

（4）拔杂去劣：随时拔除疑似带病毒植株并带出田间深埋，现蕾开花期、种薯收获前拔杂去劣。

（5）病虫防治：根据天气情况和蚜虫发生情况，出苗后用毒死蜱、阿维菌素·杀虫单、阿维菌素·毒死蜱、氟氯氰菊酯等杀虫剂间隔 7 ～ 10 d 交替喷施防治蚜虫；根据繁育品种抗病性、天气实际情况、病害发生情况，于 6 月下旬现蕾期喷施嘧菌酯、丙森锌、异菌脲、苯醚甲环唑、唑菌胺酯等杀菌剂防治早疫病，7 月上旬至中旬开花期开始用霜脲·锰锌、甲霜灵·锰锌、霜霉威盐酸盐、烯酰吗啉、氟吗啉·锰锌、吡唑醚菌酯、嘧菌酯、精甲·锰锌、银法利、硫酸铜等杀菌剂间隔 7 ～ 10 d 交替喷施防治晚疫病，最后 1 次喷施抑快净。

（6）适期收获：按照早霜来临情况确定收获期，于收获前 7 ～ 10 d 割除薯秧并移出田间，之后选择晴天采收薯块，薯块在田间晾晒后装入网袋或网箱搬运。

5　种薯贮藏运输

5.1　种薯贮藏

将收获的种薯放置于阴凉通风处预贮 7 ～ 10 d，入窖 1 周前清理清洁并用 40% 多·溴·福 WP200 倍液、3% 噁霉灵·甲霜灵水剂、30% 琥胶肥酸铜 SC100 倍液对窖体进行全方位喷雾处理等消毒库（窖）之后，选择气温较低的阴天或早晚将剔除病、烂、伤、劣薯块后的种薯入库（窖），入库（窖）种薯不超过库（窖）总容积的 60%，种薯在库（窖）内分品种、分级别、分等级堆码（或架藏）整齐。贮藏期间通过通风换气等措施将库（窖）温度控制在 1 ～ 4℃，后期库（窖）温度升高可将种薯置于散射光照射的地方以抑制薯芽生长。预贮及贮藏期间防雨淋、防日晒、防鼠害、防病虫害。

5.2　种薯包装

种薯出库时精细分拣，剔除病、烂、伤、劣薯块，将种薯按照 25 ～ 50 g/ 粒、51 ～ 150 g/ 粒、> 151 g/ 粒分级，原种用黄色网袋、一二级种用白色网袋包装，包装袋内外各挂 1 个 12 cm×8 cm 的原种（蓝色）、一二级种（棕色）种薯标签，种薯标签标注内容包括种薯类别、品种名称、产地、种子生产许可证编号、种子经营许可证编号、品种审定编号、检疫证明编号、质量指标、净含量、生产年月、生产商名称、生产商地址及联系方式等，有条件的标注二维码或条形码以便于查询种薯情况。

5.3　种薯运输

种薯搬运要轻拿轻放，运输过程中防日晒、雨淋、冻害。

[参 考 文 献]

[1] 李永成 . 渭源县马铃薯脱毒原种高山自然隔离繁育适宜区域划分 [J]. 中国蔬菜，2013(17)：10–12.

[2] 黄冲，刘万才 . 近年我国马铃薯病虫害发生特点与监控对策 [J]. 中国植保导刊，2016，36(6)：29，48–52.

[3] 漆文选 . 高寒山区马铃薯种薯主要病虫害调查与防治方法 [J]. 中国蔬菜，2017(9)：93–98.

[4] 中华人民共和国国家质量监督检验检疫总局，中国国家标准化管理委员会 .GB18133–2012, 马铃薯种薯 [S]. 北京：
　　 中国标准出版社，2013.

马铃薯新品种"中薯27"的选育

段绍光，金黎平*，卞春松，庞万福，徐建飞，刘 杰

（中国农业科学院蔬菜花卉研究所，北京 100081）

摘 要："中薯27"是中国农业科学院蔬菜花卉研究所以"LR93.309"为母本，"C93.154"为父本，选育的鲜食和全粉兼用型品种。该品种中晚熟，生育期95 d左右，株型直立，株高66 cm，茎绿色，叶绿色，花冠白色，开花繁茂性中等，天然结实性多，块茎大小整齐，卵圆形，浅黄皮淡黄肉，薯皮光滑，芽眼浅；2年平均单株主茎数1.8个，单株结薯数6.3个，平均单薯重140 g，商品薯率77.3%。块茎比重1.083 6，干物质含量22.9%，淀粉含量15.3%，蛋白质含量2.34%，维生素C含量14.8 mg/100 g，还原糖含量0.1%，蒸煮品质优。

关键词：中薯27；品种选育；产量

1 选育过程

"中薯27"原代号02167*3（代号D597），"中薯27"母本为"LR93.309"，父本为"C93.154"。2002年秋在南口播种杂交组合实生种子，2003年在张北种植组合实生薯家系，根据育种目标进行单株选择，2004年种植4株，进行株系选择，2005年在张北和甘肃秦王川分别种植20株，2006～2008年在两地种植40株继续进行无性系选择，编号02167*3（代号D597）的无性系表现优良，2009～2010年在甘肃进行品比试验，经多代无性系选育而成。2010年茎尖脱毒后繁殖脱毒种薯，2011～2014年张北、云南、广东等地进行繁种、试种和筛选。已完成国家华北组马铃薯品种区域试验。

2 产量表现

在华北组区域试验中，2015年"中薯27"的平均产量34 290 kg/hm²，比对照"大西洋"平均产量29 043 kg/hm²增产20.19%；2016年，"中薯27"的年平均产量38 430 kg/hm²，比对照大西洋平均产量35 400 kg/hm²增产19.7%（表1）。

3 特征特性

"中薯27"中晚熟，鲜食和全粉兼用型品种。生育期95 d，株型直立，株高66 cm，茎绿色，叶绿色，花冠白色，开花繁茂性中等，天然结实性多，块茎大小整齐，卵圆形，浅黄皮淡黄肉，薯皮光滑，芽眼浅；2年平均单株主茎数1.8个，单株结薯数6.3个，平

作者简介：段绍光（1975—），男，助理研究员，主要从事马铃薯遗传育种。

基金项目：国家现代农业产业技术体系（CARS-10）。

*通信作者：金黎平，研究员，主要从事马铃薯遗传育种，e-mail：jinliping@caas.cn。

表 1 "中薯 27"区域试验产量表现

地点	中薯 27（kg/hm²）		大西洋（kg/hm²）		增产（±%）	
	2015	2016	2015	2016	2015	2016
大同	27 035	25 464	26 135	16 557	3.44	53.80
围场	34 128	34 779	22 700	25 679	50.35	35.40
乌兰察布	40 518	36 155	30 918	27 374	31.05	32.10
五寨	13 251	28 014	14 751	18 009	−10.17	55.60
榆林	60 462	38 891	61 670	48 768	−1.96	−20.30
张北	33 953	28 218	22 553	19 760	50.55	42.80
正丰	29 699	37 521	33 656	34 601	−11.80	8.40
正蓝旗	63 087	63 116	59 078	65 573	6.79	−3.70
平均	34 290	38 430	29 043	35 400	20.19	19.70

均单薯重 140 g，蒸煮品质优。

4 品 质

经中国农业科学院蔬菜花卉研究所 / 农业部蔬菜品质监督检验测试中心（北京）品质化验结果，干物质含量 22.9%，淀粉含量 15.3%，蛋白质含量 2.34%，维生素 C 含量 14.8 mg/100 g，还原糖含量 0.1%，适宜全粉加工。

5 抗病性鉴定结果

马铃薯晚疫病抗性鉴定，选取 3 个采自河北省的不同生理小种菌株，生理小种分别为"1,2,3,5,7,8,9,10,11""1,2,3,4,5,6,7,8,9,10,11"和"1,2,3,5,6,7,8,9,10,11"。利用上述 3 个马铃薯晚疫病菌株混合接种马铃薯品种"中薯 27"和对照品种"紫花白"。鉴定结果"中薯 27"高感晚疫病。

马铃薯病毒病抗性鉴定，室内病毒病鉴定 X 病毒，病情指数 28.4，中抗；Y 病毒病情指数 35.6，感病。

田间鉴定抗粉痂病。

6 栽培技术要点

"中薯 27"品种应在微酸性土壤，以 pH 5.5 ~ 6.5 为最适宜，但在 pH5 ~ 8 的范围内也能良好生长。10 cm 地温稳定通过 5 ~ 7 ℃后播种。选用合格种薯，播前 15 ~ 30 d 催芽，催壮芽。使用药剂拌种，防治病虫害等。"中薯 27"应该适墒播种，播种深度视当地土壤情况而定。株行距根据当地的栽培耕作习惯，种植密度 60 000 ~ 82 500 株 /hm²。合理施肥，以农家肥与化肥配合施用，化肥施用根据当地土壤肥力状况科学施用氮磷钾等，实施配方施肥。施足基肥，出苗后加强前期管理，早施少追追肥；及时灌排水，防止因肥水过多而徒长；及时除草、中耕和培土，促使早发棵和早结薯。生长期注意防治晚疫病，前期注意防低温霜冻。收获前 1 个月停止施氮肥，收获前 15 ~ 20 d 停止灌水，以利收获贮存。

7 适宜种植区域

适宜在河北北部、陕西北部、山西北部和内蒙古中部等华北一作区春季种植。

2019 年马铃薯登记品种分析

徐建飞，胡　军，段绍光，金黎平*

（中国农业科学院蔬菜花卉研究所／

农业部薯类作物生物学和遗传育种重点实验，北京　100081）

马铃薯是中国第四大粮食作物，根据国家统计局及相关省级统计年鉴发布数据，2018年，中国马铃薯种植面积 489.09 万 hm²，总产量 9 645.25 万 t，相对 2017 年虽然总面积减少 2.19%，但总产量增加了 1.72%，品种创新和生产技术的进步对于提高单产起到了主要推动作用。中国目前共审定或登记了近 900 个马铃薯品种，其中 2017 ～ 2019 年共登记品种 227 个。马铃薯品种的选育、推广和应用，对于保障中国食物安全和促进农民增收致富发挥了重要作用。根据农业农村部相关登记品种公告信息，对品种登记的基本情况、主要特性和生产推广情况进行分析，以期为品种选育、推广和成果转化工作提供参考。

2019 年登记公告马铃薯品种 78 个，登记数量较 2018 年下降了 44%，但 2019 年登记品种中新选育品种为 24 个，新选育品种较 2018 年增加了 140%。登记品种中，鲜食品种 47 个，淀粉品种 4 个，全粉品种 1 个，炸片炸条品种 1 个，特色品种 1 个，2 种及以上用途兼用品种 25 个，其中鲜食品种依然占绝大多数，占比达到 60%，淀粉、全粉、炸片炸条等加工专用和特色品种依然匮乏。

新品种选育依然以科研教学单位为主体。登记品种中，科研教学单位登记 55 个，企业登记 22 个，农技推广中心登记 1 个，科教单位仍然是品种选育的主体，但较 2018 年同比，企业申请者占比提升 6%。科教单位中，甘肃省农业科学院马铃薯研究所登记了 9 个马铃薯品种，但都是已审定品种；企业单位中，乐陵希森马铃薯产业集团有限公司登记了 7 个马铃薯品种，其中 3 个是已审定品种，4 个是已销售品种。

晚疫病抗性提升明显。在晚疫病抗性方面，高抗晚疫病的品种 11 个，抗晚疫病品种 12 个，中抗晚疫病品种 34 个，中感晚疫病品种 16 个，感晚疫病品种 1 个，高感晚疫病品种 4 个，整体上登记品种晚疫病抗性水平较高，但实际田间抗性有待于在生产中进一步检验；病毒病抗性整体上填报不规范，数据难于统计分析。

品质指标有一定幅度提升。在干物质含量方面，> 25% 的品种 17 个，20% ～ 25% 的品种 32 个，< 20% 的品种 36 个，干物质含量未填报的品种 1 个；在淀粉含量方面，> 20% 的品种 10 个，15% ～ 20% 的品种 33 个，10% ～ 15% 的品种 32 个，< 10% 的品种 2 个，淀粉含量未填报的品种 1 个；在粗蛋白含量方面，> 3% 的品种 3 个，2.5% ～ 3% 的品种 17 个，2% ～ 2.5% 的品种 29 个，1.5% ～ 2% 的品种 19 个，< 1.5% 的品种 6 个，粗蛋白量未填

作者简介：徐建飞（1979—），男，博士，研究员，主要从事马铃薯遗传育种研究。

基金项目：国家现代农业产业技术体系建设专项（CARS–10）。

* 通信作者：金黎平，博士，研究员，主要从事马铃薯遗传育种研究，e – mail：jinliping@caas.cn。

报的品种 4 个；在维生素 C 含量方面，> 30 mg/100 g 的品种 1 个，25 ~ 30 mg/100 g 的品种 4 个，20 ~ 25 mg/100 g 的品种 8 个，15 ~ 20 mg/100 g 的品种 29 个，< 15 mg/100 g 的品种 28 个，维生素 C 含量未填报或填报不规范的品种 8 个；在还原糖含量方面，> 1% 的品种 1 个，0.5% ~ 1% 的品种 15 个，0.25% ~ 0.5% 的品种 19 个，0.1% ~ 0.25% 的品种 11 个，< 0.1% 的品种 11 个，还原糖含量未填报或填报不规范的品种 6 个。

单产水平突出品种较少，但整体上较对照品种增产幅度较大。在产量方面，> 3 000 kg/667 m^2 的品种 3 个，2 500 ~ 3 000 kg/667 m^2 的品种 15 个，2 000 ~ 2 500 kg/667 m^2 的品种 21 个，1 500 ~ 2 000 kg/667 m^2 的品种 28 个，< 1 500 kg/667 m^2 的品种 10 个，填报不规范的品种 1 个，整体上中高产品种占比较大，但产量特别突出品种较少；登记品种中较对照增产 > 50% 的品种 4 个，增产 25% ~ 50% 的品种 17 个，增产 15% ~ 25% 的品种 22 个，增产 0 ~ 15% 的品种 29 个，减产的品种 4 个，填报不规范的品种 2 个，虽然整体上单产水平不高，但较对照增产幅度较大的品种占比较大，这可能是试验栽培条件与大田生产栽培条件差异较大造成的。

晚熟品种占比依然较大。品种中，早熟品种 9 个，中早熟品种 13 个，中熟品种 11 个，中晚熟品种 18 个，晚熟品种 20 个，未填报品种 7 个，整体上中晚熟和晚熟品种占比接近一半，与 2018 年占比接近。

品种适宜区域覆盖较窄。登记品种中，按适宜区域划分，只适宜一个省份的品种 53 个，适宜 2 个省份的品种 10 个，适应 3 个省份的品种 8 个，适宜 4 个和 5 个省份的品种分别为 3 个，适宜 6 个省份的品种只有 1 个，其中覆盖 2 个及以上生态区的品种 8 个，品种的适应性有待进一步提高。

登记品种种植面积占全国总面积比例较小。据全国农技中心统计，2019 年登记的 78 个品种中，在生产上有面积统计的品种只有 16 个，总种植面积 28.27 万 hm^2，不到全国总面积的 6%。

在登记品种分析中发现，部分登记品种信息填报不规范，存在病害分级不明确、部分指标单位不统一和部分指标信息空缺等情况；主栽品种登记少，尤其是面积较大的主栽品种登记比例较低，例如种植面积超过 6.67 万 hm^2 的 18 个主栽品种中，只有 7 个品种以已审定品种进行了登记。建议相关单位进一步规范填报信息，已有优良品种尽快登记，以免影响品种在生产上的合法推广和销售。

关键词：马铃薯；2019；登记品种；分析

马铃薯耐盐资源挖掘及相关基因筛选与分析

王万兴[1]，李　青[1,2]，秦玉芝[2]，胡新喜[2]，

李广存[1]，金黎平[1]，熊兴耀[1*]

（1. 中国农业科学院蔬菜花卉研究所/

农业部薯类作物生物学和遗传育种重点实验，北京　100081；

2. 湖南农业大学园艺园林学院，湖南　长沙　410128）

近年来中国耕地盐碱化程度加剧，日益影响农业生产和土地资源的可持续利用，甚至威胁到中国的粮食安全。随着国家马铃薯主食化战略的提出及在其他粮食作物种植面积稳定、单产提高空间不大的现状下，如能利用中国广袤盐渍化或次生盐渍化土地生产马铃薯，将对保障粮食安全具有重要意义。马铃薯（*Solanum tuberosum* L.）是世界上仅次于小麦、玉米、水稻之后的第四大粮食作物，具有粮食、蔬菜、饲料兼用的特点，用途多样，营养丰富。马铃薯耐盐性中等，盐胁迫影响马铃薯的生长，导致细胞结构和生理途径发生变化。目前关于马铃薯资源耐盐性的评价虽有研究，且鉴定得到了少数耐盐材料，但仍缺少统一的标准。马铃薯高度杂合，遗传负荷高，自交衰退严重，其耐盐遗传规律及基因定位的研究还非常有限，极大地限制了马铃薯耐盐性的遗传改良。研究以四倍体栽培种马铃薯为试材，围绕马铃薯盐胁迫应答响应关键基因开展研究。建立马铃薯耐盐离体鉴定方法，评价种质资源的耐盐性，探究盐胁迫对马铃薯生理生化指标的影响，筛选分析马铃薯盐胁迫响应关键基因，以期为揭示马铃薯耐盐机制，创新耐盐种质奠定基础。

试验采用添加 NaCl 的 MS 培养基模拟盐胁迫的方法，研究了不同盐浓度对耐盐性差异显著的 4 份马铃薯材料的株高、总生物量、芽鲜质量和生根率的影响，确定耐盐筛选适宜浓度。利用该浓度胁迫 52 份马铃薯种质，分析株高、总生物量和芽鲜质量 3 项指标的耐盐系数，通过隶属函数和聚类分析的方法筛选出耐盐及盐敏感材料。测定高耐和高敏感材料在 NaCl 胁迫不同时间过氧化氢酶（CAT）、过氧化物酶（POD）、超氧化物歧化酶（SOD）活性的变化和脯氨酸（PRO）、可溶性蛋白、可溶性糖、丙二醛（MDA）含量变化及根表面的 Na^+、K^+、Ca^{2+} 离子流的变化情况，研究盐胁迫对马铃薯抗氧化酶、膜脂过氧化、渗透调节物质和离子的影响。利用 RNA-Seq 技术比较在 24，48，72 和 96 h 正常生长及 500 mmol/L NaCl 胁迫下马铃薯组培苗的转录组，结合基因注释信息筛选出耐盐相关基因，并通过 qPCR 对候选基因进行验证。

结果表明，当 NaCl 浓度达到 120 mmol/L 时，"乐薯 1 号""中薯 7 号""康薯 53"

作者简介：王万兴（1985—），男，博士，副研究员，主要从事马铃薯抗逆分子生物学与栽培技术研究。

基金项目：国家现代农业产业技术体系建设专项（CARS-10）；国家自然科学基金资助项目（31701485）；中央级公益性科研院所基本科研业务费专项（Y2017JC56）。

* 通信作者：熊兴耀，博士，教授，主要从事马铃薯栽培技术研究，e-mail：xiongxingyao@caas.cn。

"克新 1 号" 4 份材料的株高、总生物量、芽鲜质量和生根率总变异系数达到较高水平，但有效生长率为 0，而 80 mmol/L 浓度时有效生长率达到 95%。综合考虑保证有效生长和最大限度的区分材料的耐盐能力等因素，确定适宜筛选的 NaCl 浓度应在 80 ~ 120 mmol/L，研究选中点浓度 100 mmol/L 作为鉴定马铃薯耐盐性的适宜浓度。利用该浓度胁迫 52 份马铃薯种质，采用隶属函数和聚类分析的方法进行耐盐性鉴定，最终将 52 份种质分为 3 大类，得到耐盐材料 "陇薯 5 号" 和 "LZ111"，占供试种质资源的 5.77%。敏感材料 37 份，占供试种质资源的 71.15%，其中 "青薯 9 号" "陇薯 8 号" "中薯 14 号" 和 "04P48-3" 较敏感。在不同盐浓度和胁迫时间下，耐盐和盐敏感极端材料 "陇薯 5 号" 和 "青薯 9 号" CAT、POD、SOD 活性以及 PRO、可溶性蛋白、可溶性糖、MDA 含量表现存在差异。盐胁迫下 "陇薯 5 号" POD 和 SOD 活性增强，开启膜保护。可溶性蛋白和可溶性糖对盐胁迫的响应速度快于 PRO，三者协同参与调节渗透胁迫。"陇薯 5 号" 外排 Na^+，稳定 K^+ 和吸收 Ca^{2+}，"青薯 9 号" 明显外排 K^+。因此推测此为 "陇薯 5 号" 耐盐性高于 "青薯 9 号" 的生理机制。这揭示了马铃薯可能存在抗氧化胁迫、膜损伤起始时间推迟和增加渗透物质及调动离子调节的盐防御途径。转录组分析表明 84.36% 以上的 reads 可以准确比对到参考序列，共筛选到 8 204 个受盐胁迫诱导表达的差异基因，其中 631 个差异表达基因在 4 个时间中持续上调，92 个持续下调，并发现了离子转运相关、转录因子（WRKY、MYB、bHLH、bZIP）、抗性蛋白（水通道蛋白、LEA）、钙信号途径（钙结合蛋白）、激酶（MAPK）等大量参与盐胁迫响应的重要基因，提出马铃薯中可能存在转录因子、MAPK 信号途径、氧化磷酸化、离子转运和钙信号途径的耐盐分子机制，筛选了 20 个耐盐关键基因。qPCR 检测 11 个 DEGs 的表达模式和 RNA-Seq 分析结果一致，这些基因包括 WRKY71、WRKY30 和 WRKY45（转录因子），MAPK4/6（MAPK 激酶），AKT、NHX4、NHX3、CHX19 和 SOS1（离子通道蛋白），SOD（抗氧化酶）和 PIP2-1（水通道蛋白）等，进一步证实了 RNA-Seq 结果的可靠性。

关键词：马铃薯；耐盐鉴定；耐盐基因；转录组；生理机制

乙烯诱导优异抗晚疫病马铃薯基因型
SD20 早期响应基因表达

杨晓慧[1]，陈 立[1]，杨 煜[1]，郭 晓[1]，
陈广侠[1]，熊兴耀[2]，董道峰[1*]，李广存[2]

（1. 山东省农业科学院蔬菜花卉研究所/山东省设施蔬菜生物学重点实验室/
国家蔬菜改良中心山东分中心，山东 济南 250100；
2. 中国农业科学院蔬菜花卉研究所/
农业农村部薯类作物生物学与遗传育种重点实验室，北京 100081）

　　乙烯是植物体内重要的信号分子，在植物的生长发育和抗病抗逆中具有重要的调节作用。由乙烯调控的信号通路，通过诱导防御基因的表达，使植物产生局部或全身防御，从而抵抗病原体侵染。马铃薯是世界上仅次于小麦和水稻的第三大粮食作物。在马铃薯生产中受到多种病害的侵染，其中危害性最大的就是由致病疫霉菌 *Phytophthora infestans* 引起的晚疫病。前期研究中，获得了一个高抗晚疫病的四倍体马铃薯基因型 SD20，并对其病原菌诱导的基因表达进行了系统的分析，发现乙烯、茉莉酸和水杨酸等多重信号通路参与了对晚疫病菌强毒株的免疫防御反应。为了进一步明确乙烯在马铃薯抗病免疫防御反应中的调控机理，研究以 SD20 为材料，采用 RNA-seq 进行了外源施加乙烯后的马铃薯基因表达谱分析，探讨乙烯诱导早期响应基因的表达及其在马铃薯抗病调控中的作用，以为通过激素诱导提高马铃薯抗病性提供理论依据。

　　试验使用 SD20 组培苗，采用单节切段无性繁殖的方法，于含有 MS 培养基的组培瓶（72 mm × 59 mm）中进行无菌培养，于 22℃在长日照条件下 16 h 光照/8 h 黑暗循环中生长，每瓶 8 株苗。将 3 周龄幼苗用 0.2 mmol/L 的乙烯喷雾处理，同时，用水喷雾处理的幼苗作对照。分别在 0、3、6 和 12 h 对处理组和对照组进行取样，每个处理 3 次重复，每个重复 1 瓶苗。使用 RNA prep Pure Plant Kit（TIANGEN）试剂盒提取样品总 RNA，使用 NEBNext UltraTM RNA Library Prep Kit for Illumina(NEB, USA)制备测序文库，共产生 21 个 RNA 文库，利用 Illumina Hiseq X10 平台进行 150 bp 双端测序。用 HISAT2 将双端 Mlean Reads 与马铃薯单倍型 DM 参考基因组比对，通过 Mapped Reads 在基因上的位置信息对基因表达水平进行定量。使用 DESeq 进行差异表达分析鉴定差异表达基因。基于 NR、Swiss-Prot、

　　作者简介：杨晓慧（1980—），女，博士，副研究员，从事马铃薯分子育种与种质创制研究。
　　基金项目：山东省良种工程项目（2017LZGC001）；国家现代农业产业技术体系济南综合试验站（CARS-09-ES12）；山东省泰山学者项目（2016-2020）。
　　*通信作者：董道峰，博士，研究员，主要从事马铃薯栽培生理研究，e-mail：feng-dd@126.com。

KEGG 和 GO 等数据库对差异表达基因进行功能注释和代谢通路分析。

研究共完成了 21 个样品的转录组测序与分析，获得 142.43 Gb Clean data，各样品 Clean data 在 6.01 ~ 8.52 Gb，与马铃薯单倍型 DM 参考基因组的唯一比对率为 79.97% ~ 86.19%，说明测序质量很好，可用于后续分析。对同一处理下不同时间点间的基因表达量进行两两比较，发现水处理下差异表达基因共有 7 748 个，外源乙烯处理下 5 063 个。将乙烯处理与水对照进一步比较发现，水处理特异的差异表达基因 3 837 个，直接受乙烯特异诱导的差异表达基因 1 226 个，其中 754 个基因上调表达，472 个基因下调差异表达。乙烯特异诱导的 1 226 个差异表达基因主要编码转录因子、蛋白激酶、防御酶和抗病相关蛋白。Gene ontology（GO）富集分析发现，水处理下特异差异表达的都是与植物生长发育相关的基因，而少有抗病防御和调控基因。而乙烯特有的 1 226 个差异表达基因主要富集到物质代谢、响应外源刺激、免疫调节、防御反应等生物学过程，说明外源乙烯处理后 SD20 首先启动了响应外源乙烯的应答反应，同时调动各种生物大分子的生物学合成，通过离子转运和信号转导，调控相关基因表达，其中明显诱导了免疫防御过程。进一步的 KEGG 代谢途径分析发现，外源乙烯处理下差异表达基因主要富集到 Plant hormone signal transduction (sot04075)、Plant-pathogen interaction (sot04626) 和 Glutathione metabolism (sot00480) 等；说明 SD20 首先受到了激素刺激，其体内启动了植物激素信号转导，其次通过激素的信号转导启动了免疫防御相关基因表达，增强了植株的防御能力，同时，外源乙烯诱导了谷胱甘肽、氮、硫、半胱氨酸和蛋氨酸等的代谢过程，以维持 SD20 植株体内正常的生长和代谢，在此过程中萜类、生物碱类及植物毒素等次生代谢物的生物合成协调和促进植物在逆境胁迫下的生存能力。同时，与病原菌的入侵密切相关的磷脂酰肌醇信号系统显著富集，说明外源乙烯处理可以诱导 SD20 提高抵御病原菌侵染的能力。外源乙烯处理下，SD20 中有 3 个与乙烯合成途径密切相关的基因显著差异表达，包括 1 个 SAM 合成酶基因 METK2 和 2 个 ACO 编码基因，均上调表达，表明外源乙烯诱导了 SD20 体内乙烯的大量合成。

通常认为 SA 途径与寄生性病原物的抗病性密切相关，而 ET/JA 途径与腐生性病原物的抗病性有着密切关系。将 SD20 接菌 CN152 后 24、48 和 72 h 时特异差异表达的基因与乙烯诱导的 1 226 个差异表达基因比较发现，病原菌侵染下显著差异表达的基因同样受外源乙烯诱导，如接菌 24 h 时上调表达的 PR-2（PGSC0003DMG400029830）和 Fatty acid desaturase 基因 PGSC0003DMG400036004，48 h 上调表达的 P-coumaroyl quinate/shikimate 3'-hydroxylase（PGSC0003DMG400007179）和 SlTCP3（PGSC0003DMG400015377），72 h 下调差异表达的 Cytochrome P450（PGSC0003DMG400026523），且表达趋势完全一样。研究还发现，1 个 SA 信号途径标记基因 PR-2、2 个 JA 合成途径关键酶脂氧合酶（Lipoxygenase, LOX）基因以及 1 个乙烯合成 ACC 氧化酶基因同样在 CN152 侵染 SD20 的 24 h 上调表达；说明外源乙烯不仅激活了乙烯信号途径中 ERF1 诱导的防御反应，还激活了 SD20 中 JA 和 SA 信号介导的防御反应；这与前期病原菌侵染 SD20 中多重信号参与抗病反应结果一致，也进一步证明了乙烯在介导 SD20 抗性防御中的重要作用，推测乙烯可能也在 SD20 对 P. infestans 的早期抗性中起作用。

研究结果有助于深入了解马铃薯中乙烯信号转导及其在免疫防御系统中的作用，同时为马铃薯抗病分子育种提供基因资源和理论依据。

关键词：马铃薯；乙烯；RNA-seq；防御；基因表达

马铃薯卷叶病毒衣壳蛋白原核表达及
多克隆抗体的制备

李小宇[1]，王韬远[2]，张春雨[1]，王忠伟[1]，李　闯[1]，张胜利[3]，王永志[1*]

（1. 吉林省农业科学院，吉林　公主岭　136100；

2. 芜湖职业技术学院，安徽　芜湖　241000；

3. 吉林省蔬菜花卉科学研究院，吉林　长春　130000.）

中国是世界第一大马铃薯生产国，种植面积占全球 25%，总产量约占全球的 20%，随着 2015 年中国提出马铃薯主粮化战略，马铃薯已成为第四大主粮作物。在马铃薯的生产过程中，病毒病是最严重的病害之一，其可以通过种薯传播，所以脱毒种薯的质量检测在生产繁育中尤为重要。马铃薯卷叶病毒（Potato leafroll virus，PLRV）是马铃薯主要病害之一，当病毒侵染植株后，会造成叶片卷曲，降低光合效率，严重影响了马铃薯的产量和质量。

马铃薯在栽培过程中，经常会出现多种病毒共同侵染的情况，所以提纯单一的天然病毒难度较大。另外，PLRV 主要分布在寄主植株中的维管束内，含量低，提纯病毒更加困难。采用基因工程方法，可将目的病毒基因编码的蛋白质通过大肠杆菌进行体外表达和纯化，可以解决上述难题。另外，基因工程可以表达植物病毒中不同的功能蛋白，其制备的抗体靶标性更强。

随着分子生物学的快速发展，人们对 PLRV 的基因组结构和其编码的功能蛋白进行了大量的研究，PLRV 具有 6 个编码区，其中 ORF3 编码的衣壳蛋白（Coat protein）与病毒侵染时的包装、稳定性以及在宿主植株体内的传播和移动有关，国内外学者对该基因及其编码的蛋白进行了大量的研究。由于 PLRV CP 基因的密码子组成不利于其体外原核表达，另外还含有 2 个针对于原核表达体系使用频率低于 20% 的稀有密码子 CUA，研究通过改造密码子，使其偏好原核表达，纯化出 PLRV CP 蛋白，免疫日本大耳兔，制备多克隆抗体，为 PLRV 检测方法的建立提供必需的生物材料。

研究采用 TRIzol 方法提取感染 PLRV 马铃薯叶片的总 RNA，利用 cDNA 合成试剂盒合成体外第一条链。根据 Genbank 公布的 PLRV CP 基因序列，设计引物（up：GGAATTCCATATGAGTACCGTTGTTG，down：TGCTCTAGATTATTTCGGATTCTGCAG），进行 PLRV CP 基因克隆，对基因进行分析，在不改变蛋白质编码的前提下，对序列中的密码子进行改造，重新合成 PLRV CP 基因。构建 pCzn1-PLRV CP 重组表达载体，转入

作者简介：李小宇（1981-），男，硕士，从事经济作物病害综合防控研究。

基金项目：吉林省农业科技创新工程创新团队项目（CXGC2017TD007）；吉林省现代农业产业技术示范推广项目（薯类作物新品种及农机农艺配套栽培技术示范与推广）。

*通信作者：王永志，博士，副研究员，主要从事分子病毒学研究，e-mail：yzwang@126.com。

BL21（Plyss）表达感受态，IPTG 诱导后，SDS–PAGE 电泳，观察重组蛋白表达情况。包涵体蛋白采用变复性纯化，通过 Ni^{2+} 离子亲和层析柱洗脱收集目的蛋白，Western Blot 方法对纯化后的重组蛋白进行鉴定。纯化后 PLRV CP 蛋白免疫日本大耳兔，每只免疫 100 μg，皮下多点注射和肌肉注射，免疫 4 次后，耳缘静脉采血，间接 ELISA 方法进行效价检测，并通过 Western Blot 方法，对多克隆抗体进行分析。

结果表明：研究成功克隆 PLRV CP 基因，改造其密码子，使其偏好原核表达，构建 pCzn1–PLRV CP 重组表达载体，通过大肠杆菌表达纯化，经 Western Blot 方法鉴定为 PLRV CP 蛋白，纯化后的蛋白免疫日本大耳兔，成功制备 PLRV CP 蛋白多克隆抗体，识别重组蛋白效价为 128 000 倍，识别天然病毒的效价为 32 000 倍，经 Western Blot 方法分析，其特异性良好。研究制备的多克隆抗体，对马铃薯脱毒种薯的检测提供必需的生物材料，为 PLRV 的检测方法奠定了基础。

关键词：马铃薯卷叶病毒；衣壳蛋白；原核表达；多克隆抗体

马铃薯 Y 病毒瞬时 ELISA 检测试剂盒的研制

梁雨欣，李小宇，张春雨，侯吉超，王永志*

（吉林省农业科学院，吉林 长春 136100）

马铃薯病毒检测方法主要有生物学检测法、电子显微镜检测法、分子生物学检测法和血清学检测法。ELISA 属于血清学检测方法，具有高通量、不依赖特定仪器设备，稳定性好等优点，但操作繁琐耗时较长。为了建立马铃薯 Y 病毒（PVY）快速检测技术，研究以单克隆抗体为基础，将 PVY 衣壳蛋白（Coat protein，CP）分段表达，通过 Western Blot 定位了 3 株 PVY 单克隆抗体（Monoclonal antibody，MAb）识别的抗原表位，对识别不同抗原表位的单抗进行配对，以配对效果最佳的 3E4 及 HRP-3D3 两株单抗为基础建立了 PVY 快速DAS-ELISA 检测方法，并对检测条件进行了优化。结果显示，最佳检测条件为捕获抗体3E4 1∶5 000 倍稀释，4 ℃过夜包被酶标板，5% 脱脂奶 37 ℃封闭 30 min，检测抗体 HRP-3D3 1∶500 倍稀释，与抗原在 37 ℃共同孵育 5 min；该方法检测限为 15.625 ng/mL，特异性分析结果显示该法检测感染 PVY 的马铃薯样品呈阳性反应，检测马铃薯 S 病毒、马铃薯 M病毒、马铃薯卷叶病毒等其他常见马铃薯病毒均呈阴性反应。该检测试剂盒灵敏度高特异性强，15 min 即可完成检测，方便快捷，为 PVY 的检测、脱毒种薯的生产提供了技术支持。

研究表达了 PVY 病毒衣壳蛋白的 6 条多肽，通过 Western Blot 分析 3D3、3E4、9G6识别的抗原表位，MAb 3D3 识别的抗原表位位于 PVY-CP120-148，MAb 3E4 识别的抗原表位位于 PVY-CP31-59，MAb 9G6 识别的抗原表位位于 PVY-CP90-119。

以常规 DAS-ELISA 方法确定捕获抗体为 3E4，检测抗体为 HRP-3D3；采用方阵法对抗体工作浓度进行优化，当捕获抗体稀释度 1∶5 000，检测抗体稀释度 1∶500 时，P/N 值最大，检测效果最好，故确定为最佳工作浓度。由 P/N 值最大可确定捕获抗体最佳包被条件为 4 ℃过夜，酶标板封闭条件为 37 ℃ 30 min，待测样品与检测抗体混合液 37 ℃孵育 5 min。

通过将 PVY-CP 蛋白分段表达，首次对 PVY-CP 蛋白抗原表位进行分析，将 MAb 识别的抗原表位确定在 30 个氨基酸，筛选出了 3E4 与 3D3 两株识别不同抗原表位且配对检测效果最佳的 MAb，以此为基础建立了 PVY 快速 DAS-ELISA。

研究建立的 PVY 快速 DAS-ELISA 所使用的捕获抗体与检测抗体皆为鼠源抗体，若加入抗鼠源二抗会与捕获抗体发生交叉反应，出现假阳性的实验结果，故将检测抗体 3D3 进行HRP 标记，省去了二抗孵育步骤，消除交叉反应。且进行抗原表位分析后确定的捕获抗体与检测抗体识别不同的抗原表位，不存在抗原表位竞争现象，直接以待测样品研磨液为溶液稀释酶标检测抗体至工作浓度，将混合液直接加入包被封闭好的酶标板孵育 5 min，显色 10 min左右即可，较常规 DAS-ELISA 简化了试验步骤，缩短了检测时间，15 min 即可完成定性检测。

关键词：马铃薯 Y 病毒；单克隆抗体；抗原表位；双抗夹心 ELISA

作者简介：梁雨欣（1996—），女，硕士，研究方向为植物病理及分子生物学。

基金项目：吉林省科技厅重点攻关项目（20180201013NY）。

* 通信作者：王永志，博士，副研究员，主要从事分子病毒学研究，e‑mail：yzwang@126.com。

葡萄籽油对马铃薯块茎抑芽效应的蛋白质组学研究

吕承承，童　铸，鲁黎明，王西瑶，李立芹*

（四川农业大学农学院，四川　成都　611130）

马铃薯因其具有产量高，适应性强，淀粉含量高，含有大量的维生素等特点，成为中国第四大粮食作物。2015 年中国明确提出了"马铃薯主粮化"，将马铃薯作为主粮产品进行产业化开发，因此马铃薯产业发展进入快速发展阶段。马铃薯通常以块茎进行无性繁殖，块茎具休眠期，在休眠停止后才开始发芽。为了能够有效延长马铃薯的贮藏期，通常是采用冷藏库、射线和化学药剂处理的方法。恒温贮藏库建设成本昂贵，运行费用高；低温贮藏的块茎还会产生低温糖化的问题，影响后期的加工品质。Chlorpropham（异丙基 N-3-氯丙基氨基甲酸酯）是全球通用的贮藏商品薯的芽抑制剂，但是存在易残留，致癌和易引起食物慢性中毒等不安全问题，并且其破坏薯芽，不能用于种薯贮藏。目前从植物挥发性物质中寻找使用方便、无毒的绿色新型抑芽物质，是研究的热点。课题组前期的试验结果表明薄荷、芫荽和小茴香精油均能抑制块茎芽生长从而延长马铃薯贮藏期。葡萄籽油由葡萄籽压榨分离精制而成，是葡萄酒酿制过程中产量较为丰富的一种副产品。葡萄籽油中的不饱和脂肪酸占总脂肪酸含量的 90%，且不饱和脂肪酸的 75% 以上为亚油酸，是目前发现的亚油酸含量最高的植物油之一。目前葡萄籽油作为一种营养丰富、食用安全的保健食品已经得到广泛应用，而关于其在马铃薯抑芽方面的应用还未见报道。

研究前期的试验结果表明葡萄籽油对马铃薯块茎具有抑芽效应，因此试验选用葡萄籽油处理马铃薯块茎 30 d，然后取芽眼进行蛋白组学的研究。首先挑选新收获马铃薯"费乌瑞它"原原种，常温下愈伤化 14 d 后装入密封硬纸盒。分别取一定量葡萄籽油放入 2 mL 离心管中，置于盒子四角（不与薯块直接接触），同时以没有处理为对照（CK），于（23±2）℃室内贮藏。贮藏 30 d 后，以顶芽芽眼为中心，取直径 3 mm，高 5 mm 的圆柱体，取 2 g 样品作为 1 个重复，每个处理的样品取 3 次重复，提取蛋白后进行蛋白质组学的测定。主要结果如下，葡萄籽油处理的马铃薯块茎芽眼和对照相比较，共有 335 个差异蛋白，其中上调的有 206 个差异蛋白，下调的有 129 个差异蛋白。对鉴定到的蛋白进行 GO 分析，统计结果表明差异蛋白被注释到 46 个 GO-term 上，在生物调节途径中，注释蛋白数量最多前 3 个途径依次是细胞代谢途径（90 个）、有机物代谢过程（87 个）和初生代谢过程（76 个）。在细胞成分途径中，注释蛋白数量最多的前 3 个途径是细胞内（162 个）、细胞内细胞器（136 个）和膜结合细胞器（133 个）。在分子功能途径中，注释蛋白数量最多的前 3 个途径是水解酶活性（42 个）、有机环化合物结合（37 个）和杂环化合物结合（34 个）。

作者简介：吕承承（1995—），女，硕士研究生，从事马铃薯生物技术及种薯繁育研究。

* 通信作者：李立芹，博士，副教授，主要从事薯类贮藏和营养机理研究，e - mail：liliqin88@163.com。

蛋白质定位分析结果表明差异蛋白主要分布在细胞质、叶绿体、细胞核、胞外蛋白、线粒体、质膜、液泡、细胞膜共 7 种细胞器上。其中，定位在细胞质中的差异蛋白有 120 个；叶绿体中的有 83 个；细胞核中有 48 个。进一步 GO 功能富集分析表明葡萄籽油处理的块茎和对照相比，跨膜转运蛋白活性、活性离子跨膜转运蛋白活性、锰离子结合、初级活性跨膜转运蛋白活性、超氧化物歧化酶活性、酸性磷酸酶活性、氨肽酶活性和葡聚糖内切 1，3-β-D- 葡萄糖苷酶活性等功能组显著升高。COG 分析结果表明 238 个差异蛋白注释到 20 个组。注释蛋白数量最多的前 3 组是，33 个蛋白注释到翻译后修饰 / 蛋白质周转 / 伴随蛋白组，32 个蛋白注释到翻译、核糖体结构与生物起源组，23 个蛋白注释到碳水化合物运输和代谢组。KEGG 代谢途径富集分析结果表明，差异蛋白显著富集在苯丙酸生物合成，RNA 转运，吞噬体，氧化磷酸化，谷胱甘肽代谢和花生四烯酸代谢的代谢途径中。主要差异蛋白有 β- 葡萄糖苷酶 44、过氧化物酶、糠醛水解酶、V 型质子 ATP 酶、可溶性无机焦磷酸酶 4 等，其中上调差异表达蛋白主要参与糖酵解 / 糖异生，五糖和葡萄糖醛酸酯的相互转化和甘油脂代谢途径。下调差异表达蛋白主要参与 RNA 运输，α- 亚麻酸代谢，蛋白酶体和氮代谢途径。研究结果表明葡萄籽油处理块茎后引起大量的表达蛋白上调，例如 DNA 结合家族蛋白、天冬氨酸氨基转移酶、葡萄糖 -1- 磷酸腺苷酸转移酶、α- 淀粉酶、S- 腺苷蛋氨酸合酶、磷酸 -2- 脱氢酶 -3- 脱氧肽醛缩酶、精氨酸生物合成双功能蛋白、脂磷酸磷酸酶、伴侣蛋白 CPN60、6- 磷酸葡萄糖 / 磷酸葡萄糖转运子、γ- 氨基丁酸酯转氨酶、果胶酯酶、海藻糖酶、果糖激酶、异黄酮类 2'- 羟化酶、脱氢抗坏血酸还原酶、水通道蛋白 TIP1-1、半胱氨酸蛋白酶抑制剂等。它们主要参与信号转导，能量代谢，防御反应，逆境胁迫等生理过程。推测葡萄籽油处理同时抑制了乙烯合成蛋白质的表达，使块茎细胞壁在贮藏期间保持更好地完整性，有效降低水分散失和保持块茎硬度。因此研究的蛋白质组学数据为深入研究葡萄籽油抑制马铃薯发芽的分子机理和块茎发芽相关重要蛋白的功能奠定了坚实的基础。

关键词：马铃薯；贮藏；葡萄籽油；发芽

马铃薯液泡酸性转化酶的原核表达及多克隆抗体制备

吕　鹏[1]，刘金宝[1]，赵天永[2]，巩慧玲[1*]

（1. 兰州理工大学生命科学与工程学院，甘肃　兰州　730050；

2. 西北农林科技大学生命科学学院，陕西　杨凌　712100）

植物转化酶（Invertase），即 β - 呋喃果糖苷酶（β -fructofuranosidase；EC3.2.1.26），不可逆的催化蔗糖分解为葡萄糖和果糖。根据转化酶的最适 pH 将植物转化酶分为酸性转化酶（Acid invertase，AI）和中性 / 碱性转化酶（Neutral/alkaline invertase，NI）。根据亚细胞定位，酸性转化酶可分为液泡转化酶（Vacuolar invertase，VIN）和细胞壁转化酶（Cell wall invertase，CWI），而 NI 一般存在于细胞质中。AI 是糖基化蛋白，糖基化位于 N 端，NI 是非糖基化蛋白，活性比较低。酸性转化酶都有 2 个特征性保守氨基酸序列：N 端的 β - 呋喃果糖苷酶基序和 C 端的半胱氨酸残基的保守肽。CWI 和 VIN 两者的区别在于半胱氨酸残基保守肽（MWECP/V）的不同，其中 CWI 中该位点是脯氨酸残基，而 VIN 中则是缬氨酸残基。植物中存在多个转化酶家族成员，其分解的底物以及生成的产物不仅能为植物正常生长发育及其抵御真菌侵害提供能源和营养，并参与器官的形态建成，而且能作为重要信号分子调节基因的表达，研究发现，VIN 参与棉花纤维的延长和种子发育的调控，也参与拟南芥根的延长、气孔的开张和耐旱性的调控等。马铃薯中共发现了 6 种 AI 基因，其中 4 种属于 CWI，2 种属于 VIN，分别被称为 VIN1 和 VIN2，其中 StVIN1 在马铃薯根、茎、叶、匍匐茎、块茎及花等器官均有表达，在花和老叶表达水平较高，在成熟块茎中则可以被低温诱导表达，因此 StVIN1 被认为是调控马铃薯块茎“低温糖化”的关键酶。研究以马铃薯 StVIN1 截短的开放阅读框构建原核表达载体，并在大肠杆菌 BL21 中成功表达 StVIN1-N-6×His 融合蛋白，纯化后的融合蛋白作为抗原制备出多克隆抗体，用于检测 StVIN1 蛋白，为进一步研究 StVIN1 的功能提供帮助。

利用 NCBI 数据库获得 *StVIN1* 基因和蛋白的全长序列，*StVIN1* 基因全长 1 920 bp，为 639 个氨基酸的蛋白质。对其氨基酸序列进行比对，选取 N 端同源性低的片段，该段为 429 bp，编码 143 个氨基酸，预测其蛋白大小为 16.3 kDa。根据蛋白结构预测，选取的目标片段位于 StVIN1 蛋白结构的外侧。根据该段基因序列设计引物用于片段的克隆。以 4 周龄的马铃薯“大西洋”品种组培苗为材料，提取总 RNA，然后以反转录获得的 cDNA 为模板，用设计好的的特异性引物进行 PCR 扩增克隆目的片段，将 PCR 产物进行 1% 琼脂

作者简介：吕鹏（1991—），男，硕士，主要从事马铃薯生理和分子生物学研究。

基金项目：旱区作物逆境生物学国家重点实验室（西北农林科技大学）开放课题（CSBAAKF2018006）。

* 通信作者：巩慧玲，博士，副教授，主要从事马铃薯生理和分子生物学研究，e - mail：gonghl@lut.cn。

糖凝胶电泳后观察，在 500 bp 稍下处有清晰地电泳条带，其长度与选取长度为 429 bp 的目的片段 StVIN-N 基本符合。将回收的目的片段与原核表达载体 pET-28a 进行同源重组，转入克隆菌株大肠杆菌 2 984 中，经过夜培养后，筛选出单菌落，并进行菌落 PCR 及质粒酶切鉴定。鉴定结果表明，目的序列片段 StVIN1-N 成功连接到 pET-28a 载体上。

将重组质粒 pET-28a-StVIN1-N 转入表达菌株 BL21 感受态细胞，构建重组蛋白的原核表达体系。经过夜培养后，挑选单菌落进行菌落 PCR，并进行电泳，得到 500 bp 处的电泳条带，与目的片段大小基本符合，说明重组质粒 pET-28a- StVIN1-N 成功转入了原核表达菌株 BL21。挑选菌落 PCR 鉴定通过的阳性菌落，接入含 50 mg/L Kana 的 LB 培养基中，在 37 ℃条件下震荡培养至菌液 OD_{600} 为 0.8 左右，经终浓度为 0.84 mM IPTG 诱导过夜培养，将诱导前后的菌液进行 SDS-PAGE 电泳，转入空载体 pET-28a 的表达菌株 BL21 作为对照。从得到蛋白电泳图中可以观察到，在 15 ~ 25 kDa 诱导后菌液组有较明亮的条带，而对照组中没有，说明重组表达质粒 pET-28a-StVIN1-N 成功转入表达菌株 BL21，并且可以诱导出大量的目的蛋白。为了确认目的蛋白在原核表达中的存在形式，将诱导后收集到的菌体用 PBS 溶液重悬，在冰水中超声破碎。分别收集菌体破碎后的沉淀和上清，进行 SDS-PAGE 检测。结果显示诱导后菌液和破菌后的沉淀中有目的蛋白条带，说明重组的目的蛋白 StVIN1-N-6×His 主要以包涵体的形式在表达体系中存在。

重组蛋白作为免疫抗原需要进一步纯化。将破菌后的沉淀进行 SDS-PAGE 后负染色，切下目的蛋白胶条进行回收，利用透析袋透析，收集纯度较高的重组蛋白，以牛血清白蛋白浓度梯度为标准对纯化后的目的蛋白定量。通过软件进行灰度分析，得到 2 mL 浓度为 0.89 mg/mL 的重组蛋白。用纯化后的重组目的蛋白 StVIN1-N-6×His 作为抗原，对兔子进行 4 次免疫后，从兔子心脏取血，分离血清，获得多克隆抗体血清。以纯化后的重组蛋白为抗原，进行 SDS-PAGE 电泳，以获得的血清作为一抗，羊抗兔抗体为二抗进行免疫印迹杂交，通过检测重组蛋白所在位置处的信号，结果表明检制备的多克隆抗体有良好的特异性。

综上，通过对马铃薯酸性转化酶氨基酸序列比对，最终选取 VIN1 基因 N 端保守性低的 429 bp 为目的序列，其编码 143 个氨基酸。克隆目的片段，用同源重组的方式与表达载体连接并转入表达菌株，并能诱导出目的蛋白。将目的蛋白纯化后对兔子免疫，获得多克隆抗体血清。通过免疫印迹杂交检测，制备的多克隆抗体有良好的特异性。此抗体可为后续研究马铃薯液泡酸性转化酶的表达调控机制提供帮助。

关键词：马铃薯；液泡酸性转化酶；原核表达；多克隆抗体

基于全基因序列的中国北方三省（区）马铃薯 Y 病毒遗传多样性分析

马俊丰[1]，李小宇[1]，徐　飞[2]，张胜利[2]，宋景荣[1]，王永志[1*]

（1.吉林省农业科学院，吉林　长春　130033；
2.吉林省蔬菜花卉研究院，吉林　长春　130000）

马铃薯 Y 病毒（Potato virus Y，PVY）是马铃薯 Y 病毒科（Potyviridae）马铃薯 Y 病毒属（*Potyvirus*）代表成员，其发生范围广，危害严重。PVY 侵染马铃薯后可引起叶脉坏死、叶片黄化褪绿、块茎环斑坏死等症状，导致马铃薯种质退化，产量降低，给马铃薯生产造成严重损失。近些年，PVY 呈高变异、多株系发展趋势，因此，PVY 研究已不局限在分子检测、株系鉴定、蛋白质功能验证等方面，遗传变异及分子进化已成为新的研究方向。已有工作主要是选择其中 1～2 个功能基因研究 PVY 的遗传多样性，不能全面地反映 PVY 进化和遗传机制。因此，研究通过扩增、克隆等手段获得吉林（JL）和内蒙古（NMG）PVY 分离物全基因组序列 24 条，并联合 Genbank 中已提交的 9 条黑龙江（HLJ）分离物的全基因组序列进行序列比对分析、遗传多样性参数评估及群体分化检验等一系列分析，旨在基于全基因组序列更为准确的探明中国北方三省 PVY 群体遗传多样性及进化机制。研究结果将有助于了解中国北方地区 PVY 的发生、流行及变异趋势，为其有效防控提供理论依据。

研究结果如下：（1）根据已报道的 PVY 全基因序列保守区设计 4 对引物，采用片段重叠法进行全基因序列扩增与测定，最终成功获得了 14 个 PVY 吉林分离物全基因序列和 9 个 PVY 内蒙古分离物全基因序列。（2）联合 Genbank 中已登录的 9 个黑龙江分离物全基因组序列进行遗传多样性参数评估和群体分化检验。结果显示，遗传多样性主要参数 S（多态性位点）、Hd（单倍型多样性）、Pi（核苷酸多样性）均处于较高水平，表明中国北方三省（区）PVY 群体遗传多样性高，同时通过参数比较发现内蒙古和黑龙江 PVY 群体遗传多样性高于吉林群体。除此之外，不同群体之间群体分化参数 Fst，分别为 0.051 71、0.072 52、0.233 52，表明中国北方三省（区）PVY 群体之间呈现一定程度的遗传分化。（3）分子变异分析发现在 PVY 基因组中存在 1 786 个变异位点，表明中国北方三省（区）PVY 群体变异程度较高，并且这种高变异度有 85.54% 来自各个马铃薯种植区内 PVY 个体的遗传变异。重组分析和系统发育分析发现，中国北方三省 PVY 群体中重组株系占比高达 90.3%，并具有明显的株系多样性，表明 PVY 重组株系已成为中国北方三

作者简介：马俊丰（1992—），男，硕士，从事马铃薯 Y 病毒反向遗传学研究。
基金项目：吉林省科技厅重点攻关项目（20180201013NY）。
* 通信作者：王永志，博士，副研究员，主要从事分子病毒学研究，e - mail：yzwang@126.com。

省（区）马铃薯种植区的流行株系。选择压力分析显示，使用 FEL 和 IFEL 法分别检测出 501 和 315 个净化压力选择位点，这表明三省（区）PVY 群体受净化选择压力为主。因此，突变、基因重组和选择压力这 3 种遗传力对中国北方三省（区）PVY 群体的遗传进化起着重要作用。

关键词：全基因序列；北方三省（区）；马铃薯 Y 病毒；遗传多样性

PVY$^{\text{NTN-NW}}$ 株系吉林分离物侵染性克隆构建

马俊丰[1]，李小宇[1]，徐 飞[2]，张胜利[2]，王永志[1*]

（1. 吉林省农业科学院，吉林 长春 130033；

2. 吉林省蔬菜花卉研究院，吉林 长春 130000）

病毒侵染性克隆是研究病毒反向遗传学的重要技术手段，目前很多病毒如大豆花叶病毒（Soybean mosaic virus，SMV）、烟草脉斑驳病毒（Tobacco vein mottling virus，TVMV）、花生条纹病毒（Peanut stripe virus，PStV）等均已获得侵染效率较高、致病力较强的侵染性克隆。马铃薯 Y 病毒属是植物病毒中最大的一个属，其病毒分布范围较广，危害较为严重。由于侵染性体外转录物的种种缺点，该属大部分病毒在构建侵染性克隆时，优先选择构建侵染性体内转录物这种方式，然而使用这种方式构建侵染性克隆又需要面对无法获得阳性重组质粒以及在解决这一问题时面对的类原核启动子的定位和内含子的选择等问题。但随着生物技术的不断发展，近些年在越来越多的马铃薯 Y 病毒属病毒中定位到类原核启动子序列并通过进一步的点突变或准确插入内含子的方法获得侵染性克隆。马铃薯 Y 病毒作为植物病毒研究领域最热门的病毒之一，其侵染性克隆研究早在 20 世纪 90 年代已有报道，目前已报道的 PVY 侵染性克隆构建策略主要是在病毒基因组插入多个内含子或通过个别位点的无义突变进行改造，最后通过酶切酶连的方式进行连接，但这些构建策略与方法均存在一定弊端，如引入非病毒基因组碱基、改变病毒核苷酸种类等，而这些弊端会影响最终的侵染效果以及后续应用。鉴于此，研究采用在病毒基因组中插入单一内含子的策略，并使用同源重组连接方法，成功构建了马铃薯 Y 病毒 PVY$^{\text{NTN-NW}}$ 株系分离物侵染性克隆，为后续开展病毒致病机制研究奠定了基础。

研究结果如下：

（1）PVY$^{\text{NTN-NW}}$ 株系分离物的鉴定

序列一致性分析显示，JL-W1（MN607713）分离物与 SYR-II-2-8 分离物（PVY$^{\text{NTN-NW}}$ 株系 SYR-II 型）的核苷酸和氨基酸序列一致性分别为 98.6% 和 99.2%。重组分析显示 JL-W1 分离物具有 4 个重组位点，分别位于 P1、HC-Pro/P3、VPg、NIb/CP 基因区域，与 PVY$^{\text{NTN-NW}}$（SYR-II）株系的重组类型相似。系统发育分析显示 JL-W1 分离物与 SYR-II-2-8、SYR-II-Be1 分离物相聚成簇，表明 JL-W1 分离物与 PVY$^{\text{NTN-NW}}$（SYR-II）株系分离物亲缘关系较近。以上结果表明，JL-W1 分离物属于 PVY$^{\text{NTN-NW}}$（SYR-II）株系。

（2）PVY 侵染性克隆 p35SPI 的构建

首先通过插入单一内含子的策略，成功解决了含 PVY 基因组的重组质粒转化大肠杆

作者简介：马俊丰（1992—），男，硕士，从事马铃薯 Y 病毒反向遗传学研究。

基金项目：吉林省科技厅重点攻关项目（20180201013NY）。

* 通信作者：王永志，博士，副研究员，主要从事分子病毒学研究，e-mail：yzwang@126.com。

菌后，大肠杆菌在培养基中无法克隆的问题。之后通过接种试验证实了使用该策略构建的 PVY 侵染性克隆 p35SPI 能够有效侵染植株，并造成病状。最后使用 RT-PCR、ELISA 和 Western-blot 实验从核酸和蛋白层面证实 p35SPI 能够有效侵染植株。以上结果表明，PVY 侵染性克隆 p35SPI 构建成功。

（3）植物病毒表达载体 p35SPIB 的改造及标签基因表达验证

首先通过在 PVY 基因组 P1 和 HC-Pro 基因连接处插入 BlnI 限制性内切酶酶切位点，将 PVY 侵染性克隆 p35SPI 改造为植物病毒表达载体 p35SPIB。之后在 p35SPIB 中分别插入 GFP、Ds-red 和 GUS 3 个外源基因对其进行功能验证。结果显示 GFP、Ds-red 和 GUS 3 个外源蛋白在植物体内能够有效表达，这表明植物病毒表达载体 p35SPIB 改造成功，便于病毒及基因功能研究。

关键词：PVY$^{\text{NTN-NW}}$ 株系分离物；侵染性克隆；吉林

马铃薯蔗糖转运蛋白 StSUT2 对植株生长发育和块茎形成的影响

刘金宝，吕　鹏，徐　进，唐旭旭，巩慧玲*

（兰州理工大学生命科学与工程学院，甘肃　兰州　730050）

马铃薯（*Solanum tuberosum* L.）是世界上继小麦、水稻、玉米之后的第四大粮食作物，栽培范围遍布全球 160 多个国家，培育高产优质的新品种一直是马铃薯研究领域的重要课题。块茎是马铃薯的经济器官，其主要成分是淀粉和蔗糖等碳水化合物，光合产物的运输及分配直接影响马铃薯块茎的产量与品质。蔗糖是大多数高等植物光合产物的主要运输方式，而蔗糖的源器官（成熟叶片、绿色的茎等）装载、韧皮部的长距离运输和库器官（新生组织、花、果实等）卸载等质外体运输过程主要由蔗糖转运蛋白（Sucrose transporter 或 Sucrose carrier，SUT 或 SUC）来参与完成。目前从马铃薯中共鉴定出 3 种 SUT，分别属于 SUT1、SUT2 和 SUT4，它们都是单基因编码的。用免疫组化技术发现叶柄、源叶的侧脉和茎的同一个筛管细胞中可同时检测到 3 种 StSUT，3 种 StSUT 可能形成同源或异源寡聚体。用反义 RNA 下调 *StSUT*1 的表达，转基因马铃薯叶片中蔗糖和淀粉的含量比野生型增加 7 ~ 9 倍，己糖含量增加 20 ~ 100 倍，植株生长受阻，块茎变小，产量下降；而通过 RNAi 下调 *StSUT*4 的表达，转基因马铃薯的结薯时间提前，块茎产量增加，在块茎、茎顶端分生组织等库器官中积累了较多的蔗糖。此外，还发现 *StSUT*4 表达下调的马铃薯植株的茎节间缩短，开花时间提前，这与 *SUT*1 超表达的烟草表型一致，因而认为 SUT4 可能是 SUT1 的抑制因子。目前，对 *StSUT*2 的相关研究较少，其在马铃薯生长发育中的功能尚不明确，仅见于 2000 ~ 2003 年的几篇相关报道，研究表明马铃薯叶中 *StSUT*2 受外源蔗糖的诱导表达，*StSUT*2 的 cDNA 序列于 2003 年被公布于 NCBI 数据库中。

为了探讨马铃薯蔗糖转运蛋白 StSUT2 的生理功能，研究团队利用 RNA 干扰技术构建了 pStSUT2-RNAi 表达载体并获得了 StSUT2 表达下调的马铃薯品种"夏坡蒂"的转基因株系 RNAi-1 和 RNAi-2（StSUT2 表达下调率分别为 43.4% 和 62.3%），然后将转基因株系的组培苗移栽至温室的蛭石盆中生长，按照微型薯的繁殖方法进行管护，统计其在生长 4、6、8 周的株高、地上鲜重、地下鲜重、茎节长度等生长发育参数和结薯情况。结果表明：马铃薯转基因株系 RNAi-1 和 RNAi-2 在生长第 4、6、8 周时的生长参数均显著低于野生型。与野生型相比，RNAi-2 株系生长 4 周时株高降低 42.1%，地上鲜重降低 62.3%，地下鲜重降低 51.3%，茎节数目减少 42.8%，叶面积降低 53%。由此说明，降低 StSUT2 的表达量抑

作者简介：刘金宝（1992—），男，硕士，主要从事马铃薯生理和分子生物学研究。

基金项目：国家自然科学基金（31860397）。

* 通信作者：巩慧玲，博士，副教授，主要从事马铃薯生理和分子生物学研究，e - mail：gonghl@lut.cn。

制了马铃薯植株的生长，即 StSUT2 参与马铃薯植株的生长发育。

将马铃薯组培苗移栽于温室中生长 12 周后，统计微型薯的生长情况，结果表明：与野生型相比，RNAi-2 转基因植株的单株结薯重量降低了 51.2%，单株结薯个数降低 41.6%。由此表明下调 StSUT2 的表达，严重影响微型薯的生长，即 StSUT2 参与调控马铃薯块茎的形成。

检测马铃薯 RNAi 转基因株系和野生型株系成熟叶片和块茎中碳水化合物如可溶性糖、蔗糖、葡萄糖、果糖含量，结果表明：2 个转基因株系的源、库组织的碳水化合物含量与野生型相比，均没有显著性的差异。由此暗示，StSUT2 可能并不参与调控碳水化合物在源库组织中的分配。

分析 RNAi 转基因株系的叶片光合和蒸腾速率等参数，结果表明，与野生型相比，RNAi-2 转基因植株的蒸腾速率降低 75.2%，水分利用率降低 52.4%，胞间二氧化碳浓度增加 41%，而光合速率没有变化。

对 RNAi-2 转基因株系成熟叶片的转录组分析表明，差异表达基因总数为 152 个，其中上调基因 128 个，下调基因 24 个。通过 KEGG 途径发现差异表达基因参与的主要生化代谢途径和信号转导途径主要有淀粉和蔗糖代谢、氨基酸和核苷酸糖代谢、植物激素信号传导等；COG 分类统计结果显示差异表达基因主要集中在碳水化合物、脂质的转运和代谢。对差异基因进一步归纳分析，发现有多个参与碳水化合物的代谢响应的差异表达基因，如 Xyloglucan endotransglucosylase/hydrolase（木葡聚糖内转葡糖基水解酶）、UDP-glucosyl transferase（UDP- 葡萄糖基转移酶）、UDP-glucuronate 4-epimerase（UDP- 葡萄糖醛酸 4- 差向异构酶）、GDP-mannose 4, 6 dehydratase（GDP- 甘露糖 4, 6 脱水酶）等。研究结果为深入研究 StSUT2 对马铃薯生长发育的调控机理提供基础。

关键词：马铃薯；温室培养；*StSUT*2；生长发育；表型分析；转录组

高代马铃薯品系材料苗期抗旱性的评价

赵　悦，宋亚辉，刘　磊，郭晓敏，李　林，刘毅强，

尹　江，龚学臣，王　燕[*]

（河北北方学院旱作农业研究中心，河北　张家口　075000）

　　中国是马铃薯生产第一大国，种植面积达到 600 多万公顷，在中国粮食安全生产和经济发展中起着重要的作用。中国又是世界主要的干旱国家之一，干旱半干旱地区占国土面积的 47%，占总耕地面积的 51%。马铃薯是水分敏感作物，干旱严重影响马铃薯的产量和品质，甚至绝产的现象。随着人口增加，水资源矛盾日益加重情形下，选育抗旱品种，挖掘旱地生产潜力是一种有效的途径。因此，通过对过氧化氢酶（CAT）活性、丙二醛（MDA）含量、过氧化物酶（POD）活性以及叶绿素相对值等生理生化指标测定，用隶属函数法对 43 份高代品系材料进行抗旱性鉴定，明确育成品系材料的抗旱性。

　　以 43 份高代品系为材料，在人工控制的盆栽条件下，对苗期马铃薯进行干旱胁迫处理。首先种薯质量应符合马铃薯种薯（GB18133）要求。为减少种薯差异，先将块茎放于 18℃ 条件下催芽，待芽长 1 cm 左右，按单芽切块，每个切块重相等（15 g ± 0.5 g），备用。将准备好的芽块播种于口直径 15 cm 的塑料盆中，盆中用透水性好的沙壤土（也可以用水洗沙），播后统一灌溉，出苗后，每盆只留 1 个主茎，每个材料种植 20 株，3 次重复。干旱处理材料在出苗后 40 d 停止灌水（7 ~ 8 片叶），使土壤水分保持在田间最大持水量的 30% ± 5%。正常供水材料按植株正常生长需要，给以充足水分，使土壤水分保持在田间最大持水量 55% ± 5%。干旱胁迫处理组胁迫 72 h 后取处理组和对照组主茎中上部功能叶片，冰盒带回实验室备用。MDA 含量测定采用硫代巴比妥酸法；CAT 活性测定采用紫外吸收法；POD 活性测定采用愈创木酚法。叶绿素含量测定用 SPAD502 叶绿素仪测定叶片叶绿素相对值。

　　通过试验发现，在干旱胁迫下 MDA 含量、POD 活性、CAT 活性以及叶绿素相对值都有不同程度的升高，“0834,6”“0435,9”“0837,7”“0632,54”等 MDA 含量增加不明显；“0643,3”“0811,12”“冀张薯 8 号”“0752,34”等 CAT 活性明显升高；“0750,14”“0938,8”“0837,7”“0637,187”等 POD 活性大幅度升高；“0440,131”“0750,43”“0852,4”“克新 1 号”等叶绿素相对值系数较大。丙二醛是膜系统伤害的重要标志之一，形成的丙二醛含量越高，对植株细胞膜的破坏性越大，植

　　作者简介：赵悦（1996—），女，硕士研究生，从事马铃薯抗旱栽培研究。

　　基金项目：国家现代农业产业（马铃薯）技术体系专项经费（CARS-09-p05）；河北省现代农业技术产业体系（HBCT2018080201）；北方学院优秀青年基金项目“干旱胁迫下非光化学淬灭在维持马铃薯叶片光合机构稳定性中的作用研究”。

　　[*] 通信作者：王燕，博士，讲师，从事马铃薯抗旱育种与栽培研究，e – mail: nkxwyy@163.com。

表 1 各项指标隶属函数值

材料	各项指标隶属函数值				平均隶属函数	抗旱性强弱
	MDA	CAT	POD	叶绿素		
0750,14	0.97	0.38	0.96	0.44	0.69	极强
克新 1 号	0.26	0.61	0.93	0.89	0.67	极强
0845,4	0.46	0.64	0.53	0.88	0.63	极强
0852,4	0.41	0.33	0.81	0.91	0.62	强
0837,7	0.55	0.23	0.99	0.69	0.62	强
0938,8	0.72	0.26	0.92	0.55	0.61	强
冀张薯 8 号	0.22	0.70	0.99	0.51	0.61	强
0637,187	0.55	0.30	0.88	0.68	0.60	强
0643,3	0.11	0.73	0.91	0.62	0.59	强
冀张薯 12 号	0.18	0.49	0.94	0.54	0.54	强
052,126	0.16	0.59	0.94	0.40	0.52	中
0750,43	0.16	0.22	0.73	0.96	0.52	中
0440,131	0.03	0.04	0.98	1.00	0.51	中
0811,12	0.13	0.73	0.81	0.33	0.50	中
052,21	0.08	0.23	0.84	0.82	0.49	中
0834,5	0.02	0.31	0.91	0.71	0.49	中
0836,23	0.54	0.48	0.79	0.11	0.48	中
0834,6	0.13	0.16	1.00	0.58	0.47	中
0842,23	0.17	0.03	0.94	0.73	0.47	中
0442,156	0.37	0.04	0.93	0.40	0.43	中
041,12	0.01	0.15	0.98	0.52	0.41	中
坝薯 10 号	0.14	0.14	0.89	0.48	0.41	中
094,40	0.12	0.27	0.73	0.52	0.41	中
0752,34	0.10	0.68	0.80	0.01	0.40	中
0750,66	0.26	0.17	0.98	0.12	0.38	中
0534,47	0.01	0.21	0.98	0.25	0.36	弱
072,1	0.48	0.02	0.80	0.11	0.35	弱
0440,29	0.02	0.15	0.90	0.34	0.35	弱
0533,20	0.21	0.06	0.88	0.25	0.35	弱
荷十五	0.01	0.04	0.84	0.51	0.35	弱
0518,5	0.03	0.30	0.77	0.25	0.34	弱
0435,9	0.04	0.04	1.00	0.27	0.34	弱
0447,37	0.02	0.09	0.84	0.38	0.33	弱
大西洋	0.14	0.04	0.86	0.28	0.33	弱
0420,16	0.30	0.09	0.77	0.15	0.33	弱
0615,7	0.16	0.02	0.88	0.23	0.32	弱
0414,3	0.04	0.03	0.86	0.32	0.31	弱
043,1	0.06	0.22	0.62	0.33	0.31	弱
0632,54	0.05	0.26	0.62	0.31	0.31	弱
夏坡蒂	0.01	0.07	0.88	0.19	0.29	弱
0743,13	0.25	0.12	0.36	0.33	0.26	极弱
0518,48	0.17	0.10	0.44	0.24	0.24	极弱
0441,58	0.03	0.03	0.80	0.07	0.23	极弱

株的抗逆性就会越差。因此可以推测"0834,6""0435,9""0837,7""0632,54"等MDA含量增加幅度小，从而降低膜的损伤，抗逆性可能也会提高；过氧化物酶POD和过氧化氢酶CAT活性越高对植株的保护作用越强，不易受到逆境的影响，可以推测"0750,14""0938,8""0837,7""0637,187""0643,3""0811,12""冀张薯8号""0752,34"等材料在干旱胁迫下对植株保护作用较强，因此抗逆性可能强于其他品种；叶绿素是衡量叶片生理活性的重要指标，较高的叶绿素相对值可以促进光合作用，因此叶绿素相对值越大，材料的抗旱性越强。可以推断出"0440,131""0750,43""0852,4""克新1号"等材料可能具有抗旱性。

抗旱性是由多基因控制的，所以单凭一个指标难以确定其抗旱性，因此利用各项指标的隶属函数求其平均隶属函数值，依河北省地方标准"马铃薯抗旱性鉴定技术规程"为依据，43份材料中抗旱性极强的材料有3份，分别是"0750,14""克新1号""0845,4"；抗旱性强的材料7份，分别是"0852,4""0837,7""0938,8""冀张薯8号""0637,187""0643,3""冀张薯12号"；抗旱性中等的材料15份；抗旱性弱的材料15份；抗旱性极弱的材料3份，分别是"0743,13""0518,48""0441,58"（表1）。

关键词：马铃薯；隶属函数法；抗旱性鉴定

磷酸化蛋白质组学揭示油菜素内酯促进马铃薯块茎萌芽的研究

李立芹，邓孟胜，张　杰，彭　洁，蔡诚诚，吕承承，王西瑶[*]

（四川农业大学农学院，四川　成都　611130）

　　马铃薯（*Solanum tuberosum* L.）是世界上第三重要的粮食作物，仅次于水稻和小麦，主要用于人类消费和工业加工。马铃薯具有产量高、生育期短、适应性强等特点，但马铃薯生产贮运过程中面临一个严峻的问题——不适宜的萌芽与休眠，在西南马铃薯周年生产中尤为突出。块茎萌芽是一个复杂的过程，涉及多个生理生化过程，是贮藏化合物（主要是淀粉和蛋白质）的重新流动，且不同基因型和环境因子作用下的萌芽存在显著差异。研究表明，油菜素内酯在调控块茎发芽中发挥重要作用，但具体作用机制仍不清楚。研究通过蛋白质磷酸化组学，分析块茎萌芽过程中 BR 对块茎蛋白质磷酸化的调控作用，为进一步揭示 BR 促进马铃薯发芽的蛋白磷酸化模式以及马铃薯萌芽研究提供理论支撑。

　　试验以"费乌瑞它"为材料，首先分析 500 nM BR 对块茎萌芽的促进作用，以及 BR 处理块茎不同时间（0、1、3、5、7 d）淀粉和可溶性糖含量。通过鉴定不同时间络氨酸磷酸化水平变化，筛选出 BR 处理的磷酸化显著变化点，再利用 TMT 标记、LC–MS/MS 等技术进行蛋白质定量和磷酸化水平分析，并运用 phos-tag 和 PRM–MS 验证组学数据。最后，根据差异磷酸化蛋白进行 KEGG、互作蛋白等分析。以上试验均生物学重复 3 次。

　　处理 30 d 时，BR 处理平均芽长 1.91 mm，对照组 1.70 mm；处理 40 d 时，BR 处理平均芽长 2.89 mm，而对照组只有 2.39 mm。淀粉和可溶性糖分析发现，BR 处理 1 d 时，淀粉含量下降 40.49%，可溶性糖含量上升 3.54 倍；到 7 d 时，淀粉含量只有 9.13%，可溶性糖含量上升至 2.04%。络氨酸磷酸化水平结果表明，BR 处理络氨酸水平先上升后下降，12、24 和 36 h 络氨酸水平较 0 h 显著增加。再分析了 0 和 24 h 的蛋白质磷酸化组学，共鉴定到 3 256 个位点（磷酸化定位概率 > 0.75），其中 2 907 个磷酸丝氨酸，338 个磷酸苏氨酸和 11 个磷酸酪氨酸位点，进一步定量到了 1 437 个蛋白（包括 2 672 个位点），分析出 166 个上调蛋白和 199 个下调蛋白（其中 240 个上调位点和 290 个下调位点）。通过磷酸化标签转移实验来验证磷酸化蛋白质组学结果，丝氨酸 / 苏氨酸蛋白激酶 STY46（SMG1）为阳性对照，G 蛋白亚基（D1）为阴性对照。经 BR 处理后，14-3-3 和 ZC3H120 磷酸化水平上调，而 GADPH 下调，因此 14-3-3、ZC3H120 和 GADPH 的磷酸化状态与磷酸化蛋

　　作者简介：李立芹（1974—），女，副教授，主要从事薯类贮藏机制研究。

　　基金项目：四川薯类创新团队项目（四川省农业厅［2019］59 号）；四川省科技支撑项目（2018JY0078）。

　　[*] 通信作者：王西瑶，博士，教授，主要从事薯类贮藏、繁育与营养研究，e–mail：wxyrtl@126.com。

白组学结果一致。通过质谱分析选择38个磷酸化的蛋白肽序列进行定量，验证了磷蛋白组学结果，结果提示仅生素抑制的12.5 kDa蛋白与磷蛋白组学结果不一致。其余37个磷酸化序列一致，可见磷酸化标记的迁移率移位和PRM分析结果表明，磷酸化蛋白组学结果值得进一步分析。Motif-X分析鉴定了7个磷酸丝氨酸基序和3个磷酸苏氨酸基序，但未发现酪氨酸磷酸化位点。磷酸化丝氨酸基序的数量明显高于磷酸化苏氨酸基序，如[SP]和[GS]，丝氨酸基序的磷酸化[DSDxF]增加了37.23倍。值得注意的是，苏氨酸基序的磷酸化变异性高于丝氨酸基序。例如，motifs[PxTP]和[TSP]的增长分别高达21.35和13.25。有2 852个磷磷酸化位点、311个磷苏氨酸位点和7个磷酪氨酸位点暴露在蛋白表面，这些位点可能影响磷酸化反应。然而只有86个磷磷化合物（2.6%）被埋没在蛋白质中，呈现出与暴露位点不同的模式。蛋白质二级结构的预测显示，94.4%（2 746磷酸化丝氨酸、321磷酸化丝氨酸和8磷酸化络氨酸）的站点分布在线圈，和其他位于 α–helix 和 β–strand 结构，但没有发现酪氨酸位于 α–helix 结构中。根据GO数据库，使用生物过程（BP）、分子功能（MF）和细胞成分（CC）对所有定量蛋白进行功能分析。BP下调的主要是生长素转运、激素转运和脂质修饰，而BP上调的主要是脱落酸激活信号通路的调控。主要下调的MF类为mRNA结合、蔗糖合酶活性和蛋白磷酸酶调节活性，上调的MF类为转运蛋白活性、泛素结合和泛素样蛋白结合。CC主要下调的类别为剪接体snRNP复合体、微管和全膜，上调的类别为细胞–细胞交界处、质膜和线粒体。KEGG分析所有定量的蛋白均被归为10个功能类。"植物激素信号转导、蛋白输出和丙酮酸代谢"相关簇包含3个主要的下调途径。上调的通路主要为"丙氨酸代谢""丁酸代谢"和"牛磺酸和次牛磺酸代谢"。28个磷酸化蛋白组成的蛋白–蛋白相互作用（PPI）网络（置信值 > 0.9）。11个相互作用蛋白属于"蛋白翻译、折叠和运输网络"，如40S核糖体蛋白、60S酸性核糖体蛋白、谷氨酸–tRNA连接酶、T–复合体蛋白、光传感蛋白等。有10种蛋白质属于"糖酵解／糖异生途径"，如磷酸甘油酸激酶、丙酮酸激酶、烯醇化酶和甘油醛–3–磷酸脱氢酶。7个蛋白属于"RNA运输与剪接途径"，如U4/U6小核核糖核酸蛋白、SNW/SKI相互作用蛋白和FHA域内蛋白。在BR信号通路中，BRI1磷酸化水平在693S、698S和671S位点下调。BSK磷酸化水平在13S和217S下调，14-3-3磷酸化水平在243S上调，丝氨酸／苏氨酸蛋白磷酸酶2A磷酸化水平（PP2A）在447S和491S下调。ABA信号通路，两个PP2Cs的磷酸化水平在209S和287S增加，丝氨酸／苏氨酸激酶SRK2E的磷酸化在173S减少和12S增加，ABI5在53S位点磷酸化下降。糖信号通路中15个蛋白磷酸化水平改变，GBE在197S被下调，而GWD的164S在淀粉降解中被上调。蔗糖–磷酸合酶、蔗糖合酶和蔗糖代谢途径中的碱性／中性转化酶均变化。PGM和PK磷酸化上调，甘油醛–3–磷酸脱氢酶（GAPC）、磷酸甘油酸突变酶（GPM1）、烯醇化酶（ENO）和丙酮酸脱氢酶（PDHA）的磷酸化水平被下调，果糖–二磷酸醛缩酶、磷酸甘油酸激酶和磷酸烯醇丙酮酸羧激酶的磷酸化水平也被改变。

综上，油菜素内酯主要通过调控油菜素内酯信号转导、脱落酸信号转导以及糖代谢3条路径蛋白的磷酸化水平，通过油菜素内酯信号调控马铃薯块茎芽细胞的分裂、伸长，通过抑制脱落酸信号转导降低脱落酸对块茎萌芽的抑制作用，通过加速糖类降解利用为块茎萌芽提供能量，以上结果将为油菜素内酯促进块茎萌芽研究以及马铃薯萌芽机制解析提供理论支撑。

关键词： 马铃薯；萌芽；油菜素内酯；磷酸化蛋白质组

马铃薯愈伤组织 ^{60}Co-γ 诱变效应及变异植株 *M1* 基因表达分析

李立芹，江林娟，王西瑶，鲁黎明，杨世民[*]

（四川农业大学农学院，四川 成都 611130）

马铃薯（*Solanum tuberosum* L.）是茄科茄属植物，俗称洋芋、土豆、山药蛋等。由于其适应性强、产量高、营养丰富，目前已经位列中国第四大粮食作物。马铃薯是高度杂合的同源四倍体作物，其常规育种存在自交后代衰退明显，杂交后代性状分离复杂的劣势。另外，中国马铃薯遗传基础范围小，野生资源利用研究和种质资源改良的进展都较慢，因此，马铃薯育种面临巨大挑战。诱变育种具有诱发高突变率、缩短育种年限等优点。目前马铃薯诱变育种的方法主要有化学诱变、辐射诱变和芽变育种，其中辐射诱变育种是指利用各种射线诱导作物产生变异，在诱变后代中有目的地筛选新材料，再从新材料中直接选育或间接利用获得新品种的过程。辐射诱变不仅具有操作简单、成本低、诱变作用专一性强的特点，而且能打破性状连锁，促进基因重组，克服自交不亲和，提高基因突变率等优点。^{60}Co-γ 射线因其具有波长短、穿透性强的优点，是目前最常用的辐射诱变源。而且辐射剂量均匀可调控，采用辐射诱变和离体培养技术，可促进体细胞无性系变异，进一步发掘基因资源，拓宽物种的遗传基础。国外采用此方法已在马铃薯的耐热、产量、品质、耐盐、耐褐变等性状改良上取得一些进展，中国采用此方法已经育成"鲁马铃薯2号""辐射深眼窝""辐深6–3""辐射高原7号"等品种。研究以"川芋10号"茎段愈伤组织为材料，采用响应面法优化马铃薯愈伤组织高效再生体系；以10、20、30、40 Gy ^{60}Co-γ 辐照愈伤组织，辐照剂量率为 1 Gy/min，运用高效再生体系获得20株诱变后代，并分析辐照对愈伤组织诱变效应；最后采用转录组技术对变异植株基因表达特性进行了分析，主要结果如下：

首先研究利用响应面法优化了马铃薯愈伤组织再生体系的激素最佳配比。结果表明：响应面法优化所得模型的 R2 为 0.992 1，确定最佳分化培养基是 MS + 2.02 mg/L TDZ + 0.08 mg/L 2,4–D + 2.25 mg/L GA3，这种培养条件下茎段愈伤组织的出芽率为91.52%，愈伤组织出芽对培养基中 TDZ 的浓度变化比较敏感，而对 2,4–D 和 GA3 相对不敏感，其敏感性是 TDZ > GA3 > 2，4–D。这些结果为下一步进行马铃薯愈伤组织辐照诱变后提供高效再生体系。

其次研究不同 ^{60}Co-γ 辐照剂量对马铃薯茎段愈伤组织再生植株的影响，依据愈伤组织成活率（ y ）与辐射剂量（ x ）的相关性进行回归分析，结果表明半致死剂量为 24.8 Gy，

作者简介：李立芹（1974—），女，博士，副教授，从事马铃薯生物技术及种薯繁育研究。

[*] 通信作者：杨世民，博士，教授，主要从事植物生理学研究，e–mail：341347458@qq.com。

辐照诱变最适剂量在 10 ~ 24.8 Gy。辐照诱变 10 Gy 处理下，马铃薯愈伤组织的损伤不明显，随着辐射剂量的增加，成活率、出芽率均明显下降。因此 10 ~ 20 Gy 诱变马铃薯愈伤组织的诱变效果最佳，获得再生植株最多。多数再生植株的叶、茎、株型、块茎等性状发生突变，叶突变是表型突变后代中发现最多的类型，主要包括叶型突变，叶色突变和腺毛增多。对照与 8 份诱变后代（M1 ~ M8）叶显微结构观察的结果表明：对照叶片厚度为 123.84 μm，而 8 份诱变后代的叶片厚度在 174.33 ~ 220.85 μm，诱变后代叶片厚度明显大于对照，其中变异植株 M1 与对照相差 78.33%，叶片最厚。

最后选择对照和变异植株 M1 的叶片进行转录组测序，每个样品 3 次重复，其中对照和 M1 样品的 read 长度为 150 bp；与参考基因组比对上的序列百分比在 86.59% ~ 88.81%，且 Q20 都达到 98% 以上，GC（%）范围在 42.91% ~ 43.21%，因此 6 个样品的转录组测序质量较高，可进行下一步的生物信息学分析。利用 FPKM 值标准化处理方法，把基因表达量 2 倍及以上确定差异表达基因。与对照相比，M1 中共检测出 2 820 个差异表达基因，其中有 1 179 个上调，1 641 个下调。任意选择 8 个基因进行荧光定量 PCR 分析其表达模式，结果 6 个基因的表达模式与转录组测序结果一致，证明转录组数据可信。GO 分析的结果表明 1 665 个显著差异表达基因按照分子功能、细胞组分、生物学过程，可以分为 3 个大类 33 个小类，分别包含了 9，10 和 14 个功能亚类。在细胞组分类型中，被注释到细胞部分、细胞的基因所占的比例最高，均为 265 个。在分子功能类型中，被注释到催化活性和蛋白结合的基因所占的数目最多，各为 475 和 429 个。生物过程类型中，代谢过程和细胞过程所占的比例最高，分别为 436 和 328 个。KEGG 代谢途径分析的结果表明 1 993 个差异基因被分为 20 个大类，其中次生代谢产物的生物合成途径基因最多，其次是植物 – 病原互作途径，在剩余的 18 大类代谢途径中，参与核苷酸剪切修复、DNA 复制、错配修复、氨基糖和核苷酸糖代谢的差异基因较多，进一步分析表明突变体 M1 与对照相比，大量参与激素途径、信号转导过程、离子转运、发育、细胞分裂、蛋白的合成与降解、次生代谢、植物免疫等途径基因表达量明显增加，例如生长素结合蛋白、赤霉素调节蛋白、DELLA 蛋白、钙调蛋白激酶、WKRY 和 ERF 转录因子、ABC 转运体、L– 鸟氨酸 N5 乙酰转移酶、花青素 5–O– 葡萄糖苷 –6"–O– 丙二酰转移酶、晚疫病抗性蛋白、水杨酸结合蛋白等，因此推测变异植株 M1 抵抗非生物和生物胁迫的能力增强，初步判断 M1 是一个优良辐射诱变突变体，可在培育抗逆性强的马铃薯品种中进行利用，后续还需要更多的试验来证明此结论。研究结论为进一步研究马铃薯愈伤组织辐射诱变的分子机理及创造优良种质资源奠定坚实的基础。

关键词： 马铃薯；辐射；诱变；转录组

马铃薯"春薯4号"原生质体的分离纯化研究

李　楠[1]，朱　旭[1]，李传龙[1,2]，韩忠才[3]，张胜利[3]，贺红霞[1*]

（1.吉林省农业科学院农业生物技术研究所／

吉林省农业生物技术重点实验室，吉林　长春　130033；

2.吉林师范大学生命科学院，吉林　四平　136000；

3.吉林省蔬菜花卉研究院，吉林　长春　130033）

马铃薯（*Solanum tuberosum* L.）是中国仅次于玉米、水稻、小麦的世界第四大粮食作物。马铃薯因其粮、菜、饲、加工兼用的特性，具有重要的经济价值。马铃薯栽培种通常为同源四倍体，遗传背景狭窄且基因高度杂合，传统育种应用表型筛选后代的策略，隐藏在四倍体基因组中的不利等位基因在每个育种周期中显现，导致传统育种周期漫长，并严重依赖育种人的经验。马铃薯栽培种通常存在严重的杂交不亲和现象，有些品种存在自身花器退化、雄性不育或育性低的问题，这也使得传统杂交育种进展缓慢。随着分子生物学的发展而产生的基因工程技术育种可缩短马铃薯育种周期与打破遗传上的障碍。植物原生质体是去除掉细胞壁的由质膜包被的有活力的裸细胞。原生质体具有活细胞的一切特征，因此它是研究基础生命科学及作物育种改良的理想实验材料。原生质体细胞具有细胞全能性，在适当条件下可诱导形成再生植株。因此，在原生质体基础上，可以跨越细胞壁的障碍，方便地进行遗传操作，如通过原生质体融合再生的杂交植株，可能克服不育和杂交不亲和的障碍；原生质体更容易摄入外源DNA，可以广泛的重组植物界的优良遗传性状等，为植物育种开辟了一条全新的途径。人们对转基因作物的长期安全性和环境生态问题一直存在较大争议，而马铃薯原生质体的瞬时表达与基因编辑技术相结合，可以筛选获得具有目的性状且无外源基因整合的后代株系，使得基因编辑技术可以突破马铃薯杂交育种瓶颈在马铃薯育种中得以应用。马铃薯原生质体培养技术体系在不同基因型下可重复性差，导致很难有一套技术完全适用于现有的马铃薯品种，所以，有必要针对不同马铃薯品种开展马铃薯原生质体培养技术的研究。"春薯4号"是东北地区的栽培品种，具有抗病性强，高产稳产等优点。近年来，随着加工业对马铃薯需求量的不断增加，对具有特定品质的马铃薯需求量迅速增大。因此，迫切需要对地方品种进行改良以适应市场经济的需求。

研究对"春薯4号"原生质体的分离纯化进行了探索和优化。"春薯4号"接种在MS固体培养基中，培养基为分别添加4个水平浓度硝酸银的MS和不含硝酸银的对照MS。培养条件为温度23 ℃，光照3 000 lx，光周期16 h光照/8 h黑暗。培养21 d后，调查

作者简介：李楠（1985—），女，硕士，助理研究员，从事马铃薯生物技术育种研究。

基金项目：吉林省农业科技创新工程自由创新项目（CXGC2018ZY034）。

* 通信作者：贺红霞，博士，副研究员，主要从事马铃薯生物技术研究和植物蔗糖转运蛋白基因家族功能解析，e – mail：hehx35@cjaas.com。

生长指标和叶绿素含量。每组试验 7 个处理，5 次重复。结果显示，经硝酸银处理后，与对照相比，组培苗株高降低，茎增粗，叶面积明显增大，叶绿素含量未有明显变化。当硝酸银浓度为 3 mg/L 时，组培苗叶面积最大。以在含有 3 mg/L 硝酸银的 MS 培养基中培养 21 d 的组培苗叶片为材料，采用纤维素酶、果胶酶和离析酶的组合，每种酶分别设置 3 个浓度水平，设计正交试验 $L_9(3^3)$。处理条件为温度 25 ℃、黑暗、转速 35 r/min，酶解 12 h。酶解后使用显微镜观察原生质体状态并用血球计数板计数，每个试验组合统计 10 个视野，试验进行 3 次重复。结果显示，对原生质体产量影响从大到小依次为纤维素酶 > 果胶酶 > 离析酶，这可能与细胞壁的组成有关。当纤维素酶浓度为 0.4%、果胶酶浓度为 0.5%、离析酶浓度为 0.1% 时，原生质体产量最高，达到 1.96×10^6 个 /g FW，所获得的原生质体质量好，未解离组织和破碎细胞均较少。在上面得到的酶解液的基础上，采用静置酶解和摇动酶解 2 种方式进行解离，摇动酶解转速为 35 r/min，处理条件同上，酶解时间设置 5 个水平，分别使用显微镜观察原生质体状态并用血球计数板计数，每个试验组合统计 10 个视野，试验进行 3 次重复。结果显示，静置酶解时原生质体产量随时间增加而略微增加，各时间产量无明显差异；摇动酶解时原生质体产量显著高于静置酶解，并随时间增加呈先增加后减少趋势，当酶解时间为 14 h 时，产量达最高，为 2.04×10^6 个 /g FW，随着时间增加，原生质体破裂现象增加，产量反而下降。分别采用界面法和漂浮法对分离得到的原生质体进行纯化，比较两者效果。结果显示，漂浮法操作简单，但不易去除破碎的原生质体细胞；界面法操作较漂浮法复杂，但纯化后得到的原生质体大小一致、破碎细胞少。用 0.01% 的酚藏花红对纯化后获得的原生质体进行染色，检测原生质体活力。结果显示，有活力的原生质体达 90% 以上，可用于后续的原生质体培养实验。

因此，针对马铃薯"春薯 4 号"的原生质体制备，可使用含 3 mg/L 硝酸银的 MS 培养 21 d 增大叶面积，为原生质体制备提供充足的材料；使用 0.4% 纤维素酶 +0.5% 果胶酶 + 0.1% 离析酶，在转速为 35 r/min、25℃、黑暗条件下酶解 14 h，原生质体产量最高，质量最好；使用界面法纯化原生质体，得到的原生质体大小一致，破碎细胞少。用上述方法制备的原生质体活力达 90% 以上，可用于原生质体培养。

关键词： 马铃薯；原生质体；硝酸银；分离纯化；活力测定

马铃薯氮代谢途径中 *Fd-GOGAT* 基因的克隆及生物信息学分析

赵艳菲 ，张嘉越、韩玉珠 *

（吉林农业大学园艺学院，吉林　长春　130118）

　　氮是影响植物生长发育的重要矿质营养元素，也是叶绿体、核酸、蛋白质及很多次生代谢产物的重要组成部分。在生产上过量施氮出现了 "高肥低效" 现象，导致土壤酸化、水体富营养化及农业生产成本增加等问题，因此提高作物氮利用效率是减少环境污染及保障农产品质量安全的重要措施。在氮代谢途径中，高等植物 96% 以上的 NH_4^+ 通过谷氨酰胺合成酶（GS）/ 谷氨酸合成酶（GOGAT）循环同化，因此提高 GS/GOGAT 循环的效率被认为是提高氮素利用率的一种有效途径，其中 GOGAT 为该途径的限速酶，而依赖于铁氧还蛋白的谷氨酸合成酶（Fd-GOGAT）占总酶活性的 95%。本研究克隆了马铃薯 *Fd-GOGAT* 基因全长序列，并对其蛋白质进行理化性质、进化关系等生物信息学分析，研究结果可为氮素高效利用提供相关候选基因，并为进一步研究 *Fd-GOGAT* 基因功能、创新氮高效马铃薯种质资源提供一定的理论基础。

　　试验选用马铃薯品种 '春薯四号'。根据 TAKARA 的 Mini BEST Universal RNA Extraction Kit 试剂盒说明提取总 RNA，检测其完整性及含量。采用两步法 PrimeScript™ RT reagent Kit with gDNA Eraser 试剂盒反转录合成 cDNA 第一条链。基于本课题组前期完成的马铃薯转录组数据库，利用 Primer Premier 5.0 软件设计特异性引物 (5'- 3')：FD-F：ATGGCGGTGAATTCCGTGGC；FD-R：TTATTTTAATGGCATCTCTGCAGACTG。以 cDNA 为模板用上述引物进行 PCR 扩增，得到的产物经 1% 琼脂糖凝胶电泳检测，选择与目的片段条带数相同的切胶回收，将纯化后的 PCR 产物与 pEASY®-Blunt Simple Cloning 载体连接，转化到大肠杆菌感受态细胞 DH5α 中，挑取白色单菌落进行菌液 PCR 鉴定，将验证为阳性克隆的重组质粒菌液送往吉林省库美生物科技有限公司进行测序。测序成功后应用相应的生物信息学软件对蛋白质理化性质、疏水性、跨膜结构域、信号肽及蛋白质结构等进行分析和预测，同时在 NCBI 数据库中查找不同物种中 Fd-GOGAT 基因的核苷酸和氨基酸序列，利用 MEGA5.0 软件构建系统进化树。

　　试验以实验室组培苗 "春薯四号" 叶片为材料提取总 RNA，进行琼脂糖凝胶电泳检测，结果显示 18、28 s 条带均清晰，无明显拖尾现象，说明所得到的总 RNA 样品较完整无降解。检测 RNA 样品的 $OD_{260/280}$ 均在 1.9 ~ 2.0 之间，说明总 RNA 纯度高，符合要求可进

作者简介：赵艳菲（1995—），女，硕士研究生，从事马铃薯遗传育种与生物技术研究。

基金项目：中青年科技创新领军人才及团队项目。

* 通信作者：韩玉珠，教授，主要从事蔬菜遗传育种，e-mail：hanyzh2003@126.com。

行后续试验（见图 1）。以总 RNA 反转录得到的 c DNA 第 1 链为模板进行 PCR 扩增，扩增产物经 1% 琼脂糖凝胶电泳检测，观察发现在 5000 bp 左右处显示出 1 条特异性条带，与预期目的片段大小接近（见图 2）。将扩增的目的基因从凝胶中回收，回收产物与克隆载体连接转化到大肠杆菌感受态细胞中，随机挑选单克隆菌落扩大培养，提取质粒进行 PCR 检测，将扩增效果较好的菌液送公司测序（见图 3）。测序结果表明马铃薯 Fd-GOGAT 基

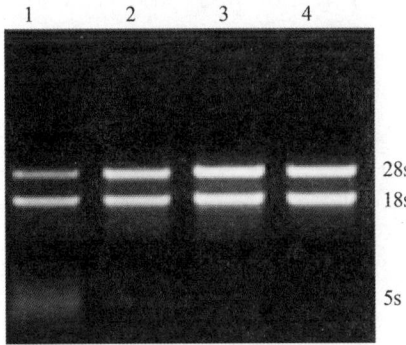

图 1　RNA 电泳结果

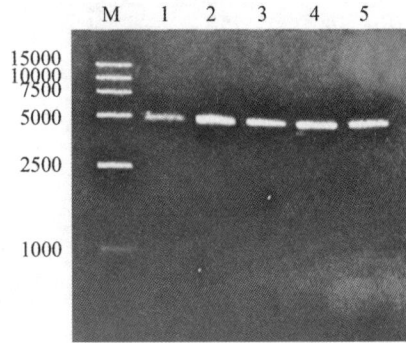

图 2　PCR 扩增
Fd-GOGAT 基因电泳检测图

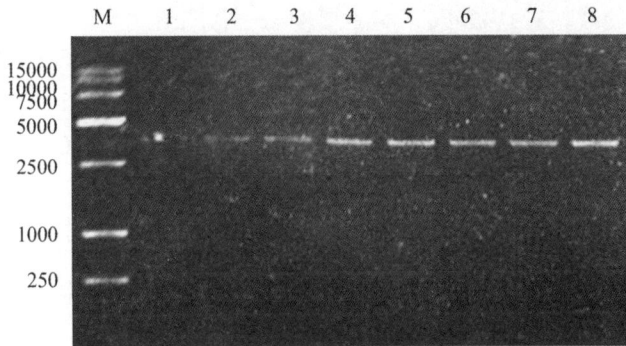

图 3　pMD-18T-Fd-GOGAT 的 PCR 鉴定

因 cDNA 全长 4867bp，利用 Conting Express 进行拼接后再利用 DNAMAN 与参考序列进行比对，发现测序结果与参考基因序列存在 1 个碱基差异。应用 EXPASY-Protparam 在线软件分析显示 Fd-GOGAT 基因编码 1622 个氨基酸，分子质量为 177.106 KDa，等电点为 6.20，携带正电荷残基总数（Arg+Lys）为 171，带负电荷残基总数（Asp+Glu）为 184。分子式 $C_{7830}H_{12452}N_{2178}O_{2362}S_{69}$，总原子数为 24891，不稳定系数为 39.78，说明是稳定蛋白，脂肪系数 89.86，亲水性（GRAVY）平均水平为 - 0.167，为亲水性蛋白。该蛋白中含量最多的为亮氨酸和谷氨酸各占 9.3%，其次是缬氨酸占 8.1%，含量最少的为色氨酸占 1.0%（见图 4）。运用 EXPASY-ProtScale 程序中 Kyte and Doolitlle 算法（大于 0.5 的区域为疏水区，小于 -0.5 的区域为亲水区）预测 Fd-GOGAT 蛋白的疏水性，在整个肽链的第 722、723 个氨基酸处最高得分为 2.489；第 360 个氨基酸处最低得分为 -2.733。并且蛋白峰值分布在疏水区的要少于分布在亲水区的，所以 Fd-GOGAT 蛋白为亲水性蛋白（见图 5）。

Amino acid composition:

Ala	（A）	127	7.8%
Arg	（R）	86	5.3%
Asn	（N）	76	4.7%
Asp	（D）	83	5.1%
Cys	（C）	27	1.7%
Gln	（Q）	62	3.8%
Glu	（E）	101	6.2%
Gly	（G）	151	9.3%
His	（H）	29	1.8%
Ile	（I）	92	5.7%
Leu	（L）	151	9.3%
Lys	（K）	85	5.2%
Met	（M）	42	2.6%
Phe	（F）	53	3.3%
Pro	（P）	75	4.6%
Ser	（S）	119	7.3%
Thr	（T）	67	4.1%
Trp	（W）	17	1.0%
Tyr	（Y）	47	2.9%
Val	（V）	132	8.1%
Pyl	（O）	0	0.0%
Sec	（U）	0	0.0%

图 4　*Fd-GOGAT* 氨基酸组成

运用 TMHMM 法分析 Fd-GOGAT 蛋白的跨膜区，结果显示 Fd-GOGAT 蛋白不存在跨膜结构，为非跨膜蛋白（见图 6）。运用在线分析工具 SignalP 5.0 对 Fd-GOGAT 蛋白进行信号肽预测，结果表明 Fd-GOGAT 蛋白没有信号肽（见图 7）。应用 PSORT Prediction 在线软件对 Fd-GOGAT 蛋白进行亚细胞定位预测，结果表明 Fd-GOGAT 蛋白极大可能定位于细胞质中（见图 8）。运用 SOPMA 对该基因编码的蛋白质二级结构组成进行在线预测，其中 α 螺旋（Alphahelix）占 40.81%，延伸链（Extended strand）占 15.10%，无规则卷曲（Random coil）占 35.39%，β 转角（Beta turn）占 8.69%（见图 9）。应用 SWISS-MODEL 在线构建

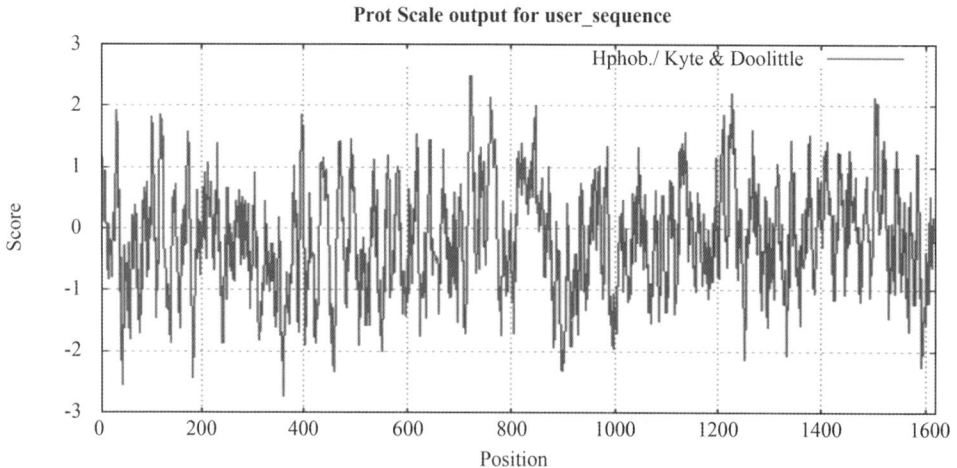

Prot Scale output for user_sequence

图 5　*Fd-GOGAT* 疏水性分析

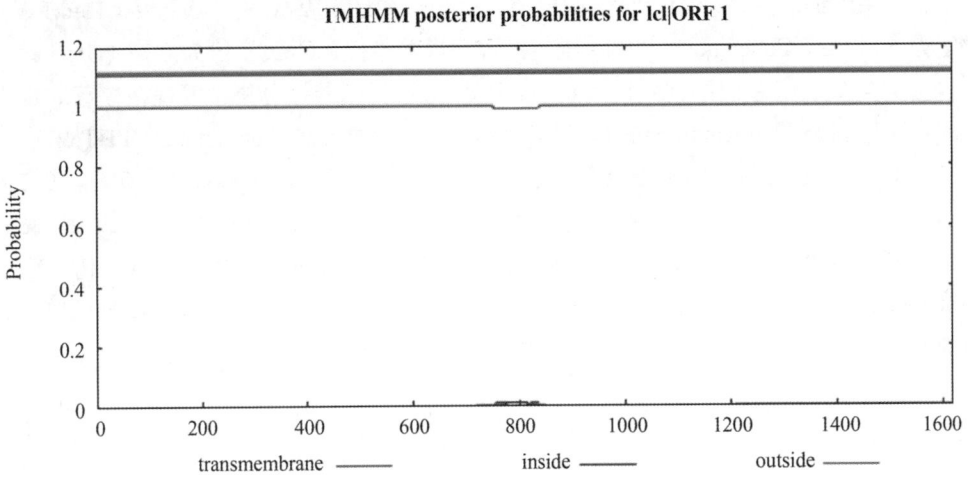

TMHMM posterior probabilities for lcl|ORF 1

图 6 *Fd-GOGAT* 跨膜区域预测

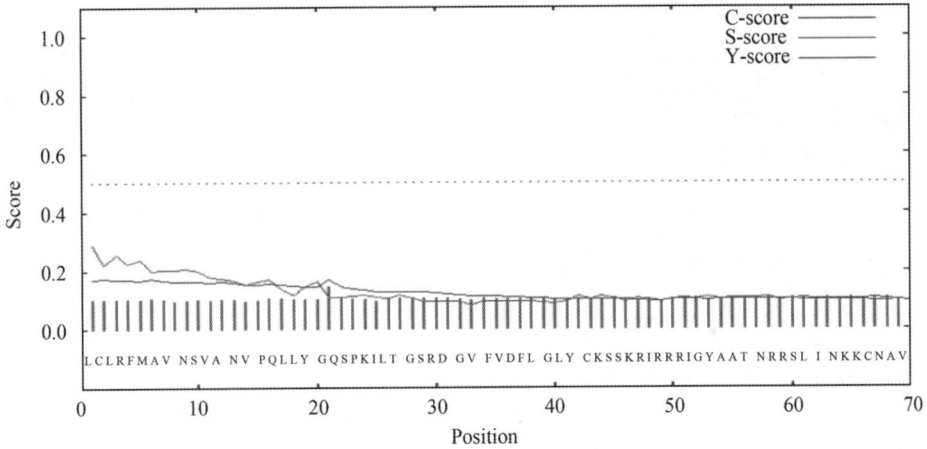

图 7 *Fd-GOGAT* 信号肽预测

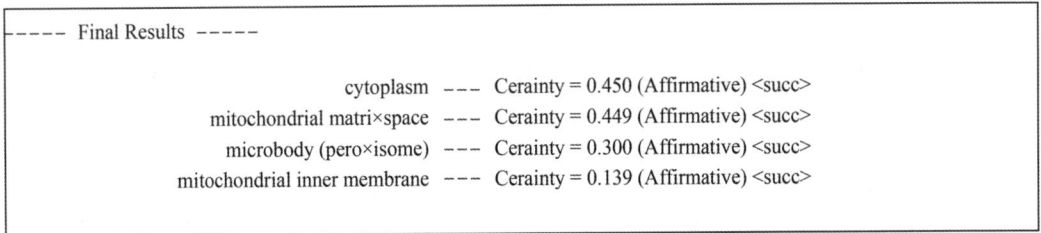

----- Final Results -----

cytoplasm --- Cerainty = 0.450 (Affirmative) \<succ\>
mitochondrial matri×space --- Cerainty = 0.449 (Affirmative) \<succ\>
microbody (pero×isome) --- Cerainty = 0.300 (Affirmative) \<succ\>
mitochondrial inner membrane --- Cerainty = 0.139 (Affirmative) \<succ\>

图 8 *Fd-GOGAT* 亚细胞定位预测

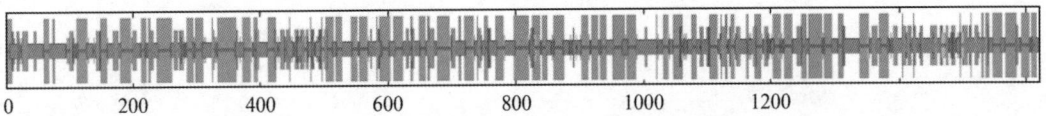

图 9 *Fd-GOGAT* 蛋白二级结构预测

Fd-GOGAT 基因编码蛋白质的三级结构模型，该蛋白质的氨基酸序列与模板（1ofd.1.A）的一致度为 60.13%，Coverage 为 99%，满足同源建模的条件，GMQE 值为 0.77（见图 10）。将马铃薯 *Fd-GOGAT* 基因序列列输入到 NCBI Blast 进行同源性分析，发现在核苷酸水平和氨基酸水平上与茄子 Solanum chilense(TMW97442.1)、辣椒 Capsicum annuum(PHT52788.1)、烟草 Nicotiana attenuata(XP_019254667.1)、中粒咖啡 Coffea canephora(XP_016457977.1)、枣 Ziziphus jujuba(XP_023892191.1)、可可 Theobroma cacao(PSS15725.1)、胡桃 Juglans regia(XP_018848396.1) 都具有较高的同源性；应用 MEGA5.0 软件构建系统进化树，结果表明 Fd-GOGAT 更靠近系统发育树根部与茄子、辣椒、烟草为一类，同其他物种 Fd-GOGAT 蛋白的亲缘关系较远，符合各科在进化上的亲缘关系（见图 11）。

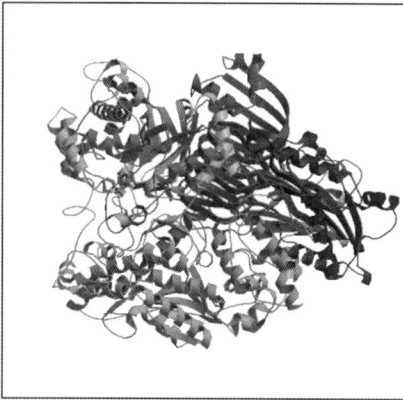

图 10 *Fd-GOGAT* 蛋白
三维结构预测

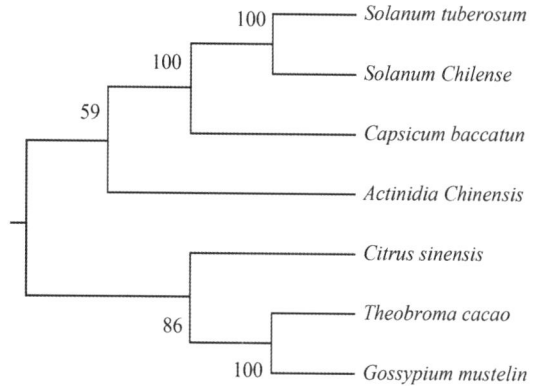

图 11 系统进化树

本试验基于对马铃薯 *Fd-GOGAT* 基因进行克隆，并在分子水平上对其特性进行了分析，为提高马铃薯氮素的高效利用提供候选基因，同时也为进一步研究马铃薯 *Fd-GOGAT* 基因的功能奠定基础。在此研究的基础上，本实验室将进一步对 *Fd-GOGAT* 基因进行遗传转化分析，探索其在马铃薯氮代谢途径中的作用，为研究其功能和利用基因工程手段培育氮高效马铃薯品种提供依据。

关键词：马铃薯；*Fd-GOGAT* 基因；生物信息学分析

栽 培 生 理

优质鲜食新品种"鄂马铃薯16"高产栽培技术研究

张远学，沈艳芬 *，闫 雷，高剑华，

肖春芳，杨国才，张等宏，王 甄，邹 莹

（湖北恩施中国南方马铃薯研究中心／

恩施土家族苗族自治州农业科学院，湖北 恩施 445000）

摘 要：试验采用 $L_9(3^4)$ 正交设计的原理和方法，设计了不同的种植密度、不同肥料对马铃薯新品种"鄂马铃薯16"产量的影响。研究结果表明，马铃薯新品种"鄂马铃薯16"整薯播种获得最高产量的种植条件为种植密度 66 000 株/hm^2，45% 硫酸钾复合肥施用量为 380 kg/hm^2，尿素施用量为 240 kg/hm^2。

关键词：鲜食；鄂马铃薯16；产量；栽培技术

马铃薯是世界上种植面积仅次于水稻、小麦、玉米的第四大粮食作物。马铃薯不仅仅是重要的粮、菜兼用作物，也是重要的工业原料及加工原料（淀粉、全粉、薯条、薯片）的经济作物。目前世界上马铃薯种植面积最大的国家是中国，其中湖北省及西南地区是马铃薯的主产区之一，马铃薯产业已逐步成为这一地区科技脱贫和实现农牧业产业化的重要支柱产业，在农业生产中占有举足轻重的地位[1]。湖北省马铃薯的种植面积常年在 26.67 万 hm^2 左右，其中恩施州常年种植面积在 12 万 hm^2 以上，马铃薯产量占夏作物产量的 75%，占全年粮食产量的 25% 以上，几乎是高山地区唯一的夏粮作物。虽然湖北省大力发展低山平原湖区的马铃薯产业，但马铃薯依然是山区人民的主要夏粮作物[2]。在山区马铃薯除作为粮食外，还是蔬菜和畜牧的主要精饲料来源。因此，马铃薯产量的丰歉直接影响到农民的温饱及经济效益。

新品种"鄂马铃薯16"是一个丰产性好、晚疫病抗性强的中晚熟品种，在多年多点的试验中表现出稳产、高产、抗病的优异特性，尤其是在 2012～2013 年湖北省马铃薯区域中表现突出，是湖北省马铃薯品种选育中的又一重大成果[3]。但马铃薯产量的高低，除品种本身的特性外，还与气候、土壤，特别是栽培技术密切相关。一个优良的品种，如果没有相应的栽培技术，其增产潜力是很难得到发挥的。因此，试验对新品种"鄂马铃薯16"采用了不同的种植密度、不同肥料施用量进行研究，以期找出最适的栽培方式，为该品种的鉴定、推广提供栽培技术措施，做到良种、良法配套推广，充分发挥其增产潜力，促进马铃薯产业的发展。

作者简介：张远学（1978—），男，高级农艺师，主要从事马铃薯育种及贮藏技术研究。

基金项目：湖北省农业科技创新中心创新团队项目（2016-620-000-001-061）；农业部华中薯类科学观测实验站；恩施州科技计划研究与开发项目（D20170003）；现代农业产业技术体系专项资金资助（CARS-09）。

* 通信作者：沈艳芬，推广研究员，主要从事马铃薯育种及植物保护研究工作，e-mail：13872728746@163.com。

1 材料与方法

1.1 试验材料

试验地点为恩施州三岔乡阳天坪村，海拔 928 m，试验地为黄壤土，肥力中等偏上，前茬作物为玉米。

1.2 试验方法

试验采用 $L_9(3^4)$ 正交试验设计，试验因素与用量范围见表 1。

表 1 正交试验因素及水平

水平	（A）45% 硫酸钾复合肥（kg/hm²）	（B）尿素（kg/hm²）	（C）密度（株/hm²）	（D）空列
1	230	150	54 000	
2	380	240	60 000	
3	530	330	66 000	

采用随机区组排列，重复 3 次，小区面积 13.33 m²，小区长 5.33 m，宽 2.5 m，行距 50 cm，5 行区。小区间留走道 40 cm。试验地周围设 3 行保护行。45% 硫酸钾复合肥以基肥 1 次性施完，尿素在齐苗后于 4 月 6 日 1 次性施完。播种时间为 2018 年 12 月 28 日，全生育期中耕除草 2 次。2019 年 7 月 24 日全小区收获测产。

2 结果与分析

产量结果如表 2 所示，根据正交试验设计计算原理，Ki：表示任一列上水平号为 i（试验中 $i = 1$，2 或 3）时所对应的试验结果之和。如在 A 因素中，第 1，2，3 号试验中 A 取 A1 水平，所以 K1 为第 1，2，3 号试验结果之和，K1 = 37.9 + 50.5 + 42.8 = 131.2；同理可以计算出其他列中的 Ki。

表 2 正交试验结果

试验号	A（底肥：45% 硫酸钾复合肥）	B（追肥：尿素）	C（密度）	空列	小区产量
1	1	1	1	1	38.64
2	1	2	2	2	41.52
3	1	3	3	3	43.51
4	2	1	2	3	41.66
5	2	2	3	1	62.74
6	2	3	1	2	50.67
7	3	1	3	2	55.82
8	3	2	1	3	42.77
9	3	3	2	1	45.53
K1	123.67	136.12	132.08		
K2	155.07	147.03	128.71		
K3	144.12	139.71	162.07		
极差 R	31.40	10.91	33.36		

R 为极差，任一列上 $R = \{K1，K2，K3\} max - \{K1，K2，K3\} min$。极差最大的列表示该因素对试验结果的影响最大，即最主要的因素。由表 2 所示 RA > RC > RB，因此各试验因素对试验结果从主到次的影响顺序为：C（密度）、A（底肥：45% 硫酸钾复合肥）、B（追肥：尿素）。各因素内不同水平对试验结果的影响大小依次为：A 因素列：K2 > K3 > K1；B 因素列：K2 > K3 > K1；C 因素列：K2 > K1 > K3。综合试验结果，最优方案为 C3A2B2，即每公顷 45% 硫酸钾复合肥底肥施用量为 380 kg，每公顷尿素追肥施用量为 240 kg，每公顷播种密度为 66 000 株时"鄂马铃薯 16"的产量最高。

3 讨 论

N、P、K 肥对马铃薯的生长发育和产量形成起到极为重要的作用。然而，生产上施用过多的肥料不仅造成资源浪费，又极易造成马铃薯地上植株部分徒长，导致通风不良，在阴雨季节极易感晚疫病等问题。当前湖北省西部山区马铃薯生产普遍存在施肥过多的现象，而且不论品种特性如何都采用同一密度种植，一般为 45 000 ~ 75 000 株 /hm²，造成品种的丰产性无法得到充分体现，产量普遍偏低。

不同的品种具有不同的性状，尤其是品种的植株性状直接影响到栽培措施。新品种"鄂马铃薯 16"植株较高，具有扩散的特性，而且植株田间长势旺盛，因此该品种对水、肥、光的需求比一般的品种要高。另外，该品种主茎数少，只有采取合理的种植密度、施肥量才能充分发挥新品种"鄂马铃薯 16"的丰产性，同时做到优质高产，避免肥料等的过量使用。

试验根据"鄂马铃薯 16"的品种特性，通过合理设计其种植密度，利用正交试验设计，研究了底肥、追肥及密度 3 因素交互作用下，对"鄂马铃薯 16"整薯播种产量的影响和效应。优化得出"鄂马铃薯 16"在试验区域整薯播种获得高产的最优施肥量为 380 kg/hm²，45% 硫酸钾复合肥作底肥，240 kg/hm² 尿素作追肥，最合理密度为 66 000 株 /hm²。这一试验结论说明：在恩施州海拔相近的条件下，对马铃薯新品种"鄂马铃薯 16"的生产及示范推广具有参考价值及指导意义。在实际生产中，根据土壤实际情况，适当增加种植密度及优化水肥条件，会使得该品种有更大的增产潜力。

[参 考 文 献]

[1] 邢宝龙，方玉川，张万萍，等 . 中国不同维度和海拔地区马铃薯栽培 [M]. 北京：气象出版社，2018：1-5.

[2] 闫雷，张远学，高剑华 . 湖北省高山、二高山区中晚熟鲜食马铃薯新品种评价 [J]. 中国马铃薯，2019，33(6)：321-329.

[3] 张远学，沈艳芬，高剑华，等 . 优质鲜食马铃薯新品种 '鄂马铃薯 16' [C]// 屈冬玉，金黎平，陈伊里 . 马铃薯产业与健康消费 . 哈尔滨：黑龙江科学技术出版社，2019：215-216.

铁盐对马铃薯块茎蛋白质和氨基酸含量的影响

郭佳卓，高红秀，魏峭嵘，唐鑫华 *

（东北农业大学农学院，黑龙江 哈尔滨 150030）

摘 要：为了探明施加铁盐对马铃薯块茎中蛋白质含量和氨基酸组分的影响，以马铃薯"东农310""东农311"和"东农312"原种1代为试验材料，在块茎形成期施加7种不同浓度的螯合稳态铁盐，试验结果表明3个品种铁盐的施加量与块茎蛋白质含量、水解氨基酸总量呈现显著或极显著相关性，施加适量的铁盐可显著提高块茎干物质中蛋白质含量和17种水解氨基酸总量，并能显著提高块茎中Thr、Val、Met、Leu、Tyr、Phe和Lys 7种必需氨基酸含量。为提高马铃薯品质、增加块茎蛋白质含量和改善氨基酸组分提供一定理论依据和技术指导。

关键词：马铃薯；铁盐；蛋白质；氨基酸

马铃薯（*Solanum tuberosum* L.) 是世界上仅次于水稻、小麦、玉米的第四大粮食作物。在中国，马铃薯是主要粮食和蔬菜作物之一，又是重要的加工原料，具有较高的开发利用价值[1-4]。马铃薯块茎含有丰富的营养成分，其含淀粉15%～25%、蛋白质2%～3%、脂肪约0.7%、粗纤维约0.15%，还含有丰富的钙、磷、铁、钾等矿物质及维生素C、维生素A及B族维生素，其蛋白质具有多种氨基酸组分，有极高的营养价值，必需氨基酸平衡优于其他植物蛋白，与全鸡蛋及酪蛋白相当，且属于完全蛋白质，能很好地被人体所吸收[5-8]。

铁是植物必需的营养元素之一，植物缺铁时，叶绿体形态结构出现异常、叶绿素含量减少、叶片黄化、光合速率降低、呼吸强度减弱，影响植物生长，降低农作物产量[9-11]。铁是血红蛋白的重要组成元素之一，铁摄入量不足易导致贫血，铁缺乏是人类较为严重的营养缺乏症之一，提高农作物含铁量对于改善人类铁缺乏症具有重要意义。研究表明施加铁盐可以提高作物品质、增加蛋白质含量[12,13]。马铃薯作为食物结构的重要组成部分，通过改善栽培技术提高蛋白质含量、改善氨基酸组分具有重要的意义。

1 材料和方法

1.1 试验材料和地点

试验地点为东北农业大学校内马铃薯盆栽场，试验材料为马铃薯品种"东农310""东农311"和"东农312"，种薯级别为原种1代，由东北农业大学马铃薯研究所提供，挑选质量约50 g整薯，于5月23日播种。盆栽所用盆规格为高26 cm、上部内径

作者简介：郭佳卓（1999—），女，在读本科生，主要从事马铃薯生理研究。

基金项目：现代农业产业技术体系建设专项资金资助（CARS-9）；东北农业大学大学生SIPT项目。

* 通信作者：唐鑫华，博士，高级实验师，从事马铃薯育种及栽培研究，e - mail：tangxinhua821@sina.com。

33 cm，土壤至盆上沿 3 cm。试验土壤类型为黑钙土，取自东北农业大学向阳农场试验基地，碱解氮 120.0 mg/kg，速效磷 3.8 mg/kg，速效钾 158.5 mg/kg。

基肥尿素（CN_2H_4O）、磷酸二铵［（NH_4）$_2HPO_4$］和硫酸钾（K_2SO_4）合计 5 g/盆，按照 10：15：20 的比例于播种时施入，于 9 月 16 日收获。

1.2 试验设计

铁盐以 $FeSO_4 \cdot 7H_2O$ 和 $Na_2EDTA \cdot 2H_2O$ 螯合稳态形式加入，设置 7 个铁盐水平：CK（纯 Fe^{2+} 0 g/盆）；A（纯 Fe^{2+} 0.0196 g/盆）；B（纯 Fe^{2+} 0.0392 g/盆）；C（纯 Fe^{2+} 0.0784 g/盆）；D（纯 Fe^{2+} 0.1176 g/盆）；E（纯 Fe^{2+} 0.1568 g/盆）；F（纯 Fe^{2+} 0.196 g/盆）。于马铃薯块茎形成期将稳态铁盐加蒸馏水至 1 L 均匀浇入盆内，每个处理 14 盆。

1.3 测定项目与测定方法

于块茎成熟期收获，去除块茎表面杂质，每盆选取约 200 g 块茎均匀切成 1.5 cm × 1.5 cm × 1.5 cm 小块，置于烘箱 105 ℃杀青 30 min，80 ℃烘干至恒重为止，粉碎器粉碎后过筛，样本干燥保存、备用。

1.3.1 蛋白质含量测定

应用凯式定氮仪（Kjeltec2300，瑞典 Foss）测定马铃薯块茎蛋白质含量。精确称取 0.2 g 样本，消化处理（温度 420 ℃）60 min，然后定氮仪上机测定，参考蛋白质含量测定的国标方法及仪器要求的工作条件[14-16]，重复 3 次。

1.3.2 氨基酸含量测定

应用氨基酸自动分析仪（AminoA200，德国）测定水解氨基酸组分含量。精确称取 0.2 g 样本，6M HC1 加入 8 mL，吹入氮气后封口，置于烘箱 110 ℃加热 24 h，冷却后摇匀过滤，双蒸水冲洗 3 次定容至 50 mL；取 1 mL 真空冻干后加入 1 mL 0.02 M HC1 充分溶解摇匀，12 000 r/min 离心 2 min，吸取上清液经 45 um 过滤器过滤后应用全自动氨基酸分析仪测量氨基酸含量[17]，重复 3 次。

1.3.3 数据分析处理

应用 SPSS Statistics 23 进行数据分析，GraphPad Prism 5 制图。

2 结果与分析

2.1 相关性比较分析

"东农 310""东农 311"和"东农 312"铁盐的施加量与块茎蛋白质含量均呈现显著相关性，3 个品种铁盐的施加量与所测水解氨基酸总量呈现显著或极显著相关性（表 1）。

表 1 相关性比较分析

品种	相关性	
	施加 Fe^{2+}– 蛋白质含量	施加 Fe^{2+}– 氨基酸总量
东农 310	0.810*	0.905**
东农 311	0.714*	0.786*
东农 312	0.714*	0.715*

注：* 表示在 0.05 水平显著；** 表示在 0.01 水平显著。

2.2 铁盐施加量与块茎蛋白质含量比较分析

"东农 310""东农 311"和"东农 312"的 CK、处理 A、B、C、D、E 块茎蛋白质含量呈现随着铁盐施入量增加而上升的趋势，3 个品种处理 F 块茎蛋白质含量均显著高于 CK，且 3 个品种均为处理 E 蛋白质含量最高，分别显著高于 CK 58.6%、93.3% 和 48.9%（表 2）。表明施入一定铁盐可以显著提高马铃薯块茎蛋白质含量。

表 2 不同处理块茎蛋白质含量 （%）

处理	东农 310		东农 311		东农 312	
CK	10.12	d	7.26	d	9.69	b
A	10.42	d	9.51	c	9.43	b
B	11.02	c	9.30	c	9.88	b
C	10.74	cd	10.14	c	9.84	b
D	11.21	c	12.43	b	10.66	b
E	16.05	a	14.03	a	14.43	a
F	14.39	b	10.94	bc	12.98	a

注：不同小写字母表示 0.05 水平差异显著。

2.3 铁盐施加量与氨基酸组分含量比较分析

"东农 310""东农 311"和"东农 312"的 CK、A、B、C、D、E 块茎 17 种水解氨基酸总量随着铁盐施入量增加而上升的趋势，3 个品种处理 F 块茎蛋白质含量均高于 CK，这与块茎蛋白质的变化趋势相似。"东农 310"处理 F 块茎水解氨基酸总量最高，显著高于 CK 50.9%，"东农 311"和"东农 312"处理 E 块茎水解氨基酸总量最高，分别显著高于 CK 65.0% 和 45.6%（图 1）。表明施入一定铁盐可以显著提高马铃薯块茎水解氨基酸总量。

3 个品种 17 种水解氨基酸含量随铁盐施入量的增加总体呈现上升趋势，其中处理 E 和 F 增加显著（图 1）。17 种水解氨基酸中 Thr、Val、Met、Leu、Tyr、Phe、Lys 为人体必需氨基酸。必需氨基酸含量比较分析表明，"东农 310"处理 F 的 Thr 含量最高、显著高于 CK 129.1%，"东农 311"和"东农 312"处理 E 的 Thr 含量最高、分别显著高于 CK 152.6% 和 51.8%；"东农 310"和"东农 312"处理 E 的 Val 含量最高、分别显著高于 CK 63.3% 和 56.9%，"东农 311"处理 F 的 Val 含量最高、显著高于 CK 114.5%；"东农 310"处理 F 的 Met 含量最高、显著高于 CK 56.3%，"东农 311"和"东农 312"处理 F 的 Met 最高，分别显著高于 CK 119.4% 和 39.3%；"东农 310"和"东农 312"处理 F 的 Leu 含量最高、分别显著高于 CK 37.1% 和 37.6%，"东农 311"处理 E 的 Leu 含量最高、显著高于 CK 52.9%；"东农 310"处理 F 的 Tyr 含量最高、显著高于 CK 31.3%，"东农 311"和"东农 312"处理 E 的 Tyr 含量最高、分别显著高于 CK 59.1% 和 32.9%；"东农 310"和"东农 312"处理 E 的 Pre 含量最高、分别显著高于 CK 65.7% 和 44.6%，"东农 311"处理 D 的 Phe 最高、显著高于 CK 45.1%；3 个品种处理 E 的 Lys 最高，分别显著高于 CK 73.2%、64.3% 和 36.3%（图 1）。

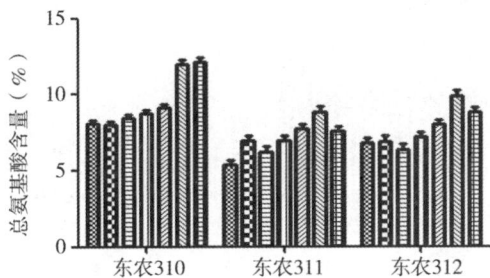
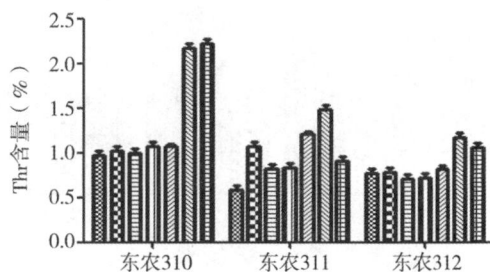
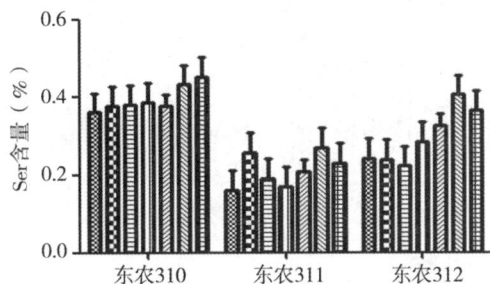
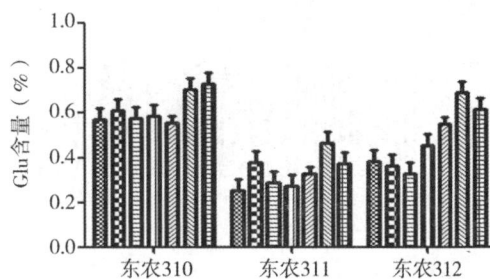
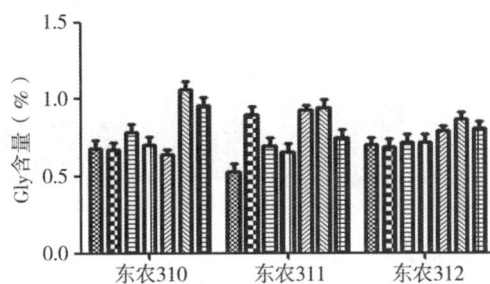
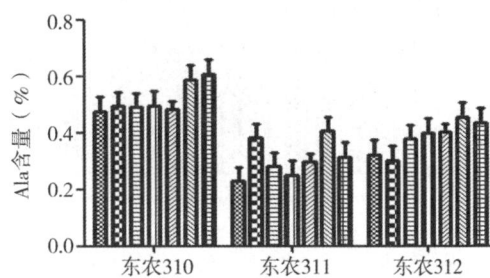
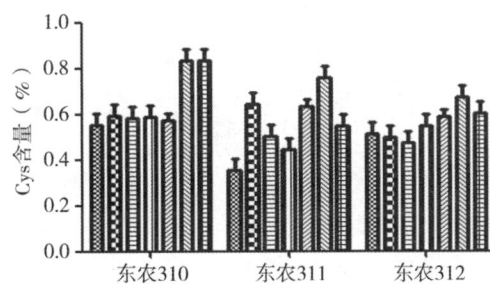
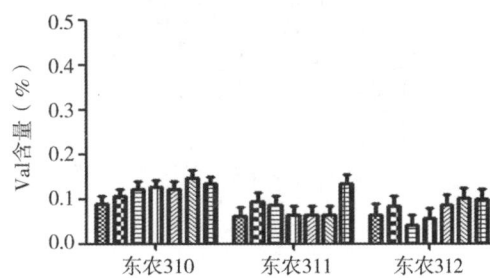
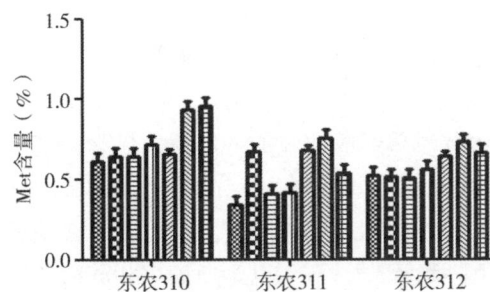
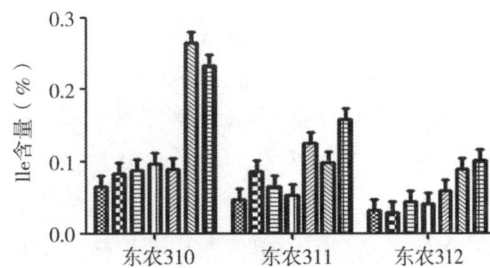

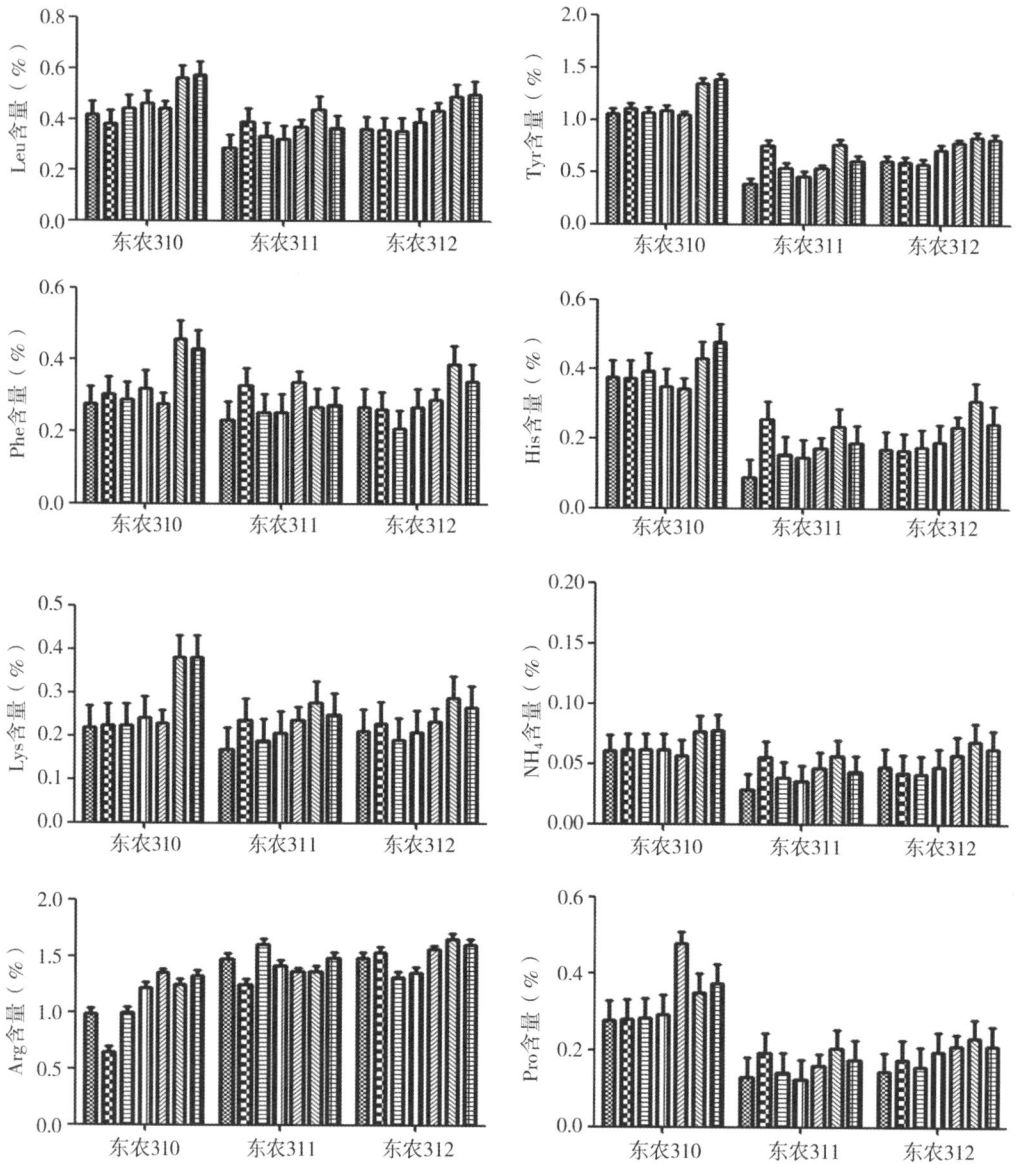

图1 总氨基酸含量和水解氨基酸含量

3 讨 论

蛋白质是由氨基酸组成的，试验中所测马铃薯块茎氨基酸为17种水解氨基酸含量，不包括游离氨基酸，因此所测氨基酸的总含量低于蛋白质在马铃薯块茎中的含量。17组水解氨基酸中有7种是人体必需氨基酸，在马铃薯块茎形成期施加一定铁盐显著提高了这7种必需氨基酸的含量，对于改善人们膳食结构、增强体质具有一定的启示。试验中施加适量铁盐可显著提高马铃薯块茎蛋白质含量，从单位面积或单株产量方面比较，在块茎蛋白质含量提高的同时单位面积或单株产量存在下降趋势[12]，对于以蛋白提取和淀粉加工为生产目的的马铃薯可以适当增加铁盐的使用，提高单位面积产量中蛋白质的比例，因此在马铃薯生产中铁盐的施入还应充分考虑马铃薯块茎的用途和经济效益，因地制宜合理施用。

在马铃薯"东农 310""东农 311"和"东农 312"块茎形成期施加适量的铁盐可显著提高块茎干物质中蛋白质含量和 17 种水解氨基酸总量，铁盐的施加量与块茎蛋白质含量、所测水解氨基酸总量呈现显著相关性或极显著相关性，同时对人体所必需的 7 种氨基酸含量也具有显著提高作用。

[参 考 文 献]

[1] 屈冬玉，谢开云，金黎平 . 中国马铃薯产业发展与食物安全 [J]. 中国农业科学，2005，38(2)：358–632.

[2] 侯飞娜，木泰华，孙红男，等 . 不同品种马铃薯全粉蛋白质营养品质评价 [J]. 食品科技，2015，40(3)：49–56.

[3] 吕巨智，染和，姜建初 . 马铃薯的营养成分及保健价值 . 中国食物与营养 [J]. 中国农业科学，2009(3)：51–52.

[4] 谢从华 . 马铃薯产业的现状与发展 [J]. 华中农业大学学报：社会科学版，2012，97(1)：1–4.

[5] 徐坤 . 马铃薯的综合利用捷径 [J]. 杂粮作物，2000(5)：50–53.

[6] Liener I E. Nutritional aspects of soy protein product [J]. Journal of the American Chemical Society，2006，5：470–484.

[7] 谢庆华，吴毅歆 . 马铃薯品种营养成分分析测定 [J]. 云南师范大学学报，2002，22(2)：50–52.

[8] 张凤军，张永成，田丰 . 马铃薯蛋白质含量的地域性差异分析 [J]. 西北农业学报，2008，17(1)：263–265.

[9] 郭世伟，邹春琴，江荣凤，等 . 提高植物体内铁再利用效率的研究现状及进展 [J]. 中国农业大学学报，2000，5(3)：80–86.

[10] Attipalli R R，Kolluru V C，Munusamy V. Drought-induced responses of photosynthesis and antioxidant metabolism in higher plants [J]. Journal of Plant Physiology，2004，161(11)：1 189–1 202.

[11] Kobayashi T，Nishizawa N K. Iron uptake，translocation and regulation in higher plants [J]. Annual Review of Plant Biology，2012，63：131–152.

[12] 唐鑫华，曲自成，石瑛 . 块茎形成期浇灌稳态铁盐对马铃薯生理和产量的影响 [J]. 中国农业科技导报，2018，2(8)：7–15.

[13] 张菊平，刘清文，陈文明 . 不同铁肥对无土栽培生菜生长及品质的影响 [J]. 北方园艺，2014(13)：186–189.

[14] 中华人民共和国卫生部 .GB/T 5009.5–2010 食品安全国家标准食品中蛋白质的测定 [S]. 2010.

[15] 中华人民共和国国家质量监督检验检疫总局，中国国家标准化管理委员会 . GB/T 5511–2008 谷物和豆类氮含量测定和粗蛋白质含量计算凯氏法 [S]. 2008.

[16] 郭应时，曹小彦，邹杭君，等 . 全自动凯氏定氮仪测定大米蛋白质 [J]. 食品与机械，2017，33(11)：67–71.

[17] 唐鑫华 . 烟草铁蛋白基因 Ntfer1 功能分析和对粳稻遗传转化的研究 [D]. 哈尔滨：东北林业大学，2014.

基质中不同浓度硝酸铵、硝酸钾对马铃薯幼苗生长和荧光动力学参数的影响

彭　露，张丽莉，唐鑫华 *

（东北农业大学农学院，黑龙江　哈尔滨　150030）

摘　要：为研究氮、钾元素对马铃薯生长、生理等的影响和作用机制。以马铃薯"东农310"幼苗为研究材料，设置5种不同浓度的硝酸铵、硝酸钾的MS液体培养基，培养24 d后测定幼苗生长量和荧光动力学参数等。研究结果表明在基质中NH_4NO_3含量6.9 mmol/L（处理A）时能显著促进马铃薯幼苗根和叶的生长以及鲜重的增加；NH_4NO_3含量2.3 mmol/L（处理B），马铃薯幼苗叶片叶绿素相对含量较对照显著降低，且PSII最大光化学量子产量Fv/Fm亦显著降低；基质中KNO_3含量2.1 mmol/L（处理D），马铃薯幼苗的根、茎和叶的生长量均极显著低于对照。表明处理A条件有利于促进马铃薯幼苗生长，而处理D条件显著抑制马铃薯幼苗生长。为深入解析NH_4NO_3和KNO_3在马铃薯生长中的功能和机制奠定研究基础，同时为降低马铃薯脱毒种薯生产中的能源消耗提供一定理论依据。

关键词：马铃薯；NH_4NO_3；KNO_3；荧光动力学参数

　　氮、钾是作物生长发育必需的矿质营养元素。氮在植物体内约占干重的3%，植物吸收的氮素以无机氮为主，即硝态氮（NO_3^-、NO_2^-）和铵态氮（NH_4^+、NH_3），也可以吸收有机氮如尿素等。氮肥充时枝多叶大、生长健壮、籽粒饱满；氮肥过多时导致茎枝徒长，容易倒伏，延迟成熟，抗逆性低；供氮不足，较老的叶子首先褪绿变黄，严重时脱落，植株矮小、作物产量下降、品质降低。在马铃薯种植过程中氮素过多，则茎叶徒长，熟期延长，只长秧苗不结薯；氮素缺乏，植株矮小，叶面积减小，严重影响产量[1-6]。

　　钾是植物生长所必需的一种成分。植物通过根系从土壤中选择性地吸收土壤中的水溶态钾离子。钾元素比较集中地分布在植物代谢最活跃的器官和组织中，如生长点、芽、幼叶等部位。其具有促进植物体内酶的活化，增强光合作用，促进糖代谢，促进蛋白质合成，增强植物抗旱、抗寒、抗盐碱、抗病虫害等功能，同时在改善植物产品品质方面也起着重要作用。马铃薯是喜钾作物，对钾需求量大，在栽培过程中钾素营养的供应直接关系到马铃薯的产量与品质。钾是多种酶的活化剂，可促进蛋白质、核酸、碳水化合物的运转与合成，促进可溶性糖的运输与淀粉的合成，增施钾肥，能保障马铃薯茎叶生长，加速有机物合成

作者简介：彭露（1999—），女，在读本科生，从事马铃薯生理研究。

基金项目：现代农业产业技术体系建设专项资金资助（CARS-09）；东北农业大学大学生SIPT项目。

* 通信作者：唐鑫华，博士，高级实验师，从事马铃薯育种及栽培研究，e - mail：tangxinhua821@sina.com。

与积累，促进薯块膨大[7-12]。在马铃薯生产中偏重对氮磷肥施用，钾肥用量少甚至不施钾肥，在同一地块多年种植马铃薯，因土壤中钾素大量消耗，使供肥比例失调，是限制产量提高的主要因素之一。

试验为了研究氮、钾元素对马铃薯生长和生理等的影响，以 NH_4NO_3 和 KNO_3 为基质中的主要氮源和钾源，以马铃薯"东农 310"脱毒组培苗为试验材料，通过降低基质中 NH_4NO_3 和 KNO_3 含量，比较分析幼苗生长和生理差异，为进一步明晰 NH_4NO_3 和 KNO_3 在马铃薯生长中的功能和机制奠定基础，同时为降低马铃薯脱毒种薯生产中的能源消耗提供一定理论依据。

1 材料与方法

1.1 试验材料与地点

试验地点为东北农业大学农学院农学实验教学示范中心，供试材料为马铃薯品种"东农 310"脱毒组培苗，由东北农业大学马铃薯研究所提供。

1.2 试验设计

将"东农 310"组培苗剪成 1.0 cm 茎段，扦插扩繁，在 MS 固体培养基培育 21 d，培养条件为光照 12 h，光强 3 000 lx，温度 24 ℃。去除幼苗根部培养基，将其置于蒸馏水中，预处理 72 h。选取长势均匀的幼苗若干，置于 5 种不同浓度的硝酸铵、硝酸钾的 MS 液体培养基，培养条件同上，每隔 72 h 更换 1 次培养液。24 d 后测定幼苗相关指标。

表 1　不同处理培养液成分

处理	培养液成分	
	NH_4NO_3（mmol/L）	KNO_3（mmol/L）
CK	20.7	18.9
处理 A	6.9	18.9
处理 B	2.3	18.9
处理 C	20.7	6.3
处理 D	20.7	2.1

注：CK 中 NH_4NO_3 和 KNO_3 含量为 MS 培养基通用含量。

1.3 测定项目与主要测定方法

于上午 9：00 ~ 11：00，取幼苗上部叶片，测定叶绿素相对含量（SPAD）、荧光动力学参数（初始荧光 F0、最大荧光产量 Fm、PSII 最大光化学量子产量 Fv/Fm）；去除幼苗表面水分，分别测定根、茎和叶的鲜重等。

1.3.1 叶绿素相对含量测定

应用 SPAD-502 叶绿素仪测定叶绿素相对含量，随机选取 6 株幼苗，每株幼苗测定 3 次。

1.3.2 叶绿素荧光参数测定

应用叶绿素荧光仪 PAM-2500 测定荧光参数（F_0、Fm、Fv/Fm），测定前叶片暗处理 20 min，每个处理测定 6 株[13-15]。

1.3.3 数据分析处理

应用 Excel 2013 记录数据、SPSS Statistics 26 进行数据分析、GraphPad Prism 5 制图。

2 结果与分析

2.1 不同处理对幼苗生长的影响

在植株鲜重方面不同处理中，处理 A 植株的鲜重（包括根、茎和叶）最高，分别显著高于 CK、处理 C 和 D 的鲜重 87.7%、103.5% 和 519.3%；处理 A 的根重最高，显著高于 CK 125.3%；处理 B 的茎重最高，显著高于 CK 78.5；处理 A 的叶片重最高，显著高于 CK 48.0%。随着 NH_4NO_3 含量的降低植株鲜重呈现先升高后降低的趋势，而随着 KNO_3 含量的降低植株鲜重呈现下降趋势，在处理 D 水平下植株根、茎生长受到显著抑制（图 1）。在植株株高方面处理 B 最高，显著高于 CK 41.7%（图 2）。在植株茎粗方面处理 A 最高，显著高于 CK 20.2%（图 3）。表明处理 A 条件有利于促进马铃薯幼苗生长，而处理 D 条件显著抑制马铃薯幼苗生长。

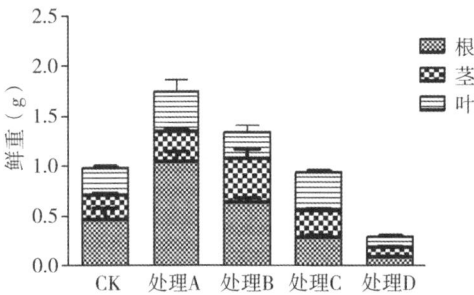

图 1 不同处理植株鲜重

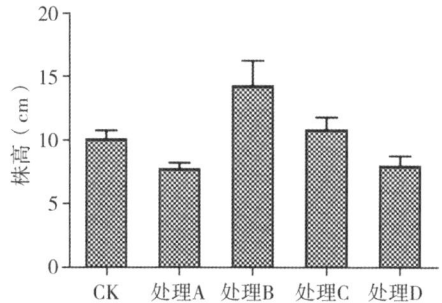

图 2 不同处理植株株高

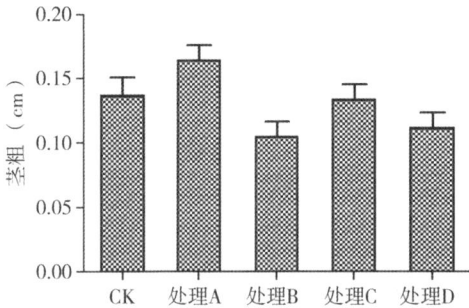

图 3 不同处理植株茎粗

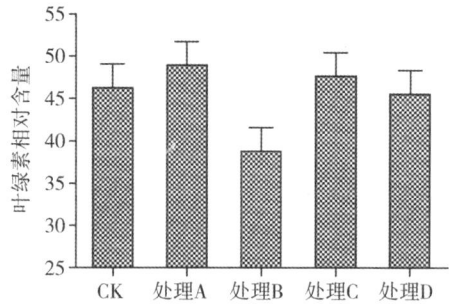

图 4 不同处理叶片叶绿素相对含量

2.2 不同处理对叶绿素相对含量的影响

在叶绿素相对含量比较方面，处理 B 植株叶片叶绿素相对含量最低，显著低于 CK 16.0%，且 CK 与处理 A、C、D 间差异不显著（图 4）。表明处理 B 显著降低了马铃薯幼苗叶片叶绿素相对含量。

2.3 不同处理对荧光动力学参数的影响

在叶绿素荧光动力学参数比较方面，处理 B 初始荧光 F0 最高，显著高于 CK 32.2%；

处理 D 最大荧光产量 Fm 最高，处理 C 最大荧光产量 Fm 最低；处理 D PSII 最大光化学量子产量 Fv/Fm 最高，显著高于 CK 5.1%，随着 NH_4NO_3 含量的降低 PSII 最大光化学量子产量 Fv/Fm 呈现下降趋势，其中处理 B 显著低于 CK 4.6%（表 2）。表明 NH_4NO_3 含量的降低会造成植株叶片 PSII 最大光化学量子产量 Fv/Fm 的下降。

表 2　叶绿素荧光动力学参数比较

处理	叶绿素荧光动力学参数					
	F_0		Fm		Fv/Fm	
CK	0.279	b	1.128	ab	0.750	b
处理 A	0.296	b	1.177	ab	0.747	b
处理 B	0.369	a	1.284	a	0.715	c
处理 C	0.284	b	1.086	b	0.738	bc
处理 D	0.287	b	1.290	a	0.778	a

注：小写字母表示在 0.05 水平上差异显著。

3　讨　论

试验中的 CK 培养液为 MS 液体培养基基本组成成分，而处理 A 中的 NH_4NO_3 为 CK 的 33%，试验结果表明马铃薯幼苗在处理 A 下鲜重积累、茎粗均显著高于 CK，由此推测处理 A 中的 NH_4NO_3 含量更为适合马铃薯幼苗生长，而 MS 液体培养基 NH_4NO_3 含量水平对于马铃薯幼苗的生长是过量的，从降低马铃薯组培苗能效消耗方面考虑，建议在幼苗期施加合适量的 NH_4NO_3。试验中处理 D 马铃薯幼苗生长缓慢，鲜重积累均显著低于其他处理，但其 PSII 最大光化学量子产量 Fv/Fm 却高于其他处理，非胁迫条件下 Fv/Fm 变化极小，不受物种和生长条件的影响，而在胁迫条件下该参数明显下降[13]，因此推测在处理 D 条件下马铃薯幼苗叶片受到的胁迫程度较小。处理 D KNO_3 浓度仅为 CK 11.1%，钾元素供给量不足，抑制了马铃薯幼苗的生长，但却未对叶片生理活性产生抑制影响。

在培养基中 NH_4NO_3 含量 6.9 mmol/L（处理 A）能显著促进马铃薯幼苗根和叶的生长以及鲜重的增加；NH_4NO_3 含量 2.3 mmol/L（处理 B），马铃薯幼苗叶片叶绿素相对含量较对照显著降低，且 PSII 最大光化学量子产量 Fv/Fm 亦显著降低；KNO_3 含量 2.1 mmol/L（处理 D），马铃薯幼苗的生长受到显著抑制，根、茎和叶的生长量均极显著低于对照。

[参 考 文 献]

[1]　刘勇宏. 氮、磷、钾元素的作用及含量不同时的症状 [J]. 河北林业科技，2009(s1)：57.

[2]　Przulj N，Momcilovic V. Genetic variation for dry matter and nitrogen accumulation and translocation in two-rowed spring barley：I. Dry matter translocation [J]. European Journal of Agronomy，2001，15：255–265.

[3]　Martre P，Porter J R，Jamieson P D，et al. Modeling grain nitrogen accumulation and protein composition to understand the sink/source regulations of nitrogen remobilization for wheat [J]. Plant Physiology，2003，133：1 959–1 967.

[4]　Haefele S M，Jabbar S M A，Siopongco J D L C，et al. Nitrogen use efficiency in selected rice (Oryza sativa L.)

genotypes under different water regimes and nitrogen levels [J]. Field Crop Research，2008，107：137–146.

[5] 李鹏程，郑苍松，孙淼，等 . 土壤全氮含量和氮肥种类对棉花产量和氮素吸收的影响 [J]. 中国棉花，2019，46(11)：
     14–19.

[6] 姜伟，崔世茂，张怡婷，等 . KNO_3、K_2SO_4 及其混盐胁迫对辣椒幼苗生长和光合特性的影响 [J]. 华北农学报，
     2011，26(2)：192–197.

[7] 乔建磊，肖英奎，于海业，等 . 基于荧光光谱分析的马铃薯叶片钾素营养检测研究 [J]. 中国农机化学报，2013，
     34(1)：91–94.

[8] 殷文，孙春明，马晓燕，等 . 钾肥不同用量对马铃薯产量及品质的效应 [J]. 土壤肥料，2005(4)：44–47.

[9] 王小英，方玉川，高青青，等 . 不同钾肥品种对马铃薯农艺性状、产量和品质的影响 [J]. 陕西农业科学，2019，
     65(11)：27–31.

[10] 周芳，张振洲，贾景丽，等 . 不同钾肥品种及用量对马铃薯产量和品质的影响 [J]. 中国马铃薯，2013，27(3)：158–161.

[11] 乔建磊，于海业，肖英奎，等 . 低钾胁迫下马铃薯植株光合机构响应特性 [J]. 吉林大学学报：工学版，2011，
     41(2)：569–573.

[12] 许丹枫，罗丹丹，夏运生，等 . 氮、钾配施对杭菊生长、产量和元素含量的影响 [J]. 西南农业学报，2019，32(10)：
     2 360–2 366.

[13] 张守仁 . 叶绿素荧光动力学参数的意义及讨论 [J]. 植物学通报，1999，16(4)：444–448.

[14] 唐鑫华 . 烟草铁蛋白基因 Ntfer1 功能分析和对粳稻遗传转化的研究 [D]. 哈尔滨：东北林业大学，2014.

[15] 唐鑫华，曲自成，张霞，等 . 块茎形成期浇灌稳态铁盐对马铃薯生理和产量的影响 [J]. 中国农业科技导报，
     2018，20(8)：7–15.

马铃薯栽培生理生态和品质研究及应用

何　卫[1*]，胡建军[1]，王克秀[1]，唐铭霞[1]，牟文平[2]，Peter Vander Zaag[3]

（1. 四川省农科院作物所，四川　成都　610066；

2. 广元市农业科学研究院，四川　广元　628017；

3. SunRise Potato Storage，安大略　阿里斯顿）

摘　要：马铃薯作物生长和产量是品种、栽培和环境生态总体反应的结果，其中生理生态反应明显，如对肥水和土壤类型，特别是对温光的反应。初步总结归纳出马铃薯植株、开花和结薯的内源激素在不同温光条件下的变化规律和调控机制，以期对马铃薯育种、良繁、栽培具有指导意义。国际上已经开始将决策支持系统（DSS）商业化应用于马铃薯规模化生产中，这是现代化农业产业化发展的趋势。过量的化肥施用虽然达到了高产，却导致了大范围的土壤板结、流失、酸化、病害滋生、品质下降（薯块硝酸盐和亚硝酸盐含量增加，风味降低）以及贮藏病害和烂薯等等严重问题，不符合可持续发展的要求。可持续发展体现在规模化生产达到 2 ~ 3 t/667 m² 水平，既有经济效益又保持马铃薯品质，是可持续发展的重要指标之一。目前中国马铃薯生产最为严峻的形势和需要解决的问题是要从恢复土壤健康着手。在人均耕地少的条件下只能在有限轮作和间套作的基础上，农学、土肥和植保等多学科通力合作，在各产区开展相关试验示范，农技部门和企业及合作社等规模化大力实施。

关键词：马铃薯；栽培生理；温光反应；决策支持系统（DSS）；产量；品质

马铃薯在粮食安全、扶贫致富和产业发展等方面具有重要作用。马铃薯作物生长和产量是基因（遗传/品种）、栽培技术和环境生态总体反应的结果，其中植物生理（生化）生态反应明显，如对肥水和土壤类型，特别是对温光的反应，例如夜间土温超过 20 ℃ 或雾培营养液温度超过 18 ℃ 甚至 16 ℃ [1]，或光周期太长或光照太弱都会严重影响结薯，导致减产。温度、周期和光照强度三者之间具有互作的影响，需要区分和综合分析。因此，了解和研究马铃薯生理生态反应一般规律，抓住生产过程的本质，避免栽培管理措施的盲目性，在此基础上研制出相关技术策略，更好的指导和服务于生产。马铃薯生产目前最为严峻的形势和需要解决的问题是要从恢复土壤健康着手，旨在提高产量的同时重视品质的保持和提高。

1　近年开展的温光试验和总体归纳

近年来通过试验设计和设施配合，把温光（可再分为光周期和光强）因素彻底分离，实现对温度和光照各因素（包括品种等）的单独效应（影响）和互作的评价，从而避免简

作者简介：何卫（1960—），男，博士，研究员，主要从事马铃薯栽培生理、种薯生产和育种研发。

基金项目：现代农业产业技术体系建设专项（CARS-09）；四川省十三五薯类育种攻关项目（2016NYZ0032）。

* 通信作者：何卫，e - mail：1035494832@qq.com。

单操作的"遮光"试验把温光混淆起来难以（不能）区别和分析的弊端。

1.1 光强和光周期对马铃薯块茎形成和发育机理及调控研究

试验设因素 A 光照强度 2 个，A1：9 000 lx，A2：18 000 lx；因素 B 光周期 2 个，B1 光周期 10 h，B2 光周期 14 h，品种"川芋 50"。除叶绿素和 GA 含量外，光周期对农艺性状、生理性状及产量性状均有极显著影响（表 1）。光照强度对 ABA 和单株产量均有显著影响。光周期对单株结薯数和单株结薯产量的影响大于光照强度处理。光周期与光强二因素互作对叶绿素有极显著影响。过长的光周期和过弱的光照都降低了产量。

表 1　马铃薯温光反应试验

处理		株高（cm）	冠层覆盖度（%）	叶绿素含量（SPAD）	GA（ng/g）	ABA（ng/g）	结薯（粒/株）	单株产量（g/株）	收获指数（%）
光周期 10 h	9 000 lx	62.2 a	60.9 a	50.3 a	36.1 a	53.9 d	10.7 a	173.6 a	77.1 a
	18 000 lx	61.5 a	51.5 b	63.1 b	37.9 a	104.9 b	12.5 a	206.7 a	78.1 a
光周期 14 h	9 000 lx	48.0 b	52.8 a	53.1 a	36.6 a	88.2 c	3.5 b	8.5 b	5.4 b
	18 000 lx	46.3 b	37.5 b	64.9 b	38.4 a	130.8 a	5.7 b	30.0 b	13.1 b
光周期（PP）		861.3**	492.3 ns	20.6 ns	1.0 ns	3 627.1**	197.8**	175 252**	1.9**
光照强度（LI）		5.5 ns	614.6 ns	604.9**	12.7 ns	8 773.1**	16.5*	4 489.5 ns	0.0 ns
PP*LI		0.9 ns	35.3 ns	0.9 ns	0.0 ns	70.6 ns	0.2 ns	200.0 ns	0.0 ns

注：冠层覆盖度为出苗 35 d 数据，株高和叶绿素为出苗 49 d 数据，GA 和 ABA 为出苗 60 d 数据。同列数据后不同字母表示同一品种数据间差异达 5% 显著水平。

1.2 马铃薯温光反应及其内源激素调控变化的总体归纳

光周期反应及机制：长日照有利于开花、植株生长但相对不利于结薯，特别是反映在南种北引方面。对光照强度的反应，强光有利于结薯，要利用本地光周期条件把握植株生长和结薯的平衡关系。以引进国际马铃薯中心资源（I-1085 等）育成的著名马铃薯品种"合作 88"从云南引到纬度稍高的四川，光周期仅延长 1 h 左右，产量显著降低，限制了该优良品种的应用。"合作 88"在加拿大安大略省日出公司所属农场长日照条件下试种，只长地上茎叶和地下匍匐茎而几乎不结薯，说明该品种对光周期极为敏感。

高温通常会促进马铃薯茎枝的伸长生长，但不利于叶片生长和块茎形成[2,3]，而块茎只能在较冷凉的条件下产生，且形成块茎的最适宜日平均温度范围是：15 ~ 18℃，到 29℃时马铃薯就不会再生长了[4-6]。Manrique 等[7] 的研究表明，马铃薯块茎形成和干物质积累在较低的温度会达到最优效果。在高温弱光照或高温长日照条件下，马铃薯的茎叶徒长，几乎不能产生块茎。故马铃薯在幼苗期，块茎形成期、块茎增长期等各个生育期需要的温度、光周期以及光强各不相同。

在育种方面，以引进国际马铃薯中心安第斯亚种资源为基础，创建了高效育种新方法和策略。即通过核心亲本资源组合配制提高杂交后代选育的优良基因频率，开展测交、配合力及基因和环境互作的研究。创制了 120 余份亲本材料，育成适应四川省中纬度且对日照长度不敏感的"川芋 117"等突破性品种，实现了四川马铃薯品种的升级换代。

为了提高开花、杂交结实率，可适当增加光周期，其他重要措施包括以调节营养供应平衡为目的的去除新薯、整枝和肥水等调控措施。

根据多年经验、试验及前人研究，总结归纳提出温光反应关系（内外源植物生长调剂的应用，表 2）。例如在长日照和高温情况下有利于植株生长，不利于结薯，内源激素相应的变化为生长素（Auxin 或 GA）增加，激动素（CT 等）减少，从而通过酶促作用改变植株生长发育。这为马铃薯育种和栽培提供了理论基础和调控依据。参考指导意义包括育种、杂交、生长、生产和引种等方面。

表 2　生态条件（温光）对马铃薯植株、匍匐茎、发芽、开花和结薯的影响及其
诱导的光敏色素和内源激素变化和诱导影响的总体关系概要

马铃薯植株和各器官生长发育及内源激素变化	日照长度（9 ~ 15 h）		光照强度（0 ~ 3 × 10⁴ lx）		温度（10 ~ 28 ℃）	
	长	短	强	弱	高	低
植株、发芽和匍匐茎	↑	↓	↓	↑	↑	↓
赤霉素等	↑	↓	↑	↓	↑	↓
细胞激动素等	↓	↑	↓	↑	↓	↑
开花	↑	↓	↑	↓	↓	↑
赤霉素等	↑	↓	↑	↓	↓	↑
细胞激动素等	↓	↑	↓	↑	↓	↑
结薯	↓	↑	↑	↓	↓	↑
赤霉素等	↑	↓	↓	↑	↑	↓
细胞激动素等	↓	↑	↑	↓	↓	↑

注：'↑'表示相应生长的促进或内源激素的增加；'↓'表示减缓或内源激素的减少。

光敏色素，其中最为重要的就是叶绿素 a 和 b，即吸收蓝紫和橙红区域的可见光，而红光 – 远红外可逆转换的光受体（色素蛋白质），广泛存在于植物的各器官和组织的细胞中，其生理作用广泛，它影响植物一生的形态建成，从种子的萌发到开花、结果及衰老[8]。对马铃薯作物来说，光敏色素控制的反应包括光周期和波长、植株生长、开花诱导和块茎形成等[9]，可通过温光因素对不同基因的差异表达来挖掘遗传资源中控制不同温光反应的基因用于育种中。华中农大 Zhou 等[10] 对光敏色素的分子机理进行了深入的研究，干涉光敏色素 StPHYF 和 StPHYB 均能解除长日照对块茎形成的抑制，干涉 StPHYF 基因不影响其它光敏色素基因的表达，为利用光质调控块茎大小提供了分子调控依据。但相关生物技术因转基因技术的实用性还不成熟未能进入育种实践。

温度的生态反应机制主要是通过温度的高低和变化来促进内源激素和相关生化反应酶，进而影响生长。

2 马铃薯贮藏的温光影响

2.1 温 度

对于鲜薯贮藏，以低温保存为主，保证品质和销售成本。薯片薯条加工用原料薯贮藏前期要求较低的温度（4～6℃），加工出货前需要回暖温度至8℃，以减少加工过程中因低温糖化对品质商品性的不利影响。种薯一般也要求在较低的温度条件下贮藏可以保证种用品质，使田间生长健壮和取得较高的产量。最适温度一般在4℃，还需要通风，保持贮藏室的CO_2浓度在0.015%以下，否则会形成生理性黑心。通过物理和农艺方法打破休眠的时空调控种薯生理最佳年龄，研发秋作马铃薯抗高温烂薯早发稳产高产技术。通过多梯度贮藏方式（积温的不同），中早熟品种（"费乌瑞它"和"中薯5号"）种薯的最适生理年龄为1 210～1 540度·日；中晚熟品种（"川芋117"和"米拉"）种薯的最适生理年龄为1 540～1 870度·日。中早熟组分别早齐苗6 d；中晚熟组早齐苗9 d。在彭山县锦江乡试验，产量分别达1 957、1 595和1 799 kg/667 m²，平均1 806 kg/667 m²，较对照增产35%以上。

2.2 湿 度

保持贮藏适宜的湿度，以减少自然损耗和有利于块茎保持新鲜度。湿度变化的安全范围为80%～90%。在此湿度范围内，块茎失水速度减缓，不易萎蔫，同时也不会因湿度过大（90%以上）而造成块茎的腐烂。

2.3 光 照

散射光处理马铃薯种薯具有简单实用的效果[11]。一组散射光对种薯发芽的影响试验表明，光照显著影响第20 d的出芽率，品种与散射光强弱存在互作；散射光极显著影响各时期的变绿率；显著影响第10 d到第30 d的平均芽长和最长芽长，品种与散射光强弱存在互作。芽长与时间和散射光的拟合方程为：$f = 2.94 + 1.24x - 2.05y - 0.09x^2 + 0.21y^2$（"米拉"）；$f = -3.28 + 0.77x + 1.61y - 0.05x^2 - 0.23y^2$（"川芋117"）（表3、图1）。试验表明，山区生产的种薯在平坝室温条件下贮藏30 d，继以40～200 lx散射光照贮藏30 d，可获得具有短壮芽的种薯，实现优良品种、脱毒种薯、避免赤霉素的使用、打破休眠完美结合，用于秋季马铃薯生产，达到早发、耐高温防烂薯，实现高产稳产的目的。在眉山市锦江乡秋作规模化试验示范中，产量达到2 000 kg/667 m²，超过当地对照40%以上。

表3　平均芽长方差分析（F值）

变异来源	第10 d	第20 d	第30 d	第40 d	第50 d	第60 d
品种	52.6**	29.2**	25.9**	22.9**	20.6**	16.4**
光照	5.5**	3.6*	3.4*	1.8	1.3	1.8
品种×光照	5.5**	4.1**	3.2*	3.6*	1.6	1.3

注：*、**分别表示达到0.05和0.01显著水平。

3 产量和品质

中国在过去的十几年单产水平仍然提升缓慢，目前平均仅1 t/667 m²左右。而欧美国

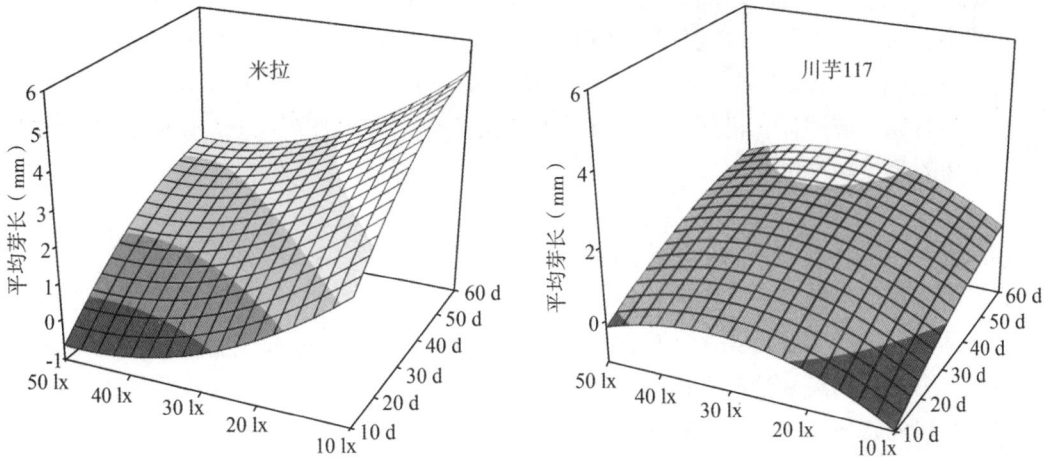

图 1 马铃薯种薯散射光贮藏

家的平均单产早已达到 2 t/667 m² 以上。长期低产的原因与脱毒种薯生产不足和使用面积较低（不足 30%）是同步的。另一方面，在不少效益比较好的地区和冬作区，也早已达到和超过有效益的标准产量 2 t/667 m²。但由于过量的化肥施用虽然达到了高产，却导致了大范围的土壤板结、流失、酸化、病害滋生、品质下降（薯块硝酸盐含量增加，风味降低）以及贮藏病害和烂薯等严重问题，不符合可持续发展要求。根据本课题组的试验结果，高产化肥施用很容易使薯块硝酸盐或亚硝酸盐含量超标，不利于品质提升。可持续发展体现在规模化生产产量达到 2 ~ 3 t/667 m²，既有经济效益又保持马铃薯品质，即确保薯块硝酸盐和亚硝酸盐含量分别低于国家标准，是可持续发展的重要指标之一。马铃薯农药种类的使用一般是安全的，所以控制薯块硝酸盐和亚硝酸盐的含量相对更重要。

马铃薯生产目前最为严峻的形势和需要解决的问题是要从恢复土壤健康着手，在我国人均耕地少的条件下只能在有限轮作和间套作的基础上，农学与土肥和植保专家通力合作，在各产区大力开展相关试验示范，具体方法和措施包括增施有机肥、适当免耕、提高土壤绿肥覆盖、恢复和丰富土壤微生物区系、增加土壤团粒结构、结合系列化学方法（如土壤成分检测）、物理方法（如土壤结构）和生物学方法（如索维塔试验 Solvita test，通过检测包用气象色谱法监测土壤顶层微生物呼吸所产生的 CO_2 来监测和确保土壤改良措施和过程），最终达到恢复土壤健康、稳定产量和提高薯块品质的可持续发展的目的。

4 决策支持系统（DSS）

深入研究产量潜力及限制因素[12,13]，是精准农业和（技术）决策支持系统（DSS，Decision support system）的重要基础[14]。在不同纬度下作物光合作用呈现差异的基础上建立马铃薯产量潜力分析和计算是决策支持系统的前提。马铃薯或其他任何作物在一定生长期内的单位面积鲜产量（产量潜力）可由下列表达式来描述[12]：

（Y）单位面积产量（g/m^2）$= \Sigma PARabs$（MJ/m^2）$\times LUE$（g/MJ）$\times HI$（g/g）$\times 1/D$（g/g）

其中，$\Sigma PARabs$ = 作物冠层累积吸收的太阳光和有效辐射能(MJ/m^2)；LUE = 冠层光能利用率（g/MJ）；HI = 收获指数（g/g）；D = 薯块或收获部分干物质含量[g(dm)/g(fresh)]。

在此基础上应用计算机编程模拟复杂系统条件下（包括温光组合、强度、时期和长短等）作物的生长和产量。

4.1 决策支持系统的作用

作物大田生态和农学的生长、病虫害和产量模型经历了几十年漫长的摸索过程，从简单的相关预测但不够准确，发展到目前基于综合性试验研究和数据来以计算机软件模拟复杂生态系统，即决策支持系统（DSS），并开始示范和较好的商业化运用于用户（农户和农场主）中，达到高效精准大田生产和病虫害防控、减少投入、加强环保的作用，是现代化农业发展的趋势之一[14]。

4.2 决策支持系统的内容

以土壤有机物为主的决策管理分为耕地、混合、综合和有机类，取决于农场的规模大小和轮作周期，也会影响有机物的质量和数量、土壤微生物、杂草、线虫种群动态分布和病害发生[14]。这样的决策系统将预测所有这些行为，包括土壤类型、作物管理和使用的品种。目前在欧美一些国家（荷兰、法国、比利时、新西兰、英国、美国等）已经开始将DSS商业化应用于规模化生产中。目前决策支持系统还在发展中，还有潜力进一步改进完善。大数据、物联网、互联网和人工智能的发展将有力促进这一发展。

基于DSS病虫害综合管理IPM旨在根据用户（种植者和消费者）需求来减少农药施用，包括抗病品种的使用和综合植保农艺措施的运用。而基于DSS的综合作物管理ICM则侧重于肥水的有效最佳管理。DSS和高质量食品（作物的种植和标识）是相互联系、相互促进的，是现代农业可持续发展的必然，必将投入到实际的应用中。

新建或重建马铃薯规模化生产需要回答和解决以下问题：

①市场潜力；②能否种植马铃薯，种植面积多大；③品种的选择和种薯来源；④在雨养和 / 或灌溉条件下预期产量如何；⑤在自然条件下收获后能否正常贮藏薯块；⑥对薯块大小和干物质有何期望；⑦种薯能否当地生产或只能依赖引进；⑧产地、加工点（区分淀粉和薯片 / 薯条加工）和消费城市的距离的远近。

4.3 晚疫病的预警决策支持系统的应用

国内应用最为广泛的DSS就是马铃薯晚疫病预警系统。这个模型是由比利时人研制并引进到国内的，特别是在重庆市率先得到了大力推广使用，近年又发展到更大范围的网络化远程监控平台应用，发展趋势良好。该模型根据当地气候条件（温度和湿度）和中心病株的发现来比较准确的预测晚疫病发病时间（可精确到几天之内），及时防控，包括农药施用等措施。这样就可避免过早施药、过多施药的浪费以及无效的过晚施药。但在品种的感抗病性、病原菌包括交配型（A1/A2）等重要因子的纳入、变化和影响方面还有待进一步研究、多学科合作，使预警系统更为有效和完善。

4.4 未来决策支持系统DSS的发展

未来的决策支持系统的需求将越来越广泛深入，包括：①更好地利用有限资源，提高效率，精准管理，减少污染。②未来农场规模会越来越大，需要决策支持系统来提高单位面积的效率。③随着传感和信息技术的发展，对商家的服务质量将大大提高。④未来 DSS 发展的快慢取决于相关农业专家和计算专家之间的紧密合作研发。

[参 考 文 献]

[1]   Oraby H, Lachance A, Desjardins Y. A low nutrient solution temperature and the application of stress treatments increase potato mini-tubers production in an aeroponic system [J]. American Journal of Potato Research，2015，92(3)：387-397.

[2]   Harry P M. The potato crop [M]. London：Chapman & Hall，1982：730.

[3]   门福义，刘梦芸. 马铃薯栽培生理 [M]. 北京：中国农业出版社，1995：43-53.

[4]   Appeldoorn N J G，Bruijn S M D，Koot-Gronsveld E A M，et al. Developmental changes of enzymes involved in conversion of sucrose to hexose-phosphate during early tuberisation of potato [J]. Planta，1997，202(2)：220-226.

[5]   Jackson S D，Heyer A，Dietze J，et al. Phytochrome B mediates the photoperiodic control of tuber formation in potato [J]. The Plant Journal，1996，9(2)：159-166.

[6]   Jackson S D，James P，Prat S，et al. Phytochrome B affects the levels of a graft-transmissible signal involved in tuberization [J]. Plant Physiology，1998，117(1)：29-32.

[7]   Manrique L A，Bartholomew D P，Ewing E E. Growth and yield performance of several potato clones grown at three elevations in Hawaii. I. plant morphology [J]. Crop Science，1989，29(2)：363-370.

[8]   蔡庆生. 植物生理学 [M]. 北京：中国农业大学出版社，2010：213.

[9]   Devlin R M，Witham F H. Plant physiology [M]. 4th ed. Boston：PWS Publishers，1983：577.

[10]   Zhou T，Song B，Liu T，et al. Phytochrome F plays critical roles in potato photoperiodic tuberization [J]. The Plant Journal，2019，98(1)：42-54.

[11]   Acasio R F，Santos A，Zaag P. Acceptance of diffused light storage technology by potato farmers in the Benguet and Mountain Provinces of the Philippines [J]. American Potato Journal，1986，63(3)：162-170.

[12]   Beukema H P，van der Zaag D E. Introduction to potato production [M]. Wageningen：Pudoc，1990.

[13]   He W，Struik P C，Wang J，et al. Potential and actual yields of potato at different elevations and in different seasons in subtropical southwest China [J]. Journal of Agronomy and Crop Science，1998，180(2)：93-99.

[14]   Mac K，Donald K L，Anton J. Decision support systems in potato production: bringing models to practice [M]. Holland：Wageningen Academic Publishers，2004：238.

马铃薯微型薯基质栽培的分次采收技术研究

曹琳琳[1]，王　越[1]，冯　洁[2]，曹　嫱[1]，柳　俊[3]，蔡兴奎[3*]

（1. 华中农业大学园艺林学学院，湖北　武汉　430070；

2. 华中农业大学生命科学技术学院，湖北　武汉　430070；

3. 农业农村部马铃薯生物学与生物技术重点试验室，湖北　武汉　430070）

摘　要：种薯繁育过程中的种性退化是造成马铃薯单产低的主要原因，利用脱毒种薯可以从根本上解决种薯退化问题。传统的基质栽培生产微型薯繁殖系数较低，单株结薯仅有 1 ~ 2 粒，且微型薯大小不均匀。雾化栽培单株结薯数多，但因微型薯皮孔粗大、外翻，不耐贮藏。试验以"华薯 1 号"试管苗为材料，探索适宜马铃薯微型薯基质栽培的分次采收技术。研究结果表明，分次采收技术可以显著提高微型薯的生产效率。双层套盆处理单位面积的微型薯数量达 672 粒，极显著高于对照的 554 粒，生产效率提高了 21.3%。双层基质和地膜覆盖处理较对照生产效率提高了 47% 以上，自制的新型栽培容器处理生产效益最高，单株结薯可达 3.8 粒 / 株，较对照增产达 92% 以上。应用分次采收技术显著降低大于 20 g 以上微型薯的数量，显著增加 10 g 以下微型薯的数量，提高了微型薯的整齐度。但不同方式的分次采收其收获微型薯的难易程度和效率差异较大，需进一步改善栽培容器方便分次采收。值得注意的是分次采收的微型薯其休眠期也不一致。微型薯的发育程度显著影响其休眠期，发育越成熟，其休眠期越短。同一批次采收的大小级别不同的微型薯其休眠期差异不大。

关键词：马铃薯；微型薯；基质栽培；分次采收；结薯率

　　马铃薯（*Solanum tuberosum* L.）原产于南美洲安第斯山脉，是中国继水稻、小麦、玉米之后的第四大粮食作物[1]，单产低是制约中国马铃薯产业高效发展的重要因素。马铃薯因用种量大，繁殖系数低，需经过多代田间繁殖增加种薯量；但多代繁育过程中容易被病毒再侵染，导致种薯退化、单产降低，有资料表明应用脱毒种薯可显著提高 30% ~ 50% 的马铃薯产量[2]。中国目前微型薯的生产成本高，脱毒种薯的普及率仅有 25% 左右，而发达国家达到 90% 以上，导致中国马铃薯的单产不及世界平均水平，仅为发达国家的 1/3 左右[3,4]。因此，提高单位面积的微型薯生产效率，降低生产成本，对马铃薯产业健康可持续发展具有重要意义。

　　目前马铃薯微型薯的生产方式以无土栽培为主，有基质栽培和雾化栽培两种。雾化栽培是目前比较新型的快速繁育方式，由 Weathers 和 Giles[5] 提出的一种新型植物培养方法，

作者简介：曹琳琳（1992—），男，硕士研究生，主要研究方向为马铃薯种薯繁育。

基金项目：国家马铃薯现代农业产业技术体系（CARS-09-P08）；湖北省科技创新重大项目（2017ABA145）。

* 通信作者：蔡兴奎，博士，副教授，主要从事马铃薯遗传育种与种质资源研究，e - mail：caixingkui@mail.hzau.edu.cn。

其原理是通过定时喷雾营养液，使根系获取生长所需水分和养分。雾化栽培具有种苗用量少、生产自动化程度高、单株结薯数多、可避免土传病害、易采收等优点。但也存在着生产设施一次性投入大，生产的微型薯皮孔大、外翻，易受病原菌侵染，种薯休眠期不一致等问题；另外雾化栽培一般需在营养液中添加广谱抗菌剂，易造成环境污染等问题[6,7]。基质栽培即在温室或网室内，利用苗床等设施，填充蛭石、珍珠岩、草炭、腐殖松针土、砂、椰糠等作为基质，扦插试管苗或播种试管薯进行微型薯的繁殖。基质栽培生产微型薯具有操作简单，生产周期短，微型薯表皮光滑、颜色纯正，薯形规整，耐贮藏，是目前国内外应用较普遍的微型薯生产方式。但繁殖系数较低，单株结薯仅有 1 ~ 2 粒，且微型薯大小不均匀，50 g 以上块茎偏多，影响单位面积内微型薯的生产数量。在实际生产中通常以适当增加单位面积的种植密度来提高微型薯数量，控制微型薯的大小整齐度。另外，为了避免土传病害的发生，基质多为一次性使用，每茬需更换新的基质，生产成本较高。两种方法各有优缺点，在此基础上，发展形成了适应我国不同生态区域的微型薯生产技术，巩固中国在微型薯研究和应用方面的国际领先水平[8]。

研究拟将以上 2 种栽培方式的优点相结合，探索适宜微型薯基质栽培的分次采收技术，优化适宜分次采收的栽培工艺，期望减少马铃薯试管苗的使用量，显著提高单株结薯数，控制微型薯的大小提高整齐度，达到显著降低微型薯生产成本，提高生产效率的目的。

1 材料与方法

1.1 试验材料

以"华薯 1 号"的脱毒试管苗为供试材料，由农业农村部马铃薯生物学与生物技术重点试验室提供。

双层基质地膜覆盖生产模式和新型容器生产模式均以蛭石为栽培基质。

1.2 试验设计与方法

1.2.1 微型薯分次采收时间设定

以传统栽培的 1 次收获为对照，在马铃薯的生长周期内分 3 次采收微型薯，试管苗定植后 50 d 开始第 1 次采收，间隔 20 d 后第 2 次采收，再间隔 30 d 后第 3 次采收。

1.2.2 双层套盆的分次采收试验

采用双层套盆（图 1a 右）生产微型薯，可实现分次采收。套盆由内外两层构成，外层不透光提供黑暗环境；内层镂空，3 条凹槽将内层分成 3 个开放窗口，方便采收。栽培基质采用草炭和蛭石按照 1:2 的比例混合而成；对照组为体积相同的单层普通钵（图 1a 左）。试验于 2017 年 9 月 17 日定植试管苗，设计 2 个处理，套盆面积为 0.053 m²，每个套盆定植 16 株（即 300 株 /m²），每 7 个套盆为 1 个重复，共 12 次重复。

1.2.3 双层基质和地膜覆盖的分次采收试验

双层基质和地膜覆盖栽培示意图见图 1 b，用 60 目的网纱将基质分为上下两层，上层为结薯层 2 ~ 3 cm（以目标微型薯大小设定），因匍匐茎不能穿过网纱，均结薯于上层，大于 3 g 以上的微型薯均露出基质，可分次采收；下层基质约 5 cm，保证马铃薯根系可以正常生长。试管苗定植成活（约 7 d）后，基质表面覆一层黑色或银黑双色地膜提供黑暗环境，便于采收。试验于 2018 年 9 月 13 日定植试管苗，设计 216 和 308 株 /m² 两个栽培密度，以常规的基质栽培为对照，每小区 0.5 m² 为 1 次重复，共 5 次重复。

1.2.4 新型栽培容器的分次采收试验

依据双层基质和地膜覆盖栽培方式，设计了新型栽培容器（图 1c），以不透明的亚克力板代替黑色地膜，依据定植密度设计了定孔槽，盖板与基质间留有 2 ~ 3 cm 空间，可翻动盖板采收微型薯，容器内同双层基质和地膜覆盖栽培方式设有 60 目的网纱。试验设计同双层基质和地膜覆盖栽培方式。

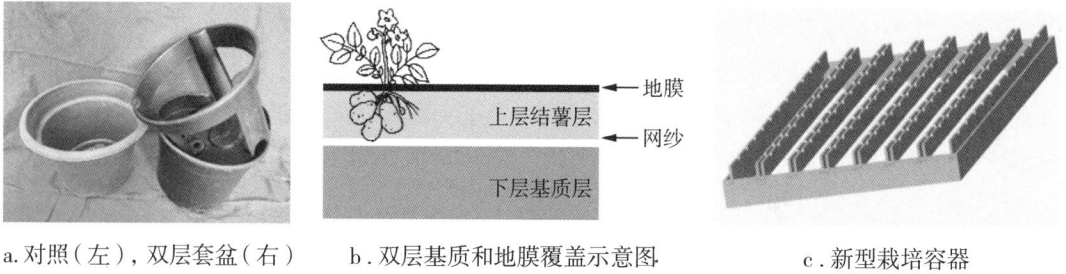

a. 对照（左），双层套盆（右）　　b. 双层基质和地膜覆盖示意图　　c. 新型栽培容器

图 1　马铃薯微型薯分次采收生产容器及示意图

1.3　微型薯休眠期试验

将分级处理后的微型薯按级别每级别随机选择 50 粒作为 1 次重复，重复 3 次。放置于 20 ± 2℃黑暗条件下贮藏。从微型薯发芽之前，每 3 d 观察记载 1 次各重复的微型薯发芽情况，以微型薯上至少有 1 个芽生长达 2 mm 为发芽标准，达到 10% 的微型薯发芽记录休眠期结束。微型薯自收获至休眠期结束需要的天数记录为休眠期长短。

1.4　微型薯分级标准与数据处理

每个重复收获后单独装入网袋，记录好品种名、采收次数、收获时间、重复次数等。收获后将微型薯置于阴凉通风处贮藏 1 周后进行分级，按微型薯粒重分为 5 个等级：< 3 g，3 ~ 5 g，5.01 ~ 10 g，10.01 ~ 20 g，> 20 g。利用 SPSS 23 软件进行方差分析，采用 Duncan 新复极差进行多重比较。

2　结果与分析

2.1　双层套盆分次采收处理对微型薯结薯的影响

采用双层套盆栽培可以实现微型薯的分次采收（图 2）。分次采收可以有效控制微型薯的大小，减少 20 g 大块茎的数目（图 2d，e）。采收时将内层提起，内壁边缘镶嵌着不同大小的微型薯（图 2a），采收时将符合标准的微型薯块茎轻轻摘下（图 2c），在生产过程中还观察到，大部分的微型薯分布在基质内部（图 2b），分次采收会对植株造成不同程度的机械损伤，而且采收难度较大，不宜在生产实践中应用。

双层套盆分次采收处理与传统的 1 次采收收获的微型薯大小和各级别的分布情况见图 3。可以看出，双层套盆分次采收处理单位面积的微型薯数量达 672 粒 /m²，极显著高于对照组的 554 粒 /m²，与对照组相比生产效率提高了 21.3%。分次采收主要抑制

20 g 以上微型薯的数量，由对照组占比的 18.8%，降低到实验组的 8.5%；极显著增加 10 g 以下微型薯数量，提高了微型薯的整齐度。试验中还观察到双层套盆处理绝大部分的微型薯都分布于基质内，并不在基质表面，给分次采收造成很大难度，需要改善栽培容器。

a. 微型薯镶嵌在基质表面　　　b. 微型薯镶嵌在基质内　　　c. 采摘下的微型薯

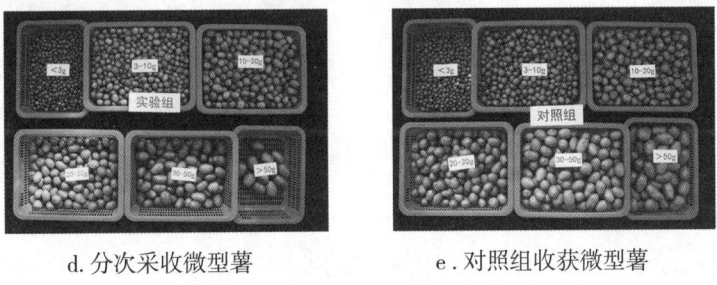

d. 分次采收微型薯　　　　　　e. 对照组收获微型薯

图 2　双层套盆处理的分次采收效果

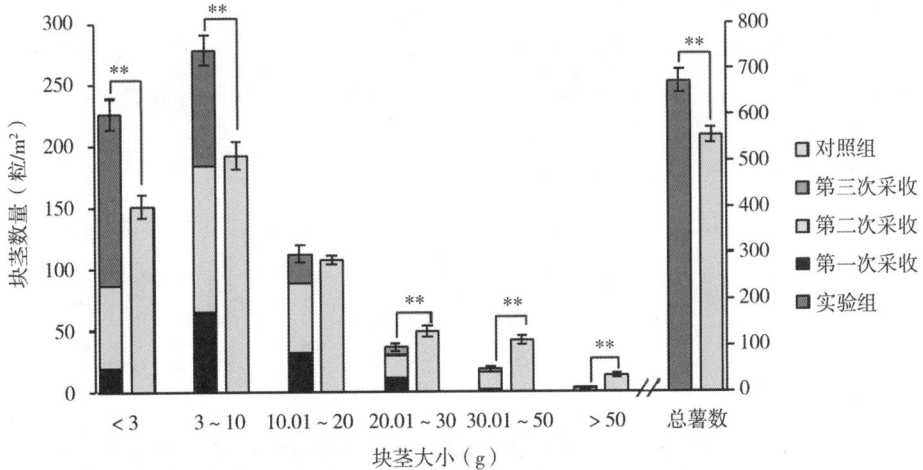

总薯数目以次坐标轴（右）刻度为准，其他等级以主坐标轴（左）刻度为准。误差线为标准差。* 表示 0.05 显著水平；** 表示 0.01 显著水平，下同。

图 3　双层套盆处理对微型薯大小和分布的影响

2.2　双层基质和地膜覆盖分次采收处理对微型薯结薯的影响

针对双层套盆分次采收的问题，尝试在基质中铺一层纱网能否实现在基质表面看见适宜大小的微型薯，实现分次采收的目标，因此就设计出了双层基质和地膜覆盖的微型薯生产方式。从生产效果看，可以实现微型薯的分次采收（图 4a、b），而且所有微型薯均在网纱的上层（图 4c、d）。因期望生产 3 ~ 10 g 的微型薯能够露出基质表面，所以上层基质厚度约 2 ~ 3 cm，可以根据目标微型薯大小调节上层基质厚度。裸露的微型薯容易变绿，而且匍匐茎见光会影响马铃薯的形成，故采用黑色地膜覆盖于表面（图 4a），收获的微型薯颜色和形状无异常现象（图 4c）。试验过程中还观察到，双层基质和地膜覆盖处理容易分次采收合适大小的微型薯，而且不会破坏植株的根系结构，但采收后重新覆膜比较困难。

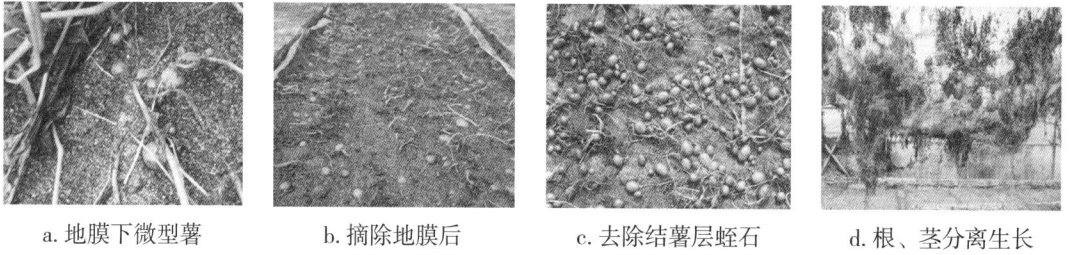

| a. 地膜下微型薯 | b. 摘除地膜后 | c. 去除结薯层蛭石 | d. 根、茎分离生长 |

图 4　双层基质和地膜覆盖处理的生产效果图

双层基质和地膜覆盖分次采收处理设计了 2 种栽培密度，与传统的 1 次采收相比，在 216 株 /m² 密度下，分次采收单位面积收获微型薯 674 粒 /m²，极显著高于对照 431 粒 /m²，生产效率比对照提高 56.4%；308 株 /m² 密度下，分次采收单位面积收获微型薯 744 粒 /m²，极显著高于对照的 504 粒 /m²，生产效率比对照提高了 47.6%。具体结果见图 5，说明这种方式的分次采收处理适合马铃薯微型薯的生产。2 种栽培密度下分次采收处理均显著增加 10 g 以下微型薯的数量，显著减少 10 g 以上微型薯的数量，有效地控制了微型薯的大小，提高微型薯的整齐度，显著提高生产效率。问题是植株封行后，分次采收后地膜很难复原。

2.3　新型栽培容器分次采收处理对微型薯结薯的影响

针对地膜覆盖分次采收后地膜很难复原的问题，采用不透明的亚克力板代替地膜，按照栽培密度设计了定植空槽，自制了新型栽培容器实现微型薯的分次采收（图 6a）。定植 7 d 后试验组与对照组植株生长都很健壮，成活率均在 97% 以上（图 6a、b）；定植 33 d 后，试验组与对照组植株生长状况无显著差异（图 6c、d），说明自制的新型栽培容器对马铃薯植株生长无不良影响。

与传统的 1 次采收相比，新型栽培容器处理对微型薯大小和分布的影响见图 7。从图中可以看出，在 216 株 /m² 密度下，新型栽培容器分次采收处理单位面积收获微型薯 831 粒 /m²，极显著高于对照的 431 粒 /m²，生产效率比对照提高了 92.8%；在 308 株 /m² 密度下，分次采收单位面积收获微型薯 1 002 粒 /m²，极显著高于对照的 504 粒 /m²，生产效率比对照提高了 98.8%。分次采收的处理效果与预期相符，但 3 g 以下微型薯的数量特别多，可能与生长时期不够有关，需要在以后的试验中进一步验证。

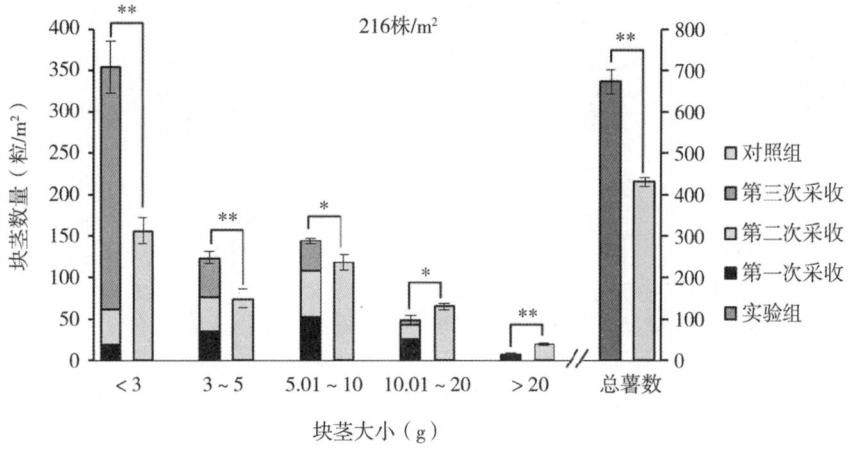

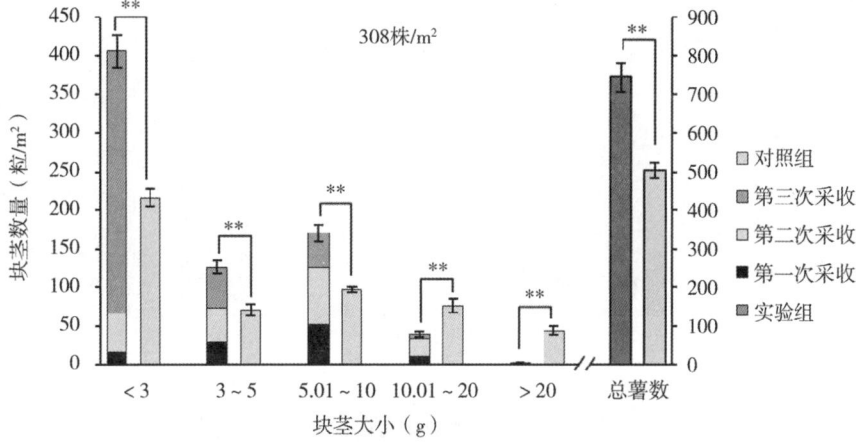

图5 双层基质和地膜覆盖处理对微型薯大小和分布的影响

a. 定植 7 d（试验组）　　　b. 定植 7 d（对照组）　　　c. 定植 33 d（试验组）　　　d. 定植 33 d（对照组）

图6 新型栽培容器处理的生产效果

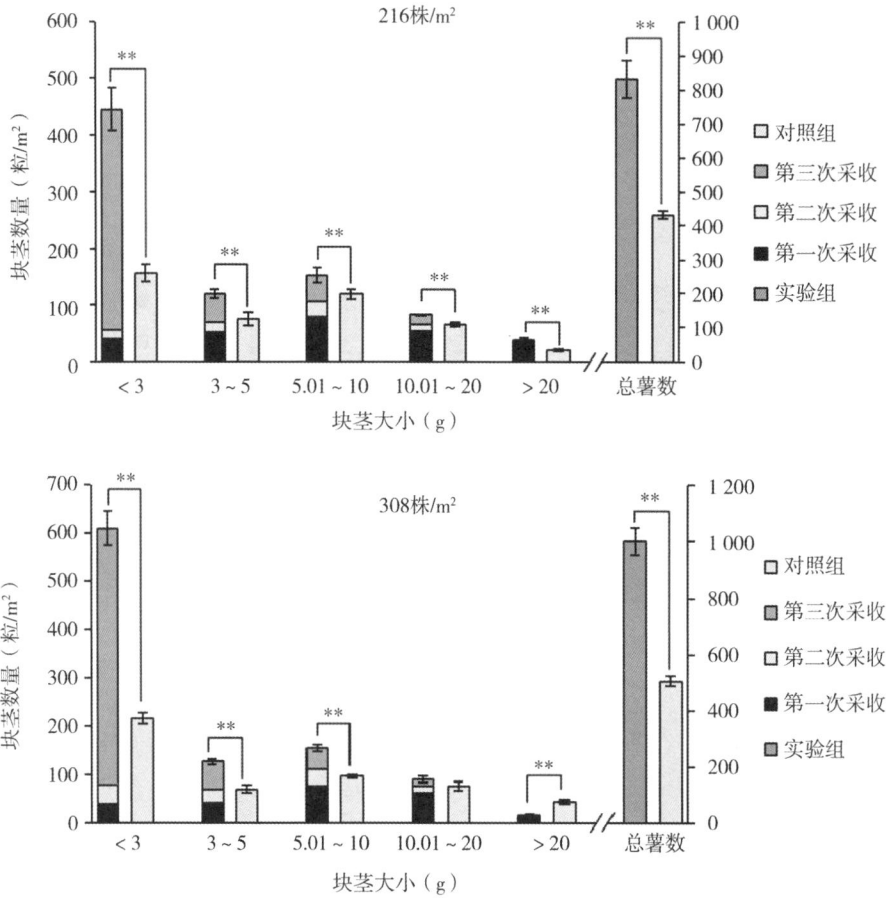

图 7　新型栽培容器处理对微型薯大小和分布的影响

2.4　分次采收对马铃薯微型薯休眠期的影响

在基质栽培条件下分次采收的微型薯也具有休眠期不一致的特点，越早采收的微型薯即使重量或大小达到目标范围，其休眠期越长。同一批次收获的微型薯即使大小不一，但其休眠期基本一致，差异不大，具体结果见表1。从表中可以看出，第1次采收的微型薯其休眠期最长，显著大于其他批次，平均需要 112 ± 3.5 d，第2次采收的微型薯其休眠期平均为 102 ± 3.2 d，第3次采收的微型薯其休眠期平均为 79 ± 1.9 d，而对照组平均休眠期为 73 ± 3.4 d。

表 1　分次采收各等级休眠期

处理	休眠期（d）				
	1 ~ 3 g	3.01 ~ 5 g	5.01 ~ 10 g	> 10 g	平均
第 1 次采收	113 ± 0.58 a	115 ± 0.67 a	113 ± 1.33 a	107 ± 0.58 a	112 ± 3.5
第 2 次采收	99 ± 2.08 b	103 ± 1.67 b	100 ± 2.60 b	106 ± 0.67 a	102 ± 3.2
第 3 次采收	80 ± 0.67 c	76 ± 1.00 c	79 ± 0.58 c	80 ± 1.45 b	79 ± 1.9
对照组	69 ± 0.33 d	72 ± 0.33 d	74 ± 0.33 c	77 ± 0.58 b	73 ± 3.4

注：同一列不同字母表示显著性差异（$P < 0.05$）。

3 讨 论

传统基质栽培方法生产出的微型薯表皮光滑、颜色纯正、易贮藏，但块茎大小不均匀且大块茎偏多，单株繁殖系数低，平均仅有 1 ~ 2 粒。为了提高单位面积微型薯的生产效益，科研工作者做了很多有益的尝试，但多集中在基质配比方面，例如蛭石和草炭合理配比可以显著增加马铃薯微型薯产量，提高商品薯率，增加经济效益 [9,10]。雾培法虽然可以提高单株结薯数，控制微型薯的大小，但收获后的微型薯不易贮藏。研究采用的不同分次采收方式均可以显著增加单位面积微型薯的数量，有效控制块茎的大小，与吴玉红等 [11]、方贯娜和庞淑敏 [12]、Lommen 和 Struik [13] 的研究结果一致。在试验条件下，以新型栽培容器处理微型薯的生产效率最高，比传统栽培方式增收 92% 以上。

在试管苗的雾化栽培试验中，摘除顶端匍匐茎能够促进其他二级匍匐茎的产生，去除老的匍匐茎后植株能够通过补偿机制诱导产生大量新的匍匐茎 [14]。研究中还观察到在双层基质和地膜覆盖栽培中，将先形成的薯块采收后，植株基部有许多新匍匐茎形成，甚至形成气生薯。说明及时摘除大小合适的微型薯，有利于植株光合产物向未膨大的匍匐茎中输送，继续生长形成新的薯块，同时也会促进产生新的匍匐茎。分次采收处理打破了植株原有的动态平衡，植株也会产生更多的新叶，植株更加健壮，说明分次采收可能会延缓植株的衰老。今后的工作中会加大研究马铃薯植株的源库关系，探究利用源库关系的动态平衡调控马铃薯块茎发育。

[**参 考 文 献**]

[1] Mullins E, Milbourne D, Petti C, *et al*. Potato in the age of biotechnology [J]. Trends in Plant Science，2006，11：254–260.

[2] 秦军红，李文娟，卢肖平，等 . 世界马铃薯产业发展概况 [C]// 屈冬玉，陈伊里 . 马铃薯产业与中国式主食 . 哈尔滨：哈尔滨地图出版社，2016.

[3] 陈伊里，石瑛，秦昕 . 北方一作区马铃薯大垄栽培模式的应用现状及推广前景 [J]. 中国马铃薯，2007，21(5)：296–299.

[4] 吴广野 . 马铃薯生产及脱毒种薯繁育状况分析 [J]. 农业科技与装备，2018(3)：1–2.

[5] Weathers P J, Giles K L. Regeneration of plants using nutrient mist culture [J]. In Vitro Cellular and Developmental Biology，1988，24(7)：727–732.

[6] 白金达 . 马铃薯脱毒苗基质栽培与雾化栽培繁育技术研究 [D]. 成都：四川农业大学，2010.

[7] 包蕾，何文寿 . 雾培马铃薯原原种营养方式及管理方式研究进展 [J]. 中国蔬菜，2018(7)：25–29.

[8] 谢从华 . 马铃薯产业的现状与发展 [J]. 华中农业大学学报：社会科学版，2012，97(1)：1–4.

[9] 卞春松，金黎平，谢开云，等 . 不同基质对马铃薯微型薯高效生产的影响 [J]. 种子，2003(5)：104–106.

[10] 付峰，吕福虎，秦琴，等 . 基质中草炭含量对马铃薯微型薯产量的影响 [J]. 种子世界，2016(10)：32–34.

[11] 吴玉红，刘勇，郝兴顺，等 . 基施有机肥对马铃薯原原种生产及二次结薯的影响 [J]. 中国马铃薯，2013，27(5)：293–297.

[12] 方贯娜，庞淑敏 . 采收次数对马铃薯微型薯产量的影响 [J]. 杂粮作物，2004(6)：344.

[13] Lommen W J M, Struik P C. Production of potato minitubers by repeated harvesting: Effects of crop husbandry on yield parameters [J]. Potato Research，1992，35(4)：419–432.

[14] 刘伟，王季春，高旭，等 . 匍匐茎调控对雾培马铃薯生长的影响 [J]. 中国马铃薯，2010，24(6)：341–344.

不同光质对马铃薯试管苗壮苗及试管薯诱导的影响

姜丽丽，张春雨，张桂芝，王鹏程，李　鑫，金光辉*

（黑龙江八一农垦大学农学院，黑龙江　大庆　163319）

摘　要：以马铃薯品种"费乌瑞它"试管苗为材料，设置6个光源处理分别为：荧光灯（CK），100 R，100 B，80 R/20 B，70 R/30 B，50 R/50 B，研究不同光质对马铃薯试管苗壮苗及试管薯诱导的影响。结果表明，LED 红蓝混合光处理下，"费乌瑞它"试管苗壮苗阶段根长、鲜重表现优于 CK、100 R 和 100 B 处理，100 R 处理下，植株徒长，70 R/30 B 为壮苗阶段最佳红蓝光质组合，且在 70 R/30 B 处理下，"费乌瑞它"试管苗叶绿素含量最高。在壮苗阶段使用 70 R/30 B 处理，试管薯诱导阶段 100 B 处理下的"费乌瑞它"结薯提前、结薯数、薯重、最大薯直径均优于壮苗和试管诱导都使用同一种光源，蓝光在试管薯诱导阶段作用明显，在壮苗阶段红蓝混合光更利于试管苗生长，因此马铃薯试管薯诱导最佳组合为壮苗阶段 70 R/30 B 处理，试管薯诱导阶段使用 100 B 处理。

关键词：光质；马铃薯；壮苗；试管薯

马铃薯（*Solanum tuberosum* L.）作为重要的粮食作物，随着经济的发展与消费水平的提高，其需求量也不断加大 [1]。马铃薯脱毒试管苗繁殖是种质资源保存及种苗扩繁主要方式 [2]。马铃薯试管薯诱导是现代化种薯工厂繁种体系关键技术之一，试管薯的生育进程包括试管苗壮苗、试管薯诱导，试管薯诱导受多种因素影响。作为物理环境因子，光驱动植物的生命活动，光质对试管苗壮苗、试管薯的诱导以及光合产物的转运具有重要调节作用。近年来，人们逐渐意识到光环境因子优化是提高马铃薯脱毒试管薯产量和质量的可行途径之一 [3]。

LED（Light-emitting diode）具有体积小、占用空间少，光谱性能好，光电转换率高等优点 [4]，在植物组织培养中采用 LED 作为照明光源，不仅能够调控组培植物的生长发育和形态建成，而且对于缩短植株组织培养周期、提高植物品质有着积极的作用，更重要的是 LED 光源的使用可以减少能耗，缩减成本，适宜于种苗的规模化生产和繁殖 [5]。

研究以马铃薯"费乌瑞它"试管苗为材料，研究不同光质对马铃薯试管苗壮苗及试管薯诱导阶段的影响，初步探讨不同光质对马铃薯试管苗形态及试管薯形成的调控机理，为 LED 在马铃薯试管薯生产中的应用提供依据和指导。

1　材料与方法

1.1　植物材料

马铃薯品种"费乌瑞它"脱毒试管苗，由黑龙江八一农垦大学马铃薯研究所提供。

作者简介：姜丽丽（1982—），女，助理研究员，从事马铃薯遗传育种研究。

基金项目：黑龙江八一农垦大学三横三纵支持计划（ZRCPY201801）。

*通信作者：金光辉，博士，副教授，主要从事马铃薯遗传育种研究，e－mail：ghjin1122@163.com。

1.2　光质处理

光源处理为飞利浦公司 Green Power LED 科研模组，共设置 6 个光源处理，分别为荧光灯（CK），100 R（100% 红光），100 B（100% 蓝光），80 R/20 B（80% 红光 + 20% 蓝光），70 R/30 B（70% 红光 + 30% 蓝光），50 R/50 B（70% 红光 + 30% 蓝光），其中，红光波长 660 nm，蓝光波长 450 nm，各组处理光照强度 40 μ mol/m² · s。

1.3　不同光质对马铃薯试管苗壮苗的影响

1.3.1　试管苗培养

试验于 2019 年 5 月在黑龙江省现代农业栽培技术与作物种质改良重点实验室进行，以 250 mL 玻璃方瓶为培养容器，培养基为 MS 培养基添加蔗糖 3%，琼脂 0.7%，pH5.8。

在无菌条件下，剪取"费乌瑞它"脱毒试管苗 1 ~ 1.5 cm 带腋芽的茎段接种至培养基中，每个光质处理 4 次重复，每瓶接种 20 个茎段。将接种后的脱毒苗置于培养室中进行不同光照培养，培养温度为 24 ± 2℃，光周期设置为光照 16 h、黑暗 8 h。

1.3.2　测定项目及指标

1.3.2.1　形态指标

各光照处理的脱毒苗在培养 21 d 后取出观察试管苗生长状况，并测量株高、根长、鲜重，记录所测数据。

1.3.2.2　叶绿素含量的测定

采用无水乙醇和丙酮混合液提取法[6]。叶绿素提取：取新鲜绿色叶片，洗净吸干叶表面水分。称取 5 g 叶片，加入 10 mL 80% 丙酮，加少许石英砂研磨成糊状，逐步加入 20 mL 80% 丙酮，离心（3 000 r/min）10 min。叶绿素含量的测定：以 80% 丙酮溶液为空白，在波长 663 和 645 nm 处测定叶绿素提取液的光密度值。

$$叶绿素\ a\ 含量 = \frac{(12.7D_{663} - 2.69D_{645}) \times 提取液体积}{样品重（g）\times 1\,000}$$

$$叶绿素\ b\ 含量 = \frac{(22.9D_{645} - 4.68D_{663}) \times 提取液体积}{样品重（g）\times 1\,000}$$

$$总叶绿素含量 = \frac{(8.02D_{663} + 20.2D_{645}) \times 提取液体积}{样品重（g）\times 1\,000}$$

1.4　不同光质对马铃薯试管薯诱导的影响

1.4.1　不同光源处理连续培养诱导试管薯

无菌条件下，将"费乌瑞它"单节带腋芽的茎段接种于 MS 固体培养基中，每瓶 20 节，每处理 4 次重复，分别置于 6 种光质下培养，培养条件同 1.3.1，培养 3 周后，在每处理中倒入 30 mL 诱导培养液（MS + 6 mg/L6 - BA + 80 g/L 蔗糖），加入诱导液的植株继续在原光源处理架上培养，培养温度为 24 ± 2℃，光周期设置为光照 8 h 黑暗 16 h，诱导 8 周后统计试管薯诱导情况。

1.4.2　壮苗 +LED 光源组合培养诱导试管薯

无菌条件下，接种"费乌瑞它"茎段至 MS 固体培养基中，并置于 1.3.1 中筛选出试管苗最佳壮苗培养光照处理，培养 3 周后，每瓶中倒入 30 mL 诱导培养液（成分同 1.3.3.1），再将加入诱导液的植株分别置于 6 中光源处理加上培养，培养温度为 24±2℃，光周期设置为光照 8 h 黑暗 16 h，诱导 8 周后统计试管薯诱导情况。

1.4.3　诱导试管薯统计方法

结薯数：每瓶中诱导出直径大于 2 mm 的试管薯总数（20 株结薯数之和）。

薯重：每瓶中结薯重量总和。

最大薯直径：每瓶中体积最大试管薯直径（游标卡尺测量）。

1.5　数据处理

数据处理与分析采用 Microsoft office excel 2013、DPS 7.65 进行数据统计分析，多重比较采用 Duncan's 新复极差法。

2　结果与分析

2.1　不同光质处理对"费乌瑞它"试管苗壮苗的影响

2.1.1　不同光质处理对"费乌瑞它"试管苗生长的影响

不同光质对"费乌瑞它"试管苗生长的影响见表 1 和图 1，培养 21 d 后"费乌瑞它"试管苗株高在 100 R 处理下最高为 14.62 cm，显著高于其他光质处理，100 B 处理下植株株高最矮仅为 6.72 cm；不同光质处理下"费乌瑞它"试管苗根长差异显著，70 R/30 B 处理下根长最长为 7.20 cm，红蓝光混合光质（80 R/20 B、70 R/30 B、50 R/50 B）处理下根长均高于 CK（对照）及单色光（100 R 和 100 B）处理；植株鲜重方面，70 R/30 B 处理下"费乌瑞它"鲜重最高为 0.295 g，70 R/30 B 与 80 R/20 B 处理差异不显著，与其他光质处理差异显著，红蓝光混合光质处理下植株鲜重显著高于其他光质处理。

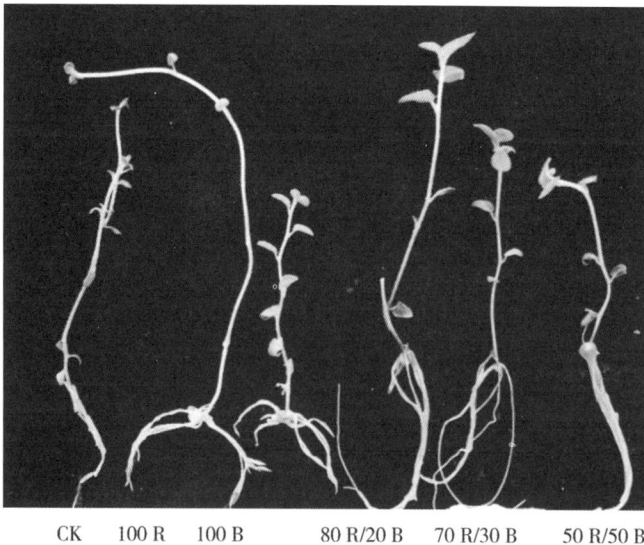

CK　　100 R　　100 B　　80 R/20 B　　70 R/30 B　　50 R/50 B

图 1　不同光质处理"费乌瑞它"脱毒试管苗生长情况

表1 不同光质对"费乌瑞它"脱毒试管苗生长的影响

光质处理	株高（cm）	根长（cm）	鲜重（cm）
荧光灯（CK）	9.17 ± 0.33 b	3.84 ± 0.16 d	0.212 ± 0.012 d
100 R	14.62 ± 0.58 a	2.69 ± 0.09 e	0.234 ± 0.008 c
100 B	6.72 ± 0.31 cd	2.11 ± 0.12 f	0.216 ± 0.008 d
80 R/20 B	9.65 ± 0.47 b	5.79 ± 0.27 c	0.288 ± 0.013 a
70 R/30 B	7.16 ± 0.32 c	7.20 ± 0.42 a	0.295 ± 0.010 a
50 R/50 B	6.35 ± 0.36 d	6.50 ± 0.22 b	0.269 ± 0.003 b

注：同列数据后字母相同代表处理间差异不显著（$P < 0.05$），下同。

2.1.2 不同光质对"费乌瑞它"脱毒试管苗叶绿素及类胡萝卜素含量的影响

不同光质对"费乌瑞它"试管苗叶绿素及类胡萝卜素含量影响差异显著（表2），红蓝混合光源处理下"费乌瑞它"叶绿素a、叶绿素b及总叶绿素含量均高于CK和单色光处理，且与CK和单色光处理间差异显著，红蓝混合光各处理中70 R/30 B的叶绿素a、叶绿素b及总叶绿素含量高于80 R/20 B及50 R/50 B，但是各处理间差异不显著。不同光质对"费乌瑞它"类胡萝卜素含量影响表现为100 R处理下最低，且与其他光质处理间差异显著，而其他光质处理间类胡萝卜素含量差异不显著。

表2 不同光质对"费乌瑞它"脱毒试管苗叶绿素及类胡萝卜素含量的影响

处理	叶绿素 a（mg/g）	叶绿素 b（mg/g）	总叶绿素（mg/g）	类胡萝卜素
荧光灯（CK）	0.385 ± 0.008 b	0.135 ± 0.005 c	0.520 ± 0.012 b	0.191 ± 0.008 a
100 R	0.386 ± 0.016 b	0.106 ± 0.006 d	0.492 ± 0.021 b	0.180 ± 0.010 b
100 B	0.389 ± 0.023 b	0.133 ± 0.005 c	0.521 ± 0.028 b	0.185 ± 0.008 ab
80 R/20 B	0.431 ± 0.017 a	0.155 ± 0.006 ab	0.586 ± 0.021 a	0.193 ± 0.008 a
70 R/30 B	0.443 ± 0.016 a	0.163 ± 0.007 a	0.606 ± 0.020 a	0.190 ± 0.006 a
50 R/50 B	0.430 ± 0.018 a	0.150 ± 0.003 b	0.580 ± 0.020 a	0.193 ± 0.007 a

由以上结果可以看出，在马铃薯试管苗壮苗阶段，LED红蓝混合光源处理下"费乌瑞它"植株生长好于CK和单色光处理，在红蓝混合光处理中，以70 R/30 B处理更适合"费乌瑞它"试管苗的生长，因此，"费乌瑞它"试管苗壮苗阶段最适光源为70 R/30 B。

2.2 不同光质处理对"费乌瑞它"试管薯诱导的影响

2.2.1 连续同一种光质处理对马铃薯壮苗和试管薯诱导的影响

对壮苗阶段（壮苗培养3周）与试管薯诱导阶段连续在同一种光质培养下，"费乌瑞它"试管薯诱导情况的相关见表3。不同光质处理下，马铃薯试管苗初始结薯时间差异显著，100 B处理下，"费乌瑞它"结薯最早，初始结薯期为培养后40 d，且与其他光质处理差异显著，100 R处理下结薯最晚，CK与红蓝混合光质处理下差异不显著。70 R/30 B处理下"费乌瑞它"结薯数和薯重最高，但与CK、80 R/20 B和50 R/50 B之间差异不显著，100 R处理下结薯数最少。50 R/50 B处理下最大薯直径最大为0.34 cm，100 B与70 R/30 B和50 R/50 B处理间差异不显著，100 R处理下最大薯直径最小。综上，壮苗阶段和试管薯诱导阶段连续在同一光质下培养，红蓝混合光中的 70 R/30 B 处理更利于试管薯结薯。

表 3　连续同一种光质处理对"费乌瑞它"壮苗和试管薯诱导的影响

处理	初始结薯时间（d）	结薯数	薯重（g）	最大薯直径（cm）
荧光灯（CK）	42.00 ± 0.71 b	22.38 ± 1.29 ab	1.45 ± 0.07 ab	0.31 ± 0.01 bc
100 R	45.00 ± 0.71 a	19.54 ± 0.83 c	1.26 ± 0.07 c	0.29 ± 0.01 c
100 B	40.00 ± 0.71 c	20.79 ± 0.81 bc	1.34 ± 0.07 bc	0.32 ± 0.01 ab
80 R/20 B	41.50 ± 0.50 b	22.56 ± 0.81 a	1.48 ± 0.02 a	0.33 ± 0.02 ab
70 R/30 B	41.75 ± 0.43 b	23.10 ± 0.93 a	1.52 ± 0.08 a	0.33 ± 0.01 ab
50 R/50 B	41.25 ± 0.43 b	22.76 ± 1.02 a	1.46 ± 0.08 ab	0.34 ± 0.02 a

2.2.2　诱导期光质处理对马铃薯壮苗和试管薯诱导的影响

将置于壮苗培养最适光源 70 R/30 B 处理下培养的"费乌瑞它"试管苗培养 3 周后分别转移至不同光质处理下进行试管薯诱导，研究试管薯诱导期不同光质对试管薯形成的影响（表 4）。

结果表明，100 B 处理下"费乌瑞它"结薯时间最早，而红光处理延迟了结薯时间，100 B 处理下结薯数、薯重和最大薯直径均达到最高值，100 R 处理表现最差，这表明红光处理在试管薯诱导阶段不利于结薯，3 个红蓝混合光处理结薯情况差异不显著，总体表现优于荧光灯处理。

表 4　诱导期光质处理对"费乌瑞它"壮苗和试管薯诱导的影响

处理	初始结薯时间（d）	结薯数	薯重（g）	最大薯直径（cm）
荧光灯（CK）	39.75 ± 0.43 c	22.46 ± 1.15 ab	1.52 ± 0.03 bc	0.33 ± 0.02 b
100 R	43.00 ± 0.71 a	21.03 ± 1.65 b	1.43 ± 0.08 c	0.32 ± 0.02 b
100 B	38.50 ± 0.50 d	24.12 ± 1.20 a	1.76 ± 0.11 a	0.36 ± 0.02 a
80 R/20 B	40.25 ± 0.43 bc	23.48 ± 1.10 ab	1.65 ± 0.10 ab	0.34 ± 0.02 ab
70 R/30 B	40.75 ± 0.43 b	23.44 ± 1.47 ab	1.59 ± 0.08 b	0.35 ± 0.02 ab
50 R/50 B	40.25 ± 0.43 bc	23.15 ± 1.68 ab	1.57 ± 0.05 ab	0.35 ± 0.01 ab

对比表 3 和表 4 可以看出，在壮苗阶段使用 70 R/30 B 处理，试管薯诱导阶段使用不同光质处理下的结薯情况明显优于壮苗和试管薯诱导都使用同一种光源，蓝光在试管薯诱导阶段作用明显，在壮苗阶段红蓝混合光更利于试管苗生长，因此马铃薯试管薯诱导最佳组合为壮苗阶段 70 R/30 B 处理，试管薯诱导阶段使用 100 B 处理。

3　讨　论

光为植物的生长提供能源，光对马铃薯试管苗光合作用、形态建成、物质代谢，试管薯的诱导形成、膨大等生育进程均起到重要的调节作用[7, 8]。研究探讨了不同光质对马铃薯试管苗壮苗、光合特性及结薯特性的影响。

光质对马铃薯脱毒苗的影响主要体现在试管苗壮苗阶段的影响以及试管薯诱导阶段的影响[9, 10]。试管苗的生长状况直接影响试管薯的形成和产量，试管薯的结薯率及大薯率均与试管苗有密切的联系。研究结果表明，试管苗壮苗阶段红蓝混合光处理下"费乌瑞它"生长状况优于荧光灯（CK）和单色光处理，这与 Wilken 等[11]对香蕉组培苗中的研究结果一致。试验中，100 R 处理下"费乌瑞它"试管苗株高最大，这表明红光利于植株的伸长，然而植株生长状态不甚理想，植株瘦弱且已弯曲，Puspa 等[12]在对葡萄试管苗壮苗的研究中也得到了相同的结论。LED 光源中红蓝混合光的比例在植物培养中也尤为重要，试验选用 80 R/20 B、70 R/30 B 及 50 R/50 B 3 种比例，研究结果表明，"费乌瑞它"试管苗在 70 R/30 B 处理下试管苗生长状态最佳，不同植物类型甚至同一作物的不同品种对红蓝光的响应均有所差异，如 50 R/ 50 B 为陆地棉试管苗培养最适光源[13]；蝴蝶兰组培苗在 80 R/20 B 处理下生长最好[14]，草莓试管苗在 70 R/30 B 下表现最优[15]，马铃薯品种克新 13 号在 50 R/50 B 处理下长势最佳[16]。

叶绿素是植物进行光合作用的物质基础，其含量的高低与组成直接影响叶片的光合速率，光质对叶绿素的合成有重要的作用[17]。研究结果表明，红蓝混合光处理"费乌瑞它"试管苗叶绿素含量比荧光灯和单色光处理高，100 R 处理类胡萝卜素含量最低，然而郭津廷等[18]在对"延薯 4 号"研究表明，蓝光可以提高马铃薯叶绿素 a 和叶绿素 b 的含量；但是在莴苣的实验中发现，蓝光处理下叶片的叶绿素含量降低，红光处理下的叶绿素含量升高[19]；Schuerger 等[20]研究表明红蓝组合光谱促进了菊花组培苗叶绿素含量的提高。认为是不同植物对光质的响应不同所致。

组织培养的环境因素，光照、温度、培养基添加物等都能对马铃薯试管薯的形成起到不同程度的调控作用。不同光质的光源引导试管薯形成基因的表达与调控，从而激活试管薯形成相关一系列生理生化过程，对试管薯的生长发育起到极为关键的作用[3]。常宏等[9]研究表明，蓝光马铃薯结薯数量以及结薯期提前有明显促进作用，但对组培苗株高有明显抑制作用。壮苗培养阶段采用红光，试管薯诱导阶段采用蓝光处理利于提高试管薯产量。Fixen 等[21]的研究表明，连续的蓝光处理可抑制"Noland"品种马铃薯试管薯的形成。研究结果表明，壮苗阶段采用 70 R/30 B 处理，试管薯诱导阶段 100B 处理，"费乌瑞它"试管苗结薯提前，结薯数、薯重和最大薯直径表现均最佳，而连续使用同一种光质处理，结薯情况不如先壮苗后诱导理想。

[参 考 文 献]

[1]　李辉尚. 2016 年中国马铃薯市场形势回顾与 2017 年展望 [J]. 农业展望，2017，13(2)：4–8.
[2]　孙邦升. LED 光源在马铃薯种质资源试管苗保存的应用 [J]. 中国马铃薯，2010，24(2)：11–14.
[3]　徐志刚，李瑞宁，黄文文. 光谱与光密度影响马铃薯试管薯诱导发育的研究进展 [J]. 南京农业大学学报，2018，41(2)：195–202.
[4]　闫新房，丁林波，丁义，等. LED 光源在植物组织培养中的应用 [J]. 中国农学通报，2009，25(12)：42–45.
[5]　马晓峰. 不同光谱对马铃薯组培苗及试管薯诱导的影响 [D]. 南京：南京农业大学，2013.
[6]　张永成，田丰. 马铃薯试验研究方法 [M]. 北京：中国农业科学技术出版社，2007.
[7]　周世文，李瑞宁，刘晓英，等. 光谱能量分布对大豆胚尖再生体系的影响 [J]. 南京农业大学学报，2017，40(1)：27–33.

[8] 时向东，蔡恒，焦枫，等.光质对作物生长发育影响研究进展 [J].中国农学通报，2008，24(6)：226-230.

[9] 常宏，王玉萍，王蒂，等.光质对马铃薯试管薯形成的影响 [J].应用生态学报，2009(8)：111-115.

[10] Jiang L，Wang Z Q，Jin G H，*et al*. Responses of Favorita potato plantlets cultured *in vitro* under fluorescent and light-emitting diode (LED) light sources [J]. American Journal of Potato Research，2019，96：396-402.

[11] Wilken D，Gonzalez E J，Gerth A，*et al*. Effect of immersion systems, lighting, and TIS designs on biomass increase in micropropagating banana (*Musa*, spp. cv.'Grande naine'AAA) [J]. In Vitro Cellular and Developmental Biology – Plant，2014，50(5)：582-589.

[12] Puspa R P，Kataoka I，Mochioka R. Effect of red-and blue-light emitting diodes on growth and morphogenesis of grapes [J]. Plant Cell, Tissue and Organ Culture，2008，92：147-153.

[13] Li H，Xu Z，Tang C. Effect of light-emitting diodes on growth and morphogenesis of upland cotton (*Gossypium hirsutum* L.) plantlets *in vitro* [J]. Plant Cell, Tissue and Organ Culture，2010，103(2)：155-163.

[14] Wongnok A，Piluek C，Techasilpitak T，*et al*. Effects of light emitting diodes on micropropagation of *Phalaenopsis orchids* [J]. Acta Horticulturae，2008，788：149-156.

[15] Nhut D T，Takamura T，Watanabe H，*et al*. Responses of strawberry plantlets cultured *in vitro* under superbright red and blue light-emitting diodes (LEDs) [J]. Plant Cell, Tissue and Organ Culture，2003，73(1)：43-52.

[16] 姜丽丽，孟佳美，杨丹婷，等.LED 光源不同光质对马铃薯试管苗生长的影响 [J].中国马铃薯，2018，32(5)：266-271.

[17] Kong S S，Murthy H N，Heo J W，*et al*. The effect of light quality on the growth and development of *in vitro* cultured *Doritaenopsis* plants [J]. Acta Physiologiae Plantarum，2008，30(3)：339-343.

[18] 郭津廷，滕跃，高玉亮，等.不同光质对马铃薯腋芽薯结薯特性及光合性能的影响 [J].作物杂志，2019(6)：120-126.

[19] Sims D A，Pearcy R W. Response of leaf anatomy and photosynthetic capacity in *Alocasia macrorrhiza* (Araceae) to a transfer from low to high light [J]. American Journal of Botany，1992，79：449-455.

[20] Schuerger A C，Brown C S，Stryjewski E C. Anatomical features of pepper plants (*Caesium anrruum* L.) grown under red light emitting diodes supplemented with blue or far-red light [J]. Annals of Botany，1997，79：273-282.

[21] Fixen K R，Thomas S C，Tong C B S. Blue light inhibition of tuberization in a day-neutral potato [J]. Journal of Plant Growth Regulation，2012，31(3)：342-350.

浅析安定区马铃薯连作障碍的影响及防治对策

陈　雄[*]，安　磊，王成刚

（甘肃省定西市安定区农业技术推广服务中心，甘肃　定西　743000）

摘　要：根据近几年马铃薯连作障碍的试验研究，浅析了安定区马铃薯连作障碍对马铃薯形态、作物生长环境、土壤生物环境、土壤的理化性状因子的影响，并分别从合理轮作、调整植制度，科学施肥、增施有机肥，种植绿肥及种植耐连作品种方面提出了马铃薯连作障碍的防治对策，以供安定区及同类地区马铃薯产业可持续发展提供科学依据。

关键词：马铃薯；连作障碍；影响；防治对策

近年来，安定区马铃薯种植面积持续保持在 6.67 万 hm^2 左右，占农作物总播种面积的 60% 以上，总产量稳定在 130 万 t 左右，轮作倒茬困难。多年连作形成的连作障碍导致了马铃薯多种病虫害的逐年加重，品性退化，品质下降，产量徘徊不前，甚至大面积减产 20%～50%，严重影响着马铃薯产业的可持续发展。

1　连作与连作障碍的概念

1.1　连　作

狭义的连作是指在同一块地里连续种植同一种作物（或同一科作物）。例如，连年在同一块地种植马铃薯或马铃薯与番茄连年轮流种植。广义的连作是指同一种作物或感染同一种病原菌或线虫的作物连续种植[1-4]。

1.2　连作障碍

同一作物或近缘作物（通常指同科或同属的作物，如马铃薯、茄子、番茄等）连作以后，即使在正常管理的情况下，也会出现产量降低、品质变劣、生育状况变差的现象，这一现象就是连作障碍[1-4]。

2　马铃薯连作障碍的影响

马铃薯是一种十分敏感的作物，对连作的反应比较大，并且随着马铃薯产业化的程度提高，连作障碍所产生的问题更加急需解决。同正常管理种植相比，连作显著降低了马铃薯植株的生物量与块茎产量，并且随着连作年限的增长，连作障碍会更加突出[5]。这造成了马铃薯产量的大幅度减少以及品质的下降，对人民的生产和收入造成巨大的损失。

作者简介：陈雄（1977—），男，本科，高级农艺师，从事农业技术推广工作。

基金项目：甘肃省定西市安定区耕地质量提升与化肥减量增效项目（gsdxad201767）。

* 通信作者：陈雄，e - mail：657873556@qq.com。

2.1 连作对马铃薯形态的影响

通过多年的试验示范和实践证明，随着马铃薯连作年限的增加，马铃薯根、茎、叶器官的形态指标均发生了一定的变化，其中根系的总长度、根表面积、根尖数逐渐增加[6]，但根的活力降低[7]，对养分的吸收能力大打折扣，不能及时的为马铃薯植株和茎块的生长提供养分；但直径和体积基本不变；单株总茎数减少[8]，茎的高度降低，块茎硬度降低；叶面积减小，光合作用降低[9]。

2.2 连作对作物生长环境的影响

马铃薯在连作后，根系分泌物中主要以酚酸类物质为主，而酚酸类物质是公认的化感物质，此类化感物质不仅对植物的生长有严重的抑制作用，而且能刺激某些有害微生物的生长和繁殖[10,11]。此外植株残体在微生物的作用下，其降解过程中会产生一些对同一种或同一科作物生长发育不利的物质，随着连作年限的增加，有害真菌（病原菌）的种类和数量增加，提供了根系病害赖以生存的寄主和繁殖的场所，使土壤中病原菌的数量不断增加，造成作物残体的病原菌积累。

2.3 连作对土壤生物环境的影响

马铃薯连作后，会对土壤中的蔗糖酶产生影响，最终会降低马铃薯对土壤中碳素的吸收，对马铃薯的生长发育产生影响；其次土壤中土传性病害发生程度增加，特别是近几年来马铃薯疮痂病和黑痣病的大面积发生。土壤微生物中包含细菌、真菌等可以加快土壤中有机物的降解过程，利于养分的转化及循环，而进行连作后土壤中细菌与真菌的比值降低，增加了真菌的相对数量使土壤中碳素与氮素比值提高。土壤微生物种群结构失衡是导致土壤质量下降、作物减产的主要原因。大量研究表明，连作障碍主要表现之一在于土壤微生物区系由"细菌型"向"真菌型"的转变，土壤微生物从细菌型向真菌型转化，会使土壤微生物群落结构和功能发生巨大变化[12,13]。

2.4 连作对土壤的理化性状的影响

马铃薯经过多年的连作，土壤中的物理性状及化学性状均会发生一定的变化，如土壤中的盐类含量逐渐增加，造成土壤出现板结现象，降低土壤的透气性，增加土壤的容重，降低土壤孔隙，对马铃薯的正常生长产生不利的影响。部分农户在种植马铃薯的过程中，由于知识缺乏，不合理的单一施肥导致作物被动吸收，致使植株体内各种养分比例失调，植物的抗逆能力下降；施肥不科学和化肥施用量过多导致土壤中的含盐量增加，渗透势增大，影响作物对肥水条件的吸收，不利于其正常生长。连作还会显著影响表层土壤中的酸碱度，一般连作年限越久，土壤中的 pH 越大[14]。此外，不同的作物对土壤中的养分吸收具有选择性的特点，马铃薯长期连作后，造成土壤中某一种或某几种营养元素的亏缺，在得不到及时补充的情况下便出现缺素症，影响其正常生长，产量和品质下降，严重者导致植株死亡；而另一些养分含量却不断增加，使土壤养分比例失调，造成"木桶效应"[15]。

3 调控马铃薯连作障碍的对策

3.1 合理轮作，调整种植制度

通过轮作改善土壤结构，既有利于调解作物吸收土壤中的不同养分，以可调解土壤微

生物群落，使土壤病害得到抑制[16]；轮作也可使土壤中的病菌失去寄主或改变生活环境，病原菌数量以及病虫害数量可以明显降低。通过近几年的试验研究表明，豆科作物对马铃薯连作地块的有机质、速效氮、速效磷、速效钾等含量有不同程度的促进作用，马铃薯产量增产显著，增产率30%～50%。轮作是解决马铃薯连作最简单有效的方法[17]。

3.2 科学施肥，增施有机肥

一方面实施配方施肥，通过土壤养分测试，掌握土壤有效供肥状况，在减少化肥投入量的前提下，科学调控其营养均衡供应，以达到改善其品质的目标；另一方面增施有机肥，不仅可以改善土壤结构和土壤理化性质，而且可为作物生长提供充足的养分。通过用地和养地相结合，有机肥和无机肥相结合，不断改善田土的理化性状，达到培肥改土，提高土壤综合生产能力的可持续发展的目的，也是减轻连作障碍的有效措施。

3.3 种植绿肥

绿肥是重要的有机肥源，养分含量丰富。在多年连作的地块种植豆科绿肥作物，盛花期进行机械直接翻压，或将绿肥用旋耕器械杀青打碎，然后深翻压入土层，能改善土壤理化性状、起到改良土壤结构、增加土壤肥力，从而提高后茬作物产量和品质；还能减少农田化肥使用量，从而降低农业的环境污染，改善农业生态环境。根据对2017～2018年采集土样样品的化验分析，种植绿肥土壤有机质含量较对照分别增加了0.55和1.36 g/kg；速效钾增加了5.3和4.2 mg/kg；缓效钾增加了29.3和23.5 mg/kg；全氮增加了0.04和0.08 g/kg；有效磷增加了2.19和0.61 mg/kg；土壤容重下降0.03～0.04 g/cm³；有效铁、锰、铜、锌等中微量含量均有不同程度提高。

3.4 种植耐连作品种

针对连作障碍进行专门的生态育种，种植耐连作的马铃薯品种（如耐病虫害、耐自毒、耐盐害等）[18]。此外，播前施足基肥，使用微型薯和原种，对种薯进行包衣，中耕培土，以及施用多效唑和膨大素均对消除马铃薯连作障碍有一定的作用。

4 讨　论

近年来，安定区随着马铃薯产业化程度的提高，连作问题更加突出，连作障碍引起的土壤恶化、病害积累等问题一直是困扰马铃薯生产的一大障碍。虽然对克服马铃薯连作障碍的措施提出了科学施肥、轮作倒茬、种植绿肥、应用抗性品种等防治措施，但由于马铃薯连作障碍的发生由多因素相互综合作用而形成的，受水平和条件限制对连作障碍的机理仍不十分清楚，试验研究多属于单因素试验，多因素特别是根际化感物质及土壤微生态因子与连作障碍相关性的研究有待深入。

[参 考 文 献]

[1] 吴凤芝，赵凤艳.根系分泌物与连作障碍[J].东北农业大学学报，2003，34(1)：114-118.

[2] 原霁虹，张尚智.马铃薯连作障碍的研究进展[J].天津农林科技，2015(l)：19-22.

[3] 高群，孟宪志，于洪飞.连作障碍原因分析及防治途径研究[J].山东农业科学，2006(3)：60-63.

[4] 郑良永，胡剑非，林昌华，等.作物连作障碍的产生及防治[J].热带农业科学，2005，25(2)：58-62.

[5] 刘星，邱慧珍，王蒂，等 . 甘肃省中部沿黄灌区轮作和连作马铃薯根际土壤真菌群落的结构性差异评估 [J]. 生态学报，2015，35(12)：3 938-3 948.

[6] 沈宝云，刘星，王蒂，等 . 甘肃省中部沿黄灌地区连作对马铃薯植株生理生态特征生态性的影响 [J]. 中国生态农业学报，2013，21(6)：689-699.

[7] 张文明，邱慧珍，刘星，等 . 连作对马铃薯根系生物学特征和叶片抗逆生理的影响 [J]. 干旱地区农业研究，2014，22(4)：130-136.

[8] 孟品品 . 连作条件下马铃薯根际微生态环境的变化及其生物效应研究 [D]. 兰州：甘肃农业大学，2012.

[9] 回振龙，王蒂，李宗国，等 . 外源水杨酸对连作马铃薯生长发育及抗性生理的影响 [J]. 干旱地区农业研究，2014，32(4)：1-8.

[10] 孙磊 . 不同连作年限对大豆根际土壤养分的影响 [J]. 中国农学通报，2008，24(12)：266-269.

[11] 刘军，温学森，郎爱东 . 植物根系分泌物成分及其作用的研究进展 [J]. 食品与药品，2007，9(3)：63-65.

[12] 傅佳，李先恩，傅俊范 . 重茬种植西洋参对其根区土壤微生物与土壤理化性质影响 [J]. 微生物学杂志，2009，29(2)：63-66.

[13] 马琨，张丽，杜茜，等 . 马铃薯连作栽培对土壤微生物群落的影响 [J]. 水土保持学报，2010，24(4)：229-233.

[14] 喻景权，杜尧舜 . 蔬菜设施栽培可持续发展中的连作障碍问题 [J]. 沈阳农业大学学报，2000(1)：124-126.

[15] 杜茜，马琨 . 马铃薯连作对土壤理化性质及酶活性的影响 [J]. 黑龙江农业科技，2013(3)：20-23.

[16] 张晓玲，潘振刚，周晓峰，等 . 自毒作用与连作障碍 [J]. 土壤通报，2007，38(4)：781-784.

[17] 张子龙，王文全 . 植物连作障碍的形成机制及其调控技术研究进展 [J]. 生物学杂志，2010，27(5)：69-72.

[18] 裴国平，王蒂，张俊莲 . 马铃薯连作障碍产生的原因与防治措施 [J]. 广东农业科学，2010，37(6)：30-32.

马铃薯新型催芽技术在大棚马铃薯
种植中的应用效果

蒋铭荃*

（临洮县农业技术推广中心，甘肃 临洮 730500）

摘 要：随着国家现代农业的快速发展，临洮县也积极响应时代步伐，在马铃薯种植中创新出了各种利于生产、提高产量、产值等增值有效的农业生产技术，其中最具有突破性的一项新技术——马铃薯新型催芽技术在大棚马铃薯种植中的应用已成功推广。

关键词：马铃薯；新型催芽技术；应用

临洮县马铃薯长年种植面积稳定在 33 333 hm² 左右，其中：灌溉区马铃薯种植面积达 6 667 hm²，随着临洮县现代农业的发展和农产品市场化竞争激励的因素的影响，临洮县水川区大棚马铃薯种植近年来呈上升发展促势，在种植中总结出了一系列高产栽培技术，现就将马铃薯新型催芽技术及在大棚马铃薯种植中的应用总结撰写如下。

1 马铃薯新型催芽技术的概念

利用现代设施，创造适宜马铃薯催芽的生长环境条件，达到人为可控调节大棚马铃薯播种时间，强市销售，实现增值的一项新技术。

2 马铃薯新型催芽技术的流程

2.1 切 薯

12 月中旬开始人工切马铃薯种薯块，切块时注意：单块重量 50 g 左右；种薯竖切，打破顶芽优势；尾部芽（呆芽）由于其发芽后生长势弱产量低一般淘汰不用；切种时准备两把切刀互换，防止病菌传播，切到病烂薯时要严格淘汰，并用 75% 的酒精消毒刀面，否则会造成病害的传播；切薯时要求薯块有 1 个芽眼。

2.2 拌 种

边切种边拌种，切种后等待时间长再拌种由于切面木栓层形成、水分干涸不易使拌种药粉与种薯块充分结合，影响拌种效果。拌种药粉采用可鲁巴：大白粉，一般按照 1：100 的比例混匀后撒在切好的种薯块上，人工搅拌均匀即可。200 kg 种薯拌种需使用可鲁巴可湿型粉剂（丙森·霜脲氰：总有效成分含量 60%，丙森锌含量 50%，霜脲氰含量 10%）150 g。

作者简介：蒋铭荃（1974—），男，高级农艺师，主要从事农业技术推广工作。

* 通信作者：蒋铭荃，e - mail：58629752@qq.com。

2.3 摆盘

将拌种处理后的马铃薯种薯块按照芽眼超上的方向一个挨一个的摆放在催芽盘中，催芽盘大小为：长 × 宽 × 高 = 50 cm × 50 cm × 10 cm，底部为 0.2 cm × 0.2 cm 的网格镂空构造。一般每个催芽盘能摆放 28 个左右的马铃薯种薯块。

2.4 催芽

摆放好一盘就将该催芽盘人工搬放在催芽室内进行催芽处理。室内催芽盘一层累一层的摆放时应注意上下层的催芽盘摆放相互错开 45° 角，便于通风透气和温度均匀，促进催芽效果。室内温度控制在 20 ~ 24℃，一般催芽 15 d 左右，芽条长度达 4 cm 左右即可进行播种。催芽室可以是自建一般民房也可以是气调库，面积 150 m^2 可提供 6.7 hm^2 种植面积的催芽处理。一般建议建成气调库，冬季用于催芽处理，夏秋季用于蔬菜保鲜处理，一年周转使用，降低农业生产成本，提高设施使用效率。

3 催芽种薯大棚种植试验示范效果

3.1 试验材料

以采用新型催芽技术处理的种薯作为材料，以传统催芽技术（播前 15 d 从窖中取出种薯，捡出病烂薯，将健薯放在温暖处的散射光下催芽，等薯芽萌动时切块）处理的种薯为对照开展比较试验。供试品种为"希森 6 号"，由国家马铃薯工程技术研究中心、希森马铃薯有限集团提供，为一级种薯。黑地膜厚度 0.01 mm，宽幅 120 cm，由临洮县壮壮地膜生产厂提供。肥料购自农资市场。

3.2 试验方法

试验设在临洮县新添镇上街村，海拔 1 800 m，年降雨量 410.5 mm，无霜期 146 d，属于临洮县保灌区，地力均匀，土壤肥沃，试验采用随机区组设计，3 次重复，小区面积为 66.7 m^2。试验主要调查各处理马铃薯的 7 个主要农艺性状（生育期、出苗率、株高、单株块茎数、单株产量、商品薯率、病害发生情况）及产量表现。

3.2.1 种植

采用地膜覆盖高垄种植，小型机械起垄，按带幅 90 cm，垄高 30 cm，垄面宽 45 cm，垄基 60 cm 起垄，垄上播种 2 行，孔深 10 cm，株距为 30 cm，播种密度 4 700 株 /667 m^2。播后用黑色地膜覆盖。试验地前茬为蔬菜。分别是 2018 年 1 月 10 日播种，马铃薯新型催芽技术处理的小区 5 月 4 日开始收获上市，CK 5 月 22 日开始收获；2019 年 1 月 8 日播种，马铃薯新型催芽技术处理的小区 5 月 1 日开始收获上市，CK 5 月 21 日开始收获上市。

3.2.2 施肥

磷酸二铵总养分 ≥ 64.0%（N–P$_2$O$_5$–K$_2$O = 18–46–0）50 kg/667 m^2，农业用硫酸钾（氧化钾 K$_2$O ≥ 25%，硫 S ≥ 25%，镁 ≥ 5%）40 kg/667 m^2，复合肥 ≥ 44%（N–P$_2$O$_5$–K$_2$O = 16–5–23）40 kg/667 m^2，发酵鸡粪 2 000 kg/667 m^2。

3.2.3 田间管理

苗期管理：出苗期间注意观察，如有苗与播种孔错位，应及时放苗，以防烧苗。出苗后视情况查苗补苗，拔出病苗。这阶段应注意防止地下害虫和蚜虫危害。

现蕾期及结薯期管理：根据马铃薯的长势和土壤墒情及时浇水追肥。浇水不可大水漫灌，浇至垄高 1/3 ～ 1/2 为宜，防止积水。注意不能等到过于干旱再浇。气温高中午不浇水，应选择早晚或夜间浇水，植株封垄前（现蕾期），根据长势随灌水追施尿素 10 kg/667 m^2，收获前 15 d 停止浇水。

棚温管理：气温回升后，注意棚温及时通风或遮阴，棚温控制在 30℃ 以内，温度过高时采用四面通风，棚温在 25℃ 左右时关闭通风口。在盛花期，当晚间气温稳定在 12℃ 以上后从棚两头开始向中间逐渐卷撤棚膜，3 ～ 5 d 后方可完全撤去棚膜。使马铃薯植株适应外界环境，并保证土壤墒情。

根外追肥：从苗期开始在叶面喷施 0.5% 的磷酸二氢钾水溶液（每 667 m^2 用磷酸二氢钾 250 g/667 m^2 兑水 50 kg），一般每隔 7 d 喷 1 次，共喷 2 ～ 3 次。

病虫害防治：在生长期发生早、晚疫病及蚜虫危害时用 58% 宝大森可湿性粉剂 100 g/667 m^2 或 70% 代森锰锌可湿性粉剂 100 g/667 m^2 兑水 45 kg 喷雾防治早疫病；用 58% 宝大森可湿性粉剂 100 g/667 m^2 或 70% 代森锰锌可湿性粉剂 100 g/667 m^2 加 80% 敌敌畏乳油 50 ～ 100 mL 兑水 45 kg 喷雾防治晚疫病和蚜虫，每隔 7 d 防 1 次，连续防 2 ～ 3 次。

4 结果与分析

由表 1 可以看出，应用新型催芽技术处理的种薯播种较 CK 提前成熟 18 d，利于早上市，实现高收入；出苗率高 5 个百分点，差异不大，但应用新型催芽技术处理的种薯播种为全苗，株高增高 4.9 cm，单株块茎数多 0.5 个，单株产量高出 92.4 g，商品薯率高 4.4 个百分点，增产 18.3%，由于早收获早上市，抢市销售创造的增收达 43.9%。由此可见增产增收效果显著。

表 1　2018 年新型催芽技术在大棚马铃薯种植中的应用田间调查及测产

处理	生育期（d）	出苗率（%）	株高（cm）	单株块茎数（个）	单株产量（g）	小区产量（kg/66.7 m^2）	较 CK 增产（%）	较 CK 增收（%）	商品薯率（%）	病害发生情况
应用新型催芽技术处理的种薯播种	116	100	67.4	6.8	918.2	436.8	18.3	43.9	90.8	17% 植株出现病斑
应用传统催芽技术处理的种薯播种（CK）	134	95	62.5	6.3	825.8	369.2			86.4	45% 植株出现病斑

注：5 月 10 日前马铃薯市场单价 2.2 元 /kg，5 月 20 日左右马铃薯市场单价 1.9 元 /kg。

由表 2 可以看出，应用新型催芽技术处理的种薯播种较 CK 提前成熟 20 d，利于早上市，实现高收入；出苗率高 6 个百分点，差异不大，但应用新型催芽技术处理的种薯播种为全苗；株高增高 3.7 cm，单株块茎数多 0.7 个，单株产量高出 128.9 g，商品薯率高 5.9 个百分点，增产 23.7%，由于早收获早上市，抢市销售创造的增收达 50.5%。由此可见增产增收效果显著。

表 2　2019 年新型催芽技术在大棚马铃薯种植中的应用田间调查及测产

处理	生育期（d）	出苗率（%）	株高（cm）	单株块茎数（个）	单株产量（g）	小区产量（kg/66.7 m²）	较 CK 增产（%）	较 CK 增收（%）	商品薯率（%）	病害发生情况
应用新型催芽技术处理的种薯播种	115	100	68.3	6.5	930.5	439.9	23.7	50.5	89.5	18% 植株出现病斑
应用传统催芽技术处理的种薯播种（CK）	135	94	63.6	5.8	801.6	355.6			83.6	41% 植株出现病斑

注：5 月 10 日前马铃薯市场单价 2.5 元 /kg，5 月 20 日左右马铃薯市场单价 2.2 元 /kg。

5　讨　论

近年来，临洮县大棚马铃薯种植面积在快速扩大，主要依赖于高产品种的引进应用和高产栽培技术的配套使用以及市场的引导。大棚马铃薯主要是鲜食菜用，首先是对品种的要求，必须是高产、早熟、耐寒、耐湿的马铃薯品种；其次是为了实现抢市销售达到增产增收目的，必须对大田栽培技术进行创新变革，争取人为创造生长环境，提前马铃薯生育时期。

通过在临洮县开展的试验示范，观察马铃薯新型催芽技术在大棚马铃薯种植中的应用，结果表明该技术不仅提早了大棚马铃薯上市时间 20 d 左右，在市场单价上占据了绝对优势，较 CK 处理的种薯种植收获的马铃薯高 0.3 元 /kg，实现了间接增收；而且产量、商品率均较 CK 处理的种薯种植收获的马铃薯高，实现了直接增收；最主要的一点是通过应用马铃薯新型催芽技术实现了马铃薯播种后的全苗要求，并且田间长势均匀一致，便于田间管理，而且病害发生较 CK 轻，为增产增收奠定了基础，使增收较 CK 增加 40% 以上。

"冀张薯 12 号"在临洮县干旱区不同覆膜方式试验

刘喜霞*

（临洮县农业技术推广中心，甘肃 临洮 730500）

摘 要：良种需配良法才能发挥出更加高产的潜能，2015 年"冀张薯 12 号"在临洮县引种试种成功，为探索其配套栽培技术，2016 年进一步布置不同覆膜方式种植试验。结果表明，"冀张薯 12 号"原种应用黑地膜覆盖栽培技术增产显著、在干旱区黑地膜平铺覆盖，其产量最高。

关键词：冀张薯 12 号；种植方式；效果

临洮县马铃薯常年种植面积在 3.3 万 hm² 左右，是支柱产业之一，农业部门在加大新品种引进的同时研究成功筛选出的新品种的高产栽培技术显得尤为重要，良种良法配套，发挥品种增产潜能，为此 2016 年临洮县农业技术推广中心进行干旱区不同覆膜方式试验。

1 材料与方法

1.1 试验材料

以"冀张薯 12 号"为试验材料，地膜使用壮壮地膜厂生产的普通黑色地膜，幅宽 120 cm、厚 0.01 mm。施入优质农家肥 2 000 kg/667 m²，施磷酸二铵 10 kg/667 m²，普通过磷酸钙 50 kg/667 m²，尿素 40 kg/667 m²，碳铵 80 kg/667 m²，播前结合整地一次性施入。马铃薯切种后，种子采用宝大森拌种。

1.2 试验方法

试验设在太石镇三益村，该试验点海拔 1 900 m，年降雨量 330 mm，无霜期 150 d，年平均气温 6.6℃，土地类型是山旱地，土壤为麻土，肥力中等，前茬作物为马铃薯。试验采用随机区组设计，3 次重复，小区面积 4 m × 10 m = 40 m²。试验采用黑膜全覆盖垄上微沟种植和黑膜全覆盖平铺种植两种不同种植模式，两个处理的带幅均为 110 cm，株距 33 cm，行距 55 cm，播种密度 3 700 株/667 m²。用二甲戊灵除草剂 120 g/667 m² 兑水 30 kg 覆膜前进行喷雾。于 3 月 25 日覆膜，3 月 31 日播种。覆膜后一旦发现地膜破损，及时用细土盖严；苗期及时查苗放苗，出苗期要随时查看；中后期以追肥为主，在现蕾期开始叶面喷施马铃薯专用液肥，间隔 10 d 喷 1 次，共喷施 2 次。病害以早、晚疫病防控为主，用 58% 甲霜灵锰锌可湿性粉剂 500 倍液、75% 百菌清可湿性粉剂 600 倍液，两种药剂交替均匀喷雾，隔 7 ~ 10 d 防治 1 次，连续防治 3 次；虫害用 10% 吡虫啉可湿性粉剂 3 000 倍液喷雾防治。全生育期拔除田间杂草，其余管理同大田。试验于 10 月 18 日收获。调查品种的 6 个主要农艺性状（出

作者简介：刘喜霞（1979—），女，高级农艺师，主要从事马铃薯新品种、新技术引进等农业技术推广工作。

* 通信作者：刘喜霞，e - mail：707889784@qq.com。

苗期、生育期、出苗率、单株块茎数、单株产量、商品薯率）及产量测定。

2 结果与分析

由表1可以看出，"冀张薯12号"原种种植，在不同覆膜方式下，各个生育时期出现时间变化不大，最终成熟收获相差 4 d。

表 1   不同覆膜方式下"冀张薯 12 号"物候期

处理	播种期（D/M）	出苗期（D/M）	块茎形成期（D/M）	块茎增长期（D/M）	淀粉积累期（D/M）	成熟期（D/M）
全膜覆盖平铺种植	31/03	26/05	28/06	05/07	25/07	14/09
全膜覆盖垄上微沟种植	31/03	25/05	25/06	02/07	22/07	10/09

由表2可以看出，"冀张薯12号"原种种植，全膜覆盖平铺种植出苗率较全膜覆盖垄上微沟种植低3个百分点，单株块茎数多0.3个/株，单株产量高29.1 g/株，商品薯率高0.4个百分点，产量高0.04%，整体指标间差异不大。分析原因在干旱区起垄种植一定要严格限制垄高，该试验中垄太高，导致在干旱高温持续期间垄内水分通过播种孔蒸发迅速，垄内墒情影响严重，马铃薯正值生长零界期，所以导致产量低于全膜覆盖平铺种植。

表 2   不同覆膜方式下"冀张薯 12 号"产量表现

处理	出苗率（%）	单株块茎数（个/株）	单株产量（g/株）	小区产量（kg/40 m²）	商品薯率（%）
全膜覆盖平铺种植	92	4.2	730.6	163.4	90.1
全膜覆盖垄上微沟种植	95	3.9	701.5	156.8	89.7

3 讨论

近年来，随着脱毒种薯的应用，临洮县马铃薯产业得到了良好发展，但高产品种的配套栽培技术仍需研究，良种良法配套才能体现出一个优质高产品种的生产能力，尤其是具有适应地方高产栽培技术做支撑，才能提升产业的生产力、创造力和影响力。因此，研究试验成功筛选出的高产品种丰产栽培技术提高产量、增加收入的关键措施。"冀张薯12号"相应高产高效栽培技术的探索，为大田推广提供了科学依据，通过各类试验的不断研究"冀张薯12号"已成为临洮县的主导品种，增产幅度大，高达50%以上，推广应用前景广阔。在几年的种植过程中深受广大种植户的青睐，在临洮县不同种植区域采取相应栽培技术均能获得高产，无论采用哪种覆膜方式种植，均可以改善马铃薯生长环境，促进马铃薯生长发育，提高马铃薯经济性状。通过"冀张薯12号"系列栽培试验，初步掌握了"冀张薯12号"的发育特征和生长规律，为下一步"冀张薯12号"高产高效栽培技术集成提供理论依据。

安定区马铃薯秸秆带状覆盖技术增产机理研究

王成刚，李继明*，冉　平，王彩霞，武汉军，赵维涛，杨　莹

（甘肃省定西市安定区农业技术推广服务中心，甘肃　定西　743000）

摘　要：秸秆覆盖技术是旱作农业可持续发展的有效手段，具有保墒、环保、培肥地力、增产等作用。安定区秸秆资源丰富，采用马铃薯秸秆带状覆盖栽培可实现秸秆就地利用和减轻地膜的环境污染问题。选择玉米秸秆带状覆盖与当地主要种植模式黑色全膜垄作侧播和露地平作进行对比试验，验证不同马铃薯品种在不同栽培模式下的性状表现。结果表明，对不同品种的马铃薯，秸秆带状覆盖处理能延长其生育期 3 ~ 9 d；在马铃薯生长中后期，秸秆带状覆盖处理能提高土壤含水量，降低地温，有利于块茎膨大和获得高产，提高土壤含水量0.09% ~ 1.04%，降低土壤温度1.4 ~ 3.2 ℃；不同马铃薯品种采用秸秆带状覆盖方式种植，较黑色全膜垄作侧播和露地平作都能获得高产，马铃薯产量平均增产6.4% ~ 21.4%。因此，在旱作区，应加大对秸秆覆盖技术的推广，促进秸秆资源化利用，增蓄土壤水分和培肥地力，促进马铃薯稳产高产。

关键词：安定区；马铃薯；秸秆带状覆盖；增产机理；试验

定西市安定区气候干旱，土壤瘠薄，土壤有机质含量低[1]。区内种植的主要作物有马铃薯和玉米，每年种植的玉米都会产生大量的秸秆，除一部分发展草牧产业外，还有大部分堆放在田间地头。马铃薯种植的主要技术是黑色地膜覆盖，随着面积扩大和连年种植，地膜污染问题和土壤连作障碍日益凸显[2]。采用秸秆覆盖及还田的方式可以实现对玉米秸秆的资源化利用，蓄水保墒，增加土壤有机质，改善土壤结构，提升地力水平，能平衡作物营养，减少化肥投入，调节土壤温湿度，增强作物抗灾稳产能力，对减少环境污染具有重要的作用[3]。刘志祖和杨昕霞[4]研究发现，旱地马铃薯秸秆带状覆盖有明显的增产保墒效果，而且生态环保，有利于秸秆还田和培肥地力、消化大量剩余玉米秸秆资源，降低结薯期土壤高温胁迫，提高品质，减轻病害。许静等[5]研究表明坡耕地稻草和玉米秸秆覆盖有利于保蓄水土，改良土壤性状，稳定提高马铃薯产量。为探索旱地秸秆带状覆盖栽培技术在安定区的推广使用，有效利用当地丰富的秸秆资源，培肥地力，选择玉米秸秆带状覆盖与当地主要种植模式黑色全膜垄作侧播和露地平作进行对比试验，验证不同品种在这3种栽培模式下的性状表现，研究秸秆带状覆盖栽培模式在安定区应用的可行性。

作者简介：王成刚（1969—），男，推广研究员，主要从事农业技术推广工作。

基金项目：甘肃省主要粮棉油作物抗逆优质高产新品种应用研究及配套技术集成与示范推广课题（17ZD2NA016-1）。

*通信作者：李继明，高级农艺师，主要从事农业技术推广工作，e - mail：adqljm666@163.com。

1 材料与方法

1.1 试验材料

参试马铃薯品种为"陇薯7号"（晚熟品种）"克新1号"（中早熟品种），由甘肃凯凯农业科技发展股份有限公司提供；玉米秸秆由当地农户提供，普通聚乙烯黑色地膜，厚度0.012 cm，兰州金土地塑料制品有限公司生产。

1.2 试验方法

试验按品种和覆盖方式二因素有重复的大区随机排列，主处理为覆盖方式F（三水平）和副处理品种V（二水平），重复3次，共18个小区，小区面积60 m²（长10 m×宽6 m），其中每一小区固定2垄用于田间性状的观察，3垄用于试验产量测定，测产面积36 m²（长10 m×宽3.6 m）。试验区四周设置露地马铃薯种植为保护区。种植密度60 000株/hm²。

主处理F：（1）F1：玉米整秆带状覆盖（幅宽120 cm，50 cm秸秆带状覆盖，70 cm裸地种植2行马铃薯，行距20 cm，覆盖玉米秸秆9 000 kg/hm²）；（2）F2：黑色全膜垄作侧播（幅宽120 cm，垄宽70 cm、高15 cm，沟宽50 cm，全地面覆盖，垄上播种2行马铃薯，平均行距55 cm）；（3）F0：露地平作（幅宽120 cm，70 cm种植2行马铃薯，50 cm空行，平均行距55 cm）。

副处理V：（1）V1："陇薯7号"（晚熟品种）；（2）V2："克新1号"（V2中早熟品种）。

1.3 试验管理

试验施肥：施纯N（150 kg/hm²）、P_2O_5（6 kg/hm²）、K_2O（6 kg/hm²），不施有机肥。

试验于2018年4月28日整地、覆膜、覆秸秆，5月3日播种，10月20日收获。其他田间管理措施同大田。

1.4 调查内容

1.4.1 土壤水分测定

选择每一处理的重复2测定各处理不同生育时期0～20，20～40，40～60，60～80和80～100 cm土壤含水量。播种时进行第1次土壤水分测定，然后在不同生育期取样测定，用烘干法测定土壤含水量[6]。

1.4.2 土壤温度测定

选择每一处理的重复2测定各处理不同生育时期0～25 cm地温。在出苗期将地温计埋入种植带2行间，全生育期均在固定地方读取地温。各生育期地温测定均选在干燥晴天上午10：00进行[7]。

1.4.3 生物量

选择每一处理的重复2在块茎形成期、块茎膨大期、淀粉积累期、成熟期各取样1次；每次每小区取样3株，称重，将鲜样风干后，在80℃恒温干燥箱烘8～10 h，称其干重，并粉碎装袋，分析测定[8]。

1.4.4 产量与性状调查

调查成熟期块茎产量及主要农艺性状。各个处理随机抽取10株观察块茎性状特征、块茎数目、单株薯块重[9]。

1.4.5 养　分

播前和收获后测定土壤耕层（0 ～ 20 cm）氮、磷、钾含量。

2　结果与分析

2.1　不同处理对马铃薯生育期的影响

由表 1 可以看出，"陇薯 7 号"的各处理出苗期以黑色全膜垄作侧播处理为最早，是 5 月 25 日，较玉米整秆带状覆盖处理和露地平作处理早 6 d 出苗；成熟期以玉米整秆带状覆盖处理为最晚，是 10 月 15 日，较黑色全膜垄作侧播处理推迟 10 d，较露地平作处理推迟 3 d；各处理对马铃薯生育期的影响有差别，以玉米整秆带状覆盖处理的生育期最长，是 131 d，较黑色全膜垄作侧播处理延长 9 d，较露地种植处理延长 3 d。"克新 1 号"的各处理出苗期以黑色全膜垄作侧播处理为最早，是 5 月 23 日，较玉米整秆带状覆盖处理早 6 d 出苗，较露地平作处理早 7 d 出苗；成熟期以玉米整秆带状覆盖处理为最晚，是 9 月 18 日，较黑色全膜垄作侧播处理推迟 13 d，较露地平作处理迟 3 d；各处理对马铃薯生育期的影响有差别，以玉米整秆带状覆盖处理的生育期最长，是 106 d，较黑色全膜垄作侧播处理延长 7 d，较露地种植处理延长 3 d。说明对不同品种的马铃薯，玉米整秆带状覆盖处理都能延长其生育期。

表 1　不同处理对马铃薯生育期的影响

品种	处理	播期（D/M）	出苗期（D/M）	现蕾期（D/M）	开花期（D/M）	成熟期（D/M）	收获期（D/M）	生育期（d）
陇薯 7 号	玉米整秆带状覆盖	03/05	01/06	22/06	11/07	15/10	20/10	131
	黑色全膜垄作侧播	03/05	25/05	17/06	08/07	05/10	20/10	122
	露地平作	03/05	01/06	23/06	14/07	12/10	20/10	128
克新 1 号	玉米整秆带状覆盖	03/05	29/05	17/06	04/07	18/09	20/10	106
	黑色全膜垄作侧播	03/05	23/05	09/06	29/06	05/09	20/10	99
	露地平作	03/05	30/05	19/06	05/07	15/09	20/10	103

2.2　不同处理不同时期对土壤 0 ～ 100 cm 平均含水量差值

由表 2 可看出，在马铃薯生长的全生育期，不同时期土壤 0 ～ 100 cm 平均含水量玉米整秆带状覆盖处理与露地平作处理差值平均为 1.04%，与黑色全膜垄作侧播差值平均为 0.09%。同时，还可看出，在马铃薯生长的苗期至开花期，玉米整秆带状覆盖处理的土壤含水量高于露地平作处理，但低于黑色全膜垄作侧播处理；在马铃薯生长的开花期至收获期，玉米整秆带状覆盖处理的土壤含水量高于黑色全膜垄作侧播处理和露地平作处理。说明在马铃薯生长中后期，玉米整秆带状覆盖处理能提高土壤含水量，较黑色全膜垄作侧播处理和露地平作处理更能为马铃薯的生长提供充足的水分供应。

表 2　不同处理不同时期对土壤 0 ～ 100 cm 平均含水量差值 　　（%）

日期（D/M）	玉米整秆带状覆盖 - 露地平作	玉米整秆带状覆盖 - 黑色全膜垄作侧播
28/04	0.08	-0.58
10/06	0.16	-0.80
05/07	0.54	-0.84
28/07	1.28	-0.44
12/08	1.40	0.66
01/09	1.12	0.44
20/09	1.98	1.18
22/10	1.78	1.08
平均	1.04	0.09

2.3　不同处理对土壤各土层含水量变化的影响

由表 3 可看出，在 0 ～ 20，20 ～ 40，40 ～ 60，60 ～ 80 和 80 ～ 100 cm 各土层土壤含水量玉米整秆带状覆盖处理与露地平作处理的差值分别是 1.11%、1.24%、1.15%、0.88%、0.73%，平均是 1.02%；玉米整秆带状覆盖处理与黑色全膜垄作侧播处理差值分别是 -0.19%、-0.06%、0.25%、0.38%、0.13%，平均为 0.10%。说明在 0 ～ 100 cm 土层土壤平均含水量玉米整秆带状覆盖处理高于露地平作处理和黑色全膜垄作侧播处理，但在 0 ～ 20 和 20 ～ 40 cm 土层土壤平均含水量玉米整秆带状覆盖处理低于黑色全膜垄作侧播处理，分别低 0.19% 和 0.06%。

表 3　不同处理对土壤各土层含水量变化的影响　　（%）

土层（cm）	玉米整秆带状覆盖 - 露地平作	玉米整秆带状覆盖 - 黑色全膜垄作侧播
0 ～ 20	1.11	-0.19
20 ～ 40	1.24	-0.06
40 ～ 60	1.15	0.25
60 ～ 80	0.88	0.38
80 ～ 100	0.73	0.13
平均	1.02	0.10

2.4　不同处理对土壤 0 ～ 25 cm 温度变化的影响

由表 4 可看出，不同处理对土壤 0 ～ 25 cm 温度变化的影响较为明显，马铃薯全生育期玉米整秆带状覆盖处理较露地平作处理平均温度低 1.4 ℃，较黑色全膜垄作侧播平均温度低 3.2 ℃。说明玉米整秆带状覆盖处理有降低地温的作用，在马铃薯生长的前期，较低的地温不利于马铃薯的生长，但在结薯期和块茎膨大期，玉米整秆带状覆盖处理的降低地温作用与马铃薯需要的冷凉气候特点相吻合，有利于块茎膨大和获得高产。

表 4 不同处理对土壤 0 ~ 25 cm 温度变化的影响 （℃）

日期（D/M）	玉米整秆带状覆盖－露地平作	玉米整秆带状覆盖－黑色全膜垄作侧播
18/05	0.2	−2.5
10/06	0.5	−3.6
05/07	−0.8	−4.1
28/07	−1.4	−4.9
12/08	−1.9	−3.7
01/09	−2.3	−2.9
22/09	−2.7	−2.4
22/10	−3.1	−1.7
平均	−1.4	−3.2

2.5 不同处理对马铃薯经济性状的影响

由表 5 可看出，对"陇薯 7 号"，各处理株高以黑色全膜垄作侧播处理为最高，是 71.3 cm；单株结薯数以玉米整秆带状覆盖处理为最多，是 6.4 粒；单株块茎重以玉米整秆带状覆盖处理最重，是 0.58 kg；大中薯率以玉米整秆带状覆盖为最高，是 71.2%。对"克新 1 号"，各处理株高以黑色全膜垄作侧播为最高，是 64.1 cm；单株结薯数以玉米整秆带状覆盖为最多，是 5.1 粒；单株块茎重以黑色全膜垄作侧播为最重，是 0.48 kg；大中薯率以黑膜全膜垄作侧播处理为最高，是 67.1%。

表 5 不同处理对马铃薯经济性状的影响

品种	处理	株高（cm）	单株结薯数（粒）	单株块茎重（kg）	大中薯率（%）
陇薯 7 号	玉米整秆带状覆盖	65.8	6.4	0.58	71.2
	黑色全膜垄作侧播	71.3	6.2	0.54	69.5
	露地平作	62.4	5.3	0.48	58.4
克新 1 号	玉米整秆带状覆盖	52.9	5.1	0.46	65.7
	黑色全膜垄作侧播	64.1	4.8	0.48	67.1
	露地平作	47.5	4.5	0.37	53.2

2.6 不同处理对马铃薯各生育期干物质积累量的影响

从表 6 可看出，对"陇薯 7 号"，在块茎形成期和块茎膨大期，干物质积累量以黑色全膜垄作侧播为最高，分别是 65.3 和 159.7 g/ 株，较玉米整秆带状覆盖处理高 6.4 和 24.9 g/ 株，较露地平作处理高 15.8 和 44.6 g/ 株；在淀粉积累期和成熟期，干物质积累量以玉米整秆带状覆盖处理为最高，分别是 245.8 和 202.5 g/ 株，较黑色全膜垄作侧播处理高 17.4 和 26.4 g/ 株，较露地平作处理高 42.3 和 47.6 g/ 株。对"克新 1 号"，在块茎形成期和块茎膨大期，干物质积累量以黑色全膜垄作侧播为最高，分别是 54.1 和 126.7 g/ 株，较玉米整秆带状覆盖处理高 5.5 和 17.5 g/ 株，较露地平作处理高 12.5 和 28.4 g/ 株；在淀粉积累和成熟期，干物质积累量以玉米整秆带状覆盖处理最高，分别是 183.3 和 142.8 g/ 株，较黑色全膜垄作侧播处理高 10.7 和 18.6 g/ 株，较露地平作处理高 25.9 和 35.9 g/ 株。

表 6　不同处理对马铃薯各生育期干物质积累量影响　（g/ 株）

品种	处理	块茎形成期	块茎膨大期	淀粉积累期	成熟期
陇薯 7 号	玉米整秆带状覆盖	58.9	134.8	245.8	202.5
	黑色全膜垄作侧播	65.3	159.7	228.4	176.1
	露地平作	49.5	115.1	203.5	154.9
克新 1 号	玉米整秆带状覆盖	48.6	109.2	183.3	142.8
	黑色全膜垄作侧播	54.1	126.7	172.6	124.2
	露地平作	41.6	98.3	157.4	106.9

2.7　不同处理对土壤养分含量的影响

从表 7 可看出，通过对不同处理马铃薯种植前后土壤养分含量比较，不同处理对土壤养分含量影响不明显。由于采用玉米秸秆整秆覆盖，加之试验地块属旱地，在一个马铃薯生产季里秸秆腐熟比较困难，其腐熟还田效应未能体现出来。

表 7　不同处理对土壤养分含量的影响

品种	处理	有机质（g/kg）			速效氮（mg/kg）			有效磷（mg/kg）			速效钾（mg/kg）		
		前	后	差值	前	后	差值	前	后	差值	前	后	差值
陇薯 7 号	玉米整秆带状覆盖	10.28	10.37	0.09	167	176	9	16.32	16.45	0.13	294	302	8
	黑色全膜垄作侧播	10.28	10.32	0.04	167	173	6	16.32	16.38	0.06	294	298	4
	露地平作	10.28	10.28	0	167	169	2	16.32	16.34	0.02	294	295	1
克新 1 号	玉米整秆带状覆盖	10.28	10.34	0.06	167	174	7	16.32	16.43	0.11	294	301	7
	黑色全膜垄作侧播	10.28	10.31	0.03	167	172	5	16.32	16.36	0.04	294	297	3
	露地平作	10.28	10.29	0.01	167	168	1	16.32	16.33	0.01	294	295	1

2.8　不同处理对马铃薯产量的影响

表 8 可看出，对"陇薯 7 号"，玉米整秆带状覆盖处理的产量最高，是 31 867 kg/hm^2，较黑色全膜垄作侧播处理增产 6.4%，较露地平作处理增产 21.3%；对"克新 1 号"，玉米整秆带状覆盖处理的产量最高，是 18 417 kg/hm^2，较黑色全膜垄作侧播处理增产 9.6%，较露地平作处理增产 20.2%。经对产量结果进行方差分析，各处理间 $F = 77.96 > F_{0.01} = 5.64$，差异极显著，"陇薯 7 号"与"克新 1 号"两品种间产量差异极显著，玉米整秆带状覆盖和黑色全膜垄作侧播处理间差异不显著，但这两种覆盖方式与露地平作差异显著。区组间 $F = 0.12 < F_{0.01} = 7.56$，品种和覆盖方式互作间 $F = 1.44 < F_{0.01} = 7.56$，不显著。说明不同品种采用玉米整秆带状覆盖方式种植，较黑色全膜垄作侧播和露地平作都能获得高产。

表 8 不同处理对马铃薯产量的影响

| 品种 | 处理 | 小区产量（kg/36 m²） | | | | 折合产量（kg/hm²） | 较黑色全膜垄作侧播增产（%） | 较露地平作增产（%） |
		I	II	III	平均			
陇薯 7 号	玉米整秆带状覆盖	117.4	111.8	115.0	114.7	31 867 aA		
	黑色全膜垄作侧播	107.6	112.5	103.4	107.8	29 950 aA	6.4	21.3
	露地平作	94.9	91.7	97.0	94.6	26 267 bB		
克新 1 号	玉米整秆带状覆盖	71.7	61.9	65.2	66.3	18 417 cC		
	黑色全膜垄作侧播	55.6	64.4	61.3	60.5	16 800 cdC	9.6	20.2
	露地平作	47.3	57.2	61.0	55.1	15 317 dC		

3 讨 论

定西市安定区属典型的干旱半干旱区，降雨少且集中，季节性干旱明显，水分缺乏是影响当地农作物生长的主要限制因子[10]。通过地表覆盖来减少有效降雨的蒸发是多年来旱作农业发展的成型模式，其中以地膜覆盖为主要代表，地膜覆盖的保墒增产效应实现了旱作农业的跨越式发展，但也带来了农田环境污染问题[11]。秸秆还田技术是世界范围内改善农田生态环境、发展现代农业、旱作农业的重大措施，是节本增效型农业的重要环节，也是促进绿色食品产业和农业可持续发展的有效手段[12]。韩凡香等[13]的研究认为秸秆带状覆盖对生育中后期土壤水分状况的改善效果明显，马铃薯产量能够提高10.5% ~ 34.2%，可实现马铃薯稳产高产，是旱地马铃薯生产的高效栽培新模式。张万恒等[14]研究也表明采用秸秆覆盖能够实现西北地区马铃薯种植的高产增收。该试验选择覆盖方式和品种为主副处理，研究了不同覆盖方式之间、不同品种之间以及覆盖方式和品种之间的相互影响。结果表明，对不同品种的马铃薯，玉米整秆带状覆盖处理都能延长其生育期；在马铃薯生长中后期，玉米整秆带状覆盖处理能提高土壤含水量，降低地温作用，有利于块茎膨大和获得高产。产量结果分析表明，各处理间差异极显著，"陇薯 7 号"与"克新 1 号"两品种间产量差异极显著，玉米整秆带状覆盖和黑色全膜垄作侧播处理间差异不显著，但这两种覆盖方式与露地平作差异显著；区组间、品种和覆盖方式互作间差异不显著。说明不同马铃薯品种采用玉米整秆带状覆盖方式种植，较黑色全膜垄作侧播和露地平作都能获得高产。该研究结果与上述研究结果基本一致，因此，在旱作区，应加大对秸秆覆盖技术的推广，促进秸秆资源化利用，增蓄土壤水分和培肥地力，促进马铃薯稳产高产。

[参 考 文 献]

[1] 席旭东，姬丽君 . 缓控释肥施用对旱作区全膜马铃薯生长及产量的影响 [J]. 中国马铃薯，2017，31(2)：92-97.

[2] 胡新元，孙小花，柳永强，等 . 黄土高原半干旱区马铃薯连作对农田土壤生化性质及产量的影响 [J]. 中国马铃薯，2019，33(6)：344-351.

[3] 刘芳，张长生，陈爱武，等 . 秸秆还田技术研究及应用进展 [J]. 作物杂志，2012(2)：18-23.

[4] 刘志祖，杨昕霞．临夏州旱地马铃薯秸秆带状覆盖高产栽培技术试验初报 [J]. 农业科技与信息，2016(28)：84.

[5] 许静，唐晓红，陈松柏，等．秸秆覆盖对坡耕地土壤性状和马铃薯产量的影响 [J]. 中国农学通报，2006，22(6)：333–336.

[6] 张玉红，李继明．安定区马铃薯旱地秸秆带状覆盖栽培技术试验 [J]. 中国马铃薯，2018，32(4)：213–218.

[7] 李继明，潘丽娟，李成德，等．旱作区马铃薯不同覆盖材料栽培模式试验 [J]. 中国马铃薯，2019，33(4)：203–210.

[8] 陈小花，李继明，李丰先，等．不同"减肥减药"新型材料对马铃薯生长特性及产量的影响 [J]. 中国马铃薯，2019，33(4)：217–226.

[9] 张永成，田丰．马铃薯试验研究方法 [M]. 北京：中国农业科学技术出版社，2007.

[10] 赵永萍，潘丽娟．甘肃省定西市安定区马铃薯产业发展现状及对策 [J]. 中国马铃薯，2019，33(3)：189–192.

[11] 梁伟琴，郭黎明，李继明．旱作区不同降解地膜对马铃薯产量及降解的影响 [J]. 中国马铃薯，2019，33(5)：273–281.

[12] 路文涛，贾志宽，高飞，等．秸秆还田对宁南旱作农田土壤水分及作物生产力的影响 [J]. 农业环境科学学报，2011(1)：93–99.

[13] 韩凡香，常磊，柴守玺，等．半干旱雨养区秸秆带状覆盖种植对土壤水分及马铃薯产量的影响 [J]. 中国生态农业学报，2016，24(7)：874–882.

[14] 张万恒，张恒嘉，王泽义，等．秸秆覆盖方式对西北旱作马铃薯产量效益的影响 [J]. 农业工程，2018(12)：93–99.

基于黑膜覆盖的冬作马铃薯肥料"一基免追"技术规程

张新明[1]，官利兰[2]，李水源[2]，全　锋[1]，罗建军[1]，陈　琳[1]，曹先维[1*]

（1.华南农业大学/国家马铃薯产业技术体系广州综合试验站，广东　广州　510642；
2.恩平市农业科学技术研究所，广东　恩平　529400）

摘　要：对适合于南方冬作区的马铃薯化肥减施增效技术规程进行阐述，主要内容包括田块选择、化肥减施增效技术规程所涉及的关键栽培技术要素等，旨在促进南方冬作区马铃薯产业的可持续发展。

关键词：冬作马铃薯；黑膜覆盖；化肥减施

1　田块选择

栽培田块土壤以土层深厚、富含有机质、具有灌溉水源和条件，排灌方便和微酸性的前茬为水稻的沙壤土或轻壤土较适宜[1]。

2　肥料"一基免追"技术

2.1　水旱轮作的可持续耕作体系

采用早稻—晚稻—冬作马铃薯的水旱轮作体系，既可利用冬闲水稻田种植一季马铃薯，提高土地复种指数；又有利于土壤改良，提高土壤有机质，培肥地力，减轻病虫害发生，可有效解决连作障碍，有利于水稻和马铃薯的优质高产，增加社会供给，实现可持续发展[1]。

2.2　优良品种及优质种薯选用

选用抗病、优质、丰产、抗逆性强、适应当地栽培条件、商品性好的各类专用品种。宜采用符合"GB18133马铃薯脱毒种薯"规定的脱毒种薯[1]。

最适宜于广东冬作生产的优良马铃薯品种为适合出口的早熟菜用型费乌瑞它系列品种（"粤引85-38""荷兰7号"和"荷兰15号"等）（从出苗到收获生育期80～90 d）；优质种薯调用具有三证（生产许可证、检疫合格证和经营许可证）的种薯企业生产的合格脱毒一级种薯。

作者简介：张新明（1965—），男，博士，副教授，主要从事植物养分资源管理与安全农产品的教学与研究。

基金项目：国家重点研发计划项目（2018YFD0200801）；现代农业产业技术体系专项资金（CARS-09-ES18）。

*通信作者：曹先维，研究员，主要从事马铃薯引种及其栽培生理研究，e-mail：caoxw@scau.edu.cn。

2.3 种薯切块及其处理关键技术

种薯自北方调回后，经挑选，在自然散射光下催芽至长 0.3 ~ 0.5 cm 时，进行切块，每个切块 25 ~ 30 g，至少带 1 个芽；切块过程中，准备 3 把以上切刀，切到病烂薯后，切刀用 75% 酒精或 0.5% 高锰酸钾溶液浸泡 5 ~ 10 min 后再用，每切 100 kg 种薯换一次切刀消毒液；种薯切块后半小时内用消毒粉拌种：以 72% 农用链霉素 + 50% 烯酰吗啉或 70% 甲基托布津 + 双飞粉（或滑石粉）（2∶6∶92）作为种块消毒粉处理种薯，每 100 kg 种块用 2 kg 消毒粉[1]。

2.4 整地与起垄

整地：晚稻收获后，犁翻、晒白、耙碎和平整，最好保证松土层（耕作层）达 20 cm 以上；

起垄：按 110 ~ 130 cm 宽包沟起垄，其中垄面高 20 ~ 25 cm，垄间沟宽 25 ~ 30 cm，要求土块细碎，垄面平直。起垄可用机械或人工方式[1]。

2.5 "一基免追"施肥技术

按照"NY/T496 肥料合理使用准则通则"的规定执行。根据土壤肥力，确定相应施肥量和施肥方法。按每生产 1 000 kg 鲜薯需吸收纯氮（N）4.14 kg、磷（P_2O_5）2.34 kg、钾（K_2O）8.74 kg 计算，依据平衡施肥目标产量法，总施肥方案为：在施用 400 ~ 600 kg/667 m² 优质商品有机肥或含有相当养分的其他优质腐熟有机肥（如腐熟鸡粪等）条件下，肥料施用方案见表 1。表 1 中的肥料用量按土壤氮钾肥力在中低水平下确定，且先确定氮用量。磷钾肥用量按照以氮定磷钾确定。实际施用量应根据当地土壤肥力状况及种植模式适当调整，以实现冬作马铃薯的高产优质高效[1,2]。

表 1　基于目标产量的肥料施用范围　　　　　　　　　　　　　　　　（kg/667 m²）

目标产量	N	P_2O_5	K_2O	肥料种类及用量			
				若施用单元肥料			若施用复合肥
				尿素（N,46%）	过磷酸钙（P_2O_5, 12%）	硫酸钾（K_2O,50%）	复合肥（N-P_2O_5-K_2O= 19-5-25 或相当比例）
2 000	11.2 ~ 13.7	2.8 ~ 3.4	14.7 ~ 18.0	24 ~ 30	23 ~ 28	29 ~ 36	59 ~ 72
3 000	16.8 ~ 20.5	4.2 ~ 5.1	22.1 ~ 27.0	37 ~ 45	35 ~ 43	44 ~ 54	88 ~ 108
3 500	19.6 ~ 23.9	4.9 ~ 6.0	25.8 ~ 31.5	43 ~ 52	41 ~ 50	52 ~ 63	103 ~ 126

采用优质商品有机肥 + 马铃薯缓控释复合肥（19-5-25 或相似氮磷钾配方），起垄后在垄中间条施（施肥深度为 15 ~ 20 cm），既可提高肥料利用率，又可避免烧苗。施肥量参照表 1 推荐的不同目标产量复合肥用量。

2.6 适宜播期

10 月 20 日至 11 月 30 日为适宜播种期。宜遵守以下原则：在不影响晚稻收获且天气允许的条件下，适时早播，有利于翌年春天早收，并可避开晚疫病发病的低温阴雨高湿天气，从而减轻晚疫病发病，减少农药使用[1]。

2.7 适宜的播种密度

5 000 ~ 5 500 株/667 m² 是较为适宜的播种密度，采用垄内双行种植，垄内行距 30 cm，株距 20 ~ 23 cm，行距确定，株距可随播种密度适当调整。既有利于高产和提高大薯率，又利于通风透光，降低田间湿度，减轻病害发生[1]。

2.8 播种方式

可采用沟播或穴播两种方式。将催好芽的薯块采用"品"字形错株播种。下种时薯块不能直接接触基肥，播种深度以薯块上面覆土 5 ~ 6 cm 为宜[1]。

2.9 适宜的覆盖技术

播种后，用黑色塑料膜（70 cm 宽 × 0.012 mm ~ 0.015 mm 厚）沿垄面覆盖，继而黑膜表面覆土 5 ~ 6 cm，以有利于幼苗破膜出土。但是，若播种时高温高湿，则暂缓覆膜，待天气凉爽时再覆膜，以减少烂种[1]。

2.10 水分管理

马铃薯全生育期如能始终保持田间持水量的 65% ~ 85%，对获得高产最为有利。

幼苗期，土壤相对含水量保持在 65% 左右；块茎形成至块茎膨大期土壤相对含水量保持在 75% ~ 85%；淀粉积累期土壤相对含水量保持在 65% ~ 70%；后期水分宜少，否则易造成烂薯，影响产量和品质。

通常广东冬季少雨，土壤过于干旱时，可采用沟灌的办法润土，灌水高度约畦高的 1/3 ~ 1/2，保留数小时，垄中间 8 ~ 10 cm 深处土壤湿润时及时排水，要严防积水造成烂薯，或暴干暴湿造成空心薯、畸形薯[1]。

2.11 培 土

在齐苗后 5 ~ 10 d，苗高 15 ~ 20 cm 时培土，重点是对覆膜培土厚度（5 ~ 6 cm）不够或空白的部位补土，防止马铃薯生长后期薯块见光变绿，影响品质。培土时应尽量避免泥土把叶片盖住或伤害茎秆[1]。

2.12 除 草

对马铃薯播种后封行前垄沟中长出的杂草，用 20% 草铵膦 200 ~ 250 倍液（或其他适宜的苗后除草剂）定向喷雾，也可与培土结合进行人工除草。对于垄面上或封行后长出的恶性杂草应进行人工除草[1]。

2.13 主要病虫害防治技术

2.13.1 晚疫病化学药剂防治技术

（1）防治药剂

晚疫病在冬末春季阴雨连绵、低温高湿条件下易于发生和流行。应密切关注气象预报，结合田间中心病株发生情况，开展晚疫病预测预报；在利于晚疫病发生和流行的气象条件之前，使用保护剂代森锰锌或丙森锌，发病期间使用治疗剂组合克露 + 金雷 + 克露、安克 + 金雷 + 安克、安克 + 凯特 + 安克进行应急防控[1]。

（2）防治方法

① 第 1 次用治疗剂的条件见表 2。

② 在不满足第 1 条所述条件时使用保护剂（代森锰锌或丙森锌），一般在雨季来临之前 10 ~ 20 d，即 1 月中下旬。

③ 在第 1 次使用治疗剂（组合中第 1 种治疗剂）后 7 ~ 10 d 内，使用同一组合内第

2 种治疗剂施药，以后 2 种治疗剂交替轮换使用。

表 2　第 1 次用治疗剂的条件

序号	气象条件	药剂
1	小雨 24 h，温度 10 ~ 25 ℃，相对湿度 >80% 持续 24 h 以上	
2	温度 10 ~ 25 ℃，相对湿度 >90% 持续 36 h 以上	
3	温度 10 ~ 15 ℃，2 d 夜间露水 >6 h 或 1 d 有小雨	第 1 次治疗剂
4	温度 10 ~ 25 ℃，3 d 有雾 >6 h	
5	附近种植区域出现中心病株	

2.13.2　其他主要病虫害综合防治技术

其他冬作马铃薯主要病害为青枯病、早疫病、灰霉病和枯萎病等；主要虫害为蚜虫和地下害虫等。

预防为主，综合防治。提倡以"农业防治、物理防治、生物防治为主，化学防治为辅"的生态防治原则[1]。

（1）青枯病的防治方法

① 选用脱毒种薯。

② 选择种植抗病的早熟品种。选用生育期短的早熟品种，早种早收，当高温季节来临之前就能成熟，抢晴天及时挖收，不要让成熟的薯块留在地下时间过长，减少感染。

③ 整薯播种。种薯块最好选择大小 30 ~ 50 g，健康的整薯播种。据研究，通过切刀可扩大病原 30 倍以上，因此，青枯病发生区不宜切块播种，最好用整薯做种。或者严格切刀消毒，做到"一刀一薯"。

④ 轮作倒茬。与禾谷类作物实行 3 ~ 4 年以上的轮作，实行间套轮作或者水旱轮作，使土壤中的病菌失去寄主而丧失活力。

⑤ 加强栽培管理。选土层深厚、透气性好的沙壤土或壤土，施入腐熟有机肥和钾肥，控制土壤含水量，种薯播种前做催芽处理，以淘汰出芽缓慢细弱的病薯减少发病，大薯切块后用杀菌剂和草木灰拌种杀菌，采用高垄栽培，避免大水漫灌。

⑥ 及时拔除田间病株，做好病残株处理。当田间发现萎蔫植株或部分萎蔫植株时，连基部泥土、薯块一起铲除深埋或烧毁，病穴周围撒施生石灰粉消毒，或用 1∶100 的生石灰水或 1∶200 的 40% 福尔马林药液灌窝进行土壤消毒。

（2）早疫病的防治技术

① 选用抗病品种和不带病种薯。

② 加强田间管理。选择土壤肥沃的高燥田种植，施足基肥，增施有机肥，生长期加强管理，提高植株抗病能力。适当提早收获。

③ 清洁田园。收获后及时清除病残组织，深翻晒土，减少越冬菌源。重病区实行 2 ~ 3 年的轮作换茬。

④ 发病初期选用 80% 大生可湿性粉剂 600 ~ 800 倍液；或 70% 代森锰锌 500 ~ 600 倍液；80% 喷克可湿性粉剂 600 倍，隔 7 ~ 10 d 1 次，连续防治 2 ~ 3 次。

（3）灰霉病的防治技术

① 种植密度合理，不偏施氮肥。

② 加强田间管理，田块排水通畅，农事操作时尽量避免造成植株伤口。

③ 药剂防治，病害发生初期及时喷施 50% 咯菌腈可湿性粉剂（商品名：卉友），视发生严重程度，每 7 ~ 10 d 喷施 1 次。

（4）枯萎病的防治技术

① 选用不带病种薯，播种时避开雨天。

② 加强田间管理。选择排水通畅的田块种植，生长期加强排水管理。

③ 进行轮作。收获后及时清除病残组织，深翻晒土，减少越冬菌源。重病区实行 2 ~ 3 年的轮作换茬。

④ 用石灰拌种处理种薯，切块后应摊晾下使伤口愈合。

（5）蚜虫的防治技术

发现蚜虫时，每 667 m² 用 5% 扑虱蚜 3 000 倍液，或 10% 吡虫啉可湿性粉剂 2 000 倍液兑水 50 ~ 60 kg 喷雾；每 667 m² 用 1% 阿维必虫清可湿性粉剂 1 500 ~ 2 000 倍液，或 10% 芬普宁乳油或 15% 扫螨净乳油 2 500 倍液兑水 50 ~ 60 kg 喷雾防治螨类，每隔 7 ~ 10 d 喷药 1 次，连喷 3 ~ 5 次。或每 667 m² 用 2.5% 扑虱蚜可湿性粉剂 20 g、杀螨特 1 000 倍兑水 50 ~ 60 kg 喷雾防治蚜虫和螨害。

① 铲除田间、地边杂草，消灭蚜虫中间寄主和栖息场所，减少虫源。

② 黄板诱蚜。在有翅蚜向薯田迁飞时，利用蚜虫趋黄性，将纤维板、木板或硬纸板涂成黄色，外面涂 10 号机油或凡士林等粘着物诱杀有翅蚜虫。黄板高出作物 60 cm，悬挂以东西方向为宜，30 块 /667 m² 左右。

③ 种植诱集带。在马铃薯大面积种植区域，可在边缘种植不同生育期的十字花科作物，以诱集蚜虫，集中喷药防治。

④ 银灰色避蚜。银灰色对蚜虫有较强的趋避性，可在马铃薯田块插杆拉挂 10 cm 宽的银灰色反光膜驱避蚜虫，该法对蚜虫迁飞传染病毒有较好的防治效果。

⑤ 化学防治：用 70% 的吡虫啉种衣剂 23 g 兑水，喷洒在 100 kg 的种薯上进行拌种；或者用 70% 噻虫嗪干种衣剂 1.8 ~ 2.5 g，加 1 kg 滑石粉拌 100 kg 种薯，阴干后播种，可控制苗期蚜虫；由于蚜虫有瓢虫、草蛉、食蚜蝇、蜘蛛等多种天敌，所以在天敌主要繁殖季节应重视协调化防，当商品薯生产田瓢蚜比低于 1：150 ~ 200 头时，再进行化防。每 667 m² 可选用 10% 吡虫啉可湿性粉剂、2.5% 敌杀死乳油 1 000 倍液；48% 毒死蜱乳油、20% 氰戊菊酯乳油 1 500 倍液；2.5% 氟氯氰菊酯乳油、20% 丁硫克百威乳油 1 000 ~ 1 500 倍液，1.8% 阿维菌素 2 000 ~ 3 000 倍液，50% 抗蚜威可湿性粉剂 3 000 ~ 4 000 倍液；70% 吡虫啉水分散剂 6 000 倍液喷施；或每 667 m² 用 25% 的阿克泰水分散剂 1.6 ~ 3 g 进行叶面喷施，喷药时注意使叶片正反面均匀着药，不重喷、不漏喷、药液不下滴。一般每隔 7 ~ 10 d 喷 1 次，连续喷药 2 ~ 3 次。

（6）地下害虫的防治技术

① 施用腐熟或商品有机肥。由于金龟甲、叩头甲等对未腐熟的农家肥有趋性，驱使

其将卵产在未腐熟的粪肥中，地下害虫发生严重，而农家肥经高温堆沤发酵后可杀死其中的卵和幼虫，因而必须施用腐熟有机肥或商品有机肥。

② 灌水。地下害虫为害严重时灌水，可促使幼虫向土壤深层转移，避开幼苗最易受害时期。

③ 用频振式杀虫灯（黑光灯）诱杀成虫。金龟甲、叩头甲、蝼蛄、地老虎对黑光灯有趋性，可诱杀成虫。

④ 土壤处理：地下害虫为害较重的地块，用 48% 的乐斯本（毒死蜱）乳油 250 mL/667 m² 加水 5 L，喷洒于 50 kg 细沙中拌匀制成毒土，犁地时撒入犁沟，也可撒于地表，随即耕翻耙；或用 3% 辛硫磷颗粒剂 2.5 kg 在播种时撒施于播种沟内。

⑤ 拌种：用 50% 辛硫磷按种子质量的 0.2% 拌种，一般兑水量为用药量的 3 ~ 4 倍[3]。

2.14 适时采收

马铃薯的具体收获要依据成熟度、农药使用安全间隔期、市场、后作农时及气候等因素确定。

生理成熟是马铃薯收获的主要依据，这时的产量最高。成熟度确定原则：①植株茎叶由绿转黄，逐渐黄枯。这时茎叶中的养分已转入块茎，基本停止了块茎增长；②块茎脐部与着生的匍匐茎容易脱离，比较大的块茎不需要用力拉即可从脐部与匍匐茎分开；③块茎表皮韧性较大，皮层较厚，皮色正常。

市场情况：对于结薯早的品种，特别是南方冬作春季收获的马铃薯，虽然生理成熟期未到，但由于结薯早，块茎大，产量高，很早就可以收到较大的薯块，能及早向市场提供商品薯，增加经济收入，可以适当提早收获。

后作农时确定原则：以不影响后作作物正常播种生产为原则。

气候情况：对于广东冬作马铃薯来说，收获期是第二年的 2 ~ 3 月份，属于早春雨季，因此，应该尽量早收获，避开雨季，减少病害发生和腐烂。

收获注意事项：①土壤水分控制：收获前应将土壤含水量控制在 60% 左右，保持土壤通气环境，防止田间积水，避免收获后烂薯，提高耐贮性；②天气选择：应选择晴天或晴间多云天气收获，以免雨天拖泥带水，既不便收获、运输，又影响商品品质，同时又容易因薯皮损伤而导致病菌入侵，发生腐烂或影响贮藏。

收获方法：可采用机械收获、犁翻和人工挖掘等方式收获。但是不论采取哪种收获方法，都要注意两点：一是要尽量减少机械损伤。二是收获要彻底，特别是机械收获和犁翻，应在收后耕耙时再捡一次，确保收获干净。

收获后处理：马铃薯收获后既要避免烈日暴晒、雨淋，又要晾干表皮水汽，使皮层老化。预贮场所要宽敞、阴凉，不要有直射光线（暗处），堆高不要超过 50 cm，要通风，有换气条件，晾干水汽后要及时装箩出售。也可视市场行情，晴天随收、随挑、随装、随售，薯块最好包纸或套袋，然后装箩筐或纸箱出售，注意箩筐内壁及装箩后用厚纸遮盖，以免薯块见光变绿，影响商品率和品质[1]。

3 适用范围

本技术规程适用于广东省冬作马铃薯主产区，主要包括珠江三角洲地区以及粤东至粤西的无霜冻区域及相似生态区，如广西、福建东南部、云南和贵州等冬作区、海南等。

所涉及的冬作马铃薯主要指利用冬闲田，于10月下旬至11月下旬整地播种，主要产量形成阶段处于冬季，并于第二年2～3月收获上市的露地马铃薯。

[参 考 文 献]

[1] 曹先维.广东冬种马铃薯优质高产栽培实用技术 [M].广州：华南理工大学出版社，2012：9.

[2] 张新明，曹先维.南方冬闲田马铃薯平衡施肥技术探索与实践 [M].北京：气象出版社，2014：12.

[3] 张文解，王成刚.马铃薯病虫害诊断与防治 [M].兰州：甘肃科学技术出版社，2010：8.

中早熟马铃薯高垄膜上覆土免放苗高效栽培技术

郑永伟，李　掌，曲亚英，白永杰，文国宏*

（甘肃省农业科学院马铃薯研究所，甘肃　兰州　730070）

摘　要：高效的栽培技术对中早熟马铃薯至关重要。从选地整地施肥、品种选择、种薯处理、起垄播种、田间管理、采收 6 个方面介绍了中早熟马铃薯高垄膜上覆土免放苗高效栽培技术。

关键词：马铃薯；免放苗；省人工；省人力；栽培；技术

甘肃是中国马铃薯生产大省，据资料统计 2015 年种植面积 66.7 万 hm²，鲜薯总产量 1 123.13 万 t，均占全国的 12 %，占西北五省的 50 %以上。2017 年甘肃省马铃薯种植面积 72.3 万 hm²，位列全国第三，总产量 1 300 万 t，位列全国第二，马铃薯产业已成为全省六大特色产业之一，已初步形成了中部高淀粉及菜用型，河西及沿黄灌区全粉、薯条（片）加工型，陇南、天水中早熟型和高海拔脱毒种薯生产四大优势生产区域[1-7]。马铃薯耐旱、耐寒、耐瘠薄，适应性广，种植起来更为容易，省水、省肥、省药，在中部半干旱地区，与其他作物相比，风险低，收入稳。随着农村劳动力转移，马铃薯收获期时间紧，收挖、捡拾装卸、拉运劳动强度大，妇女、老人体力不足、劳动力缺乏。在这种情况下，马铃薯既是粮也是菜，对马铃薯营养价值的了解和市场需求不断扩大，马铃薯优质生产越来越受到重视，不但品种要更新，要适应当地栽培的品种，栽培技术也要相应配套，有起垄栽培、扩垄缩株，地膜覆盖，要找准适应当地的品种和最适合的栽培模式。中早熟品种一定要有相应的高效栽培技术，才能体现中早熟马铃薯的价值，早上市，抢价格，增收入。高垄膜上覆土免放苗高效栽培技术，旨在提高马铃薯商品薯率，减少青头薯，减少人工，适宜机械化，增加收入。该技术已推广到兰州、白银、张掖、定西、甘南等地。

1　选地整地施肥

选择土壤层深厚，有机质含量丰富、耕作层较深，地势平坦，排灌方便的壤土和沙壤土，pH6.5 ～ 8.0 为佳。上一年浇足冬水，腐熟羊粪 45 m³/hm²，施磷酸二胺 300 kg/hm²，尿素 200 kg/hm²，5 %的毒死蜱 30 kg/hm²。

2　品种选择

中早熟菜用型品种"费乌瑞它""LK99""新大坪"等生育期在 75 ～ 90 d，成熟早，

作者简介：郑永伟（1972—），男，农艺师，主要从事马铃薯遗传育种和示范推广工作。

基金项目：现代农业产业体系建设专项基金项目（GARS–10–P05）；甘肃省战略性新兴产业创新支撑工程专项（甘发改高技 [2012]672 号）；甘肃省农业科学院农业科技创新专项（2016GAAS04）。

*通信作者：文国宏，研究员，主要从事马铃薯遗传育种工作，e – mail：wgh1966@126.com。

薯形好，芽眼少而浅，薯形美观整齐，商品性好，商品薯率高。

3　种薯处理

切块播种时，应在播前 4 ~ 5 d 切块，切块尽量大小均匀，30 ~ 50 g 为宜，每个切块带 1 ~ 2 个芽眼并去除尾芽。切刀用 3‰高锰酸钾消毒，同时要将种薯用药剂拌种、摊晾。

4　起垄播种

4.1　播种时间

土壤 10 cm 处地温稳定在 7 ~ 8 ℃、相对含水量达 50% ~ 60% 时即可播种。

4.2　播种密度

应按照当地的土壤肥力、水分条件和马铃薯品种特性，选定合适播种量，中早熟品种宜密，中晚熟品种宜稀，滴灌采用机械播种密度为 75 000 ~ 90 000 株 /hm²。

4.3　起垄覆膜

按照沟 70 cm 垄 50 cm 放线，在 70 cm 的沟取 10 cm 的土填在 50 cm 垄上，自然形成 60 cm 的垄和 60 cm 的沟，垄高 10 ~ 15 cm。地膜应选幅宽 90 cm，厚 0.01 mm 的生物降解膜或常规黑色地膜。

4.4　播　种

用专门的打眼工具，种植行距 40 ~ 45 cm，株距 23 ~ 25 cm，播深 10 ~ 12 cm。种植穴尽量用湿土封口。

4.5　膜上覆土

在播种 15 ~ 20 d 在膜上覆 3 ~ 5 cm 的土层，形成 20 ~ 25 cm 的高垄，同时形成了 20 ~ 25 cm 的沟，增加沟的贮水量，达到自然出苗和节水的栽培效果。

4.6　效　果

（1）地膜回收

覆土后减少人为损伤和风化老化，便于后期的残膜回收。

（2）出苗率高

田间调查平均出苗率达 95% 以上，基本不需要人工放苗，出苗率高，较露地提前 7 ~ 10 d，避免高温烧苗。

（3）便于机械化种植

从播种、施肥、起垄覆膜一体机，到田间覆土、喷药收获。

（4）品质提高

膜上覆土，形成了黑暗、疏松、适温的环境，在水肥条件充沛时更有利于马铃薯的生长和增产。覆土以后，减少了绿头薯，提高商品薯率。

（5）节水保墒

膜上覆土，减少水分蒸发，减少灌溉量。

5 田间管理

5.1 水肥管理

马铃薯苗出齐以后，就要及时浇灌苗期水，苗水不宜多，但要及时，不能漫过垄。开花期要及时浇水，同时要追加 0.4 % 的磷酸二氢钾溶液，浓度最大不超过 0.6 %，促进块茎膨大。

5.2 病虫害防治

定期检查，一旦发现蚜虫应使用 10 % 吡虫啉可湿性粉剂 2 000 ~ 3 000 倍液，或 10 % 啶虫脒乳剂 2 000 ~ 2 500 倍液，或 40% 乐果乳剂 2 000 倍液喷雾防治，一般隔 7 d 喷 1 次，连续喷雾 3 ~ 4 次。

5.3 早疫病

以预防为主，前期可用 50 % 的多菌灵可湿性粉剂 500 ~ 1 000 倍液，或 80% 代森锰锌可湿性粉剂 400 ~ 600 倍液喷雾，一旦发生早疫病中心病株，应立即摘除病叶，并用 64 % 恶霜·锰锌（杀毒矾）可湿性粉剂 500 倍液，或 40% 克菌丹可湿性粉剂 400 倍液喷雾进行防治，药剂应该交替使用，以防病菌产生耐药性，一般隔 7 d 喷 1 次，连续喷雾 3 ~ 4 次。

5.4 晚疫病

初花期 5 月下旬当地雨季来临前，喷第 1 次药，可用 75 % 百菌清可湿性粉剂 600 倍液，或 80% 代森锌可湿性粉剂 500 ~ 600 倍液，或用 68.75% 氟吡菌胺·霜霉威（银法利）悬浮剂 600 ~ 700 倍液等进行喷雾，药物要交替使用，一般间隔 7 d 喷 1 次，连续喷 5 ~ 7 次即可有效防治晚疫病。

6 采 收

8 月中旬地上部分变黄，割秧，运出田间，以便晒地和促使薯皮老化，收获时要轻拿轻放，尽量避免碰撞，不要产生掉皮造成感官的不适。

[参 考 文 献]

[1] 陆立银. 对马铃薯产业发展的认识与有关措施的商榷 [C]// 屈冬玉，陈伊里. 马铃薯产业与脱贫攻坚. 哈尔滨：哈尔滨地图出版社，2018：77–81.

[2] 方彦杰，张绪成，于显枫，等. 甘肃省马铃薯水肥一体化种植技术 [J]. 甘肃农业科技，2019(3)：87–90.

[3] 李亚杰，石强，何建强，等. 马铃薯生长模型研究进展及其应用 [J]. 干旱地区农业研究，2014，32(2)：127–136.

[4] 赵庭军，祝国庆. 稻茬马铃薯 LK99 高产栽培技术 [J]. 园艺学现代农业科技，2013(6)：86.

[5] 杨来胜，安永学，席正英，等. 马铃薯高垄膜上覆土自然破膜出苗栽培技术的起源与效果 [C]// 陈伊里，屈冬玉. 马铃薯产业与现代可持续农业. 哈尔滨：哈尔滨地图出版社，2015：364–365.

[6] 张永成，田丰. 马铃薯试验研究方法 [M]. 北京：中国农业科学技术出版社，2007.

[7] 田世龙，李守强，李梅，等. 西北马铃薯贮藏现状分析及建议 [J]. 农业工程技术：农产品加工业，2012(8)：36–40.

不同覆膜与播种密度对早熟马铃薯产量和农艺性状的影响

谭晓琴[1]，黎秋玲[2]，熊　璐[3]，张红艳[1]，郝　苗[4*]

（1. 利川市马铃薯产业发展局，湖北　利川　445400；

2. 利川市农业技术推广中心，湖北　利川　445400；

3. 利川市农业综合执法大队，湖北　利川　445400；

4. 湖北恩施中国南方马铃薯研究中心／恩施土家族苗族自治州农业科学院／

湖北省农业科技创新中心鄂西综合试验站，湖北　恩施　445000）

摘　要：为筛选出适合当地低山地区马铃薯生产的栽培模式，研究不同覆膜处理方式（白膜、双色膜、降解膜、不覆膜）和播种密度（4 000，5 000 和 6 000 株/667 m²）对马铃薯商品薯生产及其效益的影响。结果表明，覆膜处理能够使马铃薯生育期缩短，生育时期提前，有利于抢占有利市场行情；同密度条件下降解膜处理的产量因素均高于其他处理。综合考虑产量、经济效益及环境影响，建议采用 TJ5000 处理（即降解膜、5 000 株/667 m²）进行小面积示范性生产。

关键词：马铃薯；覆膜；密度；生育期

马铃薯是世界第四大粮食作物，中国的种植面积居世界第一[1]。恩施州马铃薯种植面积和总产量占湖北省半壁江山[2]，在调整农业结构和实施马铃薯主粮化战略过程中，低山地区地膜覆盖能够提升地温[3]、缩短生育期、提高肥料利用率，提高产量，最终增加马铃薯的种植效益。但非科学、规范地使用农用地膜容易造成"白色污染"，导致土壤残留地膜不断增加、土壤环境恶化等问题[4]。研究采用不同的覆膜处理方式进行马铃薯商品薯生产，筛选出适合当地低山地区马铃薯生产的栽培模式，为实现马铃薯科学生产、马铃薯产业健康发展奠定基础。

1　材料与方法

1.1　试验材料

马铃薯品种："费乌瑞它"，良种，由清江种业有限公司提供。

试验用膜：白膜、降解膜（黑膜）、双色膜，购买于施州农化有限责任公司，厚度均为 8 um。

作者简介：谭晓琴（1993—），女，本科，助理农艺师，从事马铃薯栽培及推广工作。

基金项目：现代农业产业技术体系建设专项（CARS-09）；恩施州 2016 年支持马铃薯主粮化建设专项。

* 通信作者：郝苗，高级农艺师，主要从事马铃薯脱毒、新品种选育研究与示范，e-mail：80538373@qq.com。

1.2　试验地概况

试验设在恩施州恩施市舞阳街道办事处七里坪镇阳鹊坝村，E 30°19′37″，N 109°32′20″，海拔 450 m。地块平坦，土壤肥力中等且均匀，黄棕壤，试验地周围无环境污染源和其他影响试验结果的遮挡物，前茬玉米。

恩施州来凤县百福司镇可洞村 5 组，E 29°14′25″，N 109°13′13″，海拔 440 m。地块平坦，土壤肥力中等且均匀，黄棕壤，试验地周围无环境污染源和其他影响试验结果的遮挡物，前茬红薯。

1.3　试验设计、管理及数据统计

试验共设 4 个栽培模式，即白膜、双色膜、降解膜、不覆膜，每个栽培模式设 3 个种植密度，即 4 000，5 000 和 6 000 株 / 667 m²。试验共设 12 个处理，以密度 4 000 株 / 667 m² 不覆膜处理为对照，随机区组设计，3 次重复，每小区 13.34 m²（2.7 m×4.94 m；宽窄行：90 cm，3 垄 6 行区），具体处理见表 1。播种时开 15 cm 深、40 cm 宽沟播种，施硫酸钾（15∶15∶15）复合肥 1 kg/13.34 m²+缓释尿素 0.2 kg/13.34 m² 作底肥，肥料穴施，以不粘马铃薯种薯为宜，然后起 40 cm 宽、25 ~ 25 cm 高垄，按照试验设计进行覆膜处理。

恩施阳鹊坝点试验于 2019 年 1 月 16 日播种，6 月 10 日收获；于 3 月 26 日除草；于 4 月 11 日、4 月 18 日和 5 月 10 日进行晚疫病防控，分别喷施代森锰锌 100 g/667 m²、杜邦克露 80 g/667 m² 和抑快净 45 g/667 m²。来凤可洞点试验于 1 月 13 日播种，6 月 14 日收获；于 3 月 28 日除草；于 3 月 29 日、4 月 7 日和 4 月 17 日进行晚疫病防控，分别喷施代森锰锌 100 g/667 m²、代森锰锌 100 g/667 m² 和杜邦克露 80 g/667 m²。

表 1　试验处理

处理	密度（株 /667 m²）	覆膜
TW4000（CK）	4 000	—
TW5000	5 000	—
TW6000	6 000	—
TJ4000	4 000	降解膜
TJ5000	5 000	降解膜
TJ6000	6 000	降解膜
TS4000	4 000	双色
TS5000	5 000	双色
TS6000	6 000	双色
TB4000	4 000	白
TB5000	5 000	白
TB6000	6 000	白

马铃薯播种期、出苗期、成熟期依据《马铃薯种质资源描述规范和数据标准》进行[5]。马铃薯产量测定以小区为单位，采用全收获法测定，按照当地习惯标准对马铃薯进行分级，即大薯 ≥ 150 g；中薯 < 150 g 且 ≥ 50 g；小薯 < 50 g。

试验数据采用 Excel 2007 及 SPSS 22.0 进行分析。

2 结果与分析

2.1 不同颜色覆膜与播种密度对马铃薯产量的影响

对马铃薯产量进行一年多点方差分析（试点固定效应），处理间、试点间、处理与试点互作均具有显著差异。说明试验中各个处理产量存在极显著差异；各试点间的气候因子、土壤肥力等环境因素有较大的差异；各处理对不同环境的适用性有显著差异（表2）。各处理之间产量差异显著，其中TJ5000、TJ6000、TB6000、TS6000、TW6000、TS5000和TJ4000的产量均极显著高于对照（$P < 0.01$），TW5000、TB5000、TB4000和TS4000处理的产量同对照处于同一水平。同一密度处理条件下，降解膜处理的产量、总块茎数、单株块茎数和单株块茎重均高于其他处理（表3）。

通过比较马铃薯产量及其相关因子，马铃薯产量同种植密度和SPAD叶绿素荧光参数呈极显著的正相关关系，但尽管每667 m^2生产的马铃薯总块茎数随马铃薯种植密度的增加而上升，马铃薯种植密度同单株块茎数与单株块茎重呈极显著的负相关关系（表3，$P < 0.01$，表4）。原因是随着马铃薯种植密度的增加，相邻植株间的环境竞争关系增强，从而降低了单株块茎数与产量，而马铃薯总块茎数主要受到密度基数的影响，随密度的增加而增加。

表2 马铃薯产量结果方差分析

变异来源	自由度	平方和	均方	F	概率（< 0.05 显著）
试点内区组	4	222 433.78	55 608.44	1.95	0.119
处理	11	3 630 407.11	330 037.01	11.56	0.000
试点	1	2 094 421.33	2 094 421.33	73.38	0.000
处理 × 试点	11	635 661.33	57 787.39	2.02	0.049
误差	44	1 255 750.22	28 539.78		
总变异	71	78 378 673.78			

注：误差变异系数 CV（%）= 7.231。

表3 马铃薯产量性状分析

处理	平均产量 （kg/667 m^2）	较 CK ± （%）	块茎总数 （个/667 m^2）	单株块茎重 （g）	单株块茎数 （个）	商品薯率 （%）	株高 （cm）	茎粗 （mm）	SPAD
TJ5000	2 663.75 aA	31.98	29 600	532.75	11.84	85.60	42.67	12.85	40.8
TJ6000	2 644.17 aA	31.01	32 775	440.69	10.93	81.74	43.17	12.64	41.9
TB6000	2 504.58 abA	24.09	26 850	417.43	8.95	86.68	40.83	12.76	40.2
TS6000	2 481.67 abA	22.96	28 975	413.61	9.66	87.55	43.00	13.62	42.1
TW6000	2 441.25 bA	20.95	28 350	406.88	9.45	84.71	46.00	12.74	40.1
TS5000	2 435.00 bA	20.64	24 575	487.00	9.83	85.75	38.50	12.52	40.3
TJ4000	2 422.50 bA	20.02	24 275	605.63	12.14	87.71	43.00	12.51	42.9
TW5000	2 150.83 cB	6.56	23 450	430.17	9.38	87.12	43.50	13.13	43.3
TB5000	2 148.75 cB	6.46	26 700	429.75	10.68	89.56	37.17	12.30	41.5
TB4000	2 108.75 cB	4.48	22 075	527.19	11.04	85.60	40.67	13.96	41.8
TW4000	2 018.33 cB	—	21 175	504.58	10.59	87.81	43.83	12.39	41.4
TS4000	2 015.42 cB	-0.14	20 425	503.85	10.21	85.71	43.50	12.65	39.7

注：$LSD_{0.05}$ = 197.02；$LSD_{0.01}$ = 263.35；"a" 表示 $P < 0.05$，"A" 表示 $P < 0.01$。

表 4　马铃薯产量同其他因素的相关性分析

	密度	覆膜	产量	单株块茎重	单株块茎数	株高	茎粗	SPAD
密度	1							
覆膜	0.000	1						
产量	0.466**	−0.039	1					
单株块茎重	−0.618**	−0.037	−0.338**	1				
单株块茎数	−0.420**	−0.045	−0.009	0.547**	1			
株高	0.039	−0.343	−0.399**	0.317**	−0.038	1		
茎粗	0.018	0.081	0.098	−0.078	−0.026	−0.063	1	
SPAD	−0.054	−0.095	0.314**	−0.227	0.013	−0.429**	0.148	1

注：* 和 ** 分别表示 0.05 和 0.01 水平显著。

2.2　不同颜色覆膜与播种密度对马铃薯生育期和农艺性状的影响

由表 5 可以看出，来凤和阳鹊坝降解膜、双色膜、白膜处理的成熟期分别比不覆膜处理提前了 10，11，14 d 和 8，11，14 d，这能促进马铃薯提早上市，从而获得较高的生产效益。依据 5 月每周产地市场调查结果，5 月份马铃薯产地批发价格于 5 月 5 日、5 月 13 日、5 月 21 日和 5 月 28 日分别为 3，2.8，2.4 和 2 元 /kg。通过计算，发现同对照相比，覆膜处理增效达 1 000 元 /667 m² 以上，其中 TB6000、TS6000 和 TS5000 处理的增效达 2 000 元 /667 m² 以上，TJ5000 和 TB5000 的增效在 1 500 ～ 2 000 元 /667 m²。因此，综合产量、效益及环境影响，TB6000、TS6000、TS5000 和 TJ5000 较适合该区域的示范性生产。

表 5　马铃薯生育期及农艺性状

处理	播种期（D/M）		出苗期（D/M）		成熟期（D/M）		生育期（d）		马铃薯效益	较 CK 增效
	来凤	阳鹊坝	来凤	阳鹊坝	来凤	阳鹊坝	来凤	阳鹊坝	（元 /667 m²）	（元 /667 m²）
TW4000	13/01	18/01	20/03	25/03	27/05	31/05	69	68	2 644.59	/
TW5000	13/01	18/01	20/03	25/03	27/05	31/05	69	68	2 747.61	83.02
TW6000	13/01	18/01	20/03	25/03	27/05	31/05	69	68	3 035.97	371.38
TJ4000	13/01	18/01	15/03	22/03	17/05	23/05	64	63	4 081.96	1 417.37
TJ5000	13/01	18/01	15/03	22/03	17/05	23/05	64	63	4 354.91	1 690.32
TJ6000	13/01	18/01	15/03	22/03	17/05	23/05	64	63	3 969.73	1 305.14
TS4000	13/01	18/01	13/03	17/03	16/05	20/05	65	65	3 836.77	1 172.18
TS5000	13/01	18/01	13/03	17/03	16/05	20/05	65	65	4 746.44	2 081.85
TS6000	13/01	18/01	13/03	17/03	16/05	20/05	65	65	4 883.57	2 218.98
TB4000	13/01	18/01	12/03	15/03	13/05	17/05	63	64	4 064.25	1 399.66
TB5000	13/01	18/01	12/03	15/03	13/05	17/05	63	64	4 298.38	1 633.79
TB6000	13/01	18/01	12/03	15/03	13/05	17/05	63	64	4 888.72	2 224.13

注：白膜成本 =10 元 /kg×4 kg/667 m²+ 覆膜人工 50 元 /667 m²=90 元 /667 m²，双色膜成本 =12.5 元 /kg×4 kg/667 m²+ 覆膜人工 50 元 /667 m²=100 元 /667 m²，降解膜成本 =15 元 /kg×4.5 kg/667 m²+ 覆膜人工 50 元 /667 m²=117.5 元 /667 m²；667 m² 产量效益 = 667 m² 产量 × 商品薯率 × 成熟期价格 − 种薯成本（100 元 /1 000 粒）− 其他成本（500 元 /667 m²），较 CK 增效 = 其他处理 667 m² 产量效益 − 覆膜成本 − 对照 667 m² 产量效益。

3 讨 论

试验中各试点间环境因素差异较大，同一试点中处理之间产量差异显著，各处理对试点的适用性有一定区别。单从产量角度来看，TJ5000、TJ6000、TB6000、TS6000、TW6000、TS5000 和 TJ4000 处理较适合当地生产。同一密度处理条件下，降解膜处理的产量、总块茎数、单株块茎数和单株块茎重均高于其他处理，这与何晓明等[6]的研究结果一致。这是由于在马铃薯生长初期，同不覆膜相比，覆膜起到了防虫防草、保温增温的作用，使马铃薯提早出苗，提前进入营养生长期，而在马铃薯生长中后期，同其他膜相比，降解膜的降解使土壤环境更有利于马铃薯干物质积累。覆膜对两地马铃薯生育期的影响趋势趋于一致，同不覆膜相比，覆膜处理使马铃薯出苗期和成熟期提前，生育期缩短，同何晓明等[6]的研究一致。通过综合比较发现，覆膜处理能够使马铃薯生育期缩短，生育时期提前，有利于抢占有利市场行情，同密度下降解膜处理的产量因素均高于其他处理。综合考虑产量、经济效益及环境影响，建议采用 TJ5000 处理进行小面积示范性生产。

[参 考 文 献]

[1] 马海艳，陈广侠，刘芳，等.不同覆膜模式对马铃薯保护地栽培环境及生长特性的影响 [J]. 山东农业科学，2017，49(9)：65–70.

[2] 李求文，于斌武，钟育海，等.湖北恩施州率先推进马铃薯主粮化探索与建议 [J]. 中国马铃薯，2017，31(4)：246–251.

[3] 谢成俊，王平，陈娟.不同覆盖方式对农田土壤水热状况及马铃薯产量的影响 [J]. 土壤通报，2019，50(5)：1 151–1 158.

[4] 刘晓宇，刘艳梅，赵一明，等.浅析地膜覆盖在农业生产中的利与弊 [J]. 农村牧区机械化，2016(5)：24–25.

[5] 刘喜才.马铃薯种质资源描述规范和数据标准，2–14 [M]. 北京：中国农业出版社，2006.

[6] 何晓明，黄芳，芦峰，等.不同地膜覆盖对冬作中晚熟马铃薯宣薯 2 号的影响 [J]. 耕作与栽培，2019(2)：21–25.

马铃薯生长中后期土壤湿度对
加工品种产量及品质影响

郦海龙，牛丽娟*，郭继云，赵一博，姜小雨

（雪川农业发展股份有限公司，河北　张家口　076481）

摘　要：通过对不同灌溉方式及次数的土壤容积含水率、马铃薯产量、固形物含量测定，发现土壤容积含水率与马铃薯产量、商品薯产量、商品薯率、固形物含量间呈极显著的正相关关系，相关系数（r）分别为 0.88、0.91、0.69、0.58。在马铃薯块茎形成期至淀粉积累期土壤容积含水率平均控制在 24.78% ~ 26.27% 时能获得较好产量和效益，而容积含水率平均控制在 19.71% 以上则可以有效提高马铃薯产量和商品薯率。

关键词：土壤容积含水率；马铃薯；产量；固形物含量

根据马铃薯加工业"十三五"发展规划在 2020 年中国的马铃薯种植面积扩大到 670 万 hm² 以上，适宜主食加工的品种种植比例达到 30%，以此推算 2020 年末中国马铃薯加工品种的播种面积将突破 200 万 hm²[1]。因此科学有效地提高、改善马铃薯加工品种的产量和品质不仅有利于马铃薯产业的发展，而且也利于农户种植效益的增加。此外由于气候条件和地理因素中国马铃薯主产区大多集中在干旱区和半干旱区，如何科学利用有限水资源发展马铃薯生产是各地区首先要解决的问题，以往资料大多以田间持水量作为判断马铃薯灌溉程度的指标，但由于该指标测定费时费工，生产上大多凭经验确定灌溉程度，而随着科技的发展土壤墒情测定仪已经广泛应用于马铃薯生产，但是土壤墒情测定仪基本采用土壤容积含水率指示土壤湿度，而国内有关土壤容积含水率与马铃薯产量、品质的相关研究则相对较少，本试验开展此项研究，以在提高马铃薯科学灌溉程度的同时，增加种植加工品种的产量和效益。

1 材料与方法

1.1 供试材料

供试品种为"雪育 1 号"，种薯为一级种薯，整薯播种，播种种薯重量 30 ~ 60 g。

1.2 试验地选择

试验地位于张家口市察北管理区沙沟镇哈尔胡同村，沙壤土，全氮 650 mg/kg，有效磷 2.5 mg/kg，速效钾 28 mg/kg，前茬作物为燕麦。

作者简介：郦海龙（1979—），男，硕士，从事马铃薯栽培生理研究。

* 通信作者：牛丽娟，农艺师，从事马铃薯栽培生理研究，e - mail：ljniu @snowvalley.com.cn。

1.3 试验设计

随机区组设计，4次重复设5个处理，即在7、8两月间浇水12次（TI）、浇水8次（EI）、浇水6次（SI）、浇水4次（FI）和全雨养（NR），各处理计划灌溉日期参看表1。共20个小区，每小区播种5行，行距90 cm，株距30 cm，行长13 m，小区面积58.5 m²，以NR处理为对照。

表1 各处理计划灌溉日期

日期	TI	EI	SI	FI	NR
7月6日	浇水	浇水	浇水	浇水	不浇水
7月13日	浇水	浇水	不浇水	不浇水	不浇水
7月16日	浇水	不浇水	浇水	不浇水	不浇水
7月20日	浇水	浇水	不浇水	浇水	不浇水
7月27日	浇水	浇水	浇水	不浇水	不浇水
7月30日	浇水	不浇水	不浇水	不浇水	不浇水
8月3日	浇水	浇水	浇水	浇水	不浇水
8月10日	浇水	浇水	不浇水	不浇水	不浇水
8月13日	浇水	不浇水	浇水	不浇水	不浇水
8月17日	浇水	浇水	不浇水	浇水	不浇水
8月24日	浇水	浇水	浇水	不浇水	不浇水
8月28日	浇水	不浇水	不浇水	不浇水	不浇水

1.4 管理与测产方法

试验于2018年5月13日播种，以滴灌模式进行灌溉，播种前所有小区底施复合肥（12-19-16）450 kg/hm²，中耕时追肥磷酸二胺（16-46-0）450 kg/hm²，分别在出苗后和现蕾前追施尿素（46-0-0）52.5和75 kg/hm²。于9月15日测产，测产时每小区分别从中间3行随机选取2行每行随机选取连续10株共20株计产。

1.5 测定项目与方法

土壤容积含水率、降雨量、产量、商品薯产量（大于100 g块茎的产量）、商品薯率（大于100 g块茎的产量占块茎产量的百分率）、固形物含量。

土壤容积含水率通过维科美拓WKT-M1型土壤墒情速测仪测定，于TI处理浇水日期待浇水或降雨结束8 h后测定。

降雨量通过Dacom的田间管理系统（荷兰）实时采集。

固形物含量于测产过程中，每小区选取不同大小的块茎5 kg混合后通过水比重法测定。

1.6 数据处理

数据采用Microsoft Excel 2007进行数据整理，应用SAS 8.2进行数据分析。

2 结果与分析

2.1 降雨量对浇水的影响与分析

由表2可知从6月24日~8月31日间累计降雨量为242.6 mm，且降雨主要集中在6

月 24 日~ 8 月 11 日，而 8 月 12 ~ 31 日则基本没有降雨。受降雨的影响实际浇水次数 TI
为 7 次，EI 为 5 次，SI 为 4 次，FI 为 3 次（表 3）。

表 2　2018 年 7、8 月每周降雨量

日期	降雨量（mm）
6 月 24 ~ 30 日	16.0
7 月 1 ~ 7 日	35.4
7 月 8 ~ 14 日	29.4
7 月 15 ~ 21 日	94.2
7 月 22 ~ 28 日	1.4
7 月 29 ~ 8 月 4 日	0.0
8 月 5 ~ 11 日	65.4
8 月 12 ~ 18 日	0.0
8 月 19 ~ 25 日	0.8
8 月 26 ~ 31 日	0.0

表 3　2018 年 7、8 月各处理实际灌溉时间

日期	TI	EI	SI	FI	NR
7 月 6 日	浇水	浇水	浇水	浇水	不浇水
7 月 27 日	浇水	浇水	浇水	不浇水	不浇水
7 月 30 日	浇水	不浇水	不浇水	不浇水	不浇水
8 月 3 日	浇水	浇水	浇水	浇水	不浇水
8 月 17 日	浇水	浇水	不浇水	浇水	不浇水
8 月 24 日	浇水	浇水	浇水	不浇水	不浇水
8 月 28 日	浇水	不浇水	不浇水	不浇水	不浇水

2.2　土壤容积含水率结果与分析

从图 1 中可以发现除了 NR 的土壤容积含水率表现为逐渐下降的趋势外，其他处理均表
现为先下降再升高再下降的趋势，而从 7 月 27 日以后湿度数据基本表现为 TI > EI > SI > FI >
NR，结合表 2、3 记录可以发现随着降雨减少灌溉频率对土壤容积含水率的影响明显，而
由表 4 数据可知各处理间平均土壤容积含水率差异显著。

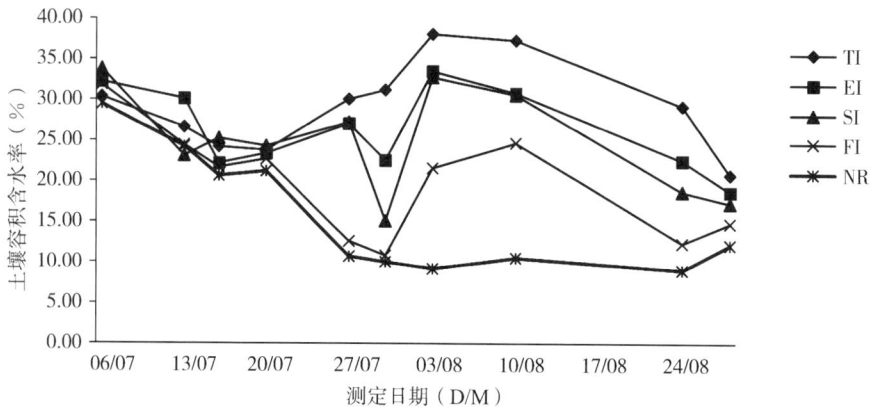

图 1　土壤容积含水量变化图

表 4   土壤容积含水率平均值

处理	土壤容积含水率平均值（%）	多重比较
TI	29.14	a
EI	26.27	b
SI	24.78	c
FI	19.71	d
NR（CK）	15.69	e

注：Duncan's 多重比较法，小写字母代表 0.05 显著水平。

2.3   产量、品质结果与分析

由表 5 可知产量、商品薯产量、商品薯率、固形物含量与土壤容积含水率间均呈极显著的正相关关系，其中容积含水率与产量、商品薯产量正相关关系更高，相关系数（r）分别达到 0.88 和 0.91，与商品薯率和固形物含量正相关关系较低，而与固形物含量的最低，相关系数（r）仅为 0.58。

表 5   产量、商品薯产量、商品薯率、固形物含量与土壤容积含水率相关分析

产量品质指标	与土壤容积含水率相关系数（r）	显著水平（P）
产量	0.88	0.01
商品薯产量	0.91	0.01
商品薯率	0.69	0.01
固形物含量	0.58	0.01

从表 6 的数据可以发现产量、商品薯产量均表现为 TI > EI > SI > FI > NR 的顺序，而商品率和固形物含量则分别表现为 TI > SI > FI > EI > NR，TI > EI > FI > SI > NR 的顺序；对照的产量、商品薯产量极显著低于 SI、EI、TI，而 SI、EI、TI 间的产量差异不显著，EI、TI 间的商品薯产量差异不显著；对照的固形物含量显著低于 TI，而商品率极显著低于其他各处理。

表 6   产量、商品薯产量、商品薯率和固形物含量

处理	产量（t/hm²）	商品薯产量（t/hm²）	商品薯率（%）	固形物含量（%）
TI	60.10 A	57.13 A	93.46 A	20.18 a
EI	57.50 A	52.52 AB	91.52 A	19.75 ab
SI	52.87 AB	48.03 BC	92.67 A	19.43 ab
FI	46.04 BC	42.22 DC	92.42 A	19.48 ab
NR（CK）	40.50 C	34.51 D	79.30 B	18.83 b

注：Duncan's 多重比较法，小写字母代表 0.05 显著水平，大写字母代表 0.01 显著水平。

3   讨   论

土壤容积含水率与产量、商品薯产量、商品薯率、固形物含量呈极显著的正相关关

系，其中与产量和商品薯产量正相关程度较高，相关系数（r）均超过 0.85；当土壤容积含水率的分别增加到 24.78%、26.27%、19.71% 以上时，对产量、商品薯产量及商品率的影响程度逐渐减弱。试验在马铃薯生长的 7、8 月间即马铃薯块茎形成期至淀粉积累期，当土壤容积含水率平均控制在 24.78% ~ 26.27% 时能获得较好产量和效益，而容积含水率平均控制在 19.71% 以上则可以有效提高马铃薯产量和商品薯率；虽然容积含水率平均控制在 29.14% 时马铃薯固形物含量显著高于对照，但是由于固形物含量与容积含水率的相关程度较低（$r = 0.58$），而且受耕翻深度、日照、施肥及肥料利用率等因素影响较大[2-5]，因此还需要进一步研究加以证实。

[参 考 文 献]

[1] 廖琴，邹奎，谢开云，等.GB1489-2007 农作物品种试验技术规程马铃薯[S].北京：中华人民共和国农业农村部，2007.
[2] 孟丽丽，张婷婷，蒙美莲，等.耕翻深度对马铃薯生长及土壤水分的影响[J].灌溉排水学报，2018，37(3)：58-65.
[3] 李彩斌，郭华春.不同遮荫处理对马铃薯产量和干物质含量的影响[C]// 屈冬玉，陈伊里.马铃薯产业与精准扶贫.哈尔滨：哈尔滨地图出版社，2017.
[4] 徐宁，张洪亮，张荣华，等.不同施肥处理对马铃薯品种大西洋产量及干物质含量的影响[J].黑龙江农业科学，2019(7)：66-68.
[5] 刘坤雨，蒙美莲，陈有君，等.水肥一体化模式对马铃薯干物质积累及水分利用效率的影响[J].灌溉排水学报，2019，38(s1)：6-12.

马铃薯模拟干旱胁迫渗透剂的筛选

刘维刚 [1,2]，祁学红 [2,3]，唐　勋 [2,3]，付　学 [2,3]，李世贵 [1]，杨江伟 [3]，张　宁 [3]，
Ram Chandra Adhikari [4]，司怀军 [2,3*]

（1. 甘肃农业大学农学院，甘肃　兰州　730070；

2. 甘肃省干旱生境作物学省部共建国家重点试验室培育基地，甘肃　兰州　730070；

3. 甘肃农业大学生命科学技术学院，甘肃　兰州　730070；

4. 尼泊尔政府农业研究委员会马铃薯研究所，尼泊尔　加德满都　999098）

摘　要：试验以马铃薯栽培品种"大西洋"试管苗为材料，分别用山梨醇、甘露醇、甜菜碱3种胁迫渗透剂以10和15 g/L的浓度模拟干旱处理，研究在胁迫第0，2，6，12和24 h对马铃薯试管苗叶片中丙二醛（MDA）含量、相对电导率、组织含水量的影响。结果显示：随着胁迫时间和胁迫强度同时增加，马铃薯叶片电导率增大，MDA含量升高，组织含水量降低。结果表明，山梨醇干旱胁迫时，较甜菜碱和甘露醇，马铃薯叶片相对电导率和MDA含量增幅最小，即对细胞的损害作用最小，且叶片含水量降幅最大，更适于模拟干旱。研究结果可为评价马铃薯的耐旱性研究提供参考。

关键词：干旱胁迫；相对电导率；MDA含量；叶片含水量

马铃薯（*Solanum tuberosum* L.）属茄科茄属，起源于南美和中北美地区，经过当地人们的驯化逐渐形成可以食用的地方品种 [1]。在中国马铃薯的栽培历史有400多年了，尤其是在西北地区，马铃薯作为主要农作物被广泛种植 [2]。马铃薯含有丰富的营养物质，尤其是蛋白质，是最接近动物蛋白的作物；而且马铃薯适应环境能力强，产量可观，因此成为全球第四大重要的粮食作物 [3]。马铃薯在中国的总播种面积和总生产量位居全球第一，中国西北地区的鲜食马铃薯、淀粉加工用薯等在中国马铃薯产业中扮演者相当重要的角色 [4]。

干旱是指某一地区因长期降水不足或高温少雨而造成的空气干燥、土壤水分匮乏的现象。地球上大概有三分之一的陆地为干旱、半干旱地区，因此干旱是与地球生态和人类生存环境是息息相关的，出现次数频繁，持续时间长，波及范围广，造成的后果严重 [4]。马铃薯属于温带农作物，对水分变化极其敏感，一旦长期处于干旱或生长在极为干旱的环境中，其正常的生长、发育、繁殖和相关代谢均会遭到不同程度的限制，从而造成营养成分缺失或失调，影响马铃薯的形态结构发生变化，甚至可能会导致植株死亡，因此干旱成为马铃薯产业发展的重要限制因素之一 [5]。中国是一个传统的农业大国，干旱缺水是农业生产面临最棘手的问题，并且中国的干旱缺水地区占到全国陆地总面积的52.5%左右，因此，

作者简介：刘维刚（1993—），男，博士研究生，从事马铃薯遗传育种研究。

基金项目：科技部对发展中国家科技援助项目（KY201901015）；甘肃省现代农业马铃薯产业技术体系项目（GARS-03-P1）。

* 通信作者：司怀军，博士，教授，主要从事马铃薯遗传育种研究，e-mail: hjsi@gsau.edu.cn。

干旱已经成为中国农业，尤其是北方旱作农业发展的最大限制因素[6]。目前已经进行了许多有关马铃薯受干旱胁迫及其抗旱性的研究，目的是为更准确、更全面地了解马铃薯耐旱性的生理生化和遗传基础[7]。马铃薯植株对干旱的复杂表型响应受植物本身基因型的直接影响，也受到整个生长发育阶段环境的间接影响以及两者之间的相互作用[8]。为了解决干旱这个全球性问题，国内外很多学者一直在不断探讨研究，尤其是在马铃薯对水的需求特性、对干旱的响应及防御干旱措施方面做了深入的研究，以期阐明水分胁迫对马铃薯正常的生命活动和后期的产量及产品质量所造成的不利影响，在马铃薯抗旱育种、节水灌溉和如何选择最佳供水时期等方面奠定了重要的理论基础[9]。

水分胁迫是马铃薯生长发育过程中遇到的最主要障碍之一，所以研究对策来提高马铃薯抵抗干旱的能力和如何因地制宜是当务之急[10]。根据胁迫对植物的影响程度，分为轻度胁迫、中度胁迫和严重胁迫[11]。植物在受到水分胁迫后，会通过合成渗透调节物质来改变细胞内渗透压维持体内水分平衡[12]。采用渗透调节物质对马铃薯试管苗进行干旱模拟的胁迫，是相对稳定且较容易操作控制的模拟系统，有研究表明，PEG-6000诱导水分胁迫的干旱模拟效果与对土壤进行逐步干旱的效果基本一致[13]。山梨醇、甘露醇和甘氨酸甜菜碱等渗透调节物质能在植株体内合成，也常用来模拟植物的干旱环境，因为它们具有较强的亲水性，是很好的保水剂（保水剂的吸水机理在于它是一种高分子聚合物，分子结构中有许多羧基、羟基等亲水基团，当它们遇到水分子时，分子表面的亲水性基团与它本身发生电离，然后与水分子结合并形成氢键，通过这种方式来吸收大量的水分）[14]。

研究利用不同水分胁迫剂和不同浓度的胁迫剂高渗溶液模拟马铃薯的干旱环境，通过测定马铃薯试管苗叶片中的一些生理生化指标（MDA含量、相对电导率和组织含水量等），分析指标的总体变化来筛选和评价合适的马铃薯干旱胁迫渗透剂，以期为评价马铃薯的耐旱性研究提供参考。

1 材料与方法

1.1 试验材料

1.1.1 植物材料

马铃薯栽培品种"大西洋"试管苗。

1.1.2 主要试剂

山梨醇（Biosharp公司），甘露醇（Biosharp公司），甘氨酸甜菜碱（Solarbio公司），双蒸水，冰醋酸（分析纯），磷酸缓冲液，其他试剂均采用国产分析纯。

1.2 试验方法

1.2.1 植株的接种与培养

在无菌条件下将"大西洋"试管苗取出，剪取带有1～2个腋芽的茎段，每段长约0.5～1.5 cm，然后将每段茎接种到MS液体培养基中（培养基已在高压无菌锅中121 ℃灭菌20 min），每瓶接种3～4个茎段，于培养室中进行培养，16 h光照/8 h黑暗，温度20 ℃。

1.2.2 胁迫处理

将"大西洋"试管苗置于MS液体培养基中，连续培养2周后，选取长势基本一样的试管苗，将其分别移入含有渗透胁迫剂山梨醇、甘露醇、甜菜碱（设置渗透剂溶液浓度梯度分别为 10 和 15 g/L）的 MS 液体培养基中（培养基已在高压无菌锅中 121 ℃灭菌 20 min）。分别于胁迫处理第 0（对照），2，6，12 和 24 h 取叶片测定相对电导率、MDA 含量和组织含水量。

1.3 生理指标的测定

1.3.1 相对电导率的测定

试验采用浸泡法测定叶片相对电导率。具体操作如下：

（1）快速剪取大小一致的新鲜马铃薯叶片（尽量使叶片完好，最好不要选取带有茎节以及染有培养液的叶片，以减小误差），用蒸馏水冲洗 2～3 次，滤纸吸干叶片表面的水分；

（2）用分析天平称取上述剪好的材料 3 份，每份 0.1 g，分别置于标记好的刻度试管中（使用之前需用双蒸水冲洗试管 1～2 次），加入 10 mL 双蒸水，用保鲜膜密封试管口并置于室温下浸泡 12 h（期间振荡数次），用电导仪测定浸提液的电导（R_1）；

（3）再煮沸 30 min，以杀死植物组织，待冷却至室温后振荡试管架摇匀，再次用电导仪测得浸提液电导（R_2）。按如下公式计算叶片相对电导率：

叶片相对电导率 = $R_1/R_2 \times 100\%$[15]。

1.3.2 丙二醛（MDA）含量的测定

MDA 含量参考 Hodges 法测定[16]。取马铃薯新鲜叶片 0.2 g，冰浴条件下加入液氮快速研磨成匀浆后，加入 1.8 mL 0.1 mol/L 磷酸缓冲液制备组织匀浆。取 300 μL 组织匀浆与试剂盒中其他试剂混合后用保鲜膜将试管口扎紧、用针头刺一小孔，95 ℃或沸水浴40 min，之后流水冷却 4 000 r/min，离心 10 min 取上清于 532 nm 处、1 mm 光径测定吸光度值，计算丙二醛含量。

1.3.3 组织含水量的测定

快速剪取叶片后立即称重（m1），将叶片放入干燥洁净的培养皿，做好标签，放入恒温干燥箱，105℃下烘干处理 8 h，取出后立即称干重（m2）。组织含水量的计算公式为：（m1–m2）/m1 × 100%[17]。

2 结果与分析

2.1 干旱胁迫下马铃薯叶片相对电导率变化

正常情况下，细胞膜具有选择透过性，当植物受到干旱胁迫时，因膜蛋白遭受损害而导致细胞膜功能减弱或丧失，细胞膜透性增大，使细胞内容物外渗，大量电解质外流，最终使相对电导率增大。由图 1 和图 2 可知，10 和 15 g/L 的胁迫剂进行胁迫时，随着干旱胁迫时间的延长，叶片相对电导率均随之增加；而且山梨醇进行胁迫时，叶片电导率增加缓慢，甜菜碱和甘露醇进行胁迫时，电导率增加较快；在胁迫 2 h 以后，其叶片相对电导率较对照（0 h）变化明显，说明叶片细胞膜在干旱胁迫处理超过 2 h 后受到明显伤害。两者的不同是，导致叶片相对电导率增大最明显的是甘露醇（图 1），导致叶片相对电导率增大最明显的是甜菜碱（图 2），说明用 10 g/L 胁迫剂处理时，甘露醇对马铃薯叶片细胞膜损伤最严重，用 15 g/L 胁迫剂处理时，甜菜碱对马铃薯叶片细胞膜损伤最严重，说明不

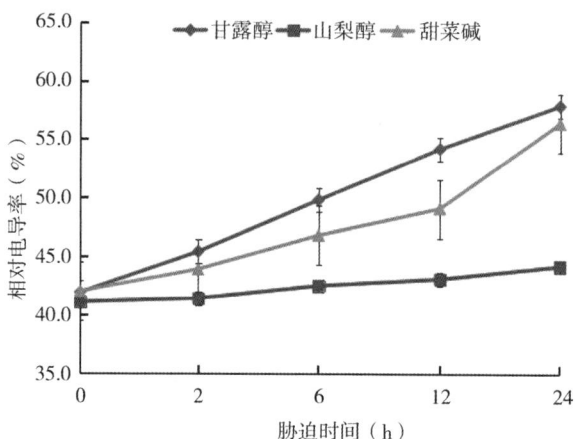

图1 10 g/L 胁迫剂胁迫不同时间相对电导率变化

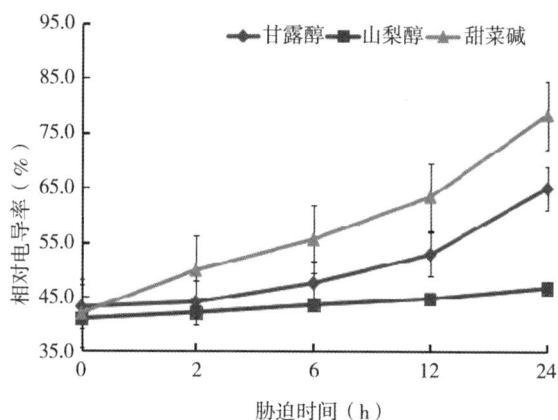

图2 15 g/L 胁迫剂胁迫不同时间相对电导率变化

同浓度的不同胁迫剂对马铃薯叶片细胞膜的损伤程度有差异。山梨醇干旱胁迫,较甘露醇和甜菜碱对马铃薯叶片细胞膜损伤最小,因此,山梨醇能够更好地模拟干旱。

2.2 叶片中 MDA 含量变化

干旱胁迫下植物在受到干旱胁迫时,细胞膜通常会发生脂质过氧化作用,最具有代表性的产物是 MDA,通常用它来评判脂质过氧化的程度,表示干旱的水平以及植物对干旱条件反应的强弱。图3和图4显示,10 和 15 g/L 的胁迫剂进行干旱胁迫时,"大西洋"试管苗叶片中的 MDA 含量随着干旱胁迫时间的延长和胁迫强度的增强而增大;且山梨醇处理的马铃薯叶片中 MDA 含量增幅最小,即对细胞膜的氧化程度较低;15 g/L 胁迫剂进行胁迫时,MDA 含量增幅较 10 g/L 胁迫剂明显;不同胁迫剂的胁迫效果有差异,24 h 时,马铃薯试管苗叶片中 MDA 含量最高,其次是甜菜碱处理的甘露醇,山梨醇处理的最低;胁迫 6 h 以后,MDA 含量变化趋势明显,说明在一定的胁迫时间范围内,胁迫时间越长,产生的 MDA 越多,对细胞的毒害作用越强。由此得出,在一定的胁迫强度和胁迫时间范围内,山梨醇干旱胁迫时产生的 MDA 含量最低,对细胞的毒害作用较甜菜碱和甘露醇弱,更适合用作干旱胁迫剂。

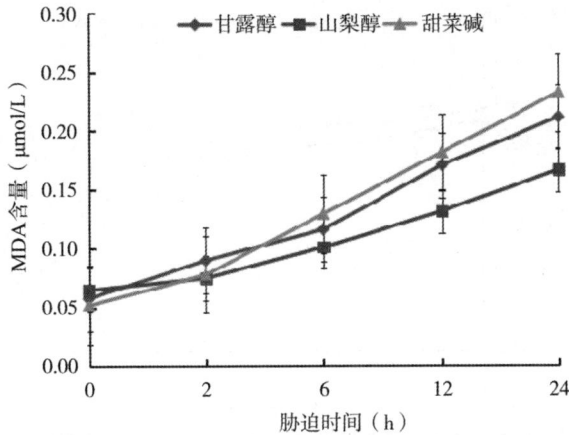

图3 10 g/L 胁迫剂胁迫不同时间 MDA 含量变化

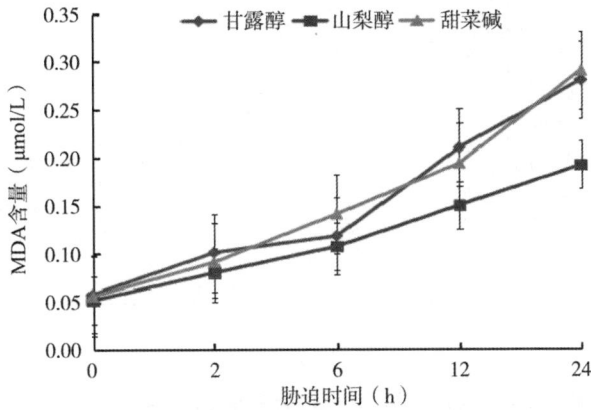

图4 15 g/L 胁迫剂胁迫不同时间 MDA 含量变化

2.3 干旱胁迫下马铃薯叶片组织含水量的变化

组织含水量代表着当前植物的水分情况，是反映植物受干旱胁迫程度的重要指标。图 5 显示将实验对象用 10 g/L 的 3 种胁迫剂分别胁迫处理 0（对照），2，6，12 和 24 h 的组织含水量（%）分别为：甘露醇（94.1%、93.4%、93.1%、90.5% 和 88.7%）；山梨醇（93.4%、92.3%、91.2%、88.2% 和 86.1%）；甜菜碱（93.8%、93.5%、92.9%、89.9% 和 87.5%）。图 6 显示用 15 g/L 的 3 种胁迫剂分别胁迫处理 0（对照），2，6，12 和 24 h 的组织含水量（%）分别为：甘露醇（93.6%、92.9%、92.8%、90.7% 和 87.7%）；山梨醇（93.1%、92.1%、91.6%、89.1% 和 85.3%）；甜菜碱（94.1%、93.4%、92.2%、90.3% 和 86.7%）。由图 5 和图 6 可知，随着胁迫时间的延长，10 和 15 g/L 的胁迫剂均使叶片组织含水量下降，且在胁迫 6 h 之前，下降缓慢，6 h 之后，下降趋势明显，说明 6 h 之后，马铃薯叶片受水分胁迫反应强烈，且在一定的胁迫时间和胁迫剂浓度范围内，叶片含水量与胁迫时间呈负相关；两种浓度下，山梨醇处理的马铃薯叶片含水量下降幅度均比甜菜碱和甘露醇大，因此能更好地模拟干旱环境。

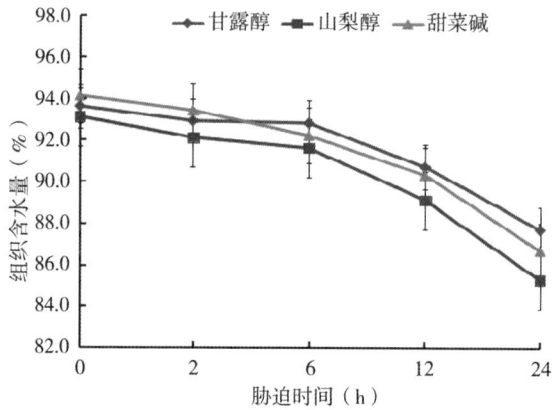

图5　10 g/L 胁迫剂胁迫不同时间组织含水量变化

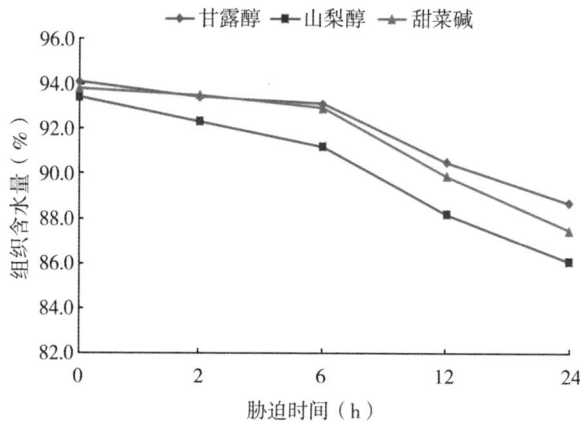

图6　15 g/L 胁迫剂胁迫不同时间组织含水量变化

3　讨　论

　　干旱严重影响马铃薯的生长发育及生产情况，研究植物响应干旱的机理并积极寻找应对措施对农业生产是至关重要的；通过实验室模拟干旱条件能够节省研究时间，简化实验研究，提高研究效率。干旱胁迫下，马铃薯生长态势及相关代谢都会与正常情况形成差异，比如叶片萎蔫，渗透压失衡，代谢紊乱，呈现缺水状态；同时马铃薯为了适应干旱，其抗旱相关基因表达量随之变化，进而引起形态结构和生理生化及功能等方面趋于正常化，从而表现出抗旱性[18]。

　　细胞膜作为植物与外界环境之间进行各种物质交换及能量流动的必经之路，各种非正常的外界环境因素就会第一时间作用于由脂质和蛋白质构成的细胞膜，就试验而言，当马铃薯受到外来胁迫剂的干旱胁迫时，细胞膜就会被刺激而使膜蛋白变性失活，不能有效的控制胞内外物质相互流通，膜选择透过性功能减弱甚至消失，导致细胞内各种电解质流向细胞外，带电粒子引起细胞外电势远高于细胞内，导致水中的电导率增大。试验结果显示，高浓度胁迫剂处理的马铃薯中叶片相对电导率大于低浓度胁迫剂处理的马铃薯；相对电导率随着干旱胁迫时间的延长而增大，说明胁迫时间与相对电导率成正比，电导率越大，细胞膜损伤越严重；甜菜碱和甘露醇处理的马铃薯叶片细胞膜受到的伤害较山梨醇大，干旱模拟效果较山梨醇差。

当马铃薯因干旱胁迫遭受质膜氧化伤害时，会产生代表性物质 MDA，MDA 本身具有很强的细胞毒性，会使生物膜上蛋白质分子结构遭到破坏，功能随之减弱，对细胞中的许多生物功能分子蛋白质和生物遗传物质核酸等均会产生强烈的破坏作用。试验结果表明，高浓度胁迫剂处理的马铃薯叶片中 MDA 含量高于低浓度胁迫剂处理的马铃薯，并且 MDA 含量与胁迫时间成正比，3 种胁迫剂中，MDA 增幅最明显的是甜菜碱，其次是甘露醇，山梨醇处理的最低，因此，山梨醇较其他两种胁迫剂更适于模拟马铃薯干旱胁迫。

环境的干旱程度可以直接影响植株叶片中含水量的高低，在使用胁迫剂模拟干旱条件下，叶片中含水量越低，说明胁迫剂的水分胁迫效果越好，植株的叶片持水力越弱。试验结果表明，高浓度胁迫剂处理的马铃薯中叶片含水量低于低浓度胁迫剂处理；叶片含水量与胁迫时间成反比；3 种胁迫剂中，使马铃薯叶片含水量下降最明显的是山梨醇。

综合以上试验结果，马铃薯在一定的干旱胁迫时间范围和胁迫强度下，随着干旱胁迫时间的延长，叶片相对电导率增大，MDA 含量增加，组织含水量下降；在 3 种胁迫剂中，山梨醇胁迫后的马铃薯叶片的相对电导率和 MDA 含量增幅最小，组织含水量下降最明显，即用山梨醇进行干旱胁迫时，较甜菜碱和甘露醇对马铃薯叶片细胞的毒害作用最小，对细胞膜的破坏程度最轻，所以更适于模拟马铃薯干旱胁迫。

[参 考 文 献]

[1] 徐建飞，金黎平 . 马铃薯遗传育种研究：现状与展望 [J]. 中国农业科学，2017，50(6)：990–1 015.
[2] 陈万明，蔡瑞林，林琳 . 推进马铃薯主粮化的战略构想 [J]. 贵州农业科学，2016，44(1)：182–185.
[3] 张威，白艳菊，李学湛，等 . 马铃薯种薯质量控制现状与发展趋势 [J]. 中国马铃薯，2010，24(3)：186–189.
[4] 林叶春，张丹，肖银梅 . 西北地区马铃薯节水种植制度的发展 [J]. 中国农学通报，2010，26(4)：99–103.
[5] 焦志丽 . 马铃薯干旱危害及提高抗旱性的研究 [D]. 哈尔滨：东北林业大学，2012，10–11.
[6] 贾琼 . 水分胁迫对马铃薯生长与生理特性的影响 [D]. 呼和浩特：内蒙古农业大学，2009.
[7] Ojala J C, Stark J C, Kleinkopf G E. Influence of irrigation and nitrogen management on potato yield and quality [J]. American Journal of Potato，1990，67(12)：29–43.
[8] Chaves M M, Maroco J P, Pereira J S. Understanding plant responses to drought: from genes to the whole plant [J]. Functional Plant Biology，2003，30(8)：239–264.
[9] 韦冬萍，韦剑锋，吴炫柯，等 . 马铃薯水分需求特性研究进展 [J]. 贵州农业科学，2012，40(4)：66–70.
[10] 安玉艳，梁宗锁 . 植物应对干旱胁迫的阶段性策略 [J]. 应用生态学报，2012，23(10)：2 907–2 915.
[11] 李继新，丁福章，袁有波 . 不同强度干旱胁迫对烤烟叶片质膜透性和丙二醛含量的影响 [J]. 贵州农业科学，2008，36(4)：34–35.
[12] 刘艳，陈贵林，蔡贵芳，等 . 干旱胁迫对甘草幼苗生长和渗透调节物质含量的影响 [J]. 西北植物学报，2011，31(11)：2 259–2 264.
[13] 黄国文，韩玉珍，傅永福 . 拟南芥 SUA41 基因的表达和功能分析 [J]. 遗传，2013，35(1)：93–100.
[14] 刘殿红 . 保水剂对马铃薯生长效应及其机理研究 [D]. 杨凌：西北农林科技大学，2006.
[15] 徐新娟，李勇超 . 2 种植物相对电导率测定方法比较 [J]. 江苏农业科学，2014，42(7)：311–312.
[16] Hodges D M, DeLong J M, Forney C F, et al. Improving the thiobarbituric acid-reactive-substances assay for estimating lipid peroxidation in plant tissues containing anthocyanin and other interfering compounds [J]. Planta，1999，207：604–611.
[17] 张明生，谈锋，张启堂 . 快速鉴定甘薯品种抗旱性的生理指标及方法的筛选 [J]. 中国农业科学，2001，34(3)：260–265.
[18] 康宗利，杨玉红，张立军 . 植物响应干旱胁迫的分子机制 [J]. 玉米科学，2006，14(2)：96–100.

智能水肥一体化对马铃薯规模化种植影响

张丽华，王登社*，杨进才，孙学思

（雪川农业发展股份有限公司，河北　张家口　075000）

摘　要： 通过对不同灌溉方式下马铃薯规模化种植在灌溉水量、追肥成本、喷药成本、用电成本、人工成本、产量的比较试验，以期筛选出适宜马铃薯规模化种植管理应用与推广的水肥一体化模式。结果表明，马铃薯规模化种植应用国产智能水肥一体化比应用指针式喷灌、非智能滴灌节水40%以上，节肥、节药、节电、节省人工成本20%以上，增加产量10%以上；国产智能水肥一体化与以色列智能水肥一体化结果大致相同，但是一次性投资比以色列智能水肥一体化低68.79%。经过试验筛选出国产智能水肥一体化更适合马铃薯规模化种植管理应用及推广。

关键词： 智能；水肥一体化；马铃薯；节水；节肥；节药；节能；增产

滴灌具有灌水均匀度高、节水节肥、改善作物品质、增产增收等特点[1]。马铃薯智能水肥一体化控制系统可实现智能化监测、控制灌溉水量及施肥量。土壤水分传感器、流量传感器实时监测土壤状况，当灌区土壤湿度达到预先设定的下限值时，系统自动开启，当灌区土壤湿度达到预先设定值，系统自动关闭。可根据时间段调度整个灌区电磁阀的轮流工作，整个系统可协调工作实施轮灌，充分提高灌溉用水效率，通过手机端、PC端、本地端实时进行管控，实现对灌溉、施肥的定时、定量控制，达到节水节肥、省力省时、提高产量[2-6]。同时提高水肥的利用率、土地利用率，增产效果明显，有效防止病虫害的发生和土壤板结及盐碱化[7]，提升马铃薯品质。

通过物联网智能控制设备和数据的采集分析设备能达到设备的远程控制、自动控制，科学灌溉施肥的目的：

①通过系统压力检测、恒压等参数对水源水泵自动控制，恒压保护，流量控制，自动补水等功能，提高工作效率，精准把握水量；

②对施肥机施肥参数的精准把控（包括注肥量、肥液EC、pH、肥桶液位），达到自动施肥、精准施肥；

③对电磁阀的控制，实现灌溉制度的精准实施，定时轮灌，自动灌溉等功能；

④通过对田间数据精准采集和科学分析，专家系统后台实时掌握并提供最科学的种植技术服务。

作者简介：张丽华（1989—），男，从事马铃薯栽培管理研究。

* 通信作者：王登社，研究员，主要从事马铃薯新品种选育、扩繁、推广，马铃薯冷冻食品加工，e - mail：dwang@snowvalley.com.cn。

1 材料与方法

1.1 试验目的

水分和养分对于农作物极其重要，如果做不到精准投入，就会对土壤环境和根系生长造成隐形伤害，最终影响马铃薯的健康成长，智能水肥一体化是加快生态循环农业，促进绿色环保农业的重要科技措施。传统喷灌管理、普通滴灌下要执行马铃薯水肥制度需要投入大量的人力，且执行效果不够精准。雪川农业发展股份有限公司通过 3 年试验研究，对比国产智能水肥一体化、进口以色列智能水肥一体化、非智能滴灌、指针式喷灌对马铃薯规模化种植的影响，探索出适宜马铃薯规模化种植的水肥一体化系统。

1.2 试验安排概况

雪川农业发展股份有限公司作为把智能水肥一体化系统应用在马铃薯规模化种植管理的企业，目前已试验应用推广 3 年（表 1）。

2017 年在锡林郭勒盟白银库伦种薯基地使用以色列智能水肥一体化系统种植马铃薯 153.33 hm²。

2018 年在锡林郭勒盟白银库伦种薯基地新建以色列智能水肥一体化系统马铃薯种植面积 86.67 hm²，新建国产智能水肥一体化系统马铃薯种植面积 33.33 hm²；在张家口市察北管理区马铃薯种植基地新建以色列智能水肥一体化系统马铃薯种植面积 560.00 hm²，新建国产智能水肥一体化系统马铃薯种植面积 33.33 hm²，总计使用智能水肥一体化系统马铃薯种植面积达 866.67 hm²。

2019 年在张家口市察北管理区马铃薯种植基地新建国产智能水肥一体化系统马铃薯种植面积 100.00 hm²，总计使用智能水肥一体化系统马铃薯种植面积达 966.67 hm²。

表 1　2017～2019 年不同灌溉方式马铃薯种植面积　　　　　　　　（hm²）

地区-级别	年份	国产智能滴灌种植面积	以色列智能滴灌种植面积	非智能滴灌种植面积	指针式喷灌种植面积
锡林郭勒盟-种薯	2017		153.33	60.00	80.00
	2018	33.33	240.00	86.67	80.00
	2019	33.33	240.00	60.00	80.00
察北-加工薯	2018	33.33	560.00	20.00	208.00
	2019	133.33	560.00	46.67	57.33

2 结果与分析

2.1 马铃薯规模化种植不同灌溉方式用水量比较

由表 2 可以看出，锡林郭勒盟种薯基地 3 年平均国产智能水肥一体化比指针式喷灌、非智能滴灌节约用水分别为 74.65 和 43.88 t/667 m²，节约用水比率分别为 43.13%、30.83%。察北加工薯基地 2 年平均国产智能水肥一体化比指针式喷灌、非智能滴灌节约用水分别为 77.79 和 44.46 t/667 m²，节约用水比率分别为 40.69%、28.16%。国产智能水肥一体化与以色列智能水肥一体化用水量大致相同。

表 2　马铃薯规模化种植不同灌溉方式用水量　　　　　　　　　　　（t/667 m²）

地区 – 级别	年份	国产智能滴灌灌溉用水	以色列智能滴灌灌溉用水	非智能滴灌灌溉用水	指针式喷灌灌溉用水
锡林郭勒盟 – 种薯	2017	—	98.43	139.21	173.65
	2018	96.56	95.33	136.42	169.42
	2019	100.32	97.15	151.32	176.20
	平均	98.44	96.97	142.32	173.09
察北 – 加工薯	2018	112.35	111.28	154.98	195.37
	2019	114.46	115.37	160.75	187.02
	平均	113.41	113.33	157.87	191.20

2.2　马铃薯规模化种植不同灌溉方式追肥成本比较

由表 3 可以看出，锡林郭勒盟种薯基地 3 年平均国产智能水肥一体化比指针式喷灌、非智能滴灌节约追肥成本分别为 35.46 和 21.60 元 /667 m²，节约追肥成本比率分别为 22.70%、15.18%。察北加工薯基地 2 年平均国产智能水肥一体化比指针式喷灌、非智能滴灌节约追肥成本分别为 57.87 和 30.40 元 /667 m²，节约追肥成本比率分别为 24.22%、14.37%。国产智能水肥一体化与以色列智能水肥一体化追肥成本大致相同。

表 3　马铃薯规模化种植不同灌溉方式追肥成本　　　　　　　　　　（元 /667 m²）

地区 – 级别	年份	国产智能滴灌追肥	以色列智能滴灌追肥	非智能滴灌追肥	指针式喷灌追肥
锡林郭勒盟 – 种薯	2017	—	120.33	139.21	158.65
	2018	117.93	116.90	136.42	154.23
	2019	123.51	129.76	151.32	155.67
	平均	120.72	122.33	142.32	156.18
察北 – 加工薯	2018	185.87	187.45	213.47	239.98
	2019	176.34	173.26	209.55	237.98
	平均	181.11	180.36	211.51	238.98

2.3　马铃薯规模化种植不同灌溉方式喷药成本比较

由表 4 可以看出，锡林郭勒盟种薯基地 3 年平均国产智能水肥一体化比指针式喷灌、非智能滴灌节约喷药成本分别为 79.72 和 46.53 元 /667 m²，节约喷药成本比率分别为 21.14%、13.53%。察北加工薯基地两年平均国产智能水肥一体化比指针式喷灌、非智能滴灌节约喷药成本分别为 79.08 和 51.58 元 /667 m²，节约喷药成本比率分别为 21.83%、15.41%。国产智能水肥一体化与以色列智能水肥一体化喷药成本大致相同。智能水肥一体化系统有助于调节田间湿度，减轻病虫害的发生，减少使用药量。

表 4 马铃薯规模化种植不同灌溉方式喷药成本 （元 /667 m²）

地区 – 级别	年份	国产智能滴灌喷药	以色列智能滴灌喷药	非智能滴灌喷药	指针式喷灌喷药
锡林郭勒盟 – 种薯	2017	—	298.34	346.34	378.65
	2018	301.29	296.12	344.22	387.22
	2019	293.33	292.22	340.97	365.22
	平均	297.31	295.56	343.84	377.03
察北 – 加工薯	2018	278.12	293.63	340.27	357.28
	2019	288.31	287.33	329.33	367.32
	平均	283.22	290.48	334.80	362.30

2.4 马铃薯规模化种植不同灌溉方式用电成本比较

由表 5 可以看出，锡林郭勒盟种薯基地 3 年平均国产智能水肥一体化比指针式喷灌、非智能滴灌节约用电成本分别为 16.00 和 11.75 元 /667 m²，节约用电成本比率分别为 22.81%、17.83%。察北加工薯基地 2 年平均国产智能水肥一体化比指针式喷灌、非智能滴灌节约用电成本分别为 17.62 和 12.86 元 /667 m²，节约用电成本比率分别为 21.46%、16.63%。国产智能水肥一体化与以色列智能水肥一体化用电成本大致相同。

表 5 马铃薯规模化种植不同灌溉方式用电成本 （元 /667 m²）

地区 – 级别	年份	国产智能滴灌用电	以色列智能滴灌用电	非智能滴灌用电	指针式喷灌用电
锡林郭勒盟 – 种薯	2017	—	55.23	68.11	70.55
	2018	54.97	51.18	65.22	68.68
	2019	53.33	51.90	64.37	71.22
	平均	54.15	52.77	65.90	70.15
察北 – 加工薯	2018	65.51	62.09	76.33	82.90
	2019	63.43	60.35	78.32	81.27
	平均	64.47	61.22	77.33	82.09

2.5 马铃薯规模化种植不同灌溉方式人工成本比较

由表 6 可以看出，锡林郭勒盟种薯基地 3 年平均国产智能水肥一体化比指针式喷灌、非智能滴灌节约人工成本分别为 1.25 和 11.79 元 /667 m²，节约人工成本比率分别为 5.00%、32.00%；比以色列智能水肥一体化用工成本高 3.36 元 /667 m²。察北加工薯基地 2 年平均国产智能水肥一体化比指针式喷灌、非智能滴灌节约人工成本分别为 2.99 和 19.00 元 /667 m²，节约人工成本比率分别为 13.00%、48.00%；比以色列智能水肥一体化用工成本高 6.00 元 /667 m²。由于智能水肥一体化系统由一个首部控制全部种植区域，人工成本主要集中在机房首部观察系统运行情况，基本不需要到田间，察北加工薯基地以色列智能水肥一体化 2 套系统分别控制 173.33 和 386.67 hm²，国产智能水肥一体化系统 2018 年控制 33.33 hm²，2019 年控制 133.33 hm²，因此国产智能水肥一体化比以色列智能水肥一体化人工成本高，此差异为非系统差异，可以通过控制面积避免。

表 6　马铃薯规模化种植不同灌溉方式人工成本　　　　　　　　　　　　　（元 /667 m²）

表 6　马铃薯规模化种植不同灌溉方式人工成本　　　　　　　　　　　　　（元 /667 m²）

地区 – 级别	年份	国产智能滴灌人工	以色列智能滴灌人工	非智能滴灌人工	指针式喷灌人工
锡林郭勒盟 – 种薯	2017	—	18.26	35.00	26.25
	2018	25.00	23.33	40.38	26.25
	2019	25.00	23.33	35.00	26.25
	平均	25.00	21.64	36.79	26.25
察北 – 加工薯	2018	25.00	15.00	35.00	23.56
	2019	21.00	15.00	45.00	24.42
	平均	21.00	15.00	40.00	23.99

2.6　不同灌溉方式对马铃薯规模化种植产量影响比较

由表 7、8 可以看出，锡林郭勒盟种薯基地 3 年平均国产智能水肥一体化比指针式喷灌、非智能滴灌增产分别为 0.28 和 0.10 t/667 m²，增产比率分别为 9.82%、3.30%，增加合格产量分别为 0.34 和 0.17 t/667 m²，增加合格产量比率分别为 13.28%、6.23%。察北加工薯基地 2 年平均国产智能水肥一体化比指针式喷灌、非智能滴灌增产分别为 0.41 和 0.16 t/667 m²，增产比率分别为 11.11%、4.06%，增加合格产量分别为 0.39 和 0.23 t/667 m²，增加合格产量比率分别为 11.82%、6.65%。国产智能水肥一体化与以色列智能水肥一体化 667 m² 产量大致相同。

由表 9 可以看出，察北加工薯基地国产智能水肥一体化比指针式喷灌、非智能滴灌增加大薯率分别为 11.68%、5.87%，与以色列智能水肥一体化比较大薯率差别不大。由表 10 可以看出 4 种灌溉方式对马铃薯规模化种植马铃薯干物质含量影响不大。

表 7　不同灌溉方式下马铃薯规模化种植产量　　　　　　　　　　　　　（t/667 m²）

地区 – 级别	年份	国产智能滴灌 总产量	以色列智能滴灌 总产量	非智能滴灌 总产量	指针式喷灌 总产量
锡林郭勒盟 – 种薯	2017	—	3.11	3.00	2.87
	2018	3.05	2.97	2.95	2.77
	2019	3.21	3.19	3.14	2.91
	平均	3.13	3.09	3.03	2.85
察北 – 加工薯	2018	3.83	3.95	3.65	3.44
	2019	4.36	4.29	4.22	3.94
	平均	4.10	4.12	3.94	3.69

表 8　不同灌溉方式下马铃薯规模化种植合格产量　　　　　　　　　　　　（t/667 m²）

地区 – 级别	年份	国产智能滴灌 合格产量	以色列智能滴灌 合格产量	非智能滴灌 合格产量	指针式喷灌 合格产量
锡林郭勒盟 – 种薯	2017	—	2.89	2.66	2.52
	2018	2.79	2.75	2.71	2.43
	2019	3.01	3.06	2.81	2.74
	平均	2.90	2.90	2.73	2.56
察北 – 加工薯	2018	3.44	3.53	3.22	3.04
	2019	3.94	3.90	3.70	3.56
	平均	3.69	3.72	3.46	3.30

表 9　不同灌溉方式下马铃薯规模化种植大薯（>280 g）率　　　　　　　　　（%）

地区－级别	年份	国产智能滴灌	以色列智能滴灌	非智能滴灌	指针式喷灌
察北－加工薯	2018	63.44	63.11	58.21	52.79
	2019	65.84	66.89	59.33	53.12
	平均	64.64	65.00	58.77	52.96

表 10　不同灌溉方式下马铃薯规模化种植干物质含量　　　　　　　　　　　（%）

地区－级别	年份	国产智能滴灌	以色列智能滴灌	非智能滴灌	指针式喷灌
察北－加工薯	2018	19.56	19.79	19.47	19.48
	2019	20.97	21.34	20.89	21.17
	平均	20.27	20.57	20.18	20.33

2.7　不同灌溉方式当年投资比较

由表 11 可以看出，每 667 m² 投资以色列水肥一体化 > 指针式喷灌 > 国产智能水肥一体化 > 非智能滴灌。国产智能水肥一体化比以色列智能水肥一体化、指针式喷灌降低投资比率分别为 68.79%、14.37%。

表 11　不同灌溉方式当年投资　　　　　　　　　　　　　　　　　　　（元 /667 m²）

	国产智能滴灌	以色列智能滴灌	非智能滴灌	指针式喷灌
电力及基础设施	47.00	160.00	47.00	47.00
汇水系统	129.65	129.65	129.65	160.00
首部系统	4.60	273.96	4.60	0.00
田间系统	206.32	596.26	206.32	400.00
自动控制系统	139.33	310.31	0.00	0.00
运费及安装费 & 其他	10.00	250.09	6.00	20.00
合计	536.90	1 720.27	393.57	627.00
投资	0.54	1.72	0.39	0.63

3　讨　论

试验结果可知，马铃薯规模种植国产智能水肥一体化比指针式喷灌、非智能滴灌更节水、节肥、节药、节电、节省人工、增加产量，与以色列智能水肥一体化大致相同。一次性投资以色列智能水肥一体化远远高于国产智能水肥一体化。因此得出结论：国产智能水肥一体化更适合马铃薯规模化种植管理及应用推广。

2017 ~ 2019 年雪川农业发展股份有限公司累计推广智能水肥一体化马铃薯规模化种植面积 1 986.7 hm²，相比指针式喷灌 3 年累计节约水量 228.5 万 t，节约用肥 148.9 万元，节约用药 236.3 万元，节约用电 50.8 万元，节约人工成本 22.2 万元，增产 10 853.0 t，综合增加经济效益 1 934.3 万元。

假如国家政策同步给予补贴，全国推广智能水肥一体化马铃薯规模化种植 133.3 万 hm^2，每年节约农业用水 15.4 亿方，节约用肥 11.6 亿元，节约用药 15.8 亿元，增加产量 800 万 t。对于提高全国马铃薯平均单产、加快双节双增（节水节肥、增产增效）、发展精准农业将取得巨大效果。

[参 考 文 献]

[1]　曹建生，张万军 . 微灌节水技术与机理研究 [J]. 节水灌溉，2000(6)：5-7.

[2]　师志刚，刘群昌，白美健，等 . 基于物联网的水肥一体化智能灌溉系统设计及效益分析 [J]. 水资源与水工程学报，2017，28(3)：221-227.

[3]　杨林林，王成志，韩敏琦，等 . 我国水肥一体化技术发展前景及技术要点分析 [J]. 北京农业，2016(1)：50-51.

[4]　吴秋明，缴锡云，潘渝，等 . 基于物联网的干旱区智能化微灌系统 [J]. 农业工程学报，2012，28(1)：118-122.

[5]　陶佳，黄润华 . 基于无线传感网络与迭代算法的精准灌溉系统 [J]. 湖北农业科学，2016，55(4)：1 016-1 020.

[6]　盛会，郭辉，张学军，等 . 浅谈智能灌溉技术应用现状 [J]. 新疆农机化，2016(1)：23-28.

[7]　华树东，王春明，张忠敏 . 马铃薯节水灌溉技术研究 [J]. 现代化农业，2010(3)：

马铃薯"草膜三覆盖"高效栽培技术

张双定*，权继忠，林　燕，陈永平，李陇艳

（甘肃省定西市陇西县种子站，甘肃　陇西　748100）

摘　要：针对定西市陇西县的气候特点，以高产高效为目的，对马铃薯新型栽培模式"草膜三覆盖"进行总结，从轮作与选地、搭建温棚、播种、田间管理及收获方面介绍其栽培管理技术，以期为实现马铃薯高产高效早上市，有效增加农民收入，促进农业可持续发展的目标提供有效的栽培技术参考。

关键词：马铃薯；草膜三覆盖；栽培技术

　　陇西县地处甘肃省东南部，定西市中部，全县海拔 1 612 ~ 2 762 m，年平均气温 7.7 ℃，日照时数 2 210 h，年降雨量 415 mm，无霜期 160 d，属黄土高原地区，温带大陆性季风气候[1]。历史以来，马铃薯是陇西县的主要优势种植作物之一，但近年来随着广东、四川、贵州、山东等地马铃薯种植面积的不断扩大，陇西县种植的晚熟马铃薯鲜薯外销受阻，经济效益下滑。为了提前马铃薯的供应季，2015 年甘肃凯凯农业科技发展股份有限公司创新栽培模式，试种"草膜三覆盖"取得成功，产量达 3 500 kg/667 m²，667 m² 收益近万元，第二季种植蒜苗，收益 2 万元/667 m² 以上，"草膜三覆盖"一年两季粮蔬高产高效种植综合收益达到 3 万元/667 m²，不但能解决马铃薯种植产量低而不稳的问题，还通过"一年两季粮蔬"种植，有效提高土地的利用率和产出率，增加经济收益。2016 年在陇西县巩昌、通安驿、马河、和平、柯寨等乡镇浅灌区示范推广种植 33.3 hm²，2017 年 5 月 25 日测产，产量 3 735.2 kg/667 m²，比普通地膜栽培增产 1 000 kg，且提前上市 30 d。

　　马铃薯"草膜三覆盖"栽培，就是在普通塑料温棚内，利用小麦秸秆（或玉米秸秆）、黑色地膜和拱棚膜多层覆盖种植马铃薯，马铃薯收获后又种植蒜苗、上海青等蔬菜作物，实现高海拔地区"一年两季粮蔬"种植。该技术不仅提高了马铃薯的产量和品质，又解决了秸秆污染和还田，可实现马铃薯高产高效早上市，有效增加农民收入，促进农业可持续发展。

1　轮作与选地

1.1　轮　作

　　马铃薯与其他作物合理轮作是调节土壤养分、减轻病虫害的重要措施，马铃薯适宜与禾谷类作物轮作，不宜与茄科作物和块茎作物轮作，不宜重茬或迎茬，要实行 3 年以上轮

作者简介：张双定（1971—），男，高级农艺师，主要从事农作物良种繁育与推广工作。

基金项目：定西市马铃薯产业化项目（2016069003）。

* 通信作者：张双定，e - mail：893986456@qq.com。

作制。

1.2　选　地

选择地势平坦、土层深厚、土质疏松、肥力中上、易于排灌的土壤，尽量避免在盐碱地种植，土壤以中性或微碱性为宜。秋季收获后，清理田间作物残体，旋耕深松土壤。冬季封冻前浇灌冬水，要灌足灌透。

2　搭建温棚

地表封冻前搭建温棚，并覆盖棚膜。农户可根据自己实力搭建成普通温棚或钢架温棚，也可以利用旧棚种植。温棚大小依据土地面积确定。

3　播前准备

3.1　整地施肥

每 667 m^2 施腐熟的农家有机肥 4 000 kg、马铃薯专用肥（N + P_2O_5 + K_2O 为 13 – 8 – 6，有机质为 20%）80 kg 作底肥，撒施于地表，随旋耕土地时翻耕入土。

3.2　品种选择

选用早熟、高产、优质、抗病的马铃薯脱毒种薯是获得高产的关键。根据多年种植经验，选用"费乌瑞它"，该品种早熟，生育期 70 ~ 80 d，全生育期 110 ~ 120 d，幼苗开展，深绿色，植株繁茂，生长势强，薯块长椭圆，表皮光滑，薯皮色浅黄，薯肉黄色，结薯集中，薯块整齐，较抗旱、耐寒，耐贮藏抗环腐病、较抗晚疫病、黑胫病。丰产性好。

3.3　种薯处理

3.3.1　切　种

将种薯分拣为大、中、小 3 个级别，150 g 以下为小薯，150 ~ 400 g 为中薯，400 g 以上为大薯。大薯切种时切掉顶芽，以每个芽眼 1 个种子切种，大小为 25 g 左右，大芽眼也可切成 2 个种子。中薯切种时切掉顶芽，以每个芽眼 1 个种子切种，大小为 25 g 左右。小薯切种时先削掉顶芽，再纵横切成 4 块种子。用种量 150 kg/667 m^2。

3.3.2　浸　种

用稀土旱地宝（宁夏中天技术创新工程有限公司生产，成分：杀菌剂、稀土元素、特殊营养剂、微量元素、植物生长剂、保水剂、光和促进剂）按 1∶50 配制药液，即每 100 mL 药液加 5 kg 水，将薯块浸入药液 20 min，捞出后装入筐内，每筐 20 kg 左右。配制一次药液可浸种薯 150 kg。

3.3.3　催　芽

播前 5 ~ 10 d 将种薯块筐放置在温度 15 ~ 20℃的室内或温棚内催芽 10 d 左右，待薯芽刚露出种子表面为宜。

3.3.4　备　草

播前 3 ~ 5 d 将小麦秸秆（或玉米秸秆）用铡草机铡成 3 ~ 5 cm 的小段，边铡边用 50% 多菌灵可湿性粉剂 800 ~ 1 000 倍液喷雾搅拌，然后堆放成堆，用塑料棚膜覆盖。每 667 m^2 用草量 300 kg。

4 适时播种

4.1 播种时间

在雨水之前进行播种，以便早上市和调整第二茬作物的播种时间。以 2 月 1 ~ 15 日为最佳播期。

4.2 播种方法

4.2.1 人工播种法

采用大垄双行种植，沿棚边起垄，垄距 100 cm，垄宽 80 cm，垄高 25 cm；在垄面中央开沟，沟宽 30 cm，沟深 15 cm，将种薯芽眼朝下整齐地摆放于沟内，株距 25 cm 左右，双行交错种植，种植 4 500 ~ 4 700 株 /667 m²；随后在沟内覆盖一层处理好的麦草，厚度约 10 cm，在草上铺设滴灌带，滴灌带滴眼朝下；然后覆盖黑色地膜，并在地膜上盖土 2 ~ 3 cm；最后按每 2 垄或 3 垄搭建小拱棚即可。依此类推种植。

4.2.2 半机械播种法

用微耕机牵引自行改制的起垄开沟机，一次起垄开沟成型，覆土时用微耕机牵引自制覆土机一次覆土成功，其余播种方法同上。

5 田间管理

5.1 查苗放苗

出苗达 70% ~ 80% 时，揭掉小拱棚，及时查苗放苗，确保苗齐。因有 80% 左右的苗能破膜出苗，20% 左右需人工辅助放苗。

5.2 化学除草

在出苗前，用巴斯夫 – 田普（有效成分二甲戊灵含量 45%）150 mL/667 m² 兑水 30 kg 喷雾，进行土壤封闭除草，可有效防除一年生禾本科尖叶杂草和一年生阔叶杂草。在马铃薯苗后株高 10 cm 前，一年生禾本科杂草 1 ~ 3 叶期、一年生阔叶杂草 2 ~ 4 叶期时，或在杂草 2 ~ 4 叶期，用砜·喹·嗪草酮（总有效成分 23.2%）70 ~ 85 mL/667 m² 兑水 30 kg，进行田间喷雾施药，可有效防除一年生禾本科杂草和阔叶杂草。

5.3 科学灌水

出苗前不灌水，出苗后视土壤墒情随机采用滴灌进行灌水，整个生育期灌水 4 ~ 5 次。现蕾开花前每次滴灌 2 ~ 3 h，现蕾开花后每次滴灌 3 ~ 4 h。

5.4 适量追肥

由于底肥充足，不需要大量追肥，可结合滴灌，在发棵期和结薯期分 2 次将硫酸钾型冲施肥（N–P₂O₅–K₂O 为 14–10–26）放入施肥灌内，充分搅匀，随水滴灌，每次每 667 m² 用肥量 5 ~ 10 kg。

5.5 病虫害防治

5.5.1 地下害虫

主要有地老虎、蛴螬、金针虫和蝼蛄等。用 3% 辛硫磷颗粒 1.5 ~ 2.0 kg/667 m² 与农家肥混合均匀，随施底肥施入土壤。

5.5.2　蚜虫

可用2.5%功夫乳油3 000 ~ 4 000倍液、10%吡虫啉可湿性粉剂25 g/667 m²兑水30 kg喷雾。

5.5.3　晚疫病

发病初期喷洒58%甲霜灵锰锌可湿性粉剂600 ~ 800倍液，或64%杀毒矾可湿性粉剂500倍液，或72%杜邦克露可湿性粉剂500倍液，或75%百菌清可湿性粉剂800倍液每隔7 ~ 10 d喷药1次，连续4 ~ 5次。

5.5.4　环腐病

田间发生病害可用72%农用链霉素4 000倍液，或77%可杀得可湿性微粒粉剂500倍液，或2%春雷霉素可湿性粉剂500倍液，或3%中生菌素可湿性粉剂800 ~ 1 000倍液喷雾防治，视病情每隔5 ~ 7 d喷1次。

6　收　获

收获前10 ~ 14 d停止灌水。选择晴天进行收获，在操作过程中尽量减少薯块破皮、受伤，保证薯块外观光滑，增加商品性。收获后将薯块及时存放于贮藏窖中，以防青皮，影响食用和商品性，并视市场情况及时出售。

[参 考 文 献]

[1]　张双定. 马铃薯"草膜三覆盖"高效栽培技术 [J]. 甘肃农业科技，2018(5)：83–85.

内蒙古中西部地区马铃薯滴灌栽培技术概况

郭斌煜[1]，郭景山[1*]，郝文胜[1]，韩志刚[1]，谢　锐[1]，

徐利敏[1]，李志平[2]，杨丽桃[3]，王俊彪[4]，武春艳[5]

（1.内蒙古农牧业科学院，内蒙古　呼和浩特　010031；

2.内蒙古经济作物工作站，内蒙古　呼和浩特　010011；

3.内蒙古气候中心，内蒙古　呼和浩特　010051；

4.内蒙古鑫雨种业公司，内蒙古　乌兰察布市四子王旗　011800；

5.达茂旗农牧局，内蒙古　包头市达茂旗　014500）

摘　要：内蒙古中西部地区马铃薯节水灌溉技术的发展进入了新阶段，尤其是马铃薯滴灌栽培技术应用日益成熟。马铃薯滴灌栽培方式已成为生产上最重要的栽培模式。通过回顾内蒙古地区马铃薯节水灌溉发展历程，探讨马铃薯滴灌栽培技术的科研和生产实践应用成果，初步提出了当地马铃薯滴灌栽培技术的科学合理灌溉制度，为当地马铃薯种植者提供了科学灌溉的理论依据，灌溉制度精准应用必将对当地马铃薯生产产生重要影响，从而推动当地马铃薯产业的发展。

关键词：马铃薯；内蒙古；滴灌栽培技术；概况

　　内蒙古马铃薯节水灌溉技术经历了一个发展过程，在当地政府和农业科研、推广、生产部门的多年努力下，内蒙古中西部地区马铃薯节水灌溉技术的发展进入了新阶段，尤其是马铃薯滴灌栽培技术应用日益成熟，马铃薯滴灌栽培方式已成为生产上最重要的栽培模式，应用滴灌栽培技术种植马铃薯面积已达 20 万 hm2[1]。经过科研和生产实践，提出了适合当地马铃薯滴灌栽培技术的科学合理灌溉制度，为当地马铃薯种植者提供了滴灌栽培技术的理论依据。

1　国内外节水灌溉技术的基本情况

1.1　国外节水灌溉技术

　　随着世界性水资源的日趋紧张，各国不断的开展对节水灌溉技术的研究和实践。发达国家在实践中建立了适合本国的现代节水灌溉技术模式。以色列、美国和法国都在节水灌溉方面走在世界前列，目前以色列在节水技术科研和生产实践方面更为突出。

　　以色列是一个水资源严重匮乏、耕地少和干旱贫瘠的小国。人均水资源占有量只有270 m3，为了克服水资源紧缺问题，以色列大力开发灌溉地[2]。随着节水技术的发展和节

作者简介：郭斌煜（1992—），男，硕士，助理研究员，从事马铃薯脱毒种薯繁育推广和高产栽培技术研究。

基金项目：国家马铃薯产业技术体系（CARS-9）；中国气象局气候变化专项（CCSF2019031）。

* 通信作者：郭景山，博士，研究员，长期从事马铃薯脱毒种薯高产栽培技术和产业经济方面研究，e - mail：gjs1215@qq.com。

水高新技术的应用，所有农田都采用了喷灌和滴灌等水肥一体化自动管理控制技术。喷灌和滴灌的应用极大提高水资源的利用率，农业灌溉用水从 8 000 t/hm² 下降到 5 000 t/hm²，水的有效利用率达到 95%。同时，以色列的灌溉遵循利用一切可利用的水资源及污水净化重复利用的原则，这一措施使水的有效利用率大大的提高，在单位面积的平均灌溉水量不增的情况下，农业产出增长了 12 倍。

1.2 国内节水灌溉技术

中国从 20 世纪 50 年代初开始，有关部门就开展了节水灌溉技术的研究及推广工作[3]。50 年代末期，开始从国外引进先进的节水灌溉技术和设备，但这时期推广使用的喷灌设备主要是柴油机或电机带动的单机单喷头的手抬式或小推车式的小型喷灌机。到 70 年代喷灌技术受到普遍的重视并广泛应用。滴灌技术是 1974 年从墨西哥引进 3 套滴灌设备开始的，在吸收和借鉴国外先进经验时，研制出了一整套适合我国使用的滴灌和微喷灌设备，开始在国内推广应用。进入 80 年代后，随着中国北方水资源供需矛盾的日益加剧和农村经济的发展，低压管道输水灌溉技术被列入"七五"国家重点科技攻关项目，在管道管材及配套装置的研制方面取得了一些成果。平原井灌区、渠灌区和提水灌区的管道输水灌溉技术得以广泛应用，推广应用面积达到 520 万 hm²。80 年代后期，在地膜栽培的基础上，新疆创造出了又一新技术——膜上灌，到 90 年代初期推广面积达到 20 万 hm²。90 年代以来，随着中国水资源供需矛盾的日益紧张，国家把节水灌溉技术作为革命性的措施来抓，增加投入，加大示范项目的建设力度，节水灌溉技术得到了快速的发展。

2 内蒙古节水灌溉技术的基本情况

从 60 年代起，内蒙古自治区按照不同类型的灌溉工程进行渠道衬砌等形式的节水措施，70 年代初开始引进和推广喷灌工程，到 70 年代末形成高潮，喷灌节水面积达到 1.33 万 hm²[4]。但是，由于技术、材料等方面的原因，80 年代喷灌面积逐年减少。到 90 年代初，全区喷灌面积剩 0.133 万 hm²。90 年代后，地方农业管理部门组织专业技术人员到先进省区学习参观，加强技术培训，通过搞试点、试验、积极引进先进的节水灌溉技术，采取低压管灌、喷灌、滴灌等节水技术，使全区的节水技术得到了发展。自 2000 年自治区开始试验使用节水灌溉措施进行农业生产，在当地政府和农业部门的政策支持下节水灌溉面积逐渐扩大，经过多年科研部门和农业技术推广部门科技人员的研究、推广和示范，基本掌握了喷灌和滴灌等几种节水灌溉措施的应用技术。目前节水灌溉措施应用在马铃薯种植方面尤为突出，应用上主要有大型喷灌机喷灌、滴灌和半固定式喷灌几种方式。

喷灌和滴灌与传统大水漫灌相比技术优点表现在：一是大型指针式喷灌机 1 次 667 m² 均用水约 10 m³，花期和结果期约 12 ~ 15 m³，全生育期用水约 10 次，用水量约 120 m³；用传统的大水漫灌方法，1 次 667 m² 均用水约 60 m³，全生育期用水约 4 ~ 6 次，灌水量约 240 ~ 300 m³。相比之下，节水约 50% 以上。二是滴灌 1 次 667 m² 均灌水约 10 m³，全生育期用水约 8 ~ 10 次，用水量约 100 m³。相比大水漫灌，节水约 60% 以上。滴灌是目前应用最广，支持力度最大的节水灌溉方式，尤其是近几年马铃薯水肥一体化的推广和应用，使滴灌种植马铃薯的技术和设备应用日益成熟。

3 滴灌马铃薯栽培技术的科研进展和生产实践

目前应用滴灌的许多生产者无法在马铃薯不同生育期准确地知道什么时候开始灌溉，灌溉量是多少，尤其是马铃薯不同生育期最适土壤含水量范围是什么，常常出现过量灌溉和灌溉不充分现象，造成生产上水资源的浪费和由于灌溉不吻合马铃薯不同生育期生长需水规律而导致减产。如何解决这一问题，就需要科研人员对决定灌溉量的关键土壤含水量域值进行深入研究和探讨。

3.1 滴灌马铃薯栽培技术的科研进展

2013 年内蒙古自治区农牧业科学院马铃薯课题组，在武川县耗赖山乡圪顶盖村建立了水肥一体化节本增效栽培标准化核心示范基地 13.33 hm²。其主要核心技术是运用了以色列 TALGIL 公司生产的 DREAM 自动化灌溉系统，研究探讨符合当地生产实际的滴灌核心技术——科学合理的灌溉制度。该自动化灌溉系统可以通过变频器控制改变机井电机转速，调节管道压力，对管道、滴灌进行自动化控制。同时采用电子技术利用气象观测站和土壤温湿传感器，对田间土壤温湿度、空气温湿度等技术参数进行采集，输入计算机，按最优方案，控制各个阀门的开启及水泵的运行状态，科学有效地控制灌水时间、灌水量、灌水均匀度，为试验地作物提供一个良好的地、水、肥、气、热条件，促使其高产、稳产。另外还可以根据植物生长和生理生态观测数据通过控制软件及优化灌溉制度的研究，最终形成灌溉专家决策系统。

通过 2 年科研观测和数据分析，依据土壤水量平衡原理，结合表 1 中的数据，提出了初步灌溉方案。

表 1　马铃薯各生育期灌溉土壤含水量下限值（θ_{min}）

生育期	田间持水量（%）	田间相对持水量（%）	适宜水分值（%）	灌溉土壤水分下限（θ_{min}）	凋萎含水量（%）
芽条生长期	25.2	50	12.60	7.60	7.56
幼苗期	25.2	65	16.38	11.38	7.56
块茎形成期	25.2	75 ~ 80	18.90 ~ 20.16	13.90	7.56
块茎增长期	25.2	75 ~ 80	18.90 ~ 20.16	13.90	7.56
淀粉积累期	25.2	60	15.12	10.12	7.56
成熟期	25.2	50	12.60	7.60	7.56

根据当地土壤田间持水量和经过科研实践证明的马铃薯最适生长田间相对持水量，换算出马铃薯生育期不同阶段土壤适宜水分值，依据实际观测数据，得到初步结论，灌溉 5 d 以后，马铃薯生育期各阶段土壤水分值会低于灌溉土壤水分下限（θ_{min}），因此滴灌种植马铃薯至少每 5 d 灌溉 1 次，就能保证马铃薯生长在适宜的土壤湿度范围内。另外，根据自动化灌溉系统土壤湿度观测探头数据，结合便携式土壤湿度测定仪数据，得到初步结论，每次灌溉不超过 5 h 为宜。因此，通过研究初步得出适合当地生产的灌溉制度：每 5 d 灌溉 1 次，每次 5 h。

3.2　滴灌马铃薯栽培技术灌溉制度的实践验证

2018 年开始，内蒙古鑫雨种业公司采用以色列耐特菲姆滴灌自动化系统田间灌溉设备对 33.33 hm² 喷灌圈进行了改造，并在耐特菲姆科技人员的指导下进行了马铃薯滴灌栽培生产，在生产实践中精准地应用了水肥一体化技术，达到了较高的产量，3 个品种平均 667 m² 产上万斤。在使用自动化系统田间灌溉设备生产实践中，鑫雨种业技术人员总结出该系统的灌溉制度为：每 3 d 灌溉 1 次，每次 3 h。

通过内蒙古自治区农牧业科学院马铃薯课题组研究结果和鑫雨种业技术人员总结的经验，初步提出了符合当地生产实际的比较科学合理的灌溉制度：每 3 d 灌溉 1 次，每次 4 h。因为，生产上大多数滴灌种植马铃薯的井水压力不够，地下管道安装不科学，支管和毛管质量参差不齐，滴灌效果与耐特菲姆滴灌设备有一定差距，所以提出每 3 d 灌溉 1 次，每次 4 h 在生产实践中是科学合理的。

4　滴灌马铃薯栽培技术存在的问题

4.1　种植者对滴灌马铃薯栽培技术认识不够

经过调查发现，许多种植者认为灌水量少影响作物产量，不按照作物需水量灌水指导方法进行灌溉，致使已建成的滴灌系统未发挥其真正的作用。有些种植者在田间进行灌溉操作时对灌溉设施操作不精细，造成设施损坏，像滴灌软管、毛管如果使用不当，随着水冲施农药和化肥时就会使渣滓堵塞管孔，缩短了设备的使用寿命。

4.2　滴灌马铃薯栽培技术推广人员缺乏

在滴灌马铃薯栽培技术推广过程中，技术推广人员的作用非常重要，在很多时候滴灌系统建起来了，但是后期的维护、培训、指导却少了，种植者在使用滴灌系统时一旦出现问题往往得不到及时处理，缺乏一批懂农艺栽培、作物营养、水溶肥料、设备维护的技术人才。

4.3　滴灌系统设计安装不合理

在对滴灌系统进行设计时缺少对当地的地形、水文、土壤质地、土壤渗水速率等参数的详细调查测定。或者是不到现场调查，只是查阅资料设计方案，造成设计的滴灌系统不完善。存在的主要问题：一是水源井深度不够或选取位置不合理，无法保证滴灌系统的正常运行；二是在安置滴灌系统过程中，水源过滤设备设计不合理，造成系统首部过滤器负担重，且要频繁清洗，严重影响了滴灌效率。

4.4　滴灌设备造价高，限制了节水灌溉技术的推广应用

滴灌设备造价高，很多农民认为一次性投入资金较大，正常维护费用也较高，农民缺乏较高的投资能力，政府只是单纯的给予一次性的工程投入是不够的，在一定程度上限制了节水灌溉技术的推广应用。

5　建　议

5.1　提高种植者对滴灌系统的认识

政府应加大对滴灌系统使用的宣传力度，使种植者了解因实施滴灌系统而带来的直接

收益和间接收益。种植者是滴灌系统的直接使用者，在滴灌系统的建设、管理及运营中都起着至关重要的作用，一切技术和措施的实施都要通过种植者的实践来实现。所以政府应明确种植者在滴灌系统推广应用中所扮演的角色，并结合当地的资源及经济水平，以实施节水灌溉为目标，以提高种植者收益为导向，加大对种植者素质教育的投资力度，使他们清楚滴灌系统中每一环节的具体内容，以激发种植者实施节水灌溉技术的的主观能动性，让种植者充分认识因实施节水灌溉技术而带来的现实利益及长远收益。

5.2 建立一支技术过硬的技术推广服务团队

针对种植者对滴灌系统技术的认识缺乏，以及现如今政府节水工程支持力度的增加，急需一批懂农艺栽培、作物营养、水溶肥料、设备维护的技术人才，技术推广部门要建立专门的滴灌系统技术服务机构，有针对性地给种植者提供科技培训，指导种植者制定出科学有效的作物灌溉制度，进行合理的灌溉。

5.3 政府应加大投资与补偿力度

根据谁受益谁补偿的原则，加大对种植者的滴灌系统的补偿力度。这里的受益主体应该包括两个方面：一是受益社会，另一个是受益单位。对于种植者因采用滴灌系统节水灌溉技术而节约的这部分水资源所带来的社会收益，政府可以通过加大对当地节水灌溉设施的投资，实施惠民工程予以变相的补偿；就后者来说，受益单位对种植者予以直接的经济补偿，也可通过将水资源"农转非"所创造的额外收益或其中的一部分返还给节水灌溉种植者，还可以通过对水资源的置换对种植者进行补偿等。

[参 考 文 献]

[1] 郑海春，白云龙. 内蒙古马铃薯节水灌溉技术推广与应用 [J]. 农业技术与装备，2011(21)：16–19.
[2] 夏国华. 内蒙古赤峰市现代农业发展研究 [D]. 北京：中国农业科学院，2017.
[3] 孙伟. 中国农业节水技术推广关键影响因素研究 [D]. 哈尔滨：东北农业大学，2012.
[4] 佟长福. 鄂尔多斯市综合节水技术和需水量预测研究 [D]. 呼和浩特：内蒙古农业大学，2011.

F01复合型微生态菌剂对马铃薯
光合特性与物质积累的影响

李星星[1]，张　胜[1*]，蒙美莲[1]，高　翔[1]，
苑志强[1]，王祥植[1]，魏永富[1]，董　璞[2]

（1. 内蒙古农业大学农学院，内蒙古　呼和浩特　010019；
2. 达茂旗农业技术推广站，内蒙古　包头　014500）

摘　要：在大田试验和盆栽试验条件下，研究了F01复合型微生态菌剂对马铃薯植株生长、光合特性、干物质积累及产量的影响。结果表明：（1）施用不同用量的F01复合型微生态菌剂，不同程度提高了马铃薯株高、茎粗，尤其对促进生育中后期茎粗增加更为明显，至块茎形成期-块茎增长期，75 kg/km^{2}处理较对照显著提高。（2）有效提高了马铃薯叶片SPAD值和净光合速率，并减缓了生育后期SPAD值和光合速率的下降速度。（3）施菌对马铃薯生育前期茎秆、叶片干物质积累量影响不明显，随生育进程推进，至块茎形成期-块茎增长期茎叶干物质积累量显著提高，为块茎干物质积累奠定了良好基础，75 kg/km^{2}处理块茎干物质积累量较对照提高43.1%。（4）2018年不同F01复合型微生态菌剂处理，马铃薯增产幅度变化在2.5%～16.0%，商品薯率也有不同提升，其单株薯重、单株结薯数和块茎产量均随施菌量增加呈先增后降趋势，以75～112 kg/km^{2}处理效果明显。

关键词：马铃薯；微生物菌剂；酶活性；土壤养分；产量

　　马铃薯作为一种粮菜兼用型的经济作物，其营养丰富，老少兼宜，在中国大面积种植，是仅次于小麦、水稻、玉米的主要粮食作物[1,2]。内蒙古作为马铃薯的主要生产基地，其种植面积和总产量处于中国领先地位，但近年来由于连作种植，化肥过量施用，导致农田土壤养分比例失衡，土地紧实板结、化肥农药大量残留，有机质逐年减少，有益微生物大量死亡，土壤恶化等一系列问题[3,4]。耕地质量俨然成为内蒙古地区马铃薯连续生产的限制因素之一。因此，提高肥料利用率，改善土壤环境，已成为提高马铃薯产量的首要措施。

　　微生物菌肥是一类兼具特定功能的活性微生物菌剂与主要以动植物残体为来源并经无害化处理、腐熟的有机物料复合而成的生物肥料[5]。通过微生物的活动及其相关代谢产物来改善植物生长环境及营养条件，刺激植物生长发育，抵抗病虫危害，从而促进土壤养分转化，改善土壤养分状况进而提高农产品的产量和品质[6,7]。目前，关于施用生物菌肥对

作者简介：李星星（1994—），男，硕士研究生，研究方向马铃薯栽培生理。
基金项目：国家自然科学基金项目（31360305）；国家现代农业产业技术体系建设专项（CARS-09-P10）；农业部植物营养与肥料学科群开放基金（APF2015036）。
*通信作者：张胜，教授，博士生导师，主要从事马铃薯和油菜栽培生理研究，e－mail：nmndzs@126.com。

作物及土壤影响方面已有大量研究报道[8-12]，但主要集中在单一菌剂上，且研究结果不尽相同。试验拟采用邦吉生物公司研发的F01复合型微生态菌剂，旨在通过马铃薯大田和盆栽试验条件下研究菌剂不同用量对马铃薯植株生长、光合特性及物质积累与产量形成的影响，为马铃薯生产中适量施用复合生物菌肥（菌剂），提高种植效益提供理论依据和技术指导。

1 材料与方法

1.1 试验材料

马铃薯品种："冀张薯12号"。

供试肥料：F01全能型复合微物菌剂（含有枯草芽孢杆菌、地衣芽孢杆菌、侧孢短芽孢杆菌、巨大芽孢杆菌、胶冻样芽孢杆菌、特效功能菌及载体）。菌剂有效活菌数 ≥ 200×10^8 cfu/g，均由内蒙古邦吉生物科技有限公司提供。普通尿素（N 46.4%）、磷酸二铵（N18%，P_2O_5 46.4%）、硫酸钾（K_2O 51%）、有机肥（N+P+K ≥ 5%）均为普通商品肥料。

1.2 试验地概况

大田试验于2018年在内蒙古包头市达茂旗乌克忽洞镇元房子村进行。前茬为休闲，土壤类型为栗钙土，砂壤土，试验地基础地力有机质11.069 g/kg、全氮0.94 g/kg、有效磷6.6 mg/kg、速效钾140.0 mg/kg，碱解氮115 mg/kg，pH 8.12，达茂旗气候为温带干旱半干旱类型，平均年降水量256.2 mm，蒸发量2 752 mm，无霜期105 d，≥ 10 ℃的有效积温2 205 ℃。盆栽试验2019年在内蒙古农业大学农场进行，供试土壤为砂壤土。

1.3 试验设计

2018年大田试验：在统一施用N 315.0 kg/hm²，P_2O_5 195.0 kg/hm²，K_2O 375.0 kg/hm²，有机肥3 000.0 kg/hm²的基础上，设置F01复合微生态菌剂施用量0，37.5，75.0，112.5和150.0 kg/hm² 5个处理，分别用F1、F2、F3、F4、F5表示。试验采用大区试验，大垄双行种植，大垄距120 cm，垄上行距30 cm、株距25 cm，每处理种植面积为4.8 m × 70.0 m = 336.0 m²。复合微生态菌剂均与等量有机肥充分混匀后于播种前撒施地面旋耕施入，全部磷肥和43%的氮肥、60%的钾肥随播种施入，剩余57%氮肥、40%钾肥分别于马铃薯块茎形成期和块茎增长初期分2次随灌水追施。试验于2018年5月17日播种，6月14出苗，9月25日收获。

2019年盆栽试验：试验在每盆统一施用纯N 2.29 g/盆、纯P 7.38 g/盆、纯K 8.74 g/盆、有机肥114.30 g/盆基础上，设置F01复合微生态菌剂施用量0、1.14、2.39、3.43 g/盆4个处理，分别用M1、M2、M3、M4表示，每处理10盆，重复6次，共240盆。完全随机排列。试验采用聚乙烯一次性塑料盆，盆直径50 cm、高度40 cm，每盆装土约40 kg，定植2株。试验于2019年5月20日播种，6月18日出苗，9月27日收获。

1.4 测定指标与方法

株高、茎粗：于马铃薯出苗后35 d（块茎形成初期），55 d（块茎增长期），75 d（淀粉积累期）取样测定 3 次，每小区取样 3 株，带回实验室洗净、晾干植株表面水分后，测量株高、茎粗，测定叶片、地上茎、块茎鲜重；然后从混匀后的各器官中取 150 g 鲜样在 100 ℃杀青 30 min，之后置 60 ℃下烘干至恒重，测定干重。将干样粉碎装袋备用，粉碎机筛孔直径为 0.5 mm。

光合速率、SPAD 值测定：分别在马铃薯出苗后 35，55 和 75 d，在各大区随机选取长势均匀 15 株，用 SPAD 叶绿素仪直接活体测定倒数第 3 叶片 SPAD 值，并用 CIRAS–III 光合测定仪测定光合速率。

测产：收获时，从每个试验小区随机选 3 处，每处取 12 m² 测定块茎产量，并折合为公顷产量，将大于 150 g 的块茎计为商品薯，计算商品薯率。盆栽试验按处理全部测产。

1.5 数据分析

试验数据用 IBM SPSS Statistics 25.0 统计软件进行方差分析（Tukey's-b，$P < 0.05$），用 Excel 2010 软件作图。

2 结果与分析

2.1 不同用量 F01 复合微生态菌剂对马铃薯植株生长的影响

由表 1 可知，2018 年大田试验中，马铃薯出苗后 35 d（块茎形成初期）不同用量菌剂处理间株高无明显差异，茎粗较 F1（CK）均有增粗；至出苗后 55 d（块茎增长期），各处理株高均显著高于 F1（CK），茎粗 F2 和 F3 处理较 F1 显著增粗；至出苗后 75 d（淀粉积累期），随菌剂用量增加株高、茎粗均呈先增后降变化趋势，分别表现为 F3 > F2 > F5 > F4 > F1 和 F4 > F5 > F3 > F2 > F1。F3 的株高显著高于 F1，F2、F4、F5 与 F1 差异不显著，F4、F5、F3 的茎粗显著高于 F1，F2 与 F1 差异不显著。总体可见，随生育进程推进，不同施菌处理前期对株高促进作用较大，而后期则对茎粗影响明显。2019 年盆栽试验表明，马铃薯株高、茎粗均随菌剂用量增加而增加，各时期均以 M3、M4 增幅较大，均较 M1 显著增加，M2 与 M1 差异不显著。

表 1 不同用量 F01 复合微生态菌剂对马铃薯株高、茎粗的影响

年份	处理	株高（cm）/ 出苗后天数（d）			茎粗（cm）/ 出苗后天数（d）		
		35	55	75	35	55	75
	F1（CK）	54.78 a	75.00 b	86.00 b	1.27 b	1.42 b	1.56 c
	F2	56.20 a	81.50 a	102.67 ab	1.51 a	1.62 a	1.63 bc
2018（大田试验）	F3	56.61 a	82.00 a	106.83 a	1.41 ab	1.76 a	1.68 ab
	F4	58.19 a	80.00 a	89.50 ab	1.38 ab	1.52 ab	1.73 a
	F5	56.01 a	81.33 a	94.33 ab	1.38 ab	1.45 b	1.70 ab
	M1（CK）	54.19 a	91.93 b	110.58 b	0.96 b	1.30 a	1.08 b
2019（盆栽试验）	M2	55.70 a	96.75 b	119.30 ab	1.10 ab	1.35 a	1.16 ab
	M3	57.01 a	104.28 ab	131.67 a	1.28 a	1.43 a	1.30 a
	M4	57.58 a	113.70 a	128.12 a	1.10 ab	1.44 a	1.29 a

注：同年同列不同字母表示差异达 0.05 显著水平，下同。

2.2 不同用量 F01 复合微生态菌剂对马铃薯光合特性的影响

2.2.1 对叶片相对叶绿素含量的影响

由图 1 可以看出，各施菌处理马铃薯叶片 SPAD 值随生育期推进均呈逐渐下降趋势，各时期各处理均大于 F1 处理。出苗 35、55 d，各处理 SPAD 值依次为 F5 > F4 > F3 > F2 > F1，F5、F4、F3 显著高于 F1，F2 与 F1 差异不显著；出苗后 75 d，各处理 SPAD 值依次为 F3 > F5 > F4 > F2 > F1，变动在 35.9 ~ 39.67，F5、F4、F3 和 F2 之间无明显差异，但显著高于 F1。结果表明，施用 F01 复合微生态菌剂能显著提高马铃薯叶片 SPAD 值，特别是在生育后期能有效减缓叶片 SPAD 值下降速度，其中以 F3 效果最为明显，这是施用 F01 复合微生态菌剂促进叶片光合能力提高的重要生理基础。

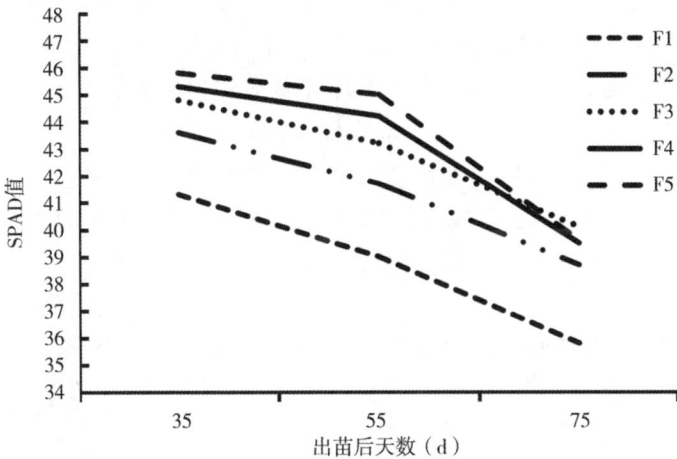

图 1 不同用量 F01 微生态菌剂对马铃薯叶片 SPAD 值的影响（2018 年大田试验）

2.2.2 对叶片净光合速率的影响

由图 2 可以看出，随着生育进程的推进马铃薯叶片净光合速率呈单峰曲线变化趋势，于出苗后 55 d（块茎增长期）达到最大值，表现为 F3 > F2 > F5 > F4 > F1，不同处理

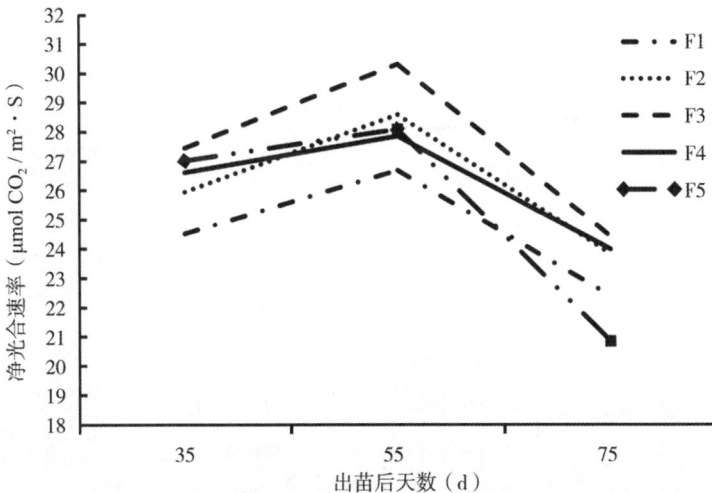

图 2 不同用量 F01 微生态菌剂对马铃薯净光合速率的影响（2018 年大田试验）

变化在 26.67 ~ 30.1 μmol CO$_2$ / m^2·S，之后缓慢下降。出苗后 35 d，F3、F5、F4 净光合速率分别达 27.43、27.3 和 26.6 μmol CO$_2$ / m^2·S，分别较 F1 提高 10.68%、10.26% 和 7.89%，达到 0.05 级显著水平；出苗后 55 d，F3、F2、F5 叶片净光合速率分别较 F1 提高 12.86%、7.12% 和 6.00 %，其中 F3 的增幅达 0.05 显著水平，其余处理与 F1 差异不显著；出苗后 75 d，各处理叶片净光合速率大小表现为 F5 > F4 > F3 > F2 > F1，F5、F4、F3 较 F1 分别提高 10.99%、9.83% 和 9.07%，差异达 0.05 显著水平，F2 较 F1 提高 6.39%，差异不显著。结果表明，施用 F01 复合微生态菌剂在提高叶片叶绿素含量的前提下，促进了净光合速率的提高，有利于干物质积累。

2.3 不同用量 F01 复合微生态菌剂对马铃薯各器官干物质积累量的影响

由表 2 可见，2018 年大田试验条件下，马铃薯单株茎、叶、块茎干物质积累量均随施菌量的增加呈现为单峰曲线变化趋势。出苗后 35 d，F4 单株茎秆干物质较 F1 显著提高，其他处理与 F1 差异不显著，各处理叶片、块茎干物质积累量无显著差异；出苗后 55 d，F3 处理的茎秆、叶片、块茎干物质积累量均最高，显著高于 F1 及其他各处理，F4、F5 处理的块茎干物质也显著高于 F1；至出苗后 75 d，各处理茎秆、块茎干物质积累量均显著高于 F1，其中茎秆以 F4、F5 为最高，F3 次之，块茎以 F2 最高，F3、F4 次之。F3 的叶片干物质积累量显著高于其他各处理，而其他处理间差异不显著。

表 2 不同用量 F01 微生态菌剂对马铃薯各器官干物质积累量的影响（2018 年大田试验）（g/ 株）

植株器官	处理	出苗后天数（d）		
		35	55	75
茎	F1	12.79 ± 1.89 b	23.05 ± 3.98 b	28.58 ± 1.83 c
	F2	14.38 ± 3.62 ab	29.61 ± 4.17 ab	35.05 ± 2.20 b
	F3	14.23 ± 1.18 ab	37.91 ± 2.93 a	43.98 ± 2.21 ab
	F4	16.39 ± 1.87 a	25.41 ± 9.18 b	57.02 ± 3.85 a
	F5	12.92 ± 1.91 b	26.07 ± 4.50 b	54.67 ± 9.06 a
叶	F1	17.82 ± 2.85 a	32.73 ± 9.36 b	45.10 ± 5.39 b
	F2	20.00 ± 4.76 a	46.22 ± 16.19 b	55.37 ± 2.06 b
	F3	21.05 ± 1.96 a	70.60 ± 9.97 a	67.86 ± 3.07 a
	F4	21.70 ± 3.28 a	46.58 ± 25.53 b	55.34 ± 10.33 b
	F5	19.69 ± 3.66 a	44.02 ± 13.33 b	54.06 ± 2.62 b
块茎	F1	12.21 ± 2.53 a	30.32 ± 5.55 c	117.23 ± 5.49 c
	F2	11.60 ± 3.23 a	38.42 ± 1.05 bc	178.21 ± 21.98 a
	F3	10.03 ± 1.50 a	65.40 ± 11.05 a	167.78 ± 18.93 a
	F4	11.74 ± 2.80 a	50.31 ± 3.76 b	166.27 ± 22.18 a
	F5	11.04 ± 1.99 a	49.53 ± 2.44 b	141.57 ± 6.53 b

表 3　不同用量 F01 微生态菌剂对马铃薯各器官干物质积累量的影响（2019 年盆栽试验）（g/ 株）

植株器官	处理	出苗后天数（d）		
		35	55	75
茎	M1	3.84 ± 1.11 b	18.59 ± 2.69 b	32.19 ± 2.08 b
	M2	4.74 ± 0.55 ab	22.80 ± 3.45 ab	36.81 ± 4.86 ab
	M3	5.36 ± 0.46 ab	26.23 ± 2.11 a	41.33 ± 5.31 ab
	M4	7.28 ± 1.80 a	29.49 ± 5.83 a	46.19 ± 5.91 a
叶	M1	9.66 ± 1.11 b	26.81 ± 3.75 b	37.98 ± 6.01 b
	M2	12.98 ± 0.13 ab	30.10 ± 5.12 ab	36.46 ± 7.51 b
	M3	12.38 ± 1.95 ab	42.83 ± 2.34 a	38.79 ± 6.94 b
	M4	15.02 ± 0.50 a	40.84 ± 0.94 a	53.85 ± 4.88 a
块茎	M1		21.06 ± 0.34 b	138.38 ± 5.95 b
	M2		23.47 ± 2.35 b	149.90 ± 10.58 a
	M3		27.90 ± 0.87 a	154.76 ± 6.42 a
	M4		29.44 ± 5.80 a	151.33 ± 8.39 a

由表 3 可知，2019 年盆栽试验条件下，各处理各时期单株茎、叶、块茎干物质积累量均随施菌量增加而提高。出苗后 35 d，M4 茎、叶干物质积累量显著高于 M1，与 M3、M2 差异不显著；出苗后 55 d，M3、M4 茎、叶、块茎干物质积累量均显著高于 M1 处理，与 M2 差异不显著；出苗后 75 d，M4 茎干物质积累量显著高于 M1，与 F2、F3 差异不显著，叶片干物质积累量 M4 显著高于其他处理；块茎干物质积累量 M2、M3、M4 差异不显著，但均显著高于 M1，分别较 M1 提高 8.32%、11.84%、9.39%。施菌促进了马铃薯植株及块茎干物质的积累。

2.4　不同用量 F01 复合微生态菌剂对马铃薯产量的影响

由表 4 可知，2018 年大田试验，单株结薯数、单株薯重、块茎产量均随施菌量增加呈先增后降变化趋势，均以 F3 为最高。单株结薯数 F3 显著高于 F1、F2、F4，与 F5 无显著差异；单株薯重 F3 显著高于 F1、F4、F5，与 F2 无显著差异；块茎产量表现为 F3 > F4 > F2 > F5 > F1，F3、F4、F2、F5 分别较 F1 增产 16.0%、6.4%、5.14%、2.5%，各处理间 F3 显著高于 F4、F2、F5、F1，而 F2、F4、F5、F1 间差异不显著。各施菌处理间商品薯率无显著差异。

表 4　F01 微生态菌剂对马铃薯产量及其构成因素的影响（2018 年大田试验）

处理	产量（kg/hm²）	商品薯率（%）	单株薯重（kg）	单株结薯数（个）
F1	40 485.36 ± 122.50 b	86.05 ± 3.67 a	1.24 ± 0.06 b	5.82 ± 0.51 b
F2	42 566.02 ± 100.49 b	87.90 ± 4.89 a	1.32 ± 0.13 ab	5.92 ± 1.28 b
F3	46 957.90 ± 62.27 a	86.43 ± 1.43 a	1.45 ± 0.05 a	6.94 ± 0.10 a
F4	43 068.80 ± 96.64 b	86.02 ± 5.23 a	1.28 ± 0.09 b	6.07 ± 0.51 b
F5	41 502.08 ± 134.62 b	89.49 ± 2.05 a	1.24 ± 0.14 b	6.23 ± 0.21 ab

由表 5 可知，2019 年盆栽试验各处理单株结薯数、单株块茎产量随施菌量增加而提高。各施菌处理单株结薯数均显著高于对照 M1，但处理间差异不显著。单株块茎产量 M3、M4 较 M1 分别增产 40.4%、32.8%，差异达 0.05 显著水平，M2 较 M1 增产 11.4%，差异不显著。商品薯率以 M4 为最高达 76.0%，较 M1 提高 8 个百分点，差异显著。

表 5　F01 微生态菌剂对马铃薯产量及其构成因素的影响（2019 年盆栽试验）

处理	单株结薯数（个）	单株产量（kg）	商品薯率（%）
M1	2.31 ± 0.80 b	0.32 ± 0.05 b	67.94 ± 6.43 ab
M2	2.67 ± 0.55 a	0.36 ± 0.08 ab	65.28 ± 1.82 b
M3	2.83 ± 0.11 a	0.43 ± 0.02 a	66.67 ± 3.72 b
M4	2.77 ± 0.09 a	0.46 ± 0.06 a	75.95 ± 5.71 a

3　讨　论

3.1　施用 F01 复合微生态菌剂对马铃薯植株生长的影响

马铃薯的株高、茎粗在一定程度上反映了植株生长健壮情况。试验通过 2018 年大田试验和 2019 年的盆栽试验研究表明，施用 F01 复合生态菌剂能不同程度提高马铃薯株高、茎粗，尤其对生育中后期影响更为明显。2018 年大田试验中，随菌剂用量增加株高、茎粗表现为先增后减趋势，以 75 kg/km² 菌剂用量效果最好，在出苗后 55 和 75 d 均与对照差异达显著水平。这与陈丽丽等[8]研究表明施用菌肥均提高了马铃薯株高和茎粗的结果一致。2019 年试验株高、茎粗均随菌剂用量增加而提高，以 60 kg/km² 的处理长势最好，在出苗75 d 与对照差异显著。2019 与 2018 年结果变化趋势有所不同，其原因为盆栽试验将菌剂按每盆用量充分混合于整盆土壤中，进而稀释了菌剂在主要根系分布层的菌量，相比较大田试验只将菌剂施于根系层，其根系层菌量相对浓度较高有关。

3.2　施用 F01 复合微生态菌剂对马铃薯光合特性的影响

2018 年大田试验结果表明，施用 F01 复合微生态菌剂有效促进了马铃薯叶片 SPAD 值和净光合速率的提升，并减缓了马铃薯生育后期 SPAD 值和光合速率的下降速度。综合比较以 75 kg/km² 效果最好，块茎形成期至块茎增长期较对照提高 12.9%。李大春[9]通过施用几种微生物菌剂对马铃薯光合特性的研究，发现不同肥料搭配对马铃薯光合特性的影响存在明显差异，其中 S60SM5 和 S60M2.5 处理的 Fv/Fm、Fv/Fo 和 pPSI Ⅱ 值同对照处于同一水平，而 S60W20 相比之下显著偏低。研究与前人研究结果不一致，认为是因为微生物菌剂种类不同或者是地理气候不同所致，需进一步试验验证。

3.3　施用 F01 复合微生态菌剂对马铃薯植株干物质积累量的影响

施用 F01 复合微生态菌剂可促进马铃薯植株干物质积累量增加，进而为块茎干物质积累奠定了基础。2018 年的试验表明，在马铃薯生育前期，施菌处理对马铃薯茎秆、叶片干物质积累量影响不大，随生育进程推进，在马铃薯块茎形成期至块茎增长期，施用微生物菌剂均提高了各器官干物质积累量，表现为先加后减趋势，综合比较以 75 kg/km² 的菌剂用量效果最为明显，块茎干物质积累量较对照提高 43.1%。2019 年盆栽试验表明，马铃薯各器官干物质积累量随菌剂用量增加而增加，单株茎、叶干物质积累量以菌剂施用量 90 kg/km² 处理最大，单株块茎干物质积累量以 60 kg/km² 处理最大，较对照增加 11.8%。

3.4 施用 F01 复合微生态菌剂对马铃薯产量的影响

郭鑫年等[10] 研究表明，在常规化肥等量养分条件下，施用复合微生物肥提高了马铃薯单株块茎数、单株产量、大中薯质量百分比，增产率为 1.0% ~ 14.7%，水分利用效率增加率为 4.3% ~ 17.6%。李卫东等[11] 研究表明，生物有机肥可以提高马铃薯大中薯率，但用量过大会导致大中薯率的增幅降低。钱建民等[12] 也研究表明生物菌肥能够提高马铃薯产量和品质，以微生物菌肥配施传统化肥效果最佳，较对照增产 32.7%。试验中，2018 年施用 F01 型复合微生态菌剂，马铃薯增产 2.5% ~ 16.0%，单株薯重、单株结薯数和块茎产量均随施菌量增加呈先增后降变化趋势，均以 75 kg/km² 处理最高，与对照差异显著，其他处理较对照均有增产作用，但差异不显著。2019 年盆栽试验各施菌处理较对照增产 11.4% ~ 40.4%，以 60 ~ 90 kg/km² 处理单株薯重提高明显。研究 2 年试验结果均表明，施用 F01 复合微生态菌剂具有提高马铃薯单株结薯数和商品薯率的作用。

[参 考 文 献]

[1] 曾凡逵，许丹，刘刚 . 马铃薯营养综述 [J]. 中国马铃薯，2015，29(4)：233-243.

[2] 杨雅伦，郭燕枝，孙君茂 . 我国马铃薯产业发展现状及未来展望 [J]. 中国农业科技导报，2017，19(1)：29-36.

[3] 焦润安，徐雪风，杨宏伟，等 . 连作对马铃薯生长和土壤健康的影响及机制研究 [J]. 干旱地区农业研究，2018，36(4)：94-100.

[4] 曹宁，曲东，陈新平，等 . 东北地区农田土壤氮、磷平衡及其对面源污染的贡献分析 [J]. 西北农林科技大学学报：自然科学版，2006，34(7)：127-133.

[5] 中华人民共和国农业部 . NY 884—2004 中华人民共和国农业行业标准，生物有机肥 [S]. 北京：中国农业出版社，2005.

[6] 张丽娜，塔秀成，黄伟，等 . 微生物菌肥对萝卜土壤微生物及酶活性的影响 [J]. 江苏农业科学，2018，46(15)：93-96.

[7] 张丽娟，曲继松，郭文忠，等 . 微生物菌肥对黄河上游地区设施土壤微生物及酶活性的影响 [J]. 中国土壤与肥料，2014(5)：32-36，99.

[8] 陈丽丽，祁香雪，宫晓晨，等 . 生物菌肥对有机种植马铃薯生长和产量的影响 [J]. 中国马铃薯，2018，32(4)：229-234.

[9] 李大春 . 微生物增效肥料对马铃薯产量及光合特性的影响 [C]// 屈冬玉，金黎平，陈伊里 . 马铃薯产业与健康消费 . 哈尔滨：黑龙江科学技术出版社，2019：355-359.

[10] 郭鑫年，陈刚，梁锦秀，等 . 复合微生物肥对宁南旱地马铃薯产量和品质的影响 [J]. 中国农学通报，2018，34(28)：1-6.

[11] 李卫东，陈永波，黄光昱，等 . 生物有机肥和微生物菌剂对马铃薯产量和品质的影响 [J]. 湖北农业科学，2013，52(19)：4 597-4 600.

[12] 钱建民，王晓岑，段雪娇，等 . 微生物肥对马铃薯产量及品质的影响 [J]. 作物杂志，2015(1)：99-102.

马铃薯播种施肥开沟器的研究现状及展望

吕金庆[*]，温信宇，杨晓涵

（东北农业大学工程学院，黑龙江 哈尔滨 150030）

摘 要：对现存的马铃薯播种施肥开沟器的种类及特点进行分析，并结合相对应具体的开沟器型号进行了阐述分析，总结不同种类开沟器的优缺点，对马铃薯播种施肥开沟器的发展进行展望，为马铃薯播种施肥开沟器的发展提供了参考。

关键词：开沟器；研究现状；分析；展望

马铃薯的播种机械化是马铃薯全程机械化的重要组成部分，在马铃薯机械化播种过程中，开沟器作为马铃薯播种机的关键装置[1-3]，对马铃薯的播种效果及产量有显著影响，开沟器的作用主要是在马铃薯播种机工作时，开出种沟，引导种薯和肥料进入沟内，并使湿土覆盖种子和肥料，因此开沟器必须要保证开出的种沟深浅一致，沟形整齐、平直，开沟深度能在一定范围内调节，以适应不同的土壤条件，并且开沟时不扰乱土层，不应将下层湿土翻至地面，也不可使干土落入沟底，应将种子和肥料导至湿土上，同时开沟器应有一定的回土作用，使细湿土将种子全部覆盖，以利于种子发芽，而且要具有良好的入土性能和切土能力，工作可靠，不易被杂草、残茬和土块堵塞[4-6]。

1 马铃薯播种施肥开沟器研究现状

中国马铃薯种植地区地势及土壤条件差异较大，东部、北部地区地势平坦，种植面积大，西部、南部地区平原较少，多为丘陵山地，地块狭小[7]，因此根据不同的地区气候和土壤条件，播种机所使用的开沟器也不尽相同。开沟器结构类型按其入土角不同，可分为锐角开沟器和钝角开沟器两大类。锐角开沟器的开沟工作面与地平面的夹角，即入土角 $a < 90°$，它通常有锄铲式、船形铲式和芯铧式等多种。钝角开沟器的入土角 $a > 90°$，它包括有靴鞋式、单圆盘式和双圆盘式等多种。

1.1 锄铲式开沟器

锄铲式开沟器结构如图 1 所示。

锄铲式开沟器依靠自重、附加重量和播种机前进时的牵引力工作，有自行入土趋势，直至与土壤阻力相平衡时为止。工作时，将部分土壤升起，使底层土壤翻到上层，对前端及两边土壤有挤压作用，开沟过后便形成土丘和沟痕。由于下层较湿的土壤翻到上层，容

作者简介：吕金庆（1970—），男，教授，主要从事马铃薯新型技术及装备方面研究。

基金项目：国家重点研发计划项目（2016YFD0701600、2017YFD0700705）；现代农业产业技术体系建设专项资金项目（CARS-09-P23）；黑龙江省马铃薯产业技术协同创新推广体系项目。

[*] 通信作者：吕金庆，e - mail：ljq8888866666@163.com。

易损失水分，不利保墒，并使干湿土相混合，因此，不宜在干旱地区使用。工作不稳定，其优点是结构简单、轻便、容易制造和保养，耗金属量较少，因此使用较为广泛，结合以下具体实例进行说明介绍。

图2为青岛农业大学杨然兵等[8]研制的分层施肥开沟器，该装置结合马铃薯根系分布规律和一垄二行马铃薯种植特点，开沟深度可调，同时可以实现分层施肥，以减少化肥使用量，提高马铃薯产量。所设计的组合式开沟器安装在马铃薯播种机前机架上，随着拖拉机向前运动，开沟器前铲体入土对土壤进行切削破碎，为下层肥料创造适宜的肥沟；同时所设计的防堵结构可以防止回土堵塞下层出肥口，下层排肥组件上安装的分土板与前铲体安装在适当的位置一方面起到保护曲面排肥盒不受土壤堵塞作用，另一方面起到倒土和为上层肥料提供回土覆盖的功能。

图3为东北农业大学吕金庆等[9]研制的马铃薯种植机施肥开沟器，作为与土壤直接接

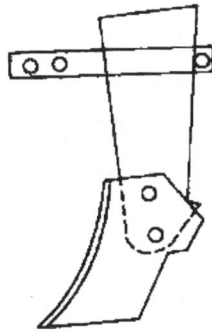

图 1　锄铲式开沟器

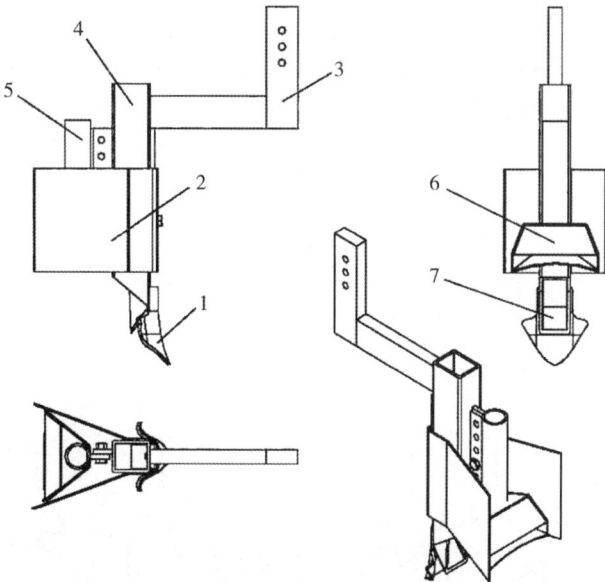

1- 前铲体；2- 分土板；3- 安装连板；4- 上层导肥管；
5- 下层导肥管；6- 曲面分肥盒；7-V 型防堵口

图 2　分层施肥开沟器结构图

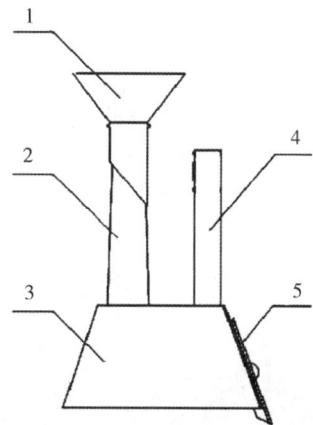

1- 施肥漏斗；2- 导肥管；3- 滑刀式开
沟器；4- 铲柄；5- 松土铲尖

图 3　施肥开沟器结构图机

触的工作部件，施肥开沟器对垄沟中的土壤进行切削破碎，其位置安装于螺旋排肥器下方，滑刀式开沟器的 2 个铲片与铲柄相连，铲柄连接在播种机机架上，铲柄高度可以根据不同的开沟深度进行调节，以适应不同条件的马铃薯播种作业要求，在拖拉机的牵引下，滑刀式开沟器前端的松土铲尖对土壤进行切削破碎，开出 V 形沟，施肥漏斗使从螺旋排肥器中排出的肥料流入开沟器底部；该结构横向尺寸小，易于入土，对土壤扰动量较小，土壤沿着开沟铲铲片的侧面向两侧运动，由重力作用落入沟底，对种子和肥料进行覆盖。施肥开沟器的 2 个铲片为梯形结构，开沟效果较好，开沟铲的铲尖开出的沟底较窄，同时也可以对垄侧的杂草进行铲除作用。

1.2 船形铲式开沟器

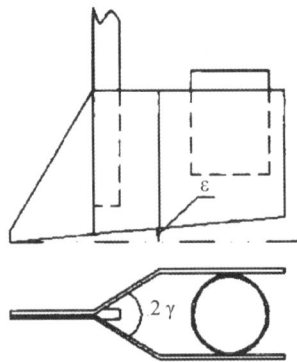

船形铲式开沟器结构如图 4 所示。

船形铲入土角为 60°，迎面切角为 35°，依靠开沟器重量和外加重力的作用，压成沟形。沟形平整、V 型沟壁整齐。根据需要可选用单行、双行或三行开沟铲，每个开沟器即可相应开出 1 条、2 条或 3 条种沟，可以达到窄行密播和带播的要求。这种开沟器工作速度不宜过高，最大为 6 ~ 7 km/h，但结构简单，适应性较强。

如图 5 为内蒙古农业大学政东红[10]改进的船型铲式开沟器结构，开沟器结构设计中两个重要的参数：隙角（ε）和斜切角（γ），隙角的存在可以减小开沟器与沟底的摩擦阻力，同时与开沟器长度方向综合考虑，有利于种沟两边的土壤回填，取 ε=5°。斜切角的选择必须保证土粒、杂草等能够沿着外侧壁向后滑移，而不至于造成杂草缠绕，土壤拥堵的现象。为了避免上述现象的出现，综合考虑马铃薯种薯块能够顺利从落种圆管中落下，不至于出现卡种现象，选择 γ = 30°。

1.3 芯铧式开沟器

芯铧式开沟器结构如图 6 所示。

中国西南山地马铃薯种植面积广泛，但大多数地区仍以人力、畜力方式进行马铃薯的播种作业。这种种植方式劳动强度大，生产效率低，还会造成株距和行距不一致、播种深度不均匀，严重影响马铃薯的产量；同时，大部分以拖拉机为动力的马铃薯播种机因受地形限制又不适于应用，因此西南林业大学卢贤斌等[11]研制了手扶式马铃薯播种机，如图 7 所示，其集开沟、播种、施肥和覆土于一体，采用芯铧式开沟器，开沟器设计为可调式，

| 图 4 船形铲式开沟器 | 图 5 改进后开沟器结构 | 图 6 芯铧式开沟器 |

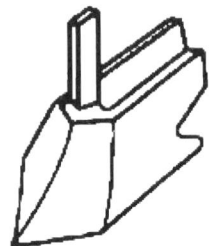

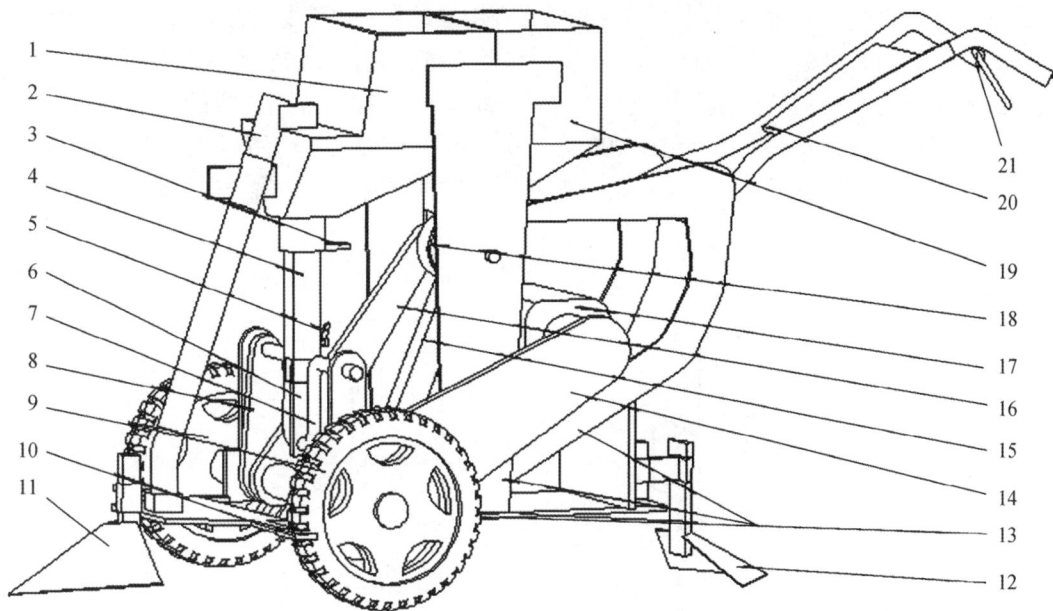

1- 种箱；2- 播种管；3- 挡块；4- 取种机构；5- 杠杆；6- 摇杆；7- 曲轴；8- 播种链条链轮机构；
9- 胶轮；10- 刮土板；11- 开沟器；12- 覆土器；13- 机架；14- 链条链轮机构；15- 出肥管；
16- 施肥链条链轮机构；17- 汽油机；18- 定量取肥转轮；19- 肥料箱；20- 扶手；21- 油门手把

图 7　手扶式马铃薯播种机的总体结构

调节范围为 10 ～ 20 cm。工作时，芯锋入土开沟，两侧板向两侧挤压土壤形成种沟。其优点是开沟宽度大、入土能力强。开沟器入土角度为 25°～ 30°，开沟宽度 4 ～ 6 cm。

1.4　靴鞋式开沟器

靴鞋式开沟器结构如图 8 所示。

靴式开沟器工作过程中由于受土壤阻力向上分力的影响，使其不易入土，但在其本身重量及附加重力的作用下，能开出一定深度的种沟。开沟时，将表土向下及向两侧挤压，使种沟紧压，不会使湿土翻出，利于保墒。在土壤湿度过大时，其前胸与侧翼均易黏土，对播前整地要求较高。因其结构简单、轻便、制造容易，适用于浅播。

联合作业机播种深度主要由三点悬挂架挂接位置、种箱前置地轮与靴式开沟器入土深度共同控制。其中，靴式开沟器对播种深度一致性的影响至关重要。如图 9 所示为甘肃农

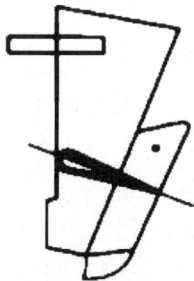

图 8　靴鞋式开沟器

业大学戴飞等[12]研制的联合作业机选用的靴式开沟器结构,主要由前刀刃、立柱、翼板(包括沟侧翼板和沟底翼板)和土壤分流板(包括沟侧土壤分流板和沟底土壤分流板)等组成。其中,靴式开沟器两沟侧土壤分流板的夹角 $a = 66°$,两沟底土壤分流板的夹角 $\beta = 70°$,靴式开沟器作业时,入土深度控制在 $100 \sim 120$ mm,在前刀刃的作用下其入土性能较好、开沟深度一致,且沟底平整、沟宽适度,能够使排出种薯稳定地附着于沟底种床。

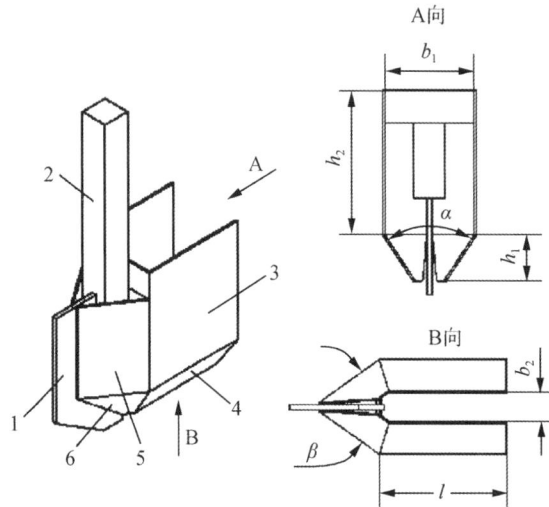

1– 前刀刃;2– 立柱;3– 沟侧翼板;4– 沟底翼板;5– 沟侧土壤分流板;6– 沟底土壤分流板

图 9　靴式开沟器结构示意图

1.5　双圆盘式开沟器

双圆盘式开沟器结构如图 10 所示。

两圆盘刃口在前下方相交于一点,形成一夹角。工作时,靠自重及附加弹簧压力入土。两圆盘滚动前进,将土切开和推向两侧,形成种沟。种子、肥料通过开沟器体中部的导种筒落入沟底。由于圆盘周边有刃口,滚动时,可以切制土块、草根和残茬。因此,在整地条件较差和土壤湿度较大时,也能正确工作,而且工作较稳定,能适用于较高速作业。开沟过程中,不易黏土、堵塞,上下土层相混现象较少,其结构较复杂,重量较大,所开沟底不平,不适于浅播作物,是一种适应性较好的通用型开沟器。

由于马铃薯播种机播种的种薯不同于小麦、玉米或大豆等作物,马铃薯的种薯形状、大小和物理特性比较复杂,必须设计一种特殊的开沟器,如图 11 所示为中机美诺公司研制 2CM4B 型牵引式马铃薯种植机的开沟器结构,样机采用双圆盘开沟器,真正解决种肥分施的难题,更合理利用肥力,有效地保护了种薯不烧伤,自动仿形压簧保证了开沟深度和施肥深度的一致性[13]。

1.6　单圆盘式开沟器

单圆盘式开沟器结构如图 12 所示。

单圆盘式开沟器为一球面圆盘。工作时,圆盘滚动,将土壤切出椭圆形沟底(沟宽 $20 \sim 30$ mm),种子由凸面顺圆盘落入种沟内。由于开沟时土壤沿圆盘凹面升起后抛向一侧,

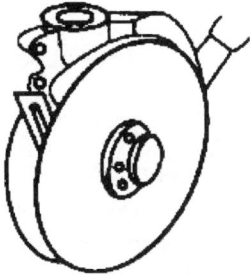

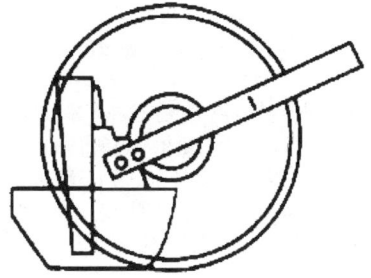

图 10 双圆盘式开沟器   图 11 开沟装置结构图   图 12 单圆盘式开沟器

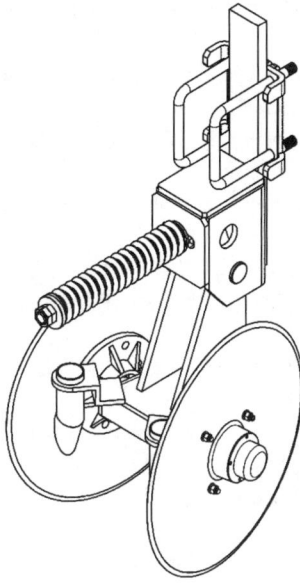

部分湿土被掀起，干湿土相混，容易跑墒，不适于干旱地区使用。此外，种子落在椭圆形沟内，使播深不一致，单圆盘开沟器结构较双圆盘开沟器简单，入土性能较好，对整地要求不高，主要用于谷物播种机上，马铃薯播种机上使用较少。

2　马铃薯播种机施肥开沟器发展展望

当前锐角开沟器使用较为广泛，其中又以锄铲式开沟器使用较多，该种开沟器结构简单，易于制造，由于开沟工作面与地平面的夹角为锐角，有自行入土趋势，较易入土，因此被多数马铃薯播种机采用，开沟效果较好，适应性较强，但是对于播前土地的平整性要求较高，同时残茬杂草较多时容易发生缠草、壅土等问题。

相比锐角开沟器，钝角开沟器的使用相对较少，因其结构相对复杂，由于开沟工作面与地平面的夹角为钝角，因此相对较难入土，但钝角开沟器也有其优势，以双圆盘式开沟器为例，圆盘外缘有刃口，能够轻易切断较大的土块及切断杂草，因此对于播前土壤条件要求不高，不易发生缠草壅土现象。

中国马铃薯种植面积广泛，且各马铃薯产区土壤及气候条件差异较大，因此应根据当地的土壤及气候条件选择合适的马铃薯播种施肥开沟器，未来锄铲式开沟器的发展在于开沟器铲面的曲面优化，在保证良好开沟效果的同时避免缠草壅土等问题，钝角开沟器的发展在于结构的优化，简化装置结构，同时提高入土能力，提供良好的开沟质量。

[参 考 文 献]

[1]　吕金庆，衣淑娟，陶桂香，等 . 马铃薯播种机分体式滑刀开沟器参数优化与试验 [J]. 农业工程学报，2018，34(4)：44-54.

[2] 孙伟，刘小龙，张华，等.马铃薯施肥播种起垄全膜覆盖种行覆土一体机设计[J].农业工程学报，2017，33(20)：14–22.

[3] Asheesh M，Vikas K，Saurabh S，*et al.* Design and development of automatic potato planter for mini tractor [J]. International Journal of Scientific and Engineering Research，2017，8 (7)：13–28.

[4] 杨红光，刘志深，倪志伟，等.2CM–4型马铃薯播种机设计与试验[J].青岛农业大学学报：自然科学版，2017(2)：137–140.

[5] Entz M H，Lacroix L J. A survey of planting accuracy of commercial potato planter [J]. American Potato Journal，1983，60(8)：671–623.

[6] 杨金砖，吕金庆，李晓明，等.2CMF–4型悬挂式马铃薯种植机的研究[J].农机化研究，2010，32(1)：127–130.

[7] 李紫辉，温信宇，吕金庆，等.马铃薯种植机械化关键技术与装备研究进展分析与展望[J].农业机械学报，2019，50(3)：1–16.

[8] 杨然兵，杨红光，连政国，等.马铃薯种植机分层施肥开沟器设计与试验[J].农业机械学报，2018，49(11)：104–113.

[9] 吕金庆，冯雪，于佳钰，等.马铃薯播种机施肥开沟器的设计与试验[C]// 陈伊里，屈冬玉.马铃薯产业与脱贫攻坚.哈尔滨：哈尔滨地图出版社，2016：288–295.

[10] 政东红.2CM2/4型旱作马铃薯微垄覆膜侧播机的改进设计与性能试验[D].呼和浩特：内蒙古农业大学，2016.

[11] 卢贤斌，钟丽辉，谢昌艺，等.西南山地手扶式马铃薯播种机的研制[J].农机化研究，2019，41(1)：148–152.

[12] 戴飞，辛尚龙，赵武云，等.全膜面覆土式马铃薯播种联合作业机设计与试验[J].农业机械学报，2017，48(3)：76–83.

[13] 李建东，赵金英，薛方期，等.2CM4B型牵引式马铃薯种植机的研制[J].农机化研究，2011，33(6)：45–48.

马铃薯仓贮机械的研究现状及发展趋势

（东北农业大学工程学院，黑龙江　哈尔滨　150030）

摘　要：马铃薯仓贮机械化作业是满足当前马铃薯规模化发展的必然趋势，高效、节能、连贯、伤薯率低的马铃薯仓贮机械能够保证马铃薯仓贮的质量，做到分级、分种类、分时间入库贮存，从而延长马铃薯的市场供应，为其产业发展以及工业化应用提供有力保障。介绍国内外马铃薯仓贮机械的研究现状，从机械结构、机械装备配置等方面指出国外机械的特点以及国内机械存在的不足，并就如何提升马铃薯仓贮效率以及仓贮质量提出了相应的发展展望，旨在促进马铃薯产业的良性发展。

关键词：马铃薯；仓贮机械；研究；发展趋势

　　马铃薯仓贮机械是马铃薯收获后完成运输、除杂、清选、分级、堆垛等作业过程的关键机械，是提升马铃薯仓贮质量，减少不必要的贮存损失的重要措施，同时也延长了马铃薯市场供应，为扩大马铃薯加工用途及其产业链提供保障。马铃薯营养丰富，易于被人体吸收，富含丰富维生素 A 以及 16% 的优质淀粉，还含有大量的木质素，被广泛用于粮食、菜品、饲料、工业加工等，在许多西方国家，马铃薯被列为主食，且推动了一大批马铃薯产业的发展，又因马铃薯价格低廉，因此受到全世界人民的喜爱和青睐。2015 年，中国实行马铃薯主粮化战略，将马铃薯列为玉米、小麦、水稻后的第四大主粮，此后马铃薯产业迎来了大发展。中国马铃薯总产量全球第一，种植面积达 475 万 hm^2，年产量 9 900 万 t，约占世界总产量的 25%，但近年来中国的马铃薯商品率持续偏低，其中重要的一个原因就是贮存不当[1]。据统计，中国的马铃薯年贮存量约为年产量的 50%，贮藏损失在 6% ~ 10%，每年的损失量为 250 ~ 350 万 t，至少造成 20 ~ 28 亿巨大损失，相当于浪费土地资源 16.67 ~ 23.33 万 hm^2[2,3]。因此，深入学习发达国家的先进技术，并结合中国的实际情况，研发高效、节能、稳定的马铃薯仓贮机械，是当下解决马铃薯仓贮问题的关键。

1　国外马铃薯仓贮机械

1.1　国外马铃薯仓贮机械研究现状及特点

　　国外一些发达国家马铃薯产业发展起步较早，其马铃薯仓贮机械也相对先进，国外的仓贮机械作业整体的质量好，效率高，作业量大，大量的运用机、电、液一体式控制，智能化、自动化程度高，从而减少了人力物力的消耗。国外仓贮的机器与机器之间的作业配

　　作者简介：吕金庆（1970—），男，教授，主要从事马铃薯新型技术及装备方面研究。

　　基金项目：国家重点研发计划项目（2017YFD0700705、2016YFD0701600）；现代农业产业技术体系建设专项（CARS-09-P23）；黑龙江省马铃薯产业技术协同创新推广体系项目。

　　* **通信作者**：吕金庆，e - mail：ljq8888866666@163.com。

合连贯，互换性高，便于运输，并且最大限度地减少了对马铃薯的伤害，从而保证马铃薯的仓贮质量[4]。

马铃薯运输车是将收获的马铃薯从天地运输到储存仓的主要运输工具，国外大多采用特制的马铃薯专用运输车，由箱体和底部运输带组成，具有运输量大，对马铃薯的碰撞挤压少等特点。图1所示为德国 GRIMME（格立莫）公司的马铃薯运输车卸料过程，其最大的特点是配有液压控制的无级调速的卸料传送带，实现无级调节卸料速度，该运输车带有可翻转的车厢侧门，用于增加马铃薯装货料量，其最大可装 16 t 重的马铃薯，是马铃薯农场应用最广泛的运输机械。

图2为荷兰 Miedema 公司生产的 MH-201 型马铃薯清选分级机械，清选分级机的作用是接收田地运输的马铃薯，并完成除杂、清选、分级作业，最大容量可达 24 m^3，适用于中大型农场，是规模化入库，现代化管理的必备设备。该机械整体采用液压驱动，装备有可调节高度的、弹性的碰撞保护装置，能够保障马铃薯轻柔化处理的同时，最大限度地运用高科技手段发挥高效的作业效率。料斗底部装配有无级调速的升运传送带，能够根据作业实际情况调节作业流量，从而发挥机械的最大效能。该机械的特点是集成化、自动化程度高，充分发挥机电液传动的优越性，接收容量大，作业效率高，环境适应性强，注重对马铃薯的保护，做到最大限度的减少损伤。

马铃薯装载运输机是用于马铃薯装车以及近距离运输的高效作业机械，如图3所示为法国 DOWNS 公司的 3 种不同规格的装载运输机。装载运输机能够根据不同作业要求改变作业方式，调节作业高度。该机械以液压缸和液压马达为动力，可以实现无极调节作业高度以及作业速度，从而更好地实现上下级机械的配合作业；机械装配有减震缓冲的橡胶挡

图 1　GRIMME 马铃薯运输车

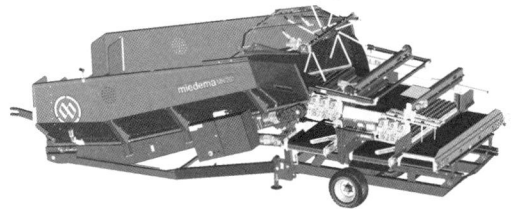

图 2　Miedema MH-201 型马铃薯清选分级机

图 3　DOWNS 装载运输机

图 4　GRIMME SL-125 型堆垛装车机

板，减少坠落损伤。

运输机输送进仓库的马铃薯由堆垛装车机进行堆垛贮存，图 4 为 GRIMME SL-125 型堆垛装车机进行马铃薯堆垛作业过程。该机械由液压马达和液压缸提供动力，同样装备有减震防撞的防护挡板，其最大的特点在于可伸缩的堆垛摇臂，可根据作业环境不同调节摇臂长度以及摇臂的高度，满足不同需求的马铃薯入仓堆垛作业。其传送带同样可以实现无极调速，保证机器间的配合作业。

1.2 国外马铃薯仓贮机械发展趋势

国外的马铃薯仓贮作业机械化、自动化程度高，上下级机械之间的配合顺滑，作业效率高，且更加注重对马铃薯的保护，一些发达国家正大力发展大功率、高集成度的大型仓贮机械。

1.2.1 发展大型联合机组

在欧美等一些发达国家马铃薯产业的发展已有一定的发展规模和技术经验，现如今马铃薯的种植管理大多以大型农场为主，实行大规模种植管理，依靠其先进的种植收获机械，完成全程机械化作业。马铃薯的播种、中耕、收获机械已经发展出一些大型联合机械，要适应这种模式，马铃薯仓贮机械也必须向大型化、联合型发展[5]。

1.2.2 与高新技术相结合

国外一些发达国家的仓贮技术已相当先进，但目前还不能达到无人化作业，今后的发展必定会向着智能化、自动化方向发展，真正解放劳动力，做到无人化作业。在作业过程中可与视觉技术相结合，借助计算机系统，智能识别不同损伤程度及不同成熟度的马铃薯，去除染病残缺的劣质品，从而更好地将马铃薯分级分类贮存，保证马铃薯贮存质量[6,7]。还可将仓贮机械接入物联网，由计算机统一调度，根据传感器传输的实时田地数据，调整仓贮机具的作业参数，从而更好地有针对性的进行仓贮作业，计算机可以自动调节上下级机具之间的作业速度等，使得机具间能更好地协调作业。

2 国内马铃薯仓贮机械

2.1 国内马铃薯仓贮机械研究现状及特点

中国的马铃薯仓贮机械发展起步较晚，仓贮机械的功能和实用性已基本能达到生产要求，中国仓贮机械的生产制造正逐步进入发展和成熟期，但目前仍处于比较低的技术水平，现阶段多数地区仍以人工捡拾搬运为主，在内蒙古、东北等马铃薯主产区仓贮机械应用相对较多。中国现有的马铃薯仓贮机械制造企业数量远低于国外发达国家水平，中国发展起步较早的企业有希森天成、德沃科技、中机美诺等；现有机型种类单一，通用性欠缺，不能很好地适用多种地况，这也是制约中国马铃薯仓贮机械发展的重要因素[8,9]。

如图 5 所示为山东理工大学与山东希成公司共同研发的多功能马铃薯清选输送机，该机具结构紧凑，能够一次性完成清选、分选、多向输送和装载等多项作业，采用链传动的传动方式，保证了拨辊的传动一致性，清选辊和分级辊由单独的电机驱动，并可调节旋转速度，从而更好地适应不同作业环境的需求[10]。其主要存在的不足是传动装置复杂，电机和减速器不易安装和固定，且占用较大空间。

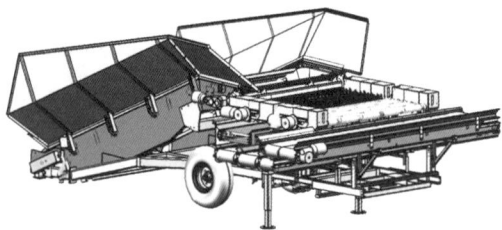

图 5　马铃薯清选输送机

图 6　中机美诺 1950 型多功能马铃薯输送机

　　国内的马铃薯输送机也有了较大的发展，图 6 所示为中机美诺公司生产 1950 型多功能马铃薯输送机，该机型深入学习了国外机具运输速度可调、输送角度可调、运输高度可调的优点，并且自身配置了液压泵站，采用日本汽油机作为泵站动力源，可在任何地点独立工作，不受外部动力限制；该机具还对传送端部做了改良，加装了可调节角度导的流板，从而降低了坠落高度，起到缓冲作用，减少了马铃薯的坠落损伤。

　　山东希成农业机械是专门从事马铃薯产业机械研究和制造的公司，在行业内被誉为"中国马铃薯机械制造专家"，其生产制造的马铃薯装仓机如图 7 所示。该机型工作效率高，最高可达 40 t/h，转向轮子的伸出范围很大，具有较高的转向自由度，从而减少作业中装仓机的移动。该机具的优点是装备有标准配置的底盘、转向系统和无级变速传动装置，可以实现这个规格最大限度的工作长度和高度，同时拥有高效良好的可操作性。

图 7　希森天成 5SD-40 马铃薯装仓机

2.2　国内马铃薯仓贮机械存在的问题

　　中国现有的马铃薯仓贮机械已基本能够较好的完成马铃薯仓贮作业的各个基本环节，从清选分级到堆垛装仓每个环节的设备都具备国外先进机械的基本结构，满足每个环节的作业要求，但中国的马铃薯仓贮机械仍存在不少问题，具体如下：

　　（1）因中国生产制造企业较少，导致马铃薯清选分级机械结构种类单一，导致机具在应对不同的土壤黏度等作业环境时作业质量参差不齐，作业效果不稳定，常出现杂质除不净和伤薯的情况。

（2）中国现有的马铃薯仓贮机械对电力驱动、液压驱动以及组合驱动的应用较少，大多数仍采用纯机械装置传动，造成机械结构复杂，影响了作业稳定性，不便于日常的保养维护，同时增加了日后损坏的可能性，影响机具的使用寿命。

（3）前后机具间的配合不够连贯，在转运过程中存在对马铃薯的损伤；一些机具不具备调节功能，导致前后级机具超负荷欠负荷工作，由此造成机械资源和能源的不必要浪费。

2.3 国内马铃薯仓贮机械发展趋势

目前中国的马铃薯仓贮机械已经有了较大的发展，现有的马铃薯仓贮机械基本能够达到各作业环节的农艺要求，完成仓贮作业，随着中国马铃薯产业的进一步发展以及国家的大力支持，仓贮机械生产制造企业将会逐步增多，产品的生产制造也将更加现代化，产品的质量更加保证；下一阶段中国马铃薯仓贮机械将转向高效、节能、不伤薯发展，将更加注重对品质的保证；对现有机型进行升级改造，优化不合理的结构，协调上下级机械件的配合，向机电液一体化控制发展，并与高新技术相结合逐步赶超国外先进水平；随着马铃薯产量的增加，仓贮机械整体规模也将向大型化集约化发展，拥有更高的日处理量，更快的贮存速度[1,11,12]。

3 结 语

广袤的马铃薯种植面积和良好的经济效益，以及马铃薯主粮化战略的推进，对中国马铃薯仓贮设备的发展具有非常大的促进作用，应当把握好发展机遇，适当引进国际先进技术和高端产品，吸收先进技术，掌握高端科技，及时开发与中国国情相适应，科技含量高且高于国际同类高端设备性价比的产品，将迎来中国马铃薯仓贮设备跨越性的发展和历史性进步，为中国马铃薯仓贮设备的发展奠定良好基础，推动中国马铃薯产业向更高层次发展。

[参 考 文 献]

[1] 罗其友，高明杰，刘洋，等.2018～2019年中国马铃薯产业发展态势 [C]// 屈冬玉，金黎平，陈伊里.马铃薯产业与健康消费.哈尔滨：黑龙江科学技术出版社，2019：40–43.

[2] 刘玉环，焦扬，李彩霞，等.马铃薯贮藏加工技术特性及发展趋势 [C]// 屈冬玉，金黎平，陈伊里.马铃薯产业与健康消费.哈尔滨：黑龙江科学技术出版社，2019：330–334.

[3] 孙艳芳.马铃薯储藏技术 [J].现代农业，2018(6)：30–31.

[4] 赵胜雪，刘崇林，胡军，等.国内外马铃薯收获清选机械研究现状 [J].黑龙江八一农垦大学学报，2019，31(1)：78–83.

[5] 谈元锋.马铃薯机械化发展现状、存在问题及发展趋势 [J].农业开发与装备，2018(4)：123.

[6] Ji Y, Sun L, Li Y, et al. Non-destructive classification of defective potatoes based on hyperspectral imaging and support vector machine [J]. Infrared Physics and Technology, 2019, 99：71–79.

[7] Roya H, Hossein N. Potato sorting based on size and color in machine vision system [J]. Journal of Agricultural Science, 2012, 4(5): 235.

[8] 刘崇林，赵胜雪，胡军，等.马铃薯机械发展趋势探讨 [J].南方农机，2019，50(1)：31，37.

[9] 袁晶，李梅.马铃薯采后贮藏防腐保鲜技术研究现状与发展趋势 [J].农业科技通讯，2014(4)：12–14.

[10] 李学强，卢延芳，苏国梁，等.多功能马铃薯清选输送机的设计 [J].湖北农业科学，2016，55(7)：1832–1835.

[11] 徐烨，高海生.国内外马铃薯产业现状及贮藏技术研究进展 [J].河北科技师范学院学报，2018，32(4)：24–31，47.

[12] 韩喜军，甘露，杜木军，等.马铃薯仓储设备的研究现状和发展趋势 [J].农机使用与维修，2014(12)：29–31.

马铃薯分级机分级调节装置的研究现状及展望

吕金庆 *，温信宇，杨晓涵

（东北农业大学工程学院，黑龙江　哈尔滨　150030）

摘　要： 阐述现存的马铃薯分级机采用的分级调节装置的种类及特点，并结合相应机型对各种分级调节装置的结构特点进行分析，总结了各种分级调节装置的优缺点，并以此对马铃薯分级机分级调节装置的发展进行了展望，为马铃薯分级机分级调节装置的发展提供了参考。

关键词： 分级机；分级调节装置；分析；展望

马铃薯是中国第四大粮食作物，其种植范围广，在全国所有省市自治区均有种植[1-3]，马铃薯含有丰富的营养物质，并在生活中得到广泛的应用，马铃薯可作为粮食、蔬菜、饲料、工业原料等众多角色，具有发展前景广阔的优势，马铃薯的分级作业对于商品薯和种薯都具有重要意义，马铃薯加工能带来巨大的产业附加值，其分级过程是马铃薯进行大批量、工业化加工所必需的前处理工艺[3-5]。

1　马铃薯分级机分级调节装置研究现状

中国马铃薯种植面积广泛，但加工水平较为落后，马铃薯分级水平的落后直接对后续深加工过程造成影响[6]。近年来，中国马铃薯分级机械发展较为迅速，按分级原理可以分为机械式分级和机器视觉检测分级，由于较低的成本和较高的分级效率，现有分级机大多采用机械式分级方式，机械式分级方式又大致分为网眼式分级和辊式分级，网眼式分级方式虽然可以保证较高的分级精度，但是分级效率较低，并且需要更换分级机上的网眼分级平面才能实现分级其他级别的马铃薯，分级级别调整较为困难，因此中国现有的马铃薯分级机大多采用辊式分级方式。分级机分级级别的调整对于商品薯和播种薯具有重要意义，通过调整分级机的分级级别可以得到多种级别大小的马铃薯[7]，能够最大化马铃薯的使用价值，将通过介绍现有辊式分级机所采用的分级调节装置的调节原理对未来分级调节装置的发展进行展望。

1.1　浮动辊式分级调节

如图 1 所示为熊平原等[8] 研制的南方冬种马铃薯分级机，图 2 为分级机工作原理图。分级部分由上下两层分级辊组成，为减少马铃薯在运送过程与辊杆的碰撞、夹伤，分级辊表面包覆柔性较好的食品级塑料，分级辊安装在链条上，由链条带动前行。上层辊在链条

作者简介： 吕金庆（1970—），男，教授，主要从事马铃薯新型技术及装备方面研究。

基金项目： 国家重点研发计划项目（2016YFD0701600、2017YFD0700705）；现代农业产业技术体系建设专项资金项目（CARS-09-P23）；黑龙江省马铃薯产业技术协同创新推广体系项目。

* 通信作者： 吕金庆，e–mail：ljq8888866666@163.com。

带动下既可水平移动也可滚动，相邻两杆的距离恒定为 L，下排辊可以在图 2 所示的阶梯上进行水平移动，下排辊处在不同阶梯上时，与上杆之间的距离 H 不同，即实现了距离 H 的可调节，从而使上下两辊杆之间的中心距 a 可变，下排辊在阶梯上既可水平移动也可滚动，分级机工作时，马铃薯由上料口落到分级辊上，在辊杆的承托下向前运送，当马铃薯到达不同阶梯层时，由于中心距 a 不同，相应级别的马铃薯便会通过上下两杆之间的间隙而落入对应的分级卸料斗中，分级级别从小到大，从而实现马铃薯按照大小级别进行分级。

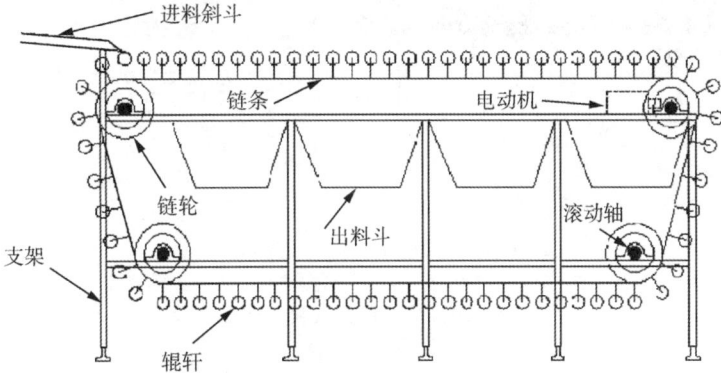

图 1 分级机整体结构示意图

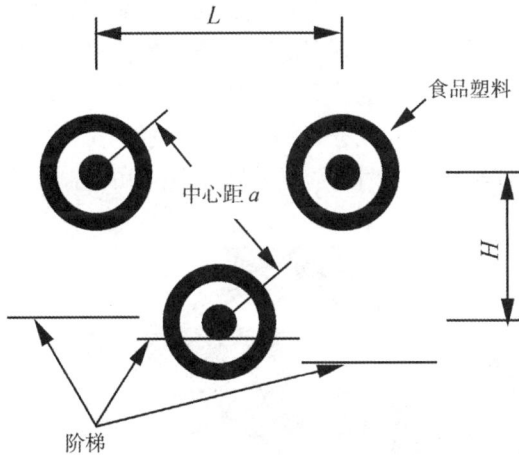

图 2 分级机工作原理简图

图 3 为东北农业大学吕金庆等[9]研制的辊式马铃薯分级机。电机为整个分级机提供动力，将动力传递给位于机构前端的主动辊轴，通过传动链条带动从动辊轴随之运动，传动链条上有链条安装板，与链条安装板相连接的为辊轮安装板，每个辊轮安装板上有两个辊轮，其中一个为固定转动辊轮，另一个为浮动转动滚轮。浮动辊轮可以在辊轮安装板上上下滑动，两个辊轮两端的摩擦滚轮沿着滑动轨道运动，从而带动辊轴自转，传动链条和两个转动辊轮一起带动马铃薯向前运动，当浮动辊轮沿着差动分级导轨继续前行时，两个辊轴之间的距离逐渐增大，当马铃薯直径小于两个分级辊间距时，薯块在重力的作用下掉落

到位于机具底部的小薯传动带上，中间分隔板可以将马铃薯薯块分为2级，而未能从中间掉落的薯块继续向前运动，落到前端大薯输送带上，通过调整差动分级导轨随提升手臂上升的高度即可实现分级级别的调节。

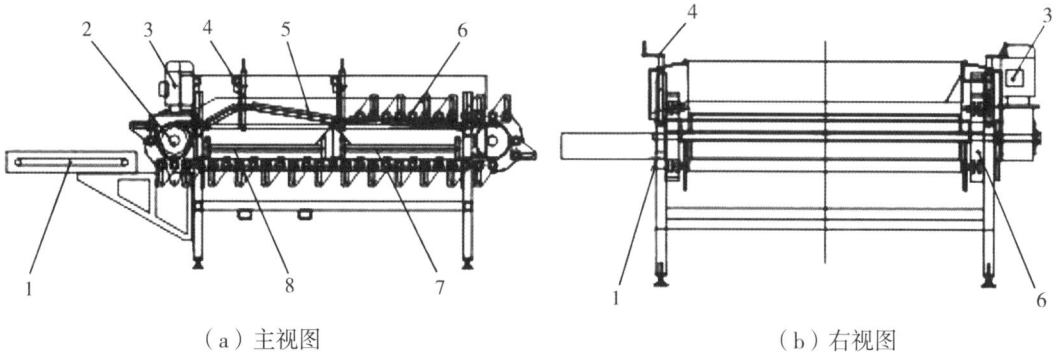

（a）主视图　　　　　　　　　　　　　　（b）右视图

1– 大薯输送带；2– 主动辊轴；3– 圆柱蜗杆减速器；4– 提升手臂；5– 差动分级导轨；
6– 辊轮安装板；7– 小薯输送带；8– 中薯输送带
图 3　辊式马铃薯分级机整机结构简图

1.2　弹簧式分级调节

如图 4 为甘肃农业大学魏宏安等[10]研制的马铃薯分选机的二级分级装置，图 5 为二级分级装置的工作原理，二级分离装置中杆带组合的衔接是用弹簧实现的，弹簧具有拉伸和收缩的功能，通过转动分级摇柄可实现对二级分离装置主动部件的拉伸控制，进而可以调节杆带组合间隙，控制马铃薯大小的分离，其中从动轮组合部件固定在机架上，主动轮组合部件可在机架上单方向自由移动其分级柄组合由摇柄、拉伸丝杆、拉伸螺帽以及机架立柱上下安装的两个平衡杆组成，顺时针旋转分级摇柄，可控制主动部件在机架前移，弹

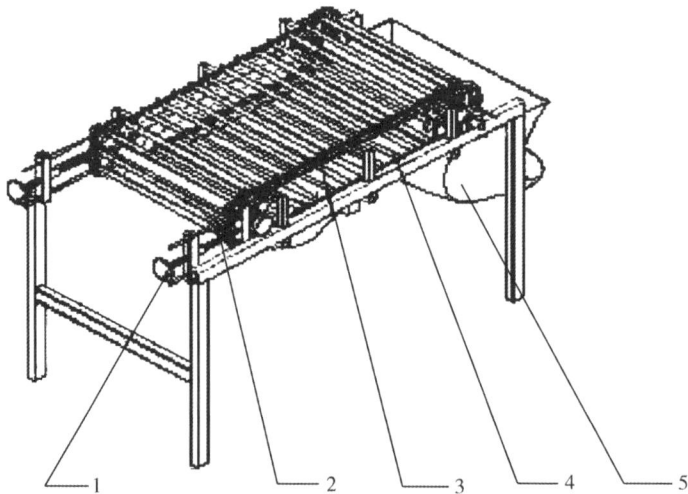

1– 分级摇柄组合；2– 平衡杆；3– 可调弹簧；4– 辊杆；5– 卸料口
图 4　二级分级装置

簧收缩，分级间隙变小；逆时针旋转分级摇柄，主动部件组合在机架后移，控制弹簧拉伸，辊杆间距变大，实现马铃薯分级级别的调整（弹簧的工作应力在其弹性极限范围之内，最大拉伸长度不超过 100 mm）。

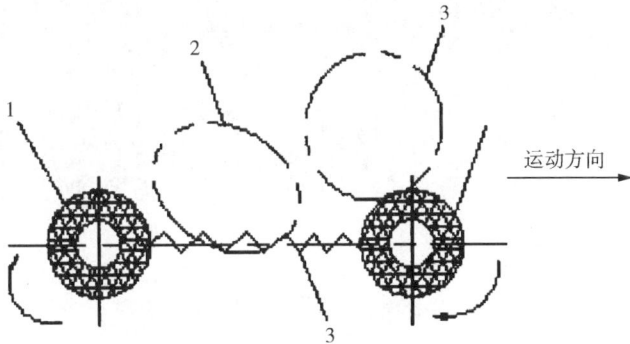

1- 辊杆；2- 薯块；3- 弹簧

图 5　二级分级装置工作原理

1.3　推拉式分级调节

图 6 为山东理工大学王相友等[11]研制的拨辊推送式马铃薯清选分选机的分选装置结构图，清选分选机依靠电动机提供动力，靠清选辊和分选辊的转动实现清选和分选作业，机器的上料斗首先将马铃薯输送至清选装置，该装置上的清选辊可以将输送来的马铃薯、泥土以及杂草实现分离，留在清选辊上的马铃薯被输送到分选装置，该装置设计 6 根分选辊，如图 6 所示，分选辊上设计有拨轮，可以使马铃薯在翻滚的过程中进行大小分级，中薯落至分选辊下面的输送带上，大薯落至分选辊后面的输送带，从而完成马铃薯的整个清选分选过程。图 7 为调节分级辊之间间距的伸缩架，由长连片体和短连片体交错叠加而成，该伸缩架可以实现分选辊之间的间距调节，中间交叉铰接 4 对双连片体，两端分别有一对单连片体铰接相连，使得伸缩架整体结构形似 5 个菱形这样，可以从一端驱动伸缩架整体伸展或收缩，在调节清选辊轴间距时，避免了传动链的张紧调节。

1.4　齿轮式分级调节

图 8 为内蒙古农业大学张恒[12]研制的马铃薯干式低损清选分级机，分级机的分级装置由 8 根尼龙丝毛刷辊组成，可以减轻分级过程中造成的马铃薯表面损伤，左侧 4 条为一级分级辊，设计有深度 20 mm，宽度 40 mm 的凹槽，短径大于 30 mm 且小于 40 mm 的小薯会从两根分级辊之间落入小薯输送带；右侧 4 条为二级分级辊，设计有深度 27.5 mm，宽度 55 mm 的凹槽，短径大于 40 mm 且小于 55 mm 的中薯会从两根分级辊之间落入中薯输送带；短径大于 55 mm 的大薯则最后落入清选分级装置外的大薯输送带。分级辊凹槽不同于清选辊，直列式的凹槽有利于马铃薯向同一个方向运动，从而摆正马铃薯位置，使马铃薯短径与凹槽为一个方向，实现分级功能。分级辊之间的传动依靠齿轮传动，如图 9 所示，最后一根清选辊上同轴安装齿轮和链轮，同转速

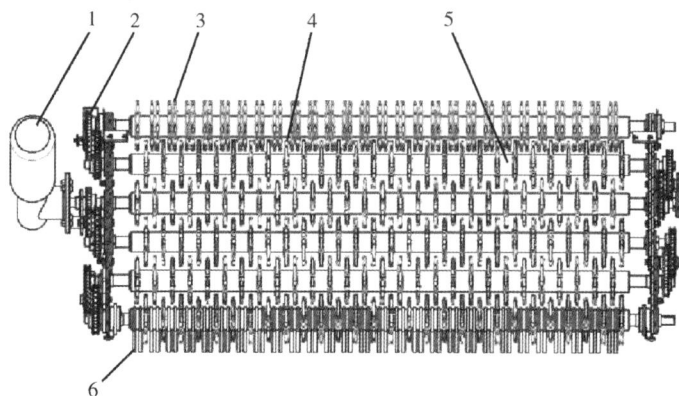

1- 减速电动机；2- 链条；3- 十二齿拨轮；4- 六齿拨轮；5- 间隔套；6- 缓冲套管

图6 分选装置结构图

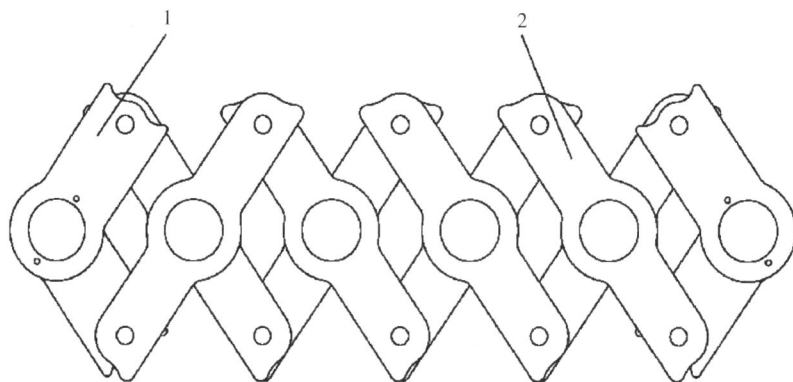

1- 短连片体；2- 长连片体

图7 伸缩架结构图

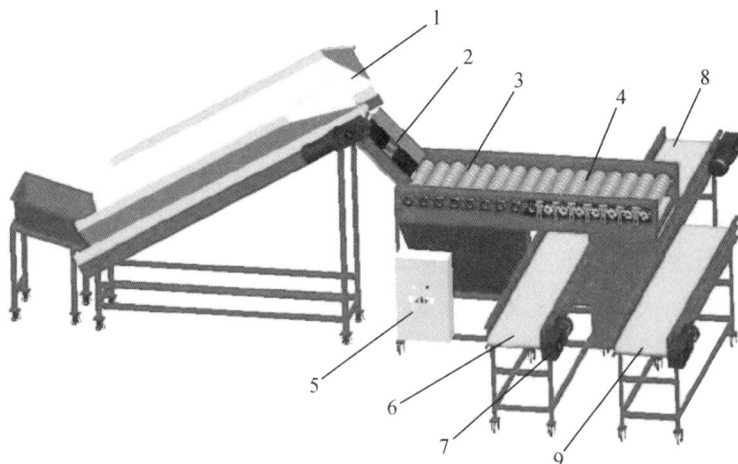

1- 提升输送机；2- 连接网筛；3- 清选辊；4- 分级辊；5- 配电箱；6- 小薯输送带；
7- 减速电机；8- 中薯输送带；9- 大薯输送带图

图8 马铃薯清选分级机三维图

图 9　齿轮传动

转动，所有齿轮齿数相同，齿轮齿数 Z 分级辊 –36 齿，传动比为 1，齿轮传动可以保证传动的连续性，但是该分级装置仅可分级特定大小的马铃薯，分级辊之间的距离调节困难，不能实现马铃薯的多级别分级要求。

1.5　液压式分级调节

近年来有国外的分级机采用多个液压马达控制实现分级辊的转动及分级辊间距的调节，相较于传统的机械传动，液压控制更为精准可靠，可以在分级过程中实现分级辊的无级变速以及分级辊间距的实时调整，但液压控制系统成本较高，目前仅在国外分级机上采用，中国分级机使用较少。

2　马铃薯分级机分级调节装置发展展望

针对浮动辊式分级调节装置和推拉式分级调节装置，二者都可以根据实际的生产要求实现马铃薯的多级别分级，其中浮动辊式分级调节装置相较于推拉式分级调节装置，结构较为复杂，由于存在浮动辊轴，传动系统的结构同样较为复杂，推拉式分级调节装置结构较为简单，适应性较好，但是单侧控制伸缩架的伸展与收缩，会导致消耗动力过大。

针对弹簧式分级调节装置，虽然可以依靠弹簧的伸缩控制分级辊间距实现马铃薯的多级别分级，但受限于弹簧的使用寿命，需要及时更换弹簧，齿轮式分级调节装置，传动连续，但只能实现特定级别的马铃薯大小分级，适应性不强，液压式分级调节，可以实现分级辊间距的精准调节，根据要求实现多级别的马铃薯分级，但液压系统使用成本较高，因此没有广泛普及。

未来马铃薯分级机分级调节装置的发展在于结构的简化和机构的优化，在降低成本的同时减少功耗，并且保证较高的马铃薯分级精度，能够根据要求实现马铃薯的多级别分级，满足大批量马铃薯加工的生产要求。

[参 考 文 献]

[1]　Kang W，Fan M，Ma Z，*et al.* Luxury absorption of potassium by potato plants [J]. American Journal of Potato Research，2014，91(5)：573–578.

[2]　Nobuhisa K，Tsutomu K，Keiichi S，*et al.* Energy efficiency of potato production practices for bioethanol feedstock in northern Japan [J]. European Journal of Agronomy，2013，44(1)：1–8.

[3]　魏忠彩，李学强，张宇帆，等 . 马铃薯全程机械化生产技术与装备研究进展 [J]. 农机化研究，2017，39(9)：1–6.

[4]　刘少达，张日红 . 我国马铃薯分级设备现状及亟待解决的技术问题 [J]. 农业机械，2009(12)：53–54.

[5]　肖伟中，高迎春，陈海需，等 . 小型马铃薯捡拾分级机的设计与试验 [J]. 农机化研究，2019，41(12)：130–134.

[6]　王红军，熊俊涛，黎邹邹，等 . 基于机器视觉图像特征参数的马铃薯质量和形状分级方法 [J]. 农业工程学报，2016，32(8)：272–277.

[7]　刘少达，李壮哲，蔡晓玲，等 . 一种南方马铃薯分级装置的力学分析 [J]. 农机化研究，2015，37(4)：48–50.

[8]　熊平原，袁继平，肖军委，等 . 南方冬种马铃薯分级机结构设计 [J]. 仲恺农业工程学院学报，2011，24(2)：61–63.

[9]　吕金庆，于佳钰，冯雪，等 . 辊式马铃薯分级机设计与试验 [J]. 农业机械学报，2019，50(2)：323–332.

[10]　姜彦武，魏宏安，陆翔辉等 . 马铃薯分选机的设计 [J]. 甘肃农业大学学报，2017(1)：139–143.

[11]　王相友，孙景彬，许英超，等 . 拨辊推送式马铃薯清选分选机设计与试验 [J]. 农业机械学报，2017，48(10)：316–322.

[12]　张恒 . 马铃薯干式低损清选分级机的设计与清选试验研究 [D]. 呼和浩特：内蒙古农业大学，2018.

马铃薯覆膜播种机的研究现状及展望

吕金庆 *，孙玉凯，刘齐卉，杜长霖

（东北农业大学工程学院，黑龙江 哈尔滨 150030）

摘 要：马铃薯是一种十分喜水的作物，在栽培过程中需要及时补充水分，这就导致许多旱地栽培区域需要进行大量灌溉，更加重了旱地马铃薯栽培的困难，而且对于人力、财力、水资源等都是一种浪费。故针对这一情况进行分析，发现通过覆膜播种机来改善这些旱地马铃薯栽培区的情况是个不错的选择，通过介绍国内外马铃薯播种机的情况，总结它们的优点及不足，并针对以上优缺点，对未来马铃薯覆膜播种机的发展方向进行展望，为国内马铃薯覆膜播种机的发展提供参考和借鉴。

关键词：覆膜；播种机；研究现状；展望

马铃薯俗称土豆，是世界上仅次于稻、麦、玉米的第四大粮食作物，具有高产稳产、适应性强、粮经饲兼用及综合加工用途广泛的特性，其种植范围广，在全国各地都有种植[1]，马铃薯的播种要经过多道工序，如果这些工序可以全部由机械来完成，将大大提高工作效率，减少用工量，而且还能更大程度实现马铃薯规范化种植，扩大生产规模，与传统的人工作业相比较，最少可以提高三倍作业效率[2]。由此可见，机械化播种是实现马铃薯高产稳产的关键环节，但是马铃薯种植机械化是中国马铃薯生产机械化的薄弱环节[3]。

播种遵循"四适原则"。一是适时，春季马铃薯一般1月底或者2月初进行播种，一般平均地温大于10℃就可以播种了；二是适当的墒情，即要有充足的水分；三是合理密植；四是适用机械，机械化播种作业要求播行直，行距一致，株距均匀，垄形整齐，漏播率不得大于5%[4]。然而中国幅员辽阔，各地降水量不一，马铃薯又是一种喜水作物，故有些较干旱地区便想到了通过地膜覆盖的方式保温保湿，为马铃薯提供生长所需的水分。在华北平原和华东平原许多农户为了马铃薯提早上市，大多采取了地膜覆盖、多膜覆盖的方式来促成早熟栽培。覆膜可以有效地积累雨水供马铃薯吸收，可以改善马铃薯根系吸水困难的状况，对于蓄水保肥都有重要作用，可以为马铃薯的生长提供一个良好的环境。

1 马铃薯播种机械化发展历程

国外对于马铃薯播种机械的研究起步较早，1880年，英国出现了一种以畜拉式的装

作者简介：吕金庆（1970—），男，教授，主要从事马铃薯新型技术及装备方面研究。

基金项目：国家重点研发计划项目（2017YFD0700705、2016YFD0701600）；现代农业产业技术体系建设专项（CARS-09-P23）；黑龙江省马铃薯产业技术协同创新推广体系项目。

* 通信作者：吕金庆，e-mail：ljq8888866666@163.com。

有半自动排种器的两行马铃薯播种设备，这是有史可查的最早的一种播种设备。后来，随着工业与科技的进步，到了19世纪末20世纪初，欧美各发达国家完成了传统农业时代向现代农业的转变，机械装备开始在农业领域发光发彩，马铃薯机械播种技术开始逐渐完善。到了20世纪30年代，人工播种逐渐被取代，初步实现了播种机械化，到了50年代，理论研究与实践均已较成熟，机械化开始向自动化发展。在经历了近百年的发展，马铃薯播种的机械化经历了从简单到复杂，从低等到高等，从功能单一到多功能联合的过程，至今仍在逐步完善、发展[5]。

中国国内的马铃薯播种机械化的研究起步较晚，始于20世纪60年代前后，总体水平相较发达国家仍还有一定差距。由于中国国土辽阔，种植比较分散，很难实现播种机的广泛应用。改革开放以后，国内研制播种机械的企业渐渐增加起来，技术日渐成熟。近年来，随着许多新技术、新方法的出现，新的排种原理被应用到了马铃薯播种机械上，大大促进了马铃薯播种机械的发展[6]。近年来，针对许多干旱地区的马铃薯种植，许多学者研究地膜播种机，通过地膜覆盖方式集水使用。

2 国内外马铃薯覆膜播种机研究现状

2.1 国外播种机研究现状

美国关于马铃薯种植机械的研究开始较早，技术也比较成熟，较早的研发了单趟作业可以播两行的播种机械，目前国际上存在的主要就是两类马铃薯播种机械，大型机械主要是以美国的Lockwood、Double L、Z.L.R.公司为代表所生产的大中型联合作业播种机械，这些机型适用于大田作业，与当地地形相称，结构复杂，一般配有先进的电子控制系统，造价昂贵，不适宜小地块作业[7]。其中比较有代表的就是美国Double L公司生产的9-500系列四行马铃薯栽培机[8]，如图1所示，该机集播种、起垄、覆膜、施药、开沟等机构集于一体，工作效率高，作业次数少，非常适合美国多数地区的大田作业。

德国的Grimme公司在马铃薯播种机械的研发方面也具有较先进的水准，如图2为Grimme公司的GL860八行马铃薯播种机[9]，该机标配6 t料斗，可8行同时作业，用于大面积作业，这款格立莫高端播种机可以在土地上非常精确和均匀的播种。机器的多种设置选择与种薯大小的良好校准相结合，可以实现较高的播种速度。本机行走轮在大型覆土圆盘后面，确保最优的垄脊成形，同时系统还减少了对土壤的压实。机身重量均匀分布在8

图1 Double L公司生产的9-500系列播种机

图 2　Grimme GL860 型马铃薯播种机

个行走轮上，减小了对地面的压实。该播种机适应性较强，通过驾驶室的操作终端能方便地控制播种株距，播种机每行的播种单元都可单独进行分段控制和液压驱动，对不同的作业环境有较强的适应性[10]。

综上所述，经过了近几十年的发展，国外马铃薯的播种行业经历了从无到有，从简单到复杂，变得越来越自动化、智能化，基本实现了马铃薯的全程机械化，但是他们的机械多数为大中型作业机械，结构复杂，技术先进，作业效率高，价格昂贵，不适于中国的国情。

2.2　国内覆膜播种机研究现状

20世纪末至21世纪初，中国的马铃薯机械化栽培水平突飞猛进，马铃薯的播种主要是块茎播种，市场潜力巨大[11]，诸多相关机构和学者争先恐后的研究马铃薯播种机，鉴于地膜对于干旱地区马铃薯产量及品质的提升作用，许多学者针对覆膜播种机进行研究，并取得了突破性的进展。

内蒙古农业大学的崔亚超等人[12]研制了一款旱作马铃薯微垄覆膜侧播机，如图3所示，

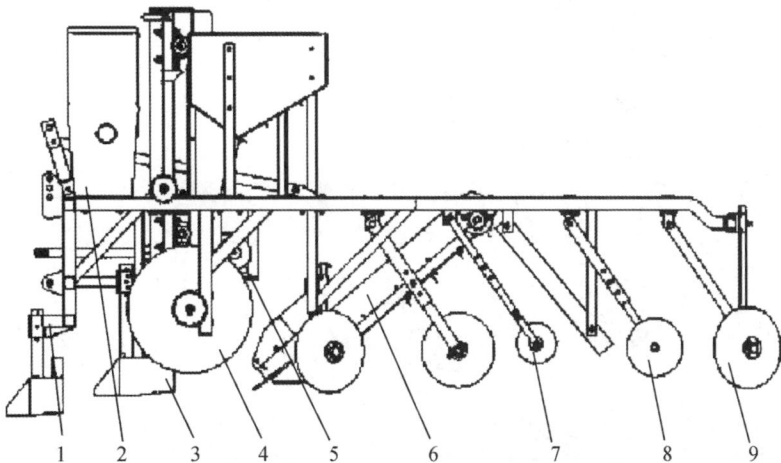

1- 机架；2- 施肥装置；3- 播种装置；4- 行走装置；5- 传动装置；
6- 取土整形装置；7- 铺膜装置；8- 压膜装置；9- 覆土装置
图 3　旱作马铃薯微垄覆膜侧播机

该机型采用一膜两垄、一垄两行来播种的农艺方法，与一膜一垄相比，减少了单行覆膜行间土地裸露面积，降低了土壤水分无效蒸发损失，能够很好的收集雨水，在旱作条件下，为马铃薯的正常生长发育提供足够的水分。该机能够一次性完成开沟施肥、开沟播种、取土起垄、铺膜覆土等多道工序，播种深度可以在 8 ~ 13 cm 范围内有级可调，播种株距可以在 22 ~ 32 cm 范围内有级可调，经过试验，满足播种条件。

西北农林科技大学的朱利元[13]等人针对宁夏地区的土地情况，设计了一款 2CM-2 马铃薯起垄覆膜播种机（图 4），该机能够一次作业完成开沟、起垄、播种、覆膜 4 道工序，

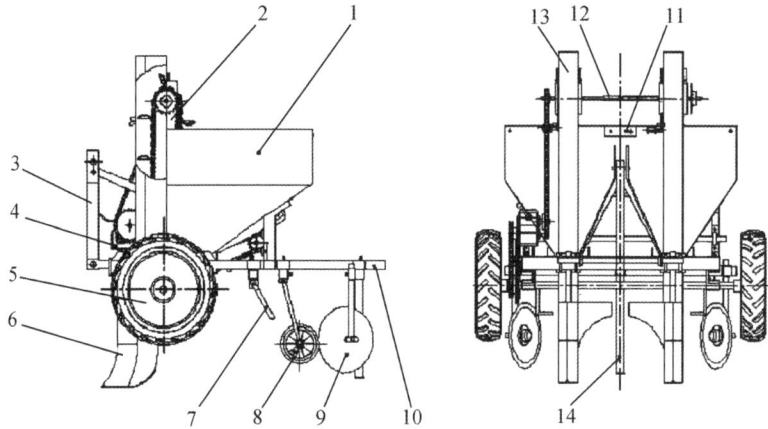

1- 种箱；2- 排种链；3- 悬挂架；4- 变速箱；5- 地轮；6- 开沟起垄器；7- 挂膜架；
8- 压膜轮；9- 覆土盘；10- 机架；11- 种箱连接板；12- 排种轴；13- 导种轨；14- 支撑腿
图 4 2CM-2 马铃薯起垄覆膜播种机

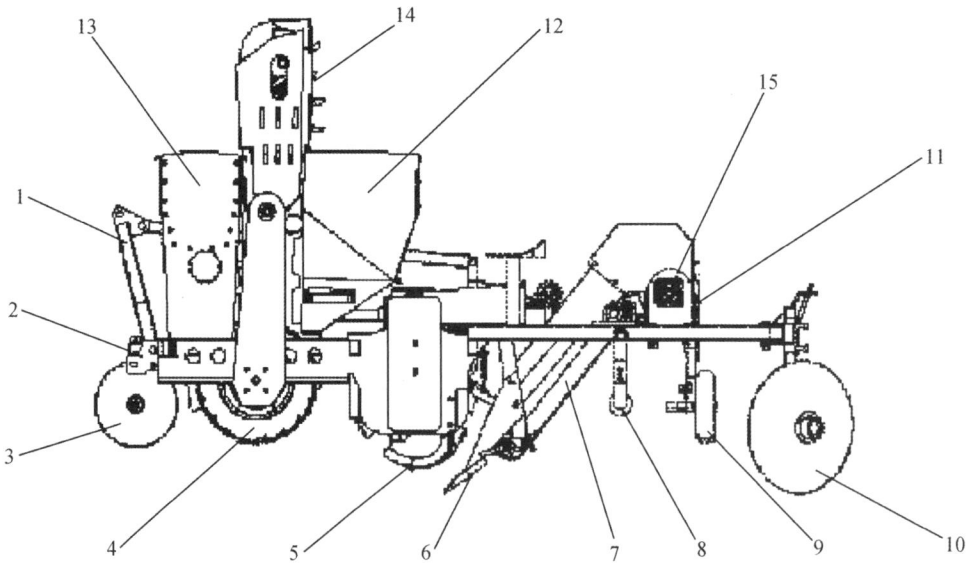

1- 悬挂架；2- 机架；3- 施肥开沟器；4- 地轮；5- 旋耕刀组；6- 取土铲；7- 土壤升运器；
8- 挂膜装置；9- 压膜轮；10- 圆盘覆土器；11- 覆土槽；12- 种箱；13- 肥箱；14- 取种勺；15- 搅龙轴
图 5 单垄双行马铃薯施肥覆膜播种机

满足播种深度 150 ~ 200 mm、2 种播种行距 500 或 600 mm、3 种播种株距 270、300 或 330 mm 要求。工作时，悬挂于配套的四轮拖拉机，在传动系统的带领下，均布在排种链上的种勺依次从种箱中取种，种薯到达最高点时落在下一种勺的背面，在导种轨和开沟起垄器筒身的引导下，落入种沟，完成播种。开沟起垄器在拖拉机带领下起好垄，然后悬挂在挂膜架上的地膜滚动覆膜，将地膜覆于垄面，同时压膜轮将地膜拉紧，使其紧贴垄面，覆土盘刮土将地膜边压紧，完成覆膜。

辛尚龙[14]等人为了改善马铃薯种植条件，提高马铃薯的播种合格率及播种效率，对单垄双行马铃薯施肥覆膜播种机进行了试验研究。如图 5 所示为该机的结构简图，采用四轮拖拉机后置悬挂方式，通过动力输入变速箱传动刀轴带动旋耕刀组将种床土壤旋耕疏松，随着整机的前进，取土铲完成开沟起垄，地轮分别将动力传递给排肥机构和排种机构的转轴，驱动排肥链轮和排种链轮的转动，完成施肥与播种，同时地膜随挂膜装置的转动前行覆膜，最后圆盘覆土器完成两侧膜边的覆土作业。

综上所述，在许多先进设计技术的推动下，中国在马铃薯覆膜播种机上的研究取得了很大的成就，相关类型的播种机还有很多，中国的马铃薯播种机械逐渐从单机操作向智能化、系列化、成套化、高效化方向发展，市场需求量和发展前景十分广阔。但是由于中国马铃薯机械化的起步比较晚，到目前为止，和国外的许多集自动化控制、电子监控系统于一体的马铃薯种植机械相比，还有较大差距。

3　马铃薯覆膜播种机发展展望

中国国土辽阔，各地降水、土壤水分含量皆不相同，然而中国各个省份都有马铃薯种植区，对于相对比较干旱的地区，马铃薯覆膜播种机的研制必不可少。国外的许多马铃薯播种机主要分为两类，一类大中型为主，集播种、起垄、施肥、开沟、打药等作业于一体，自动化、智能化程度高，作业效率高，价格昂贵；另一类是以日本、韩国等研制的中小型的马铃薯播种作业的机械，相比于第一类结构较简单，价格适中，机动性好。国外的马铃薯栽培机械已经比较成熟。

但是这些机械均不适用于中国旱地覆膜播种作业，所以中国对于自主研发马铃薯覆膜播种机志在必得，众多学者都进行了研究，并取得一定成绩，但是市面上的这类机械仍然比较少，我们必须加紧把知识转化为生产力，企业、高校之间通力合作，努力实现旱地马铃薯种植区域的机械化，并且不断朝着自动化、智能化、简约化发展，努力赶超国外机械。

[参 考 文 献]

[1]　Kang W，Fan M，Ma Z，et al. Luxury absorption of potassium by potato plants [J]. American Journal of Potato Research，2014，91(5)：573-578.

[2]　毛琼，谢敬波，段宏兵. 国内外大田马铃薯播种机械化的发展现状与未来预测 [C]// 中国农业工程学会. 中国农业工程学会 2011 年学术年会论文集. 2011：152-156.

[3]　杨金砖，吕金庆，李晓明，等. 2CMF-4 型悬挂式马铃薯种植机的研究 [J]. 农机化研究，2010，32(1)：127-130.

[4] 胡红磊. 皖北地区马铃薯种植机械化技术应用现状与思考 [J]. 现代农机，2020(1)：11-13.

[5] 宋言明，王芬娥. 国内外马铃薯机械的发展概况 [J]. 农机化研究，2008(9)：224-227.

[6] 吕金庆. 马铃薯播种机械发展现状与趋势 [J]. 农机科技推广，2014(10)：15-18.

[7] 张志强. 马铃薯微垄覆膜侧播机的改进设计与试验 [D]. 呼和浩特：内蒙古农业大学，2018.

[8] 美国 Double L. Double L 公司 9500 系列马铃薯播种机 - 产品介绍 [EB/OL].[2017-06-22]. https://www.nongjitong.com/video/413723.html.

[9] 德国 Grimme. GRIMME（格立莫）GL860 马铃薯播种机 [EB/OL].[2020-02-10]. https://www.nongjitong.com/product/grrmme_gl860_potatoes_seeder.html.

[10] 吕金庆，温信宇，杨晓涵. 马铃薯播种机排种器的研究现状及展望 [C]// 屈冬玉，金黎平，陈伊里. 马铃薯产业与健康消费. 哈尔滨：黑龙江科学技术出版社，2019：157-162.

[11] 陈孟超. 马铃薯播种机发展现状及趋势展望 [J]. 农业科技与装备，2019(4)：63-64.

[12] 崔亚超，贾立国，陈伟，等. 旱作马铃薯微垄覆膜侧播机的设计与试验 [J]. 农机化研究，2016，38(2)：62-66.

[13] 朱利元.2CM-2 马铃薯起垄覆膜播种机的研制与试验 [D]. 杨凌：西北农林科技大学，2017.

[14] 辛尚龙，戴飞，石林榕，等. 单垄双行马铃薯施肥覆膜播种机工作参数优化 [J]. 干旱地区农业研究，2017，35(5)：282-287.

马铃薯化肥抛撒机械发展状况及展望

吕金庆 *，孙玉凯，刘齐卉，杜长霖

（东北农业大学工程学院，黑龙江　哈尔滨　150030）

摘　要： 中国对于化肥抛撒机械研究的起步比较晚，施肥机械化的程度比较低，许多地区都还在人工施肥的阶段，并且不仅限于马铃薯行业，而马铃薯的稳产高产离不开合理施肥，所以对于马铃薯的化肥抛撒机械研究必须加快进行。主要针对这个问题，参考国外施肥机械的发展历程以及发展状况，对国外机械所采用的各种技术、其机械的优缺点进行总结分析，并结合国内比较先进的几款化肥抛撒机械进行对比，针对它们的优缺点，对未来马铃薯化肥抛撒机械的发展方向进行了展望，为国内马铃薯施肥机械的发展提供参考和借鉴。

关键词： 化肥；抛撒机械；发展状况；展望

马铃薯是中国第四大粮食作物，其种植范围广，在全国所有省市自治区均有种植，是一种粮菜兼用作物，它的适应性强，产值高，产业链较其他作物长一些，所以搞好马铃薯的生产对于优化农民收入结构、增加农民收入、促进农村的经济发展具有重大意义[1]。

马铃薯是一种喜肥耗肥的作物，做好马铃薯的施肥工作对于获得高产马铃薯来说十分重要[2]。目前中国许多地方都仍然采用人工施肥，不仅是马铃薯，许多其他作物也是如此。这种施肥方式费时费力，如果赶上农忙时期，还会降低马铃薯对于肥料的吸收效果。同时，化学肥料里面所含的化学元素有些是对于人体有害的，人工施肥时极容易损害身体健康。近年来，中国对于施肥机械的研究也渐渐重视了起来，许多学者都对其进行了许多研究，为马铃薯的施肥大业献出了一份力量。中国机械施肥的研究起步较晚，相比较于国外来说，中国对于施肥机械的理论研究比较少，对于核心技术的研究比较少，国外因为工业、科技发展较早的原因，在这些方面研究比较深入。

1　国外马铃薯化肥抛撒机械发展状况及展望

1.1　发展历程

国外发达国家的马铃薯机械化研究起步较早，要追溯到上一个世纪，到 20 世纪 30 年代时，国外施肥机械的生产已初具规模，许多专家学者对这方面的理论研究也已经取得了一定的成果。在 1962 年，外国学者 Patterson 和 Reece 等人开始研究圆盘式施肥机械，他们是最早把肥料颗粒建立数学模型的，研究了肥料颗粒在撒肥盘上的运动，为后来的圆盘

作者简介：吕金庆（1970—），男，教授，主要从事马铃薯新型技术及装备方面研究。
基金项目：国家重点研发计划项目（2017YFD0700705、2016YFD0701600）；现代农业产业技术体系建设专项（CARS-09-P23）；黑龙江省马铃薯产业技术协同创新推广体系项目。
* 通信作者：吕金庆，e - mail：ljq8888866666@163.com。

式撒肥机奠定了理论基础；Cunningham 和 Chao 在前人基础上，研究了肥料颗粒在水平圆盘和倾斜叶片上的运动情况，同时对肥料颗粒在曲面圆盘上的运动情况也进行研究[3]；再后来到了 1996 年，Olieslagers 等人通过理论计算得到了一种圆盘式施肥机械的仿真模型，探究出了肥料颗粒在撒肥圆盘和离开撒肥圆盘之后的运动情况，该模型建立之后，他们通过改变模型的初始设定条件，进行多项模拟，为后来的圆盘式施肥机械做出巨大贡献。

1.2 发展状况

在进入机械化施肥时期之前，不管国内还是国外，都是人工施肥，国外很早时候就发明了一种畜拉式堆肥撒布机[4]，这是一种针对有机肥的撒布机，但是确确实实脱离了人工施肥，也是一种具有历史性意义的发明。后来随着工业的进步和经济的发展，国外的施肥机械也渐渐发展起来，化学肥料的施肥机械主要有离心圆盘式施肥机械、液体肥料施肥机械和变量施肥机械 3 种。

（1）离心圆盘式施肥机械

目前国外的施肥机械主要是离心圆盘式，该种施肥机械的工作原理是动力输出轴带动圆盘旋转，肥料颗粒经重力作用落到高速旋转的圆盘上，在圆盘叶片的带动下利用离心力的作用播撒到田间。这种机型结构简单、整机质量小、生产效率高，所以在许多欧洲国家都被广泛采用。该机型可设计为单元盘和双圆盘 2 种，双圆盘式具有更高的撒肥宽幅，这种机型比较明显的缺陷就是施肥的横向与纵向分布不均。比较有代表性的机型就是法国格力格尔 – 贝松公司生产的 DPX prima 撒肥机（图 1），它的施肥量为 3 ~ 1 000 kg/km²，其肥箱料斗最大可达 2 100 L，可以根据需要进行调整[5]。

（2）液体化肥施肥机械

国外最早发展液体施肥机械的是美国，所述液体施肥机械主要指的就是将液体化肥直接注入地下的施肥机械，美国在很早的时候就研制了液氨施肥机械，主要有液氨罐、排液分配器、液肥开沟器及操纵控制装置组成。液氨通过加液阀注入罐内。排液分配器的作用

图 1　DPX prima 撒肥机离心圆盘结构

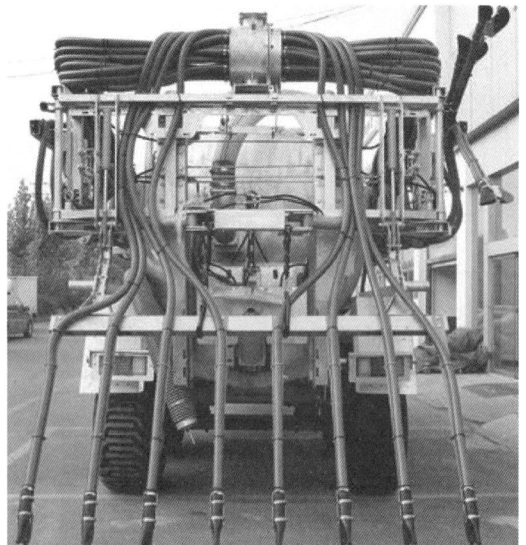

图 2　2510 L 型液体肥料施肥机

是将液氨分配并送至各个施肥开沟器。排液分配器内的液氨压力由调节阀控制[6]。这种液体肥料的施肥机械主要针对液体肥料，以拖拉机为动力，把喷洒软管并列排列，形成梳子形状的喷洒支架（亦可配置深松施肥犁头），利用真空泵将存储于罐体内的液肥直接输送到土壤中，更利于马铃薯吸收，同时施肥罐车具有输送均匀、减少肥料蒸发、保留肥力、避免弄脏农作物等特点。这种机型的主要代表就是 John Deere 公司生产的 2510 L 型液体肥料施肥机（图 2），该机展宽约为 20.1 m，肥料筒容积 9 085 L[7]。

（3）变量施肥机械

传统的施肥是在一个地块均匀施肥，由于土壤肥力之间可能存在一些差别，所以平均施肥在土壤肥力不足的地块效果较好，而在比较丰富的地块则造成了浪费，而且还会污染环境。20 世纪 80 年代以后，随着科技的进步，精准农业不断发展，施肥行业也渐渐和信息技术相结合起来，出现了变量施肥技术。3S 技术渐渐与传统农业相结合了起来，在地理信息系统（GIS）、全球卫星定位系统（GPS）和遥感技术（RS）的支持下，预先将施肥图置入施肥机械，在全球卫星定位系统的指导下，针对各个地方不同的需肥量，通过液压马达驱动排肥器，达到变量施肥的目的。这不仅节约了肥料，减少了污染，而且更加体现了智能施肥。目前在许多国家各大公司都有生产[8]。如日本的 Hatsuta 公司、美国的 AGCO 公司、John Derre 公司、Case 公司、Micro–Trak 公司、Mid–Tech 公司等等。如图 3 所示为美国 Case 公司的 Flexi-Coil 变量播种施肥机，美国的变量施肥机发展较为成熟，多由传统的施肥机具加装电子控制系统而成。目前以一种肥料的施撒为主，正在向多种肥料同时变量施撒转变。

1.3 对于国外化肥抛撒机械的展望

国外对于化肥抛撒机械的研究起步较早，不管是理论研究还是现有机型，相比于中国均已比较成熟。国外的化肥抛撒机械的研究经历了从无到有，从简单到复杂，近年来，不断朝着智能农业、精准农业发展，立足于减少农民的劳动量，改善农民的工作环境，把施肥机械朝着智能化研究；立足于国外的土地状况，把化肥抛撒机械朝着大型化发展；更加

图 3　美国 Case Flexi-Coil 变量播种施肥机

注重因地制宜施肥，大力发展变量施肥，研究变量施肥，将化肥抛撒与信息技术不断结合。已经站在了一个相对较高的地方，具有一个比较完整的发展过程，也使得他们的机械比较完备，随着5G时代的到来，对于信息技术与农机的结合更加快捷、便利，对于机械的设计、组装、调试等工序也随之更加简便化，为农机的发展也提供了更加便利的条件。我相信，未来农机将会变得更加智能化。

2 国内马铃薯化肥抛撒机械发展状况及展望

2.1 发展状况

中国施肥机械的起步较晚，始于20世纪60年代中期，随着化肥工业的发展，原有的施肥方式不能满足施肥的需要，华北、西北、东北许多地区开始出现许多犁播、耙播、施肥联合作业的机具[9]，20世纪80年代以后，基于中国的农业高度分散，出现了许多小型施肥机械，而且都不是单独的施肥机械，一般与播种机联用。近年来，国内学者对于施肥机械的研究也取得了一系列的成果。

冯金龙[10]针对液体施肥进行了一些研究，设计了一款液体施肥装置试验台，如图4所示，该试验台主要由槽钢焊接而成，抗震性良好，安装方便，工作时，由电动机带动液体泵开始工作，液体肥料由液肥箱流经出液管到达液泵，由液泵加压后，变成高压液体，经管路系统到达自控喷液系统，经过自控喷液系统，液体肥料最后通过扎穴施肥机构完成施液体肥料的工作，将液肥施入土壤中。

芦新春等[11]设计了一款宽幅高效离心式双圆盘施肥机械，如图5所示，该施肥机械的撒肥幅宽可以达到22～50 m，肥箱容量可达1 100 kg，有2个撒肥圆盘，工作时，根据抛撒量要求，通过液压调节装置控制出料口的开度，肥料靠自重通过排料口下落到撒肥

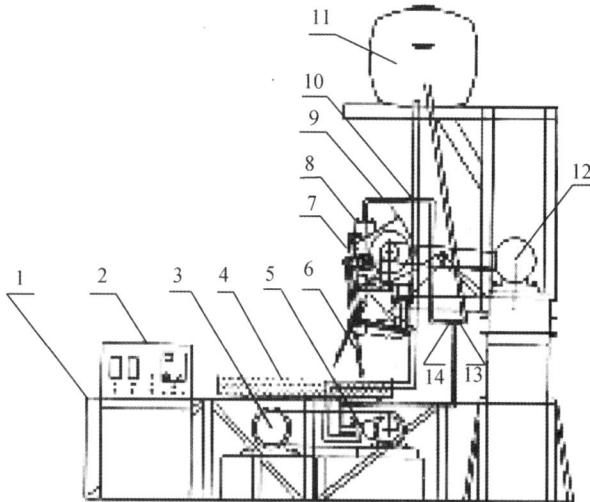

1- 试验台架；2- 变频器；3- 带动泵的电机；4- 土槽车；5- 活塞泵；6- 施肥喷针；
7- 曲柄；8- 自控喷液系统；9- 增速齿轮箱；10- 管路系统；11- 肥料箱；
12- 带动小链轮的电机；13- 回液搅拌阀；14- 总控制开关阀

图 4 液体施肥装置试验台

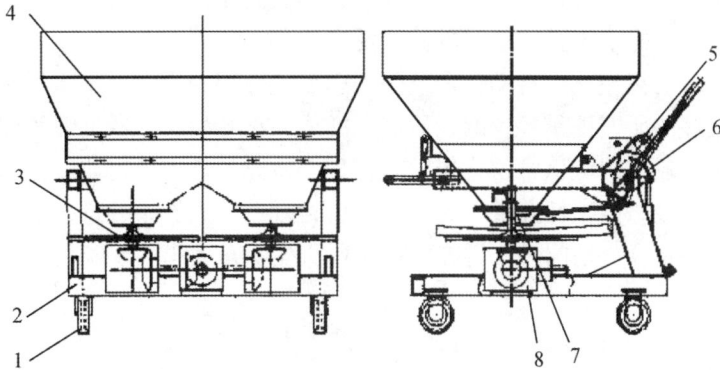

1– 脚轮；2– 机架总成；3– 撒肥盘总成；4– 肥箱；
5– 连接悬挂支架总成；6– 排肥量液压调节装置；7– 搅肥器；8– 撒肥驱动装置
图 5　宽幅高效离心式双圆盘施肥机械

盘上，拖拉机动力经万向节与传动箱传递到撒肥部件，撒肥盘以一定速度旋转，肥料颗粒在自身离心力和推料板推力的作用下向外抛撒。该机肥箱内装有搅肥器，可以打碎团聚的肥料颗粒，使肥料下落顺畅，工作性能稳定、撒肥量可控、抛撒均匀。

　　张睿等[12]针对变量抛撒机，设计了一种肥料抛撒机构，如图6所示，该机构主要由撒肥盘和拨肥叶片两部分组成，二者之间的长短配合决定了机构的抛撒施肥的均匀性，圆盘大小和拨肥叶片长短的不同可以改变肥料在圆盘上运动时间和离开圆盘时转过的角度。该撒肥圆盘设计调整角度为上下各30°，直径为500 mm，2 mm厚，设计拨肥叶片也可调节角度，对比"U"型拨肥叶片，经过试验，该抛撒机构具有良好的抛撒均匀性、稳定性。

2.2　对于国内施肥机械的展望

图 6　变量抛撒机抛撒机构

　　中国的农业高度分散，对于施肥机械的研究较晚，没有一个渐变演化的过程，致使中国的农业机械化发展畸形，机械化程度低。中国针对施肥机械的研究不少，但是尚未到达十分实用且适用的地步，理论研究不能很好地转化为生产力，导致农业机械的市场转化率比较低。中国的农业机械基本没有专门用来施肥的，一般都是联合作业机械，所以这类机械一般都比较昂贵，许多农户都承担不起，致使中国农机市场相较于国外惨淡。对于机械的设计、研制是一个比较漫长的过程，而且农机的利润比较低，所以大多数企业一般不愿意承担这种风险，阻碍了中国的施肥机械的发展。

但是化肥抛撒的机械化、自动化依然是中国农业发展的方向，不难发现，中国各高校对于化肥抛撒机械的研究还是不少的，研制出的成果也不少，这些资源利用的还不够，所以认为，企业和高校之间应该紧密合作，高校理论研究的实力无可非议，而企业对于机械的量产、调试与高校之间正好互补，如二者可以目标一致，携手并进，相信中国对于化肥抛撒机械的研制必定会赶超国外，定能实现农业机械的自动化、智能化。

[参 考 文 献]

[1] 陈小花，马德良，李继明，等.秸秆粉碎覆盖栽培对马铃薯产量及经济性状的影响 [J].中国马铃薯，2020，34(1)：31–38.

[2] 吕金庆，温信宇，杨晓涵.马铃薯播种机排种器的研究现状及展望 [C]// 屈冬玉，金黎平，陈伊里.马铃薯产业与健康消费.哈尔滨：黑龙江科学技术出版社，2019：157–162.

[3] 尚琴琴.锥盘式撒肥机关键部件的设计与试验研究 [D].哈尔滨：东北农业大学，2017.

[4] 李洁，吴明亮，汤远菊，等.有机肥施肥机械的研究现状与发展趋势 [J].湖南农业大学学报，2013，39(1)：97–100.

[5] 法国贝松公司官网.速尔齐撒肥机 [EB/OL]. http：//fgglge.nongji1688.com/sell/index.php?itemid=5391998

[6] 谢天镴.浅述液体化肥的施肥机械 [J].化工进展，1990(6)：16–18.

[7] John Deere. 2510 L liquid fertilizer applicator [EB/OL]. https：//www.deere.com/en_US/products/equipment/nutrient_application/nutrient_applicators/2510l/2510l.page.

[8] 白由路.国内外施肥机械的发展概况及需求分析 [J].中国土壤与肥料，2016(3)：1–4.

[9] 张波屏.我国施肥机械的发展概况 [J].粮油加工与食品机械，1989(5)：1–6.

[10] 冯金龙.液体施肥装置施肥机理的试验研究 [D].哈尔滨：东北农业大学，2007.

[11] 芦新春，陈书法，杨进，等.宽幅高效离心式双圆盘撒肥机设计与试验 [J].农机化研究，2015，37(8)：100–103.

[12] 张睿，王秀，马伟，等.变量施肥抛撒机撒肥机构研究 [J].农机化研究，2013，35(11)：153–155，163.

马铃薯块茎机械损伤研究现状与发展趋势

吕金庆 *，杨晓涵，温信宇

（东北农业大学工程学院，黑龙江　哈尔滨　150030）

摘　要：随着中国马铃薯种植面积的增加以及马铃薯机械化收获比例的提升，收获期块茎的机械损伤也随之增加，严重影响收获后马铃薯的储存、销售等，进而直接影响其产量和经济效益，也抑制了马铃薯在农业经济和社会发展中的重要作用。介绍国内外对马铃薯块茎机械损伤的研究近况，提出了对国内马铃薯块茎机械损伤研究趋势的展望，以期为从事马铃薯块茎机械损伤研究的人员提供参考。

关键词：马铃薯；损伤；研究现状；展望

马铃薯是一种粮菜兼用的作物，具有丰富的营养价值，在世界各地均有广泛种植。由于马铃薯主粮化具有重大战略意义，中国对马铃薯产业的重视程度不断提高，马铃薯种植面积逐年攀升，同时马铃薯收获机械化占比也逐步提高[1-3]，但收获期马铃薯块茎的机械损伤也随之增加，严重影响收获后马铃薯的贮存、销售等，进而直接影响其产量和经济效益，也抑制了马铃薯在农业经济和社会发展中的重要作用。

马铃薯损伤可分为内部损伤、破裂伤和表皮严重擦伤[4]。目前，国内外对于马铃薯机械损伤的研究主要从两个方面开展：一方面是从农业物料学方向开展，结合马铃薯生物力学特性，主要集中在马铃薯力学特性、流变特性等进行损伤分析；另一方面是基于马铃薯收获机械，主要集中在马铃薯与机械碰撞等来分析机械损伤情况。

1　马铃薯生物力学特性的研究现状

1.1　国外马铃薯生物力学特性的研究现状

国外对于马铃薯块茎机械损伤的研究起步早、方法多样。Hughes 等[5]设计了一种钟摆式便携测试装置，如图 1 所示，该装置工作时将摆针上挂有重物进行自由下落，与夹持在下部的马铃薯块茎进行碰撞，测量马铃薯在多种条件下的动态组织破坏程度即损伤程度，分析了冲击过程中的能量吸收、试样变形、不可恢复变形、块茎变形时间以及恢复原有接触点时间对组织损伤程度的影响，此装置可以被用于检测不同品种马铃薯抗损伤的敏感程度。

Alvarez 和 Canet[6]将马铃薯块茎保存在冷藏库中，并在 140 d 之内定期取样进行测量，

作者简介：吕金庆（1970—），教授，硕士生导师，主要从事马铃薯新型技术及装备方面研究。

基金项目：国家重点研发计划项目（2017YFD0700705、2016YFD0701600）；现代农业产业技术体系建设专项（CARS–09–P23）；黑龙江省马铃薯产业技术协同创新推广体系项目。

* **通信作者：**吕金庆，e - mail：ljq8888866666@163.com。

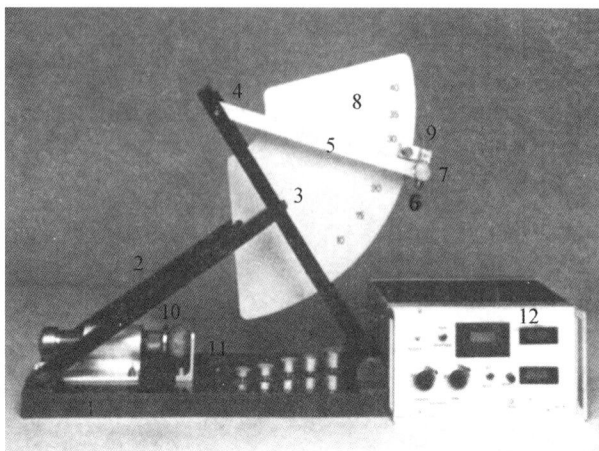

图1　钟摆式便携测试装置

确定了马铃薯单轴压缩、剪切、单轴拉伸、应力松弛、蠕变特性等参数，研究发现压缩时间、最大剪切力、纵向拉伸刚度、最大拉伸变形、应力松弛参数和含水量均受贮存时间的影响。马铃薯流变参数在不同储存时间内的变化表明在研究过程中考虑贮存时间对马铃薯流变特性影响的重要性。

Lu 和 Abbott[7] 使用一种从单次加载试验中测量马铃薯在一定频率范围内复合模量的瞬态动力学方法，对马铃薯的粘弹性进行了深入研究。试验采用 0 ~ 800 Hz 连续频率的激振力施加于试样上，得到马铃薯的复合模量及其与初始应力和振动输入的关系，随着频率的增加，马铃薯的复合模量随之增加，相位角一般随频率而减小，初始应力对复合模量的大小有显著影响，但对相位角没有影响。在频率为 200、400 和 600 Hz 的稳态正弦试验的 0.05 水平上，瞬态动态试验测得的马铃薯复合模量值没有显著差异。

国外采用多种研究方法，对马铃薯弹性模量、泊松比、黏弹性、应力松弛特性、静力学压缩特性等进行了试验研究，探究各主要因素与马铃薯生物力学特性各参数的影响关系对，为损伤机理研究提供相关的理论依据。

1.2　国内马铃薯生物力学特性的研究现状

国内学者主要通过静力学压缩性能试验、挤压力破坏性测试、应力松弛试验等研究方法，利用应力 – 变形曲线拟合、有限元模拟、高光谱成像处理等方法，主要对马铃薯力学特性、流变特性、蠕变模型、损伤的检测方法、损伤与破坏应力应变的回归关系进行探究。

东北农业大学刘春香等[8] 选用了 4 个品种的马铃薯，对每个品种 3 个不同部位的块茎组织进行了泊松比的测量研究，通过动态图像分析方法获得马铃薯试样的横向和纵向变形，得到了各品种马铃薯试样的泊松比参数值，同时研究表明，马铃薯内部不同部位的泊松比是有区别的，从心部到表皮处逐渐变大。

内蒙古农业大学郭文斌[9] 从物料生物力学特性的角度，在马铃薯压缩和应力松弛试验的基础上，对马铃薯完整块茎和切割后圆柱形试样的淀粉含量与压缩、应力松弛特性参数间的相关关系进行了分析，获得了与马铃薯淀粉含量相关性较为显著的力学特性参数，建立了回归模型。研究同时还将虚拟样机技术引入固体农业物料压缩及应力松弛特性的分析中，针对马铃薯物料的粘弹特性建立了仿真模型，模拟其压缩及应力松弛过程，并将仿真结果与试验结果进行了比较分析。

甘肃农业大学冯斌等[10]基于质点对固定面的碰撞动力学理论在自制测定装置上对马铃薯块茎碰撞恢复系数进行了试验测定，建立了马铃薯块茎在薯土分离机构和振动筛上发生碰撞时的碰撞模型，并对块茎碰撞恢复系数的主要影响因素碰撞材料、下落高度、块茎质量、含水率、跌落方向和马铃薯品种等进行了混合正交试验。试验结果表明，各因素对马铃薯块茎碰撞恢复系数的影响顺序为：碰撞材料、下落高度、块茎质量、含水率、跌落方向和马铃薯品种，其中碰撞材料、下落高度、块茎质量和含水率影响较为显著。

国内在马铃薯损伤领域的研究起步较晚，但对马铃薯生物力学特性等基础研究成果较丰硕，但仍有进一步探究的必要和空间。

2 马铃薯机械损伤的研究现状

2.1 国外马铃薯机械损伤的研究现状

国外对马铃薯机械损伤研究同样起步较早，研究成果丰富。Roger[11]利用 MSU-USDA 仪器球对 7 种不同结构的 28 种不同马铃薯收获机链节进行了试验。测量了每台收割机的链速关系、机具前进速度、链型和马铃薯跌落高度。根据平均峰值加速度和速度变化值，计算出马铃薯损伤的严重性等级，探讨了不同配置马铃薯块茎损伤的情况，结果表明初级升运链的链条速度对马铃薯冲击的影响最大，其次是链条材质和马铃薯跌落高度。

Bentini 等[12]通过分析用仪器球记录的冲击来研究收获过程中马铃薯块茎的损伤，其试验分为两个阶段，第一阶段使用仪器球记录下马铃薯在不同土壤和收获机不同工作参数下所受冲击，比较试验在马铃薯收获机前进速度和土壤含水量等参数方面存在差异，以验证这些因素与记录的影响程度之间是否存在相关性。第二阶段使用生物制品等进行试验，以确定块茎损伤，并验证用仪器球进行的测量与测量损伤之间的任何相关性。得出收获机前进速度和土壤含水率对马铃薯损伤程度的影响显著的结论，并提出在收获时降低收获机的前进速度以及预灌溉等操作以减少马铃薯在收获时的机械损伤。

Alexei 等[13]针对在马铃薯收获作业时薯土混合物分离困难，马铃薯与收获机工作部件碰撞对薯块造成损伤等问题，通过对 AVR-Spirit-6200、DewulfRA-3060 和 Bolko-S 型马铃薯收获机作业机具的受力分析，得出马铃薯块茎受力最小是由提升式犁铧引起的结论，使用数据记录球进行试验，用于评估收获时收获机工作机构对马铃薯块茎损害程度的影响，得出在从主提升机到二次分离装置的过渡过程中，马铃薯块茎在机械化收获过程中受到的影响最大。

国外对马铃薯机械损伤的研究多集中于马铃薯与收获机械不同工作部件碰撞产生冲击从而导致损伤，同时对马铃薯块茎损伤有多种评价方法，应用丰富的试验方法，其中不乏高科技试验设备的使用，例如使用数据记录球来模仿马铃薯进行试验，记录各个时段马铃薯受冲击的大小等数据。

2.2 国内马铃薯机械损伤的研究现状

国内研究马铃薯损伤虽起步较晚，但有许多学者在马铃薯机械损伤上也进行了多种研究。石河子大学郭世鲁等[14]运用三维扫描仪采集马铃薯的三维数据，运用 HyperMesh 和 ANSYS/LS–DYNA 建立了马铃薯碰撞分析模型，得到了不同跌落高度的极限碰撞应力。通过马铃薯的碰撞损伤试验，得出有限元分析损伤结果与碰撞试验结果相符的结论，说明不同高度下马铃薯与刚体碰撞有限元分析具有可行性与准确性。

西北农林科技大学卢琦[15]通过对不同高度的马铃薯进行跌落试验，分别得到不同高度下马铃薯冲击力、加速度、速度与时间，变形量与冲击力之间的变化曲线，确定了马铃薯自由跌落的安全高度为 40 cm，分析马铃薯不同跌落高度下冲击力与变形量的关系，得到冲击力最大的点不是变形最大的点，具有应力松弛特性，其变形是非弹性变形，具有一定的粘性，所受最大冲击力与高度符合线性关系，同时以此为理论依据提出了马铃薯收获机的整体设计方案，进行了三维建模及虚拟装配，对关键部件挖掘部件等进行了有限元分析。

西华大学胡奔[16]以马铃薯 – 杆条跌落损伤过程为研究对象，对影响马铃薯跌落过程的几种因素进行了分析，针对其跌落损伤机理对马铃薯 – 杆条之间的跌落过程进行了仿真及试验。同时设计了一种马铃薯防损伤装置，该装置由机架、杆条升运链、牵引悬挂装置、动力传递系统、定点导向装置、防损链装置、地轮等组成。最后通过与普通马铃薯收获装置的比较仿真及试验得出了该装置具有良好的防损伤效果。

东北农业大学吕金庆等[17]通过对马铃薯升运过程的运动学分析和马铃薯与杆条碰撞过程的能量学分析，以及对升运分离过程中损伤能量数学模型的建立，得出了影响升运过程中马铃薯机械损伤的主要因素为跌落高度、升运链线速度和升运链倾角。设计了马铃薯机械损伤试验台进行二次正交旋转组合试验，对马铃薯挖掘机进行了工作参数优化，有效减少了升运过程马铃薯损伤。

国内对马铃薯机械损伤的研究多集中于对马铃薯损伤机理的研究，多采用试验方法进行研究，但结合马铃薯收获作业中块茎损伤情况的研究较少。

3 国内马铃薯块茎机械损伤研究发展趋势

马铃薯在机械收获作业中产生损伤的原因也很多，不同地区不同土壤环境在收获作业时也会对马铃薯损伤情况产生影响，同时，不同的收获机械对应的因素也存在差异，相关研究及参数模型的建立还比较少，未来在马铃薯机械损伤与收获机械具体部件相结合，与具体工作环境相结合，与收获机械工作参数相结合等问题上还有极大的研究空间和价值。另外，马铃薯损伤检测作为研究工作的重要环节，相关研究还比较少，应在考虑方便、经济、可靠等问题的同时，加大对马铃薯损伤检测方法或设备的研究，建立科学的损伤检测综合评价体系，进一步增强各生产环节损伤模拟与检测的可控性，以便更加行之有效地探索马铃薯损伤机理、制定防止伤薯措施[18]。

4 结 语

马铃薯广泛分布于世界各地，全世界的消费者对马铃薯需求巨大。中国作为马铃薯种植面积世界第一的大国，降低其收获过程中损伤，提高马铃薯产量和质量，对提高食品安全性，推动经济发展，提高国际影响力具有重大意义。研究马铃薯块茎损伤可以实现损伤评价系统的建立，进一步完善产业体系，对提高中国马铃薯产业地位有很大推动作用[19]。中国现在在马铃薯块茎损伤领域的研究还处于起步阶段，虽然有一定的相关研究成果，但仍有大量的科研工作需要进行并有着广阔的发展前景。

[参 考 文 献]

[1]　窦青青，孙永佳，孙宜田，等 . 国内外马铃薯收获机械现状与发展 [J]. 中国农机化学报，2019，40(9)：206–210.

[2]　王公仆，蒋金琳，田艳清，等 . 马铃薯机械收获技术现状与发展趋势 [J]. 中国农机化学报，2014，35(1)：11–15，21.

[3]　杨红光，胡志超，王冰，等 . 马铃薯收获机械化技术研究进展 [J]. 中国农机化学报，2019，40(11)：27–34.

[4]　张建华 . 马铃薯块茎损伤评价技术研究及损伤变色性状的遗传分析 [D]. 北京：中国农业科学院，2008.

[5]　Hughes J C，Grant A，Prescott E H A. A portable pendulum for testing dynamic tissue failure susceptibility of potatoes [J]. Journal of Agricultural Engineering，1985，32：269-277.

[6]　Alvarez M D，Canet W. Storage time effect on the rheology of refrigerated potato tissue [J]. European Food Research Technology，2000，212(1)：48-56.

[7]　Lu R，Abbott J A. A transient method for determining dynamic viscoelastic properties of solid food [J]. Transactions of the ASAE，1996，39(4)：1461-1467.

[8]　刘春香，马小愚，雷浦 . 马铃薯块茎组织泊松比的试验研究 [J]. 农机化研究，2007，29(3)：101–103.

[9]　郭文斌 . 马铃薯压缩、应力松弛特性与淀粉含量相关性的研究 [D]. 呼和浩特：内蒙古农业大学，2009.

[10]　冯斌，孙伟，石林榕，等 . 收获期马铃薯块茎碰撞恢复系数测定与影响因素分析 [J]. 农业工程学报，2017，33(13)：50–57.

[11]　Roger C B. Impact testing of potato harvesting equipment [J]. American Potato Journal，1993，70(3)：243-256.

[12]　Bentini M，Caprara C，Martelli R. Harvesting damage to potato tubers by analysis of impacts recorded with an instrumented sphere [J]. Biosystems Engineering，2006，94(1)：75-85.

[13]　Alexei S，Alexandr A，Alexei D，*et al.* Comparative study of the force action of harvester worktools on potato tubers [J]. Research in Agricultural Engineering，2019，65(3)：85-90.

[14]　郭世鲁，王卫兵，李猛，等 . 马铃薯机械碰撞有限元分析与试验研究 [J]. 机械设计与制造工程，2016，45(1)：56–59.

[15]　卢琦 . 马铃薯损伤机理试验研究及联合收获机设计 [D]. 杨陵：西北农林科技大学，2016.

[16]　胡奔 . 马铃薯跌落损伤机理与防损伤装置研究 [D]. 成都：西华大学，2018.

[17]　吕金庆，杨晓涵，吕伊宁，等 . 马铃薯挖掘机升运分离过程块茎损伤机理分析与试验 [J]. 农业机械学报，2020，51(1)：103–113.

[18]　魏忠彩，李学强，孙传祝，等 . 马铃薯收获与清选分级机械化伤薯因素分析 [J]. 中国农业科技导报，2017，19(8)：63–70.

[19]　康璟，李涛，王蒂，等 . 马铃薯收获中机械损伤的分析与思考 [J]. 农业机械，2013(7)：137–139.

马铃薯块茎机械损伤试验台试验

吕金庆*，杨晓涵，温信宇

（东北农业大学工程学院，黑龙江 哈尔滨 150030）

摘　要：针对马铃薯挖掘机升运过程马铃薯块茎机械损伤严重问题，通过马铃薯机械损伤试验台，以损伤综合指数和伤薯率为评价指标，以跌落高度、二级升运链倾角和二级升运链线速度为试验因素进行二次正交旋转回归试验，建立各指标与因素间的回归数学模型，分析各因素对评价指标的影响规律，根据回归模型进行参数优化，当升运链线速度1.42 m/s、升运链倾角27°、跌落高度220 mm 时，损伤综合指数为0.43，伤薯率为3.6%，明显低于未经参数优化马铃薯挖掘机薯块机械损伤情况，满足马铃薯收获作业要求。

关键词：升运分离；马铃薯；试验台；机械损伤；参数优化

在收获过程中马铃薯块茎与升运分离装置碰撞造成的机械损伤也随之增加，严重影响收获后马铃薯的储存、销售等，进而直接影响其经济效益[1-6]，因此如何减少马铃薯收获过程中块茎机械损伤成为亟需解决的问题。国外对于马铃薯机械损伤的研究较早[7-9]，进行了大量的田间试验，国内学者对马铃薯损伤的研究多集中在马铃薯动态力学特性、损伤机理等方面，对收获过程中马铃薯与升运分离装置碰撞所造成的机械损伤研究较少。因此进行马铃薯挖掘机升运分离装置优化试验，以期获得马铃薯挖掘机升运装置最优的工作参数组合，为马铃薯收获机械的优化发展提供参考。

1　试验台试验

1.1　试验装置、工作原理和主要技术参数

1.1.1　试验装置

利用马铃薯机械损伤试验台进行试验，该试验台主要由一级升运装置驱动电机、一级升运装置、U 形卡、二级升运装置、二级升运装置主驱动轮轴、机架、二级升运装置驱动电机等组成，其整体结构如图 1 所示。

1.1.2　工作原理

一级升运装置通过 U 形卡连接在机架上，工作时，一级升运装置在一级升运装置驱动电机的驱动下带动马铃薯向二级升运装置方向运动，当马铃薯运动到一级升运装置末端时，薯块被抛出，掉落至二级升运装置上，二级升运装置在二级升运装置驱动电机的驱动下产

作者简介：吕金庆（1970—），男，教授，硕士生导师，主要从事马铃薯新型技术及装备方面研究。

基金项目：国家重点研发计划项目（2017YFD0700705、2016YFD0701600）；现代农业产业技术体系建设专项（CARS-09-P23）；黑龙江省马铃薯产业技术协同创新推广体系项目。

* 通信作者：吕金庆，e - mail：ljq8888866666@163.com。

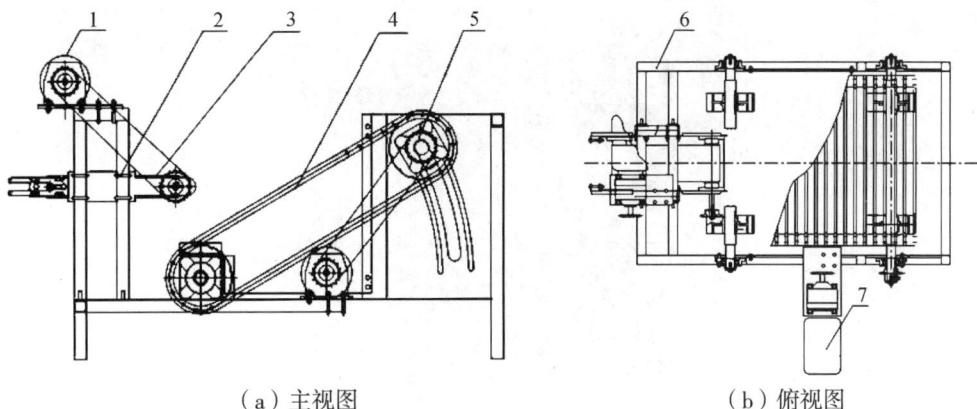

（a）主视图   （b）俯视图

1– 一级升运装置驱动电机；2–U 形卡；3– 一级升运装置；4– 二级升运装置；
5– 二级升运装置主驱动轮轴；6– 机架；7– 二级升运装置驱动电机

图 1   马铃薯机械损伤试验台整体结构图

生线速度，同时带动马铃薯做斜抛运动，马铃薯在重力的作用下落回升运链。

1.1.3   主要技术参数

马铃薯机械损伤试验台主要用于马铃薯挖掘机升运过程中马铃薯块茎机械损伤试验，其主要参数如表 1 所示。

表 1   马铃薯机械损伤试验台主要技术参数

参数	数值
长 × 宽 × 高 /（mm × mm × mm）	1 614 × 1 356 × 980
一级升运装置驱动电机功率（电压）/KW	0.75（380V）
二级升运装置驱动电机（电压）/KW	0.75（380V）
跌落高度可调整范围 / mm	20 ~ 450
升运链线速度可调整范围 /（m/s）	0 ~ 2.5
升运链倾角可调整范围 /（°）	0 ~ 35
杆条间距 / mm	33

1.2   试验材料

选择收获 3 d 之内的"尤金"为试验用种，试验所用马铃薯均无内部损伤和外部可见损伤，单颗种薯平均长、宽、厚为 83.47、62.65、55.25 mm，平均形状指数为 0.797，顶部平均曲率半径 18.53 mm，中部平均曲率半径 43.22 mm，底部平均曲率半径 19.41 mm，马铃薯质量范围为 100 ~ 400 g，平均含水率 73.2%。利用马铃薯机械损伤试验台进行试验，试验过程如图 2 所示。

1.3   评价指标与测量方法

1.3.1   评价指标

参考 SB/T 10968–2013《加工用马铃薯流通规范》，根据实际情况将薯块损伤分为内

图 2　试验过程

部损伤、破裂伤和表皮严重擦伤。试验采用变色灰度增加值、纹理裂开长度、表皮损伤面积来评价各级损伤大小。为了对单个薯块各级损伤程度进行综合评价，对以上 3 种测量结果进行权重分配，由于不同评价指标之间的量纲不同，首先需要对所有测量值进行无量纲化处理

$$X'_m = \frac{\left| X_m(k) - \overline{X_m} \right|}{\psi} \tag{1}$$

式中：$X_m(k)$——m 评价指标中第 k 个元素的原始数据

$\overline{X_m}$——同一评价指标的平均值

ψ——同一评价指标的标准差

损伤综合指数[10] 计算方法为

$$I = 0.25X'_S + 0.35X'_K + 0.4X'_L \tag{2}$$

式中：X_S'——无量纲化处理后表皮擦伤面积

X_K'——无量纲化处理后变色灰度增加值

X_L'——无量纲化处理后纹理裂开长度

伤薯率计算公式为

$$N = \frac{n_i}{n} \times 100\% \tag{3}$$

式中：N——伤薯率，%

n_i——产生损伤薯块个数

n——试验薯块总个数

以损伤综合指数和伤薯率作为马铃薯机械损伤试验评价指标。

1.3.2　测量方法

损伤综合指数计算中各数值具体采集方法如下：试验后需对损伤薯块进行初步分类和处理，将有外部损伤薯块在室温 20 ～ 26℃中静置 48 h，使用 ScanTech HSCAN331 型手持式激光三维扫描仪对外部损伤块茎进行扫描，将采集好的块茎点云数据导入到 Geomagic

StuIo 进行封装，将受损表皮圈出后使用计算工具对表皮损伤面积进行分析；将有内部损伤块茎切片，放进 –30 ℃ 冷冻 3 h 后解冻处理，使用 SONY DSC–H50 相机对变色区域进行拍照处理，在 Adobe Photoshop CS6 中计算变色灰度增加值；将产生开裂损伤的薯块沿裂缝滴入黑色墨水后切开，使用精度为 0.02 mm 的游标卡尺对裂缝深度进行测量；将以上所测得值根据公式（2）换算为损伤综合指数。测量过程如图 3 所示。

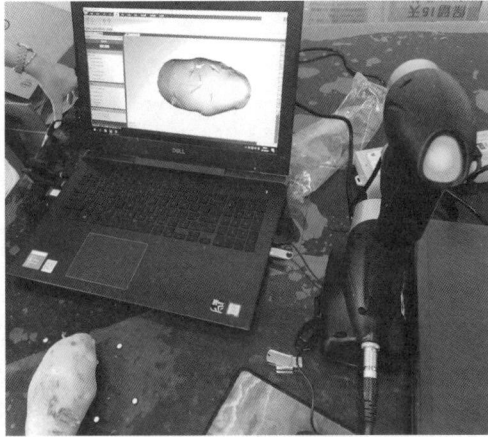

图 3　测量过程

2　试验方案与结果分析

2.1　试验方案与结果

采用二次旋转正交组合试验设计方法安排试验，以跌落高度 200 ~ 400 mm、二级升运链线速度 1.0 ~ 2.2 m/s 和二级升运链倾角 16° ~ 30° 为试验因素；以损伤综合指数和伤薯率为试验指标。试验时，可通过调节一级升运装置在机架上的安装高度来调节马铃薯跌落至升运链的跌落高度；通过调节升运链驱动电机的转速能够调节升运链线速度；通过调节升运链主驱动轮轴在机架上的安装位置调节升运链倾角。通过试验结果对影响试验指标的因素进行显著性分析，根据实际需求及前文中的参数范围，对各参数组合进行优化，最终获得较合适的各因素组合。试验因素编码如表 2 所示，试验方案及结果如表 3 所示。

表 2　试验因素编码表

编码	试验因素		
	跌落高度 x_1（mm）	二级升运链线速度 x_2（m/s）	二级升运链倾角 x_3（°）
+1.682	400.0	2.2	30.0
+1	359.5	2.0	27.2
0	300.0	1.6	23.0
–1	240.5	1.2	18.8
–1.682	200.0	1.0	16.0

表 3　试验方案与结果

序号	试验因素			损伤综合指数	伤薯率
	x_1（mm）	x_2（m/s）	x_3（°）	I	N
1	240.5	18.8	1.2	0.55	3.7
2	359.5	18.8	1.2	0.8	6.8
3	240.5	27.2	1.2	0.26	2.6
4	359.5	27.2	1.2	0.8	4.7
5	240.5	18.8	2.0	0.65	4.7
6	359.5	18.8	2.0	1.10	7.4
7	240.5	27.2	2.0	0.60	4.3
8	359.5	27.2	2.0	1.23	9.3
9	200.0	23.0	1.6	0.39	2.9
10	400.0	23.0	1.6	1.20	8.0
11	300.0	16.0	1.6	0.95	7.1
12	300.0	30.0	1.6	0.70	5.3
13	300.0	23.0	1.0	0.53	3.9
14	300.0	23.0	2.2	0.84	6.3
15	300.0	23.0	1.6	0.99	7.5
16	300.0	23.0	1.6	1.02	7.7
17	300.0	23.0	1.6	1.10	8.3
18	300.0	23.0	1.6	0.88	6.6
19	300.0	23.0	1.6	0.97	7.3
20	300.0	23.0	1.6	0.90	6.8
21	300.0	23.0	1.6	1.01	7.5
22	300.0	23.0	1.6	0.94	7.0
23	300.0	23.0	1.6	1.06	7.9

2.2　试验结果分析

利用 Design-Expert 8.0.6 软件对试验的结果进行二次回归分析，同时进行多元回归拟合[11,12]，得到损伤综合指数 I 和伤薯率 N 回归方程，并进行显著性检验。

（1）损伤综合指数 I 回归模型的建立与显著性分析

通过对试验数据的分析和拟合，损伤综合指数 I 方差分析如表 4 所示。由表 4 可知，对于试验指标损伤综合指数 I，因素和因素间的交互作用影响的主次顺序是 x_1、x_3、x_3^2、x_1^2、x_2^2、x_2、x_1x_2、x_2x_3、x_1x_3；其中 x_1、x_3、x_1^2、x_2^2、x_3^2 对损伤综合指数 I 的影响极显著（$P < 0.01$）；x_2、x_1x_2 对损伤综合指数 I 的影响显著（$0.01 < P < 0.05$）；x_2x_3 对损伤综合指数 I 的影响较显著（$0.05 < P < 0.1$）；其余因素对试验指标损伤指综合指数 I 的影响不显著（$P > 0.1$）。

其中不显著的交互作用项的回归平方及自由度并入残差项，再次进行方差分析，结果如表 4 所示。得到各因素对损伤综合指数 I 影响的回归方程

$$Y_1 = -3.02506 + 0.010214x_1 + 0.025924x_2 + 1.82825x_3 + 0.000235094x_1x_2$$
$$+ 0.027530x_2x_3 - 0.0000194054x_1^2 - 0.00329328x_2^2 - 0.67244x_3^2 \qquad (4)$$

对上述回归方程进行失拟检验，结果如表 4 所示，失拟项 $P = 0.5059$，不显著（$P > 0.1$），证明不存在其他影响试验指标的主要因素。试验指标和试验因素存在显著的二次关系，分析结果合理。

（2）伤薯率 N 回归方程的建立与显著性检验

通过对试验数据的分析和多元回归拟合，试验指标伤薯率 N 方差分析如表 5 所示。由表 5 可知，对于试验指标伤薯率 N，因素影响的主次顺序是 x_1、x_3、x_3^2、x_1^2、x_2^2、x_2x_3、x_2、x_1x_3、x_1x_2，x_1、x_3、x_2x_3、x_1^2、x_2^2、x_3^2 对伤薯率 N 的影响极显著（$P < 0.01$）；x_2 对伤薯率 N 的影响较显著（$0.01 < P < 0.05$）；其余因素对试验指标伤薯率 N 的影响不显著（$P > 0.1$）。将不显著的交互作用项的回归平方和及自由度并入残差项，而后再进行方差分析，结果如表 5 所示。得到各因素对伤薯率 N 影响的回归方程

$$Y_1 = -33.80309 + 0.14938x_1 + 0.48609x_2 + 10.76329x_3$$
$$+ 0.37946x_2x_3 - 0.000203001x_1^2 - 0.025709x_2^2 - 5.37560x_3^2 \qquad (5)$$

对上述回归方程进行失拟性检验，如表 5 所示，其中 $P = 0.3150$，不显著（$P > 0.1$），证明不存在其他影响指标的主要因素，试验指标和试验因素存在显著的二次关系，分析结果合理。

表 4　损伤综合指数 I 方差分析

变异来源	平方和	自由度	均方	F	P
模型	1.37/1.36	9/8	0.15/0.17	32.71/33.50	<0.0001***/<0.0001***
x_1	0.76/0.76	1/1	0.76/0.76	164.70/151.07	<0.0001***/<0.0001***
x_2	0.029/0.029	1/1	0.029/0.029	6.27/5.75	0.0264**/0.0310**
x_3	0.21/0.21	1/1	0.21/0.21	45.10/41.36	<0.0001***/<0.0001***
x_1x_2	0.028/0.028	1/1	0.028/0.028	5.94/5.45	0.0299**/0.0349**
x_1x_3	0.011	1	0.011	2.26	0.1564
x_2x_3	0.017/0.017	1/1	0.017/0.017	3.68/3.38	0.0772*/0.0873*
x_{12}	0.075/0.075	1/1	0.075/0.075	16.15/14.81	0.0015***/0.0018***
x_{22}	0.054/0.054	1/1	0.054/0.054	11.54/10.59	0.0048***/0.0058***
x_{32}	0.18/0.18	1/1	0.18/0.18	39.60/36.32	0.0001***/<0.0001***
残差	0.060/0.071	13/14	0.004645/0.005064		
失拟差	0.019/0.030	5/6	0.003832/0.004946	0.74/0.96	0.6124/0.5059
总和	1.43/1.43	22/22			

注：　"/" 后数字为剔除不显著因素后损伤综合指数方差分析结果；*** 表示极显著（$P < 0.01$）；** 表示显著（$0.01 < P < 0.05$）；* 表示较显著（$0.05 < P < 0.1$），下同。

表 5 伤薯率 N 方差分析

变异来源	平方和	自由度	均方	F	P
模型	77.29/76.35	9/7	8.559/10.91	24.37/29.62	<0.0001***/<0.0001***
x_1	36.78/36.78	1/1	36.78/36.78	104.37/99.88	<0.0001***/<0.0001***
x_2	1.92/1.92	1/1	1.92/1.92	5.46/5.23	0.0361**/0.0372**
x_3	11.45/11.45	1/1	11.45/11.45	32.49/31.09	<0.0001***/<0.0001***
$x_1 x_2$	0.28	1	0.28	0.80	0.3879
$x_1 x_3$	0.66	1	0.66	1.88	0.1940
$x_2 x_3$	3.25/3.25	1/1	3.25/3.25	9.22/8.83	0.0095***/0.0095***
x_{12}	8.21/8.21	1/1	8.21/8.21	23.29/22.28	0.0003***/0.0003***
x_{22}	3.27/3.27	1/1	3.27/3.27	9.27/8.87	0.0094***/0.0094***
x_{32}	11.75/11.75	1/1	11.75/11.75	33.35/31.92	<0.0001***/<0.0001***
残差	4.58/5.52	13/15	0.35/0.37		
失拟差	2.12/3.06	5/7	0.42/0.44	1.38/1.42	0.3268/0.3150
总和	81.87/81.87	22/22			

2.3 响应曲面分析

通过 Design-Expert 8.0.6 软件对数据的处理,得出跌落高度 x_1、二级升运链倾角 x_2、二级升运链线速度 x_3 之间的显著和较显著交互作用对损伤综合指数 I、伤薯率 N 两个试验指标影响的响应曲面,如图 4 所示。

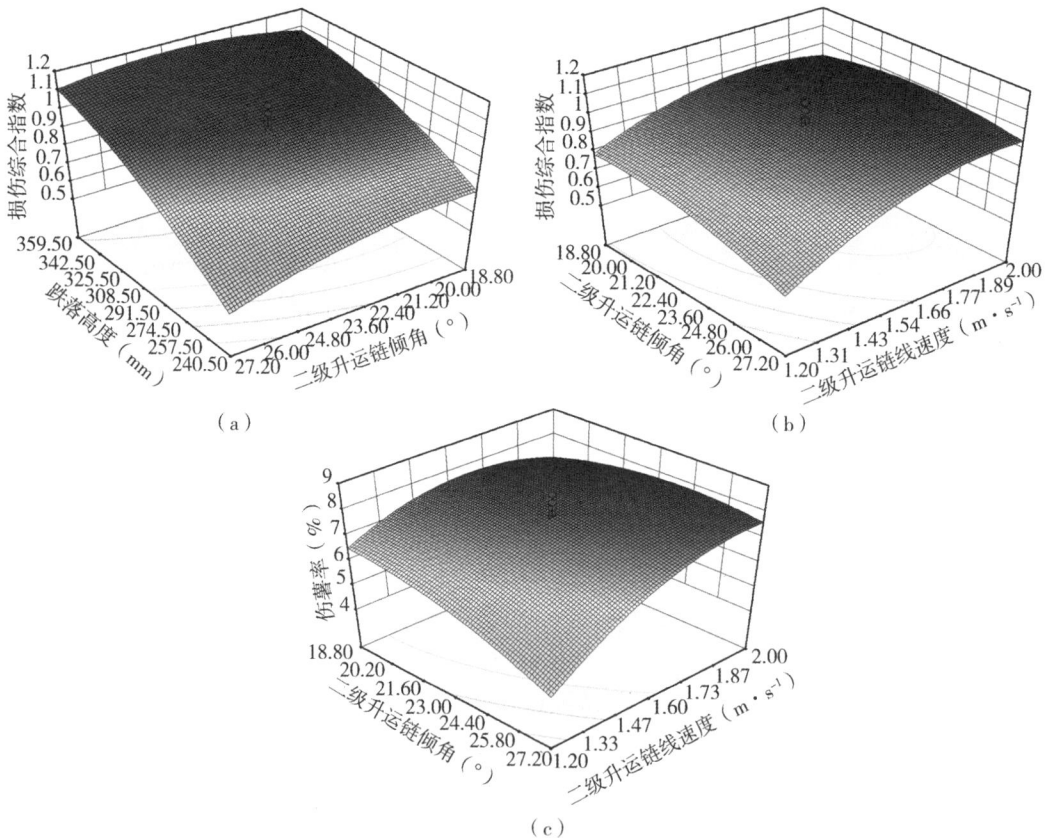

(a)

(b)

(c)

图 4 损伤综合指数和伤薯率的双因素响应曲面

如图 4a 所示，跌落高度一定时，损伤综合指数随着二级升运链倾角的增加呈逐渐减小趋势，最优的二级升运链倾角范围为 21.6° ~ 27.2°；当二级升运链倾角一定时，损伤综合指数与跌落高度成正相关，最优的跌落高度在 240.5 ~ 302.6 mm 范围内，其中，跌落高度是影响损伤综合指数的主要试验因素。

如图 4b 所示，当二级升运链倾角一定时，损伤综合指数整体上随着二级升运链线速度的增加呈现逐渐增加趋势，最优的二级升运链线速度范围为 1.2 ~ 1.6 m/s；当二级升运链线速度一定时，损伤综合指数整体上与二级升运链倾角成负相关，最佳的二级升运链倾角范围为 22.4° ~ 27.2°，其中，二级升运链线速度是影响损伤综合指数的主要试验因素。

如图 4c 所示，当二级升运链倾角一定时，伤薯率整体上随着二级升运链线速度的增加呈现逐渐增加趋势，最优的二级升运链线速度范围为 1.2 ~ 1.5 m/s；当二级升运链线速度一定时，伤薯率整体上与二级升运链倾角成负相关，最佳的二级升运链倾角范围为 23.3° ~ 27.2°，其中，二级升运链线速度是影响伤薯率的主要试验因素。

2.4 参数优化

通过对图 4 中 3 个响应曲面的分析，得到最佳的试验因素水平组合，利用 Design-Expert 8.0.6 软件中的优化模块对 3 个回归模型进行求解，根据马铃薯挖掘机收获作业的实际工作条件、作业性能要求及上述相关模型分析结果，选择优化约束条件为

$$
s.t. \begin{cases} \min Y_1(x_1, x_2, x_3) \\ \min Y_2(x_1, x_2, x_3) \\ \begin{cases} 240.5\,\text{mm} \le x_1 \le 302.6\,\text{mm} \\ 1.2\,\text{m/s} \le x_2 \le 1.5\,\text{m/s} \\ 23.3° \le x_3 \le 27.2° \end{cases} \end{cases} \tag{6}
$$

通过优化求解，得到跌落高度为 240.5 ~ 302.6 mm，二级升运链线速度为 1.2 ~ 1.5 m/s，二级升运链倾角为 23.3° ~ 27.2° 时，升运分离装置导致马铃薯机械损伤最小，损伤综合指数为 0.23 ~ 0.52，伤薯率为 2.6% ~ 4.2%。

3 田间验证试验

田间验证试验的测试方法与正交试验相同，比较经过优化调节参数后的损伤综合指数和伤薯率与未经优化调节参数的损伤综合指数和伤薯率之间的差异，进而验证参数优化后升运链式马铃薯挖掘机升运分离装置的减损效果。

分别以传统马铃薯挖掘机升运分离装置的作业参数：升运链线速度 1.6 m/s、升运链倾角 18°、跌落高度 260 mm，优化后马铃薯挖掘机升运分离装置的作业参数：升运链线速度 1.42 m/s、升运链倾角 27°、跌落高度 220 mm 进行试验。试验过程如图 5 所示，对试验结果进行分析统计，试验结果为马铃薯挖掘机采用传统升运链参数工作时，薯块损伤综合指数为 1.06、伤薯率为 7.3%；马铃薯挖掘机采用优化升运链参数工作时，薯块损伤综合指数为 0.43、伤薯率为 3.6%。

田间试验中薯块有土壤包裹，对薯块在一定程度上起到保护作用，升运分离过程中薯块损伤情况应少于试验台试验薯块损伤情况，田间试验结果会与试验台试验结果存在一定

图5　田间验证试验过程

误差。田间试验区土壤为沙质土壤，在一级升运链上土壤与薯块基本分离完成，故薯块在二级升运分离装置上的损伤情况与试验台试验薯块损伤情况基本一致。

优化后的马铃薯挖掘机作业参数下的马铃薯升运过程块茎机械损伤情况明显低于传统马铃薯挖掘机作业参数下的马铃薯升运过程块茎机械损伤情况。验证试验表明相关优化组合合理，按优化参数调节后的马铃薯挖掘机升运分离装置可有效降低马铃薯升运过程中机械损伤情况。

4　结　论

进行马铃薯机械损伤试验台试验，建立了各试验指标与影响因素间的回归数学模型，并根据回归模型进行参数优化，试验结果表明：当升运链线速度为 1.42 m/s，升运链倾角为 27°、跌落高度为 220 mm 时，损伤综合指数为 0.43，伤薯率为 3.6%，明显低于未经参数优化马铃薯挖掘机薯块机械损伤情况，满足马铃薯收获作业要求。

[参 考 文 献]

[1]　吕金庆，田忠恩，杨颖，等 . 马铃薯机械发展现状、存在问题及发展趋势 [J]. 农机化研究，2015，37(12)：258–263.
[2]　王公仆，蒋金琳，田艳清，等 . 马铃薯机械收获技术现状与发展趋势 [J]. 中国农机化学报，2014，35(1)：11–15.
[3]　史明明，魏宏安，刘星，等 . 国内外马铃薯收获机械发展现状 [J]. 农机化研究，2013，35(10)：213–218.
[4]　康璟，李涛，王蒂，等 . 马铃薯收获中机械损伤的分析与思考 [J]. 农业机械，2013(10)：137–139.
[5]　吕金庆，王鹏榕，刘志峰，等 . 马铃薯收获机薯秧分离装置设计与试验 [J]. 农业机械学报，2019，50(6)：100–109.
[6]　吕金庆，孙贺，兑瀚，等 . 粘重土壤下马铃薯挖掘机分离输送装置改进设计与试验 [J]. 农业机械学报，2017，48(11)：146–155.
[7]　Alvarez M D，Canet W. Storage time effect on the rheology of refrigerated potato tissue [J]. European Food Research Technology，2000，212(1)：48-56.
[8]　Scanlon M G，Long A E. Fracture strengths of potato tissue under compression and tension at two rates of loading [J]. Food Research International，1995，28(4)：397-402.
[9]　Peters R. Damage of potato tubers，a review [J]. Potato Research，1996，39：479-484.
[10]　冯斌 . 收获期马铃薯块茎物理特性及损伤机理研究 [D]. 兰州：甘肃农业大学，2018.
[11]　何为，薛卫东，唐斌 . 优化试验设计方法与数据处理 [M]. 北京：化学工业出版社，2012.
[12]　葛宜元，梁秋艳，王桂莲 . 试验设计方法与 Design–Expert 软件应用 [M]. 哈尔滨：哈尔滨工业大学出版社，2015.

马铃薯切种机械的研究现状与发展趋势

吕金庆 *，杨晓涵，温信宇

（东北农业大学工程学院，黑龙江　哈尔滨　150030）

摘　要：马铃薯是块茎繁殖作物，在播种前对种薯进行切块处理，能够促进块茎内外氧气的交换，打破种薯休眠，种薯可提前发芽出苗，同时，对种薯切块处理可节约种薯，降低生产成本，是提高种植马铃薯经济效益的重要保证措施。中国对马铃薯切种机械的研究处于起步阶段，通过介绍国内外对马铃薯切种机械的研究近况，和对其发展趋势的展望，以期对马铃薯切种机械研究人员提供参考。

关键词：马铃薯；切种机械；机械化；发展；展望

目前，马铃薯已经成为继小麦、玉米、水稻之后第四大主粮作物，其种植面积稳定在每年 533 多万 hm^2，位列全球第一，预计到 2020 年，马铃薯种植面积将扩大到 667 万 hm^2 以上。但马铃薯单产水平在全世界仅排名第 93 位，人均食用马铃薯数量只有西方国家的 1/5。其主要原因是种薯落后、品质不高。因此，推进马铃薯主粮化开发，必须要过良种关。

马铃薯是块茎繁殖作物，在播种前对种薯进行切块处理，能够促进块茎内外氧气的交换，打破种薯休眠，种薯可提前发芽出苗，同时，对种薯切块处理可节约种薯，降低生产成本，提高种植马铃薯的经济效益[1-4]。

1　国外马铃薯切种机械发展现状

国外对于马铃薯切种机械的研究较早，早在 1957 年，国外已经展开马铃薯切种机械相关研究，美国 Eskel Peterson 通过努力和试验，研制出了世界上第一台马铃薯种薯切块机，这大大的提高了当时的马铃薯切种效率，节约了大量人力物力。经过多年的发展，国外在马铃薯切种机械上取得了很大的进步，机具的通用性，工作效率等大大提高，相关代表性公司有：比利时 DEWULF 公司、法国 DOWNS 公司、美国 All Star Manufacturing & Design LLC 公司等。

20 世纪 70 年代，前苏联东北农业科学研究所试制成功一款马铃薯种薯自动切块机，该机成功投入生产实践，开启了马铃薯切种工作机械化进程。其结构如图 1 所示，该机主要切割部件为旋转圆盘刀，马铃薯种薯落入料斗后，料斗引导种薯落入滚筒槽中，圆盘刀对着滚筒槽安装，滚筒槽带动种薯向着旋转的圆盘刀运动，被切开的薯块落入到水平的传

作者简介：吕金庆（1970—），教授，主要从事马铃薯新型技术及装备方面研究。

基金项目：国家重点研发计划项目（2017YFD0700705、2016YFD0701600）；现代农业产业技术体系建设专项（CARS–09–P23）；黑龙江省马铃薯产业技术协同创新推广体系项目。

* 通信作者：吕金庆，e－mail：ljq8888866666@163.com。

送带上，在传送的过程中用消毒液和营养液对薯块进行处理。其结构简单，极大地提高了切种效率[5]。

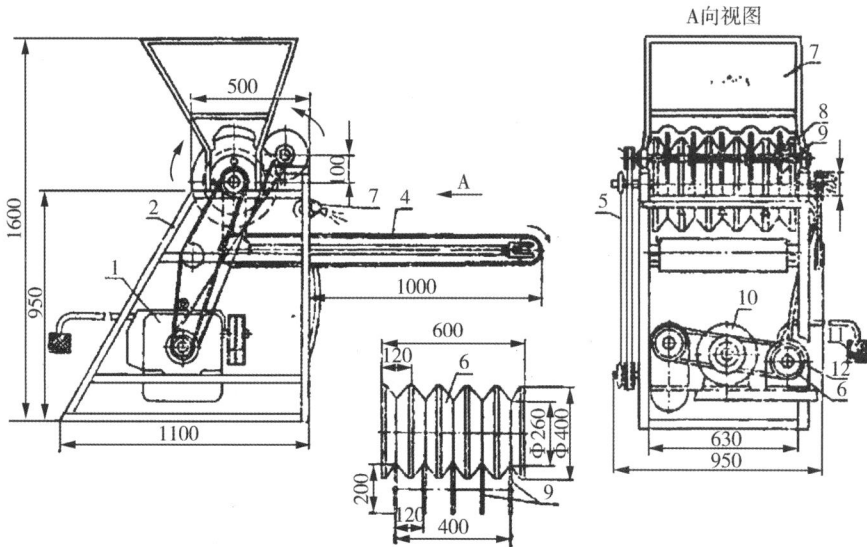

1– 蜗轮蜗杆减速；2– 机架；3– 喷管；4– 带式输送器；5– 链条；
6– 三角皮带；7– 薯箱；8– 滚筒；9– 切刀；10– 电动机；11– 滤清器；12– 齿轮泵
图 1　前苏联马铃薯种薯切块机

　　比利时 DEWULF 公司生产的 PGS 型种薯切割机，如图 2 所示，锋利的刀具由不锈钢制成，且在工作过程中不断对刀具进行消毒，确保切割表面光滑无菌。同时为防止切割表面变干，可以使用集成的粉末涂抹器涂抹粉末。通过辊子的圆锥形状实现马铃薯在四排辊子中的正确定位。且供应输送机的可变速度确保了最佳的切割效果和可切容量，功能全面，切种效率高[6]。

　　法国 DOWNS 公司生产的热刀马铃薯种薯切割机如图 3 所示，该机用于无毒切割种薯，由于刀具加热至 350°，热量消除了病原体，种薯没有细菌，并保证灭菌后种薯出芽率较高。耐高温的锥形滚筒确保种薯位于加热刀前方的正确位置，该热刀马铃薯种薯切割机可以达到 7 t/h 的工作量，可节省大量时间和控制成本。

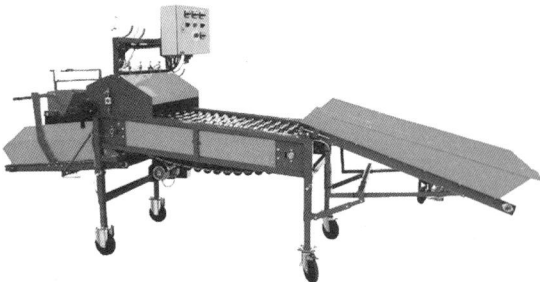

图 2　PGS 型种薯切割机

图 3　热刀马铃薯种薯切割机

美国 All Star Manufacturing & Design LLC 公司生产的 4603 型马铃薯种薯切割机，如图 4 所示，配备快速翻转滑槽、正向分流器和快速调整尺寸系统，可根据不同种薯尺寸将种薯切割成两块或者三块，可切割种薯类型较全面，通用性高，但机器体积较大，造价也较昂贵。

图 4   4603 型马铃薯种薯切割机

2   国内马铃薯切种机械发展现状

目前，中国对于马铃薯自动化切种领域的研究尚处于起步阶段，但关于种薯自动切块领域的研究已引起了很多人的关注。

山东理工大学郭志东[7]发明了一种马铃薯自动切种机，如图 5 所示，种薯由圆锥台辊子调节种薯重心位置，使其重心在圆锥台辊子中心线上，同时进行整列定位，最终运动到转动的切刀位置完成切块，同时该切块机配有自动称重传感器，能够将采集到的数据传送到自动测控装置，控制系统根据切块重量允许误差范围，调整步进电机的切块角度。该机可以小范围控制所切薯块的质量，通用性高。

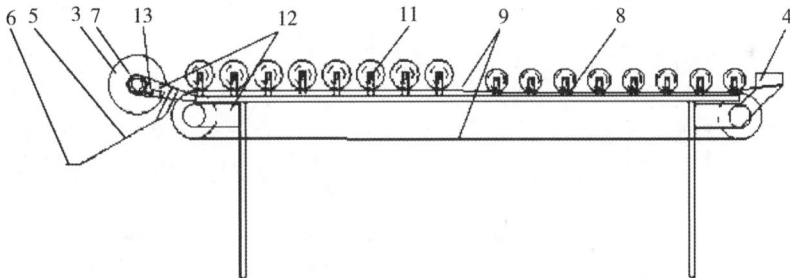

（a）主视图

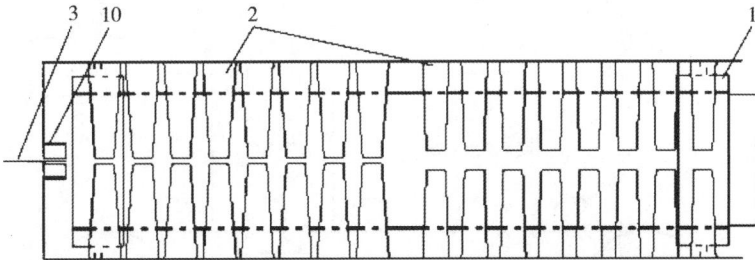

（b）俯视图

1- 滚筒电机；2- 圆锥台辊子；3- 切刀；4- 进料斗；5- 落料导板；6- 自动称重传感器；
7- 步进电机；8- 机架；9- 皮带；10- 托板；11- 侧立板；12- 联板；13- 自动测控装置
图 5   山东理工大学种薯切块机

周树林[8]发明了舀勺定刀式马铃薯切种机，如图6所示。该切种机的切块装置由舀勺和固定切刀组成，舀勺底部设置有3种镂空的切口，分别是"1"字形、"Y"字形和"十"字形，与之相对应的切刀如图6所示。固定切刀一端固定在切种机架上，刀刃迎着舀勺的运动方向。这款切种机可根据不同大小种薯进行薯块的质量控制，并且结构简单，切块效率也较高，但是在工作之前需要先完成种薯分级。

内蒙古大学张国强[9]对马铃薯自动化切种进行了研究，并设计了一种智能控制切块机，如图7所示。切块机的自动控制系统包括主控制器、步进电机驱动单元、直流电机驱动单元、传感器检测单元、喷药单元、键盘及显示单元6个组成部分。在切种的同时可对刀具进行消毒处理，减少薯块被细菌感染，该切种机智能化程度高，操作较为方便，但不能实时控制薯块重量。

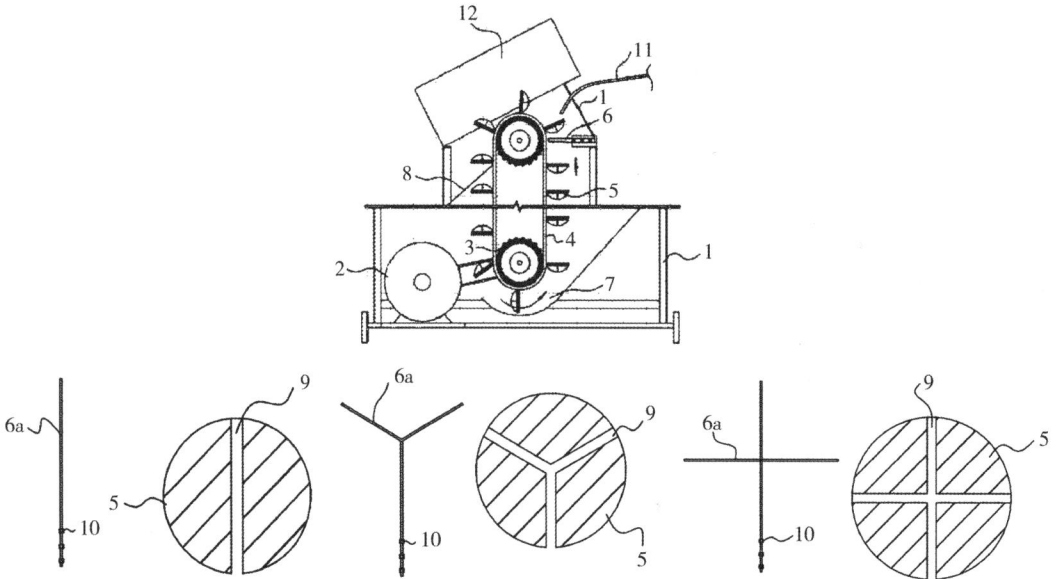

1- 机箱；2- 驱动装置；3- 链轮；4- 链条；5- 舀勺；6- 固定切刀；6a- 片状结构；
7- 进料口；8- 斜面出料板；9- 切口；10- 固定座；11- 滴液管；12- 顶盖

图6 舀勺定刀式马铃薯切种机

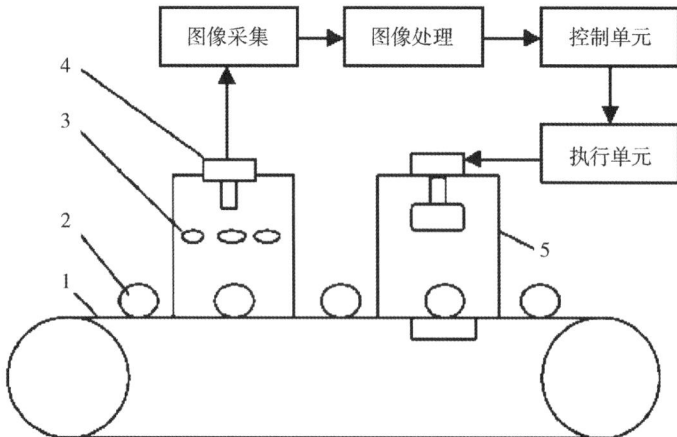

1- 皮带输送机；2- 种薯；3- 环形光源；4-CCD 摄像机；5- 切削装置

图7 智能控制切种机简图

3 总 结

随着中国农业机械自动化的发展，传统切块方法已不能满足现代化的种薯切块的需求。马铃薯种薯自动切块机的研究对实现马铃薯种薯切块的自动化有重要意义。国外对马铃薯切种机械的研究起步早，比较深入，目前正朝着大型集成化和智能化的发向发展。目前，国内在马铃薯种薯产业方面的研究主要集中在培育优质种薯和马铃薯深加工这两方面，而对马铃薯种薯自动切块领域的研究尚处于起步阶段[10]，相关研究成果较少，没有相关设备投放市场，亟需加大对马铃薯切种机械的研制，提高马铃薯种植机械化程度。

[参 考 文 献]

[1]　吕金庆，田忠恩，杨颖等．马铃薯机械发展现状、存在问题及发展趋势 [J]. 农机化研究，2015，37(12)：258–263.
[2]　宋言明，王芬娥，等．国内外马铃薯机械的发展概况 [J]. 农机化研究，2008，30(9)：224–227.
[3]　张福胜，周风林．马铃薯种植、收获机械质量状况分析 [J]. 农村牧区机械化，2007(4)：44–45.
[4]　张勋．马铃薯生产机械化与产业发展战略 [J]. 农机化研究，2008，30(1)：1–6.
[5]　脱宝珍．马铃薯种薯切块机 [J]. 粮油加工与食品机械，1977(3)：46.
[6]　比利时 DEWULF 官网．Enjoy growing with Dewulf[EB/OL]. https://www.dewulfgroup.com.
[7]　郭志东．马铃薯种薯自动切块机：中国，CN2013102160068[P]. 2013–09–11.
[8]　周树林．舀勺定刀式马铃薯种薯切块机：中国，CN2015101801213[P]. 2015–08–12.
[9]　张国强．马铃薯种薯自动切块机的研究与设计 [D]. 呼和浩特：内蒙古大学，2016.
[10]　田海韬，赵军．一种基于机器视觉的种薯自动化切种决策机制 [J]. 计算机仿真，2018，35(8)：175–178，392.

马铃薯杀秧机的研究现状和发展趋势

吕金庆[*]，杜长霖，孙玉凯，刘齐卉

（东北农业大学工程学院，黑龙江 哈尔滨 150030）

摘　要：马铃薯杀秧作业是马铃薯收获前重要的农艺环节，杀秧质量的高低对马铃薯收获时的机械损伤以及马铃薯的品质都有直接影响，杀秧方式有机械杀秧、农药杀秧、自然霜冻杀秧，其中机械杀秧应用最为广泛，杀秧效率以及杀秧效果都比较显著，目前已成为主要的杀秧方式。介绍杀秧的农艺要求以及国内外杀秧机的研究现状，通过对比分析指明了现阶段杀秧机的特点和不足之处，并阐述了未来几年杀秧机的发展趋势。

关键词：马铃薯；杀秧机；现状；发展趋势

马铃薯是全球重要的食品加工作物，在一些西方国家，马铃薯已成为其主要的食品，受到大众的喜爱，据统计全球马铃薯种植面积达到 2 000 万 hm²，年总产量在 4 亿 t 左右。中国是世界上最大的马铃薯生产国，种植面积达 600 万 hm²，年产量突破 1 亿 t，占到全球总产量的 1/4，根据农业部规划，在马铃薯主粮化进程的推动下，2020 年中国马铃薯总产量将达到 1.3 亿 t[1]。马铃薯的生产环节主要包括整地、播种、施肥、中耕、收获等，其中收获过程耗费的劳动力最大，杀秧作业是马铃薯收获前的准备工作，目的是去除薯秧，加速马铃薯表皮硬化，减少收获时的马铃薯损伤，若不采取杀秧作业，在收获时薯秧容易造成输送装置堵塞，增大输送装置的行进阻力。中国马铃薯杀秧机械起步较晚，发展较慢，应用范围较窄，而国外发达国家的马铃薯生产已普遍采用机械式杀秧，例如美国、荷兰、法国等，其技术较为先进，已经积累了相当的经验，当前，应当积极学习国外的先进技术，掌握作业机械的结构特点，并吸收转化利用，运用到适合中国种植作业的杀秧机研制中，从而推动中国马铃薯机械化作业进程[2,3]。

1　马铃薯杀秧的方式和农艺要求

在中国，不同地区的马铃薯种植方式有所不同，主要分为 3 种：露地与地膜覆盖、宽垄与窄垄、起垄种植和平作，其中大多数地区采用起垄加地膜覆盖的种植模式，这种种植模式可以提高地温，保水保墒，有利于马铃薯对水肥的吸收利用，能够有效促进马铃薯生根发芽，增强马铃薯成活率，实现增产增收[4,5]。

作者简介：吕金庆（1970—），男，教授，主要从事马铃薯新型技术及装备方面研究。

基金项目：国家重点研发计划项目（2017YFD0700705、2016YFD0701600）；现代农业产业技术体系建设专项（CARS-09-P23）；黑龙江省马铃薯产业技术协同创新推广体系项目。

*通信作者：吕金庆，e-mail：ljq8888866666@163.com。

1.1 马铃薯杀秧方式及其优缺点

马铃薯杀秧方式也分为 3 种，分别为机械杀秧、农药杀秧、自然霜冻杀秧。自然霜冻杀秧成本低，无须进行杀秧作业，节省了人力物力，但这种杀秧方式取决于自然天气，时节波动不稳定，且极容易错过市场最高价，错过收获的最佳时机，这种方式适合于人工作业的小规模种植。农药杀秧的优点是作业效率高，杀秧效果好，漏杀的情况少，但农药残留在薯秧上，一部分会被马铃薯吸收，在一定程度上影响食品安全，且喷药后的薯秧在地里不易腐烂，影响来年播种。目前采用最广泛的是机械杀秧，既可以保证不延误收获农时，有效避免了农药的影响，但机械杀秧存才漏杀的情况，因此中国现有的杀秧机多为仿垄型设计。

1.2 马铃薯杀秧的农艺要求

马铃薯杀秧时间应在收获前 4 ~ 10 d，具体时间应结合气候天气决定，马铃薯杀秧机在杀秧作业时，要达到作业的性能指标，即打碎长度 ≤ 150 mm，打碎长度合格率 ≥ 80%，留秧高度 ≤ 150 mm，其中打碎长度合格率按照如下公式计算：

$$D_h = \frac{m_z - m_b}{m_z} \times 100\%$$

式中：D_h——秧杆打碎长度合格率（%）；

m_z——测点秧杆总质量，单位千克（kg）；

m_b——测点内打碎长度大于 150 mm 的秧杆质量，单位千克（kg）。

2 国外马铃薯杀秧机

2.1 国外马铃薯杀秧机研究现状及特点

国外马铃薯杀秧机发展起步较早，至今已有较为成熟的作业技术，比较先进的有德国 GRIMME、美国 Reekie 公司、荷兰 APH 公司和比利时 AVR 公司，其相关的配套设施完备，形成了较为完整的作业体系，发展出了不同系列不同型号的杀秧机，且机械作业稳定，杀秧效率较高[6]。

德国 GRIMME 公司是世界上最大的马铃薯机械制造商之一，代表了世界先进技术水平，图 1 为其旗下 KS5400 型马铃薯杀秧机，该机械适用于行宽 75 或 80 cm 的垄作栽培，一次能完成 6 行杀秧作业，该机械采用两端传动，提高了机械运行的稳定性，尾部两个支撑轮可以调节离地高度，装备有 138 个甩刀，通过不同型号甩刀的配合可以达到不同的作业效

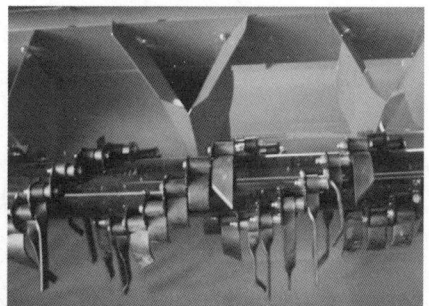

图 1　GRIMME（格立莫）KS3600 马铃薯杀秧机（左）及其刀轴（右）

果，通用性较强，作业效率高，适合于大规模作业，不足之处是甩刀制造成本高，安装复杂，易损坏，且对拖拉机的动力要求较高。

图 2 所示为 Reekie RHT 2200 型杀秧机，其最大的特点是装备有高速动态平衡刀轴，以及全宽度等高线刀片，能够制造较大的吸力，将碎屑提起并切碎，从而提高切碎效果。将切碎的茎与土壤一起通过随后的收割机网进行筛分，消除了将横梁传送到收获作业一侧的交叉输送机的需要，该机型还可以装备在拖拉机前端，避免了作业时拖拉机对薯秧的碾压而影响杀秧效果，其缺点是采用了单侧传动，刀轴受力不均匀，易磨损。

如图 3 所示，比利时 AVR 公司生产的马铃薯杀秧机，采用前后双作业结构，大大增强了作业效率，一次能同时完成 6 ~ 8 行杀秧作业，独特设计的机械罩壳形状能够与切刀相配合，使吸力效果增强，保证切碎效果，后侧两杀秧单元采用折叠式设计，在保证作业质量的同时增加了机具的运输行和灵活性，该机械适合于大型农场等大规模作业，对拖拉机的性能要求较高。

| 图 2　Reekie RHT 2200 杀秧机 | 图 3　AVR 6 行马铃薯杀秧机 |

2.2　国外马铃薯杀秧机发展趋势

国外的马铃薯杀秧机技术已相对较为成熟，种类较多，不论是杀秧质量还是作业效率都能满足较高的要求，未来杀秧机将继续向着大型化、规模化发展，以适应大型农场种植模式，并且将结合机电液一体化技术，实现刀片和限深轮深度的自动调节，还可以与视觉图像处理等相结合，利用传感器，识别杀秧效果，进而实现刀轴转速、行进速度、机具仿形的自动控制。

3　国内马铃薯杀秧机研究现状及特点

3.1　国内马铃薯杀秧机研究现状及特点

2014 年青岛农业大学周申等[7]研究团队就现有机型在处理倒伏秧苗普遍存在杀秧效果差，漏杀严重的情况进行了深入的研究分析，并设计了一种适用于倒伏作业的小型杀秧机，其结构如图 4 所示，通过在刀轴前加装垄沟集禾装置，能够扶起倒伏以及垄沟的秧苗，并与甩刀相配合，从而有效提高倒伏秧苗的杀秧效果，降低漏杀率，实验表明，打碎长度合格率为 90.4%，漏杀率为 0.4%，均符合杀秧作业的相关标准要求。

2016 年东北农业大学吕金庆等[8]针对现有机型打碎合格率差，护罩上黏土严重的问题对护罩和甩刀进行了优化设计，其结构如图 5 所示，并就甩刀排列结构对杀秧效果的影

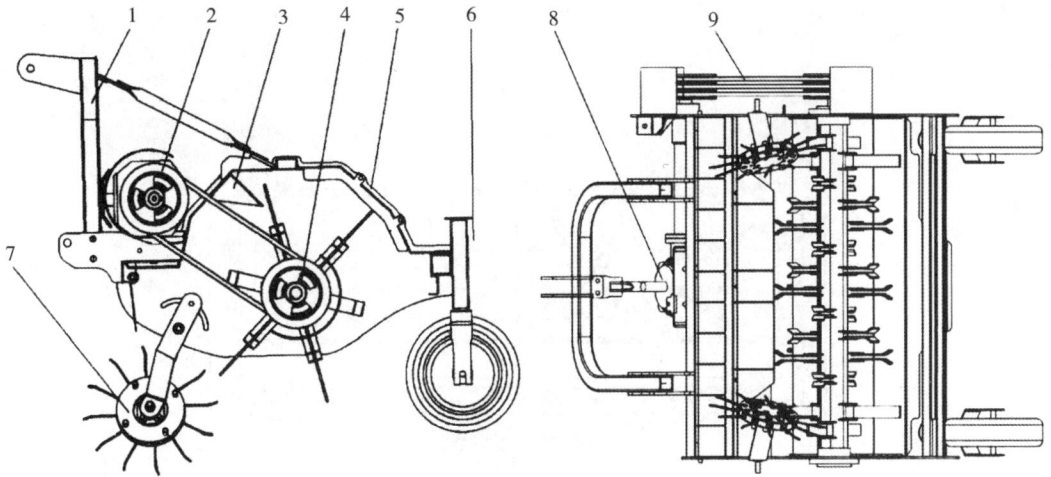

1– 三点悬挂装置；2– 主动皮带轮；3– 定刀；4– 被动皮带轮；
5– 机罩；6– 地轮；7– 垄沟集禾装置；8– 变速箱；9– 皮带

图 4   小型杀秧机结构示意图

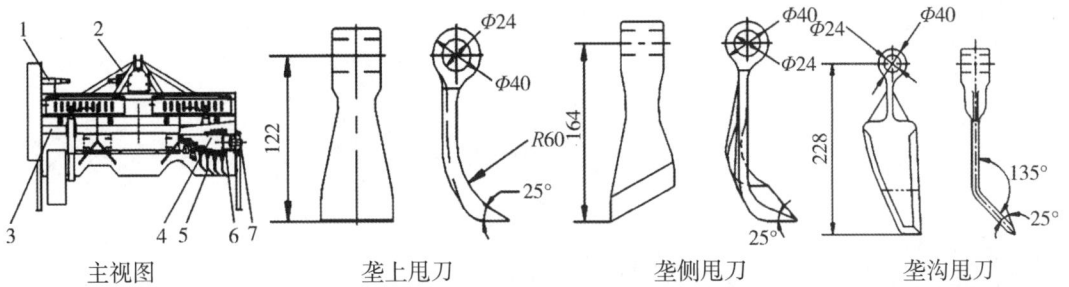

主视图　　　　垄上甩刀　　　　垄侧甩刀　　　　垄沟甩刀

1– 传动系统；2– 悬挂架；3– 机架总成；4– 刀辊系统；5– 甩刀；6– 刀座；7– 短轴

图 5   马铃薯杀秧机结构简图（左）及甩刀结构（右）

响进行了研究分析，实验表明，在护罩上开长口的结构可以有效减少黏土的情况，新设计的甩刀打碎长度合格率在 94.7% ~ 95.5%，留茬高度为 56.0 ~ 59.9 mm，杀秧效果较好。

2017 年山东理工大学的王相友[9]研发团队与山东希成公司就当前马铃薯杀秧机作业效率低，留茬高度不均匀的问题，设计了一种新型马铃薯杀秧机，其结构如图 6 所示，可以根据不同地形，调整留茬高度，从而便于后期收获作业，刀轴采用了仿垄型，有效降低了带薯率和伤薯率。

中机美诺生产的 4 行马铃薯杀秧机如图 7 所示，采用多样结构形式的甩刀，组合运动轨迹与薯垄形状宽度一致，甩刀按照双螺旋线均匀排列在刀轴上，保证刀轴在高速运转时受力均匀，采用两侧传动，并配有超越离合器，停机后能够有效保护传动系统，该机具作业幅宽大，杀秧效率高，适合于大规模杀秧作业。

2019 年，甘肃农业大学李晓军等[10]针对杀秧机时作业阻力大，薯秧易缠绕等问题进行了分析研究，通过建立数学模型，对各影响因素机器交互作用进行分析，并应用对数螺线方程对锯齿型刀具进行优化设计，设计了等滑切角锯齿型切割及粉碎刀片，其结构如图

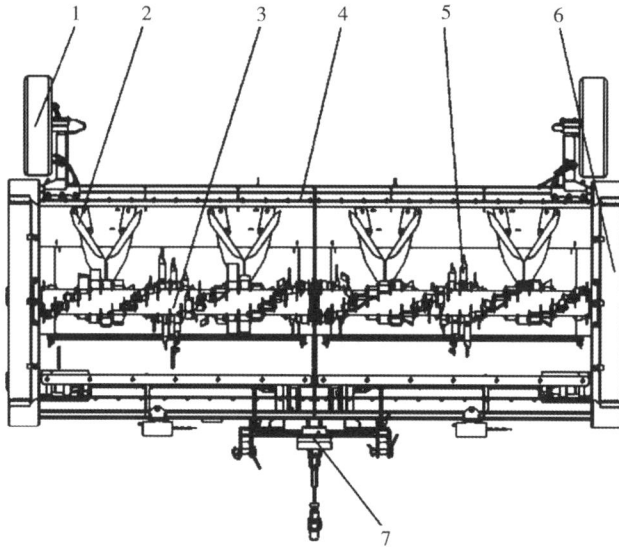

1- 地轮；2- 导流隔板；3- 杀秧轴；4- 机架；5- 杀秧刀；6- 护罩；7- 传动总成

图6　4JM-360B 马铃薯杀秧机结构图

图7　中机美诺 1804 型马铃薯杀秧机

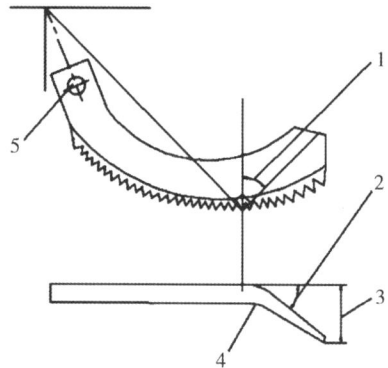

1- 折弯半径；2- 折弯角；
3- 锯齿；4- 滑切角；5- 铰接孔

图8　等滑切角锯齿型切割刀片

8 所示，该刀片在切割时受力均匀，能够对薯秧进行滑切作业，有效降低切割阻力，降低杀秧功耗，提高作业效率。

3.2　国内马铃薯杀秧机存才的不足

中国马铃薯杀秧机械发展起步较晚，与国外先进机具还有较大差距，现有杀秧机虽基本能够达到杀秧作业的要求，但品种较少，技术还不成熟，功耗较大，普及率也不高，主要存在一下问题：

（1）甩刀结构不完善。甩刀的形状和排列方式对杀秧效果有着直接的影响，目前现有的甩刀还达不到高质量作业要求，且磨损较为严重。

（2）作业阻力大，功耗高。因采用甩刀高速转动形成负压区，将打断的薯秧吸入罩壳进一步切碎作业，因此对功率要求较高，且作业中薯秧易缠绕在刀轴上，进而增加作业阻力。

（3）留茬高度参差不齐，影响了后续收获作业。

3.3 国内马铃薯杀秧机发展趋势

随着科学技术发展，马铃薯杀秧技术也将逐步走向成熟，机械杀秧作业将会进一步得到推广和普及，杀秧作业将更加精细化、智能化、高效化。杀秧设备的结构将更加合理，更多的应用机电液一体化技术、自动控制技术、智能监控技术等，从而使杀秧作业更加智能化、自动化，将采用更加先进的技术，进一步降低作业能耗，开发自动监测系统，利用各类传感器，实时监测作业质量，并反馈到作业机具，实现动态调节，从而使作业质量更加可靠[11]。

4 总 结

随着"十三五"农业科技发展规划和马铃薯主粮化进程的推进，马铃薯产业将进一步扩大，对马铃薯机械的研发也将更加重视，马铃薯杀秧机的研究对加速马铃薯表皮老化，减少后续收获时的机械损伤，对马铃薯节本增收，提高马铃薯产量和生产率都有深远意义，因此，应当进一步发展马铃薯杀秧机，退出更高更好的产品，助力马铃薯全程机械化生产[12]。

[参 考 文 献]

[1] 刘洪芹. 马铃薯机械化杀秧及收获技术详述 [J]. 农民致富之友，2019(11)：25.
[2] 白玉文. 马铃薯机械化收获技术及机具使用 [J]. 农机使用与维修，2017(7)：94.
[3] 杨帅，闫凡祥，高云飞，等. 新世纪中国马铃薯产业发展现状及存在问题 [J]. 中国马铃薯，2014，28(5)：311–316.
[4] 魏千贺，王晨，范春梅，等. 马铃薯种植灌溉方式及施肥研究进展综述 [J]. 江苏农业科学，2018，46(24)：20–23.
[5] 宋佳，吕钊钦，穆桂脂，等. 马铃薯机械化薯秧处理现状与发展 [J]. 农业机械，2019(11)：100–103.
[6] 贾晶霞，李洋，杨德秋，等. 国内外马铃薯杀秧机发展概况 [J]. 农业机械，2011(7)：78–79.
[7] 周申，蒋金琳，田艳清，等. 小型马铃薯杀秧机的设计与田间试验 [J]. 农机化研究，2014，36(11)：122–125.
[8] 吕金庆，尚琴琴，杨颖，等. 马铃薯杀秧机设计优化与试验 [J]. 农业机械学报，2016，47(5)：106–114，98.
[9] 孙景彬，李学强，王相友. 马铃薯杀秧机的优化设计与分析 [J]. 农机化研究，2017，39(7)：83–88.
[10] 李晓军，孙伟，张涛，等. 收获期马铃薯茎秧切割及杀秧刀片设计与试验 [J]. 干旱地区农业研究，2019，37(2)：253–259.
[11] 张广玲，刘树峰，吕钊钦. 山东省马铃薯收获机械发展现状及趋势探讨 [J]. 农机化研究，2015，37(11)：264–268.
[12] 彭曼曼，吕金庆，孙贺，等. 四行马铃薯杀秧机的设计 [J]. 农机化研究，2019，41(2)：98–103.

马铃薯生长特性及土壤物理性质测定

吕金庆 *，温信宇，杨晓涵

（东北农业大学工程学院，黑龙江 哈尔滨 150030）

摘 要：马铃薯收获作业区域的自然地貌会对土壤的物理及化学特性产生巨大影响，包括土壤类型、土壤状况、含水率等，同时对于不同品种的马铃薯，其生长形态、结薯形态等诸多生物特性，不同区域不同的收获时间，都会对马铃薯机械化收获有很大影响，这一过程的诸多因素包括土壤性质、马铃薯生物特性都会对收获过程中马铃薯和土壤分离效果产生较大影响，马铃薯收获区域信息和田间马铃薯生长情况作为重要基础数据，对于实现马铃薯的机械化收获具有重要指导意义。

关键词：马铃薯；生长特性；土壤物理性质；测定

根据中国各地马铃薯栽培制度、品种类型及分布等，中国马铃薯栽培区大致划分为 4 个：北方一季作区，中原二季作区，南方二季作区，西南单、双季混作区，黑龙江地区和内蒙古地区部分地区属于北方一季作区，马铃薯种植面积广泛 [1,2]。

研究针对黑龙江哈尔滨地区和内蒙古牙克石地区的马铃薯机械化收获，黑龙江哈尔滨地区马铃薯种植面积占黑龙江省种植面积的 12%，其气候属中温带大陆性季风气候，冬长夏短，全年平均降水量 570 mm，降水主要集中在 6～9 月，夏季占全年降水量的 60%，集中降雪期为每年 11 月至次年 1 月；内蒙古牙克石地区马铃薯种植面积达 1.73 万 hm²，其气候为寒温带大陆性季风气候区，年平均日照时数 2 378～2 720 h，平均降水量 388.7～477.9 mm，春季气温回升快，干旱多风，昼夜温差大。以上作业地区土壤类型为黑黏壤土，其储水、储养能力较强，为马铃薯提供良好的生长条件 [3,4]。但黑黏壤土会面临较多的收获问题，其降水量大会造成土壤黏重，机具作业阻力大，且粘连马铃薯不易分离，干涸后土壤出现板结又易形成板结土块，难分离打碎等。

1 马铃薯生长特性

1.1 种植概况

马铃薯的种植模式决定其田间生长状态，对田间基本信息的了解可以更好地安排马铃薯的机械化收获作业，中国北方一季作区主要的种植模式为大垄单行的垄作模式，测定田间马铃薯垄作种植的行距可为马铃薯收获机作业幅宽的设计提供基础数据，垄高和株距等的测量可为田间收获作业时的挖掘深度等提供参考。因此对黑龙江哈尔滨阿城试验示范基

作者简介：吕金庆（1970—），男，教授，主要从事马铃薯新型技术及装备方面研究。

基金项目：国家重点研发计划项目（2016YFD0701600、2017YFD0700705）；现代农业产业技术体系建设专项资金项目（CARS-09-P23）；黑龙江省马铃薯产业技术协同创新推广体系项目。

* 通信作者：吕金庆，e-mail：ljq8888866666@163.com。

地、内蒙古牙克石特泥河农牧场的马铃薯田间种植基本信息进行实地测量，获得马铃薯种植的垄高、行距、株距等信息，测量工具有卷尺（量程5 m，精度1 mm）和直角钢板等，测量过程如图1所示，测量计算结果如表1所示。

图1　测量过程

表1　马铃薯种植田间基本信息的测定值　　　　　　　　　　　　（mm）

项目	垄高	行距	株距
1	300	800	260
2	230	800	210
3	220	800	270
4	260	800	200
5	245	800	260
平均值	251	800	240
标准差	28.0	0	29.0

1.2　薯块基本特性

不同的物料拥有独特的物理特性，可以为与其相关产品的设计提供合理可靠的设计依据。进行马铃薯的收获作业，需要了解马铃薯生长特性的基础信息，以便有针对性地为马铃薯挖掘机输送分离装置合理设计提供重要理论数据支撑。黑龙江哈尔滨阿城试验示范基地和内蒙古牙克石特泥河农牧场试验区所种植的马铃薯品种均为"尤金"，首先对其进行薯块分布密度测量，测量过程如图2所示。

图2　马铃薯薯块密度测量

根据 NY/T648-2015 规定的马铃薯薯块密度测试标准[5]，随机选取试验区内 5 块长度 2 m，宽度为垄距面积内的薯块，称重，测定薯块密度，测量工具采用皮卷尺（量程 50 m，精度 1 cm）、电子秤（量程 30 kg），测量结果如表 2 所示。

表 2　田间马铃薯薯块密度测量值

测量区域	1	2	3	5	6	均值	标准差
薯块密度（kg/m²）	4.45	3.50	3.98	4.25	4.14	4.06	0.32

马铃薯与升运杆条直接接触，对升运链杆条间隙进行设计时，需对该种植品种的马铃薯进行三轴尺寸测量，测量过程如图 3 所示。

图 3　马铃薯三轴尺寸测量

从中随机选取未分级的 100 个马铃薯进行取样测量统计，采用数显式游标卡尺对马铃薯的长、宽、厚 3 个尺寸进行测量[6]，游标卡尺量程为 150 mm，测量精度为 0.01 mm，测量结果如表 3 所示。

表 3　马铃薯平均三轴尺寸的测量值（mm）

长度	宽度	厚度	平均粒径
100.57	68.63	57.23	75.48

1.3　结薯特性

马铃薯为块根类作物，其根系较发达，如图 4 所示，其根系主要由主根、侧根、匍匐根等组成，马铃薯根系的分枝能力较强，分布宽度在 300 mm 左右。图 5 所示，马铃薯成熟期时，马铃薯块茎及根系在土壤中延伸生长，根系分布深度在 0 ~ 400 mm，一般不超过 700 mm，在砂质土壤中根深也可达到 1 m 以上[7]。马铃薯地下块茎、根系及土壤构成复合体，整个复合体结构紧实，挖掘分离过程中会存在大量的土壤，深层土壤含水率较高，与根系连接的马铃薯块茎多粘连土壤，进入输送分离装置时土壤易黏附于输送分离装置，严重阻碍其上土壤的清理和马铃薯的输送分离，增加收获难度，因此，输送分离装置的设计需要考虑纵横交错的根系对收获效果的影响，需适当提高输送分离装置的作业强度，从

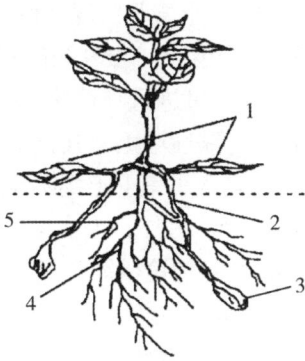

1- 子叶；2- 匍匐茎；3- 幼薯；4- 主根；5- 侧根

图 4　马铃薯形态特征图

图 5　田间结薯形态图

图 6　田间结薯深度测量

而有效破碎马铃薯根土复合体并进行土壤筛分，获得较清洁的马铃薯块茎[8,9]。

　　另外，结薯深度决定挖掘深度，保证合适的挖掘深度，可以降低马铃薯漏挖率及伤薯率，降低工作能耗，同时也可以降低进入马铃薯挖掘机输送分离装置的薯土混合物喂入量，提高薯土分离效果，收获时结薯深度的确定对输送分离装置的设计具有重要作用。结薯深度测量过程如图 6 所示，测量结果如表 4 所示，由表可知，结薯土层集中在距顶 0 ~ 210 mm 范围内。

表 4　马铃薯田间结薯深度测量　　　　　　　　　　　　　　（mm）

测试点	1	2	3	4	5	均值
结薯深度	185	161	171	208	148	174.6

2　土壤物理性质测定

　　进行马铃薯机械收获作业时，需将马铃薯从田间土层中挖掘出来，并将包裹其表面上的土壤抖落分离，这一过程中，马铃薯挖掘机的工作部件要直接与土壤接触，土壤的物理特性将直接关系到收获效果的好坏,如土壤容重、土壤坚实度等,土壤坚实度又称土壤硬度,即土壤抗楔入的阻力,土壤坚实度的大小将直接关系到挖掘入土阻力、土壤被破碎的能力;土壤含水率是田间收获条件的重要指标,土壤含水率小于25%才可进行马铃薯的收获作业,土壤含水率的大小对土壤的诸多性质有很大影响[10],尤其对于黏性壤土,其土壤质地含量中黏粒土壤颗粒粒径小于0.001 mm,含量在20%~30%,不同含水率下土壤团粒之间相互作用力不同,宏观表象为土壤的黏结力、黏着力的大小不同[11,12]。另外,土壤与马铃薯根系块茎的结合能力要受到以上因素的影响,所以土壤的物理特性是理论研究和结构设计必须考虑的重要因素,一定程度上决定着马铃薯挖掘机挖掘部件和输送分离部件的设计。

土壤相关特性测量在内蒙古牙克石特泥河农牧场进行,土壤平均地温12.5℃,如图7所示,利用浙江托普云农TJSD-750型土壤坚实度测量仪(测量深度:0~375 mm,精度:±1%),采用5点法选取5个测试区域,对测试区域内随机选点测量3次取平均值,实地测量值如表5所示。

图7 土壤坚实度测量

表5 不同采集点不同深度的土壤坚实度(kpa)

深度(mm)	1	2	3	4	5	均值	标准差
50	313	230	306	298	286	286.6	29.7
100	473	356	440	450	402	424.2	41.1
150	620	470	560	603	613	573.2	55.7
200	750	650	705	875	753	746.6	74.3
250	1100	1130	1200	1320	1180	1186	75.8
300	2150	1590	2202	2050	2130	2024.4	222.6

如图8所示,利用浙江托普云农TZS-2X-G土壤水分监测仪(测量范围:0%~100%,探头:80 mm,测试的绝对误差<2%),运用5点法选取5个测试区域,测定不同深度的土壤含水率,每个深度测量3次取平均值记录表格,实地测量值如下表6所示。

图8 土壤含水率测量

表6 不同采集区域不同深度的土壤含水率值　　　　　　　　　　　（%）

深度（mm）	1	2	3	4	5	均值	标准差
0 ~ 100	8.9	6.4	10.7	10.2	7.8	8.8	1.6
100 ~ 200	11.7	13.6	14.5	14.5	12.9	13.4	1.1
200 ~ 300	18.9	19.5	20.4	19.1	19.1	19.4	1.2

　　通过上文对土壤特性相关数据的测量和分析，可以认为土壤物理特性规律如下：由于风吹及阳光直射、土壤耕作等，造成表层水分蒸发，土壤含水率较低，且随土层深度的增加土壤含水率变大，深层土壤含水率较大，整个耕作层土壤含水率范围在8.8% ~ 19.4%，由参考文献可知，如图9所示，土壤含水率在16% ~ 20%时，土壤表现出较强的土壤黏结力和黏着力，且对于黏壤土表现越加明显，增加了收获难度。

　　同时随着土层深度的增加土壤坚实度逐渐变大，耕作层土壤坚实度范围为286.6 ~ 2 024.4 kpa。这是由于自然条件的复杂性造成的，土壤的容重、坚实度、含水率等物理特性受自然条件影响发生变化，导致不同区域的土壤物理参数波动幅度较大，导致收获机械适应性差、作业效率低等问题出现，因此应根据实际情况对输送分离装置进行的

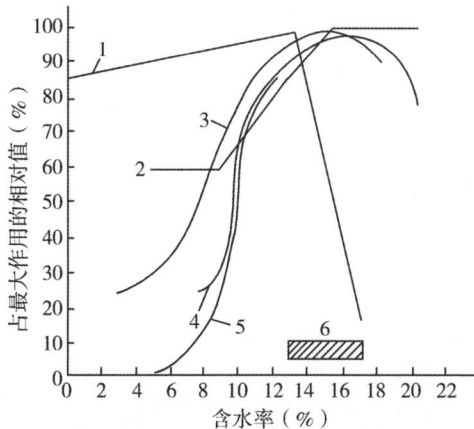
1- 抗剪力；2- 黏着力；3- 抗压力；4- 犁耕阻力；5- 黏结力；6- 塑性范围
图9 土壤物理力学性质与土壤含水率的关系

设计，以适应不同收获区域。

3　总　结

对马铃薯田间生长特征及土壤的基本物理参数进行了测定，探究了北方一季作区的黑龙江、内蒙古地区马铃薯的种植条件和生长特性，测量了马铃薯田间生长的垄高、垄距、株距、结薯密度、结薯深度等，为输送分离装置的作业幅宽、挖掘深度的设计提供数据参考，同时测定了所种植品种的薯块三轴尺寸；确定了收获区的土壤类型、田间耕作层不同深度的土壤含水率和土壤坚实度等，这些基础数据研究为马铃薯收获机输送分离装置的设计提供重要理论基础。

[参 考 文 献]

[1]　李紫辉，温信宇，吕金庆，等.马铃薯种植机械化关键技术与装备研究进展分析与展望[J].农业机械学报，2019，50(3)：1-16.
[2]　石瑛，马丽美，魏峭嵘，等.东北地区6个马铃薯品种产量与品质形成的差异性分析[C]//陈伊里，屈冬玉.马铃薯产业与农村区域发展.哈尔滨：哈尔滨工程大学出版社，2013.
[3]　汪雪莹.东北地区土壤有机质含量分布情况分析[J].现代农业科学，2008(12)：36-37，40.
[4]　小微风信.中国东北地区种植概况[EB/OL].[2020-01-14].https://wenku.baidu.com/view/2c617d3ddf36a32d7375a417866fb84ae45cc3aa.html
[5]　中华人民共和国农业部.NY/T 648-2015马铃薯收获机作业质量评价技术规范[S].2015.
[6]　王泽明.舀勺式马铃薯播种机排种器的设计与试验研究[D].哈尔滨：东北农业大学，2015.
[7]　潘建国.马铃薯种植技术[M].银川：宁夏人民教育出版社，2013.
[8]　杨晨升，马小愚.马铃薯动态力学特性的试验研究[J].机化研究，2008，30(9)：132-134.
[9]　王政增，吴秀丰，杨然兵，等.S型链式马铃薯收获机挖掘装置的设计及有限元分析[J].农机化研究，2020，42(8)：142-146.
[10]　张洋，王鸿斌.不同耕作模式对黑土区土壤理化性质及玉米生长发育的影响[J].江苏农业科学，2018(18)：58-64.
[11]　姚贤良，程云生.土壤物理学[M].1版.北京：农业出版社，1986.
[12]　孙一源，高行方，余登苑.农业土壤力学[M].1版.北京：农业出版社，1985.

马铃薯施肥机械的研究现状与发展趋势

吕金庆[*]，孙玉凯，刘齐卉，杜长霖

（东北农业大学工程学院，黑龙江　哈尔滨　150030）

摘　要：施肥是农作物生长过程中必不可少的重要环节，是保证农作物高产的一个必备措施。施肥的主要作用在于为农作物生长发育提供充足的营养元素，对于农作物的开花、结果、果实的增大、增产起着至关重要的作用。合理的施肥可以有效地改良土壤，提高土壤肥力，促进作物更好生长。中国施肥机械的研究起步较晚，相比于部分其他国家还有一定差距，针对国外一些施肥机械以及国内较先进的研究进行分析，对中国的施肥机械发展提出建议，希望为中国的施肥机械的进步提供一定帮助。

关键词：排种器；研究现状；分析；展望

肥料是重要的农业生产资料，它的使用对于马铃薯的增产具有至关重要的作用。有机肥中含有丰富的有机物，有利于培肥、疏松土壤，提高土壤肥力，更有利于马铃薯块茎膨大和根系生长，无机肥中含有的重要元素在马铃薯整个生长过程中，对于其根系的发育，茎叶的生长，果实的膨大都起着不可替代的作用。

马铃薯的需肥量较大，在其整个生长发育过程中需要大量施肥，如果在中耕管理施肥不合理时不仅会造成降低马铃薯的产量，而且造成肥料的浪费，污染环境[1,2]。合理施肥主要有 3 个环节，即肥料配置，施肥技术还有施肥机械，目前中国在肥料配置方面已经有比较合理的方案，但在施肥技术还有施肥机械上距离发达国家还有较大差距。现阶段，很多地区都还是手工施肥，这种方式不但施肥效率极低，劳动强度较大，而且造成了肥料的浪费，作物没有吸收的化肥会造成土壤板结，污染地下水等等，既不利于农业生产效率的提升，不利于作物的增产增效，而且还会造成环境污染。随着科技的不断进步，施肥的方式也渐渐从传统的手工施肥向机械化的施肥方式转变。

1　国外施肥机械

国外对于马铃薯施肥机械的研究起步较早，到了 20 世纪 30 年代左右，其施肥机械的制造就有了一定的规模[3]。到了 70 年代，国外已经基本上实现了施肥机械化。国外继人工施肥之后的为畜拉式的施肥方式，之后才过渡到机械施肥，马铃薯对于有机肥和化肥各有需求，针对不同的肥料，则需要不同的施肥机械，国外对于这两方面的研究都比较完备，

作者简介：吕金庆（1970—），男，教授，主要从事马铃薯新型技术及装备方面研究。

基金项目：国家重点研发计划项目（2017YFD0700705、2016YFD0701600）；现代农业产业技术体系建设专项（CARS-09-P23）；黑龙江省马铃薯产业技术协同创新推广体系项目。

* 通信作者：吕金庆，e - mail：ljq8888866666@163.com。

国外的土地以大块田地为主，所以在施肥方面主要致力于增大施肥机械的撒肥宽幅，致力于高速作业机，以提高施肥效率。这些机械并不适用于中国国情，但是施肥机械中先进的技术值得我们学习。

1.1 国外施肥机械研究现状

国外的施肥机械主要以离心圆盘式为主[4]，离心圆盘式施肥机械的主要工作原理是肥料经重力从肥料箱下落到高速旋转撒肥盘上，利用撒肥盘所产生的离心力，将肥料抛撒到田间，这种机型主要是针对颗粒肥料。这种圆盘式施肥机械是国外最早研制的一类施肥机械，这种圆盘式施肥机械分为单圆盘和双盘两种，单圆盘机械结构简单，比较灵活，价格较低廉；如下图 1 所示为荷兰的双圆盘是施肥机械，双圆盘具有更宽的撒肥宽度，作业效率更高。因这种机型简单适用，价格相较于其他机型低廉，在欧洲各国家被广泛适用，但是该机型的缺点为沿横向与纵向分布不均匀。

法国格力格尔－贝松公司[5]生产的速尔齐施肥机械，结构如图 2 所示，施肥机械在其圆盘上面有搅拌的指针，指针的搅拌速率比较低，这么做的用意是在工作时，不会把颗粒肥料搅拌成粉末，它主要是用来防止落下来的肥料阻塞在出肥口，这种搅拌器指针需要一定的强度，不能被落下来的肥料所压断。指针工作一段时间之后需要人工校正，以求比较

图 1　荷兰双圆盘式施肥机械

图 2　法国格力格尔 - 贝松公司速尔齐施肥机械

精准的精度，所以这款施肥机械的撒肥精度较高。在箱体两侧有调节撒肥距离和撒肥量的装置，操作起来非常方便，同时在肥料箱的底部还有过滤的箱子，箱体中也均带有过滤筛子，来保证撒肥的准确性。抛撒肥料时，每个抛撒板都可以抛抛撒出两层扇面，使撒肥更加均匀。

法国库恩公司[6]研发设计的一款施肥机械库恩2044/2054ProPush以结构简单为设计宗旨，其结构如图3所示，它采用液压推进的方式取代了刮板链条，减少了许多运动部件，使得其所需原料更少，结构更简单，操作更加方便，内含搅拌器，可以对凝结成块的有机肥进行一定的切碎作用，以便于抛撒到田间更好的被利用，也可以减小后部抛撒部件的工作符合，延长使用寿命。这款施肥机械主要用来抛撒固态物料，化学肥料主要为颗粒状或者是液态，所以该款机器主要用来抛撒有机肥，包括堆肥、厩肥、垫床废料和粪肥等，箱体容量可达12.5～15.3 t，它采用全部由钢材焊接而成的箱体，坚固的聚乙烯底板和侧板，背向式的液压油缸和可拆卸的抛撒器，结构坚固，不易损坏，大大增加了它的使用寿命，新一代的ProPush抛撒机可安装立式抛撒器，成为固态物料抛撒机的典范。

图3　法国库恩2044/2054ProPush

1.2　国外施肥机械的发展趋势

从外国施肥机械的发展状况来看，也结合外国的土地特点，欧美大多数国家的施肥机械都是朝着大型化发展，这就是为了适应外国大型农场高效率的施肥作业而设定的，这是国外施肥机械发展的主流；小型的施肥机械都是为了满足家庭专用，用作园林机械或者是家庭庭院施肥。而在日本、意大利等国家，则是以小型撒肥机械为主体，每个国家都有自己的国情。机械的生产本就是为了减少人的劳动量，增加劳动效率，节省劳动时间，较快较迅速的完成农业作业，以得到农作物的最大产量。随着信息技术的发展，施肥机械必然朝着智能化、自动化发展，这是毋庸置疑的，逐渐的改善农民的工作环境，甚至是朝着无人驾驶方向发展。

2　国内施肥机械

中国的施肥机械的研究起步较晚，至今许多作物的种植都还保留在人工施肥的阶段，不仅限于马铃薯行业。中国对于施肥机械的研究始于20世纪60年代中期，20世纪80年代以后，随着联产承包的发展，相继出现了许多小型的施肥机械，但这些大多都是与播种机联合使用，基本没有单独的施肥机械。对施肥机械的研究还处于早期阶段，对于这类相关的理论研究也比较少，多数还都以离心圆盘式为主[7,8]。20 世纪 90 年代以后，中国对于精准农业越来越重视和支持，不断引进国外先进技术的同时，也在不断探索中国精准农业的技术体系，在科研人员不断的努力之下，精准农业开始渐渐被社会认可，并逐渐开始实践，将各种信息技术不断应用于农机，发展智能化农机。

2.1 国内施肥机械研究情况

中国上海世达尔[9]2FB-600 摆动管式施肥机是一种广泛用于水田、旱田、牧草地的施肥机械，其结构如图 4 所示，可用来撒播结晶状化肥和粒状化肥的专业农机。根据不同的作业条件，该施肥机械有 3 种不同的撒肥作业机型，分别是摆动管式、单元盘旋转离心式、双圆盘旋转离心式 3 种：摆动管式是通过施撒管左右摆动形成的离心力将肥料散布出去，适合水田、旱田作业使用；单元盘旋转离心式是通过高速运转的带挡片圆盘将肥料散布出去，适合水田，旱田使用；双圆盘旋转离心式是通过两个高速运转的带挡片圆盘将肥料散布出去，可根据肥料种类，调整挡片角度，达到更加好的散布均匀度，在施撒颗粒状化肥时，可达到 12 ~ 24 m 的超宽作业宽幅，不仅适用于水田、旱田，还可用于牧草地。这是一种比较多变的施肥机械，可以广泛应用于各种作业场景。这也是施肥机械的一种发展趋势，通过更换关键部件来满足不同场景的作业。

图 4　上海世达尔 2FB-600 摆动管式施肥机

申屠留芳等[10]设计了一种电动自走式施肥机械，这款机型主要是针对于大棚里的作业强度高、效率低的问题而研发的，其采用的是水平圆盘结构，撒撒宽幅较小，适用于小地块作业，其最关键的设计在于其在撒肥圆盘上面设置了 3 个推肥板，肥料由自身重力作用下，从肥箱落到撒肥圆盘上面，并在推板的推理作用下被抛撒到田间，完成施肥工作，其结构如图 5 所示。由于它的结构简单、轻巧、灵活并且造价也比较低，所以被广大大棚种植户所喜爱。

近年来，中国更加注重精准农业的发展，而变量施肥则是精准农业的重要组成部分。马成林等[11]从分步实施精准农业的思路出发，对手动变量施肥关键部件进行了研究，设计出一款手控 2SF-2 型变量深施肥机，结构如图 6 所示，机具为全悬挂式，两行作业，主要由机架、浮动仿形机构、分层施肥开沟器、播种单体、排肥器、步进电机、地轮、机速传感器和控制系统等组成。变量施肥机在田间工作时，驾驶员根据作业地块所需施肥量，调节 BCD 拨码盘，输入施肥类型、施肥量信息，安装在地轮上的转速传感器把机具的前进速度信号采集到控制器，控制器对两个信号进行分析后得到所需的控制脉冲，控制步进电机的转速。步进电机通过联轴器带动排肥轴转动，实现变量施肥。经马成林等人实验表明，该机施肥量调节方便，性能稳定，有应用前景。这款机型为中国的变量施肥、精准农业提供参考，为中国的施肥机械的发展方向提供了参考。

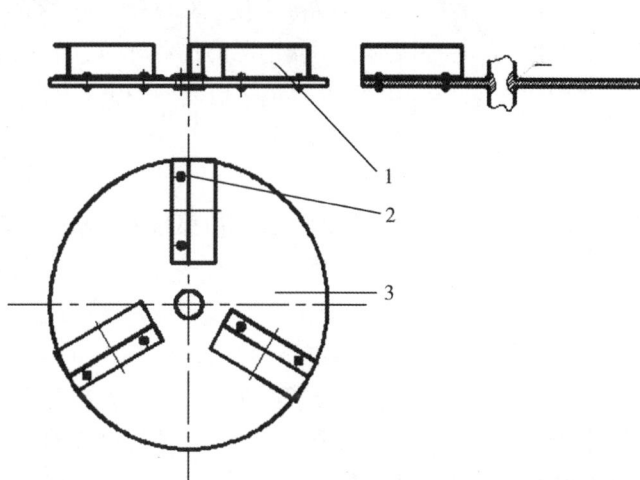

1- 推肥板；2- 螺栓；3- 撒肥圆盘

图 5　电动自走式施肥机械

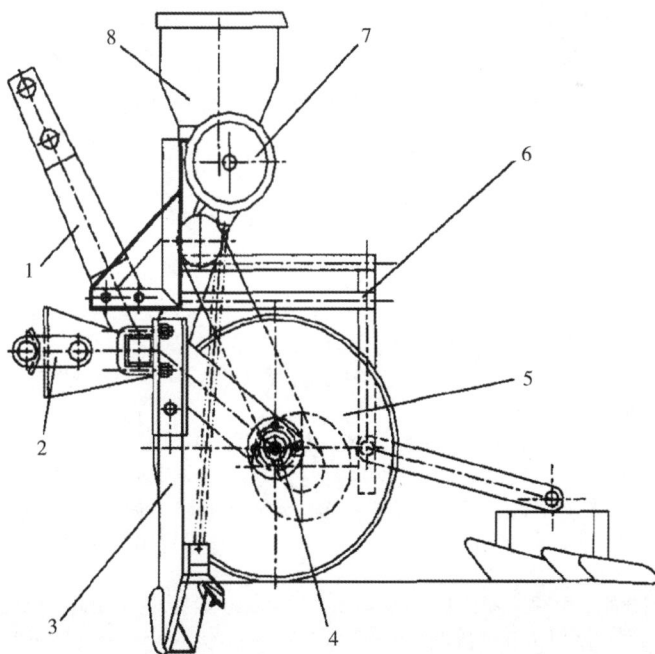

1- 机架；2- 浮动仿形机构；3- 分层施肥开沟器；
4- 机速传感器；5- 地轮；6- 播种单体；7- 步进电机；8- 排肥器

图 6　手动变量施肥机结构简图

2.2 国内施肥机械发展趋势

中国的施肥机械还有比较长的路要走[12]，施肥机械的研究成果不算少，但是对于核心技术研究却还需要努力，同时成果的市场转化率极低，而且中国农业高度分散，这就造成了施肥机械作业难度极大，这些都是不得不考虑的因素。近年来，农业科研部门推出了近根施肥、根区施肥等的新技术，但是苦于没有足够专业的研究团队，迟迟不能施行，使得施肥技术很难提高。但是中国学者的研究也取得了较大的成就，许多学者开始研究一机多用，仅通过更换关键部件来适应各种地形、不同情况的作业环境，节省许多成本，更加适用；或是针对某一种确定的地形、确定的工作环境来研制一种施肥机械，更具针对性。

3 结论

中国施肥机械的发展经历了一个漫长的过程，最初都是人工施肥，费时费力，随着工业的不断发展，施肥机械也渐渐发展起来，然而起初对这方面的理论研究较少，大多本着借鉴前人的经验来发展，另有诸多学者争相研制，众多企业积极制造，如今也渐渐开始步入施肥机械化，所幸也已经取得了比较大的进步。对于国外先进的施肥机械、施肥技术，中国都应努力学习、大力引进，就像圆盘离心式撒肥机，主要就是对于圆盘以及叶片的研究，往上加其他关键部件辅助工作，增加撒肥效果，都是值得借鉴的。农业机械始终面对各种农户，机械的成本问题还是不容忽视的。

近年来，精准农业是发展的主流，智能农机前途无限。变量施肥则是一大组成部分，这就要求对农机提出更高要求，做到精准施肥，就要将各种新型的信息技术应用到农机上，如利用 GPS 来定位作业范围，取样土壤进行研究，利用地理信息系统，即 GIS 来生成土壤中各养分的样图，来对各个地块不同情况具体施肥，利用各种传感器实时监测，真正做到变量施肥。许多学者都正在对这些方向进行研究，经过不懈努力，中国的施肥机械一定能够取得巨大进步。

[参 考 文 献]

[1] 吕金庆，尚琴琴，杨颖，等．锥盘式撒肥装置的性能分析与试验 [J]．农业工程学报，2016，32(11)：16-24.

[2] 曹立辰．高产马铃薯施肥关键技术 [J]．科学种养，2017(4)：33.

[3] 谭乾开，黎华寿，林洁，等．不同施肥配方对冬种马铃薯农艺性状和产量质量的影响研究 [J]．中国农学通报，2012，28(33)：166-171.

[4] 李洁．有机肥施肥机构设计与试验研究 [D]．长沙：湖南农业大学，2014.

[5] 法国格力格尔 - 贝松公司官网．速尔齐撒肥机 [EB/OL]．http://fgglge.nongji1688.com/sell/itemid-5391998.html

[6] 法国库恩公司官网．尾式撒肥机 [EB/OL]．[2017-07-05]．http://www.nongjx.com/st9862/product_56200.html

[7] 王吉亮，王序俭，曹肆林，等．中耕施肥机械技术研究现状及发展趋势 [J]．安徽农业科学，2013，41(4)：1814-1816，1825.

[8] 王元生．基于专利分析的国内撒肥机技术信息研究 [J]．农业装备与车辆工程，2015，53(11)：18-22.

[9] 上海世尔达公司官网．施肥机 [EB/OL]．[2020-04-17]．http://www.shanghai-star.com/web/cpzx/bzj/sfj/sf/0310A2020.html

[10] 申屠留芳，张洪宇，杨刚，等．温室大棚电动自走式撒肥机的设计 [J]．农机化研究，2013，35(9)：145-147.

[11] 马旭，马成林，桑国旗，等．变量施肥机具的设计 [J]．农业机械学报，2005，36(1)：50-53.

[12] 尚琴琴．锥盘式撒肥机关键部件的设计与试验研究 [D]．哈尔滨：东北农业大学，2017.

马铃薯收获部件的研究现状及展望

吕金庆 *，刘齐卉，杜长霖，孙玉凯

（东北农业大学工程学院，黑龙江　哈尔滨　150030）

摘　要：概述近些年来国内外马铃薯收获机的代表机型，阐述现有马铃薯收获机的特点及性能，并列举了几种国际上马铃薯收获机部件的新发展，总结了各部件的优点及其应用场合，并对未来马铃薯收获机的未来发展方向进行了展望，为今后马铃薯收获机的发展提供借鉴。

关键词：马铃薯收获机；研究现状；发展；展望

马铃薯是中国继小麦、水稻、玉米之后的第四大作物，中国马铃薯种植面积及总产量均列世界前茅[1,2]。然而，占生产总用工 70% 以上的马铃薯收获作业至今基本上还是停留在传统的人工割秧、锄头刨薯、人工捡拾的阶段，严重影响了马铃薯的生产规模[3]。介绍国内外几种典型马铃薯收获机型，及国际上马铃薯收获机部件的新发展，并对今后马铃薯收获机的发展进行了展望。

1　马铃薯收获机械化发展现状

国外马铃薯收获机械起步较早，技术含量较高[4]。以研制大功率联合收获机为主，特点是进地一次可完成切秧、挖掘、去杂、清选、分级、装车等作业。但其价格昂贵，售后维修服务不能得到保障，且该类联合收获机一般体型庞大，不适合中国小规模垄作[5]。

如图 1 所示，德国 GRIMME GT170 型马铃薯收获机通过与 4 种不同的分离单元组合

图 1　GRIMME GT170 型马铃薯收获机

作者简介：吕金庆（1970—），男，教授，主要从事马铃薯新型技术及装备方面研究。

基金项目：国家重点研发计划项目（2017YFD0700705、2016YFD0701600）；现代农业产业技术体系建设专项（CARS-09-P23）；黑龙江省马铃薯产业技术协同创新推广体系项目。

* 通信作者：吕金庆，e - mail：ljq8888866666@163.com。

可适应不同的收获条件，其多面分离单元通过与多种分离辊组合能够适用于不同的作物类型和收获条件，并且确保轻柔获取。带活动侧面挡板的装车提升臂可灵活收缩[6]。比利时AVR公司研制的PUMA3型自走式马铃薯收获机，能同时进行4行收获，储存仓容量为8 t，收获效率高，适用于各种土壤及自然环境，且操作灵活，性能卓越[7]。

国内马铃薯收获机随起步较晚，但发展迅速。与国外大联合，自动化程度高型马铃薯收获机不同，国内收获机大多为分段式收获机，一般仅能实现两级薯土分离和升运装车功能，对于薯秧联合分离、土壤进一步清理等技术运用偏少[8]。

如图2所示，中国中机美诺公司生产制造的1600系列马铃薯挖掘机，能一次性完成挖掘、输送分离、集条作业等工作，适用于沙土、砂壤土和中黏性土，并采用圆盘刀设计，更有效切断杂草，减少挖掘阻力，组合式挖掘机构能保证深度一致，收净率高，破损率低[9]。希森天成4UX-80马铃薯收获机，其特点是轻便25～35马力拖拉机即可带动，运转轻快无震动，不堵草，漏土快，结构简洁，使用寿命长；采用挖掘装置入土角与输送分离装置升运角相一致设计，有效解决铲后积土问题[10]。

图2　中机美诺1600系列马铃薯挖掘机

2　马铃薯播收获机部件研究现状

近年来，马铃薯收获机经过许多部件的改进，在设计上已有一些基本变化。由于X射线分离器和流化技术的采用，成功地解决了从马铃薯中分离土石的问题。但是收获机仍需考虑块茎的损伤和生产能力的进一步提高。西欧和北美一些国家，对马铃薯收获机的部件，作了一些新发展。

2.1　挖掘铲及挖掘深度自控器

马铃薯收获机上的挖掘铲，早期用平直式犁铲较多，这种挖掘铲结构简单，价格低廉，但需功率较大，在有杂草，土粘或干涸的情况下，工作质量欠佳，容易缠草堵塞，增加马铃薯块茎损伤。

苏格兰农业工程学院研制了一种动力驱动带有刮板的摆动式双行圆盘挖掘铲（图3），这种挖掘铲既省牵引力，又能减少马铃薯块茎的损伤。但也有缺点容易在输送带前端积存泥土。试验研究表明，圆盘直径不能大于0.9～1.0 m，就能把泥土减少到最低限度。另外采用液压驱动圆盘时，制造使用成本都高，因而苏格兰农业工程学院正在研制一种传动的圆盘。

图 3　圆盘挖掘铲式马铃薯挖掘机

马铃薯收获机进行收获时，挖掘机挖掘深度很为重要。挖掘浅了，块茎挖掘不尽，造成损失；深了又大量掘起泥土，浪费动力，因而需要精确地控制挖掘深度。

英国公司研制了一种适用的自动控制挖掘深度的新产品。这种自控器用于平直式挖掘铲，由于铲尖拱土处隆起增厚，挖掘时推土较多，容易影响传感器的位置控制。但用圆盘挖掘铲，传感器的控制信号误差就可能减少。

2.2　输送带及其速度与摆动

输送带是马铃薯收获机上的重要部件，完成块茎和泥土的分离工作，并起输送作用。近年来，对输送带杆的设计才引起更多的注意。

很多试验表明，输送带杆弯曲的优于平直的，一种宽度为 22 mm，曲率半径为 16 mm 的输送带杆，与一种标准半径为 5 mm 的圆盘输送带杆比较，块茎在一定高度落下时，前者只引起块茎擦伤，或深于 3 mm 的断裂损伤，而后者则是持续的损伤，所以弯曲带杆的输送带为好。但其缺点是降低了有效的筛漏面积[11]。图 4 表明两种输送带对块茎的损伤情况比较。

输送带的速度是影响输送带工作质量的重要因素。美英两国一些机构研究表明，马铃薯损伤随输送带速度和输送带向前速度的比率而增加。一些制造厂商提供了输送带速度手控装置。兰萨姆斯收获机上采用可变的三角皮带轮传动输送带。斯坦顿自走收获机则以变量液压泵自动调速马达来驱动的输送带。美国华盛顿大学研制的输送带负载控制装置是一

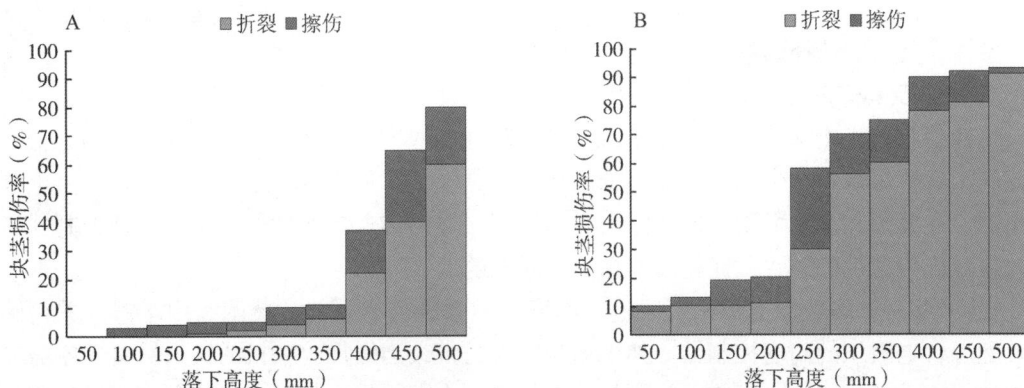

A：块茎落在 16 mm 半径的曲杆上的损伤情况；B：块茎落在 5 mm 半径曲杆上的损伤情况

图 4　两种输送杆对茎块损伤情况

对支承滚柱，输送带在其上传动，并与一个测定变形的操纵杆臂连接。放大来源于测变仪的信号，并以其控制一个线性触动器，就能可靠地改变驱动输送带的液压马达的速度。苏格兰农业工程学院提出了一种输送带与前进速度比率表的设计，是在一个轻便装置中包括一个收获机轮摩擦传动的传感器和一个输送带杆的计数器，综合来自每个装置的传感器信号后，给出一个输送带与前进速度比值读数，用以控制输送带速度。即使比率表变化微小，也能显著地减少马铃薯的损伤。

输送带的摆动对分离茎块和泥土有很大作用，对马铃薯收获机上输送带摆动方法的观察表明，在砂质土和黏质土时，水平摆动优于垂直摆动，通过对摆动的试验，获得了一些摆动的参数。水平摆动依据工况为 3 ～ 5 Hz 的频率时，建议用 25 mm 的振幅。土壤在输送带上要有一定的"筛过"时间，当通过土壤为 90% 以上的砂土时，其"筛过"时间为 1.1 ～ 16 s；面对约为 70% 的黏土时，"筛过"时间则是 3.2 ～ 3.7 s。这些数值是在输送带与前进速度的比率为 1：1 时应用的，输送带的长度比合于黏土要求。而对砂土则是 2.3：1，这就超过了 1.6 ～ 10 km/h 的速度范围，采取这一速度时的输送带要有 10 m 左右长度，才能给予土壤漏下时间。当改变输送带和前进速度为 2：1 时在输送带上的土壤厚度可以减半，但是在一些附加筛上会出现土脊推动输送带向前速度，同时过筛时间也可减半。当采用 10 km/h 的高速前进速度时，相接的传送带和交叉的传送带的运送速度也会优于 16 ～ 20 km/h，引起块茎的严重损伤，因而收获机前进速度的上限一般是在 10 km/h 以下。

据苏格兰农业工程学会在 1981 年对一台水平摆动输送带的收获机试验表明，当在斜坡地作业，输送带以垂直于输送带杆摆动时，物料在输送带上就有倾斜滑移的趋势。如果把输送带的垂直方向摆动固定而代之以平行于输送带杆的方向摆动时，就克服了这一现象。该院并就输送带的漏土网进行了研究，制成了一种可变漏孔输送带，它是在收获机框架上固定一个滑架使输送带搭接的折叠带能上下移动，根据工况以改变输送带前端的摆动部分。当带上土壤过重或粘结，是"过筛"作用削弱时，滑架向着输送带末端的横向传送带移动，增大了漏土网孔。

输送带的摆动有的是靠传统的偏心振动器做垂直摆动，也有的采用液压驱动的工业震动器。用这些震动器来冲动在前段输送带圆锥和滑架之间的部分输送带做水平摆动。

这种装置的全部优点是既不增加输送带速度，也没有剧烈震动的变化，能更好地依据土壤条件作灵活的选择调整。

2.3 传送带及其速度

马铃薯收获机上除传送带外，还有不同的附加传送带。这些传送带的速度，如不很好的控制，就会影响输送带和动力输出轴的转速。英国主张最少在输送带末端设置一个土壤缓衡器。在美国和加拿大则有人研制出和输送带一样的传送带速度控制器。这种控制器能有效地减低传送带的速度，促使根茎充满全部传送带[10]。

近年来，对卸载传送带稍有改进，高度控制系统已有可能。英国利用水银开关传感器装配一台电液压的高度控制器。如果用超宽传送带，当增加收获机的输入量时，就需要增加卸载传送带的速度。当前的问题是刮板传送带末端的排出问题由于传送带越过顶部的小直径辊轮或链轮时会给刮板高的角速度，有时使马铃薯受到猛烈抛起，增大马铃薯的损伤。刮板皮带的另一特性是常在入口处是马铃薯大量的落下。有的工厂生产了一种新型的折叠式刮板装置，它大大减少了从横向传送带向卸载传送带的降落（图5）。

图5　折叠式输送装置

3　马铃薯收货机部件发展展望

上述挖掘铲、输送带和传送带的一些新设计的应用，将会提高收获机的生产能力和减少机器的损伤，如现有的单行和双行收获机仍是主要机型，增加前进速度来提高生产效能可能在机器的转换处出现一些问题，但通过上述一些改进是可克服的。

此外对基本部件的改进悬有希望的。改变输送带杆的外形是有益的。美国一家工厂用聚氨基甲酸酯和其他塑料来做辊子，是能提高这些部件在容易腐蚀土壤上的寿命，它能更多地弥补增加的费用。

在高生产能力的收获机采用电控和监控设备，例如输送带和前进速度的比率表，能有助于驾驶员对所有主要部位获得最佳的调整，这种设备对自走收获机驾驶员很好的环顾机器周边尤为有效。在大的自走收获机上，设有损伤监控设备，除驾驶员外，由一个特别训练的操作人员使用。这样的理想装置必须包括一个高速的内部撞伤检验系统，尚待研究。

[参 考 文 献]

[1]　孙东升，刘合光.我国马铃薯产业发展现状及前景展望 [J]. 农业展望，2009，5(3)：25–28.

[2]　谢建华.我国马铃薯生产现状及发展对策 [J]. 中国农技推广，2007(5)：4–7.

[3]　吕金庆，田忠恩，杨颖，等.4U2A 型双行马铃薯挖掘机的设计与试验 [J]. 农业工程学报，2015，31(6)：17–24.

[4]　Kempenaar C, Struik P C. The canon of potato science：haulm killing [J]. Potato Research，2008，50(3)：341–345.

[5]　王公仆，蒋金琳，田艳清，等.马铃薯机械收获技术现状与发展趋势 [J]. 中国农机化学报，2014，35(1)：11–15，21.

[6]　贾晶霞，姜贵川，王楠，等.国内外马铃薯收获机械研究进展 [J]. 农业机械，2012(14)：13–14.

[7]　吕金庆，田忠恩，吴金娥，等.4U1Z 型振动式马铃薯挖掘机的设计与试验 [J]. 农业工程学报，2015，31(12)：39–47.

[8]　杨红光，胡志超，王冰，等.马铃薯收获机械化技术研究进展 [J]. 中国农机化学报，2019，40(11)：27–34.

[9]　孙贺.升运链式马铃薯挖掘机输送分离装置的设计与试验研究 [D]. 哈尔滨：东北农业大学，2019.

[10]　吕金庆，孙贺，兑瀚，等.黏重土壤下马铃薯挖掘机分离输送装置改进设计与试验 [J]. 农业机械学报，2017，48(11)：146–155.

[11]　吕金庆，杨晓涵，吕伊宁，等.马铃薯挖掘机升运分离过程块茎损伤机理分析与试验 [J]. 农业机械学报，2020，51(1)：103–113.

马铃薯收获机薯土分离装置研究现状与发展趋势

吕金庆 *，杨晓涵，温信宇

（东北农业大学工程学院，黑龙江 哈尔滨 150030）

摘　要：中国是马铃薯生产和消费大国，提高马铃薯产业全程机械化水平尤为重要；而马铃薯收获机械化是马铃薯全程机械化关键环节，可提高劳动效率，增产增收效果显著。介绍国内外对马铃薯收获机薯土分离装置机械的研究近况，阐述国内外最新马铃薯收获机薯土分离装置结构型式和特点，提出了对其发展趋势的展望，以期为从事马铃薯收获机薯土分离装置机械研究的人员提供参考。

关键词：马铃薯；收获机；薯土分离装置；发展；展望

马铃薯是中国粮食作物的重要组成部分，目前中国马铃薯种植面积位列全球第一，但其单产水平在全世界排名不高。马铃薯机械化收获水平是影响产量和品质的关键因素，而中国马铃薯收获机械研究、发展起步较晚，随着中国对马铃薯主粮化和产业发展重视程度的提高，以及马铃薯种植面积的逐步增加，马铃薯收获机械的需求也日益增加[1-3]。了解国内外马铃薯收获机械的研究现状，对研制高水平马铃薯收获机械，提高中国马铃薯收获效率，明确下一步的研究方向，具有重要意义。

1 国外收获机分离装置的现状

1.1 国外收获机分离装置发展现状与结构特点

国外地区种植马铃薯较早，所以马铃薯机械化收获起步早、发展快、技术水高[4]。早在 20 世纪 20 年代，西方国家就开发了抛掷轮式和升运链式薯土分离置，40 ～ 50 年代欧美一些发达国家就已经实现了马铃薯收获的机械化，并对分离装置展开了研究[5]。国外引领马铃薯收获机发展的代表厂商，主要有德国 Grimme 公司、美国 Double L 公司、比利时 AVR 公司等。

德国格里莫公司生产的 SE 150-60 型马铃薯收获机，结构如图 1 所示，该机分离装置分为两个筛分阶段，第一筛分阶段可根据不同土壤环境选择不同的筛分器进行薯土分离工作，可选择的筛分器一种为安装有四排指型刮刀网的筛分器，可在石块含量低的黏重土壤上提供最佳分离性能；另一种为安装有六排刷网的筛分器，可在石质土壤上提供最佳分离性能。第二筛分阶段的分离器由一个循环刺猬网和双刮板滚筒组成，用于进一步分离土壤、

作者简介：吕金庆（1970—），教授，主要从事马铃薯新型技术及装备方面研究。
基金项目：国家重点研发计划项目（2017YFD0700705、2016YFD0701600）；现代农业产业技术体系建设专项（CARS-09-P23）；黑龙江省马铃薯产业技术协同创新推广体系项目。
* 通信作者：吕金庆，e-mail：ljq8888866666@163.com。

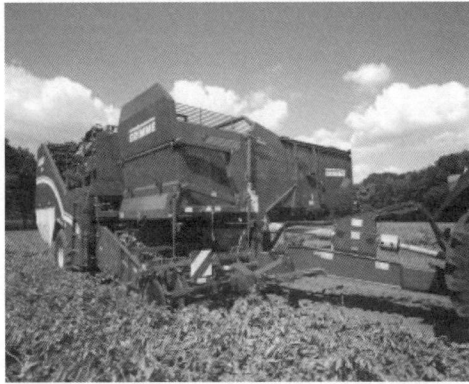

图1　格里莫 SE 150-60 型马铃薯收获机

杂草等。或者，可以选择刺猬网与一个光滑滚筒和一个螺旋滚筒的组合，以增加输送能力和降低堵塞风险。该机最大特点为可根据收获条件调整两阶段薯土分离装置组合，可最大程度实现一机多用，适应性强且分离效率高。

比利时 AVR 公司生产的 Puma 3 型马铃薯收获机，结构如图2所示，该机工作时，薯土混合物首先从具有两个带有挖掘网、筛网和梳齿杆网的宽敞筛分通道通过，完成一部分的筛分清洁工作，然后通过橡胶杆网，薯土混合物进入到一个特别的分离装置，其包括一个坚固的皮带，在下方装有一个轴向滚轮，能够连续设定从机舱流过轴向滚轮的薯土混合物流量，从需要彻底清洁的薯块到几乎不需要任何清洁的薯块，适用于所有收割条件。该机性能强大，通用性强。

美国 Double L 公司生产的 973 型马铃薯收获机，结构如图3所示，该机可在不杀秧情况下进行收获作业，该机分离装置为聚氨酯材料的星型辊组，该辊组中的反向旋转轴会形成一个夹点，该夹点会捕获并拉出异物。同时，该材料可以很好地防止土壤附着，在黏重土壤条件下可有效防止堵塞。并且该机配备有轴间传感器和液压速度控制器，可实时根据作业情况调节分离装置工作速度，同时，传感器可在机器堵塞前发出警告，避免堵塞发生。该机具有良好的防堵性能，分离效果好，可有效减少薯块损伤。

1.2　国外收获机分离装置发展趋势

综上，发达国家的马铃薯作物收获已基本实现了机械化联合作业，欧美等国家收获机械具有自动化程度高、作业稳定性高、可靠性好等特点，并且随着科技的发展和进步，国

图2　Puma 3 型自走式马铃薯收获机

图3　973 型马铃薯收获机

外正广泛应用当前高新技术、传感器、监控技术和信息化模块等广泛应用在大型联合收获机上，大力发展马铃薯清洁无损技术、分离装置多作业条件联合互换技术等，已经形成了比较完整的收获、运输、清选、预分级、装载堆放的马铃薯收获体系。目前国外马铃薯收获机械正朝着大型自走式、机电和液压一体化、联合作业、较高稳定性和实现互换性以及更加智能化、人性化的方向发展，增强和提高马铃薯收获机生产效率、收获质量，降低劳动强度、作业成本等[6]。

2 国内收获机分离装置的发展现状与结构特点

中国马铃薯机械收获作业相关研究起步较晚，马铃薯收获机械化的发展总体分为3个阶段：一是人工铁锹和犁挖阶段。建国以前，中国处于外忧内患时期，各产业机械化水平低，农业机械化水平更甚，马铃薯收获一直以人工挖掘、捡拾、清洁为主。直至20世纪60年代开始，中国开始了马铃薯收获机械化进程的小型挖掘机挖掘进而人工捡拾阶段。这时中国从欧洲等国引进马铃薯收获机，在其基础上加以研究，并自行研制了升运链式马铃薯收获机，马铃薯收获主要方式是依靠小型挖掘机挖掘，铺放在田间，再由人工捡拾装袋，效率依然低下。随着科技的发展及国家对农业机械发展的重视，中国在20世纪70~90年代进入了中小型马铃薯挖掘机及少量大型联合收获机应用阶段。部分科研院所开始自主研制马铃薯收获机，在这期间相继诞生了振动分离筛式、升运链式、转笼分离式马铃薯收获机，这些机械收获作业的明薯率在不断提升，伤薯率在不断下降、作业效率也极大提高[7]。21世纪以来，国内对马铃薯收获机薯土分离技术开展相应研究。

中机美诺生产的1700型马铃薯收获机，如图4所示，该机可一次性完成挖掘、输送分离、除秧、侧输出作业收净率高，破损率低，成本回收快，同时该机采用两级输送分离装置，强制振动，两级除秧等机构，分离率高；具有组合挖掘机构，保证挖掘深度一致；同时浮动圆盘刀的设计，更有效切断杂草，可有效减少挖掘阻力。该机分离效果好，具有良好的田间作业性能[8]。

东北农业大学吕金庆等[9]研制了4U1Z型振动式马铃薯挖掘机，如图5所示，该机适用于丘陵山区等小地块马铃薯收获作业，该机采用不同长度的杆条焊接在U型支架上，杆条间距40 mm，振动分离筛通过弯板支架与摇臂相连接，在振动架的驱动下振动，筛面对

图4 中机美诺1700马铃薯收获机

图5 4U1Z型振动式马铃薯挖掘机

图 6　马铃薯联合收获机立式环形分离输送装置

挖掘的土薯混合物有抛起的作用，有较强的分离和输送能力。同时振动分离筛的筛面倾角可以通过螺杆顶丝进行调节，以实现最佳的振动分离效果。

青岛农业大学杨然兵等[10]研制了马铃薯联合收获机立式环形分离输送装置，其结构如图 6 所示。该立式环形分离筛由环形齿轮、弹性绳、外圆轨道、内圆轨道和间隔网格组成。环形齿轮与齿轮箱输出轴上的主动齿轮啮合，带动立式环形分离筛在垂直空间内旋转。工作时马铃薯前进到链式上升机构中，并向上移动。然后，随着带式输送机构在横向输送机构的输送过程中向后移动，橡胶指将提升料斗里的薯土混合物放入立式环形分离筛。在齿轮和环形齿轮的啮合传动下，立式环形分离筛完成马铃薯、土壤和杂质在垂直空间的输送和分离。该机具有良好的分离效果，通用性较强。

3　国内马铃薯收获机分离装置发展趋势

经过几十年的努力，中国中耕机械主要产品的研究设计水平，几乎与国外同类产品当代先进技术持平。但是，随着国家对马铃薯产业的重视以及种植面积的不断增加，对中国马铃薯收获机械化作业提出了更高的要求。

3.1　平衡各产区机械化收获水平

中国北方一季作区种植面积占全国总面积的 50%，该作区地势相对比较平坦，地块面积较大，机械化水平普遍偏高，机收水平已达 60% 以上[11]。中原二季作区种植面积占全国总面积的 7%，该作区地势以平原为主，机械化水平较高，马铃薯装备运用较多。西南一、二季混作区马铃薯种植总面积虽占全国总面积的 43%，但其机械化水平却不到 1%，究其原因在于：①各地种植模式不一。由于各地的气候特点、土壤类型、马铃薯种植目的以及品种选择都不相同，所选择的种植模式也不同。因此中国马铃薯收获机局限性较大，适合单一种植模式马铃薯收获机不一定适用其他种植模式。②西南一、二季混作区和南方冬作区地理条件特殊，以丘陵山地地带为多，田地分散且地块较小、坡度较大，气候条件温暖多雨，土壤潮湿黏重。在黏重土壤条件下作业易造成升运链故障，因此升运链式挖掘机也不适合在坡度大、地块小和较黏重土壤上作业[12,13]。因此中国马铃薯收获机地域性较明显，适合一作区地块大小和土壤条件的收获机不一定适合另一作区地块大小和土壤条件。因此，亟须研究适用于中国西南一、二季混作区、南方冬作区农艺种植要求的马铃薯挖掘机，而且其质量、体积与配套动力较小成为了必要条件，并且应满足在气候温暖潮湿的土地环境下达到较好的分离效果。

3.2 增加机具创新性和科技水平，提高农机与农艺的结合

中国应在引进国外马铃薯收获机械的先进制造理念和先进制造技术的基础上，大力发展农机精准化、智能化、信息化技术，将机电一体化、液压驱动、气压传动与控制、传感技术、遥感技术等高新技术应用于马铃薯收获机械设计制造中；同时，随着马铃薯收获机的广泛应用，在收获过程中马铃薯块茎与分离装置碰撞造成的机械损伤也随之增加，严重影响收获后马铃薯的储存、销售等，进而直接影响其经济效益[14,15]，因此中国应大力发展马铃薯薯土混合物分离过程中减少薯块损伤技术，提高马铃薯收获机分离装置工作效率。

4 结 语

介绍了国内外马铃薯收获机分离装置最新的、占据市场主流的代表机型的性能及结构特点，这些机型经过大量田间试验及市场的考验，比较有实际参考价值。结合中国马铃薯收获机分离装置的研究现状，结合中国国情，提出了平衡各产区机械化收获水平、增加机具创新性和科技水平，提高农机与农艺的结合等建议。相信随着中国对马铃薯主粮化和产业发展的重视程度不断增加，科研水平的不断提高，马铃薯产业技术体系一定会逐步形成，马铃薯全程机械化具有更加光明、广阔的发展前景。

[参 考 文 献]

[1] 窦青青，孙永佳，孙宜田，等．国内外马铃薯收获机械现状与发展 [J].中国农机化学报，2019，40(9)：206-210.
[2] 王公仆，蒋金琳，田艳清，等．马铃薯机械收获技术现状与发展趋势 [J].中国农机化学报，2014，35(1)：11-15，21.
[3] 杨红光，胡志超，王冰，等．马铃薯收获机械化技术研究进展 [J].中国农机化学报，2019，40(11)：27-34.
[4] 张建．4M-2 型马铃薯联合收获机优化设计与仿真 [D].兰州：甘肃农业大学，2008.
[5] 王万虎．基于离散元的马铃薯捡拾装置试验研究 [D].杨凌：西北农林科技大学，2017
[6] 史明明，魏宏安，刘星，等．国内外马铃薯收获机械发展现状 [J].农机化研究，2013，35(10)：213-217.
[7] 李建．马铃薯收获机薯土分离筛筛分性能研究与优化设计 [D].呼和浩特：内蒙古农业大学，2019.
[8] 中机美诺官网．1700 马铃薯联合收获机 [EB/OL]. http://www.menoble.com/1700%E9%A9%AC%E9%93%83%E8%96% AF%E8%81%94%E5%90%88%E6%94%B6%E8%8E%B7%E6%9C%BA
[9] 吕金庆，田忠恩，吴金娥，等．4U1Z 型振动式马铃薯挖掘机的设计与试验 [J].农业工程学报，2015，31(12)：39-47.
[10] 杨然兵，杨红光，尚书旗，等．马铃薯联合收获机立式环形分离输送装置设计与试验 [J].农业工程学报，2018，34(3)：10-18.
[11] 吕金庆，田忠恩，杨颖，等．马铃薯机械发展现状、存在问题及发展趋势 [J].农机化研究，2015，12(12)：158-263.
[12] 贾晶霞，姜贵川，王楠，等．国内外马铃薯收获机械研究进展 [J].农业机械，2012(14)：13-14.
[13] 岑海堂，樊万本，刘建兰．浅谈马铃薯收获机械的现状与发展 [J].农业机械，2001(4)：21-22.
[14] 王咏梅，孙伟，王关．关于马铃薯收获中机械损伤的研究 [J].安徽农业科学，2014，42(9)：2 837-2 840.
[15] 邵世禄，万芳新，魏宏安，等．我国马铃薯收获机械研制与发展的研究 [J].中国农机化，2010(3)：34-39.

马铃薯挖掘机挖掘铲的现状及展望

吕金庆 *，温信宇，杨晓涵

（东北农业大学工程学院，黑龙江 哈尔滨 150030）

摘 要：马铃薯收获机械化是实现全程机械化的重要环节，当前中国马铃薯收获大多采用分段收获方式，即挖掘铲挖掘出马铃薯后由人工或机械进行捡拾，挖掘铲是马铃薯挖掘机的主要工作部件，对现有挖掘铲的种类进行阐述，各类挖掘铲在挖掘机上的应用现状进行分析，对未来马铃薯挖掘机挖掘铲的发展进行展望，为马铃薯挖掘机挖掘铲的发展提供了参考和借鉴。

关键词：挖掘机；挖掘铲；应用现状；展望

马铃薯是世界第四大主粮作物，具有产量高、经济效益好、环境适应能力强等优点，中国是世界马铃薯种植面积最大的国家，种植面积和产量均处在世界前列[1,2]。近年来，中国马铃薯播种机械化发展较快。相比之下，马铃薯收获机械化水平较低，并且马铃薯收获以分段收获方式为主，先需要马铃薯挖掘机将薯块挖掘出，再进行收获作业[3,4]。挖掘铲是马铃薯挖掘机的主要工作部件，挖掘和输送是马铃薯收获过程中的两个最重要工序，掘进性能和输送性能是衡量马铃薯收获机综合可靠性的重要指标[5-7]，挖掘铲的挖掘性能直接影响着马铃薯的收获质量，就目前现有的马铃薯挖掘机挖掘铲的类型和结构特点进行阐述，分析了各挖掘铲的挖掘性能。

1 马铃薯挖掘机挖掘铲的研究现状

挖掘铲的作用是把薯块和土壤掘起，并传送到分离部件上去。对挖掘铲的要求是：在尽量少掘取泥土的情况下掘净薯块；在作业过程中挖掘深度稳定，并能根据需要进行调节，保证土堡能沿铲面顺利通过；对用于黏重土壤的挖掘铲应有较强的碎土能力，以便为土薯分离提供有利条件；为了避免工作时出现缠草和麼土，要求挖掘部件具有自洁功能；牵引阻力小，刃口的耐磨性好，目前马铃薯收获机上所采用的挖掘部件有固定式、驱动式和组合（混合）式3种[8]。

1.1 固定式挖掘铲

固定式挖掘铲直接或间接地与机架成刚性连接，采用的挖掘铲有平面铲、曲面铲和槽形铲等。

如图1直接固定在挖掘机横梁上的平面双铲，这类挖掘铲的铲面为平面，结构简单，制造容易，使用也较为广泛，常用在升运链式挖掘机上。为了保证铲刃的自动清洁和良好

作者简介：吕金庆（1970—），男，教授，主要从事马铃薯新型技术及装备方面研究。

基金项目：国家重点研发计划项目(2016YFD0701600、2017YFD0700705)；现代农业产业技术体系建设专项（CARS-09-P23）；黑龙江省马铃薯产业技术协同创新推广体系项目。

* 通信作者：吕金庆，e-mail：ljq8888866666@163.com。

的人土性能，带斜刃的三角形铲应用广泛。按铲的数量分为单铲、双铲和多铲 3 种。平面单铲常用在单行收获机上，根据挖掘断面和滑切性能的要求，铲刃夹角可取不同的值；平面双铲由左、右 2 个铲组成，常用在双行收获机上，铲的固定方式有 2 种：一种是铲直接固定在横梁上，另一种是将左、右两铲分别通过托架悬臂地固定在机器两侧的机架上，并在两铲之间留有滑草间隙，可在两铲之间设置一个小铲，以减小主铲的宽度和保证滑草能力；平面多铲是由 3 个或 3 个以上相同或相似的铲组成。由于铲的个数较多，每个铲的铲刃斜角尽可能取得小些，从而使铲具有良好的滑切性能，可用在单行或双行收获机上[9-11]。

图 2 为采用曲面铲的挖掘部件，凹形曲面铲主要用在挖抛机上。铲面具有适应抛掷轮运动轨迹的横向（垂直于机器前进方向）圆弧形曲面。用于马铃薯挖抛机的铲，其长度一般为 340 ～ 370 mm；宽度为 550 ～ 600 mm；倾角变化范围 8° ～ 20°，常用的为 10° ～ 15°。

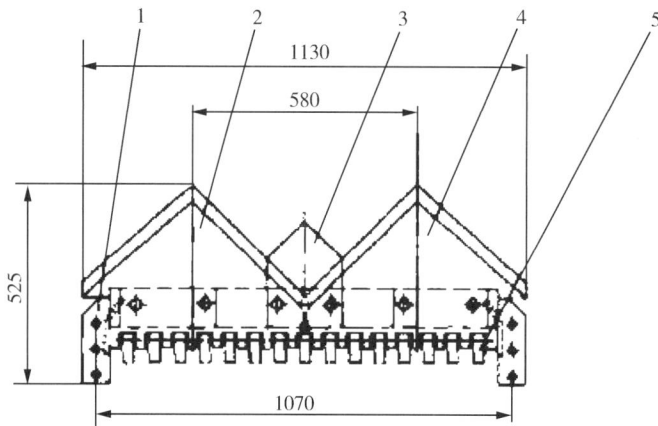

1– 横梁焊合；2– 左铲；3– 中间小铲；4– 右铲；5– 活板

图 1 平面铲

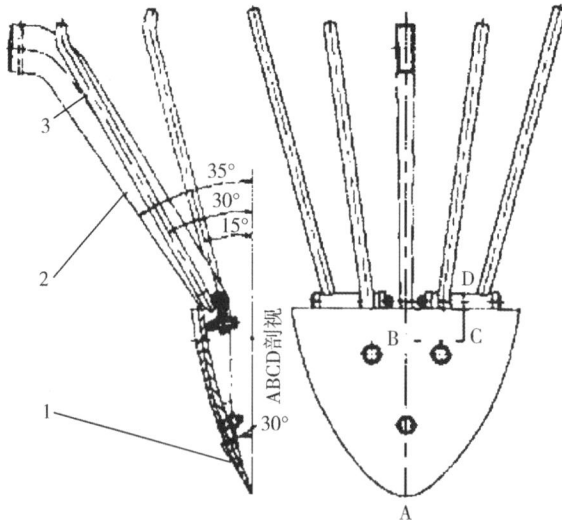

1.挖掘铲；2.铲柱；3.分离杆

图 2 曲面铲

图 3 为带栅条铲面的槽形铲，槽形铲为由左、右 2 个铲组成，用于单行和双行收获机上，两铲之间留有 30 ~ 60 mm 的滑草间隙。内刃的斜角小于外刃的斜角，这样使得工作时土垡向两铲的中间方向移动，免得薯块散到机器外侧。铲侧装有滑草板，以防堵塞，槽形铲在潮湿和黏重的土壤上工作时，铲子侧边弯曲处容易黏附泥土。槽形铲的铲面为曲面，主要参数可参照平面铲确定，铲的总宽度比平面铲的总宽度小 50 ~ 100 mm，槽形铲通过铲柄悬臂固定在机器两侧的机架上，其后端装有活板，铲面后段做成栅条状，起到减小牵引阻力和筛分部分土壤的作用。

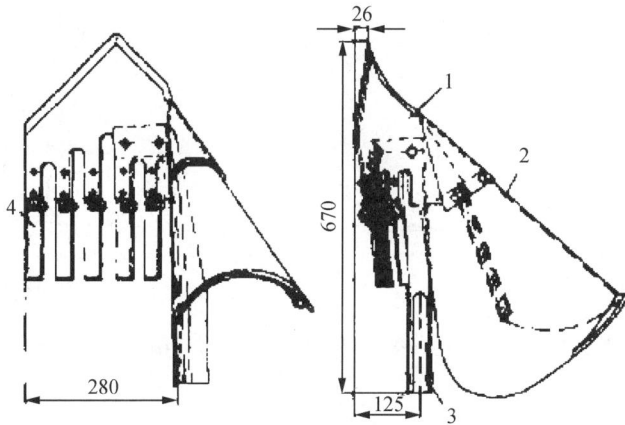

1– 右铲；2– 滑草板；3– 铲柄；4– 活板

图 3 槽形铲

1.2 驱动式挖掘铲

驱动式挖掘部件的挖掘铲在工作时，除了随机器一起移动外，同时在动力的驱动下作旋转或往复运动。根据运动形式的不同，分为转盘式挖掘铲和振动式挖掘铲 2 种[12]。

如图 4 为转盘式挖掘铲，转盘式挖掘铲由两个相向转动的球面圆盘组成，多用在双行收获机上。工作时被圆盘铲起的土垡，在碰到挡板时即落到分离部件上去。在现有一些机器上，当行距为 625，700 和 760 mm 时，相应圆盘直径分别为 775，880 和 980 mm。圆盘的圆周速度为 2.2 ~ 2.8 m/s，两圆盘之间的间隙 s 为 70 ~ 100 mm。圆盘在纵向断面上的倾角 β_1 为 28° 左右，在横向断面的倾角 β_2 为 12° 左右。转盘挖掘铲的优点是碎土性能好，不仅能用于挖掘，还可以用于分段收获时的捡拾作业，牵引阻力减少 20% ~ 30%，用作捡拾作业时，圆盘的入土深度为 10 cm。缺点是在土壤过于黏重的条件下，土垡容易在铲面上堆积和缠草，传动机构比较复杂。

图 5 为振动式挖掘铲，振动式挖掘铲工作时由曲柄连杆机构驱动作往复运动[13-15]，主要有斜刃槽形铲和平刃槽形铲 2 种，其工作过程包括切制土壤和输送土壤 2 个阶段。根据前苏联农业机械制造研究所的资料，挖掘铲每分钟摆动次数 n 应为：507 < n < 625。美国对振动铲的性能进行研究认为：n = 450 r/min 时较不振动时牵引阻力减少一半；超过这个振动次数时牵引阻力基本不变；当 n > 700 r/min 时，牵引阻力又增加。振动铲能顺利地破碎土块，有助于分离，可降低输送分离器速度，延长链的使用寿命。振动铲有助于喂入，

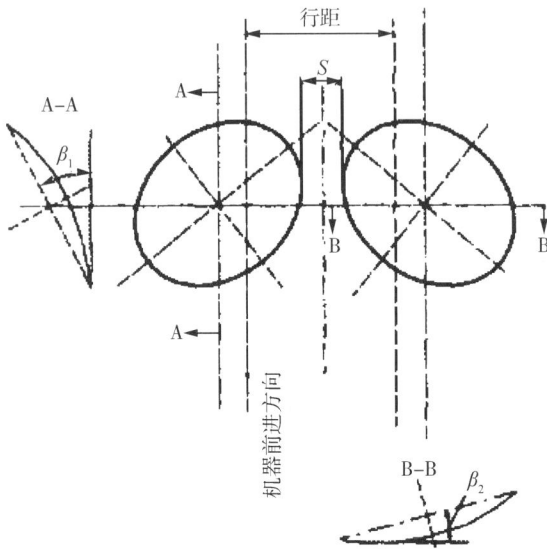

图4　转盘式挖掘铲

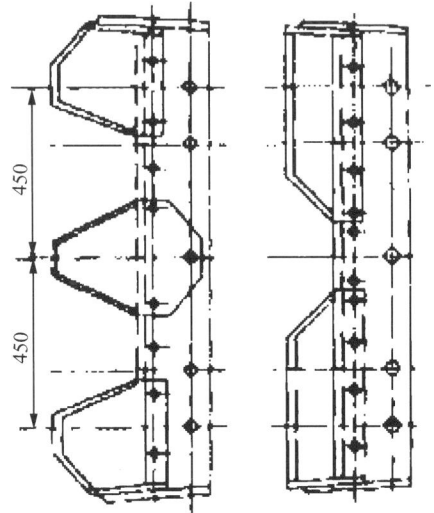

图5　振动式挖掘铲

且对薯块的压伤显著减少，但切伤增多，挖掘铲的振动能减少机具的平均牵引阻力，但不减少所需的总功率。

1.3　组合式挖掘铲

它由2种或2种以上不同类型的挖掘部件按不同的配置形式组成。常用的有以下几种：

图6为固定式平面铲和振动式侧铲组成的组合式挖掘装置，这种挖掘装置能防止机器两侧缠草和堵塞，适合在较黏重、潮湿和多草的场合下工作，常用侧铲的振幅为12 mm，偏心轮转速为427 r/min。

图7为圆盘夹垄式挖掘装置，这种挖掘装置由弧形挖掘铲、两侧带圆盘刀的镇压轮和拨土辊组成，工作时，挖掘铲和圆盘刀所切的土垡被夹在圆盘刀和镇压轮表面之间沿着铲面上升，在转动的拨土辊的作用下，土垡落到后面的分离装置上，该挖掘装置能使土垡提

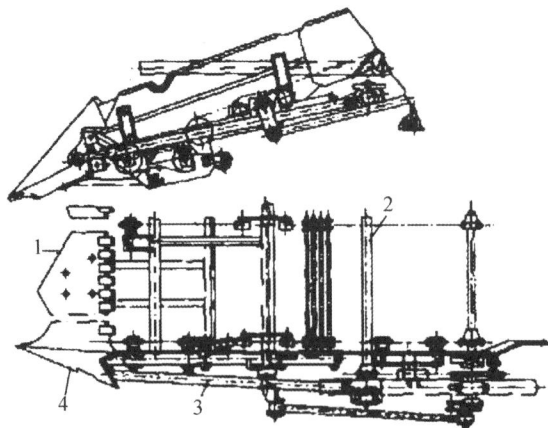

1-固定式平面停；2-偏心轮轴；3-连杆；4-振动式例铲

图6　组合式挖掘铲

升得较高,便于在后部配置分离装置,不掘取行间无薯块的土壤,可以减小分离部件的负荷。在一些马铃薯收获机上采用这种工作部件的主要参数如下:挖掘铲为部分圆柱形曲面,其曲面半径为 410 mm,铲宽 370 mm,铲刃呈三角形,镇压轮直径 400 mm,宽 450 mm,圆盘刀直径 600 mm,厚 5mm,拨土辊最大直径 370 mm,转速 143 min。

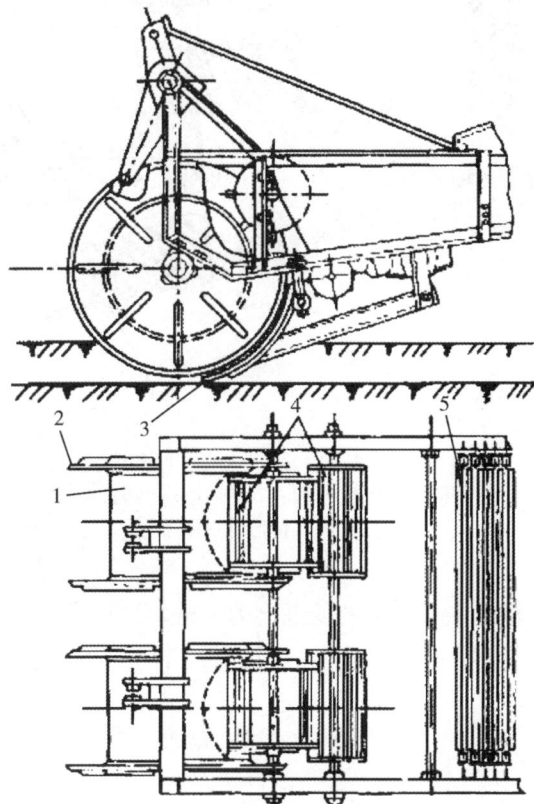

1- 镇压轮;2- 圈盘刀;3- 挖掘铲;4- 拨土辊;5- 升运链
图 7　组合式挖掘铲

图 8 为球面圆盘和杆条回转轮构成的挖掘装置,用在这种部件上的球面圆盘与圆盘型相似,它空套在轴上。回转轮由主轴、轮毂和包胶的弯杆条组成,由动力输出轴驱动,工作时,球面圆盘铲铲起的土垡落在旋转栅的杆条上,由于旋转栅的转动,通过杆条间隙筛出一部分土壤,茎叶被圆锥银拽到输送器上,剩余的部分进入后面的工作装置。在某些机器上采用的结构参数列举如下:球面圆盘直径 750 mm,圆盘凹度 115 mm,相对机器运动方向的安装角 45°,杆条旋转栅直径 1 290 mm,杆条数 54 个,旋转栅倾斜角 20°,转速 20 min,杆条直径 15 mm。

2　马铃薯挖掘机挖掘铲发展展望

未来马铃薯收获过程机械化程度将不断提高,马铃薯分段收获将向联合收获作业方向发展,对挖掘铲未来的发展要求为挖掘深度稳定,并能根据土壤平整度实现挖掘深度的自

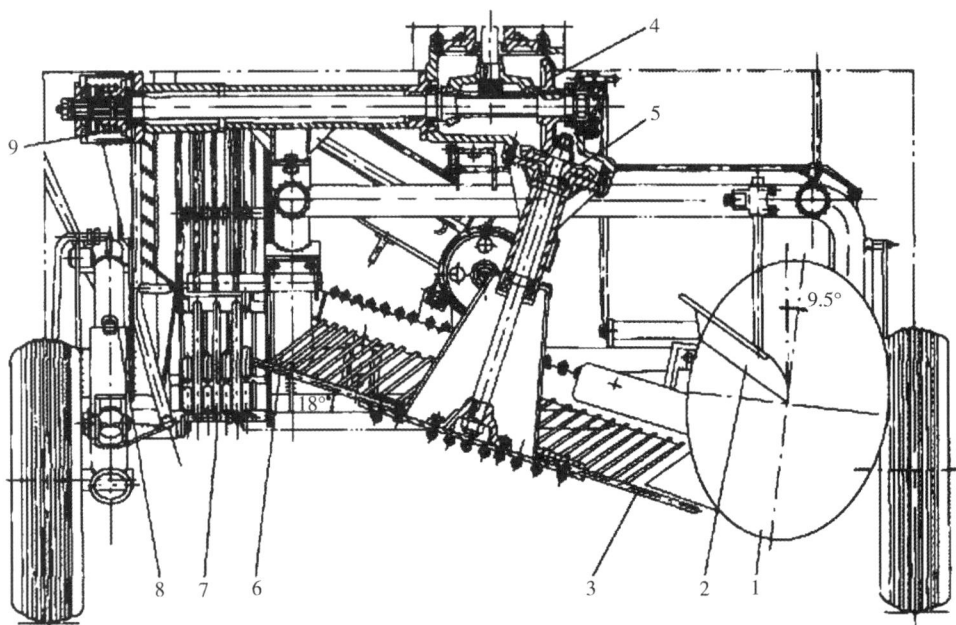

1- 球面圆盘铲；2- 刮土刀；3- 杆条旋转栅；
4- 齿轮；5- 输送带驱动齿轮；6- 固定挡栅；7- 鼓式升运器；8- 升降液压油缸；9- 离合器

图 8　组合式挖掘铲

动调整，同时提高在黏重土壤条件下的挖掘能力，减少缠草壅土现象，能够在挖掘过程中筛掉部分土壤，提高明薯率，降低伤薯率，同时减少机具的牵引阻力，降低能耗。

[参 考 文 献]

[1]　张童，刘志刚，杨龙，等 . 马铃薯联合收获机清洁装置液压系统设计与阀控液压马达数学建模 [J]. 江苏农业科学，2015，43(9)：444-447.

[2]　王学军，蒋金琳 . 小型薯类联合收获机设计与田间试验 [J]. 农机化研究，2014，36(2)：176-178.

[3]　江立凯，马旭，武涛，等 . 南方冬种马铃薯收获机的应用现状与研究展望 [J]. 农机化研究，2016，38(7)：263-268.

[4]　吕金庆，田忠恩，杨颖，等 . 4U2A 型双行马铃薯挖掘机的设计与试验 [J]. 农业工程报，2015，31(6)：17-23.

[5]　刘宝，张东兴，李晶 . 马铃薯收获机主要问题机理分析及其对策 [J]. 农机化研究，2009，31(1)：14-16.

[6]　李祥，王春光，邓伟刚 . 马铃薯挖掘阻力测试装置研究 [J]. 农机化研究，2018，40(8)：174-180.

[7]　邓伟刚，王春光，王洪波 . 马铃薯收获机挖掘铲工作阻力影响因素分析与研究 [J]. 农机化研究，2016，38(9)：53-58.

[8]　刘崇林，胡军，赵胜雪，等 . 马铃薯收获机具研究进展 [J]. 中国农机化学报，2019(4)：31-35.

[9]　王政增，吴秀丰，杨然兵，等 . S 型链式马铃薯收获机挖掘装置的设计及有限元分析 [J]. 农机化研究，2020，42(8)：142-146.

[10]　戚江涛，蒙贺伟，李成松，等 . 马铃薯收获机的设计与研制 [J]. 农机化研究，2018，40(2)：124-127.

[11]　孙传祝，魏忠彩，苏国梁，等 . 基于高效低损目标的马铃薯收获机改进设计 [J]. 农机化研究，2018，40(12)：65-69.

[12]　杨红光，胡志超，王冰，等 . 马铃薯收获机械化技术研究进展 [J]. 中国农机化学报，2019(11)：27-34.

[13]　李亮亮，李亚萍，戚江涛，等 . 五杆双作用马铃薯振动挖掘装置的设计与仿真 [J]. 农机化研究，2020，42(2)：51-55.

[14]　刘志深，倪志伟，杨然兵，等 . 侧向铺放式马铃薯收获机设计与试验 [J]. 青岛农业大学学报：自然科学版，2017(4)：299-302.

[15]　陈凯，高彦玉，杨陆强，等 . 振动铲式马铃薯收获机的设计与仿真分析 [J]. 农机化研究，2018，40(10)：44-50.

马铃薯旋耕起垄种植机拖板罩壳的设计

吕金庆 *，刘齐卉，杜长霖，孙玉凯

（东北农业大学工程学院，黑龙江 哈尔滨 150030）

摘 要：提出罩壳、拖板的合理形状和在马铃薯旋耕起垄种植机上的正确配置原则，计算土垡在被抛出后与拖板反射面碰撞情况，在忽视随机振动的情况下，对罩壳、拖板在旋耕装置上的振动规律、设计原理和计算方法进行了详细论述，然后进行了实际的拖板、罩壳以及弹簧设计。

关键词：旋耕起垄种植机；拖板；罩壳

中国是马铃薯种植生产大国，种植面积与产量均位于世界前列[1,2]。但中国马铃薯在世界上缺乏竞争力，其主要原因之一在于马铃薯机械水平较低[3]。马铃薯种植机械化水平直接影响了生产效率与质量，马铃薯旋耕垄作种植能提高土壤透气性，有利于生长发育，可达到提高产量，实现农业可持续发展的目的[4]。罩壳、拖板在旋耕装置上的作用是明显的。他挡住旋耕时被铣刀抛掷起的土垡，保证操作安全及改善劳动条件，是必不可少的辅助部分[5,6]。它的正确设计除关系到能否实现上述目的以外，还对旋耕装置作业时功率的消耗、土垠的破碎、植被的覆盖以及地表的平整都起着不可忽视的作用，应该对旋耕机罩壳、拖板的设计和理论研究给予应有的重视[7]。

1 拖板的设计

当无罩壳、拖板时土垡将以绝对速度 V_0，以抛物线为轨迹而抛出。当有罩壳、拖板时土垡抛到它们的反射面上，产生相互碰撞，动量发生变化，对于这方面，有关文献已作了详尽的论述，将不再重复[8]。对于南方绝大多数的水田旋耕而言，这种碰撞绝大部分不能起到再次破碎土垡的作用，而只能引起土垡的塑形变形，徒然地消耗功率，加剧罩壳、拖板的振动等，应该尽量消除这种相互碰撞[9]。这样，罩壳、拖板就要按土垡抛掷轨迹的抛物线簇制成相应的形状。还要求：①机组必须保证给定的速度范围；②加大罩壳、拖板的高度和长度，而这实际上是不可能做到的。后抛土垡是以绝对速度 V_0，沿后抛中心角 Φa 抛出与拖板反射面相互碰撞，这种碰撞反力的合力 P 为：

$$P = \sqrt{P^2{}_N + P^2{}_t}$$

式中：P_N——碰撞反力的法向分力；

P_t——碰撞反力的切向分力即摩擦力。

作者简介：吕金庆（1970—），男，教授，主要从事马铃薯新型技术及装备方面研究。

基金项目：国家重点研发计划项目（2017YFD0700705、2016YFD0701600）；现代农业产业技术体系建设专项（CARS-09-P23）；黑龙江省马铃薯产业技术协同创新推广体系项目。

* 通信作者：吕金庆，e-mail：ljq8888866666@163.com。

根据上述原则，以 P 力最小为出发点。取 $P_t = 0$，则 V_0 的方向应垂直于拖板的反射面。对曲线形拖板，V_0 的方向应垂直于碰撞点的曲线的切线。所以拖板相对于地表面的安装角 β 应该是（图1）

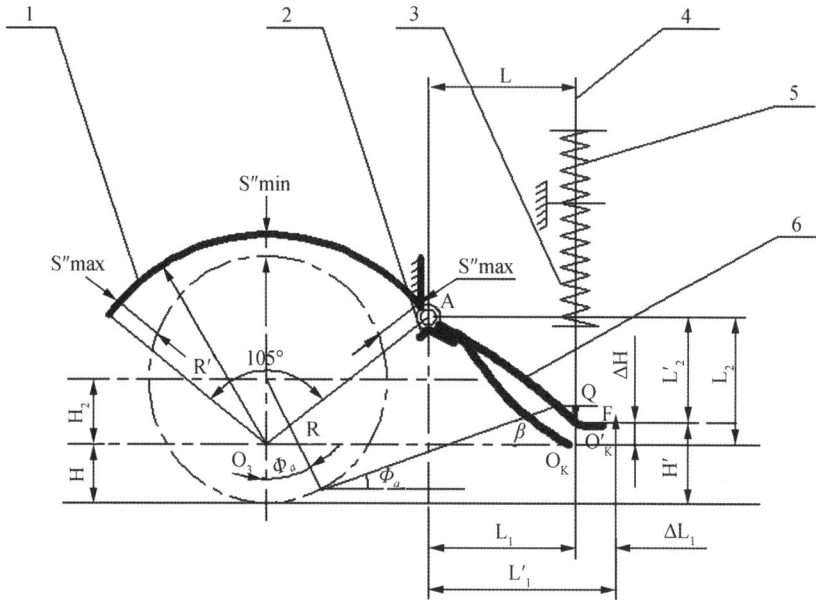

1- 罩壳；2- 挡缝板；3- 下弹簧K2；4- 套杆；5- 上弹簧；6- 拖板
图1　旋耕时土垡在罩壳作用下运动过程

$$\beta = 90° - \Phi a$$

Φa 一般在 $25° \sim 30°$。

为了兼顾向后上方蹦起和加强拖板的刚性，减少拖板拖平地表的前进阻力，拖板宜做成如图3所示的上下圆弧相切而成的曲线形（两圆弧为外切圆弧，半径上圆弧大，下圆弧略小）必须指出，上圆弧的半径若太小，则此处容易积泥。β 的角度可表示为（见图1点划线所表示的拖板）。

$$\beta = arctg \frac{L_2}{L_1}$$

L_1——挂接点到拖板后边缘 O_k 的水平距离；

L_2——挂接点到地表面的距离。

由于土垡旋耕后变得蓬松，O_k 点提高到 O_k'，这时拖板与地表面的夹角则为 β'（见图1实线所表示的拖板）

$$\beta' = arctg \frac{L_2'}{L_1'} = \frac{L_2 - \Delta H}{L_1 - \Delta H}$$

一般 $\beta - \beta' = 3°$。

由于土质是变化的，而且机组前进速度不能保持匀速，β' 角的值实际上是变化的。为此，拖板应采用活动联接，β' 以适应角变化，缓冲冲击力和调节拖板与地表的接触压力。目前，中国的旋耕机几乎都是通过链条的伸缩来改变 β' 角的大小，但是，用链条吊起的拖板在工作时是处于浮动状态，平整地表时不带一定的强制性。这样造成拖板工作时在地表土块的冲击下容易跳离地面，拖板后边缘与地表面之间形成 15 mm 左右的空隙，土垡常常从此空隙中滑出，影响地表的平整度，为了消除这种现象，有人曾采取增加拖板重量的措施，但这样却增加了旋耕机总重和制造成本，影响机组纵向稳定性而且收益甚微，不如采用带一定强制性的弹性连接（图 1），使拖板在工作时，通过导杆 4 利用弹簧 3 的弹性力压紧在地表上（左右对称各一个，以不压实土垡为限），这样，耕后地表平整度以及植被覆盖率得到显著提高。同时又可利用导杆 4 上的插孔来调节 β' 角的大小，避免了上述缺陷。

在这里下弹簧 3 的设计是能否达到预期目的的关键。如果下弹簧 3 的弹性太大，则难于达到上述目的；弹性太小，则易压实土垡，下面阐述下弹簧 3 的设计（图 1）。

（1）最小工作负荷 $P_1 = \dfrac{P'_1}{2}$ 的确定：

P' 为二个下弹簧所收到最小工作负荷。由于 P'_1 和 Q 大小相等、方向相反。（Q 为拖板对地表的压紧力）将旋耕机组的运动看作匀速，则可根据拖板后边缘所受到的工作阻力 F' 求出 P'，而工作阻力 F'，可以转化为使拖板先上拾起的力 F，大小为 $F = \dfrac{F'}{f}$，f 为拖板与土垡的摩擦系数。由杠杆平衡条件：

$$\sum M_A(F) = 0$$

$$P'_1 = \frac{F \cdot L'_1}{L}$$

其中：F' =12.1 kg/m 幅宽（电测数据）

（2）最大工作负荷 P_2 的确定：

P_2 可根据经验公式 $P_2 = \dfrac{P_1}{0.4}$ 计算得出。

（3）最大工作负荷 F 的变形 F_2 的确定：

F_2 根据拖板在工作时，遇上石块等坚硬物体时所需要拾起的最大高度（由经验）确定。

根据上述已知条件，可计算下弹簧的各参数及其尺寸。

现以 IG—1.5 旋耕机为例，计算如下：

已知：P_1 = 16 kg，P_2 = 40 kg

F_1 = 45 mm，则

①弹簧钢绳直径 d = 4 mm；

②弹簧中径 D_2 = 22 mm；

③最大工作负荷的单圈变形 f_2 = 1.8 mm；

④弹簧工作圈数 $n = 25$，

　弹簧工作总圈数 $n_1 = 27$；

⑤弹簧特性负荷

　$P_1 = 16\ kg$，$P_2 = 40\ kg$，$P_3 = 50\ kg$；

⑥允许极限负荷下的变形 $F_3 = 5.6\ mm$，

　最小工作负荷下的变形 $F_1 = 18\ mm$；

⑦不同负荷下的弹簧高度。

采用两段压紧并需磨平的弹簧，则

　　a. 允许极限负荷下高度 $H_3 = 108\ mm$，

　　b. 弹簧自由高度 $H = 164\ mm$，

　　c. 最大工作负荷下高度 $H_2 = 119\ mm$，

　　d. 最小工作负荷下高度 $H_1 = 146\ mm$；

⑧弹簧节距 $\tau = 6.25\ mm$；

⑨弹簧总展开长度 $L = 1\ 888.92\ mm$；

⑩弹簧指数 $C = 5.5$，

　弹簧刚度 $P' = 0.9$，

　弹簧重量 $Q = 0.185\ kg$，

　弹簧稳定性指标 $b = 7.45 > 5.3$，

故应设置导杆，弹簧与导杆的间隙应为 3 mm。

当然，正确地设计好下弹簧 3 并不是说就可以一劳永逸。由于土质情况复杂，坚实度和孔隙度不一样，使用时还要根据实际情况，利用导杆 4 上的插孔调节下弹簧 3 的刚度，增强拖板的碎土与平土效果。

拖板在机组行驶和工作时，还将发生振动。振动发生在机组工作时，拖板由于得到土埌的支撑和阻尼，并不容易损坏。当振动发生其提升，拖板处于悬挂状态时，如无隔振措施，拖板将发生激烈的上下、撞击而损坏。用链条吊起的拖板，其链条可起到一些隔振效果。但隔振效果不佳。因此，宜采用图二所示的方案，增加上弹簧 5 参与隔振。这样形成拖板在工作时，下弹簧 3 单独起作用（使拖板紧压地表）。当拖板处于悬挂状态时，就由上弹簧 5 和下弹簧 3 联合起作用了。下面试分析拖板在悬挂状态的振动规律。先分析拖板未装导杆和弹簧的情况。

引起拖板振动的原因有 3 个：（1）是由地面不平整而引起的（即随机振动）；（2）是由于拖拉机发动机曲柄连杆机构的惯性干扰力而引起的；（3）是由于旋耕机刀轴偏心产生的惯性干扰力而引起的。鉴于研究条件的限制，随机振动无法考虑。后两种惯性干扰力是时间的正弦函数。分别为：$F(\tau_2) = F \sin r\tau_2$ $F(\tau_3) = F \sin r\tau_3$ 它们是从振源传到罩壳 C 点和 B 点。然而通过悬挂点 A 传到拖板（图2），当然 A 点的振幅与频率和 C 点、B 点不同。但 C 点、B 点传到 A 点的传动比可由实验（例如对振动波在罩壳上的传播过程进行高速摄像）确定。

　　设拖板 AD 的重量集中于后边缘，长为 L（图 2），托板的振动可看成悬挂点作水平移动（平动）的受迫震动即一个摆的运动。视罩壳为质点 M_1、拖板为 M_2。坐标象限及拖板振动时所受的力如图所示。应用拉格朗日法可以求出这个摆的微分方程，解这个微分方程可以得出拖板的振动规律。

　　下面接着分析拖板装上导杆和弹簧后的振动规律（图 3）。

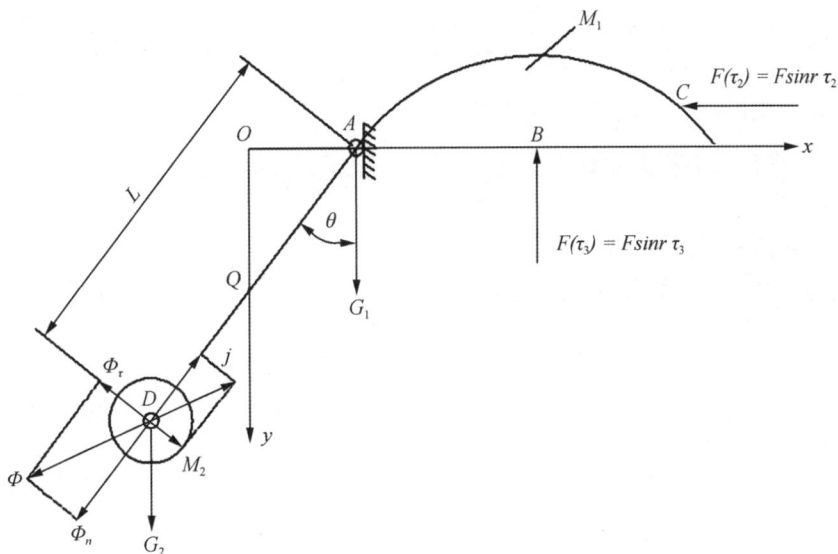

图 2　拖板振动时受力分析图

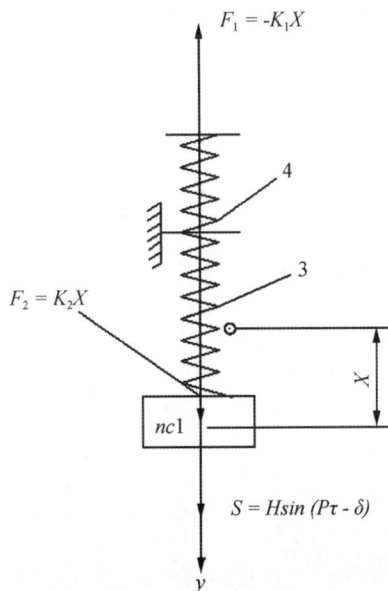

图 3　拖板上导杆弹簧受力分析图

设拖板（包括导杆 4）为振体，质量为 m_1，上弹簧和下弹簧的弹簧常数分别为 K_1 和 K_2，取振体的静平衡位置 0 为 y 轴的原点，则拖板此时所组成的振动体系如图所示，振体在振动中所受的力有：

弹性恢复力：

$$F = F_1 + F_2 = -K_1 x + K_2 x$$

惯性干扰力：是时间的正弦函数，设：

$$S = H \sin (P\tau + \delta)$$

其中：F_1、F_2—上、下弹簧的弹性恢复力；

H—干扰力的力幅；

P—干扰力的频率；

δ—干扰力的初位相；

τ—时间。

黏滞阻力：$R = -Cx$（忽略不计）

根据动力学基本定律可列出微分方程：

$$m_1 \frac{d^2 x}{d\tau^2} = -K_1 x + K_2 x + H \sin(P\tau + \delta)$$

将上式两端除以 m_1，并令

$$W^2 = \frac{K_1 - K_2}{m_1} \qquad\qquad h = \frac{H}{m_1}$$

则得

$$\frac{d^2 x}{d\tau^2} + W^2 x = h\sin (P\tau + \delta) \qquad\qquad ①$$

①上式是无限尼受阻振动的微分方程，它是常系数线性二阶非齐次微分方程，它的解由 2 部分组成：

$$x = x_1 + x_2$$

x_1 为方程①的齐次方程的通解，为：

$$x_1 = C_1 \cos K\tau + C_2 \sin K\tau = A \sin (K\tau + \alpha)$$

设 x_2（方程①的特解）如下：

$$x_2 = a\cos P\tau + b\sin P\tau$$

求得 $a = 0$

$$b = \frac{h}{W^2 - P^2} = \frac{h}{\dfrac{K_1 - K_2}{m_1} - P^2}$$

得方程①的全解为：

$$x = A\sin (K\tau + \alpha) + \frac{h}{\dfrac{K_1 + K_2}{m_1} - P^2} \sin (P\tau + \delta)$$

上述振动系统实际上组成隔振系统（图 3），其隔振效果可用隔振系数来表示：

$$n = \cfrac{1}{\left|1 - \left(\cfrac{\theta}{W}\right)^2\right|}$$

$$W = \sqrt{\frac{K}{m_1}} = \sqrt{\frac{K_1 - K_2}{m_1}}$$

式中：n—隔振系数；

θ—惯性干扰力的频率；

W—振动系数的自由振动频率；

K—弹簧常数；

m_1—包括导杆 A 在内的振动系数的质量。

为了达到隔振目的，必须使 $n < 1$。隔振系数越小，隔振效果越好，要得到较小的隔振系数，则应该使分母 $\left|1 - \left(\cfrac{\theta}{W}\right)^2\right|$ 较大（最少应大于 1），要 $\left|1 - \left(\cfrac{\theta}{W}\right)^2\right|$ 较大，要 W 较小，则 $\sqrt{\cfrac{K}{m_1}} = \sqrt{\cfrac{K_1 - K_2}{m_1}}$ 要较小，要 $\sqrt{\cfrac{K_1 - K_2}{m_1}}$ 较小，则 $K = K_1 - K_2$ 要较小，（因 m_1 不变）要 $K = K_1 - K_2$ 较小，则 K_1 和 K_2 在数值上应很接近，使 K_1 略大于 K_2。而在拉伸的压缩弹簧中 K_1 和 K_2 的数值都是取决于弹簧中位 D_2 和弹簧钢绳直径 d 的比值 $\cfrac{D_2}{d}$。所以，要 K_1 和 K_2 在数值上很接近，则 $\cfrac{D_2}{d}$ 应很接近，为了使上下弹簧和导杆的间隙均匀，设计时应取 D_2 相等，此时如果下弹簧钢绳的直径已选定为 $d_2 = 4\,\mathrm{mm}$，则应该取上弹簧钢绳直径 $d_1 = 2.5 - 4.25\,\mathrm{mm}$。

2 罩壳的设计

如前所述，罩壳和拖板一样设计成抛物线族也是不可能的。罩壳大都是制成圆弧形，罩壳在在旋耕机上的配置状况可根据圆弧的圆心相对于旋耕机刀轴中心的位置来区分[10]；一般可分为右下偏心，左下偏心和下偏心 3 种状况（采用上偏心结构上不允许），具体采用哪一种，可根据罩壳对旋耕机刀轴间隙分布规律的要求来确定。下面试分析 3 种配置情况的特点：

（1）右下偏心罩壳：见图 4 中的实现部分，其与刀端的间隙是从后往前由大变小，它的特点是土垡 W_{r3} 被带进罩内较多，随着间隙的逐渐减小对土垄的破碎效果逐渐增强，但消耗功率较大，罩壳积泥较多，设计时如着重考虑碎土能力，可采用这种配置[11]。

（2）左下偏心罩壳：见图 4 中的虚线部分，其与刀端的间隙是从后往前、由小变大。它的特点是减小了土垡 W_{r3} 被带进罩内，即使进入后也较易飞出，消耗功率减小，罩壳积泥较少，但碎土能力较差，设计时如着重考虑减少功率的消耗，可采用这种配置。

（3）下偏心罩壳：图 5 表示了下偏心 112 mm 的一种罩壳配置（见日本佐藤造机公司的 MA/800 旋耕机），其与刀端的间隙是从后往前由大变小又由小变大，所以它的特点是介于上述二者之间，设计时如果要两者兼顾，可采用这种配置。

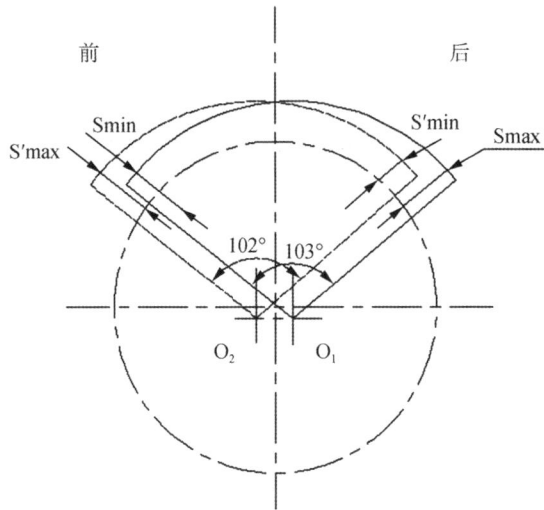

图 4 罩壳的配置

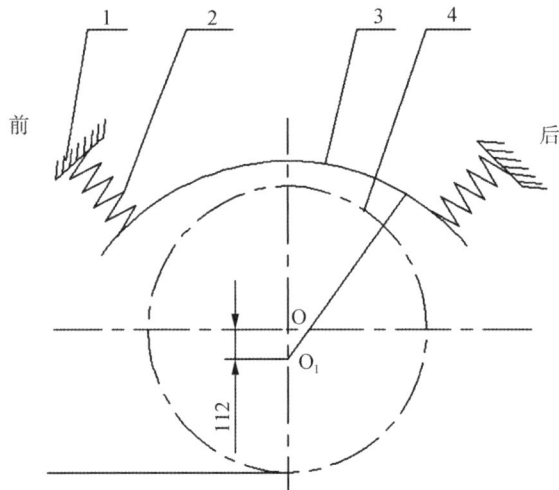

图 5 罩壳弹性联接简图

罩壳按在旋耕机上的联接方式又可分为刚性联接和弹性联接 2 种。刚性联接即将罩壳用螺栓固定在旋耕机机架上（链条箱和左侧板上）。目前，中国的旋耕机都是采用这种联接，它的优点是结构简单，但是这种罩壳在黏重土垡地工作时常常积泥、引起堵塞、增加功率消耗、严重时甚至无法工作[12]。作者认为，罩壳也应采用弹性联接（图 4）。即罩壳通过 4 个弹簧挂在机架上，这样，当罩壳的局部一侧粘土泥土时（耕幅方向或前后方向一侧）就可拉动该处的弹簧下降。从而相对于另一端振动，把泥土振落。若普遍较均衡地粘上泥土时，则罩壳整体相对于机架而振动，把泥土振落。其振动规律和弹簧 2 的设计原理、方法均和拖板类似。另外，罩壳粘上泥土后由于重量增加而下降，碰到旋耕刀时，泥土还能被击落。

此外，罩壳的包角选择也是重要的。包角过大，碎土较好，功率消耗较大、积土较多、振动加剧，包角过小，则相反，一般来说罩壳的包角可选择在 102° 左右。

最后必须指出：为了避免旋耕时泥水从罩壳和拖板联接的缝隙之间溅入到拖板上，应设置挡缝板 2（图 1）。既加强了拖板的刚性，又改善了作业性能。

[参 考 文 献]

[1]   周向阳，沈辰，张晶，等 . 2019 年我国马铃薯市场形势回顾及 2020 年展望 [J]. 中国蔬菜，2020(4)：16-18.
[2]   魏延安 . 世界马铃薯产业发展现状及特点 [J]. 世界农业，2005(3)：29-32.
[3]   吕金庆 . 马铃薯播种机械发展现状与趋势 [J]. 农机科技推广，2014(10)：15-18.
[4]   赵旭志 . 2CML-2 型马铃薯旋耕起垄种植机设计与性能试验 [D]. 晋中：山西农业大学，2015.
[5]   Wang X L，Ito N，Kito K. Study on reduction of soil adhesion to rotary tiller cover by vibration [J]. The Japanese
        Society of Agricultural Machinery and Food Engineers, 1999, 61(2)：37-43.
[6]   彭曼曼，吕金庆，兑瀚，等 . 驱动式马铃薯中耕机的设计与仿真分析 [J]. 农机化研究，2019，41(3)：58-63.
[7]   张一峰 . 马铃薯旋耕起垄播种机的设计研究 [J]. 农业机械，2014(11)：138-140.
[8]   马莉 . 马铃薯旋耕起垄种植机起垄整形镇压装置的设计分析与性能试验 [J]. 农业机械，2017(10)：97-100.
[9]   王英博 . 驱动式马铃薯中耕机关键部件设计与碎土效果试验研究 [D]. 哈尔滨：东北农业大学，2018.
[10] 李伯全，陈翠英 . 旋耕机曲面罩壳与被抛土垡碰撞过程动态仿真 [J]. 江苏理工大学学报：自然科学版，2000(1)：3-6.
[11] 侯慧芝，张绪成，王娟，等 . 半干旱区旱地马铃薯立式深旋耕作栽培技术 [J]. 中国蔬菜，2019(3)：95-97.
[12] 吕金庆，刘志峰，王鹏榕，等 . 驱动式碎土除草多功能马铃薯中耕机设计与试验 [J]. 农业工程学报，2019，35(10)：1-8.

马铃薯旋耕起垄种植机坨刀运动过程分析

吕金庆 *，刘齐卉，杜长霖，孙玉凯

（东北农业大学工程学院，黑龙江 哈尔滨 150030）

摘　要：马铃薯作为中国主要的粮食作物之一，种植面积与种植规模在逐年攀升，提高马铃薯种植机械化水平对促进马铃薯产业发展有着重大意义。了解旋耕铧刀的运动过程以及在此过程中土垡的受力情况是设计马铃薯旋转起垄种植机的重要理论依据，其目的在于保证旋耕后成型土垄高度及土壤松碎程度，对国内外旋耕刀研究现状和发展趋势进行阐述，并从理论上分析了马铃薯旋耕起垄种植机工作时铧刀正切面对土垄的抛掷作用；指出了土垄的抛掷方向及范围，为旋耕罩壳及拖板的设计研究做理论基础。

关键词：旋耕铧刀；研究现状；运动分析

中国是农业大国，马铃薯是全球四大粮食作物之一，仅次于小麦、水稻和玉米[1]。近些年来全国马铃薯种植面积逐年扩增，已位居世界第一位，但马铃薯机械化水平仍处于较低状态[2-4]。播种作为马铃薯种植过程中重要环节之一，对提高马铃薯质量产量有着重要影响，在播种后形成适合马铃薯生长发育的垄型更是由为重要，因此，在旋耕起垄中明确铧刀对土垡的抛掷作用，分析出土垡的抛掷方向及范围有着重大意义。介绍了几种目前广泛使用的国内外旋耕刀的类型，并对旋耕时铧刀对土垡的抛掷作用进行了理论分析。

1　旋耕刀的发展历程

旋耕刀的结构设计早在 19 世纪初，澳大利亚的 Arthur CliffordHoward 凭借自身过硬的专业技能，借助蒸汽拖拉机的旋转动力来带动锄头做旋转运动。经过田间试验后，根据锄头运动参数设计出了直角形的锄头，这就是旋耕刀最早期的结构形状。

中国于 20 世纪 50 年代初开始对旋耕刀的研究工作。首先引入国外的已有技术并进行消化吸收研制出适合中国南方水田地区的旋耕弯刀，经过几十年的技术改进现已开发出 T.S 系列共 14 个品种的旋耕刀。1970 年以后，研究人员对旋耕刀的设计有了许多新发现。比如：圆弧刃口曲线和平面型正切面的设计理论[5,6]，用曲元线扫描形成正切面的实验研究[7]，旋耕刀 CAD 系统的开发[8]，旋耕刀三维抛土特性的研究[9]。南京农业大学的丁为民和彭嵩植[10]推导了正切刃动态滑切角方程。山东大学的盖超和董玉平利用有限

作者简介：吕金庆（1970—），男，教授，主要从事马铃薯新型技术及装备方面研究。

基金项目：国家重点研发计划项目（2017YFD0700705、2016YFD0701600）；现代农业产业技术体系建设专项（CARS-09-P23）；黑龙江省马铃薯产业技术协同创新推广体系项目。

* 通信作者：吕金庆，e-mail：ljq8888866666@163.com。

元软件 COSMOSWorks 对旋耕刀弯折角进行了优化改进，探索了在不同弯折角下旋耕刀的质量与应力分布关系等等，这些研究成果很快在全国得到了推广与应用成为中国农机具事业发展的重要里程碑。

2 旋耕刀国内外研究现状及成果

旋耕刀具根据性质的不同主要分为以下常见的形式：按连接方式可以分为刀座式（T型又称宽型刀）、刀座式（S型又称窄型刀）和刀盘式。按正切刀面折弯方向可以分为旋耕左弯刀和旋耕右弯刀。旋耕弯刀装配时要注意刀片的正确装配方式。按刀具适用场合可以分为 I 型（水旱田刀）、II 型（水田刀）、I 型（浅耕刀）。按结构分类可以分为凿形刀、直角刀、弯刀。

2.1 国外旋耕刀具的发展及其研究现状

1970 年 Beeny 和 Khool 开展旋耕刀的作业试验来比较在不同旋转半径下，凿型刀、直角刀和弯刀 3 种不同刀的能耗。1974 年，Hendrick 和 Gill 根据旋耕刀的运动参数设计出正切刃，在侧切刃侧切土壤后正切刃再横向切割，这样就很大程度上降低了刀具作业能耗。旋耕刀的运动轨迹是旋耕刀结构与运动参数设计的主要依据。1989 年，Chi 和 Kushwaha[11] 通过编制有限元计算程序，借助三维非线性有限元分析方法，分析了窄齿耕作部件的切削工况，并程序化地计算出耕作部件所承受的反作用力。

20 世纪 90 年代初 Thakur 和 Godwin 在准静态条件下，旋耕刀工作一圈，刀具所承受的最大应力发生在旋耕刀入土 $10° \sim 15°$，这一结论对旋耕刀的结构优化提供了重要的理论支撑。1995 年 Roseta 运用数字化设计技术，设计出先进的旋耕刀虚拟仿真系统，可以对旋耕刀几何参数对功耗的影响进行研究[12]。

随着科学技术的发展，2004 年日本等国已建立了网络 CAD 设计系统[13]，该系统 CAD 程序及数据库，能便捷地为旋耕刀的系列化制造提供图纸。设计者利用可视化操作界面，导入旋耕刀的结构参数，自动生成旋耕刀。2005 年，Karmakara 和 Kushwaha[14] 将土壤的流变行为特性定义为 Binghem 材料，并通过采用计算流体力学 CFD 软件来模拟土壤切削过程。通过控制体积法，发现土壤的应力大小与刀轴的旋转速度成正相关，刀刃的四周土壤的应力相对集中，且分布的趋势是沿着刀刃方向不断减小。随着网络技术的发展，参数化设计技术水平也不断提高，参数化设计制造方法已成为旋耕刀设计开发的主流方式。迄今为止，各国对旋耕刀具的研发都借助于强大的计算机参数化设计软件方式使其开发时间得到了很大的压缩。

2.2 国内旋耕刀具的发展及其研究现状

1985 年，朱金华等[15] 建立了包括图形输出在内的旋耕机刀片计算机辅助设计系统。该方法是国内较早的旋耕刀数字化设计。2006 年，蔡宗寿等[16] 以微耕机刀旋转速速度、前进速度、耕作深度为变量研究对功率分布的影响，改进了刀片正切面参数的设计方法，为旋耕刀刀片的类型选择提供了新的参考原则和方法，同时，在试验中发现，旋耕机刀片正面切土角存在最佳的刀片最小切土角和最小隙角，适当地减小磨刃角和增加刀片静态切土角，可以有效提高旋耕刀的切土效率。2007 年，汤华等运用新型有限元算法一任意拉格朗日欧拉 ALE 算法对大盘切削土壤过程进行动态模拟，很好地解决了盾构掘进过程中土壤的大变形问题，并演算出新型的以盾构施工仿真均衡区域分解方法为基础的并行算法。同年，葛云等采用 ANSYS 对旋耕刀进行静力学仿真分析，认为刀片连接孔处应力集中。2008 年，高建民等采用 SPH 法（光滑质点流动力学方法）对旋耕机高速切削土壤的过程进行有限元仿真分析研究，并开发出该方法的土壤高速切削仿真有限元模型，通过对试验数据与有限元仿真分析结果的对比分析，更进一步证明了 SPH 法模拟土壤高速切削过程的可行性、准确性以及真实性。

2009 年，覃国良[17]对刀片链式开沟机刀片切削土壤的动态过程进行了仿真分析，获得了刀片的应力、应变和阻力的周期变化情况，进一步研究并分析了切削阻力和切削功率的变化规律。同年，贾洪雷等基于仿生学理论，根据鼹鼠脚趾结构曲面参数设计旋耕刀具，指出其能较好地改进旋耕刀具的切土性能。2011 年，盖超等[18]通过 Solidworks 中的 COMOS motion 模块对旋耕刀的弯折角进行了优化，提出 125°～130° 最佳弯折角。2012 年，张强等借助有限元软件 ANSYS/LS-DYNA 对仿生钩形深松铲和圆弧形深松铲的切削土壤过程进行仿真分析，发现仿生钩形深松铲相比传统圆弧形深松铲能够有效减小耕作时的阻力。

2014 年，卢彩云等[19]通过 MAT147 土壤材料模型建立了华北一年两熟区的土壤模型，并对平面刀切削土壤过程进行动态分析，发现平面刀切削土壤时土壤所受等效应力波动较小，切削过程没有剧烈的波动，应力集中出现在与平面刀刀刃接触的土壤上，最大等效应力为 5.751 MPa，稳定切削时切削功耗在 10.2 kW 附近波动。2014 年，郝小征等设计修正了旋耕刀滑切角，每个刀盘上的刀片数由 3 叶改为 4 叶，左弯刀和右弯刀的排列采用线性排列，打破了传统按螺旋线规则排列的方式，提高了耕地深度适当调整了复合刀挡板高度，既不易缠草及作物秸秆又能很好地起到碎土作用。2015 年，王荣等[20]采用 ANSYS 对 R300 的旋耕刀进行了静力学分析，得出其在增大旋耕深度时，刀柄厚度需要大幅度增加。2015 年，胡涛以国内普遍使用的微耕机弯刀片作为主要研究对象，对刀片进行三维建模，并利用 ANSYS 对刀片进行受力分析。结果发现，在相同外力作用下，微耕机刀片正切面弯折角与等效塑性应变及应变量正相关。当载荷逐渐增大时，刀片塑性应变表现为由刃口逐步向刀柄部位发展，而且等效塑性应变不断增加，范围逐渐扩大。2015 年，牛坡和朱留宪等得到旋耕刀总变形最大处在旋耕刀的正切部，正切部刚度最差，旋耕刀最大应力与应变区域在刀柄与刀背连接处，旋耕弯刀最大弹塑性应变、最大应力和最小疲劳寿命的位置与旋耕弯刀实际工作时的断裂位置一致。2015 年，朱超等[21]基于 FEM-SPH 耦合算法，采用 LS-DY-NA971 求解器进行土壤切削仿真分析，仿真结果与试验结果逼近。

3　旋耕时铧刀对土垡的抛掷作用

明确被铧刀抛掷起土垡的运动方向和范围、分析铧刀对土垡的抛掷作用，是正确设计罩壳、拖板的基础。我们知道旋耕作业中，铧刀上起切削、破碎和抛掷作用的主要是正切面。正切面入土时首先使土垠产生压缩变形，形成剪切面，然后逐渐成为数量较多的土垡，出部分落在沟底外，其余的沿正切面滑动，当土垡完全与沟底切离并置于正切面之上时（图 1）。

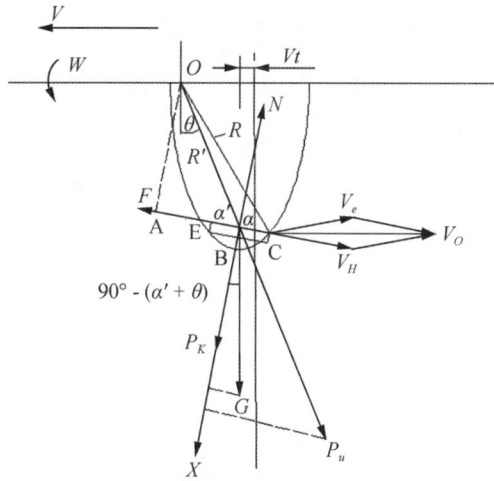

图 1　土垡受力分析

设计被研究的土垄的运动和邻近的土埌无关，O 为旋耕刀轴的回转中心，OC 为正切面的外半径 R，CE 为铊刀正切面，正切面前倾角为 α，刀轴转速为 ω。并不考虑正切面曲面影响。

当正切面 B 点的外半径 R' 从垂直位置转过 θ 角时，则正切面 B 点处土垡的受力情况如下：

土垡重力 G：

$$G = mg$$

离心力 P_u：

$$P_u = m\omega^2 R \quad （R'——与回转中心的距离）$$

摩擦阻力 F：

$$F = Nf \quad （f——摩擦系数，N——正切面对土垡的反力）$$

科氏惯性力 P_k：

$$P_k = 2m\omega V_H \quad （V_H——土垡沿正切面运动的相对速度）$$

黏附力 aA：（a——为黏附素数、A——叶片面积）

土垡在上述各力的作用下处于平衡状态，试分析土垡刚开始运动时的平衡状态（$P_k = 0$）可写出下列平衡方程式：

$$\sum F(X) = 0$$

$$mga_3\left[\, 90° - (a' + \theta)\,\right] + m\omega^2 R'\cos\left[\, 90° - (a' + \theta) + \theta\,\right] + aA - N = 0$$

$$N = mg\sin(a' + \theta) + m\omega^2 R'\sin a' + aA$$

从直角三角形 OAB 和 OAC 中可以看出

$$R'\sin\alpha' = R\sin\alpha \tag{1}$$

$$\therefore N = mg\sin(\alpha'+\theta) + m\omega^2 R\sin\alpha + aA$$

当在离心力作用下，为了不产生摩擦力使土垡能抛出必须使 N 值小于零，即

$$mg\sin(\alpha'+\theta) + m\omega^2 R\sin\alpha + aA \le 0$$

$$n \ge \frac{30}{\pi}\sqrt{\frac{g\sin(\alpha'+\theta)+\dfrac{aA}{m}}{R-\sin\alpha}} \tag{2}$$

为了讨论问题方便起见，令 $\dfrac{aA}{m}$，则：

$$n \ge \frac{30}{\pi}\sqrt{\frac{g\sin(\alpha'+\theta)}{R-\sin\alpha}} \tag{3}$$

其中：

$$\pi-\alpha < \alpha < 2\pi-\alpha$$

由（3）式可以看出，当 $\sin(\alpha'+\theta)$，即 = 90° $-\alpha'$时，（3）式右边有最大值。由三角形 OAC 可以看出，此时，铧刀正切面处于水平位置。也就是说，在上述各力作用下，土垄最容易脱离正切面的瞬间，是正切面升起时并处于水平位置的时候（把这时所在的位置作为第一象限）事实也证明，此时抛离正切面是大量的、最多的（图2）。

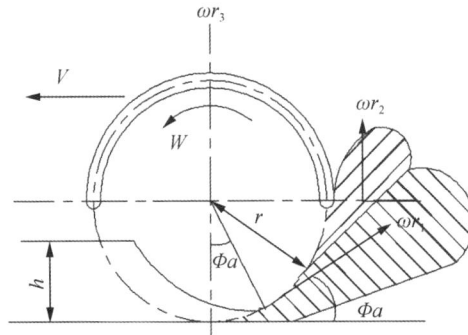

图 2　旋耕时土垡的抛掷作用

但由于黏附力的存在（$\dfrac{aA}{m}$ 并不等于零）仍然有一些土垡粘在铧刀上未抛出，铧刀对土垡的抛掷要一直延续到第二、三象限。所以，被铧刀抛掷起的土垡大致可分为 3 部分即是后抛土垡部分、向后上方蹦起的土垡部分和被拖带到前方的土垡部分。对此，日本国长广仁藏先生也曾正确地做出了概括。

[参 考 文 献]

[1]　柳俊.我国马铃薯产业技术研究现状及展望 [J].中国农业科技导报,2011,13(5):13-18.

[2]　Kempcnaar C,Struik P C. The canon of potato science:haulm killing [J]. Potato Research,2008,50(3):341-345.

[3]　吕金庆,田忠恩,杨颖,等.马铃薯机械发展现状、存在问题及发展趋势 [J].农机化研究,2015,37(12):258-263.

[4]　杨帅,闵凡祥,高云飞,等.新世纪中国马铃薯产业发展现状及存在问题 [J].中国马铃薯,2014,28(5):311-316.

[5]　彭嵩植,吴德光.旋耕机工作部件设计方法的研究(一)[J].镇江农业机械学院学报,1982(3):15-20.

[6]　彭嵩植,吴德光.旋耕机工作部件设计方法的研究(二)[J].镇江农业机械学院学报,1983(1):41-55.

[7]　张性.雄曲元线扫描法形成旋耕刀片的正切面曲面 [J].北京农业报,1982(2):85-89.

[8]　朱金华,励振纲,邹举.旋耕机刀片设计的 CAD 系统 [J].农业机械学报,1985,16(3):51-61.

[9]　陈钧,近江谷和彦,寺尾日出男.高速摄影法研究旋耕刀抛土特性 [J].农业机械学报,1994,25(3):56-60.

[10]　丁为民,彭嵩植.旋耕刀滑切角及滑切角方程的研究 [J].农业工程学报,1995,11(4):68-72.

[11]　Chi L,Kushwaha R L. Finite element analysis of forces on a plane soil blade [J]. Canadian Agricultural Engineering,1989,31(2):135-140.

[12]　Saimbhi V S,Wadhwa D S,Grewal P S. Development of a rotary tiller blade using three-dimensional computer graphics [J]. Biosystems Engineering,2004,89(1):47-58.

[13]　Ryozo N. CAD system for agricultural machinery-CAD program applied to rotary blade [J]. Agricultural Information Technology in Asia and Oceania,1998:103-106.

[14]　Karmakara S,Kushwaha R L. Simulation of soil deformation around a tillage tool using computational fluid dynamics [J]. American Society of Agricultural Engineers,2005,48(3):923-932.

[15]　朱金华,励振纲,邹举.旋耕机刀片设计的 CAD 系统 [J].农业机械学报,1985,9(3):51-61.

[16]　蔡宗寿,张霞,卢贵忠.自走式耕耘湘 U 束比系数的优化设计 [J].云南农业大学学报,2006,21(5):677-680.

[17]　覃国良.链式开沟机刀具优化设计及其切削过程的数值模拟 [D].武汉:华中农业大学,2009.

[18]　盖超,董玉平.基于 COSMOS 的还田机械旋耕刀弯折角优化 [J].农机化研究,2011,33(3):30-33.

[19]　卢彩云,何进,李洪文,等.基于 SPH 算法的平面刀土壤切削过程模拟 [J].农业机械学报,2014,45(8):134-139.

[20]　王荣,王宏宇,金镜,等.基于 ANSYS 的大耕深旋耕刀结构优化设计 [J].农机化研究,2015,37(5):136-139.

[21]　朱超,朱留宪,黄成.基于 FEM- SPH 耦台算法的土壤切削仿真研究 [J].农机化研究,2015,37(9):54-58.

施肥装置的研究现状及在马铃薯播种机上的应用

吕金庆*，温信宇，杨晓涵

（东北农业大学工程学院，黑龙江　哈尔滨　150030）

摘　要：对现有施肥装置的种类和特点进行叙述和分析，分析各种施肥装置的优缺点，并对各种施肥装置在马铃薯播种机的应用进行详细介绍，对未来马铃薯播种机的施肥装置的发展进行了展望，为马铃薯播种机施肥装置的发展提供了参考和借鉴。

关键词：播种机；施肥装置；研究现状；发展趋势

马铃薯是重要的粮菜兼用作物，在中国种植范围广泛[1-3]，近年来，中国马铃薯播种机发展迅速，然而马铃薯施肥量不足和施肥不匀一直是马铃薯施肥装置的一项技术难题[4]。合理的施用化肥能够提高马铃薯的产量，增加经济收入，同时化肥的使用能够提高马铃薯的抗性，增强对病虫害的抗性，减少农药用量，降低生产成本，并且可以提高马铃薯的品质，促进马铃薯的生长，还可以改善土壤，有利于农业的可持续发展，施肥装置的研究对于合理的使用化肥具有重要意义[5,6]。

1　施肥装置的研究现状

施肥装置可作为中耕机的附件之一，也广泛用于播种机和一般的施肥机。其主要特点是：单组箱筒、体积小、重量轻、结构紧凑、通用性广[7,8]。施肥装置主要由 3 部分组成：化肥输送元件，排量控制元件，化肥排施元件。化肥输送元件将化肥连续输导至排施元件处，达到稳定工作、连续排肥；排量控制元件位于化肥流通道上，控制一定的通过面积，达到控制排肥量，化肥流通面积的变化由控制元件的几何位置及结构参数的变化实现；化肥排施元件给化肥微粒以力或速度或改变其原运动速度及方向，使定量的化肥脱离排肥器落入输肥管。经过多年的发展，施肥装置已研制出多种类型，能够配合相应机械完成施肥作业，施肥装置类型大致有圆盘转盘式、外槽轮式、指盘式、导板转盘式、星轮式、螺旋式、螺旋刮板式、振动式等形式[9-11]。

1.1　圆盘转盘式

如图 1 所示为圆盘转盘式排肥器，化肥靠重力和转动的底转盘和排出轮，使化肥在盘底上形成均匀层，利用化肥与底转盘的摩擦力，经排量调节门输送到左右排出轮处，改变化肥原运动方向，至转盘边缘落入输肥管排出，改变调节门高度或转盘转速可调节排肥量，

作者简介：吕金庆（1970—），男，教授，主要从事马铃薯新型技术及装备方面研究。

基金项目：国家重点研发计划项目（2016YFD0701600、2017YFD0700705）；现代农业产业技术体系建设专项（CARS-09-P23）；黑龙江省马铃薯产业技术协同创新推广体系项目。

* 通信作者：吕金庆，e-mail：ljq8888866666@163.com。

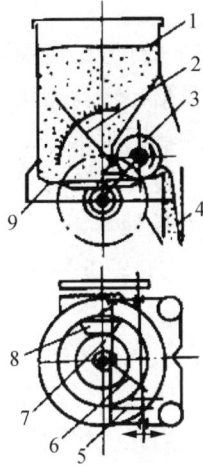

1- 肥箱；2- 排量调节杆；3- 圆盘排出轮；4- 输肥管；5- 转盘清洁器；6- 导肥器；
7- 肥料分配器；8- 传动锥齿轮；9- 齿圈转盘
图 1　圆盘转盘式排肥器

该排肥器结构较为复杂。适用于排施松散性好的化肥，转盘输送化肥速度约 4 r/min，排出轮转速约 66 r/min 时，化肥不易堆集，排肥均匀度较好，排肥能力：500 ~ 2 250 kg/hm^2（硫铵）。

1.2　外槽轮式

如图 2 为外槽轮式排肥器，化肥靠重力充满排肥盒和槽轮凹槽，槽轮旋转将其排出，改变槽轮工作长度可调节排肥量。该种排肥器结构简单，通用性好，适用于排施松散性好的化肥，可与外槽轮式排种器通用。

1.3　指盘式分级调节

图 3 为指盘式排肥器，指盘旋转时，下层化肥推向固定的导肥指并沿盘缘靠重力排出，该种排肥器适于排施松散性好的化肥，为使化肥流动均匀，导肥指做成对数曲线形，其断面呈 65°，排出口黏着的化肥，可由搅拌器的拨齿清除。

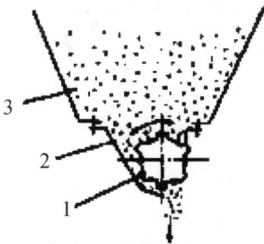

1- 槽轮；2- 排肥盒；3- 肥箱
图 2　外槽轮式排肥器

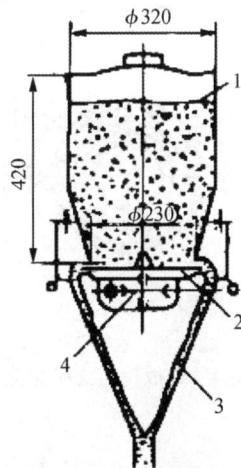

1- 肥箱；2- 旋转指盘；3- 输肥管；4- 传动齿轮
图 3　指盘式排肥器

1.4 导板转盘式

图 4 为导板转盘式排肥器，化肥输送部分是齿圈转盘，捧出部分是两个浮动的导肥板（升角 27.5°），转盘转动化肥通过箱裙与转盘的间隙流至转盘外环，借推力作用化肥沿导板斜面上升至转盘边缘处靠重力落入输肥管排出，调节箱裙与转盘的间隙可以控制排肥量。该种排肥器适于流动性好的化肥，转盘每转动半转导肥板经过调量门一次，化肥散落性好时均匀下落。化肥含水率高时在导板处聚集，形成周期性撒落，均匀性变差．化肥含水率超过 3% 时，则排出困难，排肥能力：97.5 ～ 750 kg/hm² （硫铵）。

1.5 星轮式

图 5 为星轮式排肥器，底部转动，简底上方有一旋转星轮，排肥口开在简底或简侧下方，板式调节门控制排肥量，星轮转动化肥即可连续排出，星轮是排肥元件，箱内化肥被转动的排肥星轮齿槽及星轮表面带动，当充满化肥的齿间转至排肥口时，靠齿槽的推动和化肥的重力落入输肥管排出。因此排肥量呈周期性变化，星轮转速越低变化越大，该排肥器适用于松散性好的粒状和粉状化肥。对吸湿性强的化肥易架空，当化肥黏满星轮时则形成堵塞，排肥能力：210 ～ 570 kg/hm² （尿素）。

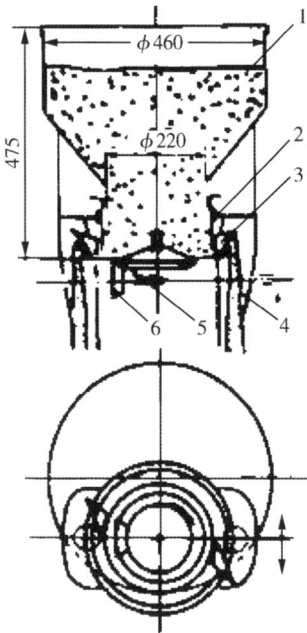

1- 肥箱；2- 箱裙；3- 导肥板；4- 输肥管；
5- 齿圈转盘；6- 传动锥齿轮
图 4 导板转盘式排肥器

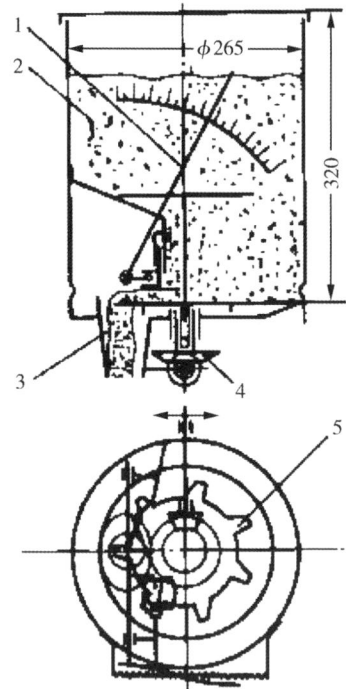

1- 排量调节杆；2- 肥箱；3- 输肥管；
4- 传动锥齿轮；5- 星轮
图 5 星轮式排肥器

1.6 螺旋式

图 6 为螺旋式排肥器，旋转螺是旋化肥输送元件，工作时螺旋转动，将化肥输送至排出口，落入输肥管排出调节箱底排肥口的大小，控制排肥量，该种排肥器适于排施松散性

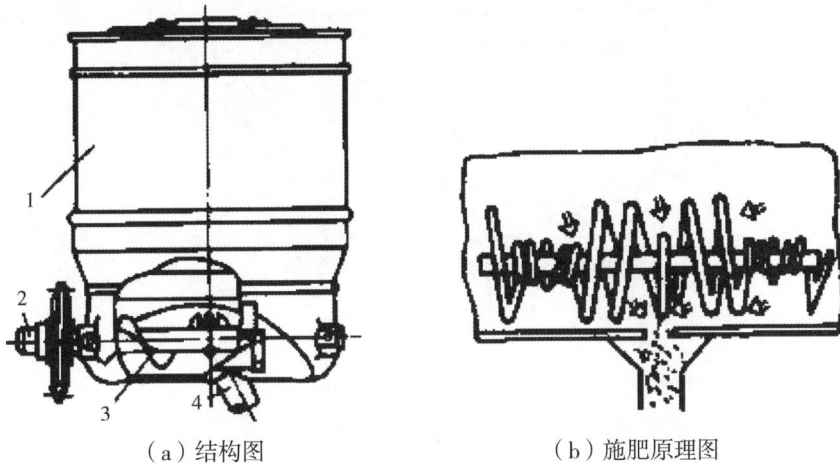

（a）结构图　　　　　　　　　　（b）施肥原理图

1- 肥箱；2- 排肥轴；3- 双向螺旋；4- 输肥管

图 6　螺旋式排肥器

较好的化肥，排施吸湿性强的化肥易架空，螺旋轴上因黏满化肥而失去推送作用，箱内化肥随螺旋叶片的形式和外径大小而形成空洞，常用的螺旋输送器，有叶片式和钢丝螺旋式。

1.7　螺旋刮板式

图 7 为螺旋刮板式排肥器，旋转刮板式是利用转动部分的强制作用排出化肥，由底部开闭器调节排肥量。轮轴转速约为 70 r/min 排肥量与轮轴转速成比增加，达到最大值，若旋转刮板的圆周速度超过化肥的下落速度，则使化肥的排出发生空隙，不能充分填补，产生排肥量减少的现象，该种排肥器排施颗粒状化肥时，化肥在刮板与肥箱底之间可能被粉碎而产生剪切阻力，施粉状化肥时又极易产生架空现象，排肥能力：$75 \sim 975$ kg/hm^2（碳铵）。

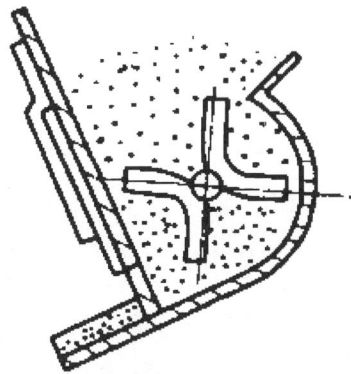

图 7　螺旋刮板式排肥器

1.8　振动式

图 8 为振动式排肥器，利用振动作用及化肥重力输送并排出，工作时凸轮转动使振动板统箱壁上部铰链轴作弧线上、下振动，使化肥在箱内因振动产生自下而上的翻转向前抖出的运动，使吸湿性强的化肥松散消除架空现象，该种排肥器适用于吸湿性强的化肥，振幅及振频选择适当时，含水率在 6% 以下的化肥均可排出，但排肥量受箱内

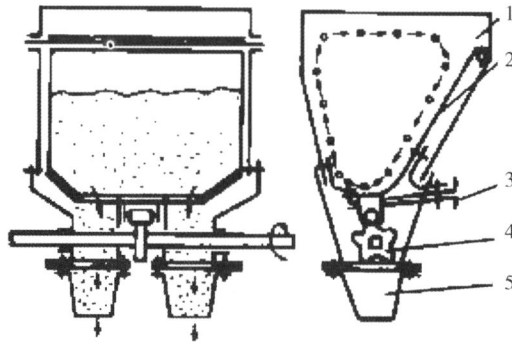

1- 肥箱；2- 振动板；3- 肥量调节器；4- 凸轮；5- 输肥口

图 8　振动式排肥器

化肥量、密度、黏结力和内摩擦力的影响，排肥量的稳定性和均匀度较差，排肥能力：22.5 ~ 3 090 kg/hm² （碳铵）。

2　施肥装置在马铃薯播种机上的应用

统计表明马铃薯每公顷需施肥 855 ~ 1 000 kg，马铃薯常用的肥料有尿素、磷酸二铵、碳铵等，皆为散落性较好、干燥的颗粒状固体。马铃薯种植对排肥器的要求有：（1）排肥能力强，最大排肥量能满足实际需要，排肥在一定范围内可调。在田间工作时能均匀稳定地排肥，排肥器不能出现架空、堵塞，段条率要低于 2%；（2）排施不同肥料时其排肥性能不能有较大的变化，即具有一定的通用性；（3）排肥器结构简单、使用和调节都比较方便；（4）要有一定的使用寿命，排肥器同肥料直接接触的部位有一定的耐腐蚀性。综合以上要求，当前马铃薯播种机使用较多的施肥装置为外槽轮式排肥器和螺旋式排肥器，以下将结合具体的马铃薯播种机所使用的排肥器进行介绍。

图 9 为内蒙古农业大学研制的 2CMG-4 型马铃薯播种机 [12,13]，该播种机采用的是外槽轮式排肥器，如图 10 所示，考虑到排肥量的精确调节和在内蒙古地区马铃薯播种机上的通用性，文章选择外槽轮式排肥器为 2CMG-4 型马铃薯播种机上的排肥器，并对肥箱排肥口进行了设计。

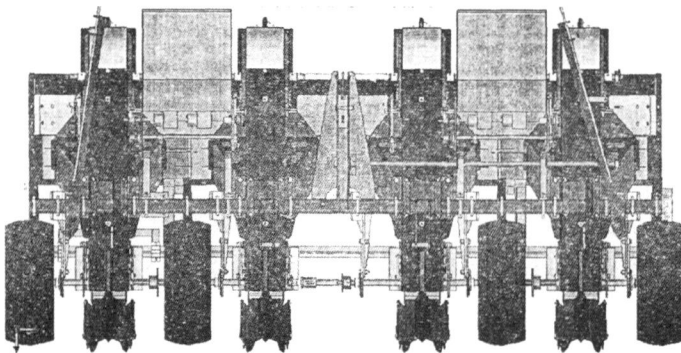

图 9　2CMG-4 三维造型总体装配

图 10　排肥器组装图

图 11 为东北农业大学设计的马铃薯播种机排肥器试验台[14]，文章结合肥料的物理特性，从结构的简单性，传输的稳定性，选择螺旋式排肥器为研究对象，并设计了新型马铃薯螺旋推进式排肥器，选用满面式螺旋叶片，结构如图 12 所示，动力装置将旋转运动通过联轴器，传入螺旋排肥轴的一端，使螺旋排肥轴在壳体的型腔内转动。螺旋排肥轴上安装有左右对称的两组螺旋片，其高度、螺距相等但螺旋方向相反。在图示旋转方向的旋转运动作用下，将进料口流入的肥料，沿着壳体的型腔，分别推送到左右出料口。通过控制螺旋排肥轴在单位时间内所转过的圈数，即可实现该施肥装置的施肥量调整。

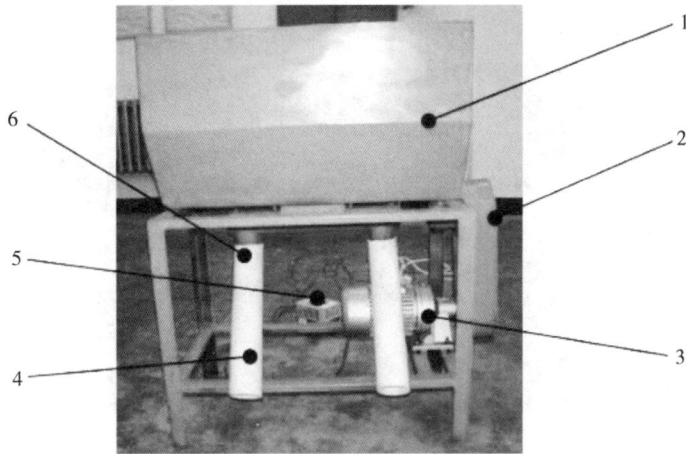

1- 肥箱；2- 链条保护罩；3- 电机；4- 排肥管；5- 变频器；6- 螺旋排肥器

图 11　试验台及驱动装置

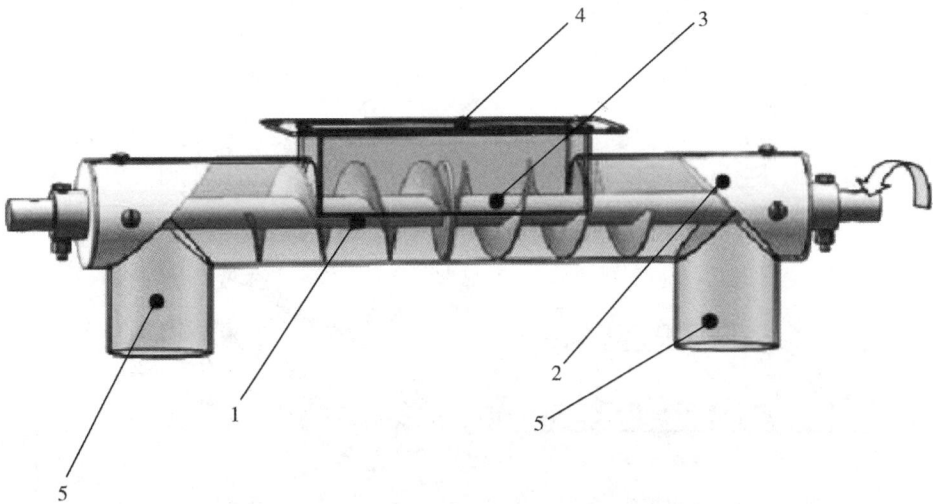

1- 壳体；2- 衬套；3- 螺旋排肥轴；4- 入料口；5- 出料口

图 12　螺旋推进式施肥装置

图 13 为中国农业大学研制的马铃薯微型种薯种植机双侧位深施肥装置[15]，用于微型薯播种过程中的施肥作业，同样采用螺旋输送式排肥器，如图 14 所示，螺旋装置由轴和螺旋叶片组成（图 14 b）。上 / 下护腔为外观尺寸相同的护肥腔体（图 14 c、14 d），上护腔中间部位开有矩形入肥口上 / 下护腔通过螺栓螺母贴合在一起，并将螺旋装置包裹其中而形成肥腔，且肥腔两端部形成两个出肥口，为肥料深施于单垄单行薯种的两侧做准备。排肥器安装于肥箱的下端，入肥口与肥箱排肥口相联通；地轮通过链传动系统将动力传递至轴，并带动轴转动，轴上安装有左右对称的两组螺旋叶片（左螺旋叶片、右螺旋叶片），其螺距、高度相等而螺旋方向相反。随着轴的转动，肥箱内的肥料充入肥腔内，旋转的螺旋装置将肥料分别推送至两侧的出肥口处。

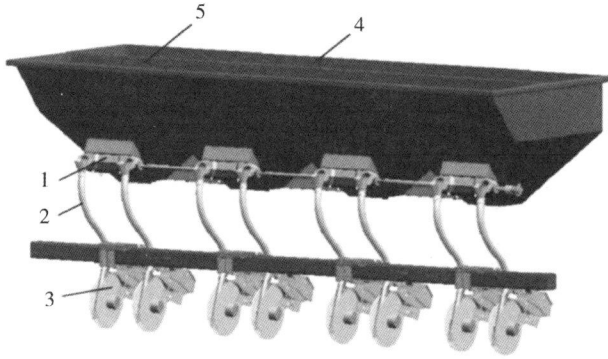

1– 螺旋式排肥器；2– 导肥管；3– 施肥开沟器；4– 储种箱；5– 储肥箱

图 13　施肥装置结构示意图

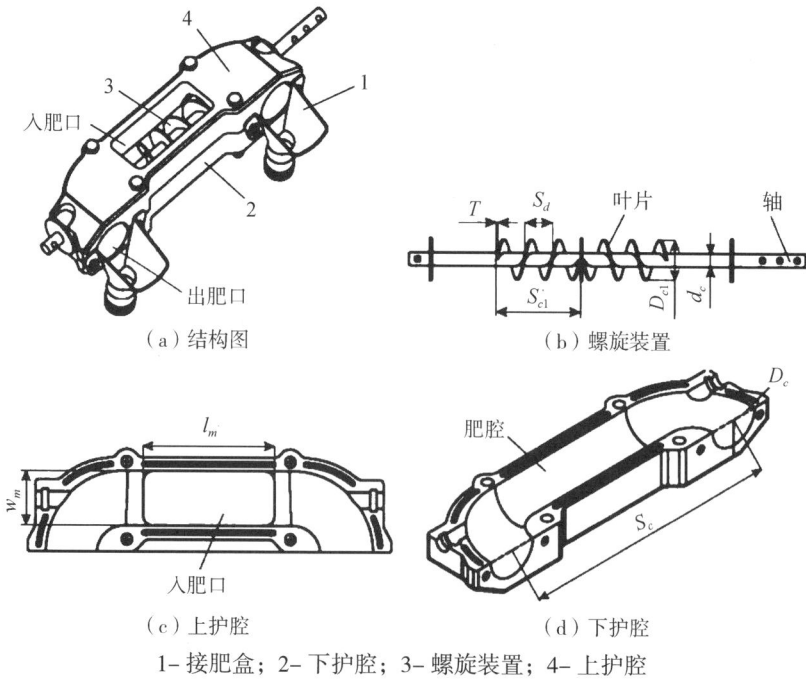

（a）结构图　　　　　　　　　（b）螺旋装置

（c）上护腔　　　　　　　　　（d）下护腔

1– 接肥盒；2– 下护腔；3– 螺旋装置；4– 上护腔

图 14　排肥器结构图

3 马铃薯播种机施肥装置发展展望

　　未来马铃薯播种机施肥装置的发展在于施肥量的精确调控，更好地与马铃薯播种的农艺要求相结合，节约化肥用量，降低生产成本，同时解决现有的施肥装置存在的肥料架空、黏结堵塞的问题，并具有较强的通用性，能够满足不同地区施用不同种类颗粒肥料的要求。

[参 考 文 献]

[1] 戴飞，辛尚龙，赵武云，等 . 全膜面覆土式马铃薯播种联合作业机设计与试验 [J]. 农业机械学报，2017，48(3)：76−83.
[2] 彭君峰，吴景文 . 马铃薯播种机械的主要结构及其发展趋势 [J]. 农机使用与维修，2019(3)：22.
[3] 戚江涛，蒙贺伟，坎杂，等 . 宽垄马铃薯种植机的设计 [J]. 农机化研究，2017，39(11)：126−130.
[4] 段洁利，李君，卢玉华 . 变量施肥机械研究现状与发展对策 [J]. 农机化研究，2011，33(5)：245−248.
[5] 李清和 . 马铃墓施肥技术 [J]. 农村实用科技信息，2012(3)：23.
[6] 郝苗，杨国才，李大春，等 . 马铃薯施肥研究进展 [C]// 屈冬玉，金黎平，陈伊里 . 马铃薯产业与健康消费 . 哈尔滨：黑龙江科学技术出版社，2019.
[7] 北京农业工程大学 . 农业机械学 (上) [M]. 北京：农业出版社，1994.
[8] 王兵利，刘红 . 外槽轮排肥器肥量控制系统的研究 [J]. 杨凌职业技术学院学报，2013(9)：7−9.
[9] 中国农业机械化科学研究院 . 农业机械设计手册 (上) [M]. 北京：中国农业科学技术出版社，2007.
[10] 李明金，许春林，李连豪，等 . 2CM−4 型马铃薯播种施肥联合作业机的研制 [J]. 黑龙江八一农垦大学学报，2012，24(1)：14−16.
[11] 狄小冬，王熙 . 玉米中耕施肥机械的现状及发展趋势 [J]. 南方农机，2019(1)：56.
[12] 高雄，郝磊 . 2CMG−4 型马铃播种机排肥试验研究 [J]. 农机化研究，2016，38(4)：205−208.
[13] 王强 . 2CMG−4 型马铃薯播种机排肥系统的设计研究 [D]. 呼和浩特：内蒙古农业大学，2014.
[14] 吕金庆，王泽明，孙雪松，等 . 马铃薯螺旋推进式排肥器研究与试验 [J]. 农机化研究，2015，37(6)：194−196.
[15] 刘文政，何进，李洪文，等 . 马铃薯微型种薯种植机双侧位深施肥装置设计与试验 [J]. 农业机械学报，2020，51(1)：56−65.

振动式马铃薯挖掘机挖掘铲的设计与试验

吕金庆[*]，杨晓涵，温信宇

（东北农业大学工程学院，黑龙江 哈尔滨 150030）

摘　要：针对马铃薯挖掘机受丘陵山地地区，地块小、坡度大等地形问题的影响，造成在丘陵山地地区马铃薯收获机械化作业程度不高等问题。根据马铃薯收获的农艺要求，对马铃薯挖掘机挖掘铲进行了结构设计并进行运动学分析等理论分析，得出运动学解析式。采用理论分析及试验相结合方法，进行了空载及加载情况下的田间牵引阻力试验，并采用方差分析法对试验数据进行分析，得到回归方程和理想的响应曲面，优化得到了最优参数组合，确定机具作业时牵引阻力最小的最优参数为：挖掘深度为 200 mm，偏心轮转速为 540 r/min，牵引速率为 0.57 km/h，在此条件下牵引阻力为 1 076.34 N。

关键词：马铃薯挖掘机；挖掘铲；结构设计；运动学分析；田间试验

中国由于各地的气候特点、土壤类型、马铃薯种植目的以及品种选择都不相同，各地种植模式不一，因此中国马铃薯收获机局限性较大，适合单一种植模式收获机不一定适用其他种植模式。部分产区依然采取传统的人工割秧、镐头刨薯、人工捡拾的阶段，不仅劳动强度大生产率低，还造成收获期拖长，从而导致了马铃薯的减产，严重制约马铃薯收获机械化的发展。因此结合丘陵山地、小户农田和小区育种农田的马铃薯种植模式，研究适用于中国西南一、二季混作区、南方冬作区农艺种植要求的马铃薯挖掘机非常迫切。

1　马铃薯机械化收获研究现状

中国对马铃薯收获机械的研制较早，但发展缓慢。现有的振动式挖掘机形式多样，且都应用于实际田间收获，达到了相应的农业技术要求[1,2]。但由于自然条件与地理形势不同，各地种植模式差异明显，造成同一机型在不同地点普遍存在适应性差的问题，表现为适应壤土条件适应不了沙土条件，适应北方平原的振动式挖掘机适应不了南方丘陵山地等[3-6]。国外马铃薯收获机械研究的起步较早、发展迅速、技术水平高。目前，一些主要生产马铃薯的发达国家，已经基本实现了马铃薯的机械化收获。国外的马铃薯收获机可分为 2 种类型：一类是以俄罗斯、比利时、德国、美国、意大利及其他欧美国家为代表生产的马铃薯收获机，作业规模大，一般分为自走式联合收获机和牵引式联合收获机；第二类是以意大利、日本、波兰、韩国等为代表的国家生产的马铃薯收获机，机器具有结构简单、体积

作者简介：吕金庆（1970—），男，教授，主要从事马铃薯新型技术及装备方面研究。

基金项目：国家重点研发计划项目（2017YFD0700705、2016YFD0701600）；现代农业产业技术体系建设专项（CARS-09-P23）；黑龙江省马铃薯产业技术协同创新推广体系项目。

* 通信作者：吕金庆，e - mail：ljq8888866666@163.com。

小、功率小，生产效率高、劳动强度低等特点，适合在中小面积的农场及山地条件下作业。综合而言，国外马铃薯收获机发展已日趋成熟，且技术先进，质量可靠。

综合国内外马铃收获机械的研究现状，通过分析不同类型马铃薯收获机的优缺点，设计其关键部件的结构参数，并通过运动学分析求解挖掘铲运动学解析式，并进行牵引力试验，通过数据分析优化得出一组较优的参数组合，验证该马铃薯挖掘机的可行性。

2 马铃薯挖掘机整体结构、工作原理及主要技术参数

本设计为振动式马铃薯挖掘机。挖掘机总体设计结构如图1所示。整机主要由机架、偏牵引架、振动架、后支架、调节手柄、后挂架、地轮支架、分离筛、挖掘铲、铰接臂、偏心轮、传动轴等部件组成。

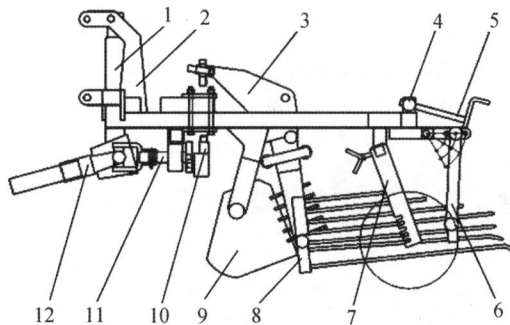

1- 机架；2- 偏牵引架；3- 振动架；4- 后支架；5- 调节手柄；6- 后挂架；
7- 地轮支架；8- 分离筛；9- 挖掘铲；10- 铰接臂；11- 偏心轮；12- 传动轴
图1　小型振动式马铃薯挖掘机

马铃薯挖掘机与拖拉机采用三点悬挂的挂接，挖掘铲和分离筛的振动动力由拖拉机动力输出轴通过万向传动轴传递至机具的偏心轮，铰接臂在偏心轮另一端带动下运动，铰接臂将相应动力传递给振动架，振动架即绕机架做前后摆动，挖掘铲和分离筛又在连接板等的带动下进行运动，从而使挖掘铲和分离筛产生方向相反的往复式振动，最终完成马铃薯的挖掘和分离。整个过程中薯土混合物经挖掘铲挖起，在分离筛的作用下，土壤经挖掘铲筛条及分离筛的往复振动抖动，与薯块分离落到地表，薯块则沿着振动筛筛条，铺放于地表，经人工捡拾完成收获。

3 挖掘装置的结构设计及参数确定

3.1 挖掘装置的组成

挖掘装置的结构如图2所示，主要由弧形平面铲、斜拉杆、栅条焊接组合而成。栅条式挖掘铲是一种新型的挖掘铲，结构简单，栅条既有劈裂、横向剪切和弯曲折断的作用，又能够增加其对土壤的纵向剪切作用，可以大大提高挖掘铲的碎土性能，有效地减小壅土量，为后面的分离过程的顺利进行创造良好的条件，特别适合丘陵山地地区垄作马铃薯的挖掘。

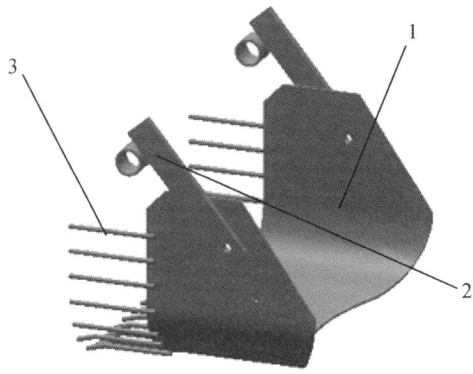

1- 弧形平面铲；2- 斜拉杆；3- 栅条

图 2　挖掘铲结构图

弧形平面铲是槽型铲的变形，接触地面部分为内凹形状的弧形平面，两侧向上折起，可以避免薯块从挖掘铲的两侧漏出被机器挤压和被土壤覆盖。挖掘铲铲片选用 65 Mn 来制造，用厚度为 4 mm。折弯成型后，挖掘铲的尖端和刃边要进行相应的热处理。其硬度则为 45 ~ 50 HRC。

栅条前端焊接在铲面底部，侧面的栅条竖直顺延，一方面防止薯块在提升输送过程中从侧壁板掉落，另一方面分离出疏松的土壤。水平面的栅条在末端折弯出 15° 的斜面，后弯部分不仅能引导薯块混合物顺畅进入后续的分离部分，也避免薯块在振动过程中受到导杆末端的切伤和从挖掘铲与分离筛之间的间隙掉落。栅条直径为 8 mm 的钢条。

斜拉杆的一端与凹形平面铲侧面焊合，并通过螺栓与机架相连，另一端与其他传动件相连，实现振动动力的传入。为加强连接处强度，斜拉杆采用 12 mm 厚的钢板。

3.2　挖掘铲的工作原理

挖掘铲振动原理图如图 3 所示。在振动挖掘铲的工作过程中，挖掘机的动力输出轴将

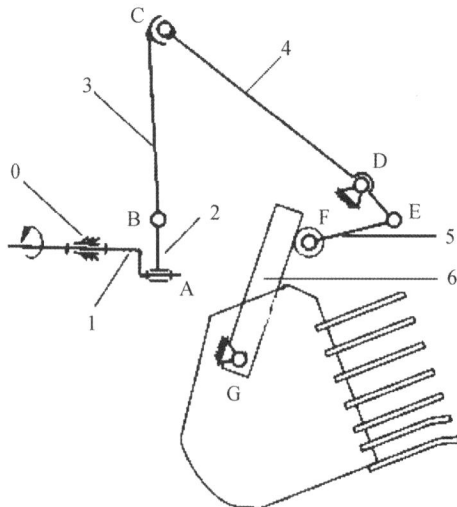

0- 机架；1- 偏心轮；2- 连接衬套；3- 铰接臂；4- 振动架；5- 连接板；6- 挖掘铲

图 3　挖掘铲振动原理图

动力经偏心轮 1 等空间连杆机构传递给振动架 4，振动架 4 上的一点 D 连接在机架上，其前后摆动通过连接板 5 带动挖掘铲 6 前后往复摆动 [7-9]。挖掘铲上一点 G 连接在机架上。铲刃从下边连续切开土壤底层，靠挖掘铲前后往复式振动将土壤和薯块崛起，薯土混合物沿铲面向上向后滑移，并被送到铲面尾部的栅条上，栅条与土垡是线接触，对土垡有很好的破碎作用，直径小于栅条间隙的土和薯块从栅条间隙漏下，进行了一次分离；其余薯和土块沿栅条尾部折弯部分向下向后滑动破碎，使其进一步分离，且防止薯块在铲与分离装置之间漏掉。此结构大大提高了挖掘铲的碎土性能，使土垡形成许多小颗粒，为后续分离装置创造了良好的条件。

4　挖掘铲的运动学分析

　　为确定工作系统挖掘铲和分离筛各自的角位移、角速度和角加速度以及挖掘铲和分离筛上某些点的位移、速度以及加速度，需对工作系统进行运动分析。本章节对工作系统的运动分析采用解析法中的复数矢量法。复数矢量法计算简便，对微分以及积分的运算也十分便利。先建立建立一直角坐标系，将构件用矢量来表示，矢量的方向可自由确定，根据各杆矢量作出机构的封闭矢量多边形，在此封闭矢量多边形中，各矢量相加必等于零，由此获得机构的封闭矢量位置方程式，将位置方程式对时间进行一次和二次求导可得出机构的速度和角速度方程。

　　为方便求解挖掘铲的各运动参数，建立挖掘铲运动分析的坐标系如图 4 所示：

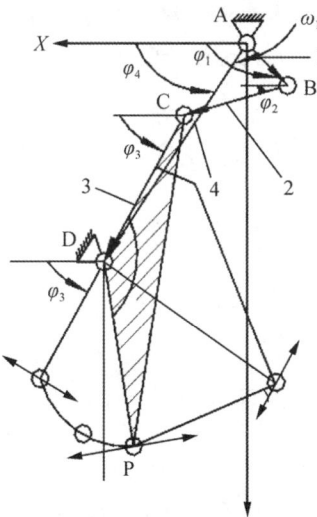

1- 振动架；2- 连接板；3- 挖掘铲；4- 机架
图 4　挖掘铲运动分析简图

　　坐标原点为振动架与机架相连的旋转副中心点 A，拖拉机前进方向为 X 轴正方向，垂直向下为 Y 轴正方向。规定角位移、角速度，角加速度方向均由 X 轴正向开始，沿逆时针方向旋转计量为正，任一点的位移，速度，加速度与拖拉机前进方向一致为正，挖掘铲的各杆件矢量与方位角的标定如图中所示。

4.1 挖掘铲的位移方程

设 l_1、l_2、l_3、l_4 以及 φ_1、φ_2、φ_3、φ_4 为向量 AB、BC、CD 和 AD 的模和角位移，其中 φ_4 为常量。将机构封闭矢量方程式表示为复数矢量形式为：

$$l_1 e^{i\theta 1} + l_2 e^{i\theta 2} + l_3 e^{i\theta 3} = l_4 e^{i\theta 4} \tag{1}$$

应用欧拉公式 $e^{i\theta} = \cos\theta + i\sin\theta$ 将式（1）的实部和虚部分离，得：

$$\left.\begin{array}{l} l_1\cos\varphi_1 + l_2\cos\varphi_2 + l_3\cos\varphi_3 = l_4\cos\varphi_4 \\ l_1\sin\varphi_1 + l_2\sin\varphi_2 + l_3\sin\varphi_3 = l_4\sin\varphi_4 \end{array}\right\} \tag{2}$$

通过对方程组（2）移项两边平方求和再化简，求出连接板 2 和挖掘铲 3 的角位移方程表达式为：

$$\varphi_2 = \arctan\frac{A + l_3\sin\varphi_3}{B + l_3\cos\varphi_3} \tag{3}$$

$$\varphi_3 = 2\arctan\frac{A - \sqrt{A^2 + B^2 - C^2}}{B - C} \tag{4}$$

其中，$A = l_1\sin\varphi_1 - l_4\sin\varphi_4$，$B = l_1\cos\varphi_1 - l_4\cos\varphi_4$，$C = \dfrac{l_1^2 + l_3^2 + l_4^2 - l_2^2 - 2l_1l_4\cos(\varphi_1 - \varphi_4)}{2l_3}$。

设拖拉机前进车速为 V_0（mm/s），则在挖掘铲工作时，经过时间 t（s），其上任一点 P 的位移可用方程表示为：

$$S_{px} = l_{DP}\cos(180° - \varphi_p + \varphi_3) + V_0 t \tag{5}$$

$$S_{py} = l_{DP}\cos(180° - \varphi_p + \varphi_3)$$

l_{DP}——点 D 和 P 之间的距离 mm；

φ_p——挖掘铲构件上 $\angle$ CDP，可直接测得。

4.2 挖掘铲的速度方程

通过对式（2）角位移方程求导可得：

$$\left.\begin{array}{l} l_1\omega_1\cos\varphi_1 + l_2\omega_2\cos\varphi_2 + l_3\omega_3\cos\varphi_3 = 0 \\ l_1\omega_1\sin\varphi_1 + l_2\omega_2\sin\varphi_2 + l_3\omega_3\sin\varphi_3 = 0 \end{array}\right\} \tag{6}$$

通过对方程组（6）移项两边平方求和再化简，求出连接板 2 和挖掘铲 3 的角速度方程表达式为：

$$\omega_2 = \omega_1\frac{l_1\sin(\varphi_1 - \varphi_3)}{l_2\sin(\varphi_2 - \varphi_3)} \tag{7}$$

$$\omega_3 = -\omega_1\frac{l_1\sin(\varphi_1 - \varphi_2)}{l_3\sin(\varphi_3 - \varphi_2)} \tag{8}$$

则对于挖掘铲上任一点 P 的速度方程为：

$$V_{px} = \omega_3 l_{DP}\cos(180° - \varphi_P + \varphi_3 \pm 90°) + V_0 \tag{9}$$

$$V_{py} = \omega_3 l_{DP}\sin(180° - \varphi_P + \varphi_3 \pm 90°)$$

当挖掘铲顺时针转动时，式（9）90°前的符号取"–"，反之则取"+"。

4.3 挖掘铲的加速度方程

通过对式（6）角速度方程进一步求导数化简可得：（12）

$$\left.\begin{array}{l} l_1\alpha_1\sin\varphi_1+l_1\omega_1^2\cos\varphi_1+l_2\alpha_2\sin\varphi_2+l_2\omega_2^2\cos\varphi_2+l_3\alpha_3\sin\varphi_3+l_3\omega_3^2\cos\varphi_3=0 \\ l_1\alpha_1\cos\varphi_1-l_1\omega_1^2\sin\varphi_1+l_2\alpha_2\cos\varphi_2-l_2\omega_1^2\sin\varphi_2+l_3\alpha_3\cos\varphi_3-l_3\omega_3^2\sin\varphi_3=0 \end{array}\right\} \quad (10)$$

通过对方程组（10）消去 a_2 并化简，求出挖掘铲3的角加速度方程表达式为：

$$\alpha_3=-\frac{l_1\omega_1^2\cos(\varphi_1-\varphi_2)+l_2\,_2^2+l_3\omega_3^2\cos(\varphi_3-\varphi_2)+l_1a_1\sin(\varphi_1-\varphi_2)}{l_3\sin(\varphi_3-\varphi_2)} \quad (11)$$

则挖掘铲上任一点 P 的加速度为：（12）

$$a_{px}=\pm\omega_3^2 l_{DP}\cos(\varphi_3-\varphi_P)+a_3 l_{DP}\cos(180°-\varphi_P+\varphi_3\pm90°)$$

$$a_{py}=\mp\omega_3^2 l_{DP}\sin(\varphi_3-\varphi_P)+a_3 l_{DP}\sin(180°-\varphi_P+\varphi_3\pm90°)$$

当挖掘铲顺时针转动时，式（12）90°前的符号取"–"，反之则取"+"。

5 牵引阻力试验过程及结果分析

5.1 试验过程及结果分析

在试验过程中，先测得马铃薯挖掘机空行时，牵引拖拉机在不同速度下所对应的的机组滚动阻力 FK，然后根据试验设计表的要求测量马铃薯挖掘机入土作业时机组的总牵引阻力 FZ，最后将马铃薯挖掘机入土作业时测量的牵引阻力减去在相同牵引速率马铃薯挖掘机空行时测量的滚动阻力 Y = FZ – FK，即为试验的最终结果。为了保证数据的准确性与精确性，每组试验重复3次实施，取平均数为结果数值。试验工作图如图5所示，牵引阻力试验结果如表1所示。

图5 牵引阻力试验工作图

表 1　试验结果

试验号	试验因素			试验指标
	挖掘深度 x_1（mm）	传动轴转速 x_2（r/min）	牵引速率 x_3（km/h）	牵引阻力 Y（N）
1	−1（100）	−1（540）	0（1.22）	1 048
2	1（200）	−1（540）	0（1.22）	1 245
3	−1（100）	1（720）	0（1.22）	1 157
4	1（200）	1（720）	0（1.22）	1 390
5	−1（100）	0（630）	−1（0.57）	1 127
6	1（200）	0（630）	−1（0.57）	1 397
7	−1（100）	0（630）	1（1.87）	1 412
8	1（200）	0（630）	1（1.87）	1 445
9	0（150）	−1（540）	−1（0.57）	1 062
10	0（150）	1（720）	−1（0.57）	1 317
11	0（150）	−1（540）	1（1.87）	1 250
12	0（150）	1（720）	1（1.87）	1 458
13	0（150）	0（630）	0（1.22）	1 614
14	0（150）	0（630）	0（1.22）	1 548
15	0（150）	0（630）	0（1.22）	1 579
16	0（150）	0（630）	0（1.22）	1 615
17	0（150）	0（630）	0（1.22）	1 670

对数据进行方差分析，得到各因素关于牵引阻力 Y 的回归方程：

$$Y = 1\,605.20 + 91.63x_1 + 89.62\,x_2 + 82.75x_3 + 9.00x_1x_2 - 59.25x_1x_3 - 11.75x_2x_3 -$$
$$160.85\,x_1^2 - 234.35\,x_2^2 - 99.10x_3^2 \tag{13}$$

5.2　试验指标优化

试验的目的是确定马铃薯挖掘机作业时的最小牵引阻力，以方便节省能源消耗。因此响应值 Y 的物理意义是牵引阻力优化标准设置为最小值。利用试验设计软件 Design-Expert 8.0.6 软件的优化模块，以马铃薯挖掘机的牵引阻力为优化目标，进行有约束目标优化。马铃薯挖掘机作业时，最优参数组合需根据机具的具体作业情况而定。若挖掘铲的挖掘深度过大，会增加机具的牵引阻力，但挖掘深度过小，虽然牵引阻力降低，但机具的伤薯率增加。传动轴转速减少，可以有效降低牵引阻力，但传动轴转速过小时，会使土薯分离不够彻底。机器作业时要有一定的作业速度，以保证收获效率，但速度过大，不仅增加牵引阻力，还会使机器作业不稳定，影响收获质量。经响应曲面优化，得到马铃薯挖掘机的牵引阻力最小时预测的最佳实验条件挖掘深度为 200 mm，偏心轮转速为 540 r/min，牵引速率为 0.57 km/h，此时的牵引阻力为 1 068.73 N（图 6）。

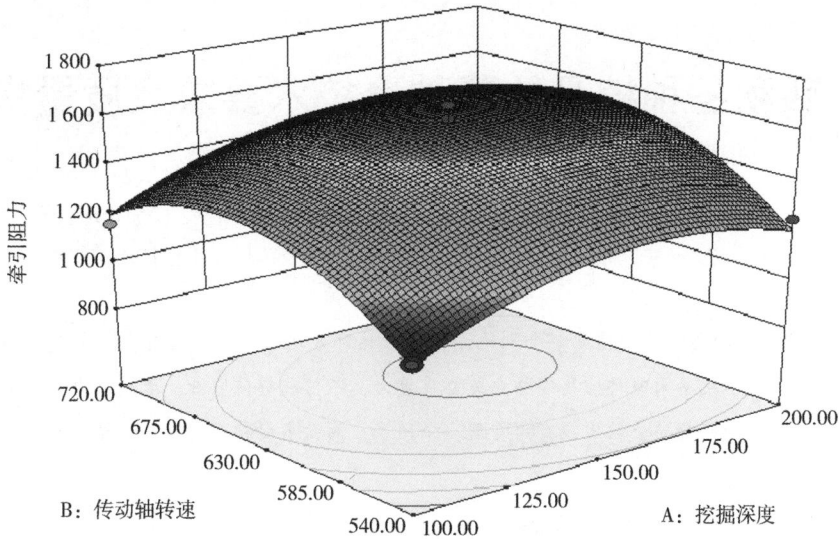

图 6　挖掘深度和传动轴转速的交互作用

6　结　论

通过理论分析对挖掘铲结构进行设计，以及运动学分析，通过牵引力试验，以牵引阻力为试验指标，分析了影响试验指标的各种因素，确定了挖掘深度对牵引阻力影响最大，偏心轮转速次之，牵引速率的影响最小。确定机具作业时牵引阻力最小的最优参数为：挖掘深度为 200 mm，偏心轮转速为 540 r/min，牵引速率为 0.57 km/h，在此条件下牵引阻力为 1 076.34 N。马铃薯挖掘机铲筛振动状态下的牵引阻力较无振动条件时降低 30.5%，验证了振动减阻原理合理可行。

[参 考 文 献]

[1]　贾晶霞，姜贵川，王楠，等.国内外马铃薯收获机械研究进展 [J].农业机械，2012(14)：13-14.

[2]　岑海堂，樊万本，刘建兰.浅谈马铃薯收获机械的现状与发展 [J].农业机械，2001(4)：21-22.

[3]　牛海华.强适应性小型振动式马铃薯挖掘机的设计 [D].甘肃：甘肃农业大学，2011.

[4]　高海明，杨宛章，朱豪杰.4UM-600 型马铃薯挖掘机的研制 [J].新疆农机化，2014(5)：15-18.

[5]　盛国成，安世才，袁明华，等.4U-400 型马铃薯挖掘机的研究与设计 [J].中国农机化学报，2014(11)：39-42.

[6]　吴建民，李辉，孙伟，等.拨指轮式马铃薯挖掘机设计与实验 [J].农业机械学报，2010，41(12)：76-79.

[7]　闻邦椿.振动机械的理论与研究 [M].北京：机械工业出版社，1982.

[8]　夏振远，陈学永.振动挖掘机的研究综述 [J].机电技术，2014(3)：133-137.

[9]　付威，陈海涛，坎杂.萝卜收获机振动松土铲参数的优化 [J].农业工程学报，2011，27(11)：46-50.

广西秋冬种植马铃薯种薯技术要求及质量指标

曲仁山[1]，李 原[2]，杜永顺[1*]

（1. 辽宁鸿运农业科技有限公司，辽宁 兴城 125100；

2. 辽宁省兴城市农业农村局，辽宁 兴城 125100）

摘 要：广西马铃薯种植除极个别地方，如桂林部分地区可以春种外，绝大多数为秋、冬种植模式，利用水稻冬闲田种植马铃薯意义非常重大，不仅能够使农业、农村、农民增收，同时可以为中国及人类的粮食安全做出应有的贡献。介绍了广西秋冬种植马铃薯种薯技术要求及质量指标作参考。

关键词：广西；秋冬种植；马铃薯；标准

广西秋、冬种种植马铃薯总面积约 5.3 万 ~ 6 万 hm^2，9 月至 10 月中旬的秋种模式约占 10%，双季稻收获后，11 月冬种模式占种植面积的 90%。

辽宁鸿运农业科技有限公司技术人员经过与马铃薯专家及当地农业管理部门技术人员商讨，根据《中华人民共和国国家标准》（GB18133–2012）马铃薯种薯质量标准并结合广西秋冬种马铃薯具体实际，制定如下标准。对种薯产地、收获期、贮存、运输到广西种植区后的保管等技术提出相应指导意见。

1 秋种部分

广西秋种马铃薯面积只有 0.67 万 hm^2，9 月上旬至 10 月上旬播种，如果播种用种薯能完全打破休眠，播种后半个月左右齐苗，就能充分利用广西秋季的光热条件，抢在春节前将鲜薯上市，正值空档期，就可以实现产值及效益最大化。因此，对秋种用马铃薯种薯的质量、技术要求比冬种用种薯高。

（1） 该批种薯应在 7 月底 8 月初采收，在安全环境下存贮 60 d 左右，使其完全打破休眠，必须由产地农业管理部门出具产地、收获期、种薯保管情况、种薯已打破休眠的官方正式文件。

（2） 运输工具尽量使用汽车运输种薯，快捷安全，全车铺垫草帘，防止种薯碰伤。

（3） 马铃薯保管最安全温度在 0 ~ 5 ℃，由于 9、10 月广西仍处于高温期，种薯不宜过早运到播种区，应于播种前一周左右运到为宜，并严格堆放在阴凉、通风、干燥处，

作者简介：曲仁山（1940—），辽宁鸿运农业科技有限公司高级顾问，高级农艺师，从事马铃薯育种工作。

* **通信作者**：杜永顺，经济师，辽宁鸿运农业科技有限公司总经理，从事马铃薯育种及推广工作，e – mail：346858517@qq.com。

以免种薯因高温、高湿气候条件下导致的变质现象发生。

（4）种薯规格：建议用整薯播种，由于受客观及经济条件制约，宜使用 30 ～ 150 g 种薯为宜，30 ～ 50 g 种薯整播，尽量减少切种，减少烂种现象发生。

（5）严格薯块播种前用"广谱"杀菌剂杀菌、消毒，尽量减少因高温、高湿气候条件下烂种，开沟摆种后合垄前再沟施（喷雾）杀菌剂，有效防止疮痂病、轮枝菌等病害侵染种薯。

（6）种薯级别：秋种建议使用 G3（一级种），个别品种可以用 G4（二级种），品种可以选择"荷兰 15 号"（"Favorita"）、"兴佳 2 号"等早熟、高抗品种。

（7）尽量科学缩短生长期：尽量使秋种马铃薯春节前全部上市，销售市场除南方外，应重点开发京、津、沪、两湖等地区。

2　冬种部分

冬种种薯除适用以上秋种技术外，建议尽量使用 G2（原种），因为冬季广西多低温、阴雨天气，冬种马铃薯在生长过程中容易发生各种真菌性病害，从而导致减产，G2 级别种薯具有较强的抗病性，虽然冬种 11 月开始播种，播种时气温、湿度稍有好转，也建议种薯避开北方低温区、南方高温区，有条件的情况下尽量在 10 ～ 20 ℃的中间地带存放，有利促使种薯打破休眠的同时，又可以安全避开南方的高温天气。

马铃薯种薯具体检测项目的最低要求见表 1、2、3。

表 1　各级别种薯田间检查植株质量要求

项目	允许率[a]（%）		
	原种	一级种	二级种
混杂	1.0	5.0	5.0
病毒			
重花叶	0.5	2.0	5.0
卷叶	0.2	2.0	5.0
总病毒病	1.0	5.0	10.0
青枯病	0	0.5	1.0
黑胫病	0.1	0.5	1.0

注：[a] 表示所检测项目阳性样品占检测样品总数的百分比；[b] 表示所有有病毒症状的植株。

表 2　各级别种薯收获后检测质量要求

项目	允许率（%）		
	原种	一级种	二级种
总病毒病（PVY 和 RV）	1.0	5.0	10.0
青枯病	0	0.5	1.0

表 3   各级别种薯库房检查块茎质量要求

项目	允许率（个 /50 kg）		
	原种	一级种	二级种
混杂	3	10	10
湿腐病	2	4	4
软腐病	1	2	2
晚疫病	2	3	3
干腐病	3	5	5
普通疮痂病 [a]	10	20	25
黑痣病 [a]	10	20	25
马铃薯块茎蛾	0	0	0
外部缺陷	5	10	15
冻伤	1	2	2
土壤和杂质 [b]	1%	2%	2%

注：[a] 病斑面积不超过块茎表面积的 1/5；[b] 允许率按重量百分比计算。

建议避免由中间商供货，由具有生产、经营资质、自产自销的单位供货，这样可以有效保证种薯质量，从而规避中间商为了利益最大化或为了抢占市场以廉价商品薯充当良种冲击市场。种薯标签按《农作物种子标签通则》（GB20464-2006）执行。

品种与水分互作对马铃薯生长和
水分利用效率的影响

秦军红，高春燕，郭　娇，赵光珂，金黎平，李广存[*]

（中国农业科学院蔬菜花卉研究所/

农业农村部薯类作物生物学与遗传育种重点实验室，北京　100081）

中国是世界上最大的马铃薯生产国，总产和种植面积稳居世界第一，但单产远远低于发达国家。主要是因为中国有 60% 左右的马铃薯种植在干旱半干旱地区，产量无法保障。马铃薯属于浅根系作物，对水分亏缺十分敏感。有研究表明，适度的水分亏缺不仅对产量影响不大，还会显著提高水分利用效率，甚至可以提高品质。过量灌溉不仅会造成水资源浪费，还会引起肥随水下移，存在潜在的面源污染风险，同时提高投入成本，降低经济效益。当前马铃薯生产中，滴灌的应用越来越普遍，灌水量主要是以灌透水来衡量，这不仅没有发挥滴灌的优势，而且会造成水资源浪费。因此，研究滴灌条件下不同灌水上限对马铃薯生长和水分利用效率的影响，为提高水分利用效率，指导田间合理灌溉提供理论依据。

试验于 2019 年 5 ～ 9 月在张家口市察北管理区，中国农业科学院蔬菜花卉研究所试验基地进行。设灌水上限和品种两个因素，采用裂区设计，灌水上限为主区，品种为副区，重复 3 次。灌水上限分别设为田间持水量的 100%（W1），70%（W2）和 40%（W3）。品种为 3 个早熟（"中薯 5 号""N195""N191"），2 个晚熟（"中薯 19""中薯 18"）。灌溉方式采用滴灌，滴头间距为 25 cm，滴头流量为 1.7 L/h，每 7 d 左右灌 1 次，每次灌水前用 TDR 水分测定仪测定垄上两株之间 0 ～ 100 cm 土壤含水量，并根据 0 ～ 20 cm 土壤含水量进行补灌。栽培方式采用单垄单行，株距 18 cm、行距 90 cm，每小区 8 行，每行 30 株，小区面积 38.88 m^2（5.4 m × 7.2 m），种植密度为 4 100 株 /667 m^2。施尿素（N：46%）43.48 kg/667 m^2、过磷酸钙（P$_2$O$_5$：12%）133.3 kg/667 m^2、硫酸钾（K$_2$O：52%）67.3 kg/667 m^2。过磷酸钙播种时一次性基施，尿素和硫酸钾均 40% 基施，其他分别在齐苗期、现蕾期、盛花期通过滴灌系统追施 30% 和 15%，20% 和 20%，10% 和 25%。从出苗后 10 d 开始取样，以后每 15 d 左右取 1 次，共取 5 次，每次每小区取具有代表性的 3 株。取样前测定株高、叶片 SPAD 值，然后分器官称量鲜重后放入烘箱，105 ℃杀青 30 min 后 80℃烘干至恒重并称量干重。收获时统计大薯数（> 150 g）和重量。

早熟品种出苗早。从播种到出苗率达到 50% 以上时，"N191""中薯 5 号""N195""中

作者简介：秦军红（1985—），女，助理研究员，从事马铃薯栽培生理与品种改良。

基金项目：国家马铃薯产业技术体系（CARS-9-P11）。

[*] **通信作者**：李广存，博士，研究员，主要从事马铃薯分子育种与栽培，e－mail：liguangcun@caas.cn。

薯 18"均在播种后 40 d 左右。此时，早熟品种出苗率在 70% 左右，而"中薯 18"和"中薯 19"分别为 57% 和 31%，二者显著低于 3 个早熟品种。马铃薯全生育期灌水 6 次，分别在播种后 43，62，75，84，95 和 107 d，各处理总灌水量分别为 141.74（W1）、114.17（W2）、100.83 m³/667 m²（W3）。方差分析显示，水分处理，水分与品种互作对马铃薯株高、叶绿素含量、茎叶干鲜重影响不显著，但品种对各指标的影响均达显著或极显著，主要是因为 2019 年马铃薯生育期降雨较多（287.2 mm），抵消了水分处理间的差异，这点从全生育期平均土壤含水量也可以看出。虽然 3 个水分处理土壤含水量随着灌水量的增加而增加，但彼此间差异较小，差异主要体现在 0 ~ 40 cm，该层 W1 处理平均土壤含水量为 15.4%，W2 为 13.3%，W3 为 12.9%。40 cm 以下 W1 和 W2 处理与播前相似，均大于 20%，而 W3 处理则小于 20%，说明 W3 处理下根层土壤含水量不能完全满足植株生长，需要消耗深层土壤水分。3 个早熟品种的株高在播种 71 d 以后几乎不再增长，而晚熟品种则持续快速增长，此时早熟品种"中薯 5 号"和"N191"单株块茎鲜重已达 120 g 以上，而晚熟品种的在 25 ~ 60 g。由此可见，此时早熟品种已进入块茎膨大期，而晚熟品种则处于块茎形成期。此外，收获时即播种后 119 d，3 个早熟品种地上部分已基本干枯，而晚熟品种长势还较好。各品种叶绿素 SPAD 值整体上随生育期的推进呈下降趋势，晚熟品种的 SPAD 值整体高于早熟品种。晚熟品种间表现为"中薯 18"一直大于"中薯 19"，且在苗期和收获时差异显著。早熟品种则表现为"N191"在播种后 71 d 前高于其他 2 个早熟品种，但在后期 3 个早熟品种间无显著差异。播种 91 d 后，早熟品种的 SPAD 值降低速率较快，说明其衰老速度较快，这点从叶片鲜重的变化上也可以看出。从产量结果看，水分处理和品种对产量的影响均达显著水平，但二者交互作用不显著。W1 的产量为 2 075.1 kg/667 m²，分别比 W2 和 W3 显著增产 9.5% 和 20.7%，W2 与 W3 之间差异也显著。各品种间表现为早熟品种"中薯 5"和"N191"产量最高，分别为 2 593.0 和 2 442.7 kg/667 m²，二者差异不显著，但显著大于其他 3 个品种，其他 3 个品种间差异不显著，可能是因为收获时晚熟品种植株长势仍较旺，产量未达到最高。从水分利用效率上可以看出，水分处理及水分与品种互作对其影响不显著，但水分处理间表现为 W2 > W3 > W1；而品种对其影响显著，并表现为"中薯 5"和"N191"水分利用效率最高，分别为 8.1 和 7.8 kg/m³，二者差异不显著，但显著大于其他 3 个品种，其他 3 个品种间差异不显著。

早熟品种出苗速度快，播种 71 d 前植株生长也较快，之后株高增长迅速减缓，地上部分合成的干物质主要向块茎中转移；播种 91 d 后，植株叶片迅速变黄，因此，在管理上，早熟品种应该促早苗，早追肥和灌水，因为其生育期较短，如果和晚熟品种水肥同期管理，则会严重影响产量。无论是早熟还是晚熟品种，主要耗水层均为 0 ~ 40 cm。2019 年马铃薯生育期降雨量相对较多，屏蔽了水分处理对植株生长的影响，造成水分处理对各生长指标的影响不显著，但是对产量的影响显著，并表现为 W1 > W2 > W3；对水分利用效率的影响不显著，但表现为 W2 > W3 > W1。因此可以推测，当 0 ~ 40 cm 土壤含水量维持在 15% 以上时，可以满足植株正常生长，基本不需要消耗深层土壤水分即可获得高产量，在 13% ~ 15% 时，产量有所降低，但水分利用效率最高。

关键词： 马铃薯；品种；产量；水分利用效率

High Protein Yangyu Jiaotuan （洋芋搅团）: Some Physico-chemical, Textural, Microstructural, Rheological Properties, and *in vitro* Oral-gastro-small Intestinal Starch Digestion

Fankui Zeng[1, 2], Gang Liu[1], Lovedeep Kaur[2], Jaspreet Singh[2]

(1. Lanzhou Institute of Chemical Physics, Chinese Academy of Sciences, Lanzhou, Gansu 730000, China;

2. Riddet Institute and School of Food and Advanced Technology, Massey University, Palmerston North 4442, New Zealand)

Mashed potato is a very popular dish in the western diet. In China, there is a similar potato dish called "Yangyu Jiaotuan" prepared by repeatedly beating the steamed potatoes until they become sticky. Potato and its processed products are generally considered high glycaemic and very low in protein content. In the current research, two commercially available and affordable plant proteins (soy protein isolate-SPI and pea protein isolate-PPI) at two levels (5%, 10%) were added to the Yangyu Jiaotuan with an objective to develop a product with reduced glycemic properties and high protein content while maintaining its original taste and texture. Textural properties of the samples were analyzed with a texture analyzer during five day refrigerated storage. The results showed that several important textural properties such as hardness and chewiness did not change significantly during the refrigerated storage. The extent of change in the texture of Yangyu Jiaotuan was very small in samples containing PPI, reflecting its suitability for use in this product. The storage modulus G' increased with refrigerated storage time for different samples. There were significant differences among the five mashed potato samples (with and without protein addition) with respect to frequency dependence during rheological measurements. The color of Yangyu Jiaotuan samples was determined using a hand-held chroma meter. With the addition of proteins, the brightness and a* value decreased while the b* values increased, during five days of storage, however the extent of color change was not significant. The *in vitro* starch digestion experiments were carried out by 2 min of oral digestion, 30 min of gastric digestion, and 2 h of small intestinal digestion. Simulated salivary, gastric and small intestinal juices

---

Author introduction：Fankui Zeng (1980—), male, PhD, associate professor, supervisor of master student, major research direction: potato starch, protein, and potato processing waste resource utilization.

Supported by：Government-funded overseas study fund of Chinese Academy of Sciences.

*Corresponding author：Jaspreet Singh, e – mail: J.X.Singh@massey.ac.nz.

were used during *in vitro* starch digestion, whereas the glucose content was measured using a GOPOD kit. The starch hydrolysis of Yangyu Jiaotuan decreased considerably with the increase in PPI content. The results also showed that starch hydrolysis also decreased during refrigerated storage due to retrogradation. Microstructural changes of mashed potato containing PPI were revealed by SEM. Protein has protected the microstructure and there was less damage when compared to samples without protein. The microstructure of freshly prepared mashed potato was also investigated by Confocal Scanning Laser Microscopy (CSLM), using two fluorescent dyes (Rodanmine B and FITC). Proteins around starch were segregated. The particle size distribution of the potato digesta was analyzed using a Mastersizer. Three peaks were found for the samples of mashed potato mixed with 5% PPI sample. The medium particle content of the sample O2 was slightly higher than that of the other samples, and the difference between other samples was not significant. The thermal properties of digesta of mashed potato containing 5% PPI were analyzed by DSC. No peaks were found in the samples after 10, 60 and 120 min of small intestinal digestion, as indicated from the absence of peaks in the endotherms reflecting that most of the starch has already been digested. Based on the above results, Yangyu Jiaotuan mixed with pea protein is a convenient potato staple food product, which complies with the Chinese dietary habits very well.

Key Words: Yangyu Jiaotuan; physico-ehemical properties; starch digestion *in vitro*

低温刺激在马铃薯块茎花青素合成中的作用研究

邹　雪，丁　凡*，刘丽芳，余韩开宗，陈年伟[1]

（绵阳市农业科学研究院，四川　绵阳　621023）

彩色马铃薯（*Solanum tuberosum* L.）除含有碳水化合物、维生素 C、矿物质、食用纤维和蛋白质等多种营养外，还因富含花青素而具有较强的抗氧化生理活性。优质彩色马铃薯不仅能丰富市场多元化需求，在化妆、医药等方面也具有广阔的应用潜力。植物花青素的合成由遗传因素决定，包括合成途径中的关键酶苯丙氨酸解氨酶（PAL）、查尔酮合成酶（CHS）、查尔酮异构酶（CHI）、黄烷酮 3'，5'- 羟化酶（F3'5'H）、二氢类黄酮还原酶（DFR）、花青素合成酶（ANS）、尿苷二磷酸 - 葡萄糖 - 类黄酮 3 葡糖基转移酶（UFGT）的编码基因以及调控基因 MYB、bHLH 等；同时，受光照、温度、养分、水分等环境的影响。目前对影响马铃薯花青素合成的外因研究主要集中在光照上，认为光照可促进块茎花青素合成，是影响块茎花青素的关键环境因子。四川因生态条件的多样性，可在平坝（春、秋）、丘陵、山区和高原种植马铃薯。多年的生产经验发现同一季节同一品种（系），在高原地区种植的彩薯，其花青素含量要高于平坝地区的，并认为是高原地区光照强度高的缘故。试验前期发现平坝地区秋季种植的彩薯花青素含量要高于山区春季种植的，已知平坝区秋季多阴天，气候偏冷凉，光照强度弱于春季，这和原有对光照与块茎花青素关系的认识不符。高原与平坝地区相比，除光照更强外，气温也更低，特别是昼夜温差大，推测低温或温差可能在块茎花青素合成中发挥重要刺激作用。

试验检测了不同海拔和季节生长的块茎花青素含量，并选择可控性更强的试管薯模式，研究温度对块茎合成花青素的影响。以紫肉品种"黑美人"、品系"绵 16B-6-1"的试管苗为材料，在 14 h 光 /10 h 暗，光强 3 000 lx，24℃条件下生长 30 d 后统一加入诱薯液 50 mL/ 瓶，每处理 10 瓶，每瓶 20 苗。设置常规诱薯方法为对照，即加诱薯液后放入 22 ℃培养箱中黑暗培养；处理 1：持续低温，即加诱薯液后放入 12 ℃黑暗培养；处理 2：低温刺激，即 4 ℃ 2 h，12 ℃ 3 h，18 ℃ 3 h，24 ℃ 4 h，24 ℃ 4 h，18 ℃ 3 h，12 ℃ 3 h，4 ℃ 2 h，循环，黑暗培养。诱薯液：MS + 2 mg/L 6-BA + 6 mg/L B₉ + 140 mg/L SA + 8% 蔗糖 + 活性碳 0.5 g/L。加入诱薯液 60 d 后测定试管薯产量、结薯数和薯肉花青素含量。

在不同生态条件下生长的彩薯，其薯肉花青素含量：海拔 3 400 m > 海拔 500 m 秋作 > 海拔 1 200 m ≥ 海拔 500 m 冬作，含量差异程度因基因型而不同。在高原生长的红心黄圈材料"绵 16-3-4"花青素含量为 12.37 mg/100 g FW，是山区生长薯块的 3.46 倍。"绵 16-37-

作者简介：邹雪（1984—），女，助理研究员，从事马铃薯良种繁育研究。

基金项目：四川省科技厅公益性育种攻关项目（2016NYZ0032）；国家现代农业产业技术体系四川薯类创新团队项目（川财教 [2019] 59 号）。

* 通信作者：丁凡，高级农艺师，主要从事薯类育种与栽培研究，e - mail：38862234@qq.com。

12"的花青素含量在高原最高，达 35.01 mg/100 g FW，在平坝冬春季的含量最低，只有 8.33 mg/100 g FW，而在平坝秋冬季生长的含量比冬春季的升高了 82.95%。在全黑暗培养的试管薯模式下，不管是长期低温处理还是短期低温刺激，均能促进试管薯肉合成更多花青素，同时，材料间对低温的敏感性存在差异。"黑美人"对低温刺激最敏感，常温下试管薯肉几乎无花青素合成，低温和温差处理刺激薯肉的花青素合成，含量分别为 1.35 和 2.57 mg/100 g FW。"绵 16B-6-1"在常温下形成的薯块仍能合成花青素，低温或温差处理促进更多的花青素合成，含量分别升高 88.65% 和 227.84%，说明该材料花青素的合成受温度的影响相对较小。持续的低温处理利于试管薯粒数的增加，"黑美人"和"绵 16B-6-1"单瓶结薯数为 23.50 和 37.52 粒，分别比对照升高 21.82% 和 35.80%。温差处理更利于试管薯的产量形成，2 个材料的单瓶薯块重量均在温差处理下最高，分别是 5.11 和 8.75 g（$P < 0.01$）。试验同时进行了高糖处理（蔗糖浓度提升到 12%）和高钾处理（由 20 mmol/L 升到 40 mmol/L），在 22℃恒温下培养，但均未促进试管薯肉合成花青素，同时将全黑暗培养改为 3 000 lx 光照处理后，除紫皮颜色更深外，薯肉仍只有很少的花青素合成。即在试管薯模式下，对于低温敏感材料，碳源、钾、光照都不是影响块茎合成花青素的直接制约因素。

因此，低温刺激是促进彩色马铃薯块茎花青素合成的重要条件，花青素合成受低温刺激的影响程度存在基因型差异。试验为选择合适的栽培环境和季节生产优质彩薯以及培育广适性优良彩薯品种提供参考依据。

关键词：马铃薯；生态环境；花青素；低温刺激；试管薯

马铃薯贮藏期间主要加工品质变化的研究

宋亚辉，赵　悦，刘　磊，刘毅强，李　林，

季　超，王　磊，刘　畅，尹　江[*]，龚学臣

（河北北方学院旱作农业研究中心，河北　张家口　075000）

　　马铃薯（*Solanum tuberosum* L.）是一种粮食、蔬菜、饲料兼用的重要农作物，早在17世纪马铃薯就已引入中国，随着马铃薯种植面积和产量逐年增长，中国粮食安全问题也得以保障。2015年农业部提出了"马铃薯主粮化战略"，使得马铃薯种植和加工产业的发展被注入了新的动力，马铃薯加工在带动中国马铃薯产业链良性发展方面起着重要作用，马铃薯加工品质成为产品质量的基础。人们对马铃薯营养价值的认知也在不断提高，不再只是用作鲜食，马铃薯加工业推动着其产品不断丰富，全球大概10%的马铃薯用作生产食用产品，马铃薯正由生产时代转换为食用时代，由于中国马铃薯贮藏技术相对于发达国家还比较落后，对贮藏期间加工品质变化的研究还处于初步阶段，因此掌握马铃薯贮藏期间加工品质的变化是非常关键的，但影响加工品质的因素很多，包括种植期间的温度、时间、光照、施肥措施和化学药剂的使用，还与采收后的贮藏条件等有很大的关系。在马铃薯贮藏期间会出现变质、腐烂、失水等情况，它的加工品质会不断发生变化，包括淀粉、干物质和还原糖等主要加工品质。因此试验对10份马铃薯品种贮藏期间马铃薯淀粉、干物质、还原糖含量3种主要加工品质的测定，分析其在贮藏期间的变化规律，为以后改善马铃薯贮藏技术，提高贮藏水平提供理论依据。

　　试验以s001、s002、s003、s004、s005、s006、s007、s008、s009、s010作为材料，采用窖藏的方法（保持窖温在3～5 ℃，相对湿度在80%～90%）贮藏马铃薯。贮藏期间分别测定马铃薯的干物质含量、淀粉含量、还原糖含量。收获后进行第1次测定，之后每隔30 d测定1次，共5次，每次3个重复分别在该日8时，12时和20时进行测定，然后计算该日平均温湿度，绘制变化曲线。其中用比重法测定材料的干物质含量和淀粉含量，用斐林试剂法测定材料的还原糖含量。

　　研究发现在马铃薯贮藏期间淀粉、干物质和还原糖含量变化数值越小其贮藏性就越好。s001在贮藏期间淀粉含量变化值最小，因此这10份材料里s001的耐贮藏性可能最好，其中s001在60 d时最先下降至最低点，下降1.77%，在60～120 d时淀粉含量持续增长，但低于刚收获后的淀粉含量。其他9个材料在90 d时下降到最低点，分别下降了1.64%、2.02%、3.479%、1.22%、2.41%、1.48%、2.07%、1.73%、1.65%，在90～120 d时均持续增长，但低于刚收获后的淀粉含量，因此在贮藏期间10份材料淀粉含量均为下

───────────────

作者简介：宋亚辉（1996—），男，硕士研究生，从事马铃薯育种及栽培技术研究。

基金项目：国家现代农业产业（马铃薯）技术体系（CARS-09-p05）；河北省现代农业技术产业体系（HBCT2018080201）。

* 通信作者：尹江，研究员，从事马铃薯育种及栽培技术的研究，e‑mail：bshnks@sina.com。

降状态。在显著性差异为 0.05 水平下将各个品种贮藏前后的淀粉含量变化进行方差分析，s001 ~ s010 都相互存在着显著性差异，其中差异最大的是 s004 和 s007，s004 的淀粉含量变化是 s007 的 34.9 倍，因此 s007 可能要比 s004 的耐藏性好很多，s007 可能比 s004 更适合贮藏加工。通过试验可知，s007 在贮藏期间干物质含量变化值最小，因此在贮藏期间 s007 的耐贮藏性可能最好。其中 s001 的干物质含量在 60 d 时首先下降到最低点，下降了 3.77%，在 60 ~ 120 d 时表现为持续增长的变化过程。其他 9 个材料的干物质含量在 90 d 时下降到最低点，分别下降了 2.4%、3.2%、3.7%、1.5%、2.2%、1.25%、1.84%、1.17%、1.22%，在 90 ~ 120 d 时呈持续增长的变化过程。因此在贮藏期间 10 份马铃薯试验材料干物质含量均为下降状态。在显著性差异为 0.05 水平下将各个品种贮藏前后的含量变化进行方差分析发现，由于品种的不同，在贮藏期间各品种干物质含量的变化都相互存在着显著性差异，品种 s004 与品种 s007 之间的差异是最大的，s004 的变化幅度是 s007 的 4.74 倍，因此 s007 可能比 s004 耐贮藏性好。数据显示，s008 还原糖含量变化值最小，因此在这 10 份马铃薯试验材料中，s008 在贮藏期间转化酶活性可能最高。s001、s002、s004、s008、s010 在 60 d 时达到了最高点分别增长了 0.09%、0.11%、0.05%、0.02%、0.0421%，在 60 ~ 120 d 表现为持续降低，但始终高于贮藏前还原糖含量。s003、s005、s006、s007、s009 则是在 90 d 时达到最高点，分别增长了 0.097%、0.052%、0.065%、0.017%、0.058%，在 90 ~ 120 d 的还原糖含量表现为持续降低，但始终高于贮藏前还原糖含量。因此，在贮藏期间 10 份马铃薯试验材料还原糖含量均为上升状态。

试验通过对 10 份马铃薯材料在贮藏期间淀粉、干物质、还原糖含量的变化进行分析研究，发现在贮藏 120 d 之内马铃薯的淀粉和干物质含量在下降至最低点之后均有小幅度回升，而还原糖则表现为先增加然后减少的变化过程，但始终高于贮藏前的含量，因此马铃薯贮藏期间干物质和淀粉含量呈下降趋势，还原糖含量呈上升趋势。

关键词：马铃薯；贮藏；加工品质

土 壤 肥 料

乌兰察布马铃薯减肥增效技术措施研究

今 芝[1*]，胡卫静[1]，辛 敏[1]，焦伟红[2]，王玉凤[3]，曹 彦[3]

（1. 乌兰察布市土壤肥料站，内蒙古 乌兰察布 012000；

2. 乌兰察布市农业技术推广站，内蒙古 乌兰察布 012000；

3. 乌兰察布市农业科学院，内蒙古 乌兰察布 012000）

摘 要：从马铃薯减肥增效、高产栽培的角度出发，分析了乌兰察布地区规模种植马铃薯施肥方面存在的问题，并对增施有机肥、轮作倒茬、深耕深松、施肥一体化、应用新型肥料、调整施肥时期等马铃薯减肥增效技术措施实施效果进行阐述，以期为马铃薯产业健康可持续发展提供理论依据。

关键词：乌兰察布；马铃薯；减肥增效；技术措施

马铃薯是乌兰察布市主要的经济作物，常年种植面积在 25 万 hm² 以上[1]，具有适应性广、产量高、经济效益好等优点，是农户主要的经济收入来源。近年来，随着土地流转的加快，规模化种植模式逐渐形成，高效节水农业、机械化种植都得到快速发展，而种植户为追求经济效益，往往通过加大化肥用量达到高产目标，造成化肥利用率降低、土壤板结、土壤肥力下降、地下水污染，对土壤环境造成极大影响[2-4]。2015 年，农业农村部下发了"到 2020 年化肥使用量零增长行动方案"，减肥提质增效成为了马铃薯产业健康发展的主要内容。分析了乌兰察布市马铃薯施肥现状和存在的问题，对近几年在马铃薯上采取的减肥增效技术措施和取得的成效进行阐述，以期为马铃薯提质增效和高产管理提供理论依据。

1 乌兰察布市马铃薯施肥现状与问题

对 2015 年 190 个种植规模 6.67 hm² 以上的水浇地马铃薯施肥量进行调查，主要调查内容包括种植面积、种植模式、化肥施用量、有机肥施用量、产量、施肥时期、施肥次数、轮作年限、轮作倒茬作物等，经过统计汇总，乌兰察布马铃薯施肥普遍存在以下问题。

1.1 化学肥料投入差距大

种植户之间氮、磷、钾肥投入量差距明显，氮、磷、钾肥施肥量分别是为 76.2 ~ 888.0、54.0 ~ 867.0 和 21.6 ~ 945.0 kg/hm²，最高值是最低值的几十倍，施肥量两级分化严重，不合理施肥情况普遍。

作者简介：今芝（1988—），女，硕士，农艺师，主要从事土壤肥料和农业技术推广工作。

基金项目：内蒙古耕地保护与质量提升和减肥增效项目（内财农［2018］1195 号）。

*通信作者：今芝，e - mail：dulingzhi449@126.com。

1.2 存在过量施肥情况

氮、磷、钾肥平均施肥量分别为 285，214.9 和 293.1 kg/hm²，总养分平均施用量为 793.1 kg/hm²，化肥投入量明显高于乌兰察布地区推荐施肥量[5]；有 25.5% 的种植户因过量施用氮肥而导致马铃薯产量下降，造成肥料浪费和土壤环境压力。

1.3 有机肥投入量少

调查发现只有 23.5% 的种植户施用有机肥，有机肥主要以羊粪和商品有机肥为主，羊粪用量 15 ~ 45 t/hm²，商品有机肥用量 3 ~ 7.5 t/hm²，施用有机肥的种植户所占比例较少，土壤中有机质补充不及时，有机质含量逐年降低。

1.4 轮作制度不合理

24% 的种植户 3 年轮作一茬马铃薯，平均产量 40.91 t/hm²，有 76% 的种植户两年轮作一茬马铃薯，平均产量 38.71 t/hm²；轮作倒茬的作物比较单一，主要与葵花、甜菜等经济作物轮作，肥料投入多，对土壤压力较大。

1.5 肥料基追比例不合理

种植户存在重视基肥，轻视追肥情况，化肥总养分的 70% 以基肥形式施入土壤，包括 57% 的氮肥、95% 的磷肥、60% 的钾肥都以基肥形式施入，与马铃薯养分吸收规律不符。

1.6 水肥管理水平低

种植户之间水肥管理水平差距大，仅有 42.9% 的种植户追肥 5 次或 5 次以上，平均产量达 42.67 t/hm²，有 44.9% 的种植户追肥 3 ~ 4 次，平均产量 40.41 t/hm²，有 12.2% 种植户追肥 1 ~ 2 次，平均产量只有 36.07 kg/667 m²，马铃薯水肥管理水平较差，没有达到水肥一体化技术管理水平。

2 技术措施及应用效果

为解决乌兰察布地区规模种植马铃薯施肥方面存在的问题，减轻土壤压力，提高肥料利用效率，改善马铃薯品质，增加经济效益，实现马铃薯减肥增效、绿色高产发展需求，几年内依托国家耕地轮作、耕地保护与质量提升和减肥增效，旱作农业技术推广等项目，开展了不同的减肥增效技术试验示范，探索出了几种减肥增效技术措施。

2.1 增施有机肥

乌兰察布属于农牧交错地带，畜牧养殖业发展较好，有机肥资源比较丰富。有机肥具有培肥土壤、改善土壤团粒结构和微生态环境、提高土壤保水保肥能力，为作物提供全面营养等化肥无法代替的优点[6-8]。前人研究发现，在马铃薯上施用有机肥或生物有机肥能够提升马铃薯品质、降低早疫病危害[9]，化肥配施有机肥可以提高马铃薯出苗率和光合效率，增加叶面积指数，提升马铃薯产量和品质[10]。在乌兰察布地区喷灌和滴灌马铃薯上增施羊粪 45 t/hm²，可代替化肥总量的 20%，不仅马铃薯能够增产 10% 左右，耐储存性也有所提高，土壤有机质含量可提升 5% 左右。施用生物有机肥 3 ~ 4.5 t/hm²，可代替化肥总用量的 15% ~ 20%，生育期马铃薯叶片深绿，花期较长，地上部分粗壮，马铃薯干物质和淀粉含量都有所提升。因此，增施有机肥是马铃薯减肥增效重要的技术措施，不仅实现化肥减量，更能提升耕地质量，培肥地力。

2.2　合理的轮作制度

马铃薯是忌连作作物，连作会造成土壤微生物菌群失衡、土壤养分平衡失调[11]，发生土传病害的概率增大[12]，更导致马铃薯产量降低、商品率下降[13]。合理的轮作制度是保证马铃薯植株健康生长、产量稳定高产的重要措施，轮作能平衡土壤氮素营养[14]、提高土壤有机质和酶活性，增加土壤中有益微生物群落数量[15]。自2016年通过国家耕地轮作项目的实施，在乌兰察布地区采取3年轮作一茬马铃薯的轮作模式，与油菜、小麦、玉米（饲用玉米）等深根系作物轮作倒茬，能有效减少土壤当中的化肥残留量，达到平衡土壤养分、轮作养地、减肥增效的目的。

2.3　深耕深松

根系是马铃薯吸收养分的主要器官。与小麦、玉米等大田作物相比，马铃薯是典型的浅根系作物，根系主要分布在表层到30 cm左右的耕作层[16]。土壤良好的透气透水性、疏松的土质有利于根系生长。深耕深松技术是对25～35 cm的土层进行耕翻，打破犁底层，增加土壤疏松度，改善耕层土壤结构，提高土壤保水保肥能力。研究发现，在马铃薯上应用深耕深松技术能够有效促进植株发育，干物质量和叶面积指数显著提高，块茎产量和水分利用效率明显升高，实现马铃薯增产增效[17]。乌兰察布地区马铃薯深耕深松面积在10万 hm² 以上，深耕深松技术能够熟化土壤，能促进根系发育，提高出苗率，在保产的情况下减少一次灌水；通过深耕深松技术可掩埋有机肥料，清除残茬杂草，消灭寄生在土壤中或残茬上的病虫，病虫害发生频率明显减少。

2.4　实施水肥一体化

马铃薯上推广应用高垄滴灌和膜下滴灌技术面积在逐年增加，但还没有成熟的与滴灌生产相配套的综合养分管理技术。为了实现马铃薯的水肥高效管理，学者提出了水肥一体化管理技术，经过多年的试验研究，形成了成熟的马铃薯水肥一体化管理技术。水肥一体化技术较其他技术有明显的优势，能够提高水分利用效率，减少氮肥淋洗和残留，提高肥料偏生产力，更能够提高马铃薯产量和品质，显著增加经济效益[18]。乌兰察布地区属阴山山脉，土体较薄，土壤以沙壤土居多，不利于水分、养分的保存；在马铃薯生育期追肥次数越多马铃薯产量越高，因此，要达到高产高效的水肥一体化，追肥次数应达到5次或5次以上，最好每次浇水时随水施肥，肥料品种和施肥量可根据马铃薯不同生育期需肥特点确定。

2.5　应用新型肥料

自开展马铃薯减肥增效行动起，在传统常规化肥对马铃薯减肥效果较小的情况下，势必会产生一系列的高效、环保的新型肥料。近几年，各类新型肥料的研发和生产进入快速增长期，产品种类和数量达到了新的高度。液体肥具有快速被植物吸收，利用率高，用量少等优点，配合水肥一体化管理技术施用效果更显著。除外，缓控释肥料、微生物肥料、有机－无机复混肥料、中微量元素肥料等新型肥料在马铃薯上使用面积逐年增加。在乌兰察布市马铃薯上液体肥、水溶性肥应用最广泛，有80%左右的种植户不同程度上施用液体肥或水溶性肥料；而施用具有缓控释效果的有机－无机复混肥料较传统化肥用量减少20%以上，提高马铃薯产量提高10%左右，能明显提高淀粉含量和干物质含量，同时能提升土壤有机质含量，改善土壤环境，提升土壤肥力[19]。

2.6 调整施肥时期

不合理的施肥会造成氮肥的淋溶和挥发，磷肥被土壤固定，不利于肥料利用，要实现肥料高效利用须改变施肥习惯。研究发现，在高垄滴灌马铃薯上氮磷钾肥1/3基施、2/3追施后养分积累量、植株吸收速率、肥料农学效率和肥料利用率最好，是阴山北麓地区最佳的施肥方式[20]。研究表明，在淀粉积累期以较快速率持续吸收磷素保证了植株吸收磷素的高效性，分期供磷能明显提高磷肥利用率[21]，在块茎膨大期适当追施氮肥能延缓营养器官的衰老，有利于干物质转移，促进块茎的干物质积累，提高块茎产量。在乌兰察布马铃薯上采用前氮后移的措施，减少基肥当中氮肥用量，增加块茎形成期氮肥的用量，将氮肥基追比调至0.3∶0.7，同时结合水肥一体化技术追施磷肥，能够提高肥料利用率2~3个百分点，马铃薯产量提高10%左右。

3 结 论

以上几种减肥增效技术措施可以单独实施，联合实施减肥增效效果更好。通过几年的减肥增效技术模式应用和推广，乌兰察布市马铃薯化肥用量下降趋势明显，经2018年底农户施肥量调查数据来看，氮磷钾总养分平均施用量667.5 kg/hm²，较2015年化肥平均用量减少125.6 kg/hm²；施用有机肥农户数占调查户数的34.5%，较2015年提高11个百分点；采取"马铃薯－小米－蔬菜""马铃薯－玉米－杂粮""马铃薯－莜麦－蔬菜"等3年轮作倒茬模式累计6万hm²；2018年底，马铃薯水肥一体化面积达5.67万hm²，较2015年增加2.33万hm²；马铃薯生育期追肥次数最高达7次，农户施用各类新型肥料面积也逐年增加。氮肥基追比为0.4∶0.6，调整氮肥施肥时期技术措施应用较为缓慢，需要今后开展更多的试验数据佐证该技术措施，并加以推广应用。

[参 考 文 献]

[1] 乌兰察布市统计局.乌兰察布市统计年鉴[M].呼和浩特：内蒙古自治区新闻出版社，2017.

[2] 景涛，樊明寿，周登博，等.滴灌施氮对高垄覆膜马铃薯产量、氮素吸收及土壤硝态氮积累的影响[J].植物营养与肥料学报，2012，18(3)：654-661.

[3] 胡博.河套灌区含有马铃薯的复种体系建立及资源利用效率的评价[D].呼和浩特：内蒙古农业大学，2012.

[4] 胡博，樊明寿，郝云凤.农田土壤硝态氮淋洗影响因素及阻控对策研究进展[J].中国农学通报，2011(27)：32-38.

[5] 今芝，胡卫静，梁宏，等.乌兰察布市马铃薯施肥现状研究[J].北方农业学报，2019，47(1)：57-62.

[6] 杨玉爱.我国有机肥料研究及展望[J].土壤学报，1996，33(4)：414-421.

[7] 宇万太，姜子绍，马强，等.施用有机肥对土壤肥力的影响[J].植物营养与肥料学报，2009，15(5)：1 057-1 064.

[8] 张鹏，贾志宽，陆文涛，等.不同有机肥施用量对宁南旱区土壤养分、酶活性及作物生产力的影响[J].植物营养与肥料学报，2011，17(5)：1 122-1 130.

[9] 张建平，程玉臣，哈斯.有机肥防治马铃薯早疫病试验[J].中国马铃薯，2012，26(5)：291-294.

[10] 付兴发.磷钾肥和有机肥对马铃薯品质和产量影响的研究[D].雅安：四川农业大学，2012.

[11] 今芝.连作、轮作马铃薯对根际土壤微生物数量及土壤养分的影响[D].呼和浩特：内蒙古农业大学，2012.

[12] 谭雪莲，郭天文，刘高远.马铃薯连作土壤微生物特性与土传病原菌的相互关系[J].灌溉排水学报，2016，35(8)：30-35.

[13] 马达灵，郭美兰，徐松鹤，等.一年连作对马铃薯形态特征及其产量的影响[J].中国马铃薯，2018，32(3)：143-147.

[14] 石晓华，杨海鹰，康文钦，等.不同施氮量对马铃薯–小麦轮作体系产量及土壤氮素平衡的影响[J].作物杂志，2018(2)：108–113.

[15] 徐雪风，李朝周，张俊莲.轮作油葵对马铃薯生长发育及抗性生理指标的影响[J].土壤，2017，49(1)：83–89.

[16] 樊明寿，贾立国，秦永林，等.马铃薯丰产高效栽培的养分管理[C]//陈伊里，屈冬玉.马铃薯产业与精准扶贫.哈尔滨：哈尔滨地图出版社，2017：232–238.

[17] 张绪成，马一凡，于显枫，等.西北半干旱区深旋松耕作对马铃薯水分利用和产量的影响[J].应用生态学报，2018，29(10)：3 293–3 301.

[18] 秦永林.不同灌溉模式下马铃薯的水肥效率及膜下滴灌的氮肥推荐[D].呼和浩特：内蒙古农业大学，2013.

[19] 刘莉平.内蒙古阴山丘陵区马铃薯高垄滴灌水肥高效利用研究[D].呼和浩特：内蒙古农业大学，2015.

[20] 邢海峰，石晓华，杨海鹰，等.磷肥分次滴灌施用提高马铃薯群体磷素吸收及磷利用率的作用[J].植物营养与肥料学报，2015，21(4)：987–992.

[21] 王弘，孙磊，梁杰，等.氮肥基追比例及追施时期对马铃薯干物质积累分配及产量的影响[J].中国农学通报，2014，30(24)：224–240.

基于文献的马铃薯田
土壤氮磷钾丰缺指标体系制定

张新明[1]，刘小锋[1]，赵兰凤[1]，伏广农[1]，樊明寿[2*]

（1. 华南农业大学资源环境学院，广东 广州 510642；

2. 内蒙古农业大学农学院，内蒙古 呼和浩特 010019）

摘 要：依据文献中提供的马铃薯相对产量与土壤氮磷钾养分含量的回归方程，参照农业部（现农业农村部）于 2011 年颁布的《测土配方施肥技术规范》（2011 年修订版）上养分丰缺指标的分级临界标准（相对产量范围）重新计算了有关区域马铃薯大田土壤氮磷钾的丰缺指标，供有关生产教学科研部门制定当地马铃薯氮磷钾施肥指标体系时参考。

关键词：马铃薯；土壤氮磷钾养分；丰缺指标；施肥建议

以往的文献上报道了中国马铃薯主产区大田土壤氮磷钾养分的丰缺指标，但分级的临界标准（相对产量范围）不统一，对于比较同一区域马铃薯大田土壤氮磷钾养分丰缺状况不利，即土壤样品同一测定结果，当利用不同丰缺指标体系时会得到不同的肥力等级，那么据以推荐施肥量时也会得到不同的数据。所以，根据已正式发表文献上提供的相对产量与有关（速效）养分含量的回归方程，统一采用《测土配方施肥技术规范》（2011 年修订版）[1] 上提供的分级标准重新划定氮磷钾养分的指标范围，供不同区域从事马铃薯产业的科技人员和经营者参考。

1 适合于阴山北麓一季作区域的马铃薯大田土壤氮磷钾养分丰缺指标体系

参考张子义等 [2] 为内蒙古阴山北麓一季作区旱地马铃薯大田土壤氮磷钾养分丰缺指标体系提供的相对产量与土壤相关养分的回归方程，按照《测土配方施肥技术规范》（2011 年修订版）上提供的分级临界标准重新计算了该区域的大田土壤氮磷钾丰缺指标（表 1）[2]。可以供相似种植制度或生态区的马铃薯生产或教学科研部门参考，如东北区域等。

表 1　阴山北麓一季作区域马铃薯大田土壤氮磷钾丰缺指标体系

肥力等级	相对产量（%）	全氮（g/kg）	有效磷（mg/kg）	速效钾（mg/kg）
低	<60	<0.65	<3.4	<53.7
较低	60 ~ 75	0.65 ~ 1.19	3.4 ~ 8.4	53.7 ~ 92.9
中	75 ~ 90	1.19 ~ 2.16	8.4 ~ 20.7	92.9 ~ 160.9
较高	90 ~ 95	2.16 ~ 2.64	20.7 ~ 28.0	160.9 ~ 193.2
高	≥ 95	≥ 2.64	≥ 28.0	≥ 193.2

作者简介：张新明（1965—），男，博士，副教授，主要研究方向为养分资源综合管理与农产品安全生产。

基金项目：国家重点研发计划项目（2018YFD0200801）。

*** 通信作者**：樊明寿，博士，教授，主要从事植物营养与生理研究，e – mail：fmswh@yahoo.com.cn。

2 适合于阴山南麓区域的马铃薯大田土壤氮磷钾养分丰缺指标体系

本指标体系参考了郑海春等[3]发表文章重新制定的，可以供华北区域一季作或二季作区域参考（表2）。

表2 阴山南麓区域旱地马铃薯大田氮磷钾丰缺指标体系

肥力等级	相对产量（%）	全氮（g/kg）	有效磷（mg/kg）	速效钾（mg/kg）
低	<60	<0.53	<3.7	<50.9
较低	60 ~ 75	0.53 ~ 0.92	3.7 ~ 8.4	50.9 ~ 87.8
中	75 ~ 90	0.92 ~ 1.58	8.4 ~ 19.0	87.8 ~ 151.4
较高	90 ~ 95	1.58 ~ 1.90	19.0 ~ 25.0	151.4 ~ 181.6
高	≥ 95	≥ 1.90	≥ 25.0	≥ 181.6

3 适合于西北区域的马铃薯大田土壤氮磷钾养分丰缺指标体系

该指标体系是依据李拴曹和李存玲[4]提供的方程重新计算制定的，可以供西北区域马铃薯大田生产参考（表3）。

表3 西北区域马铃薯大田土壤氮磷钾丰缺指标体系

肥力等级	相对产量（%）	碱解氮（mg/kg）	有效磷（mg/kg）	速效钾（mg/kg）
低	<60	<50.5	<6.1	<52.5
较低	60 ~ 75	50.5 ~ 82.5	6.1 ~ 13.3	52.5 ~ 95.5
中	75 ~ 90	82.5 ~ 134.8	13.3 ~ 28.9	95.5 ~ 173.6
较高	90 ~ 95	134.8 ~ 158.9	28.9 ~ 37.5	173.6 ~ 211.8
高	≥ 95	≥ 158.9	≥ 37.5	≥ 211.8

4 适合于西南区域的马铃薯大田土壤氮磷钾养分丰缺指标体系

该指标体系根据李红梅等[5]提供的有关回归方程重新计算而制定的，可供西南区域大田马铃薯生产中推荐施肥参考（表4）。

表4 西南区域马铃薯大田土壤氮磷钾丰缺指标体系

肥力等级	相对产量（%）	碱解氮（mg/kg）	有效磷（mg/kg）	速效钾（mg/kg）
低	<60	<95.3	<6.3	<34.4
较低	60 ~ 75	95.3 ~ 132.2	6.3 ~ 11.1	34.4 ~ 74.1
中	75 ~ 90	132.2 ~ 183.5	11.1 ~ 19.8	74.1 ~ 159.9
较高	90 ~ 95	183.5 ~ 204.7	19.8 ~ 23.9	159.9 ~ 206.5
高	≥ 95	≥ 204.7	≥ 23.9	≥ 206.5

5 适合于华南区域的马铃薯大田土壤氮磷钾养分丰缺指标体系

该指标体系根据章明清等[6]、张新明和曹先维[7]提供的有关回归方程重新计算而制定的，可供华南区域水稻冬闲田马铃薯生产中推荐施肥参考（表5）。

表5 华南区域马铃薯大田土壤氮磷钾丰缺指标

肥力等级	相对产量（%）	碱解氮（mg/kg）	速效磷（mg/kg）	速效钾（mg/kg）
低	< 60	< 61.0	< 12.6	< 49.3
较低	60 ~ 75	61.0 ~ 112.3	12.6 ~ 24.1	49.3 ~ 83.4
中	75 ~ 90	112.3 ~ 206.8	24.1 ~ 46.1	83.4 ~ 141.2
较高	90 ~ 95	206.8 ~ 253.5	46.1 ~ 57.2	141.2 ~ 168.3
高	≥ 95	≥ 253.5	≥ 57.2	≥ 168.3

6 基于目标产量、氮磷钾丰缺指标及肥料养分比例的施肥推荐探讨

以华南区域水稻冬闲田氮磷钾推荐施肥系统[7]为例，供其他区域参考（表6、7）。

表6 根据目标产量法和土壤碱解氮丰缺指标计算的氮肥推荐用量

目标产量（kg/667m²）	相对产量（%）	土壤碱解氮丰缺指标（mg/kg）	推荐施氮量（kg/667 m²）	最高 / 最低施氮限量（kg/667 m²）
	< 60	< 50.5	> 13.2	< 16.6
	60 ~ 75	50.5 ~ 82.5	13.2 ~ −8.3	
2 000	75 ~ 90	82.5 ~ 134.8	8.3 ~ 3.3	
	90 ~ 95	134.8 ~ 158.9	3.3 ~ 1.7	
	≥ 95	≥ 158.9	≤ 1.7	> 1.2
	< 60	< 50.5	> 19.9	< 24.8
	60 ~ 75	50.5 ~ 82.5	19.9 ~ 12.4	
3 000	75 ~ 90	82.5 ~ 134.8	12.4 ~ 5.0	
	90 ~ 95	134.8 ~ 158.9	5.0 ~ 2.5	
	≥ 95	≥ 158.9	≤ 2.5	> 1.9
	< 60	< 50.5	> 23.2	< 29.0
	60 ~ 75	50.5 ~ 82.5	23.2 ~ 14.5	
3 500	75 ~ 90	82.5 ~ 134.8	14.5 ~ 5.8	
	90 ~ 95	134.8 ~ 158.9	5.8 ~ 2.9	
	≥ 95	≥ 158.9	≤ 2.9	> 2.2

目标产量（kg/667 m²）	在施用鸡粪或相当有机肥基础上的化学氮肥施用量规则：
2 000	氮肥用量最高不超过 16.6；当施用优质商品有机肥 600 kg/667 m² 或相当的无害化腐熟有机肥时，在计算值的基础上减去 2.8，但氮肥用量最低不低于 1.2；
3 000	氮肥用量最高不超过 24.8；当施用优质商品有机肥 600 kg/667 m² 或相当的无害化腐熟有机肥时，在计算值的基础上减去 2.8，但氮肥用量最低不低于 1.9；
3 500	氮肥用量最高不超过 29.0；当施用优质商品有机肥 600 kg/667 m² 或相当的无害化腐熟有机肥时，在计算值的基础上减去 2.8，但氮肥用量最低不低于 2.2。

根据氮磷钾养分比例阀计算的磷肥推荐用量如下[7]：

目标产量（kg/667 m²）	磷肥施用量计算（P_2O_5，kg/667 m²）：
2 000	$Pf = 0.4 \times Nf$（if Pa < 24.1）；磷肥用量最高不超过 6.1；当施用优质商品有机肥 600 kg/667m² 或相当的无害化腐熟有机肥时，在计算值的基础上减去 1.9，但磷肥用量最低不低于 1.4。
2 000	$Pf = 0.3 \times Nf$（if 24.1 ≤ Pa < 46.1）；磷肥用量最高不超过 6.1；当施用优质商品有机肥 600 kg/667 m² 或相当的无害化腐熟有机肥时，在计算值的基础上减去 1.9，但磷肥用量最低不低于 1.4。
2 000	$Pf = 0.2 \times Nf$（if Pa ≥ 46.1）；磷肥用量最高不超过 6.1；当施用优质商品有机肥 600 kg/667 m² 或相当的无害化腐熟有机肥时，在计算值的基础上减去 1.9，但磷肥用量最低不低于 1.4。
目标产量（kg/667 m²）	磷肥施用量计算（P_2O_5，kg/667 m²）：
3 000	$Pf = 0.4 \times Nf$（if Pa < 24.1）；磷肥用量最高不超过 9.1；当施用优质商品有机肥 600 kg/667 m² 或相当的无害化腐熟有机肥时，在计算值的基础上减去 1.9，但磷肥用量最低不低于 2.1。
3 000	$Pf = 0.3 \times Nf$（if 24.1 ≤ Pa < 46.1）；磷肥用量最高不超过 9.1；当施用优质商品有机肥 600 kg/667 m² 或相当的无害化腐熟有机肥时，在计算值的基础上减去 1.9，但磷肥用量最低不低于 2.1。
3 000	$Pf = 0.2 \times Nf$（if Pa ≥ 46.1）；磷肥用量最高不超过 9.1；当施用优质商品有机肥 600 kg/667 m² 或相当的无害化腐熟有机肥时，在计算值的基础上减去 1.9，但磷肥用量最低不低于 2.1。
目标产量（kg/667 m²）	磷肥施用量计算（P_2O_5，kg/667 m²）：
3 500	$Pf = 0.4 \times Nf$（if Pa < 24.1）；磷肥用量最高不超过 10.6；当施用优质商品有机肥 600 kg/667 m² 或相当的无害化腐熟有机肥时，在计算值的基础上减去 1.9，但磷肥用量最低不低于 2.5。

| 3 500 | Pf = 0.3 × Nf（if 24.1 ≤ Pa < 46.1）；磷肥用量最高不超过10.6；当施用优质商品有机肥 600 kg/667 m² 或相当的无害化腐熟有机肥时，在计算值的基础上减去1.9，但磷肥用量最低不低于2.5。 |
| 3 500 | Pf = 0.2 × Nf（if Pa ≥ 46.1）；磷肥用量最高不超过10.6；当施用优质商品有机肥 600 kg/667 m² 或相当的无害化腐熟有机肥时，在计算值的基础上减去1.9，但磷肥用量最低不低于2.5。 |

表 7 根据目标产量法和土壤速效钾丰缺指标计算的钾肥推荐用量

目标产量（kg/667 m²）	相对产量（%）	土壤丰缺指标（mg/kg）	推荐施钾量（kg/667 m²）	最高 / 最低施钾限量（kg/667 m²）
	< 60	< 49.3	> 17.5	< 23.0
	60 ~ 75	49.3 ~ 83.4	17.5 ~ 10.9	
2 000	75 ~ 90	83.4 ~ 141.2	10.9 ~ 4.4	
	90 ~ 95	141.2 ~ 168.3	4.4 ~ 2.2	
	≥ 95	≥ 168.3	≤ 2.2	> 1.7
	< 60	< 49.3	> 26.2	< 35.0
	60 ~ 75	49.3 ~ 83.4	26.2 ~ 16.4	
3 000	75 ~ 90	83.4 ~ 141.2	16.4 ~ 6.6	
	90 ~ 95	141.2 ~ 168.3	6.6 ~ 3.3	
	≥ 95	≥ 168.3	≤ 3.3	> 2.6
	< 60	< 49.3	> 30.6	< 39.5
	60 ~ 75	49.3 ~ 83.4	30.6 ~ 19.1	
3 500	75 ~ 90	83.4 ~ 141.2	19.1 ~ 7.6	
	90 ~ 95	141.2 ~ 168.3	7.6 ~ 3.8	
	≥ 95	≥ 168.3	≤ 3.8	>3.1

目标产量（kg/667 m²）	在施用鸡粪或相当有机肥基础上的化学钾肥施用量规则：
2 000	钾肥用量最高不超过23.0；当施用优质商品有机肥 600 kg/667 m² 或相当的无害化腐熟有机肥时，在计算值的基础上减去4.4，但钾肥用量最低不低于1.7；
3 000	钾肥用量最高不超过35.0；当施用优质商品有机肥 600 kg/667 m² 或相当的无害化腐熟有机肥时，在计算值的基础上减去4.4，但钾肥用量最低不低于2.6；
3 500	钾肥用量最高不超过39.5；当施用优质商品有机肥 600 kg/667 m² 或相当的无害化腐熟有机肥时，在计算值的基础上减去4.4，但钾肥用量最低不低于3.1。

7 结　语

以上是根据文献资料重新制定的马铃薯大田土壤氮磷钾的丰缺指标体系，但由于资料限制，没有提供影响马铃薯生长发育及产量品质的土壤中量和微量养分的指标体系，有待从事相关研究工作的同行根据当地或区域大田肥料试验资料制定。当然，在缺乏马铃薯有关指标体系的现状下，可以参考鲁剑巍[8]的资料。

[参 考 文 献]

[1] 中国农业部.测土配方施肥技术规范（2011年修订版）[S].农农发[2011]3号，2011-09-15.
[2] 张子义，郑海春，郜翻身，等.内蒙古阴山北麓旱作马铃薯土壤氮、磷、钾丰缺指标研究[J].华北农学报，2011，26(1)：177-180.
[3] 郑海春，郜翻身，张子义，等.阴山南麓旱作马铃薯的施肥指标[J].中国马铃薯，2010，24(3)：169-172.
[4] 李拴曹，李存玲.商洛市马铃薯施肥指标体系建立与应用[J].安徽农学通报，2014，20(18)：78-82.
[5] 李红梅，熊正辉，李伟，等.重庆市马铃薯测土配方施肥指标体系构建[J].南方农业，2013(s1)：119-122.
[6] 章明清，徐志平，姚宝全，等.福建主要粮油作物测土配方施肥指标体系研究—Ⅱ.土壤碱解氮、Olsen—P和速效钾丰缺指标[J].福建农业学报，2009，24(1)：68-74.
[7] 张新明，曹先维.南方冬闲田马铃薯平衡施肥技术探索与实践[M].北京：气象出版社，2014：12.
[8] 鲁剑巍.测土配方与作物配方施肥技术[M].北京：金盾出版社，2006：105-107.

不同氮追肥对马铃薯产量的影响

郝　苗[1]，李大春[1]，杨国才[1]，彭南照[2]，高剑华[1*]

(1. 湖北恩施中国南方马铃薯研究中心 / 恩施土家族苗族自治州农业科学院 /

湖北省农业科技创新中心鄂西综合试验站，湖北　恩施　445000；

2. 来凤县百福司镇农技推广中心，湖北　恩施　445703)

摘　要：以尿素、硫酸铵、碳酸氢铵为材料，每种氮肥设 3 个氮浓度，即纯氮 2.33，4.67 和 9.33 kg/667 m²，研究不同氮肥种类及不同氮用量对马铃薯产量及农艺性状的影响。结果表明，同对照相比，各肥料处理能显著增加马铃薯产量和效益，增产 6.29% ~ 23.50%，增效 165.24 ~ 1 239.47 元 /667 m²；同常规追肥处理（尿素 10 kg/667 m²）相比，硫铵 22 处理马铃薯产量增幅达极显著水平（$P < 0.01$），增产 242.78 kg/667 m²，增效 508.7 元 /667 m²，且该款肥料属于氮的缓释肥，在土壤中的肥效更为持久，推荐替代常规施肥进行小面积示范，随后进行大面积推广。综合考虑产量和节肥，碳铵 13 处理可替代常规追肥进行大田生产示范，但应特别注意施用方法，以免操作不当造成烧苗。

关键词：马铃薯；氮追肥；产量

　　马铃薯是恩施州第一大粮食作物，其栽培面积达 10 万 hm² 以上，同时马铃薯产业是恩施州助力脱贫攻坚的主导产业。氮是影响马铃薯块茎形成的一个重要可控条件[1]，块茎的形成与氮素施用时间、数量及不同氮素形态密切相关[2]，同磷肥和钾肥相比，氮肥的增产效果最好[3]，但由于氮素资源具有来源多样性、转化复杂性、去向多向性、作物产量与品质反应敏感性、对环境的易危害性等特点[4]，因此在施肥过程中更要掌握好度，严防"过犹不及"的现象发生。

　　马铃薯氮肥效果受到多重因素的影响，除了环境和土壤肥力情况，首先，最直接的影响因素为施肥量。韦剑锋等[5,6]研究结果表明，马铃薯氮肥农学利用率、吸收利用率、偏生产力及氮素块茎生产效率随施氮量的增加呈明显下降趋势，氮肥生理利用率和氮素收获指数呈先增加而后降低趋势。其次，施肥时期在很大程度上也影响了马铃薯的施氮效果。Rens 等[7]研究施肥时期对氮肥利用率的影响，分别在基肥、苗期追肥、块茎形成期追肥的施用等量硝酸铵，发现基肥的氮吸收率为 11%，而苗期追肥和块茎形成期追肥的氮吸收率达 62%。Kelling 等[8]研究的结果与之类似，同块茎形成早期和块茎形成 20 d 后施氮肥相比，苗期施肥的氮利用率较高。韦剑锋等[9]采用全部基施、55% 基施 + 45% 齐苗期追施、55% 基施 + 30% 齐苗期追施 + 15% 现蕾期追施 3 种方式进行试验研究供氮方式对马铃薯

作者简介：郝苗（1989—），女，硕士，研究实习员，从事马铃薯栽培及推广工作。

基金项目：现代农业产业技术体系建设专项资金（CARS–09）；恩施州 2016 年支持马铃薯主粮化建设专项资金资助。

* 通信作者：高剑华，高级农艺师，主要从事马铃薯脱毒、新品种选育研究与示范推广，e–mail：80538373@qq.com。

氮肥利用效率及去向的影响，发现，综合经济效益和环境效益，55% 基施 + 30% 齐苗期追施 + 15% 现蕾期追施方式的效果较为理想。另外，不同氮素形态的效果也不同。焦峰等[10] 研究了不同氮肥形态对氮素在马铃薯不同器官中的吸收和运转分配及产量的影响，结果表明铵态氮肥对氮的吸收、积累与分配的影响最大，且产量最高。Qiqige 等[11] 采用不同形态的氮源进行试验得出类似的结果，铵态氮处理的植株比硝态氮块茎少，但形成块茎的时期较早，且在块茎形成后，植株地上部分长势更好。试验在大田条件下，探讨不同氮肥追肥种类及用量对马铃薯生长发育及产量的影响，以期为马铃薯高产、高效栽培提供理论依据。

1 材料与方法

1.1 材料及地点

试验品种："中薯 5 号"，良种，由清江种业有限责任公司提供。

肥料：尿素（总氮 ≥ 46.4%）（对照）；硫酸铵（总氮 21%，属缓释肥）；碳酸氢铵（17.7%）。

供试地点：恩施市七里坪集镇阳鹊坝村，N109° 32′ 20″，E30° 19′ 37″，海拔 450 m，前茬玉米；巴东县信陵镇水聚坪村，N110° 24′ 49″，E31° 0′ 31″，海拔 630 m，前茬甜玉米；来凤县百福司镇可洞村 5 组，N109° 13′ 13″，E29° 14′ 25″，海拔 440 m，前茬玉米。所选 3 处试验用地土壤费力中等且均匀，质地为黄棕壤。

1.2 设计及管理

试验设计：试验设 3 种氮肥，即尿素、硫酸铵和碳酸氢铵；每种氮肥设 3 个氮浓度，即纯氮 2.33，4.67 和 9.33 kg/667 m^2。试验以不施氮肥为对照，共计 10 个处理，每个处理 3 次重复，随机区组设计，每小区 6.67 m^2（2 m × 3.33 m），密度 4 000 株 /667 m^2，行距 50 cm，株距 33 cm。试验共需种薯 1 200 粒，整薯播种，播种时开 5 cm 深沟播种，用硫酸钾（15 : 15 : 15）复合肥 50 kg/667 m^2 作底肥，肥料穴施，以不粘马铃薯种薯为宜。具体处理见表 1。

表 1 试验处理 (kg/667 m^2)

处理	纯氮	尿素	硫酸铵	碳酸氢铵
CK	0	0	0	0
尿素 5	2.33	5	0	0
尿素 10	4.67	10	0	0
尿素 20	9.33	20	0	0
硫铵 11	2.33	0	11	0
硫铵 22	4.67	0	22	0
硫铵 44	9.33	0	44	0
碳铵 13	2.33	0	0	13
碳铵 26	4.67	0	0	26
碳铵 52	9.33	0	0	52

试验管理：恩施阳鹊坝点试验于 2019 年 1 月 16 日播种，3 月 25 日达出苗期，5 月 25 日达成熟期，6 月 11 日收获，生育期 62 d；于 3 月 26 日除草，4 月 3 日中耕培土，同时按试验设计氮肥种类的用量追苗肥；于 4 月 11 日、4 月 18 日和 5 月 10 日进行晚疫病防控，分别喷施代森锰锌 100 g/667 m²、杜邦克露 80 g/667 m² 和抑快净 45 g/667 m²。

巴东水聚坪点试验于 1 月 7 日播种，3 月 26 日达出苗期，5 月 27 日达成熟期，6 月 25 日收获，生育期 61 d；于 4 月 8 日中耕培土，同时按试验设计氮肥种类的用量追苗肥，4 月 13 日喷施乙草胺防草，4 月 17 日、4 月 30 日和 5 月 11 日进行晚疫病防控，分别喷施代森锰锌 100 g/667 m²、杜邦克露 80 g/667 m² 和丙森锌 50 g/667 m²。

来凤可洞点试验于 1 月 13 日播种，3 月 20 日达出苗期，5 月 20 日达成熟期，6 月 14 日收获，生育期 62 d；于 3 月 28 日中耕除草，同时按试验设计氮肥种类的用量追苗肥，3 月 29 日、4 月 7 日和 4 月 17 日进行晚疫病防控，分别喷施代森锰锌 100 g/667 m²、代森锰锌 100 g/667 m² 和杜邦克露 80 g/667 m²。

2 结果与分析

2.1 不同氮肥对马铃薯产量的影响

对马铃薯产量进行一年多点方差分析（试点固定效应）（表 2），处理间、试点间、处理与试点互作均具有显著差异。这说明试验中各个处理之间产量存在极显著差异；各试点间的气候因子、土壤肥力等环境因素有较大的差异；各处理对不同环境的适用性有显著差异。各施肥处理的马铃薯产量显著高于对照，产量较对照增加 6.29% ~ 23.50%，增效 165.24 ~ 1 239.47 元 /667 m²。同常规追肥处理（尿素 10 kg/667 m²）相比，仅硫铵 22 处理马铃薯产量增幅达极显著水平（$P < 0.01$），增效达 508.7 元 /667 m²，且硫铵 22 处理在各个试点的表现基本一致，较对照和常规处理均能达到明显的增产增效效果；碳铵 13、碳铵 52、尿素 20、碳铵 26、硫铵 44 的产量同常规施肥处于同一水平（表 3）。此外，追肥影响马铃薯的块茎分布，尿素 5、尿素 20、碳铵 13 和碳铵 52 的块茎整齐度处于中等状态，其余处理的马铃薯块茎不整齐，但硫铵 22 的大薯占比较高且大中薯分布较为均匀（表 4）。

表 2 马铃薯产量方差分析

变异来源	自由度	平方和	均方	F 值	概率（< 0.05 显著）
试点内区组	6	410 720.00	68 453.33	2.03	0.077
处理	9	3 220 002.13	357 778.01	10.62	0.000
试点	2	34 368 625.78	17 184 312.89	509.93	0.000
处理 × 试点	18	2 258 639.17	125 479.95	3.73	0.000
误差	54	1 819 771.50	33 699.47		
总变异	89	42 077 758.58			

注：试验的误差变异系数 CV（%）= 5.264。

2.2 不同氮肥处理对马铃薯农艺性状的影响

对各地块茎膨大初期（出苗 25 d 左右）马铃薯的株高、茎粗、SPAD 及最大块茎直径进行测定和分析，结果表明各肥料处理对马铃薯植株的株高、茎粗、最大块茎直径均值没有明显的影响（方差分析结果未列出），但对该时期叶绿素荧光值 SPAD 的影响较为显著。SPAD 值表征叶绿素相对含量或"绿色程度"，值越高说明植物叶片所含叶绿素含量相对较高，同对照相比，硫铵相关处理的 SPAD 值相对偏低，具体原因有待于进一步试验研究（表 5）。

表 3 马铃薯产量结果及效益分析

处理	产量均值 （kg/667 m²）	较 CK ±（%）	肥料成本 （元 /667 m²）	商品薯价值 （元 /667 m²）	较对照增效 （元 /667 m²）
硫铵 22	3 843.00 aA	23.50	26.40	7 649.49	1 239.47
碳铵 13	3 627.56 bAB	16.58	11.44	7 458.37	1 063.31
尿素 10	3 600.22 bB	15.70	32.00	7 146.39	730.77
碳铵 52	3 529.67 bBC	13.43	45.76	7 209.40	780.02
尿素 20	3 515.56 bBC	12.98	64.00	7 066.79	619.17
碳铵 26	3 504.44 bcBC	12.62	22.88	7 131.93	725.43
硫铵 44	3 495.00 bcBC	12.32	52.80	7 039.10	602.68
硫铵 11	3 337.48 cdCD	7.26	13.20	6 772.47	375.65
尿素 5	3 307.44 dCD	6.29	16.00	6 564.86	165.24
CK	3 111.67 eD	—	0.00	6 323.80	—

注：LSD$_{0.05}$ =173.94；LSD$_{0.01}$ = 231.06；"a" 表示 $P<0.05$，"A" 表示 $P < 0.01$；试验所用硫铵 1.2 元 /kg，碳铵 0.88 元 /kg，尿素 3.2 元 /kg，人工 50 元 /667 m²，商品薯价格 2.4 元 /kg（当地当月田间马铃薯商品薯销售均价），由于其他管理措施都一样，增效 = 马铃薯产量 × 商品薯率 × 商品薯价格 – 肥料成本 – 追肥人工费用。

表 4 马铃薯产量因子分析

处理	大薯重（%）	中薯重（%）	小薯重（%）	商品薯率（%）	块茎整齐度
CK	33.00	49.94	17.06	82.94	不整齐
尿素 5	33.36	52.31	14.33	85.67	中
尿素 10	35.67	47.04	17.29	82.71	不整齐
尿素 20	33.17	51.93	14.90	85.10	中
硫铵 11	36.43	47.33	16.24	83.76	不整齐
硫铵 22	40.18	44.62	15.20	84.80	不整齐
硫铵 44	38.41	45.51	16.08	83.92	不整齐
碳铵 13	29.52	55.03	15.45	84.55	中
碳铵 26	35.48	47.23	17.30	82.70	不整齐
碳铵 52	32.33	52.35	15.32	84.68	中

表 5 马铃薯农艺性状

处理	株高（cm）	茎粗（mm）	SPAD	最大块茎直径（mm）
CK	42.70 ± 3.96	10.34 ± 2.28	48.67 ± 3.28 aAB	37.37 ± 9.97
尿素 5	46.33 ± 5.69	9.80 ± 1.91	48.57 ± 1.97 abAB	37.38 ± 4.14
尿素 10	47.00 ± 6.93	10.80 ± 1.63	47.80 ± 3.52 abcAB	44.32 ± 10.22
尿素 20	46.00 ± 1.73	10.79 ± 0.73	48.83 ± 1.16 aAB	31.91 ± 14.06
硫铵 11	46.67 ± 9.45	12.06 ± 1.24	45.23 ± 0.93 bcdB	39.08 ± 5.40
硫铵 22	47.67 ± 8.39	11.76 ± 2.13	44.97 ± 1.50 cdB	43.08 ± 2.59
硫铵 44	48.67 ± 5.13	9.22 ± 0.96	44.23 ± 2.51 dB	37.77 ± 13.57
碳铵 13	48.33 ± 1.53	8.68 ± 3.92	47.83 ± 0.25 abcAB	47.06 ± 2.26
碳铵 26	49.67 ± 6.43	11.27 ± 3.86	50.83 ± 1.46 aA	33.32 ± 11.67
碳铵 52	43.00 ± 5.29	8.51 ± 1.02	48.83 ± 0.85 aAB	42.35 ± 1.24

3 讨 论

同对照相比,各肥料处理能显著增加马铃薯产量和效益,增产 6.29% ~ 23.50%,增效 165.24 ~ 1 239.47 元 /667 m²;同常规追肥处理(尿素 10 kg/667 m²)相比,硫铵 22 处理马铃薯产量增幅达极显著水平($P < 0.01$),增产 242.78 kg/667 m²,增效 508.7 元 /667 m²,且该款肥料属于氮的缓释肥,在土壤中的肥效更为持久,推荐替代常规施肥进行小面积示范,随后进行大面积推广。唐铭霞等 [12] 研究表明硝态氮能增加马铃薯结薯数量,增铵能促进马铃薯块茎膨大。试验结果与之一致。追肥影响马铃薯的块茎分布,这可能是硫氮共同作用的结果,在该环境条件下,硫铵 22 处理既能满足马铃薯需氮量,又能提供一定量的硫,硫能提高马铃薯的产量 [13],进一步促进马铃薯的生长发育和产量增加。因此,在常规施底肥条件下,追施硫铵 22 kg/667 m² 更有利于增产增效,建议进行小面积示范。而从节肥角度来看,碳铵 13 可替代常规追肥进行大田生产示范,同时减少氮肥的施用量,但应特别注意施用方法,以免操作不当造成烧苗。

[参 考 文 献]

[1]   高媛,秦永林,樊明寿 . 马铃薯块茎形成的氮素营养调控 [J]. 作物杂志,2012(6):14–18.

[2]   苏亚拉其其格,樊明寿,贾立国,等 . 氮素形态对马铃薯块茎形成的影响及机理 [J]. 土壤通报,2015(2):509–512.

[3]   段玉,张君,李焕春,等 . 马铃薯氮磷钾养分吸收规律及施肥肥效的研究 [J]. 土壤,2014(2):212–217.

[4]   杨丽辉 . 肥料配施对马铃薯产量质量、养分吸收及土壤养分的影响 [D]. 呼和浩特:内蒙古农业大学,2013.

[5]   韦剑锋,韦巧云,梁振华,等 . 供氮水平对冬马铃薯氮肥利用效率及氮素去向的影响 [J]. 土壤通报,2015,46(6):1 483–1 488.

[6]   韦剑锋,宋书会,韦巧云,等 . 施氮量对冬马铃薯氮素利用和土壤氮含量的影响 [J]. 作物杂志,2015(3):93–97.

[7]   Rens L,Zotarelli L,Alva A,et al. Fertilizer nitrogen uptake efficiencies for potato as influenced by application timing [J]. Nutrient Cycling in Agroecosystems,2016,104(2):175–185.

[8]   Kelling K A,Arriaga F J,Lowery B,et al. Use of hill shape with various nitrogen timing splits to improve fertilizer use efficiency [J]. American Journal of Potato Research,2015,92(1):1–8.

[9]   韦剑锋,宋书会,梁振华,等 . 供氮方式对冬马铃薯氮肥利用效率及氮素去向的影响 [J]. 核农学报,2016,30(1):178–183.

[10]   焦峰,王鹏,翟瑞常 . 氮肥形态对马铃薯氮素积累与分配的影响 [J]. 中国土壤与肥料,2012(2):39–44.

[11]   Qiqige S,Jia L,Qin Y,et al. Effects of different nitrogen forms on potato growth and development [J]. Journal of Plant Nutrition,2017,40(11):200–201.

[12]   唐铭霞,王克秀,胡建军,等 . 不同氮素形态比对雾培马铃薯生长和原原种产量的影响 [J]. 中国土壤与肥料,2018(03):20–25.

[13]   乌学敏 . 中微量元素肥料对马铃薯种植的影响 [J]. 现代农业,2014(1):18–21.

常德马铃薯田间肥效试验初报

王素华 [1,2]，李　璐 [1,2]，杨　丹 [1,2]，万国安 [1,2]，张曙光 [1]，李树举 [1,2*]

（1.常德市农林科学研究院，湖南　常德　415000；

2.国家马铃薯产业技术体系常德综合试验站，湖南　常德　415000）

摘　要：开展马铃薯田间肥效试验，筛选优良新型肥料，减少化肥用量，为常德大田马铃薯生产提供技术指导。试验通过设置不同肥料种类和施肥量，比较对主要农艺性状、经济性状和产量的影响。得出结论：适量减少化肥使用（CK₃）或在此基础上增施微肥（处理4），都可在保证产量的前提下有效降低施肥成本，提高块茎淀粉含量、降低块茎还原糖含量。

关键词：马铃薯；化肥减量；肥料筛选

在供给侧结构性改革的大背景下，农业农村部开展化肥、农药使用量零增长行动，根据不同作物需肥规律、土壤供肥特性及肥料效应，优化氮磷钾及中微量元素、有机肥的施用配方，实现减肥增效、提质环保的目标。马铃薯作为第四大主粮作物，在保障粮食安全方面具有举足轻重的作用 [1]，如何平衡产量与质量的关系，筛选优良新型肥料，减少化肥用量，实现绿色稳产增效，是当前诸多研究的目的。

1　材料与方法

1.1　试验材料

供试品种为当地主推品种"兴佳2号"，由内蒙古兴佳薯业有限公司提供。供试肥料分别为：马铃薯专用复合肥（$N - P_2O_5 - K_2O$：$15 - 15 - 15$）由湖北鄂中生态工程股份有限公司提供，有机无机复混肥（$N + P_2O_5 + K_2O \geqslant 18\%$，有机质 $\geqslant 20\%$，氨基酸 10%，腐殖酸 8%）由河北诚成肥业有限公司提供，缓释复混肥（$N - P_2O_5 - K_2O$：$22 - 8 - 12$）由中盐安徽红四方肥业股份有限公司提供，生物有机肥（$N + P_2O_5 + K_2O \geqslant 5\%$，有机质 $\geqslant 45\%$）由常德红花园肥业科技有限公司提供，微肥（$N + P_2O_5 + K_2O + $ 腐殖酸钠 $\geqslant 50\%$，$Fe + Zn + Ca + Mn + Cu + B + Mo \geqslant 10\%$）由成都丰益科技农业有限责任公司提供。

1.2　试验方法

试验设在常德市农林科学研究院一季稻繁育基地，海拔 35 m，N29° 2′ 13″，E111° 37′ 40″。试验地前作为水稻，土壤为棕壤土，机械深翻，人工起垄。耕作层深度 30 ~ 40 cm，土壤有机质含量 15.9 g/kg，碱解氮 80 mg/kg，有效磷 12.74 mg/kg，速效钾

───────────────

作者简介：王素华（1983—），女，硕士，研究方向为马铃薯品种选育与栽培。

基金项目：现代农业产业技术体系建设专项资金（CARS–09）。

* 通信作者：李树举，研究员，主要从事马铃薯育种与栽培，e – mail：Lshj7135@163.com。

127 mg/kg，全氮 1.18 g/kg，全磷 0.83 g/kg，全钾 15.1 g/kg，土壤 pH5.5。

试验设 7 个处理：①不施肥（CK₁）；②马铃薯专用复合肥 100 kg（CK₂）；③马铃薯专用复合肥 75 kg + 生物有机肥（按②的 25% 肥力当量施入）；④马铃薯专用复合肥 75 kg + 微肥（按②的 25% 肥力当量施入）；⑤有机无机复混肥（按②的 75% 肥力当量施入）；⑥缓释复混肥（按②的 75% 肥力当量施入）；⑦马铃薯专用复合肥 75 kg（CK₃）。所有肥料均作基肥一次性施入，无追肥，具体用量见表 1。

表 1　不同施肥处理的肥料种类与施肥量

处理	肥料用量（kg/667 m²）	氮磷钾比例	氮磷钾总量（%）	有机质总量（%）	氨基酸总量（%）	腐殖酸总量（%）	微量元素总量（%）
① CK₁	0	—	—	—	—	—	—
② CK₂	100	—	15:15:15	45	–	—	—	—
③	75	225	15:15:15	45	5	45	—	—
④	75	12	15:15:15	45	50	—	+	+	10
⑤	187.5	—	—	18	—	20	10	8	—
⑥	80.4	—	22:08:12	42	—	—	—	—
⑦ CK₃	75	—	15:15:15	45	—	—	—	—

注：– 表示无该成分，+ 表示含有微量该成分。

试验按随机区组设计，3 次重复，7 个处理，小区面积 20 m²。单垄双行种植，6 行区，株距 0.24 m，行距 0.6 m。2017 年 12 月 19 日切块播种，人工条播。基肥点施于种薯之间。雨后覆膜，无培土。马铃薯生长期间降雨量为 362.8 mm，全程雨养。3 月 22 日、4 月 2 日、4 月 17 日使用 30% 苯甲·嘧菌酯悬浮液 20 mL/667 m² + 72% 甲霜·锰锌可湿性粉剂 80 g/667 m² 防治晚疫病。5 月 9 日统一收获。

1.3　测定项目及方法

田间管理参考《春马铃薯地膜覆盖栽培技术规程》（DB43/T502–2009）[2]。调查各处理的物候期、田间性状、块茎经济性状、小区产量等，方法参考《农作物品种试验技术规程马铃薯》（NY/T1489–2007）[3]。用烘箱制备干样，用比重法计算淀粉含量（NY/T1489–2007）；用费林试剂法（GB/T5513–2008）测定还原糖含量[4]。土壤 8 大项的检测参考《土壤分析技术规范》[5]。

1.4　统计分析

试验数据均采用 Excel 2010 进行计算处理。

肥料贡献率 =（施肥处理产量 – 不施肥处理产量）/ 施肥处理产量 ×100%

产投比 =（施肥处理产值 – 不施肥处理产值）/ 施肥成本

2　结果与分析

2.1　不同肥料处理对马铃薯物候期和出苗率的影响

由表 2 可以看出，各施肥处理的物候期和出苗率差异不明显，生育期在 67 ~ 70 d，出苗率在 94.6% ~ 98.6%。对照②出苗最早，处理③④现蕾最早。对照①表现出明显早衰症状，落蕾，植株矮小，生长势弱，叶色淡绿，继而发黄。

表 2　各处理的马铃薯物候期和出苗率

处理	出苗期（D/M）	出苗率（%）	现蕾期（D/M）	成熟期（D/M）	生育期（d）
① CK₁	26/02	96.4	—	28/04	61
② CK₂	23/02	97.5	23/03	04/05	70
③	26/02	98.2	21/03	04/05	67
④	25/02	98.6	21/03	04/05	68
⑤	26/02	94.6	22/03	04/05	67
⑥	26/02	96.7	22/03	04/05	67
⑦ CK₃	25/02	97.8	23/03	04/05	68

2.2　不同肥料处理对马铃薯主要田间性状及块茎经济性状的影响

由表 3 可以看出，不施肥处理与施肥处理相比差异显著，株高、茎粗及各块茎经济性状指标都远低于施肥处理，可见当前地力条件不能满足马铃薯生长所需，需要人工补给肥料。

表 3　各处理的主要田间性状及块茎经济性状

处理	株高 （cm）	茎粗 （mm）	单株块茎数 （个）	单株块茎重 （g）	小区产量 （kg/20 m²）	商品薯 （%）
① CK₁	19.17 ± 1.06 c	9.85 ± 0.15 c	2.7 ± 0.3 d	237.3 ± 32.4 b	35.0 ± 2.7 d	92.9 ± 1.2 b
② CK₂	52.20 ± 1.54 a	13.11 ± 0.40 a	4.4 ± 0.3 a	651.0 ± 40.8 a	76.8 ± 1.1 ab	96.1 ± 0.3 a
③	50.80 ± 2.39 ab	12.79 ± 0.28 a	4.7 ± 0.2 a	641.0 ± 20.6 a	75.3 ± 4.8 abc	95.6 ± 1.6 ab
④	49.27 ± 2.23 ab	12.63 ± 0.26 a	4.2 ± 0.2 ab	556.2 ± 33.5 a	78.4 ± 2.0 a	95.5 ± 1.3 ab
⑤	47.07 ± 0.35 b	11.67 ± 0.18 b	3.4 ± 0.1 cd	579.3 ± 50.4 a	65.9 ± 4.8 c	97.6 ± 0.8 a
⑥	51.43 ± 1.07 ab	11.92 ± 0.46 b	3.5 ± 0.3 bc	654.2 ± 70.0 a	66.8 ± 4.8 bc	97.6 ± 1.5 a
⑦ CK₃	52.57 ± 1.05 a	12.99 ± 0.19 a	3.7 ± 0.1 bc	583.0 ± 4.3 a	77.7 ± 1.8 a	96.2 ± 0.8 a

注：不同小写字母表示在 0.05 水平上差异显著。下同。

处理③④⑥株高与对照②⑦相比差异不显著；处理⑤显著低于对照②⑦。②③⑥⑦株高均超过 50 cm，对照⑦株高最高。对照②与对照⑦差异不显著。

处理③④茎粗与对照②⑦相比差异不显著；处理⑤⑥显著低于对照②⑦和处理③④。②③④⑦茎粗超过 12.6 mm，对照②茎粗最粗。对照②与对照⑦差异不显著。

处理③单株块茎数与对照②相比差异不显著，但显著高于对照⑦；处理④与对照②⑦差异不显著；处理⑤⑥显著低于对照②，但与对照⑦差异不显著。②③④单株块茎数超过 4.2 个，处理③单株块茎数最多，与处理⑤⑥差异显著。对照②单株块茎数显著高于对照⑦。可见增施化肥和有机肥可提高单株块茎数。

处理③④⑤⑥单株块茎重与对照②⑦相比差异不显著。处理⑥单株产量最高，处理③⑥单株产量超过 640 g。对照②与对照⑦差异不显著。

处理③④小区产量与对照②⑦相比差异不显著；处理⑤显著低于对照②⑦；处理⑥与对照②差异不显著，但显著低于对照⑦。处理③④小区产量均超过 75 kg，处理④小区产量最高，与处理⑤⑥差异显著。对照②与对照⑦差异不显著。

处理②③④⑤⑥⑦的肥料贡献率分别为54.38%、53.49%、55.31%、46.89%、47.54%、54.94%，处理⑤⑥的肥料贡献率明显低于其他施肥处理。

处理②③④⑤⑥⑦商品薯率都在95%以上，差异不显著。

上述结果表明，减少化肥的施用量并未造成减产；有机肥或微肥替代部分化肥使用也能形成较高的产量。

2.3 不同肥料处理对马铃薯主要品质性状的影响

由表4可以看出，对照①与对照②⑦相比块茎淀粉含量差异不显著，不施肥对马铃薯块茎淀粉含量的影响不大。处理④块茎淀粉含量最高，与对照②差异不显著，但显著高于对照①⑦；处理③⑤与对照①②⑦差异不显著；处理⑥淀粉含量最低，显著低于对照②，与对照①⑦差异不显著。

施肥对马铃薯块茎还原糖含量影响较大，不施肥处理还原糖含量最高，与其他施肥处理相比差异显著。处理③还原糖含量显著低于对照②但显著高于对照⑦；处理④⑤⑥与对照②差异不显著，但显著高于对照⑦。对照②还原糖含量显著高于对照⑦。

各处理薯形较为一致，除处理③为扁椭圆形外，其他均为椭圆形。可见施肥水平对薯形未产生显著影响。

表4 各处理马铃薯的主要品质性状和薯形

处理	淀粉（%）	还原糖（%）	薯形
① CK₁	12.63 ± 0.63 bc	1.76 ± 0.03 a	椭圆
② CK₂	13.97 ± 0.52 ab	1.13 ± 0.00 bc	椭圆
③	12.25 ± 0.25 bc	0.96 ± 0.03 d	扁椭圆
④	15.75 ± 0.00 a	1.09 ± 0.03 c	椭圆
⑤	13.00 ± 0.99 bc	1.16 ± 0.03 b	椭圆
⑥	11.76 ± 0.00 c	1.09 ± 0.03 c	椭圆
⑦ CK₃	12.75 ± 0.25 bc	0.83 ± 0.03 e	椭圆

2.4 不同肥料处理品质性状与田间性状及块茎经济性状的相关性分析

由表5可以看出，块茎淀粉含量与株高、茎粗、单株块茎数、单株块茎重、小区产量、商品薯率相关性未达到显著水平。

块茎还原糖含量与株高、茎粗、单株块茎重、小区产量极显著负相关，与单株块茎数、商品率、块茎淀粉含量相关性未达到显著水平。

表5 各处理马铃薯品质性状与田间性状及块茎经济性状的相关性分析

相关系数	株高（cm）	茎粗（mm）	单株块茎数（个）	单株块茎重（g）	小区产量（kg）	商品薯率（%）	淀粉（%）	还原糖（%）
淀粉（%）	0.135	0.298	0.331	0.016	0.349	−0.135	1	—
还原糖（%）	−0.944**	−0.910**	−0.672	−0.877**	−0.932**	−0.691	−0.046	1

注：* 表示相关显著，** 表示相关极显著。

2.5 不同肥料处理的产投比和净收益

按当年田间收购价 1.4 元 /kg，物质与服务费用（除肥料外）800 元 /667 m²，用工成本 1 200 元 /667 m²，用地成本 400 元 /667 m² 计算不同肥料处理的产投比和净收益。处理③成本最高，处理⑥成本最低，其次是对照⑦；产投比最高的是对照⑦，其次是处理⑥，最低的是处理⑤；除对照①外，所有施肥处理都能产生利润，净收益最高的是对照⑦，其次是处理④，最低是处理⑤；与对照②相比，处理④和对照⑦分别增效 8.7% 和 12.1%（表 6）。

表 6 各处理马铃薯的产投比和净收益

处理	产量 （kg/667 m²）	产值 （kg/667 m²）	施肥成本 （kg/667 m²）	产投比	净收益 （kg/667 m²）	增效 （%）
① CK₁	1 168	1 635	0	—	—	—
② CK₂	2 560	3 584	295	6.6	889	0
③	2 511	3 516	559	3.4	557	−38.0
④	2 613	3 659	281	7.2	977	8.7
⑤	2 199	3 079	469	3.1	210	−76.6
⑥	2 226	3 117	201	7.4	516	−42.6
⑦ CK3	2 592	3 629	221	9.0	1 007	12.1

3 讨 论

不施肥（CK₁）时，马铃薯表现为植株矮小，茎秆纤细，结薯小而少，商品薯率低。减量施肥（CK₃）与常规施肥（CK₂）相比，单株块茎数显著减少，但株高、茎粗、单株块茎重、小区产量、商品薯率差异不显著，可见在当前地力条件下减少 25% 的化肥用量切实可行，减量施肥后产量和商品薯率都没有降低。有机肥或微肥与化肥配施（处理③④）可显著提高茎粗、单株块茎数和小区产量，肥料贡献率分别为 53.49%、55.31%，与减量施肥（CK₃）和常规施肥处理（CK₂）相比差异不大；相反，有机无机复混肥（处理⑤）、缓释复混肥（处理⑥）明显差于减量施肥（CK₃）和常规施肥处理（CK₂）。因为有机无机复混肥（处理⑤）和缓释复混肥（处理⑥）是按常规施肥（CK₂）的 75% 肥力当量施入，所以使用这 2 种肥料时并不适合减量施肥。

肥料施用水平对马铃薯块茎淀粉的积累没有明显影响，可见品种淀粉含量主要由品种特性决定。微肥与化肥配施（处理④）的块茎淀粉含量最高，与其他施肥处理差异显著，这可能是因为微肥提供了块茎发育所需的微量元素促进淀粉积累。

通过相关性分析发现，块茎还原糖含量与株高、茎粗、单株块茎重、小区产量极显著负相关，所有施肥处理的块茎还原糖含量均显著低于不施肥处理（CK₁）。认为产量性状是判断块茎还原糖含量的潜在指标。

通过比较不同施肥处理的产投比和净收益制定合理的施肥策略，适量减少化肥使用（CK₃）或在此基础上增施微肥（处理④），都可在保证产量的前提下有效降低施肥成本，提高块茎淀粉含量、降低块茎还原糖含量。

研究的不足是未检测肥料的有效成分，因为不同品牌的肥料即使成分和配比相同，也往往肥效差异较大，所以实际应用中需注意这个问题。

[参 考 文 献]

[1] 何英彬，高明杰，罗其友，等 . 马铃薯研究领域未来发展新方向分析 [J]. 中国农学通报，2015，31(18)：87-91.

[2] DB43/T502-2009. 春马铃薯地膜覆盖栽培技术规程 [S]. 长沙：湖南省质量技术监督局，2009.

[3] NY/T1489-2007. 农作物品种试验技术规程马铃薯 [S]. 北京：中华人民共和国农业部，2008.

[4] GB/T5513-2008. 粮油检验粮食中还原糖和非还原糖测定 [S]. 北京：中华人民共和国国家质量监督检验检疫总局，中国国家标准化管理委员会，2009.

[5] 全国农业技术推广服务中心 . 土壤分析技术规范 [M]. 2 版 . 北京：中国农业出版社，2006.

马铃薯的施肥原则以及各元素营养特性

吕金庆 *，孙玉凯，刘齐卉，杜长霖

（东北农业大学工程学院，黑龙江 哈尔滨 150030）

摘 要：马铃薯是一种喜肥耗肥，在中国被广泛种植的粮菜皆可的作物，合理的施肥对于马铃薯稳产、高产具有十分重要的作用。然而中国各地土壤肥力情况不同，土壤中所含各营养元素的含量也不同，所以在对马铃薯进行施肥时，必须要根据各地情况不同实施不同的施肥方案。针对肥料的科学使用问题提出了 3 个原则：重基肥，巧追肥，不忘叶面喷肥，结合这 3 个原则论述肥料的合理使用。同时对马铃薯各营养元素的特性进行分析，希望可以为马铃薯的优质高产提供帮助。

关键词：马铃薯；施肥；营养元素

近年来中国的马铃薯产业势头发展迅猛，其种植面积不断增加，俨然已经成为马铃薯第一生产大国，但是中国马铃薯的单产水平仍低于世界平均水平[1-3]，这其中很大一部分原因就是在肥料的使用方面。马铃薯的需肥量较大，在整个生长期需要大量施肥，每生产 1 t 马铃薯块茎大约需要氮 4 ~ 6 kg，五氧化二磷 1.5 ~ 2 kg，氧化钾 6 ~ 8 kg[4]，施肥不合理不仅会造成马铃薯的根系对化肥的吸收和利用效果差、降低肥料的利用率，而且会使得化肥不能被马铃薯等农作物的根系充分利用而造成土壤板结、水体富营养化等各种环境污染问题。

就化肥的施用来讲，中国比欧盟一些国家施肥量高但农作物却没有达到其产量[5]，化肥的过量施用往往都会伴随着化肥利用率较低的问题，所以提高化肥的利用率是中国农业生产急需解决的问题。据中国环境保护部的统计，自 20 世纪 80 年代以来，中国土壤耕地的 pH 下降了 0.5，其中最主要的原因就是因为氮肥的过量施用，造成了大量的浪费，不仅浪费了能源，而且引起了土壤 pH 下降[6]，水域的污染等等一系列问题。

1 马铃薯施肥过程中的关键原则

马铃薯是重要的粮食作物，在蔬菜淡季时候也是一种良好的蔬菜作物，如想得到高产的马铃薯，除了品种的选择和在适当的季节播种，肥料的施用也起着至关重要的作用。马铃薯的施肥，一般是以"有机肥为主，化肥为辅，重施基肥，巧施追肥"为原则。因为有机肥中含有丰富的有机物，有利于培肥、疏松土壤，提高土壤肥力，更有利于马铃薯块茎膨大和根系生长，所以要以有机肥为主，然后搭配适量的化学肥料。把握好上述两个原则

作者简介：吕金庆（1970—），男，教授，主要从事马铃薯新型技术及装备方面研究。

基金项目：国家重点研发计划项目（2017YFD0700705、2016YFD0701600）；现代农业产业技术体系建设专项（CARS-09-P23）；黑龙江省马铃薯产业技术协同创新推广体系项目。

* 通信作者：吕金庆，e-mail：ljq8888866666@163.com。

之后，如有需要，在开花之后，不便进行根系施肥，可采用叶面喷肥方式为马铃薯补充营养元素，促进稳产高产。

1.1 重基肥

马铃薯从出苗到停止块茎膨大，总共 80 ~ 100 d 的时间，从时间上来说属于生长周期短的作物，所以基肥就显得尤为重要。马铃薯生长期间需要水肥最多的是开花期，而此时也正是气温升高、降雨增多的季节，同时也是有机肥逐渐熟化、腐解释放养分的阶段。此时，基肥中的有机肥料和无机肥料的转化效益不断扩大，满足了马铃薯生长期间对养分的需求，促进了植株生长发育。这就是重施基肥的目的。

重施基肥的要点有 2 个：一是在施肥中以优质有机肥为主；二是要坚持有机肥与三要素化肥配合施用。基肥的用量大约要占到马铃薯整个生长发育期内施肥总量的 3/5 ~ 2/3，厩肥、堆肥和人粪尿肥都是很好的基肥选择。从用量上来说，当马铃薯的 667 m^2 产值在 2 000 kg 时，基肥用量中的有机肥应该在 2 000 ~ 3 000 kg[7]，三要素化肥的用量应以全生育期用量的 2/3 作基肥，留下 1/3 作追肥，做垄沟施或者穴施。基肥施于 10 cm 以下的土层中，这样可以疏松薯块层，有利于马铃薯根系吸收，使得收获时候结的薯块又多又大。

1.2 巧追肥

基肥是施肥量最大的阶段性施肥，为马铃薯的整个生长发育过程提供养分，奠定基础，所以要重施基肥；马铃薯幼苗破土而出以后，匍匐茎就开始慢慢生长，大约 20 d 以后，匍匐茎就开始逐渐膨大，逐渐长成块茎[8]，所以，这个时期是最终决定马铃薯块茎大小的关键时期，必须要为芽和苗供给足够的营养，使叶片迅速长大，才能进行更多的光合作用积累养分，获得较大的马铃薯块茎。

芽、苗肥在齐苗之前施用获得的效果最好，如果施用农家肥的话，用量大概在 750 ~ 1 000 kg/667 m^2；开花期是马铃薯地上叶片迅速生长，地下薯块大量形成的时候，这时就要进行一次追肥，满足薯块形成与膨大的需要。应该以钾肥为主，施以适量氮肥，同时根据马铃薯出苗以及开花情况、基肥用量和当地土壤的元素含量情况进行追肥。且此后应以 7 d 为一个周期，连施 3 ~ 4 次[9]，满足块茎膨大的需要，若天气较旱，应适量补充水分。需要注意的是，马铃薯块茎不能露于地表，若发现地面有裂缝或块茎已露出，必须马上覆土，避免马铃薯块茎露土青皮，这会极大影响其商品性。

1.3 不忘叶面施肥

开花以后，马铃薯植株封行，这时一般不对植株根系进行施肥，因为此时施肥用量掌握不好的话，就会造成植株只长叶片，不长块茎的情况，严重影响马铃薯产量。但是对于中、晚熟品种，可以通过叶面施肥来增产。在盛花期可以用 1% 的过磷酸钙溶液或者是 0.1% 的高锰酸钾溶液喷洒在茎叶上，只需要喷 2 次，间隔 7 ~ 10 d 即可，这样不仅能够在一定程度上提高产量，而且对于马铃薯品质提升也有帮助[10]。同时，在植株生长末期到结薯期间内，在马铃薯植株的茎叶上喷洒多效唑溶液（100 mg/L），可以使得薯块更加膨大，增加产量。注意的是要均匀喷洒。

2 各种元素对马铃薯生长发育的影响

对马铃薯施肥归根到底是为马铃薯生长发育补充各种营养元素，马铃薯是一种需肥量比较大的作物，其中对于氮磷钾 3 种元素的需求量较大，且钾的需求量最大，氮次之，磷的需求量在三者中最少，但是相对于微量元素来说还是大量的。

2.1 钾元素

作为一种喜钾作物，马铃薯其自身在生长发育过程中，对钾素的需求量很大，因此提供充足的钾源，是保证马铃薯正常生长的重要条件[11]，钾是马铃薯块茎膨大的重要元素，增施钾肥可以提高干物质产量，提高产量，并且对于马铃薯植株的抗虫害、抗病害、抗旱等都有重要作用。钾元素并不是叶绿素的构成元素，但是钾却可以提高植株的光合作用，并且对于光合作用产物的运输具有推动作用[12]。马铃薯缺钾时会导致叶缘发黄、焦枯，叶脉间焦黄、焦枯，而叶脉仍然保持绿色；叶面积缩小，上部叶节间缩小，严重缺钾时植株呈顶枯状。但是钾元素过量也会使植物器官受到伤害（图 1）。

图 1　马铃薯缺钾时叶片状况

2.2 氮元素

氮素是植株体重要的组成元素，参与植株各种重要的生理活动，施氮在一定程度上可以改善马铃薯的品质，对产量的贡献可以达到 40% ~ 50%[13-15]。在马铃薯生长过程中，氮元素含量下降最快的时期集中在块茎膨大的时期，从块茎的产生一直到最后的成熟，都对氮元素表示为较高的吸收积累水平。所以从马铃薯的块茎产生以后一定要注意对于氮肥的补充。马铃薯缺氮会导致叶片变黄先从基叶开始，逐渐向上部叶扩展，严重缺氮导致植株矮小，生长缓慢，叶片均匀失绿黄化（图 2）。

2.3 磷元素

磷元素能够促进马铃薯冠层发展、根细胞分裂、块茎形成和淀粉合成，对于提高块茎的产量、提升营养品质以及抗病性都有着重要作用[16]。所以施肥时必须予以足够的重施，马铃薯缺磷会导致植株瘦小，叶片、叶柄和叶缘有皱缩，叶色暗绿、无光泽，老叶提前脱落，严重缺磷时顶端停止生长，叶片呈紫色，块茎出现锈棕色斑点。但是磷如果过量不仅不会增产，还会导致马铃薯减产[17]（图 3）。

图 2　马铃薯缺氮时生长状况

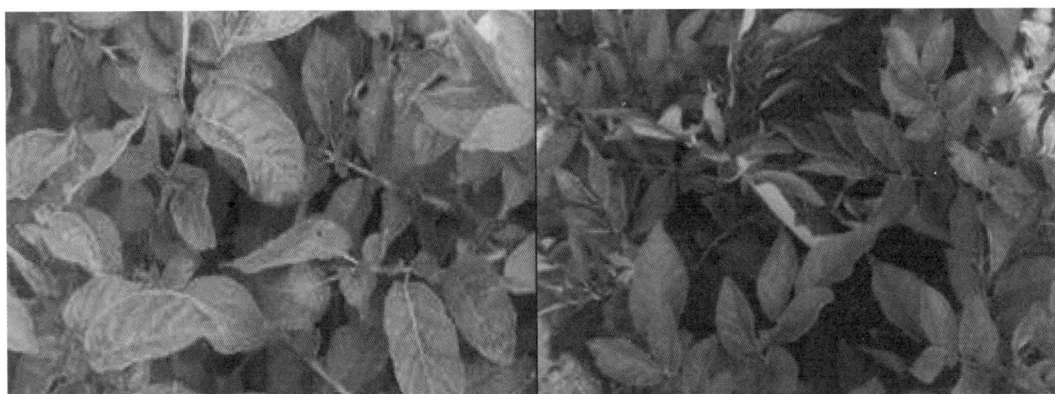

图 3　马铃薯缺磷时生长状况

2.4　其他各种微量元素

　　除了氮磷钾这 3 种主要元素之外，还有许多中微量元素对马铃薯的生长发育具有重要作用。

　　钙素对马铃薯产量维持和品质提升具有重要作用，这与目前马铃薯生产提质增效的发展趋势相吻合，钙还具有调控光合产物积累和转运，促进叶片可溶性蛋白质和维生素 C 的合成，降低贮藏期块茎生理病害等重要功能[18]，钙素能减少单株块茎量，增加块茎单重[19]，但是缺钙马铃薯植株幼叶变小，叶片皱缩或扭曲，成簇生状，严重时顶端枯死（图 4）。

图 4　缺钙时马铃薯植株生长状况

图 5　缺镁时马铃薯植株生长状况

镁可以增加马铃薯的株单产，镁对于叶片的生长具有重要作用，缺镁马铃薯先从中下部叶片开始，叶脉间失绿而呈现"人"字型，叶簇增厚，厚而暗，叶片变脆，严重时叶间失绿黄化或者黄白化，叶缘呈块状坏死，直至死亡脱落（图5）。

对于马铃薯来讲，锰是一种较为特殊的微量元素，在对马铃薯施用一定的量后，不但可使茎秆变得粗壮，且植株也会随之而得顺利增高，并能够有效降低块茎腐烂概率，降低块茎的斑纹数，提高抗逆性，商品性佳。缺锰马铃薯背面出现棕色斑点；小斑点枯死脱落，使叶片残破。叶片脉间失绿黄化，严重时几乎为白色（图6）。

马铃薯植株内铁主要存在于偏叶绿体中，虽然铁并不是叶绿体的成分，但合成叶绿素需要铁的存在。铁元素对于马铃薯幼叶具有重要作用，马铃薯缺铁首先是顶端幼叶失绿黄化，严重缺铁几乎呈白色，但是下部叶片仍然保持绿色（图7）。

图6 缺锰时马铃薯植株生长状况

图7 缺铁时马铃薯植株生长状况

3 结 语

目前，中国马铃薯种植面积将会随着马铃薯主粮化进一步扩大[20]，而施肥对于马铃薯产量与品质都是至关重要的环节，但是在实际生产中，大多数人不知道土壤养分的差异性，陈明玮等人[21]研究表明，就中国土地来看，同一种营养元素在不同地区的含量也会有比较大的差距。以东北地区为例，土壤有机质含量十分丰富，钙含量比较丰富，有效锌、铜、锰的含量都比较丰富，但是磷元素比较缺乏。所以，在东北马铃薯的种植地区，磷肥的施用量相对于氮肥和钾肥都要多出一些，必须根据当地的土壤元素的丰缺状况来进行平衡处理，达到马铃薯正常生长所需要的各种元素的含量，保证马铃薯的正常生长发育，以求得最大产量。

文中图片来源：仇来君，李珺，马铃薯缺素症，养分专家微信公众号平台，2019。

[参 考 文 献]

[1] 杨雅伦，郭燕枝，孙君茂.我国马铃薯产业发展现状及未来展望[J].中国农业科技导报，2017，19(1)：29-36.
[2] 吕金庆.马铃薯播种机械发展现状与趋势[J].农机科技推广，2014(10)：15-18.
[3] 宋言明，王芬娥.国内外马铃薯机械的发展概况[J].农机化研究，2008，30(9)：224-227.
[4] 吕金庆，尚琴琴，杨颖，等.锥盘式撒肥装置的性能分析与试验[J].农业工程学报，2016，32(11)：16-24.

[5]   尚琴琴.锥盘式撒肥机关键部件的设计与试验研究 [D]. 哈尔滨：东北农业大学，2017.

[6]   孟炀，何文寿，侯贤清，等.施肥对雨养区马铃薯干物质累积及肥效的影响 [J]. 分子植物育种，2019，17(12)：4 144-4 152.

[7]   曹立耘.高产马铃薯施肥关键技术 [J]. 科学种养，2017(4)：33.

[8]   王肖云.马铃薯组织培养及试管薯诱导体系优化 [D]. 重庆：重庆大学，2008.

[9]   张富仓，高月，焦婉如，等.水肥供应对榆林沙土马铃薯生长和水肥利用效率的影响 [J]. 农业机械学报，2017，48(3)：270-278.

[10]   姚亚妮，雍海虹，王效瑜，等.马铃薯叶面施肥增产技术探究 [J]. 现代农业科技，2008(18)：9-10.

[11]   何文寿，马琨，代晓华，等.宁夏马铃薯氮、磷、钾养分的吸收累积特征 [J]. 植物营养与肥料学报，2014，20(6)：1 477-1 487.

[12]   史佳文，潘峰，陈若男，等.不同马铃薯品种块茎钾含量与相关生理特性的钾素响应度差异 [J]. 华北农学报，2019，34(S1)：78-84.

[13]   朱聪，代小兵，汤涤洛，等.氮钾施肥对苎麻光合速率以及叶绿素相对含量的影响 [J]. 中国麻业科学，2013，35(5)：244-248.

[14]   佟卉，刘燕清，许庆芬，等.不同施氮量和追肥比例对马铃薯微型薯生产的影响 [J]. 农业科技通讯，2018(12)：87-89.

[15]   蒋志敏，王威，储成才.植物氮高效利用研究进展和展望 [J]. 生命科学，2018，30(10)：1 060-1 071.

[16]   刘琦.不同施磷水平对马铃薯产量影响试验初报 [J]. 农业科技与信息，2017(21)：67-68.

[17]   张亮.施磷量及有机替代对马铃薯生长发育及产量的影响 [D]. 哈尔滨：东北农业大学，2019.

[18]   贾立国，李利，秦永林，等.马铃薯钙素营养研究进展 [J]. 北方农业学报，2018，46(1)：72-75.

[19]   马爽.钙对马铃薯影响的研究进展 [J]. 黑龙江农业科学，2017(7)：102-104.

[20]   李鸣凤，王清林，鲁明星，等.有机水溶肥料与无机肥料配施对马铃薯产量、养分吸收和品质的影响 [J]. 中国马铃薯，2014，28(6)：340-347.

[21]   陈明玮，郭华春，李超，等.中国马铃薯主产区植地土壤养分初步评价 [J]. 中国马铃薯，2014，28(1)：30-34.

氮肥管理对早熟马铃薯生长发育及块茎产量的影响

卞春松，刘建刚，庞万福，段绍光，徐建飞，李广存，金黎平*

（中国农业科学院蔬菜花卉研究所/
农业农村部薯类作物生物学与遗传育种重点实验室，北京 100081）

二作区马铃薯春季早熟种植面积约 53.33 万 hm^2，占全国种植面积的 8.5%，产量占全国总产量的 13%。由于收获时期正是供应淡季，销售价格和单位面积效益较高，生产中为了追求高产而过量投入化肥的现象非常严重，其中能够迅速提高生物学产量的氮肥过度使用问题尤其突出。例如中国二作区的典型代表山东滕州，平均产量超过 2.5 t/667 m^2，鲜薯销到除西藏和台湾外的全国各省市自治区以及马来西亚、新加坡、荷兰等国家，2008 年获得农业部批准对"滕州马铃薯"实施农产品地理标志登记保护，但是马铃薯田化肥用量也排在全国前列，约 2 250 ~ 3 000 kg/hm^2，是全国平均施用量 400 kg 的 5.6 ~ 7.5 倍，其中氮肥用量超过 200 kg/hm^2，理论上可满足 75 kg/hm^2 以上马铃薯所需氮肥量，实际利用率不到 30%。过度的氮肥投入不仅浪费资源，而且恶化土壤性状，污染水源，破坏环境。选用氮高效品种，通过肥水耦合管理，增施缓释肥、生物菌肥等新型肥料，可以提高肥料利用效率，构建产量稳定化肥施用量减少的栽培管理技术。了解不同氮肥水平对生长发育及块茎产量的影响，是筛选氮高效品种、确定氮肥合理用量和提高氮肥利用效率的基础。目前针对二季作区马铃薯养分管理技术的研究多关注于筛选和优化最佳的施肥方式，对于养分影响植株和块茎生长发育过程的研究较少，不同基因型的养分利用规律的研究也很少。研究通过解析不同氮肥处理下 2 个马铃薯早熟品种生长发育过程中的形态和关键表型信息特征，明确 2 个品种的氮肥利用特点，并提供相应高效管理技术，为促进二作区马铃薯养分高效利用和马铃薯生产的可持续发展提供参考。

试验采用二因素随机区组设计，2 个因素分别为氮肥（0，87，167，251 和 335 kg/hm^2）和品种（"费乌瑞它"和"中薯 195"），3 次重复。P_2O_5（过磷酸钙，P_2O_5 有效含量 16%）和 K_2O（硫酸钾，K_2O 有效含量 50%）施用量均为 335 kg/hm^2，全部肥料作为底肥一次性沟施。试验小区面积 18.3 m^2，株距 21.5 cm，行距 68 cm，种植密度 67 500 株 /hm^2。试验在山东滕州界河开展，按当地的常规方法进行管理。记录播种期、出苗期、成熟期；开花期调查主茎数、株高、生物量，收获时小区田间测产。收获后测定块茎的干物质、淀粉、蛋白质、维生素 C、铁、氮、钾等含量。

作者简介：卞春松（1972—），男，研究员，从事马铃薯养分管理研究。

基金项目：现代农业产业技术体系专项资金（CARS-09-P12）；国家重点研发计划（2018YFD0200803）。

* 通信作者：金黎平，博士，研究员，主要从事马铃薯育种研究，e – mail：jinliping@caas.cn。

从出苗 20 d 的株高来看，当施氮量为 167 kg/hm^2 时，植株最高，"费乌瑞它"和"中薯 195"的株高最大值分别为 11.13 和 13.33 cm。"中薯 195"平均株高为 12.6 cm，较"费乌瑞它"10.6 cm 高 19%。从植株总鲜重和单株叶鲜重来看，施氮量在 251 kg/hm^2 时植株鲜重和叶鲜重最重，成熟期"费乌瑞它"和"中薯 195"植株鲜重最大值分别为 1 528 g 和 1 708 g，叶鲜重分别为 245.3 g 和 326.7 g。在出苗 20 d 时，"中薯 195"的植株鲜重和叶鲜重在施氮量为 251 kg/hm^2 时最高，而"费乌瑞它"的植株鲜重和叶鲜重在施氮量为 167 kg/hm^2 时最高。与不施氮肥相比，当施氮量为 167 和 335 kg/hm^2 时，"费乌瑞它"匍匐茎数量可分别增加 37.21% 和 32.56%，"中薯 195"的匍匐茎数量可分别增加 14.07% 和 8.15%。单株根重在出苗 20 d 时随施氮量增加呈现出上升趋势。单株茎重在出苗 20 d 时随施氮量的增加而下降，到了成熟期，当施氮量为 167 kg/hm^2 时，"费乌瑞它"的单株茎鲜重达到最大值，"中薯 195"在施氮量为 251 kg/hm^2 时单株茎鲜重最大。从单株块茎产量来看，施氮量在 251 kg/hm^2 时产量最高，"费乌瑞它"和"中薯 195"的最高产分别为 790.7 和 861.1 g。马铃薯整株、叶片、块茎产量等干生物量的变化趋势与鲜生物量一致。研究"中薯 195"平均产量较"费乌瑞它"增加 9% 以上，在施氮量为 251 kg/hm^2 时产量增加 4 500 kg/hm^2，利润超过 6 000 元。界河的土壤 pH 约 5.5，试验中马铃薯块茎干物质、淀粉、粗蛋白、钾和铁等品质指标对氮素负响应阈值为 167 kg/hm^2。当施氮量为 167 kg/hm^2 时，马铃薯块茎干物质、淀粉、粗蛋白、钾和铁的含量最高，当施氮量超过上述施用水平时，随着施氮量的增加，马铃薯响应的上述块茎品质指标含量降低，而维生素 C 含量随着施氮量增加而增加。

合适的氮肥量是保障整株生物产量、各器官生物产量的基础，也是块茎产量的决定因子。过高的氮肥延迟了生育周期。前期氮肥有利于根生长却延缓了茎的发育，因此氮肥可以适当后移。二季作地区生产中建议在苗期以前的施氮量不宜超过 167 kg/hm^2，后期氮肥追施不宜超过 100 kg/hm^2。通过选用高氮效品种"中薯 195"，施氮量为 251 kg/hm^2 时，在当地常规管理条件下，产量较当地主栽品种"费乌瑞它"增产 9% 以上，可以作为滕州和周边地区减肥绿色发展的一个选择。

关键词：氮肥；早熟马铃薯；产量

氮肥减量运筹对秋种马铃薯产量和氮肥利用率的影响

许国春，罗文彬，李华伟，纪荣昌，许泳清，汤　浩[*]

（福建省农业科学院作物研究所，福建　福州　350013）

　　氮素对作物产量和品质的形成有重要作用，施氮是提高马铃薯产量的有效途径，是最受关注的栽培管理措施之一，但在中国马铃薯生产中，过量和不合理施氮的现象普遍存在。然而，过量或不合理施氮不仅限制马铃薯产量进一步提高，而且容易造成氮素无效流失，引发 N_2O 排放、水体污染、土壤酸化等一系列环境问题。因此，探索不同生态条件和种植方式下马铃薯氮肥高效管理方式，阐明其对产量和氮肥利用率的影响，对于促进马铃薯绿色可持续发展具有重要意义。

　　试验在宁德市霞浦县农富农场进行，试验点前茬作物为水稻，土壤类型为沙壤土，表层土壤基本性质为 pH 6.56，有机质含量 16.46 g/kg，全氮 1.20 g/kg，碱解氮 105.06 mg/kg，有效磷 84.50 mg/kg，速效钾 199.50 mg/kg。以南方秋种马铃薯为研究对象，参试品种为"兴佳 2 号"。采用双因素随机区组设计，以不施氮为对照，比较了当地习惯施氮量（20 kg/667 m^2，N 20）和减氮 20%（16 kg/667 m^2，N16）条件下，一次性基施（M1）、60% 基施 + 40% 齐苗期追施（M2）、60% 基施 +20% 齐苗期追施 +20% 现蕾期追施（M3）等施氮方式对马铃薯产量和氮肥利用率的影响。试验共 7 个处理，3 次重复，单垄双行种植，垄宽（带沟）1.2 m，株距 23 cm，密度约 5 300 株 /667 m^2。磷钾肥用量、病虫草害防治等其他田间管理参照当地习惯，各处理一致。试验重点比较了这 7 个处理总产和商品薯产量的差异，并应用氮肥偏生产力（PFP_N）作为评估氮肥利用率的指标。

　　试验结果表明，无论采用何种施氮方式，施氮均显著提高了马铃薯产量，与不施氮处理（837.5 kg/667 m^2）相比，施氮处理总产（1 131.4 ~ 1 489.6 kg/667 m^2）和商品薯产量（921.4 ~ 1 226.5 kg/667 m^2）分别增加35.1% ~ 77.9% 和40.2% ~ 86.7%；虽然施氮处理马铃薯商品薯较对照增加3.7% ~ 9.1%，但各处理间的差异未达显著水平。在相同施氮方式下，减氮 20% 对马铃薯产量并无明显影响，其中在 M1 和 M2 方式下 N16 产量更高，总产分别为 1 387.1 和 1 285.8 kg/667 m^2，比 N20 高 15.2% 和 6.8%，商品薯产量分别为 1 125.3 和 1 043.7 kg/667 m^2，比 N20 高 9.6% 和 13.3%；M3 方式下 N20 总产虽然在所有处理最高，但仅比 N16 高 1.2%。在相同施氮量下，M1 和 M2 方式间的马铃薯产

作者简介：许国春（1991—），男，研究实习员，从事马铃薯栽培生理研究。

基金项目：福建省属公益类科研院所基本科研专项（2019R1031-1）；国家现代马铃薯产业技术体系福州综合试验站（CARS-09-ES11）。

* 通信作者：汤浩，研究员，主要从事薯类作物遗传育种研究，e - mail：tanghao9403@163.com。

量差异较小，而 M3 方式的总产和商品薯产量最高，特别是在 N20 条件下，M3 总产和商品薯产量较 M1 和 M2 均显著提高，其中总产增幅分别为 23.7% 和 31.7%，商品薯增幅分别为 19.5% 和 33.1%。值得一提的是，在试验中，当地习惯施氮处理（20 kg/667 m^2、M1）的总产和商品薯产量分别为 1 204.3 和 1 026.4 kg/667 m^2，与之相比，16 kg/667 m^2 施氮处理的产量均有提高。就氮肥利用率而言，施氮量对其有显著影响，习惯施氮量条件下，PFPN 为 56.6 ~ 74.5 g/kg，与 N16（80.4 ~ 92.0 g/kg）相比明显下降 19.0% ~ 29.6%；在不同施氮方式之间，M3 的 PFPN 最高，在 N20 条件下，分别比 M1 和 M2 显著提高 23.7% 和 31.7%，在 N16 条件下则分别提高 6.1% 和 14.5%。

综上，在试验条件下，减氮 20% 不会对当地马铃薯产量产生明显影响，而且能显著提高氮肥利用率；另外，在总施氮量一致的前提下，减少基施量，在齐苗期和现蕾期进行追施，有助于协同提高马铃薯产量和氮肥利用率。

关键词：马铃薯；氮肥；产量；氮肥利用率

病 虫 防 治

醚菌酯不同施药方式对马铃薯
炭疽病防治效果初报

陈爱昌*，魏周全，刘小娟，王文慧

（甘肃省定西市植保植检站，甘肃 定西 743000）

摘 要：试验研究了 250 g/L 的醚菌酯悬浮剂应用沟施、拌种、灌根和喷雾 4 种不同施药方式对马铃薯炭疽病的防治效果。结果表明，应用沟施对马铃薯炭疽病的防治效果最好，达 71.54%，增效明显，可在生产中使用。

关键词：醚菌酯；施药方式；马铃薯炭疽病；防治效果

马铃薯是定西市的支柱产业之一，对解决"三农"问题至关重要。定西市自 1996 年实施"洋芋工程"以来，面积从不足 6.67 万 hm² 增加到目前的 20 多万 hm²。但是由于近年来频繁的马铃薯贸易和重茬现象的普遍存在，定西市马铃薯生产中发现了新的病害，马铃薯炭疽病。2009 ~ 2011 年调查，个别品种发病率高达 50%，定西市马铃薯炭疽病平均发病率达 12.6%[1,2]。在对该病进行病原分离鉴定、室内药剂筛选的基础上，为了明确 4 种方式施用醚菌酯防治马铃薯炭疽病的防治效果，进行试验。

1 材料与方法

1.1 供试药剂

25% 的醚菌酯（SC），瑞士先正达作物保护有限公司产品。

1.2 试验地基本情况

试验安排在定西市安定区西川园区，海拔 1 921 m，地势平坦，土壤黄绵土，肥力中等，前茬马铃薯，马铃薯品种"黑美人"，试验于 2019 年 4 月 20 日覆膜，4 月 27 日播种。

1.3 试验设计和处理

试验设处理 1. 沟施：60 mL/667 m² 兑水 45 kg，播种开沟时均匀喷淋在播种种薯周围的土壤中；2. 拌种：每 150 kg 种薯拌 100 mL 药剂，拌种时兑适量的水，阴干播种；3. 灌根：植株在开花前，60 mL/667 m² 兑水 45 kg 用喷雾器喷淋在马铃薯茎秆周围；4. 喷雾：

作者简介：陈爱昌（1980—），男，高级农艺师，主要从事植保大田开发与研究。

基金项目：甘肃省星火项目（1205NCXJ）；甘肃省现代农业马铃薯产业技术体系病虫害防控（GARS-03-P5）。

* 通信作者：陈爱昌，e-mail：aichang612@163.com。

马铃薯开花前，60 mL/667 m² 兑水 45 kg 用叶面喷雾；5.不做任何处理（CK），5 个处理，3 次重复，随机区组排列，小区面积为 16.5 m²（3.3 m×5 m）。

1.4 调查方法

马铃薯收获前 7 d,，分小区逐一拔出马铃薯茎秆，破开茎秆观察有无黑色菌核，并作记录，分小区测产[2]。计算公式如下：

$$病株率（\%）= \frac{有黑色菌核的植株数（株）}{调查总株数（株）} \times 100\%$$

$$防效（\%）= \frac{对照病株率 - 处理病株率}{对照病株率} \times 100\%$$

2 结果与分析

2.1 不同处理对马铃薯炭疽病的防效及产量的影响

试验结果（表 1）表明，醚菌酯应用沟施、拌种和灌根对马铃薯炭疽病防治效果都在 60% 以上，处理 1，即 60 mL/667 m² 兑水 45 kg，播种开沟时均匀喷淋在播种种薯周围的土壤中防治效果最高，为 71.54%；处理 2，即 150 kg 种薯拌 100 mL 药剂，拌种时兑适量的水，阴干播种防治效果次之，为 62.89%。各药剂处理间对产量进行方差分析的结果表明，处理 1 与处理 2 之间差异不显著，与处理 4、5 差异极显著；处理 2 与处理 3 差异不显著，与处理 4 和 5 差异极显著；处理 3 与处理 4 差异不显著，与处理 5 差异极显著；处理 4 和 5 差异极显著。

表 1 不同处理对马铃薯炭疽病的防效及产量影响

处理	重复（kg）			病株率（%）	防效（%）	折合产量（kg/667 m²）
	I	II	III			
沟施	52.8	49.2	39.6	18.1	71.54	1 908 aA
拌种	48.6	43.8	45.0	23.6	62.89	1 851 abA
灌根	41.4	40.2	39.6	25.2	60.38	1 633 bcAB
喷雾	38.4	34.2	34.2	29.4	53.78	1 439 cB
对照	20.4	23.4	23.4	63.6		906 dC

2.2 不同处理对马铃薯的安全性

根据田间不定期观察，醚菌酯应用沟施、灌根、拌种和喷雾 4 种施药方式的各处理马铃薯生长正常，叶色、叶形、薯形与空白对照区基本一致，无药害现象发生。

3 讨 论

试验结果表明，醚菌酯应用沟施、灌根、拌种和喷雾4种施药方式处理对马铃薯炭疽病都有一定的防治效果，以沟施：60 mL/667 m² 兑水 45 kg，播种开沟时均匀喷淋在播种种薯周围的土壤中效果最好。拌种：每 150 kg 种薯拌 100 mL 药剂，拌种时兑适量的水，阴干播种防治效果较好，可在生产中推广应用。

马铃薯炭疽病属于土传、种传病害，该病在生产中常常造成早死，对马铃薯产量影响大，因此要加强防治上的研究，尤其在新发地区应选用化学农药高效、快速等特点，控制该病害的流行蔓延。

[参 考 文 献]

[1] 魏周全，陈爱昌，骆得功，等.甘肃省马铃薯炭疽病病原分离与鉴定 [J].植物保护，2012(3)：113–115.
[2] 王春明，洪流，郑果，等.5 种杀菌剂对温室辣椒白粉病的防治效果 [J].甘肃农业科技，2009(2)：33–34.

马铃薯原原种繁育病虫害防治技术

梁 平[*]

（定西市种子站,甘肃 定西 743000）

摘 要：结合定西市设施马铃薯原原种生产,对常发且发生趋势逐年加重的主要病虫害进行调查研究,总结提出了马铃薯晚疫病等 7 种病虫害的防治技术。

关键词：原原种；设施农业；病虫害；防治技术

定西市是中国马铃薯原原种的主要产区,利用设施农业周年种植,进行原原种生产,年生产马铃薯原原种 10 亿粒左右。由于连作等原因,近几年来各种病虫害的危害逐年加重,严重影响了定西市马铃薯原原种的生产。为此,对定西市马铃薯原原种生产中存在的病虫害进行了调查研究,确定马铃薯晚疫病、马铃薯早疫病、马铃薯疮痂病、马铃薯黑痣病、蚜虫、潜叶蝇、粉虱为定西市马铃薯原原种生产的主要病虫害。通过多年的试验研究、示范和大田防治,总结提出了一套防治技术。

1 物理防治

1.1 黄板诱杀

脱毒苗压苗后,每间隔 4 m 挂黄板一个,高 0.6 m,诱杀害虫。

1.2 黑光灯诱杀

设置一定数量的频振式杀虫灯或黑光灯诱杀成虫。

2 生物防治

保护利用瓢虫、草蛉,释放黄蜂等防治蚜虫。

3 化学防治

3.1 苗床消毒

整好苗床后,在雾培槽或者基质繁育苗床上喷施 52%·唑·霜脲氰或 60% 唑醚·代森联和嘧菌酯或噻呋酰胺预防马铃薯早疫病、晚疫病、黑痣病。然后再铺蛭石、移栽脱毒苗。

3.2 药剂防治

3.2.1 早疫病

在移栽、揭拱棚膜、压苗的当天对马铃薯脱毒苗用甲霜灵·锰锌、霜脲·锰锌、氟啶

作者简介：梁平（1973—）,男,农艺师,主要从事农作物良种的试验示范与推广。

基金项目：定西市财政支持马铃薯主食化专项资金科技研发项目（DXCZMLSZS-2018-05）。

* 通信作者：梁平,e-mail: dxszzglz@163.com。

胺、醚菌酯、代森锰锌等农药交替喷雾预防 1 次，以后间隔 7 ~ 10 d 交替喷雾预防 3 次。

3.2.2　黑痣病

从压苗开始用嘧菌酯、噻呋酰胺、甲基硫菌灵等农药开始喷雾防治，以后间隔 7 ~ 10 d 交替喷雾预防 3 次。

3.2.3　晚疫病

移植 40 d 以后，用霜脲·锰锌、烯酰·吡唑酯、醚菌脂、噁唑·霜脲氰、氟菌·霜霉威、唑醚·代森联、烯酰吗啉、氟啶胺、氰霜唑等农药交替喷雾防治，每隔 7 ~ 10 d 防治 1 次，直至收获前 20 d。

3.2.4　疮痂病

3.2.4.1　土壤消毒

在马铃薯原原种收获后及时翻地，翻地时加入 40% 五氯硝基苯 15 kg/667 m^2。

3.2.4.2　蛭石消毒

用必速灭颗粒剂处理蛭石，在移栽脱毒苗前，在蛭石里按面积拌入必速灭颗粒剂，30 g/m^2。

3.2.4.3　药剂防治

在发病初期用用五氯硝基苯 500 倍液，叶枯唑 1 000 倍液喷雾防治。

3.2.5　蚜　虫

封垄后，用啶虫脒、氟啶虫酰胺、吡虫啉、高效氯氟氰菊酯等农药交替喷雾防治，以后每隔 7 ~ 10 d 喷药 1 次，直至收获期前 20 d。

3.2.6　潜叶蝇

防治斑潜蝇，一定要选用高效、低毒、低残留的药剂，如用灭蝇胺、阿维菌素、溴氰虫酰胺等农药交替使用等每隔 7 ~ 10 d 交替喷雾防治 1 次，连防 3 次。

3.2.7　粉　虱

用吡虫啉、阿维菌素、螺虫乙酯等农药交替使用，每隔 7 ~ 10 d 喷药 1 次，连续防治 2 ~ 3 次。

中国马铃薯田腐烂茎线虫（*Ditylenchus destructor*）的发生与防治建议

毛彦芝[1*]，牛若超[1]，孙继英[1]，邱广伟[1]，孙旭红[1]，汝甲荣[1]，

马子俊[1]，王　腾[1]，王怀鹏[1]，宋丹丹[2]，赵　明[2]

（1.黑龙江省农业科学院克山分院，黑龙江　克山　161600；

2.德惠市气象局，吉林　德惠　130300）

摘　要：腐烂茎线虫是全国农业植物检疫性有害生物，严重危害马铃薯和甘薯。介绍中国马铃薯田腐烂茎线虫的发生情况，发生规律、传播方式及危害。结合前期研究实践和前人研究基础，提出了对腐烂茎线虫的防控建议。

关键词：马铃薯田；腐烂茎线虫；发生规律；防治建议

马铃薯是中国第四大粮食作物，中国是世界上马铃薯第一生产大国[1,2]。但是，马铃薯在整个生长过程极易受到病虫害的侵染，近几年，由于种植马铃薯经济效益的提高，马铃薯连作现象十分普遍，土传病害发生也呈加重趋势[3]。线虫病害是一种重要的土传病害，在常见的 4 种线虫病害中，马铃薯腐烂茎线虫病害是危害严重的病害之一。该线虫主要危害马铃薯的块茎，在田间引起块茎开裂和腐烂，产量损失严重[4]，入窖后还引起烂窖。因此，综述马铃薯腐烂茎线虫在我国马铃薯田的分布，发生规律，在马铃薯上的症状和简要的防治方法。可以增强科研工作者和马铃薯种植大户对该病害的认识，减少外界病害输入，降低经济损失。

1　腐烂茎线虫在中国分布

马铃薯腐烂茎线虫是植物内寄生线虫，是重要的检疫性有害生物，广泛分布于欧洲、北美洲、澳洲、亚洲及非洲等地[5]。很多国家将其列为检疫性有害生物，被亚洲和太平洋区域植物保护委员会（Asia and Pacific Plant Protection Commission，APPPC）列为 A2 类有害生物[6]，在中国被列入《中华人民共和国进境植物检疫性有害生物名录》。根据《全国农业植物检疫性有害生物分布行政名录》记载，自 2013 ～ 2018 年马铃薯腐烂茎线虫分布增加了 2 个省份，包括 14 个市（县、区）（表 1）。在中国主要危害甘薯[7]，2006 年刘先宝等[8] 报道了在国内该线虫危害马铃薯，引起马铃薯干腐病，随后，在中国

作者简介：毛彦芝（1979—），女，博士，副研究员，从事马铃薯病害研究。

基金项目：黑龙江省中部区马铃薯化肥农药减施技术模式集成与示范（2018YFD020080303）；我国马铃薯种质资源材料对线虫病害抗性评价（2019CQJC009）。

* 通信作者：毛彦芝，e - mail：kshpotato@163.com。

甘肃省定西市、内蒙古自治区、黑龙江省绥化市、辽宁省锦州市和河北张家口市也有腐烂茎线虫危害马铃薯的报道[5,9-12]。此外，笔者在吉林省也发现该线虫危害马铃薯。在报道发病的地区中，内蒙古自治区是中国最大的马铃薯生产基地，播种面积和总产量居全国第一[13]；甘肃马铃薯种植面积位列全国第三，总产位居全国第二（http://www.sohu.com/a/230059973_100151930）；黑龙江省、吉林省和辽宁省更是中国重要的马铃薯种薯生产基地[14]；张家口市是河北省内主要的马铃薯种薯繁育和商品薯生产、加工、贮运基地[15]。2017年线虫会特刊，彭德良研究员报告，部分作物线虫病害爆发成新常态，包括马铃薯腐烂茎线虫[16]。目前报道发病地区，都是中国重要的马铃薯生产基地，应该采取有效的措施，控制发病地块马铃薯腐烂茎线虫病害的发展和蔓延，确保中国马铃薯产业的健康顺利发展。

表1　2013与2018年中国马铃薯腐烂茎线虫分布情况对比

省份	2013年腐烂茎线虫分布		2018年腐烂茎线虫分布	
	省份名称	县（市、区）个数	省份名称	县（市、区）个数
1	河北省	3	河北省	3
2	辽宁省	1	辽宁省	1
3	安徽省	6	安徽省	6
4	山东省	5	山东省	9
5	河南省	23	河南省	31
6			内蒙古自治区	1
7			吉林省	1
合计	5	38	7	52

2　发生规律

除了甘薯和马铃薯是其理想寄主外，还有豌豆、大蒜和西洋参等约90多种植物寄主，在缺乏高等植物的情况下，该线虫能够在大约40个属70种真菌上繁殖[17,18]。发育和繁殖温度为5～34℃，最适合温度为20～27℃，在27～28℃，20～24℃，12～15℃和6～10℃下，完成1个世代分别需18 d，20～26 d，40 d和68 d。对生存环境的pH不敏感，pH 3.5～8.6都可以生存。当温度在15～20℃，相对湿度为80%～100%时，对马铃薯的危害最严重[19,20]，而且相同马铃薯品种覆膜栽培较陆地栽培危害严重。该线虫耐低温能力强，在低温下能形成油滴状类脂液泡，个别群体在–70℃度还有4.85%～50.44%的存活率，可存活180 d[21,22]。

3　传播方式及危害马铃薯症状

马铃薯腐烂茎线虫是一种土传病害，土壤传播是一个重要途径，在土壤中线虫密度为20～50个/kg的情况下，就可能会发生危害[23]。种植带病块茎是另一个重要传播途径，试验表明种植带病种薯，收获时72.9%的块茎带病，在种植前清洗马铃薯，汰除带病种薯，收获时11.3%的块茎带病[24]。罗马尼亚从欧盟进口带病块茎，在国内种植，发病地块 50% 腐烂块茎无法收获，15 ~ 16 t 产量损失，并证实牲畜喂食发病块茎排到田间的粪便也可以传播病害，机械在田间作业也可使病害蔓延。

线虫进入马铃薯新生块茎内主要有两种途径：一是通过带病种薯的块茎进入植株匍匐茎内，进入新生块茎；二是从土壤中直接进入新生块茎。线虫首先进入新生块茎的表皮，侵染点块茎表皮颜色变浅，然后变灰色，很容易脱落，在表皮上很容易看到裂纹，随着线虫在薯肉内聚集，侵染部位扩大，通过表皮肉眼可见淡褐色病变（图 1A），最终病变组织变干，皱缩，表皮龟裂，变薄（图 1C，B，H），切开表皮可见病变部位含有干的颗粒状物质（图 1D，F）。线虫在侵染块茎的病健交接处繁殖。通常在田间还常伴有真、细菌的二次侵染，在潮湿条件下储存，引起严重腐烂，在侵染后期，发病薯块内还可发现其他非植物寄生线虫。甘薯茎线虫病俗称糠心病，症状分为 3 类，一是表现为薯块外形不变、重量轻、内部为褐白相间的糠腐；第二类为皮下组织变褐发黑，表皮有龟裂，内部干腐；第三类为兼有有种类型。目前在国内发现的马铃薯腐烂茎线虫病害症状，主要是皮下组织变褐发黑，表皮有龟裂，内部干腐，只有在吉林发病块茎上发现表皮无明显开裂症状，皮下组织变软，薯肉内部褐白相间症状（图 1E，G），窖贮后症状更明显薯肉内部症状也很明显 [25]。种植带病种薯，马铃薯植株生长前期，植株中上部叶片叶尖扭曲，底部叶片变黄。

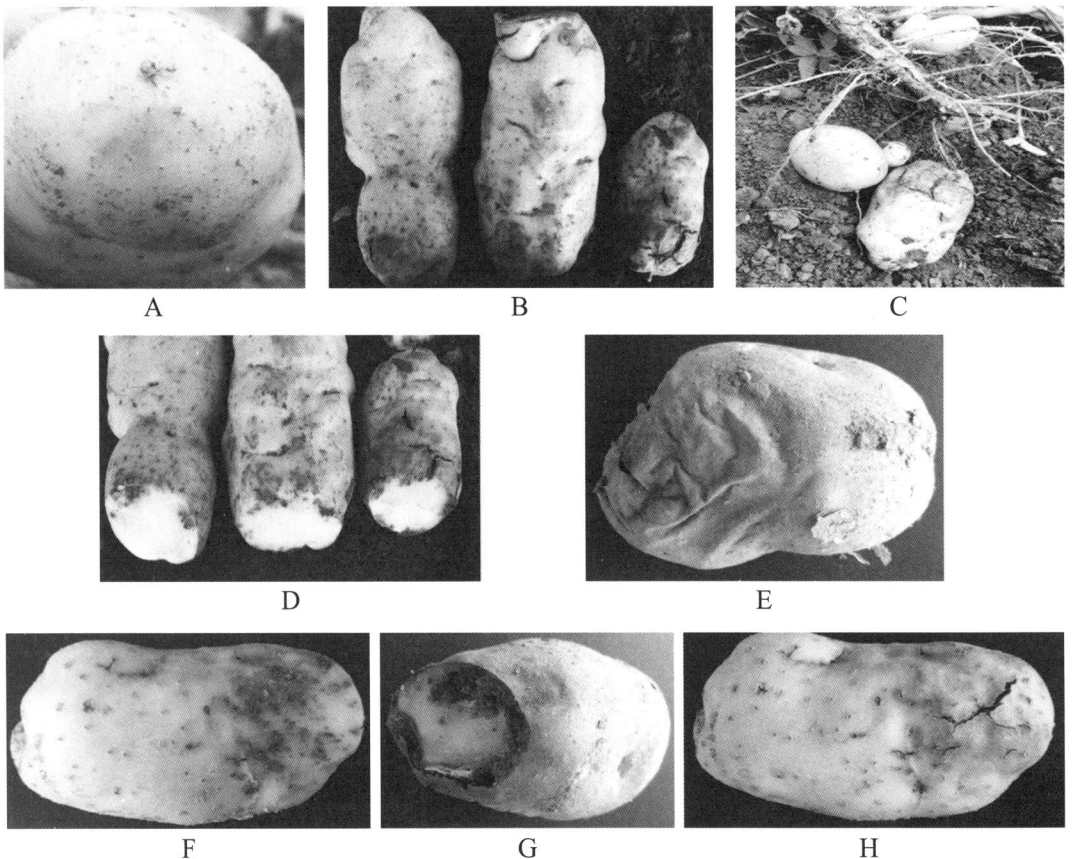

本照片均是田间采集发病块茎症状，由作者本人提供

图 1　马铃薯腐烂茎线虫侵染块茎症状

4 防治方法

马铃薯腐烂茎线虫病害一旦发生，很难根除，只能通过各种措施干预植物、线虫与环境的相互关系，使病害造成的危害降到最低程度，或者不发生病害。田间一旦发病，早期防治，控制田间线虫的初始密度。

4.1 加强检疫工作，控制病害远距离传播

马铃薯腐烂茎线虫主要是通过种薯的调运、土壤、货物、包装材料和农事等途径进行远具体传播，这种传播方式速度快。并且，腐烂茎线虫自身繁殖力、适应性和抗逆性强等特点，一旦传入，防治处理比较困难。所以，通过植物检疫是切断腐烂茎线虫远距离传播的有效措施。同时，马铃薯质量控制环节，应该加入马铃薯腐烂茎线虫的抽样检测工作。

4.2 种植前加强种薯的自检工作

在种植前，可抽取疑似有病害的块茎，放置有散射光照射的室内，温度 15 ~ 20 ℃，促进发芽，在出芽后 30 d，带病块茎可出现明显症状。

4.3 选育和种植抗病品种

种植抗病品种是防治病害的最经济有效方法，不仅可以抑制病害的发生，还可减少农药用量，节约成本。所以，培育具有抗病和耐病马铃薯品种是减少病害损失的有效途径。抗病材料可抑制线虫的繁殖，耐病的材料被线虫侵染后不产生症状或块茎症状可以修复[26]。但是，目前世界上抗病和耐病的马铃薯资源匮乏，中国至今未见抗马铃薯腐烂茎线虫育种的报道。

4.4 药剂防治

在土壤中检测有腐烂茎线虫的地块，可用 1.8% 的阿维菌素乳油 2 000 倍液灌根，或用 41.7% 的氟吡菌酰胺悬浮剂灌根。随种薯沟施 10% 的噻唑膦颗粒对防治该病害有效，但是前期影响马铃薯出苗，慎用。

4.5 农业防治

（1）加强栽培管理：使用牲畜粪肥、薯渣或者薯秧做肥料的，施肥前要进行50℃以上高温发酵处理。

（2）合理轮作倒茬：马铃薯长期连作导致根系分泌自毒物质，而且加重土传病害的发生，包括马铃薯腐烂茎线虫病害。与非寄主作物轮作，是减少病害的有效措施。

（3）加强田间管理：在北方，马铃薯腐烂茎线虫病害一般是在收获前20 d左右发生，在这期间，加强田间检查，发现病薯立即连根拔除，晒干烧掉。在田间机械农事操作时，先处理无病地块，后处理带病地块。腐烂茎线虫发病严重地块，适当早收可避开后期侵染高峰，减轻病害损失。收获后，严格挑选后晚入窖，避免入窖后线虫迅速繁殖，产生烂窖现象。

[参 考 文 献]

[1] 谢从华 . 马铃薯产业的现状与发展 [J]. 华中农业大学学报：社会科学版，2012，97(1)：1–4.
[2] 张文云，张碧岱，申虎飞，等 . 晋西南山区马铃薯不同栽培密度试验研究 [J]. 中国农业文摘 – 农业工程，2019：32.
[3] 张冬梅，高振江，刘丹，等 . 微生物菌剂在马铃薯上的田间药效试验 [J]. 中国农学通报，2017，33(26)：88–92.

[4] Szabo G. Application of the fungic formulation arthrobotris oligospora againet the nematode *Ditylenchus destructor* [J]. Scientific Papers Series-Management, Economic Engineering in Agriculture and Rural Development，2018，18(1)：489–492.

[5] 张淑玲 . 定西地区腐烂茎线虫群体多样性及室内毒力测定 [D]. 兰州：甘肃农业大学，2018.

[6] Huang W K，Peng D L，Zhang D S，*et al*. Assessement of genetic variability in population of *Ditylenchus destructor* (Thorne 1945) (Tylenchida: Anguinidae) from China [J]. Russian Journal of Nematology, 2010, 18(1)：320.

[7] 刘斌，梅圆圆，郑经武 . 腐烂茎线虫种内群体特异性检测研究 [J]. 浙江大学学报：农业与生命科学版，2007，33(5)：490–496.

[8] 刘先宝，葛建军，谭志琼，等 . 马铃薯腐烂茎线虫在国内危害马铃薯的首次报道 [J]. 植物保护，2006，32(6)：157–158.

[9] Ou S Q，Wang Y W，Peng D L，*et al*. Discovery of potato rot nematode, *Ditylenchus destructor*, infesting potato in Inner Mongolia, China [J]. Plant Disease，2017，101(8)：1 554.

[10] 张淑玲，李惠霞，徐鹏刚，等 . 黑龙江腐烂茎线虫群体的分离和鉴定 [J]. 植物病理学报，2019，49(6)：756–762.

[11] Mao Y，Yang G，Kong D，*et al*. First report of potato tuber rot caused by *Ditylenchus destructor* in Liaoning, China [J]. Plant Disease，2019：1 338.

[12] Quanxin G，Heng J. Identification of *Ditylenchus destructor* from potatoes in Zhangjiakou, Hebei [J]. Plant Protection，2010：230.

[13] 于婷婷，王凤新 . 内蒙古地区不同品种马铃薯适水种植研究 [J]. 中国农学通报，2015，31(36)：70–77.

[14] 吴泽军 . 调运马铃薯种应注意的问题 [J]. 湖南农业，2001(11)：9.

[15] 董然 . 河北省马铃薯生产现状及对策研究 [D]. 保定：河北农业大学，2018.

[16] 彭德良 . 部分作物线虫病害爆发成新常态 [N]. 农资导报，2017，12–01(T01).

[17] 刘斌，郑经武 . 腐烂茎线虫单异活体繁殖方法研究 [J]. 浙江农业学报，2006，18(6)：447.

[18] 刘斌，梅圆圆，郑经武 . 腐烂茎线虫种内群体特异性检测研究 [J]. 浙江大学学报：农业与生命科学版，2007，33(5)：490–496.

[19] Sigareva D D，Fedorenko S V，Bondar T I，*et al*. Communities of *Ditylenchus destructor* satellite species of nematodes in infected potato tubers: species composition of Phytonematode complex and the structure of their infracommunities [J]. Vestnik Zoologii，2019，53(6)：443–458.

[20] 原霁虹 . 马铃薯腐烂茎线虫病害的发生及其防治 [J]. 四川农业科技，2012(9)：42–43.

[21] 王宏宝，李红梅，李茹，等 . 腐烂茎线虫耐寒力测定 [J]. 江苏农业科学，2010 (2)：110–112.

[22] 黄文坤，何旭峰，丁中，等 . 马铃薯腐烂茎线虫的遗传变异及其与生态因子的相关性 [J]. 农业生物技术学报，2012，20(1)：62–69.

[23] Kruus E. Impact of trade on distribution of potato rot nematode (*Ditylenchus destructor*) and other plant nematodes [J]. Agronomy Research，2012，10(1–2)：319–328.

[24] Sigareva D，Zhylina T，Galagan T. Detection of *Ditylenchus destructor* in potato during the growing season and in storage [C]// Proceedings of the International Symposium on Current Trends in Plant Protection，Belgrade，Serbia，25–28th September，2012. Institute for Plant Protection and Environment，2012：579–582.

[25] EPPO. *Ditylenchus destructor* and *Ditylenchus dipsaci* [J]. EPPO Bulletin，2008，38：363–373.

[26] Mwaura P，Niere B，Vidal S. Resistance and tolerance of potato varieties to potato rot nematode (*Ditylenchus destructor*) and stem nematode (*Ditylenchus dipsaci*) [J]. Annals of Applied Biology，2014，166(2)：1 305.

棉隆对马铃薯原原种生产土传病害的
防治效果及产量的影响

王　娟，陈自雄，谭伟军，孟红梅，徐祺昕，权小兵，马海涛*

（定西市农业科学研究院／甘肃省马铃薯工程技术研究中心，甘肃　定西　743000）

摘　要： 采用棉隆杀菌剂处理日光温室马铃薯原原种生产连作土壤，评价其对黑痣病、疮痂病的防治效果及对原原种产量的影响。结果表明，棉隆杀菌剂在使用剂量为 25 kg/667 m² 时，对日光温室连作土壤马铃薯原原种单株结薯数的影响相对较小，且对黑痣病、疮痂病的防治效果相对较好，应进一步加强应用研究。

关键词： 棉隆；原原种；土传病害；产量

定西是全国马铃薯主产区之一，是首批国家级区域性马铃薯良种繁育基地，马铃薯良种的繁育与开发为甘肃省马铃薯种薯的推广奠定了坚实的基础，马铃薯产业已成为当地特色优势产业和扶贫攻坚富民产业。在当地，传统的马铃薯原原种栽培多采用半离地栽培方式，即在日光温室或者网室内将防虫纱网平铺在土壤上面，然后铺上一定厚度的栽培基质蛭石，将其与土壤进行简单隔离，再进行马铃薯脱毒苗的扦插定植，这种栽培方式的优点是原原种生产不受季节限制，光、温、水、肥均可实现人工调控，管理方便，因此应用较为广泛。但随着连作年限的增加，土壤中有害生物和毒素不断积累，导致马铃薯原原种土传病害如黑痣病、疮痂病频繁发生，严重影响了原原种的质量。土壤处理是防治土传病害的有效途径。棉隆是一种广谱性土壤熏蒸剂，有效成分为甲基异硫氰酸酯，对土传病原真菌、细菌、线虫及杂草有很高的杀灭效果，且效果持久，环保安全，是值得推荐的土壤熏蒸剂，已在黄瓜、番茄和辣椒等作物上试验与应用。棉隆土壤消毒技术，对多种土传性病原菌均有较好的杀灭效果，对多种土传性病害的防治效果较好，是克服作物连作障碍的关键技术措施之一。研究采用棉隆杀菌剂处理日光温室马铃薯原原种生产连作土壤，评价其对黑痣病、疮痂病的防治效果及对原原种产量的影响，以期为马铃薯原原种生产中土传病害防治提供科学依据。

1　材料与方法

试验材料为马铃薯品种"青薯9号"脱毒苗，由定西市农业科学研究院提供。试验在定西市农业科学研究院马铃薯脱毒种薯快繁中心日光温室中进行，土壤连作年限为4

作者简介：王娟（1980—），女，硕士，副研究员，主要从事马铃薯脱毒种薯繁育及栽培技术研究。

基金项目：甘肃省现代农业马铃薯产业技术体系资金（GARS-03-P3）；甘肃省现代农业科技支撑体系区域创新中心重点科技项目（2019GAAS46-1）。

* 通信作者：马海涛，农艺师，主要从事马铃薯脱毒种薯繁育，e-mail：2927930097@qq.com。

年，且上一年马铃薯原原种生产中有黑痣病、疮痂病发生。该区海拔 1 920 m，年均辐射 592.85 kJ/cm²，年均气温 6.4 ℃，≥ 10 ℃积温 2 239.1 ℃，年均降水量 415.2 mm，年蒸发量 1 531 mm。

土壤消毒剂采用浙江台州大有药业有限公司生产的棉隆杀菌剂，设 3 个使用剂量，分别为 20 kg/667 m²（T1），25 kg/667 m²（T2），30 kg/667 m²（T3），以不施土壤处理剂、不种植倒茬作物为对照（T4），种植小麦倒茬（T5）、种植豌豆倒茬（T6），共 6 个处理。试验小区面积 85 m²，不设重复。在春季栽培的马铃薯原原种采收结束后，于 2019 年 6 月 28 日，将马铃薯植株残体清理干净，使土壤含水量达到 50% ~ 70%，保持 3 ~ 4 d。用旋耕机翻耕土壤，翻耕深度 30 ~ 40 cm，使土粒细小均匀，平整通透。棉隆杀菌剂按照小区用量进行撒施，施药后用旋耕机旋耕深度 25 ~ 30 cm，使药剂与土壤颗粒充分接触。使用 0.04 mm 以上厚度的原生膜，用开沟压边法（内侧压土）封好四边，有破损应使用粘胶带进行修补，以防漏气降低消毒效果。熏蒸消毒 40 d 后揭去薄膜，按 30 cm 深度翻耕土层，通风敞气 7 ~ 10 d，释放土壤中剩余气体，确保无残留。小麦、豌豆按常规种植开沟种植，处理结束后，将其地上及地下部分清理出棚外。8 月 18 日开始整地，铺设纱网和蛭石，进行脱毒苗的移栽。其他管理同传统栽培。马铃薯脱毒苗移栽后不喷施防治黑痣病、疮痂病等药剂。收获时，按小区取样方测产，检测马铃薯块茎黑痣病和疮痂病发病率和病情指数，测定产量指标。

发病率（%）= 调查病植株数 / 调查植株总数 × 100

病情指数（%）= ∑ [各调查病植株数 × 该级代表数值 /（各调查植株总数 × 发病最高级代表数值）] × 100

防治效果（%）=（对照发病率—处理发病率）/ 对照发]病率 × 100

产量指标，分级标准：按照大于 10 g、大于 5 g 且小于等于 10 g、大于等于 2 g 且小于 5 g、小于 2 g 4 个级对原原种进行分级，并记载各级产量及总产量。

单株结薯数：每株脱毒苗的结薯数。

单株合格结薯数：每株脱毒苗结薯大于 2 g 的原原种粒数。

2 结果与分析

2.1 棉隆对马铃薯原原种生产土传病害的防治效果

T1、T2、T3、T4、T5、T6 处理下，"青薯 9 号"原原种黑痣病发生率分别为 0.45%、0.43%、0.24%、3.61%、1.40%、1.16%，以 T4 对照处理发病率最高为 3.61%；3 个棉隆处理的黑痣病平均发病率为 0.37%，较对照低 89.7%，T3 处理原原种发病率最低，仅为 0.24%；倒茬处理的黑痣病发病率平均为 1.28%，比对照低 64.5%。与对照 T4 相比，T1、T2、T3、T5、T6 各处理的防效分别为 87.6%、88.1%、93.5%、61.1%、67.8%，T3 处理防效最高。各处理的疮痂病发生率也以 T4 对照处理最高，为 2.18%，其次为 T6、T1、T5、T2、T3 处理，分别为 1.80%、1.52%、1.11%、0.40%、0.37%。3 个棉隆处理的疮痂病平均发病率为 0.68%，较对照低 85.0%，以 T3 处理原原种发病率最低，仅为 0.37%；倒茬处理的疮痂病发病率平均为 1.56%，较对照低 65.7%。与对照相比，T1、T2、T3、T5、T6 防效分别为 71.9%、91.3%、91.9%、71.0%、60.4%。总体上来说棉隆杀菌剂使用剂量为 30 kg/667 m²

的 T3 处理对黑痣病、疮痂病的抑制效果最好，但与 25 kg/667 m² 的 T2 处理间无显著差异。使用棉隆杀菌剂对地下害虫防效在 85.1% ~ 100.0%；对杂草防效在 75.0% ~ 80.3%，病虫草害明显减轻（表 1）。

表 1 各处理黑痣病和疮痂病发病情况　　　　　　　　　　　　　（%）

处理	黑痣病		疮痂病	
	发病率	防治效果	发病率	防治效果
T1	0.45	87.6	1.28	71.9
T2	0.43	88.1	0.40	91.3
T3	0.24	93.5	0.37	91.9
T4（CK）	3.61	—	4.56	—
T5	1.40	61.1	1.32	71.0
T6	1.16	67.8	1.80	60.4

2.2　棉隆对马铃薯原原种产量的影响

当棉隆使用剂量为 20，25 和 30 kg/667 m² 时，"青薯 9 号"原原种单株结薯数分别为 5.3，4.6 和 4.3 粒，表现出随着棉隆使用剂量的增加单株结薯数呈减少的趋势，但差异不显著。6 个处理中，单株结薯数以倒茬处理 T6（种植豌豆）最高为 5.9 粒，显著高于对照处理；其次为 T5（种植小麦）处理 5.4 粒，分别较对照多 1.4 和 0.9 粒；棉隆 T1、T2 处理分别较对照多 0.8 和 0.1 粒，T3 处理较对照少 0.2 粒，但差异不显著，说明在连作土壤条件下倒茬处理比棉隆处理有利于马铃薯脱毒苗结薯，且以豌豆倒茬效果较好。单株合格结薯数方面，仍以 T6 处理最高为 4.6 粒，显著大于 T2 和 T3 处理，其次为 T5 和 T1 处理为 4.4 粒，说明豌豆倒茬有利于马铃薯结薯。当棉隆杀菌剂使用剂量为 30 kg/667 m² 时，单株结薯数和单株合格结薯数均为 6 个处理最低（表 2）。

表 2　各处理马铃薯原原种产量　　　　　　　　　　　　（粒/株）

处理	单株结薯数	单株合格结薯数（粒/株）
T1	5.3	4.4
T2	4.6	3.5
T3	4.3	3.3
T4（CK）	4.5	3.5
T5	5.4	4.4
T6	5.9	4.6

3　讨　论

综合棉隆对马铃薯原原种生产土传病害的防治效果及产量影响，表明使用棉隆杀菌剂比种植冬小麦、豌豆倒茬处理对马铃薯连作土壤疮痂病和黑痣病的抑制效果好，但在单株结薯数上不如倒茬处理。倒茬处理以冬小麦倒茬对连作条件下马铃薯的疮痂病和黑痣病的抑制效果好于用豌豆倒茬，但单株结薯数低于后者。综合防病及产量结果，棉隆杀菌剂在使用剂量为 25 kg/667 m² 时，对日光温室连作土壤马铃薯原原种单株结薯数的影响相对较小，且对黑痣病、疮痂病的防治效果相对较好，应进一步加强应用研究。

不同药剂对马铃薯疮痂病田间防效评估

赵冬梅，门　媛，潘　阳，张　岱，杨志辉，朱杰华*

（河北农业大学，河北　保定　071000）

摘　要： 马铃薯疮痂病是马铃薯生产中的常见病害之一，严重影响其外观、品质和商品性。为了筛选得到防治马铃薯疮痂病的有效药剂，研究对不同药剂及同种药剂的不同施用方式对疮痂病的防治效果进行了田间试验。结果表明，2 种药剂对马铃薯疮痂病防效在 70% 以上的药剂，分别为五氯硝基苯 + 氟啶胺和寡雄腐霉。其中五氯硝基苯 + 氟啶胺（200 + 45 g/667 m²）对马铃薯疮痂病的防效最好，其防效达 80.74%。其次为寡雄腐霉拌种 + 喷施 38 g/667 m²，防效达 73.33%；寡雄腐霉拌种 + 喷施 20 g/667 m²，防效为 71.04%。研究结果可为指导马铃薯疮痂病的防治提供理论依据。

关键词： 马铃薯；疮痂病；防效

中国是世界上重要的马铃薯生产与消费国，近年来马铃薯种植面积接近 $6.67 \times 10^6 \, hm^2$，总产约 1500 万 t，是保障粮食安全、增加农民收入的重要作物[1]。马铃薯疮痂病是一种土传病害，其病原菌可以在土壤中存活，常年连作的马铃薯地块，由于病原菌含量在土壤中逐年积累，致使该病有逐年加重的趋势，易导致马铃薯疮痂病大面积爆发。块茎感染马铃薯疮痂病菌后，形成疮痂病病斑，使鲜薯外观变劣，布满疤痕，薯块质量和商品价值降低。随着马铃薯种植面积的进一步增加，马铃薯疮痂病的发生危害愈加凸显。

马铃薯疮痂病是一种世界性难防的土传病害，目前对该病还缺乏有效的防治方法，各国学者也都在积极探索。王秀英[2]用 0.1%HgCl₂浸种微型薯来防治马铃薯疮痂病，疮痂病发病率为仅为 9.8%；周芳[3]以不同药剂浓度的 2,4–D 溶液浸种马铃薯块茎并在生长期对植株进行喷淋，病薯率分别较清水对照降低 16% 和 17%；杨鑫等[4]针对马铃薯疮痂病菌好气喜碱，在碱性土壤中发病率高的特点，选用了 5 种不同浓度的醋酸稀释液于播种 50 d 后浇灌马铃薯根部，发现 300 倍的醋酸稀释液有效降低了马铃薯疮痂病的发病率，其田间防效为 72.50%；崔凌霄[5]发现施用 77% 硫酸铜钙 12.5 g/667 m² 对疮痂病的防效为 74.87%；苏军[6]研究发现通过拌种和叶面喷施 50% 春雷霉素·王铜可湿性粉剂能有效防治马铃薯疮痂病，防效达到了 70% 以上；卞春松等[7]研究表明，98% 必速灭颗粒剂对基质进行杀菌处理，可以大大降低马铃薯疮痂病的发病率，减轻疮痂病对马铃薯的危害；华阿清等[8]对使用荣宝肥药对土壤进行处理，取得了良好的田间防效，其防效为 89.7%。

作者简介： 赵冬梅（1981—），女，博士，讲师，从事马铃薯病害研究。

基金项目： 国家重点研发计划（2018YFD0200806）；现代农业产业技术体系建设专项资金资助（CARS-09-P18）；河北省薯类产业技术体系创新团队专项基金（HBCT2018080205）。

*** 通信作者：** 朱杰华，博士，教授，主要从事马铃薯病害研究，e－mail：zhujiehua356@126.com。

化学农药虽然在马铃薯疮痂病的防治方面发挥了重要作用，但随着社会的不断发展，环境问题愈演愈烈，运用生物手段预防和控制植物病害的发生越来越受到人们的认可和关注。芽孢杆菌是一类常见的生防细菌，其不仅具有耐高温、繁殖速度快、在自然界中普遍存在等优点，还能够在生态位竞争中占据有利的位置，对相关病害进行有效防治。因此，芽孢杆菌逐渐成为生防菌筛选的主要材料。崔凌霄[5]室内筛选得两株抑菌较好的芽孢杆菌3-5、8-4，并通过鉴定确定两株菌株分别为解淀粉芽孢杆菌和贝莱斯芽胞杆菌；高同国等[9]筛选得到1株解淀粉芽孢杆菌12-82，对疮痂链霉菌具有明显的拮抗活性，其抑菌圈直径达26.2 mm；Han[10]利用芽孢杆菌的代谢产物Macrolactin A对疮痂病进行防治，结果表明该代谢物的施用使疮痂病的发病率降低了40%；St-Onge等[11]发现，假单胞菌Lbum 223产生的抗生素——吩嗪-1-羧酸可以有效抑制疮痂病病原菌生长，对马铃薯疮痂病有一定的抑制作用。

研究通过室内和田间试验筛选对疮痂病具有较好防效的药剂，为有效地防治马铃薯疮痂病提供物质基础和保障。

1 材料与方法

1.1 试验材料

1.1.1 供试马铃薯品种

供试品种为"夏坡蒂"微型薯，种薯健康。

1.1.2 供试药剂

田间试验供试药剂包括两个部分：（1）本实验室前期通过室内抑菌试验筛选得到对马铃薯疮痂病菌具有较好抑制效果的7种杀菌剂（由于五氯硝基苯为粉剂，其施用方式为土壤混合撒施，结合氟啶胺施用）；（2）本实验室前期筛选到对马铃薯疮痂病菌抑菌效果好的3株芽孢杆菌（FM2-4、FM2-7和FM4-2），通过发酵、干燥喷粉得到的可湿性粉剂。供试药剂的商品名、活性成分、含量、剂型等信息详见表1，供试药剂使用量及施用方法见表2。

表1　供试药剂

通用名	商品名	含量	剂型
宁南霉素+中生霉素	宁南·中生	6%	水剂
宁南霉素+喹啉铜	宁南·喹啉铜	53%	可湿性粉剂
宁南霉素+春雷霉素	宁南·春雷	7%	水剂
五氯硝基苯	五氯硝基苯	20%	粉剂
肟菌酯	细菌角斑净	24.5%	可湿性粉剂
氟啶胺	福帅得	50%	悬浮剂
寡雄腐霉	利维生	10万 CFU/g	可湿性粉剂
多粘类芽孢杆菌	多粘类芽孢杆菌	10亿 CFU/g	可湿性粉剂

表 2　供试药剂田间用量

供试药剂	用量（g/667 m^2 或 mg/667 m^2）	施药方式
宁南·中生	100	
宁南·春雷	100	
宁南·喹啉铜	30	沟施 + 喷施
肟菌酯	200	
多粘类芽孢杆菌	200	
五氯硝基苯 + 氟啶胺	200+45	土壤撒施 + 喷施
寡雄腐霉	67+38	拌种 + 喷施
	20	喷施
菌剂 FM2-4	67+563	拌种 + 喷施
	563	喷施
菌剂 FM2-7	67+563	拌种 + 喷施
	563	喷施
菌剂 FM4-2	67+563	拌种 + 喷施
	563	喷施

注：按田间播种 100 kg/667 m^2 种薯计算拌种剂用量。

1.2　试验方法

1.2.1　田间试验设计

试验地点设在河北张家口张北县后井卜子村。2018 年 5 月 19 日播种。共选用 10 种不同的药剂，每个药剂设 1 ~ 3 个处理，共 18 个处理，每个处理 3 次重复。试验按随机区组分布，行距 10 cm，株距 8 cm。小区面积约 24 m^2。

田间试验处理区和空白对照区在整个实施过程中施用一次菊酯类杀虫剂用来防治马铃薯害虫，除此之外马铃薯的整个生长季的农事管理与正常大田种植管理相同。试验共施药 3 次，第 1 次为播种时沟施，第 2 次为盛花期喷淋，第 3 次为结薯期喷淋。

1.2.2　调查方法及标准

2018 年 9 月 15 日进行调查，在收获时，每个小区随机调查 100 个马铃薯，调查其表面病斑个数及面积并按小区分别记录各级病薯数，按表 3 分级标准进行病害的分级并计算其发病率、病情指数、防效。

表 3　马铃薯疮痂病病害分级标准

病害级别	病斑描述
0	薯皮健康
1	薯皮基本健康，有 1 ~ 2 个零星病斑，面积低于薯皮表面积的 1/4
3	薯皮表面有 3 ~ 5 个病斑，面积未超过薯皮表面积的 1/4 到 1/3
5	薯皮表面有 5 ~ 10 个病斑，面积未超过薯皮表面积的 1/3 到 1/2
7	严重感病，病斑在 10 个以上，或病斑面积大于薯皮表面积的 1/2

发病率（%）=（发病块茎数 / 调查总块茎数）× 100%

病情指数 = $\sum$［（各病级块茎数 × 该病级代表值）/ 调查总块茎数 × 最高代表值］× 100

防效（%）=（对照病指 − 处理病指）/ 对照病指 × 100%

2 结果与分析

2.1 生物药剂对马铃薯疮痂病的田间防治效果

2.1.1 寡雄腐霉对马铃薯疮痂病的田间防治效果

未施加药剂处理药剂地块，马铃薯疮痂病病情严重，发病率高达 93.33%，病情指数为 45.71。施用不同处理的寡雄腐霉后，马铃薯疮痂病的发病率显著下降。其中，拌种 + 喷施（20 g/667 m²）和拌种 + 喷施（38 g/667 m²）和处理，与清水对照相比，发病率降低 40% 左右，防效明显，分别为 71.04% 和 73.33%（表 4，图 1）。

表 4 寡雄腐霉对马铃薯疮痂病的发病率、病情指数及防效的影响

寡雄腐霉处理	发病率（%）	病情指数	防效（%）
拌种 + 喷施（38 g/667 m²）	51.33	12.19 ± 2.12 a	73.33
拌种 + 喷施（20 g/667 m²）	54.67	13.24 ± 2.59 a	71.04
喷施（20 g/667 m²）	61.33	14.09 ± 4.05 a	69.17
CK	93.33	45.71 ± 4.87 b	

注：表中小写英文字母表示在 P < 0.05 水平差异显著，相同字母的处理间无显著性差异。

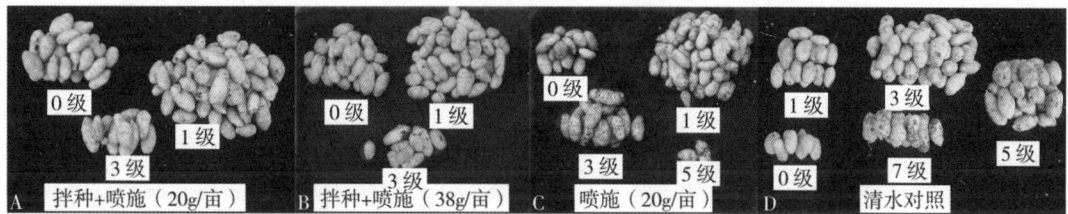

A：寡雄腐霉拌种 + 沟施（20 g/667 m²） B：寡雄腐霉拌种 + 沟施（38 g/667 m²）
C：寡雄腐霉沟施（20 g/667 m²） D：空白对照

图 1 寡雄腐霉三种处理对马铃薯疮痂病的防效

2.1.2 多粘类芽孢杆菌对马铃薯疮痂病的田间防治效果

对照区马铃薯疮痂病的发病率为 93.67%，病情指数为 54.14，病情严重。施用多粘类芽孢杆菌的地块，马铃薯疮痂病发病率与对照区比显著下降，病情指数为 14.05，防效为 69.27%（表 5，图 2）。

表 5 多粘类芽孢杆菌对马铃薯疮痂病的发病率、病情指数及防效的影响

供试药剂	发病率（%）	病情指数	防效（%）
多粘类芽孢杆菌	67.00	14.05 ± 1.41 a	69.27
清水对照	93.67	54.14 ± 6.49 b	

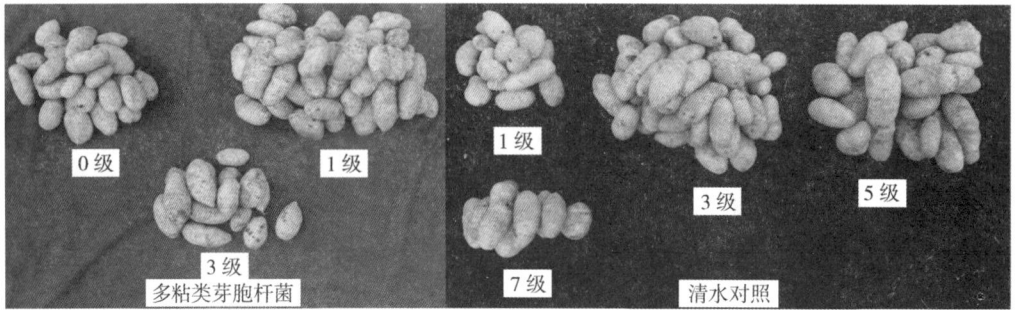

图2　多粘类芽胞杆菌处理对马铃薯疮痂病的防效

2.1.3　芽孢杆菌对马铃薯疮痂病的田间防治效果

对照区马铃薯疮痂病的发病率为92.33%，病情指数为47.38，病情严重。使用本实验室筛选得到的芽孢杆菌菌剂处理的小区发病率下降，与清水对照区相比病情指数差异显著，其田间防效均在64%以上。不同施药方式与不同菌剂的处理间并无显著性差异，其中防效最好的处理为菌株FM2-4和FM2-7拌种，其田间防效分别为72.06%和71.66%（表6，图3）。

表6　三株芽孢杆菌马铃薯疮痂病的发病率、病情指数及防效的影响

供试药剂	发病率(%)	病情指数	防效（%）
FM2-4 拌种处理	58.67	13.24 ± 1.24 a	72.06
FM2-4 喷沟处理	67.00	15.47 ± 2.61 a	67.34
FM2-7 拌种处理	53.33	13.43 ± 2.07 a	71.66
FM2-7 喷沟处理	67.67	15.47 ± 3.87 a	67.34
FM4-2 拌种处理	62.00	14.90 ± 3.28 a	68.54
FM4-2 喷沟处理	68.03	16.76 ± 1.12 a	64.62
清水对照	92.33	47.38 ± 0.29 b	

2.2　化学药剂对马铃薯疮痂病的田间防治效果

与清水对照相比，5种不同化学药剂处理对马铃薯疮痂病均有一定的防效。其中五氯硝基苯＋氟啶胺防效明显高于其他药剂，防效达到80.74%。其次是肟菌酯，防效为65.61%。宁南·中生、宁南·春雷和宁南·喹啉铜防效防效低于55%（表7，图4）。

表7　5种化学药剂对马铃薯疮痂病的发病率、病情指数及防效的影响

供试药剂	发病率（%）	病情指数	防效（%）
五氯硝基苯＋氟啶胺	46.33	10.43 ± 1.13 a	80.74
肟菌酯	75.00	18.62 ± 2.94 ab	65.61
宁南·春雷	81.33	24.38 ± 3.06 bc	54.97
宁南·喹啉铜	86.67	31.62 ± 3.23 cd	41.60
宁南·中生	86.33	34.81 ± 3.94 d	32.71
清水对照	93.67	54.14 ± 6.49 e	

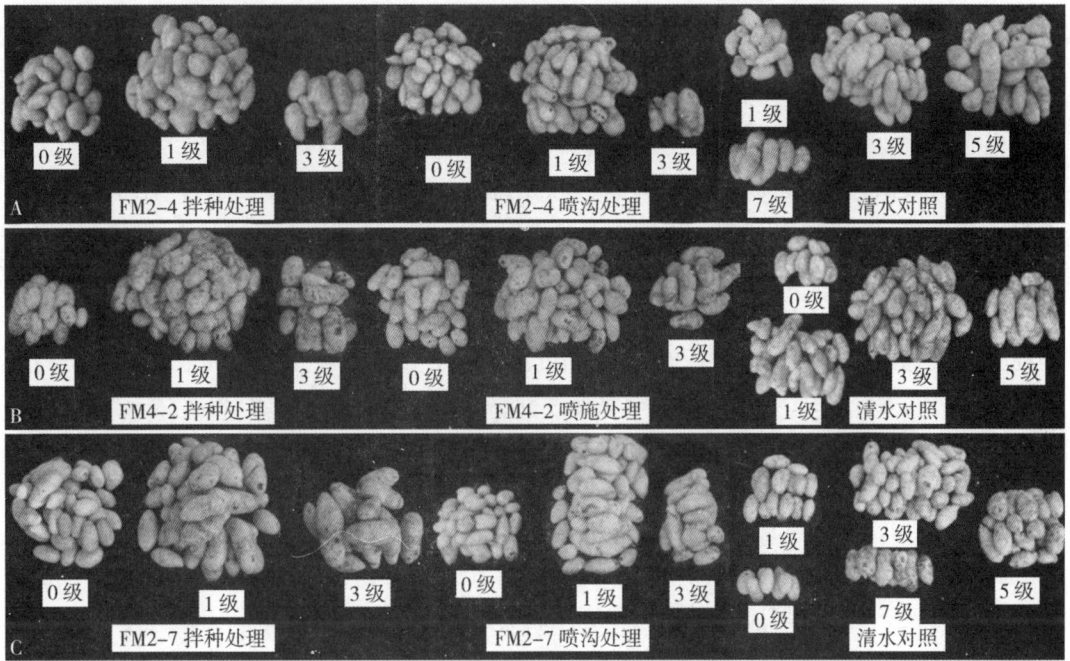

A: FM2-4　　B: FM4-2　　C: FM2-7

图3　三株芽胞杆菌对马铃薯疮痂病的田间防效

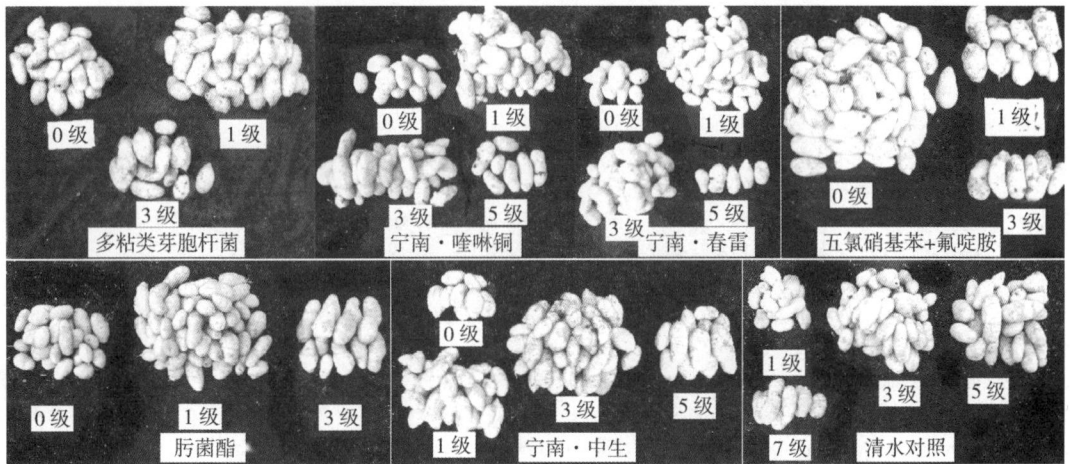

图4　5种化学药剂处理对马铃薯疮痂病的防效

3　讨　论

马铃薯疮痂病是由植物病原链霉菌引起的一种土传病害，该病害在各个马铃薯产区都有不同程度的发生且逐年加重，但是目前并没有高效的防治手段。

五氯硝基苯（PCNB）是有机氯类保护性杀菌剂，其杀菌谱广，对炭疽病、猝倒病、菌核病、立枯病等各种真菌和细菌病害具有显著防效，在中国得到广泛应用，主要用于各种作物的土壤处理和种子消毒。用五氯硝基苯对白菜根肿病[12]、番茄晚疫病[13]和辣椒疫病[14]具有较好的防效。在对马铃薯疮痂病的防治中，李青青和李继平[15]通过大田试验得到1 000倍五氯硝基苯对马铃薯疮痂病的防效为39.75%；张露等[16]研究表明，1 000倍氟啶胺对马铃薯疮痂病的防效最好。研究通过五氯硝基苯土壤消毒配合氟啶胺喷施对马铃薯疮痂病进行防治，其防效高达80.74%，通过两种药剂的结合，实现了对马铃薯疮痂病的防治。但是五氯硝基苯残留问题不容忽视，因此，在今后的工作中，要寻找五氯硝基苯的替代药剂。

寡雄腐霉是一种非常重要的非致病腐霉，对作物和环境安全，不仅对多种病原菌有拮抗和抑制作用，还可以通过分泌一种或几种拮抗物质，诱导植物对多种病原菌产生抗性等。因此具有很好的应用前景。梁宏杰等[17]研究发现100万孢子/g寡雄腐霉在田间对马铃薯疮痂病的防效为62.41%。研究中寡雄腐霉拌种＋喷施（38 g/667 m²）对马铃薯疮痂病的防治效果最好，同清水对照相比，发病率降低了42%，病情指数降低了33.52%，防效高达73.33%。在本实验室的前期研究中，寡雄腐霉喷施（20 g/667 m²）处理对疮痂病的防效为74.4%，可以看出寡雄腐霉（20 g/667 m²）处理防治马铃薯疮痂病效果较为稳定。研究中，寡雄腐霉对马铃薯疮痂病的防效与化学农药相当，同时该药剂无论是对农作物还是对人体、生态环境比较安全，建议应用于马铃薯疮痂病的田间防治。

[参 考 文 献]

[1]　塞黑尼尔弗朗索瓦 . 为中国马铃薯产业保驾护航 [J]. 国际人才交流，2018(10)：30.

[2]　王秀英 . 0.1HgCl₂ 对脱毒马铃薯微型种薯疮痂病的防治效果 [J]. 中国马铃薯，2002，16(4)：248.

[3]　周芳 . 2，4-D 防治马铃薯疮痂病的效果 [J]. 中国马铃薯，2018，32(4)：235-239.

[4]　杨鑫，李丽淑，何虎翼，等 . 不同浓度醋酸稀释液对马铃薯疮痂病的防效研究初报 [C]// 陈伊里，屈冬玉 . 马铃薯产业与中国式主食 . 哈尔滨：哈尔滨地图出版社，2016.

[5]　崔凌霄 . 甘肃省马铃薯疮痂病原新记录及其防治研究 [D]. 兰州：甘肃农业大学，2018.

[6]　苏军 . 50% 春雷霉素・王铜可湿性粉剂防治马铃薯疮痂病试验研究 [J]. 农业开发与装备，2016(10)：96-97.

[7]　卞春松，金黎平，谢开云，等 . 必速灭防治马铃薯疮痂病效果试验 [J]. 中国马铃薯，2004，18(4)：211-213.

[8]　华阿清，严金珊 . 荣宝肥药防控马铃薯疮痂病效果试验研究 [J]. 上海农业科技，2009(4)：117-118.

[9]　高同国，姜军坡，郭晓军，等 . 马铃薯疮痂病高效拮抗菌的筛选及鉴定 [J]. 江苏农业科学，2016(12)：157-159.

[10]　Han J C Y. Biological control agent of common scab disease by antagonistic strain *Bacillus* sp. *sunhua* [J]. Journal of Applied Microbiology, 2005(1)：213-221.

[11]　St-Onge R，Gadkar V J，Arseneault T，*et al*. The ability of *Pseudomonas* sp. LBUM 223 to produce phenazine-1-carboxylic acid affects the growth of *Streptomyces scabies*, the expression of thaxtomin biosynthesis genes and the biological control potential against common scab of potato [J]. FEMS Microbiology Ecology，2011,75(1)：173-183.

[12]　陈春兰 . 大白菜主要病虫害的药剂防治 [J]. 乡村科技，2016(22)：21.

[13]　沈国强，胡妙丹，陈美娜，等 . 50% 福帅得悬浮剂防治番茄晚疫病的研究 [J]. 安徽农业科学，2006(1)：98.

[14]　石声琼 . 500 g/L 氟啶胺悬浮剂防治辣椒疫病试验 [J]. 农技服务，2012，29(1)：56.

[15]　李青青，李继平 . 5 种药剂不同稀释液浇灌防治脱毒马铃薯疮痂病效果初报 [J]. 甘肃农业科技，2006(8)：31-32.

[16]　张露，艾玉廷，马健，等 . 不同比例氟啶胺对马铃薯块茎疮痂病防治效果 [J]. 中国马铃薯，2013，27(3)：175-178.

[17]　梁宏杰，张彤彤，张武，等 . 6 种杀菌剂对马铃薯疮痂病及粉痂病的防效 [J]. 甘肃农业科技，2019，518(2)：27-31.

RPA 等温扩增技术检测马铃薯黑胫病菌

李华伟，罗文彬，林志坚，许国春，纪荣昌，许泳清，邱思鑫，汤　浩*

（福建省农业科学院作物研究所/农业部南方薯类科学观测实验站/
福建省特色旱作物品种选育工程技术研究中心，福建　福州　350013）

摘　要：马铃薯黑胫病是生产中最为常见的细菌性病害，且危害严重，早期的病原菌检测，能有效切断初侵染源。根据马铃薯黑胫果胶杆菌 gyrB 基因的保守区段设计 RPA 引物，经筛选出得到 1 对扩增效果好的引物，建立 RPA 检测体系发现特异性强、灵敏度高，为马铃薯黑胫病的早期诊断提供了有力的技术支持。

关键词：马铃薯黑胫病；重组酶聚合酶等温扩增方法（RPA）；分子检测；引物

由果胶杆菌属（*Pectobacterium* spp.）引起的马铃薯黑胫病是生产中最为常见细菌性病害，在我国各马铃薯产区均有报道，严重危害马铃薯生产[1]。马铃薯黑胫病菌传播途径多种多样，难以有效防控，而种植无病种薯是解决初侵染源的最主要途径。因此，早期的病原菌检测至关重要。马铃薯黑胫病检测有 PCR、实时荧光定量 PCR、LAMP 等分子检测方法，但这些方法存在耗时、耗力等缺点。应用重组酶聚合酶等温扩增方法（Recombinase polymerase amplification，RPA）对病原菌进行检测已有很多报道[2,3]，利用 RPA 等温扩增方法检测马铃薯黑胫病鲜有报道。通过筛选 RPA 引物，建立马铃薯黑胫病 RPA 特异、灵敏检测方法，以期实现马铃薯黑胫病的早期诊断，对防治马铃薯黑胫病具有重要的作用。

1　材料与方法

1.1　试验材料

供试马铃薯黑胫病和其他病菌菌株：马铃薯黑胫病分离于福建省霞浦县、周宁县，保存于福建省农业科学院作物研究所；其他细菌性病原菌：黄单胞杆菌（Xanth-1）、芽孢杆菌（Bac-1）、甘薯黑腐菌（SWX15）保存于福建省农业科学院作物研究所；马铃薯早疫病菌（PEB-1）保存于福建农林大学植物保护学院。

试剂及仪器：TwistAmpTM basic Kit RPA 试剂盒（英国 TwistDxInc 公司）英国；细菌 DNA 提取试剂盒（Bacteria Genomic DNA Kit）、Ex Taq 酶（北京全式金生物技术有限公司）。金属浴、电泳槽（北京六一生物科技有限公司）；法国 Vilber 凝胶成效系统（北京五洲东方有限公司）。

作者简介：李华伟（1982—），男，助理研究员，主要从事薯类作物病虫害防控技术研究。

基金项目：福建省公益类科研专项（2018R1026-9）；国家现代农业（马铃薯）产业技术体系（CARS-10-ES11）；福建省农业科学院创新团队项目（STIT2017-2-3）。

* 通信作者：汤浩，研究员，主要从事薯类作物遗传育种研究，e-mail：tanghao@faas.con。

1.2 试验方法

病原菌采集与分离纯化：采用常规平板划线方法分离病原菌。选取具典型黑胫病症状的马铃薯茎部发病组织，切取一小块置于 75% 乙醇中浸泡 15 s 进行表面消毒，无菌水清洗 3 次。镜检后，将观察有喷菌现象的病组织浸出液，用无菌接种环蘸取一环在 NA 培养基平板上划线。28 ℃ 倒置培养 24 ~ 48 h，挑取单菌落在新的 NA 平板上转接 1 ~ 2 次即可得到纯化的菌株。将纯化好的菌株进行扩大培养，最后加 80% 甘油保存于 –75 ℃，备用。

引物设计及 RPA 反应体系：根据 GenBank 登录的马铃薯黑胫果胶杆菌 *gyrB* 基因的保守区段，依据 RPA 引物设计原理，设计了 3 对 RPA 扩增引物，引物序列由福州博尚生物有限公司合成。RPA 检测体系（50 μL 反应体系）：模板 DNA 2 μL，Rehydration Buffer 29.5 μL、引物 F 和 R 各 2.4 μL、ddH$_2$O 11.2 μL，将混合好的体系加入的冻干的重组酶聚合酶中，最后再加入醋酸镁溶液（MgOAc，280 mmol/L）2.5 μL，瞬时离心将醋酸镁离心到管低充分混匀。RPA 反应的条件为 39℃恒温扩增 20 min，冰上终止反应。反应结束后，将每个反应管中加入 50 μL 的酚 / 氯仿（1∶1），12 000 转离心 2 min，吸取 5 μL 上清液进行琼脂糖凝胶电泳。

2 结果与分析

2.1 RPA 引物筛选及特异性检测

利用设计的 3 对 RPA 引物对马铃薯黑胫病菌进行扩增，如图 1 所示，引物 1 和引物 2 出现非特异性条带，而引物 3 的扩增效果较好，用引物 3 进行后续的试验。筛选出 RPA 引物序列包括：上游引物 F：5'- ACTACCTGAACCGTAACAAGACGCCAATCCACCC –3'，下游引物 R：5'- CACTTTCACAGACACCACAGCAATCAGCCCTTCG –3'。建立 RPA 检测体系，对 3 个马铃薯黑胫病菌株（P. spp–3、P. spp–6、P. spp–16）、黄单胞杆菌（Xanth–1）、芽孢杆菌（Bac–1）、甘薯黑腐菌（SWX15）、马铃薯早疫病菌（PEB–1）进行特异性扩增。扩增结果显示只有 3 株马铃薯黑胫病菌株扩增结果为阳性，其他 4 株非马铃薯黑胫病菌株和空白对照扩增结果均为阴性，说明建立的 RPA 检测特异性较高，能够特异检测马铃薯黑胫病菌。

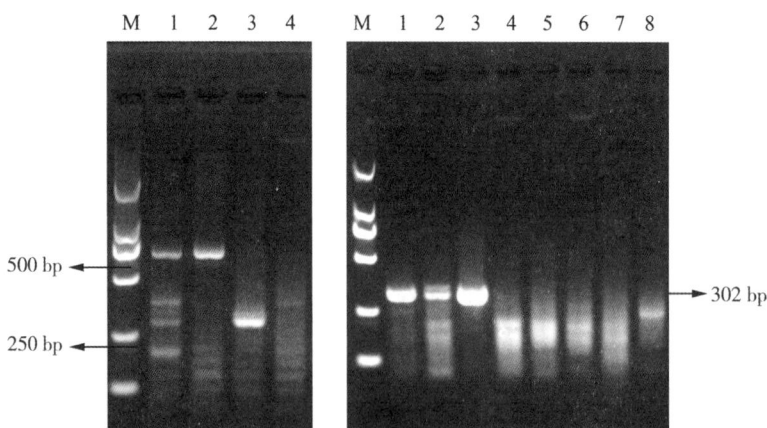

M：DL 2000 DNA marker，A：引物筛选；1-4：引物 1、引物 2、引物 3、无菌水；B：特异性检测；1–3：马铃薯黑茎病菌（P.spp–3、P.spp–6、P.spp–16）；4–8：黄单胞杆菌 Xanth–1、芽孢杆菌 Bac–1、甘薯黑腐菌 SWX–15、马铃薯早疫病菌 PEB–1、无菌水。

图 1　RPA 引物筛选及特异性检测

2.2 RPA 灵敏度分析

将提取的马铃薯黑胫病样品的 DNA 采用 10 倍浓度系列稀释，病原菌 DNA 稀释成浓度分别为 10 ng/μL、1 ng/μL、100 pg/μL、10 pg/μL、1 pg/μL、100 fg/μL、10 fg/μL、1 fg/μL 共 8 个不同浓度梯度。在 RPA 反应后，取 5 μL 扩增产物用 2% 琼脂糖凝胶电泳检测。马铃薯黑胫病 RPA 检测灵敏度可达 10 pg/μL。

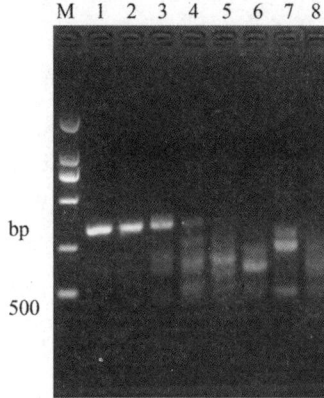

M：DL2 000 DNA marker；A：RPA；B：PCR；1-8：10 ng/μL、1 ng/μL、100 pg/μL、10 pg/μL、1 pg/μL、100 fg/μL、10 fg/μL、1fg/μL

图 2　马铃薯黑胫病 RPA 灵敏度检测

3　讨　论

RPA 扩增技术自开发以来广泛用于检测动、植物病原物检测，由于 RPA 扩增技术高效、快速、不需要特殊设备、可实现实地检测，被认为是可以替代 PCR 核酸扩增的技术[4]。RPA 引物是影响扩增的关键因素，引物过长容易产生引物二聚体和发夹结构，引物过短降低重组率，影响扩增速度和检测灵敏度。根据马铃薯黑胫果胶杆菌 *gyrB* 基因的保守区段设计 RPA 引物，经过引物筛选，筛选出 1 对扩增效果好的引物用于马铃薯黑胫病的 RPA 扩增，RPA 扩增在恒温 39 ℃下只需 20 min 就能完成快速扩增，建立的马铃薯黑胫病 RPA 方法特异性强、灵敏度高（10 pg/μL），为马铃薯黑胫病的早期诊断，病情预报提供技术支持。

[参 考 文 献]

[1] Haan E G D, Dekker-Nooren T C E M, Bovenkamp G W, *et al. Pectobacterium carotovorum* sub sp. *carotovorumcan* cause potato blackleg in temperate climates [J]. European Journal of Plant Pathology，2008，122：561-569.

[2] Cui J, Zhao Y, Sun Y, *et al.* Detection of *Babesia gibsoni* in dogs by combining recombinase polymerase amplification (RPA) with lateral flow (LF) dipstick [J]. Parasitology Research，2018，117：3 945-3 951.

[3] Feng X Y, Shen B, Wang W Z, *et al.* Development of a reverse transcription-recombinase polymerase amplification assay for detection of sugarcane yellow leaf virus [J]. Sugar Tech，2018，20：700-707.

[4] Ju Y, Lin Y, Yang G, *et al.* Development of recombinase polymerase amplification assay for rapid detection of *Meloidogyne incognita, M. javanica, M. arenaria,* and *M. enterolobii* [J]. European Journal of Plant Pathology，2019，155：1 155-1 163.

山东首次发现南方根结线虫危害马铃薯

马海艳[1]，安修海[2]，邢佑博[1]，张家森[1]，董道峰[3*]

（1. 滕州市农业农村局，山东　枣庄　277599；

2. 界河镇农技站，山东　枣庄　277521；

3. 山东省农科院蔬菜花卉研究所，山东　济南　250100）

摘　要：2013～2019 年，对滕州市发生的马铃薯根结线虫进行了种类鉴定及田间危害症状、危害程度调查。根据形态特征鉴定为南方根结线虫。该线虫危害马铃薯在山东省为首次发现。盆栽试验和大田调查，南方根结线虫危害马铃薯后，根系形成大小不等的根结，根结表皮粗糙、溃烂、死亡；植株稍矮，上部萎蔫，下部叶片黄化，逐渐死亡；块茎皮孔下薯肉稍增生、膨大，似赖皮。该虫危害马铃薯在滕州地区呈逐年加重之势，对经济效益影响巨大。试验的相关研究，为滕州地区马铃薯根结线虫病的田间准确诊断和防治提供科学依据。

关键词：山东；马铃薯；南方根结线虫；鉴定；危害症状

南方根结线虫 [*Meloidogyne incongnita*（Kofold&White）Chitwood] 是一类重要的根结线虫，分布广泛，可以危害西红柿、黄瓜、大豆、西瓜等 2 000 多种植物，危害极大。作物遭受危害，根部形成大小和形状不同的瘤状根结，植株地上部分表现缺营养状，田间植株弱小、叶片黄化，稍重的引起植株早衰，严重的全株死亡，减产严重。近年来，根结线虫的危害越来越重，但在山东省未见其在马铃薯上的危害报道[1-3]。2013 年秋季，在田间进行马铃薯病虫害普查时发现，几个地块的马铃薯长势偏弱，有的植株中午萎蔫，根系上有大小不等的根结，从根结中检测到根结线虫。2013～2019 年，针对马铃薯根结线虫病对滕州地区的有关乡镇进行了排查，对发生在马铃薯上的根结线虫进行分离和形态学鉴定，并对根结线虫危害马铃薯的症状进行了详细的观察，以期彻底摸清马铃薯根结线虫的种类、危害症状、危害程度，为有效控制该病害提供理论依据。

1　材料与方法

1.1　供试虫源

2013 年 11 月 12 日，从山东省滕州市界河镇陈马厂村、西孟村、房岭村、西柳泉村及龙阳镇丛条村、苗庄村 6 个村庄的 9 个马铃薯田采集感病植株的瘤状根系，分别保存。

1.2　线虫的分离与观察

在解剖镜下从发病马铃薯根系挑取新鲜卵囊，放入培养皿中，用 0.5% NaClO 进行表

作者简介：马海艳（1976—），女，高级农艺师，主要从事马铃薯栽培及病虫害防治研究。

* 通信作者：董道峰，博士，研究员，主要从事马铃薯育种与栽培技术研究，e‑mail：feng‑dd@126.com。

面消毒 3 min，将消毒后的卵囊放入 24 孔培养板中，在 25 ～ 26 ℃的室温下孵化 2 龄幼虫，期间每天换水 1 次。雌虫采用直接剥离法取得。

将 2 龄幼虫和雌虫做成临时玻片，在光学显微镜下进行形态观察和测量。

体视显微镜下，在甘油中用解剖刀切取成熟雌虫的会阴花纹，光学显微镜下观察和拍照。

1.3　盆栽记录危害症状

盆栽选用口径 40 cm、深度 35 cm 的泥盆。2014 年 7 月 20 日，将马铃薯小整薯（单薯重 40 ～ 60 g）用 0.01% 的高锰酸钾溶液浸泡 15 min 后置于 18℃的培养箱中避光催芽，待用。于干净的玉米田中取土，用 RTA-1500 釜式杀菌锅 100 ℃处理 20 min，备用。8 月 5 日，在花盆中填入处理过的土壤 15 cm，放入催过芽的种薯，将采集的病根洒在种薯周围，填入 10 cm 土，马铃薯出苗后 10 d 再填入 5 cm 厚度的土层，共栽 15 盆。2015 年秋季采用同样的方法进行盆栽试验。

1.4　滕州地区马铃薯根结线虫病的排查

在马铃薯收获季节（5 月 1 日 ～ 6 月 25 日，10 月 20 日 ～ 11 月 20 日），组织人员进行调查。2015 ～ 2019 年每年每季调查 6 个乡镇，每个乡镇 15 个村庄，每个村庄 20 个地块，每地块 Z 字形 5 点取样，每点连续调查 20 株，仔细查看马铃薯根部是否有根结，记录发病等级、感病地块数。

采用分级标准：0 级（无侵染）；1 级（极轻微感染，可见很少量根结）；2 级（轻微感染，可见少量根结）；3 级（中度感染，大部分根系有根结）；4 级（严重感染，根结几乎遍布根系各部）。

1.5　鉴　定

按参考文献[1-3]进行线虫种类鉴定

2　结果与分析

2.1　形态鉴定

进行线虫种类鉴定，主要利用雌虫会阴花纹的形态、2 龄幼虫及尾部形态的测量值进行鉴别和鉴定。

显微观察后，综合雌虫、2 龄幼虫的形态学特征及部分测量值，与已知种类比对之后，确定采集到的 15 个病样的根结线虫均为南方根结线虫 [*Meloidogyne incongnita*（Kofold & White）Chitwood]（图 1）。

雌虫：L = 813.21 ± 111.51 μm；W = 611.14 ± 92.91 μm。身体膨大呈球形或梨形，有明显突出的颈部，口针粗壮。会阴花纹背弓高，背弓顶部平，有时呈梯形或"几"字形，背纹和腹纹呈波浪形而侧纹多呈锯齿状或有分叉，但有的整体线纹有比较平滑。

二龄幼虫：L = 405.98 ± 13.20 μm；W = 16.77 ± 3.69 μm；ST = 11.33 ± 0.72；DGO = 3.06 ± 0.23 μm；Tail = 50.27±2.83 μm，h = 12.93±1.83 μm。线形，头部前端平、宽，口针针锥部和杆部中等宽，基部球缢缩，圆，向后倾斜。口针纤细，中食道球椭圆形，瓣门明显，透明尾端尖圆至钝圆。

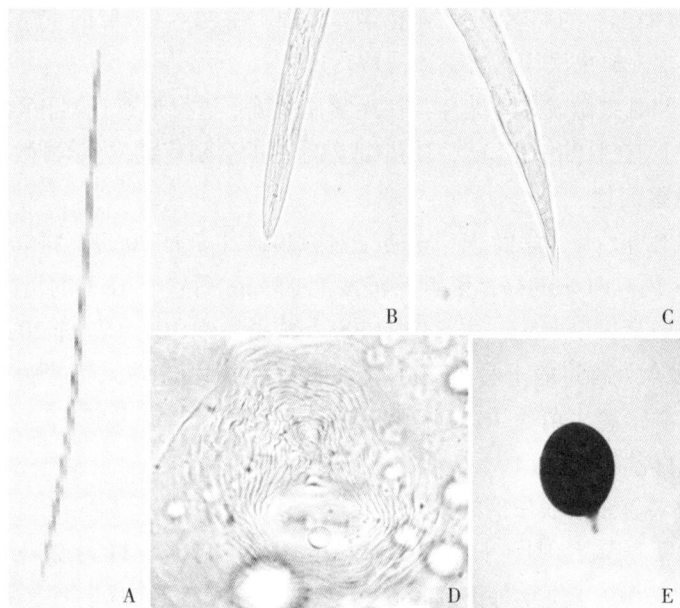

A：二龄幼虫；B：二龄幼虫头部；C：二龄幼虫尾部；D：雌虫会阴花纹；E：雌虫

图1 南方根结线虫

2.2 马铃薯被危害的症状

南方根结线虫侵入马铃薯植株根系后，在线虫的刺激下，受侵染的部分畸形膨大形成大小不等的根结，随着危害的延长和加重，根结表皮粗糙、溃烂、死亡；浸染初期，马铃薯植株较正常植株稍矮，在沙土地或蒸腾强烈的正午，植株上部萎蔫，下部叶片黄化，随着病情的进一步扩展，地上部逐渐萎蔫、黄化、死亡，似缺营养而死；该线虫仅危害到块茎皮下1 cm处，线虫自皮孔侵入块茎，造成皮孔开裂，皮孔下薯肉稍增生、膨大，似赖皮状，随侵入线虫数量的增多及侵入时间的延长，增生的薯肉相互融合，受线虫危害的块茎暴露在空气中3 d后，皮孔表面溃烂、干缩成疮痂状。见图2。

A：受害后萎蔫的植株；B：受害的根系；C：受害的块茎；D：根结中的雌虫

图2 马铃薯被南方根结线虫危害症状

2.3 滕州地区南方根结线虫危害马铃薯现状

2014 年春季，在马铃薯主产区共调查了 1 500 个地块，共计 15 万株，受南方根结线虫危害的地块占调查总地块的 5.3%，发病株数 1 010 株，为调查总株数的 0.7%，多数极轻微感病，仅 2 个地块发病较重，3 ~ 4 级病株较多；2014 年秋季，在调查的 1 500 个地块中，感病地块比率为 10.9%，感病株率为 1.9%，2 ~ 4 级的株数明显增多，感病中等地块受害株率 10.1% ~ 23.5%，受害块茎率为 7.5% ~ 28.8%，减产 25% 左右，感病严重地块的受害株率 20.4% ~ 50.2%，受害块茎率 16.3% ~ 43.1%，减产 60% 以上；2015 年感病地块数量、感病株数较 2014 年明显增加。从调查结果看，秋季马铃薯受害严重。详见表 1。

由此可见，南方根结线虫侵染马铃薯后，可造成严重减产，商品性变差，经济损失惨重。

表 1　南方根结线虫在滕州危害马铃薯的情况调查表

年份	季节	调查地块数（个）	调查株数（万株）	感病地块数（个）	发病等级株数（株）			
					1 级	2 级	3 级	4 级
2014	春季	1 500	15	80	64	31	5	1
	秋季	1 500	15	164	2 104	576	122	20
2015	春季	2 100	21	120	89	40	5	2
	秋季	2 100	21	365	6 649	3 201	315	69

3　讨　论

试验从形态学上鉴定发生在马铃薯上的根结线虫为南方根结线虫，首次明确了在山东地区南方根结线虫可以危害马铃薯。这为科学防治马铃薯根结线虫病提供了依据。

根结线虫虫体细小，肉眼看不到，又在地下危害，田间诊断难度较大。试验历经 3 年，详细调查、记录了南方根结线虫从初期的轻度危害到严重危害马铃薯根系、植株、块茎的症状的不同表现，大大增加了田间诊断的准确性。

山东是最重要的马铃薯二季作产区，春秋两季面积在 16 万 hm^2 左右，平均效益约 5 000 ~ 6 000 元 /667 m^2，是山东多地农业的支柱产业。同时，山东也是重要的种薯、商品薯集散地、周转地。南方根结线虫生命力顽强，可以通过多种途径进行传播。必须站在保护山东马铃薯产业健康发展的高度，提高防治该病的紧迫性，加大宣传力度和资金投入，科学有效地进行防控。

[参 考 文 献]

[1] Hirschmann H. The genus *Meloldogyne* and morphologycal characters differentiating its species [C]//Saeser J N, CarterC C. Biology and Control. Raleigh：Raleigh North Carolina State University，1985.

[2] 艾森拜克 J D，赫什曼 H，萨塞 J N，等. 四种最常见根结线虫分类指南（附图检索）[M]. 杨宝军，译. 昆明：云南人民出版社，1986.

[3] 谢晖. 植物线虫分类学 [M]. 2 版. 北京：高等教育出版社，2005.

生物菌剂替代化学药剂对马铃薯晚疫病和早疫病的防控效果

牟献龙，张　岱，潘　阳，赵冬梅，杨毅清，王凯宁，朱杰华，杨志辉[*]

（河北农业大学植物保护学院，河北　保定　071000）

摘　要：当前化学防治是防控马铃薯晚疫病和早疫病的最主要技术手段，长期大量使用化学农药导致了生态环境破坏和食品安全等一系列严重后果。为了减少化学药剂的施用，试验探索了高感品种"荷兰15号"施用生物菌剂替代化学药剂的施药次数，以全生育期施用6次化学药剂防控为正对照，清水对照为空白对照，设计从生长季第1次至第4次依次替代化学药剂的4个处理。结果表明，当高感品种在生长季前期施用生防菌剂替代化学药剂1次和2次时，对马铃薯晚疫病和早疫病防效分别为91.91%和76.84%，均达到了预期的防治指标，其产量也分别为3 697.71和3 470.40 kg/667 m²，与正对照无显著差异。该研究为生产中利用生防菌剂替代化学药剂提供了科学依据。

关键词：生物防治；菌剂替代；减药增效；晚疫病；早疫病

　　马铃薯晚疫病和早疫病是生产中最主要也是最常见的2种气传病害[1]，晚疫病在田间的蔓延速度极快，当发病所需要的条件适宜时，7 d时间内就可导致全田植株感病枯死，造成毁灭性危害，造成极大产量损失，一般年份可造成20% ~ 30%的产量损失，严重时可损失一半甚至绝收，被认为是马铃薯的第一大病害[2]。早疫病在中国所有的马铃薯种植区均可发生，在部分种植区其危害甚至比晚疫病还要严重，被认为是马铃薯的第二大病害，其发病时一般可造成减产10%左右，严重时减产可达30%以上[3]。

　　在生产中马铃薯晚疫病和早疫病往往同时发生，因此在大多数种植区，马铃薯晚疫病和早疫病是种植者在生长季中最主要的防控对象。由于生产中种植的大多数品种抗病性较差，所以防控病害时最常用的方法是施用化学药剂[4]，部分地区，一个生长季施药可达10次以上[5]，尽管频繁的喷洒化学药剂，但晚疫病和早疫病在一个生长季中仍可多次侵染，频繁、过量的施用化学药剂不但增加了投入，还对人类安全、生态环境造成严重威胁[6]。所以研究人员极力探索生物防治病害的方法，杨文强[7]采用叶面喷雾的方式喷施1 000亿/g枯草芽孢杆菌，施药3次后防效达到49.77%，与50%氟啶胺、70%代森锰锌对晚疫病的防治效果无显著性差异。梁宁和蒋继志[8]筛选到马铃薯早疫病菌拮抗微生物，枯草芽孢杆

　　作者简介：牟献龙（1994—），男，硕士研究生，从事马铃薯晚疫病与早疫病的防控研究。
　　基金项目：河北省薯类产业技术体系创新团队专项基金（HBCT2018080205）；国家重点研发计划（2018YFD0200806）；现代农业产业技术体系建设专项资金（CARS–09–P18）。
　　* 通信作者：杨志辉，教授，主要从事马铃薯病害研究，e–mail：13933291416@163.com。

菌 B309 的直接抑菌率和发酵产物的抑菌率分别达到 79.32% 和 75.22%。

随着中国实施农业供给侧改革、生态文明建设，在《到 2020 年农药使用量零增长行动方案》中提出要在"预防为主、综合防治"的方针指导下，重点在"控、替、精、统"上下功夫。研究主要从"替"方面着手，在马铃薯晚疫病预警系统的指导下，通过精准施药技术，旨在探索出利用生防菌剂替代化学药剂防治马铃薯晚疫病和早疫病的科学依据。

1 材料与方法

1.1 材料

1.1.1 供试种薯

供试种薯为高感品种"荷兰 15 号"，一级优质脱毒种薯，来自内蒙古格瑞得马铃薯种业有限公司。

1.1.2 供试生物菌剂

试验所选用的生物菌剂为 1 000 亿 /g 枯草芽孢杆菌，剂型为可湿性粉剂，商品名为仓美，施用量为 30 g/667 m² · 次，该药剂为德强生物股份有限公司生产。

1.1.3 供试化学药剂

供试化学药剂有 75% 代森锰锌、10% 氟噻唑吡乙酮、68.75% 氟菌·霜霉威、25% 嘧菌酯等 4 种，其剂型、商品名和生产厂家等信息详见表 1。

表 1 供试化学药剂

药剂名称	剂型	商品名	推荐用量 （g 或 mL/667 m²）	生产厂家
75% 代森锰锌	可湿性粉剂	进富	100 ~ 192	河北双吉化工有限公司
25% 嘧菌酯	悬浮剂	凯美	40 ~ 50	青岛凯源祥化工有限公司
10% 氟噻唑吡乙酮	悬浮剂	增威赢绿	10 ~ 15	美国杜邦公司
68.75% 氟菌·霜霉威	悬浮剂	银法利	60 ~ 75	德国拜耳公司

1.1.4 试验地管理及基本概况

试验地点设在河北围场半截塔村，为沙壤土，前茬为十字花科蔬菜。播种日期 2018 年 5 月 1 日，密度为 3 400 ~ 3 600 株 /667 m²，垄距 110 cm，株距 35 cm。种薯切块后用滑石粉包裹。种植时施用氮磷钾比例 15：15：15 的复合肥料 115 kg/667 m²。试验区在整个实施过程中施 1 次高效氯氟氰菊酯防治马铃薯害虫。每个处理 333.3 m²，共 2 000 m²。

1.2 试验方法

1.2.1 试验设计

试验共设置 6 个处理，分别为：（1）全程喷施 6 次化学药剂的正对照（表 2）；（2）第 1 次使用生防菌剂替代化学药剂代森锰锌的处理，生防菌剂喷施量为 30 g/667 m² · 次，以下处理生防菌剂剂量相同；（3）前 2 次使用生防菌剂替代正对照化学药剂的处理；（4）前 3 次使用生防菌剂替代正对照化学药剂的处理；（5）前 4 次使用生防菌剂替代正对照化学药剂的处理；（6）喷施清水的空白对照。施药时间在中国马铃薯晚疫病监测预警系统（www.china-blight.net）的指导下进行，化学药剂的使用量详见表 2。

表 2　化学药剂防治马铃薯晚疫病和早疫病的施药方案（正对照）

药剂名称	剂量（g 或 mL/667 m²）	施药方式	施药时间（D/M）
代森锰锌	100	喷雾	04/07
代森锰锌	100	喷雾	14/07
嘧菌酯 + 代森锰锌	40+100	喷雾	25/07
嘧菌酯 + 氟菌·霜霉威	40+60	喷雾	04/08
氟噻唑吡乙酮 + 代森锰锌	10+100	喷雾	16/08
嘧菌酯	40	喷雾	29/08

1.2.2　马铃薯晚疫病和早疫病发病情况调查

马铃薯晚疫病施药前田间未发现发病植株，田间出现中心病株时进行第 1 次调查，之后每次施药后 7 d 调查晚疫病发生情况。马铃薯早疫病施药前田间已出现发病植株，分别于第 1 次施药前和每次施药后 7 d 调查早疫病的发生情况。病害调查采用 5 点取样法，每点调查 1 株，每株调查植株的全部叶片，记录病叶分级，并计算晚疫病和早疫病病情指数和防治效果，马铃薯晚疫病和早疫病的分级标准见表 3。

表 3　马铃薯晚疫病和早疫病病害调查分级标准

病害级别	病斑面积
0	无病斑
1	病斑面积占整个叶面积 5% 以下
3	病斑面积占整个叶面积 6% ~ 10%
5	病斑面积占整个叶面积 11% ~ 20%
7	病斑面积占整个叶面积 21% ~ 50%
9	病斑面积占整个叶面积 50% 以上

病情指数 =Σ（各级发病叶数 × 相对级数值）×100 /（调查总叶数 × 最高级数值）

防治效果 =（1– 试验处理区施药后的病情指数 / 空白对照区施药后的病情指数）×100%

1.2.3　收获期测产

采用 5 点取样法，每点选取 5 m，重复 5 次，将收获的薯块分成大薯和小薯 2 个级别并拍照记录，大薯 ≥ 100 g，小薯 < 100 g。计算出产量、增产量和大薯增产率。

1.2.4　数据处理

通过 Excel 软件对病情指数、防控效果、产量、增产量、大薯增产率和增收效益等试验数据进行整理和初步统计，之后利用 SPSS Statistics v19.0 软件对病情指数、产量和增收效益等数据进行显著性差异分析。

2　结果与分析

2.1　生防菌剂替代化学药剂对马铃薯晚疫病的田间防效

施药前和第 1 次施药后 7 d 调查表明田间各处理小区均无晚疫病发生。第 2 次施药后 7 d（7 月 21 日）在空白对照区和 2 次生物菌剂替代区发现了零星叶片轻微晚疫病发生，其病情指数分别为 0.65 和 0.55。第 5 次施药后 10 d（8 月 26 日），气温逐渐降低，露水足，病害已经有一定的发生发展，空白对照区晚疫病中度发生，中下部叶片普遍发病，病情指数为 27.22，4 次菌剂替代处理区下部叶片也有少量叶片枯死，病情指数 13.35，防效达到 50.96%，其他各处理区发现了轻微晚疫病，但病情指数均在 1.91 以下，防效在 92.98% 以上（表 4）。第 6 次施药后 7 d（9 月 6 日）进行晚疫病病情调查，此时气温骤降，最高气温在 18℃，非常适合晚疫病的发展。空白对照区晚疫病大爆发，病情指数高达 78.24，6 次化学药剂区以及 1 次菌剂替代区的病情指数分别为 3.53 和 4.91，防效达到 93.72% 以上；2 次生防菌剂替代区、3 次生防菌剂替代区的病情指数分别为 6.33 和 6.43，防效达到 91.78% 以上；4 次生防菌剂替代区的病情指数为 47.19，防效仅为 39.69%（表 4）。这表明从晚疫病的防控效果来看，3 次生防菌剂替代化学药剂对晚疫病达到较好防控效果，其防效在 91.91%。

表 4　不同生防菌剂替代化学药剂对马铃薯晚疫病的田间防效

处理	第 2 次施药后	第 5 次施药后		第 6 次施药后	
	病情指数	病情指数	防效（%）	病情指数	防效（%）
6 次化学药剂	0.00 ± 0.00 a	0.83 ± 0.19 a	96.95	3.53 ± 0.23 a	95.49
1 次生防菌剂替代	0.00 ± 0.00 a	1.33 ± 0.27 a	95.11	4.91 ± 0.68 ab	93.72
2 次生防菌剂替代	0.55 ± 0.12 b	1.75 ± 0.33 a	93.57	6.33 ± 0.54 b	91.91
3 次生防菌剂替代	0.00 ± 0.00 a	1.91 ± 0.23 a	92.98	6.43 ± 0.63 b	91.78
4 次生防菌剂替代	0.00 ± 0.00 a	13.35 ± 1.52 b	50.96	47.19 ± 1.51 c	39.69
CK	0.65 ± 0.19 b	27.22 ± 2.51 c	–	78.24 ± 0.33 d	–

注：小写字母表示在 $P < 0.05$ 水平差异显著，标有相同字母的值间无显著差异，下同。

2.2　生防菌剂替代化学药剂对马铃薯早疫病的田间防效

第 1 次施药前 1 d（7 月 3 日）进行调查，所有处理区与对照区的早疫病仅有零星叶片发病，病情指数不到 0.1。第 1 次施药后（7 月 4 日）至第 4 次施药后（8 月 4 日），由于药剂防控和连续高温导致田间小气候不适宜早疫病的严重发生，因此田间植株只在中下部发生且发病级别较低，并未严重扩散。第 5 次施药后 10 d（8 月 26 日）进行调查，空白对照区早疫病普遍发生，病情指数达到 23.66；3 次生防菌剂替代区、4 次生防菌剂替代区下部叶片有少量枯死，中上部叶片轻微发病，病情指数为 11.72、18.78，防效在 50.46% 以上；6 次化学药剂区、1 次生防菌剂替代区、2 次生防菌剂替代区的植株中下部叶片均有早疫病发生但并未枯死，病情指数均在 7.50 以下，防效在 68.30% 以上。第 6 次即最后 1 次施药后 7 d（9 月 6 日）进行早疫病病情调查，此时空白对照区早疫病发病严重，全田几乎死光，病情指数达到 75.62，而施用 6 次化学药剂的正对照、第 1 次和前 2 次利用生防菌剂的处理早疫病发病轻，其病情指数介于 12.24 ~ 17.51，防效在 76.84% 以上。但前 3 次和前 4 次生防菌剂替代区发病越来越重要，其病情指数分别为 22.13 和 44.55，而防效分别为 70.74% 和 41.09%（表 5），显著低于正对照，与正对照形成显著性差异，4 次生防菌剂替代区的中下部叶片枯死脱落，上部叶片也普遍感病，病情指数达到 44.55，防效仅为 41.09%。

表 5　不同生防菌剂替代化学药剂对马铃薯早疫病的田间防效

处理	施药前	第 5 次施药后		第 6 次施药后	
	病情指数	病情指数	防效（%）	病情指数	防效（%）
6 次化学药剂	0.03 ± 0.01 a	4.27 ± 0.38 a	81.95	12.24 ± 1.31 a	83.81
1 次生防菌剂替代	0.06 ± 0.02 a	6.53 ± 0.65 ab	71.40	13.82 ± 1.16 ab	81.72
2 次生防菌剂替代	0.06 ± 0.01 a	7.50 ± 0.45 b	68.30	17.51 ± 0.33 b	76.84
3 次生防菌剂替代	0.07 ± 0.02 a	11.72 ± 0.52 c	50.46	22.13 ± 0.98 c	70.74
4 次生防菌剂替代	0.09 ± 0.02 a	18.78 ± 0.88 d	20.63	44.55 ± 2.37 d	41.09
CK	0.09 ± 0.03 a	23.66 ± 1.49 e	—	75.62 ± 1.09 e	—

2.3　生防菌剂替代化学药剂对马铃薯产量的影响

空白对照产量为 2 432.32 kg/667 m²，除 4 次生物菌剂替代区的产量与空白对照区没有显著差异外，其他药剂处理区的产量均显著高于空白对照。这表明马铃薯晚疫病和早疫病对马铃薯产量有极大影响，生产上必须重视对其有效防控（表 6）。喷施 6 次化学药剂的正对照产量为 3 263.02 kg/667 m²，而利用生防菌剂替代 1 次化学药剂和替代 2 次化学药剂的处理产量分别为 3 697.71 和 3 470.40 kg/667 m²，与正对照无显著差异，这表明对于马铃薯晚疫病和早疫病可用生防菌剂替代前 2 次化学药剂，可有效减少化学药剂的使用量。

表 6　生防菌剂替代化学药剂对马铃薯产量的影响

处理	产量（kg/667 m²）	增产量（kg/667 m²）	大薯增产率（%）
6 次化学药剂	3 621.61 ± 148.03 a	1 189.29	66.62
1 次生防菌替代	3 697.71 ± 106.60 a	1 265.39	69.00
2 次生防菌替代	3 470.40 ± 199.12 a	1 038.08	56.42
3 次生防菌替代	3 263.02 ± 217.81 b	830.70	48.27
4 次生防菌替代	2 674.53 ± 165.86 bc	242.21	13.41
CK	2 432.32 ± 111.71 c	—	—

3　讨　论

生物防治对环境和生物的影响小，并且不会产生抗药性，是替代化学药剂，解决食品安全问题，生产绿色无公害农产品的重要方法，是实现农业的可持续发展重要保障[9]，但是生物防治发挥作用的时间比化学药剂发挥作用的时间慢，在病害发生压力大的时候作用不明显[10]，尤其是对于马铃薯晚疫病这种蔓延速度极快的病害，一旦爆发将产生巨大的损失[11]。因此选择生物菌剂替代化学药剂进行防控病害的时机尤为重要。

研究发现在生长季前 1 次和 2 次利用生防菌剂替代化学药剂不仅可有效防控马铃薯晚疫病与早疫病，而且产量无显著降低。毕秋燕等[12]在研究中用生防菌剂在发病前期喷施 3 ~ 4 次预防病害，病害发生时使用生物菌剂与化学药剂交替施用，对葡萄霜霉病的防效可达91.40%。王文桥等[13]施用生物源杀菌剂及化学药剂交替喷施 7 次对番茄晚疫病和早疫病有良好的防治效果，减少了化学药剂施用次数。有研究表明生物菌剂可与化学药剂进行混合施用，但多数研究在施用生物菌剂时为单独施用，该试验也并未涉及混用，因为并未有直接证据表明化学药剂对生物菌剂中的芽孢数量不会造成减少，因此混合施用的方式还有待探究。

除防控真菌病害之外，有研究表明生防菌剂对细菌性病害也有较好的防控效果，李勇等[14]通过研究表明将枯草芽孢杆菌 ZWQ-1 采用灌根法将菌悬液施入土壤对细菌病害马铃薯疮痂病有较好的防治效果，其防效可达 79.09%。谭树朋等[15]在研究中将球囊霉属真菌与芽孢杆菌 M3-4 协同作用降低马铃薯青枯病的发生，防治效果 65.2% 以上，减少了化学药剂的使用量。由于马铃薯细菌性病害多在地下部或茎基部发病，因此施药时采用播种时喷沟或生长期灌根等措施。而马铃薯晚疫病和早疫病病残体在枯死后落在地面，使病原菌引起同一生长季的多次侵染，在土中越冬越夏之后造成下生长季的菌量增大发病渐重，所以防控马铃薯晚疫病和早疫病时也可尝试采用灌根的方式减轻病害的发生，黄保全等[16]采用灌根的施药方式将 100 亿 /g 枯草芽孢杆菌随水冲施，对马铃薯晚疫病防效达 80.59%，且对提高马铃薯产量提高 21.18%，减少了化学农药使用。因此筛选抑菌谱广，同时防控马铃薯晚疫病和早疫病等真菌病害及其他细菌病害的生物菌剂还需要进一步筛选。

2018 年试验基地的马铃薯生长前期每次降雨后均伴有高温暴晒天气，使田间没有形成适宜发病的田间小气候，因此前期的病情指数较低，施用 3 次生物菌剂替代方案的防效也较高，当前期发病条件适宜病害发生压力较大时 3 次生物菌剂替代能否继续有较高的防效需要进一步验证。采用高感品种"荷兰 15 号"作为试验品种，不同品种抗性在病害防控中有重要的作用，因此可以在此研究的基础上继续探索其他抗性品种在减药防控效果，为河北省马铃薯的绿色生产提供理论依据。

[参 考 文 献]

[1] 夏密林 . 马铃薯常见病害综合防治措施 [J]. 中国果菜，2018，38(11)：84-86.

[2] 黄冲，刘万才 . 近几年我国马铃薯晚疫病流行特点分析与监测建议 [J]. 植物保护，2016，42(5)：142-147.

[3] 郑慧慧，王泰云，赵娟，等 . 马铃薯早疫病研究进展及其综合防治 [J]. 中国植保导刊，2013，33(1)：18-22.

[4] 王佳新，李媛，王秀东，等 . 中国农药使用现状及展望 [J]. 农业展望，2017，13(2)：56-60.

[5] 赵强 . 河北省马铃薯早疫病和晚疫病农药减施防控技术研究 [C]// 陈伊里，屈冬玉 . 马铃薯产业与脱贫攻坚 . 哈尔滨：哈尔滨地图出版社，2017.

[6] 仲乃琴，刘宁，赵盼，等 . 中国马铃薯化肥农药减施的现状与挑战 [J]. 科学通报，2018，63(17)：1 693-1 702.

[7] 杨文强 .1 000 亿 /g 枯草芽孢杆菌防治马铃薯晚疫病效果 [J]. 植物医生，2015，28(5)：32-34.

[8] 梁宁，蒋继志 . 马铃薯早疫病菌拮抗微生物的初步研究 [J]. 安徽农业科学，2008(25)：10 967-10 968.

[9] 李红晓，张殿朋，赵洪新，等 . 解淀粉芽胞杆菌 MH71 抗菌物质理化特性及对番茄灰霉病菌的抑菌活性 [J]. 中国生物防治学报，2016，32(4)：485-492.

[10] 张建新，姚凤兰 . 杀菌剂防治马铃薯晚疫病田间药效试验 [J]. 农药，2018，57(7)：532-535.

[11] 盛占慧 . 探索马铃薯晚疫病的特点与防治方法 [J]. 农业与技术，2018，38(14)：56.

[12] 毕秋艳，韩秀英，马志强，等 . 枯草芽胞杆菌 HMB-20428 与化学杀菌剂互作对葡萄霜霉病菌抑制作用和替代部分化学药剂减量用药应用 [J]. 植物保护学报，2018，45(6)：1 396-1 404.

[13] 王文桥，马平，张小风，等 . 生物源杀菌剂与化学药剂协调防控番茄病害 [J]. 植物保护学报，2011，38(1)：75-80.

[14] 李勇，郭凤柳，赵伟全，等 . 马铃薯疮痂病菌拮抗菌 ZWQ-1 的鉴定及防效测定 [J]. 河南农业科学，2012，41(10)：94-99.

[15] 谭树朋，孙文献，刘润进 . 球囊霉属真菌与芽孢杆菌 M3-4 协同作用降低马铃薯青枯病的发生及其机制初探 [J]. 植物病理学报，2015，45(6)：661-669.

[16] 黄保全，张康，王清文，等 . 枯草芽孢杆菌可湿性粉剂防治马铃薯晚疫病田间药效试验 [J]. 陕西农业科学，2016，62(9)：23-24.

定西马铃薯原原种主要病毒携带情况分析

王芳[*]

（定西市农产品质量安全监测检测站，甘肃　定西　743000）

摘　要： 马铃薯病毒病是马铃薯产量下降和品质变劣的重要因素，因此探究马铃薯原原种主要病毒携带情况显得极其重要。在 2017 ～ 2019 年，应用 DAS-ELISA 法对定西市种薯企业马铃薯原原种送检样品 693 份，进行 PVX、PVY、PLRV、PVS、PVM 和 PVA 6 种病毒进行检测和分析。结果表明：2017 ～ 2019 年马铃薯原原种病毒携带率达 23.26%，其中以 PVS 携带率最高达 12.55%，PVY 的携带率次之，为 9.15%，且 PVS 最易与其他病毒复合携带。研究结果为马铃薯种薯企业进一步把控种薯质量，完善脱毒种薯繁育体系提供重要的理论基础。

关键词： 马铃薯；原原种；病毒；DAS-ELISA；检测

马铃薯作为主要的粮食作物，为解决世界粮食安全和减少世界贫困人口等问题提供了重要的食品来源[1]。在中国西北地区，定西地区由于气候、土壤等生长环境的优越性，已成为全国马铃薯三大主产区之一，同时也是全国最大的脱毒种薯繁育基地、全国重要的商品薯生产基地和薯制品加工基地[2]。据统计，1999 年定西地区马铃薯种植面积 3.26 万 hm^2，总产量 50.7 万 t；2018 年，定西市马铃薯种植面积超过 18.67 万 hm^2，总产量达到 400 万 t。2015 年 1 月，中国提出要实施马铃薯主粮化国家战略，进一步推进了马铃薯产业的快速发展[3,4]。随着马铃薯种植面积的不断增加，存在单产增加幅度不大、甚至减产，品质退化及烂薯现象，究其原因与种薯有重要的关系，包括种薯品种退化及种薯携带病毒等[5-7]。因此，探究近年来定西市马铃薯原原种携带病毒种类和数量及其发展趋势，旨在为当地马铃薯种薯产业及马铃薯产品产业健康发展提供一定理论指导。

1　材料与方法

1.1　样品采集

马铃薯原原种是种薯企业送检样品，2017，2018 和 2019 年分别送检样品依次为 163，197 和 333 份，共 693 份。

1.2　检测试剂

检测试剂为马铃薯病毒检测试剂盒，购自哈尔滨市南岗区与众实验室仪器经销部。

1.3　检测方法

依据《马铃薯脱毒种薯》（GB18133-2012）[8]规定，应用 RT-6100 酶标分析仪，采

作者简介：王芳（1990—），女，助理农艺师，从事农产品质量安全检测工作。

* 通信作者：王芳，e－mail：1475757133@qq.com。

用双抗体夹心酶联免疫吸附（DAS-ELISA）法分别对原原种进行 PVX（普通花叶病毒）、PVY（重花叶病毒）、PLRV（卷叶病毒）、PVS（潜隐性花叶病毒）、PVM（小叶病毒）和 PVA（轻花叶病毒）6 种病毒检测。

2 结果与分析

2.1 不同年份马铃薯原原种携带病毒总体情况

马铃薯原原种主要病毒携带情况如表 1。连续 3 年对定西马铃薯原原种 693 份样品进行了检测，检测结果显示，2017 ~ 2019 年携带病毒样品平均达 51 份，病毒携带率为 23.26%，并且病毒携带率随年份有一定的降低趋势，2018、2019 年分别较 2017、2018 年降低 3.14%、4.94%。

表 1 不同年份原原种病毒检测结果

年份	样品数（份）	携带病毒数（份）	携带率（%）
2017	163	44	27.00
2018	197	47	23.86
2019	333	63	18.92
平均值	231	51	23.26

2.2 马铃薯原原种不同年份不同病毒携带情况

从表 2 可以看出，马铃薯原原种不同年份不同病毒携带情况基本一致，不同病毒携带率由高到低依次为 PVS > PVY > PVX > PLRV > PVM > PVA，其中以 2018 年各类病毒均较 2017 年和 2019 年高，其中 PVS 携带率最高，达 17.26%，较 2017 和 2019 年分别增加 3.76% 和 10.35%，PVY 次之，较 2017 和 2019 年分别增加 3.28% 和 10.41%。2018 ~ 2019 年 PVS 和 PVY 平均携带率依次为为 12.55% 和 9.15%。

表 2 不同年份不同病毒携带率　　　　　　　　　　　　　　　　（%）

年份	携带率					
	PVX	PVY	PLRV	PVS	PVM	PVA
2017	3.68	10.43	3.68	13.50	5.52	2.45
2018	10.66	13.71	7.11	17.26	5.08	4.06
2019	2.40	3.30	1.50	6.91	1.50	1.20
平均值	5.58	9.15	4.10	12.55	4.03	2.57

2.3 马铃薯原原种单独携带和复合携带病毒情况分析

表 3 中病毒种类为 2017 ~ 2019 年原原种样品检测出携带的病毒，未检测出的病毒没有列举，由表 3 可以看出，马铃薯原原种单独携带和复合携带均普遍存在，单独携带率比复合携带普遍。PVS 单独携带率最高，达 10.36%，PVY 次之，携带率为 6.35%；PVX 和 PLRV 携带率相差不大；PVM 和 PVA 携带率较低。原原种病毒复合携带主要有 2 种病毒携带，3 种病毒携带，4 种病毒携带以及 5 种病毒携带，且携带率依次降低，2 种病毒复合携带

有 5 种，且复合携带率平均为 2.76%，其中以 PVX + PVS 的携带率最高，达 4.31%；3 种病毒复合携带有 4 种，以 PVA + PVS + PVM 的携带率最高，达 1.63%；4 种病毒复合携带有 2 种，以 PVX + PVY + PVS + PVA 的携带率最高，达 0.38%；5 种病毒复合携带种类较少，只有 1 种且携带率较低。以上分析可以看出，PVS 的复合携带率最高。

表 3　原原种病毒单独携带率和复合携带率

病毒种类	携带率(%)	病毒种类	携带率(%)	病毒种类	携带率（%）
PVX	2.21	PVX+PVS	4.31	PVS+PVM+PLRV	1.49
PVY	6.35	PLRV+PVS	3.11	PVY+PVM+PLRV	1.35
PLRV	1.77	PVX+PVY	2.70	PVA+PVY+PLRV	0.15
PVS	10.36	PVY+PVM	1.73	PVX+PVY+PVS+PVA	0.38
PVM	0.98	PVA+PVS	1.95	PVY+PVS+PLRV+PVA	0.21
PVA	0.97	PVA+PVS+PVM	1.63	PVX+PVY+PVA+PVS+PVM	0.18

3　讨　论

　　马铃薯生长过程中，植株生长异常，叶片呈皱缩卷曲，茎秆纤细瘦弱，产量逐年下降，是马铃薯退化的具体表现，马铃薯退化实质是种薯受病毒的累计性侵染原因造成的[9]。2017 ~ 2019 年，定西市农产品质量安全监测检测站对生产企业提供的马铃薯原原种病毒检测结果表明，原原种病毒携带种类和携带率均较高，其中以 PVS 的携带率最高，PVY 次之，且 PVS 最易与其他病毒复合侵染，其与其他病毒的复合携带率最高，与前人的研究结果基本一致[10,11]，这说明种薯生产企业在种薯培育过程中脱毒不完全，极易造成马铃薯病毒的侵染和传播，建议种薯企业完善种薯繁育体系，加强种薯质量管理制度建设，采用分子生物技术选育抗病毒优良品种。

[参 考 文 献]

[1]　马铃薯世界供需新形势 [J]. 世界热带农业信息，2018(10)：28-30.
[2]　史诗. 小小马铃薯"趟"出致富脱贫路 [J]. 中国农村科技，2019(7)：28-29.
[3]　何蒲明，狄书非. 生态安全与粮食安全并重导向下马铃薯主粮化发展路径研究 [J]. 农业经济，2019(6)：12-14.
[4]　赵永萍，潘丽娟. 甘肃省定西市安定区马铃薯产业发展现状及对策 [J]. 中国马铃薯，2019，33(3)：189-192.
[5]　谭伟军. 定西市马铃薯脱毒种薯生产技术 [J]. 中国马铃薯，2009，23(5)：306-307.
[6]　姬丽云，李德江，郇晓雪，等. 马铃薯 Y 病毒在种薯中检出率及其株系鉴定 [J/OL]. 植物病理学报，2020(1)：12[2020-03-19]. https://doi.org/10.13926/j.cnki.apps.000508.
[7]　聂峰杰，詹红，张丽，等. RT-PCR 技术对宁夏马铃薯脱毒种薯病毒检测的研究 [J]. 植物保护，2016，42(5)：188-193.
[8]　国家标准化管理委员会，国家质量监督检验检疫总局. GB18133-2012，马铃薯脱毒种薯 [S]. 2013.
[9]　黄强，欧阳满，舒婷，等. 马铃薯种薯退化的可能性因素 [J]. 江西农业，2018(22)：28.
[10]　赵小龙. 定西市脱毒马铃薯病毒携带情况及趋势分析 [J]. 中国马铃薯，2015，29(4)：228-232.
[11]　齐恩芳，刘石，贾小霞，等. 甘肃省马铃薯主要病毒病发生情况调查 [J]. 植物保护，2018，44(4)：171-176.

马铃薯疮痂病药剂筛选试验

周　芳，贾景丽[*]，刘兆财，贾立君，徐小虎，张　昱，郑玉宝

（本溪市马铃薯研究所，辽宁　本溪　117000）

摘　要：通过施用 5 种不同药剂（益生原防疮粉痂颗粒菌剂、播可润、寡雄腐霉菌、氢氧化铜、硫酸铜），研究其对马铃薯块茎疮痂病的防治效果。结果表明，处理 3（寡雄腐霉菌 10 g/667 m²）的防效最好，为 24.5%；病情指数最低，为 31.7，病薯率较低，为 55.2%。其他处理之间防病效果差异不大。

关键词：马铃薯；疮痂病；药剂

马铃薯疮痂病是一种重要的土传细菌性病害，也是马铃薯产区普遍发生的病害[1]。发生病害的薯块质量和产量降低，不耐贮藏，病薯外观不雅，商业品质大为下降，给马铃薯生产造成极大损失[2]。研究选用 5 种药剂对马铃薯疮痂病进行田间试验，以筛选出防控马铃薯疮痂病的有效制剂，为疮痂病的防治提供科学依据。

1　材料与方法

1.1　试验材料

供试品种为当地主栽品种"费乌瑞它"。试验田设在前茬马铃薯疮痂病发病较重的地块并使用病薯作为种薯。

1.2　试验方法

采用随机区组设计，共设 6 个处理，每个处理 3 次重复，18 个小区，每小区 20 m²。

处理 1：益生原防疮粉痂颗粒菌剂（京青仲信北京科技有限公司生产）20 kg/667 m²，益生源防疮粉痂水剂 1 000 mL/667 m²，土壤处理 + 植株喷雾；

处理 2：播可润（沈阳金科丰牧业科技有限公司生产），土壤处理；

处理 3：寡雄腐霉菌 10 g/667 m²，土壤处理；

处理 4（CK₁）：77% 氢氧化铜（可杀得），土壤处理；

处理 5（CK₂）：0.1% 硫酸铜，土壤处理；

处理 6：空白。

1.3　测定指标及数据处理

收获中间 3 行的块茎，对薯块进行分级、计数称重、折成 667 m² 产量、计算商品薯率。调查块茎发病情况，计算发病率、病情指数。按照随机区组设计进行方差分析，对不同处

作者简介：周芳（1982—），女，硕士，主要从事马铃薯育种研究。

基金项目：现代农业产业技术体系专项资金（CARS-06）。

* 通信作者：贾景丽，高级农艺师，从事马铃薯育种及栽培技术研究，e – mail：benximls@163.com。

理的病情指数、产量进行统计分析。

发病率（%）= 发病薯块数 / 调查薯块总数 × 100%。

病情指数 = Σ（各级病薯数 × 各级代表值）/（调查总薯块数 × 最高一级代表值）× 100%

防病效果 =（对照病情指数 − 处理病情指数）/ 对照病情指数 × 100%

马铃薯疮痂病块茎症状分级，分 6 个等级：

0 级：无病，薯块无病痂

1 级：< 1% 的病痂覆盖率

2 级：1% ~ 10% 的病痂覆盖率

3 级：11% ~ 20% 的病痂覆盖率

4 级：21% ~ 50% 的病痂覆盖率

5 级：> 51% 的病痂覆盖率

2　结果与分析

2.1　不同药剂对产量、出苗率及商品薯率的影响

如表 1 所示，处理 4 出苗率最低，为 80.0%，处理 5 出苗率较低，为 83.3%。其他处理的出苗率差异不大。统计分析各处理的小区产量，结果差异未达到显著水平。处理 2 产量最高，为 2 157.5 kg/667 m^2，比处理 6 增产 5.11%；处理 5 产量第二，为 2 145.2 kg/667 m^2，比处理 6 增产 4.51%；处理 4、3 产量较低，不足 2 000 kg/667 m^2。

表 1　药剂对小区产量、出苗率的影响

处理	小区产量（kg）	产量（kg/667 m^2）	增产率（%）	出苗率（%）
2	65.2	2 157.5	5.11	86.7
5	64.9	2 145.2	4.51	83.3
1	62.5	2 068.0	0.75	88.9
6	62.1	2 052.6	0.00	88.9
4	58.5	1 935.3	−5.71	80.0
3	58.4	1 932.2	−5.86	87.8

表 2　药剂对商品薯率的影响

处理	商品薯率（%）	差异显著性	
		0.05	0.01
1	63.5	a	A
4	61.8	a	AB
6	61.0	a	AB
3	59.8	a	AB
2	52.5	b	B
5	51.1	b	B

由表 2 可知，各处理商品薯率都不高，在 50% ~ 65%。处理 1 商品薯率最高，为 63.5%，处理 4 第二，为 61.8%，均与处理 5 差异达到显著水平。处理 6、处理 3 与处理 5

的差异也达到显著水平。

2.2 不同药剂对病薯率、病情指数、防效的影响

经统计分析，各处理的病薯率、病情指数、防效差异均未达到显著水平。试验疮痂病发病较重，平均病薯率均超过 50%。其中处理 3、4 病薯率较低，为 55.2%、55.1%。处理 6 病薯率最高，为 74.9%，见表 3。

表 3　不同处理的病薯率比较 （%）

处理	I	II	III	平均
1	58.3	63.5	53.3	58.4
2	63.2	58.0	71.0	64.0
3	50.0	48.9	66.7	55.2
4	43.5	59.7	62.3	55.1
5	57.1	63.0	71.6	63.9
6	70.4	74.6	79.7	74.9

表 4 表明各处理的病情指数差异不大，处理 3 病情指数最低，为 31.7；处理 4 略高，为 36.4；处理 6 最高，为 56.2。

表 4　不同处理的病情指数比较

处理	I	II	III	平均
1	34.3	36.2	43.6	38.0
2	33.9	30.7	55.1	39.9
3	23.7	30.2	41.2	31.7
4	24.8	34.2	50.2	36.4
5	30.9	31.0	53.0	38.3
6	47.0	51.5	70.1	56.2

由表 5 可知，处理 3 防效最高，为 24.5%；处理 4 防效较高，为 19.8%；其他几个处理差异不大。说明各处理中，处理 3 的药剂对防治疮痂病最有效。

表 5　不同处理的防效比较 （%）

处理	I	II	III	平均
1	12.7	15.3	26.6	18.2
2	13.1	20.8	15.0	16.3
3	23.3	21.3	29.0	24.5
4	22.3	17.3	19.9	19.8
5	16.1	20.6	17.1	17.9
6	0.0	0.0	0.0	0.0

3 讨　论

　　试验结果表明：处理 3（寡雄腐霉菌 10 g/667 m^2）的防效最好，为 24.5%；病情指数最低，为 31.7，病薯率较低，为 55.2%。试验各处理的病薯率均超过 50%，分析原因在于土壤带病严重，造成各药剂的防病效果不明显，防效仅有 20% 左右。因此有必要在发病较轻的地块重复该试验，以确定各药剂的治病效果。

[参 考 文 献]

[1]　李江涛，杨茹薇，徐琳黎，等 . 马铃薯疮痂病药剂筛选试验 [J]. 农村科技，2018(9)：20–21.
[2]　白为华，朱荣，陈晓萍，等 . 马铃薯疮痂病起因及防治 [J]. 农业与技术，2016，36(1)：63–64.

内蒙古地区马铃薯粉痂病病原鉴定与检测

李　蒙，李真真，郑叶叶，冯丽婷，孙殿林，

王　璞，迟胜起，张剑峰*

（青岛农业大学植物医学学院，山东　青岛　266109）

摘　要： 马铃薯粉痂病是一种重要的检疫性病害，为了准确鉴定和检测马铃薯粉痂病的发生，对在内蒙古地区发现并采集到的马铃薯粉痂病材料进行了病原鉴定，通过病原形态观察及特异性引物扩增的分子鉴定，确定该地区发生了马铃薯粉痂病，并与其它真菌进行亲缘关系分析。同时建立了一种土壤中马铃薯粉痂病菌的检测方法，并进行了灵敏度实验，得出检测最高的稀释倍数为 1×10^7 倍，为马铃薯生产种植中避免粉痂病土地选择提供快速诊断方案。

关键词： 马铃薯粉痂菌；分子鉴定；检测方法

马铃薯粉痂病是由马铃薯粉痂菌（*Spongosporasubterranea* f. sp. *subterranea*）引起，属于根肿菌纲，粉痂菌属，是马铃薯主要土传病害之一。来自病变块茎和根瘤的休眠孢子可以在长时间干燥后继续存活，且不影响休眠孢子的传染性[1]，因此病菌很难清除，严重影响马铃薯产量和质量。

马铃薯粉痂菌主要危害马铃薯块茎和根部，病原菌侵染后会导致根部肿大形成根瘤[2]，块茎形成病斑，危害整个薯块。目前生产上马铃薯粉痂病的防治没有有效的防治方法。马铃薯粉痂菌还是马铃薯帚顶病毒（Potato mop-top virus，PMTV）的传播媒介[3]，大面积发生马铃薯粉痂病，可能会增加 PMTV 发生的风险。

试验主要对内蒙古地区马铃薯粉痂进行病原鉴定。同时建立病田土壤马铃薯粉痂病病原快速准确的诊断技术，为该病害的检测和马铃薯种植过程病害的防控提供指导。

1　材料与方法

1.1　试验材料

试验材料：病薯、病土采自内蒙古地区马铃薯粉痂病发病地；无病土取自青岛农业大学校园土作对照。

1.2　试验方法

1.2.1　马铃薯粉痂病形态观察

清水将病薯薯块表面的土洗净，晾干。刮取薯皮表面的病痂，压片，光学显微镜观察。

作者简介： 李蒙（1995—），女，硕士研究生，主要从事植物病理研究。

基金项目： 山东现代农业产业技术体系薯类创新团队（SDAIT-16-06）。

* 通信作者： 张剑峰，教授，主要从事植物病理学、马铃薯脱毒及繁育技术研究，e-mail：qauzjf@163.com。

1.2.2 马铃薯粉痂病分子鉴定

刮取马铃薯病痂和健康薯皮各100 mg,提取DNA于–20 ℃保存备用。分别用引物(ITS1,ITS4)(SSF,SSR)进行PCR扩增,具反应条件:94 ℃预变性3 min;94 ℃变性30 s,55 ℃退火30 s,72 ℃延伸30 s,共进行30个循环;72 ℃延伸10 min。PCR产物由生工生物(上海)有限公司测序,测序结果Genbank–NCBI数据库中进行Blast分析,运用软件MEGA4.1构建系统发育树。

1.2.3 土壤中休眠孢子富集

分别将粉痂病发病区薯田土壤和青岛农大校园土(对照)过筛(30目)。称50 g于烧杯中加200 mL蒸馏水搅拌5 min,静置1 min,收集上清,离心后制成孢子悬浮液,于4 ℃保存。

1.2.4 悬浮液的稀释

将原液按1×10^1,1×10^2,1×10^3,1×10^4,1×10^5,1×10^6,1×10^7,1×10^8,1×10^9的倍数稀释成悬浮液。取悬浮液,12 000 r/min离心5 min。去上清留沉淀,进行DNA提取及PCR检测。

2 结果与分析

2.1 病斑与孢子囊形态特征

薯块表皮上的疱斑呈褐色,近圆形,表皮破裂的病斑表皮反卷,露出黑褐色粉状物(孢子囊),褐色粉末散出"疱斑"下陷呈火山口状,直径3~7 mm不等,严重时病斑会连成一片(图1)。显微镜下观察到休眠孢子囊球呈褐色,圆或卵圆形,中空,大小不一(图2)。

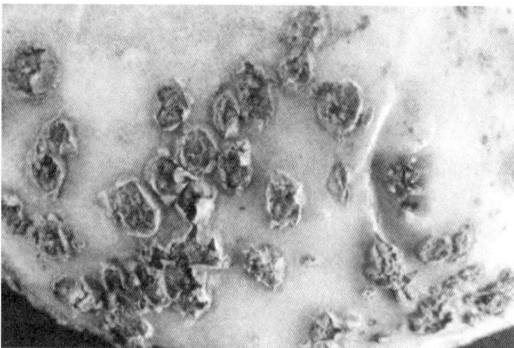

图1　马铃薯粉痂病病斑特征

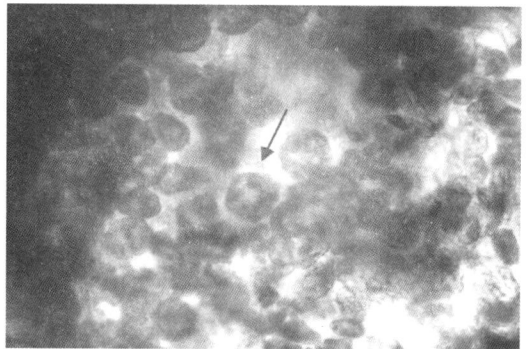

图2　马铃薯粉痂病休眠孢子囊

2.2 分子鉴定结果

病痂和健康薯皮DNA用ITS1/ITS4引物对扩增产物均有明显条带,且长度与目的片段大小相符。而用特异性引物SsF/R引物对扩增结果显示,病痂条带与马铃薯粉痂病病原菌特异性条带相符,而健康的则没有相应条带(图3);将产物基因序列与Genbank中已报道的粉痂菌序列(KF018341.1)比对,相似度为99%,说明分离观察的病斑为马铃薯粉痂菌。根据ClustalW算法获得该病菌与其他真菌的系统发育树(图4),可看出粉痂菌与其他真菌亲缘性较低。

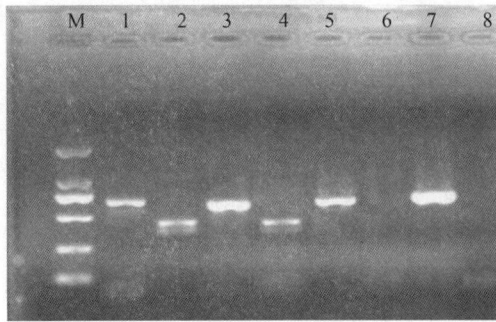

M：Marker DL2000；1、3：真菌通用引物对 ITS1/4 扩增病痂 DNA 产物；2、4：马铃薯粉痂菌特异性引物 SsF/R 引物对扩增病痂 DNA 产物；5、7：真菌通用引物对 ITS1/4 扩增健康薯皮 DNA 产物；6、8：马铃薯粉痂菌特异性引物 SsF/R 引物对扩增健康薯皮 DNA 产物。

图 3　马铃薯粉痂病分子鉴定

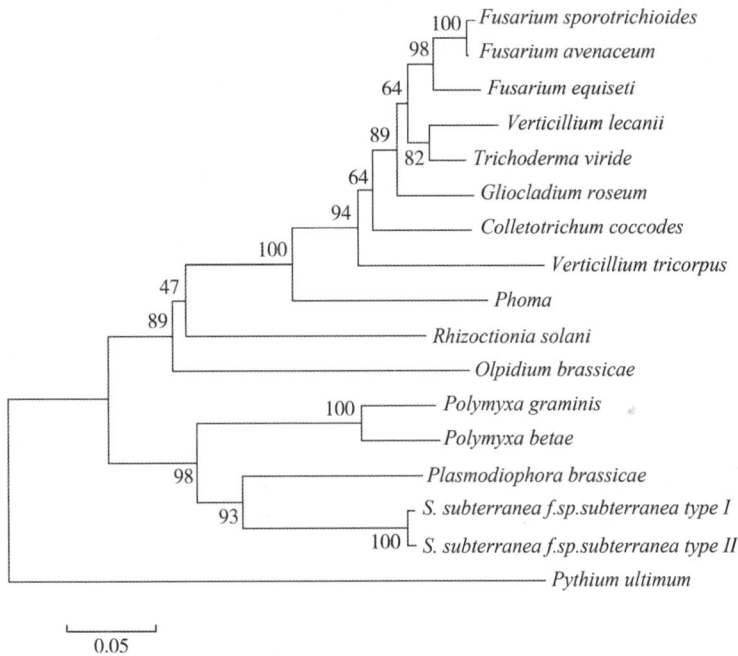

图 4　基于 ClustalW 算法获得的发育树

2.3　土壤中马铃薯粉痂菌检测

发病区土壤悬浮液及稀释 $10^1 \sim 10^7$ 倍悬浮液 DNA，经 SsF/R 引物扩增的产物电泳检测均有明显条带，且产物长度与目的片段相符，对照无病土悬浮液 DNA 经 SsF/R 引物扩增的产物电泳检测均没有明显条带（图 5）。产物序列比对后与已知粉痂菌序列（AY604172.1）比对结果的高度一致。同时可检测目的片段的最高的稀释倍数为 10^7 的灵敏度。

3　讨　论

马铃薯粉痂病造成植物根系肿大有根瘤，使根系功能（吸收养分和水分能力）受损，生长能力削弱[4]，产量受到影响，并且使马铃薯薯块表皮受损，产生病斑，降低商品价值，

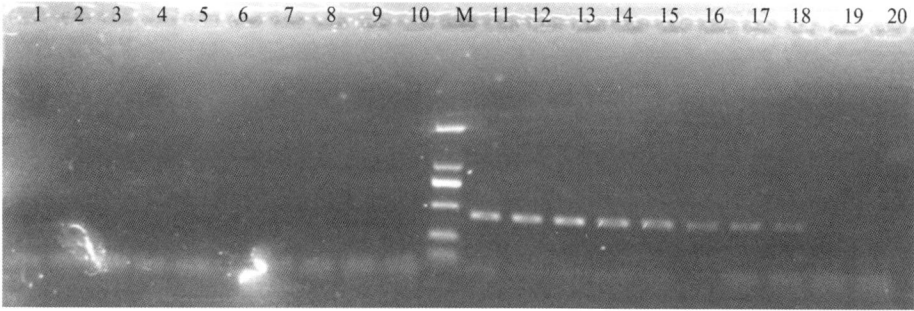

M：Marker DL2000；1 ~ 10：特异性引物 SsF/R 对校园土悬浮液及稀释 10^1 ~ 10^9 倍的扩增产物；
11 ~ 20：特异性引物对 SsF/R 发病区土壤悬浮液及稀释 10^1 ~ 10^9 倍的扩增产物。

图 5　发生马铃薯粉痂病土壤 PCR 灵敏度检测

给马铃薯产业的发展带来巨大挑战。由于其专性寄生活体寄主的特性，尚不能体外纯培养，大多数为寄主上培养，例如番茄苗、马铃薯苗等，这也大大增加了马铃薯粉痂菌致病机制的研究工作的难度。近些年国外有研究相关抗病基因的表达[5]，根系分泌物对孢子萌发的影响等[6]，国内对于马铃薯粉痂病的研究多为发病规律及发病因素的调查，对马铃薯粉痂病致病机制、有效药剂的筛选研发和抗病品种的选育仍需要进行大量的研究工作。

试验对内蒙古地区发病薯病斑和病原菌进行形态观察和镜检所得到的结果，国外报道的马铃薯粉痂病病征与病原菌形态一致。病原菌分子鉴定是通过 ITS1/4 真菌通用引物和马铃薯特异性引物 SsF/R 进行 PCR 扩增检测和产物序列比对，结果与已知粉痂菌序列比对结果高度一致，进一步说明内蒙古地区病原菌为马铃薯粉痂菌，并由系统发育树可知该菌属于原生动物界，与真菌界生物亲缘关系较远。

采用土壤悬浮离心抽提法将粉痂病田细土制成悬浮液，用马铃薯粉痂病病原特异性引物 SsF/R 进行 PCR 扩增，结果为稀释 1×10^7 倍以下悬浮液能得到阳性条带，可作为灵敏度测试指标。这一结果为田间马铃薯粉痂病土壤诊断提供了快速准确的检测方法，为马铃薯生产田病菌带菌量的检测提供可能，为马铃薯种薯留种及大田种植马铃薯轮作选地提供了有效的指导。

[参 考 文 献]

[1] Mark A B, Robert S T, Calum R W, et al. Resting spore dormancy and infectivity characteristics of the potato powdery scab pathogen Spongospora subterranea [J]. Journal of Phytopathology，2017，165(5)：323-330.

[2] Balendres M A, Tegg R S, Wilson C R. Key events in pathogenesis of Spongospora diseases in potato: a review [J]. Australasian Plant Pathology，2016，45(3)：229-240.

[3] 雷艳，汤琳菲，王欢妍，等 . 马铃薯帚顶病毒研究进展 [J]. 中国农学通报，2014，30(3)：10-14.

[4] Falloon R E, Merz U, Butler R C, et al. Root infection of potato by Spongospora subterranea: knowledge review and evidence for decreased plant productivity [J]. Plant Pathology，2016，65(3)：422-434.

[5] Lekota M, Muzhinji N, van der Waals J E. Identification of differentially expressed genes in tolerant and susceptible potato cultivars in response to Spongospora subterranea f. sp. subterranea tuber infection [J]. Plant Pathology，2019，68(6)：1 196-1 206.

[6] Balendres M A, Nichols D S, Tegg R S, et al. Metabolomes of potato root exudates: compounds that stimulate resting spore germination of the soil-borne pathogen Spongospora subterranea [J]. Journal of Agricultural and Food Chemistry，2016，64(40)：7 466-7 474.

2019年海拉尔地区马铃薯田蚜虫发生动态的调查

赵　亮[1]，孙殿林[1]，张桂萍[2]，葛玉美[2]，张　跃[2]，

赵广明[2]，任荷江[2]，迟胜起[1]，张剑峰[1*]

（1.青岛农业大学植物医学学院，山东　青岛　266109；

2.呼伦贝尔农垦薯业集团股份有限公司，内蒙古　呼伦贝尔　021000）

摘　要：马铃薯病毒是严重影响马铃薯生产的病毒，蚜虫又是多种马铃薯病毒的传毒媒介。呼伦贝尔是中国马铃薯优质种薯重要繁育基地，为了提高马铃薯脱毒种薯的生产质量，有效降低和控制马铃薯蚜传病毒病的发病，通过2019内蒙古海拉尔地区马铃薯田进行蚜虫迁飞监测，对该地区有翅蚜消长动态进行了调查。结果表明：海拉尔地区有翅蚜发生高峰期为7月上旬至8月初，这个时段有翅蚜活动比较频繁，8月上旬后发生数量开始减少；这个时期网棚繁育马铃薯进入盛花期，是蚜虫的重点防治期。同时观察了在开放条件下移栽马铃薯脱毒苗，生育期对植株取样进行病毒检测，发现移栽脱毒苗植株有病毒感染，主要的病毒种类为PVY，推测可能为蚜虫传播。

关键词：海拉尔；马铃薯；蚜虫；迁飞规律

蚜虫是世界上危害马铃薯最主要害虫。大发生时可直接损害马铃薯植株，同时它们也是病毒病的媒介，可以传播马铃薯病毒，并造成马铃薯退化严重减产和品质下降。蚜虫种类较多且可传播多种马铃薯病毒，已知Y病毒由25种蚜虫传播[1]，蚜虫传毒过程复杂且迅速[2-4]。

通过蚜虫传播常见的马铃薯病毒有马铃薯Y病毒（PVY）、马铃薯卷叶病毒（PLRV）、马铃薯M病毒（PVM）、马铃薯S病毒（PVS）、马铃薯A病毒（PVA）、马铃薯黄化病毒（PYV）等。掌握蚜虫发生规律对马铃薯病毒病的防治会起到关键作用。

内蒙古呼伦贝尔地区是公认的马铃薯种薯最佳生产区域，地处北纬47° 39′ ~ 53° 23′，常年雨水充沛，年（1956 ~ 2015）降水量在124.5 ~ 619.1 mm，平均年降水量为349.2 mm[5]。昼夜温差大，其得天独厚的地理环境和自然条件，对马铃薯的生长十分有利。其中海拉尔地区作为国内较大的马铃薯种薯生产基地，通过对该地区蚜虫发生规律进行调查和研究，为马铃薯脱毒种薯繁育生产及病毒病防护提供指导。

1　材料与方法

1.1　试验材料

呼伦贝尔海拉尔区谢尔塔拉农场，6月11日开放田间移栽马铃薯脱毒苗，试验面积

作者简介：赵亮（1996—），男，硕士研究生，从事马铃薯病害防治研究。

基金项目：山东现代农业产业技术体系薯类创新团队（SDAIT-16-06）。

*通信作者：张剑峰，教授，主要从事植物病理学、马铃薯脱毒及繁育技术研究，e-mail：qauzjf@163.com。

为 0.26 hm²，品种有"荷兰 15 号"和"大西洋"。试验区周边为麦田。

1.2 试验方法

挂黄板捕捉蚜虫，距离地面 1 和 0.5 m 交替悬挂，距离试验地边周围 10 m，并每隔 20 m 悬挂一个黄板，标注日期及编号，每隔 7d 更换黄板，从 6 月初开始悬挂黄板至蚜虫不出现调查结束。

1.3 调查取样

每日下午观察统计，记载有翅蚜虫数量。记载马铃薯苗生长情况，花期结束后，抽取发生蚜虫的植株叶片，取样部位为每株的上部叶片和中部叶片，样本放 –20℃冰箱冷冻保存，用于病毒检测。

1.4 病毒检测

病毒 ELISA 检测抗体试剂购自英国 NEOGENEUROPE（ADGEN）公司，其他试剂均为国产分析纯。

2 结果与分析

2.1 马铃薯苗生育期的特征

试验结果观察，田间移栽马铃薯脱毒苗生根及植株生长正常。"大西洋"匍匐茎发生期为 6 月 22 日，"荷兰 15 号"匍匐茎发生期为 6 月 23 日，"大西洋"5 d 匍匐茎数平均值为 8.25，"荷兰 15 号"5 d 匍匐茎数平均值为 7.37；"大西洋"盛花期为 7 月 31 日，"荷兰 15 号"盛花期为 8 月 2 日；"大西洋"达到最大冠层覆盖度日期为 8 月 11 日，"荷兰 15 号"达到最大冠层覆盖度日期为 8 月 9 日。

2.2 蚜虫发生与温度

本年度调查期间，海拉尔地区日最高气温在 27℃，蚜虫发生数量趋势不是直线趋势，迁入高峰期呈"山峰形"（图 1）。

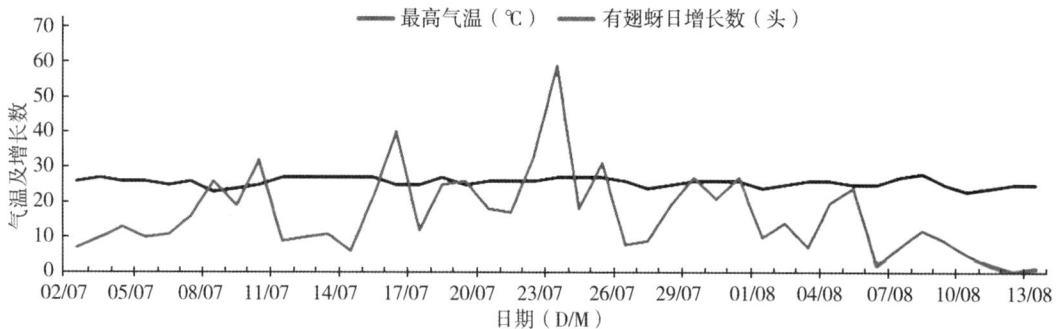

图 1 2019 年海拉尔地区 7 ～ 8 月最高气温及有翅蚜日增长数变化情况

2.3 蚜虫发生动态

通过图 1、图 2 可知，调查结果显示：有翅蚜初发日期为 7 月 2 日，结束迁飞日期为 8 月 13 日，历时 43 d。有翅蚜绝大多数为桃蚜。7 月上中旬为蚜虫迁飞的一个高峰期，7 月下旬是蚜虫迁飞的又一高峰期，此峰比前一峰高很多，随后到 8 月上旬有翅蚜迁飞处于逐步下落状态。马铃薯田有翅蚜迁飞呈"两峰夹一谷"的消长规律，即有翅蚜在7月11、26日出现2次高峰。蚜虫日增长高峰期为7月23日，日捕捉数量59头。

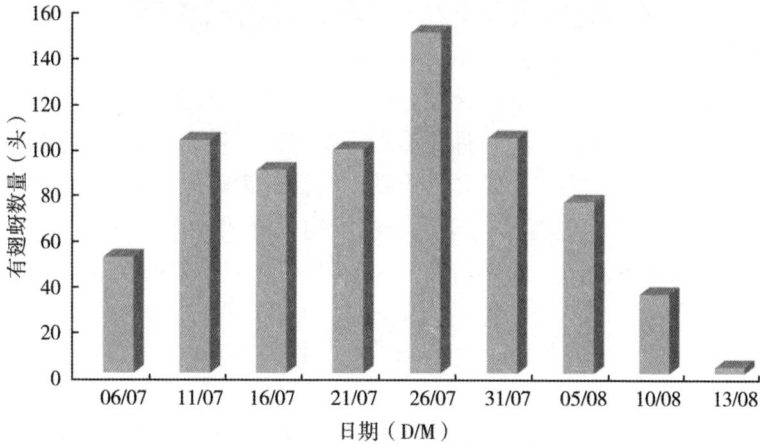

图2　2019年海拉尔地区有翅蚜发生规律

2.4　病毒检测结果

用DAS–ELISA方法检测了6份样本，均有蚜虫发生的马铃薯植株叶片。结果显示，所测样本均携带PVY，检出率100%；PLRV病毒的检出率为83.3%；PVA的检出率为33.3%（表1）。

表1　马铃薯样本病毒检测结果

样本号	吸光度		
	PVY	PLRV	PVA
1	0.808 6	0.195 5	0.200 5
2	0.908 4	0.241 2	0.219 0
3	0.561 8	0.187 6	0.029 7
4	0.709 8	0.159 7	0.065 5
5	0.429 9	0.056 4	0.058 9
6	0.274 2	0.177 1	0.083 7

3　讨　论

调查发现有翅蚜迁飞趋势与日最高气温变化没有明显现象，但是有一个明显的特点是海拉尔地区试验田及周边有翅蚜迁飞存在"两峰夹一谷"的数量消长现象，这也与大兴安岭地区蚜虫迁飞规律类似但存一定的差异[6]。

有研究表明，黑河地区蚜虫迁飞期在5月下旬、10月下旬，迁飞期历时140～154 d，迁飞期集中在每年的9月[7]，甘肃宕昌县中北部有翅桃蚜始见于4月下旬至5月上旬[8]；也有报道2010和2011年呼和浩特地区马铃薯田有翅蚜和无翅蚜均6月上旬开始出现，8月下旬数量开始急剧下降[9]。可见有翅蚜迁飞在不同地区具有不同规律表现。试验显示的蚜虫迁飞从 7 月 2 日至 8 月 13 日，高峰期为 7 月 23 日，迁飞时段历时 43 d。

通过随机检测的被蚜虫危害马铃薯植株叶片，结果显示均感染了 PVY，部分样本检测出 PLRV 和 PVA。发现该试验区有蚜虫发生的马铃薯植株感染了病毒，说明该区域蚜虫发生对马铃薯脱毒种薯繁育存在较大风险。

在调查过程中，也发现多种蚜虫天敌，如七星瓢虫、草蛉、寄生蜂等，这也是蚜虫发生的结果。总之，海拉尔地区应在 6 月底前做好蚜虫防治准备工作，特别是马铃薯种薯繁育生产田，在蚜虫迁飞到来之前，要高度重视。防治的策略是提前进行虫情监测，应把握蚜虫初次迁入时期和高峰期作为防治重点。由于蚜虫迁飞受多种因素影响，试验是 2019年对海拉尔地区蚜虫迁飞的初步调查结果，今后仍需进一步观测得出稳定的规律。

[参 考 文 献]

[1] 刘莹静，李正跃，张宏瑞．防治蚜虫控制云南马铃薯病毒病传播的对策 [J]. 中国马铃薯，2005，19(4)：242–246.

[2] Del Toro F J，Mencía E，Aguilar E，et al. HCPro-mediated transmission by aphids of purified virions does not require its silencing suppression function and correlates with its ability to coat cell microtubules in loss-of-function mutant studies [J]. Virology，2018，525：10-18.

[3] Saman B K，Olivier C，Clauvis N T，et al. The cuticle protein MPCP2 is involved in Potato virus Y transmission in the green peach aphid Myzus persicae [J]. Journal of Plant Diseases and Protection，2019，126(4)：351-357.

[4] Ammar E D，Jarlfors U，Pirone T P. Association of potyvirus helper component protein with virions and the cuticle lining the maxillary food canal and foregut of an aphid vector [J]. Phytopathology，1994，84(10)：1 054-1 060.

[5] 苗冬梅．呼伦贝尔市海拉尔区近 60 年气候特征分析 [J]. 山西农经，2018(11)：109.

[6] 梁杰，李功义，郭长福．高纬度地区马铃薯传毒蚜虫迁飞情况及规律 [J]. 农业科技通讯，2018(9)：114–115.

[7] 张武，项鹏，吴俊彦，等．黑河地区大豆田间有翅蚜迁飞扩散及种群动态研究 [J]. 大豆科学，2016，35(3)：477–480.

[8] 申俊忠，王洋喜．宕昌县中北部脱毒马铃薯种薯繁殖区传毒蚜虫迁飞及消长规律研究 [J]. 甘肃农业，2011(11)：88–89.

[9] 卜庆国，庞保平，张若芳，等．呼和浩特地区马铃薯田蚜虫的种群动态 [J]. 生态学杂志，2013，32(1)：135–141.

榆林市马铃薯主要病害发生危害情况
调研及防控建议

刘　雄[1]，杨　辉[2]，丁　华[3]，单卫星[1*]
（1.西北农林科技大学农学院，陕西　杨凌　712100；
2.榆林市农业技术服务中心，陕西　榆林　719000；
3.靖边县植保植检站，陕西　榆林　718500）

摘　要：榆林市是中国马铃薯的重要产区，种植面积位居全国地级市第二，仅次于贵州毕节市。近年来，由于各种因素的影响，马铃薯病害呈逐年发展蔓延的趋势，严重影响了马铃薯产业的健康发展。为探究榆林市近些年马铃薯主要病害发生危害情况以及流行趋势，针对榆林市的马铃薯病害问题，在对榆林市马铃薯主产区病情调查的基础上，调取了榆林农业技术服务中心历年马铃薯病害测报数据。调研结果表明，目前榆林市马铃薯主要的病害有病毒病、土传病害和早晚疫病，针对主要病害提出了相应的防控建议。

关键词：榆林市；病情调查；病毒病；土传病害；晚疫病；防控建议

马铃薯（*Solanum tuberosum* L.）是世界上最重要的非谷物类粮食作物，对全球的粮食安全至关重要[1]。中国的马铃薯种植面积居于全球首位，自国家马铃薯主食化战略的启动以来，一系列政策的推行使得马铃薯不仅是重要的粮食作物，更成为农民脱贫增收的重要来源。

陕西省榆林市地处毛乌素沙漠边缘，属温带半干旱大陆性季风气候，年平均气温7.9 ~ 11.3℃，≥ 10℃的积温 2 847.2 ~ 4 147.9℃，无霜期平均 134 ~ 169 d。近 3 年平均降水量 544.2 mm，7 ~ 9 月平均降水量 310.5 mm，占到年降水量的 57%。自然温度的变化、降水分布与马铃薯对温度、水分的需求基本吻合，主产区土壤土质为沙壤土，非常适宜马铃薯的种植[2]。榆林市作为全国五大马铃薯优生区之一，在国家及省市一系列政策的支持下，马铃薯已成为榆林"四个百亿级产业"之一，年平均种植面积近 20 万 hm²。随着种植规模的扩张，轮作倒茬更加困难，加之种薯市场不规范，使得马铃薯病害问题逐渐突出，病害呈现逐年加重的趋势，影响商品薯的产量和品质的同时，制约榆林市马铃薯产业的发展。研究开展针对性的验证性调研，以期明确榆林市马铃薯病害发生防治方面存在的问题，为榆林市马铃薯绿色、优质、高效发展提供建设性意见。

作者简介：刘雄（1995—），男，硕士研究生，从事马铃薯病害防控研究。
基金项目：中国科学院战略性先导科技专项（XDA23070201）。
* 通信作者：单卫星，博士，教授，主要从事卵菌生物学与作物卵菌病害成灾机理及病害防控研究，e - mail：wxshan@nwafu.edu.cn。

1 病害调查

1.1 往年病害发生情况

调研组通过榆林农技服务中心调取了近 5 年马铃薯种植及病害的发生情况，见图 1、2，分析结果表明：近年来晚疫病仍是榆林市马铃薯生产中最为普遍的病害，年平均发病面积高达约 4 万 hm²/ 次，早疫病危害程度仅次于晚疫病，且有逐年加重的趋势；其次为马铃薯土传病害（疮痂病、黑痣病、黑胫病），发生面积和危害程度有逐年加重的趋势；病毒病在干旱年份发生率较高。

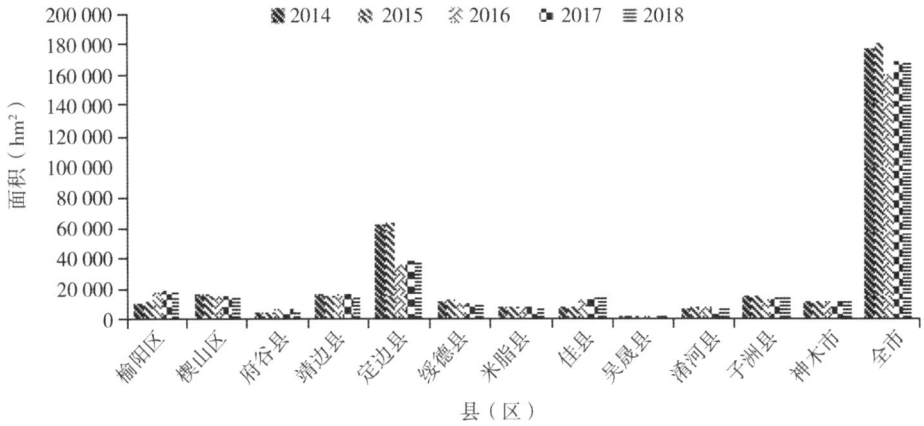

图 1　榆林市各县区 2014 ~ 2018 年马铃薯种植面积

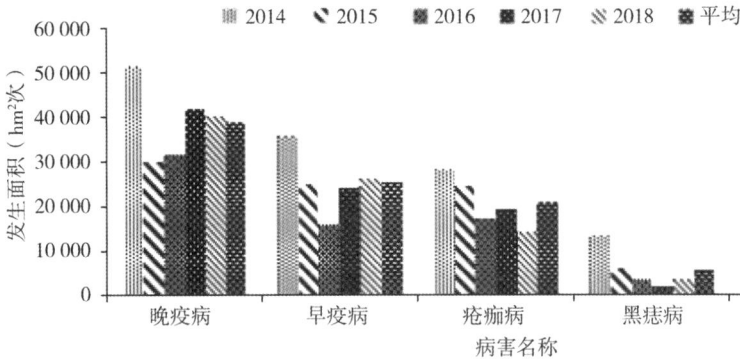

图 2　榆林市 2014 ~ 2018 年马铃薯病害发生情况

1.2 验证性病害调查

为进一步确定各类病害对榆林市马铃薯生产的影响，2019 年 8 月，调研组选取了种植规模较大且能代表榆林市马铃薯病害发生危害情况的靖边县进行了调查，尤其对往年病害发生比较严重的区域进行了细致的有针对性的调查。一是走访了种植专业合作社、种植大户；二是进行了实地调查。此次调查共涉及了靖边县的 11 个镇 14 个行政村，5 个种植专业合作社和 20 个种植大户；实地调查地类包含有山区旱地、涧地、平原 3 种。田间调查采用 5 点取样，每点详细记录各类病害的病株数、危害程度。实地调查结果与榆林市农业技术服务中心历年统计结果基本吻合。

2 主要病害发生情况及防控建议

历年的统计资料和实地调查表明：造成榆林市马铃薯减产的病害为 3 大类：疫病、土传病害和病毒病，发生面积从高到低依次为晚疫病 > 早疫病 > 疮痂病 > 黑痣病 > 病毒病，在生产中造成危害程度依次为晚疫病 > 疮痂病 > 早疫病 > 病毒病 > 黑痣病。其中，病毒病在高温干旱的 6 ~ 7 月发生程度比较严重；土传病害主要有疮痂病、黑痣病及黑胫病等，发生面积和危害程度逐年加重。早、晚疫病在滩水地发生比较严重，旱地较轻。不同种植点的发生情况差异较大，可能与种植品种、种植制度、施药时间和次数、耕作方式（机械、人工）等因素有关。

2.1 马铃薯病毒病

目前，对中国马铃薯生产影响最大的主要有 6 种病毒（PVX、PVY、PVA、PVM、PVS、PLRV）和 1 种类病毒（PSTVd）[3]，且常发生复合侵染。目前，榆林市病毒病中危害最为严重的是 PVY 病毒病。病毒病的发病症状主要有花叶病毒病、卷叶病、纺锤块茎病等，一般情况下造成马铃薯减产 20% ~ 30%，发生严重时高达 50% 以上 [4]。

马铃薯病毒病一般通过种薯带病、汁液摩擦传毒及蚜虫传播：（1）目前防治马铃薯病毒病最常用的方法是茎尖脱毒培育无毒种薯。李经纬 [5] 发现，无论是在逆境条件或者非逆境条件下，马铃薯脱毒植株在植株生长、薯块发育和其他生理指标上均具有一定的优势，对脱毒种薯进行商业化栽培生产意义重大；（2）可利用杂交种子生产种薯的办法来获得健康无毒的种薯，不仅可以达到防止病毒病的效果，且可以降低生产成本和提高产量 [6]；（3）可通过喷施防治蚜虫的杀虫剂来阻断病毒病的传播；（4）使用抗病品种也可以极大地减少病毒病带来的危害，但由于病毒病种类较多，且存在复合感染的情况 [4]，所以应当结合榆林当地病毒病的发生种类有针对性地选用抗病品种。

2.2 马铃薯土传病害

榆林市主要的土传病害有疮痂病、黑痣病以及黑胫病等，尤其是疮痂病和黑痣病的危害最为严重。土传病害主要通过种薯带菌进行传播。近年来随着榆林市马铃薯种植面积的不断扩大，种薯调运和大区域机械作业造成带病种薯和土壤病菌跨地域传播，再加上不规范的连作重茬种植方式，各种病害的病原菌在土壤中不断积累，导致了土传病害的逐年加重。

针对土传病害危害现状建议从以下 4 个方面来防控：（1）选育抗病品种，利用品种的抗性来防治土传病害；（2）规范种植模式，采用与非寄主作物轮作 3 ~ 5 年的形式来防止病菌的传播；（3）严格控制种薯调运，采取在当地建立无毒留种的方式，防止外来病薯的流入，通过使用 40% 福尔马林 200 倍液浸种后喷施新植霉素 5 000 倍液，可达到 34.66% 的增产效果 [7]；（4）采用生物制剂和化学药剂是目前防治土传病害的主要方法。武建华 [8] 的研究表明，枯草芽孢杆菌、微生物菌剂、哈茨木霉菌等生物制剂能有效地防治土传病害，并且同时可以提高土壤的有益微生物和酶的活性以及改善土壤肥力。

2.3 马铃薯早晚疫病

马铃薯早疫病主要是由茄链格孢（*Alternaria solani*）引起的真菌性病害，在叶片和块茎上均可发生。早疫病的发生与气候密切相关，夜间较低的温度和较高的相对湿度有利于白天形成链格孢菌孢子[9]。由于缺乏抗早疫病马铃薯品种，因此目前主要以广泛使用杀真菌剂来达到较好防治早疫病的效果[10]。

马铃薯晚疫病是由致病疫霉菌（*Phytophthora infestans*）引起的卵菌病害，多年来一直是马铃薯生产中的第一大病害，给马铃薯乃至其他多种粮食作物的生产造成了巨大的损失[11]，是导致 19 世纪中叶爱尔兰大饥荒的元凶。据保守估计，截止到 2008 年，全球每年因晚疫病造成的马铃薯生产上的损失高达近百亿美元[11]。晚疫病主要可以从以下 4 个方面进行防治：

（1）选育抗病品种。选用抗病品种是最为经济有效，且对环境友好的防控方法。近年来越来越多具有优良晚疫病抗性的品种被培育出来，适宜在榆林地区大力推广的品种就有多种，如"克新 1 号"、青薯系列和陇薯系列等。但致病疫霉菌结构特殊，可快速变异，不断克服寄主的抗病基因，导致马铃薯品种抗性的丧失，所以不断寻找具有持久性和广谱性的优质抗病资源已成为马铃薯育种工作中亟待解决的问题。

（2）种植早熟品种。由于晚疫病在榆林市主要发生在降水量较多的 7、8 月份，可以使用早熟品种来避开晚疫病爆发期，从而防止晚疫病对产量造成较大的影响。

（3）种薯处理。实验室连续多年在榆林市开展的示范试验中使用 50% 安克可湿性粉剂（烯酰吗啉）、70% 甲基托布津可湿性粉剂（甲基硫菌灵）、20% 噻菌铜悬浮剂以不同组合加水混匀后用喷雾器均匀喷洒在平摊开的薯块上，使每个薯块切面均匀黏附药液。避光晾置 2 h 左右，待药液充分吸收后，将滑石粉均匀施撒在薯块上，并小心翻动薯块，使每个薯块表面均匀粘附药粉，促进伤口愈合。播种前装袋。切薯时用 75% 医用酒精、0.5% 高锰酸钾溶液或 3% 来苏尔水浸泡切刀 5 ~ 10 min，做到一薯一沾，每人多把切刀轮换消毒使用。马丽杰等[12]研究发现，种薯药剂处理的植株下部叶片发病少，中上部叶片发病多，说明通过浸种处理在生长早期可有效防控带菌块茎产生初侵染，但后期对病菌的侵染没有显著的抑制作用。

（4）使用化学药剂喷雾处理。为预防种薯带菌导致的苗期病害，在马铃薯出苗后 10 ~ 15 d，或在田间出苗率达到 95%、苗高 10 ~ 15 cm 时，每 667 m² 用 25% 阿米西达（嘧菌酯）悬乳剂 25 mL，兑水 30 L 配制成 1 200 倍的药液全田喷雾，进行茎叶喷雾防护。在出现中心病株后应进行全田茎叶药剂喷雾。有研究表明，69% 代森锰锌·精苯霜灵水分散粒剂 1 552.5、1 725 ga.i./hm² 处理对马铃薯晚疫病的防治效果均在 86% 以上[13]。余帮强等[14]研究发现，10% 四唑吡氨 SC 600 mL/hm²+100 g/L 氰霜唑 SC 600 mL/hm² 复配防治马铃薯晚疫病效果较好。在进行药剂喷施时，添加有机硅类农用助剂有助于提高对晚疫病的防效[15]。

3 讨 论

调查明确了榆林市马铃薯主要病害发生危害情况，按照传播方式将榆林市主要的马铃薯病害分成 3 大类，并且对 3 类病害针对性地提出了不同的防治建议。

加强田间管理，使用合理的栽培模式，选用抗病和早熟品种以及种薯处理等一系列措施均可对马铃薯病害起到很好的防治效果。

[参 考 文 献]

[1] Xu X，Pan S，Cheng S. *et al.* Genome sequence and analysis of the tuber crop potato [J]. Nature，2011，475(7355)：189-195.

[2] 刘敏，马锋，薛小宁. 榆林市马铃薯种植气候条件分析 [J]. 安徽农业科学，2016，44(1)：268–271.

[3] 张媛媛. 榆林地区马铃薯主栽品种的茎尖脱毒研究 [D]. 杨凌：西北农林科技大学，2019.

[4] 邹雪波. 防治马铃薯病毒病害的技术要点 [J]. 农民致富之友，2018(17)：138.

[5] 李经纬. 马铃薯茎尖与病毒超低温保存技术的研究及超低温疗法脱毒试管苗的耐盐性评价 [D]. 杨凌：西北农林科技大学，2019.

[6] 王娟，李德明，潘晓春，等. 用杂交实生种子生产马铃薯种薯新技术的研究 [J]. 中国种业，2011(5)：11–13.

[7] 陆燚，周平，王宗明，等. 脱毒马铃薯疮痂病综合防控技术试验初探 [J]. 农业科技通讯，2019(9)：57–59.

[8] 武建华. 三种生物制剂对马铃薯两种主要土传病害防治及土壤微生物和肥力影响的研究 [D]. 呼和浩特：内蒙古农业大学，2018.

[9] Escuredo O，Seijo-Rodríguez A，Meno L，*et al.* Seasonal dynamics of alternaria during the potato growing cycle and the influence of weather on the early blight disease in north-west Spain [J]. American Journal of Potato Research，2019，96(3)：532-540.

[10] Yellareddygari S K R，Taylor R J，Pasche J S，*et al.* Quantifying control efficacy of fungicides commonly applied for potato early blight management [J]. Plant Disease，2019，103(11)：2 821-2 824.

[11] Haverkort A J，Boonekamp P M，Hutten R，*et al.* Societal costs of late blight in potato and prospects of durable resistance through cisgenic modification [J]. Potato Research，2008，51(1)：47-57.

[12] 马丽杰，杨海萍，马云芳，等. 种薯药剂处理防治大田马铃薯晚疫病试验 [J]. 西北农业学报，2012，21(1)：165–169.

[13] 陈瑾，胡菡青，赖瑞联，等. 69% 代森锰锌·精苯霜灵水分散粒剂防治马铃薯晚疫病田间防效 [J]. 农药，2019，58(1)：65–66.

[14] 余帮强，郭志乾，吴林科，等. 四唑吡氨酯 + 氰霜唑防治马铃薯晚疫病田间药效试验 [J]. 农药，2019，58(12)：911–914.

[15] 阴秀君，张玉慧，李强. 添加助剂减少防治马铃薯晚疫病用药量的效果初探 [J]. 中国植保导刊，2019，39(6)：72–73.

马铃薯茎基腐病的发生特点与发展趋势

雷玉明[1*]，郑天翔[1]，邢会琴[1]，何正明[2]，张忠福[2]

（1. 河西学院农业与生态工程学院／甘肃河西走廊特色资源利用重点实验室／
河西学院祁连山有害生物综合治理研究中心，甘肃　张掖　734000；
2. 甘肃省山丹县农业技术推广中心，甘肃　山丹　734100）

摘　要：马铃薯茎基腐病是由立枯丝核菌（*Rhizoctonia solani* Kühn）引起的一种发生严重的土传病害，是导致马铃薯连作障碍发生的主要原因之一。通过调查研究发现马铃薯茎基腐病呈发病范围逐渐扩大，发病率逐年上升趋势；病原菌遗传多样性丰富，症状表现多型性；侵染来源越来越复杂等发生特点。分析未来抗病品种少，感病面积大；田间病残体数量增多，积累的越冬菌量剧增；土壤连作现象突出等茎基腐病害发生发展趋势。提出了加强抗病品种选育与推广，加强品种布局与合理轮作，提高土壤养分吸收率与增强抗病性，集成综合防治技术体系等综合防控建议。为未来加强茎基腐病的预测预报和制定综合防治方案提供科技支撑。

关键词：马铃薯茎基腐病；发生特点；发生趋势；综合防治

马铃薯茎基腐病由立枯丝核菌(*Rhizoctonia solani* Kühn)引起的一种真菌性的土传病害，国内外又称立枯丝核菌病、黑痣病、丝核菌溃疡病、黑色粗皮病，该病害在世界各国马铃薯主产区均普遍发生[1]。随着全国播种面积增大，自然灾害范围的扩大，单一品种相对面积大，种植结构不合理，种间异质差，重、迎茬比较严重等问题的出现，马铃薯茎基腐病危害迅速上升，致使马铃薯的产量和品质受到严重影响，成为马铃薯上的一种重要病害[2]。严重影响了马铃薯的出苗、产量、商品价值和窖藏品质，对马铃薯生产构成了严重威胁，成为马铃薯产业发展的一大瓶颈，限制马铃薯产业的持续发展[3]。根据近几年田间调查基本情况，总结分析该病害的发生特点和发展趋势，以便对未来病害防治提出综合防治的建议。

1　马铃薯茎基腐病发生特点

1.1　发病范围逐渐扩大，发病率逐年上升

随着中国马铃薯主粮化战略和马铃薯扶贫产业战略的实施，种植马铃薯积极性高涨，马铃薯北方一作区和西南单、双季混作区，中原二作区和南方冬作马铃薯面积扩大，全国形成周年供应特点，马铃薯种薯、商品薯调运频繁，土壤连作障碍突出，造成马铃薯茎基腐病呈现全国普遍发生，北方产区重于南方产区。中国东北、西北、华北、西南、华

　作者简介：雷玉明（1964—），男，教授，从事植物病理学教学与研究工作。
　基金项目：国家自然科学基金地区科学基金项目（31660499）；甘肃省现代农业产业体系马铃薯产业病虫防控团队资助（GAR2-03-P5）。
　*通信作者：雷玉明，e-mail：zyymlei@163.com。

南、中原等不同优势的马铃薯产区均有黑痣病的记载，马铃薯土传病害的年均发生面积约 43.7 万 hm²，平均病株率 5% ~ 30%，极端情况下可高达 90% 以上 [4]。2011 年雷玉明等 [2] 报道马铃薯品种茎基腐病田间发病率 5.07% ~ 21.33%，病情指数 4.73 ~ 12.31，2019 年王娟等 [5] 试验数据显示马铃薯品种茎基腐病发病率 15.0% ~ 65.0%，病情指数 5.00 ~ 28.60，表明甘肃省茎基腐病的发病率和病情指数呈上升趋势。2018 年郭成瑾等 [6] 报道 2008 ~ 2010 年 3 年间，宁夏马铃薯黑痣病发病率由 5% 上升至 45%，截至 2016 年，在宁夏马铃薯主产区马铃薯黑痣病已普遍发生，南部山区各市（县）平均发病率在 70% 以上。2009 年刘宝玉等 [7] 调查内蒙古乌兰察布市马铃薯种植区黑痣病发病率为 2.7% ~ 52.3%，2019 年武建华等 [8] 试验数据显示内蒙古马铃薯茎基腐病地下茎的病情指数达 34.34，匍匐茎病情指数 30.00，块茎病情指数 17.21，按照病情分级标准已达 3 级以上。表明内蒙古马铃薯茎基腐为害程度与危害程度也在不断上升。以湖北、湖南、广东、广西和福建为代表的南方冬种马铃薯产区，由于种薯调运等原因，该病害在南方马铃薯主产区日趋严重。福建省报道马铃薯黑痣病发生面积广、危害严重，轻者损失 2 ~ 3 成，重者减产 70% ~ 80%[9]。

1.2 病原菌遗传多样性丰富，症状表现多型性

马铃薯茎基腐病菌（*R. solani*）通常被认为是一个集合种，具有非常丰富的遗传多样性。综合文献报道，目前引起马铃薯茎基腐病的立枯丝核主要有 AG1、AG2、AG3、AG4、AG5、AG7、AG8 与 AG9、AG11 等 9 个融合群。有数据表明，AG1 在茎基部产生坏死斑在薯块上形成菌核，AG2 危害茎基部而形成过敏性坏死反应，AG3 能引起马铃薯的黑胫病、茎或匍匐茎的溃烂，AG4 能引起马铃薯植株枯萎和茎的溃烂，AG5 能引起马铃薯黑痣病，AG7 能够侵染地下茎匍匐茎以及块茎，AG8 只能侵染根部，而 AG9 对于马铃薯也是一种弱致病菌 [3]。因此，融合群致病类群复杂，导致马铃薯茎基腐病的症状比较复杂，呈现症状多型性，在不同的生育期其病害症状不同。

马铃薯立枯丝核菌能够侵染其幼芽、根、地下茎、匍匐茎和块茎 [10]。雷玉明等 [2] 报道症状从苗期至收获期观察，主要危害地下主茎、匍匐茎、根系，表现立枯型、萎蔫型、根腐型、黄化型等 4 种类型。谭宗九和郝淑芝 [11] 报道马铃薯丝核溃疡病危害地下茎、匍匐茎表现溃疡型、气生薯 2 种症状。大多数文献报道，立枯丝核菌侵染薯块，在块茎表面形成黑褐色或暗褐色的菌核，形似"黑痣"，表现黑痣型症状。

综合分析，立枯丝核菌侵染部位均是茎发育成不同的功能组织，表现立枯、萎蔫、根腐、黄化、溃疡、黑痣等症状类型，称黑痣病虽然形象，但不能完全反映出危害部位的特征。作者认为危害部位符合植物学上茎的特征特性，致病菌的认识一致，为统一名称和交流方便，建议将这一病害统称为茎基腐病较为合理。

1.3 侵染来源越来越复杂

马铃薯立枯丝核菌寄主范围广泛，可为害 43 科 263 种植物 [3]。马铃薯黑痣病以菌核在块茎上或土壤里越冬，或菌丝体在土壤里的植株残体上越冬，*R. solani* 的存活结构主要在植株残体上，病菌可在土壤中存活 2 ~ 3 年 [12]。土壤带菌主要是对匍匐茎造成伤害，种薯带菌在马铃薯生长初期主要侵染芽 [13]。2018 年王晓娇等 [14] 试验研究表明，不同地区

的马铃薯茎基腐病菌核的萌发与温度有很大关系，在5℃以上开始萌发，最适宜萌发温度25 ~ 30℃，不同土壤深度埋藏菌核在稳定环境条件下，随时间的延长菌核均全部萌发，不同地区埋藏的菌核萌发率为100%，菌核可多次萌发，仍具有一定的萌发力。谭宗九和郝淑芝[11]研究发现，很少轮作或不轮作的土地，丝核菌的存活数量会加大。说明了菌核可在土壤中存活多年，是主要的初侵染来源，同时，菌核可多次萌发表明可以进行多次再侵染，补充了过去立枯丝核菌菌核侵染循环中无再侵染现象，故土壤带菌是病害发生的主要原因。雷玉明等[15]、李金花等[16]从甘肃省种薯分离病原菌证实，*R.solani* 是种薯带菌的优势种群。王喜刚等[17]报道宁夏马铃薯黑痣病初侵染源主要为薯块带菌，病原菌主要以菌核形式在薯块上越冬，也可以菌丝体在土壤中越冬，以菌丝体或菌核在种薯越冬，在地下5 ~ 20 cm均可存活，最适生长温度为25℃。说明种薯带菌是第二年初侵染来源，也是远距离传播的最主要途径。

2 茎基腐病发展趋势分析

2.1 抗病品种少，感病面积大

目前，甘肃省种植面积相对较大品种有"大西洋""陇薯3号""陇薯7号""天薯11号""克新1号""费乌瑞它""夏坡蒂""荷兰15号""冀张薯14号""青薯9号""庄薯3号""中薯21号"。其中"青薯9号""庄薯3号""陇薯7号"王喜刚等[18]报道病株率9.39%、5.78%、3.68%，病情指数10.34、12.78、9.13，田间抗病评价为中抗，与王娟等[5]试验结果一致。其他品种王喜刚等[18]报道为中感和高感，其中王娟等[5]报道"天薯11号"发病最为严重，薯块发病率高达65.0%，病情指数为28.60；"冀张薯8号"发病较为严重，薯块发病率为34.0%，病情指数为13.20，且连作茎基腐病表现突出，抗茎基腐病水平低。这些感病品种大面积种植，容易造成茎基腐病严重发生。

2.2 田间病残体数量增多，积累的越冬菌量剧增

随着马铃薯机械化收水平的提高，收获前地上茎叶被打秧机打碎留在田间，之后收获机挖出地下茎、块茎于地表，将大部分病残组织又翻入土壤，被收获机收留地下茎堆集于田间、田埂，无及时处理，有的已蔓延至水渠，随水漂移田间。同时，人工捡拾块茎时，把畸形薯、病薯又留在田间，造成田间病残组织基数较传统耕作方式增多，为立枯丝核菌越冬的提供了丰富场所，病原菌越冬基数增高，为病原菌侵染马铃薯积累了足够的菌量，是未来茎基腐病发生严重的主要因素。

2.3 土壤连作现象突出

马铃薯是一种十分敏感的作物，对连作的反应比较大。近些年来，随马铃薯面积扩大与集约化经营，集中连片种植比较普遍，马铃薯连作障碍十分突出，引起土壤养分降低、土壤微生物种群结构失衡、土传病害发生严重，导致马铃薯产量和品质下降。李瑞琴等[19]研究认为连作马铃薯根际土壤中立枯丝核菌的大量积累可能是导致马铃薯连作障碍发生的主要原因之一，马铃薯连作第1 ~ 3年，立枯丝核菌的绝对累积量呈现上升趋势，到第4年的增长率略有下降，连作第5年增长率又呈现上升趋势，病原菌累积量最大的是连作5年的播前土壤，每克土壤达3.75×10^7个拷贝数，丝核菌数量连作3年的比对增加40倍，

连作 5 年比对照增加 200 倍。因此，马铃薯连作直接造成土壤中致病菌立枯丝核菌的基数显著增加，加剧了马铃薯茎基腐病菌侵染率与发病率升高，危害程度加重。

3　未来茎基腐病的防控建议

3.1　加强抗病品种选育与推广

选用抗病品种是防治茎基腐病最经济有效的措施，针对目前尚未发现对茎基腐病有高抗或者免疫的马铃薯品种，结合不同区域立枯丝核菌融合群类型与致病机制，通过田间抗病性筛选和抗病基因挖掘，为抗病育种提供抗病组合及亲本材料。同时，推广应用现有田间抗性较好的材料，有效控制茎基腐病的扩展与蔓延。

3.2　加强品种布局与合理轮作

依据马铃薯品种的种质异质强弱，避免单一品种大面积种植，优化品种布局结构，阻隔马铃薯茎基腐病扩展速度。合理轮作是提高马铃薯产量和品质的重要措施，与非茄科作物轮作 3 年以上，压低土壤中立枯丝核菌的越冬基数，减少初侵染源，降低侵染率，控制发病率和病情指数。

3.3　提高土壤养分吸收率，增强抗病性

科学合理施肥是马铃薯增产增收的物质基础。针对当前传统过量施用化肥和一次性施肥习惯，造成土壤理化性变劣、土壤有机质含量降低、养分比例失衡、肥料利用效率低等问题，在应用配方施肥技术的基础上，合理施用腐殖酸复合肥，增强土壤团粒结构，刺激作物根系生长，苗壮、根系发达，促进土壤有益微生物的活动，提高土壤养分吸收与转化，增强抗病能力。同时，应用水肥一体化技术，实现减少化学农药减量目的，提高了肥料利用率和防病增产效果。

3.4　集成综合防治技术体系

依据马铃薯的生育时期和栽培环节的特点，在有效防控的单项技术措施的基础上，以有害生物综合治理原理和生物学系统原理为指导，从农业生态系统出发，应用农艺措施、化学防治、生物防治等技术，科学合理的组装配套综合防治技术体系，有效调节马铃薯生产中各生态成分的关系以达控制病害的目的。今后进一步加强马铃薯茎基腐病经济阀值、为害阀值、防治指标研究，为集成综合防治体系奠定理论基础。

[参 考 文 献]

[1]　曹春梅，李文刚，张建平，等 . 马铃薯黑痣病的研究现状 [J]. 中国马铃薯，2009，23(3)：171–173.
[2]　雷玉明，张建朝，费永祥，等 . 河西灌区马铃薯茎基腐病的发生规律与防治技术研究 [J]. 植物保护，2011，37(1)：124–127.
[3]　雷玉明，李继平，郑天翔，等 . 马铃薯茎基腐病诊断技术研究进展 [C]// 陈伊里，屈冬玉 . 马铃薯产业与脱贫攻坚，哈尔滨：哈尔滨地图出版社，2018：149–156.
[4]　徐进，朱杰华，杨艳丽，等 . 中国马铃薯病虫害发生情况与农药使用现状 [J]. 中国农业科学，2019，52(16)：2 800–2 808.
[5]　王娟，黄凯，何万春，等 . 定西半干旱区 7 个马铃薯品种引种初报 [J]. 甘肃农业科技，2019(10)：77–82.
[6]　郭成瑾，张丽荣，王喜刚，等 . 宁夏马铃薯黑痣病发生特点及综合防控技术 [J]. 宁夏农林科技，2018，59(6)：1–2，16.

[7] 刘宝玉，胡俊，蒙美莲，等 . 马铃薯黑痣病病原菌分子鉴定及其生物学特性 [J]. 植物保护学报，2011，38(4)：378-380.

[8] 武建华，吕文霞，刘广晶，等 . 枯草芽孢杆菌对马铃薯黑痣病和黄萎病的防效及对土壤酶活性的影响 [J]. 中国马铃薯，2019，33(2)：101-109.

[9] 蔡煌 . 防治马铃薯黑痣病 [J]. 植保技术与推广，1996，1(1)：45.

[10] 邱广伟 . 马铃薯黑痣病的发生与防治 [J]. 粮食作物，2009(6)：133-134.

[11] 谭宗九，郝淑芝 . 马铃薯丝核菌溃疡病及其防治 [J]. 中国马铃薯，2007，21(2)：108-109.

[12] 曹春梅，李文刚，张建平，等 . 马铃薯黑痣病的研究现状 [J]. 中国马铃薯，2009，23(3)：171-173.

[13] 张笑宇 . 马铃薯抗黑痣病鉴定技术及其抗病机制研究 [D]. 呼和浩特：内蒙古农业大学，2012.

[14] 王晓娇，曹春梅，逯春杏，等 . 内蒙古自治区马铃薯黑痣病病原菌（菌核）存活力及地下侵染研究 [J]. 中国马铃薯，2018，32(2)：101-107.

[15] 雷玉明，张建朝，费永祥，等 . 马铃薯种薯病原菌分离与区系研究 [J]. 种子，2010，29(5)：25-27.

[16] 李金花，柴兆祥，王蒂，等 . 甘肃省贮藏马铃薯真菌性病害病原菌的分离与鉴定 [J]. 兰州大学学报：自然科学版，2007，43(2)：39-42.

[17] 王喜刚，郭成瑾，沈瑞清 . 马铃薯黑痣病发生规律及综合防治技术研究 [C]// 陈万权 . 植物保护与脱贫攻坚 . 北京：中国农业科学技术出版社，2018：58.

[18] 王喜刚，郭成瑾，张丽荣，等 . 宁夏马铃薯主栽品种对黑痣病的抗性鉴定 [J]. 植物保护，2018，44(3)：190-196.

[19] 李瑞琴，刘星，邱慧珍，等 . 发生马铃薯立枯病土壤中立枯丝核菌的荧光定量 PCR 快速检测 [J]. 草业学报，2013，22(5)：136-144.

恩施州马铃薯块茎病害发生与诊断

王　甄，肖春芳，张等宏，高剑华，张远学，闫　雷，沈艳芬 *

（湖北恩施中国南方马铃薯研究中心/
恩施土家族苗族自治州农业科学院，湖北　恩施　445000）

摘　要：随着马铃薯种植面积的扩大，省际间、国际间种薯的调运，马铃薯块茎的病害也不断加重，对马铃薯产业的稳定和可持续发展构成威胁，认识和了解恩施州马铃薯块茎病害，并采取有效的手段进行防控，对马铃薯生产具有重要的意义。对恩施州发生严重或存在威胁的马铃薯块茎病害发生情况进行了主要概括。

关键词：马铃薯；块茎病害；诊断

恩施州马铃薯种植历史悠久，是马铃薯优质产区，常年种植面积约 10 万 hm²，占湖北省马铃薯总种植面积的一半以上，是湖北省最大的马铃薯主产区。马铃薯也是恩施州第一大粮食作物，2018 年总产达 212 万 t，平均单产 1 051 kg/667 m²，占恩施州夏粮总产的90%，全年粮食总产的 1/4。低海拔区域以"费乌瑞它""中薯 5 号"等早中熟品种为主，中高海拔区域以鄂薯系列"鄂马铃薯 10 号""鄂马铃薯 13""鄂马铃薯 14"及"米拉""青薯 9 号"等中晚熟品种为主。恩施州初步形成以鲜食销售为主、种薯和加工为辅的发展格局，马铃薯已逐步成为山区精准扶贫的支柱产业和恩施州二高山以上区域种植业结构性调整的重要途径[1]，马铃薯也是当地人民餐桌上的主粮和休闲旅游必备食品，因此保障马铃薯的安全生产对山区的发展至关重要。此外，随着生活水平的提高和人们健康理念的不断增强，对马铃薯的品质要求也越来越高。

1　马铃薯块茎病害发生概况

目前，随着马铃薯种植面积的扩大，省际间、国际间种薯的调运，马铃薯块茎的病害也不断加重，马铃薯病害有 100 余种，一般因病减产 10% ~ 30%，严重的减产 70% 以上[2]，制约中国马铃薯单产水平的进一步提高，同时有些病害还严重影响了商品马铃薯和种薯的外观和品质，对马铃薯产业的稳定和可持续发展构成威胁。因此，认识和了解恩施州马铃薯块茎病害，并采取有效的手段进行防控，对马铃薯生产具有重要的意义。恩施州严重危害马铃薯块茎的侵染性病害有马铃薯晚疫病、病毒病，其次是干腐病、青枯病、软腐病、

作者简介：王甄（1988—），女，硕士，助理研究员，主要从事马铃薯病害防治与遗传育种研究。

基金项目：现代农业产业技术体系专项资金（CARS-09）；湖北省技术创新专项（鄂西民族专项 2016AKB052）；中央引导地方科技发展专项；农业部华中薯类科学观测实验站；湖北省农业科技创新中心创新团队项目（2016-620-000-001-061）。

* **通信作者**：沈艳芬，研究员，从事马铃薯遗传育种及病害防治研究，e - mail：13872728746@163.com。

疮痂病、环腐病、粉痂病等；危害马铃薯块茎的生理病害主要有绿皮、畸形、裂口、空心、黑心、二次生长、薯皮粗糙等。

2 马铃薯块茎侵染性病害

2.1 马铃薯晚疫病

马铃薯晚疫病（Potato late blight）是恩施州马铃薯生产上的最主要病害，发生范围广，危害重。该病害是由致病疫霉（*Phytophthora infestans*）导致马铃薯茎叶死亡和块茎腐烂的一种系统的毁灭性卵菌病害，在我国常年发生面积约 205 万 hm²，表现出发生范围广、危害程度重，发生地区间、品种间、年度间不平衡，以及受气候因素影响大等特点[3]。该病害的发病特征是，在马铃薯叶尖或叶缘生水浸状绿褐色斑点，病斑周围具浅绿色晕圈，湿度大时病斑迅速扩大，呈褐色，并产生白霉，即孢囊梗和孢子囊，尤以叶背最为明显；干燥时病斑变褐干枯，质脆易裂。茎部或叶柄染病现褐色条斑，易折断。发病严重时，全株黑腐，全田一片枯焦。块茎染病初生褐色或紫褐色大块病斑，稍凹陷，病部皮下薯肉亦呈褐色，慢慢向四周扩大或烂掉，腐臭。

一般而言，恩施州低海拔地区在 3～5 月发生流行，中高海拔地区在 5～8 月有发生，病害流行期随着海拔增加逐渐延长，受温度和湿度影响较大。田间出现中心病株后，如果不加以防治病害会很快扩展蔓延，在适宜天气下约 1～2 周全田则会感病，造成减产和经济损失。种植抗病品种和化学防控是目前防控晚疫病采用的主要手段，配套合理的农艺措施可以有效将该病害控制在经济阈值内。恩施州通过引进比利时 CARAH 马铃薯晚疫病监测预警系统应用于马铃薯晚疫病发生的预测预报，指导马铃薯生产者进行及时精准施药，减少因施药不及时造成的损失[4]。

2.2 马铃薯病毒病

马铃薯病毒病在恩施州发生较普遍由于连年种植，加上当地农户有自留种薯的种植习惯，病毒通过块茎世代传递，病害发病率逐年增加，影响马铃薯的产量和品质。马铃薯的病毒种类较多，目前已经超过 40 种，类病毒有 2 种。主要的病毒有马铃薯 A 病毒（PVA）、马铃薯 M 病毒（PVM）、马铃薯卷叶病毒（PLRV）、马铃薯 Y 病毒（PVY）、马铃薯 S 病毒（PVS）、马铃薯 X 病毒（PVX），在自然条件下可由蚜虫传播。马铃薯病毒病典型症状有：花叶型，叶面出现淡绿、黄绿和浓绿相间的斑驳花叶，植株矮化；卷叶型，叶缘向上卷曲，甚至呈圆筒状，有时叶背出现紫红色；坏死型（或称条斑型），叶脉、叶柄、茎枝出现褐色坏死斑或连合成条斑；丛枝及束顶型，叶小花少，明显矮缩。

马铃薯纺锤块茎病毒病（PSTVd）由类病毒引起的一种病害，PSTVd 侵染马铃薯后，抑制植物生长，造成植株僵直、纤细、矮化，叶片小而直立、叶色浓绿、有时卷缩和扭曲，块茎变为长形或畸形，多呈纺锤状，芽眼变深或凸起，有时龟裂。

2.3 马铃薯干腐病

马铃薯干腐病是由几种半知菌亚门真菌单独或混合侵染，为害贮藏期马铃薯块茎的真菌性病害。该病害只发生在块茎上，通过块茎上的伤口侵染，初期出现褐色稍有凹陷的病斑，随着病斑的扩大整个块茎腐烂。腐烂部分的表面常有白、黄、粉红色的孢子团。患病处层层腐烂干缩，形成一轮一轮的褶叠，最后干枯变硬。在潮湿条件下，形成软腐。侵染的组织和健康组织之间的模糊交界处，呈灰白色菌丝。

2.4 马铃薯青枯病

马铃薯青枯病是由茄科雷尔氏菌（*Ralstonia solanacearum*）引起的一种细菌性病害。感病植株主茎顶端的叶片先出现萎蔫，后扩展至主茎全部叶片，初期萎蔫早晚可恢复，后期全株萎蔫死亡，但仍保持青绿色，叶片一般不脱落。纵剖病茎可见维管束有暗褐色至黑色线条，并有乳白色丝状细菌黏液。块茎发病先从芽眼开始，切开块茎，维管束圈变褐，挤压时渗出形成白色斑点状黏液，且薯肉和皮层不分离。

2.5 马铃薯软腐病

马铃薯软腐病是由胡萝卜软腐欧文氏菌胡萝卜软腐亚种、马铃薯黑胫亚种和菊欧氏菌引起的一种细菌性病害，主要危害块茎，茎叶也可感病。病菌只能经由皮孔和伤口侵入块茎组织，受侵染后形成微凹陷的病斑，淡褐色至褐色，呈圆形水浸状，从伤口侵入时块茎上形成的病斑一般形状不规则，微凹陷。在潮湿温暖条件下，病斑显著扩大、病薯迅速腐烂，呈灰色或浅黄色，病组织与健康组织界限分明，发出恶臭。在茎叶上时，植株上会出现暗褐色的条斑，严重时茎的髓部会腐烂，造成乱倒伏现象。

2.6 马铃薯疮痂病

马铃薯疮痂病是由放线菌链霉菌属疮痂链霉菌引起的一种只危害马铃薯块茎的细菌性病害。病原菌在块茎形成期初期从皮孔或伤口侵入，当其表面凹凸不平，块茎表面会出现红色或褐色的小斑点，会逐渐扩展成为不规则形的或圆形的下凹或凸起黑褐色病斑。病斑可分为表皮网状病斑、轻微凸起病斑和凹陷病斑 3 种类型。

2.7 马铃薯环腐病

马铃薯环腐病是由密执安棒杆菌马铃薯环腐致病变种（*Clavibacter michiganensis* subsp. *sepedonicus*）引起的一种维管束细菌性病害，在恩施州很少发生。轻症表现为植株矮缩、叶小发黄、分枝减少，特殊情况发生时，植株萎缩的速度快，叶片还处于青绿状态时就已经枯死，病株茎部和茎基部变为淡黄色或黄褐色。病薯切面维管束变黄或褐色呈环状腐烂，轻者只局部维管束变黄，呈不连续的点状变色；重者整个维管束环变色，或呈环状腐烂，严重时引起皮层与髓部组织分离，表皮可出现裂缝。

2.8 马铃薯粉痂病

马铃薯粉痂病是由马铃薯粉痂菌（*Spongospora subterranea* f. sp. *subterranea*）引起的一种真菌性病害，在恩施州很少发生。感病薯块首先会出现稍隆起的水泡状斑点，随后会逐渐发展成为凹陷的溃疡，且溃疡处会带有深褐色的粉末，表皮破裂，向外翻转，病斑呈星状。

2.9 马铃薯黑胫病

马铃薯黑胫病是由果胶杆菌马铃薯黑胫病亚种、胡萝卜亚种引起的一种细菌性病害，主要侵染茎和块茎。幼苗染病主茎或者茎基部变黑腐烂，植株矮小，叶片发黄上卷，严重时植株死亡，横切茎部可见维管束变褐。薯块染病始于脐部，呈放射状向髓部扩展，纵切后病部和健部分界明显，用手压挤皮肉不分离，腐生菌二次侵染，造成湿腐，并伴有恶臭味。

3 马铃薯块茎生理性病害

3.1 绿皮

由于覆土较浅，新生薯块暴露在土表后见光块茎表面绿色或绿褐色，剖面也为绿色，失去商品价值。有些马铃薯品种趋向于接近土壤表面坐薯，因此要注意播种开沟深度和及时中耕除草培土。

3.2 块茎开裂

温度较高的时候持续干旱，块茎形成周皮，膨大速度慢，若突遇降雨，植株吸水多，块茎膨大快而使周皮破裂。或者是由于病毒侵染也会造成开裂现象，结合实际情况注意区分。

3.3 薯皮粗糙

在结薯期土壤板结，多湿缺氧，块茎上的皮孔为了扩大吸氧量，迫使皮孔突出薯皮，使块茎表皮呈现状似麦粒大小的白点。应注意及时中耕松土，增加土壤的通透性和土壤耕层的含氧量。

3.4 块茎空心

症状表现为内部空心多呈星形放射状或扁口形，但不腐烂，外部无任何症状，但降低了商品价值。如在块茎膨大期间突遇肥水充沛，块茎快速膨大，大量吸收水分，淀粉再转化为糖，造成块茎大而干物质少，组织被吸收，因而增加了张力而引起空心。若田间忽干忽湿或钾肥供应不足也会造成空心。

3.5 黑心

主要发生在储藏期，切开薯块会看到在薯块中央有黑色组织。当田间潮湿时也会发生。当在薯块收获后置于温暖环境下，表皮破损，而储藏时又未立即通风，此时薯块温度上升，内部缺氧，会加重黑心症状的发生。

3.6 块茎二次生长

块茎最初在不良条件下膨大后，因为环境条件改善，块茎重新生长产生畸形，形成不规则生长或在块茎的芽眼部位凸出形成瘤状小薯等。

3.7 梦生薯

症状表现为幼芽膨大而长成小薯块，即梦生薯或闷生薯，造成缺苗。由于种薯长期贮藏条件不好，室温4℃以上，造成块茎在仓库发芽，若播种后薯块幼芽萌发生长过程中，突遇低温，就会使幼芽停止生长，而芽块中的营养仍然继续供给，于是营养被储存起来使幼芽膨大成小薯。

4 问题与建议

4.1 存在的问题

恩施州隶属于西南混作区，其地形地貌复杂，生态和气候类型多样，立体气候明显，马铃薯种植具有品种布局多样，播种季节多型，种植技术复杂，种植水平参差不齐等特点，是马铃薯病虫害的高发区，通常情况下病害重于虫害[5]。同时，当地马铃薯种植仍然是传统型种植方式为主，存在对病害认识不足、科学防控意识不够等问题，导致田间马铃薯病害积累，尤其是块茎类病害逐年影响大，造成马铃薯质量和商品价值逐渐降低，因此研究恩施州马铃薯病虫草害综合防控对保障马铃薯的安全优质生产具有重要的意义。

4.2 防控建议

加强病虫草害相关知识的普及和宣传工作，提高种植户防病防虫防草意识；选用健康抗病脱毒种薯；尽量避免连作，加强田间管理和收获贮藏管理；加强病害监测并及早干预，防止次要病害上升为主要病害；加大综合防控技术示范建设，并进行推广应用。对田间发生严重的病害，如晚疫病，种植抗病品种，科学防控，精准施药。对病毒病防控，采用推广优良脱毒种薯，同时应加强田间蚜虫的防控，切断病毒传播介体。对于土传病害发生严重的，可选择药剂拌种。

[参 考 文 献]

[1] 高剑华 . 2019 年恩施州马铃薯产业发展趋势及政策建议 [C]// 屈冬玉，陈伊里 . 马铃薯产业与健康消费, 哈尔滨：黑龙江科学技术出版社，2019：103–106.
[2] 贺莉萍 . 马铃薯病虫害防控技术 [M]. 武汉：武汉大学出版社，2015：3–4.
[3] 吕镇城 . 马铃薯主要病害及防治研究进展 [J]. 惠州学院学报，2018，38(6)：7–14.
[4] 王甄 . 恩施州马铃薯晚疫病发生流行与科学防控 [C]// 屈冬玉，陈伊里 . 马铃薯产业与健康消费，哈尔滨：黑龙江科学技术出版社，2019：387–390.
[5] 高玉林 . 我国马铃薯病虫害发生现状与防控策略 [J]. 植物保护，2019，45(5)：106–111.

马铃薯黑胫病分离鉴定及防治药剂筛选

李华伟，许国春，罗文彬，纪荣昌，邱思鑫，汤　浩*

（福建省农业科学院作物研究所 / 农业部南方薯类科学观测实验站 /
福建省特色旱作物品种选育工程技术研究中心，福建　福州　350013）

马铃薯（*Solanum tuberosum* L.）是福建省仅次于水稻和甘薯的第三大粮食作物，在粮食安全和生产中发挥重要的作用。由于地理区位和季节的优势，福建省马铃薯是南方冬作区的优势产区，尽管如此，马铃薯在生产过程中受到诸多因素的限制，其中最主要是病害的发生降低了马铃薯的产量和品质，特别是近年来细菌性病害的发生呈现逐年上升的趋势，严重影响了马铃薯产业的发展。马铃薯黑胫病又称为黑脚病，该病初侵染源为带病种薯，收获后带病的薯块为下一季的侵染源。病菌的传播媒介主要有水体、土壤、昆虫、机械和杂草等。其典型症状为茎部变黑，随后腐烂并产生黏液，一般苗期开始发病且发病最为严重，发病后植株矮小，茎基部变黑，节间缩短，生长势较弱，同时上部叶片出现萎蔫状、随着侵染时间的延长植株叶片出现退绿、黄化、最后枯萎、死亡。该病在中国东北首次报道以来，随着各地种薯的相互调运和试种，近年来在中国各马铃薯产区相序报道了马铃薯黑胫病的发生，且呈现逐年上升的趋势。随着南方冬作区马铃薯种植面积不断扩大，马铃薯黑胫病发生有加重趋势，严重影响马铃薯产业的发展。

试验通过采集福建省马铃薯产区的病原菌，经过分离、纯化、致病性、16S rDNA 序列进行病原学鉴定，研究引起黑胫病的病原菌，并采用随机区组设计进行田间药剂防治试验。为明确引起福建省县马铃薯黑胫病的病原菌和药剂防治马铃薯黑胫病的效果，为大田防治马铃薯黑胫病提供理论依据。

通过调查，福建省马铃薯各个产区均有发生马铃薯黑胫病，发病率 3% ~ 80%，严重威胁马铃薯产业的发展。采集的马铃薯黑胫病病样经过分离和纯化培养，各个产区的黑胫病菌致病力存在一定差异，周宁马铃薯致病力较强，长乐、平潭、龙海马铃薯致病力中等。16S rDNA 序列测定和特异性测定结果表明，引起福建省马铃薯黑胫病的菌株至少存在有 3 种类型，黑腐果胶杆菌（*Pectobacterium atrosepticum*）、胡萝卜软腐果胶杆菌胡萝卜亚种（*Pectobacterium carotovorum* subsp. *carotovorum*）、胡萝卜软腐果胶杆菌巴西亚种（*Pectobacterium carotovorum* subsp. *brasiliensis*）；且不同地区菌株差异较大，其中福州地区的病原是 *P. atrosepticum*，宁德地区的病原是 *P. carotovorum* subsp. *carotovorum*，*P. carotovorum* subsp. *brasiliense* 混 合 发 生，龙 海 地 区 的 病 原 是 *P. carotovorum* subsp.

作者简介：李华伟（1982—），男，硕士研究生，从事薯类作物病害防控技术研究。

基金项目：福建省公益类科研专项（2018R1026-9）；国家现代农业产业技术体系（CARS-10-ES11）。

* 通信作者：汤浩，研究员，主要从事薯类作物遗传育种研究，e - mail: tanghao@faas.cn。

carotovorum 和 *P. carotovorum* subsp. *brasiliense* 混合发生。

采用随机区组设计的方法研究了6种药剂防治马铃薯黑胫病效果，采用带菌薯块播种，药剂浸种的方法，分别在苗期和现蕾期调查了马铃薯黑胫病的发病率和病级，统计病情指数。试验结果表明：6种药剂防治效果在50%～75%，其中防治效果达70%以上有3种药剂，分别为1 000倍液46%氢氧化铜水剂，300倍液2%春雷霉素水剂和300倍液20%噻菌酮乳液，6种处理马铃薯显著增加了马铃薯产量和商品速率，显著降低了马铃薯黑胫病发病率和病情指数，提高了产量和商品薯率，综合防效显著。

综上，明确了福建省马铃薯黑胫病发病情况和引起福建省马铃薯黑胫病的病原种类，筛选出了3种防治效果较好的药剂可用于生产上防治马铃薯黑胫病推广和应用。

关键词：马铃薯；黑胫病；分离鉴定；药剂；防治

马铃薯品种及资源对马铃薯 X 病毒抗性及
抗病机制分析

刘佳慧[1]，于楷鑫[1]，刘　野[1]，刘金秋[1]，许志杨[1]，
白艳菊[2]，张莉莉[1]，武小霞[1*]，程晓非[1*]
（1. 东北农业大学农学院，黑龙江　哈尔滨　150030；
2. 黑龙江省农业科学省农科院脱毒苗木马铃薯研究所，黑龙江　哈尔滨　150086）

　　马铃薯是全球第四大作物，也是中国大力推广的新型主粮，在国民经济中具有重要的地位。中国马铃薯总产量连续多年位居世界第一，但是马铃薯平均产量较低，部分原因是病毒病害发生较为频繁。其中，马铃薯 X 病毒（Potato virus X，PVX）是一种严重影响中国马铃薯产业的病毒。虽然 PVX 单独侵染许多马铃薯品种不表现明显症状，但是它与其他病毒复合侵染时可对马铃薯产量和品质造成严重影响。黑龙江省是中国马铃薯的主产区之一，马铃薯品种及资源进行抗病性分析可为规划品种格局提高产量奠定基础，可为马铃薯抗病育种奠定基础。

　　研究对马铃薯品种及资源："陇薯 3 号""克新 1 号""兴佳 2 号""早大白""中薯 2 号""克新 4 号""尤金""大西洋""外引 3 号""中薯 3 号""荷兰 15 号""外引 1 号""克新 13 号""外引 2 号""高原 7 号""紫薯""克新 2 号""春薯 5 号""克新 18 号""高原 5 号""青薯 4 号""夏坡蒂""红玫瑰"对 PVX 的抗性进行了分析。将带有黄色荧光蛋白（YFP）标签的 PVX 侵染性克隆（pGR107–YFP）采用农杆菌接种法接种组培脱毒苗，接种 12 和 15 d 后分别用 DAS–ELISA 和 RT–PCR 对系统叶进行检测，同时通过观察荧光蛋白表达确定 PVX 侵染情况。结果显示 18 种马铃薯品种对 PVX 易感，"陇薯 3 号""尤金""外引 2 号""大西洋"4 个品种对 PVX 免疫，"外引 1 号"对 PVX 具有部分抗性。综上所述，马铃薯品种及资源对 PVX 不具有抗病能力，容易受到 PVX 的侵染。

　　根据 PVX 抗病基因 *Rx* 设计引物，对"陇薯 3 号""尤金""大西洋""外引 1 号""外引 2 号"5 个品种进行了 RT–PCR 鉴定。电泳检测发现可以从"陇薯 3 号""尤金""大西洋""外引 2 号"中扩增到预期大小条带，而"外引 1 号"中不能扩增得到预期条带。克隆和测序显示，"陇薯 3 号""尤金""大西洋""外引 2 号"4 个品种中扩增的条带均为 *Rx*1 基因，

　　作者简介：刘佳慧（1994—），女，硕士研究生，从事植物病毒学研究。
　　基金项目：国家自然科学基金面上项目（31671998）；黑龙江省自然科学基金项目（ZD2018002；LH2019C027）。
　　* 通信作者：程晓非，博士，教授，主要从事植物病毒学研究，e – mail：xfcheng@neau.edu.cn。

说明它们的抗病性是由于 $Rx1$ 基因，而"外引 1 号"抗性与 Rx 基因无关。采用摩擦接种法，将 pGR107-YFP 接种"外引 1 号"和感病品种"克新 1 号"，接种 24，48，72 和 96 h 取接种叶样品，通过定量 RT-PCR（qRT-PCR）检测 PVX 基因组积累量。结果发现，在"克新 1 号"中，病毒基因组积累量在接种后 48 h 开始增长，随时间推移快速增加，而"外引 1 号"接种 72 h 后才能检测到病毒，并且同一时间的病毒积累量远低于"克新 1 号"，表明"外引 1 号"可能抑制了 PVX 的复制或细胞间运动。采用低浓度农杆菌（OD 值 0.000 5）将接种 pGR107-YFP 接种"外引 1 号"和"克新 1 号"，再用荧光共聚焦显微镜分析病毒荧光信号。结果显示，"克新 1 号"接种 48 h 后即可在单细胞中观察到荧光信号，60 h 时出现 3 ~ 5 个带有荧光信号的细胞簇，72 h 可观察到几十个带有荧光的细胞簇；而"外引 1 号"接种 48 和 60 h 时基本观察不到荧光信号，接种 72 h 后才出现单细胞的荧光信号，并且荧光信号强度明显低于"克新 1 号"，说明 PVX 侵染"外引 1 号"时复制受到了抑制。进一步，将运动缺陷型的 PVX 的侵染性克隆 pGR107-TGBp2Δ52-60-YFP 摩擦接种"外引 1 号"和"克新 1 号"，60 h 后用 qRT-PCR 检测病毒基因组的积累量，结果发现"外引 1 号"中病毒基因组积累量明显低于"克新 1 号"，说明"外引 1 号"中存在一个或几个对 PVX 复制具有抑制作用的基因。

研究明确马铃薯品种及资源对 PVX 抗性反应，筛选出 4 个对 PVX 免疫的品种，和 1 个对 PVX 复制有抑制作用的品种，为通过优化品种搭配、培育抗 PVX 品种奠定了基础。

关键词：马铃薯；马铃薯 X 病毒；抗性鉴定；Rx 基因；抗病基因